Datenbanksysteme

Springer
Berlin
Heidelberg
New York
Barcelona
Hongkong
London
Mailand
Paris
Tokio

Theo Härder   Erhard Rahm

Datenbanksysteme

Konzepte und Techniken
der Implementierung

Zweite, überarbeitete Auflage

Mit 217 Abbildungen und 14 Tabellen

 Springer

Prof. Dr.-Ing. Theo Härder

Universität Kaiserslautern
Fachbereich Informatik
67653 Kaiserslautern

Prof. Dr.-Ing. Erhard Rahm

Universität Leipzig
Institut für Informatik
Augustusplatz 10-11
04109 Leipzig

Die Deutsche Bibliothek – CIP-Einheitsaufnahme
Härder, Theo: Datenbanksysteme: Konzepte und Techniken der Implementierung;
mit 14 Tabellen/Theo Härder; Erhard Rahm. – 2., überarb. Aufl. –
Berlin; Heidelberg; New York; Barcelona; Hongkong; London; Mailand; Paris; Tokio:
Springer, 2001
ISBN 3-540-42133-5

ISBN 3-540-42133-5 Springer-Verlag Berlin Heidelberg New York
ISBN 3-540-65040-7 (1. Auflage) Springer-Verlag Berlin Heidelberg New York

Springer-Verlag Berlin Heidelberg New York,
ein Unternehmen der BertelsmannSpringer Science+Business Media GmbH
http://www.springer.de

© Springer-Verlag Berlin Heidelberg 1999, 2001
Printed in Germany

Umschlaggestaltung: KünkelLopka Werbeagentur, Heidelberg
Satz: Reproduktionsfertige Vorlage von den Autoren
Gedruckt auf säurefreiem Papier   SPIN: 10839582   33/3142 GF – 5 4 3 2 1 0

Vorwort

Datenbanksysteme gehören zu den wichtigsten Produkten der Software-Industrie; kaum eine größere Informatikanwendung ist ohne Datenbankunterstützung denkbar. Ausgehend von der Nutzung im Rahmen betrieblicher Transaktions- und Informationssysteme hat sich ihr Einsatzbereich ständig ausgeweitet, insbesondere in zahlreichen anspruchsvollen Anwendungsfeldern. Ausdruck dafür ist die Vielzahl spezifischer Informationssysteme (Krankenhaus-Informationssysteme, Geographische Informationssysteme, Dokumenten-Verwaltungssysteme, Entscheidungsunterstützende Systeme, ...) sowie rechnergestützter Entwurfs- und Fertigungssysteme (CAD/CAM, CASE, CIM, ...), deren Datenhaltung und -verwaltung typischerweise über ein Datenbanksystem als Kernkomponente erfolgt. Eine starke Zunahme an Datenbanken ergibt sich ferner durch die enorm wachsenden Datenmengen, die im Internet weltweit zugänglich bereitgestellt werden, verbunden mit einer sehr großen Benutzerzahl und entsprechenden Leistungserfordernissen. Schließlich werden Datenbanksysteme millionenfach als PC-Einzelplatzsysteme zur einfachen und flexiblen Verwaltung privater Datenbestände eingesetzt.

Aufgrund von rund 30 Jahren intensiver Entwicklung und Forschung sind Datenbanksysteme eine klassische Domäne der Informatik, zu der eine Fülle abgesicherten, in der Praxis erprobten Wissens vorliegt. Von primärer Bedeutung für den Nutzer von Datenbanksystemen ist hierbei das zugrundeliegende Datenmodell mit seinen Möglichkeiten der Strukturierung und Manipulation der für eine Anwendungsumgebung zu verwaltenden Datenbestände. Die zugehörigen Fragestellungen und Aspekte des konzeptionellen Datenbankentwurfs, der logischen Datenbankdefinition und der Verwendung von Anfragesprachen wie SQL sind daher auch Gegenstand einführender Bücher und Lehrveranstaltungen zu Datenbanksystemen. Dem Nutzer, für den vor allem einfache Handhabung und hohe Datenunabhängigkeit zu gewährleisten sind, bleibt dagegen weitgehend verborgen, wie die sehr umfangreiche Funktionalität von Datenbanksystemen realisiert wird. Die hierzu verfügbaren Implementierungstechniken und -konzepte sind in ihrer vollen Breite somit auch nur vergleichsweise wenigen Fachleuten bekannt. Die Kenntnis dieser Verfahren ist jedoch Voraussetzung für ein tieferes Verständnis von Datenbanksystemen und somit für alle Informatiker unentbehrlich, die große Systeme entwickeln oder administrieren.

Das vorliegende Buch behandelt die Implementierung von Datenbanksystemen mit der dabei zu wählenden Vorgehensweise, den bereitzustellenden Funktionen sowie den verfügbaren Algorithmen und Datenstrukturen. Das gilt für alle Aspekte der Datenabbildung, also vor allem der Speicherungsstrukturen und Zugriffspfade sowie der Bereitstellung von Datenstrukturen gemäß logischer Datenbankmodelle. Berücksichtigung finden ferner Aufgaben wie die Externspeicherverwaltung (Realisierung einer Speicherhierarchie, Datei- und Segmentkonzept) sowie die Pufferverwaltung von Datenbanksystemen. Einen weiteren Schwerpunkt bildet die Transaktionsverwaltung, die insbesondere Funktionen zur Synchronisation des Mehrbenutzerbetriebs und für die Wiederherstellung der Datenbank im Fehlerfall (Recovery-Funktionen) umfaßt. Die Darstellung orientiert sich an einem Schichtenmodell für datenunabhängige Datenbanksysteme, das durchgängig zur Erklärung aller Abbildungen und Abläufe herangezogen wird. Dieses als unser Architekturrahmen dienende Modell wird in Kapitel 1 vorgestellt, bevor in Abschnitt 1.5 der weitere Aufbau des Buches näher erläutert wird.

Die ausgewählten Techniken eignen sich in erster Linie zur Realisierung zentralisierter Datenbanksysteme nach den „klassischen" Datenbankmodellen wie dem Relationen- und dem Netzwerkmodell. Jedoch wurden diese bewährten Techniken um spezielle Algorithmen und Strukturen ergänzt, die bei der Implementierung neuerer Datenbankmodelle (mit komplexen Objekten oder Objektorientierung) große Vorteile versprechen. Die vorgestellten Implementierungstechniken bilden auch die Grundlage zur Realisierung verteilter Architekturen wie Verteilte Datenbanksysteme, Parallele Datenbanksysteme und Föderierte Datenbanksysteme. Die nähere Behandlung solcher Mehrrechner-Datenbanksysteme hätte jedoch den Rahmen dieses Buches gesprengt, zumal sie bereits Gegenstand von Büchern wie [RAHM94] und [CONR97] sind.

Das Buch ist eine vollständig überarbeitete, erweiterte und aktualisierte Version der Kapitel 3 und 4 des 1987 erschienenen Datenbank-Handbuchs [LOCK87]. Schon damals war es aus Platzgründen unmöglich, alle in der Literatur vorgeschlagenen oder in existierenden Datenbanksystemen eingesetzten Konzepte und Techniken zu beschreiben. Heute gilt diese Einschränkung trotz der annähernden Verdopplung des verfügbaren Seitenumfangs in verschärftem Maße; sie wird besonders deutlich bei Themenbereichen wie „Mehrdimensionale Zugriffspfade" oder „Erweiterungen des Transaktionskonzeptes", in denen in den letzten Jahren sehr viele Vorschläge, allerdings oft ohne jede praktische Überprüfung, publiziert wurden. Unsere Stoffauswahl, die natürlich subjektiv gefärbt ist, richtete sich in erster Linie nach der praktischen Tauglichkeit der Konzepte und Techniken. Allerdings wurden auch Vorschläge aufgenommen und exemplarisch diskutiert, bei denen ein solcher Nachweis noch nicht erbracht werden konnte, insbesondere um neue und interessante Entwicklungslinien aufzuzeigen.

Die Konzeption des Buches wurde auch durch mehrere an den Universitäten Kaiserslautern und Leipzig gehaltene weiterführende Vorlesungen über Datenbanksysteme geprägt, da die Diskussion mit den Studenten und deren Rückmeldungen Stoffauswahl und Darstellung beeinflußten. Das Buch richtet sich somit zum einen an Studenten und Dozenten im Informatik-Hauptstudium. Zum anderen sind Forscher sowie in Entwicklung, Anwendung oder Systemverwaltung stehende Praktiker angesprochen, die auf fundierte Datenbankkenntnisse angewiesen sind. Vorausgesetzt werden ein solides Informatikgrundwissen sowie Grundkenntnisse von Datenbanksystemen.

Wir sind zahlreichen Fachkollegen, Mitarbeitern und Studenten, die wesentlich zum Gelingen des Buches beigetragen haben, zu Dank verpflichtet. Besonders möchten wir uns bedanken bei Michael Gesmann, Axel Herbst, Michael Jaedicke, Henrik Loeser, Holger Märtens, Bernhard Mitschang, Udo Nink, Norbert Ritter, Dieter Sosna, Hans-Peter Steiert, Thomas Stöhr, Nan Zhang, Jürgen Zimmermann und vor allem Sergej Melnik für die vielen Anregungen und Verbesserungsvorschläge, die wir während verschiedener Phasen der Entstehungsgeschichte des Buches von ihnen bekommen haben. Unsere Sekretärinnen Manuela Burkart, Heike Neu und Andrea Hesse haben uns bei der Erstellung des Manuskriptes und seiner zahlreichen Abbildungen wesentlich unterstützt. Hans Wössner und seine Mitarbeiter vom Springer-Verlag waren stets hilfreich und haben für eine schnelle und reibungslose Veröffentlichung des Buches gesorgt.

Die Fertigstellung des Buches beanspruchte, insbesondere in den letzten Monaten, einen Großteil unserer Zeit. Natürlich kam dabei, wie auch sonst oft, das gemeinsame Leben mit unseren Familien zu kurz. Deshalb möchten wir uns an dieser Stelle ganz besonders bei unseren Familien für ihre Geduld und den Verzicht auf gemeinsame Zeit bedanken.

In dieser zweiten Auflage haben wir kleinere Ergänzungen und Korrekturen vorgenommen. Weiterhin wurden in Kapitel 2 die Betrachtungen zur E/A-Architektur aktualisiert und in Kapitel 3 die Konzepte zur DBS-Unterstützung für externe Dateien der inzwischen erfolgten Standardisierung (SQL/MED) angepaßt.

Ergänzende Informationen und Unterlagen zu dem Buch (Folien zugehöriger Vorlesungen usw.) können im Internet unter

> http://wwwdbis.informatik.uni-kl.de/   oder unter
> http://dbs.uni-leipzig.de/

abgerufen werden.

Kaiserslautern und Leipzig,   *Theo Härder*
im Januar 1999/März 2001   *Erhard Rahm*

Inhaltsverzeichnis

Teil I

Architektur von Datenbanksystemen

1 Architektur von Datenbanksystemen

1.1 Anforderungen an Datenbanksysteme

Informationssysteme werden für bestimmte Anwendungsbereiche, auch Miniwelten genannt, eingeführt und sollen über alle Sachverhalte und Vorgänge dieser Miniwelten möglichst aktuelle Auskunft geben. Dazu ist es erforderlich, die betrachteten Realitätsausschnitte rechnerseitig durch ein Modell zu repräsentieren und die Vorgänge (Ereignisse) der Miniwelt, die zu neuen oder geänderten Sachverhalten führen, in diesem Modell zeitgerecht und genau nachzuvollziehen. Die modellhafte Nachbildung der Miniwelt erzwingt Abstraktion bei der Beschreibung ihrer Objekte und Beziehungen, die durch das Modell abgebildet werden. Vorgänge in der Realität überführen diese in neue Zustände. Da relevante Zustände vom Modell erfaßt werden müssen, sind auch die Zustandsänderungen durch Folgen von Operationen des Modells möglichst genau nachzubilden, so daß eine möglichst gute Übereinstimmung der Folgezustände in Realität und Modell erreicht werden kann. Darüber hinaus müssen Zustandsübergänge systemseitig auch hinsichtlich des Auftretens von Fehlern ununterbrechbar sein. Solche Anforderungen werden technisch durch Transaktionen umgesetzt, wobei das ACID Paradigma [GRAY81c] weitreichende Zusicherungen für die Qualität der Modellzustände übernimmt.

1.1.1 Entwicklung von Anwendungssystemen

Die Entwicklung von großen Anwendungs- und Informationssystemen erfordert vielfältige Maßnahmen zur Gewährleistung aktueller, konsistenter und persistenter Daten. Systemrealisierungen, die dazu isolierte Dateien einsetzen, weisen eine Reihe schwerwiegender Nachteile auf. Mit solchen losen Sammlungen von Dateien lassen sich Ausschnitte aus einem Anwendungsbereich mit ihren Sachverhalten, Abhängigkeiten und Beziehungen nur sehr grob modellieren. Die Speicherung und Aktualisierung der Daten erfolgt ohne zentralisierte Kontrolle, so daß fehlerhafte, widersprüchliche oder unvollständige Informationen nur sehr schwer oder oft gar nicht aufgedeckt werden. In der Regel werden Dateien im Hinblick auf konkrete Anwendungen konzipiert und in ihren Speicherungsstrukturen auf die speziellen Verarbeitungsanforderungen optimiert. Diese Anwendungsanbindung erzeugt in hohem Maße Datenabhängigkeiten, schränkt die flexible Nutzung von Dateien durch andere Anwendungsprogramme ein und ist ein wesentlicher Grund für die mangelnde Erweiterbarkeit und Offenheit des gesamten Anwendungssystems. Ergebnis einer solchen Vorgehensweise ist eine häufig redundante Speicherung gleicher Daten in verschiedenen Dateien, wodurch eine zeitgerechte und alle Kopien umfassende Änderung verhindert wird. Zusätzlicher Informationsbedarf und Änderungen in betrieblichen Abläufen erzwingen ständig eine Evolution des Anwendungssystems, wobei wegen der „eingefrorenen" Datenstrukturen und -beziehungen oft nur die Einführung zusätzlicher Datenredundanz weiterhilft und so die Situation immer weiter verschlimmert wird.

Bei einer sich schnell verändernden Anwendungswelt und der Forderung nach kurzfristigen und flexiblen Anpassungen der Anwendungssysteme an die sich ständig ändernde Systemumgebung sind bei Einsatz isolierter Dateien zumindest die Entwurfsziele „Aktualität und Konsistenz der Daten" nicht zu erreichen. Seit mehr als 30 Jahren setzen sich deshalb für alle Aufgaben der Datenhaltung mit zunehmendem Erfolg Datenbanksysteme durch, die eine integrierte Sichtweise auf alle Daten anbieten und alle Fragen der Konsistenzerhaltung, Systemevolution, Anpassung an geänderte Umgebungsbedingungen usw. unabhängig von den Anwendungsprogrammen regeln.

1.1.2 Entwurfsziele

Die Entwicklung von Datenbanksystemen wird durch ein breites Spektrum an Anforderungen begleitet, die in geeignete Systemarchitekturen sowie Implementierungskonzepte und -techniken umzusetzen sind. Dabei sind vor allem folgende Entwurfsziele zu realisieren oder zumindest vorrangig anzustreben:

- Integration der Daten und ihre unabhängige sowie logisch zentralisierte Verwaltung,
- Datenunabhängigkeit und Anwendungsneutralität beim logischen und physischen Datenbankentwurf,
- Einfache und flexible Benutzung der Daten durch geeignete Anwendungsprogrammierschnittstellen,
- Zentralisierung aller Maßnahmen zur Integritätskontrolle,
- Transaktionsschutz für die gesamte Datenbankverarbeitung,
- Effiziente und parallele Verarbeitung von großen Datenbasen,
- Hohe Verfügbarkeit und Fehlertoleranz,
- Skalierbarkeit bei Wachstum der Transaktionslast und der Datenvolumina.

Integration der Daten und Unabhängigkeit der Datenverwaltung erfordern das Herauslösen aller Aufgaben der Datenverwaltung und Konsistenzkontrolle aus den Anwendungsprogrammen sowie ihre Standardisierung und Übernahme in ein logisch zentralisiertes System, das Zuverlässigkeit, Widerspruchsfreiheit und Vollständigkeit der Operationen auf allen Daten gewährleisten kann. Langfristigkeit der Datenspeicherung und Konsistenzzusicherungen, auch im Fehlerfall, können bei einer integrierten Datenbasis ohnehin nicht gemeinsam durch eine Menge individuell entworfener Anwendungsprogramme erbracht werden. Die *Zentralisierung dieser Aufgabe* erfolgte deshalb durch große, unabhängige und generische Software-Systeme, die als Datenbankverwaltungssysteme (DBVS) bezeichnet werden. Zusammen mit den gespeicherten Daten der Datenbasis, kurz Datenbank (DB) genannt, bildet das DBVS ein Datenbanksystem (DBS). In der Regel werden wir auf die feine Unterscheidung der Begriffe DBVS und DBS verzichten und DBS als einheitliche Bezeichnung benutzen.

Datenunabhängigkeit ermöglicht den Anwendungsprogrammen eine Benutzung der DB-Daten, ohne Details der systemtechnischen Realisierung zu kennen. Dies läßt sich vor allem durch logische Datenmodelle und deklarative Anfragesprachen erzielen. Datenunabhängigkeit der Anwendungen besitzt als Entwurfsziel von DBS eine herausragende Rolle, da durch zusätzlichen Informationsbedarf und Strukturänderungen in der Miniwelt die DB-Strukturen einer ständigen Evolution unterworfen sind. Idealerweise sollten Anwendungsprogramme und DBS so stark voneinander isoliert sein, daß sie eine wechselseitige Änderungsimmunität aufweisen. Neben der Datenunabhängigkeit ist beim logischen DB-Entwurf *Anwendungsneutralität* und damit auch Offenheit für neue Anwendungen anzustreben. Die gemeinsame Benutzung von großen und integrierten Datenbeständen läßt einen Zuschnitt auf die Anforderungen bestimmter Anwendungen nicht sinnvoll erscheinen; außerdem könnte eine einseitige Ausrichtung des DB-Entwurfs wegen der Notwendigkeit ständiger Systemevolution schnell obsolet werden. Eine solche Anwendungsneutralität beim Entwurf von logischen Datenstrukturen bedeutet die Wahl redundanzfreier und symmetrischer Organisationsformen und verbietet die explizite Bevorzugung einzelner Anwendungsprogramme durch zugeschnittene Verarbeitungs- und Auswertungsrichtungen. Aus der Sicht der Anwendungen ist Redundanzfreiheit auch für die physische Repräsentation der Daten (physischer DB-Entwurf) gefordert. Da diese sich jedoch nicht unmittelbar auf Speicherungsstrukturen (siehe nachfolgende Diskussion der Anwendungsprogrammierschnittstellen) beziehen können, kann hier selektive und DBS-kontrollierte Redundanz zugelassen werden, um beispielsweise das Leistungsverhalten wichtiger Anwendungen zu verbessern.

Wesentliche Voraussetzung für Datenunabhängigkeit und zugleich einfache Benutzung von DBS sind „hohe" *Anwendungsprogrammierschnittstellen* (API, application programming interface). Hauptkennzeichen sind logische Datenmodelle und deklarative Anfragesprachen, da sich DB-Operationen dadurch nur auf abstrakte Objektrepräsentationen, ohne Hinweis auf die erforderliche Zugriffslogik, beziehen können. Da nur das „was wird benötigt?" und nicht das „wie wird es aufgesucht?" zu spezifizieren ist, ergibt sich zugleich eine einfache Handhabung der Daten durch den Benutzer. Deklarative Anfragesprachen sind mengenorientiert und geben keine Auswertungsrichtung vor, was dem DBS Optimierungsmöglichkeiten bei komplexen DB-Operationen einräumt. Neben der Einbettung von Programmierschnittstellen in Wirtssprachen, die eine anwendungsbezogene Weiterverarbeitung von DB-Daten zulassen, ist ein flexibler DB-Zugang über Ad-hoc-Anfragesprachen eine wichtige Schnittstellenanforderung.

Die gemeinsame Datenbenutzung erfordert zwingend eine *Zentralisierung aller Maßnahmen zur Integritätskontrolle*. Das betrifft vier verschiedene Arten von Kontrollaufgaben mit entsprechenden Reaktionen bei erkannten Integritätsverletzungen. Die erste Kontrollaufgabe regelt die Zulässigkeit des Datenzugriffs aufgrund betrieblicher Regelungen oder gesetzlicher Maßnahmen (Datenschutz). Durch Zugriffskontrolle ist zu gewährleisten, daß nur berechtigte

Benutzer Daten verarbeiten dürfen, und zwar im Rahmen der für sie definierten Zugriffsrechte und Datengranulate. Um die Datenbank konsistent zu halten, muß mit Hilfe von semantischen Integritätsbedingungen (constraints) bei allen Änderungen oder Aktualisierungen (siehe Transaktionskonzept) geprüft werden, ob der neue DB-Zustand akzeptabel ist.[1] Solche Bedingungen (Prädikate) sind explizit zu spezifizieren und durch das DBS zu überwachen, was bei Systemevolution auch die Durchführung von Änderungen oder Ergänzungen der Integritätsbedingungen erleichtert. Weiterhin muß das DBS durch Aufzeichnung redundanter Daten (Logging) im Normalbetrieb Vorsorge für den Fehlerfall treffen, um beispielsweise nach Auftreten eines Systemausfalls oder eines Gerätefehlers einen konsistenten DB-Zustand (genauer, den jüngsten transaktionskonsistenten DB-Zustand [HÄRD83b]) wiederherstellen zu können (Recovery). Schließlich muß das DBS für Synchronisation, d. h. für korrekte Abwicklung konkurrierender Benutzeroperationen auf den gemeinsamen DB-Daten sorgen. Hierbei handelt es sich vor allem um die Vermeidung von Fehlern, die im unkontrollierten Fall durch wechselseitige Beeinflussung provoziert werden. Es ist offensichtlich, daß alle genannten Kontrollaufgaben nicht von einzelnen Anwendungsprogrammen ausgeübt werden können; sie verlangen vielmehr zentralisierte Überprüfung und Abhilfemaßnahmen.

Zentralisierte Integritätskontrolle ist wiederum Voraussetzung für den *Transaktionsschutz*, durch den das DBS jeder Anwendung weitreichende Zusicherungen für die Ausführung ihrer Aufsuch- und Aktualisierungsoperationen garantiert. Durch das Transaktionskonzept mit seinen ACID-Eigenschaften [GRAY81c] werden Korrektheit und Ablauf der gesamten DB-Verarbeitung, insbesondere bei konkurrierender Benutzung und im Fehlerfall, in wesentlichen Aspekten festgelegt. Als dynamische Kontrollstruktur bietet eine Transaktion Atomarität (atomicity) für alle ihre DB-Operationen, Konsistenz (consistency) der geänderten DB, isolierte Ausführung (isolation) der Operationen im Mehrbenutzerbetrieb sowie Dauerhaftigkeit (durability) der in die DB eingebrachten Änderungen [HÄRD83b][2]. Im Kern verkörpert das Transaktionskonzept die „Alles-oder-Nichts"-Eigenschaft (Atomarität) jeglicher DBS-Verarbeitung, was ein einfaches Fehlermodell für die Abwicklung von DB-Operationen zuläßt. Auch im Fehlerfall wird eine Transaktion entweder vollständig unter Beachtung der ACID-Eigenschaften ausgeführt oder alle ihre Auswirkungen in der DB werden so getilgt, als sei sie nie gestartet worden. Diese weitreichenden Garantien erlauben die Implementierung einer Art Vertragsrecht durch DBS-Anwendungen. Sie machen es einsichtig, daß heute alle unternehmenskritischen Vorgänge und Abläufe DB-seitig transaktionsgeschützt abgewickelt werden. Das betrifft sowohl zentralisierte als auch verteilte Anwendungen. In [GRAY93] wird gezeigt, wie durch sog. Ressourcen-Manager-Architekturen neben den DB-Daten auch andere Betriebsmittel wie Nachrichten, Dateien, Programmiersprachenobjekte usw. sich in den Transaktionsschutz einbeziehen lassen.

---

[1] Akzeptabel heißt hier, daß eine Transaktion einen DB-Zustand hinterläßt, der alle definierten Integritätsbedingungen erfüllt. Das bedeutet nicht, daß der DB-Zustand auch korrekt ist, d. h. mit der abgebildeten Miniwelt übereinstimmt.

[2] Daß sich diese weitreichenden Zusicherungen des Transaktionsmodells auch lückenlos auf reale Anwendungen übertragen lassen, wünscht Jim Gray allen Betroffenen: „May all your transactions commit and never leave you in doubt".

Historisch gesehen wurde der Begriff „Transaktion" Mitte der siebziger Jahre durch DBS-Forscher und -Entwickler geprägt [GRAY76]. Seit dieser Zeit führte das Transaktionskonzept in DBS zu einem Paradigmenwechsel bei der Anwendungsprogrammierung. Seine Hauptvorteile liegen vor allem darin, daß dem Anwendungsprogramm eine fehlerfreie Sicht auf die Datenbank gewährt wird und daß es von allen Aspekten des Mehrbenutzerbetriebs isoliert ist. Weiterhin hat sich die Transaktionsorientierung als wesentliches Systemmerkmal in rasanter Weise durchgesetzt. Für DBS gilt sie heute bereits als unverzichtbare Eigenschaft, ja sogar als Definitionskriterium: ein DBS ohne Transaktionskonzept verdient seine Bezeichnung nicht. Auch in anderen Systemen, wie z. B. Betriebssystemen, findet es zunehmend Eingang.

Da Speichermedien immer billiger und zuverlässiger werden, wachsen heute die betrieblichen Datenbestände in enorme Größenordnungen, so daß *effiziente und parallele Verfahren der DB-Verarbeitung* einen hohen Stellenwert gewinnen. Zugriffsmethoden sollten sehr schnell und idealerweise unabhängig von der Größe des Datenbestandes sein, jedoch höchstens logarithmisch in der Zahl der Externspeicherzugriffe mit den Datenvolumina wachsen. Auswertungen, die durch neue Anforderungen auch immer komplexer werden, sollten durch zugeschnittene Algorithmen, verbesserte Vorplanung, vermehrten Hauptspeichereinsatz zur Datenpufferung usw. sowie durch Nutzung inhärenter Zugriffsparallelität optimiert werden können, um Leistungseinbußen beim Größenwachstum so weit wie möglich abzufangen.

Die Ubiquität von DBS in betrieblichen Anwendungs- und Informationssystemen verlangt quasi ständige Betriebsbereitschaft, was einerseits *hohe Verfügbarkeit und Fehlertoleranz* (*continuous operation*) erzwingt und andererseits keine separaten Zeiträume für die Reorganisation der Datenbestände, das Erstellen von Sicherungskopien usw. offenläßt. Folglich müssen Implementierungstechniken für Speicherungsstrukturen und Sicherungsmaßnahmen so ausgelegt sein, daß laufend dynamisch reorganisiert und inkrementell vorgegangen werden kann. Natürlich verlangt die Realisierung solcher Anforderungen redundante Auslegung und gekapselte Hardware- und Software-Entwurfseinheiten, um Fehler lokal isolieren und den Betrieb aufrechterhalten zu können. Techniken zur Erzielung sehr hoher Zuverlässigkeit sind jedoch nicht Inhalt dieses Buchs.

Ein DBVS ist als generisches System zu sehen, das in verschiedensten Anwendungsbereichen und mit unterschiedlichsten Leistungsanforderungen in bezug auf Durchsatz und Antwortzeit eingesetzt werden soll. Deshalb ist es außerordentlich wichtig, daß es *Skalierbarkeit* als wesentliche und durchgängige Systemeigenschaft besitzt, um bei unterschiedlichen Anwendungsprofilen mit weit variierenden Leistungsbereichen genutzt werden zu können. Ausschließlich durch Installation von mehr oder leistungsstärkeren Prozessoren sowie durch Vergrößerung von Haupt- und Externspeicher sollte eine idealerweise lineare Leistungssteigerung erzielbar sein, die sich in Einheiten der Anwendungsverarbeitung (Transaktionen) messen läßt. Beispielsweise sollte bei Zukauf von Hardware-Ressourcen der Transaktionsdurchsatz bei gleichbleibender mittlerer Antwortzeit entsprechend anwachsen. Andererseits sollte es, allerdings in gewissen Grenzen, möglich sein, durch vermehrten Hardware-Einsatz bei gleichbleibendem Transaktionsdurchsatz die mittlere Antwortzeit zu senken. Skalierbarkeit bedeutet vor allem, daß Datenvolumina und Anwendungslasten eines DBVS in weiten Bereichen ausschließlich durch Einsatz von HW-Ressourcen anwachsen können, ohne daß seine Leistung beeinträchtigt wird. Skalierbarkeit eines DBVS ist deshalb die Voraussetzung, daß es sich einerseits für Anwendungen unterschiedlichster Größe und Leistungsanforderungen heranziehen läßt und daß andererseits ein DBS mit dem Unternehmen wachsen kann.

1.2   DB-Schemaarchitektur nach ANSI/SPARC

Der Wunsch, ein DBS einzusetzen, um damit Kontrolle über alle Aspekte der Speicherung, Konsistenz und Nutzung der Daten ausüben zu können, setzt planmäßiges Vorgehen und Berücksichtigung vieler Randbedingungen voraus. Integration aller Daten, die vorher oft in verschiedenen Dateien und Dateisystemen nur getrennt zugänglich waren, und Datenunabhängigkeit bei möglichst allen Arten von Nutzungen sind dabei zweifellos Hauptziele.

Integration bedeutet einerseits, daß alle Daten einheitlich modelliert und beschrieben werden müssen, um typübergreifende Operationen und flexible Auswertungen auf den Daten durchführen zu können. Da es sich zunächst um eine gemeinschaftliche Sicht der Daten handeln soll, ist dabei auch Anwendungsneutralität von großer Wichtigkeit. Andererseits dürfen einzelne Benutzer nur auf die Teile der Datenbasis zugreifen, die zur Lösung ihrer Aufgaben erforderlich sind. Dabei sollen individuelle Sichten der benötigten Daten eine angemessene Unterstützung für anwendungsspezifische Problemlösungen liefern, ohne wiederum Abhängigkeiten zwischen Daten und Programmen einzuführen. Weiterhin können Leistungsanforderungen, durch die Mehrfachbenutzung der integrierten Daten bedingt, den Einsatz verschiedenartiger Speicherungsstrukturen für bestimmte Teile der Datenbasis (Repräsentationssicht) diktieren, so daß systemkontrollierte Redundanz für ausgewählte Anwendungen durch die physische Organisation der DB bereitzustellen ist. Auch hier dürfen Speicherungsredundanz und andere leistungsbezogene Maßnahmen die geforderte Datenunabhängigkeit nicht abschwächen. Durch eine geeignete Systemarchitektur und vorgegebene Zugriffsschnittstellen sollen die DB-Nutzer von den Leistungsaspekten des DBS abgeschirmt werden. Auf keinen Fall sind Beeinflussungen der logischen Organisation der integrierten Daten und der Benutzersichten oder gar Funktionsveränderungen zulässig.

1.2.1   Beschreibungsrahmen für DBS-Schnittstellen

Die hier exemplarisch aufgezeigten Abhängigkeiten zwischen Integration der Daten und Datenunabhängigkeit der Anwendungen machen deutlich, daß eine Lösung des Entwurfsproblems durch die Einführung eines Datenmodells alleine nicht zu erreichen ist. Es ist dafür vielmehr eine gesamtheitliche Analyse aller DBS-Aspekte und eine abgestimmte Vorgehensweise erforderlich. Dies wurde jedoch in den siebziger Jahren an der „Front" der DBS-Entwicklung nicht so deutlich erkannt. Im Expertenstreit ging es ausschließlich um Eigenschaften von Datenmodellen; dabei konkurrierten das Hierarchie-, das Netzwerk- und das Relationenmodell bei der Suche nach einem Beschreibungsmodell für die Datenintegration und einem

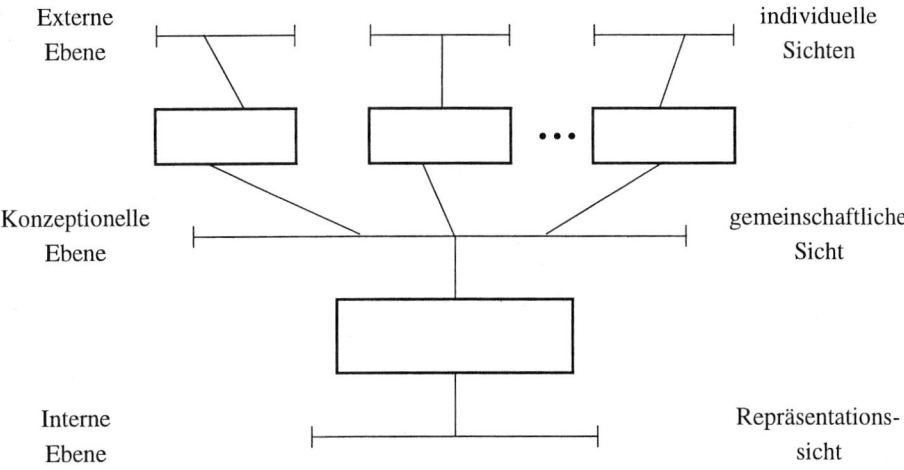

Abb. 1.1: Grobarchitektur für Schnittstellen nach ANSI/SPARC

DB-Verarbeitungsmodell für Anwendungsprogramme. Ohne konkretes Ergebnis wurden heftige wissenschaftliche Debatten um „das beste konzeptionelle Modell" geführt, was gelegentlich als Religionskrieg apostrophiert wurde.

In einer mehrjährigen Studie hat die „ANSI/X3/SPARC Study Group on Database Management Systems" (ANSI steht für American National Standards Institute) die Frage nach einer allgemeinen Beschreibungsarchitektur für DB-Funktionen, -Schnittstellen und -Nutzungen untersucht, wobei Datenintegration bei gleichzeitiger Datenunabhängigkeit herausragendes Entwurfsziel war. Ein Überblick zum ANSI/SPARC-Architekturvorschlag findet sich in [TSIC78], wo durch Graphiken und Schnittstellenbeschreibungen dessen Reichweite verdeutlicht wird. Durch die Festlegung von 40 Schnittstellen (unterschiedlicher Wichtigkeit und Komplexität) will der Architekturvorschlag einen Beschreibungsrahmen für alle Probleme und Aufgaben der Modellierung, Realisierung, Verwaltung und Nutzung von DB-Daten definieren. Aus dieser „Schnittstellenarchitektur" wählen wir nur solche Schnittstellen aus, die für unsere Diskussion der DBS-Realisierung wichtig sind. In Abb. 1.1 ist ein Ausschnitt der Schnittstellenarchitektur skizziert, der oft als ANSI/SPARC-Grobarchitektur bezeichnet wird. Schnittstellen bieten Beschreibungsebenen und damit gewisse Sichten auf die Daten. Zentral ist danach die integrative oder gemeinschaftliche Datensicht, die auch als *Konzeptionelle Ebene* bezeichnet wird. Benutzerspezifische Sichten werden auf der *Externen Ebene* festgelegt, während die *Interne Ebene* bestimmte Aspekte der physischen DB-Organisation beschreibt. Weitere Schnittstellen, welche die Spezifikation der Abbildung und Zuordnung der Daten auf Externspeicher erlauben, werden bei dieser Großcharakterisierung gewöhnlich weggelassen, sind im ANSI/SPARC-Vorschlag jedoch vorgesehen. Zu jeder Beschreibungsebene (Schnittstelle) gehört eine Sprache zur Spezifikation konkreter Objekte; das Ergebnis einer solchen Beschreibung wird, wie im DB-Bereich üblich, als Schema (und nicht als Modell) bezeichnet.

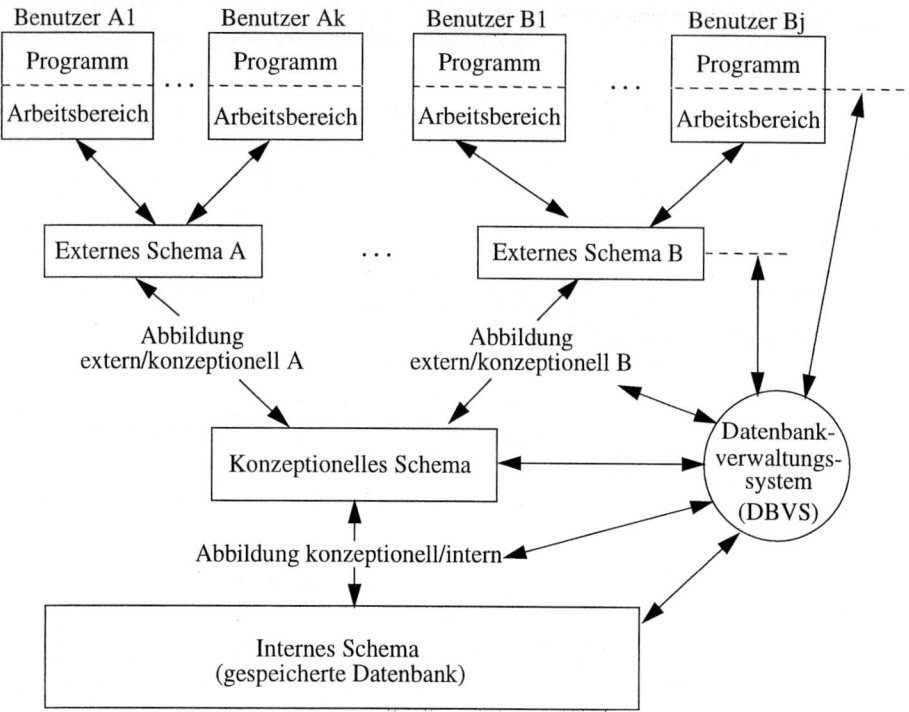

Abb. 1.2: Schnittstellen und ihre Abbildung im ANSI/SPARC-Vorschlag

1.2.2 Die wichtigsten DBS-Schnittstellen

In Abb. 1.2 wird der ANSI/SPARC-Vorschlag noch etwas weiter detailliert. Insbesondere soll dadurch der Kern des Vorschlages, die Definition einer DB-Schemaarchitektur, nochmals verdeutlicht werden. Die Aufgaben des DBVS erstrecken sich von der Verwaltung der gespeicherten Datenbank, über die Abbildungen, die durch die verschiedenen Schemata festgelegt werden, bis zu den Arbeitsbereichen der Programme, in denen die gelesenen und die zu schreibenden Datenobjekte abzuholen bzw. abzulegen sind.

Bei der Entwicklung eines Anwendungssystems liefert eine Informationsbedarfsanalyse in der betrachteten Miniwelt die Informationen über Sachverhalte, Beziehungen und Vorgänge, die im DBS durch Daten repräsentiert werden sollen. Der DB-Entwurf zielt zunächst auf eine gemeinschaftliche Sicht der integrierten Daten ab. Die Aufbereitung dieser Daten führt dann zur Definition des *Konzeptionellen Schemas*. Die Festlegung der physischen DB-Struktur erfolgt im *Internen Schema*. Sie ist zu ergänzen durch Angaben der Speicher- und Gerätezuordnung, für deren Spezifikation spezielle Sprachen[3] oder fallweise Dienstprogramme eines konkreten DBS eingesetzt werden.

---

[3] Beispielsweise wurde DMCL (Data Media Control Language) als entsprechende Spezifikationssprache für Speicherzuordnungsschemata von ANSI/SPARC vorgeschlagen.

Aus der gemeinschaftlichen Sicht werden i. allg. eine Reihe verschiedener individuellen Sichten abgeleitet, um Anwendungsprogrammen für ihre Problemlösung angemessene Datenstrukturen bieten zu können. Solche speziellen Benutzersichten sind jeweils durch ein separates *Externes Schema* zu spezifizieren. Mit der benutzerspezifischen Sichtenbildung werden zugleich wichtige Aufgaben, die einfache Nutzung und Zugriffsschutz der Daten betreffen, erfüllt. Durch eine explizite Abbildung (durch Projektion, Selektion und Verbund) ausgehend vom konzeptionellen Schema lassen sich externe Schemata an die Erfordernisse der Anwendung anpassen. Da außerdem nur die im externen Schema spezifizierten Daten für den Benutzer (Programm) sichtbar sind, wird eine Reduktion der Komplexität und eine vereinfachte Verarbeitung erreicht. Zugleich sind alle nicht in der Sicht definierten Datenobjekte dem Benutzer verborgen. Da diese nicht adressiert werden können, ergibt sich automatisch eine starke Isolation dieser Daten, die dem Zugriffsschutz dient. Schließlich wird eine explizite Abbildung der Datentypen (Datentypkonversion) auf die Datentypen der Wirtssprache vorgenommen. Dies ist eine Voraussetzung dafür, daß das DBS zusammen mit Anwendungsprogrammen, die in verschiedenen Programmiersprachen geschrieben sind, eingesetzt werden kann.

Solche mehrsprachenfähige DBS entsprechen einer wichtigen Anforderung aus der Praxis, da in einem Unternehmen nicht davon auszugehen ist, daß über einen langen Zeitraum nur eine einzige Programmiersprache eingesetzt wird. Die explizite Abbildung der Daten durch das externe Schema und ihre räumlich getrennte Verarbeitung im Arbeitsbereich des Benutzers erzielen auch eine Isolationswirkung bei Programmfehlern (oder beabsichtigten Manipulationen) in der Anwendung, die eine Zerstörung oder Korruption der DB-Daten verhindert.

Alle Schemata müssen vollständig definiert sein, bevor mit ihnen und einem generischen Datenbankverwaltungssystem (DBVS) ein konkretes DBS erzeugt werden kann. Im Mittelpunkt unserer Betrachtungen steht nachfolgend der Aufbau und die Realisierung solcher generischer DBVS, für die wir zunächst geeignete Schichtenarchitekturen einführen. Im Gegensatz zur ANSI/SPARC-Architektur, die im wesentlichen Schnittstellen beschreibt, dienen die nachfolgend eingeführten Schichtenmodelle zur Beschreibung und Erklärung der Realisierung von DBVS.

1.3 Schichtenmodell-Architektur

1.3.1 Anforderungen an den Systementwurf

Obwohl das Entwicklungsziel eines DBS durch Datenbankmodell und externe Benutzerschnittstellen klar vorgegeben ist, ist seine Realisierung eine vielschichtige Aufgabe, da es eine Reihe von zusätzlichen nichtfunktionalen Anforderungen wie Leistungsverhalten, Datenunabhängigkeit, Zuverlässigkeit, Robustheit u. a. erfüllen muß, um seine Praxistauglichkeit nachweisen zu können. Über die generelle Vorgehensweise beim Entwurf großer Software-Systeme und insbesondere über die Anwendungen bewährter Prinzipien des Software-Engineering herrscht in der Fachwelt weitgehend Übereinstimmung. Zur Reduktion der Komplexität sollte der Systementwurf auf eine durch Schichten von Abstraktionen[4] gekennzeichnete Architektur mit klar definierten Spezifikationen führen, die Voraussetzung für wesentliche Systemeigenschaften wie Modularität, Anpaßbarkeit, Erweiterbarkeit und Portabilität ist. Diese Eigenschaften werden weiter gefördert, wenn bei der Realisierung der einzelnen Schichten strukturierte Methoden des Programmentwurfs und Techniken der Kapselung von Datenstrukturen angewendet werden.

Neben diesen allgemeinen Entwurfseigenschaften sind bei der DBS-Realisierung, wie erwähnt, eine Reihe zusätzlicher Anforderungen einzuhalten, die eine effiziente und zuverlässige Systemnutzung gewährleisten sollen. Bei diesen Nebenbedingungen wollen wir zwei besonders betonen. Damit ein DBS im praktischen Einsatz akzeptiert wird, muß es die angebotenen Operationen ausreichend effizient ausführen können.[5] Dazu hat es einen Vorrat an geeigneten Speicherungsstrukturen und Zugriffspfaden sowie spezielle, darauf zugeschnittene Verfahren der Anfrageoptimierung bereitzuhalten. Neben dem Leistungsaspekt gilt ein hoher Grad an Datenunabhängigkeit als wichtigste Nebenbedingung des Systementwurfs. Datenunabhängigkeit soll einerseits eine möglichst große Isolation von Anwendungsprogramm und DBS gewährleisten und andererseits auch innerhalb des DBS eine möglichst starke Kapselung der einzelnen Komponenten bewerkstelligen. Datenunabhängigkeit muß deshalb durch eine geeignete DBS-Architektur unterstützt werden.

Da beim Einsatz von DBS bei der Vielfalt kommerzieller Anwendungen eine große Variationsbreite und Änderungswahrscheinlichkeit in der Darstellung und Menge der gespeicherten Daten, in der Häufigkeit und Art der Zugriffe sowie in der Verwendung von Speicherungsstrukturen und Gerätetypen zu erwarten ist, muß beim Systementwurf Vorsorge dafür getroffen werden. Erweiterbarkeit und Anpaßbarkeit sind beispielsweise nur zu erreichen, wenn die Auswirkungen von später einzubringenden Änderungen und Ergänzungen in der DBS-Software lokal begrenzt werden können. Diese Forderungen lassen sich am besten durch eine DBS-Architektur realisieren, die sich durch mehrere hierarchisch angeordnete Systemschichten auszeichnet. Aus diesem Grund verwenden wir hier als methodischen Ansatz ein hierarchisches Schichtenmodell zur Beschreibung des Systemaufbaus. Durch die einzelnen Abbildungen (Schichten) werden die wesentlichen Abstraktionsschritte von der Externspeicherebene bis zur Benutzerschnittstelle charakterisiert, die das DBS dynamisch vorzunehmen hat, um aus einer auf Magnetplatten gespeicherten Bitfolge abstrakte Objekte an der Benutzerschnittstelle abzuleiten.

1.3.2   Architekturprinzipien

Ziel unserer Überlegungen ist die Entwicklung einer Systemarchitektur für ein datenunabhängiges DBS. Da es keine Architekturlehre für den Aufbau großer Software-Systeme gibt, können wir keine konkreten Strukturierungsvorschläge heranziehen. Es existieren aus dem Bereich Software Engineering lediglich Empfehlungen, allgemeine Konzepte wie das Ge-

---

4   „Eine Hauptaufgabe der Informatik ist systematische Abstraktion" (H. Wedekind).
5   Denn für DBS und ihre Anwendungen gilt folgender populärer Spruch in besonderer Weise:
     „Leistung ist nicht alles, aber ohne Leistung ist alles nichts".

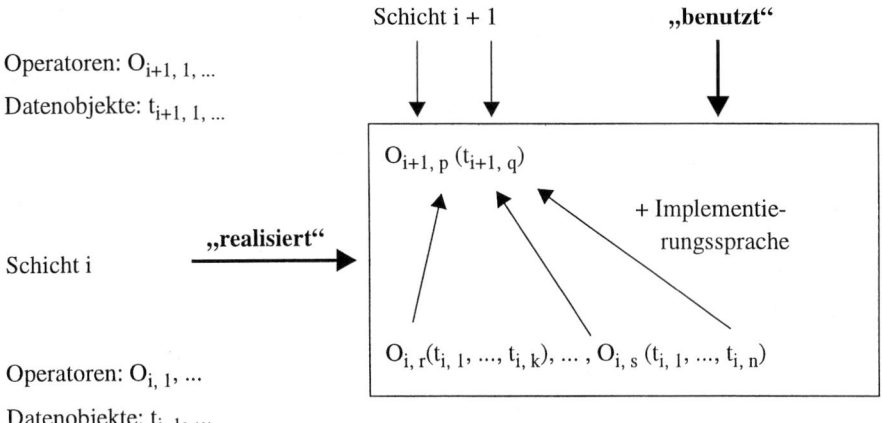

Abb. 1.3: Aufbauprinzip für eine Schicht

heimnisprinzip (*information hiding* nach Parnas [PARN72]) und eine hierarchische Strukturierung [PARN75] zu nutzen. Daraus lassen sich wichtige Hinweise ableiten, große SW-Systeme aus hierarchisch angeordneten Schichten aufzubauen, wobei Schicht i+1 die Operatoren und Datenobjekte „benutzt"[6], die Schicht i „realisiert". Dieses Aufbauprinzip ist in Abb. 1.3 veranschaulicht.

Nach Parnas ergeben sich unmittelbar eine Reihe von Vorteilen für die Entwicklung des SW-Systems, die als Konsequenzen der Nutzung hierarchischer Strukturen und durch die Benutzt-Relation erzielte Kapselung angesehen werden können:

- Höhere Ebenen (Systemkomponenten) werden einfacher, weil sie tiefere Ebenen (Systemkomponenten) benutzen können.
- Änderungen auf höheren Ebenen sind ohne Einfluß auf tieferen Ebenen.
- Höhere Ebenen lassen sich abtrennen, tiefere Ebenen bleiben trotzdem funktionsfähig.
- Tiefere Ebenen können getestet werden, bevor die höheren Ebenen lauffähig sind.

Weiterhin läßt sich jede Hierarchieebene als abstrakte oder virtuelle Maschine auffassen. Solche Abstraktionsebenen erlauben, daß

- Programme (Module) der Schicht i als abstrakte Maschine die Programme der Schicht i-1, die als Basismaschine dienen, benutzen und
- die abstrakte Maschine der Schicht i wiederum als Basismaschine für die Implementierung der abstrakten Maschine der Schicht i+1 dient.

Eine abstrakte Maschine entsteht aus der Basismaschine durch Abstraktion. Dabei werden einige Eigenschaften der Basismaschine verborgen. Zusätzliche Fähigkeiten werden durch Implementierung höherer Operationen für die abstrakte Maschine bereitgestellt.

---

[6] Definition der Benutzt-Relation nach [PARN72]: A benutzt B, wenn A B aufruft und die korrekte Ausführung von B für die vollständige Ausführung von A notwendig ist.

Die eingeführten Prinzipien beantworten noch nicht die Frage nach der Anzahl n der Schichten, die eine „optimale" DBS-Architektur aufweisen sollte. Offensichtlich ist die Wahl von n = 1 nicht geeignet, die oben eingeführten Anforderungen zu erfüllen, da die resultierende monolithische Systemstruktur keine Reduktion der Systemkomplexität erzielt (fehlende Aufteilung) und auch keine Kapselung von Aufgaben und Abbildungsvorgängen im DBS-Code erzwingt. Zur Diskussion einer geeigneteren Architektur wollen wir zunächst die Rolle von n, d. h. der Schichtenanzahl, ausloten. Zwei divergierende Einflußfaktoren lassen sich für n > 1 (bis zu einer vernünftigen Obergrenze bis etwa n < 10) ausmachen. Zunächst führt ein größeres n auf eine Reduktion der Komplexität der einzelnen Schichten. Schritthaltend damit werden wegen der Kapselung die Auswirkungen von Systemänderungen und -ergänzungen eingegrenzt. Also wird damit eine Evolution der Systemfunktionalität oder ihre Anpassung an Umgebungsänderungen einfacher und weniger fehleranfällig. Dagegen ist bei steigender Anzahl der Schnittstellen vor allem mit Leistungseinbußen zu rechnen. Die unterstellte strikte Kapselungseigenschaften der Schichten erzwingt bei jedem Schnittstellenübergang eine Parameterprüfung der Operationsaufrufe und einen Datentransport von Schicht zu Schicht mit einer schichtenspezifischen Konversion der Datentypen und Übertragung der angeforderten Granulate. Das impliziert Kopiervorgänge beim Lesen (nach oben) und Propagieren von Änderungen (nach unten). Zudem wird die nichtlokale Fehlerbehandlung schwieriger, da Fehlermeldungen von Schicht zu Schicht (nach oben) gereicht und dabei „schichtenspezifisch erklärt" werden müssen. Wenn nur innerhalb einer Schicht Annahmen über die Operationsausführung getroffen werden können, werden offensichtlich mit der Verkleinerung der Softwareschicht (Abbildung) auch die Optimierungsmaßnahmen und ihre Reichweiten reduziert. Mit diesen Überlegungen als Entwurfsinformation führen wir nun zuerst ein Drei-Schichten-Modell für den statischen DBS-Aufbau ein. Dieses wird später zur besseren Erklärung und Separierung der Realisierungskonzepte und -techniken zu einem Fünf-Schichten-Modell erweitert. Um die oben erwähnte Problematik der Rolle von n zu entschärfen, wird anschließend gezeigt, wie zur Laufzeit, also bei der Abwicklung von DB-Operationen, einige Schichten „wegoptimiert" werden können, um so ein besseres Leistungsverhalten zu gewährleisten.

1.3.3   Ein einfaches Schichtenmodell

Das mehrstufige Schichtenmodell, das von uns als allgemeiner Beschreibungsrahmen für die DBS-Architektur herangezogen wird, begünstigt eine saubere hierarchische Systemstrukturierung. Wie eben erörtert, hat eine solche DBS-Architektur weitreichende Folgen für Komplexität und Leistungsverhalten des zu realisierenden Systems. Es ist jedoch nicht trivial, eine gute Schichtenbildung zu finden.[7] Ganz allgemein sollten dabei drei wichtige Kriterien erfüllt werden:

– „günstige" Zerlegung des DBS in „nicht beliebig viele" Schichten,

---

[7]   „Die durch Abstraktion entstandenen Konstrukte der Informatik als Bedingungen möglicher Information sind zugleich die Bedingungen der möglichen Gegenstände der Information in den Anwendungen" (H. Wedekind in Anlehnung an eine Aussage Kants aus der „Kritik der reinen Vernunft"). Vereinfacht ausgedrückt: Informatiker erfinden (konstruieren) abstrakte Konzepte; diese ermöglichen (oder begrenzen) wiederum die spezifischen Anwendungen.

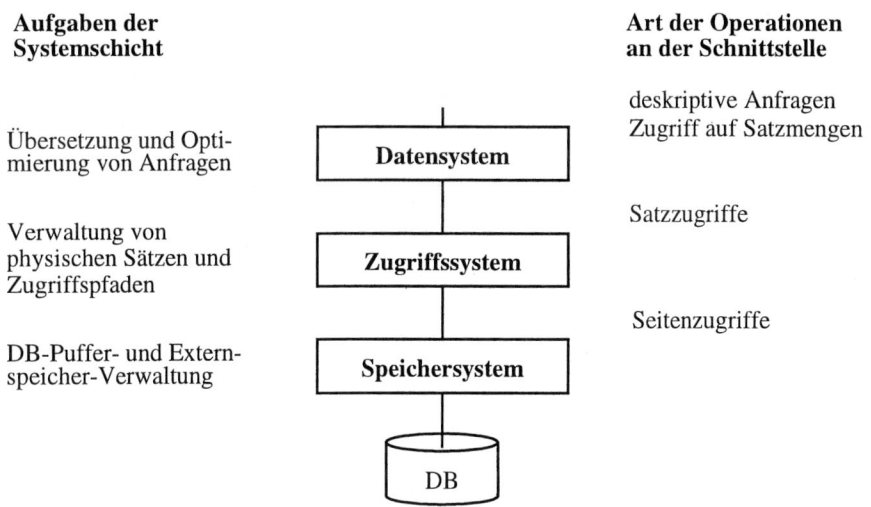

**Aufgaben der
Systemschicht**

**Art der Operationen
an der Schnittstelle**

Übersetzung und Opti-
mierung von Anfragen

deskriptive Anfragen
Zugriff auf Satzmengen

Verwaltung von
physischen Sätzen und
Zugriffspfaden

Satzzugriffe

DB-Puffer- und Extern-
speicher-Verwaltung

Seitenzugriffe

Datensystem

Zugriffssystem

Speichersystem

DB

Abb. 1.4: Vereinfachtes Schichtenmodell

- optimale Bedienung der darüberliegenden Schicht mit ihren Aufgaben,
- implementierungsunabhängige und möglichst allgemeine Beschreibung der Funktionen
  jeder Schnittstelle (Ebene).

Für die Zerlegung und für die Wahl der Objekte/Operatoren läßt sich kein Algorithmus angeben. Deshalb muß sich der Entwurf des Schichtenmodells in der Regel auf „Erfahrung" abstützen.

Ein vereinfachtes Schichtenmodell soll zunächst zur Beschreibung der Datenabbildungen
von der mengenorientierten DB-Schnittstelle bis zur Externspeicherrepräsentation dienen. Es
wurde schon in [ASTR76] zur Darstellung der Architektur eines relationalen DBS in ähnlicher Weise eingeführt. Abb. 1.4 veranschaulicht die Aufgaben der jeweiligen Systemschicht
und den Abstraktionsgewinn, den die Operationen auf den jeweiligen Schichten nutzen können. Durch explizite Separierung des Speichersystems heben wir in diesem Modell die Aufgaben der Extern- und Hauptspeicherverwaltung (in Form des DB-Puffers) hervor. So stellt das
Speichersystem die Zugriffseinheit „Seite" im DB-Puffer zur Verfügung. Es verbirgt auf diese
Weise alle Aspekte der Externspeicherabbildung und -anbindung und bietet somit für höhere
Systemschichten die Illusion einer seitenstrukturierten Hauptspeicher-DB. Die Abbildung von
Sätzen und Zugriffspfaden auf Seiten erfolgt durch das Zugriffssystem, wobei nach oben ein
satzweiser Zugriff auf die physischen Objekte und Speicherungsstrukturen (interne Sätze) an-
geboten wird. Das Datensystem schließlich überbrückt die Kluft von der mengenorientierten
Tupelschnittstelle (für Relationen und Sichten) zur satzweisen Verarbeitung interner Sätze.
Dabei ist die Übersetzung und Optimierung von deskriptiven Anfragen eine der Hauptaufga-
ben dieser Schicht.

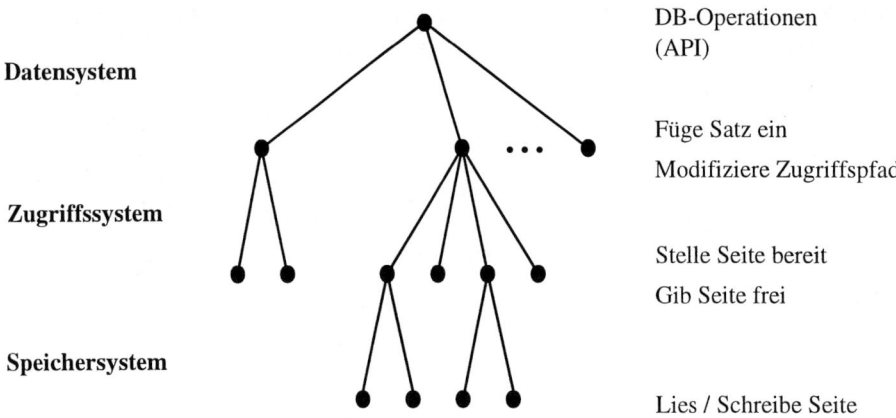

Datensystem

DB-Operationen
(API)

Füge Satz ein
Modifiziere Zugriffspfad

Zugriffssystem

Stelle Seite bereit
Gib Seite frei

Speichersystem

Lies / Schreibe Seite

Abb. 1.5:   Dynamischer Kontrollfluß durch das Schichtenmodell - Beispiel

In Abb. 1.5 ist der dynamische Kontrollfluß durch das Schichtenmodell skizziert, um das Zusammenspiel der einzelnen Schichten etwas zu beleuchten. Eine mengenorientierte DB-Operation wird im Datensystem mit Hilfe von satzorientierten Operationen des Zugriffssystems abgewickelt. Manche dieser Operationen können auf bereits im DB-Puffer vorhandenen Seiten ausgeführt werden. Andere Operationen erfordern dagegen das Nachladen (Lesen) oder Ausschreiben von Seiten, was den Aufruf des Speichersystems impliziert. Bei einem sequentiellen DBS kann man sich die Abwicklung des dynamischen Ablaufs nach dem Prinzip der Tiefensuche (*left-most, depth-first*) vorstellen. Die Ausführung mengenorientierter DB-Operationen erzeugt in vielen Fällen sehr breite Kontrollflußgraphen (oder Mehrwegbäume mit einem großen Verzweigungsgrad, ggf. in allen drei Systemschichten). Deshalb soll Abb. 1.5 auch die Möglichkeit verdeutlichen, daß mengenorientierte DB-Operationen sich neben der Anfrageoptimierung auch zur Parallelisierung eignen. Im Beispiel bedeutet dies, daß bei geeigneten Systemvoraussetzungen mehrere Aufrufe des Zugriffssystems und dort möglicherweise mehrere Aufrufe des Speichersystems parallel abgesetzt und ausgeführt werden können.

1.3.4   Integration von Metadaten- und Transaktionsverwaltung

DBVS sind von ihrem Aufbau und ihrer Einsatzorientierung her in hohem Maße generische Systeme. Sie sind so entworfen, daß sie flexibel durch Parameterwahl und ggf. durch Einbindung spezieller Komponenten für eine vorgegebene Anwendungsumgebung zu konfigurieren sind. Das resultierende DBVS zusammen mit seiner konkreten Datenbasis wird zur besseren Unterscheidung vom generischen System auch als DBS bezeichnet. In diesem Buch diskutieren wir in der Regel nur die generischen Aspekte im Rahmen unserer Schichtenarchitektur und bezeichnen das generische Laufzeitsystem zur Datenbankverwaltung verkürzt mit DBS.

Die Datenstrukturen und Operatoren unseres Schichtenmodells sind also generisch, d. h., an jeder Schnittstelle sind nur bestimmte Objekttypen und ihre charakteristischen Operationen vorgegeben, jedoch nicht ihre anwendungsbezogene Spezifikation und Semantik (z. B. durch Angabe spezieller Einschränkungen). Beispielsweise bietet unser Schichtenmodell (Abb. 1.4) an der Schnittstelle des Datensystems nur generische „Relationen" (Satzmengen) mit ihren Operationen. Ihre Anzahl oder ihre konkrete Anwendungsanbindung mit Angabe von Wertebereichen, Attributen, Integritätsbedingungen usw. ist jedoch nicht festgelegt. Ebenso wird die Externspeicherabbildung durch ein generisches Dateikonzept vorgenommen. Die Beschreibung der konkret benötigten Dateien, ihre Anzahl und ihre Verteilung auf Speichermedien sowie andere anwendungsspezifische Parameter sind nicht berücksichtigt.

Diese Beispiele sollen zeigen, daß in jeder Schicht anwendungsbezogene Beschreibungsinformation benötigt wird, um aus dem generischen System ein DBS zu konfigurieren. Diese Beschreibungsinformation wird beim DB-Entwurf gewonnen und z. B. nach dem AN-SI/SPARC-Ansatz systematisch geordnet und vervollständigt. Das DB-Schema (mit seiner Unterteilung in externes, konzeptionelles und internes Schema) dokumentiert also den DB-Entwurf und enthält die zugehörige Beschreibungsinformation für ein konkretes DBS in lesbarer Form. Bei der Konfigurierung des DBS muß sie dem System zugänglich gemacht werden, um aus den generischen Objekten konkrete Objekte mit ihren Operationen ableiten zu können. Diese dem DBS zugänglichen Beschreibungsinformationen heißen auch Metadaten. Sie werden zur Laufzeit eines DBS gelesen, interpretiert und ständig aktualisiert. Während der Lebenszeit eines DBS fallen häufig auch sog. Schemaevolutionen an, die Änderungen von Struktur und Beschreibung der Miniwelt im DBS nachvollziehen. Hierbei sind persistente und konsistente Änderungen der Metadaten zu gewährleisten. Deshalb wird eine eigene Metadatenverwaltung bereitgestellt.

Da dafür im Prinzip alle Aufgaben der Datenverwaltung (eine DB zur Beschreibung der DB) durchzuführen sind, entspricht ihre Funktionalität der des eigentlichen DBS. Häufig werden deshalb solche Systeme als eigenstandige Systeme entwickelt und am Mark angeboten (Data Dictionary, Data Repository u. a.). In unserer Vorstellung wollen wir jedoch die entsprechende Funktionalität im Rahmen unseres Schichtenmodells beschreiben und integrieren, da dazu prinzipiell dieselben Verfahren und Implementierungstechniken wie für die Verwaltung der eigentlichen DB-Daten erforderlich sind.

Beschreibungsdaten werden zur Realisierung der Aufgaben in jeder Schicht benötigt. Um dies zu unterstreichen, illustrieren wir in Abb. 1.6 die Metadatenverwaltung als konzeptionell eigenständige Komponente, welche die Abstraktionsebenen aller unserer Modellschichten überdeckt. Das soll nicht bedeuten, daß sie immer auch als eigenständige Komponente realisiert ist. Später werden wir die Beschreibungs- und Abbildungsinformationen wiederum den einzelnen Schichten zuordnen und im Rahmen der Konkretisierung der jeweiligen Schicht beschreiben (siehe Abb. 1.7).

Eine weitere wichtige Aufgabe eines DBS ist die Bereitstellung eines Transaktionskonzeptes (siehe Kapitel 13), was durch die Komponente der Transaktionsverwaltung übernommen wird. Auch hier gibt es verschiedene Möglichkeiten der Realisierung und der Schichtenzuord-

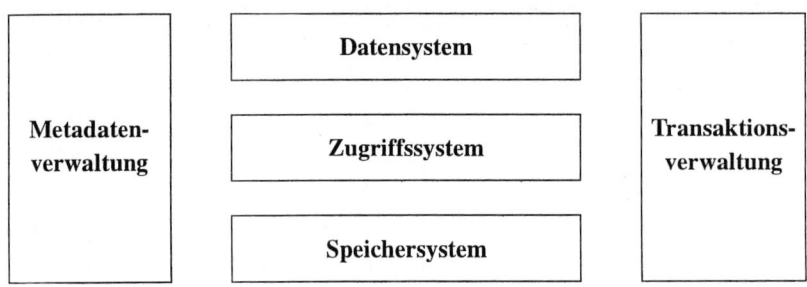

Abb. 1.6:   Grobarchitektur eines DBS

nung, die erst später detailliert werden können. In Abb. 1.6, in dem nur grobe Zusammenhänge veranschaulicht werden, stellen wir die Transaktionsverwaltung deshalb ebenfalls als schichtenübergreifende Komponente dar.

1.3.5   Schichtenmodell eines datenunabhängigen DBS

Nach der Illustration der Schichtenbildung anhand eines vereinfachten Modells wollen wir nun zur besseren Erklärung der Konzepte und Verfahren ein verfeinertes Schichtenmodell zur Implementierung eines datenunabhängigen DBS [HÄRD83a] einführen, dessen fünf Schichten in Abb. 1.7 gezeigt sind. Im Vergleich zum vereinfachten Schichtenmodell in Abb. 1.4 wurden sowohl das Datensystem als auch das Speichersystem aufgespalten und jeweils durch zwei Schichten dargestellt.

Jede Systemschicht realisiert die entsprechenden Strukturen der zugeordneten Entwurfs-ebene. Die Schnittstellen zwischen den einzelnen Schichten werden jeweils durch einige typische Operationen charakterisiert. Die zugehörigen Objekte sind beispielhaft als Adressierungseinheiten für jede Abbildungsschicht dargestellt, wobei die Objekte an der oberen Schnittstelle den Objekten der unteren Schnittstelle der nächsthöheren Schicht entsprechen. Die an einer Schnittstelle verfügbaren Objekte und Operationen werden von den direkt übergeordneten Komponenten wiederum zur Realisierung ihrer spezifischen Strukturen und Funktionen benutzt. Daneben sind noch einige wichtige Hilfsstrukturen und Beschreibungsdaten, die zur Realisierung der Schicht herangezogen werden, angegeben. Das Geheimnisprinzip verlangt, daß diese Hilfsstrukturen an den jeweiligen Schnittstellen nicht sichtbar sind. So lassen sich Änderungen von Implementierungstechniken und (bis zu einem gewissen Grad) ihre Ergänzungen oder Erweiterungen „nach außen" verbergen. Das Geheimnisprinzip ist somit Voraussetzung für die geforderte Anpaßbarkeit und die Erweiterbarkeit des DBS.

Die *Geräteschnittstelle* ist durch die verwendeten externen Speichermedien vorgegeben. Durch die Systemschicht, welche die Speicherzuordnungsstrukturen verkörpert, wird eine *Dateischnittstelle* erzeugt, auf der von Gerätecharakteristika wie Speichertyp, Zylinder- und

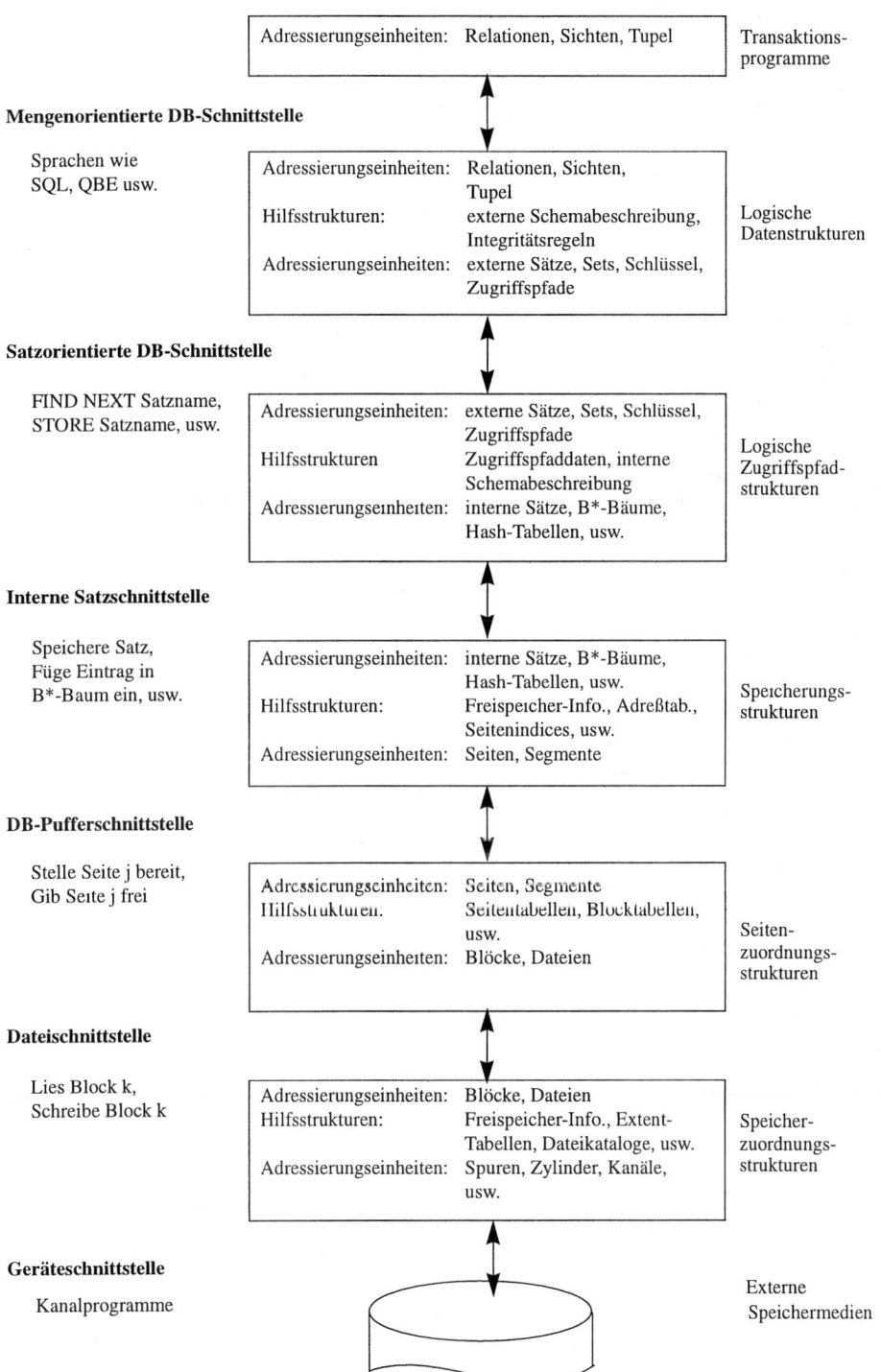

Mengenorientierte DB-Schnittstelle

Sprachen wie
SQL, QBE usw.

Satzorientierte DB-Schnittstelle

FIND NEXT Satzname,
STORE Satzname, usw.

Interne Satzschnittstelle

Speichere Satz,
Füge Eintrag in
B*-Baum ein, usw.

DB-Pufferschnittstelle

Stelle Seite j bereit,
Gib Seite j frei

Dateischnittstelle

Lies Block k,
Schreibe Block k

Geräteschnittstelle

Kanalprogramme

Adressierungseinheiten: Relationen, Sichten, Tupel	Transaktions-programme
Adressierungseinheiten: Relationen, Sichten, Tupel Hilfsstrukturen: externe Schemabeschreibung, Integritätsregeln Adressierungseinheiten: externe Sätze, Sets, Schlüssel, Zugriffspfade	Logische Datenstrukturen
Adressierungseinheiten: externe Sätze, Sets, Schlüssel, Zugriffspfade Hilfsstrukturen Zugriffspfaddaten, interne Schemabeschreibung Adressierungseinheiten: interne Sätze, B*-Bäume, Hash-Tabellen, usw.	Logische Zugriffspfad-strukturen
Adressierungseinheiten: interne Sätze, B*-Bäume, Hash-Tabellen, usw. Hilfsstrukturen: Freispeicher-Info., Adreßtab., Seitenindices, usw. Adressierungseinheiten: Seiten, Segmente	Speicherungs-strukturen
Adressierungseinheiten: Seiten, Segmente Hilfsstrukturen: Seitentabellen, Blocktabellen, usw. Adressierungseinheiten: Blöcke, Dateien	Seiten-zuordnungs-strukturen
Adressierungseinheiten: Blöcke, Dateien Hilfsstrukturen: Freispeicher-Info., Extent-Tabellen, Dateikataloge, usw. Adressierungseinheiten: Spuren, Zylinder, Kanäle, usw.	Speicher-zuordnungs-strukturen
	Externe Speichermedien

Abb. 1.7: Schichtenmodell für ein datenunabhängiges Datenbanksystem

Spuranzahl, Spurlänge usw. abstrahiert werden kann. Diese explizite Abbildung erzielt eine Trennung von Block und Slot sowie von Datei und Speichermedium.

Die nächste Systemschicht – die Ebene der sog. Seitenzuordnungsstrukturen – realisiert die *DB-Pufferschnittstelle* und stellt Segmente mit sichtbaren Seitengrenzen als lineare Adreßräume im DB-Puffer zur Verfügung. Dadurch erfolgt eine konzeptionelle Trennung von Segment und Datei sowie Seite und Block. Als Folge davon lassen sich, für höhere Systemschichten verborgen, verschiedenartige Einbringstrategien für geänderte Seiten einführen, die vor allem die Recovery-Funktionen vereinfachen.

Die nächste Systemschicht realisiert eine Menge von Speicherungsstrukturen wie interne Sätze und physische Zugriffspfade, die sie auf Seiten von Segmenten abbildet. Durch ein reichhaltiges Angebot von verschiedenartigen Zugriffspfaden und Speicherungsoptionen, mit denen das Systemverhalten auf die Leistungsanforderungen der konkreten Anwendungen hin optimiert werden kann, trägt diese Systemschicht in besonderer Weise zur Einhaltung von Performance-Zielen bei. Sie implementiert die *interne Satzschnittstelle*, deren Zweck die Trennung von Sätzen, Einträgen in Zugriffspfaden usw. und Seiten sowie ihrer Zuordnung zu Segmenten ist. Weiterhin erlaubt sie eine Abstraktion von Implementierungsdetails der Sätze und Zugriffspfade.

Die Ebene der Logischen Zugriffspfade stellt eine *satzorientierte DB-Schnittstelle* zur Verfügung, die eine Bezugnahme auf externe Sätze und auf Funktionen von Zugriffspfaden gestattet. Sie verbirgt die gewählten Implementierungskonzepte für Sätze und Zugriffspfade und erzielt damit eine Unabhängigkeit von den Speicherungsstrukturen. Ihre Funktionsmächtigkeit entspricht der eines zugriffspfadbezogenen Datenmodells. Die satzorientierte DB-Schnittstelle dient in DBS nach dem Hierarchie- oder Netzwerkmodell sowie in objektorientierten DBS (OODBS) als Anwendungsprogrammierschnittstelle. Auch aus diesem Grund wird sie in unserem Schichtenmodell explizit ausgewiesen.

Als oberste Schicht der Abbildungshierarchie wird durch die Ebene der Logischen Datenstrukturen eine *mengenorientierte DB-Schnittstelle* (zugriffspfadunabhängiges Datenbankmodell) realisiert, die Zugriffsmöglichkeiten in deskriptiven Sprachen bietet. Der Benutzer kommt auf ihr ohne Navigieren auf logischen Zugriffspfaden aus. Neben der Zugriffspfadunabhängigkeit läßt sich auf dieser Schicht mit Hilfe des Sicht-Konzeptes [CHAM80] ein gewisser Grad an logischer Datenstrukturunabhängigkeit erreichen. Ein wichtiges Beispiel für die mengenorientierte DB-Schnittstelle verkörpert das Relationenmodell mit der Sprache SQL.

Während die Systematik der Schichtenbildung sich an den Notwendigkeiten einer geeigneten Objektabbildung orientiert und dadurch in ihrer vorliegenden Form festgelegt ist, ergeben sich für die Einordnung der Datensicherungs- und Recovery-Funktionen eine Reihe von Freiheitsgraden. Zugriffs- und Integritätskontrolle sind jeweils an die an der externen Benutzerschnittstelle (Programmierschnittstelle) sichtbaren Objekte und Operationen gebunden. Deshalb sind die zugehörigen Maßnahmen in der entsprechenden Abbildungsschicht (also entweder in der Schicht der Logischen Datenstrukturen oder in der Schicht der Logischen Zugriffspfade) zu bewerkstelligen. Auch die Transaktionsverwaltung ist einer Schicht zuzuordnen, in der die Zusammengehörigkeit von externen Operationsfolgen eines Benutzer noch erkannt und kontrolliert werden kann. Wie in Kapitel 14 und 15 ausführlich gezeigt wird, können die Synchronisationsverfahren und die Recovery-Funktionen in verschiedenen Abbildungsschichten mit unterschiedlicher Effizienz angesiedelt werden.

1.3.6 Optimierungsüberlegungen

Wir betrachten unser Schichtenmodell, das als statisches Modell die schrittweise Realisierung immer komplexerer DB-Objekte zu beschreiben gestattet, eher als ein Erklärungsmodell, bei dem die strikte Isolation der einzelnen Abbildungsschichten gewahrt wird. Es wurde bereits erörtert, daß bei strikter Schichtenkapselung die Überquerung einer Schnittstelle gewisse Kosten verursacht. Deshalb ist es zur Laufzeitoptimierung wichtig, die Anzahl der Schnittstellenüberquerungen und insbesondere die dabei erforderlichen Kopiervorgänge der Daten zu minimieren.

In den unteren beiden Schichten bietet ein großer DB-Puffer mit effektiven Verwaltungsalgorithmen die wirksamste Maßnahme zur Laufzeitoptimierung, da so erreicht werden kann, daß nur für einen Bruchteil der logischen Seitenreferenzen tatsächlich physische E/A-Vorgänge erforderlich werden. Außerdem kann man bei der Abbildung von Seiten auf Blöcke (bei gleicher Granulatgröße) sehr effizient verfahren und insbesondere explizite Zwischenkopien der Daten einsparen. Bei den oberen Systemschichten lassen sich erhebliche Einsparungen erzielen, wenn die Schicht der Logischen Datenstrukturen nicht als Interpreter für SQL-Anweisungen fungieren muß, sondern zur Laufzeit durch sog. Zugriffsmodule (pro SQL-Anweisung oder Anwendungsprogramm) ersetzt wird, wobei bereits eine frühe Bindung der Zugriffsoperationen an interne Schnittstellen erfolgt (siehe Kapitel 12). Auf diese Weise läßt sich die oberste Schicht (oder gar die beiden obersten Schichten) „wegoptimieren", d. h., Anweisungen der mengenorientierten DB-Schnittstelle werden direkt auf die satzorientierte DB-Schnittstelle (oder gar die interne Satzschnittstelle) abgebildet und mit Hilfe von generierten Zugriffsmodulen als Operationsfolgen auf dieser Schnittstelle ausgeführt.

Zusätzlich ist es in einer konkreten Implementierung häufig erforderlich, die Reichweite von Optimierungsmaßnahmen auszudehnen oder globale Information zentralisiert zur Verfügung zu stellen. Als besonders wirksam hat es sich in diesem Zusammenhang erwiesen, Informationsflüsse selektiv auch über mehrere Schichten hinweg zu erlauben, in erster Linie, um eine globale Optimierung von leistungskritischen Verfahren durchführen zu können. Ein Musterbeispiel dafür ist die Kooperation von Anfrageoptimierung und DB-Pufferverwaltung. Wenn beispielsweise nach der Übersetzung und Optimierung einer SQL-Anfrage in Schicht 5 bekannt ist, welcher Operator auf welche Daten (wiederholt) zugreift, kann die DB-Pufferverwaltung in Schicht 2 mit dieser Information eine gezielte Speicherplatzallokation vornehmen und den Auswertungsaufwand ggf. durch Prefetching noch weiter reduzieren. Auch bei der zur Lastkontrolle erforderliche Abstimmung mehrerer Komponenten sowie bei bestimmten Synchronisations- und Recovery-Funktionen ist häufig eine schichtenübergreifende Kooperation angezeigt, um effiziente Protokolle anbieten zu können.

1.4   Erweiterungen der DBS-Architektur

Das Schichtenmodell beschreibt im Detail die erforderlichen Schritte der Datenabbildung von mengen- oder satzorientierten DB-Schnittstellen bis zur persistenten Speicherung der Daten auf Externspeicher. Es läßt sich deshalb nicht nur für zentralisierte Datenbanksysteme nach dem Hierarchie-, dem Netzwerk- oder dem Relationenmodell heranziehen[8], sondern es kann auch zu Beschreibung komplexerer Datenhaltungssysteme dienen, seien sie nun zentralisiert oder verteilt. Unser bisher eingeführtes Schichtenmodell verkörpert dann das Kernsystem, das allgemeine und anwendungsneutrale DBS-Funktionen über satz- oder mengenorientierte Schnittstellen anbietet, die wiederum in speziellen Subsystemen und Komponenten für zugeschnittene Dienste oder in zusätzlichen Schichten zur Abbildung anwendungsspezifischer Objekte und Operationen genutzt werden können.

1.4.1   DBS-Kern-Architektur

In Anwendungsbereichen, die beispielsweise eine Unterstützung der Entwurfs-, Planungs- und Verwaltungsarbeit durch DBS erfordern und oft als Non-Standard-Anwendungen (z. B. CAD, CAM oder VLSI-Entwurf) bezeichnet werden, reichen die Modellierungs- und Verarbeitungskonzepte der klassischen Datenmodelle nicht mehr aus, um darauf aufbauend unmittelbar angemessene Problemlösungen zur Verfügung stellen zu können. Deshalb wurden schon Anfang der achtziger Jahre verbesserte Modellierungs- und Verarbeitungskonzepte (für sog. komplexe Objekte) als DBS-Angebot verlangt.

Wegen der komplexen Datenstrukturen und Beziehungen sowie der zugeschnittenen Operationen kann keine allgemeingültige Lösung im Sinne unserer mengenorientierten DB-Schnittstelle (Datenmodellschnittstelle in Abb. 1.8) erwartet werden. Deshalb wurden erweiterte DBS-Architekturen entwickelt, bei denen die gewünschte anwendungsspezifische DBS-Funktionalität durch Zusatzschichten bereitgestellt wurde [HÄRD87a, PAUL87]. Wegen der starken Differenzierung dieser Funktionalität mußte pro Anwendungsbereich eine separate Zusatzschicht (Modellabbildung) entwickelt werden, deren Dienste dem Benutzer an der Anwendungsschnittstelle angeboten werden. Außerdem erzwangen die interaktive Systemnutzung, die häufige Ausführung berechnungsintensiver Funktionen sowie die aus Leistungsgründen erforderliche Nutzung von Referenzlokalität auf den Daten die Verfügbarkeit solcher Zusatzschichten „in der Nähe der Anwendung", was ihre client-seitige Zuordnung (in einer Workstation) begründet.

In Abb. 1.8 ist eine solche Grobarchitektur mit einem allgemein einsetzbaren DBS-Kern-System skizziert. Insbesondere ergeben sich bei der Realisierung solcher DBS-Erweiterungen client-seitig spezielle Probleme, deren Lösung hier nicht weiterverfolgt werden kann. Vertiefende Darstellungen sind in der aktuellen Literatur zur Architektur von DBS-Erweiterungen

---

[8]   Eine Variation dieses Schichtenmodells läßt sich auch zur Realisierung eines datenmodellunabhängigen DBS-Kern-Systems heranziehen. In [ARUN98] wird eine Kern-Architektur beschrieben, die gleichzeitig zwei verschiedene Datenmodelle unterstützt und mit relationalen (Oracle/Rdb) und netzwerkartigen DB-Schnittstellen (Oracle CODASYL DBMS) ausgestattet wurde.

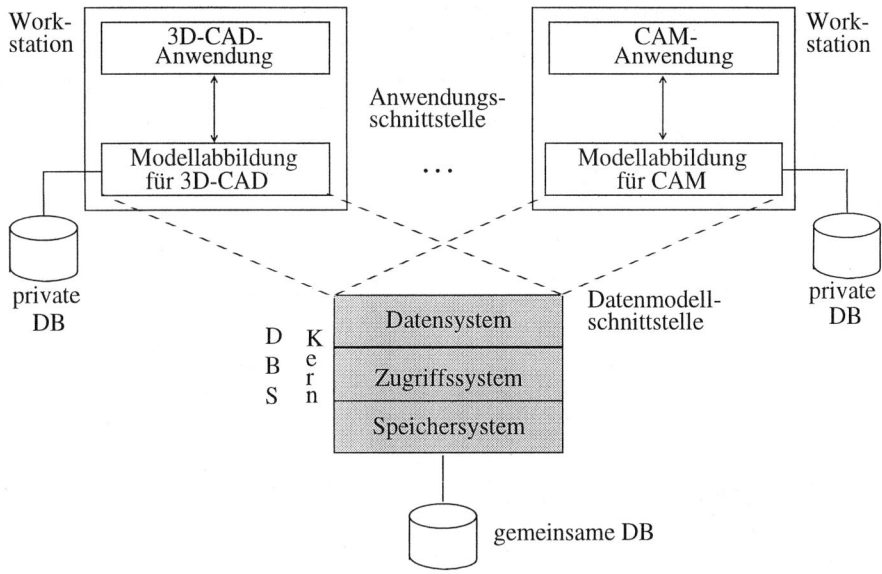

Abb. 1.8: DBS-Kern-Architektur mit anwendungsspezifischen Zusatzschichten

für Non-Standard-Anwendungen veröffentlicht [CARE86b, DADA86, HAAS90, HÄRD88, HÜBE92, MITS88].

1.4.2 Client/Server-Architekturen

Das Client/Server-Paradigma verkörpert eine geeignete Vorgehensweise zur Strukturierung von Systemen und zur Entwicklung von Anwendungen [GRAY93]. Auf den DBS-Bereich angewendet erlaubt es eine vereinfachte Verteilung von DBS-Funktionalität über Rechnergrenzen hinweg. Deshalb stand es insbesondere bei der Entwicklung von objektorientierten DBS Pate.

Im Gegensatz zu den DBS, die klassische Datenmodelle realisieren, wollen objektorientierte DBS einen nahtlosen Übergang und eine stärkere Verzahnung zu/mit dem Anwendungsprogramm erzielen. OODBS besitzen in der Regel satzorientierte DB-Schnittstellen als API, mit denen die Anwendung direkt und typischerweise navigierend Bezug auf die DBS-Datenstrukturen nehmen kann. Ein nahtloser Übergang zur Anwendung wird vor allem dadurch ermöglicht, daß das Typsystem eines OODBS mit dem der eingesetzten Programmiersprache übereinstimmt und daß die Anwendung in einem anwendungsnahen Objektpuffer direkt Objekte durchsuchen und manipulieren kann. Deshalb muß die DBS-seitige Verwaltung auf Client/Server-Architekturen ausgelegt sein,[9] wobei in komplexen Anwendungen häufig leistungsfähige Workstations als Client-Rechner herangezogen werden.

DB-gestützte Client/Server-Architekturen, die vorwiegend für Non-Standard-Anwendungen eingesetzt werden, lassen sich danach unterscheiden, wie die Datenversorgung und damit maßgeblich die Aufgabenverteilung zwischen Client und Server organisiert ist [HÄRD95]. Die drei wichtigsten Grundformen (Page-Server, Object-Server und Query-Server) sind in Abb. 1.9 veranschaulicht. Oft wird zusätzlich der File-Server-Ansatz (z. B. mit NFS) als eigenständiger Architekturtyp diskutiert. Dieser läßt sich als spezieller Page-Server auffassen, der NFS als Transportmechanismus für die zu übertragenden Seiten benutzt. Solche File-Server weisen allerdings ein schlechteres Leistungsverhalten auf, da sie i. allg. weder lokal und noch an die typischen Verarbeitungscharakteristika angepaßt sind [DEWI90].

Wie Abb. 1.9 zeigt, stellt jeder Architekturansatz durch den Object-Manager den verschiedenen Anwendungen die gleiche navigierende und objektorientierte Schnittstelle zur Verfügung. Die gezeigten Server-Typen besitzen als minimale Funktionalität ein Speichersystem zur Verwaltung von Dateien auf Externspeicher (DB) und einen Seitenpuffer zur Minimierung der physischen Ein/Ausgabe auf die DB. Weiterhin muß der Server als zentrale Komponente die Synchronisation der client-seitigen DB-Anforderungen übernehmen, was bei langen Entwurfstransaktionen mit Hilfe von persistenten Datenstrukturen (persistente Sperren) zu geschehen hat. Vorsorgemaßnahmen für DB-Fehler und Server-Crash (Logging) und die Behandlung dieser Situationen (Recovery) gehören ebenfalls zu den zentralen Aufgaben. In Anlehnung an die Originalliteratur [DEWI90] erhalten die einzelnen Architekturtypen ihren Namen vom Granulat der Datenanforderung durch den Client.

Beim *Page-Server* wird jede Seitenanforderung client-seitig durch eine Fehlseitenbedingung (Page-Fault) ausgelöst; daraufhin wird die betreffende Seite vom Server zur Verfügung gestellt. Der Server hat dabei keine Kenntnis des Objektbegriffs: er verwaltet nur Seiten, die (normalerweise) auch das Granulat der Synchronisation und des Logging darstellen. Die Pufferung der Objekte in der Workstation kann nur über die Pufferung der zugehörigen Seiten geschehen, in denen auch die DB-bezogene Verarbeitung (Object-Manager) stattfindet. Alle objektbezogenen Zugriffe und Auswertungen erfolgen demnach in einem client-seitigen Puffer und mit Hilfe eines entsprechenden Zugriffssystems (Abbildung von Objekten auf Seiten).

Ein *Object-Server* liefert in der Grundform auf Anforderung (über eine OID) ein einzelnes Objekt. Erweiterungen dieses Ansatzes erlauben eingeschränkte Anfragemöglichkeiten über inhaltsorientierte Suche mit Hilfe einfacher Suchausdrücke (SSA: simple search arguments), die man auch als „1-mengenorientiert" [NINK98] bezeichnet. Auch bei diesen erweiterten Anforderungsmöglichkeiten wird ein objektweiser Transfer zur Workstation unterstellt. Die übertragenen Objekte können in den Objektpuffer so eingelagert werden, daß ihre Speicherungs- und Zugriffsstrukturen an die Bedürfnisse der navigierenden Anwendung angepaßt sind. Workstation wie auch Server kennen „Objekte", besitzen die entsprechende Verarbeitungsfunktionalität und sind in der Lage, objektbezogene Manipulationen und Auswertungen (Selektion, Projektion, Methoden) durchzuführen. Im Gegensatz zum Page-Server kann hier

---

[9]   Durch diese starke Anwendungsverflechtung wird die Mehrsprachenfähigkeit von OODBS eingeschränkt. Sie bedingt zugleich einen geringeren Grad an Anwendungsisolation, so daß beispielsweise Fehler in Anwendungsprogrammen zu unbemerkter Verfälschung von im Arbeitsbereich gepufferten DB-Daten führen können. Außerdem ist die client-seitige DBS-Verarbeitung, die eine Übertragung aller benötigten Daten (*data shipping*) und ein Zurückschreiben aller Änderungen impliziert, ein wesentlicher Grund für die mangelnde Skalierbarkeit von OODBS.

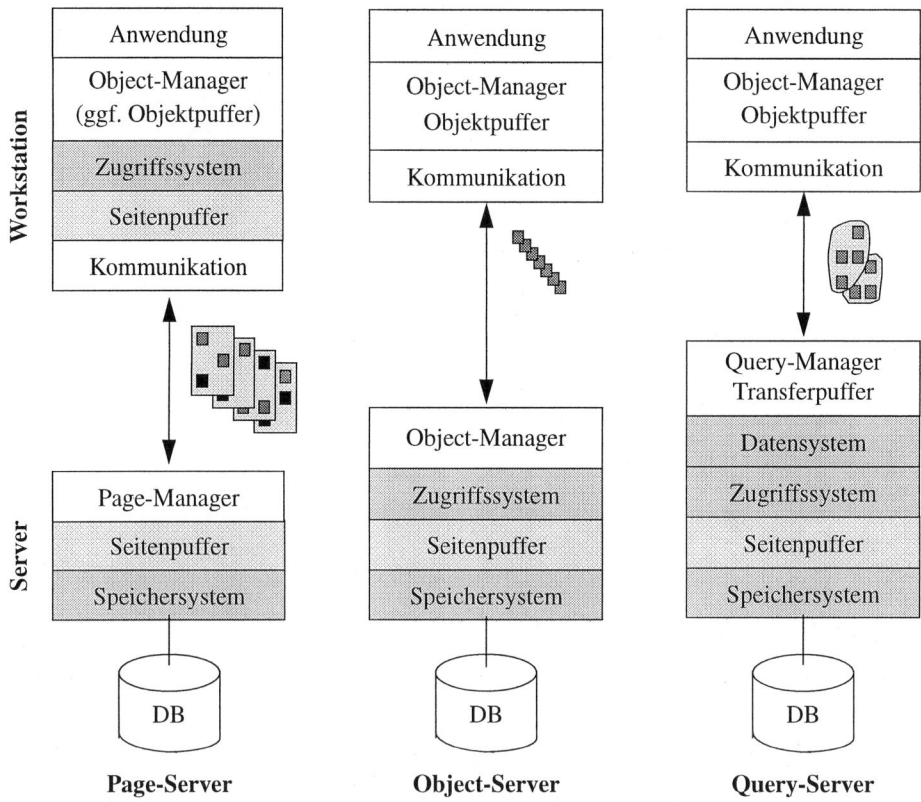

Abb. 1.9: Client//Server-Architekturen für objektorientierte DBS

(wie auch beim nachfolgend beschriebenen Query-Server) das Objekt sowohl als Synchronisations- als auch als Logging-Granulat herangezogen werden.

Query-Server beliefern die Anwendung auf eine „n-mengenorientierte" Anfrage hin mit einer Menge von (komplexen) Objekten, die auf einmal übertragen und auf die Verarbeitungsanforderungen zugeschnitten im Objektpuffer gespeichert wird. Voraussetzung ist eine mächtige Anfrageschnittstelle, die der Object-Manager der Anwendung verfügbar macht. Die Verarbeitung im Objektpuffer geschieht dann über eine navigierende Schnittstelle.

Abb. 1.9 veranschaulicht die Nutzung unseres Schichtenmodells in allen drei Architekturtypen. Im Prinzip wird die Schichtenarchitektur vertikal über Client und Server verteilt. Deshalb sind für die Abwicklung von Client-Anforderungen und für die Ergebnisübertragung zusätzlich client-seitig Kommunikationskomponenten und server-seitig Page-, Object-, oder Query-Manager vorgesehen. Im Gegensatz zur Schichtenmodelldarstellung nach Abb. 1.4 wird beim Speichersystem der server-seitige Seitenpuffer explizit dargestellt, um deutlich zu machen, daß die zu verarbeitenden Daten mehrfach kopiert und client-seitig in Seiten- und Objektpuffern gehalten werden. Beim Page-Server ist das Zugriffssystem client-seitig angesiedelt, da auch die Objektauswahl im Client erfolgt. Die volle Funktionalität des Datensystems wird nur beim Query-Server benötigt, da die beiden anderen Server-Typen in ihrer Reinform keinen mengenorientierten DB-Zugriff gestatten.

In Abb. 1.9 sind zweistufige Client/Server-Architekturen (2-tier architectures) illustriert, die sowohl server- als auch client-seitige DBS-Funktionalität bereitstellen. Künftige Systeme können zudem mehrstufige Client/Server-Architekturen (n-tier architectures) umfassen [ORFA96], in denen die DBS-Funktionalität auf mehrere Ausführungsorte verteilt ist und dynamisch der Anwendungsabwicklung zugeordnet werden kann. Neben der Kernfunktionalität, die unser Schichtenmodell beschreibt, sind zur Realisierung aller DB-basierten Client/Server-Architekturen spezielle Zusatzfunktionen und -protokolle erforderlich, die den Rahmen unserer Betrachtungen allerdings sprengen [DEWI90, FRAN97, HÄRD95].

1.4.3   Verteilte und parallele DBS-Architekturen

Oft legen in einem Unternehmen, ob lokal oder ortsverteilt angesiedelt, wirtschaftliche, organisatorische und technische Gründe eine verteilte Speicherung und Verwaltung der Daten nahe. Kleinere Rechner als Knoten eines verteilten Systems versprechen reduzierte Hardware-Kosten und zusammen mit verfügbaren oder einfach ausbaubaren Kommunikationseinrichtungen kosteneffektive Lösungen. Durch Rechnerleistung „vor Ort" lassen sich verteilte Organisationsformen besser unterstützen; beispielsweise werden Sonderwünsche „freundlicher" akzeptiert oder auftretende Fehler schneller behoben. Bei lokaler Autonomie können Teilsysteme flexibler nach den Erfordernissen der Organisation ausgebaut und existierende Datenquellen leichter integriert werden. Technische Gründe beziehen sich vor allem auf eine Erhöhung der Systemleistung, eine verbesserte Verfügbarkeit und Zuverlässigkeit sowie eine modulare Wachstumsfähigkeit des Gesamtsystems. Einzelne Systemknoten können unabhängig voneinander ausgebaut, neue können dynamisch hinzugefügt werden. Nach Möglichkeit sollten die Daten dort gespeichert sein, wo sie am häufigsten benötigt werden. Eine solche Lokalität der Verarbeitung reduziert Zugriffs- und Kommunikationskosten und erlaubt die Realisierung effizienterer Anwendungen. Andererseits ist es bei geeigneter Datenverteilung möglich, parallele Problemlösungen anzustreben und dabei verteilte Systemressourcen zur Beschleunigung der Anwendung einzusetzen. Geeignete Verteilung und Replikation der Daten zusammen mit einer Kapselung der Teilsysteme fördern viele Aspekte der Verfügbarkeit und Zuverlässigkeit. Beispielsweise minimieren sie die Auswirkungen von „entfernten" Fehlern oder helfen Fehler durch Redundanzen verschiedenster Art zu maskieren. Diese Gründe lassen den Einsatz verteilter DBS äußert attraktiv erscheinen, so daß zur Nutzung des skizzierten Anforderungsspektrums seit etwa zwanzig Jahren verteilte DBS entwickelt werden. Kritischerweise sei hier jedoch angemerkt, daß verteilte DBS kein Allheilmittel darstellen. Die praktische Erfahrung beim Einsatz solcher Systeme hat nämlich gezeigt, daß i. allg. große Administrationsprobleme zu erwarten sind, welche vor allem

– die globale Konsistenzkontrolle aller Daten,
– die Aktualität des Konzeptionellen Schemas,
– die konsistente Modifikation verteilter Schemainformation usw.

betreffen [GRAY86, HÄRD90a].

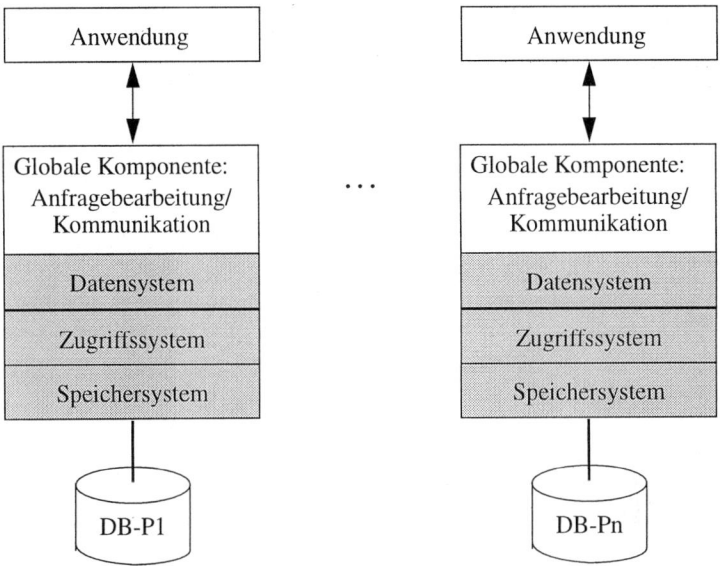

Abb. 1.10: Einsatz des Schichtenmodells in verteilten DBS

Verteilte DBS bestehen aus autonomen Teilsystemen, die koordiniert zusammenarbeiten, um eine logisch integrierte DB bei physischer Verteilung von möglicherweise redundanten oder replizierten Daten zu verwalten. Im Hinblick auf Autonomie und Funktionszuordnung sind alle Teilsysteme (Knoten) Partnersysteme (*peer system*). Sie sind mit allen DBS-Funktionen ausgestattet und sind einander völlig gleichgestellt, d. h., jeder Knoten verfügt über alle Funktionen eines zentralisierten DBS und kann somit durch unser Schichtenmodell beschrieben werden (siehe Abb. 1.10). Eine Partitionierung von DBS-Funktionen dagegen resultiert in Client/Server-DBS, wie sie in Abschnitt 1.4.2 gestreift wurden. Als Prinzip der Datenzuordnung können Partitionierung (DB-Pi in Abb. 1.10), teilweise oder vollständige Replikation oder DB-Sharing [RAHM94] herangezogen werden, wobei zu berücksichtigen ist, daß DB-Sharing eine lokale Rechneranordnung erfordert, da jeder Rechner alle Externspeicher der DB direkt erreichen muß.[10] Abhängig von der gewählten Datenallokation ergeben sich verschiedene Verteilgranulate, mit denen sich die Transaktionslast den Knoten des verteilten DBS zur Verarbeitung zuteilen läßt.

Das zentrale Problem, das ein verteiltes DBS zu lösen hat, ist die Bereitstellung von lokalen Benutzersichten trotz einer beliebigen physischen Verteilung und ggf. Replikation der Daten, so daß jedes Anwendungsprogramm den Eindruck hat, die Daten würden an einer Stelle, in einem DBS und auf dem Rechner gehalten, wo das jeweilige Anwendungsprogramm abläuft. Da jeder Knoten wie ein zentralisiertes DBS zwar volle Funktionalität, aber nur eine lo-

---

[10] Nur bei DB-Sharing (Shared-Disk-Architekturen) oder vollständiger Replikation kann eine Transaktion immer vollständig in einem Knoten abgewickelt werden. In den anderen Fällen „folgt die Last den Daten", d. h., es sind Funktionsaufrufe oder Teiltransaktionen zu verschicken.

kale Systemsicht auf „seine" Daten besitzt, ist die Gesamtarchitektur nach Abb. 1.10 um eine Komponente zu erweitern, mit der die globale Systemsicht hergestellt werden kann. Ein separates, zentralisiertes Teilsystem dafür einzurichten, würde einen „single point of failure" implizieren und außerdem einen Flaschenhals für die Systemleistung darstellen, was beides höchst unerwünschte Konsequenzen wären. Deshalb wird jeder Knoten um die erforderliche Funktionalität erweitert, wobei diese zusammen mit dem globalen Schema, der Verteilinformation sowie den systemweiten Koordinations- und Kommunikationsaufgaben vorteilhafterweise oberhalb der mengenorientierten DB-Schnittstelle anzusiedeln ist. Wegen der abstrakten Objektsicht und der Mengenorientierung dieser Schnittstelle lassen sich mit minimalem Kommunikationsaufwand Teilanfragen an Knoten verschicken und Ergebnismengen einsammeln. Die globale Komponente ist deshalb in Abb. 1.10 als eigenständige Schicht oberhalb des Datensystems illustriert.

Das Grundproblem verteilter Systeme, und insbesondere verteilter DBS, deren Teilsysteme gemeinsam einen globalen konsistenten DB-Zustand verwalten sollen, ist der Mangel an globalem (zentralisiertem) Wissen. Dieses Kernproblem läßt sich durch die „Coordinated Attack"-Aufgabe (Generals-Paradoxon) illustrieren, wo zwei (oder n) Generäle gemeinsam einen Angriff bei unsicherer Kommunikation koordinieren müssen. Symmetrische Protokolle zur Abstimmung hinterlassen immer einen Rest an Entscheidungsunsicherheit, der auch durch beliebig häufige Wiederholung solcher Abstimmungsrunden nicht beseitigt werden kann. Durch fallweise Zuordnung der Kontrolle und Koordination (Entscheidungsbefugnis) läßt sich dieses Kernproblem jedoch relativ leicht beheben. Da jeder Knoten volle Funktionalität besitzt, kann er auch fallweise die Koordination der verteilten Verarbeitung übernehmen. Das wichtigste Einsatzbeispiel hierfür ist das verteilte Zwei-Phasen-Commit-Protokoll, mit dessen Hilfe sich verteilte Transaktionen atomar abschließen lassen (siehe Abschnitt 15.8).

Verteilte DBS sind hardware-seitig durch mehrere unabhängige Rechner realisiert, sind also Mehrrechner-DBS. Als Architekturklassen unterscheidet man Shared-Disk- und Shared-Nothing-Architekturen[11] [BHID88, RAHM94]. Während das Shared-Disk-Prinzip die Erreichbarkeit aller Magnetplatten und damit lokale Verteilung (z. B. in einem Raum) impliziert, erlaubt der Shared-Nothing Ortsverteilung mit Partitionierung und Replikation der Daten.

Parallele DBS sind Mehrrechner- oder Mehrprozessor-DBS. Deshalb können alle Shared-Nothing- und Shared-Disk-, aber auch Shared-Everything-Ansätze zur Realisierung paralleler DBS eingesetzt werden. Bei Shared-Everything-Architekturen sind ein gemeinsamer Hauptspeicher und gemeinsam genutzte Externspeicher vorhanden. Sie lassen sich als eng gekoppelte Mehrprozessor-Systeme realisieren, bei denen das Betriebssystem die Abstraktion eines Rechners bietet. Deshalb können zentralisierte DBS ablaufen, wobei mehrere Prozessoren zugleich DB-Operationen abwickeln können und damit die Realisierung von „echter" Parallelität ermöglichen. Was unser Schichtenmodell und seine Rolle bei der Modellbildung paralleler DBS anbelangt, so läßt sich wiederum der Aufbau jedes beteiligten Knotens damit beschrei-

---

[11]   Daneben gibt es noch Shared-Everything-Architekturen, die jedoch (hier) nicht der Klasse der Mehrrechner-DBS zugerechnet werden, da sie sich durch einen gemeinsamen Hauptspeicher und gemeinsam genutzte Externspeicher auszeichnen.

ben. Im Vergleich zu verteilten DBS, wo in der Regel eine Benutzertransaktion synchron (sequentiell) und verteilt (an den Knoten der benötigten DB-Partitionen) ausgeführt wird, versuchen parallele DBS typischerweise die gleiche Operation oder Funktion auf partitionierten Daten zu parallelisieren, um so die Antwortzeit für eine Anfrage oder Transaktion zu minimieren. Wegen dieser Antwortzeitminimierung kommen in der Regel nur lokale Rechneranordnungen mit breitbandigem Kommunikationsnetz bei der Realisierung von parallelen DBS zum Einsatz.

Es können hier weder die Eigenschaften von Mehrrechner-DBS vertieft noch spezielle Probleme, die sich bei ihrer Realisierung ergeben, berücksichtigt werden. Das betrifft vor allem Architekturen zur Unterstützung von Hochleistungssystemen. Überblicksartige oder die besonderen Eigenschaften dieser Architekturen herausstellende Darstellungen finden sich in [GRAY93, HÄRD86a, RAHM89, RAHM94, RAMA98, STON86a, STON96b, WILL82].

1.4.4   Architekturen von Transaktionssystemen

Der Einsatz von Transaktionssystemen (TAS) gestattet eine dialogorientierte Sachbearbeitung direkt am Arbeitsplatz, wobei eine Benutzerführung über Bildschirmformulare bewerkstelligt wird. Für die Arbeitsvorgänge stehen eine Menge von anwendungsbezogenen Funktionen zur Verfügung, die über spezielle Namen, auch Transaktionscodes (TAC) genannt, aufgerufen oder über Menüs ausgewählt werden. Zur Abwicklung dieser Funktionen verwaltet das Transaktionssystem eine Menge von auf die jeweilige Anwendung zugeschnittenen Programmen, die Arbeitsvorgänge oder einzelne Teilschritte in ihnen verkörpern. Über diese sog. Transaktionsprogramme (TAPs) sind alle Funktionen der Anwendung bis ins Detail rechnerintern vorgeplant (*canned transactions*); die „parametrischen Benutzer" versorgen sie nur noch mit aktuellen Parametern, die zusammen mit dem TAC der Eingabenachricht mitgegeben werden [HÄRD86b].

Beim betrieblichen Einsatz wickeln eine Vielzahl von Benutzern (oft $>10^4$) gleichzeitig Transaktionen ab, wobei natürlich auch Denkzeiten anfallen. Ihre PCs oder Terminals sind über unterschiedliche Leitungen, Netze und Kommunikationsprotokolle mit dem Transaktionssystem verknüpft; das Internet erlaubt sogar weltweit einfache und plattformunabhängige Zugriffsmöglichkeiten. Oft rufen viele Benutzer gleichzeitig dieselbe Funktion (mit jeweils eigenen aktuellen Parametern) auf, so daß im Prinzip ein TAP „hochgradig parallel" benutzt werden kann [GRAY93]. Solche Anwendungen veranlaßten die Entwicklung von Transaktionssystemen (früher auch DB/DC-Systeme genannt). Während die DB-Komponente für alle Aspekte der Datenhaltung und insbesondere für Datenunabhängigkeit zuständig ist, sorgt der TP-Monitor (DC-Komponente) für die Nachrichten- und TAP-Verwaltung und gewährleistet dabei Kommunikationsunabhängigkeit und isolierte Mehrfachbenutzbarkeit der TAPs [MEYE88].

1.4.4.1   Zentralisierte Verarbeitung und zentralisierte Datenhaltung

Im Rahmen unserer Betrachtungen wollen wir wiederum nur deutlich machen, daß ein DBS das Kernstück eines Transaktionssystems bildet, so daß hier unser Schichtenmodell im Rah-

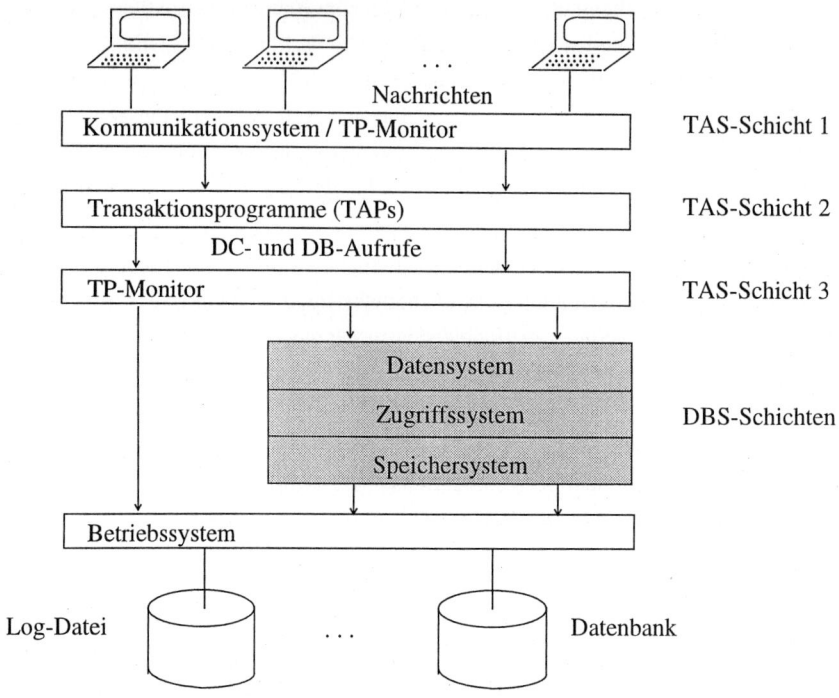

Abb. 1.11: Schichtenmodell eines Transaktionssystems

men eines umfassenderen Architekturmodells seinen Einsatz findet. In Abb. 1.11 ist ein solches Architekturmodell skizziert, für das wir nur kurz die Aufgaben der einzelnen TAS-Schichten einführen wollen. Es veranschaulicht mit den TAS-Schichten, daß die TAPs quasi „sandwich-artig" vom TP-Monitor umschlossen werden, um sie so von der Systemumgebung zu isolieren und insbesondere Unabhängigkeit von allen Kommunikationsaspekten und der Mehrfachnutzung zu erzielen.

Die oberste Systemschicht (TAS-Schicht 1) ist für alle Aufgaben der Ein-/Ausgabe von/zu den Benutzern verantwortlich, wobei eine Reihe von Betriebssystemdiensten genutzt werden. Der Begriff Kommunikationssystem deutet darauf hin, daß hier alle Aufgaben der externen Kommunikation abgewickelt werden. Als Komponente des TP-Monitors organisiert es neben der Datenübertragung die Warteschlangen für die Eingabe- und Ergebnisnachrichten. Eingabenachrichten werden vom TP-Monitor aufbereitet, analysiert und der eigentlichen Verarbeitung zugeführt. Über den TAC wird erkannt, welche Funktion auszuführen ist. Dazu ist , falls erforderlich, für das entsprechende TAP eine Laufzeitumgebung (laden, initialisieren, Speicherplatz zuordnen) zu schaffen, bevor es die Ablaufkontrolle erhält.

TAS-Schicht 2 wird von der Menge der zur Anwendung gehörenden TAPs und den entsprechenden Verwaltungsfunktionen gebildet. In der Aufrufhierarchie der Transaktionsverarbeitung übernimmt das ausgewählte TAP die Eingabenachricht und beginnt nach Routineprüfungen die eigentliche Verarbeitung, die durch eine Reihe von Datei- oder DB-Zugriffen unterstützt wird. Mit Beendigung der Verarbeitung erzeugt das TAP eine Ausgabenachricht, die über den TP-Monitor an den Benutzer weitergeleitet wird.

Der TP-Monitor in TAS-Schicht 3 ist vor allem verantwortlich für die Abwicklung des Mehrbenutzerbetriebs (z. B. Multi-Tasking) und der Verwaltung der TAP-Aktivierungen, was auch eine Beteiligung an der Transaktionskoordination verlangt. Weiterhin registriert der TP-Monitor alle Aufrufe an die Datenhaltung, damit auch Transaktionsbeginn und -ende, und reicht sie entweder an das Dateisystem oder an das DBS weiter. Diese Aufrufregistrierung ist vor allem aus Gründen der Fehlerbehandlung wichtig, da der TP-Monitor bei Ausfall eines TAP die Transaktion DB-seitig zu schließen und den Benutzer zu benachrichtigen hat.

1.4.4.2   Verteilte Verarbeitung und verteilte Datenhaltung

Das eben skizzierte Architekturmodell ist grundsätzlich geeignet, auf verteilte Anwendungen hin verallgemeinert zu werden; d. h., verteilte Verarbeitung und verteilte Datenhaltung sind zu unterstützen. In einem verteilten Transaktionssystem ist die Menge der TAPs und der Daten über mehrere Knoten verteilt, wobei als Betriebsformen Partitionierung, partielle Redundanz sowie vollständige Replikation sowohl von Programmen als auch Daten denkbar sind. Prinzipiell kann nun die Transaktionsverarbeitung in jedem Knoten mit Hilfe des Architekturmodells nach Abb. 1.11 beschrieben werden. Ohne Zusatzmaßnahmen ist zunächst keine globale Systemsicht vorhanden, denn jeder Knoten hat nur eine lokale Sicht auf seine eigenen Betriebsmittel. In verteilten Anwendungen ist jedoch zumindest dem Benutzer gegenüber die Verteilung der TAPs und Daten zu verbergen. Das bedeutet aber, daß eine Schicht des Modells (wie beim Modell für verteilte DBS in Abb. 1.10) eine globale Systemsicht durch Kommunikation mit den Teilsystemen erzeugen muß, um dem Benutzer die Illusion eines „logisch zentralisierten" Systems geben zu können.

In [MEYE87] werden verschiedene Systemlösungen für verteilte Transaktionssysteme diskutiert, wobei gezeigt wird, daß grundsätzlich jede Modellschicht zur Bildung der globalen Systemsicht herangezogen werden kann. Wie in Abschnitt 1.4.3 erläutert, kann für das Herstellen der globalen Systemsicht ein verteiltes DBS herangezogen werden. In diesem Fall sind die Verteilungs-/Kommunikationsaufgaben im Datensystem anzusiedeln (Minimierung der Kommunikation, mengenorientierte Anforderungen). Die Funktionalität des verteilten DBS bestimmt die Art und Flexibilität der verteilten Datenhaltung, d. h., in der Regel sind nur homogene DB-Lösungen möglich. Unabhängig von der verteilten Datenhaltung kann jedoch eine Verteilung der Anwendungslogik auf ein oder mehrere (verteilte) TAPs erfolgen.

Die weiteren Lösungsvorschläge zielen darauf ab, die globale Systemsicht durch TP-Monitor-Funktionalität herzustellen. In allen Ansätzen ist es deshalb nicht erforderlich, Annahmen über die Datenhaltung zu treffen. Insbesondere ist in den folgenden drei Fällen die Einbindung heterogener Datenquellen oder verschiedenartiger DBS prinzipiell möglich.

• Die Bereitstellung der globalen Systemsicht in TAS-Schicht 1 heißt „Transaction Routing", d. h., die globale Systemschicht bewirkt lediglich eine Weiterleitung von TACs zu einem Knoten, der das betreffende TAP ausführen kann. Deshalb sind ganze Transaktionen Einheiten der Verteilung, was bei gut partitionierbaren Betriebsmitteln und gleichmäßigem Lastaufkommen mit ausgeprägtem Lokalitätsverhalten (ein hoher Anteil der Aufrufe wird lokal verarbeitet) eine befriedigende Lösung sein kann. Es sind jedoch in einer Transaktion keine Funktionen realisierbar, die Betriebsmittel mehrerer Knoten benutzen. Übergreifende Auswertungen muß der Benutzer selbst vornehmen.

- Soll auf der Ebene der TAPs, also in TAS-Schicht 2, die globale Systemsicht hergestellt werden, so ist es sehr wichtig, daß die TAPs von den Verteilungsaspekten der Daten und den Charakteristika der (verschiedenen) DBS isoliert werden. Zugriffe auf lokale und entfernte Daten müssen in einheitlicher Weise ausgeführt werden. Restrukturierung und Umverteilung der Daten schlägt sonst bis auf den Programmtext des TAP durch. Deshalb wurde hierfür das Prinzip der „Programmierten Verteilung" entwickelt, wobei DB-Operationen in Funktionen (stored procedures) gekapselt werden, die, vorab geplant und realisiert, von den beteiligten DB-Servern den TAPs zur Ausführung angeboten werden. Aufrufe solcher Funktionen und Ergebnisübermittlung erfolgen durch den TP-Monitor, was Ortsunabhängigkeit gewährleistet.

- Der entsprechende Lösungsansatz in TAS-Schicht 3 heißt „Aufrufweiterleitung" (function request shipping). Der TP-Monitor muß dafür in die Lage versetzt werden, die globale Systemsicht zu bilden. Er bestimmt den Knoten, der eine Datenanforderung bearbeiten kann, leitet den Auftrag weiter und empfängt das Ergebnis, das er dann dem TAP zur Verfügung stellt.

Bei den Ansätzen Aufrufweiterleitung und Programmierte Verteilung ist die Entwicklung knotenübergreifender Anwendungen möglich. Um Transaktionsschutz bieten zu können, müssen jedoch der TP-Monitor und alle teilnehmenden DBS kooperieren und gemeinsam verteilte Zwei-Phasen-Commit-Protokolle (2PC-Protokoll) abwickeln. Weitere Anwendungscharakteristika sowie Vor- und Nachteile der verschiedenen Lösungsansätze werden in [HÄRD90b] im Detail diskutiert und evaluiert.

1.4.5   Komponentenbasierte Systemarchitekturen

Die zuletzt diskutierten TAS-Architekturen führen zu komponentenbasierten und offenen Systemen [GRAY93, LAME94], bei denen der (verteilte) TP-Monitor für Kooperation und Koordination verantwortlich ist. Die teilnehmenden DBS oder Datenquellen sind unabhängig, so daß verteilte TAPs heterogene Daten „einbinden" und verarbeiten können, um knotenübergreifende Anwendungslösungen zu erreichen. Transaktionsschutz verlangt, daß jede beteiligte Datenquelle ihren Zustand sichern kann. Weiterhin ist es erforderlich, daß sie „nach außen" einen sog. Prepare-Zustand anbieten kann, der Voraussetzung für die Teilnahme an einem 2PC-Protokoll ist. Gray und Reuter bezeichnen eine solche Komponente, die ihre gemeinsam benutzbaren Betriebsmittel stabil machen und (in Kooperation mit anderen verteilte) ACID-Transaktionen gewährleisten kann, als *Ressourcen-Manager* [GRAY93]. In diesem Sinne sind DBS Musterbeispiele für (komplexe) Ressourcen-Manager.

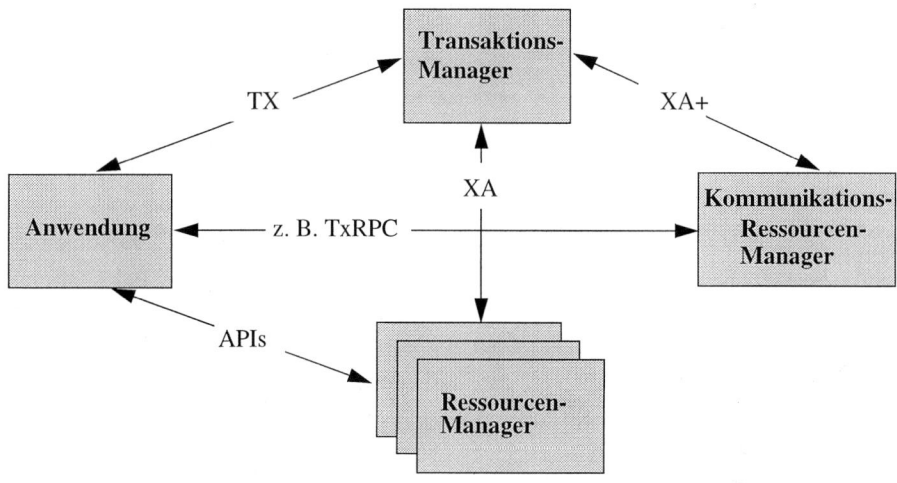

Abb. 1.12: Zusammenspiel der Komponenten nach dem DTP-X/Open-Protokoll

1.4.5.1 Transaktionsverarbeitung in offenen Systemen

Für die Transaktionsverarbeitung in offenen Systemen sind eine Reihe von Komponenten und Protokollen erforderlich, die als Infrastruktur verteilter Systeme mit dem Begriff „Middleware" bezeichnet werden [ORFA96]. Für Anwendung und Ressourcen-Manager wurden bereits entsprechende Kommunikations- und Kooperationsprotokolle durch DTP-X/Open standardisiert [XOPE93]. In Abb. 1.12 ist das Zusammenspiel der Komponenten mit den zugehörigen Schnittstellen gezeigt. Die Anwendung besitzt eine standardisierte Schnittstelle (TX) zum Transaktions-Manager, um Anwendungen mit Transaktionsschutz zu versorgen (Begin_TA, Commit_TA, Rollback_TA). Alle an einer Transaktion teilnehmenden Ressourcen-Manager benutzen mit dem Transaktions-Manager eine standardisierte Schnittstelle (XA), um Aufrufe mehrerer verschiedener Ressourcen-Manager in die (verteilte) Anwendungstransaktion einbinden zu können. Die wichtigsten Aufrufe der XA-Schnittstelle sind Join_TA, Prepare_TA, Commit_TA und Rollback_TA. Die entsprechenden Anwendungsprogrammierschnittstellen (APIs) zu den Ressourcen-Managern, z. B. SQL für relationale DBS, sind nicht im Rahmen von DTP-X/Open standardisiert.

Man kann sich den Ablauf einer Anwendungstransaktion folgendermaßen vorstellen. Nach Anmeldung (Begin_TA) erhält die Anwendung für die begonnene Transaktion eine systemweit eindeutige Transaktions-ID (TRID) durch den Transaktions-Manager zugeteilt. Sie dient der Kontrolle der verteilten Transaktionsverarbeitung und wird jeder Anforderung der Anwendung an einen Ressourcen-Manager mitgegeben. Erhält ein Ressourcen-Manager von einer Transaktion erstmalig eine Dienstanforderung, so meldet er die TRID mit einem Join_TA-Aufruf dem (lokalen) Transaktions-Manager. Ab diesem Zeitpunkt ist der betreffende Ressourcen-Manager in die globale Transaktionskontrolle eingebunden und kann mit

Rollback_TA u. a. in die Fehlerbehandlung oder mit Prepare_TA und Commit_TA in das 2PC-Protokoll einbezogen werden.

Für den verteilten Fall werden die Dienste von Kommunikations-Ressourcen-Manager herangezogen, die mit dem Transaktions-Manager eine erweiterte Schnittstelle (XA+) zur Transaktionskontrolle und eine Reihe von standardisierten Schnittstellen zur Anwendung besitzen (TxRPC, CPI-C V2, XATMI, [ORFA96]).[12] Das Zusammenspiel der Komponenten ist in jedem Knoten entsprechend Abb. 1.12 organisiert. Bei knotenübergreifender Transaktionsverarbeitung übernehmen die Kommunikations-Ressourcen-Manager der beteiligten Knoten die Abwicklung der Kommunikation. Um verteilten Transaktionsschutz zu gewährleisten, melden sie die erstmalige knotenübergreifende Dienstanforderung einer Transaktion beim jeweiligen lokalen Transaktions-Manager ab/an, so daß auch knotenübergreifend Fehlerbehandlung oder Commit-Verarbeitung ermöglicht wird.

1.4.5.2   Architektur kooperierender Ressourcen-Manager

Heutige Anwendungen fordern jedoch nicht nur für DB-Objekte, sondern auch für andere Betriebsmittel wie Nachrichten, Dateien, Warteschlangen, Programmiersprachenobjekte usw. die Einbeziehung in den Transaktionsschutz. Als Verallgemeinerung bisheriger Systemarchitekturen schlagen Gray und Reuter deshalb eine Architektur kooperierender Ressourcen-Manager vor, die als ausgezeichnete Systemkomponenten (Ressourcen-Manager) den TP-Monitor und den Transaktions-Manager besitzt. Der TP-Monitor verwaltet andere Ressourcen-Manager und Betriebsmittel wie Prozesse, Tasks, Zugriffsrechte, Programme und Kontexte. Er ist insbesondere zuständig für die transaktionsorientierte Betriebsmittelzuteilung. Dem Transaktions-Manager dagegen obliegen alle Aufgaben im Zusammenhang mit der Transaktionskontrolle und der Gewährleistung der ACID-Eigenschaften. Zusammen mit dem TP-Monitor ist er für die Korrektheit der verteilten Transaktionsverarbeitung verantwortlich.

Die beteiligten Ressourcen-Manager sind Systemkomponenten, die in Kooperation Transaktionsschutz für ihre gemeinsam nutzbaren Betriebsmittel übernehmen, d. h., sie gestatten die externe Koordination der Aktualisierung ihrer Betriebsmittel durch 2PC-Protokolle. Der TP-Monitor „orchestriert" und integriert solche verschiedenartigen Systemkomponenten, um eine gleichförmige Schnittstelle für Anwendungen und Operationen mit demselben Verhalten im Fehlerfall (*failure semantics*) zu bieten. Solche komponentenorientierten Architekturen versprechen einen hohen Grad und Flexibilität, Skalierbarkeit und Offenheit für die Integration neuer Ressourcen-Manager. Sie berücksichtigen zugleich alle Aspekte der Transaktionsverwaltung, der verteilten Verarbeitung sowie der Anpaßbarkeit des Systems an verschiedene Lastcharakteristika [REUT90].

Der Beschreibungsrahmen unseres Schichtenmodells und die einzuführenden Implementierungskonzepte und -techniken sind für alle Ressourcen-Manager geeignet, die Daten ver-

---

[12]   Auf der Anwendungsebene hat X/Open drei Schnittstellen zwischen Anwendungen und Kommunikations-Ressourcen-Managern definiert. TxRPC ist die transaktionsgeschützte Version von DCE RPC. CPI-C V2 ist eine erweiterte Peer-to-Peer-Konversationsschnittstelle mit OSI-TP-Semantik. XATMI (Application/Transaction Management Interface) ist eine Konversationsschnittstelle für Client/Server-Anwendungen.

schiedensten Typs verwalten. Das betrifft DBS, Dateisysteme, Archivierungssysteme für Daten oder große Objekte, Systeme zur Verwaltung persistenter Warteschlangen u. a., wenn auch nicht immer alle Schichten und die gesamte Funktionalität benötigt werden. Die Realisierung anderer Arten von Ressourcen-Managern, beispielsweise für die Verwaltung von Ausgabefenstern (Windows) oder persistenten Programmiersprachenobjekten, verlangt dagegen neue Konzepte und Techniken, die im Rahmen komponentenorientierter Systemarchitekturen bereitgestellt werden oder noch zu entwickeln sind.

1.5   Themenüberblick

In den nachfolgenden Kapiteln werden die wichtigsten Implementierungskonzepte und -techniken zentralisierter DBS im Rahmen unseres Schichtenmodells von „unten nach oben" eingeführt, analysiert und bewertet. Dazu orientieren wir uns an der Grobarchitektur von Abb. 1.6 und gliedern unsere Aufgabe in vier große Teilbereiche – Speichersystem, Zugriffssystem, Datensystem und Transaktionsverwaltung. Die besonderen Aspekte der Metadatenverwaltung werden dabei zusammen mit den Aufgaben, Funktionen und Strukturen der Abbildungsschichten diskutiert, wie es auch das verfeinerte Schichtenmodell nach Abb. 1.7 verdeutlicht.

Teil II beschreibt die Aufgaben des Speichersystems, das eine Menge von Externspeichern zu verwalten und eine abstrakte Zugriffsschnittstelle für sie im Hauptspeicher zur Verfügung zu stellen hat. Dazu werden zunächst in Kapitel 2 die wesentlichen Konzepte zur Realisierung einer Ein-/Ausgabe-Architektur sowie die Eigenschaften der wichtigsten Speichermedien, die in DBS ihren Einsatz finden, skizziert. Zu den wichtigsten Aufgaben der Externspeicherverwaltung zählt die Bereitstellung geeigneter Abstraktionskonzepte, mit denen die Charakteristika externer Geräte für die übrigen DBS-Komponenten verborgen werden. Dazu sind flexible Datei- und Segmentkonzepte sowie adäquate Adressierungsverfahren zu entwickeln. Spezielle Einbringverfahren für Änderungen und Fehlertoleranzmaßnahmen erlauben eine vereinfachte Fehlerbehandlung in den Abbildungschichten des Speichersystems (Kapitel 3 und 4). Schließlich muß eine leistungsfähige DB-Pufferverwaltung mit zugeschnittenen Such-, Zuordnungs- und Ersetzungsverfahren von Seiten für eine Minimierung des physischen E/A-Operationen sorgen, um damit den Grundstein für ein gutes Leistungsverhalten des Gesamtsystems zu legen (Kapitel 5).

In Teil III werden alle Funktionen des Zugriffssystems mit einer Vielfalt von Implementierungsmethoden für Speicherungsstrukturen und Zugriffspfade dargestellt. Techniken zur Speicherung von einfachen, komplex-strukturierten und langen Objekten sowie verschiedene Verfahren zu ihrer Adressierung werden in Kapitel 6 behandelt. Eindimensionale Zugriffspfade erlauben mit Hilfe von Primär- oder Sekundärschlüssel ein effizientes Aufsuchen von einzelnen Sätzen oder Satzmengen. Eine großes Spektrum solcher Strukturen wird in Kapitel 7 eingeführt; dabei werden die einzelnen Zugriffspfadtypen mit Hilfe eines einheitliches Schemas klassifiziert und auf ihre Tauglichkeit beim DBS-Einsatz hin bewertet. Methoden zum Verknüpfen und Aufsuchen von Sätzen unterschiedlichen Satztyps gestatten die Unterstützung typübergreifender Operationen und komplexerer Auswertungsvorgänge (Kapitel 8). Mehrdimensionale Zugriffspfade, die durch neue Anwendungsklassen wie Data Warehouse, Geographische Informationssysteme usw. heute eine besondere Aktualität gewonnen haben, lassen in effizienter und symmetrischer Weise das Aufsuchen von Sätzen über k Schlüssel (und Teilmengen davon) zu. Die wichtigsten Verfahren für solche Zugriffspfade, die exakte Anfragen, den „räumlichen" Zugriff und Ähnlichkeitssuche bei punktförmigen und räumlich ausgedehnten Objekten bewerkstelligen sollen, werden in Kapitel 9 dargestellt und systematisiert.

Das Datensystem mit seinen Aufgaben und Konzepten wird in Teil IV behandelt. Zur Abstraktion von physischen Sätzen und Zugriffspfaden wird eine satzorientierte DB-Schnittstelle, die Navigation längs logischer Zugriffspfade und Referenzierung logischer Sätze erlaubt, implementiert. Ihre Aufgaben und Konzepte sind in Kapitel 10 beschrieben. Aufbauend auf der satzorientierten DB-Schnittstelle, die bei DBS nach dem Netzwerk- oder Hierarchiemodell oder auch bei objektorientierten DBS als „externe" Benutzerschnittstelle dient, wird in Kapitel 11 zunächst die Implementierung relationaler Operatoren betrachtet. Diese höheren Operatoren erleichtern in Kapitel 12 die Realisierungsüberlegungen für eine mengenorientierte DB-Schnittstelle, die der Funktionalität des Relationenmodells und der Sprache SQL entsprechen soll. Bei unserer detaillierten Betrachtung spielen vor allem Fragen der Übersetzung oder Interpretation von mengenorientierten Anfragen und insbesondere ihre Optimierung eine zentrale Rolle.

Teil V ist den Techniken zur Realisierung des Transaktionskonzeptes gewidmet, das zunächst in Kapitel 13 kurz mit seinen ACID-Eigenschaften eingeführt wird. Aspekte der Synchronisation und die vielfältigen Techniken zu ihrer Implementierung werden im Detail in Kapitel 14 diskutiert und bewertet, während Kapitel 15 die Aufgaben der Fehlerbehandlung in DBS aufgreift und wichtige Lösungsverfahren, die mit dem Begriff „Logging- und Recovery-Verfahren" zusammengefaßt werden, erörtert. Erweiterte Transaktionskonzepte werden in Kapitel 16 behandelt. Diese dienen der Flexibilisierung der Ablaufkontrolle vor allem bei länger andauernden Transaktionen. Die Erweiterungsvorschläge zielen auf eine Abschwächung einer oder mehrerer ACID-Eigenschaften ab, die ursprünglich nur für kurze Transaktionen definiert worden waren. Zur Verbesserung ihres Ablaufverhaltens bei der Synchronisation und der Fehlerbehandlung wird eine Binnenstruktur eingeführt, die vor allem die „Alles-oder-Nichts"-Eigenschaft von ACID-Transaktionen relativiert.

Abschließend wird in Kapitel 17 ein Ausblick auf die neue Anforderungen und Funktionen, insbesondere für objekt-relationale Konzepte [CHAM96, STON96a] gegeben, die zu Weiterentwicklungen sowohl bei relationalen als auch bei objektorientierten DBS führen. Dabei wird deutlich, daß in solchen künftigen DBS eine Erweiterungsinfrastruktur zur Integration von benutzerdefinierten Datentypen und Funktionen verlangt wird. Die Verarbeitungskonzepte müssen außerdem so flexibilisiert werden, daß DBS-Funktionalität nicht nur auf den DB-Server begrenzt bleibt, sondern auch, dynamisch allokiert, am „günstigsten" Ort in einer mehrschichtigen Client/Server-Architektur bereitgestellt werden kann.

Wie wir bereits in der bisherigen Diskussion gesehen haben, finden sich diese grundlegenden Konzepte und Techniken auch in DBS-Kern-Systemen, Client-Server-DBS, Mehrrechner-

DBS oder Transaktionssystemen wieder, seien sie lokal oder ortsverteilt. Dabei verfügt jeder Knoten über alle Funktionen eines zentralisierten DBS oder über eine Teilmenge (bei funktional spezialisierten Knoten muß die gesamte Funktionalität kooperativ von mehreren Knoten erbracht werden). Selbst in DB-Maschinen lassen sich diese grundlegenden Implementierungskonzepte anwenden, unabhängig davon, was durch spezialisierte Hardware nachgebildet wird und was nicht. Somit besitzen die hier beschriebenen Konzepte und Techniken einen großen Grad an Allgemeingültigkeit.

Teil II

Speichersystem

2 Konzepte und Komponenten der E/A-Architektur

DBS werden entwickelt, um (potentiell) sehr große Mengen an Daten zu verwalten, für die Anwendungen abstrakte Sichten auf die Daten bereitzustellen und auf ihre Anforderungen hin standardisierte, komplexe Operationen auf den Daten effizient und zuverlässig auszuführen. Ideal wäre hierfür ein Speicher mit nahezu unbegrenzter Speicherkapazität, kurzer Zugriffszeit bei wahlfreiem Zugriff, hohen Zugriffsraten und geringen Speicherkosten. Außerdem müßte er nichtflüchtig sein, um Objekte persistent halten zu können. Würde zudem ein solcher Speicher die „Wunscheigenschaft" besitzen, auf Anweisung eines Prozessors arithmetische und logische Verknüpfungen direkt auszuführen, wäre die Realisierung von Rechnern möglich, bei denen zur DB-Verarbeitung keine Daten übertragen und keine Kopien erstellt werden müßten. Diese Idealvorstellung würde es sicherlich in recht einfacher Weise gestatten, alle vernünftigen Leistungsansprüche, die an die DB-Verarbeitung gestellt werden, zu befriedigen.

Solche Speicher gibt es jedoch nicht, so daß das gewünschte Systemverhalten durch Nutzung einer komplexen Hardware-Architektur angenähert werden muß. Zur Betrachtung von wesentlichen Leistungszusammenhängen, die insbesondere bei der DB-Verarbeitung auftreten, beginnen wir mit einem sehr einfachen Rechnermodell aus drei Komponenten. Hardwareseitig besteht die Ablaufumgebung eines DBS grob aus Prozessor(en), Hauptspeicher und dem E/A-Subsystem als Sammelbegriff für die verbleibenden Komponenten. In unserem Zusammenhang konzentrieren wir uns auf die Externspeicher und ihre Anbindung, während Kommunikationsmedien, Terminals usw. außer acht bleiben sollen.

Diese Grobdreiteilung führt zu folgender vereinfachter Charakterisierung der DB-Verarbeitung. Das DBS-Laufzeitsystem residiert im Hauptspeicher. Zur Abwicklung von DB-Anwendungen fordert es typischerweise große Datenmengen vom Externspeicher an, die im Hauptspeicher zwischengespeichert werden. Die eigentliche Verarbeitung erfolgt durch den Prozessor, was einen weiteren Transfer der Daten (und der Operationen) in die Prozessorregister voraussetzt. Falls Daten aktualisiert werden, müssen sie zunächst wieder in den Hauptspeicher und später auf den Externspeicher zurückgeschrieben werden.

Auf dieser abstrakten Betrachtungsebene lassen sich bereits mögliche Engpässe bei der DB-Verarbeitung identifizieren. Die Anbindung des Prozessors an den Hauptspeicher wird oft als von-Neumann-Flaschenhals bezeichnet, da sämtliche vom Prozessor zu verarbeitenden Operationen und Daten diesen passieren müssen. Die typische Geschwindigkeitsdifferenz zwischen Prozessorverarbeitung und Hauptspeicherzugriff beträgt heute etwa einen Faktor 100. Weiterhin kann, abhängig von der Menge der zu übertragenden Daten, die Anbindung des Externspeichers an den Hauptspeicher zum Engpaß der Verarbeitung werden, da enorme Unterschiede in den charakteristischen Zugriffsgeschwindigkeiten existieren und deshalb eine „Zugriffslücke" überwunden werden muß, die heute schon mehr als einen Faktor 10^5 ausmacht.

Es braucht nicht eigens betont zu werden, daß sowohl Prozessor- als auch Externspeicheranbindung eine dominierende Rolle für das Leistungsverhalten eines DBS spielen. Deshalb sind Systemengpässe durch gezielte Maßnahmen zur Geschwindigkeitsanpassung zu entschärfen oder durch Verlagerung der Verarbeitung zu entlasten. Technologische Fortschritte führen heute bei Geschwindigkeit und Kapazität von Rechnerbausteinen in kurzer Zeit zu hohen Steigerungsraten, die das Leistungsverhalten der einzelnen Systemkomponenten in unterschiedlicher Weise beeinflussen und deshalb ihr Zusammenspiel stören. Relative Leistungsgewinne erzwingen somit „ständig" Anpassungsmaßnahmen bei der Komponentenanbindung; sonst könnte sich ein „schwächstes Glied" herausbilden, das dann die Leistung des Gesamtsystems prägt. Ein Blick auf die Technologieentwicklung, die, was Geschwindigkeit und Kapazität angeht, eindeutige Trendaussagen, ja sogar eine zeitliche Planung hoher Genauigkeit erlaubt, verdeutlicht die Wichtigkeit dieser Aufgabe.

2.1   Die großen Einflußfaktoren

Die Fortschritte in der Rechnerentwicklung (bei Prozessor und Hauptspeicher) gründen sich vor allem auf der VLSI-Technologie, die immer kleinere Strukturgrößen bei integrierten Schaltungen erzielt. Neben der kontinuierlichen Verkleinerung der Strukturgrößen S gelingt auch die Herstellung immer größerer, fehlerfreier Chip-Flächen F. Dadurch erreicht man eine Integrationsdichte von Transistoren/Chip, die mit F/S^2 wächst. Bei der Externspeicherentwicklung verweisen wir stellvertretend auf die Technologie magnetischer Speicher, die bei Magnetplatten zu hohen Steigerungsraten bei Aufzeichnungsdichte und Bandbreite führte.

Bei den Prozessoren stiegen die Mips-Raten (million instructions per second) zwischen 1965 und 1990 von 0.6 Mips auf 40 Mips (Skalarleistung), was einem Faktor von 70 entspricht [GRAY93]. Während die Prozessorgeschwindigkeit vor 1986 mit etwa 35 %/Jahr anstieg, was bereits auf eine Verdopplung in 2.3 Jahren führte, brachte die RISC-Technologie bei den Mikroprozessoren nochmals eine wesentliche Beschleunigung. Dieses schnellere Geschwindigkeitswachstum sagte Bill Joy 1985 durch folgende Formel voraus, die als *Joy's Law* bekannt wurde [PATT88]:

$$- \; SunMips \, (year) = 2^{\, year - 1984} \; for \; years \; in \; [1984 \, ... \, 2000]$$

Aus heutiger Sicht erwies sich diese Vorhersage der jährlichen Verdopplung als zu optimistisch. Tatsächlich wurden „nur" 60 %/Jahr an Leistungssteigerung erzielt, d. h., die Prozessorgeschwindigkeit verdoppelte sich seit Mitte der achtziger Jahre ungefähr alle 18 Monate.

Um diesen dramatischen Anstieg der Prozessorleistung nutzen zu können, ist u. a. eine entsprechende Steigerung der Größe und Zugriffsgeschwindigkeit beim Hauptspeicher erforderlich. Nach Gene Amdahl sollte nämlich die Hauptspeichergröße mit der Prozessorgeschwindigkeit korrelieren: „Jede CPU-Instruktion pro Sekunde benötigt ein Byte Hauptspeicher". Tatsächlich erhöhte sich die Speicherkapazität auf Chip-Ebene alle 3 Jahre um den Faktor 4, was durch *Moore's Law* beschrieben wird:

- $MemoryChipCapacity\ (year) = 4^{\left(\frac{year - 1970}{3}\right)}\ Kb/Chip\ for\ year\ in\ [1970 \dots 2000].$

Dieser Zusammenhang belegt, daß bei den elektronischen Speicherbausteinen eine erhebliche Steigerung von Speicherdichte und -kapazität erzielt wurde (siehe Abschnitt 2.3.1), so daß das erforderliche Wachstum des Hauptspeichers eingehalten werden kann. Jedoch ging damit nur eine relativ geringe Verbesserung der Zugriffszeit (von durchschnittlich 7 %/Jahr [ASAI86]) einher. Deshalb reduziert ein größerer Hauptspeicher zwar die Anzahl der Zugriffe zum Externspeicher, jedoch kann er mit seiner Größe allein die enorme Steigerung der Prozessorgeschwindigkeit nicht ausgleichen. Aus diesem Grund müssen durch Einsatz von sog. Cache-Speichern Anpassungsverluste vermieden werden.

Die Aufzeichnungsdichte bei magnetischen Speichern verdoppelte sich seit 1955 im Mittel alle 2.5–3 Jahre, was einer Steigerung um den Faktor 10 innerhalb von einer Dekade (> 30 %/Jahr) entspricht. Dieses Wachstum wird durch *Hoagland's Law* ausgedrückt [HOAG85]:

- $MagneticArealDensity\ (year) = 10^{\left(\frac{year - 1970}{10}\right)}\ Mb/inch^2\ for\ year\ in\ [1970 \dots 2000].$

Nach [RUEM94] ist diese Abschätzung aus Sicht der dramatischen Verbesserungen der letzten Jahre viel zu pessimistisch; dort wird berichtet, daß seit 1990 eine Reduktionsrate von 60 – 80 %/Jahr bei der Speicherdichte[1] erreicht worden ist, was (mit einer Verdopplungsrate von weniger als 18 Monaten) sogar die Wachstumscharakteristik elektronischer Speicher übertrifft. Diese Entwicklung trug auch zu einer Senkung der Speicherkosten von 20–25 %/Jahr bei – also ideale Voraussetzungen für die Magnetplatte, ihre Position als „der" Externspeicher zu festigen. Leider erzielte man bei der Zugriffszeit, gemessen an der für elektronischen Speicher, nur ein bescheidenes Wachstum – höchstens 7–10 %/Jahr in der vergangenen Dekade.

Schon bei unseren groben Architekturbetrachtungen wird überaus deutlich, daß Haupt- und Externspeicher nur bei der Kapazität große Steigerungsraten verzeichnen, bei der Zugriffszeit aber nicht mit der Entwicklung der Prozessorgeschwindigkeit mithalten können. Insbesondere wird das E/A-Subsystem (der Externspeicher) als „schwächstes Glied" der Architektur immer schwächer, was offensichtlich bei DB-Anwendungen besonders ins Gewicht fällt. Diese Aussage ist umso bemerkenswerter, da das Wachstumstempo noch eine Reihe von Jahren anhalten wird; Experten glauben, daß noch Geschwindigkeitssteigerungen von mehr als 3 Zehnerpotenzen bei Prozessoren[2] möglich sind, denen im wesentlichen nur Kapazitätssteigerungen bei

---

[1] In den letzten drei Jahren (1998–2001) hat sich diese Entwicklung auf 100 %/Jahr beschleunigt.

[2] Ein hypothetischer Prozessor des Jahres 2011 könnte wie folgt aussehen [EBER97]: Auf einem 2100 mm^2 großen Chip befinden sich 10^9 Transistoren mit einer Strukturgröße von 0.07 μm; bei einer Taktfrequenz von 10 GHz erbringt er eine Leistung von 10^5 Mips.

Haupt- und Externspeicher gegenüberstehen. Das bedeutet aber, daß die Leistungsbremse immer deutlicher zu Tage tritt und sich bei DB-Anwendungen wegen der E/A-Bindung ihrer Arbeitslasten besonders bemerkbar macht.

Zwar wurde wegen der dargelegten Zusammenhänge schon immer viel Sorgfalt in die Planung, Organisation und Realisierung der E/A-Architektur und der Optimierung der zugehörigen Algorithmen gesteckt, um Leistungsminderungen durch hardware-bedingte Engpässe zu vermeiden. Mit Blick auf die gegenwärtige und künftige Entwicklung, welche die bekannte „Zugriffslücke" zwischen Haupt- und Externspeicher, aber auch eine erkennbare zwischen Hauptspeicher und Prozessor immer größer werden läßt, sind jedoch besondere Architekturmaßnahmen erforderlich, um die Leistungsvorteile, die sich aus Prozessorgeschwindigkeit und Speicherkapazität ergeben, voll an die DB-Anwendungen weitergeben zu können.

2.2   Nutzung von Speicherhierarchien

Bisher betrachteten wir in einer vereinfachten Modellvorstellung des Rechneraufbaus nur zwei Speichertypen, die miteinander zusammenarbeiten und „harmonieren" sollten. Der Hauptspeicher ist ein instruktionsadressierbarer (byte-adressierbarer) elektronischer Speicher, der heutzutage Zugriffszeiten von < 60 ns und Größen von mehreren GB (bei 256 Mb pro Chip) erreicht und der flüchtig ist. Als typischer Vertreter der Externspeicher dient die blockadressierbare Magnetplatte, die nichtflüchtig ist und bis zu 80 GB an Daten zu speichern erlaubt. Durch Einsatz von 10^2 Magnetplatten und mehr ist es in einem großen System möglich, mehrere TB zu verwalten. Schnelle Plattengeräte bieten dabei eine Zugriffsbewegungszeit von ~ 4 ms (siehe Tabelle 2.1) oder, daraus resultierend, eine mittlere Zugriffszeit von 6 ms. Aus diesen vereinfachten Betrachtungen läßt sich die Zugriffslücke durch einen Faktor > 10^5 festmachen, der sich wegen der technologischen Entwicklung ständig vergrößert. Auswege aus diesem Dilemma könnten die massive Nutzung von Parallelität bei der Ein-/Ausgabe (was in Abschnitt 2.5 wieder aufgegriffen wird) oder der Einsatz einer Speicherhierarchie oder beides sein. Da Speicherhierarchien in der einen oder anderen Form jedes Rechnersystem prägen, diskutieren wir zunächst ihre allgemeinen Prinzipien. Neuere Architekturvorschläge für ihre Verfeinerung und insbesondere für eine effektivere Überdeckung der Zugriffslücke werden in Abschnitt 2.6 angesprochen.

Der ideale Speicher hält die Daten, die gerade angefordert werden, schon bereit, so daß der Prozessor sie ohne Zeitverzug verarbeiten kann. Wenn man sich die Charakteristika heutiger Speicher bezüglich Kapazität, Zugriffszeit und Preis[3], die in Abb. 2.1 ins Verhältnis gesetzt sind, betrachtet, so erkennt man, daß diese Zielvorstellung durch reale Speicher nicht zu be-

---

[3]   Geschichtlich gesehen ergab sich zwischen Magnetband, Magnetplatte und elektronischem Speicher (RAM, Random Access Memory) stets ein ungefähres Preisverhältnis von 1:10:1000 [GRAY00], d. h., Magnetplattenspeicher war etwa zehnmal so teuer wie (Nearline-) Magnetbandspeicher und elektronischer Speicher war etwa hundertmal so teuer wie Magnetplattenspeicher, was auch heute noch in der Größenordnung gilt.

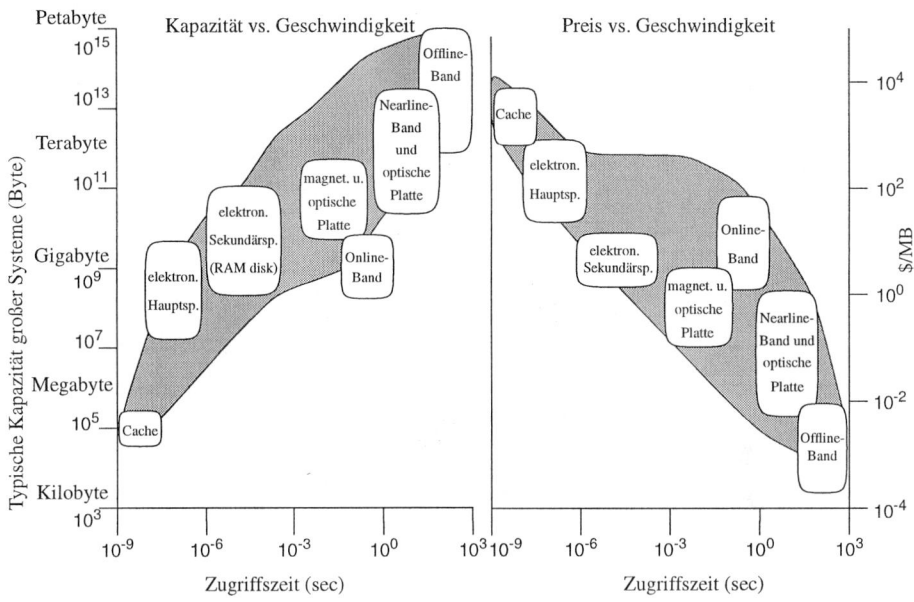

Abb. 2.1: Leistungscharakteristika und Kosten heutiger Speicher [GRAY93]

werkstelligen ist, da die schnellsten Speicher (Cache) nur eine geringe Kapazität besitzen und außerdem enorme Kosten verursachen. Ein Speicher hoher Kapazität dagegen ist sehr viel langsamer.

2.2.1 Aufbau einer Speicherhierarchie

Bedingt durch die unterschiedlichen Leistungscharakteristika und Kosten bietet es sich an, den idealen Speicher durch eine mehrstufige Speicherhierarchie verschiedenartiger Zwischenspeicher zu realisieren [HSIA77]. Mit steigender Hierarchieebene schrumpfen Kapazität und Zugriffsbreite (Größe der Datenübertragungseinheit), während Zugriffsgeschwindigkeit und Kosten pro Einheit zunehmen, d. h., kleinere, schnellere und teurere Speicher werden benutzt, um Daten für die Verarbeitung zwischenzuspeichern, die sich in größeren, langsameren und billigeren Speichern befinden. Diese Speicher sind zwischen den Prozessorregistern und den langsamsten Externspeichern (idealerweise) so anzuordnen, daß sich eine gleichförmige Abdeckung mit gleichen Abstufungen der Leistungscharakteristika ergibt. Eine solche Speicherhierarchie läßt sich nach [GRAY93] durch Abb. 2.2 veranschaulichen. Im Prinzip kann jede dieser Hierarchieebenen durch mehrere hierarchisch angeordnete Speicher realisiert werden. Beispielsweise ist der Cache-Speicher, der die Geschwindigkeitsanpassung des Hauptspeichers an die der Register des Prozessors übernimmt, in manchen Rechnerarchitekturen durch zwei (oder mehr) unterschiedlich schnelle und große Caches vertreten. Ebenso gibt es Architekturen, die als elektronischen Speicher einen instruktionsadressierbaren und einen seiten-

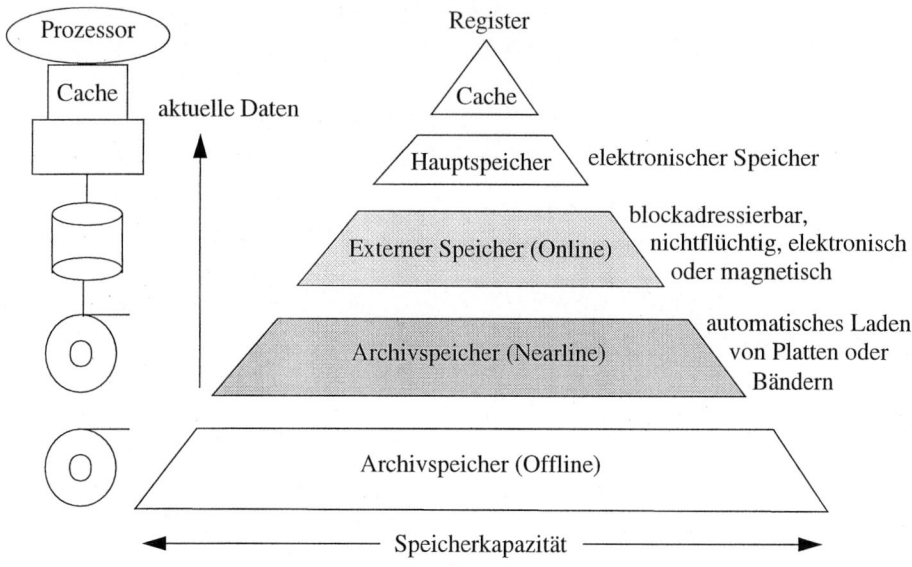

Abb. 2.2: Prinzipieller Aufbau einer Speicherhierarchie

adressierbaren Halbleiterspeicher einsetzen. Ziel bei allen Architekturentscheidungen ist die Geschwindigkeitsanpassung des jeweils größeren und langsameren Speichers an den schnelleren zu vertretbaren Kosten.

Warum funktionieren Speicherhierarchien? Der wesentliche Grund liegt in der Lokalität der Datenzugriffe. Diese Lokalitätseigenschaften sind auf jeder Hierarchieebene durch optimierte Speicherverwaltungs- und Ersetzungsverfahren zu unterstützen, so daß die Daten, die demnächst benötigt werden, sich schon „nahe beim Prozessor" befinden. Ohne diese Lokalitätseigenschaften, d. h. bei einem wahlfreien und gleichverteilten Zugriffsverhalten, wäre die Speicherhierarchie wirkungslos, und alle Daten müßten bei jeder Referenz von dem „langsamen" Speicher, der sie permanent aufnimmt, geholt werden. Referenzlokalität und optimierte Ersetzungsverfahren erzielen typischerweise eine hohe Trefferrate (Anzahl der Treffer im Speicher / Anzahl aller Speicherreferenzen). Beim Cache sollte sie je nach Anwendung 96 – 99 % und mehr betragen. Die Trefferrate ist der Indikator, wie gut das Ziel einer Speicherhierarchie verwirklicht werden konnte. Verbesserungen sind durch Einsatz größerer Speicher auf „kritischen" Ebenen zu erzielen, was jedoch die Kosteneffektivität einer Speicherhierarchie verringert. Die Trefferrate kann aber auch durch Cluster-Bildung bei den referenzierten Daten und organisatorische Maßnahmen bei den Programmen nachhaltig gesteigert werden.

Eine andere Kenngröße als die Trefferrate, die als Daumenregel beschreibt, welche Datenobjekte im Hauptspeicher gehalten werden sollen, führt Jim Gray mit seiner Five-Minute-Rule ein [GRAY87]. Sie ist eine Heuristik, die auf dem Trade-off der Hardware-Kosten und der Bandbreiten für Hauptspeicher und Magnetplatten, also für die Speicherung und den Zugriff für das Holen des Objektes, beruht. Zusätzlicher Hauptspeicher (DRAM, Dynamic Random Access Memory) und seine Nutzung als Datenpuffer kann die Anzahl der physischen E/A-Operationen zum Externspeicher reduzieren. Verkürzt gesagt lautet die Regel: „Halte ein Datenobjekt im Hauptspeicher, falls es innerhalb von etwa 5 Minuten erneut referenziert wird; anderenfalls lies es erneut von der Magnetplatte". Da für die Berechnung des Trade-off die entsprechenden Hardware-Preise für Haupt- und Externspeicher herangezogen wurden, war zu erwarten, daß sich die Kernaussage der Regel schnell ändert.[4]

Diese Daumenregel wurde in [GRAY97] nach 10 Jahren überprüft und auf verschiedene Anwendungsszenarien erweitert. Das Referenzintervall berechnet sich aus den Kosten für zusätzlichen Hauptspeicher zum Puffern von Seiten (*$/page/sec*) und der Einsparung bei den Plattenzugriffen pro Sekunde (*$/disk_access/sec*):

BreakEvenReferenceInterval (seconds) =

$$\frac{PagesPerMBofDRAM}{AccessPerSecondPerDisk} \quad x \quad \frac{PricePerDiskDrive}{PricePerMBofDRAM}$$

Da sich alle vier Größen unterschiedlich stark in den letzten 10 Jahren verändert haben und heute normalerweise größere Seiten ($\geq$ 8 KB) verwendet werden, ist eine detaillierte Bewertung und Festlegung typischer Werte erforderlich. Wir übernehmen hier nur die Kernaussagen aus [GRAY97, GRAY00]. Die Zugriffszeit für Magnetplatten hat sich nur gering und die Plattenkapazität etwa um einen Faktor 10 geändert. Dagegen sind die Preise für Magnetplatten und Hauptspeicher in der letzten Dekade eher um den Faktor 100 gesunken. Zusätzlich erlaubte die größere Kapazität einer Magnetplatte größere Seiten und mehr Zugriffe pro Sekunde. Als wichtigste Schlußfolgerung aus diesen Zusammenhängen wird festgestellt, daß für den wahlfreien Zugriff auf Seiten die Five-Minute-Rule immer noch gilt. Eine Variation der Kostenparameter führt stets auf Werte von 1–10 Minuten für das Referenzintervall.

Für den sequentiellen Datenzugriff, etwa beim externen Sortieren, gilt die Ten-Second-Rule. Sequentielle Operationen können die große Bandbreite für Transfers von/zu Magnetplatten wesentlich besser ausnutzen. Deshalb sollten Daten nur dann im Puffer gehalten werden, wenn sie innerhalb von 10 Sekunden rereferenziert werden.

2.2.2 Arbeitsweise einer Speicherhierarchie

In Abb. 2.3 ist eine Speicherhierarchie mit ihren charakteristischen Merkmalen Kapazität und Zugriffszeit pro Hierarchieebene veranschaulicht. Je schneller und teurer ein Speichertyp ist, umso kleiner ist in der Regel die auf der Hierarchieebene verfügbare Speicherkapazität. Weiterhin ist in Abb. 2.3 festgehalten, wie groß die typischen Einheiten des Datentransfers zwischen den einzelnen Hierarchieebenen sind und wer den Datentransfer veranlaßt.

---

[4]   In [GRAY87] wurde die Erwartung ausgesprochen, daß in einem Zeitraum von 10 Jahren daraus eine Five-Hour-Rule wird.

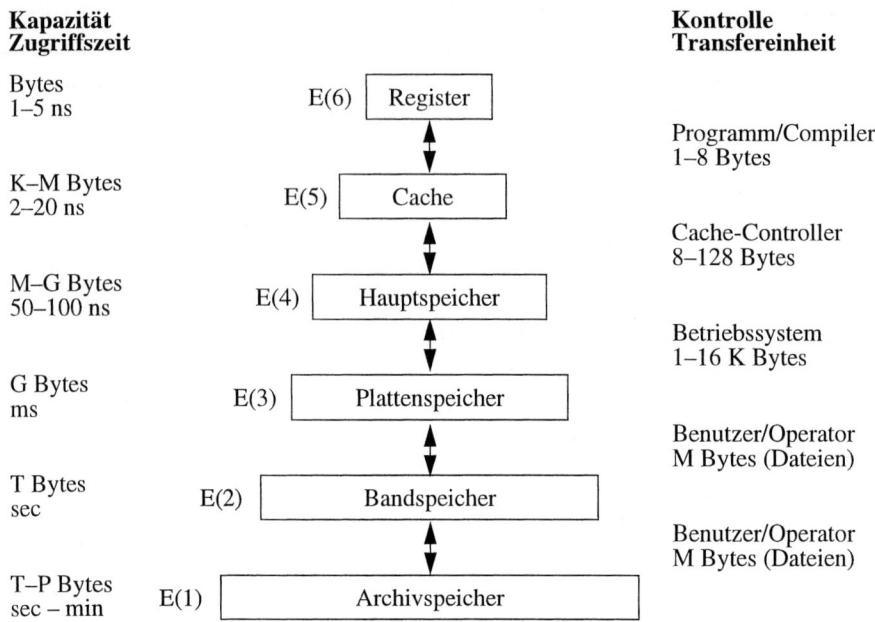

Abb. 2.3:   Charakteristische Merkmale einer Speicherhierarchie

Kann eine Datenanforderung des Prozessors im Cache nicht befriedigt werden, wird in den nächsttieferen Hierarchieebenen solange gesucht, bis das entsprechende Datenobjekt in einer Ebene E(i) gefunden ist. Von dort aus wird die Übertragung des angeforderten Datenobjekts in der für die Ebene E(i) charakteristischen Transfereinheit zur nächsthöheren Ebene veranlaßt. Dieser Vorgang wiederholt sich solange, bis das angeforderte Datenobjekt den Prozessor-Cache erreicht hat (*read-through* [LAMP79]). Beispielsweise wird ein Datenelement d von E(3) nach E(4) in einer Seite von 8K Bytes und von E(4) nach E(5) in einer Transfereinheit von 64 Bytes übertragen. Danach kann es zur Verarbeitung in ein Prozessorregister geladen werden. Geänderte Daten durchlaufen beim Zurückschreiben die Speicherhierarchie in der anderen Richtung; dabei sind diese Daten in jeweils größer werdenden Transfereinheiten „nach unten" zu übertragen. Wird sofort nach der Änderung eines Datenelements d in E(i) auch die zugehörige Kopie auf der nächsttieferen Ebene E(i-1) modifiziert, so spricht man von einem *Write-through*. Wird die Änderung in E(i-1) dagegen erst bei der Ersetzung von d in E(i) vorgenommen, so entspricht dies einem *Write-back,* d. h., eine Änderung wird ebenenweise und verzögert „nach unten" geschoben. Ersetzungsverfahren, die beim Lesen und Schreiben die Inklusionseigenschaft einhalten, gewährleisten bei Referenz eines Datenelements d auf Hierarchieebene E(i), daß sich Kopien von d (im alten Zustand) auf allen darunterliegenden Ebenen E(j), $1 \leq j < i$, befinden; das Zurückschreiben wird dadurch sehr einfach. Ohne die Inklusionseigenschaft könnte es passieren, daß d in der jeweils charakteristischen Transfereinheit erst von Ebene E(j), $1 \leq j < i-1$, bis E(i-1) ebenenweise übertragen werden muß, bevor das

Durchschreiben der auf Ebene E(i) vorliegenden Änderung von d vorgenommen werden kann.[5] Unabhängig von solchen Verfahrenseigenschaften sorgen in der Regel Referenzlokalität und Ersetzungsverfahren dafür, daß Datenobjekte während des DB-Betriebs in der Regel auf der Speicherebene zwischengespeichert sind, die sich aufgrund ihrer Referenzwahrscheinlichkeit einstellt.

Offensichtlich sind zur Realisierung einer Speicherhierarchie auf jeder Ebene ähnliche Verwaltungsaufgaben zu lösen: Lokalisieren des gesuchten Datenobjekts, Allokation von Speicherplatz für ein neues Objekt, Ersetzung des Objektes mit der geringsten Referenzwahrscheinlichkeit, Implementierung von Schreibstrategien (*write-through* vs. *write-back*) u. a. Außerdem lassen sich unterschiedliche Organisationsformen für die einzelnen Ebenen heranziehen, die den Datenaustausch (strikt zwischen benachbarten Ebenen oder weniger stark eingeschränkt) regeln und die Art der Verwaltung (zentral vs. dezentral mit einem Controller) festlegen. Verfahren dafür werden aber erst bei der Diskussion des DB-Puffers im Kapitel 5 ausführlich behandelt.

Die wichtigsten Leistungscharakteristika der Speichermedien, mit denen eine Speicherhierarchie aufgebaut wird, sind Kapazität und Geschwindigkeit; sie werden in Abb. 2.1 relativ zueinander verglichen und mit ihren Kosten ins Verhältnis gesetzt. Wir wollen hier nicht alle Speichertypen näher betrachten, sondern uns auf die konzentrieren, die das Leistungsverhalten bei der DB-Verarbeitung wesentlich bestimmen, da ihre Lese- und Schreibzugriffe im kritischen Pfad der Antwortzeit einer Transaktion liegen. Ihr abgestimmter Einsatz und ihr optimiertes Zusammenspiel können also direkt die Leistungsfähigkeit des DBS beeinflussen.

2.3 Halbleiterspeicher

Halbleiterspeicher sind elektronische Speicher, deren Schaltungszustände durch elektrische Energie aufrechterhalten werden. Bei Stromausfall gehen also alle gespeicherten Daten (und Programme) verloren. Dieser Speichertyp wird schon immer als Hauptspeicher und als Prozessor-Cache eingesetzt, wobei nur in speziellen Fällen Zusatzmaßnahmen gegen Datenverlust ergriffen werden; wir nehmen deshalb generell an, daß Halbleiterspeicher bei dieser Einsatzart flüchtig sind. Jedoch finden Halbleiterspeicher auch als Externspeicher sowie als nichtflüchtige Arbeitsspeicher zunehmend Verwendung; dabei benötigen sie eine Zusatzeinrichtung (wie battery backup), um die gespeicherten Daten bei Stromausfall nicht zu verlieren.

---

[5] In naher Zukunft sind an verschiedenen Stellen der Speicherhierarchie wesentliche Verbesserungen bei Zugriffszeit und Transfergröße zu erwarten [PATT98], welche ihre Arbeitsweise zwischen E(3) und E(6) stark beeinflussen könnten. IRAM (Intelligent Random Access Memory) zielt darauf ab, Mikroprozessor und DRAM-Speicher auf einem Chip anzusiedeln, um so weniger Controller zu benötigen und dichtere Integration mit geringerer Latenzzeit (Faktor 5–10) und größerer Bandbreite (Faktor 50–100) zu erreichen. IDISK (Intelligent Disk) erweitert Magnetplatten mit Verarbeitungslogik und Speicher in Form von IRAM, um bestimmte Zugriffs- und Sortieroperationen zu beschleunigen.

2.3.1 Hauptspeicher

Von der Technologie her werden hauptsächlich DRAM-Chips für *Hauptspeicher* eingesetzt. Ihr Kapazitätswachstum in den letzten Jahrzehnten wurde bereits durch *Moore's Law* eindrucksvoll verdeutlicht. Bei der Geschwindigkeit wurden in den letzten 10 Jahren im Mittel „nur" Verbesserungen von 7 %/Jahr erzielt [HENN90], so daß sich beim Vergleich mit der Prozessorgeschwindigkeit eine Leistungsschere öffnete.[6] Nach [LEBE94] erhöht sich dieses Leistungsgefälle um 40 % und mehr pro Jahr. Durch gezielte Architekturmaßnahmen muß deshalb dafür gesorgt werden, daß die Geschwindigkeitsdifferenz zwischen Register- und Hauptspeicherzugriff bei der Prozessorverarbeitung im Rahmen bleibt.

2.3.2 Cache-Speicher

Aus diesen Gründen werden in der Speicherhierarchie i. allg. *Cache-Speicher* eingesetzt, die eine Geschwindigkeitsanpassung der Hauptspeicherzugriffe an die der Registerzugriffe bewerkstelligen sollen. Cache-Speicher sind von der Kapazität her wesentlich kleiner, aber schneller (und teurer). Leistungsfähige Prozessoren sind oft mit einer Cache-Hierarchie ausgestattet, wobei bis zu drei Hierarchieebenen L1–L3 mit ansteigender Cache-Größe und fallender Zugriffsgeschwindigkeit eingesetzt werden. Der L1-Cache mit seinem L1-Controller ist typischerweise „on chip" und erreicht damit Zugriffszeiten in der Nähe der Prozessorzykluszeit. Beim G3 PowerPC[TM] ist beispielsweise auch der L2-Controller „on chip", während die restlichen Komponenten der Cache-Hierarchie, L2- und L3-Caches sowie L3-Controller, eigenständig (als „back-side L2 cache" und „look-aside L3 cache") realisiert sind [KENN97]. Für sie verwendet man in der Regel SRAM-Chips (static random access memory, Bipolar-SRAM oder MOS-SRAM), die 5–10 mal schnellere Zugriffszeiten als DRAM-Speicher gestatten. Als Kenngröße für die Zugriffszeit im Hauptspeicher (bei schnellem DRAM) hatten wir bereits 50 –100 ns angegeben; die Cache-Zugriffszeit kann danach also die Größe von 2 – 20 ns erreichen.

Jeder Treffer im Cache-Speicher erspart einen Hauptspeicherzugriff. Damit der Effekt der Geschwindigkeitsanpassung zum Tragen kommt, müssen fast alle Zugriffe im Cache befriedigt werden können. Dies ist jedoch bei DB-Anwendungen wegen breit gestreuter und nicht-lokaler Zugriffsmuster auf den Daten nicht zwangsläufig der Fall. Zudem fallen häufige Kontextwechsel während der Transaktionsverarbeitung (Prozeßwechsel bei DBS, TP-Monitor und Anwendungsprogramm aufgrund der Auftragsbearbeitung oder bei Wartesituationen wie Ein-/Ausgabe) an. Dadurch kann sich keine stetige Verarbeitungslokalität bilden, so daß sich der Anpassungseffekt nur unzureichend einstellt und erhebliche Leistungsverluste in Kauf genommen werden müssen [RAHM93]. Ein weiteres Problem tritt in Mehrprozessorumgebungen auf, in denen jeder Prozessor seinen eigenen Cache besitzt. Bei replizierter Information in den einzelnen Caches sind aufwendige Protokolle erforderlich, die eine Cache-Kohärenz ge-

---

[6]   Nach [PATT98] ergeben sich heute bei DRAM folgende Wachstumscharakteristika: 60 %/Jahr bei Kapazität, 20 %/Jahr bei Bandbreite, 7 %/Jahr Reduktion der Latenzzeit und 25 %/Jahr bei Kapazität bezogen auf den Preis (MB/$).

währleisten. Änderungen in einem Cache lassen alle zugehörigen Datenkopien in den anderen Caches veralten. Deshalb müssen solche ungültig gewordenen Datenkopien invalidiert und bei Bedarf aktualisiert werden, was in vielen Fällen vermehrte Hauptspeicherzugriffe (und damit eine Verschlechterung der Cache-Trefferrate) verursacht [STEN90].

Diese Diskussion zeigt, daß die Cache-Nutzung durchaus Probleme aufwirft. Dieses Thema soll hier jedoch nicht vertieft werden. Wir wollen vielmehr annehmen, daß durch die Wahl einer geeigneten Cache-Größe oder den Einbau einer Cache-Hierarchie in existierenden Rechnern ein Abstimmungsspielraum gegeben ist, mit dessen Hilfe sich Anpassungsprobleme ausräumen lassen.

2.3.3   Erweiterter Hauptspeicher

Halbleiterspeicher finden aber auch Einsatz zwischen Hauptspeicher und Externspeicher; sie helfen dabei, deren Zugriffslücke zu überdecken. So wird in den letzten Jahren verstärkt ein seitenadressierbarer Halbleiterspeicher zur Realisierung eines *Erweiterten Hauptspeichers* (EH) herangezogen. Dabei wird in der Regel ein im Vergleich zum Hauptspeicher langsamerer und billigerer DRAM-Speicher gewählt (siehe auch Abschnitt 2.6). Diese Hauptspeicher-Erweiterung ist derart in die E/A-Architektur integriert, daß ein direkter Seitenaustausch zwischen EH und Hauptspeicher stattfinden kann, d. h., der Befehlssatz ist so zu erweitern, daß Instruktionen zum Lesen und Schreiben von Seiten von/zum EH verfügbar sind. Ein weiterer wichtiger Aspekt dieser Integration betrifft die Verwaltung des EH. Sie erfolgt typischerweise nicht durch einen eigenständigen Controller, sondern wie beim Hauptspeicher unmittelbar durch das Betriebssystem (BS) des betreffenden Rechners. Eine solche direkte EH-Anbindung gestattet für eine 8KB-Seite Zugriffszeiten im Bereich von 10–100 µs, was bei einem 100-Mips-Prozessor einem Äquivalent von 1000–10000 Instruktionen entspricht. Da dieser Aufwand in vielen BS durch den eines Prozeßwechsels erreicht oder übertroffen wird (5000–10000 Instruktionen), ist es vorteilhaft, die Zugriffe vom/zum EH synchron abzuwickeln, d. h., ohne den Prozessor während des Zugriffs freizugeben. Bei höheren Mips-Zahlen schwächt sich dieser Kostenvorteil ab, jedoch ist zu berücksichtigen, daß sich mit der weiteren Entwicklung auch die Zugriffszeiten verbessern.

Erweiterte Hauptspeicher werden im Großrechnerarchitekturen oft als Seitenwechselspeicher für den Virtuellen Speicher genutzt. Weitere Beispiele werden in [COHE89] für Rechnerarchitekturen von IBM skizziert, wobei der EH als *Expanded Storage* bezeichnet wird. Als charakteristische Leistungskennzahl wird hierbei 75 µs für einen Zugriff auf eine 8KB-Seite angegeben. Bei vielen EH-Anwendungen ist die Flüchtigkeit des DRAM-Speichers nicht störend; in einer DB-Umgebung könnten jedoch eine Reihe von Optimierungsmaßnahmen erfolgen, wenn auf nichtflüchtige EH zurückgegriffen werden könnte. Diese Nichtflüchtigkeit läßt sich wiederum durch die erwähnten Zusatzmaßnahmen wie Batterie-Unterstützung u. a. (battery-backed RAM) erzielen.

2.3.4 Solid State Disks

In den letzten Jahren werden unter Bezeichnungen wie „elektronische Platten" oder SSD (engl. solid state disk, electronic disk, RAM disk) Halbleiterspeicher zunehmend auch als Externspeicher eingesetzt. Solche SSDs sind häufig aus DRAM-Chips aufgebaut. Weitere Realisierungsmöglichkeiten ergeben sich durch Nutzung von ferroelektrischen DRAM-Speichern oder EEPROM-Chips (electronically erasable programmable read-only memory). In allen Fällen läßt sich die geforderte Nichtflüchtigkeit durch entsprechende Zusatzmaßnahmen gewährleisten. Im Gegensatz zum Hauptspeicher erfolgt Organisation und Zugriff der Daten blockorientiert. Dabei benötigt ein Zugriff auf die SSD keine mechanische Bewegung (vergleiche Magnetplatten in Abschnitt 2.4.2) und ist daher prinzipiell so schnell wie ein Hauptspeicherzugriff. Allerdings werden solche Platten wie alle Externspeicher über Kanäle oder Busse angeschlossen, so daß die Art der Anbindung (Transferrate) die Zugriffszeit limitiert. Da SSDs noch sehr viel teurer als Magnetplatten sind (50- bis 100-fache Kosten), kommt ihr allgemeiner Einsatz als Externspeicher heute noch nicht in Betracht. Wenn überhaupt, ergänzen sie eine Externspeicherorganisation und unterstützen dabei gezielt zeitkritische Anwendungen oder DB-Funktionen (z. B. Logging).

Mit zunehmender Speicherdichte und Kostenreduktion der Halbleiterspeicher (siehe Abschnitt 2.1) scheint der Kostenvorteil von magnetischen Speichern zu verschwinden. Deshalb erwartet eine Reihe von Experten, daß in absehbarer Zukunft (ca. 2010) Online-Externspeicher ausschließlich aus elektronischem Speicher aufgebaut wird; als Folge wird magnetischer Speicher vollständig zu den Archivspeichern verdrängt („disks are dead" [GRAY93]). Andere Experten unterstreichen, daß die Entwicklung von magnetischem Speicher noch lange nicht ausgereizt ist [RUEM94]. Unsere Kennzahlen in Abschnitt 2.4.2 unterstützen die Auffassung, daß der magnetische Speicher in jüngster Zeit wieder „Aufwind" gegenüber dem elektronischen Speicher bekommen hat. Außerdem würde der Externspeicherbedarf künftig sehr stark anwachsen, so daß er mit elektronischem Speicher allein nicht abgedeckt werden kann. Sie sagen vielmehr voraus, daß sich die Verarbeitungscharakteristika künftiger Anwendungen durch Externspeicher auf der Basis magnetischer Speicher kosteneffektiv bedienen lassen und daß der Aufbau heutiger Speicherhierarchien im wesentlichen unverändert bleibt („disks forever"). Weitere Argumente zu diesen Prognosen finden sich in [GRAY93].

Für unsere Architekturbetrachtungen übernehmen wir die zuletzt skizzierte Sichtweise und stellen im folgenden entsprechend ihrer Wichtigkeit Aufbau und Organisation magnetischer Speicher dar. Sie werden generell als Extern- und Archivspeicher (siehe Abb. 2.3) genutzt; Nichtflüchtigkeit erfordert dabei keine zusätzlichen Maßnahmen, da bereits die Speicherungstechnik (polarisierte magnetische Domänen auf einem magnetischen Medium) die Persistenz der Daten gewährleistet.

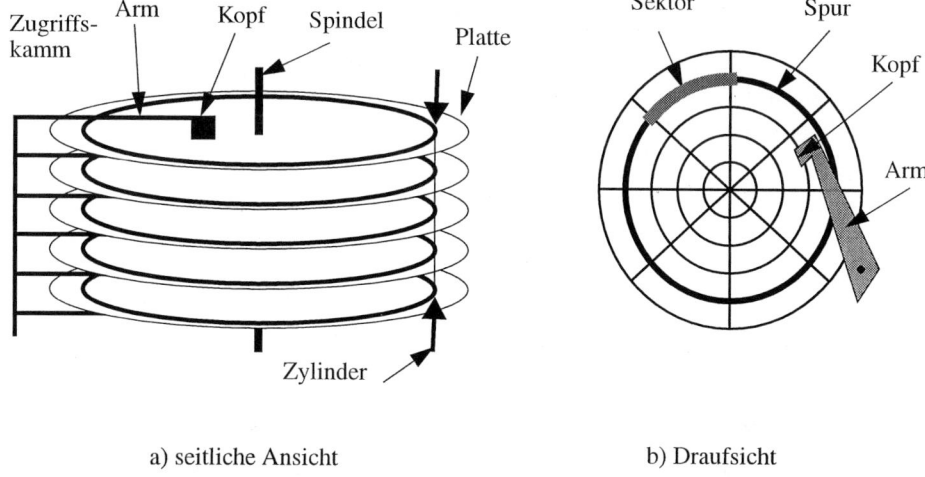

a) seitliche Ansicht   b) Draufsicht

Abb. 2.4:   Mechanische Komponenten eines Magnetplattengerätes

2.4   Aufbau und Arbeitsweise von Magnetplatten

Magnetplattengeräte (kurz Magnetplatten) sind für den DB-Einsatz immer noch die wichtigsten Externspeicher. Deshalb werden sie hier zusätzlich zu den Leistungsbetrachtungen in Abschnitt 2.1 in größerem Detail beschrieben. Magnetplatten enthalten Aufzeichnungs- und Positionierungskomponenten sowie einen Controller. Die Aufzeichnungskomponenten bestehen aus den rotierenden Plattenoberflächen und den Schreib-/Leseköpfen, die darauf zugreifen. Die Positionierungskomponenten auf der anderen Seite setzen sich aus dem Zugriffskamm mit den Zugriffsarmen, welche die Schreib-/Leseköpfe zur angeforderten Position bewegen, und einem Spurverfolgungssystem, das die eingenommene Position kontrolliert, zusammen. Der Platten-Controller ist für den Anschluß des Gerätes an verschiedene Datenübertragungssysteme verantwortlich. Für diese Aufgabe enthält er einen Mikroprozessor, Pufferspeicher und eine Schnittstelle zu einem Kanal oder Bus (z. B. SCSI). Der Controller bearbeitet die ankommenden Lese- und Schreiboperationen und sorgt für eine Abbildung ihrer (logischen) Adressen auf die physischen Plattensektoren.

2.4.1   Aufzeichnungskomponente

Eine Magnetplatte ist aufgebaut aus mehreren (typischerweise 5–10) Platten (Scheiben), die um eine gemeinsame Achse gleichförmig rotieren (von 7200 bis zu 15000 U/min bei den schnellsten Magnetplatten). Für jede Plattenoberfläche existiert ein Schreib-/Lesekopf, der an einem Zugriffsarm über diese bewegt werden kann (siehe Abb. 2.4).

Jede Plattenoberfläche ist in konzentrische Kreise, die sog. Spuren, eingeteilt, wie Abb. 2.4 b veranschaulicht. Ein Schreib-/Lesekopf kann auf eine Spur positioniert und (durch ein Spurverfolgungssystem) genau justiert gehalten werden. Alle Zugriffsarme werden gemeinsam durch einen Zugriffskamm bewegt. Deshalb wählen alle Köpfe die gleiche relative Spur pro Oberfläche aus; alle Daten, die auf der gleichen relativen Spur aller Plattenoberflächen erreicht werden, liegen auf demselben Zylinder. Durch die Plattenrotation wird während einer Drehbewegung die gesamte Spur unter einem Kopf vorbeigeführt. Dabei können dann Daten gelesen oder aufgezeichnet werden; es kann jedoch nur mit einem Schreib-/Lesekopf gleichzeitig gearbeitet werden, da typischerweise nur ein Datenstrom zum Rechner weitergeleitet werden kann (Mehr-Kanal-Platten können zeitgleich mehrere Schreib-/Leseoperationen unterstützen).

Um das Lesen und Zurückschreiben der Daten zu erleichtern, sind die Spuren als Sektoren fester Größen formatiert, wobei typischerweise 0.5 oder 1 KB als Sektorgröße gewählt wird. Sektoren sind die kleinste Schreib-/Leseeinheit auf einer Magnetplatte. Jeder Sektor enthält einen signifikanten Anteil codierter Daten zur Prüfung und Selbstkorrektur von Speicherungsfehlern (ECC, error correcting codes). Läßt sich in einem Sektor ein Fehler nicht beheben, wird dieser Sektor automatisch durch einen Ersatzsektor – vorzugsweise im selben Zylinder – ersetzt.

Moderne Platten besitzen ein festes, gekapseltes Gehäuse und haben, verglichen mit den früheren Wechselplatten, erheblich an Größe und Gewicht abgenommen. Aus diesen Gründen kommen sie mit weniger Energie aus, können schneller rotieren und haben kürzere Zugriffsbewegungen. Ihr Durchmesser liegt heute zwischen 1.3 bis 8 Zoll, wobei 2.5, 3.5 und 5.25 Zoll die gängigsten Größen sind.[7]

Das bereits angesprochene Wachstum der Speicherdichte stellt ständig beachtliche Herausforderungen an die technische Entwicklung der Schreib-/Leseköpfe sowie des Spurverfolgungssystems, wie die folgende Betrachtung verdeutlichen soll. Die Speicherdichte läßt sich durch zwei Maßnahmen, die zum einen die Aufzeichnungsdichte und zum anderen die Packungsdichte der Spuren betreffen, verbessern. Nach [RUEM94] wurden im Jahr 1994 für beide Kenngrößen bereits 50000 Bit pro Zoll (BpZ) bzw. 2500 Spuren pro Zoll (SpZ) erreicht. Bis zum Jahr 2001 wurde nochmals eine dramatische Steigerung der Aufzeichnungsdichte auf etwa 400000 BpZ und der Packungsdichte auf 27000 SpZ realisiert (z. B. Ultrastar 36Z15 von IBM). Die Nutzung solcher Speicherdichten bei Umdrehungsgeschwindigkeiten von 15000 U/min und die zusätzliche Optimierung der E/A durch Datenpufferung im Platten-Controller erfordern dann auch Übertragungsleistungen, die weit über 400 Mb/s liegen müssen.

2.4.2   Positionierungskomponente

Die Adressierung auf einer Magnetplatte erfolgt in einem dreidimensionalen Adreßraum, der durch Zylinder-#, Spur-# und Sektor-# angesprochen wird. Das Positionierungssystem hat

---

[7]   Einer weiteren Miniaturisierung stehen handfeste praktische Argumente wie Verlustgefahr u. a. entgegen

nun die Aufgabe, bei einem E/A-Auftrag den Zugriffskamm mit seinen Armen so schnell wie möglich zum adressierten Zylinder (seek) zu bewegen und den entsprechenden Schreib-/Lesekopf zu aktivieren. Das Spurverfolgungssystem muß bei den hohen Spurdichten und trotz Plattenfehler oder externer Vibrationen gewährleisten, daß bei der enormen Drehgeschwindigkeit die Spur gehalten und Daten aus einem Sektor oder einer Menge aufeinanderfolgender Sektoren übertragen werden können (Einzelheiten dazu finden sich in [RUEM94]).

Die für die Anwendung wichtige Frage ist die nach den Kosten einen Blockzugriffs. Für die Kostenmodellierung können wir einen solchen E/A-Auftrag in diskrete Teilschritte zerlegen und diesen die bei der Abwicklung anfallenden Zeitanteile zuordnen. Dabei berücksichtigen wir die Zeitanteile, die im BS durch Starten des Auftrags (t_{sio}), möglicherweise durch Verzögerungen in Warteschlangen (t_w) und durch Prüfen des Ergebnisses am Ende des Auftrags (t_c) anfallen. Die eigentlichen Zeitanteile für die Abwicklung des E/A-Auftrags ergeben sich durch Zugriff auf die Magnetplatte und Übertragung der Daten: Zugriffsbewegungszeit (t_s), Aktivieren des Schreib-/Lesekopfes (t_{act}), Umdrehungswartezeit (t_r), und Übertragungszeit (t_{tr}). Falls mehrere Platten an einem Datenübertragungsgerät (Kanal) angeschlossen sind, können zusätzlich Zeitanteile (t_{recon}) dadurch entstehen, daß durch momentane Belegungen des Kanals eine oder mehrere Plattenumdrehungen abzuwarten sind, bis er für die betreffende Platte wieder belegt werden kann. Neuere Platten besitzen im Controller einen Pufferspeicher, so daß der zu lesende Block zwischengespeichert und dadurch die skizzierte Verzögerungsquelle entschärft werden kann. Das Modell für die Zugriffszeit ergibt sich folglich zu

$$t = t_{sio} + t_w + t_s + t_{act} + t_r + t_{recon} + t_{tr} + t_c$$

Die BS-Anteile t_{sio} und t_c liegen ebenso weit unter 1 ms wie t_{act} als „elektronische Zeit", so daß ihre Vernachlässigung im Rahmen unserer Betrachtungen gerechtfertigt ist. Sind lastabhängige Wartezeiten vor Gerät und Kanal zu modellieren, so müssen Warteschlangenzusammenhänge, Arbeitslasten u. a. berücksichtigt werden, um t_w und t_{recon} zu bestimmen. Für die Ermittlung lastunabhängiger Zugriffszeiten, die als typische Richtwerte genutzt werden sollen, genügt jedoch ein vereinfachtes Modell „mechanischer Zeitanteile":

$$t = t_s + t_r + t_{tr}$$

In Tabelle 2.1 sind eine Reihe technischer Merkmale verschiedener Magnetplatten zusammengestellt, wobei insbesondere für Spurkapazität und Transferrate eine Mittelung von inneren und äußeren Zylindern vorgenommen wurde. Daraus läßt sich zunächst ablesen, daß der größte Zeitanteil durch t_s verbraucht wird; deshalb sollte t_s möglichst genau bestimmt werden. Liegt $t_s = f(x)$ als Funktion der zu überquerenden Zylinderabstände vor, so kann die Berechnung direkt erfolgen (siehe Abb. 2.5). $f(x)$ besitzt keine lineare Abhängigkeit zur Anzahl der zu überquerenden Zylinder, da aufgrund von Beschleunigungs- und Bremsverzögerungen Nichtlinearitäten auftreten [RUEM94]. Auch ohne genaue Kenntnis des Funktionsverlaufs lassen sich Näherungsgeraden für $f(x)$, wie in Abb. 2.5 gezeigt, aus den technischen Kenngrößen t_{smin}, t_{sav} und t_{smax} ableiten. Dabei liegt die Annahme zugrunde, daß die durchschnittliche Zugriffsbewegung für gleichverteilte, wahlfreie Anforderungen bei einer Datei mit N Zylin-

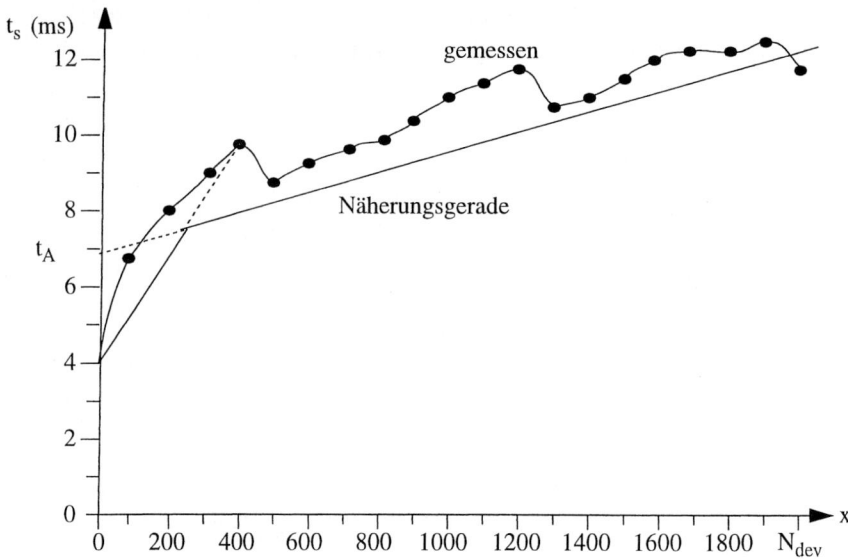

Abb. 2.5:   Verlauf der Zugriffsbewegungszeit (x = Anzahl überquerter Zylinder)

dern $x \approx N/3$ ist. Hat die Magnetplatte N_{dev} Zylinder, ergibt sich x zu $N_{dev}/3$ und der Mittelwert $\bar{t}_s$ zu $t_{sav} = f(N_{dev}/3)$.

Der Mittelwert für die Umdrehungswartezeit wird offensichtlich mit einer halben Umdrehungszeit angenommen, also gilt immer $\bar{t}_r = t_{rev}/2$. Die Übertragungszeit läßt sich als linearer Zusammenhang von Blockgröße und Transferrate ansetzen: $\bar{t}_{tr} = B_L/u$. Die mittlere Zugriffszeit nach unserem vereinfachten Modell läßt sich also durch

$$\bar{t} = \bar{t}_s + \bar{t}_r + \bar{t}_{tr} = \bar{t}_s + t_{rev}/2 + B_L/u$$

angeben. Erstreckt sich eine Datei über alle N_{dev} Zylinder einer Magnetplatte, ist $\bar{t}_s = t_{sav}$, und die Kenngrößen können direkt der Tabelle 2.1 entnommen werden. Beispielsweise ergibt sich für eine Blocklänge $B_L = 8$ KB bei Magnetplatten mit den Spitzenwerten von 2001 ein $\bar{t} = 6.3$ ms, mit den typischen Werten von 1998 ein $\bar{t} = 11.5$ ms und bei der IBM 3390 ein $\bar{t} = 21.5$ ms.

Tabelle 2.1 veranschaulicht die Entwicklung der technischen Merkmale von Magnetplatten und ihrer Steigerungsraten bei Kapazität, Zugriffszeit und Transferrate.[8] Insbesondere unterstreicht der Vergleich der Zugriffsbewegungs- und Umdrehungszeiten von Magnetplatten verschiedener Generationen noch einmal, wie schwierig es ist, mechanische Zeitanteile zu verbessern[9]. Außerdem macht dieser Vergleich auch sichtbar, wie sich die optimalen Nutzungsmerkmale bei Magnetplatten verschoben haben.

---

[8]   Nach [PATT98] ergeben sich heute bei DRAM folgende Wachstumscharakteristika: 60 %/Jahr bei Kapazität (Speicherungsdichte), 40 %/Jahr bei Transferrate (Bandbreite), 8 %/Jahr Reduktion der Zugriffsbewegungs- und Umdrehungszeit und > 60 %/Jahr bei Kapazität bezogen auf den Preis (MB/$). Das bedeutet, daß sich die Größe MB/$ in weniger als 18 Monaten verdoppelt!

Magnetplattentyp Merkmal	Spitzen- werte **2001**	typische **Werte** **1998**	IBM 3390 (1990)	IBM 3380 (1985)	IBM 3330 (1970)
t_{smin} = Zugr.beweg.(Min.)	0.65 ms	1 ms	k. A.	2 ms	10 ms
t_{sav} = " (Mittel)	4.1 ms	8 ms	12.5 ms	16 ms	30 ms
t_{smax} = " (Max.)	8.5 ms	16 ms	k. A.	29 ms	55 ms
t_{rev} = Umdrehungszeit	4 ms	6 ms	14.1 ms	16.7 ms	16.7 ms
T_{cap} = Spurkapazität	178 KB	100 KB	56 KB	47 KB	13 KB
T_{cyl} = #Spuren pro Zyl.	11	20	15	15	19
N_{dev} = #Zylinder	18700	5000	2226	2655	411
u = Transferrate	45 MB/s	15 MB/s	4.2 MB/s	3 MB/s	806 KB/s
Nettokapazität	36.7 GB	10 GB	1.89 GB	1.89 GB	93.7 MB

Tabelle 2.1:   Technische Merkmale von Magnetplatten

2.4.3   Sequentieller vs. wahlfreier Zugriff

Zur Verdeutlichung berechnen wir die Kosten für sequentielle und wahlfreie Zugriffe auf Magnetplatten zweier Generationen (1970 und 2001). Dazu nehmen wir an, daß 1000 Blöcke zu 8 KB einmal sequentiell und einmal wahlfrei gelesen werden sollen. Als Kenngrößen benutzen wir die Werte von 1970 und 2001 aus Tabelle 2.1.

Beim sequentiellen Lesen fallen zum erstmaligen Positionieren eine Zugriffsbewegungs- und eine Umdrehungswartezeit an. Die Daten in einer Spur können dann mit der vollen Transferrate übertragen werden. Zum Aufsuchen des nächsten Zylinders ist jeweils t_{smin} erforderlich. Wir benötigen also als Gesamtzeit

$$\bar{t}_{seq} = t_{sav} + t_{rev}/2 + k \cdot t_{smin} + 1000 \cdot 8 \text{ KB}/u,$$

wobei k die Anzahl der Zylinderübergänge angibt.[10] Als Gesamtzeit des wahlfreien Zugriffs erhalten wir

$$\bar{t}_{rand} = 1000 \cdot (t_{sav} + t_{rev}/2 + \bar{t}_{tr}).$$

Die Ergebnisse sind in Tabelle 2.2 zusammengestellt.

Unsere Übersicht stellt noch einmal zahlenmäßig die relativ geringe Zugriffszeitverbesserung innerhalb der letzten 31 Jahre beim wahlfreien Zugriff (7.7) fest. Der sequentielle Zugriff

---

[9]   Der Tabelle 2.1 ist aber auch zu entnehmen, daß sich die mechanischen Zeitanteile in den letzten drei Jahren gegen den langjährigen Trend deutlich verkürzt haben.

[10]   Da die zu übertragenden Daten nicht auf Zylindergrenzen ausgerichtet zu sein brauchen, setzen wir k ≈ 5 und k ≈ 35 für Magnetplatten aus den Jahren 2001 bzw. 1970.

	1970	2001	Verbesserung
wahlfrei	48 275 ms	6 277 ms	7.7
sequentiell	10 315 ms	187 ms	55.2
Verhältnis	4.7	33.6	

Tabelle 2.2:   Sequentielle vs. wahlfreie Zugriffszeiten auf Magnetplatten

dagegen profitierte von den stark gestiegenen Speicherdichten und Transferraten (55.2). Das Verhältnis „wahlfrei vs. sequentiell" zeigt die drastische Verschiebung zu ungunsten der wahlfreien Verarbeitung auf Magnetplatten (33.6). Diese Kennzahl bedeutet, unsere Modellannahmen vorausgesetzt, daß es bei einer Folge von Dateizugriffen ab einer Trefferrate $> 3\ \%$ schneller ist, die Datei sequentiell zu lesen, als die Trefferliste wahlfrei abzuarbeiten. 1970 lag diese Schwelle noch bei etwa 21.3 %.

Da die Transferraten und Speicherdichten wesentlich schneller wachsen als die mechanisch geprägten Zugriffsraten wird das Verhältnis von wahlfreiem zu sequentiellem Zugriff auch künftig immer schlechter. Deshalb ist es zunehmend wichtiger, Magnetplattenzugriffe und insbesondere mechanische Bewegungen auf der Magnetplatte einzusparen. Das kann einmal erreicht werden durch größere Blöcke, da dadurch manchmal wahlfreie Zugriffe verringert werden können. Zum anderen empfiehlt sich eine Cluster-Bildung der Daten, die i. allg. viel effektiver ist. Zusammengenommen resultieren daraus große Blöcke, mit denen bei möglichst wenigen Zugriffen sich möglichst viele nützliche Daten übertragen lassen.[11]

Bei mengenorientierten E/A-Operationen läßt sich eine deutliche Verbesserung des wahlfreien Zugriffszeitverhaltens erzielen, wenn die einzelnen Blöcke nach ihren physischen Adressen sortiert angefordert oder geschrieben werden. Dadurch wird eine Minimierung der zu überquerenden Zylinderabstände und damit des „mechanischen Zeitanteils" angestrebt, da sich der Zugriffskamm (im ungestörten Fall) nur in einer Richtung bewegt. Wir bezeichnen diese Verarbeitungsweise als sortiert-wahlfrei. Sie führt immer dann zu großen Verbesserungen, wenn ganze Magnetplatten exklusiv für die Abwicklung eines Auftrags benutzt werden können, bespielsweise beim Erzeugen eines direkten Sicherungspunktes (siehe Abschnitt 15.4.1) oder beim Lesen der Sätze einer langen Trefferliste.

---

[11] Trotz starker Verbesserungen bei den sequentiellen Zugriffszeiten liegen diese i. allg. unter den Steigerungen der Magnetplattenkapazitäten. Dies führt dazu, daß es immer mehr Zeit erfordert, eine Magnetplatte vollständig zu lesen, z. B. zur Archivierung oder zur Bearbeitung von Scan-Anfragen. So stieg gemäß Tabelle 2.1 die sequentielle Lesezeit einer Magnetplatte von ca. 8 Minuten im Jahr 1990 auf etwa 14 Minuten im Jahr 2001.

2.4.4 Platten-Controller

Der Controller verkörpert die Schnittstelle von Magnetplatte und Datenübertragungsmedium, das in der Regel ein Kanal oder ein Bus ist. Neben den diskutierten Aufgaben wie Kontrolle des Zugriffs, Betreiben des Spurverfolgungssystems und Abwicklung des Datentransfers verwaltet er in vielen Fällen einen integrierten Platten-Cache. Diese vielfältigen und ständig zunehmenden Aufgaben erzwingen den Einsatz immer mächtigerer Mikroprozessoren[12] (mit der Möglichkeit digitaler Signalverarbeitung), damit die bei einer E/A vom Controller beanspruchten Zeitanteile nicht ins Gewicht fallen. Nach [RUEM94] liegt dieser durch einen Controller induzierte Overhead für eine E/A bei 0.3–1.0 ms.

Die Transferrate der Magnetplatte muß natürlich voll an das Datenübertragungsmedium abgegeben oder von ihm aufgenommen werden können, um die minimal mögliche Zugriffszeit zu gewährleisten. Bei Kanälen hatten wir bisher als mittlere Werte 45 MB/s angenommen; bei SCSI-Bussen werden bereits Übertragungsraten von 160 MB/s erreicht. Für höhere Geschwindigkeiten ist es sogar möglich, daß sich ein serieller Kanal mit Glasfaser-Übertragung durchsetzt; für Fibre Channel und Ultra320 SCSI werden bereits Datentransferraten von 200–400 MB/s angegeben.

Ein Platten-Cache kann aus Sicht der DB-Verarbeitung den größten Nutzen bringen. Hier wird die Funktion der Zwischenpufferung einzelner Aufträge (*speed-matching buffer*) explizit daraufhin erweitert, um durch den Cache Lese- und Schreiboperationen auf der Platte einzusparen. Solche Caches sind relativ klein und liegen typischerweise zwischen 64 KB und 4 MB; ein wesentlicher Grund dafür sind die hohen Kosten, da der Cache Schnittstellen zur Platte und zum Datenübertragungsgerät besitzen muß (*dual-ported static RAM*).

Durch das sog. *Read Caching* und *Write Caching* lassen sich erhebliche Leistungsgewinne erzielen. Eine Leseanforderung, die im Cache einen Treffer lokalisiert, kann diesen unmittelbar weiterleiten, ohne eine Plattensuche mit ihren „mechanischen" Zeitanteilen beanspruchen zu müssen. Die Effektivität von *Read Caching* läßt sich durch ein sog. *Read-ahead* verbessern; dabei wird der Controller über die normale Cache-Verwaltung hinaus aktiv, da er eigenständig und vorab Blöcke in den Cache kopiert mit dem Ziel, erwartete Leseanforderungen bereits im Cache befriedigen zu können (siehe die DB-Pufferverwaltung und hier insbesondere *Prefetching* in Abschnitt 5.4.1).

Write Caching ist keine große Hilfe, solange der Cache flüchtig ist. Es könnten in DB-Anwendungen lediglich unwichtige Ausgaben asynchron geschrieben werden, für die die Rückmeldung verspätet (nach dem verzögerten Durchschreiben) erfolgen kann. Es wird jedoch dann eine wesentliche Hilfe, wenn der Cache nichtflüchtig gemacht wird (z. B. durch battery-backed RAM). Da jetzt das Schreiben in den Cache sicher ist, verkürzt sich die E/A-Zeit enorm (auf < 1 ms); das Durchschreiben auf die Platte kann asynchron nachgeholt werden.

---

[12] Bis zum Jahr 2001 schätzen Experten von Seagate, daß Hochleistungsplattenlaufwerke mit 100–200 Mips Verarbeitungsleistung sowie bis zu 64 MB Hauptspeicher, die auf ein oder zwei hoch integrierten Speicher-Chips bereitstehen, ausgestattet sein werden [KEET98].

Neben dem Wegfall der „mechanischen" Zeitanteile, der die Antwortzeit reduziert, sind noch zwei weitere Vorteile für den Durchsatz bemerkenswert:

– Bei häufigen Änderungen derselben Blöcke und ihrer Ausgabe in den Cache werden diese im Cache überschrieben; somit wird die auf die Platte durchzuschreibende Blockmenge reduziert.

– Eine große Anzahl von durchzuschreibenden Blöcken ermöglicht es dem Controller, ein nahezu optimales Scheduling für die Zugriffsbewegungen zu machen.

2.5   Organisationsformen für Magnetplatten

2.5.1   Disk-Farm

Große Datenbanken erreichen heute schon den Bereich von 100 TB, d. h., es müssen neben Nearline-Speichermedien bis zu 10^3 Magnetplatten und mehr in die Speicherhierarchie integriert werden. Eine häufige Organisationsform dieser Magnetplatten, oft Disk-Farm genannt, ist in Abb. 2.6 a skizziert. Es handelt sich dabei um eine lose gekoppelte Sammlung von typischerweise großen Plattenlaufwerken, deren Anbindung an den Hauptspeicher über eine Kanalarchitektur und Controller-Hierarchien geschieht. Aus Gründen der Fehlertoleranz und des flexibleren Zugriffs sind Alternativpfade zu den Platten vorgesehen. Bei dieser Organisationsform findet keine automatische Verteilung der Daten auf die einzelnen Platten statt; vielmehr übernimmt die Externspeicherverwaltung des BS oder DBS (siehe Kapitel 3) die Zuordnung und Speicherung der Daten in Dateien. Üblicherweise ist eine Datei auf einer oder auf sehr wenigen Platten allokiert, wobei die Datenverteilung jedoch nicht von Aspekten der Lastbalancierung oder der parallelen E/A-Möglichkeiten bestimmt wird, sondern eher vom Dateiwachstum und der Zuordnung von Datei-Extents (siehe Abschnitt 3.3). Zugriffe auf eine Datei müssen somit notwendigerweise sequentiell durchgeführt werden, selbst wenn die Anwendung mengenorientierte Anforderungen stellt.

E/A-Parallelität läßt sich bei Disk-Farms typischerweise nur durch konkurrierende Anwendungen (Transaktionen) erzielen, wobei jedoch der Entwicklungstrend bei großen Platten diese stark begrenzt. Möglichst große und dafür wenige Magnetplatten in der Externspeicherkonfiguration bedeuten auch eine relativ geringe Anzahl paralleler E/A-Vorgänge, da nur ein Zugriff pro Platte zu einem Zeitpunkt erfolgen kann. Da aber immer größere Datenmengen über den Flaschenhals der wahlfreien Zugriffsoperation erreicht werden müssen, stellt sich de facto eine Verschärfung der Zugriffslücke ein. Um diesem Trend entgegenzuwirken, suchte man bei leistungskritischen Anwendungen mit hoher Transaktionsparallelität teilweise schon nach unkonventioneller Abhilfe [GELB89]: Speicherkapazität auf großen Platten wurde gezielt ungenutzt gelassen, um die Daten und damit die Zugriffslast über mehr Platten zu verteilen. Diese Vorgehensweise ist sicherlich nicht allgemein zu empfehlen.

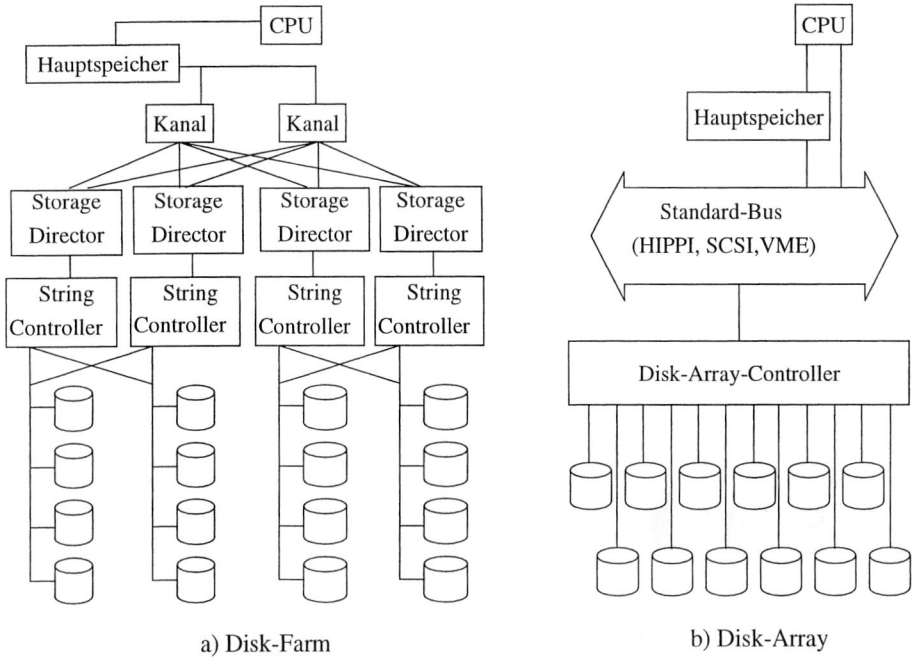

a) Disk-Farm   b) Disk-Array

Abb. 2.6:   Verschiedene Plattenorganisationsformen

Offensichtlich läßt sich E/A-Parallelität bei einer Disk-Farm („wenige große Platten, wenige Zugriffsarme") nur begrenzt einsetzen. Optimierungsmöglichkeiten liegen vor allem, wie bereits beim sequentiellen vs. wahlfreien Zugriff auf Magnetplatten diskutiert, in der Nutzung sequentieller Zugriffsformen und in der Reduktion des wahlfreien Zugriffs, z. B. durch die Wahl größerer Blöcke und durch anwendungsbezogene Cluster-Bildung.

2.5.2 Disk-Array

Eine zweite Organisationsform beruht auf Disk-Arrays. Ein Disk-Array ist eine Sammlung relativ kleiner und kostengünstiger Magnetplatten, die durch einen Disk-Array-Controller zusammengefaßt und koordiniert werden [PATT88]. Wie in Abb. 2.6 b veranschaulicht, läßt sich aus der Sicht des BS ein Disk-Array als ein „logisches" Plattenlaufwerk auffassen, das durch eine größere Anzahl (8–128) eng miteinander verbundener physischer Laufwerke realisiert wird. Diese erlauben einen parallelen Zugriff und Datentransfer, so daß wesentlich höhere E/A-Raten und größere Bandbreiten zu erzielen sind. Um diese erheblich verbesserte E/A-Leistung an das Rechnersystem weitergeben zu können, sind ausreichende Pufferungs- und schnelle Datenübertragungsmöglichkeiten erforderlich. Deshalb übernimmt der Disk-Array-Controller Aufbau und Zwischenpufferung der parallel ausgelesenen bzw. zu schreibenden Daten, die über leistungsfähige Standard-Bus-Architekturen (z. B. high-performance parallel interface (HIPPI) mit bis zu 200 MB/s) zum/vom Hauptspeicher transferiert werden. Neben der erhöhten Leistungsfähigkeit bietet ein Disk-Array weitere Vorteile wie geringeren Energieverbrauch und vor allem geringere Speicherkosten durch Verwendung standardisierter Komponenten (z. B. ~ 20 GB/Platte); er verspricht also kosteneffektivere Lösungen (~ 20 $/GB).[13]

Wie kann das hohe Parallelitätspotential („viele kleinere Platten, viele Zugriffsarme") von Disk-Arrays ausgenutzt werden? Offensichtlich spielt bei dieser Frage die Datenverteilung eine zentrale Rolle. Sofern mehrere E/A-Aufträge vorliegen und die dabei zu lesenden oder zu schreibenden Daten über mehrere Platten verteilt sind, können diese parallel abgewickelt werden. Diese sog. Auftragsparallelität gestattet im wesentlichen einen höheren Durchsatz bei gleichbleibender Antwortzeit [WEIK93b]. Zugriffsparallelität dagegen entsteht dadurch, daß ein einzelner E/A-Auftrag in mehrere, parallel ausführbare Plattenzugriffe umgesetzt wird. Damit läßt sich bei geeigneter Datenorganisation eine sehr effiziente mengenorientierte Zugriffsschnittstelle realisieren. Wenn N Blöcke geschrieben oder gelesen werden sollen, so werden alle einzelnen Schritte der Zugriffe vollkommen parallel ausgeführt. Als Latenzzeit fallen Zugriffsbewegungszeit und Umdrehungswartezeit nur einmal an; auch die Übertragung kann parallel erfolgen, so daß sich die Bandbreite im Vergleich zu einer Platte um den Faktor N erhöht (rechnerische Zugriffszeit pro Block: $t = (t_s + t_r + t_{tr})/N$). Werden nachfolgend mehrere benachbarte Blöcke (bei großen Objekten) angefordert, so reduziert sich für diese Folgeoperationen die Zugriffszeit pro Block im wesentlichen auf t_{tr}/N. Zugriffsparallelität senkt also die Antwortzeit eines E/A-Auftrages in erheblichem Maße.

Beide Arten von Parallelität sollten bei Disk-Arrays möglich sein, da dann große Anwendungen mit verschiedenartigen Last- und Datencharakteristika in flexibler Weise unterstützt werden können. Allerdings werden dadurch hohe Ansprüche an die Datenverteilung gestellt, da für beide Parallelitätsarten widersprüchliche Zielvorstellungen gelten. Bei der Auftragsparallelität sollen verschiedene Aufträge ihre Daten auf verschiedenen Platten vorfinden, was auch durch die übliche Dateizuordnung auf jeweils eine oder wenige Platten (Cluster-Bildung) erreicht werden kann. Für die Nutzung von Zugriffsparallelität sind die Daten einer Datei dagegen zielgerichtet zu partitionieren und verschiedenen Platten zuzuordnen. Werden die Daten auf einer anwendungsorientierten Ebene partitioniert (z. B. die Tupel einer Relation nach Schlüsselbereichen) und über mehrere Platten verteilt, so spricht man von *Declustering*. Mit *Striping* wird dagegen die byte-orientierte Aufteilung der Datenobjekte in gleiche Einheiten und ihre Zuweisung von aufeinanderfolgenden Einheiten zu Platten in einer festen Reihenfolge bezeichnet. Diese byte-orientierte Partitionierung hat gegenüber der anwendungsorientierten den Vorteil, daß sie als generische Methode direkt im Speichersystem (im Disk-Array) realisierbar und somit unmittelbar für alle denkbaren Anwendungen einsetzbar ist. Die partitionierten Objekte (Dateien) sind also blockstrukturierte Byte-Folgen, die einem Spei-

---

[13]   Seagate Cheetah X15-36LP wurde 2001 als Magnetplatte mit 3.5 Zoll, 18 GB für ~ 20 $/GB sowohl als Einzelplatte als auch als Platte für Disk-Array-Einsatz angeboten. Bei einem solchen Einsatz kommen dann vor allem die Vorteile zum Tragen, die sich aus der speziellen Organisationsform ergeben (Fehlertoleranz, Parallelität).

chersegment, einer einzelnen Relation, einem großen Objekt (BLOB, Binary Large OBject) u. a. entsprechen können.

Die Allokation der Daten ist weitgehend orthogonal zur Partitionierungsmethode. Dadurch soll eine möglichst gute Lastverteilung erzielt werden, d. h., nach Zuordnung aller Partitionen aller Dateien sollte idealerweise die Gesamtlast des Systems gleichmäßig über alle Platten verteilt sein. Einfache Algorithmen wie Random-Allokation oder Round-Robin-Allokation versagen, sobald schiefe Zugriffsverteilungen vorliegen (z. B. 80–20-Regel). Standard-Heuristiken für die kombinatorische Optimierung (z. B. simulated annealing) sind dagegen recht komplex und aufwendig, so daß man einfachen Verfahren den Vorzug geben möchte. Als Beispiel dafür wird ein Greedy-Verfahren in [WEIK93b] beschrieben. Für die detaillierte Behandlung dieses Themas verweisen wird auf [ZABB94].

Abschließend soll noch erwähnt werden, daß besondere Maßnahmen zur Fehlertoleranz ergriffen werden müssen, um sicherzustellen, daß ein Disk-Array mit seinen eng gekoppelten Komponenten als Ganzes fehlerfrei arbeitet [SCHU89]. Zunächst ist festzustellen, daß sich der Erwartungswert für die Zeit bis zum Ausfall einer Platte in den letzten Jahren enorm erhöht hat – die MTTF (Mean Time To Failure) ist eine Geräteeigenschaft und liegt bei modernen Platten im Bereich von $2 \cdot 10^5 - 10^6$ h oder 20–100 Jahren [GANG94], bei Standard-Komponenten wohl nicht ganz so hoch. Solche Erwartungswerte bieten natürlich keinerlei Gewähr im Einzelfall; sie charakterisieren lediglich die Ausfallhäufigkeit und damit die zu erwartende Betriebsstabilität. Ohne Maßnahmen zur Fehlertoleranz ist der Ausfall einer Platte gleichbedeutend mit dem Verlust der Daten des Disk-Array. Diese kritische Zeitspanne bis zum (erwarteten) Datenverlust wird als MTTDL (Mean Time To Data Loss) bezeichnet; sie wird durch die Geräteorganisation und durch Datenredundanz wesentlich beeinflußt. In welcher Größenordnung die MTTDL eines Disk-Array liegt, zeigen die folgenden Betrachtungen.

Da bei einem Disk-Array die N Komponenten unabhängig voneinander ausfallen können, beträgt die MTTDL für den Fall, daß keine Maßnahmen zur Fehlertoleranz vorgesehen sind,

$$MTTDL = MTTF/N.$$

MTTF = 10 Jahre und N = 100 Platten bedeutet, daß man etwa jeden Monat Daten verlieren würde, was sicherlich in keiner praktischen Anwendung akzeptabel wäre. Dieses Beispiel hebt deshalb die Dringlichkeit hervor, Disk-Arrays durch zusätzliche Maßnahmen fehlertolerant zu machen. Dies geschieht in der Regel durch Redundanz in den gespeicherten Daten, wobei zwei Prinzipien Anwendung finden. Zum einen können Datenblöcke mehrfach, auf verschiedenen Platten gespeichert werden (Datenreplikation), wie es im einfachsten Fall bei Spiegelplatten passiert. Zum anderen können fehlerkorrigierende Codierungen (ECCs) zusätzlich zu den Datenblöcken gespeichert werden. Dabei soll die Datenredundanz so gewählt und angeordnet werden, daß Datenverluste minimiert und Fehler auf einzelnen Platten durch Daten auf den restlichen Platten möglichst schnell – im laufenden Betrieb – korrigiert werden können, um eine hohe Verfügbarkeit des Disk-Array zu garantieren. Die Diskussion der einzelnen Verfahren und ihrer MTTDL-Erwartungswerte würde hier zu viel Raum erfordern. Wir verweisen vor allem auf die Ergebnisse des RAID-Projektes (Redundant Arrays of Independent Disks) [PATT88, WEIK93].

2.6   Maßnahmen zur E/A-Optimierung

Bei mengenorientierten Anforderungen und darauf zugeschnittener Datenorganisation erlaubt die Zugriffsparallelität bei Disk-Arrays im Mittel deutliche Verkürzungen der Zugriffszeiten und damit der Antwortzeit einer Transaktion. Offensichtlich wird in diesen speziellen Fällen eine effektive Verkleinerung der Zugriffslücke erreicht. Beim Einzelzugriff, der bei der typischen Transaktionsverarbeitung dominiert, ergibt sich jedoch weder beim Disk-Array noch bei der Disk-Farm irgendeine Einsparung, so daß auch die Transaktionsdauer nicht verkürzt wird. Vor allem in DB-Anwendungen mit vielen konkurrierenden Transaktionen ist deshalb das E/A-Verhalten (Häufigkeit und Dauer) ein eminent leistungskritischer Faktor, was durch die folgende „Kettenreaktion" verdeutlicht werden soll: Lange und häufige E/A-Unterbrechungen einzelner Transaktionen erfordern einen höheren Parallelitätsgrad (MPL, Multi-Programming Level), um den Rechner auszulasten. Mehr aktive Transaktionen halten im Mittel mehr Objektsperren, was wiederum eine höhere Konfliktwahrscheinlichkeit verursacht. Das impliziert mehr Behinderungen, längere Sperrwartezeiten sowie längere Sperrdauern und als Konsequenz höhere Deadlock-Raten. Aus diesen Gründen müßten, um den Durchsatz zu halten, noch mehr Transaktionen aktiviert werden, was zu einer Art Konfliktspirale führt.

Der Zusammenhang von E/A-Verhalten und Blockierung/Verzögerung durch Synchronisation sollte den dominierenden Einfluß der E/A-Architektur auf die Transaktionsverarbeitung hervorheben. Wenn alle Daten bereits im Hauptspeicher vorliegen oder beliebig schnell geliefert werden könnten, wäre eine serielle Transaktionsverarbeitung (ohne E/A-Unterbrechungen) mit MPL = 1 die reibungsloseste und effizienteste Vorgehensweise. Da diese Zielvorstellung nicht realisierbar ist, müssen E/A-Vermeidung und E/A-Beschleunigung angestrebt werden, um kurze Transaktionszeiten zu gewährleisten. E/A-Vermeidung erzielt man in erster Linie durch große DB-Puffer im Hauptspeicher, was in Kapitel 5 im Detail diskutiert wird. Neue Maßnahmen zur E/A-Beschleunigung, die sich durch eine Reihe zusätzlicher Speichertypen und Optimierungsmöglichkeiten in der E/A-Architektur ergeben, sollen hier skizziert werden. Sie basieren auf der Nutzung von seitenadressierbaren Halbleiterspeichern (siehe Abschnitt 2.3), die in die „Zugriffslücke" zwischen Hauptspeicher und Magnetplatte einzupassen sind. Abb. 2.7 veranschaulicht die dabei angestrebte Überdeckung der „Zugriffslücke" und verdeutlicht die Größenordnung der Reduktion bei der Zugriffszeit.

Für die Erweiterung der E/A-Architektur und insbesondere für ihre Leistungsoptimierung bei DB-Anwendungen bieten sich drei Speichertypen an, die bereits in der Praxis erprobt sind [RAHM92]:

- Erweiterte Hauptspeicher (EH)
- Platten-Caches und
- Solid State Disks (SSD).

Diese Speichertypen, die üblicherweise mit DRAM-Chips realisiert werden, benötigen keine mechanischen Bewegungen, so daß sie weit bessere Zugriffszeiten, E/A-Raten und Bandbreiten als Magnetplatten offerieren. Wie bereits in Abschnitt 2.3 diskutiert, sind alle drei Spei-

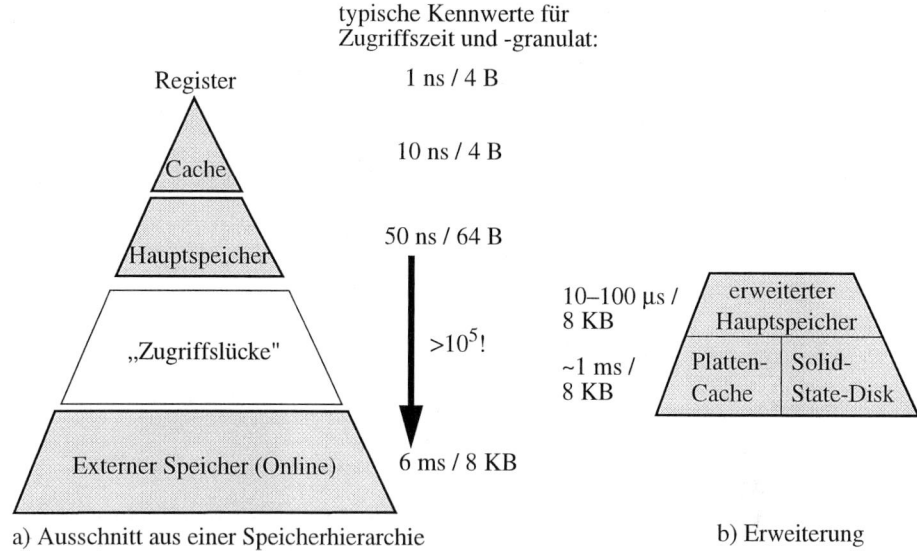

a) Ausschnitt aus einer Speicherhierarchie   b) Erweiterung

Abb. 2.7:   Erweiterung der Speicherhierarchie zur Überdeckung der Zugriffslücke

chertypen seiten- bzw. blockorientiert; d. h., alle Daten werden seitenweise in den instrukti-onsadressierbaren Hauptspeicher gebracht, wo sie dann in kleineren Transfereinheiten über Caches der Verarbeitung durch den Prozessor zugeführt werden. Selbst bei gleichem Zugriffs-granulat ergeben sich für die drei Speichertypen deutliche Unterschiede in den Zugriffszeiten, die vor allem durch die Art der Speicherankopplung oder Systemintegration hervorgerufen werden. Bei Platten-Cache und SSD erfolgt die Anbindung typischerweise über Kanal oder Bus, was bei einer 8KB-Seite den Zugriff auf ~ 1 ms begrenzt. Dagegen gestattet die direkte Hauptspeicheranbindung für den EH mit 10–100 µs (siehe Abschnitt 2.3.3) weitaus kürzere Zugriffszeiten.

Für die drei betrachteten Speichertypen wurden verschiedene Einsatzformen vorgeschla-gen, um Zugriffe zum Externspeicher einzusparen oder zu beschleunigen, nämlich flüchtige und nichtflüchtige Daten- bzw. DB-Puffer, Schreibpuffer oder der Ersatz von Magnetplatten [RAHM93]. Verschiedene Anordnungsmöglichkeiten der Speichertypen in Abb. 2.8 zeigen, in welcher Weise die Speicherhierarchie erweitert werden kann, um diese Einsatzformen zu unterstützen.

Eine Hauptspeichererweiterung mit einem flüchtigen EH spart in erster Linie Plattenzugrif-fe durch eine verbesserte Nutzung der Lokalität lesender Zugriffe ein, die sich schon durch die Vergrößerung des Hauptspeichers ergibt. Allerdings wird bei diesem Architekturvorschlag (Abb. 2.8 a) unterstellt, daß der EH deutlich billiger als der Hauptspeicher ist. Nichtflüchtiger EH erlaubt zusätzlich die Beschleunigung von Schreibzugriffen, was bei DB-Anwendungen vor allem für Logging und ggf. für das synchrone Ausschreiben von Datenseiten (FORCE) ausgenutzt werden kann. Bei den skizzierten Leistungscharakteristika des EH können bei-

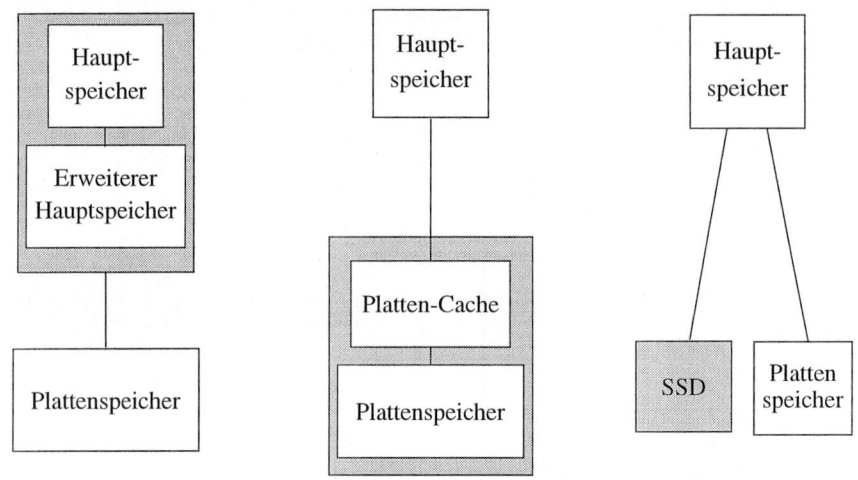

a) Hauptspeichererweiterung   b) Puffer für Plattenspeicher   c) Ersatz von Magnetplatten

Abb. 2.8: Möglichkeiten der E/A-Optimierung durch Halbleiterspeicher

spielsweise Commit-Zeiten im Bereich von µs erzielt werden, was die Antwortzeiten von kurzen Transaktionen signifikant reduziert.

Ein Platten-Cache (siehe Abschnitt 2.4.4) besitzt typischerweise eine recht kleine Kapazität und ist durch die Kanalanbindung etwa 1 ms vom Hauptspeicher „entfernt". Deshalb kann er im wesentlichen nur Aufgaben eines Schreibpuffers übernehmen. Daten werden synchron in den nichtflüchtigen Schreibpuffer geschrieben. Sobald dieser Vorgang abgeschlossen ist, gelten sie als persistent; anschließend werden sie verzögert auf die Platte durchgeschrieben. Diese Schreibbeschleunigung ist nicht nur für DB-Daten, sondern auch für Log-Daten vorteilhaft. Für das Commit einer Transaktion sind dadurch Zeiten im Bereich von wenigen ms zu erreichen.

SSDs besitzen nicht die Kapazitätseinschränkungen von Platten-Caches, wohl aber die gleichen Leistungscharakteristika, da sie üblicherweise über die gleichen E/A-Schnittstellen angebunden sind. Sie lassen sich als sehr schnellen Ersatz von Magnetplatten heranziehen und gestatten die langfristige Speicherung ganzer Dateien. Die SSD-Einbindung erfordert dabei keine Modifikation am Dateisystem, da SSDs mit der herkömmlichen Plattenschnittstelle angesteuert werden können (Emulation im Controller). Wegen der im Vergleich zu Magnetplatten enormen Kosten werden sie in einer Speicherhierarchie sehr selektiv für leistungskritische Aufgaben wie Logging oder für sehr schnellen wahlfreien Zugriff bei DB-Dateien eingeplant. Mit SSDs lassen sich Commit-Zeiten von wenigen ms (vergleichbar mit Platten-Caches) oder wahlfreie Schreib-/Lese-Zugriffe von 1 ms erzielen.

In Abb. 2.8 sind die verschiedenen Einsatzformen der seitenadressierbaren Halbleiterspeicher zur E/A-Optimierung separat veranschaulicht. Da diese Einsatzformen unabhängig voneinander sind, können sie in einer Speicherhierarchie auch beliebig miteinander kombiniert werden, um vorgegebenen Leistungszielen einer Anwendung kosteneffektiv gerecht zu werden. Beispielsweise können wichtige Platten mit einem Cache ausgestattet, gezielt SSDs leistungskritischen Dateien zugeordnet und ein flüchtiger EH vorgesehen werden. Ein nichtflüchtiger EH dagegen gestattet die Übernahme bestimmter Funktionen von Platten-Caches und SSDs, so daß man für gewisse leistungskritische DB-Lasten andere und besser angepaßte Konfigurationen planen könnte.

Abschließend soll noch eine wichtige Einsatzform für den EH in DB-Sharing-Umgebungen [BOHN91] erwähnt werden. Er wird als seitenadressierbarer und nichtflüchtiger Halbleiterspeicher mit der Bezeichnung GEH (gemeinsamer erweiterter Hauptspeicher) zur nahen Kopplung von mehreren unabhängigen Verarbeitungsrechnern (*Sysplex*), die wiederum Mehrprozessorsysteme sein können, herangezogen. Der gemeinsame Zugriff erfolgt über eine synchrone Schnittstelle mit verschiedenen Zugriffsgranulaten für Datenseiten und Verwaltungsdaten. Auf diese Weise läßt sich der GEH global nutzen für die Pufferung von Datenseiten, für die Speicherung von Log-Daten und gemeinsamen Systemtabellen zur Synchronisation, Lastkontrolle u. a. Außerdem dient er als schnelles Kommunikationsmedium zum Austausch von Verwaltungsdaten und Datenseiten. Detailliertere Betrachtungen finden sich in [RAHM93].

2.7   Überblick über die weiteren Speichermedien

Abschließend sollen noch kurz die wichtigsten Speichermedien skizziert werden, die i. allg. zur Archivierung eingesetzt werden und oft auch als Tertiärspeicher klassifiziert werden. Die auf diesen Geräten gespeicherten Daten werden typischerweise in Dateien verwaltet, weil heutige DBS außer der Metadatenverwaltung nur wenig Unterstützung für Speicherung und Zugriff bei derartigen Datenvolumina bieten. Im Vergleich zu Magnetplatten und Hauptspeicher werden Tertiärspeicher – also Magnetbänder und optische Speicher   von DBS immer noch als „second class citizens" behandelt, obwohl für kommerzielle und wissenschaftliche DB-Anwendungen [ANDE94] seit Jahren ihre engere und effektivere Anbindung gefordert wird. Ein erster Architekturrahmen für Tertiärspeicher unter DBS-Kontrolle wird zusammen mit den erforderlichen Konfigurierungs-, Kontroll- und Verwaltungsaufgaben in [CARE93] diskutiert. Dabei wird festgestellt, daß für Daten auf Tertiärspeichern vom strikten Zwang, die Speicherhierarchie stufenweise bis zum Hauptspeicher zu durchwandern (siehe Abschnitt 2.2), abgewichen werden kann.

2.7.1   Magnetbänder

Zur Archivierung und zum Backup wurden schon immer Magnetbänder und später Magnetbandkassetten (cartridges) eingesetzt. Auch sie haben in den letzten Jahrzehnten eine enorme Weiterentwicklung erlebt und erlauben heute die Speicherung von 40 GB und mehr (auf einem handtellergroßen Band). Ein Magnetband ist in Blöcken formatiert, die ein gezieltes Zurückschreiben ermöglichen und durch Paritätsbits zur Fehlerkontrolle oder ähnliches (ECC) abgesichert sind. Bei gepuffertem sequentiellen Lesen/Schreiben sind schon seit einigen Jahren Transferraten von bis zu 10 MB/s erreichbar. Wegen der sequentiellen Bandbewegung, die das Magnetband an der Schreib-/Lesestation des Magnetbandgerätes vorbeiführt, ist es ein ausschließlich sequentielles Speichermedium, das bei sequentiellen Zugriffsfolgen relativ schnell (wenige ms pro Zugriff) ist; wahlfreie Zugriffe aber sind sehr langsam (30–120 Sekunden), da sie sequentiell durch Spulen des Magnetbandes abgewickelt werden müssen.

Als konkretes Beispiel nehmen wir ein Magnetbandgerät mit 15 Bandkassetten, was etwa 10 K\$ kostet und die Nearline-Speicherung von etwa 600 GB erreicht. Bei einer Transferrate von 6 MB/s ergibt sich eine sequentielle Lesezeit (Scan) aller 15 Kassetten von etwa 1.2 Tagen. Wie dieses Beispiel verdeutlicht, erreichen Magnetbänder zwar sehr große Speicherkapazitäten, besitzen jedoch vergleichsweise geringe Scan-Zeiten. Da zu erwarten ist, daß sich die Speicherkapazität schneller als die Bandgeschwindigkeit verbessert, wird die DB-Nutzung von Magnetbändern immer problematischer. So prognostiziert [GRAY00], daß Magnetbänder nur noch zur Archivierung eingesetzt werden und daß Magnetplatten sie als Backup-Speicher ersetzen.

Es kündigen sich jedoch neue Entwicklungen an, die das Erscheinungsbild von Magnetbändern und den dazugehörigen Laufwerken verändern und möglicherweise weitere Einsatzgebiete erschließen. Neue Techniken gestatten eine wesentlich höhere Aufzeichnungsdichte und damit Magnetbandgeräte von bisher unerreichter Kapazität bei gleichzeitig kürzeren Zugriffszeiten. Weitere Verbesserungen ergeben sich durch Anpassung an dominierende Benutzungsprofile. Leseintensive Anwendungen sollen durch Optimierung der Zugriffszeiten unterstützt werden, während für schreibintensive Anwendungen eine möglichst hohe Kapazität erzielt werden soll. Für leseintensive Einsatzgebiete enthält ein *Cartridge* zwei Bandspulen, wobei ein Band im Ruhezustand in Mittelstellung liegt, um so die mittlere Suchzeit zu verkürzen. Auf diese Weise soll künftig die Zugriffszeit bei einer Kapazität von 400 GB und einer Transferrate von 320 MB/s auf unter 7 Sekunden gedrückt werden. Für schreibintensive Anwendungen werden Techniken eingesetzt, mit denen sich die zu schreibenden Daten etwa im Verhältnis von 2:1 komprimieren lassen. Bei Kosten von etwa 20 Pfennig je Gigabyte (100 \$/TB) soll so für Archivspeicher eine bisher unerreichte Kosteneffektivität erzielt werden.

2.7.2   Optische und magneto-optische Speicher

Neben den Magnetbändern haben sich in den letzten Jahren in einer stürmischen Entwicklung verschiedene Konkurrenten auf dem Markt der Archivspeicher etabliert. Als innovative Speichertechnologien für hohe Kapazitäten werden optische und magneto-optische Speichersysteme gepriesen, die zweifellos seit etwa 1985 beeindruckende Zuwachsraten aufweisen können [BERR89]. Der bekannteste optische Speicher ist die CD-ROM (Compact Disk – Read-Only Memory). Ihr wesentliches Manko verrät schon der Name, der darauf hinweist, daß nach ihrer industriellen Herstellung die Daten nur gelesen, aber nicht aktualisiert werden können. Der Herstellungsprozeß verläuft wie bei einer Audio-CD, wobei auf der Speicheroberfläche dauerhafte Veränderungen (Vertiefungen und unveränderte Bereiche) angebracht werden. Der

Name „optischer Speicher" kommt daher, daß das Lesen mit Hilfe eines Laserstrahls erfolgt, der das digitale Muster der CD abtasten kann.

Die CD-ROM-Speicher sind den Magnetplatten nur in wenigen Aspekten überlegen. Wegen der Einschränkung auf Lesezugriffe können sie nur für spezielle Aufgaben herangezogen werden, z. B. zur Speicherung von Katalogen (die halbjährlich durch eine neue CD ersetzt werden), Nachschlagewerken oder Multimedia-Objekten. Auf dem Speichermarkt haben sie sich aber weltweit durchgesetzt, vor allem durch ihre frühzeitige Standardisierung (ISO 9660, High-Sierra-Standard). Mit nur etwa 650 MB besitzen sie eine relativ geringe, seit Jahren gleichbleibende Speicherungskapazität, was ihren Einsatz bei der Speicherung von Katalogen mit großen Objekten einschränkt. Neuerdings wird schon von wiederbeschreibbaren CD-Speichern (CD-ReWritable) berichtet.

Einmal beschreibbare WORM-Platten (Write Once, Read Multiple) oder CD-R-Platten (CD-Recordable) können direkt durch das Rechnersystem beschrieben werden [YAMA97]. Eine Datei oder ein Block kann nicht mehr überschrieben, aber Änderungen können am Ende angehängt werden. Daher sind sie als Archivierungsspeicher für alle Rechneranwendungen und insbesondere auch für die DB-Verarbeitung interessant. Wegen ihrer hohen Lebensdauer werden sie als ideale Datenträger für die langfristige Dokumentenverwaltung bei großen Datenbeständen empfohlen [ZABB90]. Sog. „Juke-Boxen" (Platten-Roboter) ermöglichen die automatische Verwaltung einer größeren Anzahl solcher WORM-Platten, so daß sich auf diese Weise sehr große Datenmengen (mehrere TB) im „Direktzugriff" (Nearline) erreichen lassen. Allerdings ist die fehlende Standardisierung bei Aufzeichnungsverfahren und Datenträger ein großer Nachteil der WORM-Technik.

Wiederbeschreibbare optische Platten mit magneto-optischer Aufzeichnung (MO-Disks, erasable optical disks, magneto-optical disks) sind offensichtlich vielseitiger und besitzen Speicherkapazitäten von 10 GB und mehr pro Medium. Weiterhin ist der hohe Standardisierungsgrad (ISO 10089) ein entscheidender Vorteil dieser Technik. Zur Zeit liegen die Speicherkosten von MO-Disks allerdings noch über denen von Magnetplatten. Da die Zugriffszeiten um etwa einen Faktor 5 höher liegen als die von Magnetplatten – bei CD-ROM und WORM liegen sie sogar einen Faktor 5–20 höher –, sind alle optischen Speicher im Moment keine direkten Konkurrenten für die Magnetplatte. Als mehr oder weniger flexible Archivspeicher werden sie aber ihren weitverbreiteten Einsatz finden.

Als flexible optische Speichertechnologie wurde in jüngerer Zeit DVD (Digital Versatile Disk) eingeführt, die bei wechselbaren Speichermedien eingesetzt werden kann und auf die Anforderungen von Multimedia-Speichern zugeschnitten ist. DVD wurde als neues optisches Speichermedium hoher Kapazität entwickelt und soll als vereinheitlichtes Plattensystem (DVD-ROM, DVD-RAM und DVD-R (Recordable)) für Rechner-, Video- und Audio-Anwendungen benutzt werden. Es bietet bis zu 4.7 GB pro Seite [YAMA97] und läßt sich auch als interaktives Speichermedium (DVD-Video) für anspruchsvolle Multimedia-Anwendungen (Lehre, Unterhaltung) einsetzen.

3   Dateien und Blöcke

Die physischen Datenobjekte eines DBS werden auf nichtflüchtigen Externspeichern während ihrer gesamten Lebenszeit, die Jahrzehnte betragen kann, aufbewahrt. Zur Verarbeitung müssen diese jedesmal vom externen Speichermedium in den Hauptspeicher des Rechnersystems gebracht werden. Wegen der Flüchtigkeit dieses Speichertyps sind die Daten nach ihrer Änderung auf den Externspeicher zurückzuschreiben. Nun ist die Speichertechnologie, wie in Kapitel 2 beschrieben, von einer hohen Innovationsrate geprägt, d. h., Leistungsmerkmale und Betriebseigenschaften von Speichermedien werden ständig verbessert und mit neuen Funktionen u. a. ausgestattet. Deshalb gilt es, den DBS-Code, so gut es geht, von den Folgen dieser raschen technologischen Entwicklung abzuschirmen. So sollte es vor allem möglich sein, die Anpassung der Lese- und Schreiboperationen an neue oder geänderte Geräteeigenschaften oder die Nutzung neu eingeführter Funktionen jeweils nur durch lokale Code-Modifikationen zu bewerkstelligen.

Ein geeignetes Dateikonzept verdeckt die physischen Aspekte und technologieabhängigen Charakteristika der Externspeicher. Es wird durch ein Dateisystem realisiert, das eine Menge von Dateien verwaltet und auch alle Zugriffsoperationen auf ihnen abwickelt. Dateien repräsentieren externe Speichermedien in einer geräteunabhängigen Weise und bieten den zugreifenden Programmen eine abstrakte Sicht für ihre Verarbeitungslogik. Im einfachsten Fall lassen sich Dateien als große „Daten-Container", als „lange Byte-Vektoren" oder als Menge durchnummerierter Blöcke auffassen, wobei Lese- und Schreibzugriffe über die Blocknummer erfolgen können. Aufbauend auf diese einfache Dateistruktur lassen sich höhere Dateiorganisationsformen realisieren, die beispielsweise wertbasierten oder direkten Schlüsselzugriff oder ein Aufsuchen der Sätze in Schlüsselreihenfolge erlauben (index-sequential, key-sequenced, hashing). In unserem Schichtenmodell fällt diese Aufgabe der dritten Schicht (Speicherungsstrukturen und physische Zugriffspfade) zu. Realisierungstechniken für solche höheren Dateiorganisationsformen werden deshalb in Teil III behandelt.

Die geforderte langfristige Datenhaltung bringt eine Reihe weiterer Probleme mit sich, die vor allem von der Garantie der dauerhaften (korrekten und unversehrten) Datenspeicherung und den bei Externspeichern auftretenden Fehlern herrühren. Ihre Lösung erfordert den Einsatz eines ganzen Spektrums an Fehlertoleranzmaßnahmen. Für die Abbildung von Dateien auf externe Speichermedien sind in erster Linie leistungsfähige Fehlererkennungs- und Fehlerkorrektur-Maßnahmen einzusetzen, deren Wirksamkeit und Zuverlässigkeit sich auf die gesamte Lebensdauer der gespeicherten DB-Objekte erstrecken muß.

Weitere Probleme kommen hinzu, wenn aufgrund gesetzlicher Regelungen oder Gewährleistungsverpflichtungen u. a. Informationen (z. B. technische Unterlagen) bis zu 70+ Jahren gespeichert und archiviert werden müssen [DO98]. Idealerweise sollten die entsprechenden Daten nach solchen (extrem langen) Zeiträumen nicht nur gelesen, sondern auch durch das Datenbank- und Anwendungssystem weiterverarbeitet werden können. Dazu kann ein anwendungsorientiertes DB-Archivieren dienen [SCHA98], bei dem der Benutzer das Granulat und den Zeitpunkt der Datenauslagerung bestimmt und jederzeit die Möglichkeit des selektiven Lesens archivierter Daten mit ihrer Reaktivierung in der aktuellen Datenbank behält. Heutzutage erkennt man bestenfalls das Bündel an technischen Problemen [HERB97, PEAR93], das von derartigen Anforderungen hervorgerufen wird. Geeignete Maßnahmen und Lösungsansätze sind bisher nicht bekannt und müssen Gegenstand künftiger Forschungs- und Entwicklungsüberlegungen bleiben.

Die eben skizzierten Aufgaben sind der untersten Schicht unseres Architekturmodells, auch Schicht der Speicherzuordnungsstrukturen genannt, zugeordnet. Sie verwaltet die externen Speichergeräte, erlaubt den Aufbau von Dateien und regelt dafür und für die erforderlichen Hilfsstrukturen (Zuordnung von Blöcken zu Dateien, Freispeicherverwaltung, Überlaufbehandlung usw.) alle Aspekte ihrer Abbildung und Wartung. Das Subsystem, das diese Funktionalität implementiert, nennen wir auch Externspeicherverwaltung.

3.1   Aufgaben der Externspeicherverwaltung

Die Externspeicherverwaltung hat im einzelnen folgende Aufgaben zu erfüllen:

- Verwaltung externer Speichermedien
- Verbergen von Geräteeigenschaften
- Abbildung von physischen Blöcken auf externe Speicher wie Magnetplatten
- Kontrolle des Datentransfers vom und zum DB-Puffer, möglicherweise Durchführung von Maßnahmen zur Blockchiffrierung
- Erhöhung der Fehlertoleranz bei der Speicherung und der Ein-/Ausgabe von Blöcken (stabiler Speicher, Spiegelplatten) [LAMP79]
- ggf. Realisierung einer mehrstufigen Speicherhierarchie mit automatisierten Verfahren zur Speicherverwaltung.

Prinzipiell läßt sich der gesamte physische Speicherbereich einer Datenbank als eine Einheit realisieren und verwalten. Aus einer Reihe von praktischen Gründen ist es jedoch günstig, eine große Datenbank schon auf der Speicherebene in disjunkte Teilbereiche zu zerlegen. Eine solche Aufteilung wird oft als Dateikonzept bezeichnet. Dateien als Einheiten der Externspeicherverwaltung bieten für den DB-Aufbau folgende Vorteile [LORI77]:

– Es ist eine selektive Aktivierung für die DB-Verarbeitung möglich. Nur tatsächlich benötigte Dateien müssen unter direktem Zugriff gehalten werden, während die übrigen DB-Dateien in Archivspeichern bleiben können. Bei einer unzureichenden Anzahl von Speicheranschlüssen (Plattenlaufwerke), was bei sehr großen Datenbanken die Regel ist, läßt sich dieses On-/Offline-Problem nur über ein flexibles Dateikonzept lösen.

– Durch dynamische Definition von Dateien kann eine Datenbank modular wachsen. Für Dateien, die nur temporär benötigt werden, läßt sich der Speicherplatz nach Abschluß ihrer Nutzung wieder freigeben.

– Die Zugriffsanforderungen spezieller Anwendungen können durch Zuordnung von Dateien auf unterschiedlich schnelle Speichermedien unterstützt werden.

– Zur Objektadressierung innerhalb einer Datei sind kürzere Adreßlängen ausreichend.

Auf der Ebene der Externspeicherverwaltung besteht eine Datenbank also aus einer (großen) Menge von permanenten oder temporären Dateien verschiedener Größe, zu deren Speicherung externe Speichermedien verwendet werden. Deren selektive Zuordnung gestattet es, für DB-Anwendungen angepaßte und kosteneffektive Zugriffsmöglichkeiten auf Dateien zu bereitzustellen. Alle Dateien werden von einem Dateisystem erzeugt und verwaltet. Höhere Systemschichten können über eine vorgegebene Dateischnittstelle auf sie zugreifen und sie aktualisieren.

3.2 Realisierung eines Dateisystems

Dateien repräsentieren für Anwendungen externe Speichermedien in einer geräteunabhängigen Weise. Die Dateischnittstelle soll die Eigenschaften der physischen Speichergeräte verdecken und den höheren Systemschichten als abstrakte Sicht Dateien anbieten. Im einfachsten Fall besitzen die Dateien nur eine lineare Blockstruktur (mit direkter oder relativer Adressierung) und können als „lange Byte-Vektoren" behandelt werden [GRAY93]. Da solche Dateien im Gegensatz zu sequentiellen, indexsequentiellen oder wahlfreien Organisationsformen die nötigen Freiheitsgrade für die Einführung beliebiger Seitenzuordnungs- oder Speicherungsstrukturen auf höheren Systemebenen gestatten, sind sie für die Implementierung unserer Dateischnittstelle von besonderem Interesse.

3.2.1 Dateikonzept

Die wichtigsten Operationen, die für die Dateiverarbeitung benötigt werden, sollen hier nur kurz skizziert werden:

– CREATE/DELETE zum Anlegen und Löschen einer Datei

– OPEN/CLOSE zur Vorbereitung und Beendigung der Verarbeitung einer Datei

– READ/WRITE zum Lesen und Schreiben eines Blockes einer Datei.

Diese Operationen verlangen eine Reihe von Parametern, die Verarbeitungs- oder Speicherungsoptionen u. a. beschreiben. Besonders CREATE ist mit vielen Parametern (oder Defaultwerten) zu versorgen, da diese Operation alle Eigenschaften einer Datei festlegt, z. B. Zugriffsmethode, Gerätetyp, Blockgröße, Dateigröße (primary allocation), Inkrement des Wachstums (secondary allocation), Zugriffsrechte, OwnerID u. a. und nicht zuletzt Dateiname. Das Dateisystem fungiert als ein Namens-Server und implementiert in der Regel einen hierarchischen Namensraum (z. B. wie das UNIX-Dateisystem). Wir unterstellen, daß es als lokales Dateisystem im Rahmen unserer Schichtenarchitektur realisiert ist. Jedoch könnte die gleiche Funktionalität auch von einem eigenständigen Datei-Server, möglicherweise sogar mit verteilter Realisierung, erbracht werden.

Obwohl im Prinzip für die physischen Blöcke der Datei variable Längen denkbar sind, sollten konstante und gleichförmige Blocklängen aus folgenden Gründen vorgezogen werden: Sie gestatten neben der einfachen Adressierung die flexible Ausnutzung des verfügbaren Speicherplatzes ohne Fragmentierungsprobleme, vereinfachen die Pufferverwaltung und bieten eine saubere Schnittstelle für Geräteunabhängigkeit [LORI77]. Jede Datei D_j besteht also vorteilhafterweise aus Blöcken B_{ji} ($1 \leq i \leq d_j$) mit fester Länge L_j. Wird der Dateizugriff unter Kontrolle des BS durchgeführt, so ist oft die Wahl der Blockgröße wegen der Vorformatierung der Speichermedien nicht mehr frei. Bei völliger Wahlfreiheit wurde früher in der Regel eine Blockgröße zwischen 1 und 4 KBytes gewählt; durch größere Hauptspeicher, geringe Geschwindigkeitszuwächse bei wahlfreien Magnetplattenzugriffen und enorme Steigerungen der Prozessorgeschwindigkeit wird heute für die sequentielle Verarbeitung die Wahl deutlich größerer Blöcke empfohlen [GRAY93]; auch bei wahlfreiem Zugriff sind Blockgrößen von 8, 16 oder gar 32 KBytes (und mehr) üblich.

Feste und einheitliche Blocklängen sind also zumindest auf Dateiebene vorgegeben. Weiterhin erlaubt die bisher skizzierte Dateischnittstelle nur (synchrone) blockorientierte Schreib-/Leseoperationen. Um den Anforderungen zeitkritischer Anwendungen besser gerecht werden zu können, wurde häufig gefordert, daß ein DBS schon auf der untersten Verarbeitungsebene Mengenorientierung unterstützen müsse. Beispielsweise ist *chained I/O* wichtig für eine hohe E/A-Leistung, was im Detail in [WEIK87, WEIK89] untersucht wurde. Aber auch die Verarbeitung von komplexen Objekten, die als Seitenfolge auf eine physisch benachbarte Blockmenge abgebildet werden, kann viele Leistungsvorteile aus einer mengenorientierten E/A ziehen [HÄRD87a]. Noch größere Flexibilität hinsichtlich E/A-Parallelität und Mengenorientierung ergibt sich durch den Einsatz von Disk-Arrays, die in bestimmten Betriebsarten die geforderten Eigenschaften sogar transparent für das BS (und DBS) verfügbar machen können. Auch hier verweisen wir auf detaillierte Untersuchungen in [WEIK93a, ZABB94].

Dateien dienen als physische Behälter zur Abbildung von Strukturen höherer Systemschichten. Dabei kann von geräteabhängigen Begriffen wie Magnetplattentyp, Anzahl der Zylinder und Spuren pro Zylinder, Spurkapazität, Adressierungstechnik usw. abstrahiert werden, da das Dateisystem diese Eigenschaften verbirgt.

3.2.2   Dateisystem

Das Dateisystem verwaltet alle existierenden Dateien und führt die Lese-/Schreibzugriffe durch. Für diese Aufgaben benötigt es für jede Datei Beschreibungsinformation, die in einem sog. Dateideskriptor zusammengefaßt ist. Die Speicherung dieser Deskriptoren erfolgt in einer besonders wichtigen Datei (Urdatei), die oft als Dateikatalog oder -verzeichnis bezeichnet wird (siehe Abb. 3.1). Da offensichtlich sehr häufig auf diesen Dateikatalog zugegriffen wird, ist dessen effiziente Implementierung (z. B. günstige Position auf einem sehr schnellen, aber nichtflüchtigen Speicher) und Verarbeitung (z. B. durch Caching) aus Leistungsgründen sehr wichtig.

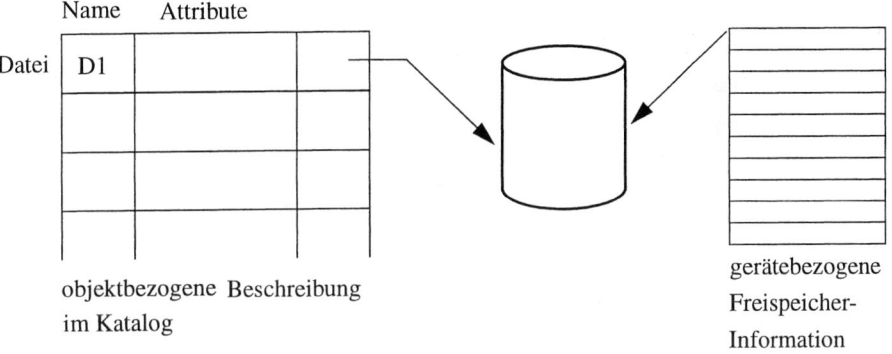

Abb. 3.1:   Beschreibungsinformation zur Dateiverwaltung

Ein Dateideskriptor umfaßt alle dateibezogenen Beschreibungsdaten in Form einer großen Anzahl von Attributwerten; das sind neben dem Dateinamen u. a. die Beschreibung des Eigentümers (OwnerID, ...), Autorisierungsinformation (Zugriffskontrolliste, ...), Speicherungsinformation (Dateigröße, Gerätetyp, ggf. Extent-Zuordnung, ...) und Zeitinformation (über Erzeugung, letzten Zugriff, letzte Archivierung, ...). Zum Anlegen und Löschen von Dateien ist eine Freispeicherverwaltung erforderlich. Sie ist gerätebezogen und wird in der Regel mit Hilfe von formatierten Bitlisten abgewickelt, die auf dem jeweiligen Gerät gespeichert sind und für jeden seiner Slots (Speicherplatz zur Aufnahme eines Blocks) den Zustand 'belegt/frei' markieren. Da die Suche nach n freien, benachbarten Slots eine häufige Operation ist (Anlegen oder inkrementelles Wachsen einer Datei), wird den Bitlisten typischerweise eine hierarchische Struktur aufgeprägt.

Weiterhin müssen noch eine Reihe von Hilfsstrukturen wie Inhaltsverzeichnisse, Überlauftabellen usw. als geräteabhängige Organisationshilfen herangezogen werden, um beispielsweise Dateien über Magnetplatten austauschen und in ein anderes System integrieren zu können. Für eine ausführliche Diskussion der dabei eingesetzten Techniken verweisen wir auf die einschlägigen System-Handbücher.

Von ihrer Funktionalität her entspricht die Dateischnittstelle etwa der, die für die elementare Datenverwaltung in einem BS zur Verfügung steht; d. h., sie ist im Prinzip vergleichbar mit Basiszugriffsmethoden wie BDAM (basic direct access method) im OS von IBM oder PAM (primitive access method) im BS2000 von Siemens. Wegen dieser Übereinstimmung wird bei der Realisierung des Dateisystems oft eine geeignete Basiszugriffsmethode des eingesetzten BS übernommen; diese Maßnahme spart Implementierungs- und Wartungsaufwand. Außerdem dient sie der Erhöhung der Portabilität, so daß für andere BS-Umgebungen im DBS-Code idealerweise nur die entsprechenden Zugriffs- (und Kommunikations-)Funktionen anzupassen sind. Andererseits sind solche Dateisysteme, wie Stonebraker in [STON81, STON84] ausführlich dargelegt hat, wegen ihrer Leistungscharakteristika und Recovery-Unterstützung oft nicht auf die Bedürfnisse von DBS zugeschnitten. In solchen Fällen ziehen die DBS-Entwickler es vor, sich auf die „raw disk" abzustützen und das Dateisystem nach ihren Vorgaben zu implementieren [GRAY93].

3.3   Blockzuordnung bei Magnetplatten

An der Dateischnittstelle werden die Blöcke der Datei durch eine fortlaufende Nummer angesprochen, die eine relative, logische Adresse eines Blockes darstellt und aus der sich seine physische Adresse auf dem Externspeicher ermitteln läßt. Das gewählte Blockzuordnungsverfahren bestimmt dabei ganz wesentlich die Zugriffskosten bis zur Lokalisierung des gesuchten Blockes; zudem beeinflußt es auch ganz entscheidend die Flexibilität des Dateikonzeptes – insbesondere bei den Fragen, ob und in welchen Einheiten eine Datei wachsen kann und ob bei Dateien auch Speicherplatz für noch leere Blöcke anzulegen ist. Die verschiedenen Verfahren sind in Abb. 3.2 skizziert, wobei Ausgangspunkt der Adreßberechnung der entsprechende Dateideskriptor im Katalog ist. Er enthält entweder die physische Adresse des ersten Blockes der Datei oder einen Verweis auf eine Zuordnungstabelle.

3.3.1   Statische Dateizuordnung

Das einfachste Verfahren setzt die statische Zuordnung der Datei zu einem zusammenhängenden Speicherbereich – beispielsweise eine Anzahl von benachbarten Blöcken oder Zylindern einer Magnetplatte – voraus. Bei fortlaufender Abspeicherung der physischen Blöcke nach aufsteigenden Blocknummern läßt sich wegen der einheitlichen Blockgröße die relative Adresse eines Blockes zum Dateianfang leicht berechnen. Durch die physische Nachbarschaft aller Blöcke wird besonders die sequentielle Dateiverarbeitung begünstigt. Diesen geringgewichtigen Vorteilen stehen eine Reihe schwerwiegender Nachteile des statischen Zuordnungsschemas gegenüber. Es impliziert die Reservierung des gesamten Speicherbereichs einer Datei bei ihrer Definition (bei CREATE) und läßt kein dynamisches Wachstum zu. Der Überlauf einer Datei erzwingt eine Neudefinition mit explizitem Umladen aller Blöcke. Außerdem fördert es bei dynamischer Erzeugung und Löschung von Dateien unterschiedlicher Größe eine Fragmentierung der Bereiche auf den externen Speichermedien [LORI77].

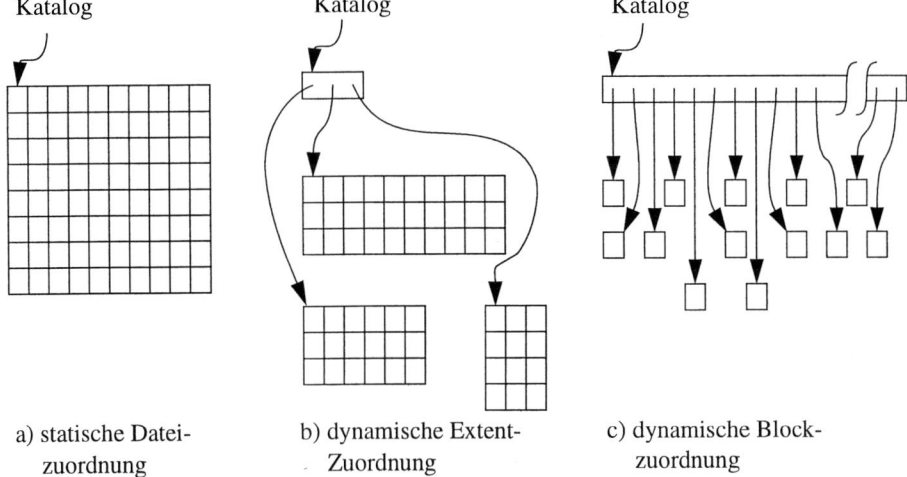

a) statische Datei- zuordnung	b) dynamische Extent- Zuordnung	c) dynamische Block- zuordnung

Abb. 3.2: Verschiedene Blockzuordnungsverfahren

3.3.2 Dynamische Extent-Zuordnung

Aus den genannten Gründen ist für Dateien eine Verbesserung ihrer Eigenschaften vor allem hinsichtlich der dynamischen Speicherbelegung anzustreben. Da auch beim statischen Zuordnungsschema eine explizite Verwaltung des freien und belegten Speicherplatzes auf den externen Speichermedien durchgeführt werden muß, bedeutet es nur geringen Zusatzaufwand, auf Anforderung einen physisch zusammenhängenden Speicherbereich zu suchen und ihn – logisch gesehen – am momentanen Dateiende „anzuhängen". Auf diese Weise gelingt es, einer Datei bei ihrer Erzeugung oder Erweiterung Speicherplatz nach den Anforderungen der Verarbeitung zuzuordnen. Dazu wird in jedem Dateideskriptor eine kleine Extent-Tabelle vorgesehen, deren Einträge Startadresse und Anzahl der Blöcke pro Extent vermerken. Mit Hilfe zusätzlicher Attribute im Eintrag wie Identifikation und Typ des Speichermediums läßt sich dann eine Adreßberechnung einfach und effizient (siehe Abb. 3.2b) durchführen. Da angenommen wird, daß die Extent-Tabelle (als Teil des Dateideskriptors) während der Dateiverarbeitung im Hauptspeicher verbleibt, verursacht die Adreßbestimmung nur einige lokale Berechnungen, aber keine Zugriffskosten durch zusätzliche E/A.

Diese Zuordnungstechnik erlaubt es, einzelne Extents einer Datei auf verschiedenen Speichermedien unterschiedlichen Typs unterzubringen. Aus Gründen der Online-Verfügbarkeit sollte die Zuordnung von Extents einer Datei zu externen Speichermedien in einfacher Weise durch den Datenbankadministrator (DBA) einzustellen sein. Als Extent-Größe ist in der Regel ein dateispezifischer Parameter für das Dateiwachstum vorgegeben, der bei der Dateierzeugung festzulegen ist. Denkbar wäre natürlich auch eine „manuelle" Erweiterung durch ein DBA-Kommando, mit der sich die Voreinstellung überschreiben läßt. Typischerweise werden bei der Dateierzeugung 10 – 20 Einträge für die Extent-Zuordnung reserviert, wodurch für viele Anwendungen eine akzeptable Flexibilität erzielbar ist. Sieht das Verfahren keine Erweiterung der Extent-Tabelle vor, ist nach Ausschöpfen aller Einträge eine statische Reorganisation der Datei erforderlich. Bei einer dynamischen Erweiterung der Extent-Tabelle ist zu beachten, daß mit zunehmender Extent-Anzahl die Zerstückelung der Datei und die Berechnungskosten der Blockadressen größer werden – daß sich also zunehmend die Eigenschaften herausbilden, welche die dynamische Blockzuordnung prägen.

3.3.3   Dynamische Blockzuordnung

Bei diesem Zuordnungsverfahren ist keinerlei Vorabinformation über Größe oder Wachstum der Datei erforderlich. Schritthaltend mit dem Erzeugen von Blöcken wird ihnen Speicherplatz auf dem Externspeicher zugeordnet; leere oder undefinierte Blöcke belegen also keinen Speicherplatz. Da bei jeder Erweiterung nur Speicherplatz für einen Block allokiert wird, ist physische Cluster-Bildung auf Blockebene nicht möglich; dieses Verfahren verstreut vielmehr alle Blöcke über alle Speicherbereiche/-medien, die der zugehörigen Freispeicherverwaltung zugeordnet sind. Jeder Block B_i wird explizit durch einen Eintrag BT(i) in einer großen (Block-) Tabelle BT, die vom Dateideskriptor im Katalog aus erreicht werden kann, adressiert [LORI77]. Ist BT(i) auf Null gesetzt, so ist zu dieser Zeit für B_i kein externer Speicherplatz allokiert. Beim erstmaligen Schreiben von B_i sucht die Freispeicherverwaltung einen freien Speicherplatz (Slot) S_k; nach erfolgreichem Speichern von B_i wird BT(i) = S_k gesetzt. Kann für sehr kleine Dateien BT im Dateideskriptor gehalten werden, so können die Zugriffskosten für die Adreßbestimmung von B_i vernachlässigt werden. Mit dem Wachstum der Datei wird auch BT immer größer und ist deshalb getrennt vom Dateideskriptor zu speichern. Schon bei mittelgroßen Dateien muß BT auf mehrere Blöcke abgebildet und auf Anforderung blockweise in den Hauptspeicher geholt werden. Wird beispielsweise als Blockgröße 4 KBytes und als Eintragsgröße 4 Bytes gewählt, so hat BT für eine Datei mit 10^5 Blöcken bereits einen Umfang von 100 Blöcken. Der Zugriff auf BT(i) kostet also in der Regel eine E/A-Operation, was eine erhebliche Leistungseinbuße für die Allokation von B_i und den direkten Zugriff darauf darstellt. Auch alle sequentiellen Operationen leiden unter der verstreuten Speicherung aller Blöcke der Datei, so daß die „maximale" Flexibilität dieses Verfahrens in DB-Umgebungen nicht recht zum Tragen kommen dürfte.

Einige Bemerkungen zur Größe und zum Wachstum von BT sollen die Bewertung der dynamischen Blockzuordnung abschließen. Wenn ihr letzter Eintrag belegt ist, muß BT vergrößert werden, wenn die zugehörige Datei weiter wachsen soll. Das ist sicher kein großes Problem, wenn BT von 500 auf 1000 Einträge erweitert wird, weil sich hierbei alles in einem Block abspielt. Soll jedoch die Datei im obigen Beispiel um 20% wachsen, so muß BT auf 120 Blöcke erweitert werden, die wohlgemerkt alle physisch benachbart (als statische Dateizuordnung) abgespeichert werden müssen, um garantieren zu können, daß jedes BT(i) mit einem E/A-Zugriff aufgefunden wird. Das bedeutet bei jeder Erweiterung eine vollständige Umlagerung von BT. Würde BT selbst nach dem Prinzip der dynamischen Blockzuordnung organisiert, so entstünde eine Hierarchie von Blocktabellen, die bei sehr großen Dateien mehrere E/A-Zugriffe zur Ermittlung von BT(i) impliziert. Dieser Mechanismus wird beispielsweise im Standard-Dateisystem von UNIX eingesetzt, das auf die Speicherung sehr kleiner Dateien hin ausgelegt ist, wobei keine Vorabdefinition von Größenangaben verlangt wird. Im Dateideskriptor sind 13 Einträge für Blockadressen (I-Knoten) reserviert, von denen die ersten 10 für die ersten 10 Blöcke benutzt werden. Der elfte Eintrag verweist auf einen Block, der – bei einer Blockgröße von 512 Bytes 128 Blockadressen aufnehmen kann. Bei einer Dateigröße ≤ 138 Blöcke kann jede Blockadresse durch höchstens einen Blockzugriff (ohne das Referenzieren des Deskriptors zu berücksichtigen) ermittelt werden. Der zwölfte Eintrag verweist auf einen Mehrwegbaum der Höhe 2 von Blockadressen (im Beispiel zur Adressierung von 128^2 Blöcken). Der letzte Eintrag adressiert einen Mehrwegbaum der Höhe 3, der schließlich das verbleibende Wachstum bis zur maximalen Dateigröße (im Beispiel 128^3) verkörpert. Bei sehr großen Dateien können also bis zu 3 Blockzugriffe anfallen, bevor die Adresse des gesuchten Blockes gefunden ist. Wird in einer solchen Datei auf höherer Systemebene ein B*-Baum angelegt (siehe Abschnitt 7.3.3), so kann bei einer Höhe von 3 ein Baumdurchlauf 3 Blockzugriffe auf die Baumdaten und – versteckt – 9 Blockzugriffe auf die Daten zur Blockadressierung erforderlich machen.

Vereinzelte Zugriffe auf derart organisierte Dateien sehr großen Umfangs sind offensichtlich sehr teuer. Die Zugriffskosten gestalten sich nur dann erträglich, wenn auf solchen Dateien sehr viele Zugriffe oder aufeinanderfolgende Zugriffe hoher Lokalität erfolgen, so daß sich i. allg. die zur Adressierung benötigten Blöcke von BT bereits im DB-Puffer befinden.

3.3.4   Versetzungsverfahren

Gewöhnlich wird zwischen Blöcken einer Datei und den sie aufnehmenden Slots des Speichers nicht mehr unterschieden, da die Blöcke in aufsteigender Reihenfolge den Slots einer Spur hintereinander zugeordnet werden. Die relative Blockenreihenfolge der Datei stimmt mit der relativen Slot-Reihenfolge des belegten Speichers überein. Bei der physischen Adreßberechnung werden sie als identisch aufgefaßt. Diese „gedankenlose" Zuordnung führt bei zyklischen Speichermedien dazu, daß sequentielle Lese- und Schreibvorgänge in der Datei zu unnötigen Leistungsverlusten führen. Die für Bearbeitung der Kanal- oder Busunterbrechung und Auswahl der nächsten E/A-Anforderung anfallende Zeit gestattet nicht mehr die Übertragung des nachfolgenden Blocks im selben Zyklus, so daß bis zu seiner Ein-/Ausgabe fast die gesamte Umdrehungszeit abgewartet werden muß.

Ohne andere Verarbeitungsarten in irgendeiner Form zeitaufwendiger zu machen, läßt sich die sequentielle Verarbeitung wesentlich beschleunigen, wenn die Blockreihenfolge innerhalb einer Spur nicht mehr strikt aufeinanderfolgend, sondern so versetzt gewählt wird, daß in einer Umdrehung mehr als ein Block übertragen werden kann. Bei einer Spurkapazität von m Slots läßt sich folgende Abbildung der m logisch aufeinanderfolgenden Blöcke vorteilhaft anwenden. Der erste Block wird dem ersten Slot SN_1 nach dem Indexpunkt zugewiesen ($SN_1 = 1$). Die Slot-Nummer SN_i zur Aufnahme des i-ten Blockes ($2 \leq i \leq m$) errechnet sich durch

$$SN_i = (SN_{i-1} + I - 1) \bmod (m) + 1,$$

wobei der Parameter I ein Versetzungsmaß darstellt und eine natürliche Zahl im Bereich $2 \leq I$

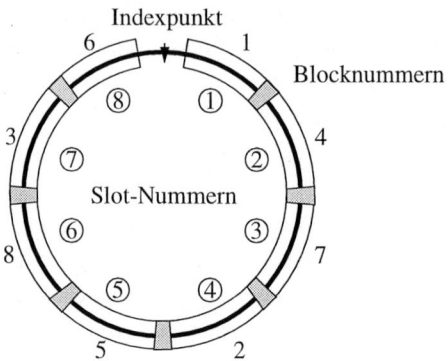

Abb. 3.3:   Versetzungsverfahren bei der Blockzuordnung

≤ m-1 sein muß. Durch I kann die Blockabbildung der Verarbeitungsgeschwindigkeit des Rechners angepaßt werden. Allerdings ist als notwendige und hinreichende Bedingung zur Belegung aller Slots zu berücksichtigen, daß I und m relativ prim zueinander sind. Andernfalls sind zusätzliche Abbildungsregeln vorzusehen [TAFV74]. Für m = 8 und I = 3 ist diese Abbildung für eine Spur im Abb. 3.3 veranschaulicht. Mit Hilfe dieser versetzten Anordnung lassen sich alle 8 Blöcke der Spur in 3 Umdrehungen verarbeiten, während bei der aufeinanderfolgenden Anordnung 9 Umdrehungen erforderlich sind. Im normalen DB-Betrieb läßt sich diese Beschleunigungsmöglichkeit (im Beispiel um den Faktor 3) vor allem bei der Log-Datei oder bei Datensammelsystemen (Meßdaten, zentrale Datenerfassung) ausnutzen, da dabei typischerweise sequentiell zu schreibende Datenblöcke mit hoher Frequenz anfallen. Zeitgewinne ergeben sich aber auch bei Lade- und Reorganisationsläufen sowie bei der Erstellung von Backup-Kopien der Datenbank.

In DB-Umgebungen ist beim Anwendungsentwurf der zu erwartende Speicherbedarf und sein zeitliches Wachstum zu analysieren und zumindest abzuschätzen. Deshalb stehen dem DB-Administrator in der Regel recht genaue Kapazitätszahlen zur Verfügung, so daß er bei der Festlegung der Speicherzuordnungsstrukturen die benötigten Dateigrößen und die gewünschten Speichermedien akkurat einplanen kann. Für die Allokation des Speicherplatzes ist die dynamische Extent-Zuordnung ein flexibles und wirksames, aber trotzdem billiges Implementierungsschema, das in den meisten Fällen der Dynamik des Dateiwachstums gerecht wird. Verfahren der dynamischen Blockzuordnung [LORI77] sind dagegen für diese Aufgaben allein zu teuer. Ähnliche Techniken, die sich auf eine Indirektion bei der Adressierung abstützen, werden bei der Seitenzuordnung von Segmenten auf der nächsthöheren Abbildungsschicht diskutiert, wobei diese Techniken zusätzlich Aufgaben der Recovery übernehmen.

3.3.5 Log-strukturierte Dateien

In Abschnitt 2.4.3 wurde bereits ausführlich die sich öffnende Leistungsschere zwischen sequentiellem und wahlfreiem Zugriff bei Plattenspeichern erläutert. Als Konsequenz wurde in den letzten Jahren, um dieser Entwicklung durch Maßnahmen der Dateiorganisation zu begegnen, das Konzept der Log-strukturierten Dateiverwaltung vorgeschlagen [ZABB90, ROSE92]. Es zielt jedoch nicht zentral auf DB-Belange mit großen Dateien und langfristiger Speicherung, sondern eher auf Anwendungen mit einer Vielzahl kleiner Dateien, meistens mit kurzer Lebenszeit. Danach sollen wahlfreie Lesezugriffe (nach dem erstmaligen Laden eines Blokkes) vor allem durch große Hauptspeicherpuffer oder Datei-Caches vermieden werden. Die Schreiboptimierung der geänderten Blöcke verkörpert die Schlüsselidee, für die eine spezielle Form der Datenorganisation entwickelt wurde. Dabei werden alle geänderten Blöcke bei Beendigung der Dateiverarbeitung (Transaktion) sequentiell, in einem Schub, ans Ende der Datei geschrieben, die wie eine Log-Datei organisiert und zyklisch überschrieben wird. Veraltete Blöcke sind daraufhin freizugeben. Obwohl in [ROSE92] überzeugende Leistungscharakteristika für Log-strukturierte Dateien nachgewiesen wurden, dürfte ihr Konzept nicht so leicht auf DB-Dateien übertragbar sein. Als wichtigste Gründe sind zu nennen:

– Alle geänderten Blöcke (Seiten) einer Transaktion sind bei Commit in die DB einzubringen (Force, [HÄRD83b]), was synchron zu erfolgen hat. Bei DBS sind jedoch Einbringverfahren für Änderungen möglich, die für Blöcke kein synchrones Schreiben erzwingen (Noforce). Bei Commit muß lediglich die Log-Information synchron geschrieben werden, geänderte Blöcke lassen sich dagegen asynchron verdrängen (siehe Abschnitt 15.3.3).

– Voraussetzung ist der Einsatz der dynamischen Blockadressierung, da einzelne Blöcke oder Blockmengen bei Commit geschrieben werden und dabei neue Speicheradressen bekommen. Dabei kann auf physischer Ebene eine lokale (transaktionsbezogene) Cluster-Bildung entstehen, dateibezogene Cluster-Bildungen werden jedoch zerstört. Offensichtlich muß auch jedesmal die Ausgabe der geänderten Teile (Blöcke) von BT erfolgen.

– Da die Blöcke transaktionsbezogen und erst bei Commit geschrieben werden, sind alle geänderten Blöcke im DB-Puffer zu halten. Außerdem ist es erforderlich, diese durch Blocksperren dem Zugriff anderer Transaktionen bis Commit zu entziehen.

– Die Abbildung von Sätzen, die auf andere verweisen, ebenso wie die spezieller Zugriffspfade dürfte schwieriger sein, da die zugehörigen Blöcke ständig ihre Adressen ändern.

– Um den Vorteil des sequentiellen Schreibens zu wahren, ist im Regelfall wegen des zyklischen Überschreibens sogar das Umlagern aktueller Blöcke auf Platte notwendig. Bei großen Dateien, die selektiv geändert werden, kann diese Art der Garbage Collection extrem aufwendig sein.

Andere Argumente betreffen Mehrrechner-DBS oder Client/Server-DBS; so läßt sich beispielsweise DB-Sharing mit Log-strukturierten Dateien nicht vernünftig realisieren.

Deshalb ist in DB-Umgebungen zu befürchten, daß die Schreiboptimierung als Schlüsselidee der Log-strukturierten Dateien viele Zusatzmaßnahmen erzwingt, deren Nettoeffekte die erwartete Leistungssteigerung aufheben. Insbesondere bietet das asynchrone Verdrängen geänderter Blöcke (NOFORCE) Leistungsvorteile, die bei vielen Einsatzfällen eine synchrone Schreiboptimierung überflüssig machen.

3.4   Kontrolle der E/A-Operationen

Die Externspeicherverwaltung ist für alle Aspekte der Ein-/Ausgabe zuständig und benutzt Blöcke als Transfereinheiten für Daten. Bei einer Leseanforderung für einen Block von Magnetplatte bestimmt sie dessen tatsächliche Adresse auf dem externen Speicher und veranlaßt dessen Übertragung mit Hilfe von Kanalprogrammen u. a. zu einer spezifizierten Adresse im Hauptspeicher. In analoger Weise wickelt sie einen Schreibvorgang ab. Dabei kontrolliert sie die möglichen Fehlerbedingungen und meldet den Erfolg der E/A-Operation an die DB-Pufferverwaltung.

3.4.1   Fehlerbehandlung bei Magnetplatten

Magnetplatten sind im letzten Jahrzehnt mit zunehmender Verkleinerung und Kapselung immer zuverlässiger geworden; „teure" Magnetplatten erreichen heute eine beobachtete MTTF (mean time to failure) von 20 Jahren und mehr, d. h., bis sie nach Ausfall explizite Reparaturmaßnahmen erfordern [GRAY93]. Weniger gravierende Fehler treten jedoch wesentlich häufiger auf [SCHU89]: Transiente Lese- oder Positionierungsfehler, die durch lokale Korrektur mit Hilfe von Parity-Bits (ECC) oder Wiederholung der Operation behandelt werden können, besitzen eine MTTF im Stundenbereich (1 h bzw. 6 h). Andere Lesefehler lassen sich durch Abbildung des Blocks (oder eines Teils davon) auf einen neuen Sektor (spare sector) beheben (MTTF ~ 3 Tage); sie verlangen jedoch spezielle Vorkehrungen bei der Magnetplatte, um für die Anwendung maskierbar zu bleiben. Schließlich treten nichtmaskierbare Lesefehler auf (MTTF ~ 1 Jahr), bei denen die Daten des Sektors nicht mehr lesbar oder zerstört worden sind. Nach Zuordnung eines neuen Sektors und „Wiederbeschaffung" der Daten kann der Betrieb jedoch fortgesetzt werden.

Die bisher skizzierten Fehler werden (nach einem früheren erfolgreichen Schreiben des Blocks) durch Eigenschaften des Speichers hervorgerufen und können auftreten, selbst wenn der gespeicherte Datenblock aus DB-Sicht konsistent ist. Zusätzlich zu diesen Fehlern können Schreiboperationen direkte Konsistenzverletzungen bei einem Datenblock verursachen – beispielsweise, wenn das Schreiben „mitten im Block" durch Stromausfall u. a. unterbrochen wird (partielles Schreiben) oder wenn ein Block überschrieben wird und für die Wiederherstellung des alten Blockinhalts keine Vorsorgemaßnahmen getroffen wurden.

Wenn das Schreiben eines Blocks atomar, d. h. ganz oder überhaupt nicht erfolgt, können offensichtlich einige der skizzierten Fehler nach außen hin nicht auftreten, da sie im Rahmen der atomaren Aktion behoben werden. Nichtatomare Schreibvorgänge und andere, gerätebezogene Fehler wie Head-Crash u. a. hinterlassen jedoch Slots, Spuren, Zylinder oder gar ganze Magnetplatten in einem fehlerhaften Zustand. Um solche Fehler behandeln zu können, sammelt das DBS Log-Information, um nach Erkennung des Fehlers geeignete Recovery-Maßnahmen ergreifen zu können. Wenn diese Fehlererkennung jedoch sehr spät erfolgt (Tage oder Monate nach Entstehen des Fehlers), kann die Recovery enorm aufwendig sein (siehe Abschnitt 15.7) und den DB-Betrieb längere Zeit (oft mehrere Stunden) unterbrechen. Deshalb ist es angezeigt, schon beim Schreiben von Blöcken Fehlertoleranzmaßnahmen zu ergreifen, um Schreibfehler so früh wie möglich zu erkennen.

3.4.2 Erhöhung der Fehlertoleranz

Um den DB-Betrieb so stabil und effektiv wie möglich zu machen, sollten die E/A-Operationen so ausgelegt sein, daß eine direkte Fehlererkennung und eine sofortige Fehlerbehandlung erfolgt. Lesen gestattet nur wenige Optionen:

- **Einfaches Lesen:** Der Lesevorgang wird durch keine besonderen Maßnahmen gegen transiente Lesefehler geschützt. Eine Fehlerbedingung führt zum Abbruch der Operation und wird zur Behandlung an eine höhere Schicht weitergeleitet.

- **Sicheres Lesen:** Bei erfolglosem Lesen wird die Operation n-mal (n ≤ 255) wiederholt; dabei verschwindet i. allg. ein transienter Fehler. Sonst muß die Fehlerbedingung weitergeleitet werden.

Beim Schreiben gibt es eine Reihe von Verfahren [GRAY93]. Nur wenn dabei zusätzlich redundante Information auf einem nichtflüchtigen Speicher gesammelt wird, kann in jedem Fall die erwünschte Atomarität des Schreibvorgangs erzielt werden:

- **Einfaches Schreiben:** Ohne Vorsorgemaßnahmen läßt sich nicht garantieren, daß ein Block atomar geschrieben wird. Das Schreiben kann durch transiente oder dauerhafte Fehler zu falschen Resultaten führen. Sie werden nur erkannt, wenn der Return-Code der Operation sie anzeigt, und nur dann lassen sich geeignete Maßnahmen ergreifen. Wenn jedoch beispielsweise ein transienter Fehler im Controller einen normalen Return-Code zurückliefert, kann ein fehlerhafter Block unbemerkt in die DB eingebracht werden. Seine Auswirkungen können katastrophal sein, wenn es sich z. B. um einen Datenblock aus dem DB-Katalog handelt. Ebenso kann ein Crash (Stromausfall) einen teilweise geschriebenen Datenblock zurücklassen.

- **Sicheres Schreiben** *(read-after-write):* Nach einem einfachen Schreiben wird der Block sofort wieder gelesen und mit dem ursprünglichen Block im Schreibpuffer verglichen. Wenn beide nicht identisch sind, wird diese Schreib-Lese-Folge wiederholt, bis der Block erfolgreich geschrieben ist. Dadurch wird das Schreiben gegen transiente Fehler gesichert. Wenn z. B. beim Schreiben ein unbrauchbarer Slot festgestellt wird, könnte diese Situation durch Zuordnung eines neuen Slot bereinigt werden. Da das Schreiben nicht durch Redundanz abgesichert ist, verhält sich das sichere Schreiben bei einem Crash wie das einfache.

- **Stabiles Schreiben** *(duplexed write):* Stabiles Schreiben ist eine Schutzmaßnahme gegen einzelne Plattenfehler. Bei diesem Verfahren wird jeder Block B_i auf zwei Slots S_j und S_k gespeichert, die „weit entfernt" voneinander sind (z. B. auf verschiedenen Magnetplatten mit separaten Controllern und separaten E/A-Pfaden), damit sie nicht gleichzeitig vom Auftreten eines Fehlers betroffen sind. Außerdem besitzt jeder Block eine Versionsnummer, die bei jedem stabilen Schreiben erhöht wird. Dabei wird B_i in festgelegter Reihenfolge synchron erst nach S_j und dann nach S_k geschrieben. Das Lesen von B_i erfolgt erst von S_j aus; ist dies erfolgreich, wird angenommen, daß es sich um die jüngste Version von B_i handelt. Anderenfalls wird S_k gelesen. Da ein Crash nur einen Schreibvorgang unterbrechen kann, ist bei Restart stets eine Version des Blockes verfügbar. Dazu muß jedoch noch eine Annahme getroffen werden: ein Block wird niemals in einen falschen Slot (Controller-Fehler) geschrieben. Sonst ist *read-after-write* erforderlich.

- **Schreiben mit Logging** *(logged write):* Bevor ein Block B_i aktualisiert wird, ist sein alter Inhalt auf einen sicheren Platz L zu schreiben. Danach wird B_i durch ein einfaches Schreiben auf seinen Slot zurückgeschrieben. Um vor nichtgemeldeten transienten Fehlern gewappnet zu sein, könnte zusätzlich ein *read-after-write* erfolgen. Nach erfolgreichem Schreiben von B_i wird seine Kopie auf L nicht mehr gebraucht.

Einfaches und sicheres Schreiben gewährleisten bei einem Crash kein atomares Schreiben eines Blockes. Außerdem erkennt das einfache Schreiben eine Reihe anderer Fehler nicht. Dadurch sind ihre Fehlertoleranzmaßnahmen nicht ausreichend. Stabiles Schreiben sichert gegen transiente und dauerhafte Fehler, wobei während der Operation höchstens ein Fehler auftreten darf (es gilt als unerwartet, daß beide Versionen nicht lesbar sind). Stabiles Schreiben ist eine bewährte Technik für den DB-Einsatz; sie wird bereits in vielen Systemen in verschiedenen Variationen (z. B. für Spiegelungsverfahren auf Platten- oder Dateibasis) eingesetzt. Jedoch führt diese „eingebaute" Redundanz auch auf hohe Speicherungs- und Zugriffskosten, vor allem, wenn noch ein Prüflesen integriert ist. Deshalb wenden viele Systeme das Prinzip des „Schreibens mit Logging" an, wobei die Speicherungsredundanz drastisch gesenkt und die Zugriffskosten durch ausgefeilte Logging-Techniken (in höheren Systemschichten) optimiert werden können.

3.4.3   Erkennung von fehlerhaften Blöcken

In der bisherigen Diskussion wurde angenommen, daß bei Schreib- oder Leseoperationen das Speichergerät das Ergebnis der Operation durch einen Return-Code korrekt zurückmeldet oder daß sich durch Operationswiederholung transiente Fehler beheben lassen. Eine Fehlersituation wie partielles Schreiben eines Blocks (bei Crash) muß dagegen beim Wiederanlauf des Systems (Restart) erkannt werden, was gewisse Vorkehrungen erfordert.

In heutigen Systemen kann die Platten-Hardware durch Parity-Bits eigenständig herausfinden, ob ein Sektor vollständig geschrieben wurde oder nicht. Das ist ausreichend, wenn ein Block ganz in einem Sektor (hier gleich Slot) gespeichert wird; sonst sind weitere Maßnahmen auf Blockebene zu treffen. Die älteste (bekannte) Methode wird dem DBS DB2 zugeschrieben [MOHA94]; sie benutzt jeweils ein Bit im ersten und im letzten Byte eines Blocks. Diesen beiden Konsistenzbits werden jeweils identische Werte zugewiesen, die bei jedem Schreibvorgang invertiert werden. Ein partielles Schreiben läßt sich also durch differierende Bitwerte erkennen. Eine Variation dieser Methode besteht darin, anstelle der Konsistenzbits die monoton wachsende LSN (log sequence number [GRAY93]) am Anfang und am Ende jedes Blocks mitzuführen.

Partielles Schreiben von Blöcken, die mehrere Sektoren überspannen (*multi-sector slots*), kann mit solchen einfachen Methoden nur erkannt werden, wenn beim Schreiben der Sektoren die durch den Block vorgegebene Reihenfolge eingehalten wird. Das jedoch wird von Platten-geräten nicht immer garantiert; so nehmen SCSI-Laufwerke selbständig zur Leistungsopti-mierung eine Umordnung der Schreibvorgänge auf den Sektoren vor. Das Schreiben eines mittleren Sektors außer der Reihe kann dazu führen, daß ein partielles Schreiben nicht erkannt wird. In diesem Fall reduziert eine Prüfsummentechnik, über den gesamten Block angewen-det, die Wahrscheinlichkeit erheblich, ein partielles Schreiben zu übersehen; sie kann dies je-doch nicht ausschließen. Das Berechnen einer Prüfsumme ist außerdem enorm aufwendig (ca. 1500 Instr. für einen 2KB-Block) und muß bei jedem Schreiben wiederholt werden; die Prü-fung eines gelesenen Blocks ist nur bei Restart erforderlich. Deshalb wird in [MOHA94] fol-gendes sicherere und billigere Verfahren vorgeschlagen: Entsprechend den n Sektoren wird ein Block (logisch) unterteilt; aus jedem dieser Teile wird ein Bit genommen und als Prüfbit betrachtet. Diese n Bits werden wie die Konsistenzbits mit identischen Werten belegt und bei jedem Schreiben invertiert. Ein partielles Schreiben wird erkannt, sobald diese Prüfbits nicht mehr identische Werte besitzen. Ein Problem besteht jedoch darin, daß alle Bits im Inneren ei-nes Blocks, ausgenommen Blockkopf und -ende, mit Benutzerinformation belegt sind und nicht willkürlich „mißbraucht" werden dürfen. Eine Lösung dafür ergibt sich, wenn man vor dem Schreiben an den Positionen, die für die Prüfbits vorgesehen sind, die „Benutzerbits" sammelt und im Blockkopf oder -ende zwischenspeichert. Nach erfolgreichem Lesen werden diese wieder mit den Prüfbits getauscht, bevor der Benutzer die Kontrolle bekommt.

3.4.4 Schutz des Datentransfers

Der Schutz der Daten vor unberechtigtem Zugriff auf den Extern- oder Archivspeichern (Off-line-Kopieren) kann während der Speicherung und beim Datentransfer durch Einsatz krypto-graphischer Methoden zur Blockchiffrierung erhöht werden [RYSK80]. In der Externspei-cherverwaltung läßt sich ein zentrales Schutzkonzept mit begrenztem Aufwand und für höhe-re Systemschichten vollkommen verdeckt realisieren. Dabei eignen sich die Dateien als Schutzeinheiten, wobei die Schutzmaßnahmen optional und die „Stärke" kryptographischer Verfahren einstellbar sein sollten. Wenn die Zuordnung von Chiffrierschlüsseln jeweils datei-bezogen erfolgt, ergibt sich eine einfache Möglichkeit, den Aufwand für das Chiffrieren/De-chiffrieren der Blöcke der Schutzwürdigkeit der Datei anzupassen.

Die Aufgaben und damit die Komplexität der Externspeicherverwaltung wachsen beträcht-lich, wenn die E/A-Architektur aus einer mehrschichtigen Speicherhierarchie (siehe Abb. 2.2) besteht und die Externspeicherverwaltung neben den Plattenspeichern für die Organisation spezieller Halbleiterspeicher und vor allem einer Vielfalt von Archivspeichern verantwortlich ist. Bei Konzeptüberlegungen zu künftigen Entwicklungen werden weitreichende Anforde-rungen funktionaler und nichtfunktionaler Art für automatisierte Speichersysteme gesammelt, die Datenvolumina von mehreren TBytes im Online-Zugriff halten und ein Mehrfaches dieser Kapazität automatisch auf Nearline- oder Offline-Speichern archivieren können. Diese Anfor-derungen und Lösungsansätze können hier nicht vertieft werden [PEAR93].

3.5   DBS-Unterstützung für Dateisysteme

Weltweit sind die meisten Daten von Unternehmen in Dateien gespeichert. Das wird so bleiben, und ihr Volumen wird noch stark anwachsen. Man denke nur an die neuen Datentypen wie Image, Audio oder Video sowie deren „explosionsartige" Verbreitung und rapides Mengenwachstum. Da DBS, von Spezialfällen abgesehen, auf lange Sicht hin die für die zugehörigen Anwendungen geforderten Qualitäten im Hinblick auf Speicherung und Leistung (schnelle Bereitstellung, kontinuierliche Verarbeitung) nicht gewährleisten können, bekommen in solchen Bereichen weiterhin spezialisierte Anwendungen auf Dateien den Vorzug. DBS-Hersteller möchten jedoch mittelfristig sowohl für DB- wie für Nicht-DB-Daten die Vorteile einer DB-Verwaltung verfügbar machen und den Anwendungen insbesondere durch geeignete Abstraktionen einen gleichförmigen Zugriff auf ein Spektrum verschiedenartiger Datenquellen anbieten. Standards wie SQL/MED, Quasi-Standards wie OLE DB von Microsoft [BLAK96] oder die Ableitung homogenisierter Sichten auf heterogene Datenquellen unter Nutzung von sog. Wrapper-Techniken [ROTH97] verfolgen diese Zielvorstellung.

Dateisysteme verfügen in der Regel nicht über genügend Metadaten, um ihre Dateioperationen sowohl durch Suchfunktionen als auch durch Maßnahmen zur Integritätskontrolle anreichern zu können. Andererseits sind DBS nicht auf die kosteneffektive Speicherung und Verwaltung einer großen Anzahl von BLOBs (Binary Large OBjects) eingerichtet, etwa um Bibliotheken von Multimedia-Objekten in integrierter Weise zu unterstützen. Solche Objekte benötigen heutzutage eine hierarchische Speicherorganisation mit Hilfe von Tertiärspeichern, die auf die Verwaltung dieser Daten und ihre variierenden Zugriffsmuster (häufig oder selten) zugeschnitten sind. Deshalb bietet es sich hier an, bestimmte Konzepte von DBS wie Sicherung der referentiellen Integrität, Zugriffskontrolle, Backup und Recovery mit den Vorzügen der Dateisysteme bei der Speicherung und dem spezialisierten Zugriff auf BLOBs zu kombinieren. Voraussetzung ist die Einrichtung von speziellen Dateisystemerweiterungen in allen teilnehmenden Rechnerknoten, die eine Zusammenarbeit mit dem DBS über vordefinierte Protokolle erlauben. Bei einem solchen Ansatz übernimmt das DBS die Rolle und Funktion eines Metadaten-Repository, in dem mit Hilfe von Zeigern auf die in den Dateisystemen verbleibenden Daten verwiesen wird.

   Wichtige Anwendungen, die von einer verbesserten DBS-Unterstützung für Dateisysteme profitieren würden, sind beispielsweise

- CAD-Systeme: Es existieren oft riesige Mengen an Dateien, die vor allem Zeichnungen und Baupläne in den proprietären Datenformaten der CAD-Tools enthalten. Ein sehr großes Konfigurationsproblem besteht darin, die Metadaten der Entwürfe mit den aktuellen Dateiinhalten zu synchronisieren.[1]

- Digitale Bibliotheken: Für große Dokumentsammlungen von Texten, Bildern und Video-Clips müssen Metadaten verwaltet werden. Außerdem ist es wichtig, durch geeig-

---

[1]   Allein die Konstruktionsdaten einer B747, vorwiegend Geometrie- und Graphikdaten für spezielle CAD-Tools, umfassen 6 Mio. Dateien.

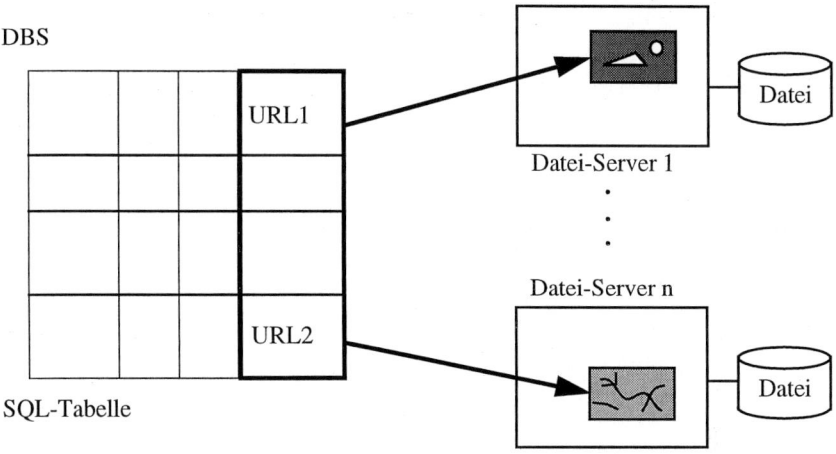

Abb. 3.4:   Speichermodell für die DB-Anbindung

nete Indexierungsmechanismen die inhaltsbezogene Suche in den Dokumenten zu unterstützen.

- Web-Server: Aus Leistungsgründen verwalten sie ihr Angebot oft in Form von statischen und dynamischen HTML- bzw. XML-Dateien, wobei insbesondere dynamische Dokumente bei Aktualisierung ihrer Inhalte durch ein DBS neu zu generieren sind. Dabei sollte es möglich sein, über Anfragen unabhängig von Repräsentation und Ort der Daten, in der DB oder in externen Dateien, nach Dokumenten zu suchen.

In Abb. 3.4 ist das Speichermodell für die DB-Anbindung von externen Dateien veranschaulicht, wie es dem DataLinks-Projekt [NARA97] zugrunde lag. In einer SQL-Tabelle werden Beschreibungsdaten für die externen Dateien gespeichert. Für Referenzen wurde ein spezieller DataLink-Datentyp eingeführt, der auf dem URL-Konzept (Uniform Resource Locator mit dem Namen der Datei und des zugehörigen Web-Datei-Servers) aufgebaut ist, das bei Internet-Nutzung eine weltweite Verteilung über heterogene Rechnersysteme ermöglicht. DataLinks bieten mehrere Kontrollmechanismen, die das DBS in Zusammenarbeit mit den die Datenquellen verwaltenden Dateisystemen realisieren muß:

- Referentielle Integrität: Solange eine externe Datei in der DB referenziert wird, kann sie nicht gelöscht, umbenannt oder an eine andere Adresse verschoben werden.

- Zugriffskontrolle: Durch das DBS verwaltete Zugriffsrechte können dazu benutzt werden, die Verarbeitungsoperationen eines Benutzers auf referenzierten externen Dateien zu autorisieren.

- Koordiniertes Backup und Recovery: Die Kontrolle über Backup- und Recovery-Operationen in externen Dateien kann an das DBS delegiert werden.

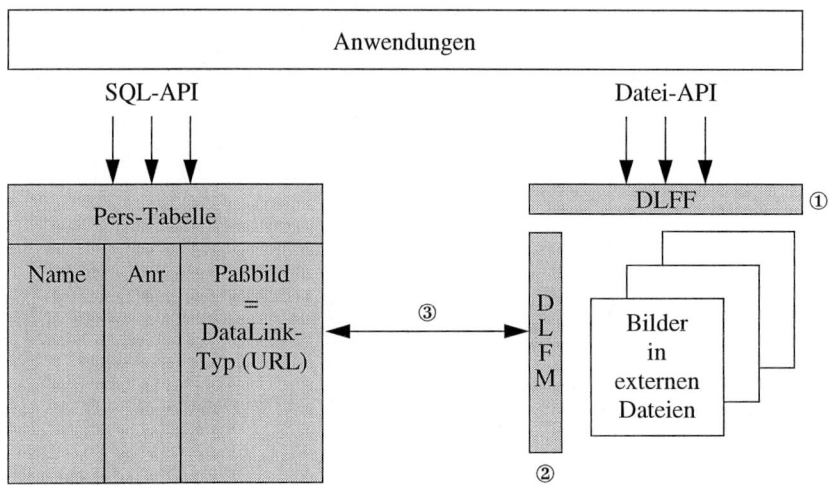

Abb. 3.5: Schnittstellen beim DataLinks-Konzept

- Transaktionskonsistenz: Aktualisierungen, welche die DB und externe Dateien betreffen, werden unter Transaktionsschutz ausgeführt, um die logische Integrität und die Konsistenz der Daten zu gewährleisten.

Darüber hinaus ist es möglich, DB-seitig Indexstrukturen anzulegen, um die inhaltsorientierte Suche in externen Dateien zu unterstützen. Beispielsweise kann der Benutzer dann Features[2] von Bildern oder Videos extrahieren und sie den entsprechenden Indexstrukturen zuordnen (Funktionswertindexierung). Eine solche Suchunterstützung ist jedoch nur bei weitgehend statischen Inhalten der referenzierten Dateien angemessen.

Abb. 3.5 skizziert die wesentlichen Aspekte des DataLinks-Konzeptes und illustriert die Beibehaltung der bestehenden Schnittstellen der Anwendungen (SQL-API, Datei-API). Zusätzliche Komponenten in den Dateisystemen koordinieren zusammen mit einer erweiterten DBS-Funktionalität die Verwaltung der externen Dateien:

1. Die Komponente DLFF (DataLinks Filesystem Filter) kontrolliert die anwendungsseitigen Verarbeitungsoperationen. Bei Umbenennung oder Löschen von Dateien wird die referentielle Integrität bestehender DataLinks erzwungen. Ebenso werden beim Öffnen einer Datei die Zugriffsrechte des Benutzers kontrolliert, die er in Form spezieller Token (Capability) zur Authentifikation und Autorisierung vorweisen muß. Da die Datei-API für alle anderen Operationen unverändert bleibt, sind keine Änderungen in den Anwendungsprogrammen erforderlich. Insbesondere liegt DLFF nicht im Lese-/Schreib-Pfad für externe Dateien, was dem Leistungsverhalten einer Anwendung zugute kommt.

---

[2] Beispielsweise läßt sich mit QBIC (Query By Image Contents) die Extraktion und Suche auf solchen Features unterstützen.

2. Die Komponente DLFM (DataLinks File Manager) erlaubt durch Link/Unlink-Operationen das Anlegen und Entfernen externer Referenzen auf existierende Dateien. Zusätzlich lassen sich entsprechende Constraints für die referentielle Integrität definieren. Für die Aktualisierung von Dateien sind verschiedene Optionen zu spezifizieren, die unterschiedliche Auswirkungen auf die Backup/Recovery-Unterstützung haben.

3. Das DBS koordiniert über die DLFM-API die spezifizierten Verarbeitungsoperationen für referenzierte externe Dateien. Transaktionsgeschützte Operationen wie Link/Unlink werden zusammen mit der DLFM-Komponente abgewickelt.

Die Spezifikation von DataLink-Datentypen soll durch das nachfolgende Beispiel in der Syntax, wie sie inzwischen durch ISO und ANSI für die Aufnahme in den SQL3-Standard (SQL/MED) akzeptiert wurde, skizziert werden:

```
CREATE TABLE Pers (
    Name VARCHAR (30);
    Anr INTEGER,
    Paßbild DATALINK (200)
        LINKTYPE URL
        FILE LINK CONTROL
            INTEGRITY all
            READ PERMISSION DB
            WRITE PERMISSION blocked
            RECOVERY yes
            ON UNLINK restore
);
```

Durch die Wahl der verschiedenen Optionen in FILE LINK CONTROL läßt sich eine abgestufte DBS-Kontrolle für die durch die Spalte Paßbild referenzierten Dateien (mit URLs http://servername/pathname/filename) aktivieren. Mit folgenden Parametern kann die gewünschte Art der DBS-Kontrolle festgelegt werden:

- INTEGRITY: Alle URLs werden konsistent gehalten.

- READ PERMISSION: Die Vergabe von Leserechten kann entweder beim Dateisystem verbleiben oder an das DBS delegiert werden. Im zweiten Fall wird bei Autorisierung durch das DBS ein Token in die URL, die dem Benutzer für den Dateizugriff ausgehändigt wird, eingebettet.

- WRITE PERMISSION: Die Vergabe des Schreibrechts kann beim Dateisystem verbleiben. Bei DBS-seitiger Kontrolle können Dateiaktualisierungen über Versionierung erfolgen oder sie können blockiert werden.

- RECOVERY: Koordiniertes Backup und Recovery sind nur möglich, wenn das DBS über Aktualisierungen in einer Datei informiert wird.

- ON UNLINK: In diesem Fall kann die Datei gelöscht oder zur Verwaltung ans Dateisystem zurückgegeben werden.

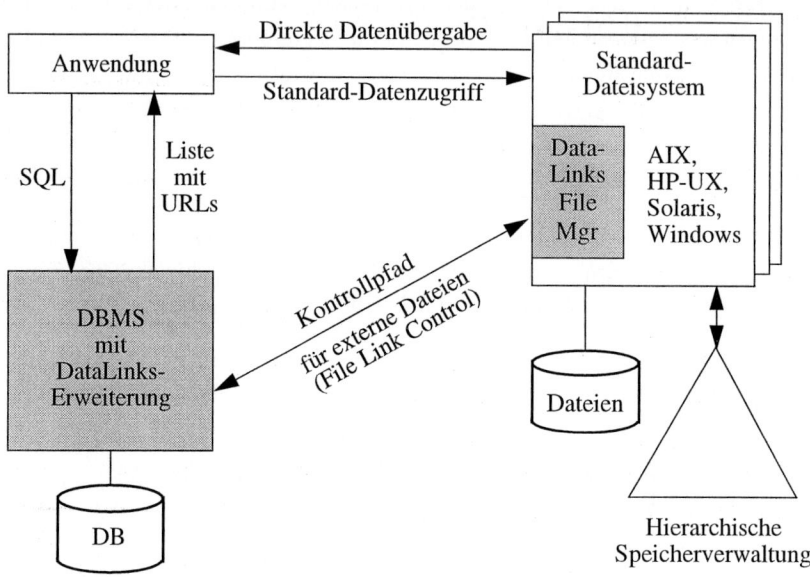

Abb. 3.6:   Überblick über die DataLinks-Architektur (nach DB2)

In Abb. 3.6 ist die DataLinks-Architektur mit ihren wichtigsten Zugriffsbeziehungen dargestellt. Sie erlaubt den Anwendungen, externe Dateien, die in großer Anzahl in verschiedenen weltweit verteilten Datei-Servern gehalten werden können, DB-seitig zu referenzieren
und zu kontrollieren. Typischerweise enthalten diese Dateien unstrukturierte oder semistrukturierte Daten. Wenn diese Daten nur geringe Änderungshäufigkeiten aufweisen, ist eine DB-
seitige Funktionswertindexierung vertretbar, so daß inhaltsbezogene Suche in Dateien und
mengenorientierter Zugriff erfolgen können. Diese Art der Suche läßt sich sogar verallgemeinern und mit Suchprädikaten auf DB-Daten kombinieren.

Aus der Sicht der Anwendung resultiert daraus folgendes einfaches Verarbeitungsmodell.
Eine SQL-Anfrage an das DBS (Metadaten-Repository für externe Dateien) wird mit Hilfe
der existierenden Indexstrukturen ausgewertet. Als Ergebnis wird eine Liste von URLs (Referenzen auf die gesuchten Objekte) zurückgegeben. Dabei können Funktionen der Authentifikation und Autorisierung durch das DBS wahrgenommen werden. In diesem Fall werden der
Anwendung spezielle Token, eingebettet in die URLs, ausgehändigt, die in den betreffenden
Dateisystemen die Autorisierung des Dateizugriffs bewirken. Wie in Abb. 3.6 illustriert, referenziert die Anwendung die gesuchten Dateien direkt über die Datei-API. Die zur Gewährleistung der erwünschten DBS-Kontrolle erforderlichen Interaktionen zwischen DBS und
DLFM bleiben der Anwendung verborgen.

4 Segmente und Seiten

4.1 Aufgaben der Abbildungsschicht

Die hier betrachtete Abbildungsschicht führt mit Segmenten und Seiten eine weitere Abstraktionsebene ein, welche Dateien und Blöcke verbirgt und zugleich verbesserte Verarbeitungseigenschaften und Fehlertoleranzmaßnahmen verfügbar macht. Prinzipiell könnte ebenso wie bei der Speicherzuordnung eine DB-Realisierung angestrebt werden, bei der die DB als linearer Speicher erscheint, keine Segmentierung mehr aufweist und für alle referenzierenden DBS-Komponenten eine monolithische Einheit darstellt. Dann würden jedoch alle Vorteile des bei der Externspeicherverwaltung eingeführten Dateikonzeptes verlorengehen. Das in der unteren Abbildungsschicht vorgegebene Dateikonzept impliziert sinnvollerweise eine Aufteilung des logischen Adreßraums der Datenbank. Eine einfache Möglichkeit besteht darin, die durch die Dateien vorgenommene Aufteilung des Adreßraums direkt an der DB-Pufferschnittstelle zu übernehmen, wie es in vielen herkömmlichen DBS praktiziert wird. Als Folge davon wäre eine strikte Separierung der Aufgaben von Externspeicher- und DB-Pufferverwaltung nicht mehr möglich, und die Freiheitsgrade einer expliziten Seitenabbildung würden wegfallen.

Wie in unserem Schichtenmodell dargestellt, ist es aus nachfolgenden Gründen vorteilhaft, über den Speicherzuordnungsstrukturen eine zusätzliche Abbildungsschicht zur Realisierung der Seitenzuordnungsstrukturen vorzusehen. Dadurch wird eine explizite Trennung der im Hauptspeicher sichtbaren Speichereinheiten (siehe DB-Pufferschnittstelle in Kapitel 5) von den Dateien, auf die sie abgebildet werden, erreicht. Diese Einheiten der Speicherzuordnung werden gewöhnlich als Segmente oder Areas bezeichnet [ASTR76, CODA78].

Die Einführung von Segmenten und Seiten sowie ihre explizite Verwaltung und ihre Abbildung auf separate Dateien bietet folgende Vorteile:

- Es erlaubt die selektive Einführung zusätzlicher Eigenschaften für die Einheiten der Speicherabbildung [HÄRD78a], um durch ein Angebot verschiedener Segmenttypen die Anforderungen der Verarbeitung wirksam zu unterstützen.

- Bei geeigneter Abbildung der Segmente auf Dateien bleiben alle Vorzüge des Dateikonzeptes erhalten.

– Während bei Übernahme der Dateischnittstelle nur direktes Einbringen von geänderten Datenobjekten möglich ist, können durch die zusätzliche Abbildung verzögerte Einbringstrategien zur Unterstützung von Recovery-Funktionen herangezogen werden.

– Segmente können als Einheiten des Sperrens, der Wiederherstellung bei Gerätefehlern und der Zugriffskontrolle dienen; in diesen Fällen gestatten sie besonders einfache und effiziente Implementierungskonzepte.

Aus der bisherigen Diskussion ergeben sich für die Segment- und Seitenabbildung folgende Aufgaben, die zusammen mit der DB-Pufferverwaltung (siehe Kapitel 5) zu lösen sind:

– effiziente Abbildung von Segmenten verschiedenen Typs auf Dateien, die eine direkte Blockadressierung gestatten

– wahlweise Realisierung von verzögerten Einbringstrategien

– Vorbereitung von Lese-/Schreibanforderungen an die Externspeicherverwaltung

– Verwaltung von Arbeits- und Pufferbereichen im Hauptspeicher

– Bereitstellen und Freigeben von Datenobjekten im DB-Puffer

– Einsatz von Ersetzungsverfahren zur optimierten Nutzung DB-spezifischer Referenzlokalität.

4.2   Segmente mit sichtbaren Seitengrenzen

Es ist für das Leistungsverhalten des DBS von großer Wichtigkeit, daß ein differenziertes Angebot an Segmenttypen für die Benutzer auf der Ebene der Speicherungsstrukturen zur Verfügung gestellt wird. Jeder Segmenttyp sollte durch sein Funktionsangebot und dem daraus resultierenden Laufzeitaufwand bestimmte Verarbeitungsanforderungen besonders gut und kostengünstig unterstützen. So werden beispielsweise folgende Segmenttypen benötigt:

– öffentliche Segmente für die Speicherung von gemeinsam nutzbaren Datensätzen und Zugriffspfaden, die konkurrierenden Zugriff erlauben und automatische Recovery in beliebigen Fehlerfällen garantieren

– private Segmente, beispielsweise zur Speicherung von Log-Information oder zur Sammlung von Leistungs- oder Abrechnungsdaten

– Segmente, die als temporäre Arbeitsspeicher für spezielle Anwendungen (z. B. Sortieren, Speicherung von (Zwischen-) Ergebnissen u. a.) dienen.

Die Verarbeitungseigenschaften von Segmenten lassen sich durch eine Reihe von Attributen beschreiben. Durch Kombination der zugehörigen Attributwerte wie öffentlich/privat, permanent/temporär, exklusiv/gemeinsam benutzbar, Recovery durch System/Benutzer, Öffnen/Schließen durch System/Benutzer ist somit die Spezifikation einer Vielzahl von verschiedenen Segmenttypen denkbar. Zwischen einem möglichst breiten und den speziellen Verarbeitungsanforderungen angepaßten Angebot an Segmenttypen und der mit ihrer Anzahl steigenden Komplexität der Implementierung gilt es beim Entwurf, einen Kompromiß zu finden, der nur möglichst vielseitig verwendbare Segmenttypen zuläßt. Im System R werden beispiels-

Eigen- \\ Segment- schaften \\ Typen	Segment- Typ 1	Segment- Typ 2	Segment- Typ 3	Segment- Typ 4	Segment- Typ 5
Benutzung	öffentlich	privat	privat	privat	privat
Lebens- dauer	perma- nent	perma- nent	perma- nent	perma- nent	temporär in Transak- tion
Öffnen und Schließen	automatisch durch System		explizit durch Benutzer		
Wiederherstellung im Fehlerfall	automatisch durch System		explizit durch Benutzer	kein Wiederherstellungs- mechanismus	

Tabelle 4.1: Klassifikation von Segmenttypen

weise fünf verschiedene Segmenttypen angeboten [ASTR76]; ihre Eigenschaften sind in Tabelle 4.1 zusammengestellt.

Bevor die Möglichkeiten der Abbildung von Segmenten auf Dateien diskutiert werden, ist die Frage zu klären, in welcher Weise die in den Segmenten gespeicherten Datenobjekte (Sätze, Einträge) von den Benutzern der DB-Pufferschnittstelle referenziert werden sollen. Eine naheliegende Lösung besteht darin, einen Satz R mit Hilfe seiner relativen Byteadresse innerhalb eines Segmentes ohne Rücksicht auf die aktuellen Transfereinheiten von/zum Externspeicher anzufordern. Die Pufferverwaltung veranlaßt seine Bereitstellung durch Übertragung aller betroffenen Seiten und ihre physisch benachbarte Anordnung im DB Puffer. Wie in Abb. 4.1 a skizziert, bekommt der Benutzer die aktuelle Pufferadresse und die Länge des Satzes zurückgemeldet. Während der Verarbeitung muß der bereitgestellte Satz seine Position im Puffer behalten, bis durch den Benutzer eine explizite Freigabe erfolgt. Schemata zur direkten Satzreferenzierung setzen, wie gezeigt, die Möglichkeit der Überlappung von Seitengrenzen durch Datensätze (*spanned record facility*) voraus. Sie erzwingen komplexe Abbildungsvorschriften auf Seiten und Blöcken, wobei insbesondere bei Änderungen der Satzlänge hohe Kosten anfallen, da durch Verschiebungen auch „unbeteiligte" Sätze (in mehreren Seiten) betroffen sein können.

Außerdem führt die Notwendigkeit der benachbarten Anordnung aller zu einem Satz gehörenden Seiten im DB-Puffer auf erhebliche Ersetzungsprobleme und Störungen optimaler Ersetzungsalgorithmen. Je nach Wahl der Implementierungskonzepte resultieren daraus auch für die Sperr- und Log-Komponente gravierende Rückwirkungen, die zu komplexeren Sperrprotokollen und aufwendigeren Rückschreibverfahren führen. Letztlich erzeugt eine solche satzorientierte Schnittstelle des DB-Puffers hohe Leistungsverluste.

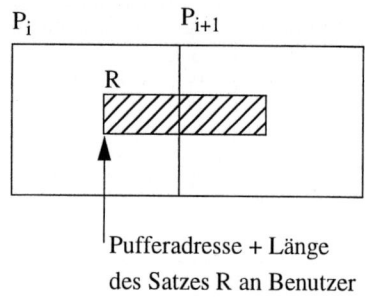
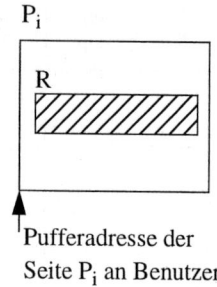

a) Satzreferenzierung mit relativer Byteadresse   b) Seitenreferenzierung

Abb. 4.1:   Bereitstellen und Freigabe von Datenobjekten im DB-Puffer

Aus diesen Gründen sollte sich die DB-Pufferschnittstelle an den Transfereinheiten des Speichersystems orientieren und nur Seitenzugriffe erlauben. Ein Segment S wird deshalb in Seiten P_i fester Länge L zerlegt, wobei L der Blockgröße der zugehörigen Datei entspricht. Für den Benutzer auf der Ebene der Speicherungsstrukturen stellen Segmente lineare logische Adreßräume mit sichtbaren Seitengrenzen dar, so daß er seine Datensätze unter Beachtung der Seitengrenzen organisieren kann. Durch diese Art der Schnittstelle werden seitenüberspannende Sätze nicht unterstützt.

Wie in Abb. 4.1 b gezeigt, orientieren sich Bereitstellung und Freigabe von Datenobjekten an Seiten. Damit ergibt sich auf der Ebene der Seitenzuordnungsstrukturen eine recht einfache Schnittstelle: Die Datenbank besteht aus einer Menge von Segmenten S_k ($1 \leq k \leq n$) definierter Größe. Jedes Segment S_k läßt sich als ein zusammenhängender Ausschnitt aus einem virtuellen linearen Adreßraum auffassen; es besteht aus einer geordneten Menge von Seiten P_{ki} ($1 \leq i \leq s_k$) fester Länge L_k. Im wesentlichen sind nur Operationen

– zum Definieren/Freigeben und Öffnen/Schließen von Segmenten

– zum Bereitstellen für Lesen/Schreiben und Freigeben von Seiten

verfügbar. Hinzu kommen möglicherweise noch spezielle Operationen für Zwecke der Synchronisation und der Recovery.

4.3   Verfahren der Seitenabbildung

Für eine einfache Realisierung der Seitenzuordnungsstrukturen, d. h. der Abbildung der Segmente auf Dateien, ist das Prinzip der funktionalen Zuordnung eines Segmentes S_k zu einer Datei D_j (mit Blockgröße L_j) von großer Bedeutung. Dabei ist die Speicherung von m Segmenten in einer Datei möglich. Die Verteilung eines Segmentes über mehrere Dateien, d. h. die Verletzung des Funktionalitätsprinzips beim Entwurf, zieht ähnlich wie die Verteilung ei-

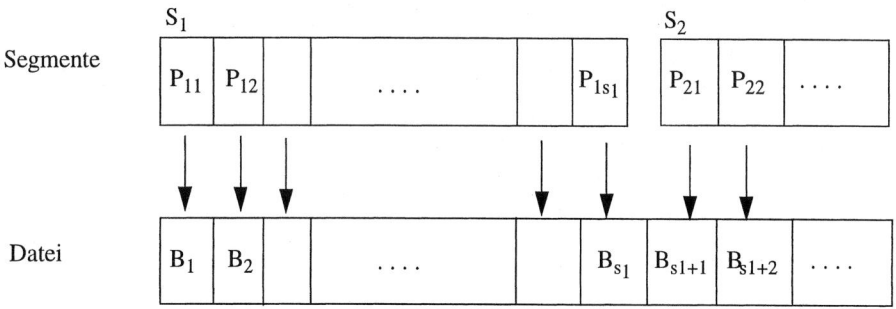

Abb. 4.2: Direkte Seitenadressierung

ner Satzmenge über mehrere Segmente oder eines Satzes über mehrere Seiten Rückwirkungen auf viele DBS-Komponenten nach sich und führt zu einer beträchtlichen Steigerung des Implementierungsaufwandes.

Wegen der geforderten Übereinstimmung von Seiten- und Blockgröße ($L_k = L_j$) gibt es bei der Abbildung von Seiten auf Blöcke keine Fragmentierungsprobleme. Die Seitenzuordnung hat dann die Aufgabe, jeder Seite $P_{ki} \in S_k$ genau einen Block $B_{jl} \in D_j$ zuzuordnen derart, daß zu jedem Zeitpunkt gewährleistet ist, daß B_{jl} den aktuellen Inhalt von P_{ki} enthält. Für diese Abbildungsfunktion sollen verschiedene Realisierungsmöglichkeiten diskutiert werden. Soweit möglich, beziehen wir uns zur Vermeidung einer doppelten Indizierung jeweils auf ein Segment S und eine Datei D.

4.3.1 Direkte Seitenadressierung

Die sog. direkte Seitenadressierung setzt eine implizite Zuordnung zwischen Seiten eines Segmentes S und Blöcken einer Datei D voraus. Dabei wird die Seite P_i mit $1 \leq i \leq s$ im Block B_j ($1 \leq j \leq d$) gespeichert, so daß $j = K - 1 + i$ und $d \geq K - 1 + s$ gilt: K bezeichnet die Nummer des ersten für S reservierten Blocks. In vielen herkömmlichen DBS findet sich dieses Verfahren; in der Regel wird es dabei auf die (1:1)-Zuordnung beschränkt, d. h., es gilt $K = 1$ und $s = d$. Im allgemeinen ist eine dynamische Erweiterbarkeit von Segmenten – eine geeignete Datei-Implementierung vorausgesetzt – nur bei dieser (1:1)-Zuordnung möglich.

Das Schema der direkten Seitenadressierung ist in Abb. 4.2 dargestellt. Die direkte Seitenadressierung bedingt die Reservierung des zugeordneten Dateispeichers zum Zeitpunkt der Segmenterzeugung, so daß auch für jede leere Seite ein Block belegt wird. Bei Segmenten, die langsam wachsende Datenbestände aufnehmen sollen, führt die feste Blockzuordnung zu einer geringen Speicherausnutzung. Als Ausweg bietet sich ähnlich wie bei der Blockadressierung eine bereichsweise feste Zuordnung unter Kontrolle einer zusätzlichen Tabelle an.

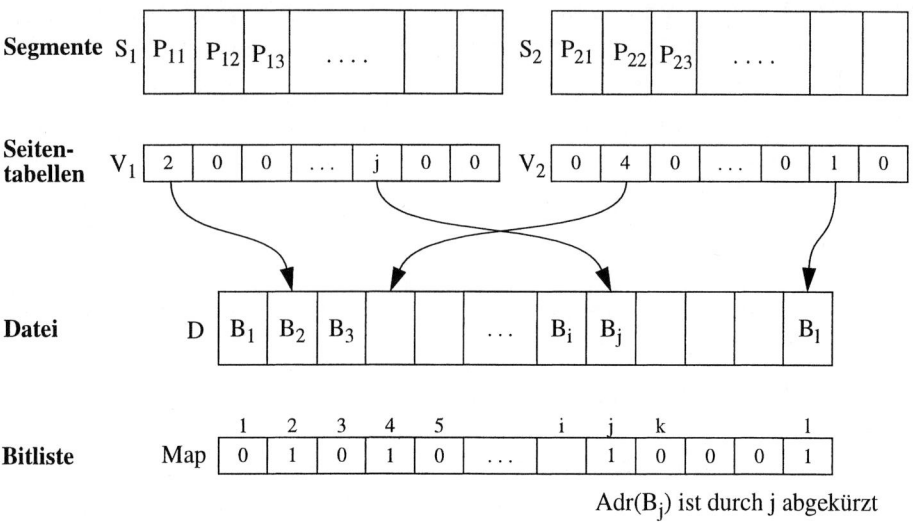

Abb. 4.3:   Indirekte Seitenadressierung

4.3.2   Indirekte Seitenadressierung

Eine indirekte Seitenadressierung gewährleistet ein Maximum an Flexibilität bei der Blockzuordnung und läßt ihre dynamische Änderung zu. Zur Seitenzuordnung werden zwei Hilfsstrukturen benötigt:

– für jedes Segment S_k eine Seitentabelle V_k, die für jede Seite einen Eintrag (4 Bytes) mit der aktuellen Blockzuordnung besitzt.

– für die Datei D eine Bitliste „Map", die ihre aktuelle Belegung beschreibt, d. h., die für jeden Block angibt, ob er momentan eine Seite enthält oder nicht.

Über den Eintrag $V_k(i)$ wird der Seite P_{ki} explizit ein Block zugewiesen. Leere Seiten, z. B. P_{12}, sind keinem Block zugeordnet; sie sind lediglich durch einen speziellen Eintrag in der Seitentabelle (Nulleintrag) gekennzeichnet. Die Bitliste Map dient zur Freispeicherverwaltung von D. Über sie läßt sich die dynamische Seitenzuordnung in einfacher Weise abwickeln. Dabei gilt folgende Vereinbarung:

Map(j) = 1 : Block B_j ist belegt

Map(j) = 0 : Block B_j ist frei.

Das Schema der indirekten Seitenzuordnung ist in Abb. 4.3 skizziert. Dieses Abbildungskonzept eröffnet die Möglichkeit zur besseren Speicherausnutzung. Die Datei muß jeweils mindestens so groß sein wie die Summe der belegten Seiten aller zugeordneten Segmente. Ihre Erweiterbarkeit sowie die Wachstumsfähigkeit der Segmente bleibt abhängig von der gewählten Datei-Implementierung. Die konkrete Realisierung dieses Konzeptes führt auf eine Reihe von Detailproblemen, für deren eingehende Diskussion auf die Literatur [LORI77] verwiesen wird. So ist es z. B. bei großen Segmenten und Dateien notwendig, sowohl die Seitentabellen

V_k als auch die Bitliste Map wegen ihrer Größe in Transfereinheiten (Blöcke) zu zerlegen, selektiv in den Hauptspeicher zu übertragen und in einem separaten Puffer zu verwalten.

Das Bereitstellen einer Seite P_{ki} (logischer Seitenzugriff), die nicht im DB-Puffer gefunden wird, kann bei diesem Seitenzuordnungskonzept auf zwei physische Blockzugriffe (und zwei erzwungene Auslagerungen) führen, da möglicherweise erst die Seitentabelle V_k geholt werden muß, um die aktuelle Blockadresse j = $V_k(i)$ aufzufinden. Deshalb bringt dieses Verfahren erhöhte Zugriffskosten mit sich, die im Normalfall durch den Vorteil besserer Speicherausnutzung allein nicht zu rechtfertigen sind.

4.4   Einbringstrategien für Änderungen

Ohne weitere Voraussetzungen verlangen die bisher diskutierten Seitenzuordnungsverfahren, eine Seite nach jeder Änderung in ihren einmal zugeordneten Block zurückzuschreiben (*update-in-place*). Durch dieses Zurückschreiben wird die Seite zugleich in die DB eingebracht; die entsprechenden Verfahren heißen deshalb auch *direkte Einbringstrategien*. Bei dieser Vorgehensweise ist es nicht möglich, das unterbrechungsfreie Einbringen einer Seite zu garantieren, da ein Fehler (z. B. Stromausfall) einen teilweise geschriebenen Block auf der Magnetplatte hinterlassen kann (siehe Abschnitt 3.4.2). Aber auch das Zurücksetzen von Änderungen innerhalb einer Transaktion verlangt besondere Vorkehrungen. Um innerhalb einer Transaktion [GRAY76] den alten Zustand der Seite wiederherstellen zu können, muß bei update-in-place durch die Recovery-Komponente genügend redundante Log-Information (Before-Images, UNDO-Information) gesammelt werden, die jeweils vor dem Zurückschreiben der Seite auf einem sicheren Speicherplatz stehen muß (WAL-Protokoll, write-ahead log).

Verzögerte Einbringstrategien unterscheiden zwischen dem Zurückschreiben von Seiten und ihrem Einbringen in die DB. Sie zielen darauf ab, eine beliebige Seitenmenge unterbrechungsfrei in die DB einzubringen, was auf konzeptionellen Ebene eine erhebliche Unterstützung der Verarbeitungslogik für Transaktionen erwarten läßt. Auch aus Gründen des Schreibaufwands für Log-Daten ist es oft vorteilhaft, das Einbringen einer geänderten Seite so zu verzögern, daß ihr alter Zustand bis zum Transaktionsende verfügbar bleibt, was zudem das Rücksetzen einer laufenden Transaktion stark vereinfacht. In diesem Fall kann prinzipiell auf das Sammeln von UNDO-Information verzichtet werden. Auch wenn das Einbringen von Seiten unabhängig von Transaktionsgrenzen verzögert wird und nur zu sog. Sicherungspunkten (checkpoints) erfolgt, ergibt sich eine Vereinfachung des Logging und eine erhebliche Einsparung von Log-Kosten (z. B. durch logisches Logging oder Pufferung der Log-Information).

Die folgenden Vorschläge modifizieren die diskutierten Seitenzuordnungsverfahren derart, daß durch das verzögerte Einbringen geänderter Seiten eine erhebliche Unterstützung der Recovery-Verfahren erzielt wird. Dabei sollte der durch die Indirektion bedingte Mehraufwand in den konkreten Einsatzfällen durch verminderten Aufwand für Recovery-Zwecke und Effizienzgewinn durch möglicherweise höhere Parallelität von Lesern und Schreibern [BAYE80] bei weitem aufgewogen werden.

4.4.1   Schattenspeicherkonzept

Das bekannteste Verfahren zur Realisierung einer verzögerten Einbringstrategie basiert auf dem sog. Schattenspeicherkonzept [LORI77]. Seine grundlegende Idee sieht vor, den Inhalt aller Seiten des Segmentes unverändert in dem Zustand zu halten, der durch einen Sicherungspunkt erzeugt wird. Dabei wird quasi eine (konsistente) Momentaufnahme des Segmentes auf einem nichtflüchtigen Externspeicher „eingefroren". Seitenänderungen im nachfolgenden Verarbeitungsintervall führen zum Anlegen neuer Seiten, während die alten Seiteninhalte unverändert in sog. Schattenseiten bis zum nächsten Sicherungspunkt verbleiben.

4.4.1.1   Strukturen eines Schattenspeichers

Ohne auf die technischen Details allzu genau einzugehen, sind in Abb. 4.4 die zur Realisierung des Schattenspeicherkonzeptes (auf Externspeicher) erforderlichen Strukturen skizziert. Im allgemeinen Fall können k Segmente auf die Datei D abgebildet werden; in Abb. 4.4 sind zwei Segmente durch ihre Seitentabellen angedeutet. Das Prinzip der indirekten Seitenadressierung wird so erweitert, daß die Hilfsstrukturen V_k und Map in zwei Versionen vorliegen. Um eine selektive Verarbeitung einzelner Segmente zu ermöglichen, hält eine Tabelle (Status) den Verarbeitungszustand (offen, geschlossen) der einzelnen Segmente fest. Außerdem zeigt ein Schalter (Mapswitch) an, welche der beiden (gleichberechtigten) Bitlisten Map_0 und Map_1 das aktuelle Verzeichnis belegter Blöcke in D enthält; dieses Verzeichnis bleibt bis zum nächsten (erfolgreichen) Sicherungspunkt unverändert und wird dann durch ein neues in der alternativen Bitliste ersetzt. Die Datenstruktur Master, bestehend aus Status und Mapswitch, faßt diese Zustandsinformation des Schattenspeichers zusammen.

In der in Abb. 4.4 dargestellten Ausgangssituation sind alle k Segmente geschlossen[1] (Status(i) = 0 für $1 \leq i \leq k$). Da die Verarbeitung ruht, ist der Zustand der Schattenversionen (schraffiert) ohne Bedeutung. Die schraffierten Strukturen werden erst bei der Eröffnung des Änderungsbetriebes erforderlich. Der gültige Zustand der k Segmente wird durch Master, Map_0, D und allen V_{i0}, $1 \leq i \leq k$, beschrieben.

4.4.1.2   Ablauf eines Änderungsintervalls

Der Ablauf der Verarbeitung ist durch Änderungsintervalle, die jeweils durch Sicherungspunkte eingerahmt werden, bestimmt. Zu Beginn eines Änderungsintervalls werden für alle Segmente, in denen geändert werden soll, Schattenversionen der Seitentabellen angelegt. Außerdem wird die Datenstruktur Master aktualisiert, um die Änderung der Verarbeitungszustände der Segmente (auf nichtflüchtigem Speicher) zu vermerken. Die charakteristischen Verarbeitungsschritte – Beginn und Beenden eines Änderungsintervalls sowie Ändern einer Seite – diskutieren wir am Beispiel von Segment S_1. Es sind folgende Schritte auszuführen, um S_1 für Änderungen zu öffnen:

---

[1]   Wenn ein Segment geschlossen ist, erfüllt sein Inhalt bestimmte, von höheren Schichten kontrollierte Konsistenzbedingungen (siehe Abschnitt 4.4.1.3).

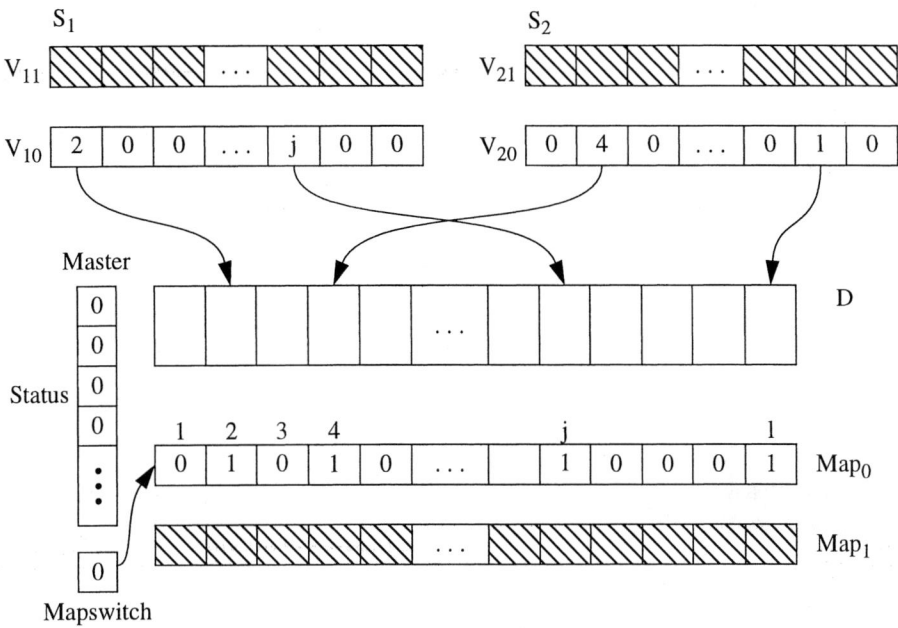

Abb. 4.4: Schattenspeicherkonzept: alle Segmente sind geschlossen

- Kopiere V_{10} nach V_{11}
- Setze Status(1) = 1
- Schreibe die Datenstruktur Master in einer ununterbrechbaren Operation aus
- Lege im Hauptspeicher eine Arbeitskopie CMap der momentan gültigen Bitliste Map an.

CMap wird nur während der Verarbeitung benötigt und enthält für alle Segmente die mit Schattenseiten bzw. aktuellen Seiten belegten Blöcke. Abb. 4.5 zeigt den Verarbeitungszustand nach Öffnung von S_1 (und nach zwei Seitenmodifikationen).

Während der Verarbeitung werden die betroffenen Seiten und die entsprechenden Abschnitte der Seitentabelle in den Hauptspeicher geholt und im DB-Puffer (und ggf. einem speziellen Puffer für Seitentabellen) zwischengespeichert. Um auf einen Eintrag in V_{10} zugreifen zu können, muß der zugehörige Block im Puffer vorliegen, was ebenso wie beim Seitenzugriff Ersetzungsvorgänge im Puffer auslösen kann. In einem Änderungsintervall werden geänderten Seiten nur bei der erstmaligen Änderung neue Blöcke zugewiesen, was in V_{10} und CMap zu vermerken ist. Wenn Seite P_i erstmalig im Änderungsintervall aktualisiert oder neu angelegt werden soll, wird wie folgt vorgegangen:

- Lies Seite P_i aus Block $j = V_{10}(i)$ und ändere Seite oder erzeuge neuen Seiteninhalt
- Finde freien Block j' in CMap
- Setze $V_{10}(i) = j'$
- Markiere Seite P_i in $V_{10}(i)$ durch ein sog. Schattenbit als geändert.

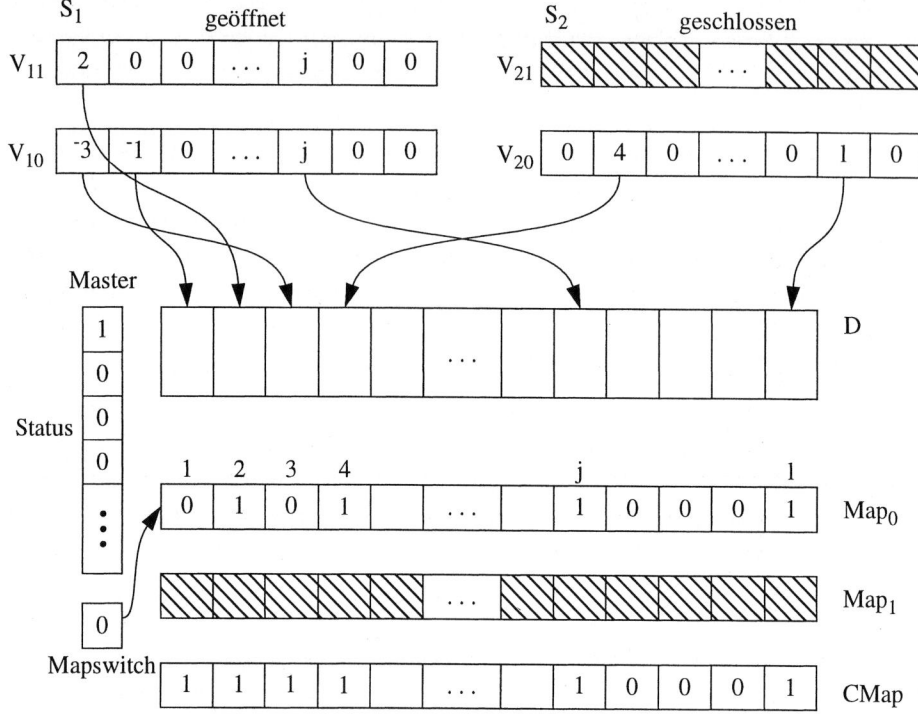

Abb. 4.5:   Schattenspeicherkonzept: Segment S_1 wurde geändert

Fallen für P_i im laufenden Änderungsintervall weitere Modifikationen an, so wird zur Speicherung von P_i stets Block j' verwendet. Beispielsweise wurden in Abb. 4.5 P_1 von S_1 geändert ($V_{10}(1)=\bar{3}$) und P_2 in S_1 neu erzeugt ($V_{10}(2)=\bar{1}$). Diese Einträge sind durch Schattenbits (¯) in der Seitentabelle gekennzeichnet; sie dienen bei der Erzeugung des nächsten Sicherungspunktes zur Freigabe der Schattenseiten.

Ein Änderungsintervall wird durch die Erzeugung eines Sicherungspunktes beendet. Dabei werden die Seiten (Schattenseiten), für die eine jüngere Version existiert, und die entsprechenden Einträge in Map freigegeben. Im einzelnen sind folgende Schritte erforderlich:

– Erzeuge mit Hilfe von CMap die aktuelle Speicherbelegung von D (alte Blöcke als freigegeben und neue als belegt gekennzeichnet) in einer Bitliste Map
– Schreibe Map auf die bisher unbenutzte Bitliste (im Beispiel Map_1)
– Schreibe V_{10} (es sind alle modifizierten Blöcke von V_{10} zurückzuschreiben)
– Schreibe alle geänderten P_j auf die Blöcke mit den Adressen $V_{10}(j)$ nach D zurück
– Setze Status(1) = 0 und Mapswitch = 1
– Schreibe Master in einer ununterbrechbaren Operation aus.

Nach erfolgreicher Erzeugung des Sicherungspunktes sind alle geänderten Seiten (verzögert) in die DB eingebracht und ihre Schattenversionen freigegeben. Im Beispiel beschreiben V_{10} und Map_1 (mit $Map_1(1) = 1$, $Map_1(2) = 0$ und $Map_1(3) = 1$) den neuen gesicherten Zustand von S_1.

Tritt während des Änderungsintervalls ein Systemfehler (Crash) auf, sind alle Änderungen seit dem letzten Sicherungspunkt, d. h. solche, die noch nicht in die DB eingebracht waren, verloren. Andererseits wird durch das verzögerte Einbringen das Rücksetzen von Änderungen bis zum letzten Sicherungspunkt sehr einfach. In beiden Fällen muß lediglich V_{11} nach V_{10} kopiert und Status(1) = 0 gesetzt werden, bevor mit einem neuen Änderungsintervall die Verarbeitung fortgesetzt werden kann.

Dadurch, daß für jede geänderte Seite während des laufenden Änderungsintervalls zwei Blöcke belegt sind, muß eine hinreichend große Blockreserve in der Datei D vorgesehen werden. Wie aus dem Ablauf des Änderungsintervalls in Abb. 4.5 zu ersehen ist, bekommt jede Seite nach ihrer Änderung einen neuen, möglicherweise „weit entfernten" Block zugeordnet. Als Folge davon läßt sich physische Cluster-Bildung für Segmente nicht erhalten. Ein Vorschlag zur Eindämmung der Seitenstreuung findet sich in [LORI77].

4.4.1.3   Qualität von Sicherungspunkten

Da in der Regel vor der Erzeugung von Sicherungspunkten Änderungsoperationen laufender Transaktionen abgeschlossen sind, verkörpert ein DB-weiter Sicherungspunkt einen aktionskonsistenten DB-Zustand (auch als operationskonsistenter DB-Zustand bezeichnet), da alle Änderungsoperationen bis zu diesem Zeitpunkt vollständig in die DB eingebracht sind.

Das Schattenspeicherkonzept kann durch Verfeinerung unterschiedlichen Verarbeitungsanforderungen angepaßt werden. Eine erste Möglichkeit besteht in der Erzeugung selektiver Sicherungspunkte für einzelne Segmente (wie für S_1 in Abb. 4.5 illustriert). Weitere Variationen betreffen die Eigenschaften von Sicherungspunkten. Die bisher betrachteten Sicherungspunkte sind segmentorientiert und verkörpern einen aktionskonsistenten DB-Zustand; sie richten sich jedoch nicht nach Transaktionsgrenzen aus. Bei einem Systemfehler wird deshalb konzeptbedingt eine segmentorientierte Recovery durchgeführt. Zur Unterstützung einer transaktionsorientierten Recovery sind zusätzliche Log-Daten zu sammeln [HÄRD83b]. Die genauen Zusammenhänge werden bei den Aufgaben der Logging- und Recovery-Komponente in Kapitel 15 diskutiert.

Eine weitere Modifikation des Schattenspeicherkonzeptes besteht darin, transaktionskonsistente Sicherungspunkte anzulegen. Dazu müssen alle laufenden Änderungstransaktionen vor der Sicherungspunkterzeugung abgeschlossen sein. Ein solches Verfahren würde es vor allem erlauben, einfache und kostensparende Logging- und Recovery-Maßnahmen einzurichten. Jedoch läßt es sich in realen Anwendungen in der Regel nicht einsetzen, da die Sicherungspunkterzeugung sehr teuer ist und lange Totzeiten des DBS für ankommende Änderungstransaktionen impliziert. Diesen Engpaß versucht eine Weiterentwicklung des Verfahrens, als transaktionsorientiertes Schattenspeicherkonzept (TOSP) in [HÄRD79] vorgeschlagen, zu vermeiden. Unter der Voraussetzung, daß Seitensperren vorliegen, werden die Änderungen jeder einzelnen Transaktion in einem separaten Änderungsintervall zusammengefaßt. Dabei werden am Ende jeder Transaktion die Hilfsstrukturen V und Map selektiv umgeschaltet und die geänderten Datenseiten ununterbrechbar eingebracht. Für die Zwecke der transaktionsorientierten Recovery sind bei diesem Konzept keinerlei Log-Daten erforderlich. Den gleichen Vorteil erreicht man beim ursprünglichen Schattenspeicherkonzept, wenn für „private" Segmente im Einbenutzerbetrieb jeweils zum Transaktionsende ein Sicherungspunkt erzeugt wird.

4.4.1.4   Bewertung des Schattenspeicherkonzeptes

Bei der Beurteilung und dem Aufwandsvergleich von direkten und verzögerten Einbringstrategien muß vor allem die unmittelbare Unterstützung von Recovery-Maßnahmen berücksichtigt werden, die den eigentlichen Wert verzögerter Einbringstrategien verkörpert. In dieser Hinsicht hat es folgende Vorteile:

- Es vermeidet das WAL-Protokoll und läßt flexiblere Schreibprotokolle für Log-Daten zu.
- Das Rücksetzen auf einen konsistenten Zustand im letzten Sicherungspunkt ist sehr billig, da es in das Verfahren eingebaut ist.
- Da nach einem Systemausfall beim Wiederanlauf mindestens eine aktionskonsistente DB [HÄRD83b] vorliegt, kann das platzsparende logische Übergangslogging angewendet werden.
- Bei einem katastrophalen Fehler, bei dem die Log-Daten zerstört wurden, ist die Wahrscheinlichkeit, mit Hilfe der Schattenspeicher einen „brauchbaren" Zustand der Datenbank (auf dem das DBS weiterarbeiten kann) zu rekonstruieren, sehr viel größer als bei direkt modifizierten, aber zum Zeitpunkt des Fehlers undefinierten DB-Seiten.

In einem Erfahrungsbericht über System R wird in [CHAM81a] ausgeführt, daß das Schattenspeicherkonzept einige Eigenschaften besitzt, die sich nachteiliger auswirken, als bei seinem Entwurf erwartet wurde:

- Seine dynamische Blockordnung steht im Konflikt mit der Cluster-Bildung von logisch zusammengehörigen Seiten auf Externspeichern zur Minimierung der Zugriffszeit. Zwar bleibt die Cluster-Eigenschaft von Sätzen innerhalb einer Seite erhalten, aber die zusammengehörigen Seiten werden weit verstreut. Als Folge steigen bei der sequentiellen Verarbeitung die Zugriffsbewegungszeiten.
- Bei großen Datenbanken werden die Hilfsstrukturen (Seitentabellen V_k und Bitlisten Map_j) so speicherplatzaufwendig, daß sie nicht mehr in den Hauptspeicher passen. Sie müssen in Blöcke zerlegt werden, die durch einen eigenen Ersetzungsalgorithmus in einem speziellen Puffer zu verwalten sind. Diese Notwendigkeit führt zu einer Erhöhung der E/A-Vorgänge und einer Steigerung der Systemkomplexität.
- Die periodischen Sicherungspunkte erzwingen das Ausschreiben aller geänderten Seiten und der Hilfsstrukturen aus den Puffern und bereiten das nächste Änderungsintervall vor. Dabei ist ein beträchtlicher Anteil an CPU-Zeit und E/A-Aktivität aufzuwenden, so daß der interaktive DB-Betrieb für mehrere Sekunden oder gar Minuten ruht. Als Folge davon treten ungewöhnlich lange Antwortzeiten auf.

– Für die Speicherung von geänderten Seiten und ihrer zugehörigen Schattenseiten zwischen zwei Sicherungspunkten muß zusätzlicher Speicherplatz aufgewendet werden. Diese Speicherkapazität begrenzt die Länge von Änderungsintervallen.

Zur Vermeidung einiger dieser Nachteile wurde in [REUT80b] ein hardware-gestützter Schattenspeicher-Algorithmus vorgeschlagen. Ganz allgemein jedoch deuten die bei der Auswertung bisheriger Implementierungen gemachten Beobachtungen [CHAM81b] darauf hin, daß vor allem bei großen Datenbanken ein Speichersystem auf der Basis des Schattenspeicherverfahrens weniger leistungsfähig ist als eine direkte Einbringstrategie unter Anwendung des WAL-Prinzips. Zwar werden beide Konzepte als gangbare Lösungen, auf denen ein Recovery-System aufsetzen kann, gewürdigt, doch wird in [GRAY81a] unterstrichen, daß die Stärken des Schattenspeicherkonzeptes bei kleinen Datenbanken ($\leq$ 10 MB) liegen, während bei solchen mit mehr als 100 MB auf jeden Fall direktes Einbringen günstiger ist. Durch größere Hauptspeicher und größere Transfereinheiten bei der Ein-/Ausgabe lassen sich diese Grenzen möglicherweise um eine Zehnerpotenz erhöhen, sie ändern jedoch nicht die generelle Bewertung.

4.4.2 Zusatzdatei-Konzept

Die verzögerte Einbringstrategie mit Hilfe des Zusatzdatei-Konzeptes sieht vor, daß alle geänderten Seiten (Sätze) erst in eine spezielle Zusatzdatei (differential file [SEVE76a]), die auf einem nichtflüchtigen Speicher angelegt ist, geschrieben werden, bevor sie zu bestimmten Zeitpunkten (Sicherungspunkten) endgültig in die Datenbank übernommen wird (siehe Abb. 4.6). Dadurch bleibt der DB-Zustand, der durch einen Sicherungspunkt erzeugt wird, bis zum nächsten erhalten. Dieses Prinzip ist vergleichbar mit dem Anlegen einer Fehlerliste bei Büchern, in der erst einmal eine Reihe von Änderungen gesammelt werden, bevor sie auf einmal bei einer Neuauflage berücksichtigt werden.

Beim Einbringvorgang müssen die Seiten zuerst in der Zusatzdatei stehen, bevor sie in die Datenbank zurückgeschrieben werden konnen. Das bedeutet in der Regel einen sehr hohen E/A-Aufwand zum Sicherungspunkt. Falls eine geänderte Seite nicht mehr im DB-Puffer steht, ist sie erneut einzulesen, nur um sie in die Datenbank auszuschreiben (*copy-in-place*).

Das Zusatzdatei-Konzept bietet den Vorteil, daß die Datenbank bei einem Systemfehler selbst in einem konsistenten Zustand bleibt, was die Recovery-Maßnahmen vereinfacht. Ein Systemfehler während der Übernahme geänderter Seiten erzwingt lediglich eine Wiederholung des Kopiervorgangs. Als weiteren konzeptbedingten Vorteil lassen sich die Inhalte der Zusatzdatei in einfacher Weise für inkrementelle Kopien zur Erzeugung von Backup-Sicherungen ausnutzen.

Bei einer globalen Zusatzdatei für die Änderungen aller Transaktionen ist die Wahl des Sicherungszeitpunktes ein freier Parameter. Beispielsweise kann ein Sicherungspunkt periodisch oder nach einer bestimmten Anzahl von Änderungen erzeugt werden. Da alle Änderungen sofort nach Ihrer Freigabe allen Transaktionen zugänglich sein müssen, ist der Aufsuchvorgang so zu erweitern, daß in jedem Fall die jüngste Version einer Seite gefunden wird.

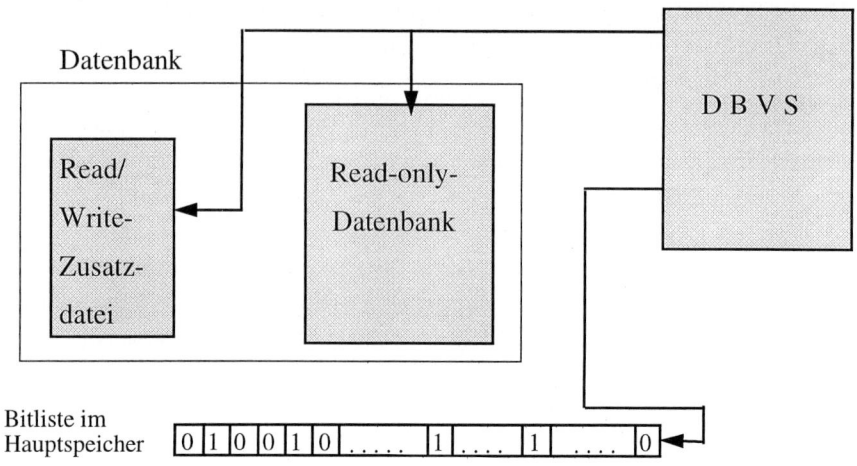

Abb. 4.6: Zusatzdatei - Nutzungsprinzip

In [SEVE76a] werden verschiedene Zugriffsstrategien für diese Aufgabe vorgeschlagen. Ein erfolgversprechender Lösungsansatz sieht einen Filter-Algorithmus [BLOO70] vor, der auf einer im Hauptspeicher gehaltenen Bitliste B der Länge M und einem Hash-Verfahren h(P) basiert. Mit geringem Aufwand an Speicherplatz und CPU-Zeit lassen sich so die Zugriffe auf die Zusatzdatei steuern. In Abb. 4.7 ist eine Beispielanwendung für das Aufsuchen einer Seite P_k mit Hilfe des Bloom-Filters skizziert. Alle modifizierten Seiten in der Zusatzdatei werden mit ihren durch h(P) ermittelten charakteristischen Bits in B vermerkt. Beim Aufsuchen einer Seite P_k muß zunächst getestet werden, ob sie sich in der Zusatzdatei befindet. Dazu werden durch $h(P_k)$ die charakteristischen Bits von P_k ermittelt und in eine Bitliste T abgebildet. Wegen der Unschärfe des Hash-Verfahrens durch das Auftreten von Doppelbelegungen in der Bitliste liefert der Filter-Algorithmus beim Test für eine Seitenanforderung (B AND T) die Aussagen

– jüngste Version der Seite ist in der Datenbank
– jüngste Version der Seite ist vielleicht in der Zusatzdatei.

Im Beispiel nach Abb. 4.7 liefert der Test (B AND T) als Ergebnis wiederum T, was als Antwort „Seite ist VIELLEICHT in der Zusatzdatei" zuläßt. Nur bei „VIELLEICHT"-Antworten wird zunächst in der Zusatzdatei gesucht. Fehlversuche, die bei einer geeigneten Wahl der Verfahrensparameter (vor allem M und h(P)) nicht allzu häufig vorkommen sollten, machen dann einen zweiten Zugriff, nämlich auf die Datenbank, erforderlich [AGHI82]. Wird die Anzahl der Fehlzugriffe auf die Zusatzdatei zu groß, sind die modifizierten Seiten der Zusatzdatei in die Datenbank einzubringen, so daß dann mit einer leeren Zusatzdatei fortgefahren werden kann.

Das Zusatzdatei-Konzept kann in einfacher Weise „transaktionsorientiert" werden; in diesem Fall ordnet es jeder Transaktion eine Zusatzdatei zu, die bei Transaktionsende (Commit)

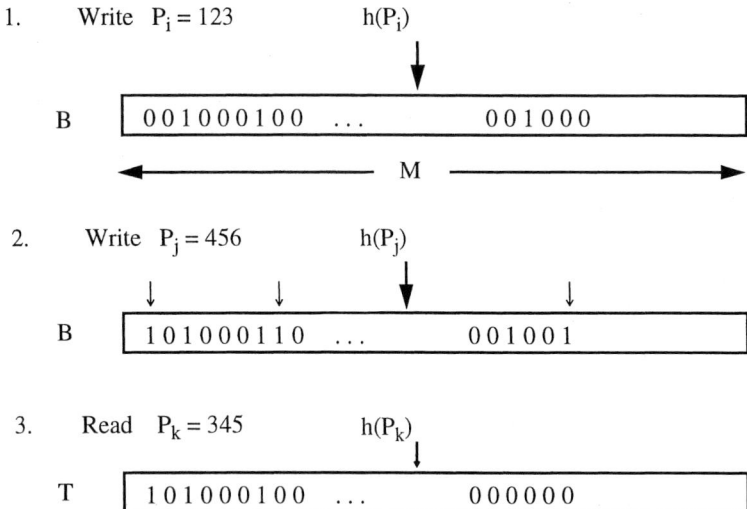

Abb. 4.7: Beispiel-Anwendung für das Bloom-Filter

zur Wiederverwendung freigemacht wird. Als Teil der Commit-Behandlung werden die geänderten Seiten jeder Transaktion separat in die DB eingebracht (transaktionsorientierte Sicherungspunkte), was wegen der erforderlichen E/A-Vorgänge enorme Commit-Zeiten verursachen kann. Dieses Verfahren impliziert die Verwendung von Seitensperren, da die Änderungen jeder Transaktion isoliert eingebracht werden müssen. Wegen seiner konzeptionellen Einfachheit läßt es sich mit geringem Aufwand implementieren. Das Aufsuchen von geänderten Seiten in der Zusatzdatei ist nur durch die ändernde Transaktion zulässig (exklusive Sperrprotokolle); in diesem Fall läßt sich ein einfaches Auffinden der Seiten über Sperrtabellen bewerkstelligen. Eine transaktionsorientierte Recovery ist sehr schnell und kommt ohne explizites Logging aus.

Eine Reihe weiterer Verfahren oder Konzeptmodifikationen zur Realisierung einer verzögerten Einbringstrategie wurde in der Literatur vorgeschlagen; wir verweisen dazu beispielsweise auf das TWIST-Verfahren (twin slot) in [REUT80a].

5 DB-Pufferverwaltung

5.1 Aufgaben und Charakteristika

Die DB-Pufferverwaltung hat zusammen mit der Segment- und Seitenabbildung einen linearen logischen Adreßraum für höhere Systemschichten im Hauptspeicher zur Verfügung zu stellen. Idealerweise sollte dieser „unendlich" groß sein; in realen DBS erreicht er heute als DB-Puffer Größen im Bereich von GBytes und besitzt eine Seitenstruktur. Nach Anforderung werden die benötigten DB-Objekte in diesem Puffer zum Lesen oder Ändern in Einheiten von Seiten bereitgestellt; dort ist ihre direkte Adressierung und Manipulation mit den Zugriffsoperationen der nächsthöheren Systemschicht möglich. Falls ein angefordertes DB-Objekt nicht schon im Puffer steht, muß, sofern Speichermangel herrscht, durch Ersetzung freier Platz geschaffen werden. Wurde das zu ersetzende DB-Objekt verändert, ist bei der Externspeicherverwaltung sein Rückschreiben in die Datenbank zu veranlassen, bevor das angeforderte DB-Objekt eingelesen werden kann.

5.1.1 Unterschiede zur BS-Speicherverwaltung

Zur Verwaltung von seitenorientierten Virtuellen Speichern und zur Optimierung der Dateiverarbeitung sind heutige Betriebssysteme mit einer ähnlichen Funktionalität ausgestattet. Sie bieten für ihre Dateisysteme Pufferbereiche im Hauptspeicher (in speziellen Adreßraumpartitionen des Betriebssystems), durch die eine größtmögliche Nutzung der Referenzlokalität bei den Dateizugriffen der Anwendungen und entsprechend eine Minimierung der E/A-Operationen erzielt werden soll. Auch bei der Verwaltung eines seitenorientierten Virtuellen Speichers gehört die Optimierung der Referenzlokalität und der E/A-Vorgänge zu den wichtigsten Aufgaben, wie sie für die DB-Pufferverwaltung zu lösen sind. Deshalb sollen hier kurz die wichtigsten Argumente aufgelistet werden, weshalb Betriebssysteme nicht ganz die „richtigen Dienste" [STON81] bereitstellen und DBS in der Regel eine eigene zugeschnittene Pufferverwaltung realisieren:

- Der Zugriffsaufwand, um eine Seite aus/in einen Dateipuffer zu holen oder zu schreiben, ist sehr hoch, da Systemaufrufe (*supervisor call*) und ein Kopieren der Seiten involviert sind.

- Betriebssysteme benutzen für die Seitenersetzung zwar effiziente „Breitbandverfahren" wie LRU, können damit jedoch DB-spezifische Referenzmuster nicht gezielt unterstützen. So sind z. B. solche Ersetzungsverfahren nicht auf zyklisch-sequentielle oder baumartige Zugriffsfolgen abgestimmt.

- Prefetching von Seiten ist für das Leistungsverhalten von sequentiellen DB-Operationen sehr wichtig. Zwar bieten auch Betriebssysteme wie UNIX diese Funktion, wenn sie physisch-sequentielle Referenzen entdecken. In DBS ist aber ein flexiblerer Einsatz von Prefetching möglich, da sich aufgrund von Seiteninhalten oder Referenzmustern oft eine Voraussage des Referenzverhaltens machen läßt.

- Das Schreiben einer Seite führt bei einem Dateipuffer normalerweise nicht direkt zu einer Ausgabe auf Externspeicher. Ein selektives und gezieltes Ausschreiben von Seiten zu bestimmten Zeitpunkten (z. B. für Logging) ist deshalb i. allg. nicht möglich.

Aus diesen Gründen muß ein DBS in seinem Adreßraum (Benutzer-Adreßraum) seine eigene Pufferverwaltung realisieren. Da in der Regel keine Hardware-Unterstützung für Benutzerprozesse geboten wird, sind alle ihre Funktionen in Software zu implementieren. Dadurch ist die erforderliche Flexibilität möglich, mit der sich die skizzierten Probleme beseitigen lassen. In einem DBS sind oft eine Vielzahl von unterschiedlich großen Arbeits- und Pufferbereichen, die statisch angelegt sind oder dynamisch einer Transaktion zugeordnet werden, zu verwalten [CHEN84]. Sie dienen beispielsweise dazu, um – für mehrere Transaktionen – effizient sortieren oder große (Zwischen-) Ergebnisse bei der Anfrageauswertung speichern zu können. Da überall ähnliche Funktionen anfallen, konzentrieren wir uns hier auf den DB-Puffer, über den primär die Lese- und Schreibvorgänge aller parallelen Transaktionen abgewickelt werden. Er besteht aus P im Hauptspeicher angeordneten Pufferrahmen, in denen zu jedem Zeitpunkt bis zu P gleichgroße DB-Seiten temporär zwischengespeichert sein können. Da alle parallelen Transaktionen um die verfügbaren Pufferrahmen konkurrieren, sind bei der Verwaltung des DB-Puffers zur optimalen Abwicklung der Anforderungen eine Reihe von Kontroll- und Zuteilungsaufgaben zu erfüllen. Manche dieser Aufgaben wie das Scheduling von Transaktionen und die globale Kontrolle der Last erfordern transaktionsbezogene Maßnahmen; sie müssen deshalb in einer höheren Systemschicht in Angriff genommen werden (siehe Abschnitt 10.5). Verfahren und Techniken für die unmittelbar bei der DB-Pufferverwaltung anfallenden Aufgaben sind dagegen entsprechend unserer gewählten Systematik hier zu beschreiben.

Wegen der bereits zitierten „Zugriffslücke" zwischen Hauptspeicher und Externspeicher sind für die Leistungsfähigkeit des gesamten DBS die Verfügbarkeit eines hinreichend großen DB-Puffers sowie seine Verwaltung und Wartung durch geeignete Such- und Ersetzungsalgorithmen von entscheidender Bedeutung. Die erforderliche Größe des DB-Puffers hängt in hohem Maße von der Art und dem Grad der Parallelität der beabsichtigten Anwendungen ab. Sie läßt sich als Parameter zur Ladezeit des DBS festlegen; bei großen Anwendungen kann seine Größe Hunderte von MBytes bis einige GBytes erreichen. Trotz dieser Größe ist i. allg. der zur Verfügung stehende DB-Puffer sehr viel kleiner als die Datenbank, so daß er immer nur einen Bruchteil der Datenbankseiten aufnehmen kann. Wenn wir annehmen, daß diese typischerweise um den Faktor 1000 größer ist, befinden sich zu jedem Zeitpunkt 99.9% der DB-

Seiten nicht im Puffer, d. h., bei ausschließlich wahlfreien Seitenreferenzen würde nur jede tausendste Seitenreferenz ohne physische E/A befriedigt werden können. In den DB-Zugriffsfolgen der Anwendungen steckt jedoch ein hohes Maß an Referenzlokalität, d. h., gerade referenzierte Seiten besitzen eine deutlich erhöhte Wiederbenutzungswahrscheinlichkeit, was auch ohne gezielte Maßnahmen die Fehlseitenrate drastisch sinken läßt. Darüber hinaus muß durch den Einsatz geeigneter Speicherzuteilungs- und Ersetzungsalgorithmen versucht werden, so viele physische E/A-Vorgänge wie möglich einzusparen, d. h., es muß versucht werden, häufig benutzte Datenbankseiten im DB-Puffer zu halten. Erst wenn es gelingt, die Fehlseitenrate auf 5% oder weniger zu senken, wird der leistungshemmende Einfluß der Zugriffslücke auf die DB-Verarbeitung spürbar nachlassen.

5.1.2 Allgemeine Arbeitsweise

Die Komponenten höherer Systemschichten, die im Sinne der Benutzt-Hierarchie Anforderungen an die DB-Pufferverwaltung stellen, beziehen sich auf seitenstrukturierte Segmente als Adreßräume. Sie sind sich der Seitengrenzen bewußt, ermitteln, um auf die benötigten Objekte zugreifen zu können, beispielsweise über Katalog- oder Zugriffspfadinformation die entsprechenden Seitennummern und fordern die zugehörigen Seiten explizit an. Dabei ist zu spezifizieren, ob die Seite nur gelesen oder auch geändert werden soll. Im Falle einer Änderungsanforderung bekommt die Seite in ihren Verwaltungsdaten (Pufferkontrollblock) durch die DB-Pufferverwaltung einen sog. Änderungsvermerk. Die Seite wird in einem Rahmen im DB-Puffer bereitgestellt und ihre Pufferadresse der rufenden Systemkomponente übergeben. Implizit wird eine sog. FIX-Operation mit einem entsprechenden Vermerk im Pufferkontrollblock durchgeführt, um zu gewährleisten, daß die Seite für die Dauer der Bearbeitung (Fix-Phase) im zugewiesenen Pufferrahmen bleibt und Operationen durch direkte Adressierung im Hauptspeicher ausgeführt werden können. Nach Beendigung der Bearbeitung wird die Seite explizit durch die anfordernde Systemkomponente freigegeben (UNFIX-Operation); von diesem Zeitpunkt an kann sie wieder zur Ersetzung ausgewählt werden.

Eine solche Seitenanforderung wird als logische Seitenreferenz bezeichnet. Bei der aktuellen Bereitstellung durch die DB-Pufferverwaltung lassen sich folgende beide Fälle unterscheiden:

- Die benötigte Seite ist bereits im DB-Puffer vorhanden. Es ist nur ein sehr geringer CPU-Aufwand (~100 Instruktionen) erforderlich, um
  - sie zu lokalisieren und die FIX-Operation durchzuführen
  - Wartungsoperationen in den Pufferkontrollblöcken abzuwickeln
  - ihre Pufferadresse an die rufende Systemkomponente zu übergeben.
- Die benötigte Seite ist nicht im DB-Puffer. In diesem Fall führt die logische Seitenreferenz auch zu einer physischen Seitenreferenz. Nach einer erfolglosen Suche im DB-Puffer muß sie durch eine physische E/A-Operation über die Speicherverwaltung vom Externspeicher geholt werden. Da in der Regel kein Rahmen für eine neue Seite im DB-Puffer frei ist, hat der Pufferverwalter vorher eine im Puffer befindliche Seite zum Ersetzen auszuwählen. Besitzt diese Seite einen Änderungsvermerk, muß sie auf den Externspeicher

zurückgeschrieben werden, bevor die neue Seite gelesen und bereitgestellt werden kann. Es sind also möglicherweise zwei physische E/A-Vorgänge erforderlich. Dabei fällt für jede physische E/A-Operation ein beträchtlicher CPU-Aufwand (~2500 Instruktionen) und ein durch den Externspeichertyp vorgegebener Zugriffszeitaufwand (~10 – 20 ms) an.

Die zeitliche Folge der logischen Seitenanforderungen aller parallelen Transaktionen bezeichnet man als logische Seitenreferenzfolge. Sie beschreibt das aktuelle Zugriffsverhalten des DBS, das stark von der Art der Anforderungen und der Parallelität der aktiven Transaktionen (Transaktionsmix) geprägt wird. Außerdem haben auch die Speicherungs- und Zugriffspfad-strukturen der Datenbank einen wesentlichen Einfluß auf das logische Referenzverhalten [EFFE84b]. Beispielsweise werden sehr viele DB-Zugriffe über wenige ausgezeichnete Seiten wie Adreßumsetztabellen, Freispeichertabellen, Seiten (Wurzel) in B*-Bäumen usw. abgewickelt, so daß diese Seitenreferenzen einen erheblichen Anteil in der logischen Seitenreferenzfolge ausmachen und so zu einem hohen Grad an Lokalität beitragen. Da die Art der Zugriffe durch die Transaktionen und die dafür benutzten Zugriffspfade wesentlich die Charakteristika der logischen Seitenreferenzfolgen bestimmen, ergibt sich eine starke Abhängigkeit dieser Charakteristika sowohl von dem Datenbankmodell und seinen Operationen als auch der konkreten Implementierung (Zugriffspfade und Speicherungsstrukturen) des jeweiligen DBS.

Um dies zu veranschaulichen, verfolgen wir die sich ergebenden Seitenreferenzen bei einer Satzanforderung über Primärschlüssel. Zur Ermittlung von Segment- oder Zugriffspfadadressen ist zunächst in jedem Fall der Zugriff auf eine Katalogseite erforderlich. Der weitere Zugriffsaufwand ist abhängig von den vorhandenen Zugriffspfaden:

– Ist kein Zugriffspfad vorhanden, muß das gesamte Segment seitenweise durchsucht werden, was einige tausend logische Seitenreferenzen und mehr verursachen kann.

– Existiert ein Index (z. B. ein B*-Baum), so ergeben sich bis zu vier logische Seitenreferenzen (abhängig von der Höhe der Indexstruktur).

– Bei Vorliegen einer passenden Hash-Struktur ist der Satz (meist) nach einer logischen Seitenreferenz gefunden.

Nicht jede logische Seitenreferenz führt zu einer physischen Seitenreferenz, aber jeder physischen geht eine logische voraus. Im Gegensatz zu logischen Seitenreferenzfolgen lassen sich physische Seitenreferenzfolgen – neben der vorgegebenen Größe des DB-Puffers – durch die Wahl der Speicherzuteilung und der Seitenersetzungsstrategie in erheblichem Maße beeinflussen. Eine logische Seitenreferenzfolge kann bei unterschiedlichen Ersetzungsstrategien ganz verschiedene physische Referenzfolgen verursachen. Wegen der hohen Kosten physischer Seitenreferenzen ist die effektive Verwaltung des DB-Puffers von entscheidender Bedeutung. Ein wesentliches Ziel ist dabei die Minimierung der Anzahl physischer Zugriffe – idealerweise für alle auftretenden logischen Seitenreferenzfolgen. Ausschließlich wahlfreie Referenzfolgen würden alle Optimierungsbemühungen bei der DB-Pufferverwaltung scheitern lassen, da die Ersetzung jeder beliebigen Seite im Puffer den gleichen Effekt hätte; erst ihre Lokalitätseigenschaften erlauben gezielte Optimierungsmaßnahmen. Wie bereits skizziert, hängen diese stark vom konkreten DBS ab, so daß bei allen Aufgaben der DB-Pufferverwaltung detaillierte Kenntnisse über die Charakteristika der logischen Referenzfolgen zu berücksichtigen sind. Wichtige Hilfsmittel zur Ermittlung dieser Merkmale werden im folgenden kurz diskutiert.

5.1.3 Eigenschaften von Seitenreferenzfolgen

Die Aufzeichnung einer logischen Seitenreferenzfolge wird auch als logischer Seitenreferenz-string bezeichnet. Bei der Erstellung eines solchen Referenzstrings $R = <r_1, r_2, \ldots, r_i, \ldots, r_n>$ mit $r_i = (T_i, S_i, P_i)$ werden in T_i die zugreifende Transaktion, in S_i das referenzierte Segment und in P_i die referenzierte Seite vermerkt. Diese Referenzstrings erlauben eine genaue Analyse der Seitenreferenzen in ihrem zeitlichen Zusammenhang und eine nähere Charakterisierung der sich daraus ergebenden Referenzlokalität. So können sie zur Untersuchung des Referenz-verhaltens bestimmter Transaktionen oder Transaktionstypen sowie zur Analyse der Refe-renzfolgen auf einzelnen DB-Partitionen herangezogen werden. Nützliche Verfahren für die Erschließung von Seitenreferenzstrings sind LRU-Stacktiefenverteilungen, Seitenbenutzungs-statistiken und Referenzdichtekurven [EFFE84a], mit deren Hilfe sich verschiedene Aspekte der Referenzlokalität von Transaktionen ermitteln lassen. Weiterhin ist es möglich, sie zur Be-stimmung charakteristischer Parameter wie Working-Set-Größen, Lokalitätsintervalle (*bound-ed locality intervals*) u. a. für Speicherzuteilungsverfahren einzusetzen [DENN80].

Das Referenzverhalten bei Datenbankseiten soll beispielhaft anhand einiger Graphiken il-lustriert werden. Für die Speicherzuteilung und Seitenersetzung interessieren vor allem die Lokalitätseigenschaften der Referenzstrings, die sich durch LRU-Stacktiefenverteilungen be-sonders anschaulich darstellen lassen, weil sie unmittelbar die Wahrscheinlichkeit für das Auffinden einer Seite in einer bestimmten Stacktiefe angeben. Mit ihrer Hilfe kann dann di-rekt die Fehlseitenrate bestimmt werden, die sich bei einer vorgegebenen Puffergröße und LRU-Ersetzung einstellen würde. Abb. 5.1 zeigt ein Beispiel für eine solche LRU-Stacktiefen-verteilung, die aus einer realen Anwendung gewonnen wurde.

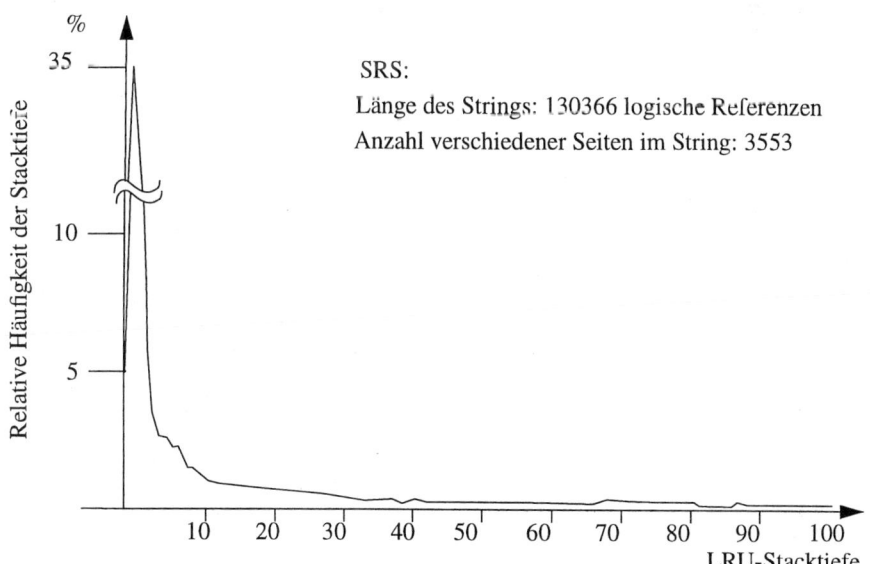

Abb. 5.1: LRU-Stacktiefenverteilung beim Seitenreferenzstring SRS

Abweichend von Messungen des Referenzverhaltens von Programmen [EFFE84a] findet man in DBS die größte Referenzwahrscheinlich nicht in Stacktiefe 1, da in den meisten Fällen DB-Seiten in dieser Stackposition ohnehin einen FIX-Vermerk haben. Charakteristisch ist die starke, oft monotone Abnahme der Wiederbenutzungswahrscheinlichkeit mit der Stacktiefe. Aufgrund von Wartezuständen durch Sperren und anderen Ursachen ist es aber auch möglich, daß sich erhöhte Wiederbenutzungswahrscheinlichkeiten in größeren Stacktiefen einstellen. Im Vergleich zu LRU-Stacktiefenverteilungen von Programmen unter virtuellen Betriebssystemen ergeben sich hier deutliche Unterschiede, was auch auf ein signifikant anderes Referenzverhalten im DB-Kontext hinweist.

Eine Seitenbenutzungsstatistik, die aus einer DB-Last von ca. 17500 Transaktionen abgeleitet wurde, zeigt in Tabelle 5.1, wie sich die Referenzen von 12 Transaktionstypen über die 13 Partitionen der DB verteilen. Dabei wird in jeder Partition nur ein (unterschiedlich) kleiner Anteil der Seiten referenziert. Insgesamt wird deutlich, daß die Seitenreferenzen extrem ungleich über die DB-Seiten verstreut sind; sie folgen oft der 80/20-Regel[1] oder weisen gar noch ausgeprägtere Lokalität auf.

Eine dritte Eigenschaft des Referenzverhaltens soll durch Abb. 5.2 veranschaulicht werden. Durch eine Referenzdichtekurve kann relative Häufigkeit und zeitlicher Verlauf von Referenzen auf Seiten bestimmten Typs dargestellt werden. In der gewählten Graphik wird zwischen Seiten zur Freispeicherverwaltung (FPA), Adreßumsetzung (DBTT) und zur Datenspeicherung (USER) unterschieden. Es fällt auf, daß der vergleichsweise geringe Anteil an FPA- und DBTT-Seiten einen enormen Anteil an Seitenreferenzen auf sich vereinigt und daß dieser Anteil im zeitlichen Verlauf starken Schwankungen unterliegt.

Diese und ähnliche Hilfsmittel wurden in vielen Untersuchungen des Referenzverhaltens von DBS eingesetzt [EFFE84b]. Dabei wurden vor allem folgende Eigenschaften der logischen Seitenreferenzfolgen beobachtet:

a) Da die Datenbankseiten gemeinsam benutzt werden, kann ein Zugriff auf dieselbe Seite im DB-Puffer durch mehrere Benutzer erfolgen.

b) Die Lokalität bei Datenbankzugriffen kommt nicht nur durch das Zugriffsverhalten eines Benutzers, sondern durch die gemeinsame Benutzung bestimmter Seiten durch mehrere Benutzer zustande. Manche Analysen [RODR76] kommen sogar zu dem Ergebnis, daß die Zugriffe einzelner Benutzer weitgehend sequentiell sind (*inter-transaction locality, intra-transaction sequentiality*).

c) Es läßt sich eine Vorhersage der Zugriffswahrscheinlichkeit aufgrund der Zugriffspfad- und Speicherstrukturen des DBS machen, da die Zugriffe auf die Datenseiten an die vorhandenen Zugriffspfade gebunden sind. Bestimmte Seiten mit Verwaltungsdaten und Zugriffspfadinformationen haben daher eine wesentlich höhere Wiederbenutzungswahrscheinlichkeit als normale Datenseiten.

---

[1]   80% der Zugriffe betreffen 20% der Seiten, während die restlichen 80% der Seiten nur 20% der Zugriffe auf sich vereinen.

	P1	P2	P3	P4	P5	P6	P7	P8	P9	P10	P11	P12	P13	Total
TT1	9.1	3.5	3.3		5.0	0.9	0.4	0.1				0.0		22.3
TT2	7.5	6.9	0.4	2.6	0.0	0.5	0.8	1.0	0.3	0.2	0.0			20.3
TT3	6.4	1.3	2.8	0.0	2.6	0.2	0.7	0.1	1.1	0.4		0.0	0.0	15.6
TT4	0.0	3.4	0.3	6.8			0.6	0.4		0.0				11.6
TT5	3.1	4.1	0.4		0.0		0.5	0.0						8.2
TT6	2.4	2.5	0.6		0.7		0.9	0.3						7.4
TT7	1.3		2.6		2.3	0.1								6.2
TT8	0.3	2.3	0.2		0.0		0.1							2.9
TT9	0.0	1.4	0.0					1.1						2.6
TT10	0.3	0.1	0.3			1.0	0.1					0.0		1.8
TT11		0.9						0.2						1.1
TT12		0.1												0.1
Total	30.3	26.6	11.0	9.4	8.3	4.9	4.1	3.3	1.4	0.6	0.0	0.0	0.0	100.0
partition size (%)	31.3	6.3	8.3	17.8	1.0	20.8	2.6	7.3	2.6	1.3	0.8	0.0	0.0	100.0
% referenced	11.1	16.6	8.0	2.5	18.1	1.5	9.5	4.4	5.2	2.7	0.2	13.5	5.0	6.9

Tabelle 5.1: Seitenbenutzungsstatistik (relative Referenzmatrix), ca. 17.500 Transaktionen, 1 Million Seitenreferenzen auf ca. 66.000 verschiedene Seiten

Wie bereits diskutiert, gibt es wegen der Systemabhängigkeit der logischen Seitenreferenzfolgen keine „optimalen" Lösungen für die Aufgaben der DB-Pufferverwaltung. Die herkömmlichen Lösungsansätze sind „vergangenheitsorientiert" und versuchen, die in der jüngsten Vergangenheit beobachtete Referenzlokalität auf den Seiten im DB-Puffer für die künftigen Speicherzuteilungs- und Ersetzungsentscheidungen zu nutzen; dabei wird prinzipiell angenommen, daß sich diese Art der Lokalität in der nächsten Zukunft fortsetzt. Falls kein Wissen über künftige Anforderungen vorliegt, ist diese Heuristik angemessen. Eine solche Vorgehensweise wird also immer erzwungen, wenn das Anwendungsprogramm eine satzorientierte DB-Verarbeitung (navigierende DML) durchführt; wie gezeigt wird, sind hier die Optimierungsmaßnahmen für die DB-Pufferverwaltung recht begrenzt. Bei mengenorientierten Anforderungen, wie sie beispielsweise bei relationalen DBS (deskriptive DML) spezifiziert werden können, ergeben sich dagegen neue Möglichkeiten, die auch eine konkrete Vorausplanung des künftigen Referenzverhaltens einschließen.

Bei den Aufgaben der DB-Pufferverwaltung diskutieren wir in systematischer Weise nur mögliche Lösungswege und allgemeine Grundsätze zu ihrer Optimierung. Wir unterscheiden dabei die Funktionen Suchen einer Seite, Zuteilung von Speicher (Rahmen) und Ersetzung ei-

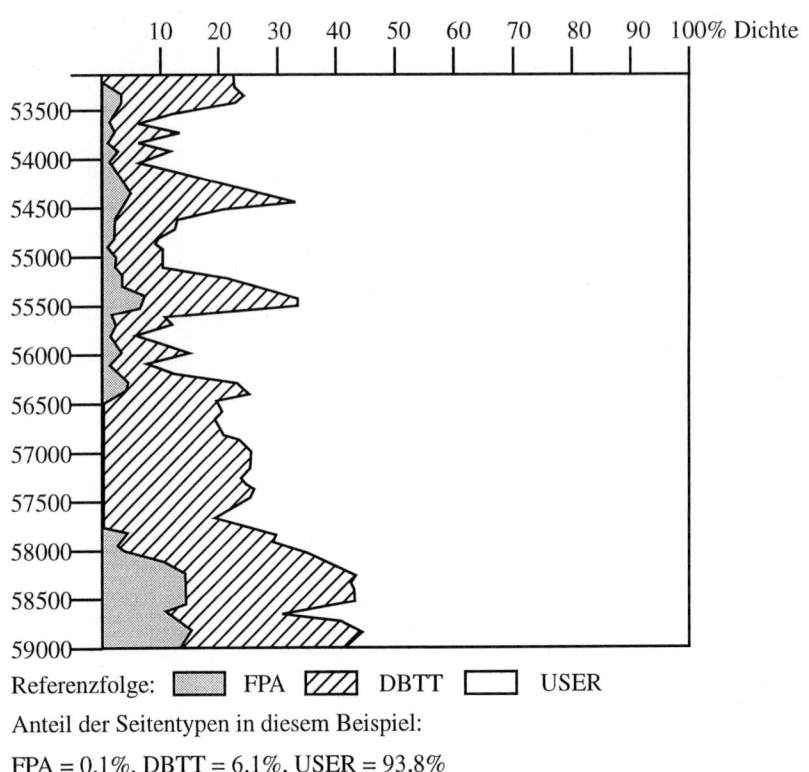

Abb. 5.2: Ausschnitt aus einer Referenzdichtekurve (für SRS)

5.2 Auffinden einer Seite

Bei jeder logischen Seitenreferenz hat der DB-Pufferverwalter zunächst festzustellen, ob die angeforderte Seite sich bereits in seinem Puffer befindet. Da ein solches Ereignis extrem häufig auftritt, muß eine sehr effiziente Suchstrategie eingesetzt werden. Die dabei möglichen Suchverfahren lassen sich gemäß Abb. 5.3 klassifizieren. Die direkte Suche erstreckt sich auf alle Rahmen des DB-Puffers. In sequentieller Reihenfolge ist jeweils die Verwaltungsinformation einer Seite – im sog. Seitenkopf – zu überprüfen, ob eine vorhandene mit der angeforderten Seite übereinstimmt. Da keine Einschränkungen über die Zuordnung von Seiten zu Rahmen eingeführt werden, sind im Erfolgsfall durchschnittlich die Hälfte, bei Mißerfolg alle Rahmen zu durchsuchen. Dieser Aufwand ist vor allem bei großen DB-Puffern nicht zu unterschätzen. Bei Anordnung des DB-Puffers in einem Virtuellen Speicher kann diese Suchstrategie eine Reihe von Fehlseitenbedingungen hervorrufen, da bei der Suche eine große Anzahl weit auseinander liegender Speicherbereiche berührt wird. Dieser verborgene Zusatzaufwand für Paging, der den eigentlichen Suchaufwand um Größenordnungen übersteigt, stellt das ent-

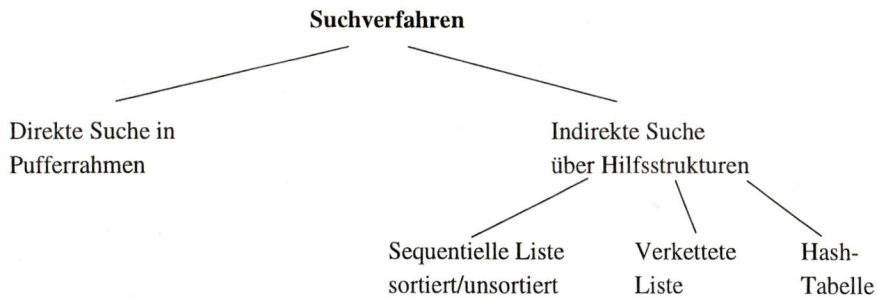

Abb. 5.3: Klassifikation von Suchverfahren für die DB-Pufferverwaltung

scheidende Argument dar, zumindest in virtuellen Systemumgebungen eine verbesserte Suchstrategie (mit hoher Lokalität) zu verwenden.

Wird die Verwaltungsinformation des DB-Puffers getrennt von den Seiten abgespeichert, so sind vielfältige Techniken zu ihrer effizienten Darstellung denkbar. Für einen DB-Puffer der Größe P sind P Einträge und entsprechende Strukturinformation erforderlich.

Sortierte und unsortierte Listen erfordern im Durchschnitt P/2 sequentielle Zugriffe bei einer erfolgreichen Suche. Die sortierte Liste reduziert die Anzahl der Zugriffe von P auf P/2 bei einer erfolglosen Suche und erlaubt den Einsatz von binären Suchverfahren; sie erfordert jedoch einen wesentlich höheren Wartungsaufwand. Die Einführung eines Index für die sortierte Liste oder ihre Implementierung mit Hilfe eines balancierten Binärbaumes verkürzen die Suche in jedem Fall auf $\log_2 P$ Zugriffe; diese Maßnahmen erhöhen jedoch die Wartungskosten beträchtlich. Falls eine bestimmte Reihenfolge dargestellt werden soll, hat eine Liste mit geketteten Einträgen zwei Vorteile gegenüber einer kompakten (sortierten) Liste:

– Der Anderungsdienst ist weniger aufwendig, da keine Einträge zu verschieben sind.

– Die Kettungsfolge kann dazu benutzt werden, zusätzliche Information darzustellen, beispielsweise eine LRU-Reihenfolge als Ersetzungsinformation für eine LRU-Strategie. Bei hoher Lokalität im Referenzverhalten ergibt sich dadurch auch eine beträchtliche Verbesserung des mittleren Zugriffsaufwandes.

Mit Hilfe von Hash-Verfahren lassen sich Strategien mit sehr geringem Suchaufwand implementieren. Dabei werden alle Seitennummern über eine Hash-Funktion einem Eintrag einer Hash-Tabelle, der Seitennummer (P_i) und Pufferadresse (PA_i) der Seite enthält, zugeordnet. Die Ein-/Auslagerung einer Seite impliziert das Ein-/Austragen eines entsprechenden Verweises in der zugehörigen Hash-Klasse. Die Einträge aller Synonyme werden verkettet, so daß nach erfolglosem Durchsuchen der Überlaufkette feststeht, daß sich die gesuchte Seite nicht im DB-Puffer befindet. Die Anzahl der Überläufer kann über die Größe der Hash-Tabelle kontrolliert werden. Bei geeigneter Dimensionierung der Hash-Tabelle läßt sich die Anzahl der bei einer logischen Seitenreferenz zu durchsuchenden Einträge im Mittel auf $1 < n < 1.2$ begrenzen. Dieses Verfahren ist schematisch in Abb. 5.4 skizziert.

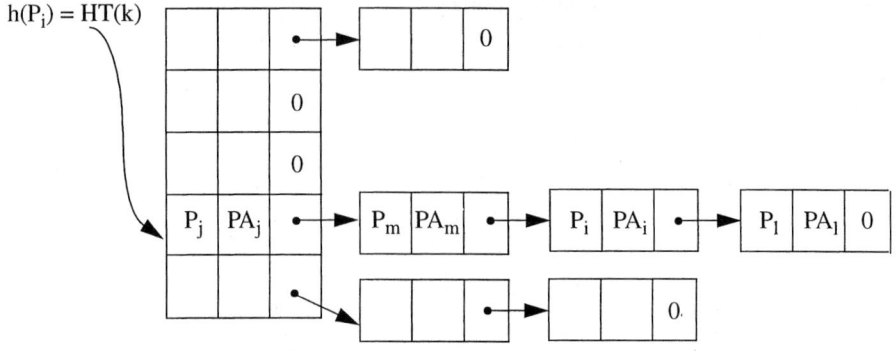

Hash-Tabelle HT mit Überlaufketten

Abb. 5.4:   Hash-Verfahren zur Abbildung von Seiten in Pufferrahmen

5.3   Speicherzuteilung im DB-Puffer

Die Speicherzuteilungsstrategie hat für jede aktive Transaktion eine Menge von Rahmen zur
Aufnahme von DB-Seiten zu bestimmen. Sie hat dazu einen Pool von freien bzw. wieder freigegebenen Rahmen zur Verfügung. Das Problem der Speicherzuteilung kann in erster Nähe-
rung mit der Zuteilung von Rahmen in Betriebssystemen mit Virtuellem Speicher verglichen
werden. Es geht in beiden Fällen um die Verwaltung einer beschränkten Anzahl von Rahmen
für den Seitenzugriff mehrerer Benutzer, wobei die Anzahl der E/A-Vorgänge minimiert werden soll, ohne daß die Kosten für einen Benutzer eine vorgegebene Schranke überschreiten.
Deshalb können auch die grundsätzlichen Überlegungen aus dem Betriebssystembereich bei
der Optimierung der Speicherzuteilung herangezogen werden. Eine weitere aktuelle Variante
des Zuteilungsproblems tritt beim „Mounting" von optischen Platten in einer sog. Juke-Box
auf [FORD95]. Zusätzlich sind jedoch eine Reihe wesentlicher Unterschiede zu berücksichtigen, die durch die Eigenschaften a, b und c von logischen Seitenreferenzfolgen verdeutlicht
wurden.

5.3.1   Klassifikation von Speicherzuteilungsstrategien

Ähnlich wie bei der Hauptspeicherzuteilung für Virtuellen Speicher lassen sich bei der Speicherzuteilung im DB-Puffer globale und lokale, d. h. transaktionsorientierte Strategien unterscheiden. Um der Referenzlokalität auf bestimmten Seitenmengen besser Rechnung tragen
oder um anwendungsorientierte Verwaltungsalgorithmen gezielt einsetzen zu können, erscheint auch die Nutzung von partitionsorientierten Strategien erfolgversprechend. *Lokale
Strategien* ordnen jeder Transaktion (Prozeß) für ihre benötigten Seiten eine Menge reservier-

ter Pufferrahmen zu und verwalten diese, ohne das Verhalten paralleler Transaktionen einzubeziehen. Für gemeinsam benutzte Seiten durch verschiedene Transaktionen (Eigenschaft a) ist dabei eine spezielle Verwaltungsvorschrift vorzusehen. Lokale Strategien können weiter unterteilt werden in solche, die in Abhängigkeit vom aktuellen Bedarf einer Transaktion dynamisch eine Speicherzuteilung vornehmen und solche, bei denen für die Dauer der Transaktion der einmal zugeteilte Speicherplatz konstant bleibt. Statische Zuteilungsstrategien sehen im einfachsten Fall eine gleichförmige Aufteilung des verfügbaren DB-Puffers vor; durch transaktionsspezifische Anmeldung oder Abschätzung des zu erwartenden Bedarfs lassen sie sich auf eine angepaßte Speicherzuteilung hin erweitern.

Lokale Strategien beziehen sich ausschließlich auf einzelne Transaktionen und erschweren dadurch die Nutzung gemeinsam referenzierter Seiten. In DBS sind jedoch noch andere partitionsorientierte Unterteilungen des Puffers denkbar, die eine bessere Anpassung an die Zugriffseigenschaften b und c versprechen. So können Pufferbereiche seitentypbezogen für Datenseiten, Zugriffspfadseiten, Systemseiten usw. verwaltet werden, um die entsprechenden Lokalitätseigenschaften einfacher und effektiver nutzen zu können. Eine transaktionstypbezogene Aufteilung kann vorteilhaft sein, wenn beispielsweise bei der Verarbeitung typbezogene Prioritäten berücksichtigt werden sollen. Eine partitionsorientierte Verwaltung von Pufferbereichen bietet sich auch an, wenn DB-Segmente mit Seiten verschiedener Größe referenziert oder wenn spezifische Algorithmen zu ihrer Verarbeitung eingesetzt werden sollen.

Globale Strategien teilen die verfügbaren Pufferrahmen gemeinsam allen aktiven Transaktionen zu. Dadurch lassen sich die Charakteristika der speziellen Zugriffseigenschaften a und b wirksam einbeziehen. Zuteilungs- und Ersetzungsentscheidungen orientieren sich nicht am Verhalten einer einzelnen Transaktion, sondern sie berücksichtigen das Referenzverhalten aller beteiligten Transaktionen. Typischerweise wird dabei dem Ersetzungsalgorithmus implizit die Funktion der Speicherzuteilung überlassen.

Lokale und partitionsorientierte Strategien regeln die Speicherzuteilung explizit. Bei statischer Zuordnung – durch Parameter beim Laden des DBS für die Dauer einer Arbeitsperiode einstellbar – ist dies sehr einfach, doch im allgemeinen wenig effizient. Bei einer dynamischen Zuordnung variieren die Pufferbereiche in Abhängigkeit vom aktuellen Bedarf der einzelnen Partitionen. Dabei bezieht sich die Zuteilungsentscheidung jeweils auf die Partition, bei der eine Fehlseitenbedingung aufzulösen ist. Ersetzungen können freie Seiten (die momentan keiner Partition zugeordnet sind) oder andere Partitionen betreffen, um Wachstum oder Schrumpfung eines Pufferbereichs zu ermöglichen.

Die bisherige Diskussion der Speicherzuteilungsstrategien läßt sich anschaulich durch die im Abb. 5.5 dargestellte Skizze zusammenfassen. Insbesondere bei den lokalen Strategien mit der Vergabe von statischen Bereichen gestaltet sich die Aktivierung von Transaktionen sehr einfach. Sobald die erforderliche Menge von Rahmen frei ist, kann eine neue Transaktion gestartet werden. Es handelt sich dabei also um eine Art Preclaiming-Strategie. Eine dynamische Lastkontrolle ist wegen der statischen Betriebsmittelzuteilung weder erforderlich noch möglich. Die Zuteilung fester Bereichsgrößen und die daraus resultierende statische Lastkontrolle erweisen sich als sehr ineffizient bei stark wechselnden Lastsituationen, da keine trans-

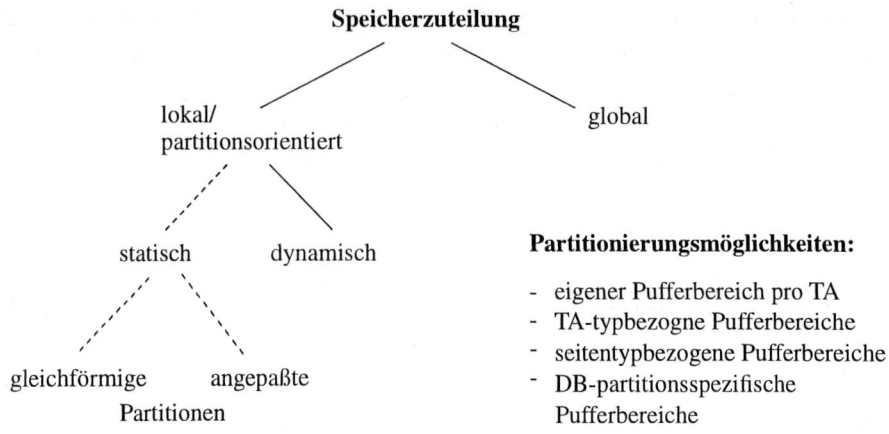

Abb. 5.5:   Klassifikation der Speicherzuteilung für den DB-Puffer

aktionsübergreifende Anpassung möglich ist. Besonders bei Dialog-Transaktionen mit langen und unbestimmten Wartezeiten für Ein-/Ausgabe ergibt sich offensichtlich eine sehr schlechte Speicherausnutzung. Aus diesen Gründen finden sie in unserer Diskussion keine weitere Berücksichtigung.

Ähnliche Argumente der inflexiblen Lastanpassung gelten bei festen Bereichsgrößen auch für die partitionsorientierten Strategien. Sie stellen zwar die einfachste Alternative für die Pufferung von DB-Objekten unterschiedlicher Größe dar (siehe Abschnitt 5.6) und können in solchen Fällen auch eine vergleichsweise effektive und kostengünstige Verwaltung bieten. Da sie jedoch generell als wenig geeignete Strategien einzustufen sind, verzichten wir hier auf ihre nähere Betrachtung.

Die verbleibenden Strategien gelten als erfolgversprechend für eine optimale Speicherausnutzung und sollen deshalb – auch in ihrem Zusammenwirken mit Seitenersetzungsstrategien – näher untersucht werden; sie sind in Abb. 5.5 durch die gewählte Linierung hervorgehoben. Was die Speicherzuteilung betrifft, so stellt nur die Ermittlung der dynamischen Pufferbereiche bei einer lokalen oder partitionsorientierten Strategie ein Problem dar. Eine solche Strategie soll in der Lage sein, die Bereichsgröße jeder Partition entsprechend ihres tatsächlichen Pufferbedarfs dynamisch wachsen und schrumpfen zu lassen. Eine lokale Strategie berücksichtigt nur das aktuelle Referenzverhalten der betreffenden Transaktion. Nach dem Prinzip „jeder Transaktion nach ihrem Bedarf" werden in einer Partition „freiwillig" Rahmen abgegeben, wenn eine Transaktion in einem bestimmten Zeitabschnitt mit weniger Seiten effizient arbeiten kann. Andererseits werden bei zusätzlichem Bedarf freie Rahmen zugeordnet. Bei globalen Strategien steht der gesamte DB-Puffer allen aktiven Transaktionen gemeinsam zur Verfügung, ohne daß eine Abschätzung des Pufferbedarfs einer Transaktion in Abhängigkeit von ihrem aktuellen Referenzverhalten in irgendeiner Weise berücksichtigt wird. Einer Transaktion sind zwar zu jedem Zeitpunkt eine variierende Anzahl von Pufferrahmen zugeordnet, doch hängt die Zuteilung nicht allein von ihrem Referenzverhalten, sondern vor allem von dem der

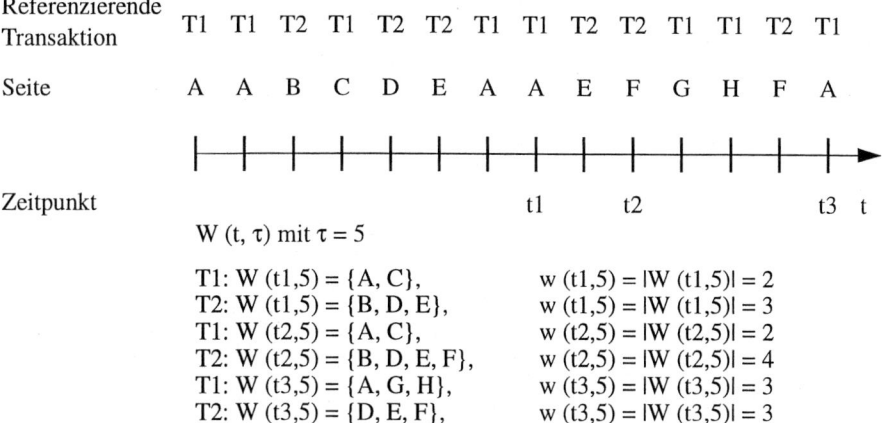

Abb. 5.6: Beispiele für Working-Sets

parallel ablaufenden Transaktionen ab. Analoges gilt entsprechend für partitionsorientierte Strategien. Bei einer globalen Strategie wird die Zuteilung von Rahmen für einmal aktivierte Transaktionen allein der gewählten Ersetzungsstrategie überlassen.

Alle drei Klassen von Strategien erfordern eine enge Kopplung mit den Scheduling- und Lastkontroll-Funktionen, um die jeweils günstige Anzahl und Zusammensetzung von Transaktionen zu bestimmen und sowohl Unter- als auch Überlastsituationen zu vermeiden.

5.3.2 Bestimmung von dynamischen Partitionen

Das bekannteste dynamische Speicherzuteilungsverfahren ist die Working-Set-Strategie (WS) nach Denning [DENN80], die in zahlreichen Betriebssystemen eingesetzt wird. Sie basiert auf dem sog. Working-Set-Modell, mit dessen Hilfe Lokalität im Referenzverhalten von Programmen/Transaktionen beschrieben werden kann. Der Working-Set W einer Transaktion ist danach folgendermaßen definiert: $W(t, \tau)$ ist die Menge der Seiten, die von der betrachteten Transaktion innerhalb ihrer τ letzten Referenzen, bezogen auf den Zeitpunkt t, angesprochen worden sind. τ heißt Fenstergröße; $w(t, \tau) = |W(t, \tau)|$ heißt Working-Set-Größe. Zur Erläuterung dieser Begriffe diene die in Abb. 5.6 aufgezeichnete Referenzfolge. Die über alle Zeitpunkte t gemittelte Working-Set-Größe $w(\tau)$ einer Transaktion T kann als Maß für die Lokalität ihres Referenzverhaltens herangezogen werden. Je kleiner $w(\tau)$ für T bei festem τ ist, desto häufiger referenzierte T erst kürzlich benötigte Seiten erneut, desto höher war also die Lokalität ihres Referenzverhaltens.

Die WS-Strategie versucht, einer Transaktion T ihren Working-Set zur Verfügung zu halten. Dabei wird angenommen, daß der Working-Set durch geeignete Wahl von τ gerade so groß ist, daß T eine effiziente Bearbeitung ihrer Seiten durchführen kann und daß zum Working-Set von T zum Zeitpunkt t mit großer Wahrscheinlichkeit gerade die Seiten gehören, die auch zum Zeitpunkt $(t + \Delta t)$ benötigt werden. In einer Phase hoher Lokalität verkleinert sich der Working-Set von T bei konstanter Fenstergröße τ. Die WS-Strategie beläßt die aus dem Working-Set herausfallenden Seiten nicht der Transaktion T, damit T möglicherweise noch effizienter ablaufen kann, sondern gibt die Seiten/Pufferrahmen für die erneute Zuteilung frei. Die WS-Strategie strebt eine optimale Speicherzuteilung für alle um den vorgegebenen Speicherplatz konkurrierenden Transaktionen an. Durch transaktionsbezogene Wahl des Parameters τ läßt sich die WS-Strategie weiter verfeinern, so daß zusätzlich eine globale Prioritätssteuerung erzielt werden kann. Sie trifft jeweils die Entscheidung, welche Seiten zu einem bestimmten Zeitpunkt „ersetzbar" und welche „nicht ersetzbar" sind. Sie hält jedoch keine Kriterien zur optimalen Ersetzung von Seiten bereit, da sie nur die Lokalität der Transaktionen innerhalb ihrer Fenstergrößen τ berücksichtigt. Es ist für die WS-Strategie völlig irrelevant, ob eine Seite seit τ + 1 oder τ + n (n > 1) Referenzen nicht mehr angesprochen wurde. Deshalb muß sie (wie jede andere Speicherzuteilungsstrategie) durch ein Seitenersetzungsverfahren ergänzt werden, das die aktuelle Auswahl einer Seite aus der Menge der ersetzbaren Seiten vornimmt. Dazu können alle im nachfolgenden Abschnitt beschriebenen Verfahren herangezogen werden.

Die WS-Strategie setzt voraus, daß bei Auftreten einer Fehlseitenbedingung der aktuelle Working-Set der Transaktionen ermittelt werden kann, d. h., es muß feststellbar sein, welche Seiten innerhalb der letzten τ Referenzen durch eine Transaktion angesprochen wurden. Bei der Implementierung kann diese Anforderung beispielsweise durch transaktionsbezogene Referenzzähler TRZ(T) und seitenbezogene Referenzanzeiger LRZ(T, i) (letzter Referenzzeitpunkt) befriedigt werden. Bei einer logischen Referenz der Seite i durch T wird zunächst TRZ(T) inkrementiert, bevor er nach LRZ (T, i) abgespeichert wird. Ersetzbar sind von allen T zugeordneten Seiten solche, die (TRZ(T) - LRZ(T, i)) ≥ τ erfüllen. Für den in Abb. 5.6 skizzierten Seitenreferenzstring ist dieses Verfahren in Abb. 5.7 schematisch dargestellt. Falls gemeinsam benutzte Seiten in mehreren Working-Sets gleichzeitig vorkommen, sind zusätzliche Maßnahmen erforderlich.

Zustand zum	TRZ(T1):	8	TRZ(T2):	6	
Zeitpunkt t3:	LRZ(T1,A):	8	LRZ(T2,B):	1	
	LRZ(T1,C):	3	LRZ(T2,D):	2	Bei τ = 5 sind die Seiten
	LRZ(T1,G):	6	LRZ(T2,E):	4	C und B ersetzbar
	LRZ(T1,H):	7	LRZ(T2,F):	6	

Abb. 5.7: Zustandsdarstellung bei der WS-Strategie

Eine weitere dynamische Zuteilungsstrategie, die der WS-Strategie sehr verwandt ist, aber geringere Laufzeitkosten verursacht, hat als sog. Page-Fault-Frequency-Strategie (PFF) weit verbreiteten Einsatz gefunden. Ihre Grundidee ist es, das Intervall zwischen zwei Fehlseitenbedingungen einer Transaktion (oder ihre aktuelle Fehlseitenrate F_{akt}) zur Working-Set-Bestimmung zu verwenden. Durch Vorgabe einer Soll-Fehlseitenrate F kann entschieden werden, ob eine Transaktion zusätzliche Pufferrahmen bekommt ($F_{akt} > F$) oder einige Seiten abgeben muß ($F_{akt} < F$). Durch dieses Entscheidungskriterium zur Speicherzuteilung werden variable Partitionen erzeugt. Für die Einzelheiten dieser Strategie und ihrer Implementierung sowie ihrer Beurteilung wird auf die Literatur verwiesen [CHU76, DENN80].

Obwohl diese dynamischen Zuteilungsstrategien für Transaktionen (Prozesse) entwickelt wurden, gelten für die partitionsorientierte Speicherzuteilung die analogen Überlegungen. Deshalb können beide Strategien sowohl für die lokale als auch für die partitionsorientierte Speicherzuteilung mit dynamischen Pufferbereichen eingesetzt werden.

5.4 Ersetzungsverfahren für Seiten

Falls eine logische Seitenreferenz im DB-Puffer nicht befriedigt werden kann, muß eine Seite zur Ersetzung ausgewählt werden. Auch diese Problemstellung läßt sich näherungsweise mit der Seitenersetzung bei der Realisierung Virtueller Speicher vergleichen. Es sind jedoch einige wichtige Unterschiede zu berücksichtigen. Im Virtuellen Speicher eines Betriebssystems ist prinzipiell jede Seite zu jedem Zeitpunkt ersetzbar, da bei jeder Adressierung eine Adreßumsetzung von der Hardware vorgenommen wird. Im Gegensatz dazu sind im DB-Puffer wegen der Garantie der Adressierbarkeit Seiten mit FIX-Vermerk von der Ersetzung ausgenommen. Die feste Zuordnung einer Seite zu einem Rahmen während ihrer FIX-Phase wird als eine Seitenreferenz gezählt, obwohl die referenzierende Systemkomponente im allgemeinen n Adressierungen (Maschineninstruktionen) auf dieser Seite ausführt. In Betriebssystemen dagegen wird jede der n Adressierungen als eine Seitenreferenz (oder gar mehrere) gewertet, was einen erheblichen Einfluß auf die Ersetzungsentscheidung hat.

Bei den folgenden Betrachtungen unterstellen wir einheitliche und gleiche Rahmen- und Seitengrößen. Dadurch können keine Fragmentierungsprobleme auftreten, und der Austausch einer Seite und die Zuordnung der neuen Seite zum freigemachten Rahmen lassen sich sehr schnell abwickeln. Der Wirkungsradius der Ersetzungsstrategie ist durch die gewählte Speicherzuteilungsstrategie vorgegeben; er wird jeweils durch Seiten mit FIX-Vermerk zusätzlich eingeengt. Die Ersetzung kann erfolgen

- bei globaler Speicherzuteilung im gesamten DB-Puffer
- bei partitionsorientierter und lokaler Speicherzuteilung mit statischen Bereichen in dem betreffenden Pufferbereich, dem die auslösende logische Seitenreferenz zuzuordnen ist
- bei dynamischer Speicherzuteilung in der Menge der ersetzbaren Seiten, also solchen, die momentan zu keinem Working-Set einer Transaktion/Partition gehören.

5.4.1 Prefetching und Demand-Fetching

Seitenersetzungsverfahren lassen sich einteilen in Prefetching- und Demand-Fetching-Verfahren (*prepaging, demand paging*). Durch Prefetching sollen Seiten, die demnächst mit hoher Wahrscheinlichkeit referenziert werden, schon vorab in den DB-Puffer gebracht werden, um synchrone E/A-Wartezeiten soweit wie möglich zu vermeiden. Die zu holende Seitenmenge und das Auslösen des Ersetzungsvorgangs können hierbei unabhängig gewählt werden. Die Tauglichkeit von Prefetching-Verfahren hängt vor allem von der Güte der Vorplanung und Abschätzung künftiger Referenzen ab, da im voraus eingelesene, aber nicht referenzierte Seiten nur unnötigen Leseaufwand verursachen und vielleicht Seiten verdrängen, die demnächst gebraucht werden. Der Einsatz von Prefetching bietet sich für sequentielle Verarbeitungsoperationen (Relationen-Scan) an, deren Abwicklung sich dadurch erheblich beschleunigen läßt. Oracle gestattet beispielsweise für sequentiellen Scans die Einrichtung spezieller Wechselpuffer (*private buffer pools* [BRID97]), in die durch Prefetching abwechselnd Seiten bis zur Größe von 64 KB geladen werden, so daß das Lesen und Durchmustern von Seiten hochgradig überlappend erfolgen kann.

Physisch sequentielle Lesevorgänge können durch die fortlaufende Seitenanforderung sogar automatisch von der DB-Pufferverwaltung erkannt werden; jedoch lassen sich auch logisch sequentielle Operationen unterstützen, wenn der DB-Pufferverwaltung geeignete Hinweise zur Verfügung gestellt werden [TENG84]. Der größte Effizienzgewinn wird beim Prefetching von m physisch benachbarten Seiten erreicht, da sich hierbei das im Vergleich zu m wahlfreien Zugriffen wesentlich günstigere Zugriffsverhalten von m sequentiellen Leseoperationen oder gar von einer mengenorientierten Eingabeoperation (chained I/O) bei herkömmlichen Externspeichern (Magnetplatten) ausnutzen läßt. Auch bei DBS mit hierarchischen Datenstrukturen und darauf zugeschnittenen Speicherungsstrukturen kann bei bestimmten Anwendungen ausgeprägtes, sequentielles Referenzverhalten auftreten; deshalb bietet der Einsatz von Prefetching in diesen Fällen (möglicherweise) Leistungsvorteile [SMIT78].

Andere Nutzungsarten von Prefetching weisen darauf hin [WEDE86, KRAT90], daß enge Zeitschranken in sog. Realzeit-Anwendungen ein vorausschauendes Holen von DB-Seiten und damit ein Vermeiden von Fehlseitenbedingungen erzwingen können. Hierbei handelt es sich schon eher um Vorplanungstechniken (*preplanning*), die festlegen, welche Objekte durch Prefetching vorab bereitzustellen sind. Durch Analyse von Transaktionsprogrammen lassen sich in gewissen Fällen vorab Seitenmengen bestimmen, die den tatsächlichen Bedarf beim späteren Ablauf der Transaktion annähern. Es wird vorgeschlagen, diese Seitenmengen vorab in den DB-Puffer zu laden, was wesentlich zur Reduktion der Antwortzeit beiträgt. Allerdings verlangt dieses Verfahren einen großzügigen Einsatz von Pufferbereichen, da die Bedarfsanalyse wegen fehlender Laufzeitparameter oft eine ungenaue Obermenge zur tatsächlich referenzierten Seitenmenge liefert. Wie diese Anwendungsszenarien gezeigt haben, sind Prefetching-Verfahren in der Regel für spezielle Einsatzfälle reserviert. Wir verzichten deshalb auf ihre ausführliche Diskussion und verweisen auf die Literatur [SMIT78, KRAT90].

Die weitaus am häufigsten eingesetzte Verfahrensklasse ist das Demand-Fetching, bei dem bei Auftreten einer Fehlseitenbedingung die angeforderte Seite vom Externspeicher geholt wird, nachdem für sie im DB-Puffer Platz geschaffen wurde. In der weiteren Diskussion beschränken wir uns ausschließlich auf solche Verfahren; sie sollen systematisch klassifiziert und auf ihre Tauglichkeit bei der DB-Pufferverwaltung hin untersucht werden. Ihr Ziel ist die Minimierung der Fehlseitenrate bei einer vorgegebenen Puffergröße N.

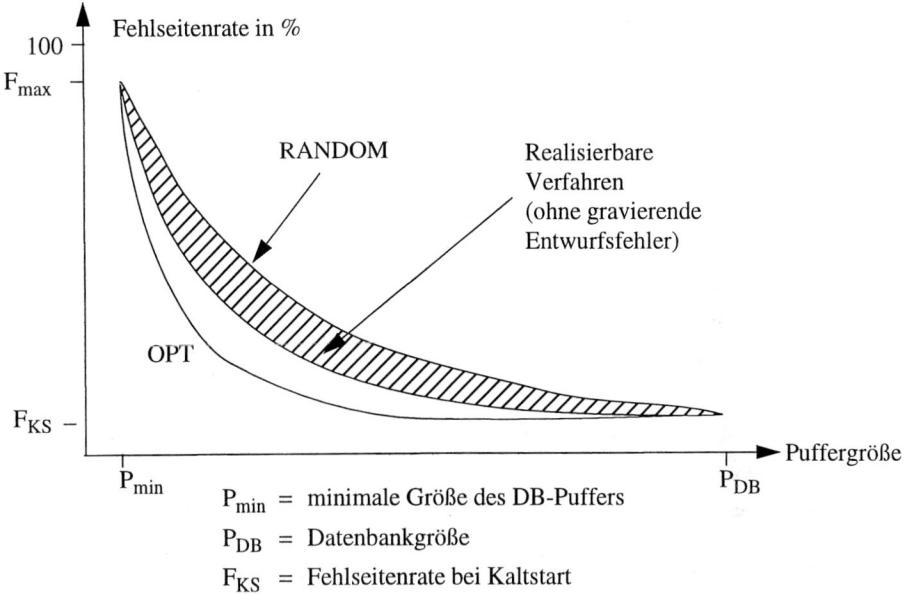

P_{min} = minimale Größe des DB-Puffers

P_{DB} = Datenbankgröße

F_{KS} = Fehlseitenrate bei Kaltstart

Abb. 5.8: Eingrenzung der realisierbarenVerfahren durch RANDOM und OPT

Oft wird eine Unterscheidung zwischen realisierbaren und nichtrealisierbaren Verfahren getroffen. Ein realisierbares Verfahren kann bei seiner Ersetzungsentscheidung keine Kenntnisse über das zukünftige Referenzverhalten heranziehen. Verfahren, die das künftige Referenzverhalten ausnutzen, heißen nicht-realisierbar. Sie sind zwar nur von theoretischem Interesse, doch gestatten sie die Ableitung unterer Schranken für die Fehlseitenrate, die für die Güte und Beurteilung weiterer Optimierungsmaßnahmen von realisierbaren Verfahren von großer Wichtigkeit sind. Mit Hilfe des Algorithmus OPT (Belady Optimal [BELA66]), der jeweils diejenige Seite im Puffer ersetzt, deren zeitlicher Abstand bis zur nächsten Referenz maximal ist, und einem Seitenreferenzstring kann sozusagen im Nachhinein die zugehörige untere Schranke der Fehlseitenrate ermittelt werden. Die obere Grenze für die Fehlseitenrate sollte durch das RANDOM-Verfahren erreicht werden, falls keine gravierenden Entwurfsfehler bei einer Ersetzungsstrategie gemacht wurden. Es nutzt überhaupt keine Kenntnisse des Referenzverhaltens aus und unterstellt, daß alle Seiten im DB-Puffer denselben Erwartungswert für ihre Wiederbenutzung haben. Eingegrenzt durch OPT und RANDOM ergibt sich qualitativ der im Abb. 5.8 dargestellte Bereich für die Fehlseitenrate von realisierbaren Verfahren in Abhängigkeit von der DB-Puffergröße. Man könnte erwarten, daß sich bei RANDOM eine lineare Abhängigkeit der Fehlseitenrate F von der Puffergröße P ergibt ($F = 1 - P(1 - F_{KS})/P_{DB}$). Wegen der Lokalität des Referenzverhaltens tritt jedoch auch bei RANDOM kein linearer Zusammenhang zwischen Fehlseitenrate und Puffergröße auf.

5.4.2   Klassifikation und Bewertung

Realisierbare Verfahren, die in jedem Fall ein besseres Verhalten als RANDOM aufweisen sollten, ersetzen diejenige Seite im DB-Puffer, deren Erwartungswert für ihre Wiederbenutzung minimal ist. Sie müssen dazu Kenntnisse des bisherigen Referenzverhaltens ausnutzen, um das zukünftige Verhalten zu extrapolieren. Dabei wird im allgemeinen wegen der in Referenzfolgen beobachteten Lokalität davon ausgegangen, daß das jüngste Referenzverhalten ein guter Indikator für die nähere Zukunft ist. Als Bestimmungskriterien dafür und damit als Vorhersagekriterien für das zukünftige Referenzverhalten eignen sich vor allem das Alter und die Referenzen einer Seite im DB-Puffer. Da die meisten Verfahren ein oder beide Kriterien bei ihrer Ersetzungsentscheidung heranziehen, lassen sie sich vorteilhaft zu ihrer Klassifikation benutzen. Dabei ist es nützlich zu unterscheiden,

– ob das Alter seit Einlagerung, seit letztem Referenzzeitpunkt oder überhaupt nicht, und
– ob alle Referenzen, die letzte Referenz oder keine

bei der Auswahlentscheidung eines Verfahrens zum Tragen kommen. Durch Plausibilitätsüberlegungen kann von vornherein festgestellt werden, daß bei Lokalität die ausschließliche Berücksichtigung eines der Kriterien kein optimales Ersetzungsverfahren garantiert.

FIFO (First-In, First-Out) ersetzt diejenige Seite, die am längsten im Puffer ist. Unabhängig von der Referenzhäufigkeit entscheidet allein das Alter einer Seite seit der Einlagerung. FIFO eignet sich deshalb nur bei strikt sequentiellem Zugriffsverhalten. In Abb. 5.9 b ist seine Wirkungsweise veranschaulicht. Bei kreisförmiger Anordnung der Seiten verweist ein Zeiger jeweils auf die älteste Seite im Puffer. Bei Auftreten einer Fehlseitenbedingung wird diese Seite ersetzt und der Zeiger auf die nächste Seite fortgeschaltet.

LFU (*Least Frequently Used*) konzentriert sich ausschließlich auf das zweite Ersetzungskriterium. Es ersetzt die Seite im Puffer mit der geringsten Referenzhäufigkeit. Dazu müssen die Häufigkeiten der Seitenreferenzen explizit aufgezeichnet werden. Wie in Abb. 5.9 c gezeigt, wird für jede Seite im Puffer ein Referenzzähler eingeführt, der bei der Seiteneinlagerung mit 1 initialisiert und bei jeder weiteren Seitenreferenz um 1 erhöht wird. Bei einer Ersetzungsanforderung wird die Seite mit dem kleinsten Wert im Referenzzähler ausgewählt; eine Pattsituation läßt sich leicht auflösen. Das Alter einer Seite spielt bei einer solchen strikten LFU-Realisierung überhaupt keine Rolle, sondern ausschließlich die Häufigkeit ihrer Wiederbenutzung, so daß Seiten, die einmal kurzzeitig außerordentlich häufig referenziert wurden, praktisch nicht mehr zu verdrängen sind, selbst wenn sie später nie mehr angefordert werden. Aus diesem Grund verbietet sich die Implementierung von LFU. Durch zusätzliche Maßnahmen, beispielsweise periodisches Herabsetzen der Referenzzähler (Altern), erhöht sich seine Tauglichkeit; es verliert dabei jedoch auch seine ursprünglichen Charakteristika (siehe LRD).

Alle weiteren Verfahren, die eingeführt werden sollen, berücksichtigen sowohl Alter als auch Referenzen. Am weitesten verbreitet ist LRU (*Least Recently Used*), das diejenige Seite im Puffer ersetzt, die am längsten nicht mehr angesprochen wurde. Wie in Abb. 5.9 a gezeigt, werden alle residenten Seiten mit Hilfe eines LRU-Stacks verwaltet. Eine Seite kommt bei jeder Referenz in die oberste Position des Stack. Bei einer erforderlichen Seitenersetzung wird die Seite in der untersten Position des Stack ausgelagert. Die Ersetzungsentscheidung wird also allein durch das Alter seit der letzten Benutzung und damit auch durch die letzte Referenz bestimmt. Wegen des FIX-Mechanismus kann LRU in DBS in zwei Varianten implementiert werden. Je nachdem, wie das „Used" interpretiert und im LRU-Stack berücksichtigt wird, ergibt sich

  – Least Recently Referenced oder

  – Least Recently Unfixed.

Der Variante, die sich auf den UNFIX-Zeitpunkt bezieht, ist der Vorzug zu geben, da in DBS FIX-Phasen beobachtet wurden, die über Tausende von Referenzen andauerten [EFFE84a]. Deshalb garantiert nur sie die strikte Einhaltung der Grundidee, die am längsten nicht mehr benutzte Seite zu ersetzen. LRU hat sich sowohl in zahlreichen Betriebssystemen als auch bei der Pufferverwaltung von DBS (z. B. in System R) bewährt.

  Zur Verbesserung der LRU-Ersetzungsentscheidung wird in [ONEI93] die Berücksichtigung der letzten K Referenzzeitpunkte vorgeschlagen. Der resultierende LRU–K-Algorithmus kann besser zwischen häufig und weniger häufig referenzierten Seiten unterscheiden, da er durch Bestimmung der mittleren Zeitabstände zwischen den letzten K Referenzen eine Art Referenzdichte zur Ersetzungsentscheidung (siehe LRD-Idee) heranzieht. Die Beschränkung auf die K letzten Referenzen erlaubt einen Ausgleich zwischen Auswertungskosten und Aktualität der Information, da eine Approximation der Referenzdichte nur bei den jüngeren, und damit für die Ersetzung relevanteren Referenzen erfolgt. Natürlich ergibt sich ein höherer Aufwand als bei LRU, da beispielsweise eine Sonderbehandlung für gepufferte Seiten mit weniger als K Referenzen anfällt. In [ONEI93] wird vorgeschlagen, LRU–2 einzusetzen, da dieser Algorithmus bei einfacherer und kostengünstigerer Realisierung ähnlich gute Ergebnisse wie bei K>2 erzielt und zudem flexibler auf Referenzschwankungen als LRU–K (für größere K) reagiert.

  Der CLOCK-Algorithmus versucht, LRU-Verhalten mit Hilfe einer einfacheren Implementierung zu erreichen. Er kann sehr anschaulich durch Abb. 5.9 d als Modifikation einer FIFO-Implementierung erklärt werden. Jede Seite besitzt ein Benutzt-Bit, das bei jeder Seitenreferenz auf 1 gesetzt wird. Bei einer Fehlseitenbedingung wird eine zyklische Suche über die Seiten mit Hilfe eines Auswahlzeigers gestartet, wobei das Benutzt-Bit jeder Seite überprüft wird. Falls es auf 1 steht, wird es auf 0 gesetzt, und der Auswahlzeiger wandert zur nächsten Seite. Die erste Seite, deren Benutzt-Bit auf 0 steht, wird zur Ersetzung ausgewählt. Bei dieser Implementierungsform überlebt jede Seite mindestens zwei Zeigerumläufe. Als Variante zur schnelleren Verdrängung von Seiten, die lediglich einmal referenziert werden, bietet sich an, das Benutzt-Bit bei Erstreferenz mit 0 zu initialisieren und nur bei jeder weiteren Referenz auf 1 zu setzen. Der Name CLOCK wird durch die graphische Darstellung in Abb. 5.9 d verständlich. Eine andere Bezeichnung dieses Algorithmus ist SECOND CHANCE, da eine Seite im Puffer überlebt, falls sie während des letzten Auswahlzeigerumlaufs erneut referenziert wird. CLOCK wurde nicht als Konzept, sondern direkt als Implementierungsform eines Ersetzungsverfahrens entwickelt; deshalb lassen sich seine Ersetzungskriterien nur annähernd mit Alter

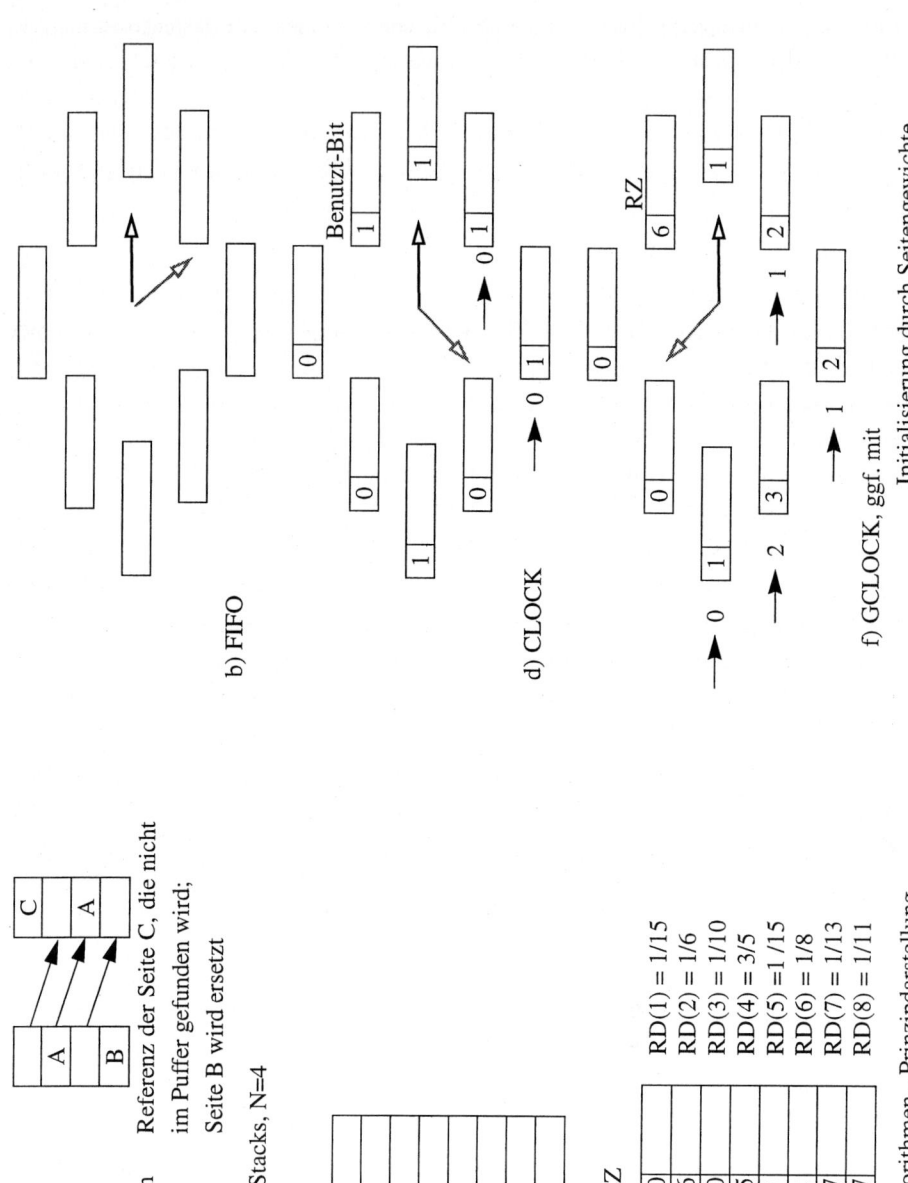

Abb. 5.9: Seitenersetzungsalgorithmen - Prinzipdarstellung

a) Wirkungsweise eines LRU-Stacks, N=4

Referenz der Seite A, die im Puffer gefunden wird

Referenz der Seite C, die nicht im Puffer gefunden wird; Seite B wird ersetzt

b) FIFO

c) LFU

RZ

Ausgewählte Seite: oder

d) CLOCK

Benutzt-Bit

e) LRD–V1

GZ   RZ EZ

50

Ausgewählte Seite: oder

RD(1) = 1/15
RD(2) = 1/6
RD(3) = 1/10
RD(4) = 3/5
RD(5) = 1/15
RD(6) = 1/8
RD(7) = 1/13
RD(8) = 1/11

f) GCLOCK, ggf. mit Initialisierung durch Seitengewichte

RZ

seit dem letzten Referenzzeitpunkt und letzte Referenz (wie LRU) klassifizieren. In den erzielten Fehlseitenraten stimmt CLOCK oft sehr gut mit LRU überein [SHER76].

Im Gegensatz zu Ersetzungsverfahren in Betriebssystemen, die oft durch Hardware-Einrichtungen direkt unterstützt werden, müssen solche in DBS in allen Einzelheiten softwaretechnisch realisiert werden. Diese Notwendigkeit bietet jedoch größere Freiheitsgrade bei der Wahl und Verknüpfung von Ersetzungskriterien. Im folgenden werden solche komplexeren, in DBS einsetzbaren Ersetzungsstrategien diskutiert.

Durch die Kombination der Grundidee von LFU und der Implementierungsform von CLOCK entsteht der GCLOCK-Algorithmus (*Generalized CLOCK* [SMIT78]) in seiner Grundversion. Das Benutzt-Bit wird ersetzt durch einen Referenzzähler (RZ). Bei einer Fehlseitenbedingung wird eine zyklische Suche mit schrittweisem Herabsetzen der Referenzzähler begonnen, bis der erste Referenzzähler mit dem Wert 0 gefunden wird (Abb. 5.9 f). Durch diese Vorgehensweise ergibt sich eine wesentliche Verbesserung im Vergleich zur reinen LFU-Strategie. Trotzdem tendiert GCLOCK dazu, häufig die jüngsten Seiten zu ersetzen, unabhängig von ihrer Art und ihrer tatsächlichen Wiederbenutzungswahrscheinlichkeit. Zur Verbesserung dieses unerwünschten Verhaltens besitzt GCLOCK eine Reihe von Freiheitsgraden:

- die Initialisierung des Zählers bei Erstreferenz
- die Inkrementierung des Zählers bei jeder weiteren Referenz
- die Möglichkeit, seitentyp- oder seitenspezifische Maßnahmen zu treffen.

Durch Vergabe von Seitengewichten für die einzelnen Seitentypen T_i (E_i bei Erstreferenz und W_i bei wiederholter Referenz) läßt sich Wissen über die Zugriffspfade des DBS und ihre Benutzung in das Ersetzungsverfahren einbringen. Beispielsweise könnten Seiten mit Adreßtabellen, Freispeicherinformation oder Indexstrukturen die Seitengewichte 3, 2 und 1 für die Erstreferenz bekommen, während Datenseiten, für die eine Wiederbenutzung mit extrem niedriger Wahrscheinlichkeit unterstellt wird, mit dem Gewicht 0 initialisiert werden. Für die weiteren Referenzen könnten z. B. als entsprechende Gewichte 2,1,1 und 1 gewählt werden.

Mit der Idee der seitentypspezifischen Gewichte für Erstreferenz und wiederholte Referenz lassen sich folgende Varianten von GCLOCK angeben, die am Beispiel der Erhöhung des Referenzzählers RZ(j) von Seite S_j vom Typ T_i charakterisiert werden:

V1: - bei Erstreferenz: $RZ(j) = E_i$
    - bei jeder weiteren Referenz: $RZ(j) = RZ(j) + W_i$
V2: - bei Erstreferenz: $RZ(j) = E_i$
    - bei jeder weiteren Referenz: $RZ(j) = W_i$

Wenn $E_i = 1$ und $W_i = 1$ (für alle i) gewählt werden, geht V2 über in CLOCK, während V1 die Grundversion von GCLOCK darstellt. Insbesondere in V2 ist $W_i \geq E_i$ sinnvoll.

In einer konkreten Implementierung kann GCLOCK durch Erhöhung des Auswertungsaufwandes weiter verfeinert werden. Durch Protokollierung der Ersetzungshäufigkeiten von „wichtigen Seiten" ist es prinzipiell möglich, eine dynamische seitenbezogene Gewichtung [EFFE84a] vorzunehmen (vgl. auch z. B. „idle horizon" in [FORD95]). Um zu hohe Referenzzählerinhalte, die bei Wechsel der Lastcharakteristik viele Seiten unnötig lange im DB-Puffer belassen, zu vermeiden, müssen zusätzliche Maßnahmen wie Vorgabe von Schwellwerten oder periodisches Herabsetzen der Referenzzähler vorgesehen werden.

GCLOCK stellt eine Klasse von Verfahren dar, in der die einzelnen Varianten durch geeignete Wahl der Parameter auf spezielle Anwendungen hin optimiert werden können. Seine Klassifikation ist vor allem wegen der Parametervielfalt und der Implementierungsdetails schwierig und notwendigerweise unscharf.

Bei den bisher diskutierten Verfahren (außer FIFO) wirkte sich das Alter einer Seite höchstens indirekt (über den letzten Referenzzeitpunkt) aus. Es erscheint erfolgversprechend, Alter und Referenzhäufigkeit direkt in Beziehung zu bringen und als Referenzdichte bei der Ersetzungsentscheidung unmittelbar zu berücksichtigen. Diese Idee läßt sich durch folgenden Algorithmus (in der Grundversion) realisieren: Ein globaler Zähler (GZ) enthält zu jedem Zeitpunkt die Anzahl aller logischen Referenzen. Für jede Seite wird die Nummer ihrer Erstreferenz gespeichert (EZ), die ihrem Einlagerungszeitpunkt entspricht. Außerdem wird in einem Referenzzähler (RZ) die Häufigkeit ihrer Benutzung festgehalten. Somit kann zu jedem Zeitpunkt die Zeitspanne, in der eine Seite ihre Referenzen sammelt, und damit ihre mittlere Referenzdichte (RD) bestimmt werden. Als mittlere Referenzdichte für Seite j ergibt sich dabei

$$RD(j) = RZ(j)/(GZ-EZ(j)) \text{ mit } GZ - EZ(j) \geq 1.$$

Bei einer Fehlseitenbedingung wird die Seite mit der kleinsten mittleren Referenzdichte ausgewählt; auch hier sind Patt-Situationen aufzulösen. Wir wollen Verfahren dieser Art LRD (*Least Reference Density*) nennen und das in Abb. 5.9 e skizzierte LRD–V1.

Bei LRD–V1 unterstellt das Berechnungsverfahren für die Auswahlentscheidung, daß alle Referenzen gleichmäßig seit dem Einlagerungszeitpunkt angefallen sind. Referenzen, die kurzzeitig nach dem Einlagerungszeitpunkt gehäuft auftreten, halten eine Seite möglicherweise ungerechtfertigt lange im DB-Puffer, da nur die Häufigkeit der Referenzen, aber nicht deren aktuelle Verteilung zur Auswahlentscheidung genutzt werden.

Das Ziel, das Gewicht früherer Referenzen, besonders wenn sie gehäuft aufgetreten sind, bei der Auswahlentscheidung umso deutlicher zu reduzieren, je älter sie sind, läßt sich ohne allzu großen Aufwand durch folgende LRD-Variante (LRD–V2) erreichen. Nach jeweils festen Referenzintervallen geeigneter Größe, die sich über den globalen Referenzzähler GZ feststellen lassen, werden die einzelnen Referenzzähler durch Subtraktion einer Konstanten bzw. Rücksetzen auf einen konstanten Wert oder durch Division herabgesetzt, so daß eine Art periodisches Altern eintritt. Durch diese Vorgehensweise bestimmen die Referenzen im aktuellen Intervall die Referenzdichte in stärkerem Maße als die in früheren Intervallen. Im Gegensatz zu LRD–V2, wo durch den Alterungseffekt die jüngeren Referenzen implizit stärker die „relevante" Referenzdichte bestimmen, beschränkt sich LRU–K explizit auf die K jüngsten Referenzen und erzielt mit dieser Approximation der „relevanten" Referenzdichte eine ähnlichen Genauigkeit.

Wie bei jedem Verfahren, das explizit Referenzhäufigkeiten zählt, lassen sich auch hier als Modifikation Seitengewichte bei der Initialisierung und/oder Wiederbenutzung einsetzen, um

Berücksichtigung bei Auswahlentscheidung		Alter		
		nicht	seit letzter Referenz	seit Einlagerung
Referenzen	keine	RANDOM		FIFO
	letzte Referenz		LRU CLOCK GCLOCK–V2	
	alle Referenzen	LFU	GCLOCK–V1 LRD–V1 LRU–K LRD–V2	

Tabelle 5.2: Klassifikation der Ersetzungsverfahren

beispielsweise Zugriffspfadseiten am Anfang oder auf Dauer höhere „Überlebenschancen" zu geben.

In Tabelle 5.2 sind die diskutierten Ersetzungsverfahren noch einmal übersichtlich dargestellt und nach der Art der Berücksichtigung von Alter und Referenzen klassifiziert. Die für die Seitenersetzung im DB-Puffer in Frage kommenden Verfahren sind herausgehoben. Umfangreiche vergleichende Untersuchungen dieser verschiedenen Verfahren mit Hilfe von realen Seitenreferenzstrings finden sich in [EFFE84a]. Dabei wurden auch die verschiedenen als aussichtsreich charakterisierten Speicherzuteilungsstrategien berücksichtigt. Die globale Speicherzuteilung erwies sich als einfachste Implementierung auch am robustesten. Bei lokaler und partitionsorientierter Speicherzuteilung waren Implementierung und Anwendung der Ersetzungsalgorithmen wegen der starken Abhängigkeiten vom Referenzverhalten sehr komplex und schwierig, ohne deutliche Verbesserungen garantieren zu können.

5.4.3 Behandlung geänderter Seiten

Alle Verfahren müssen bei der konkreten Implementierung an die Besonderheiten der DB-Pufferschnittstelle angepaßt werden (Berücksichtigung von FIX-Vermerken u. a.). Dabei verdient die Behandlung von geänderten Seiten besonderes Augenmerk. Ganz allgemein gilt, daß die Ersetzung einer Seite mit Änderungsvermerk ihr vorheriges (synchrones) Zurückschreiben in die DB erfordert, was abhängig vom gewählten Logging-Verfahren zusätzliche Schreibvorgänge auslösen kann. Dadurch wird eine Antwortzeitverschlechterung der die Seitenersetzung auslösenden Transaktion verursacht, was sich wiederum auf parallele Transaktionen (z. B. durch längeres Halten von Sperren) auswirken kann.

Das Ausschreiben von Änderungen läßt sich mit Hilfe zweier verschiedener Strategien bewerkstelligen, die nicht nur alle Maßnahmen für Logging und Recovery wesentlich prägen (siehe Abschnitt 15.3), sondern auch unmittelbar einen großen Einfluß auf das Leistungsverhalten des DBS ausüben. Die sog. *Force*-Ausschreibstrategie[HÄRD83b] legt fest, daß alle Änderungen einer Transaktion spätestens bei Commit in die DB einzubringen sind. Dadurch sind zwar i. allg. stets Seiten ohne Änderungsvermerk zur Ersetzung vorhanden, außerdem vereinfacht sich auch die Recovery nach einem Rechnerausfall; es muß jedoch ein erhöhter E/A-Aufwand in Kauf genommen werden. Typischerweise konzentriert sich das Ausschreiben geänderter Seiten bei Commit der Änderungstransaktion, weil die Pufferverwaltung wegen der Nutzung der Referenzlokalität bestrebt ist, solche Seiten im DB-Puffer zu halten. Aus diesem Grund ist bei Änderungsaktionen oft eine lange Commit-Dauer zu beobachten, was eine „kurze" Transaktion beträchtlich verlängern kann.

Die *Noforce*-Strategie erfordert kein Ausschreiben geänderter Seiten bei Commit. Eine Seite kann durch aufeinanderfolgende Transaktionen mehrfach geändert werden, bevor ein Ausschreiben erfolgt. Um jederzeit genügend Seiten ohne Schreibvermerk im Puffer vorzufinden, sollte die DB-Pufferverwaltung vorausschauend geänderte Seiten (nach dem Commit der ändernden Transaktion) ausschreiben. Bei dieser Vorgehensweise kann asynchron geschrieben werden, was die aktiven Transaktionen nicht unmittelbar belastet. Durch Noforce lassen sich insgesamt ein geringerer E/A-Aufwand und kürzere Antwortzeiten für Lese- und Änderungstransaktionen erzielen.

5.5   Nutzung von Kontextwissen

Die bisher diskutierten Seitenersetzungsverfahren sind so entworfen, daß bei einer Fehlseitenbedingung eine „ersetzbare" Seite bestimmt wird. Dabei wurden Aspekte wie „Alter der Seite im Puffer", „jüngste Referenz" oder „Anzahl der Referenzen" einzeln oder in einer kombinierten Form bei der Ersetzungsentscheidung berücksichtigt. Da kein Wissen über zukünftige Anforderungen vorlag, wurde angenommen, daß sich das Referenzverhalten aus der jüngsten Vergangenheit mit hoher Wahrscheinlichkeit in der näheren Zukunft fortsetzt (Prinzip der Referenzlokalität). Wenn diese Annahmen stimmen, erreichen die hier empfohlenen Algorithmen eine beachtliche Leistungsfähigkeit, die sich jedoch prinzipiell ohne zusätzliches Wissen nicht mehr steigern läßt.

5.5.1   Offene Ersetzungsprobleme

Oft jedoch verursachen bestimmte Referenzmuster (hoher Lokalität) auch bei bewährten Ersetzungsverfahren erhebliche Leistungseinbußen. Wenn z. B. eine Transaktion zyklisch eine Seitenmenge referenziert, löst jede neue Seitenreferenz eine Fehlseitenbedingung aus, wenn bei LRU der verfügbare DB-Puffer die Seitenmenge nicht vollständig aufnehmen kann oder beim Working-Set-Modell die Fenstergröße τ kleiner als die Seitenanzahl ist. Dadurch tritt ein sog. Seitenflattern (*thrashing* [DENN80]) auf, bei dem durch eine ungünstige Referenzfolge oder durch Verringerung der verfügbaren Seiten pro Transaktion die Häufigkeit der Seitenersetzungen überproportional ansteigt, so daß das System fast keine nützliche Arbeit mehr verrichtet. Im skizzierten Fall bezeichnet man dieses Verhalten auch als *internes Thrashing*. Ein ähnliches Verhalten wird provoziert, wenn eine Transaktion sehr schnell nacheinander Seiten (wahlfrei oder sequentiell) anfordert und eine „langsame" Transaktion eine Seitenmenge zyklisch referenziert. Auch wenn diese Seitenmenge kleiner als der verfügbare DB-Puffer ist, werden viele Ersetzungsverfahren ihre „Opfer" aus dieser demnächst wieder referenzierten Seitenmenge auswählen; das Ergebnis wird als *externes Thrashing* bezeichnet. Eine andere Art der Fehlentscheidung tritt beispielsweise beim WS-Modell ein, wenn eine Transaktion einen sequentiellen Scan durchführt. Hier werden τ Seiten reserviert, obwohl die Zuordnung einer einzigen Seite die gleiche Anzahl von Fehlseitenbedingungen erzeugt hätte.

Vorauswissen könnte helfen, diese Art von Defekten abzustellen und die Puffernutzung besser zu planen. Bei prozeduralen DB-Sprachen mit satzorientierten Anforderungen ist das nur in Ausnahmefällen möglich (z. B. bei sequentiellen Scans). Bei deskriptiven DB-Sprachen, die mengenorientierte DB-Anfragen erlauben, wird jedoch schon zur Übersetzungszeit durch die Bestimmung des optimierten Zugriffsplans einer Anfrage festgelegt, welche Daten in welcher Reihenfolge benötigt werden. In [SACC82] wurde beobachtet, daß die Zugriffsmuster vieler Pläne durch zyklische Referenzen auf Seitenmengen geprägt sind (selbst beim Relationen-Scan ergibt sich eine Schleife „Katalogseite-Datenseite"). Da sich die Größe dieser Seitenmengen und ihre Zugriffscharakteristika bei Erstellung des Zugriffsplans (bei parametrisierten Fragen zur Ausführungszeit) abschätzen lassen, kann dieses Vorauswissen der DB-Pufferverwaltung zu Beginn einer Operation zur Verfügung gestellt werden. Abhängig von der Genauigkeit dieser Vorhersagen sollte es dann möglich sein, Fehlseitenbedingungen während der Operation drastisch herabzusetzen und damit die Leistungsfähigkeit der DB-Pufferverwaltung deutlich zu erhöhen.

Vorauswissen wird in der Regel aus deklarativen Anforderungen von Transaktionen und den daraus erzeugten Zugriffsplänen gewonnen und kann deshalb nur zur gezielten Optimierung des Referenzverhaltens zugehöriger Operationen ausgenutzt werden. Deshalb sind hierzu bei der Verwaltung des DB-Puffers transaktionsbezogene oder lokale Verfahren der Speicherzuteilung heranzuziehen (siehe Abschnitt 5.3.2). Was die dynamische Speicherzuteilung betrifft, gibt es eine Reihe von Vorschlägen, die recht detailliert den minimalen bzw. maximalen Bedarf spezieller Verarbeitungsalgorithmen oder den zur Laufzeit verfügbaren Speicherplatz zu berücksichtigen versuchen [METH93, ZELL90]. Die allgemeinen Probleme einer solchen zielgerichteten DB-Pufferverwaltung sind in [BROW96] ausführlich erörtert.

Bei einer strikten Einhaltung der Kapselungseigenschaften unseres Schichtenmodells (siehe Abb. 1.7) sind solche Optimierungen nicht möglich, weil Kontextwissen, das hier in der fünften Schicht anfällt, nicht bis zur DB-Pufferverwaltung in der zweiten Schicht durchgereicht werden kann. In realen Implementierungen wird man aber selektiv und gezielt schichtenübergreifende Informationskanäle für wichtige Optimierungsparameter einrichten. Solche Maßnahmen verletzen zwar das Kapselungsprinzip unseres Schichtenmodells und führen zugleich implizite Abhängigkeiten ein, aus Gründen der Leistungsverbesserung werden sie jedoch in kontrollierter Weise toleriert.

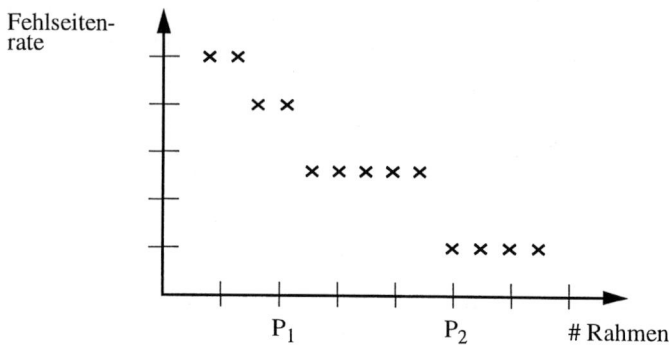

Abb. 5.10: Charakteristischer Verlauf der Fehlseitenrate bei Verarbeitung von Hot-Sets

5.5.2   Modellierung des Pufferbedarfs

Das Hot-Set-Modell, das Kontextwissen bei mengenorientierten Anforderungen vorab für die operations- oder transaktionsorientierte Speicherzuordnung im DB-Puffer ausnutzen will, verspricht deutliche Verbesserungen für relationale DBS [SACC86]. Seitenmengen, die wiederholt referenziert werden, heißen Hot-Sets. Eine ausreichende Speicherzuordnung soll nun erreichen, daß sie für die Dauer der Anfrage vollständig im DB-Puffer bleiben. Bezieht sich beispielsweise eine Anfrage auf zwei Hot-Sets, so könnte sich das in Abb. 5.10 gezeigte Verhalten der Fehlseitenrate einstellen. Wird die Rahmenanzahl zu klein gewählt, so müssen Seiten aus beiden Hot-Sets ersetzt werden. Eine Vergrößerung auf P_1 Rahmen verursacht eine abrupte Veränderung in der Fehlseitenrate, was beispielsweise dadurch erklärt werden kann, daß jetzt einer der Hot-Sets vollständig im DB-Puffer bleibt. Eine weitere Vergrößerung auf P_2 Rahmen bewirkt eine erneute drastische Reduktion der Fehlseitenrate, weil jetzt beide Hot-Sets im Puffer gehalten werden. Die Punkte P_i heißen auch Hot-Points; sie können bei der Erstellung der Zugriffspläne abgeschätzt und bei ihrer Ausführung als Mindestrahmenzahl der DB-Pufferverwaltung mitgeteilt werden, um das entsprechende Leistungsverhalten zu erzielen. Der größte Hot-Point, der noch kleiner als die verfügbare Rahmenanzahl ist, heißt Hot-Set-Size (HSS) für die Anfrage.

Abhängig von der Pufferauslastung, also der verfügbaren Rahmenanzahl bei der Ausführung, lassen sich verschiedene optimale Zugriffspläne für eine Anfrage vorbereiten. Bei der Ausführung ist dann der Plan auszuwählen, der den Leistungszielen des Gesamtsystems am besten förderlich ist. In Abb. 5.11 sind als Beispiel die Kostenverläufe für zwei Pläne einer Anfrage skizziert, wobei als dominierende Auswertungsstrategie ein Nested-Loop-Verbund unterstellt wurde und jede der beteiligten Relationen einmal als innere Relation verplant wurde [SACC86]. Bei mehr als $P_i=10$ verfügbaren Rahmen würde der Plan mit PERS in der äußeren Schleife ausgewählt werden.

Bei diesem Ansatz wird für jede Anfrage mit Hilfe des Hot-Set-Modells eine Anzahl HSS von Pufferrahmen bestimmt, was oft wegen der erforderlichen Größenabschätzungen bei der

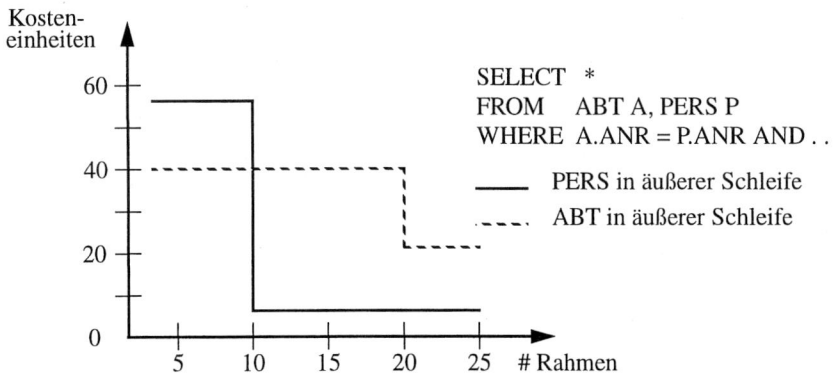

Abb. 5.11: Zugriffskosten zweier Auswertungspläne mit dem Nested-Loop-Verbund

Modellierung relativ grob ausfällt. Für die Anfrageauswertung werden HSS Pufferrahmen zugeordnet und nach einem LRU-Verfahren verwaltet. Um die eingangs diskutierten Probleme zu vermeiden, wird bei der Speicherzuweisung großzügiger verfahren, was zu einer geringeren Speicherplatzausnutzung führen kann.

Um die Modellierung des Pufferbedarfs von Anfragen zu verbessern, wird in [CHOU85] eine Verfeinerung durch das Query-Locality-Set-Modell (QLSM) vorgeschlagen. Sie beruht auf der Beobachtung, daß die Seitenreferenzmuster relationaler Operationen in eine Anzahl einfacher Referenzmuster zerlegt werden können, die eine genauere Bedarfsvorhersage gestatten. Danach lassen sich die Seitenreferenzmuster von Zugriffsverfahren und DB-Operationen wie folgt klassifizieren:

- Sequentielle Referenzen treten in verschiedenen Formen auf: beispielsweise sind sie beim Relationen-Scan strikt (*straight sequential*), beim Merge-Verbund können abschnittsweise Wiederholungen auftreten (*clustered sequential*), und beim Nested-Loop-Verbund ergeben sich auf der inneren Relation schleifenartige Wiederholungen (*looping sequential*).

- Wahlfreie Referenzen: das Referenzmuster bildet sich durch unabhängige Referenzen (*independent random*). Referenzlokalität kann sich hier durch eine Folge ähnlicher, aber unabhängiger Zugriffe, z. B. über einen Index, ergeben (*clustered random*).

- Eine hierarchische Referenz entsteht durch eine Folge von Seitenzugriffen von der Wurzel zu einem Blatt einer Indexstruktur. Ein Index kann nur einmal durchlaufen werden (*straight hierarchical*), es kann sich ein sequentieller Scan längs der Blattseiten anschließen (*hierarchical with straight/clustered sequential*), oder es können wiederholte Indexzugriffe erfolgen (*looping hierarchical*).

Diese verschiedenen Referenzmuster bilden das Gerüst der verfeinerten Modellierung, die eine angepaßte Speicherzuordnung erlaubt. Zur Umsetzung dieser Idee wird in [CHOU85] der DBMIN-Algorithmus entwickelt, der bei Simulationsstudien (Durchsatztests) den Hot-Set-Algorithmus im Leistungsverhalten übertrifft.

5.5.3   Prioritätsgesteuerte Seitenersetzung

Eine Bevorzugung bestimmter Transaktionstypen oder DB-Partitionen ist vielfach wünschenswert, um beispielsweise Ersetzungsprobleme, wie wir sie für LRU skizziert haben, zu vermeiden. Ein einfaches Verfahren bietet die Berücksichtigung von Prioritäten bei der DB-Pufferverwaltung, durch die beispielsweise Seiten bei sequentiellem Zugriff möglichst schnell wieder aus dem DB-Puffer verdrängt werden.

Das Verfahren PRIORITY-LRU (*Priority Hints* [JAUH90]) richtet dazu pro Prioritätsstufe eine eigene dynamische Pufferpartition (siehe Abschnitt 5.3.2) ein, die durch eine separate LRU-Kette verwaltet wird. Die Priorität einer Seite wird entweder durch die DB-Partition, zu der sie gehört, oder durch die maximale Priorität der sie referenzierenden Transaktionen bestimmt, da mehrere Transaktionen parallel auf eine Seite zugreifen können. Dieser Aspekt verweist auf ein Problem, transaktions- oder transaktionstyp-spezifischer Partitionen, bei der parallel referenzierte Seiten jeweils nur einer Pufferpartition zugeordnet werden dürfen, um Seitenreplikation im DB-Puffer zu vermeiden. Da eine Seite logisch zu verschiedenen Partitionen gehören kann, physisch jedoch nur einmal im DB-Puffer gespeichert werden soll, sind bei der Pufferverwaltung gewisse Komplexitäten in Kauf zu nehmen. Muß eine Seite zur Ersetzung ausgewählt werden, so wird zunächst in der Partition mit der geringsten Priorität gesucht. Wenn dort keine Seite ersetzbar ist, wird die Suche in der Partition mit der nächsthöheren Priorität fortgesetzt. Eine Zusatzregel verhindert, daß die w zuletzt referenzierten Seiten, und zwar unabhängig von ihrer Priorität, ersetzt werden. So ist ein Kompromiß zwischen Prioritäts- und absolutem LRU-Kriterium möglich. Eine solche Entscheidungssituation ist in Abb. 5.12 veranschaulicht, wobei w = 30 gewählt wurde und zum Referenzzeitpunkt RZ = 100 die Ersetzung erfolgen soll. Da in der Partition mit Priorität 1 keine Seite ersetzbar ist, wird der LRU-Kandidat der Partition mit der nächsthöheren Priorität (S17) als „Opfer" bestimmt.

In der Literatur werden eine Reihe weiterer Möglichkeiten, Kontextwissen bei der Verwaltung des DB-Puffers zu berücksichtigen, vorgeschlagen [HAAS90, NG91, TENG84]. Außerdem werden seit einigen Jahren ähnliche Techniken untersucht, um die Prioritätsvergabe für Transaktionen bei Scheduling-Verfahren auf Ebene der DB-Pufferverwaltung zu unterstützen [CARE89]. Auch die Forderung nach Realzeiteigenschaften beeinflußt Speicherzuordnung und Ersetzungsverfahren im DB-Puffer maßgeblich [ABBO89]. Diese Erweiterungen werden hier jedoch nicht näher diskutiert.

5.6   Seiten variabler Größe

Bisher wurde angenommen, daß die im DB-Puffer zu verwaltenden Seiten eine einheitliche Größe, die der Transporteinheit von/zum Externspeicher entspricht, besitzen und jeweils genau einem Pufferrahmen zugeordnet sind. Dabei wurde unterstellt, daß die Länge der in den Seiten zu speichernden Sätze durch die Seitenlänge (≤ wenige (4) KB) beschränkt ist und daß

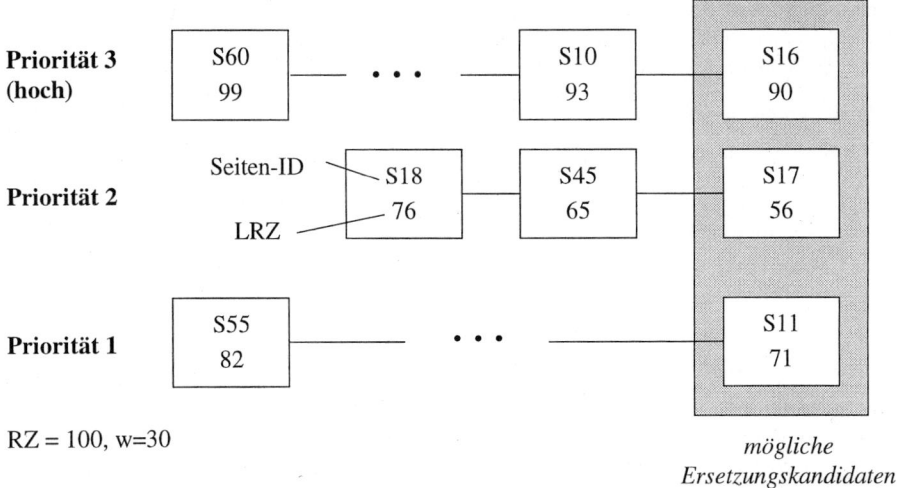

Abb. 5.12: Entscheidungssituation bei der prioritätsgesteuerten Seitenersetzung, bei der vom Prioritätskriterium abgewichen wird

die Programme der nächst höheren Systemschicht (Record-Manager) die Sätze als fortlaufende Byte-Folge bearbeiten können (siehe Abb. 4.1). Diese Einschränkung kann in der Regel bei betrieblichen Anwendungen, bei denen typischerweise kleine Objektgrößen vorherrschen, noch in Kauf genommen werden, bei sog. Non-Standard-Anwendungen, für die komplexere Datenmodelle mit einer Vielfalt neuer (z. B. LONG FIELD) und auch benutzerdefinierter Datentypen entwickelt wurden [LOHM91, VAND91], würde sie jedoch unangemessene Objektmodellierungen erzwingen. Da es aus Gründen der Speicherfragmentierung und der Zugriffseffizienz nicht möglich ist, die Seitengröße an den größten Objekten auszurichten, müssen Maßnahmen ergriffen werden, die eine Speicherung von Objekten unterschiedlicher Größe gestatten. Will man dabei eine einheitliche Seitengröße beibehalten, so müßte man für größere Objekte die Verwaltung von und den Zugriff auf Seitenmengen [HÄRD87a] unterstützen, was aber die Schnittstelle zum DB-Puffer erheblich komplexer gestalten würde. Zwar könnte die Seitenmenge auf einmal bereitgestellt und freigegeben werden (FIX-, UNFIX-Operation), jedoch wären die einzelnen Seiten dabei über den DB-Puffer verstreut, so daß ein Großteil der Verarbeitungskomplexität auf den Record-Manager abgewälzt werden würde, der letztendlich seitenüberspannende Sätze zu realisieren hätte. Soll also die Schnittstelle zum DB-Puffer in ihrer Einfachheit erhalten bleiben, so muß eine Lösung gefunden werden, bei der Seiten unterschiedlicher Größe verfügbar gemacht und auf benachbarte Pufferrahmen abgebildet werden.[2]

---

[2] Adabas ist das einzige uns bekannte DBS, das seit je, und zwar für betriebliche Anwendungen, variable Seitenlängen unterstützt. Es speichert alle Daten in sog. Container-Dateien verschiedenen Typs, die Seiten unterschiedlicher Seitengrößen, selbst innerhalb eines Containers, enthalten können (zwischen 1 – 32 KB). Diese durch den DBA vorzunehmende Seitenanpassung an die erwartete Arbeitslast ist eine Optimierungsmaßnahme, die den Durchsatz um 20 – 30 % verbessern kann, aber sehr schwierig einzustellen und stabil zu halten ist. Die Verwaltung des DB-Puffers, der zugleich Seiten aller Container-Typen aufzunehmen hat, wird dadurch jedoch sehr komplex [SCHÖ98].

Durch die Seitengröße läßt sich die Satzgröße approximieren; da dadurch auch längere Sätze einer Seite zugeordnet werden können, kann die konzeptionelle Einfachheit für den DB-Pufferzugriff, aber auch für andere Verarbeitungsaspekte wie z. B. Sperren oder Logging auf Seitenebene gewahrt werden.

Welche Seitengrößen sollten verfügbar sein? Es ist sicher nicht sinnvoll, beliebige Größen pro Objekt oder pro Segment zuzulassen, da sowohl die Fragmentierung im DB-Puffer als auch die Abbildung auf den Externspeicher die Handhabung und Verwaltung sehr ineffektiv machen würde. Eine vorrangige Einschränkung der Seitenlänge SL wäre deshalb eine Festlegung als Vielfaches der Rahmengröße im DB-Puffer. Jedoch erscheint es auch nicht zweckmäßig, sehr große Objekte zusammen mit kleinen im DB-Puffer zu verwalten.[3] Wir wollen deshalb die maximale Seitengröße auf $SL = 2^n \cdot$ Rahmengröße ($n \leq 6$) festlegen. Da sich die Verwaltung der Seiten im DB-Puffer und insbesondere ihre Ersetzung vereinfacht, wenn die Seitengröße eine Zweierpotenz der Rahmengröße ausmacht, erscheint es angebracht, die möglichen Seitengrößen mit $SL = 1, 2, 4, ..., 2^n \cdot$ Rahmengröße (mit 1 KB oder 2 KB) zu spezifizieren.

Das neue Problem für die DB-Pufferverwaltung ergibt sich durch die Schnittstellenforderung, jede Seite gemäß ihrer Länge 2^n ($0 \leq n \leq 6$) benachbarten Rahmen zuzuordnen, da für den Record-Manager eine zusammenhängende Speicherung gewährleistet werden muß. Die Bestimmung eines Ersetzungskandidaten wird wesentlich komplexer, weil bei der Einlagerung einer Seite

– freie Rahmen im DB-Puffer nicht ausreichend Platz bieten (temporäre Fragmentierung)

– zusammenhängender Platz geschaffen werden muß

– oft mehr als eine Seite zur Ersetzung oder Verschiebung im DB-Puffer zu bestimmen ist

– Seiten mit FIX-Vermerk nicht verschoben werden dürfen

– die „besten" Ersetzungskandidaten gefunden werden sollen.

Als Nebenbedingungen bei der DB-Pufferverwaltung sind die Speicherplatzausnutzung zu optimieren und die Anzahl der E/A-Vorgänge zu minimieren, was die Berücksichtigung der Referenzlokalität auf den Seiten impliziert. Das kann erreicht werden einerseits durch Vermeidung von Seitenersetzungen, indem Seiten mit UNFIX-Vermerk und hoher Wiederbenutzungswahrscheinlichkeit bei der Schaffung zusammenhängender freier Rahmen nicht zurückgeschrieben bzw. aufgegeben, sondern umgelagert werden. Andererseits muß die Menge der „besten" Ersetzungskandidaten bestimmt werden, was wegen der unterschiedlichen Seitengrößen, der verschiedenen Wiederbenutzungswahrscheinlichkeiten der Seiten in einer Kandidatenmenge, der möglichen Lückenbenutzung, der unterschiedlichen Anzahl der zu ersetzenden oder umzulagernden Seiten zur Platzbeschaffung usw. zu einer sehr komplexen Entscheidungssituation führt.

---

[3] In Abschnitt 6.4 wird die Speicherung und Handhabung großer Objekte, die oft spezielle Zugriffsschnittstellen für die Anwendung erfordern, untersucht. Dabei wird deutlich, daß sich aufgrund ihrer Größe und der Leistungsanforderungen der Anwendung ein Durchschleusen der großen Objekte durch den DB-Puffer sowie durch die einzelnen Schichten unseres Architekturmodells verbietet, d. h., hierfür müssen spezielle Maßnahmen vorgesehen werden.

Ein erster Ersetzungsalgorithmus auf der Basis von LRU wurde in [SIKE88] für die Nutzung verschiedener Seitengrößen als VAR-PAGE-LRU entwickelt. Vom ältesten Element einer LRU-Kette ausgehend sucht dieser Algorithmus eine Menge von im DB-Puffer benachbarten Seiten als Ersetzungskandidaten und schafft so Platz für die angeforderte Seite. Die in [SIKE88] beschriebenen Simulationen mit Hilfe von Seitenreferenzstrings zeigen zwar für wichtige Leistungskennzahlen bemerkenswerte Ergebnisse, sie sind jedoch wegen der eingeschränkten Tauglichkeit der verwendeten Seitenreferenzstrings ergänzungsbedürftig. Andererseits läßt sich das Leistungspotential des Algorithmus noch steigern, wenn die Kombination von Ersetzung und Umlagerung von Seiten als Optimierungsmaßnahme in die Ersetzungsentscheidung einbezogen wird.

Eine drastische Vereinfachung ergibt sich für unsere Problemstellung, wenn wir eine statische Partitionierung des DB-Puffers nach den verschiedenen Seitengrößen vornehmen, was der Einführung von k statischen Partitionen im DB-Puffer entspricht (siehe Abschnitt 5.3.1). Die Problemlösung reduziert sich auf die Wahl der „richtigen" Partitionsgrößen sowie der eines geeigneten Ersetzungsalgorithmus pro Partition. Es ist offensichtlich, daß diese statische Lösung klar der „dynamischen Bestimmung variabler Partitionen in einem DB-Puffer" durch VAR-PAGE-LRU unterlegen ist, was auch durch die Simulation in [SIKE88] untermauert wird. Wenn jedoch einer einfachen und stabilen Lösung gegenüber einer hoch komplexen DB-Pufferverwaltung für Seiten unterschiedlicher Größe der Vorzug gegeben werden soll, bleibt nur diese Alternative. Sie wird beispielsweise in DB2 [TENG84, CHEN84] angeboten, wobei sich für die Partitionen anwendungsabhängige Ersetzungsverfahren bereitstellen lassen.

5.7   Betriebsprobleme

Durch die Art der Einbettung des DBS in eine BS-Umgebung, in der es gewöhnlich als normales Anwendungsprogramm behandelt wird, können sich gravierende Auswirkungen auf die DB-Pufferverwaltung ergeben. Wenn es in einer virtuellen Umgebung abläuft, unterliegen sowohl der Programm-Code als auch der DB-Puffer der BS-Seitenersetzung, wenn sie nicht durch besondere Maßnahmen resident im Hauptspeicher gehalten werden können.

5.7.1   Virtuelle Betriebssystemumgebung

Die Ersetzung der Seiten im DB-Puffer erfolgt aufgrund des Referenzverhaltens (Seitenanforderungen) der Transaktionslast. Die Seitenersetzung im Hauptspeicher dagegen läuft davon unabhängig ab, da die BS-Speicherverwaltung die Maschinenbefehl-Adressierungen in den Seiten als Entscheidungsgrundlage heranzieht.

Wird eine Seite, die sich nicht im Hauptspeicher befindet, benötigt, tritt eine Fehlseitenbedingung auf. Die möglichen Fehlseitenbedingungen lassen sich folgendermaßen klassifizieren [SHER76]:

– *Page Fault*: Die benötigte Seite befindet sich zwar im DB-Puffer, die Pufferseite ist aber gerade ausgelagert. In diesem Fall hat das BS die referenzierte Seite vom Seitenwechselspeicher einzulesen.

– *Database Fault*: Die benötigte Seite wird nicht im DB-Puffer aufgefunden. Die zu ersetzende Pufferseite befindet sich jedoch im Hauptspeicher, so daß sie freigegeben und bei Bedarf zurückgeschrieben werden kann. Die angeforderte Seite wird dann von der DB eingelesen.

– *Double Page Fault*: Die benötigte Seite wird nicht im DB-Puffer aufgefunden, und die zur Ersetzung ausgewählte Seite befindet sich nicht im Hauptspeicher. In diesem Fall muß zunächst die zu ersetzende Seite durch das BS bereitgestellt werden, bevor ihre Freigabe und das Einlesen der angeforderten Seite erfolgen kann.

Die Häufigkeit des Auftretens von Page Faults, Database Faults und Double Page Faults bestimmt in entscheidendem Maße, ob die DB-Pufferverwaltung zu einem Engpaß des gesamten Systems wird. Bei einem durch die Transaktionslast vorgegebenen logischen Seitenreferenzverhalten hängen die Häufigkeiten der verschiedenen Fehlseitenbedingungen von folgenden wesentlichen Einflußgrößen ab:

– der Größe P des (virtuellen) DB-Puffers und der mittleren Anzahl M der verfügbaren Hauptspeicher-Rahmen

– der Ersetzungsstrategie der Pufferverwaltung des DBS

– der Ersetzungsstrategie der Speicherverwaltung des BS.

Das Zusammenwirken dieser Komponenten ist sehr komplex, so daß die Optimierung der DB-Pufferverwaltung in einer virtuellen Umgebung weitere Probleme aufwirft. Untersuchungen zu ihrer Lösung wurden bisher zu folgenden Fragestellungen publiziert:

– Messungen und Modellbildung von Seitenreferenzstrings bestimmter DBS [RODR76]

– Auswahl einer optimalen Kombination von bekannten Ersetzungsstrategien für DB-Puffer und BS-Speicherverwaltung [SHER76]

– Auswahl der optimalen Größe des DB-Puffers für bestimmte Ersetzungsstrategien, DB- und Hauptspeicher-Größen [SHER76].

5.7.2 Maßnahmen zur Lastkontrolle

Besonders bei kleinem DB-Puffer drohen bei Überlast weitere Gefahren. Da für jede Transaktion zu einem Zeitpunkt mehrere Seiten in der FIX-Phase gehalten werden können, ist es möglich, daß eine Verknappung an Pufferrahmen – ein sog. Betriebsmittel-Deadlock – bei der DB-Pufferverwaltung auftritt, d. h., es wird eine zusätzliche Seite angefordert, obwohl momentan alle Seiten mit einem FIX-Vermerk belegt sind und deshalb nicht ersetzt werden können. Eine Lösung dieses Problems besteht darin, die in Bearbeitung befindliche DB-Anweisung einer Transaktion zurückzusetzen und dadurch ihre Seiten frei zu machen.

Mit steigender Anzahl konkurrierender Transaktionen nimmt bei vorgegebener Puffergröße die Anzahl der verfügbaren Rahmen pro Transaktion ab. Dadurch wächst die relative Häufigkeit von logischen Seitenanforderungen, die zu physischen E/A-Vorgängen führen. Obwohl die Kosten für jeden E/A-Vorgang gleich bleiben, erhöht sich der gesamte Overhead durch die wachsende relative Häufigkeit der Seitenersetzung. Zur Begegnung dieser Thrashing-Gefahr werden in der Literatur [FERR76] folgende Maßnahmen vorgeschlagen. Sie verringert sich durch

- Optimierung der Ersetzungsstrategie
- Reduktion der Kosten für eine Seitenersetzung
- Optimierung des Referenzverhaltens von Programmen (*Restructuring*).

Diese Maßnahmen dienen dazu, den System-Overhead zu reduzieren und dadurch die Anzahl konkurrierender Transaktionen zu erhöhen, die ohne Thrashing-Gefahr bearbeitet werden können. Sie gewährleisten jedoch nicht, daß bei weiterer Erhöhung der Parallelität nicht doch das Phänomen des Thrashing auftritt. Thrashing kann deshalb nur durch dynamische Beschränkung der Parallelität sicher verhindert werden [TANE94]. Das setzt voraus, daß Transaktions- und DB-Pufferverwaltung derart zusammenarbeiten müssen, daß bei Puffermangel keine neuen Transaktionen zugelassen und Operationen aktiver Transaktionen möglicherweise verzögert werden („memory management and process scheduling must be closely related activities" [DENN80]). Zur Kontrolle der Pufferbelegung und der maximal zulässigen Parallelität läßt sich ein sog. Working-Set-Scheduler einsetzen, der folgende Aufgaben zu erfüllen hat:

- Es ist der aktuelle Working-Set einer Transaktion zur Vorhersage für die nächste Ausführungsphase zu ermitteln.
- Eine neue Transaktionsanforderung ist nur zuzulassen, wenn ihr Working-Set kleiner als die Anzahl der ungenutzten Pufferrahmen ist.
- Tritt eine Fehlseitenbedingung auf, so wird dafür gesorgt, daß die zu ersetzende Pufferseite nicht aus dem Working-Set einer aktiven Transaktion stammt.

Ein solches Konzept der Zusammenarbeit von Transaktions- und DB-Pufferverwaltung gewährleistet einen reibungslosen Betrieb des Datenbanksystems ohne Thrashing-Gefahr (siehe auch Abschnitt 10.5).

Teil III

Zugriffssystem

6 Speicherungsstrukturen

Die nächsthöhere Abbildungsschicht wird in unserem Schichtenmodell (siehe Abb. 1.7) durch den Begriff „Speicherungsstrukturen" bezeichnet. Ausgehend von den an der DB-Puffer-schnittstelle bereitgestellten Segmenten und Seiten hat sie an ihrer oberen Schnittstelle, interne Satzschnittstelle genannt, Operationen auf physischen Sätzen und Zugriffspfaden verfügbar zu machen, die zur Verwaltung und Speicherung der (logischen) DB-Objekte dienen. Das Erzeugen und Warten dieser Strukturen erfolgt satzorientiert mit Hilfe ihrer vorgegeben Modifikationsoperatoren; sie lassen sich durch Anweisungen der Art „Speichere Ausprägung vom Satztyp X" oder „Aktualisiere B*-Baum mit Eintrag Y" charakterisieren. Ebenso ist das Aufsuchen satzorientiert, und zwar mit wertbasierten und sequentiellen Zugriffen über vorhandene Zugriffspfade. Die zur Verwaltung der Speicherungsstrukturen anfallenden Aufgaben lassen sich gewöhnlich gut separieren und so verschiedenen Komponenten dieser Abbildungsschicht zuordnen:

– Der Record-Manager ist verantwortlich für Abbildung und Kontrolle der physischen Datensätze.

– Die Zugriffspfadverwaltung übernimmt Implementierung und Aktualisierung von spezifizierten Zugriffspfaden.

Diese DBS-Komponenten nutzen die bereits eingeführten Segmente und Seiten mit ihren Operatoren als primitive Objekte. Die Module dieser Komponenten beziehen sich auf Segmente mit sichtbaren Seitengrenzen, die seitenweise auf Anforderung im DB-Puffer bereitgestellt und freigegeben werden. Alle Objekte in den Seiten und seitenübergreifend in den Segmenten werden durch die Module dieser Schicht erzeugt, gewartet und gespeichert.

Die verfügbaren Speicherungsstrukturen und Zugriffspfade bestimmen wesentlich die Angemessenheit und Effektivität der Abbildung logischer DB-Objekte sowie ganz besonders das Leistungsverhalten des DBS. Deshalb ist in jedem DBS ein Spektrum verschiedenartiger Strukturen anzubieten, die dann beim physischen DB-Entwurf eine Anpassung (Tuning) an die konkreten Anwendungscharakteristika erlauben und bei der Optimierung von DB-Anfragen eine herausragende Rolle spielen. Wegen der Reichhaltigkeit des Angebots und der Vielzahl an Vorschlägen für Speicherungsstrukturen und Zugriffspfade ist das Realisierungsspektrum deutlich umfangreicher und komplexer als bei den bisher diskutierten Schichten. Wir unterteilen deshalb diese Aufgabe und beschreiben die wichtigsten Realisierungskonzepte und

Implementierungstechniken in den Kapiteln 6 - 9. Während dieses Kapitel der Adressierung und Darstellung von Speicherungsstrukturen für einfache, komplexe und lange Objekte gewidmet ist, sind die drei nachfolgenden Kapitel den eindimensionalen, typübergreifenden und mehrdimensionalen Zugriffspfaden vorbehalten.

6.1   Freispeicherverwaltung

Bevor wir die Speicherungsstrukturen und die zugehörigen Implementierungstechniken im einzelnen diskutieren, sollen die zu ihrer Abbildung wichtigsten Hilfsfunktionen und -strukturen kurz dargestellt werden. Beim Einspeichern eines neuen Satzes oder Eintrags in einen Zugriffspfad ist zunächst genügend freier Speicherplatz aufzufinden. Außerdem muß der neu gespeicherte Satz über alle für den entsprechenden Satztyp definierten Zugriffspfade erreichbar sein; d. h., es ist eine Verknüpfung von Zugriffspfad und Satz mit Hilfe einer hinreichend flexiblen Adressierungstechnik vorzusehen.

Die Freispeicherverwaltung hat zwei Aufgaben. Einerseits soll sie auf eine Speicheranforderung hin eine Seite des Segmentes mit genügend freiem Speicherplatz auswählen und andererseits innerhalb einer Seite die freien Bereiche lokalisieren. Dazu wird auf Segmentebene eine Freispeichertabelle F verwaltet, die im allgemeinen selbst wiederum mehrere Seiten des Segmentes belegt. In F ist für jede Seite P_i des Segmentes ein Eintrag f_i der Länge L_f reserviert.

Bei einer Seitenlänge L_S und bei L_{SK} belegten Bytes für den Seitenkopf, der beschreibende Informationen über die Seite, wie Bezeichnung und Typ der Seite sowie organisatorische Daten bereithält, können pro Seite

$$k = \lfloor (L_S - L_{SK})/L_f \rfloor$$

Einträge f_i gespeichert werden, so daß für ein Segment mit s Seiten

$$n = \lceil s/k \rceil$$

Seiten für die Tabelle F belegt sind. Eine wichtige Anforderung für die Speicherzuordnung von F ist die Berechenbarkeit der Adresse jedes Eintrags, was bei sequentiellen Listen erfüllt ist. Deshalb wird F oft den ersten n (benachbarten) Seiten des Segmentes zugeordnet. Bei dynamischem Wachstum eines Segmentes ist eine Zuordnung von F am Segmentende oder eine äquidistante Verteilung der durch F belegten Seiten auf die Segmentseiten i * k + 1 (mit i = 0, 1, 2, ...) besser geeignet. Der Wert k läßt sich dabei als Einheit des Zuwachses heranziehen.

Zur exakten Freispeicherverwaltung wird gewöhnlich für jede Seite ein Eintrag von 2 Bytes Länge reserviert. Der Inhalt des i-ten Eintrags f_i von F beschreibt als Binärzahl die momentan verfügbaren freien Bytes der Seite P_i. Da mit jeder Belegung zusätzlichen Speichers in der Seite bei der exakten Freispeicherverwaltung auch der zugehörige Eintrag in F zu ändern ist, kann es vorteilhaft sein, zu einer unscharfen Freispeicherverwaltung überzugehen, zumal die Tabelle F dadurch kompakter wird und E/A-Vorgänge einspart. Dabei wird für je-

	1	2	3	$\cdots$	i		
V	j	n	m	$\cdots$	k	$\cdots$	$k=Adr(B_k)$
F	f_1	f_2	f_3		f_i		

Abb. 6.1:   Seitentabelle mit Freispeicherinformation

den Eintrag f_i nur noch 1 Byte (oder weniger) reserviert. Sein binärer Wert drückt den verfügbaren Speicherplatz in Vielfachen von $\lceil L_S/256 \rceil$ aus. Bei einer Seitengröße von 4KB wird also Freispeicher durch f_i in Einheiten von 16 Bytes verwaltet. Dadurch ergeben sich bei kleinen Änderungen in P_i keine Folgeänderungen in F. Noch kompakter, aber auch unschärfer wird die Freispeicherverwaltung, wenn nur 2 Bits pro Seite reserviert werden. Der Wert '00' zeigt dann beispielsweise an, daß weniger als 25% belegt sind usw.

Bei der indirekten Seitenadressierung liegt es nahe, die Freispeicherinformation eines Segmentes an die Seitentabelle V anzubinden (Abb. 6.1). Aus Gründen des Schreibaufwandes ist diese Lösung vorzuziehen, da mit jeder Seitenänderung P_i auch V(i) zu ändern ist und somit die Änderung von f_i keine Folgekosten erzeugt. Allerdings impliziert dieser Optimierungsvorschlag die Erhöhung der Komplexität der DB-Pufferschnittstelle, da hierbei auch die Seitentabellen sichtbar sein müssen, um zur Freispeicherinformation zugreifen zu können.

Zur Verwaltung des freien Speichers innerhalb einer Seite ist gewöhnlich im Seitenkopf die genaue Anzahl verfügbarer Bytes sowie der Beginn des freien Bereiches vermerkt. Falls der freie Bereich zusammenhängend verwaltet wird, sind diese Angaben ausreichend. Andernfalls müssen die einzelnen freien Bereiche miteinander verkettet werden. Ihre Belegung kann nach Methoden wie First-fit, Best fit oder Variationen davon [LARS98] erfolgen.

6.2   Adressierung von Sätzen

6.2.1   Externspeicherbasierte Adressierung

Für das Referenzieren eines Satzes (oder allgemeiner eines persistenten Objektes) werden beispielsweise in Zugriffspfaden oder in anderen Sätzen Verweise auf den Satz gespeichert, die sein schnelles Auffinden gewährleisten. Da jeder Satz in einer Seite eines Segmentes und diese wiederum in einem Block einer Datei auf einem Externspeicher gespeichert ist, muß die Adressierung Verschiebungen von Seiten, Verlagerungen von Segmenten, Änderungen in der Externspeichertechnologie u. a. berücksichtigen. Eine solche Verweistechnik für DBS muß geeignete „Indirektionen" aufweisen und wird als externspeicherbasierte Adressierung bezeichnet.

Eine vollständige Adresse, die wir mit OID (Object IDentifier) abkürzen, besteht aus einem Identifikator für Satz oder Tupel (Tuple IDentifier) sowie aus Identifikatoren für Segment (Segment IDentifier) und für Satztyp oder Relation (Relation IDentifier)[1], wobei SID und RID nicht immer explizit zu speichern sind, sondern aus dem Kontext abgeleitet werden können. Wenn alle Sätze eines Typs in einem Segment gespeichert werden, läßt sich beispielsweise SID aus der Kataloginformation (Segment-Zuordnungstabelle) ergänzen. Bei der Diskussion der OID-Realisierung konzentrieren wir uns deshalb auf Verweistechniken innerhalb von Segmenten. Die Segment- und/oder Relationenzuordnung und damit die DB-weite Eindeutigkeit einer OID läßt sich ohnehin relativ einfach und billig über kleine Tabellen erreichen.

Für die Implementierung solcher Verweise ist deshalb eine Adressierungstechnik zu entwickeln, die

– einen schnellen, möglichst direkten Zugriff auf den Satz bietet

– hinreichend stabil gegen Verschiebungen des Satzes ist, damit seine „geringfügige" Verschiebung keine Lawine an Folgeänderungen in den Zugriffspfaden auslöst

– zu häufiges Reorganisieren vermeidet.

Auch bei der Satzadressierung sind direkte und indirekte Adressierungstechniken zu unterscheiden. Die direkte Adressierung mit Hilfe der relativen Byteadresse (gerechnet vom Segmentanfang) unterstützt zwar den schnellen Zugriff, ist aber nur tragbar, wenn ein Satz immer (bis zur Reorganisation) die einmal zugewiesene Position behält. Sie findet ihren Einsatz bei speziellen Zugriffsmethoden; in einem DBS scheidet sie wegen ihrer Inflexibilität bei Satzverschiebungen aus.

6.2.1.1   TID-Konzept

Für den allgemeinen Fall ist bei der Satzadressierung eine Form der Indirektion vorzusehen, die Verschiebungen innerhalb einer Seite ohne Rückwirkungen zuläßt, aber nach Möglichkeit keine weiteren Zugriffskosten einführt. Das sog. TID-Konzept [ASTR76] dient zur Adressierung in einem Segment. Es weist jedem Satz ein TID zu, bestehend aus Seitennummer und Index zu einer seiteninternen Tabelle. Die relative Position des Satzes innerhalb der Seite findet sich in dem durch den Index beschriebenen Tabelleneintrag. Auf diese Weise können Sätze, durch Wachstum oder Schrumpfung (auch anderer Sätze) bedingt, innerhalb der Seite verschoben werden, ohne daß das TID als extern sichtbare Adresse zu ändern ist. Wenn ein Satz aus seiner Hausseite bei starkem Anwachsen oder bei einer Neuaufteilung des Speicherplatzes ausgelagert werden muß, kann sein TID durch eine Überlauftechnik stabil gehalten werden. In der Hausseite wird anstelle des Satzes ein „Stellvertreter-TID" gespeichert, das in der Art eines normalen TID auf den Satz in der neu zugewiesenen Seite zeigt.

In Abb. 6.2 ist die Wirkungsweise des TID-Konzeptes skizziert. Durch die Regel, daß ein Überlaufsatz nicht wieder „überlaufen" darf, wird die Überlaufkette auf die Länge 1 beschränkt. Falls ein Überlaufsatz seine zugewiesene Seite wieder verlassen muß, wird zunächst

---

[1]   In der Literatur finden sich auch andere Bezeichnungen. Beispielsweise benutzt [ONEI97] TID für Table IDentifier und RID für Row IDentifier. Wir verwenden die seit {ASTR76} gebräuchliche Bezeichnung TID.

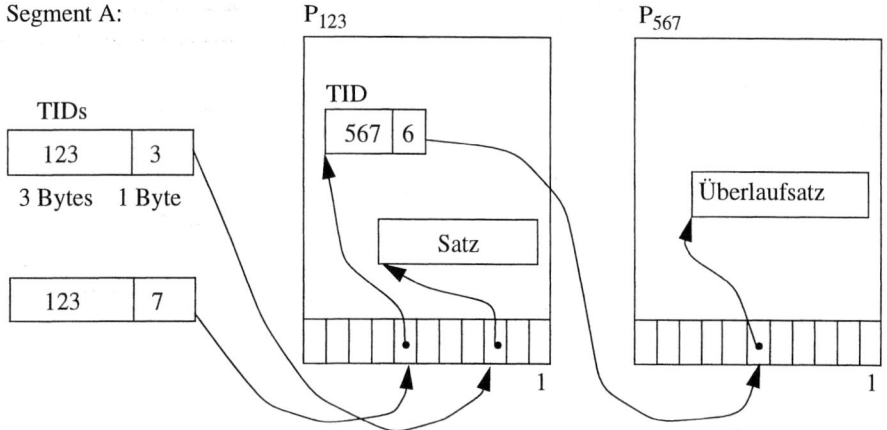

Abb. 6.2: Darstellung des TID-Konzeptes

versucht, ihn wieder in seiner Hausseite unterzubringen. Falls nicht genügend Speicherplatz frei ist, erfolgt der neue Überlauf wieder von der Hausseite aus. Jeder Satz ist mit maximal zwei Seitenzugriffen aufzufinden. Wenn 10 % Überlaufsätze und Gleichverteilung der Satzzugriffe angenommen werden, ergibt sich ein Zugriffsfaktor von 1.1. Bei wesentlicher Verschlechterung des Zugriffsfaktors ist eine Reorganisation angebracht. Das günstige Überlaufverhalten beugt jedoch gegen allzu häufige Reorganisationen vor. Werden die Seiten, in denen sich die Sätze befinden, neu aufgeteilt (z. B. beim B*-Baum), ist das TID-Konzept praktisch nicht brauchbar, weil bei jeder Aufteilung eine Menge von TIDs ungültig werden.

6.2.1.2 Adressierung über Zuordnungstabelle

Bei der zweiten Methode zur indirekten Satzadressierung wird die Indirektion explizit über eine Zuordnungstabelle hergestellt. Für jeden Satztyp wird eine solche Tabelle, die auf benachbarten Seiten zusammenhängend anzuordnen ist, verwaltet, in der jede Satzausprägung bei ihrer Speicherung automatisch eine laufende Nummer, die Satzfolgenummer, und damit einen Eintrag zugewiesen bekommt. Die Nummer des Eintrags ist eine logische Satzadresse; die physische Satzadresse, die im Eintrag gespeichert wird, kann völlig unabhängig von ihr verändert werden. Deshalb gibt es bei diesem Konzept auch keine Überlaufprobleme. Eine beliebige Neuzuweisung der physischen Satzadresse berührt die nach außen sichtbare Satzfolgenummer nicht. Verlängert um ein Satztypkennzeichen ergibt jede Satzfolgenummer einen strikt identifizierenden Datenbankschlüssel (Data Base Key (DBK) in [CODA78]). Die physische Satzadresse kann, da auch hierbei die relative Byteadressierung untauglich ist, entweder durch einen Zeiger auf die Seite (PP = Page Pointer) und eine Indextabelle in der Seite (siehe Abb. 6.3) oder durch einen TID-Verweis implementiert werden.

Mit Hilfe dieses Konzeptes läßt sich die Forderung des CODASYL-Vorschlages [CODA78], die logische Satzadresse unverändert über die gesamte Lebensdauer des Satzes zu halten, auf einfache Weise realisieren, da die einmal zugewiesenen logischen Satzadressen jede Reorganisation der Sätze in den Seiten überdauern. Der zusätzliche Freiheitsgrad dieses Konzeptes wird jedoch relativ teuer erkauft:

– Ausgehend vom Datenbankschlüssel sind zum Auffinden eines Satzes zwei Seitenzugriffe (Zugriffsfaktor 2) erforderlich, die in Abhängigkeit von der DB-Pufferbelegung – direkte Blockadressierung unterstellt – zwischen 0 und 4 E/A-Vorgänge hervorrufen können.

– Es ergeben sich durch dieses Konzept vielfältige Folgewirkungen, die in den Synchronisations- und Recovery-Komponenten berücksichtigt werden müssen. Für jeden Satzzugriff sind Satz (Seite) und zugehöriger Tabelleneintrag zu sperren. Das erfordert spezielle Sperrprotokolle und unterschiedliche Sperrgranulate, da die üblicherweise benutzten Seitensperren auf der Zuordnungstabelle nicht zu tolerieren sind. Ebenso sind unterschiedliche Log-Granulate vorzusehen.

Um gegenüber dem TID-Konzept einigermaßen konkurrenzfähig zu sein, muß versucht werden, eine Verbesserung des Zugriffsfaktors 2 zu erreichen. Dies gelingt durch eine spezielle Pointer-Implementierung in den Zugriffspfaden durch das sog. PPP-Konzept (Probable Page Pointer), führt aber auf einen hohen Zusatzbedarf an Speicherplatz. Die Pointer-Implementierung sieht vor, daß neben der OID (Datenbankschlüssel) die wahrscheinliche physische Satzadresse (PPP) gespeichert ist. Nach dem Einspeichern eines Satzes gilt PP = PPP; durch Satzauslagerungen kann jedoch diese Übereinstimmung verlorengehen (PP ≠ PPP), da die Modifikation aller PPPs zu nicht vertretbarem Aufwand führen würde. Die Wirkungsweise dieses Konzeptes ist in Abb. 6.3 veranschaulicht. Der Zugriff über eine Indexstruktur läuft wie folgt ab:

– Zunächst wird über den PPP versucht, den Datensatz zu finden. Im Erfolgsfall (im Beispiel für Y003) ist nur ein Seitenzugriff erforderlich.

– Wird der Datensatz über den „kurzen Weg" nicht gefunden (PP ≠ PPP), so ist mit Hilfe der OID der „lange Weg" über die Zuordnungstabelle anzutreten, die auf jeden Fall die aktuelle physische Seitenadresse des Satzes enthält (im Beispiel für Y006). In diesem Fall werden 3 Seitenzugriffe durchgeführt.

Unterstellt man wieder 10% ausgelagerte Sätze, so ergibt sich bei Gleichverteilung der Satzanforderungen ein Zugriffsfaktor von 1.2. Trotz des höheren Speicheraufwandes sind im Vergleich zum TID-Konzept in kürzeren Abständen Reorganisationen erforderlich, um in der Zugriffsgeschwindigkeit mithalten zu können.

Durch eine symbolische Adressierung des Satzes erreicht man eine totale Entkopplung von seiner physischen Position. Alle externen Satzreferenzen werden an ein eindeutiges inhaltliches Kriterium (Primärschlüssel) gebunden. In diesem Fall muß nur der Zugriffspfad für den Primärschlüssel direkt zum gespeicherten Satz führen; dabei sind jedoch in der Regel deutlich höhere Zeit- und Speicherkosten in Kauf zu nehmen als bei einer Zeigeradressierung (siehe Abschnitte 7.3 - 7.5).

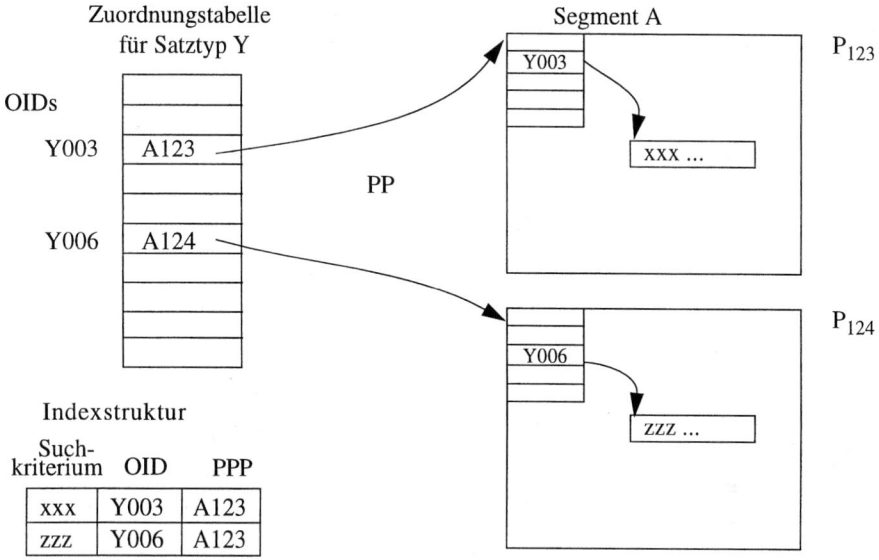

Abb. 6.3:   Wirkungsweise des PP-PPP-Konzeptes bei der indirekten Adressierung über eine Zuordnungstabelle

6.2.2   Hauptspeicherbasierte Adressierung – Swizzling

Die bisher eingeführte externspeicherbasierte Adressierung ist offensichtlich relativ teuer; die dabei verwendeten indirekten Verweistechniken sind zwar eine wichtige Voraussetzung für eine flexible Verwaltung des Externspeichers, bei der Verarbeitung jedoch ist dadurch der Objektzugriff umständlich und damit ineffizient. Zum Aufsuchen der aktuellen Adresse eines Objektes müssen i. allg. mehrere Tabellen konsultiert oder Hash-Funktionen berechnet werden. Selbst wenn ein großer DB-Puffer mit geeigneten Verwaltungsalgorithmen für einen hohen Grad an Referenzlokalität sorgt, sind zum Zugriff auf ein Objekt im Hauptspeicher (oder im Virtuellen Speicher) jedesmal recht große Pfadlängen (lange Instruktionsfolgen im Zugriffsmodul) erforderlich. Nun wurden DB-Puffer in den letzten Jahren immer größer und erreichen in speziellen Anwendungen schon die Größenordnung von GBytes, so daß, zusätzlich durch die Referenzlokalität gefördert, Seiten und ihre Objekte immer längere Zeitabschnitte im Hauptspeicher verweilen. Damit nehmen auch die Häufigkeiten zu, mit denen Objekte bei einem Hauptspeicheraufenthalt referenziert werden.

Bestimmte Anwendungsklassen, vorwiegend Ingenieuranwendungen, zeichnen sich dadurch aus, daß der gesamte Verarbeitungskontext vor einem Werkzeuglauf aus der Datenbank in einen Seiten- oder Objektpuffer geladen und die geänderten Anteile erst nach Beendigung der Verarbeitung wieder auf den Externspeicher zurückgeschrieben werden. Ein solcher Verarbeitungszyklus bezieht sich auf einen geschlossenen Verarbeitungskontext und wird durch das „Load-Operate-Merge"-Paradigma charakterisiert [HÄRD95]. Die Objektpufferung erfolgt dabei im Hauptspeicher oder Virtuellen Speicher (VS) eines Server- oder Workstation-Rechners, wobei in bestimmten CAD-Anwendungen mit 10^5 Objektreferenzen/sec. höchste Verarbeitungseffizienz gefordert wird.

Die geschilderten Szenarien legen es nahe, nach schnelleren Lösungen für das Referenzieren von persistenten Objekten im Hauptspeicher zu suchen. Das schnellste Verfahren erhält man offensichtlich dann, wenn bei der Adressierung keine Unterscheidung mehr zwischen transienten und persistenten Objekten gemacht werden muß, d. h., wenn es gelingt, alle OID-Referenzen zwischen hauptspeicherresidenten, persistenten Objekten durch direkte Zeiger (Hauptspeicher- oder VS-Adressen) zu ersetzen. Eine solche Konversion wird als *Pointer-Swizzling* bezeichnet [MOSS92]. Bei allen Verfahren dieser Art ist ein Trade-off bei den Kosten zu beachten: Beim Laden des Objektes müssen alle OID-Verweise vom/zum Objekt auf Hauptspeicher- oder VS-Adressen umgestellt und beim Zurückschreiben müssen diese wiederum auf die ursprünglichen OID-Verweise konvertiert werden (*Unswizzling*); dafür wird jede Referenz (wesentlich) billiger. Eine Faustregel besagt, daß sich Pointer-Swizzling bei einem OID-Verweis lohnt, wenn die Anzahl seiner Nutzungen die „Magische Zahl 3" erreicht.

Techniken für das Pointer-Swizzling werden in mehreren Forschungsbereichen untersucht [MOSS92, KEMP95]. Ihr Einsatz ist neben hauptspeicher-dominanten DB-Anwendungen für objektorientierte Datenbanksysteme, persistente Programmiersprachen u. a. relevant. Deshalb gibt es bereits eine Vielzahl von Lösungsvorschlägen, deren Güte durch den Vergleich mit der herkömmlichen OID-Nutzung beurteilt werden muß.

6.2.2.1   Klassifikation von Swizzling-Verfahren

In [WHIT95] wird das Spektrum der möglichen Techniken für das Pointer-Swizzling aufgezeigt, wobei die Parameter einer Lösung als „Dimensionen des Pointer-Swizzling" eingeführt werden. Hier können wir nur die wichtigsten Dimensionen möglicher Verfahren genauer diskutieren. Diese lassen sich orthogonal nach Ort, Zeitpunkt und Art des Swizzling klassifizieren. Als erstes erörtern wir das Kriterium Ort und seine Verfahrensausprägungen:

* **In-Place-Swizzling**:
  Das Swizzling der Objektreferenzen findet unter Beibehaltung der Objektformate und der Seitenstrukturen im Seitenpuffer oder im Virtuellen Speicher statt. Beim Zurückschreiben von geänderten Seiten müssen für alle Referenzen wieder die entsprechenden OIDs eingesetzt werden.

* **Copy-Swizzling**:
  Die Objekte werden vom Seitenpuffer in einen Objektpuffer kopiert und dort gemäß den Anforderungen der Anwendung allokiert; danach kann ein Swizzling der Referenzen erfolgen. Die Objektkopien im Seitenpuffer bleiben davon unberührt. Beim Zurückschreiben ist ein Unswizzling nur für neue und modifizierte Objekte erforderlich.

  Copy-Swizzling besitzt offensichtlich eine größere Flexibilität bei der Wahl der Speicherungsstrukturen und Objektdarstellung (Projektion von Attributen) und damit bei der Anwendungsunterstützung. Jedoch lassen – zumindest im Prinzip – beide Ansätze alle Verfahrensausprägungen zu, die sich durch den Zeitpunkt und die Art des Swizzling ergeben. Zusatztabellen, die sich die OID/Objekt-Zuordnung (möglicherweise) in beiden Richtungen merken, sind ohnehin separat zu führen.

Das zweite Klassifikationskriterium orientiert sich an der Entwurfsentscheidung, wann das Pointer-Swizzling erfolgt.

- **Sofortiges Swizzling** (*eager swizzling*):
  Die Adreßumstellung wird für alle Objekte vor der Verarbeitung abgewickelt. Sobald ein Objekt in den Hauptspeicher gebracht wird, werden alle seine OID-Verweise sofort auf VS-Adressen umgestellt. Das bedeutet, daß alle referenzierten Objekte oder zumindest ihre Deskriptoren (siehe indirektes Swizzling) schon im Hauptspeicher sein müssen (bei speziellen Verfahren genügt ihre Speicherplatzreservierung [WILS90]). Sofortiges Swizzling kann vorteilhaft vor allem bei geschlossenen Verarbeitungskontexten angewendet werden. Beim seitenweisen Einlagern eines B*-Baums (siehe Abschnitt 7.3.2), der nur einmal traversiert wird, würden dagegen unnötigerweise alle Verweise in allen Seiten auf VS-Adressen umgestellt werden, was auch das Holen aller referenzierten Seiten (zumindest beim direkten Swizzling s. u.) impliziert. Beim sofortigen Swizzling kann bei der Objektverarbeitung angenommen werden, daß alle Referenzen in Form von VS-Adressen vorliegen. Deshalb sind Laufzeitprüfungen, ob das Swizzling eines OID-Verweises bereits erfolgt ist, nicht erforderlich.

- **Swizzling auf Anforderung** (*lazy swizzling*):
  Bei diesem Verfahren kann die Umstellung der OID-Verweise selektiv und zu beliebigen Zeitpunkten erfolgen. Deshalb fallen Laufzeitprüfungen bei jeder Referenz an, da nur so beim Objektzugriff sichergestellt werden kann, daß die richtige Adressierungsart gewählt wird, d. h., ob noch ein OID-Verweis oder schon eine VS-Adresse zu verfolgen ist. Swizzling auf Anforderung erlaubt eine Reihe von Variationen. Am einfachsten ist *Swizzling bei Erstreferenz*. Dagegen eröffnet sich ein heuristischer Entscheidungsspielraum, wenn nur die Umstellung solcher OID-Verweise beabsichtigt ist, die eine häufige Nutzung versprechen.
  Beim Swizzling auf Anforderung ist es möglich, die unnötige Umstellung von OID-Verweisen zu vermeiden, da jeweils Einzelfallentscheidungen getroffen werden. Dabei kann prinzipiell eine anwendungsbezogene Prüflogik eingesetzt werden, mit der sich die zu erwartenden Kostenvorteile einer Umstellung auf VS-Adressen abschätzen lassen. Beispielsweise könnte die Swizzling-Entscheidung sogar von erwarteten Referenzhäufigkeiten abhängig gemacht werden. Es ist aber zu befürchten, daß bei zu detaillierten oder komplexen Prüfungen die Leistungsvorteile des Swizzling schwinden.

Ein drittes Kriterium ist die Art des Swizzling, die Kemper in direkte und indirekte Swizzling-Verfahren (siehe Abb. 6.4) einteilt [KEMP95]. Es bestimmt vor allem die Ersetzbarkeit von Objekten, d. h., ob ein Objekt, für dessen Adressierung VS-Adressen eingesetzt werden, während der Verarbeitung ersetzt werden kann. Darf in einem solchen Fall ein Objekt, das nicht (mehr) im VS ist, über eine VS-Adresse angesprochen werden?

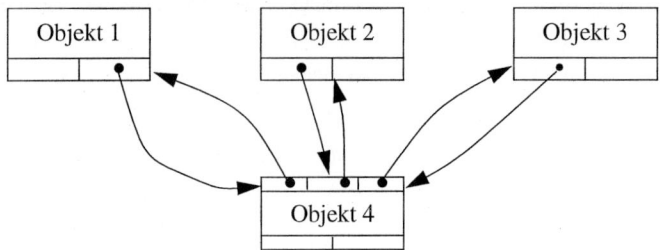

a) Symmetrische Referenzen

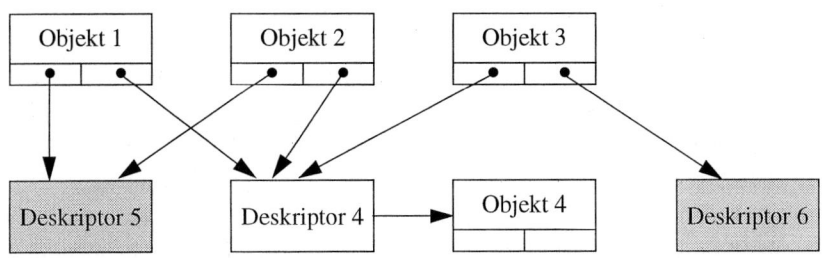

b) Referenzierung von Deskriptoren

Abb. 6.4:   Direktes und Indirektes Swizzling

- **Direktes Swizzling**:

  Dieses Verfahren erfordert zum Zeitpunkt der Umstellung der OID-Verweise, daß die referenzierten Objekte VS-resident sind oder daß für sie zumindest Speicherplatz allokiert ist [WILS90]. Wegen der direkten Adressierung im VS ist eine Ersetzung der Objekte während der Verarbeitung nicht (oder nur zu enormen Kosten) möglich. Dazu müssen nämlich alle Objekte, die das zu ersetzende Objekt referenzieren, aufgefunden werden, um ihre Referenzen von VS-Adressen auf OID-Verweise zurückzustellen. Eine Realisierungsmöglichkeit hierfür bietet der Vorschlag, jede Objektreferenz (Link) symmetrisch (d. h. als Zwei-Weg-Beziehung) anzulegen, wie es in Abb. 6.4 a veranschaulicht ist.

- **Indirektes Swizzling**:

  Durch eine Indirektion beim Objektzugriff sind auf Kosten zusätzlicher Prüfungen bei jeder Referenznutzung größere Freiheitsgrade bei der Wahl des Swizzling-Zeitpunktes erlaubt. Wie in Abb. 6.4 b gezeigt, verweist eine Referenz (Handle) zunächst auf einen Deskriptor als Platzhalter des Objektes, wo dessen VS-Adresse (falls vorhanden) aufgefunden wird. Bei der Umstellung eines OID-Verweises muß also nur ein Deskriptor für das referenzierte Objekt im VS allokiert sein. Die Schattierung bei den Deskriptoren 5 und 6 soll ausdrücken, daß die zugehörigen Objekte noch nicht oder nicht mehr im VS sind, was durch eine entsprechende Markierung im Deskriptor angezeigt wird. Um Garbage Collection für nicht mehr benötigte Deskriptoren durchführen zu können,

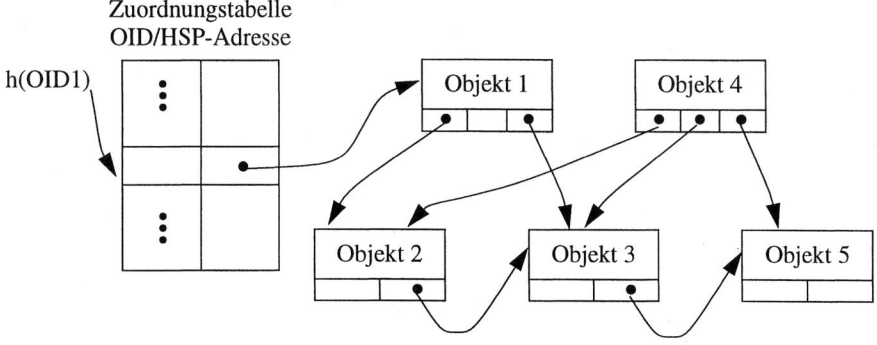

a) Direktes Swizzling in einem Objektpuffer

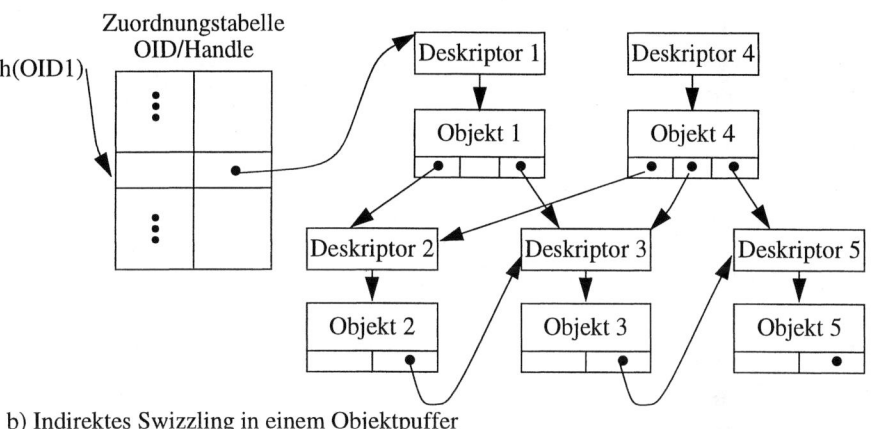

b) Indirektes Swizzling in einem Objektpuffer

Abb. 6.5: Darstellung der Objektreferenzen beim Copy-Swizzling

ist es außerdem sinnvoll, die Anzahl der VS-Referenzen, die auf den Deskriptor verweisen, mit Hilfe eines Zählers zu vermerken.

In Abb. 6.5 ist das Ergebnis von direktem und indirektem Copy-Swizzling dargestellt, wobei die Annahme eines Objektpuffers eher von untergeordneter Bedeutung ist: es muß hier keine Rücksicht auf die Seitenstruktur genommen werden. Die Zuordnungstabellen OID/Handle und OID/HSP-Adresse sind als Hash-Tabellen organisiert und werden beim Durchführen des Swizzling gebraucht. Für das Unswizzling ist es notwendig, entweder die OID im Deskriptor/Objekt zu vermerken oder Zuordnungstabellen in umgekehrter Richtung zu warten.

Welches Leistungsverhalten und welche Flexibilität bei der Objektverarbeitung sind bei den sich ergebenden Verfahrensklassen zu erwarten? Es wurde bereits festgestellt, daß das Ortskriterium (*in-place, copy*) mit den anderen Kriterien kombinierbar ist und nur über mehr

Flexibilität oder Cluster-Bildung bei den Speicherungsstrukturen entscheidet, während die restlichen Kriterien vor allem Zugriffsgeschwindigkeit und Ersetzbarkeit bestimmen.

Beim *sofortigen direkten Swizzling* ist gewährleistet, daß alle Verweise im Hauptspeicher auf VS-Adressen umgestellt sind. Da bei einer Objektreferenz keinerlei Test erforderlich ist, gewährleistet es die höchste Zugriffsgeschwindigkeit. Selektives Unswizzling mit Objektersetzung ist jedoch i. allg. nicht möglich, weil dabei je nach Vermaschung der Objekte ein Schneeballeffekt eintreten würde. Eine Objektersetzung ist nur in Sonderfällen durchführbar und impliziert erhebliche Komplikationen selbst bei einem Schema mit symmetrischen Referenzen (Abb. 6.4 a). Lediglich bei Objektmengen (geschlossener Verarbeitungskontext), bei denen alle Referenzen Mitglieder der Menge betreffen, wäre eine gemeinsame Ersetzung denkbar.

Bei *direktem Swizzling auf Anforderung* ist bei jedem Zugriff ein Test erforderlich, um festzustellen, ob die Umstellung des OID-Verweises bereits erfolgt ist. Soll die Umstellungsentscheidung aufgrund von Referenzhäufigkeiten getroffen werden, so müssen weitere Maßnahmen ergriffen werden (z. B. Einsatz von Heuristiken). Bei symmetrischen Objektreferenzen (siehe Abb. 6.4 a) ist zu jeder Zeit und uneingeschränkt ein Unswizzling und damit eine Ersetzung von Objekten möglich.

Bei *sofortigem indirektem Swizzling* werden bei einem Objekt, sobald es in den VS kommt, alle OID-Verweise auf die entsprechenden Deskriptoren umgestellt, was eine Laufzeitprüfung beim Zugriff auf den Deskriptor einspart, jedoch nicht beim Zugriff vom Deskriptor auf das Objekt. Die unabhängige Ersetzung der Objekte ist in jedem Fall gewährleistet, da die über den Deskriptor eingeführte Indirektion eine unmittelbare Lokalisierung der Objekte verhindert.

Die aufwendigste Swizzling-Variante ist offensichtlich das *indirekte Swizzling auf Anforderung*. Es impliziert neben dem Test, ob das Pointer-Swizzling schon erfolgt ist, eine Prüfung des Deskriptors auf Gültigkeit der Objektadresse, bevor auf das Objekt zugegriffen werden kann. Zusätzlicher Aufwand entsteht, wenn Heuristiken für die Umstellungsentscheidung eingesetzt werden. Wie bei allen indirekten Swizzling-Varianten ist die Objektersetzung unproblematisch.

6.2.2.2   Realisierungsbeispiel für direktes In-Place-Swizzling

In-Place-Swizzling wird vor allem in der direkten Variante eingesetzt. Obwohl realisierbar, scheint es in Verbindung mit indirekten Referenzen nur geringe praktische Bedeutung zu besitzen. Zur Darstellung seiner Wirkungsweise soll ein Swizzling-Konzept diskutiert werden, das auf die Seitenstruktur des Virtuellen Speichers ausgerichtet ist und den seitenbasierten Schutzmechanismus (Protect-Bit pro Seite, kurz P-Bit) der hardwaregestützten VS-Verwaltung nutzt [WILS90]. Dabei haben die Seiten auf Externspeicher und im VS oder DB-Puffer gleiche Größe und Form. Der Swizzling-Mechanismus kennt Lage sowie Aufbau der Objekte in den Seiten und nutzt aus, daß sich die relative Adresse zum Seitenanfang bei der Einlagerung in den VS nicht ändert. Referenzen auf persistente Objekte, die noch nicht im VS sind, werden dadurch erkannt, daß der referenzierte Seitenrahmen zwar im VS reserviert, aber

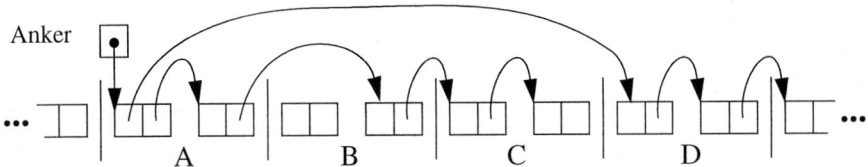

a) Verweisstruktur auf Externspeicher mit Seiten A-D

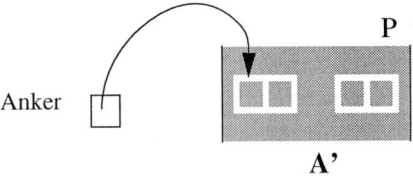

b) VS nach Swizzling des Ankers

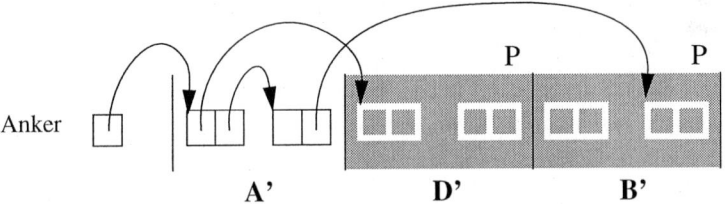

c) VS nach Zugriff über Anker auf Seite A'

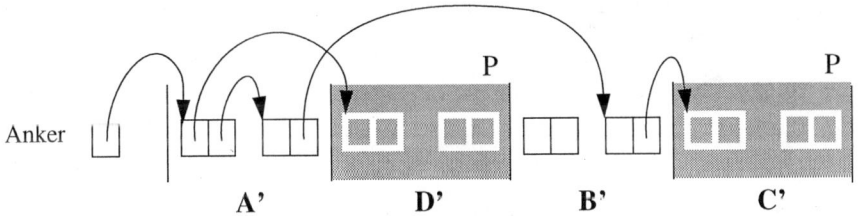

d) Zustand des VS nach Traversierung von A' und Referenzierung von B'

Abb. 6.6: Wirkungsweise eines direkten In-Place-Swizzling

durch ein P-Bit geschützt ist, so daß eine Unterbrechung (interrupt) erzeugt wird. Bei seiner Behandlung wird die betreffende Seite vom Externspeicher geholt und eingelagert, bevor das P-Bit aufgehoben wird. In Abb. 6.6 ist eine Verarbeitungsfolge skizziert, die recht einfach die Wirkungsweise dieses In-Place-Swizzling erkennen läßt.

Abb. 6.6 a stellt einen Ausschnitt aus der Verweisstruktur auf Externspeicher dar. Sobald ein Swizzling für den Anker erfolgt, ist die Lage des Objektes und damit seiner Seite im VS zu fixieren. Es wird nur Speicherplatz (schraffiertes A') angelegt (Reservierung des Seitenrahmens), der durch das P-Bit gegen Zugriffe geschützt wird (Abb. 6.6 b).

Bevor auf das Objekt in A' zugegriffen werden kann, wird die Seite A nach A' gelesen. Außerdem wird ein Swizzling sämtlicher OID-Referenzen in A' ausgeführt, was wiederum impliziert, daß für alle referenzierten, aber noch nicht im VS befindlichen Seiten Speicherplatz anzulegen ist, damit in A' die VS-Adressen der referenzierten Objekte eingesetzt werden können. Nachdem, wie in Abb. 6.6 c dargestellt, der Zugriffsschutz für D' und B' gesetzt und für A' aufgehoben wurde, kann das Objekt in A' verarbeitet werden. Abb. 6.6 d zeigt den Zustand des VS nach weiteren Objektreferenzen. Wenn B' referenziert wird, ist B vom Externspeicher einzulesen. Außerdem muß der Verweis auf ein Objekt in Seite C umgesetzt werden auf eine VS-Adresse zum Objekt in Seite C'. Hier wird nochmals deutlich, daß bei dieser Art des Swizzling die Objekte in C und C' die gleiche relative Position in der Seite besitzen müssen. Da stets alle OID-Referenzen im VS auf direkte VS-Adressen umgestellt sind, handelt es sich bei diesem Realisierungsbeispiel um ein sofortiges direktes Swizzling. Auch hier wird seine Leistungsfähigkeit bei der Verfolgung von Referenzen dadurch erkauft, daß selektives Entfernen/Zurückschreiben von Seiten praktisch unmöglich ist. In [WILS90] wird zwar ein recht aufwendiger Algorithmus vorgeschlagen, er dürfte sich jedoch als wenig tauglich für den herkömmlichen Datenbankeinsatz erweisen.

Direktes Swizzling in allen Formen läßt sich offensichtlich bei der Objektverarbeitung in Ingenieuranwendungen besonders gut anwenden, da dort der (geschlossene) Verarbeitungskontext oft vorab bekannt ist und während der gesamten Verarbeitung im Objektpuffer bleibt. Da genau bei diesen Anwendungen höchste Adressierungs- und Navigationsgeschwindigkeiten verlangt werden, stellt direktes Swizzling das Konzept dar, mit dem 10^5 Referenzen/sec zu erzielen sind. Detaillierte Untersuchungen der Leistungscharakteristika der verschiedenen Swizzling-Varianten finden sich in [KEMP95, MOSS92, WHIT92, WHIT95].

6.3   Abbildung von Sätzen

Der Record-Manager hat die physische Speicherung von Sätzen vorzunehmen und die zugehörigen Operationen wie Lesen, Einfügen, Modifizieren oder Löschen eines Satzes bereitzustellen. Bei Aufsuchoperationen wird er durch die Zugriffspfadkomponente unterstützt. Zur Vereinfachung unserer Realisierungsüberlegungen nehmen wir an, daß Satzmengen eines Typs (Satztypen) auf Segmente und Sätze auf Seiten begrenzt sind (was einer funktionalen Zuordnung zu den Objekten der darunterliegenden Schicht entspricht). Segmentübergreifende Satztypen und seitenüberlappende Sätze bedingen vor allem hohen Zusatzaufwand bei allen Funktionen der Integritätsüberwachung, der sich bei der Abbildung von komplexen Objekten jedoch nicht immer vermeiden läßt.

6.3.1   Speicherung von linearen Sätzen

Einem Segment können n Satztypen mit ihren Zugriffspfaden zugeordnet werden. Alle Sätze eines Typs sind im betreffenden Segment zu speichern.[2] Jeder Satz ist vollständig in einer Seite gespeichert, was seine Länge auf $L_r \leq L_S - L_{SK}$ beschränkt. Im allgemeinen sind jedoch mehrere Sätze, auch Sätze verschiedenen Typs, in einer Seite untergebracht.

Jeder Satztyp besitzt eine Formatbeschreibung, die im DB-Katalog verwaltet wird. Sie setzt sich aus den Beschreibungen der Felder, aus denen der Satz aufgebaut ist, zusammen. Eine Feldbeschreibung besteht aus einer Liste seiner Eigenschaften wie

- Name (meist wird zwischen einem internen Feldnamen und einem externen Attributnamen unterschieden)
- Charakteristik (fest, variabel, multipel)
- Länge (Anzahl Bytes)
- Typ (alpha-numerisch, numerisch, gepackt, binär usw.)
- besondere Methoden bei der Speicherung (Unterdrückung von Leerzeichen oder führenden Nullen, Zeichenverdichtung, kryptographische Verschlüsselung)
- Symbol für den undefinierten Wert (falls nicht als System- oder Segmentkonstante global definiert).

Die Formatbeschreibung steuert alle Operationen auf den Sätzen des entsprechenden Satztyps. Ähnlich wie der Einsatz von Maßnahmen zur Blockchiffrierung auf Dateiebene lassen sich auf der Ebene der Speicherungsstrukturen satz- oder feldbezogene Chiffriermethoden [RYSK80] einführen. Die Möglichkeiten und Konsequenzen der Chiffrierung von indexierten Dateien, die wahlfreie Aufsuch- und Änderungsoperationen zulassen, werden in [BAYE76] untersucht. Insbesondere werden dabei spezielle Lösungsvorschläge zur Chiffrierung von Mehrwegbäumen entwickelt und der für wahlfreie und sequentielle Operationen erforderliche Mehraufwand diskutiert.

Vor allem aus Gründen der Verarbeitungseffizienz und -flexibilität sollte die Speicherungsstruktur von Sätzen folgende wichtige Eigenschaften erfüllen:

- Jeder Satz wird durch ein Satzkennzeichen (SKZ oder OID) identifiziert, um beispielsweise bei Reorganisations- oder Recovery-Maßnahmen eine eindeutige Zuordnung zu erzielen.
- Er sollte möglichst platzsparend gespeichert werden (Speicherökonomie).
- Eine Erweiterbarkeit des Satztyps muß im laufenden Betrieb (EXPAND) möglich sein.
- Die satzinterne Adresse des n-ten Feldes sollte sich möglichst einfach berechnen lassen, da sie bei bestimmten Operationen (z. B. Sortierung oder Verbund) sehr häufig benötigt wird.

Zur Diskussion möglicher Speicherungsformen für lineare (flache) Sätze ziehen wir einen Satztyp PERS mit 6 Feldern (f_i = fest, Länge i; v = variable Länge) heran, der im DB-Katalog wie folgt definiert sei: (PNR : f_5 | Name : v | Beruf : v | Gehalt : f_6 | Ort : f_2 | Aname : v). Dabei können die Werte (val) einzelner Felder durchaus in einer Codierung, nach Möglichkeit in fester Länge (z. B. KL anstelle von Kaiserslautern), vorliegen.

---

2 Ein Segment ist damit der Suchraum für die Sätze eines Satztyps; eine Einschränkung des Suchraums ist nur möglich, wenn bei der Zuordnung im Segment eine feinere Einteilung getroffen worden ist. Manche Segmente stellen dafür das Konzept der „Table Spaces" zur Verfügung.

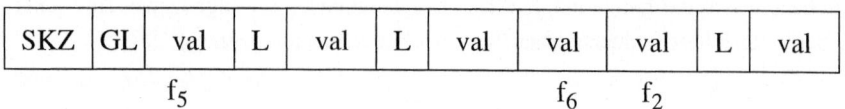

a) eingebettete Längenfelder

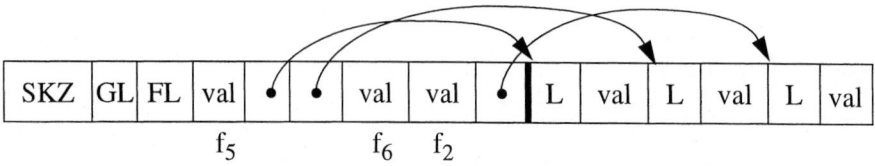

b) eingebettete Längenfelder mit Zeigern

Abb. 6.7:   Speicherungsformen für lineare Sätze

6.3.2   Techniken der Satzdarstellunng

Die einfachste Form der Abspeicherung als bloße Konkatenation von Feldwerten fester Länge führt auf Sätze fester Länge. Variabel lange Felder und undefinierte Feldwerte müssen in der im Katalog angegebenen (Maximal-)Länge gespeichert werden. Interne Verwaltung und Übergabe an das Anwendungsprogramm lassen sich bei dieser Speicherungsform besonders einfach vollziehen.

Obwohl dynamische Erweiterbarkeit und satzinterne Adressierung bei fester Satzlänge einfach sind, ist vor allem aus Gründen der Speicherökonomie die Speicherung von Sätzen variabler Länge vorzuziehen. Da Längenangaben für variable Felder nicht dem Katalog entnommen werden können, sind sie jedem Satz als Strukturinformation (L) mitzugeben; andere Techniken zur Darstellung variabler Felder wie spezielle Trennzeichen oder Präfix-Zeiger [HÄRD78a] besitzen nur geringe Flexibilität. Eine Speicherungsstruktur mit eingebetteten Längenfeldern ist in Abb. 6.7 a veranschaulicht, wobei GL die Gesamtlänge des Satzes beschreibt. Offensichtlich wird hier der Grundsatz der Speicherökonomie beherzigt. Auch dynamische Erweiterbarkeit läßt sich leicht bewerkstelligen: Bei Ausführung einer EXPAND-Anweisung für ein Attribut (Gebdat: f_8) wird nur die entsprechende Katalogmodifikation vorgenommen. Deshalb muß beim Zugriff auf einen PERS-Satz erkannt werden, ob ein Wert für Gebdat bereits gespeichert ist. Nach Ermittlung der satzinternen Adresse von Gebdat kann dies mit Hilfe von GL festgestellt werden; wenn im betreffenden Satz noch kein Wert für Gebdat vorhanden ist, wird ein undefinierter Wert angenommen.

Wegen der eingestreuten Längenfelder ist jedoch keine direkte Berechnung der satzinternen Adressen aus den Katalogdaten möglich. Deshalb wird zu diesem Zweck die Optimierung nach Abb. 6.7 b vorgeschlagen. Dabei werden die variabel langen Felder durch Zeiger ans Ende des festen Strukturteils gelegt. Über Kataloginformation kann nun die satzinterne Adresse für ein Feld fester Länge direkt und für eines variabler Länge bis auf eine Indirektion ermittelt werden. Die dynamische Erweiterbarkeit bleibt möglich, da fehlende Felder am Satzende prinzipiell erkannt werden können; zur Vereinfachung läßt sich jedoch eine Längenangabe für den festen Strukturteil (FL) bereitstellen. Nach einer späteren Aktualisierung des Satzes mit dem neuen Feldwert (z. B. für Gebdat) sind Verschiebungen in der Speicherungsform zu adaptieren, da beispielsweise das Feld f_8 ans Ende des festen Strukturteils plaziert werden muß. Somit verkörpert dieser Vorschlag alle wichtigen Eigenschaften einer Speicherungsstruktur für lineare Sätze.

Durch Anwendung von Schachtelung mit Hilfe spezieller Wiederholungskennzeichen und der entsprechenden Spezifikation im Satzformat läßt sich diese Speicherungsform verallgemeinern zur Darstellung von multiplen Feldern, Wiederholungsgruppen und hierarchisch aufgebauten Datensätzen [BATO85]; siehe dazu nächsten Abschnitt.

Die bisher eingeführten Speicherungsformen setzen gleiche Reihenfolge der Felder in allen Sätzen voraus. Durch Mitführen des Feldnamens (in einer internen Form) läßt sich dieser Zwang prinzipiell umgehen. Beispielsweise können undefinierte Werte einfach weggelassen werden [BABA77]. Jedoch kann dieser gewonnene Freiheitsgrad im allgemeinen nicht so ausgenutzt werden, daß der Mehraufwand an Speicherplatz ausgeglichen wird.

Sätze lassen sich prinzipiell – durch Variation der diskutierten Speicherungsformen – als Folge mehrerer verketteter Satzpartitionen speichern. Wichtige Anwendungen dieser Technik ergeben sich bei sehr langen Sätzen (z. B. bei hierarchisch organisierten Sätzen), beim Einsatz verschieden schneller Speichermedien oder zur Unterstützung der Cluster-Bildung, wobei die Partitionsbildung nach Zugriffshäufigkeiten und gemeinsamer Verarbeitung der Felder durch die Benutzer vorzunehmen ist. In der Literatur wird diese Zerlegung von Sätzen bei ihrer Speicherung als sog. Segmentierungsproblem behandelt. Mathematische Modellbildungen zu seiner Lösung finden sich in [MARC83, NAVA85].

Die zur Verfügung stehenden Optionen des Satzformats bestimmen in hohem Maße den Speicherplatzbedarf. Während feste Satzlängen nur Feldcodierungen und -chiffrierungen fester Länge ermöglichen, lassen sich bei variablen Satzlängen beliebige Verfahren der Zeichenverdichtung und Kryptographie anwenden. Der dabei anfallende Konversionsaufwand ist i. allg. zu vernachlässigen, wie wir durch konkrete Meßversuche festgestellt haben. Für den praktischen Einsatz sind die zur Komprimierung der Feldwerte bereitgestellten Methoden besonders wichtig. Durch Messungen wurde nachgewiesen, daß solche Techniken zur physischen Speicherung von Sätzen im Mittel 50% des Speicherplatzes einsparen.

6.3.3 Darstellung komplexer Objekte

Bisher wurde diskutiert, wie sich einfach zusammengesetzte Objekte durch „lineare" Speicherungsstrukturen[3] darstellen lassen. Komplexe Objekte werden gebildet aus einfachen (atomaren) Attributwerten durch rekursive Anwendung von Mengen-, Listen- und Tupelkonstruktoren [DADA86]. Die sich dabei ergebenden Strukturen besitzen deshalb mehr Freiheitsgrade, die beim Entwurf physischer Speicherungsstrukturen zu berücksichtigen sind. Wenn immer innerhalb von komplexen Objekten Tupelstrukturen auftreten, können die bisher abgeleiteten Prinzipien zu ihrer Repräsentation als Speicherungsstrukturen angewendet werden. Im folgenden wollen wir von solchen Detailoptimierungen abstrahieren, um die wesentlichen Abbildungskonzepte herausarbeiten zu können. Dazu beziehen wir uns auf den in [KEßL93] gemachten Vorschlag zur benutzergesteuerten Beschreibung und flexiblen Darstellung von Speicherungsstrukturen für komplexe Objekte.

Komplexe Objekte werden durch rekursive Anwendung von Konstruktoren aufgebaut. Dabei wird das Ergebnis einer Konstruktoranwendung in einer Konstruktordatenstruktur abgelegt. Jedes Element dieser Datenstruktur kann einen einfachen Wert oder wiederum eine Konstruktordatenstruktur auf der nächsttieferen Ebene besitzen. Beim Entwurf einer Speicherungsstruktur für solche komplexen Objekte ergeben sich zwei wichtige Freiheitsgrade, die orthogonal zueinander sind:

– Es sind geeignete Implementierungen für die Konstruktordatenstrukturen zu wählen, um Mengen, Listen oder Tupel an die Verarbeitungsanforderungen der Anwendung anpassen zu können. Beispielsweise lassen sich Mengen oder Listen durch variabel lange Arrays oder gekettete Listen und Tupel durch zusammenhängende oder partitionierte Satzstrukturen darstellen.

– Für jedes Element einer Menge oder Liste oder jedes Attribut eines Tupel ist zu entscheiden, ob es direkt in der Konstruktordatenstruktur gespeichert (materialisierte Speicherung) oder ob es aus ihr heraus referenziert wird (referenzierte Speicherung).

Zur Veranschaulichung dieser Freiheitsgrade führen wir ein einfaches Beispiel ein, bei dem wir folgende Syntax zur Spezifikation eines komplexen Objektes benutzen:

complex_object　db_object_name　[**anchor_record_type**　=　record_type_name]
object_type.

Ein Beispiel, bei dem eine Menge ·von Mitarbeitern als komplexes Objekt 'Belegschaft' aufgefaßt wird, läßt sich dann folgendermaßen darstellen:

complex_object Belegschaft [anchor_record_type = Anker_Rec]
　　set [. . .] of tuple　　(Pers_Nr　　[. . .]:　　integer,
　　　　　　　　　　　　Name　　　[. . .] :　　string (30),
　　　　　　　　　　　　Gehalt　　[. . .] :　　real,
　　　　　　　　　　　　Lebenslauf　[. . .]:　　var_string).

Dabei kennzeichnet [. . .] die Stellen für die Speicherungsstrukturbeschreibungen, die später eingeführt werden.

Das komplexe Objekt Belegschaft sei die Menge {Pers_1, Pers_2, Pers_3}, wobei auf die Darstellung der Tupelstruktur von Pers_i hier verzichtet wird (siehe Abschnitt 6.3.1). Zur

---

³　Auf der Beschreibungsebene von Datenmodellen variiert die Bezeichnung der Objekte/Objekttypen, die sich durch solche linearen Satzstrukturen darstellen lassen. Beim Relationenmodell spricht man von Tupeln/Relationen oder Zeilen/Tabellen (rows/tables).

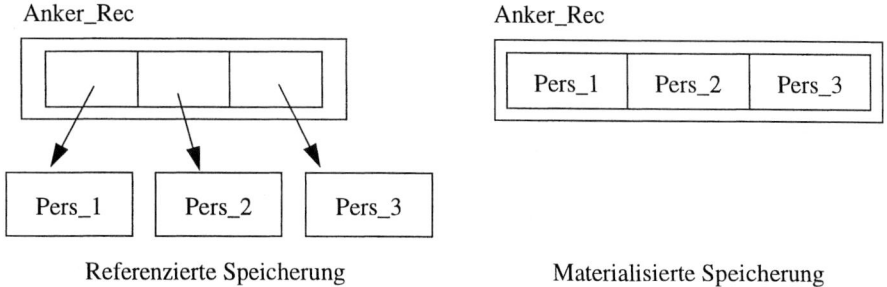

Abb. 6.8:   Darstellung einer einfachen Menge von Tupeln

Speicherung eines komplexen Objektes wird mindestens ein Satz benötigt, der in Abb. 6.8 mit Anker_Rec bezeichnet wird. Er enthält im Beispiel als Konstruktordatenstruktur für die abzubildende Menge ein variabel langes Array. Außerdem zeigt Abb. 6.8 die beiden prinzipiellen Möglichkeiten der Speicherung von Komponenten eines komplexen Objektes.

Um die Vielfalt der Speicherungsstrukturen zu erkennen, die sich durch Nutzung der beiden Freiheitsgrade bei der Abbildung komplexer Objekte ergeben, zeigen wir die Darstellungsmöglichkeiten eines komplexen Objektes {{Pers_1, Pers_2}, {Pers_3, Pers_4}}, das sich durch zweimalige Anwendung des Mengenkonstruktors aufbauen läßt. Wie in Abb. 6.9 gezeigt, wird nur auf variabel lange Arrays als Konstruktordatenstrukturen zurückgegriffen. Für den zweiten Mengenkonstruktor wird wiederum eine Konstruktordatenstruktur und damit ein Behälter (Struktur_Rec) benötigt. Da bei jeder Konstruktordatenstruktur referenzierte oder materialisierte Speicherung möglich ist, resultieren wegen der Unabhängigkeit der Konzepte vier verschiedene Speicherungsstrukturen.

Lassen wir zur Implementierung der Konstruktordatenstrukturen zusätzlich gekettete Listen zu, so erhält man 16 Varianten für die Darstellung unseres Beispielobjektes. Berücksichtigt man schließlich noch die Tupeldarstellung, für die zusammenhängende und partitionierte Satzstrukturen erlaubt sein sollen, so ist es möglich, für ein komplexes Objekt, das mit Hilfe eines Tupelkonstruktors und zweier Mengenkonstruktoren spezifiziert ist, unter 32 Speicherungsstrukturen auszuwählen.

6.3.3.1   Speicherungsstrukturen für Mengen- und Listenkonstruktoren

Die Flexibilität der Speicherungsstrukturen für komplexe Objekte wird vor allem durch die vorhandenen Freiheitsgrade bestimmt. Bei Mengen- und Listenkonstuktoren sind dies die Wahl der Implementierungsform (variabel langes Array, gekettete Liste oder andere Techniken) und die Art der Elementspeicherung (materialisiert, referenziert). Um diese Freiheitsgrade bei der Spezifikation von Speicherungsstrukturen nutzen zu können, wird in [KEßL93] eine Datendefinitionssprache vorgeschlagen, die für die Benutzersteuerung zwei Parameter „implementation" und „element_placement" vorsieht.

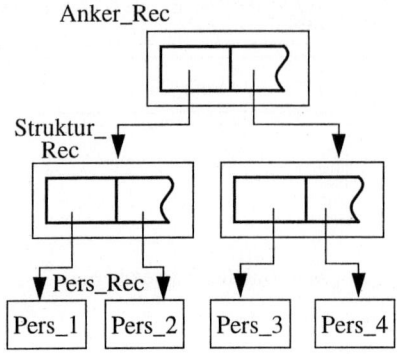

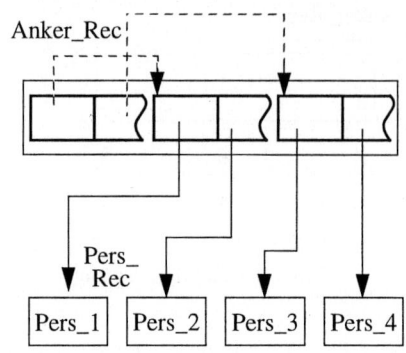

1. Elemente äußere Menge : referenziert
   Elemente innere Menge : referenziert

2. Elemente äußere Menge : materialisiert
   Elemente innere Menge : referenziert

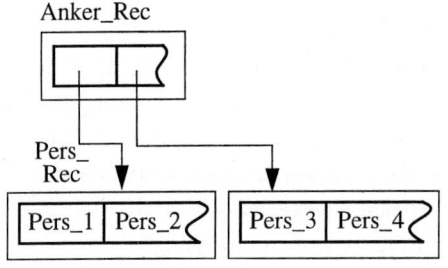

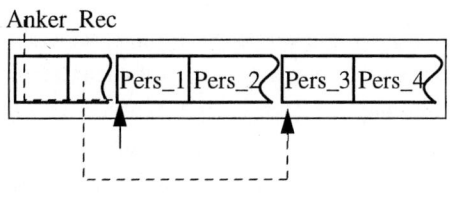

3. Elemente äußere Menge : referenziert
   Elemente innere Menge   : materialisiert

4. Elemente äußere Menge : materialisiert
   Elemente innere Menge : materialisiert

Abb. 6.9: Vier Speicherungsstrukturen für das komplexe Objekt
{{Pers_1, Pers_2} ,{Pers_3, Pers_4}}

Als Syntax wurde folgende Form gewählt:

object_type = /* Basistypen */   integer | real | string | ...
  | /* Definition einer Menge. */
  set   [**implementation**   =   implementation_type,
        element_placement   =   placement_type] **of** object_type
  | /* Definition einer Liste. */
  list   [**implementation**   =   implementation_type,
        element_placement   =   placement_type] **of** object_type
  | /* Definition eines Tupel */ ...

Die entsprechenden Parameterwerte lassen sich dann aus folgenden Definitionen einsetzen:

implementation_type   =   **array | linked_list**

placement_type   =   **inplace | referenced** (record_type_name)

Bei diesem Sprachvorschlag führt „inplace" auf eine materialisierte Darstellung. Die konkrete Anwendung dieser Spezifikationsmöglichkeit zeigt die vollständige Definition der Speicherungsstruktur (Fall 1) in Abb. 6.9:

> complex_object Menge_von_Mengen_von_Pers [anchor_record_type = Anker_Rec]
> > set [implementation = array, element_placement = referenced (Struktur_Rec)] of
> > > set [implementation = array, element_placement = referenced (Pers_Rec)] of
> > > > tuple (Pers_Nr [. . .] : integer . . .)

Es ist offensichtlich, daß durch Variation des Parameters „element_placement" alle vier Speicherungsstrukturen von Abb. 6.9 spezifiziert werden können. Die zusätzliche Variation des Parameters „implementation" erlaubt dann die Definition der 16 möglichen Speicherungsstrukturen.

6.3.3.2   Speicherungsstrukturen für Tupelkonstruktoren

In diesen Beschreibungsrahmen sollen nun noch Spezifikationsmöglichkeiten für Tupel eingepaßt werden. Prinzipiell existieren hier die gleichen Freiheitsgrade, was Konstruktordatenstruktur und Art der Speicherung angeht. Die Zuordnung eines Tupel kann zu einem Satz oder zu zwei oder mehr Sätzen erfolgen, während sich für die Attributwerte materialisierte oder referenzierte Speicherung anwenden läßt. Zur unabhängigen Kontrolle dieser Freiheitsgrade werden in [KEßL93] wiederum zwei Parameter eingesetzt, wobei „location" steuert, ob eine zusammenhängende oder partitionierte Speicherung der Attributwerte gewählt wird. Der Parameter „element_placement" behält seine Bedeutung. Für jedes Attribut einer Tupelbeschreibung können somit „location" und „element_placement" separat spezifiziert werden:

> attribute_description = attribute_name   [**location** = location_type,
> >   **element_placement** = placement_type]
>
> location_type = **primary | secondary** (record_type_name)

Durch geeignete Belegung von „location" ist es möglich, eine Optimierung des Tupelzugriffs nach den Zugriffshäufigkeiten der einzelnen Attribute zu erzielen. Der Wert „primary" besagt, daß der zugehörige Attributwert im Primärsatz abgelegt wird. Eine Partitionierung der Speicherungsstruktur für das Tupel erreicht man durch Wahl des Wertes „secondary".

Abschließend sollen die eingeführten Konzepte zur flexiblen, benutzergesteuerten Spezifikation von Speicherungsstrukturen noch einmal an einem vollständigen Beispiel gezeigt werden. Die Werte für das komplexe Objekt Belegschaft werden dabei aus der in Abb. 6.10 dargestellten Relation gewonnen.

Die eingangs eingeführte Definition von Belegschaft kann jetzt durch die Speicherungsstrukturbeschreibungen ergänzt werden. Da es hier auf die Illustration des Tupelkonstruktors ankommt, wird nachfolgend eine partitionierte Speicherungsstruktur für Tupel mit referenzierten und materialisierten Prim_Rec beschrieben:

Belegschaft			
Pers_Nr	Name	Gehalt	Lebenslauf
77234	Maier	4000	Frau Bettina Maier ist am ...
77235	Schmidt	5000	Herr Fritz Schmidt ist am ...

Abb. 6.10: Ausprägung der Belegschaft-Relation

1. referenzierte Prim_Rec

   complex_object Belegschaft [anchor_record_type = Link_Rec]
        set [implementation = linked_list, element_placement = referenced (Prim_Rec)]
            of tuple
            (Pers_Nr   [location = primary, element_placement = inplace] : integer,
            Name   [location = primary, element_placement = inplace] : string (30),
            Gehalt   [location = secondary (Sec_Rec),
                         element_placement = inplace] : real,
            Lebenslauf   [location = secondary (Sec_Rec),
                         element_placement = referenced(Lebenslauf_Rec)]] : var_string).

2. materialisierte Prim_Rec

   complex_object Belegschaft [anchor_record_typ = Link_Rec]
        set [implementation = linked_list, element_placement = inplace] of . . .

Abb. 6.11 veranschaulicht die Speicherungsstrukturen, die sich aus dieser Definition und der Belegschaft-Relation ergeben. Bessere Cluster-Bildung für die Prim_Rec-Tupel läßt sich erzielen, wenn für den Mengenkonstruktor „implementation = array" gewählt wird. Soll ein Tupel zusammenhängend in einem Satz gespeichert werden, so ist auch für die Attribute Gehalt und Lebenslauf „location = primary" zu spezifizieren. Diese zusammenhängende Speicherungsstruktur für Tupel ist sicher bei weitem die häufigste Anwendungsoption; ihre Optimierung wurde bereits in Abschnitt 6.3.2 detailliert diskutiert.

6.3.4   Unterstützung von Cluster-Bildung

Die Verarbeitung von Sätzen eines Satztyps oder eines komplexen Objektes erfordert im allgemeinen die Unterstützung verschiedener Zugriffsfolgen durch Zugriffspfade oder spezielle Speicherungsstrukturen. Deshalb können diese Sätze nach mehreren Kriterien logisch geordnet sein, ihre (physische) Anordnung in den Seiten eines Segments kann aber höchstens nach einem Kriterium vorgenommen werden, da eine redundante Satzspeicherung meist aus Kostengründen nicht tolerierbar ist. Aus Leistungsüberlegungen heraus ist bei der Abspeicherung der Sätze nicht ihre totale Regellosigkeit, sondern ihre Anordnung nach einem ausgewählten Zugriffskriterium anzustreben, so daß logisch zusammengehörige Sätze auch physisch zusammen abgelegt werden [BENZ89, YU85]. Diese sog. Cluster-Bildung verkörpert

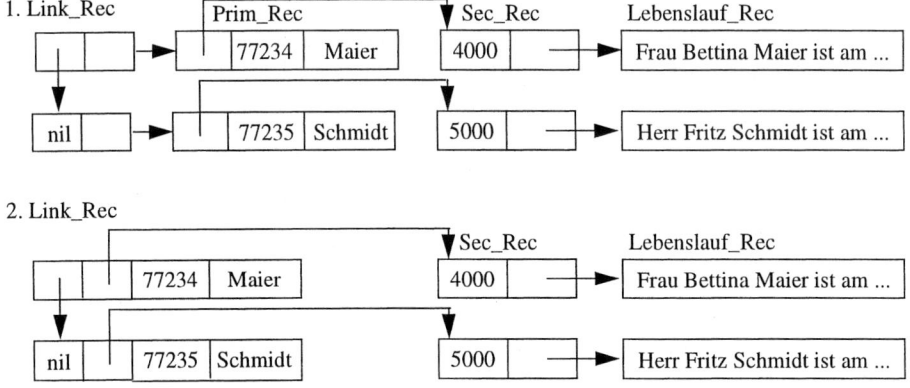

Abb. 6.11: Zwei Speicherungsstrukturen für die Belegschaft-Relation

ein wesentliches Optimierungspotential beim physischen DB-Entwurf und hilft bei der Verarbeitung der Sätze in ihrer „Vorzugsreihenfolge", viele physische E/A-Vorgänge einzusparen. Bei 20 – 40 Sätzen pro Seite ist nur für 2.5 – 5 % der logischen Zugriffe ein physischer Zugriff erforderlich, während bei Zugriffsfolgen ohne Cluster-Bildung in der Regel jede Satzanforderung einen physischen E/A-Vorgang provoziert.

Cluster-Bildung ist also bei datenintensiven Anwendungen eine wünschenswerte Eigenschaft von Speicherungsstrukturen, um die Anzahl der E/A-Operationen zu minimieren. Da häufig vorab bekannte Satzmengen zu verarbeiten sind, ist es eine wichtige Aufgabe des physischen DB-Entwurfs, diese Satzmengen in einer geeigneten Definitionssprache für die Speicherungsstrukturen zu identifizieren und auf vorab eingerichtete Cluster abzubilden. Ein solches Cluster wird beispielsweise häufig dazu genutzt, um alle (heterogenen) Sätze eines komplexen Objektes oder alle (homogenen) Sätze eines Satztyps aufzunehmen. Dazu ist ein Segment als logisch zusammenhängende Einheit von Seiten in flexibler Weise in Cluster aufzuteilen, wobei ein Cluster beliebig viele Seiten aufnehmen kann. Für diese Cluster-Allokation sind nach Möglichkeit benachbarte Seiten auszuwählen, da diese einfacher zu verwalten und bei geeigneter Externspeicherabbildung auch physisch benachbart gespeichert sind. Allokation und Erweiterung/Schrumpfung von Clustern in einem Segment sollten in einfacher Weise erfolgen können.

6.3.4.1 Objektbezogene Cluster-Definition

Bei der *objektbezogenen Cluster-Bildung* werden alle Sätze eines komplexen Objekts (oder eines komplexen Teilobjekts) zusammengefaßt. Da für jede Ausprägung eines Komplex-Objekt-Typs ein Cluster bereitzustellen ist, muß zunächst der zum Komplex-Objekt-Typ gehörige „objektbezogene Cluster-Typ" und seine Segmentzuordnung spezifiziert werden. Jedes objektbezogene Cluster wird dann als eine Ausprägung eines solchen Typs angelegt. Zur einfachen Identifizierung dieser Ausprägungen ist es vorteilhaft, „identifizierende" Sätze (Wurzelsätze oder charakteristische Sätze) heranzuziehen, wobei alle Sätze eines Clusters direkt oder indirekt vom identifizierenden Satz abhängen müssen. Beispielsweise würde nach diesem Prinzip für einen NF^2-Objekt-Typ ein objektbezogener Cluster-Typ definiert; für jede hierarchische Satzstruktur, die ein NF^2-Objekt repräsentiert, würde dann ein Cluster angelegt [DEPP86], wobei der Wurzelsatz für die Cluster-Identifikation sorgt.

Ein einfaches Anwendungsbeispiel soll die Definitionsmöglichkeit solcher Cluster veranschaulichen. Es seien ABT als identifizierender Satztyp und PERS als abhängiger Satztyp in einer Komplex-Objekt-Definition gegeben. Die Spezifikation von objektbezogenen Clustern für diese (1:n)-Komplex-Objekte in Segment SEG1 läßt sich dann nach einem Vorschlag von [KEßL93] folgendermaßen vornehmen:

object_cluster-type	(cluster_typ_name	= ABT_PERS_Cluster,
	segment	= SEG1,
	identifying_records	= ABT,
	member_records	= (ABT, PERS)).

Nach dieser Definition enthält jedes Cluster einen ABT-Satz und alle abhängigen PERS-Sätze, wobei über die Speicherungsreihenfolge keine Aussage gemacht wird. Weiterhin sind geeignete Zugriffsoperationen bereitzustellen. Diese Aspekte werden in den nachfolgenden Beispielen erklärt.

6.3.4.2   Realisierung objektbezogener Cluster-Bildung

Zur Veranschaulichung der Realisierungsaspekte einer objektbezogenen Cluster-Bildung wählen wir eine konkrete Systemimplementierung, die durch die Möglichkeit der dynamischen Definition von komplexen Objekten sowie durch Unterstützung von netzartig verknüpften Satzstrukturen weitere Freiheitsgrade [SCHÖ89] gestattet. Netzartig verknüpfte Sätze treten immer dann auf, wenn Objektstrukturen mit gemeinsamen Teilobjekten redundanzfrei abgebildet werden sollen. Die in PRIMA [HÄRD90b] realisierte Speicherungsstruktur für objektbezogene Cluster-Bildung wird als Atom-Cluster-Typ bezeichnet; er soll maßgeblich die effiziente Ableitung von komplexen Objekten (Moleküle) bestimmen.

Dabei werden die gemäß der definierten Links (Beziehungen) zusammengehörigen Atome (grob: lineare Sätze) eines Atom-Clusters auf eine Seite oder eine Seitenfolge abgebildet. Diese statische Zuordnung häufig benötigter Atome dient dann der beschleunigten Konstruktion (Projektion, Selektion, Join) von Molekülen, deren Definition PRIMA erst zur Laufzeit (in einer MQL-Anweisung) bekannt gemacht wird.

Aus logischer Sicht entspricht ein Atom-Cluster entweder einer heterogenen oder homogenen Menge von Atomen, die sich durch ein sog. charakteristisches Atom identifizieren und beschreiben lassen. Abb. 6.12a zeigt dazu die logische Sicht eines Atom-Clusters des Atom-Cluster-Typs A → B → C und seinen Zusammenhang zum charakteristischen Atom, das Referenzen zu allen Atomen des Atom-Clusters, gruppiert nach Atom-Typen, besitzt. Neben weiteren organisatorischen Daten enthält es außerdem alle Referenzen zwischen den beteiligten Atomen, so daß sich viele Auswertungen des Atom-Clusters direkt auf dem charakteristi-

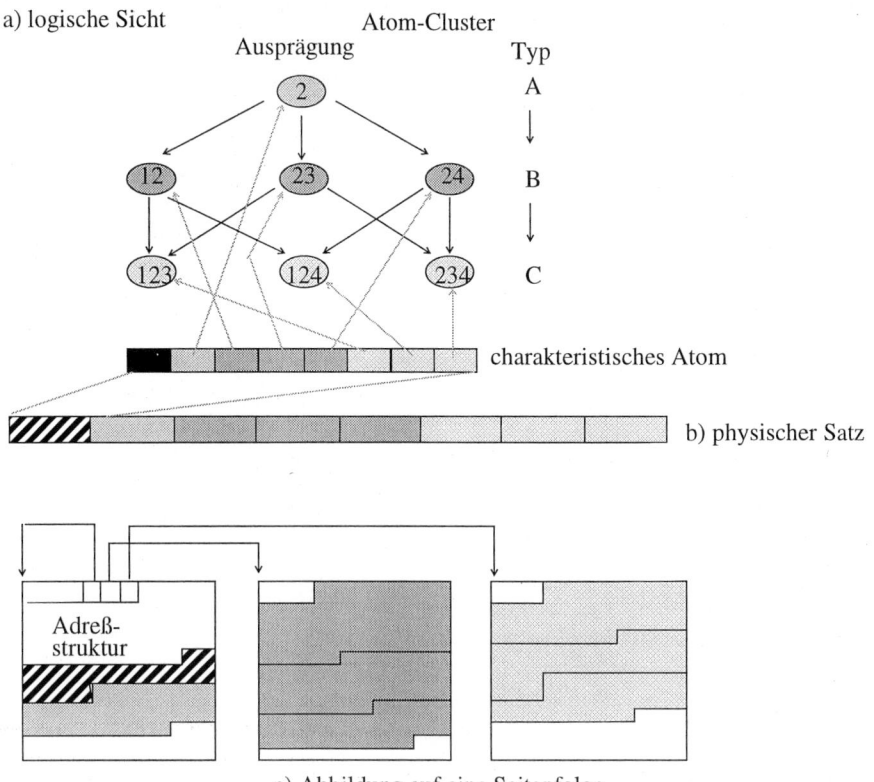

a) logische Sicht

Ausprägung   Atom-Cluster   Typ

charakteristisches Atom

b) physischer Satz

Adreß-struktur

c) Abbildung auf eine Seitenfolge

Abb. 6.12: Schritte der Atom-Cluster-Abbildung

schen Atom ausführen lassen. Wie in Abb. 6.12 b illustriert, wird ein Atom-Cluster als physischer Satz, einer Zeichenfolge variabler Länge, dargestellt. Obwohl jedes Atom mehrfach referenziert werden kann, ist es nur einmal in diesem physischen Satz abgelegt. Abhängig von seiner Länge wird dieser physische Satz dann auf eine Seite oder eine Seitenfolge abgebildet. Bei der Abbildung auf eine Seitenfolge (Abb. 6.12 c) werden zunächst alle Atome eines Atomtyps in einem Teilsatz zusammengefaßt. Die Teilsätze werden dann in der im charakteristischen Atom festgelegten Reihenfolge einer Seite zugeordnet. Falls der freie Speicherbereich nicht ausreicht, um den Teilsatz ganz aufzunehmen, wird die nächste Seite der Seitenfolge für seine Speicherung gewählt. Falls ein Teilsatz mehrere Seiten benötigt, werden diese von ihm exklusiv belegt. Eine zusätzliche Adreßstruktur in der ersten Seite der Seitenfolge erlaubt dann einen direkten Zugriff zu jedem Teilsatz des Atom-Clusters, so daß sich die einzelnen Seiten einer Seitenfolge selektiv auswählen lassen.

Da die Verarbeitung auf den Speicherungsstrukturen satzweise, d. h. hier Atom für Atom, erfolgt, werden für das Retrieval zwei Scan-Operationen zur Verfügung gestellt. Der Atom-Cluster-Typ-Scan erlaubt die sequentielle Verarbeitung aller Atom-Cluster, d. h. den Zugriff auf ihre charakteristischen Atome, wobei Projektions- und Selektionsbedingungen die Menge der ausgewählten Cluster einschränken können. Innerhalb eines Atom-Clusters liefert dann ein Atom-Cluster-Scan der Reihe nach die zugehörigen Atome, wobei sich wiederum durch Projektions- und Selektionsklauseln die Ergebnismenge beschränken läßt.

6.3.4.3   Objektübergreifende Cluster

Bei der objektbezogenen Cluster-Bildung werden die Ausprägungen des Komplex-Objekt-Typs jeweils einem Cluster zugeordnet, so daß sich für einen Typ pro identifizierender Satzausprägung (oder charakteristischem Atom) ein Cluster ergibt. Bei der *objektübergreifenden Cluster-Bildung* dagegen werden die Sätze eines oder mehrerer Satztypen unabhängig von einer möglichen Zugehörigkeit zu einem Komplex-Objekt-Typ gemeinsam in einem Cluster gespeichert. Da es pro Typ nur eine Ausprägung gibt, reicht zur eindeutigen Beschreibung der Cluster-Typ-Name; das Heranziehen von identifizierenden Sätzen ist nicht erforderlich [KEßL93].

Danach ist es möglich, ein Cluster aller PERS-Sätze im Segment SEG1 wie folgt zu beschreiben:

segment_cluster (cluster_name   =   PERS_Cluster,

 segment   =   SEG1,

 member_records   =   (PERS)).

Wenn in einem anderen Anwendungsfall alle PERS- und ABT-Sätze in einem Cluster zu speichern sind, kann folgende Definition herangezogen werden:

segment_cluster (cluster_name   =   ABT_PERS_Cluster,

 segment   =   SEG1,

 member_records   =   (ABT, PERS)).

Durch diese Cluster-Definition werden alle Sätze von ABT und PERS dem ABT_PERS_Cluster zugeordnet, wobei über die Speicherungsreihenfolge keine Aussage gemacht wird.

In beiden Fällen sollten noch Angaben über die erwartete Cluster-Größe als Hilfestellung für die Speicherallokation erfolgen. Weiterhin ist die Spezifikation eines Ordnungskriteriums sehr nützlich. Im einfachsten Fall könnte hier die zeitliche Ankunftsfolge der Sätze gewählt werden. Zur Einhaltung von Sortierreihenfolgen – entweder nach einem Primär- oder Sekundärschlüssel – lassen sich Indexstrukturen einführen, die dann die Cluster-Bildung nach dem Sortierattribut (clustered index) gewährleisten (siehe Abschnitt 7.3.2).

Wie eingangs gezeigt, ist eine regellose Speicherung der Sätze nicht wünschenswert. Da der Einsatz von Cluster-Bildung eine leistungsbestimmende Option für das Zugriffsverhalten eines DBS ist, sollten Verfahren zur objektbezogenen und objektübergreifenden Cluster-Bildung für den physischen DB-Entwurf [SEVE77] verfügbar gemacht werden. Da jeder Satz redundanzfrei nur in einem Cluster gespeichert werden kann, müssen Verarbeitungsfolgen aufgrund von Anwendungswissen identifiziert und selektiv durch Cluster-Bildung unterstützt werden.

6.4   Realisierung langer Felder

Die Speicherung und Verwaltung großer Objekte ist eine wichtige Anforderung von Anwendungsbereichen wie CAD, CASE, Geographische Informationssysteme usw. Für Multimedia-Anwendungen sollen beispielsweise Texte, Signal- oder Sprachaufzeichnungen, Bilder oder gar Bewegtbilder (Video) in einer Datenbank gespeichert werden, um einige Beispiele von sehr großen Objekten zu geben. Deshalb ist die effiziente Handhabung solcher Objekte in vielen DBS (erweiterte relationale, objektorientierte, objekt-relationale usw.) von großer Wichtigkeit. Dabei reicht das Spektrum der wünschenswerten Eigenschaften von der bloßen Speicherung von BLOBs (Binary Large OBjects) bis zur Repräsentation von Listen mit beliebig komplexen Elementtypen, ihrer versionierten Speicherung sowie dem Einsatz von benutzerdefinierten Funktionen.

Lange Felder sollten idealerweise keine Größenbeschränkung (innerhalb des verfügbaren Externspeichers) aufweisen. Für ihre flexible Handhabung sind eine Reihe von allgemeinen Verwaltungsfunktionen zur Erzeugung und Löschung, zur Allokation von (zusätzlichem) Speicherplatz, zur Migration, Reorganisation usw. erforderlich. Zum Zugriff auf lange Felder wird cursor-gesteuertes Lesen und Schreiben benötigt, da die Begrenzung des Arbeitsspeichers ihre stückweise Verarbeitung erzwingen kann. Andererseits wäre beispielsweise das vollständige Lesen eines langen Textes unangemessen, wenn der Editor nur einen kleinen Abschnitt manipulieren muß. Weiterhin sind zur spezifischen Objektverarbeitung Funktionen nützlich, die ein Verkürzen, Verlängern oder Kopieren des Objektes veranlassen, seine Länge bestimmen, nach einem vorgegebenen Muster suchen, auf eine „Stelle" direkt zugreifen, in der „Mitte" einfügen usw. (siehe auch Abschnitt 10.3.5).

Für die Betrachtung der wesentlichen Realisierungsprobleme diskutieren wir zunächst die Darstellung großer und unstrukturierter Objekte, die in langen Feldern als nichtinterpretierte Bytefolgen gespeichert und verwaltet werden. Wegen ihrer Größe lassen sich solche langen Felder nicht direkt in die physische Satzstruktur (siehe Abschnitt 6.3.2) einbetten. Zu ihrer Repräsentation wird deshalb im Satz jeweils ein Deskriptor als Stellvertreter für das lange Feld gespeichert, der neben Merkmalbeschreibungen wie Länge, Speicherbereiche, Struktur u. a. auch die Adresse (OID) des großen Speicherobjektes enthält.

Bei der Festlegung der Zugriffs- und Speicherungsstruktur eines langen Feldes existieren eine Reihe von Freiheitsgraden, die jedoch durch die geforderte Verarbeitungsflexibilität stark eingeengt werden. Folgende Fragen bestimmen hierbei wesentlich die Entwurfsentscheidungen:

– Ist die Objektgröße vorab bekannt oder muß im Verlauf der Objektspeicherung Platz allokiert werden?

– Ist schneller sequentieller Zugriff erforderlich oder überwiegt der direkte Zugriff auf eine „Stelle"?

– Gibt es während der Lebenszeit des Objektes viele Änderungen und Einfügungen?

Speicherallokation (durch Seiten und Segmente) wird vergleichsweise einfach, wenn die Objektgröße vorab bekannt ist. Das zusammenhängende Speichern großer Objektabschnitte in Segmente ist andererseits eine Voraussetzung für schnelles sequentielles Lesen. Operationen auf Bytebereichen dagegen erfordern einen direkten Zugriff sowie Aufteilungs- und Mischverfahren auf Seiten, was wiederum das sequentielle Lesen beeinträchtigt und die Speicherplatzausnutzung herabsetzen kann. Die interne Fragmentierung muß deshalb minimiert werden, wobei in vielen Fällen ein Belegungsgrad der Seiten von annähernd 100 % angestrebt werden sollte. Als Zugriffsstruktur für große Objekte werden je nach Art der Zugriffs- und Modifikationsanforderungen unterschiedliche Lösungen wie Kettung von Segmenten/Seiten, Liste von Deskriptoren mit Referenzen auf Segmente/Seiten oder Einsatz eines B*-Baums vorteilhaft sein.

Zur Abbildung der großen Objekte auf Externspeicher kann man datei-, seiten- und segmentbasierte Verfahren unterscheiden. Die einfachste Realisierung erhält man offensichtlich, wenn separate Dateien (z. B. verwaltet durch ein lokales oder verteiltes Dateisystem) zur Speicherung großer Objekte herangezogen werden. Bei diesem Verfahren ist es möglich, daß entweder der Benutzer oder das DBS Eigentümer der jeweiligen Datei ist; beide Lösungen unterscheiden sich vor allem durch den gebotenen Zugriffsschutz. Das in Abschnitt 3.5 eingeführte DataLink-Konzept [NARA97] bietet beispielsweise eine abgestufte Integrationsmöglichkeit für solche Dateien, die insbesondere auf Konsistenzgarantien durch das DBS abzielt. Für die anwendungsbezogene Speicherzuordnung und den Direktzugriff ist jedoch bei großen Dateien keine besondere Unterstützung zu erwarten, so daß bei gehobenen Anwendungsanforderungen Leistungsprobleme nicht ausbleiben. Weiterhin bieten diese Lösungen keinerlei Transaktionsschutz für große Objekte [STON93]. Aus diesen Gründen wollen wir sie hier nicht weiter verfolgen.

Bei den seiten- und segmentbasierten Verfahren müssen die Objekte letztendlich auch auf Dateien abgebildet werden; wir nehmen jedoch an, daß diese Dateien durch das DBS realisiert und verwaltet werden, so daß eine an die Anwendungsbedürfnisse angepaßte Speicherzuordnung und vor allem Transaktionsschutz für die großen Objekte geboten wird. Im ersten Fall ist die Einheit der Speicherzuordnung eine Seite, was dazu führt, daß ein langes Feld oft als „verstreute" Sammlung von Seiten repräsentiert ist. Wegen ihres schlechten Leistungsverhaltens werden wir diese Verfahren nicht vertiefen. Segmentbasierte Verfahren dagegen speichern ihre Objekte in Segmenten als Folge von logisch zusammengehörigen Seiten, die bei geeigneter Abbildung auf Externspeicher in der Regel auch physisch benachbart sind. Dabei sind die Festlegung der Segmentgröße sowie die Verwaltung der zusammengehörigen Segmente die wichtigsten Parameter, welche die Leistungsfähigkeit eines Verfahrens ganz wesentlich bestimmen. Bekannte Implementierungen, die hier kurz skizziert werden sollen, benutzen Segmente fester Größe (Exodus), Segmente mit einem festen Wachstumsmuster (Starburst) und Segmente variabler Größe (EOS).

6.4.1 Lange Felder als B*-Baum-Varianten

Segmente fester Größe, als Blattknoten eines B*-Baumes angeordnet, wurden zur Realisierung langer Felder in Exodus, einem erweiterbaren Datenbanksystem [CARE86b], herangezogen. Die Eigenschaften eines B*-Baumes erlaubten flexible Objektmanipulation und Verwaltung großer Objekte ohne Längenbegrenzung. Bei der Entwurfsentscheidung standen direkter Zugriff und einfaches Einfügen/Löschen von Bytefolgen im Vordergrund, weshalb ein B*-Baum mit Seiten als Zugriffsstruktur gewählt wurde, dessen Blätter Segmente fester Größe darstellen. Dabei ist bei bekannter Verarbeitungscharakteristik die Wahl einer geeigneten Segmentgröße möglich, um einerseits den Speicherverschnitt zu minimieren und andererseits das sequentielle Zugriffsverhalten „erträglich" zu gestalten. In Abb. 6.13 a ist ein langes Feld als B*-Baum dargestellt, wobei ein Segment aus 4 Seiten besteht (zur Vereinfachung der Illustration wird eine Seitengröße von 100 Bytes angenommen). Für jedes Segment ist die Anzahl der gespeicherten Bytes angegeben. Die internen Knoten und die Wurzel können als Index für Zeichenpositionen aufgefaßt werden. Sie enthalten Einträge der Form (Seiten-#, Zähler), wobei der Zähler die maximale Bytenummer des jeweiligen Teilbaumes angibt (links stehende Seiteneinträge zählen zum Teilbaum). Nach diesem Schema enthält dann der Zähler im weitesten rechts stehenden Eintrag der Wurzel die Länge des Objektes.

Mit Hilfe der B*-Baum-Eigenschaften (siehe Abschnitt 7.3.2) lassen sich auf langen Feldern nach Abb. 6.13 a spezielle Operationen wie Suche nach einem Byteintervall, Einfügen/Löschen einer Bytefolge an/von einer vorgegebenen Position, Anhängen einer Bytefolge u. a. offensichtlich – zumindest konzeptionell – sehr einfach durchführen. Dabei ist bei Änderungen der Objektgröße zur Anpassung der Indexeinträge jeweils nur der gesamte Pfad von der Wurzel zum modifizierten Blatt-Segment betroffen. Diese Eigenschaft läßt sich auch für die Versionierung von Speicherobjekten bei fast redundanzfreier (inkrementeller) Speicherung in einfacher Weise ausnutzen. Wie Abb. 6.13b zeigt, sind die Wurzeln (und die Objekt-Deskriptoren im Satz) durch eine Versionsnummer markiert. Bei der Versionserstellung werden dann nur die Seiten/Segmente kopiert, die sich in der neuen Version unterscheiden. Beispielsweise läßt sich mit dieser Technik bei der Textverarbeitung auf effiziente Weise eine neue Textversion erstellen.

Hinsichtlich Speicherplatznutzung erzielt dieses Verfahren typischerweise etwa 80% [CARE86b]. Auch beim direkten Zugriff werden sehr gute Werte erreicht, da selbst bei kleinen Segmenten und drei Baumebenen lange Felder bis zu 1 GB gespeichert werden können.

6.4.2 Lange Felder als sequentielle Strukturen

Zur Erörterung sequentieller Strukturen für große Objekte beziehen wir uns auf eine Realisierung in Starburst, einem erweiterten relationalen DBS [LOHM91]. Beim Entwurf der Speicherverwaltung (Long Field Manager) wurden in diesem DBS spezielle Zusatzeigenschaften für die Handhabung sehr großer Objekte gefordert. Bei Speicherung von Sprach-, Musik- oder Videoaufnahmen kann erschwerend hinzukommen, daß die benötigte Feldgröße im voraus nicht bekannt ist. Deshalb sollte eine effiziente Speicherallokation und -freigabe bei vorab be-

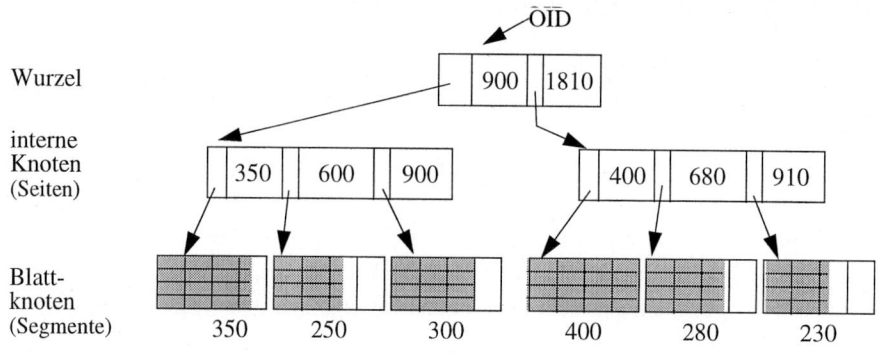

a) Langes Feld mit fester Segmentlänge

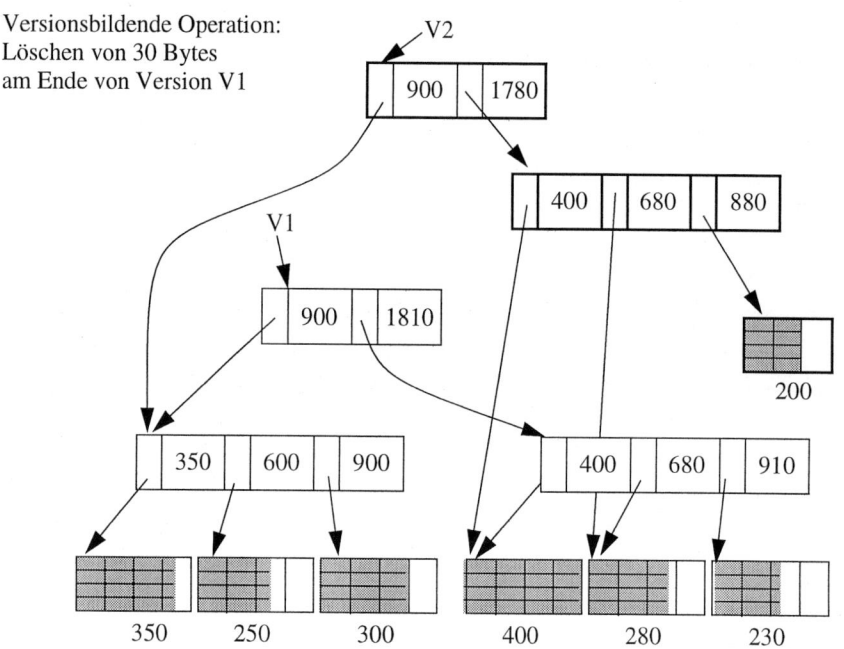

b) Unterstützung versionierter Objekte

Abb. 6.13: Darstellung eines langen Feldes als Baumstruktur

kannter und bei unbekannter Objektgröße in Bereichen von 100 MB – 2 GB bewerkstelligt werden. Solche Objekte verlangen auch eine sehr hohe E/A-Leistung, weshalb für Schreib- und Lese-Operationen die (nahezu) volle Nutzung der Übertragungskapazität von Magnetplatten angestrebt wurde. Zusätzlich sollten Maßnahmen, die eine Recovery-Fähigkeit der großen Objekte gewährleisten, die Modifikationsoperationen nicht wesentlich beeinflussen.

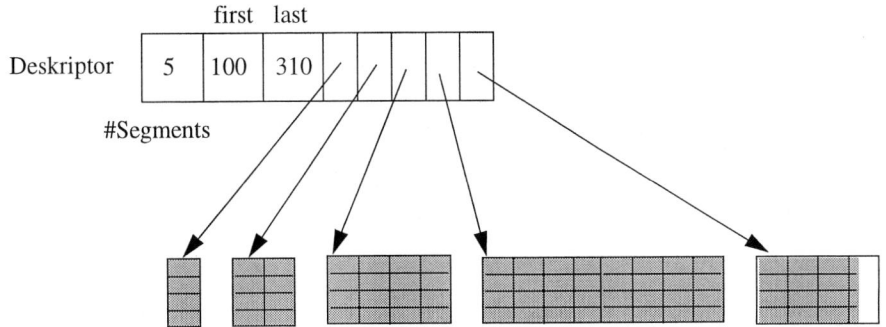

Abb. 6.14: Darstellung eines langen Feldes in Starburst

Die Umsetzung dieser Entwurfsziele wird im Detail in [LEHM89] diskutiert. Hier können nur ihre Prinzipien durch die in Abb. 6.14 illustrierte Repräsentation eines langen Feldes für eine vorab unbekannte Objektgröße verdeutlicht werden. Der Deskriptor hat einen festen Aufbau (< 255 Bytes) und ist als Stellvertreter für das lange Feld im entsprechenden Satz gespeichert. Für unsere Lösungsskizze interessieren nur die Einträge zur Beschreibung der beteiligten Segmente, die ihre Anzahl (#Segments), die Größe des ersten und letzten Segmentes (first, last) sowie ihre Speicheradressen enthalten. Jedes Segment besteht aus 1, 2, 4, ... oder 2^n Seiten (MaxSeg = 2048 für n = 11), was beispielsweise bei einer Seitengröße von 1 KB eine maximale Segmentgröße von 2 MB ergibt. Segmente dieser Beschaffenheit werden wiederum in sog. Buddy-Bereichen fester Länge, die auf Magnetplatten vordefiniert sind, angelegt. Wie der Name dieser Bereiche schon andeutet, wird durch ein Buddy-Verfahren erreicht, daß darin eine zusammenhängende Speicherbelegung für die Segmente erfolgt, d. h., es wird für jeweils bis zu MaxSeg Seiten eine physisch sequentielle Speicherung garantiert.

Bei unbekannter Objektgröße wird zur Segmentallokation ein heuristisches Verfahren eingesetzt, dessen Ergebnis in Abb. 6.14 an einem einfachen Beispiel festgehalten ist. Die Segmentgröße wird bis zum Erreichen von MaxSeg jeweils verdoppelt, wobei mit der kleinsten Segmentgröße von einer Seite (hier 100 Bytes) begonnen wird. Falls MaxSeg erreicht wird, werden die nachfolgenden Segmente in der Größe MaxSeg angelegt. Das letzte Segment wird dann, um Verschnitt zu sparen, auf die verbleibende Objektgröße (in ganzen Seiten) gekürzt. Mit den Angaben in Abb. 6.14 läßt sich die Länge des gespeicherten Objektes zu 1810 Bytes berechnen, da die Länge der mittleren Segmente implizit gegeben ist und alle Segmente bis auf das letzte vollständig mit Daten gefüllt sind.

Ist die Objektgröße G (in Seiten) vorab bekannt, kann wesentlich einfacher und effektiver verfahren werden. Falls $G \leq$ MaxSeg ist, wird nur ein Segment angelegt. Sonst wird eine Folge maximaler Segmente allokiert, wobei das letzte wiederum auf die verbleibende Objektgröße gekürzt wird.

Als Maßnahme zur Recovery-Unterstützung wurde eine Art Schattenspeicherkonzept [LEHM89] gewählt; in einem solchen Spezialfall erlaubt es eine einfache Implementierung

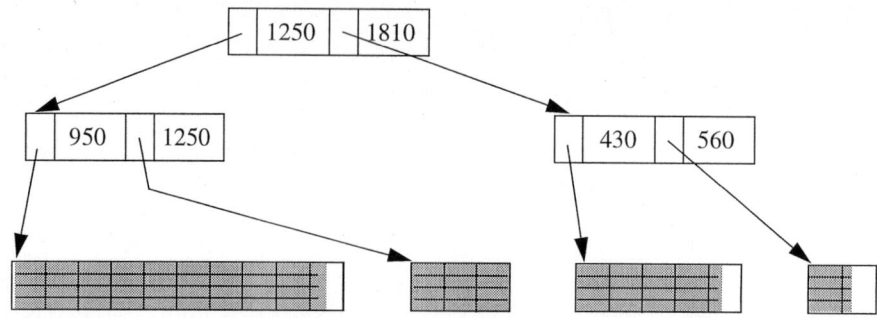

Abb. 6.15: Darstellung eines langen Feldes in EOS

und verursacht potentiell weniger E/A. Diese Diskussion kann hier jedoch nicht vertieft werden.

Zusammenfassend sollen die wichtigen Eigenschaften der Handhabung langer Felder in Starburst noch einmal aufgelistet werden:

– Sequentielle und wahlfreie Lesevorgänge lassen sich effizient unterstützen.

– Anhängen und Entfernen von Bytefolgen am Objektende ist einfach; wahlfreies Einfügen und Löschen erfordert jedoch erheblichen Aufwand.

– Die Speicherplatzausnutzung ist perfekt.

6.4.3   Lange Felder mit Segmenten variabler Größe

Als letztes Beispiel wird kurz die Speicherverwaltung von EOS [BILI92] angesprochen, die bei der Speicherung großer Objekte die Lösungsideen von Exodus und Starburst zu kombinieren und zu verallgemeinern versucht. Große Objekte werden in einer Folge von Segmenten variabler Länge angelegt, wobei die Seiten eines Segmentes physisch zusammenhängend auf Magnetplatten angeordnet sind. Im Gegensatz zur Starburst-Lösung weicht man bei den Segmenten vom festen Wachstumsmuster ab und läßt beliebige Segmentlängen (als Vielfaches einer Seitengröße) zu. Außerdem darf die letzte Seite jedes Segmentes freien Platz aufweisen.

Da bei großen Objekten an beliebiger Stelle Einfüge- und Löschoperationen effektiv unterstützt werden sollen, wählte man als Zugriffsstruktur den „Überbau" von Exodus, so daß als prinzipielle Repräsentation das Speicherungsschema nach Abb. 6.15 entwickelt wurde. Die Verwaltung von variabel langen Segmenten birgt hierbei einige Komplexitäten, die jedoch nicht gründlicher abgehandelt werden können. Beispielsweise können die einzelnen Segmente sehr stark variieren. Durch häufiges Aufteilen (bei Einfügungen) könnten sie ohne Gegenmaßnahmen bis auf Seitenlänge 1 entarten, so daß sich vor allem die sequentielle Verarbeitung verschlechtern würde. Deshalb läßt sich in EOS ein Schwellwert für die Segmentlänge definieren, der nach Möglichkeit durch Ausgleich mit benachbarten Segmenten eingehalten wird.

Die Beschreibung der drei Verfahren zur Verwaltung großer Objekte hat den Lösungsrahmen abgesteckt, in dem für gegebene Anforderungen eine konkrete Implementierung zu wählen ist. So ist bei der EOS-Methode zu erwarten, daß für Standard-Anforderungen der Objektverwaltung die operationalen Eigenschaften aller zugrundeliegenden Ansätze erzielt werden. Bei speziellen Anforderungen (sehr schnelle sequentielle Verarbeitung, extreme Objektgrößen usw.) dürfte jedoch eine zugeschnittene Lösung im Sinne von Starburst erforderlich sein, um das erwartete Leistungsverhalten bieten zu können.

7 Eindimensionale Zugriffspfade

Für die Leistungsfähigkeit eines DBS ist es entscheidend, Sätze über inhaltliche Kriterien (Schlüssel) möglichst effizient auffinden zu können. Es sind deshalb Hilfsstrukturen bereitzustellen, um einen Satz oder eine Menge zusammengehöriger Sätze möglichst direkt zu lokalisieren und damit die sequentielle Suche in allen Seiten eines Segmentes oder gar der gesamten DB zu vermeiden. Diese Zugriffshilfen haben ganz allgemein die recht anschauliche Bezeichnung „Zugriffspfade". Sie sollen das Aufsuchen von Sätzen wirksam unterstützen, ohne dabei durch den zusätzlich anfallenden Speicherbedarf und den benötigten Wartungsaufwand das gesamte Leistungsverhalten des DBS zu sehr zu belasten. Dabei lassen sich in erster Linie folgende Arten von Zugriffen unterscheiden:

- sequentieller Zugriff auf alle Sätze eines Satztyps (Scan)
- sequentieller Zugriff in Sortierreihenfolge eines Attributs
- direkter Zugriff über einen eindeutigen Schlüssel (Primärschlüssel)
- direkter Zugriff über einen mehrdeutigen Schlüssel (Sekundärschlüssel), wobei eine Satzmenge bereitzustellen ist
- direkter Zugriff über zusammengesetzte Schlüssel, mehrdimensionale Wertebereiche und komplexe Suchausdrücke
- navigierender Zugriff von einem Satz zu einer dazugehörigen Satzmenge desselben oder eines anderen Satztyps.

Wenn kein geeigneter Zugriffspfad vorhanden ist, müssen alle Zugriffsarten durch einen Scan abgewickelt werden. In der Regel ist der Scan deshalb eine Notlösung. Er ist nur effizient, wenn Anfragen geringe Selektivität aufweisen, d. h. auf große Treffermengen führen. In Abschnitt 2.4.3 wurde gezeigt, daß, geeignete Speicherabbildung vorausgesetzt, die sequentielle Verarbeitung dem wahlfreien Zugriff schon bei einer Treffermenge von etwa 1 % überlegen ist. Bei hoher Selektivität von Anfragen ist ein Scan für die Anfrageauswertung unangemessen, da die Antwortzeit mit dem Umfang der Satzmenge (oder Segmentgröße) steigt. Man denke nur an die Lokalisierung weniger Treffer in einer Satzmenge von 10^9 Sätzen (ein solcher Umfang wird in speziellen DB-Anwendungen heute schon erreicht). Auch wenn die Anzahl der Sätze eines Satztyps klein ist, läßt sich ein Scan nur dann effizient einsetzen, wenn wenige Seiten belegt sind (z. B. < 10 Seiten) und die genaue Seitenzuordnung dem DBS bekannt ist.

7.1   Allgemeine Entwurfsüberlegungen

Nach unserem Schichtenmodell sind die Zugriffspfade auf Segmente mit sichtbaren Seitengrenzen abzubilden. Dabei ist bei den Entwurfs- und Implementierungsüberlegungen explizit die Seitenstruktur zu berücksichtigen, da die Minimierung der Anzahl der Seitenzugriffe wegen ihrer hohen Zugriffskosten bei allen Aufsuchvorgängen die dominierende Rolle spielt. Um in einer konkreten DB-Anwendung für die oben skizzierten Zugriffsanforderungen geeignete Zugriffspfade definieren und bereitstellen zu können, ist ein breites Spektrum an Zugriffspfadtypen vorzusehen [HÄRD87b, SCHK78].

Für die Implementierung von Zugriffspfaden sind vor allem folgende Entwurfsentscheidungen zu treffen [FAGI79b]:

– *Spezifikation der externen Seiten:* Sie ist in geeigneter Weise festzulegen, damit sie auch bei hohem Änderungsdienst ausgewogen und das Aufsuchen eines Satzes möglichst unabhängig von der Größe N der Satzmenge bleibt. Die Anzahl der Seitenzugriffe als Pfadlänge zu einem Satz sollte auf $O(1)$ oder $O(\log_k N)$ $(k > 100)$ beschränkt sein.

– *Spezifikation der internen Seitenstruktur:* Der interne Aufbau bestimmt Belegung und Art des Suchens in der Seite. Von entscheidender Bedeutung ist die Kontrolle des Belegungsfaktors β mit $0 < \beta_{min} \le \beta \le 1$. β_{min} soll eine Platzverschwendung durch Unterbelegung verhindern. Oft ist es zusätzlich möglich, ein β_0 mit $\beta_{min} < \beta_0 < 1$ als Ladefaktor zu spezifizieren, damit nach dem initialen Laden weitere Einfügungen nicht sofort zu unerwünschten Ereignissen wie Kollision und Überlauf führen.

– *Algorithmen zur Wartung und zum Zugriff:* Sie haben bei beliebigem Änderungsdienst die Einhaltung der Beschränkungen des Belegungsfaktors innerhalb einer Seite und die Ausgewogenheit der externen Seitenstruktur zu garantieren. Statische Organisationsschemata erfordern in gewissen Zeitabständen globale Reorganisationsmaßnahmen und sind deshalb in der Regel in DBS unbrauchbar. Vielmehr sind dynamische Verfahren anzustreben, die beispielsweise ein Mischen unterbelegter oder eine Aufteilung überbelegter Seiten vorsehen. Dabei sollten bei den Modifikationsoperationen jeweils möglichst wenige Seiten betroffen sein. Neben der Optimierung des direkten Zugriffs ist für die Tauglichkeit einer Zugriffspfadstruktur weiterhin von Bedeutung, ob und wie gut sie die sequentielle Verarbeitung aller Sätze eines Satztyps oder den navigierenden (relativen) Zugriff in einer Menge zusammengehöriger Sätze unterstützt.

Grundsätzlich ist es möglich, die Zugriffspfadinformation in die Speicherungsstrukturen der Sätze einzubetten – etwa durch ihre physische Nachbarschaft oder durch Zeigerverkettung – oder sie vollkommen separat zu speichern und durch eine geeignete Adressierungstechnik auf die zugehörigen Sätze zu verweisen. Bei ihrer separaten Speicherung kann die Verteilung und Zuordnung der Sätze beliebig sein, während im Falle ihrer Einbettung die physische Position der Sätze durch die Charakteristika des betreffenden Zugriffspfades bestimmt und nicht mehr frei wählbar ist.

Bevor wir in Kapitel 8 und 9 (typübergreifende) Zugriffspfade über mehrere Relationen sowie mehrdimensionale Zugriffspfade darstellen, sollen hier die für den Einsatz in einem DBS wichtigsten eindimensionalen Zugriffspfadstrukturen, die im Prinzip nur die Suche über genau ein Schlüsselattribut unterstützen, in knapper Weise eingeführt und mit ihren wesentlichsten Eigenschaften diskutiert werden. Dabei ist es nützlich, zwei Klassen von Zugriffspfaden zu unterscheiden:

- Zugriffspfade für Primärschlüssel, die bei gegebenem eindeutigen Schlüssel auf den zugehörigen Satz führen; für ihren praktischen Einsatz ist es oft wichtig, ob sie zusätzlich das Auffinden aller Sätze in Sortierreihenfolge des Primärschlüssels gestatten.
- Zugriffspfade für Sekundärschlüssel, mit denen alle Sätze eines Satztyps, die in den Werten des Schlüsselattributs übereinstimmen, ausgewählt werden.

Sätze eines Satztyps sind im allgemeinen über verschiedene Zugriffspfade gleichen oder verschiedenen Typs erreichbar. Sie können zwar nach den entsprechenden Charakteristika aller Zugriffspfade logisch geordnet sein, ihre physische Anordnung kann aber höchstens durch einen Zugriffspfad kontrolliert werden. Um den durch physisch benachbarte Speicherung der Sätze erzielbaren Leistungsgewinn so flexibel wie möglich nutzen zu können, sollte Cluster-Bildung eine Option für alle Zugriffspfadtypen sein. Die Auswahl des konkreten Zugriffspfades für einen Satztyp, für den Cluster-Bildung vorzusehen ist, hat dann aufgrund von Verarbeitungsanforderungen zu erfolgen [SEVE77].

Zugriffspfade, die mit einem eindeutigen Schlüssel als Suchargument das Auffinden des zugehörigen Satzes gestatten, heißen Primärschlüssel-Zugriffspfade. Beispielsweise erlauben sie die schnelle Abwicklung einer Anfrage nach dem Angestellten mit der Personalnummer 4711:

Q1: SELECT   *
    FROM   PERS P
    WHERE   P.PNR = '4711'

Ein sekundärer Zugriffspfad führt auf eine Menge von Satzverweisen, deren zugehörige Sätze die Werte der Sekundärschlüssel als Attributwerte besitzen. Er unterstützt das Aufsuchen von Sätzen eines Satztyps aufgrund von Attributwerten, um Anfragen nach allen Angestellten aus Abteilung K02 mit Wohnort Kaiserslautern effizient auswerten zu können:

Q2: SELECT   *
    FROM   PERS P
    WHERE   P.ANR = 'K02' AND P.W-ORT = 'KL'

Beispielweise könnten für die Attribute ANR und/oder W-ORT sekundäre Zugriffspfade eingerichtet sein, die sich dann einzeln oder gemeinsam zur Auswertung der Anfrage heranziehen lassen.

In beiden Fällen handelt es sich um eindimensionale Zugriffspfade, da die Zugriffsstruktur jeweils nur die Suche nach jeweils einem Schlüsselwert unterstützt. Bei sekundären Zugriffspfaden müssen zusätzlich noch die durch einen Schlüssel qualifizierten Satzmengen organi-

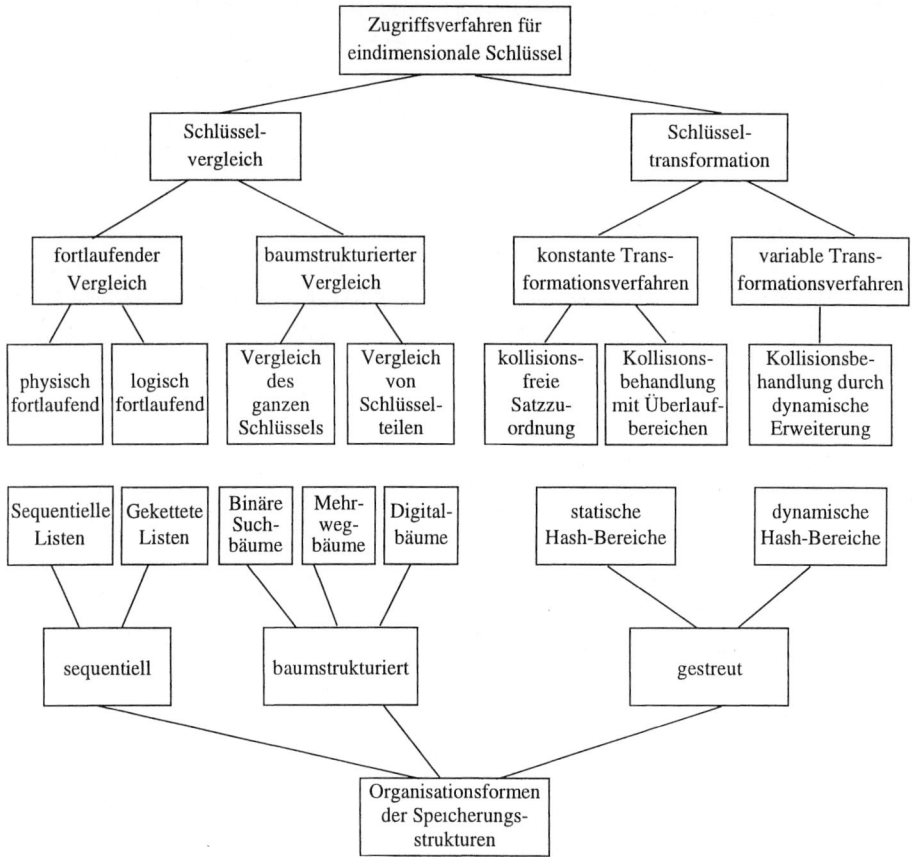

Abb. 7.1:   Klassifikation der Verfahren für eindimensionalen Schlüsselzugriff

siert werden. Deshalb unterscheiden wir hier zwischen Einstiegs- und Verknüpfungsstruktur, was in Abschnitt 7.6 detaillierter betrachtet wird.

Eindimensionale Zugriffspfade lassen sich nach der Art des eingesetzten Suchverfahrens durch das in Abb. 7.1 dargestellte Schema klassifizieren. Die entsprechenden Speicherungsstrukturen – im eingebetteten Fall für Sätze, bei separater Speicherung der Hilfsdaten für Zeiger – gliedern sich in sequentielle, baumstrukturierte und gestreute Organisationsformen. Für die verschiedenen Zugriffsverfahren existieren teilweise sehr viele Vorschläge für unterschiedliche Speicherungsstrukturen, deren Eignung im Hinblick auf ihren Datenbankeinsatz in diesem Kapitel diskutiert werden soll. Die wichtigsten Klassen von Speicherungsstrukturen sind in Abb. 7.1 (unterer Teil) den Zugriffsverfahren gegenübergestellt.

7.2 Sequentielle Zugriffspfade

Alle sequentiellen Organisationsformen sind zugeschnitten auf die fortlaufende Verarbeitung der Sätze eines Satztyps und besitzen im allgemeinen große Nachteile beim wahlfreien Zugriff und beim Änderungsdienst.

7.2.1 Sequentielle Listen

Bei sequentiellen Listen – oft auch als SAM-Organisation (sequential access method) bezeichnet – sind die Sätze physisch benachbart in den Seiten eines zusammenhängenden Seitenbereichs abgelegt; sie besitzen deshalb stets Cluster-Eigenschaft. Dabei können die Sätze der Listenstruktur nach dem Primärschlüssel sortiert (key sequenced) oder völlig ungeordnet (entry sequenced) sein, da beim Suchen physisch fortlaufende Vergleiche durchgeführt werden. Bei N Sätzen eines Satztyps und b Sätzen pro Seite ergeben sich im Mittel für das Aufsuchen eines Satzes $N / (2 \cdot b)$ Seitenzugriffe. Im Falle einer Sortierordnung bleibt das Einfügen von Sätzen nur dann auf ein erträgliches Maß beschränkt, wenn Seiten durch Verkettung beliebig zugeordnet und Verfahren zum Aufteilen und Mischen von Seiten (split/merge) angewendet werden können. Lediglich im Sonderfall der sortierten sequentiellen Listen mit fortlaufend zugeordneten Seiten läßt sich das binäre Suchen als ein baumstrukturiertes Vergleichsverfahren mit $O(\log_2(N / b))$ Seitenzugriffen einsetzen. Das Einfügen eines Satzes erfordert dann jedoch im Durchschnitt das Verschieben von bis zu N/2 Sätzen oder Änderungen in bis zu $N / (2 \cdot b)$ Seiten.

7.2.2 Gekettete Listen

In geketteten Listen sind alle Sätze eines Satztyps – sortiert oder ungeordnet – durch Zeiger miteinander verkettet. Das Einfügen von Sätzen wird dadurch erleichtert, daß sie auf einen beliebigen freien Speicherplatz gespeichert werden können. Da durch die Struktur keinerlei Kontrolle über die Speicherzuordnung ausgeübt wird, erfordert das Aufsuchen eines Satzes durch logisch fortlaufenden Vergleich im Mittel N / 2 Seitenzugriffe.

Bei den typischen Größenordnungen von N ergibt sich ganz abgesehen von den Wartungskosten ein so hoher Zugriffsaufwand für die sequentiellen Speicherungsstrukturen, daß sie in einer Datenbankumgebung für den Primärschlüsselzugriff nicht in Frage kommen.

7.3 Baumstrukturierte Zugriffspfade

In der Literatur wurde eine Fülle von baumstrukturierten Organisationsformen vorgeschlagen. Sie lassen sich, wie Abb. 7.1 verdeutlicht, in binäre Suchbäume, Mehrwegbäume und Digitalbäume einteilen. Im Rahmen unserer Betrachtungen können wir die Vielzahl der Konzepte und Verfahren weder einführen, noch gründlich diskutieren oder gar vergleichen. Dazu verweisen wir auf die in großer Anzahl vorhandenen Fachbücher zu „Algorithmen und Daten-strukturen". In unserem Kontext betrachten wir nur die für den DBS-Einsatz wichtigen Ver-fahren und vertiefen einige ihrer dafür interessanten Eigenschaften.

7.3.1 Binäre Suchbäume

Die weitaus meisten Vorschläge betreffen binäre Suchbäume. Von ihren strukturellen Eigen-schaften her sind sie nur für Anwendungen gedacht, die vollständig im Hauptspeicher ablau-fen, da in ihren Zuordnungsregeln und Suchalgorithmen Seitengrenzen keine Berücksichti-gung finden. Binäre Suchbäume lassen sich danach klassifizieren, ob die Zugriffswahrschein-lichkeiten zu ihren Elementen bei Aufbau und Wartung der Struktur eine Rolle spielen (ge-wichtete binäre Suchbäume [OTTM96]) oder ob für alle Elemente die gleiche Zugriffswahr-scheinlichkeit angesetzt wird. Bei den binären Suchbäumen muß vor allem eine in gewissen Schranken ausgewogene Höhe des Baumes garantiert werden, damit im *worst case* seine De-generierung zu einer linearen Liste vermieden wird. Die bekanntesten Vertreter sind höhenba-lancierte Suchbäume wie der AVL-Baum und seine Erweiterungen sowie gewichtsbalancierte Suchbäume wie der BB[α]-Baum und der WB-Baum [OTTM96]. Solange sich diese Konzep-te nicht mit geeigneten Regeln der Seitenzuordnung verknüpfen lassen, haben sie für die Im-plementierung von Zugriffspfaden in DBS keine Bedeutung. Wir verzichten deshalb auf ihre detaillierte Betrachtung.

7.3.2 Mehrwegbäume

Die für den DB-Einsatz relevanten baumstrukturierten Organisationen sind für Seitenstruktu-ren konzipiert und unterstützen sowohl den wahlfreien Schlüsselzugriff als auch die sortierte Verarbeitung aller Sätze. Vom Kostenaspekt her gesehen bieten sie einen ausgewogenen Kom-promiß für diese beiden Verarbeitungsoperationen. Da sie auch ein günstiges Verhalten bei Änderungsoperationen aufweisen, lassen sie sich in einem breiten Anwendungsspektrum ein-setzen. Schon frühzeitig wurden bei der Verwaltung großer Datenmengen baumstrukturierte Organisationsformen herangezogen. Sie basierten im wesentlichen auf der Speicherung der Sätze in Sortierreihenfolge in physisch sequentiellen Blockstrukturen, für die mehrstufige In-dextabellen – mit Adresse und höchstem Schlüssel im Block – zur Beschleunigung des wahl-freien Zugriffs angelegt wurden (ISAM-Zugriffsmethode). Durch ihre statische Organisation und die enge Bindung der Blockstrukturen an die Charakteristika des Externspeichers brachte der Änderungsdienst gravierende Probleme mit sich. Diese wurden durch verschiedenartige Überlauftechniken gelöst mit der Konsequenz, periodische Reorganisationsläufe durchführen zu müssen. Die Einführung flexibler Adressierungstechniken, der prinzipiellen Separierung von Block und Seite, sowie der Möglichkeit der freien Zuordnung von Seiten zur Zugriffs-pfadstruktur gestatten es, dieses Konzept mit die Idee der dynamischen Restrukturierung auf Seitenbasis zu kombinieren. Die daraus resultierenden Strukturen werden als Mehrwegbäume in der Form von B-Bäumen [BAYE72] und B*-Bäumen [WEDE74] bezeichnet. Sie haben sich als die Standard-Zugriffspfadstrukturen in DBS schlechthin herauskristallisiert [COME79]. In gewisser Hinsicht ist die Zugriffsmethode ISAM ihr Vorläufer.

Z_0	S_1	D_1	Z_1	S_2	D_2	Z_2	$\bullet\bullet\bullet$	S_p	D_p	Z_p	freier Platz

(S_i, D_i, Z_i) = Eintrag, S_i = Schlüssel,

D_i = Daten des Satzes oder Verweis auf den Satz (materialisiert oder referenziert),

Z_i = Zeiger zu einer Sohnseite

Abb. 7.2: Format einer Seite des B-Baumes

7.3.2.1 B-Bäume

Definition: Ein B-Baum vom Typ (k, h) ist ein Baum mit folgenden drei Eigenschaften:

i)   Jeder Weg von der Wurzel zum Blatt hat die gleiche Länge h.

ii) Jeder Knoten (außer Wurzel und Blätter) hat mindestens k + 1 Söhne. Die Wurzel ist ein Blatt oder hat mindestens 2 Söhne.

iii) Jeder Knoten hat höchstens 2k + 1 Söhne.

Es ist naheliegend, einen Knoten auf eine Seite als externe Zugriffs- und Transporteinheit abzubilden (Abb. 7.2), d. h., alle Informationen, die ein Knoten trägt, in einer Seite zu speichern (gewöhnlich wird „Seite" als Synonym für „Knoten" aufgefaßt). Dadurch beschreibt die Höhe des Baumes h beim wahlfreien Zugriff unmittelbar die Anzahl der Seitenzugriffe als relevantes Maß für die Zugriffskosten.

Alle Einträge in der Seite haben eine feste Länge und sind nach aufsteigenden Schlüsselwerten geordnet. Wegen der festen Seitengröße läßt sich nun der in der Definition enthaltene Parameter k leicht berechnen. Es sei n die maximal mögliche Anzahl der Einträge im Seitenformat; dann ergibt sich wegen Bedingung iii) der Parameter k zu $k = \lceil n/2 \rceil$. Die drei Bedingungen der Definition lassen sich nun auch folgendermaßen formulieren:

iii) Eine Seite darf höchstens voll belegt sein.

ii) Jede Seite (außer der Wurzel) muß mindestens halb voll sein.

i)   Der Baum ist vollständig balanciert.

Für die Zeiger Z_i (i = 0, 1, ... p) jeder Seite gilt:

- Z_0 weist auf einen Teilbaum mit Schlüsseln kleiner als S_1.
- Z_i (i = 1, 2, ..., l - 1) weist auf einen Teilbaum, dessen Schlüssel zwischen S_i und S_{i+1} liegen.
- Z_p weist auf einen Teilbaum mit Schlüsseln größer als S_p.
- In den Blattknoten sind die Zeiger nicht definiert.

Durch diese Regeln ist gewährleistet, daß alle Schlüssel (und damit Sätze) der Baumstruktur sortiert aufgesucht werden können.

Es läßt sich leicht zeigen, daß die Höhe h eines B-Baumes, der N Datenelemente enthält, begrenzt ist durch

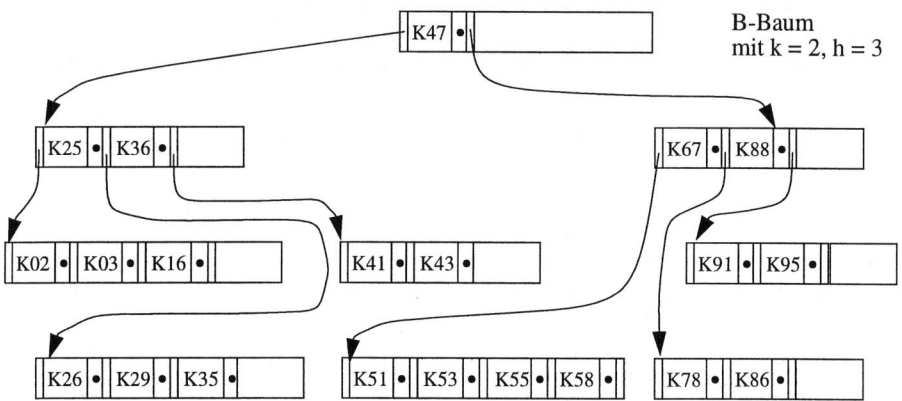

Abb. 7.3: B-Baumstruktur als Zugriffspfad für den Primärschlüssel ANR

$$\log_{2k+1}(N+1) \le h \le 1 + \log_{k+1}\left(\frac{N+1}{2}\right) \quad \text{für } N \ge 1.$$

Zur Darstellung der Zugriffspfadstrukturen wollen wir uns auf ein einheitliches Beispiel beziehen. Wir nehmen dazu an, daß ein Zugriffspfad zu Sätzen des Satztyps ABT (Abteilung) über den Primärschlüssel ANR (Abteilungsnummer) anzulegen ist. Die Werte von ANR seien aus {K01, K02, ..., K99}. Als Beispiel ist in Abb. 7.3 ein B-Baum vom Typ (2, 3) dargestellt. Jede Seite ist irgendeine frei wählbare Seite des Segmentes. Das Zeichen • soll darstellen, daß entweder der zum Schlüssel gehörige Satz oder ein Zeiger zum Satz im Eintrag gespeichert sein können. Ein wichtiges Entwurfsziel für Mehrwegbäume ist es, einen möglichst hohen Verzweigungsgrad (*fan-out*) – durch die maximale Anzahl der Söhne einer Seite (2k + 1) charakterisiert – zu erzielen, um ihre Höhe so niedrig wie möglich zu halten. Ein typisches Zahlenbeispiel soll den Einfluß der Speicherung der Sätze darauf deutlich machen.

Bei einer Seitengröße von 4 KBytes, Zeiger- und Schlüssellängen von 4 Bytes und einer Satzlänge (Datenteil) von 92 Bytes ergibt sich

– bei Einbettung der Sätze (materialisiert) ein Verzweigungsgrad von 40
– bei separater Speicherung der Sätze (referenziert) ein Verzweigungsgrad von über 330.

Die Modifikationsoperationen auf dieser Struktur diskutieren wir zusammen mit weiteren Optimierungsmaßnahmen, nachdem wir den B*-Baum als Weiterentwicklung des B-Baumes skizziert haben.

7.3.2.2   B*-Bäume

Durch B*-Bäume gelingt es „scheinbar" unter Einführung von Redundanz im Schlüsselbereich, den Verzweigungsgrad von Mehrwegbäumen noch weiter zu erhöhen. Im Gegensatz zum B-Baum, bei dem in allen Einträgen die Informationen D_i zusammen mit den zugehörigen Schlüsseln S_i über den ganzen Baum verteilt gespeichert sind (knotenorientierter Baum), werden beim B*-Baum die informationstragenden Einträge ausschließlich in die Blattknoten

Innerer
Knoten

Z_0	R_1	Z_1	R_2	Z_2	$\bullet\bullet\bullet$	R_p	Z_p	freier Platz

R_i = Referenzschlüssel, $k \le p \le 2\,k$

Blatt-
knoten

P	S_1	D_1	S_2	D_2	$\bullet\bullet\bullet$	S_j	D_j	freier Platz	N

P = PRIOR-Zeiger, N = NEXT-Zeiger, $k^* \le j \le 2\,k^*$

Abb. 7.4: Knotenformate (Seitenformate) eines B*-Baumes

verlagert. Solche Bäume bezeichnet man auch als blattorientierte oder hohle Bäume. Die Schlüssel in den inneren Knoten sind Referenzschlüssel und haben ausschließlich Wegweiserfunktion. Dazu ist die Definition des B-Baumes leicht zu modifizieren: Bedingung i) bleibt erhalten. ii) und iii) beziehen sich nur auf innere Knoten. Zusätzlich wird gefordert, daß ein Blatt mindestens k* und höchstens 2k* Einträge besitzt.

Es ergeben sich somit verschiedene Knotenformate für einen B*-Baum vom Typ (k, k*, h) (Abb. 7.4). Die Bedingungen $k \le p \le 2k$ und $k^* \le j \le 2k^*$ sollen wiederum bedeuten, daß die Seiten mindestens zur Hälfte gefüllt sind und nicht mehr als voll sein können. Die Zeiger PRIOR und NEXT dienen der Zwei-Weg-Verkettung aller Blattseiten. Da alle Schlüssel sortiert in den Blattseiten gespeichert sind, läßt sich dadurch eine schnelle fortlaufende Verarbeitung aller Sätze in auf- oder absteigender Sortierreihenfolge erreichen. Falls die Referenzschlüssel R_i [BAYE77b] aus dem Schlüsselbereich S_i gewählt werden, sind einige Schlüssel doppelt gespeichert. Diese „Redundanz" führt jedoch zu einer Verbreiterung des Baumes, da das Format des internen Knotens seinen Verzweigungsgrad bestimmt. Mit den gleichen Zahlenwerten wie beim B-Baum ergibt sich für den B*-Baum ein Verzweigungsgrad über 500, was im Mittel zu einer Reduktion seiner Höhe führt. In manchen Anwendungen wählt man noch größere Knotenformate, was beispielsweise bei 8 KBytes schon Verzweigungsgrade von mehr als 1000 gewährleistet.

Die Höhe eines B*-Baumes mit N Datenelementen ist begrenzt durch

$$1 + \log_{2k+1}\left(\frac{N}{2k^*}\right) \le h \le 2 + \log_{k+1}\left(\frac{N}{2k^*}\right) \quad \text{für } h \ge 2.$$

Untersuchungen dazu finden sich in [BAYE72] und [HELD78]. Typische Werte für h als Anzahl der Seitenzugriffe liegen bei 3 – 4 für N zwischen 10^5 und 10^7.

Als Beispiel ist in Abb. 7.5 a ein B*-Baum vom Typ (3, 2, 2) dargestellt. Bei der Implementierung hat man die Wahl, den Referenzschlüsselvergleich entweder auf {≤ , >} oder auf {<, ≥} durchzuführen. Die Suche im B- und B*-Baum ist selbsterklärend. Auch Einfüge- und Löschoperationen sind einfach, solange die Restriktionen bezüglich der Belegung nicht verletzt sind. Bei Unter- oder Überlauf einer Seite werden Algorithmen zur dynamischen Restrukturierung eingesetzt [BAYE72]. Ihre Wirkungsweise wird anhand von Abb. 7.5 erklärt. Das Einfügen eines Satzes mit dem Schlüssel K52 in den in Abb. 7.5 a dargestellten B*-Baum trifft auf eine volle Seite, so daß eine Neuaufteilung dieser Seite, Split-Vorgang genannt, zu erfolgen hat. Dafür muß bei der Freispeicherverwaltung eine unbelegte Seite angefordert werden. Es wird eine Neuaufteilung der 2k*+1 Sätze auf beide Seiten durchgeführt derart, daß die Unterlaufbedingung nicht verletzt ist. Durch das Hinzukommen einer neuen Seite muß in der entsprechenden Vaterseite ein Referenzschlüsselverweis eingetragen werden, was im Beispiel wiederum einen Split-Vorgang auslöst. Auf diese Weise ist im Beispiel ein B*-Baum der Höhe h = 3 entstanden. Ein nachfolgendes Löschen von K55 würde den B*-Baum durch Mischen unterbelegter Seiten, das, solange die Unterlaufbedingung verletzt ist, rekursiv zu erfolgen hat, wiederum auf die Höhe h = 2 schrumpfen lassen.

7.3.2.3   Belegung der Seiten

Diese Regeln zur Wartung wenden die Split-Technik jeweils auf eine volle Seite (m = 1) an, in die ein weiterer Satz eingefügt werden soll. Sie garantieren für jede Seite (mit Ausnahme der Wurzel) eine Belegung von mindestens 50%. Beim sortiert sequentiellen Laden der Sätze wird dieser *worst case* erreicht, wenn nicht spezielle Maßnahmen getroffen werden. Oft wird deshalb in praktischen Implementierungen eine Sonderbehandlung für die Aufteilung von Randseiten vorgesehen. Theoretische Untersuchungen haben gezeigt, daß bei zufälligen Einfügungen und Löschungen mit einer Belegung von etwa 69 % (ln 2 [NAKA78]) gerechnet werden kann. Da in der Praxis oft auf die Behandlung des Unterlaufs von Seiten verzichtet wird, ist in solchen Fällen bei der einfachen Split-Technik (m = 1) die tatsächliche Belegung schlechter. Eine höhere Belegung kann durch eine Verallgemeinerung der Split-Technik garantiert werden. Wenn die Zuordnung einer neuen Seite erst erfolgt, wenn m (> 1) um den Einfügepunkt gruppierte Seiten voll sind, kann immer eine Belegung $\beta \geq m / (m + 1)$ mit einem Erwartungswert von $m \cdot \ln((m + 1) / m)$ erzielt werden [KÜSP83].

In der Struktur in Abb. 7.5 a wäre bei m = 3 das Einfügen der Sätze K52, K54 und K56 ohne Split-Vorgang alleine durch Verschiebung der Sätze auf die beiden benachbarten Seiten möglich gewesen. Erst das Einfügen von K57 hätte die Zuordnung einer neuen Seite zusammen mit der lokalen Neuverteilung der Sätze ausgelöst. Eine möglichst hohe Belegung der Blattseiten wirkt sich günstig auf den direkten Zugriff und auf die sequentielle Verarbeitung aus. Durch praktische Untersuchungen haben wir jedoch herausgefunden, daß der Split-Faktor auf m ≤ 3 begrenzt sein sollte, da sonst die Einfügekosten durch die erzwungenen Verschiebungen stark überproportional ansteigen.

7.3.2.4   Reduktion der Höhe

Die Höhe eines Mehrwegbaumes ist der dominierende Faktor für seine Zugriffszeit. Eine gewisse Reduktion der Höhe läßt sich durch eine geeignete Wahl des Split-Faktors m erreichen. Der weiteren Optimierung liegt folgender Gedankengang zugrunde:

- Durch Verbreiterung des Mehrwegbaumes läßt sich seine Höhe reduzieren.
- Durch Erhöhung der Anzahl der Zeiger in den inneren Knoten wird der Baum verbreitert.
- Die Anzahl der Zeiger in den inneren Knoten kann durch Verkürzung der Schlüssellänge erhöht werden.

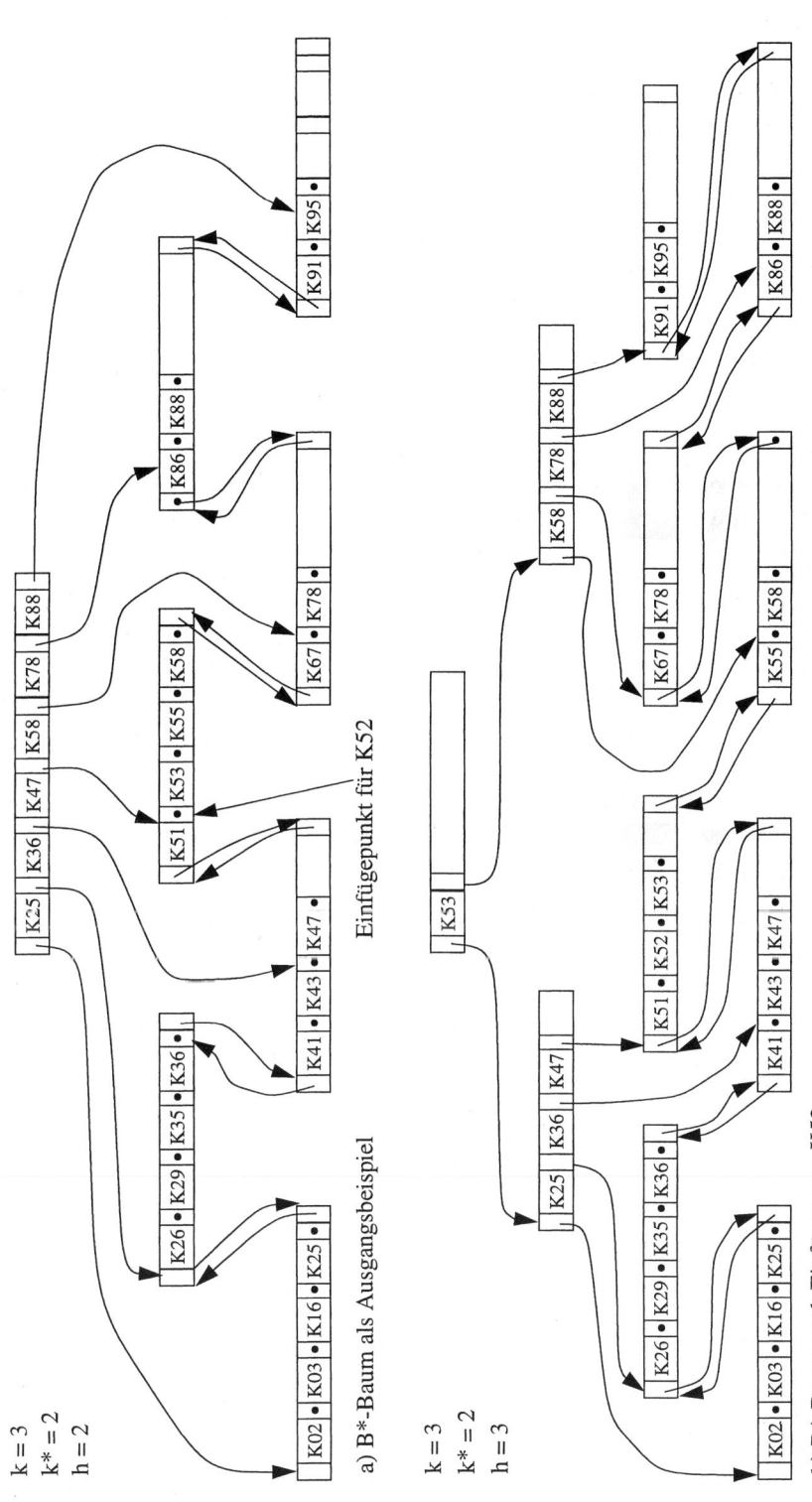

k = 3
k* = 2
h = 2

a) B*-Baum als Ausgangsbeispiel

Einfügepunkt für K52

k = 3
k* = 2
h = 3

b) B*-Baum nach Einfügen von K52

Abb. 7.5:   B*-Baum vom Typ (3, 2, 3)

Unter Beibehaltung der Definition von B- und B*-Baum mit vorgegebenem Parameter k (feste Länge der Einträge) läßt sich nur eine gleichförmige Verkürzung der Schlüssel bei gewissen Feldtypen (CHAR, DEC etc.) durch Zeichenkomprimierung vorschlagen. In praktischen Implementierungen ist es vorteilhaft, die im Konzept festgelegten gleichlangen Einträge aufzugeben und variable Längen zu erlauben. Der Unterlauf einer Seite kann auch ohne Parameter k über die tatsächliche Speicherbelegung kontrolliert werden. Eine Präfix-Komprimierung [WAGN73] als einfachste Technik gestattet die Regenerierung des Schlüssel innerhalb einer Seite und ist deshalb für B- und B*-Baum einsetzbar. B*-Bäume lassen noch wirksamere Komprimierungsverfahren zu, da ein Referenzschlüssel nur Wegweiserfunktion hat. Ein in der Praxis bewährtes Verfahren (VSAM) ist die Präfix-Suffix-Komprimierung (front and rear compression [WAGN73]). Die Schlüssel in einer Seite werden fortlaufend komprimiert derart, daß nur der Teil des Schlüssels

- vom Zeichen, in dem er sich vom Vorgänger (V) unterscheidet,
- bis zum Zeichen, in dem er sich vom Nachfolger (N) unterscheidet,

zu übernehmen ist. Es werden nur die Anzahl der Zeichen F (= V - 1) des Schlüssels, die mit dem Vorgänger übereinstimmen, und die Länge L (= MAX(N - V + 1, 0)) des komprimierten Schlüssels mit der dazugehörigen Zeichenfolge gespeichert. Der Suchalgorithmus in der Seite kann mit dieser Datenstruktur und einem Kellermechanismus zwar nicht den ganzen Schlüssel, aber doch den Teil des Schlüssels bis zur Eindeutigkeitslänge leicht rekonstruieren. Theoretische Untersuchungen [NEVA79] und praktische Erfahrungen (VSAM) haben gezeigt, daß die durchschnittlichen komprimierten Schlüssellängen 1.3 – 1.8 Bytes ausmachen. Dazu kommen noch 2 Bytes Verwaltungsaufwand pro Eintrag. Ein eindrucksvolles Beispiel für die Wirksamkeit dieser Komprimierungstechnik ist in Abb. 7.6 dargestellt.

Schlüssel (unkomprimiert)		V	N	F	L	Wert
CITY_OF_NEW_ORLEANS	... GUTHERIE, ARLO	1	6	0	6	CITY_O
CITY_TO_CITY	... RAFFERTTY, GERRY	6	2	5	0	
CLOSET_CHRONICLES	... KANSAS	2	2	1	1	L
COCAINE	... CALE, J.J	2	3	1	2	OC
COLD_AS_ICE	... FOREIGNER	3	6	2	4	LD_A
COLD_WIND_TO_WALHALLA	... JETHRO_TULL	6	4	5	0	
COLORADO	... STILLS, STEPHEN	4	5	3	2	OR
COLOURS	... DONOVAN	5	3	4	0	
COME_INSIDE	... COMMODORES	3	13	2	11	ME_INSIDE__
COME_INSIDE_OF_MY_GUITAR	... BELLAMY_BROTHERS	13	6	12	0	
COME_ON_OVER	... BEE_GEES	6	6	5	1	O
COME_TOGETHER	... BEATLES	6	4	5	0	
COMING_INTO_LOS_ANGELES	... GUTHERIE, ARLO	4	4	3	1	I
COMMOTION	... CCR	4	4	3	1	M
COMPARED_TO_WHAT?	... FLACK, ROBERTA	4	3	3	0	
CONCLUSION	... ELP	3	4	2	2	NC
CONFUSION	... PROCOL_HARUM	4	1	3	0	

Abb. 7.6: Anwendungsbeispiel für die Präfix-Suffix-Komprimierung

Wegen der ausschließlichen Wegweiserfunktion der Referenzschlüssel ist es nicht nötig, die Optimierungsmaßnahmen auf die Schlüssel zu stützen, die in den Blattknoten tatsächlich vorkommen. Es genügt jeweils, in jedem inneren Knoten einen Referenzschlüssel R_i so zu konstruieren, daß er die Menge der Referenzschlüssel und Schlüssel seines linken Teilbaumes $R(Z_{i-1})$ von der seines rechten Teilbaumes $R(Z_i)$ zu trennen erlaubt. Ein anschauliches Beispiel dafür übernehmen wir aus [BAYE77b]. Die daraus resultierenden Bäume werden dort als einfache Präfix-B-Bäume bezeichnet. Nach dem Split-Vorgang bei einer Seite sei die in Abb. 7.7 gezeigte Schlüsselbelegung entstanden.

Beim Split-Vorgang ist ein Referenzschlüssel

$$R_i \text{ mit } x < R_i \leq y \text{ für alle } x \in R(Z_{i-1}) \text{ und alle } y \in R(Z_i)$$

zu ermitteln und in den Vaterknoten zu transportieren. Für R_i kann im Beispiel irgendein String s mit der Eigenschaft

$$\text{Cookiemonster} < s \leq \text{Ernie}$$

als Separator konstruiert werden. Aus Optimierungsgründen wird man immer einen der kürzesten Separatoren – also D oder E – wählen.

Bei starren Split-Regeln, die eine gleichmäßige Seitenaufteilung verlangen, bleibt in vielen Fällen die Wirkung der Komprimierung bei diesem Verfahren fast wirkungslos, wenn nämlich die Schlüsselmengen sehr dicht liegen und die Konstruktion langer Separatoren erzwingen (Systemprogramm < s ≤ Systemprogrammierer). Da sich bei variabel langen Einträgen in der Seite ihre gleichförmige Neuverteilung ohnehin nicht gewährleisten läßt, ist es naheliegend, dieses Verfahren durch Split-Intervalle weiterzuentwickeln. Bei jedem Split-Vorgang wird ein Split-Intervall um die Mitte der Seite festgelegt. Die Neuaufteilung der Einträge im Rahmen des Split-Intervalls erfolgt so, daß ein möglichst kurzer Separator konstruiert werden kann.

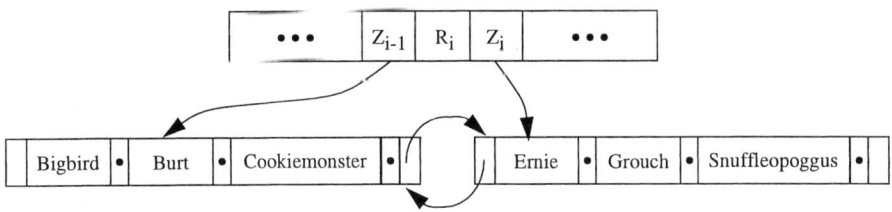

Abb. 7.7: Schlüsselbelegung in einem einfachen Präfix-B-Baum

Dieses Verfahren läßt sich durch Parameter für die Größe der Split-Intervalle für Blätter und innere Knoten steuern und separat optimieren [BAYE77]. Die Vergrößerung der Split-Intervalle tendiert zwar einerseits durch die zu erzielende Verkürzung der Einträge zur Verringerung der Baumhöhe, erzeugt aber andererseits durch einen geringeren Belegungsgrad in jeweils einer der am Split-Vorgang beteiligten Seiten mehr Seiten als nötig und damit mehr Einträge in den inneren Knoten. Zur Erhöhung des Belegungsfaktors können deshalb bei der Neuaufteilung – ähnlich wie beim verallgemeinerten Split-Verfahren – auch bei variablen Eintragslängen benachbarte Seiten einbezogen werden. Die grundsätzlichen Strategien dazu werden in [MCCR77] diskutiert.

Eine letzte Stufe der Optimierung zur Verdichtung der Referenzschlüssel läßt sich durch die sog. Präfix-B-Bäume erreichen. In [BAYE77b] wird analog zur Präfix-Kompression vorgeschlagen, die Präfixe der Separatoren und Schlüssel pro Seite oder gar im gesamten Baum nur einmal zu speichern.

7.3.2.5   Suche in der Seite

Neben den Kosten für Seitenzugriffe muß beim Mehrwegbaum der Suchaufwand innerhalb der Seiten als sekundäres Maß berücksichtigt werden. Ein Suchverfahren erfordert eine Folge von Vergleichsoperationen im Hauptspeicher, die bei 500 oder mehr Schlüssel-Verweis-Paaren pro Seite durchaus ins Gewicht fallen können. Eine Optimierung der internen Suche erscheint deshalb durchaus gerechtfertigt. Folgende Suchverfahren lassen sich einsetzen.

– *Systematische Suche:* Die Seite wird eintragsweise sequentiell durchlaufen. Bei jedem Schritt wird der betreffende Schlüssel mit dem Suchkriterium verglichen. Unabhängig von einer möglichen Sortierreihenfolge muß im Mittel die Hälfte der Einträge aufgesucht werden. Bei m Einträgen sind m / 2 Vergleichsschritte erforderlich.

– *Sprungsuche:* Die geordnete Folge von m Einträgen wird in n Intervalle eingeteilt. In einer ersten Suchphase werden die Einträge jedes Intervalles mit den höchsten Schlüsseln überprüft, um das Intervall mit dem gesuchten Schlüssel zu lokalisieren. Anschließend erfolgt eine systematische Suche im ausgewählten Intervall (Abb. 7.8 a). Bei dieser Suchstrategie fallen durchschnittlich n / 2 + m / (2 · n) Vergleichsschritte an.
Für $n = \sqrt{m}$ erzielt man hierbei ein Optimum [SHNE78], weshalb sie oft auch als Quadratwurzel-Suche bezeichnet wird.

– *Binäre Suche:* Die binäre Suche setzt wiederum eine geordnete Folge der Einträge voraus. Bei jedem Suchschritt wird durch Vergleich des mittleren Eintrags entweder der gesuchte Schlüssel gefunden oder der in Frage kommende Bereich halbiert (Abb. 7.8 b). Eine ideale Halbierung läßt sich bei $m = 2^n - 1$ (n > 0) erreichen. Die Anzahl der im Mittel benötigten Vergleichsschritte beträgt angenähert $\log_2 m - 1$.

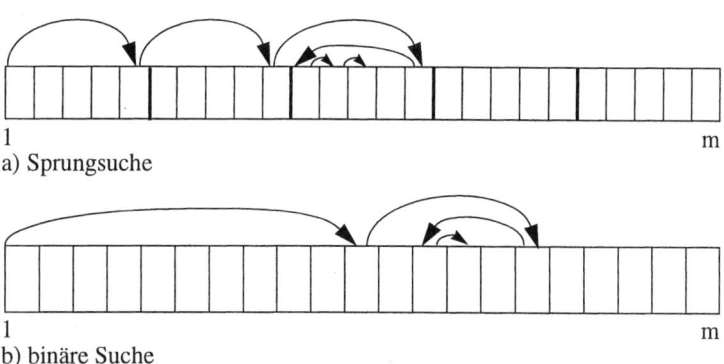

1   m
a) Sprungsuche

1   m
b) binäre Suche

Abb. 7.8: Suche in einer Seite

Während eine systematische Suche auf Einträgen fester und variabler Länge sowie bei ihrer Komprimierung ausgeführt werden kann, setzen Sprungsuche und binäre Suche Einträge fester Länge voraus. Sie sind lediglich im Falle einer zusätzlichen Indexstruktur in der Seite indirekt einsetzbar [MARU77]. Die Verwendung eines solchen zusätzlichen Index ist jedoch fragwürdig, weil dadurch der für Einträge nutzbare Speicherplatz verkleinert wird.

7.3.3 Digitalbäume

Der Hauptunterschied zu den bisher betrachteten Suchbäumen liegt bei der Klasse der Digitalbäume darin, daß beim Aufsuchvorgang die Schlüsselvergleiche in ihren inneren Knoten nicht nach dem ganzen Schlüssel, sondern jeweils nach aufeinanderfolgenden Teilen des Schlüssels erfolgen, so daß von einem bestimmten inneren Knoten aus nur noch Schlüssel mit gleichem Präfix erreicht werden. Für den Aufbau eines Digitalbaumes wird die Ziffern- oder Zeichendarstellung des Schlüssels ausgenutzt, indem er als Folge von alphabetischen Zeichen, Ziffern, Bit oder Gruppen dieser Elemente aufgefaßt wird. Bei der Konstruktion des Digitalbaumes wird ein Schlüssel der Länge l in l / k Teile zerlegt. Die einzelnen Schlüsselteile ergeben nacheinander einen Weg im Baum, dessen i-te Kante mit dem i-ten Teil des Schlüssels markiert ist. Die für die gesamte Schlüsselmenge zu speichernden Wege bestimmen den Baum, wobei alle Markierungen der von einem Knoten abgehenden Kanten paarweise verschieden sind. Die Gestalt des Digitalbaumes hängt von der darzustellenden Schlüsselmenge ab; er besitzt kein explizites Balancierungskriterium. Der bekannteste Vertreter des Digitalbaumes ist der PATRICIA-Baum [MORR68], aus dem durch gewisse Optimierungen der binäre Radix-Baum hervorgegangen ist. Dieser wurde quasi als Konkurrent zum B*-Baum zur Implementierung eines allgemeinen Indexmechanismus [HOWA78] herangezogen. Wir wollen jedoch diese Strukturen hier nicht weiter vertiefen.

7.4 Statische Hash-Verfahren

Bei gestreuten Speicherungsstrukturen werden Speicherungs- und Aufsuchoperationen unter der Kontrolle von sog. Schlüsseltransformations- oder Hash-Verfahren durchgeführt. Der Grundgedanke dieses Verfahrens ist die direkte Berechnung der Speicheradresse eines Satzes aus seinem Schlüssel, ohne (im Idealfall) auf weitere Hilfsstrukturen zurückzugreifen.

Es sei S die Menge aller möglichen Schlüsselwerte eines Satztyps (auch Schlüsselraum genannt) und $A = \{0, 1, 2, ..., n - 1\}$ das Intervall der ganzen Zahlen von 0 bis n - 1. Eine Hash-Funktion $h : S \rightarrow A$ ordnet dann jedem möglichen Schlüssel $s \in S$ des Satztyps eine ganze Zahl aus A als Adresse zu. Von besonderem Interesse sind hier aus der Vielzahl der vorgeschlagenen Verfahren [OTTM96] die Hash-Verfahren für Externspeicher auf Seitenbasis. Dabei wird A als Menge von relativen Seitennummern interpretiert, so daß die berechnete Nummer leicht einer Seite eines zusammenhängenden Segmentbereichs zugeordnet werden kann.

7.4.1   Kollisionsfreie Satzzuordnung

Unter Voraussetzung einer geeigneten, „dichten" Schlüsselmenge S kann für h eine injektive Funktion gewählt werden. Solche günstigen Anwendungsfälle ergeben sich beispielsweise bei einer Vergabe von laufenden Nummern als Primärschlüssel (bei Rechnungen, Buchungen, Dokumenten usw.). Die daraus resultierende kollisionsfreie Satzzuordnung ist im Hinblick auf Zugriffszeit und Änderungsdienst schlechthin ideal, da für jeden möglichen Schlüssel (Satz) Speicherplatz reserviert und somit jede Operation mit einem Seitengriff abzuwickeln ist (*self indexing disk file* [WATE75]).

7.4.2   Verfahren mit Kollisionsbehandlung

Da im allgemeinen Fall die Menge der zu einem Zeitpunkt benutzten Schlüssel K wesentlich kleiner als S ist (K $\subset$ S) und starke Ungleichverteilungen im Schlüsselraum aufweist, ist eine kollisionsfreie Satzzuordnung mit Hilfe einer Hash-Funktion nicht möglich oder mit extremer Platzverschwendung verbunden. Von der Hash-Funktion h wird in solchen Fällen verlangt, die vorhandene Schlüsselmenge K auf einen begrenzten, statisch zugeordneten Speicherraum D mit einer Kapazität von #A Sätzen (#S $\gg$ #A) mit möglichst guter Gleichverteilung abzubilden. h wird deshalb nicht injektiv sein, so daß Synonyme derart auftreten können, daß gilt:

k, k' $\in$ K: h(k) = h(k').

Die Seitenstruktur von Segmenten erlaubt eine einfache Bildung von Adressierungseinheiten für Hash-Verfahren auf Externspeicher. In einem zusammenhängenden Segmentabschnitt wird eine Seite (oder mehrere aufeinanderfolgende Seiten) als Adressierungs- und Speicherungseinheit für Sätze aufgefaßt und oft als Bucket bezeichnet. Ein solches Bucket dient zur Aufnahme mehrerer Schlüssel, so daß eine Reihe von Synonymen pro Seite ohne Kollision auftreten können. Der Begriff Bucket (zu deutsch „Eimer") soll hier vor allem ausdrücken, daß die Reihenfolge der gespeicherten Sätze unerheblich ist. Durch diese Bucket-Bildung wird die Anzahl der Kollisionen entscheidend vermindert. In der Literatur werden verschiedene Klassen von Hash-Verfahren, die eine gute Ausnutzung des Speicherraumes D und eine gleichförmige Bucket-Belegung garantieren sollen, vorgeschlagen [MAUR75].

Divisionsrestverfahren (Restklassenbildung)

Die Bitdarstellung des Schlüssels k wird als ganze Zahl interpretiert. Durch die Hash-Funktion h(k) = k mod q wird eine ganzzahlige Division ausgeführt, wobei q = n gilt, damit der Rest eine zulässige relative Adresse liefert. Die Wahl von q bestimmt wesentlich die Gleichverteilung und Speicherausnutzung. Gewöhnlich wird empfohlen, ein geeignetes q als Primzahl zu wählen und damit n als Anzahl der Buckets festzulegen.

Neben der Primzahlbedingung ist für die Wahl von q folgende Forderung wichtig:

q $\neq$ a $\cdot$ B^n $\pm$ c mit a, c = kleine ganze Zahl
und B = Zahlensystem des Rechners.

Der Divisor q soll nicht benachbart zu einer Potenz des Zahlensystems liegen (z. B. bei einer Zweier-Potenz q = 127), da sonst

$$(C + a \cdot B^n) \bmod q \approx (C + a) \bmod q$$

ist, d. h., bei gleichen Endziffern wiederholt sich fast die gleiche Menge von Adressen in verschiedenen Zahlenbereichen.

Faltung

Der Schlüssel k wird in einzelne Bestandteile zerlegt, die als beliebige Partitionen oder überlappende Einheiten gewählt oder durch Verschiebeoperationen erzeugt werden können. Anschließend werden sie additiv, multiplikativ oder durch Boolesche Operationen verknüpft. Das Ergebnis wird als Binärzahl interpretiert; es muß in geeigneter Weise an den verfügbaren Adreßraum angepaßt werden.

Multiplikationsverfahren

Der Schlüssel k wird mit sich selbst oder mit einer Konstanten c multipliziert:

$$h(k) = k^2 \text{ oder } h(k) = c \cdot k.$$

Zur Anpassung an eine zulässige relative Adresse $\leq$ (n - 1) werden jeweils t Bitpositionen aus dem Ergebnis ausgeblendet. n bzw. t sind durch $n = 2^t$ festgelegt. Oft werden aus Gründen der Gleichverteilung die mittleren t Bit gewählt (*mid-square method*).

Basistransformation

Der Schlüssel k wird als Ziffernfolge einer anderen Basis p dargestellt $(k_{10} \rightarrow k_p^{'})$. Zur Bestimmung einer zulässigen relativen Adresse können wiederum Faltung oder Divisionsrestverfahren angewendet werden; beispielsweise $h(k_p^{'}) = k_p^{'} \bmod q^a$. Dabei sind p und q relativ prim zueinander, a ist eine ganze Zahl, so daß $q^a \approx n$ gilt.

Zufallsmethode

Zur Erzeugung der Hash-Adressen wird ein Pseudozufallszahlen-Generator verwendet. Der Schlüssel k dient dabei jeweils als Saat für eine Zufallszahl, aus der die Hash-Adresse – unter Anpassung an den verfügbaren Hash-Bereich – gewonnen wird. Falls zur Kollisionsbehandlung das Generieren weiterer Adressen erforderlich ist, kann bei dieser Methode einfach die Folge der Zufallszahlen genommen werden.

Ziffernanalyse

Diese Methode setzt voraus, daß die Menge K der zu speichernden Schlüssel bekannt ist. Für jede der m Stellen der Schlüssel k_i wird die Verteilung der Werte in K ermittelt. Die Stellen mit der größten Verteilungsschiefe werden bei der Adressierung nicht berücksichtigt. Auf diese Weise können die t Stellen herausgefunden werden, welche die beste Gleichverteilung im vorgegebenen Hash-Bereich garantieren.

Die Ziffernanalyse hängt als einziges Verfahren von der spezifischen Schlüsselmenge ab. Sie ist sehr aufwendig, gewährleistet aber gute Gleichverteilungseigenschaften. In DBS läßt sie sich jedoch nicht als allgemeine Methode verwenden, da in praktischen Einsatzfällen die genaue Kenntnis der Schlüsselmenge K nicht vorausgesetzt werden kann. Die anderen Verfahren sind ohne solche Vorbedingungen anwendbar.

Besonders wenn die konkrete Schlüsselverteilung nicht bekannt ist, wird das Divisionsrestverfahren empfohlen [LUM71]. Auch theoretische Untersuchungen [GHOS75] weisen auf die Überlegenheit dieses Verfahrens hin, wenn geeignete Parameter gewählt werden (vor allem q als Primzahl). In der Praxis wird dieses Verfahren oft kombiniert mit Faltungsmethoden, um seine Gleichverteilungseigenschaften zu erhöhen. Was die genaue Diskussion und kritische Beurteilung der anderen Verfahren angeht, verweisen wir auf die Literatur [OTTM96].

7.4.3   Überlaufbehandlung

Übersteigt die Anzahl der Synonyme das Fassungsvermögen eines Buckets, so muß eine Kollisionsauflösung (Überlaufbehandlung) durchgeführt werden. Prinzipiell läßt sich die Auflösung im Primärbereich (open addressing) oder in einem separaten Überlaufbereich (separate chaining) durchführen. Als Techniken können wiederum Hash-Verfahren (lineare oder quadratische Sondierungsmethode, Double Hashing [MAUR75]) oder Kettungsmethoden herangezogen werden. Dabei ergeben sich Probleme bei Löschvorgängen, die durch eine dynamische Reorganisation oder durch Einfügen von Löschvermerken mit späterer statischer Reorganisation behandelt werden können. In DBS eignen sich separate Überlaufbereiche – durch Verkettung zusätzlicher Buckets – besonders gut. Bei eingebetteten Überläufern steigt nämlich die Anzahl der Zugriffe bei hohem Belegungsfaktor ($\beta > 0.8$) stark an, da verstärkt Mehrfachkollisionen (z. B. durch primäre oder sekundäre Cluster-Bildung [OTTM96]) auftreten. Bei separatem Überlaufbereich dagegen wird der Einfluß von Mehrfachkollisionen vermieden, wenn bei Überlauf dynamisch neue Überlauf-Buckets – separat für jedes Bucket im Primärbereich – zugeordnet werden. Dadurch können trotz statischer Speicherzuweisung im Primärbereich (n Buckets mit Kapazität b) mehr als $n \cdot b$ Sätze ($\beta > 1$) gespeichert werden. Bei der Speicherung von $N \le n \cdot b$ Sätzen läßt sich typischerweise ein Zugriffsfaktor von $1.1 - 1.4$ erzielen. Selbst wenn die Kapazität des Primärbereiches um 100 % überschritten wird ($N \le 2 \cdot n \cdot b$), bleibt der Zugriffsfaktor mit < 2 recht stabil.

Für unsere Beispielanwendung zeigen wir in Abb. 7.9 eine gestreute Speicherungsstruktur mit 5 Buckets (b = 4) als Primärbereich, in die unsere vorgegebene Schlüsselmenge in Sortierreihenfolge eingespeichert wird. Als Hash-Verfahren dient dabei eine Kombination aus Faltung und Divisionsrestverfahren. Zur Adreßberechnung werden die Schlüssel (in EBCDIC-Darstellung) zeichenweise durch die XOR-Operation verknüpft. Die resultierende Binärzahl wird mod q (= n = 5) genommen.

7.4.4   Externes Hashing mit Separatoren

Trotz auftretender Kollisionen bei der Adreßberechnung garantiert das Externe Hashing mit Separatoren (EHS) fester Länge, daß jeder Satz mit *genau einem Externspeicherzugriff* aufgefunden werden kann [LARS84, LARS88]. Dazu wird eine relativ kleine Menge an zusätzlichem internen Speicherplatz (etwa ein Byte pro Bucket) für eine sog. Separatortabelle SEP

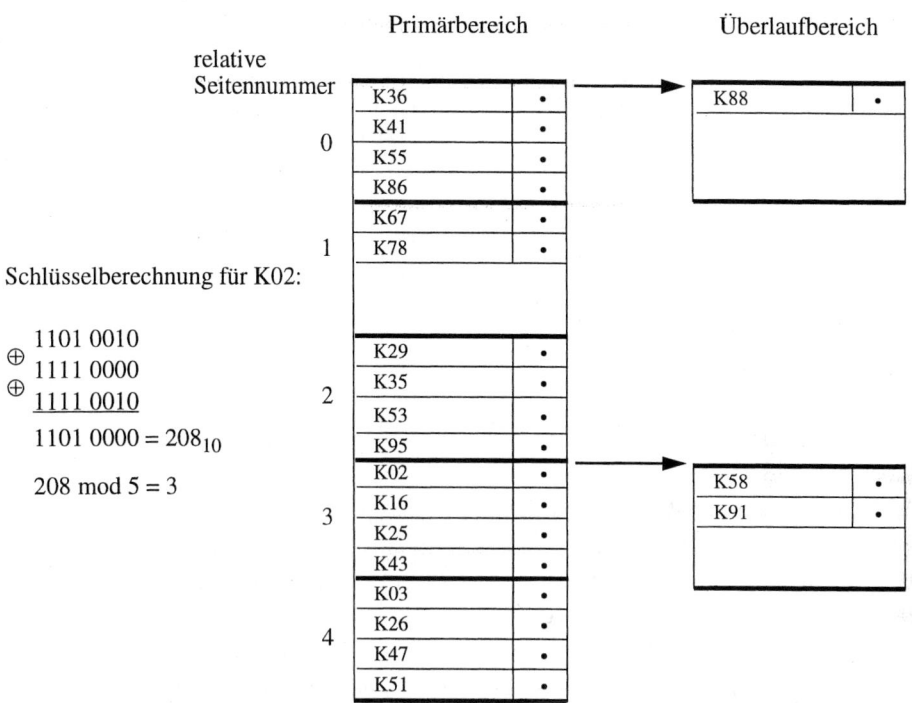

Abb. 7.9: Gestreute Speicherungsstruktur mit separater Zuordnung der Überlaufbereiche pro Bucket

benötigt. Um den Zugriffsfaktor 1 zu erzielen, muß nämlich auf den Einsatz von geketteten Überlaufbereichen, wie sie in Abb. 7.9 veranschaulicht sind, verzichtet werden. Die Überlaufbehandlung ist also nach dem Prinzip des Open Addressing zu organisieren, wobei die Adresse des jeweils nächsten zu sondierenden Buckets berechnet wird. Als Methoden sind Lineares Sondieren und Double Hashing zu nennen. Für jeden Schlüssel wird durch eine solche Methode die Sondierungsfolge berechnet, nach der beim Einfügen oder Suchen eines Satzes die Überprüfung der in Frage kommenden Buckets vorgenommen wird.

7.4.4.1 Grundlegende Konzepte

Wir nehmen an, daß die Anzahl der zu speichernden Sätze $N < (n \cdot b)$ ist, die sich auf n Bukkets der Kapazität b aufteilen. Der Belegungsfaktor des Hash-Bereichs errechnet sich dann zu $\beta = N / (n \cdot b)$.

Sondierungsfolge

Die Sondierungsfolge für einen Satz mit Schlüssel k sei $H(k) = (h_1(k), h_2(k), ..., h_n(k))$. Sie wird eindeutig durch k festgelegt und ergibt sich zu einer Permutation der Menge der Bucket-Adressen $\{0, 1, ..., n - 1\}$.

Signaturfolge eines Satzes

Für jeden Satz wird eine Folge von Signaturen $S(k) = (s_1(k), s_2(k), ..., s_n(k))$ benötigt, wobei jede Signatur $s_i(k)$ durch einen Integer-Wert von t Bit Länge dargestellt wird. Die Signaturfolge ist ebenfalls eindeutig durch k bestimmt. Da die Gleichverteilung der Signaturwerte für die Güte des Hash-Verfahrens wichtig ist, kann man für die Berechnung von S(k) beispielsweise einen Pseudozufallszahlen-Generator mit k als Saat heranziehen. Um das Bucket eines zu speichernden oder gesuchten Satzes zu bestimmen, werden beginnend von $i = 1$ schrittweise jeweils der Signaturwert $s_i(k)$ und der Sondierungswert $h_i(k)$ berechnet, bis die entsprechende Bucket-Adresse gefunden ist. In jedem Schritt gibt $h_i(k)$ die Adresse des zu betrachtenden Buckets an und $s_i(k)$ gibt nähere Auskunft darüber, ob der zu speichernde bzw. gesuchte Satz in diesem Bucket gespeichert werden muß bzw. zu finden ist. Dazu wird $s_i(k)$ mit dem Separator des Buckets verglichen, der im folgenden Abschnitt erläutert wird.

Separator eines Buckets

Um eine Überlaufbehandlung in den Buckets zu organisieren, ohne dabei die Buckets vom Externspeicher holen und inspizieren zu müssen, ist eine spezielle Prüfmöglichkeit im Hauptspeicher vorzusehen. Zu diesem Zweck wird jedem Bucket B_j ($j = 0, 1, ..., n - 1$) ein Separator zugewiesen, der ebenso wie eine Signatur aus t Bit besteht. Alle Separatoren sind während der gesamten Verarbeitung in einer Tabelle SEP im Hauptspeicher verfügbar; SEP[j] enthält also den Separator für Bucket B_j. Ein Satz, für den in seiner Sondierungsfolge $h_i(k) = j$ ($i = 1, 2, ...,$ n) berechnet wird, ist ein Kandidat für Bucket B_j. Wenn zugleich $s_i(k) <$ SEP[j] gilt, muß dieser Satz B_j zugeordnet werden.

Ein Separator charakterisiert den Belegungszustand eines Buckets und kann sich folglich ändern. Er wird mit Hilfe der Signaturen der Sätze bestimmt, die in B_j gespeichert sind. Wenn Bucket B_j im Laufe der Verarbeitung r-mal ($r > b$) zum Einfügen sondiert wurde, gibt es r Sätze als Kandidaten zur Speicherung in B_j. Davon sind mindestens ($r - b$) Sätze abgewiesen worden (wenn zwischenzeitlich keine Sätze gelöscht wurden); diese Sätze müssen das nächste Bucket ihrer individuellen Sondierungsfolge aufsuchen.

Welche Sätze werden nun in B_j gespeichert? Um diese Entscheidung treffen zu können, ist der Separator für B_j geeignet festzulegen. Er wird aus den r Signaturen ausgewählt, so daß er den niedrigsten Signaturwert aller Sätze verkörpert, die (jemals) abgewiesen wurden, die also weitersondieren mußten. Dazu sind die r Sätze nach ihren momentanen Signaturen zu ordnen, um die $q \leq b$ Sätze mit niedrigen Signaturen für B_j zu bestimmen.

Eine Signatur, welche die Gruppe der niedrigen eindeutig von der Gruppe der höheren Signaturen trennt, wird als Separator für B_j in SEP[j] aufgenommen. Idealerweise partitioniert ein Separator die Sätze eines Buckets zu (b, r - b), wenn Überlauf auftritt. Da jedoch gleiche Signaturen bei den Sätzen eines Buckets vorkommen können, ist es möglich, daß ein Bucket nach Überlauf weniger als b Sätze speichern kann. In diesen Fällen wird versucht, eine der folgenden Partitionierungen zu finden:

$(b - 1, r - b + 1), (b - 2, r - b + 2), ..., (0, r)$.

Die Bestimmung eines Separators wird an folgendem Beispiel, bei dem als Separator- und Signaturlänge $t = 4$ gewählt wurde, verdeutlicht: Bucket B_j seien $r = 5$ Sätze mit den Signaturen 0010, 0011, 0101, 0101, 1000 zugewiesen. Bei einer Bucket-Kapazität von $b = 4$ erhalten wir als Separator SEP[j] = 1000 und eine ideale Partitionierung von (4, 1). In diesem Fall muß nur der Satz mit dem Signaturwert 1000 weitersondieren. Dagegen verlangt $b = 3$ die Wahl von SEP[j] = 0101 und eine Partitionierung von (2, 3). Das bedeutet, daß die drei Sätze mit einem Signaturwert ≥ 0101 bei B_j abgewiesen werden und weitersondieren müssen.

Die erstmalige Bestimmung eines solchen Separators muß beim ersten Bucket-Überlauf erfolgen ($r = b + 1$). Um vorher den Belegungszustand eines Buckets in einfacher Weise erkennen zu können, ist eine geschickte Initialisierung der Separatoren erforderlich. Das wird erreicht, wenn der Separator eines Buckets, das noch nicht übergelaufen ist, mit einem Wert initialisiert wird, der größer als alle Signaturen ist. Dazu ist es naheliegend, den Wertebereich der Signaturen auf $\{0, 1, ..., 2^t - 2\}$ und die Separatorinitialisierung auf $2^t - 1$ festzulegen.

7.4.4.2   Ablauf der Operationen

Nach dieser Einführung der Konzepte lassen sich die Operationen des EHS skizzieren. Beim Aufsuchen werden der Reihe nach die Werte der Sondierungs- und Signaturfolge $h_i(k)$ und $s_i(k)$ ($i = 1, 2, ..., n$) bestimmt und (ausschließlich im Hauptspeicher) mit dem Inhalt von SEP überprüft. Sobald $s_i(k) < $ SEP[$h_i(k)$] gilt, ist mit $h_i(k) = j$ das aufzusuchende Bucket B_j lokalisiert. Der Zugriff erfordert einen E/A-Vorgang, falls es sich nicht schon im DB-Puffer befindet. Das Bucket ist dann zu durchsuchen. Wenn dabei der Satz nicht gefunden wird, existiert er auch nicht. Deshalb ist zur Lokalisierung eines Satzes stets höchstens ein E/A-Zugriff erforderlich.

Beim Einfügen wird der gleiche Aufsuchvorgang für B_j durchgeführt. Wenn das durch die Bedingung $s_i(k) < $ SEP[$h_i(k)$] lokalisierte B_j schon voll ist, ist ein neuer Separator zu bestimmen und SEP[j] zu aktualisieren. Bei der Neuberechnung wird der Separator eines Buckets monoton kleiner. Als Folge davon sind ein oder mehrere Sätze zu verschieben, d. h., sie müssen in neue Buckets eingefügt werden, wobei ihre individuellen Sondierungsfolgen fortgesetzt werden. Es ist offensichtlich, daß dieser Prozeß insbesondere bei einem hohen Belegungsgrad β kaskadieren kann. Um eine „Explosion" der Einfügekosten zu vermeiden, ist ein $\beta < 0.8$ zu empfehlen. Die Löschoperation setzt sich aus einem Aufsuchen von B_j und dem Entfernen des betreffenden Satzes zusammen. Dabei wird in B_j Platz geschaffen – das Bucket kann sogar leer sein – was jedoch keine Auswirkungen auf den Separator hat. Einmal abgewiesene Sätze müßten nämlich „zurückgeholt" werden, bevor der Separator in konsistenter Weise erhöht werden könnte. Gegen diese „Optimierung" spricht zum einen die Gefahr des Kaskadierens auch beim Löschen und zum anderen die Schwierigkeit, sich die Schlüssel aller abgewiesenen Sätze pro Bucket merken zu müssen.

7.4.4.3   Anwendungsbeispiel

Die Wirkungsweise des eben beschriebenen Hash-Verfahrens soll an einem ausführlichen Beispiel veranschaulicht werden (siehe Abb. 7.10). Dabei werden die Schlüssel K47 und K51 in den mit Startsituation gekennzeichneten Hash-Bereich eingefügt. Mit $h_1(K47) = 18$, $s_1(K47) = 1110$ und $h_1(K51) = 18$, $s_1(K51) = 0101$ tritt ein erster Bucket-Überlauf auf. Nach dem Entscheidungsverfahren zur Bestimmung eines neuen Separators für Bucket 18 muß K47 weiter sondieren mit z. B. $h_2(K47) = 99$, $s_2(K47) = 0110$, so daß die in Abb. 7.10 b gezeigte Situation entsteht. In der Situation 7.10 c haben sich bedingt durch nachfolgende Einfügungen und Löschungen die Belegung und einige Separatoren geändert. Schließlich zeigt Situation 7.10 d die Auswirkungen des Kaskadierens beim Einfügen von K95 in den Hash-Bereich nach 7.10 c. Seine Sondierungs- und Signaturfolgen seien $H(K95) = (8, 18, ...)$ und $S(K95) = (1011, 0011, ...)$. Durch das Einfügen von K95 in Bucket 18 müssen K67 und K51 mit den angegebenen Sondierungs- und Signaturfolgen ein neues Bucket finden.

Das „unschlagbare" Zugriffsverhalten bei der Suche wird mit einem durch SEP eingeführten Zusatzaufwand an Speicher erzielt, der bei b > t weniger als ein Bit pro Satz beträgt. Wie das Beispiel jedoch erkennen läßt, können sich im Verlauf der Satzeinfügungen und -löschungen für ein Bucket immer kleiner werdende Separatoren einstellen, so daß die Sondierungsfolgen tendenziell immer länger werden. Ebenso steigt damit der mittlere Einfügeaufwand. In [LARS84] wird darauf hingewiesen, daß durch geeignete Wahl der Bucket-Größe, der Separatorlänge und des Belegungsfaktors diesem Effekt entgegengesteuert werden kann.

Bei allen in Abschnitt 7.4 diskutierten Verfahren wurde deutlich, daß es wegen der Abhängigkeit ihrer Leistungskennzahlen wie Zugriffs- und Belegungsfaktor von der Schlüsselverteilung und Parametereinstellung kein allgemeingültiges Hash-Verfahren gibt. Im Einzelfall lassen sich jedoch durch sorgfältige Wahl der Parameter wie Hash-Algorithmus, Überlaufbehandlung, Bucket-Größe, Belegungsfaktor sowie möglicherweise Ladereihenfolge bei gewichteten Zugriffshäufigkeiten [SEVE76b] gestreute Speicherungsstrukturen erzeugen, deren mittlerer Zugriffsfaktor nahe bei 1 liegt. Falls aber die optimale Parametereinstellung verfehlt wird, können sich deutlich schlechtere Werte ergeben.

7.5 Dynamische Hash-Verfahren

Die Notwendigkeit der statischen Zuweisung des Hash-Bereiches bringt bei stark wachsenden Datenbeständen gravierende Nachteile mit sich. Um ein zu schnelles Überlaufen zu vermeiden, muß er von Anfang an genügend groß dimensioniert werden, so daß zunächst eine schlechte Speicherausnutzung erzielt wird. Wenn das geplante Fassungsvermögen des Hash-Bereichs überschritten wird, ist die Speicherungsstruktur entweder nicht mehr aufnahmefähig (wie bei EHS) oder es findet zunehmend eine Verdrängung der neuen Schlüssel in den separaten Überlaufbereich statt, so daß der Zugriffsfaktor stetig anwächst. Die sich verschlechternden Zugriffszeiten erzwingen auf Dauer eine Reorganisation derart, daß ein größerer Hash-Bereich anzulegen und alle Schlüssel (Sätze) durch vollständiges Rehashing neu zu laden sind.

In DBS ist dieser Zwang zur statischen Reorganisation mit völliger Neuverteilung der Adressen nicht nur wegen des immens hohen Zeitbedarfs, der eine längere Betriebsunterbre-

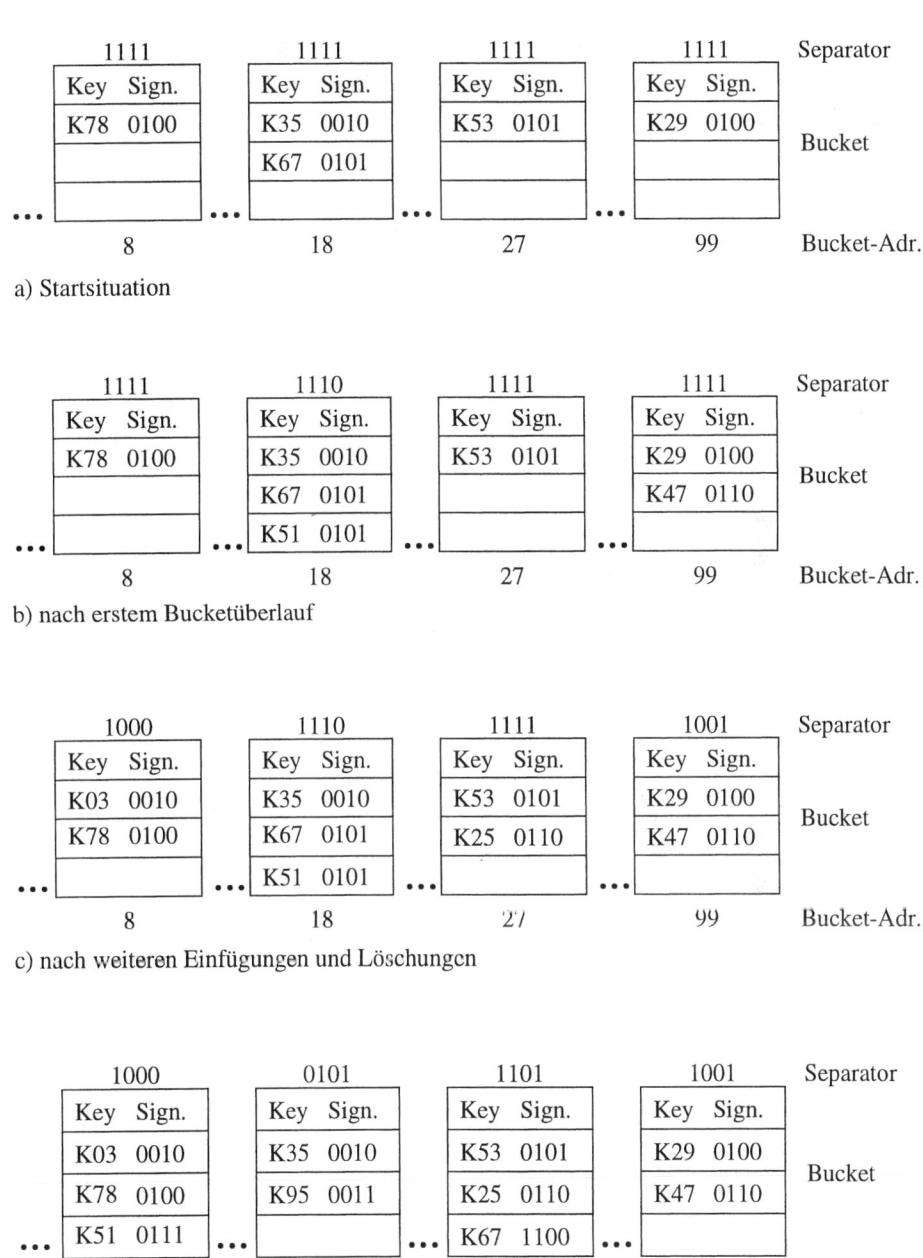

a) Startsituation

b) nach erstem Bucketüberlauf

c) nach weiteren Einfügungen und Löschungen

d) Kaskadierung von Sätzen beim Einfügen von K95:

$H(K67) = (18, 27, ...)$ und $S(K67) = (0101, 1100, ...)$
$H(K51) = (18, 27, 8, ...)$ und $S(K51) = (0101, 1101, 0111, ...)$

Abb. 7.10: Beispiel zum Externen Hashing mit Separatoren

chung erfordert, sondern auch wegen der vielen Adreßverweise aus anderen Zugriffspfaden, die eine isolierte Reorganisation meist verhindern, sehr störend. Wünschenswert ist der Einsatz eines dynamischen Hash-Verfahrens [FAGI79b, LITW78, LARS78, ENBO88], das

- ein Wachsen und Schrumpfen des Hash-Bereiches erlaubt
- Überlauftechniken und damit statische Reorganisationen mit vollständigem Rehashing vermeidet
- eine hohe Belegung des Speicherplatzes unabhängig vom Wachstum der Schlüsselmenge garantiert
- für das Auffinden eines Satzes mit gegebenem Schlüssel nicht mehr als 2 Seitenzugriffe benötigt.

Diese praktischen Anforderungen empfanden viele DBS-Forscher als eine große Herausforderung. So entwickelte sich die „Dynamisierung von Hash-Bereichen" zu einem attraktiven und fruchtbaren Forschungsthema, das viele neue Lösungsideen [SCHO81, RAMA84, LARS85, VEKL85] hervorgebracht hat. Die verschiedenen dynamischen Hash-Verfahren, die sich hauptsächlich in der Art der Verwaltung des wachsenden bzw. schrumpfenden Speicherplatzes unterscheiden, lassen sich nach Methoden mit Index und solche ohne Index klassifizieren [LARS83].

7.5.1   Verfahren mit Indexnutzung

Die Verfahren mit Indexnutzung (Directory) führen die Aufteilung eines Buckets durch, sobald es überläuft; jedes neu hinzugekommene Bucket ist dann über den Index in den Hash-Bereich zu integrieren. Sie differieren in der Art und Weise, wie sie diese Information speichern. Zur Darstellung des Grundprinzips bei Indexnutzung diskutieren wir zunächst das Erweiterbare Hashing [FAGI79b], das sehr einfach zu implementieren ist und in bezug auf Speicherplatznutzung und Stabilität gegen schiefe Schlüsselverteilungen am wirksamsten zu sein verspricht.

7.5.1.1   Erweiterbares Hashing

Beim Erweiterbaren Hashing ist eine Split/Merge-Technik zur dynamischen Anpassung des Hash-Bereichs mit dem Adressierungskonzept des Digitalbaumes (Radix-Baum) gewinnbringend kombiniert. Da Digitalbäume keinen Mechanismus zur Balancierung ihrer Höhe besitzen, muß die Ausgewogenheit „von außen" durch Gleichverteilung der Schlüssel aufgezwungen werden. Diese Forderung läßt sich dadurch erfüllen, daß nicht die ungleichverteilten Schlüssel k ∈ K direkt, sondern ihre durch h(k) erzeugten Adressen k′ (Pseudoschlüssel), für die h eine bessere Gleichverteilungseigenschaft verspricht, auf den Digitalbaum abgebildet werden. Das Prinzip dieser Adressierung ist in Abb. 7.11 anhand unserer vorgegebenen Schlüsselmenge skizziert. Als Hash-Funktion zur Erzeugung der Pseudoschlüssel wurde eine Faltung der drei Schlüsselzeichen (in EBCDIC-Darstellung) mit XOR-Verknüpfung gewählt. Die Bitfolge des Pseudoschlüssels k′ wird in unserem Beispiel spiegelbildlich interpretiert, so daß die letzten d′ Bit von k′ zur Adressierung des Digitalbaumes ausgewählt werden.[1] Die

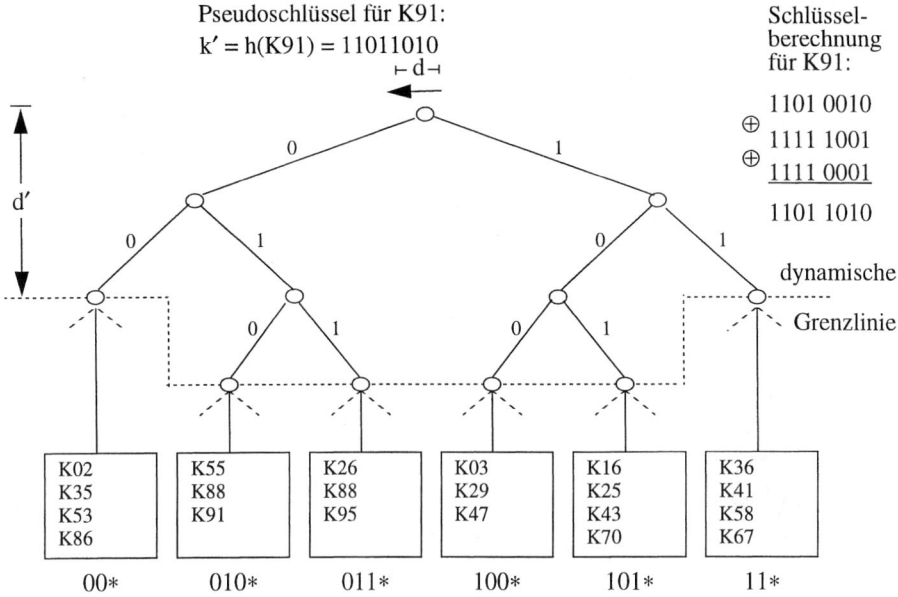

Abb. 7.11: Prinzipielle Abbildung der Pseudoschlüssel auf einen Digitalbaum

Anzahl d' von Bit aus k' ist so festgelegt, daß alle Schlüssel des durch sie bestimmten Teilbaumes in einer Seite Platz finden. Wie in Abb. 7.11 veranschaulicht, variiert d' als lokale Tiefe in Abhängigkeit von der Schlüsselverteilung, so daß sich im allgemeinen eine dynamische Grenzlinie ergibt. Wählt man das maximale d' des Digitalbaums als globale Tiefe d, so kann man den Digitalbaum auch als Index oder Adreßverzeichnis mit 2^d Einträgen realisieren. Eine solche Lösung läßt sich auch als Digitalbaum der Höhe 1 mit einem Verzweigungsgrad von 2^d (TRIE [FRED61]) auffassen.

In Abb. 7.12 ist die Wirkungsweise des Erweiterbaren Hashing anhand unseres Anwendungsbeispiels gezeigt. Die gewählte Hash-Funktion wurde beibehalten. Die Kapazität der Buckets sei b = 4. Alle Schlüssel, deren Pseudoschlüssel in den ausgewählten d (=3) Bit übereinstimmen, werden über denselben Eintrag des Adreßverzeichnisses erreicht. Die Buckets enthalten eine Anzeige ihrer lokalen Tiefe d'. Stimmen d und d' überein, so sind nur Schlüssel gespeichert, deren Pseudoschlüssel die gleiche Bitfolge in den ausgewählten d Positionen besitzen; im Adreßverzeichnis gibt es genau einen Eintrag für das Bucket. Falls d' < d ist, enthält das Bucket alle Schlüssel mit einer Übereinstimmung der Pseudoschlüssel in der Länge d', d. h., es verweisen mehrere Einträge des Adreßverzeichnisses auf das Bucket.

Solange kein Bucket-Überlauf droht, verlangen Einfügevorgänge keine Sondermaßnahmen. Erst bei einem Einfügeversuch in ein volles Bucket wird eine Strukturveränderung des Hash-Bereichs erzwungen. Bei d' < d wird ein Split-Vorgang ausgelöst, der zum Anlegen ei-

---

[1]   Aus dem Pseudoschlüssel k' können die d Bit beliebig ausgewählt werden.

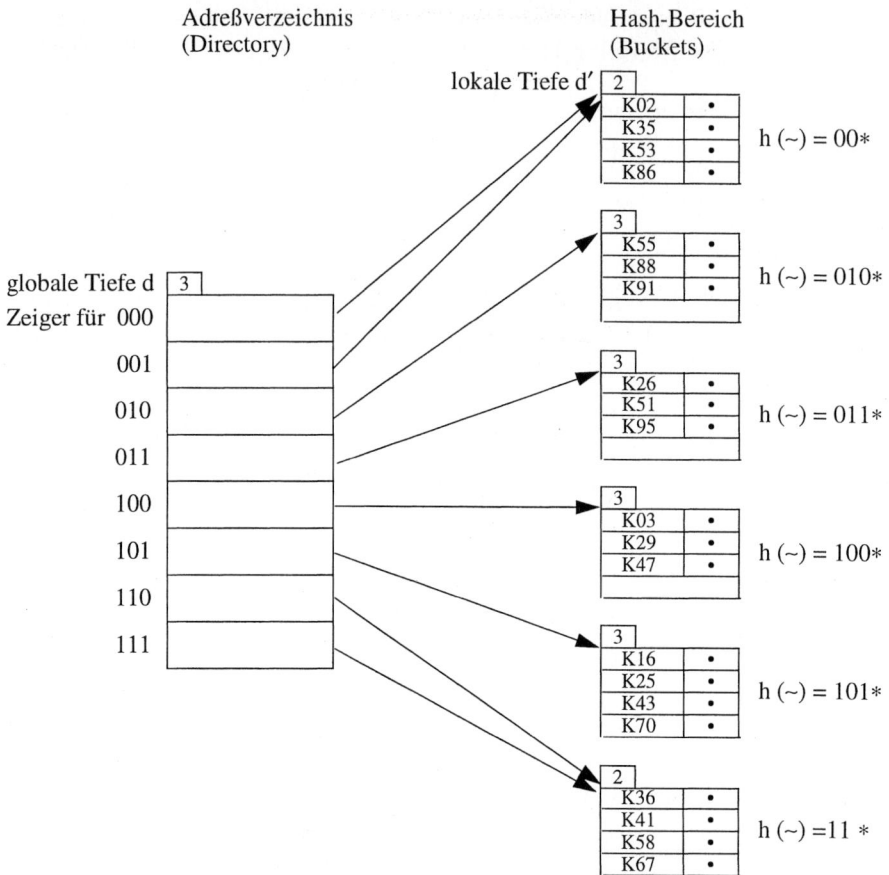

Abb. 7.12: Gestreute Speicherungsstruktur beim Erweiterbaren Hashing.
Darstellung des Anwendungsbeispiels

nes neuen Bucket mit einer *wertabhängigen Aufteilung* der Schlüsselmenge gemäß den $d' + 1$
Bit des Pseudoschlüssels und einer Adaption der betroffenen Verweise im Adreßverzeichnis
führt. Falls $d = d'$ gilt, ist der Einfügevorgang bei einem vollen Bucket schwieriger. Um das
volle Bucket aufteilen zu können, muß die lokale Tiefe um 1 erhöht werden, um eine wertabhängige Aufteilung der Schlüsselmenge (in den d' Bit) zu erreichen. Ebenso ist sicherzustellen, daß das neu hinzukommende Bucket adressiert werden kann. Dazu erfolgt auch eine Erhöhung der globalen Tiefe um 1, was einer Verdopplung der Einträge des Adreßverzeichnisses
entspricht.[2]

Diese Erweiterung des Adreßverzeichnisses läßt sich bei der sog. Präfix-Adressierung
($101^* \rightarrow 1010^*, 1011^*$), wie in Abb. 7.13 gezeigt, durch lokale Verdopplung der einzelnen
Einträge und Neuadressierung des durch den Split-Vorgang hinzugekommenen Bucket durchführen. Es ist aber auch möglich, eine Suffix-Adressierung ($^*101 \rightarrow {}^*0101, {}^*1101$) zu wäh-

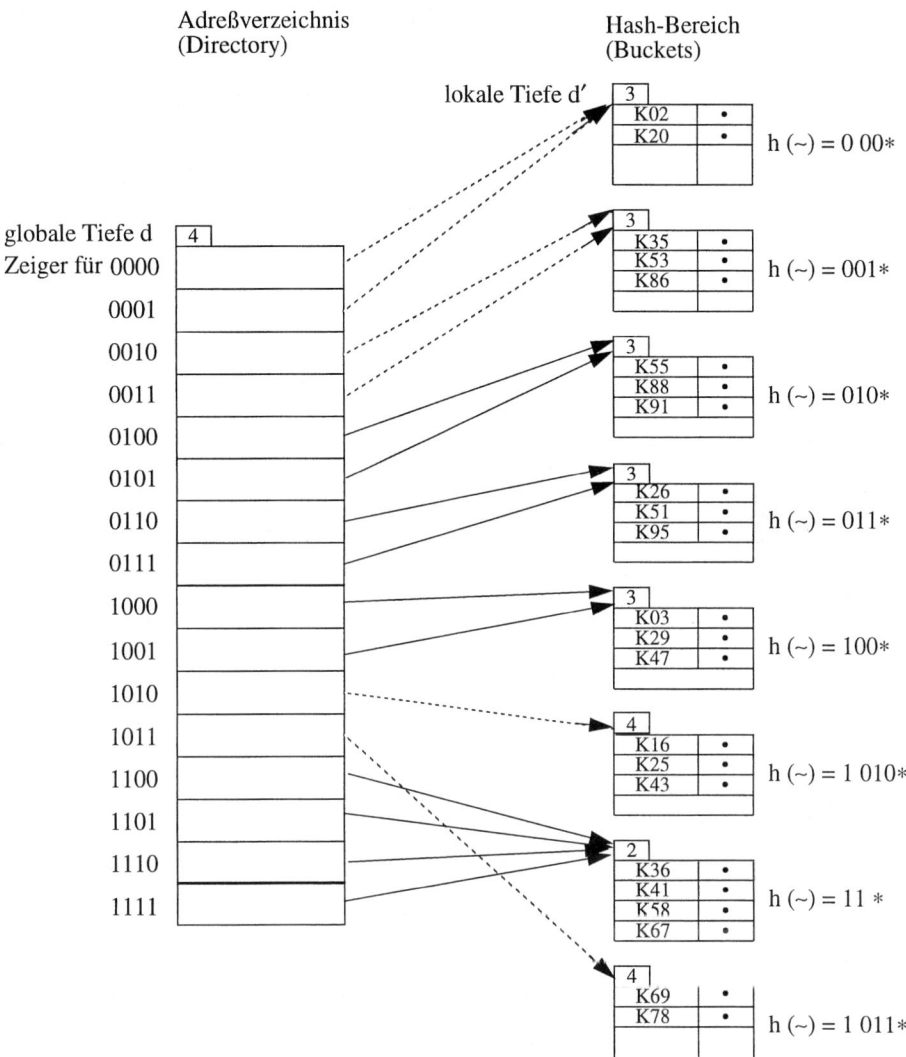

Abb. 7.13: Gestreute Speicherungsstruktur beim Erweiterbaren Hashing.
Modifizierte Struktur nach zwei Split-Vorgängen:
- Normale Neuaufteilung bei Einfügen von K20
- Verdoppelung des Adreßverzeichnisses bei Einfügen von K69

---

[2] Im Gegensatz zum „Mitten-Split" beim B*-Baum geschieht die Aufteilung der Schlüsselmenge eines Bucket beim Erweiterbaren Hashing wertabhängig. Ungünstige Schlüsselverteilungen können deshalb dazu führen, daß nach erfolgter Aufteilung ein Bucket voll und das andere leer bleibt und daß zudem der neu hinzukommende Schlüssel keinen Platz findet. Als Ausweg ist dann ein weiterer Split-Vorgang beim vollen Bucket und, falls $d = d'$, eine weitere Verdopplung des Adreßverzeichnisses vorzunehmen. Jedoch kann auch diesmal die Unterbringung des neu hinzugekommenen Schlüssels nicht garantiert werden. Schlimmstenfalls ist es also möglich, daß ein Schlüssel mehrere Strukturmodifikationen des Hash-Bereichs auslöst, was vor allem zu Lasten der Größe des Adreßverzeichnisses geht.

len. Dann wird die Verdopplung des Adreßverzeichnisses durch Anhängen seiner vollständigen Kopie erreicht, wobei anschließend nur noch ein Eintrag zu modifizieren ist.

In Abb. 7.13 ist die Wirkungsweise von zwei strukturverändernden Operationen zusammengefaßt. Das Einfügen von K20 in den in Abb. 7.12 dargestellten Hash-Bereich führte zu einem Split-Vorgang beim obersten Bucket (00* → 000*, 001*) mit Erhöhung der lokalen Tiefe auf $d' = 3$. K69 löste dagegen neben dem Split-Vorgang (101* → 1010*, 1011*) eine Erhöhung der lokalen Tiefe auf $d' = 4$ und eine Verdopplung des Adreßverzeichnisses mit einer Erhöhung der globalen Tiefe auf $d = 4$ aus.

Das Erweiterbare Hashing liegt in seiner Zugriffsgeschwindigkeit zwischen statischen Hash-Verfahren und Mehrwegbäumen, da immer ein Zugriffsfaktor von 2 garantiert wird. Es erhöht durch seine dynamische Speicherzuweisung die Einsatzbreite von gestreuten Speicherungsstrukturen. Da es die Schlüsselsortierung nicht bewahrt, bleibt es vom Funktionsumfang her gesehen den Mehrwegbäumen unterlegen. Bei ungünstigen Schlüsselverteilungen kann die Speicherplatzausnutzung recht gering werden, da sehr viele Verdopplungen des Adreßverzeichnisses anfallen können. Weiterhin ist es möglich, daß Buckets „fast leer" sind, da ihre Aufteilung wertabhängig ist. Nur Buckets ohne Satzzuordnung verbrauchen keinen Speicherplatz; im Adreßverzeichnis können die entsprechenden Einträge mit NIL belegt sein. Deshalb liegt beim Erweiterbaren Hashing die Anzahl der Buckets zwar in der Größenordnung O(N), das Adreßverzeichnis weist jedoch mit $O(N^{1+1/b})$ ein überlineares Wachstum auf.

7.5.1.2   Weitere Verfahren mit Indexnutzung

Eine weitere Grundform stellt das Virtuelle Hashing [LITW78] dar, bei dem ein Bucket-Überlauf zu einer Verdopplung des Speicherplatzes führt (VH1). Das Aufteilen eines Buckets wird dann durch einen Bitvektor angezeigt, der auch für die Auswahl der anwendbaren Hash-Funktionen sorgt. Auch hier wächst der Bitvektor mit $O(N^{1+1/b})$ überlinear. Als dritte Grundform mit Index wurde das Dynamische Hashing [LARS78] vorgeschlagen, bei dem das Adreßverzeichnis als Binärbaum organisiert ist, dessen Blätter die Adressen der zugehörigen Buckets speichern. Durch diese Maßnahme erzielt man für die Adressierung (2n-1 Knoten bei n Buckets) einen linearen Aufwand (O(N)), jedoch bei größerem Speicherbedarf pro Knoten. Außerdem dürfte die Adreßberechnung langsamer sein als beim Erweiterbaren und Virtuellen Hashing.

Bei zufälliger Schlüsselverteilung ergibt sich für alle drei Verfahren ein erwarteter Belegungsgrad der Buckets von $\beta = \ln 2 \approx 0.693$, da das Aufteilen wie beim B*-Baum (m = 1) erfolgt. Der Benutzer hat hier keine Möglichkeit zur Kontrolle des Belegungsgrads.

7.5.2   Verfahren ohne Indexnutzung

Verfahren, die mit einer konstanten und geringen Anzahl von Verwaltungsdaten auskommen, heißen Verfahren (fast) ohne Index (oder Directory). Auch für solche Verfahren wurden eine Reihe von Grundformen entwickelt, die dann später in vielfältiger Weise verfeinert wurden. Diese Verfahren versuchen das Überlaufproblem nicht lokal zu lösen (bisher wurde das jeweilige Bucket einfach aufgeteilt), sondern eine bezüglich des Hash-Bereichs (Datei) globale Lösung zu finden. Beispielsweise werden Überläufer temporär in separaten Listen verwaltet; eine hohe Rate an Überläufern oder ein zu großer Belegungsgrad β wird als Indikator genommen, den Speicherplatz zu expandieren, d. h., neue Buckets zu allokieren und Überläufer zu integrieren.

7.5.2.1   Lineares Hashing

Lineares (virtuelles) Hashing wurde von Litwin [LITW80] vorgeschlagen und kann als eine Variante des Virtuellen Hashing (VH1) aufgefaßt werden. Dabei werden die Buckets in einer festen Reihenfolge aufgeteilt, so daß auf die Bittabellen verzichtet werden kann. Statt dessen wird ein Zeiger p geführt, der das nächste aufzuteilende Bucket kennzeichnet. Beim Split-Vorgang wird dann jeweils ein Bucket am Dateiende angehängt. Es gibt hierbei jedoch keine Möglichkeit, Überlaufsätze zu vermeiden. Sie werden pro Bucket in separaten Listen verwaltet. Erst wenn das betreffende Bucket aufgeteilt wird, werden die Überläufer in ein Bucket des Hash-Bereichs eingefügt.

Das Prinzip des Linearen Hashing führen wir an einem kleinen Beispiel ein, bei dem die Größe des Primärbereichs mit n = 5 und b = 4 gewählt wurde. Der Belegungsfaktor sei hier als $\beta = N / ((n \cdot 2^L + p) \cdot b)$ definiert, wobei L die Anzahl der bereits ausgeführten Verdopplungen des ursprünglichen Primärbereichs ist.

Eine Neuaufteilung des Buckets, auf das p $(0 \le p < n \cdot 2^L)$ momentan zeigt, erfolgt dann, wenn β den Schwellwert von β_s (hier 0.8) überschreitet. Wir setzen eine Folge von Hash-Funktionen $h_0(k) = k \bmod 5$, $h_1(k) = k \bmod 10$ usw. ein, wobei zunächst $h_0(k)$ berechnet wird. Wenn $h_0(k) \ge p$ ist, liefert diese Berechnung die gewünschte Adresse, da das betreffende Bucket noch nicht aufgeteilt wurde. $h_0(k) < p$ zeigt an, daß das adressierte Bucket bereits aufgeteilt wurde. Deshalb ist zur Adreßberechnung $h_1(k)$ heranzuziehen. Diese Verfahrensweise setzt voraus, daß beim Aufteilen des Buckets die Adressen seiner Sätze mit $h_1(k)$ neu bestimmt werden. Anschließend ist der Zeiger p um 1 zu erhöhen.

In Abb. 7.14 haben wir der Übersichtlichkeit halber für K Integerzahlen gewählt. Nach Einfügen von k = 888 erhöht sich der Belegungsgrad in Situation von Abb. 7.14 a auf β = 17/20 = 0.85 und löst eine Neuaufteilung von Bucket 0 aus. Das Ergebnis in Abb. 7.14 b zeigt das Fortschalten von p; es verdeutlicht außerdem, daß nur die Überläufer des aufgeteilten Buckets in den Primärbereich (hier 0 und 5) übernommen werden. Weitere Einfügungen von k = 244, 399 und 100 erhöhen β über den Schwellwert, so daß eine Neuaufteilung von Bucket 1 ausgeführt wird. Erreicht p den Wert n, so ist die erste Verdopplung der Hash-Bereichs abgeschlossen. Als Hash-Funktionen sind jetzt in analoger Weise $h_1(k)$ und $h_2(k)$ heranzuziehen.

Verallgemeinert läßt sich das Lineare Hashing jetzt folgendermaßen beschreiben. Gegeben sei eine Folge von Hash-Funktionen $h_0, h_1, h_2, ...$, wobei

$$h_0(k) \quad \in \quad \{0, 1, ..., n - 1\} \text{ und}$$

$$h_{j+1}(k) \quad = \quad h_j(k) \text{ oder}$$

$$h_{j+1}(k) \quad = \quad h_j(k) + n \cdot 2^j$$

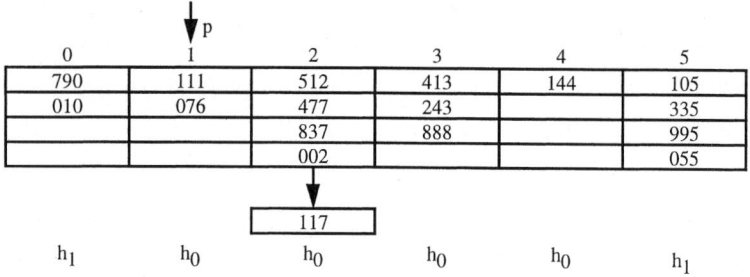

a) Belegung der Hash-Bereichs vor der ersten Erweiterung

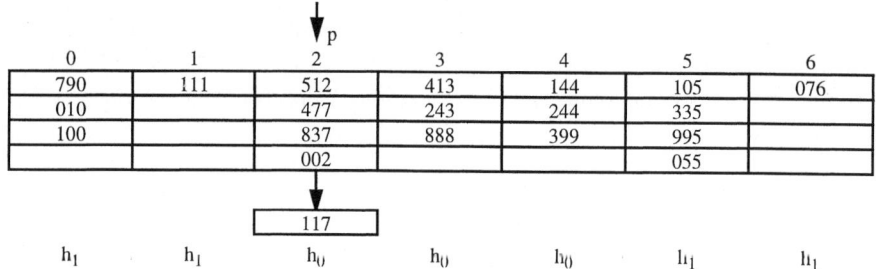

b) Belegung nach der Aufteilung von Bucket 0

c) Belegung nach weiteren Einfügungen und der Aufteilung von Bucket 1

Abb. 7.14: Prinzip des Linearen Hashing

für alle $j \geq 0$ und alle Schlüssel k gilt. Dabei ist für beide Fälle von h_{j+1} die gleiche Wahrscheinlichkeit erwünscht. Bei Neuaufteilung eines Buckets wird p um 1 erhöht und wie folgt berechnet: $p := (p + 1) \bmod (n \cdot 2^L)$. Wenn p dabei wieder auf Null gesetzt wird (Verdopplung des Hash-Bereichs beendet), wird L um 1 erhöht (L = 0, 1, 2, ...). Die beiden Variablen L und p bestimmen auch die Adreßberechnung eines Satzes mit Schlüssel k, die nach folgendem Algorithmus vorgenommen wird:

$h := h_L(k);$

if $h < p$ then $h := h_{L+1}(k);$

Zur Kontrolle der Speicherplatzbelegung sind mehrere Verfahren denkbar. *Unkontrollierte Neuaufteilung* wird ausgeführt, sobald ein Satz in den Überlaufbereich kommt. Hierbei ist eine niedrigere Speicherplatzausnutzung ($\beta \sim 0.6$), aber ein schnelleres Aufsuchen zu erwarten. *Kontrollierte Neuaufteilung* dagegen erfolgt erst, wenn $\beta > \beta_s$ ist, d. h., ein Satz kommt zunächst in den Überlaufbereich, wenn das betreffende Bucket voll ist. Diese Vorgehensweise führt offensichtlich zu einer besseren Speicherplatzausnutzung, erzeugt aber auch längere Überlaufketten. Die Anzahl der Buckets bleibt natürlich in der Größenordnung O(N); da kein Adreßverzeichnis verwendet wird, bleibt der Speicheraufwand für die Verwaltungsdaten (n, p, L) konstant und vernachlässigbar. Für die Effizienz wird in [LARS83] folgendes Beispiel angegeben: Mit $b = 20$ und $\beta_s = 0.75$ ergeben sich eine mittlere Suchlänge von 1.44 für erfolgreiche und 2.45 für erfolglose Suche.

7.5.2.2   Verbesserungen des Linearen Hashing

Das Lineare Hashing mit partiellen Erweiterungen [LARS80] zielt auf eine gleichmäßigere Belegung der einzelnen Buckets während der Expansion ab. Dabei findet das Verdoppeln der Bucket-Anzahl in einer Serie von partiellen Expansionsschritten statt, wodurch eine Verbesserung des Zugriffsverhaltens erreicht wird.

Eine Kombination dieser Idee der partiellen Erweiterungen mit dem Einsatz von Separatoren, wie sie beim Externen Hashing mit Separatoren eingesetzt wurden, führt zum Linearen Hashing mit Separatoren, das dynamisch ist und gleichzeitig beim Aufsuchen einen Zugriffsfaktor von 1 gewährleistet. Die Einzelheiten dieser Methode sprengen jedoch den Rahmen unserer Betrachtungen [LARS80]

7.6   Sekundäre Zugriffspfade

Während bei den Zugriffspfaden für Primärschlüssel jede Suche auf höchstens einen Satz führt, haben Zugriffspfade für Sekundärschlüssel – kurz sekundäre Zugriffspfade genannt – jeweils n Sätze so zu verknüpfen, daß sie als Ergebnis eines Suchvorganges bereitgestellt werden können.

Ein sekundärer Zugriffspfad unterstützt das Aufsuchen von Sätzen eines Satztyps aufgrund von Attributwerten. Als Beispiel dafür ziehen wir Q2 heran:

Q2:   SELECT   *
        FROM   PERS P
        WHERE   P.ANR = 'K02' AND P.W-ORT = 'KL'

Ein Zugriff startet typischerweise ebenso wie für einen Primärschlüsselzugriff „von außen" und zielt darauf ab, nur solche Sätze, die das Suchargument erfüllen, bereitzustellen. Die Reihenfolge der Bereitstellung ist dabei unerheblich. In der Regel sind die sekundären Zugriffs-

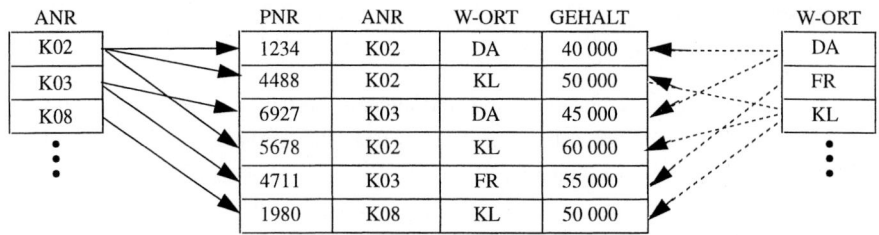

Abb. 7.15: Durch sekundäre Zugriffspfade zu realisierende Indexierung von Sätzen

pfade nur auf einzelne Attribute zugeschnitten. Bei Anfragen mit Bereichsbedingungen oder mit mehreren Suchkriterien kann sich die Suche auf ganze Bereiche in einem bzw. in verschiedenen Zugriffspfaden erstrecken. Die jeweils qualifizierten Sätze oder Verweislisten sollten dabei in einer Form bereitgestellt werden, daß algebraische Mengenoperationen zur Ableitung der Treffermenge der Anfrage auf wirksame Weise durchzuführen sind (siehe Abschnitt 7.6.2).

In Abb. 7.15 ist ein Anwendungsbeispiel dafür skizziert, welche logische Zugriffsbeziehungen durch sekundäre Zugriffspfade unterstützt werden sollen. Dabei wurde ein Satztyp Angestellter (PERS) mit den Attributen Personalnummer (PNR), Abteilungsnummer (ANR), Wohnort (W-ORT) und Gehalt (GEHALT) unterstellt. Im Beispiel sollen zwei Indexstrukturen I_{PERS}(ANR) und I_{PERS}(W-ORT), die abstrakt veranschaulichen, daß ein Zugriff „von außen" auf Satzmengen zu erfolgen hat, durch sekundäre Zugriffspfade implementiert werden.

Bei sekundären Zugriffspfaden unterscheiden wir die Einstiegs- von der Verknüpfungsstruktur. Der Einstieg ist satztypbezogen „von außen" zu organisieren, wobei als Einstiegshilfe in die Verknüpfungsstruktur alle bisher eingeführten Verfahren für Primärschlüsselzugriff einsetzbar sind. Der Verweis zum Satz wird lediglich ersetzt durch die Ankeradresse der Verknüpfungsstruktur.

7.6.1 Verknüpfungsstrukturen für Satzmengen

Wie bei der Speicherung komplexer Objekte existieren zwei prinzipielle Organisationsmöglichkeiten: alle nach dem Verknüpfungskriterium zusammengehörigen Sätze können in die Verknüpfungsstruktur eingebettet sein (materialisierte Speicherung) oder sie können ausgelagert und separat gespeichert werden (referenzierte Speicherung). Da die Elemente der Verknüpfungsstruktur (siehe Konstruktordatenstrukturen für Menge und Liste in Abschnitt 6.3.3) wiederum physisch benachbart oder durch Zeiger verkettet organisiert werden können (variabel langes Array oder gekettete Liste), ergeben sich vier Möglichkeiten der Strukturierung (Abb. 7.16).

Obwohl prinzipiell möglich, ist Methode 1 – auch Listentechnik genannt – als Implementierungstechnik für sekundäre Zugriffspfade nicht gebräuchlich. Da in der Regel Zugriffspfade für mehrere Sekundärschlüssel eines Satztyps anzulegen sind, würde ein hoher Grad an

Eingebettete Verknüpfungsstruktur:

1. Physische Nachbarschaft der Sätze

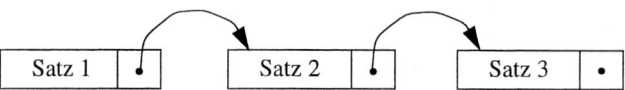

2. Verkettung der Sätze

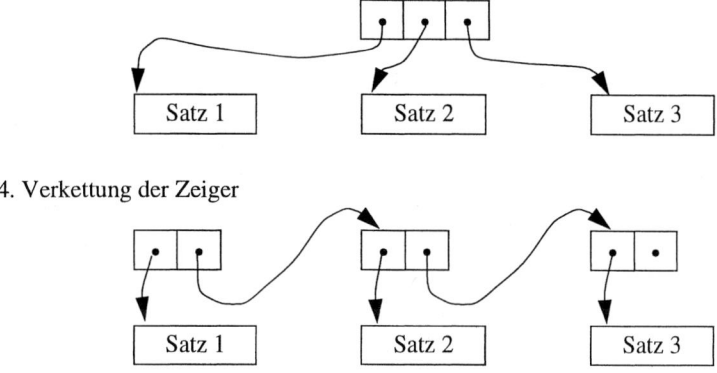

Ausgelagerte Verknüpfungsstruktur:

3. Physische Nachbarschaft der Zeiger

4. Verkettung der Zeiger

Abb. 7.16: Konzepte zur Verknüpfung von Satzmengen

Speicherredundanz eingeführt werden. Lediglich für den „wichtigsten" Sekundärschlüssel wäre es denkbar, eine solche Listenstruktur vorzusehen, weil dann das Aufsuchen der zusammengehörigen Sätze wegen ihrer physischen Nachbarschaft besonders schnell erfolgen kann.

Methode 2 – auch als Kettungstechnik bekannt – legt bei jedem invertierten Attribut pro Attributwert eine gekettete Liste (Kette) an. Sie vermeidet zwar die Speicherredundanz, impliziert aber bei der Anfrageauswertung schwerwiegende Nachteile. Da die Sätze in einer geketteten Liste nur satzweise nacheinander aufgesucht werden können, lassen sich die Freiheitsgrade einer deskriptiven Sprache bei der Anfrageauswertung nicht ausnutzen. Die vom Konzept her gegebene Möglichkeit des parallelen und in der Reihenfolge optimierten Zugriffs ausschließlich auf die Treffermenge einer Anfrage wird durch die Kettenbildung verhindert. Weiterhin lassen sich die bei der Auswertung von Anfragen mit mehreren Suchkriterien erforderlichen mengenalgebraischen Operationen nur sehr umständlich realisieren. Bei disjunktiven Verknüpfungen (ODER) sind alle betroffenen Ketten zu verfolgen, während bei konjunktiven Verknüpfungen (UND) aus Kostengründen möglichst die kürzeste Kette zu bestimmen und auszuwerten ist. Im allgemeinen Fall müssen dabei auch Sätze, die sich nicht für die Anfrage qualifizieren, aufgesucht werden. Aus diesen Gründen findet die Kettungstechnik in der Praxis für sekundäre Zugriffspfade kaum Anwendung.

Methode 3 – auch Invertierungstechnik genannt – ist zugeschnitten auf die Auswertung von Anfragen mit mehreren Suchkriterien. Durch die separate Speicherung der Satzverweise (Zeigerliste, TID-Liste) in der Zugriffspfadstruktur bzw. die referenzierte Speicherung der Datensätze lassen sich mengenalgebraische Operationen sehr effizient und ausschließlich auf diesen Strukturdaten ausführen. Nach Ableitung der Trefferliste können – durch Nutzung von Parallelität, Reihenfolge u. a. – beliebige Verfahren zur Optimierung des Zugriffs auf die qualifizierten Sätze eingesetzt werden. Aus diesen Gründen verkörpert Methode 3 das Standardverfahren für sekundäre Zugriffspfade. Ihre wichtigsten Implementierungstechniken werden weiter unten genauer eingeführt.

Methode 4 weist zwar die höchsten Freiheitsgrade auf, die aber in den typischen Anwendungen nicht ausgenutzt werden. Neben den höchsten Speicherplatzkosten erfordert sie die höchsten Zugriffskosten, so daß sich ihr Einsatz auch aus ökonomischen Gründen verbietet.

7.6.2   Implementierung der Invertierung

Die konkrete Implementierung der Invertierung der Sätze eines Satztyps für ein Attribut richtet sich nach den Schemata in Abb. 7.17. Zur Invertierung wird eine Indexstruktur (z. B. $I_{PERS}(ANR)$) zur sortierten Speicherung aller Werte des Attributs (Sekundärschlüssel) und der entsprechenden Verweislisten benötigt. Die zu einem Sekundärschlüsselwert gehörende Verweisliste zeigt auf alle Sätze, die diesen Schlüssel als Attributwert besitzen. Besitzt ein Attribut j Werte, so resultieren daraus bei N Sätzen mit einfachen Werten durchschnittlich N/j Einträge in einer Verweisliste.[3] Bei Sätzen, welche die Speicherung mehrwertiger Attribute erlauben, verlängern sich die Verweislisten entsprechend. Gehören durchschnittlich d Werte zum indexierten Attribut eines Satzes, so ergibt sich im Mittel eine Verweislistenlänge von $(N \cdot d) / j$. Da die Werteverteilung eines Attributes oft eine beträchtliche Schiefe aufweist, ist mit einer großen Variationsbreite bei den Längen der einzelnen Listen zu rechnen. Die aktuelle Länge einer Verweisliste steht in einem speziellen Längenfeld; dies ist vor allem für die Verwaltung der Listen und für spezielle Operationen bei der Anfrageauswertung sehr hilfreich.

Die Standardoperationen zum Aufsuchen und Modifizieren in der sortierten Indexstruktur betreffen immer genau einen oder zwei Schlüssel und die dazugehörigen Verweislisten und sind zumindest auf der konzeptionellen Ebene selbsterklärend. Verknüpfungs- und Auswertungsoperationen mit Hilfe von Indexstrukturen, wie sie beispielsweise für Bereichsanfragen oder für Anfragen mit mehreren Suchbedingungen anfallen, erfordern zu ihrer Optimierung wegen der variablen Listenlängen und verschiedener inhaltlicher Kriterien wie Qualifikationswahrscheinlichkeit usw. den Einsatz heuristischer Verfahren – die z. B. die jeweils kürzesten

---

[3]   Das Relationenmodell gestattet nur Attribute mit einfachen oder atomaren Werten; dagegen besitzen objektorientierte oder objekt-relationale Datenmodelle [SQL3] Typkonstruktoren wie SET_OF oder LIST_OF, so daß mehrwertige Attribute definiert werden können.

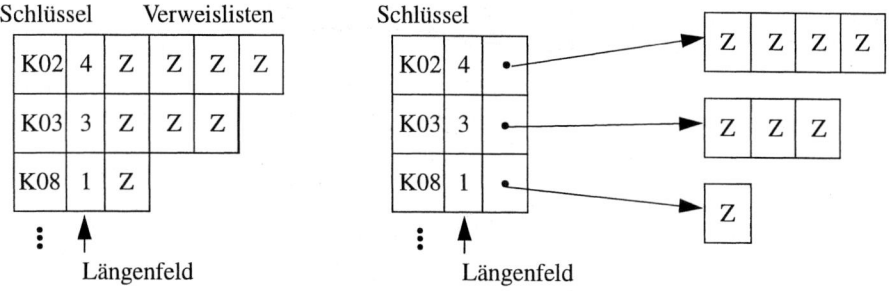

Abb. 7.17: Eingebettete und separat gespeicherte Verweislisten bei der Invertierung

Listen zuerst verknüpfen – zur Durchführung der mengenalgebraischen Operationen. Diese heuristischen Verfahren werden gewöhnlich durch Strategieentscheidungen auf einer höheren Systemebene festgelegt. Auswertungsstrategien für solche Anfragen ziehen i. allg. komplexe Operationsfolgen mit Sortier- und Mischvorgängen für die Verweislisten (siehe Abschnitt 9.2) und eine Vielzahl von E/A-Operationen nach sich, so daß sie ein großes Optimierungspotential darstellen. Sie sollen jedoch an dieser Stelle nicht vertieft werden.

Beide Techniken der Invertierung verwenden in der Regel als Einstiegshilfe zu den Schlüsseln der Indexstruktur, die zugleich ihre dynamische Reorganisation bei Aktualisierungsoperationen gewährleisten, Mehrwegbäume wie z. B. B*-Bäume. Auch andere Verfahren sind denkbar. Hash-Verfahren würden allerdings nur den direkten Zugriff auf einen Schlüssel ('=') und der zugehörigen Liste bieten, während B*-Bäume zusätzlich einen Zugriff auf geordnete Schlüsselfolgen erlauben (z. B. zur Auswertung komplexerer Vergleichsbedingungen Θ oder von BETWEEN-Prädikaten).

Variabel lange Verweislisten verursachen jedoch zusätzlichen Implementierungs- und Wartungsaufwand. Bei eingebetteter Speicherung müssen die Verweislisten an die vorgegebene Seitenstruktur angepaßt werden, was ihre interne Zerlegung in Fragmente erfordert [ONEI97] und z. B. bei B*-Bäumen kompliziertere Aufteilungs- und Überlaufmechanismen erzwingt. Insbesondere bei sehr langen Verweislisten führt deshalb die separate Speicherung auf eine einfachere Implementierung mit billigeren Wartungsoperationen.

7.6.2.1   Verweislisten in Zeigerdarstellung

Sind in den variabel langen Verweislisten Zeiger (Adressen) oder Primärschlüssel gespeichert, so spricht man auch von Indextabellen (invertierte Listen usw.). Für die Implementierung der Verweise (Z in Abb. 7.17) können alle Verfahren der externspeicherbasierten Satzadressierung (siehe Abschnitt 6.2.1) herangezogen werden. Bei TID-Verweisen sind 4 Bytes, bei DBK/PPP-Verweisen jedoch 8 Bytes pro Eintrag zu veranschlagen. Zur Illustration dieser Verweistechnik ist in Abb. 7.18 ein B*-Baum mit eingebetteten TID-Listen skizziert.

Mengenalgebraische Operationen erfordern aus Effizienzgründen eine Sortierung der Satzadressen in den Zeigerlisten. Bei vorliegender Sortierung läßt sich außerdem in einfacher Wei-

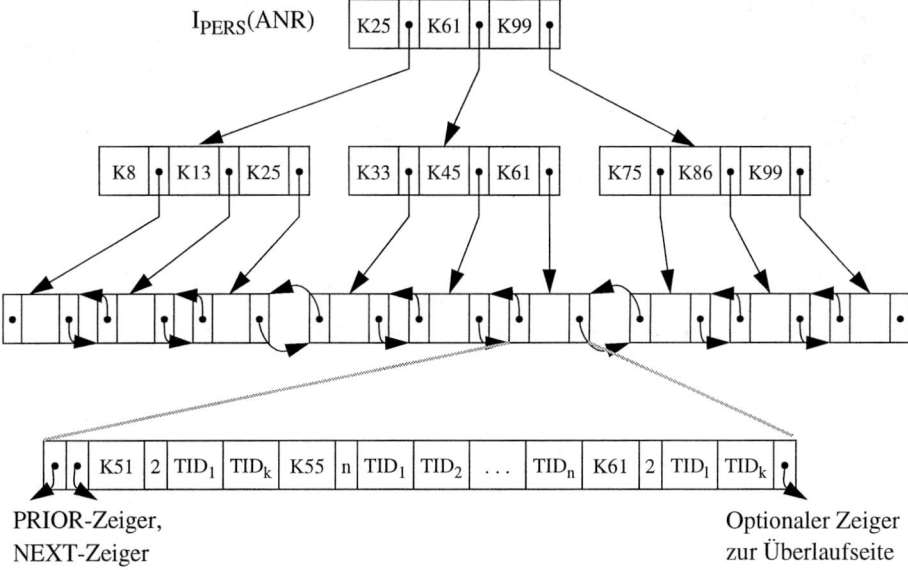

se eine Optimierung des Speicherplatzbedarfs durch Methoden der Zeigerkompression erzielen [WAGN73]. Wenn die Adressenliste hinreichend dicht ist, ist es wegen der Sortierung sehr wahrscheinlich, daß aufeinanderfolgende Adressen gleiche Präfixe besitzen.

7.6.2.2   Einsatz von Bitlisten

Zur Implementierung der Verweislisten lassen sich auch Bitlisten heranziehen. Dadurch kann in vielen Anwendungsfällen sowohl eine Speicherplatzersparnis bei der Verweisdarstellung als auch eine Beschleunigung der mengenalgebraischen Operationen erzielt werden. Im Gegensatz zu TID-Listen, die explizite Verweise enthalten, besteht der Grundgedanke darin, die zu indexierenden Sätze eindeutig den Bitpositionen einer linearen Bitliste (bitmap) zuzuordnen. Für jeden Sekundärschlüsselwert wird eine Bitliste angelegt, in der die Positionen SN markiert sind (1-Bit), deren zugeordneter Satz den Wert des Sekundärschlüssels besitzt. Dazu wird jedoch eine effektive Abbildung zwischen Integer-Werten, durch Bitpositionen dargestellt, und den zugehörigen Sätzen benötigt.

Satzzuordnung

Die einfachste Lösung, die zu indexierenden Sätzen über fortlaufende Satznummern SN zu adressieren, ergibt sich durch Reservierung aufeinanderfolgender Seiten eines Segmentes (oder eines Abschnitts darin) ausschließlich zur Speicherung der Sätze eines Satztyps [ONEI95]. Besitzen die Sätze feste Länge, kann in jeder Seite eine konstante Anzahl k von Sätzen gespeichert werden, d. h., es werden jeder Seite k Bit zugeordnet. Aus einer Position

SN der Bitliste läßt sich folglich unmittelbar die Satzadresse berechnen. Beispielsweise liefert SN = n mit p = (n div k) + 1 die relative Seitennummer p und mit r = (n mod k) + 1 die relative Satzposition r in der Seite. Die meisten DBS unterstützen jedoch variable Satzlängen und somit die Speicherung unterschiedlich vieler Sätze pro Seite. Eine einfache Lösung für diesen Fall besteht darin, ein k_{max} als maximale Anzahl von Sätzen pro Seite festzulegen und für jede Seite $k = k_{max}$ Bit in der Bitliste zu reservieren. Abhängig von der Variationsbreite und der Verteilung der Satzlängen kann sich bei dieser Vorgehensweise offensichtlich eine erhebliche, ungenutzte Verlängerung der Bitlisten einstellen, was ebensosehr ihre Speicherung und Ein-/Ausgabe als auch ihre hauptspeicherinterne Pufferung und Verarbeitung belastet. Diese Problematik würde noch verstärkt werden, wenn Sätze verschiedenen Typs zusammen in den Seiten des Segments gespeichert werden.

Eine flexiblere, aber in vielen Fällen auch teurere Lösung für das Zuordnungsproblem läßt sich immer durch eine explizite Abbildung zwischen Bitpositionen und indexierten Sätzen erreichen. Eine sog. Zuordnungstabelle (ZT) erlaubt eine beliebige Länge und Anordnung der Sätze, auch über mehrere Segmente hinweg. Bei bestimmten Techniken der Satzadressierung wird eine solche Zuordnungstabelle ohnehin eingerichtet[4] (siehe Abschnitt 6.2.1). Die Bitlisten sind dann so anzulegen, daß jede Bitposition einem ZT-Eintrag entspricht, über den die aktuelle Satzadresse herausgefunden werden kann.

Bitlisten fester Länge

In der nachfolgenden Diskussion der Bitlistentechnik soll die Invertierung von N Sätzen über Attribut A mit den j Attributwerten $a_1, ..., a_j$ erfolgen. Zur Kostenabschätzung nehmen wir den günstigsten Fall an, daß im Segment oder in der Zuordnungstabelle eine „dichte" Belegung vorliegt, also jeder der N Positionen ein Satz zugeordnet ist. Die einfachste Form der Implementierung erhält man durch j Bitlisten fester Länge N; diese lassen sich konzeptionell als Bitmatrix BM anordnen, wobei $BM(a_i, k) = 1$ besagt, daß der Satz mit SN = k für Attribut A den Wert a_i besitzt. Eine solche Bitmatrix ist in Abb. 7.19 vereinfacht dargestellt.

Mengenalgebraische Operationen (AND, OR, NOT) lassen sich mit den einzelnen Bitlisten fester Länge sehr effizient durchführen, da bei heutigen Prozessoren zugeschnittene Instruktionen zur Verfügung stehen, die 32 oder 64 Bit parallel verarbeiten können. Wartungsoperationen in den Bitlisten sind bei der Aktualisierung der Sätze zwar konzeptionell einfach, wenn die zugehörigen Satznummern nur „logisch" aus ZT gelöscht und nur am Ende von ZT eingefügt werden. Beliebige Wartungsoperationen, die Verschiebungen in allen Bitlisten von BM hervorrufen, sollten aus Kostengründen ebenso vermieden werden wie Anwendungen mit extensivem Änderungsdienst. Die Bewertung des Speicherplatzbedarfs dagegen muß differenzierter erfolgen, da in den Bitlisten neben der Markierung „anwesender" Werte auch deren Nichtanwesenheit darzustellen ist. Solange sich sehr viele Sätze für einen Wert a_i qualifizieren, besitzt eine Bitliste offensichtlich Speicherplatzvorteile im Vergleich zu Zeigerlisten, da bei diesen jeder Zeiger explizit mit 4 – 8 Bytes gespeichert werden muß. Im Fall einfacher At-

---

[4]   Bestimmte Anforderungen von Datenmodellen wie „lebenslange" Gültigkeit des Datenbankschlüssels unabhängig von der Speicherung und Reorganisation der Sätze [CODA78] können die Nutzung solcher Zuordnungstabellen zur Satzadressierung erzwingen.

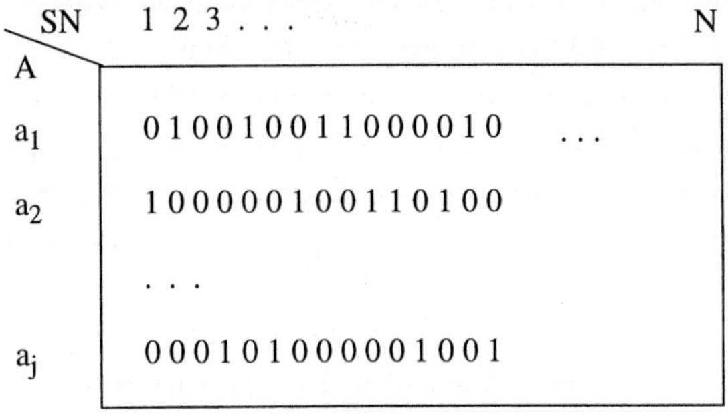

```
  SN   1 2 3 . . .                              N
 A
 a₁      0 1 0 0 1 0 0 1 1 0 0 0 0 1 0     . . .

 a₂      1 0 0 0 0 0 1 0 0 1 1 0 1 0 0

         . . .

 aⱼ      0 0 0 1 0 1 0 0 0 0 0 1 0 0 1
```

Abb. 7.19: Schematische Darstellung einer Bitmatrix

tribute enthält eine Bitmatrix N Markierungen, da jeder Satz genau einmal referenziert wird (wenn keine Nullwerte zugelassen sind). Da zur Speicherung der j Listen der Bitmatrix $j \cdot N$ Bit benötigt werden, läßt sich folglich jede Referenz durch j Bit repräsentieren, d. h., je geringer die Selektivität eines Attributwertes ist, um so höher ist der Speicherplatzvorteil der Bitmatrix. Diese Beobachtung gilt, solange j (deutlich) kleiner als die zur Zeigerdarstellung erforderliche Bitanzahl (32 – 64) ist. Bei mehrwertigen Attributen erhöht sich offensichtlich bei konstanten j die Anzahl der Markierungen in der Bitmatrix, so daß eine Referenz mit weniger als j Bit (bei durchschnittlich d Werten mit j/d Bit (d $\leq$ j)) repräsentiert werden kann.

Diese seit langem bekannte Bitlistentechnik hat in jüngster Zeit wieder neue Aktualität gewonnen. Bei DB-Anwendungen wie Data Warehousing und OLAP (online analytical processing) sind Daten nach mehreren Dimensionen (Attributen) auszuwerten, wobei häufig mengenalgebraische Verknüpfungen sowie Gruppierungs- und Aggregationsoperationen anfallen (siehe Anfragebeispiel in Abschnitt 7.6.3.5). Da in den einzelnen Dimensionen die Anzahl der verschiedenen Werte in der Regel begrenzt ist (z. B. bei Dimensionen wie Farbe, Region, Jahr), kommen genau die Stärken solcher Bitlisten – kompakte Speicherung und effiziente Verknüpfung – zum Tragen [ONEI97].

Komprimierte Bitlisten

Mit steigender Selektivität der Attribute gehen die Vorteile einer „dicht besetzten" Bitmatrix jedoch verloren. Der Zwang, auch die Nichtanwesenheit eines Wertes darzustellen, führt oft zu langen Nullfolgen, also zu einer dünnen Besetzung der einzelnen Bitlisten. In solchen Anwendungsfällen lohnt sich der Einsatz von Bitlisten nur, wenn sich wirksame Komprimierungstechniken heranziehen lassen. Der Speicherplatzersparnis und der damit verbundenen reduzierten Übertragungszeit der Bitliste vom/zum externen Speicher stehen zusätzliche Kosten für die Komprimierung bei ihrem Aufbau und bei ihrer Aktualisierung sowie für die Dekomprimierung vor der Durchführung einer mengenalgebraischen Operation gegenüber. In der Literatur gibt es eine Fülle von Vorschlägen und Untersuchungen zur Reduzierung der Redundanz bei der Darstellung von Bitfolgen. Die entwickelten Komprimierungstechniken besitzen neben ihrer Anwendung zur Bitlistenkomprimierung für die Abbildung von Zugriffspfaden eine große Bedeutung in vielen Gebieten der Informatik; beispielsweise lassen sie sich zur Übertragung und Speicherung von Multimedia-Objekten, Darstellung von dünn besetzten Matrizen, Bildinhalten, Objekten in Geo-Datenbanken usw. wirkungsvoll einsetzen.

Die Vielfalt der vorgeschlagenen Verfahren kann hier nicht näher betrachtet werden. Um das Verfahrensspektrum zu verdeutlichen und um die Einordnung einzelner Algorithmen zu erleichtern, geben wir lediglich ein Klassifikationsschema an:

1. Bitfolgen-Komprimierung (run length compression [JAKO79])

   - Komprimierung von Eins- und Nullfolgen durch eine oder mehrere Codiereinheiten (Binärzahl) fester Länge
   - Komprimierung von Nullfolgen durch eine oder mehrere Codiereinheiten fester oder variabler Länge mit implizierter Darstellung von Einsen
   - Nullfolgen-Komprimierung durch spezielle Codes (z. B. Golomb-Code [TEUH78])

2. Mehrmodus-Komprimierung [WEDE76]

   - Codiereinheiten für Nullfolgen und unkomprimierte Bitmuster (zwei Modi)
   - Einsatz von vier Modi zur Komprimierung von Null- und Einsfolgen sowie der Übernahme von Bitmustern

3. Block-Komprimierung (block compression [JAKO78a])

   - Anwendung von Huffman-Codes
   - Hierarchische Block-Komprimierung mit Hilfe eines Directory.

Die Frage nach dem besten Komprimierungsverfahren ist schwierig zu beantworten, weil die Verteilungscharakteristika der Markierungen die Ergebnisse stark beeinflussen. Vergleiche in der Literatur [JAKO78b, WEDE76], die kombinatorische Methoden, deterministische Modelle oder Simulation heranziehen, kommen zu keinen einheitlichen Empfehlungen.

Neben Speicherplatzargumenten sind für die Verfahrensauswahl bei Bitlisten- oder Zeigerlistenmethoden der Änderungsaufwand, die Dichte der Markierungen und die Abwicklung mengenalgebraischer Operationen entscheidend. Zur Verbesserung des Änderungsverhaltens von Bitlisten wurde der Einsatz von Zuordnungstabellen zur Satzadressierung (siehe Abschnitt 6.2.1) oder von separaten Änderungsbereichen mit periodischer Reorganisation als sog. hybride Indexierung [JAKO79] vorgeschlagen. Da die invertierten Attribute unterschiedliche Selektivität aufweisen, werden in [JAKO78b] als Faustregel für die Auswahl der Speicherungsstruktur folgende Empfehlungen gegeben. Es sollten bei einer Selektivität pro Attributwert von

- 10% – 50% Bitmatrizen
- 1% – 10% komprimierte Bitlisten
- < 1% Indextabellen

verwendet werden. Die genauen Grenzen hängen von der Komprimierungstechnik und von der gewählten Adreßlänge ab. Selbst bei Verwendung von Indextabellen wird die aktuelle

Auswertung einer Anfrage mit mehreren Suchkriterien oft über eine dynamische Konstruktion von temporären Bitlisten abgewickelt (Adabas, Sesam), da dadurch mengenalgebraische Operationen offenbar wesentlich effizienter ausgeführt werden können.

Bei all diesen Betrachtungen zur Invertierung ist jedoch zu berücksichtigen, daß Attribute geringer Selektivität nur dann zur Auswertung von Anfragen nützlich sind, wenn durch Verknüpfungsoperationen (vor allem mit AND) sehr selektive Trefferlisten abgeleitet werden. Denn schon bei einer Trefferquote von etwa 1% verursacht sequentielles Aufsuchen aller Sätze einen kleineren Zugriffsaufwand als wahlfreier Zugriff auf alle qualifizierten Sätze. Die Entwicklung der Externspeichermedien und ihrer Organisationsformen verschiebt den Wert dieser Faustregel weiter zugunsten des sequentiellen Zugriffs [GRAY93].

7.6.2.3   Schlüsselvariationen

Zur Unterstützung spezieller Bedürfnisse der praktischen Anwendungen kann es vorteilhaft sein, die Darstellungsmächtigkeit der Indexstrukturen zu erweitern (siehe Abb. 7.18). Eine erste Erweiterungsmöglichkeit betrifft den Schlüsselteil.[5] Dabei sind folgende verschiedenartige Variationen möglich.

Mehrattributindex

Um einen zugeschnittenen Zugriffspfad für eine Attributgruppe bereitzustellen, lassen sich im Index Schlüssel, die durch Konkatenation der Werte mehrerer Attribute gebildet werden, speichern (siehe Diskussion in Abschnitt 9.2.2).

Generischer Index

Im Schlüsselteil der Indexstruktur werden für ein Attribut nur noch die Schlüsselpräfixe bis zu einer vorgegebenen Länge gespeichert, so daß eine Zeigerliste auf Sätze verweist, in denen für das betreffende Attribut mehrere Werte (mit demselben Präfix) auftreten können. Ein solcher generischer Index würde beispielsweise bei dem Schlüsselwert SCHMI für das Attribut NAME auf Sätze mit SCHMID, SCHMIED, SCHMIDT, SCHMITT, SCHMIDHUBER ... verweisen.

Gesamtindex

Die Zusammenfassung aller invertierten Attribute einer Datei in einer gemeinsamen Indexstruktur läßt sich auf einfache Weise dadurch erreichen, daß jeder Schlüsselwert mit dem zugehörigen Attribut als Präfix konkateniert abgespeichert wird. In praktischen Fällen wird das Attribut durch ein Kennzeichen von einem Byte Länge verschlüsselt. Durch die Einhaltung einer Sortierreihenfolge ergibt sich für jede Attributinvertierung ein disjunkter Bereich in der Indexstruktur. Ein solcher Gesamtindex (Superindex) kann durch die Reduktion der verschiedenen Strukturen und ihre einheitliche Behandlung gewisse Vorteile bei der Implementierung mit sich bringen; vor allem ist jedoch beim aktuellen Zugriffsverhalten durch die höhere Lokalität der verschiedenen Indexoperationen eine deutliche Verbesserung zu erwarten.

---

[5]   Die in Abschnitt 7.3.2.4 eingeführten Verfahren zur Schlüsselkomprimierung lassen sich natürlich weiterhin anwenden.

7.6.2.4 Spezielle Suchverfahren

Eine zweite Erweiterungsmöglichkeit der Indexstrukturen betrifft die zulässigen Suchoptionen. Bisher wurde immer unterstellt, daß bei Aufsuchoperationen durch Vergleich mit dem Suchschlüssel genau ein Eintrag im Index auszuwählen war (exakte Suche), über den dann die qualifizierten Sätze bereitgestellt wurden. Durch Einführung neuer Suchoptionen läßt sich die Flexibilität und Einsatzbreite eines Index beträchtlich verbessern. Mit Hilfe der Spezifikation eines Suchschlüssels und seiner Vergleichslänge kann im Index eine Startposition für komplexere Suchoperationen festgelegt werden. Zusätzlich zur exakten Suche sind folgende Optionen vorteilhaft einzusetzen.

Bereichssuche

Die Startposition im Index ergibt sich durch den Schlüssel, der größer/gleich oder strikt größer als der Suchschlüssel (bezogen auf die Vergleichslänge) ist. Von dort an werden alle Sätze in Indexreihenfolge sequentiell bereitgestellt. Durch explizite Spezifikation eines zweiten Suchschlüssels als Abbruchkriterium (Stopposition) läßt sich die Suche auf den Bereich einschränken, dessen Schlüsselwerte kleiner/gleich oder strikt kleiner als der zweite Suchschlüssel sind.

Generische Suche

Es wird im Index auf den ersten Eintrag positioniert, dessen Schlüsselwert mit dem Suchschlüssel in der Vergleichslänge (generischer Schlüssel) übereinstimmt. Durch nachfolgende sequentielle Lesevorgänge werden alle Sätze, die durch den generischen Schlüssel qualifiziert werden (exakter Präfix-Vergleich), bereitgestellt.

Maskensuche

Diese Suchoption erlaubt die Suche mit Schlüsselwerten, für die nur Teile ihres Inhalts genau bekannt sind. Eine Maskensuche kann beispielsweise in SQL mit Hilfe des LIKE-Prädikats spezifiziert werden. Dazu wird für den Suchschlüssel eine Maske aufgebaut, die neben den bekannten Teilen Stellvertreter-Symbole enthält. Um eine hinreichende Flexibilität des Verfahrens zu gewährleisten, ist es vorteilhaft, zum Aufbau der Maske zwei spezielle Symbole – beispielsweise % oder # – zur Spezifikation von unbekannten Schlüsselteilen mit folgender Interpretation vorzusehen:

    %   bedeutet „null oder mehr beliebige Zeichen"
    #   bedeutet „genau ein beliebiges Zeichen".

Die beiden Symbole % und # dürfen in der Maske beliebig oft auftreten. In Abhängigkeit von der aktuellen Maske des Suchschlüssels ist ein geeigneter Indexbereich – möglicherweise der gesamte Index – für die Auswertung auszuwählen. Ein Schlüssel qualifiziert sich, wenn er mit der Maske nach einer erlaubten Substitution der speziellen Symbole % und # übereinstimmt. Beispielsweise würden sich bei Einsatz der Maske %M#IER% die Schlüsselwerte MAIER, MEIER usw., aber auch SCHLAUMEIER usw. qualifizieren; die zugehörigen Sätze lassen sich über die entsprechenden Indexeinträge direkt aufsuchen.

Textsuche

Texte können in langen Feldern gespeichert und einem Satz zugeordnet werden. Sie können aber auch als Dokumente in speziellen Dateien abgelegt sein. Bei der *Volltextsuche* werden Algorithmen zum Erkennen bestimmter Muster (pattern matching) herangezogen [OTTM96], um einzelne Texte aufgrund der Übereinstimmung mit einer gegebenen Zeichenkette (string) auszuwählen. Eine flexiblere und leistungsfähigere Form der Textsuche beruht auf der Vergabe von sog. Deskriptoren[6] (Stichwörter, Schlagwörter), mit deren Hilfe ein Text indexiert wird. Die Anzahl der für einen Text vergebenen Deskriptoren ist nicht begrenzt, liegt aber typischerweise bei ~10. Realisierungstechnisch läßt sich die Indexierung von Texten ähnlich behandeln wie die eines mehrwertigen Attributs (siehe Abschnitt 7.6.2). In der Regel werden in einer Anfrage auch mehrere Suchschlüssel mit Booleschen Operatoren zu einem Suchprädikat verknüpft wie beispielsweise *((relational* OR *objektorientiert* OR *objekt-relational) AND NOT (hierarchisch) AND (Datenbank* OR *DBS)).* In objekt-relationalen DBS [CHAM96, STON96a] läßt sich die Ausdruckmächtigkeit solcher Suchprädikate durch Einsatz benutzerdefinierter Funktionen erheblich ausweiten. So könnte die Suchgenauigkeit im obigen Beispiel durch eine Funktion CONTAINS (Text, *(((relational* OR *objektorientiert* OR *objekt-relational) AND NOT (hierarchisch))* IN SAME SENTENCE AS *(Datenbank* OR *DBS))* deutlich verbessert werden. Objekt-relationale DBS bieten dazu bereits eine Erweiterungsinfrastruktur zur Integration benutzerdefinierter Datentypen und Funktionen an. Außerdem entsteht ein schnell wachsender Markt für Funktionen vielfältiger Art, die als DataBlades oder Data Extenders zur DBS-Erweiterung eingesetzt werden können.

Phonetische Suche

Diese Suchoption dient dazu, bei nur ungenau bekannten Suchschlüsseln – etwa durch orthographisch falsche bzw. unvollständige Darstellung oder durch klangliche Nachbildung ungenau übermittelter Namen entstanden – alle Sätze mit klanglich ähnlichen Sekundärschlüsseln aufzufinden. Durch ein Phonetisierungsverfahren wird beispielsweise der phonetische Gehalt des Suchschlüssels ermittelt und numerisch verschlüsselt. Über den Index können alle Schlüssel, deren phonetischer Gehalt dem des Suchschlüssels möglichst ähnlich ist, herausgefunden werden. Die betreffenden Schlüssel erlauben das direkte Aufsuchen der in Frage kommenden Sätze. Beispielsweise könnten mit Hilfe der phonetischen Suchoption für MAIER(?) neben den Sätzen mit MAYER, MEYER, MAYR usw. auch Sätze mit BAIER, BAYER, GEIER usw. bereitgestellt werden. Es hängt jedoch von der Mächtigkeit des Phonetisierungsverfahrens und den Schwellwerteinstellungen für die zulässigen Abweichungen bei Ähnlichkeit ab, welche Sätze in welcher Übereinstimmungsgüte tatsächlich gefunden werden.

Diese verschiedenen Suchoptionen stellen Erweiterungen der Standardoperationen für Sekundärschlüsselsuche dar, die sich durch eine Indexstruktur wirkungsvoll unterstützen lassen. Mit entsprechender Modifikation lassen sie sich auch als Zusatzoptionen für baumstrukturier-

---

[6]   Die Problematik der Wahl geeigneter Deskriptoren oder bedeutungsvoller, den Textinhalt kennzeichnender Schlagwörter und ihrer automatischen Auswahl und Aufbereitung (Erkennen von Wortstämmen usw.) kann hier nicht behandelt werden. Wir verweisen auf die Fachliteratur aus dem Gebiet Information Retrieval [SALT87].

te Primärschlüssel-Zugriffspfade vorsehen. Sie sind nicht an irgendwelche Zugriffspfade gebunden, da sie sich – allerdings wenig effizient – durch erschöpfende Suche auch auf dem gesamten Datenbestand anwenden lassen.

7.6.3 Erweiterungen der Invertierungsverfahren

7.6.3.1 Referenzstring-Methode

Die sog. Referenzstring-Methode [SCHE78] gestattet bei der Suche eine gewisse Unschärfe, da nur mit Zeichenketten (strings) und nicht mit vollständigen Wörtern (Attributwerten) indexiert wird. Sie wurde zwar zur partiellen Invertierung einzelner Attribute entwickelt, sie läßt sich aber auch bei mehreren Attributen als neuer Mehrattributindex einsetzen, um beliebige Teile des Satzinhalts zur Invertierung heranziehen zu können. Im Gegensatz zur herkömmlichen Invertierung werden nicht der vollständige Attributwert oder die gesamte Konkatenation von Werten verschiedener Attribute, sondern einzelne geeignete Teilstrings dieser Werte als Index benutzt.

Die zentrale Idee der Referenzstring-Methode läßt sich wie folgt darstellen. Die Menge aller Sätze, die beispielsweise die Zeichenkette 'INFORMATIK' enthalten, ist enthalten in der Menge der Sätze, die irgendwo die beiden Zeichenketten 'INFORM' & 'MATIK' enthalten, und diese wiederum in der Menge mit 'INF' & 'FORM' & 'ORMA' & 'TIK'. Es sind natürlich wesentlich mehr Zerlegungen in solche Referenzstrings möglich. Durch geeignete Wahl solcher Referenzstrings kann eine Adaption des Index an die Häufigkeitsverteilung von Attributwerten und an die Benutzungswahrscheinlichkeiten der Daten erfolgen (z. B. durch Beachtung der 80/20-Regel).

Die Referenzstrings haben nur den Zweck, auf die Sätze zu verweisen, in denen sie vorkommen. Für jeden ausgewählten Referenzstring wird eine invertierte Liste angelegt, die in irgendeiner der eingeführten Techniken implementiert sein kann. Die Anfrageauswertung geschieht so, daß die Suchkriterien in ähnliche Zeichenketten zerlegt werden, die dann die invertierten Listen bestimmen, die über die spezifizierten Operatoren verknüpft werden. Dadurch, daß die einzelnen Referenzstrings eines Suchkriteriums jeweils auf eine Obermenge der tatsächlich gesuchten Sätze verweisen, wird im allgemeinen auf eine Reihe von Sätzen zugegriffen, die gar nicht gesucht werden. Die Vorteile dieser Methode liegen neben ihrer Adaptionsfähigkeit an die Charakteristika der Daten und ihrer Benutzung vor allem in der Unterstützung der Suche mit partiell spezifizierten Attributwerten oder phonetischen Mustern als Suchkriterien und in der Ähnlichkeitssuche von Zeichenfolgen.

7.6.3.2 Intervallindex

Die Invertierung von Wertintervallen variabler Breite erlaubt ebenso eine flexible Anpassung an Benutzeranforderungen und Werteverteilungen. Bei dieser Methode wird ein Indexeintrag für ein Intervall von Werten (nach einer vorgegebenen Kollationsfolge) spezifiziert, so daß die dazugehörige invertierte Liste auf alle Sätze verweist, deren Attributwerte für das indexierte

Attribut in das entsprechende Intervall fallen. Ein Intervallindex hat folgende neue und wünschenswerte Eigenschaften [SCHE80]:

– Er bietet einen Kompromiß zwischen überhaupt keinem Index und einem konventionellen Index mit individuellen Attributwerten. Es ist eine Variation der Intervallbreite und eine selektive Festlegung der Intervalle, welche invertiert werden sollen, möglich. Damit lassen sich die Leistungsanforderungen in Abhängigkeit von Aufsuch- und Änderungshäufigkeiten einfacher und wirksamer kontrollieren. Der konventionelle Index kann als Spezialfall mit einer Intervallbreite von Null interpretiert werden.

– Die einmal festgelegten Intervalle sind von Änderungen in den Sätzen (z. B. durch neu auftretende Attributwerte) nicht betroffen. Bei separater Speicherung der Verweislisten bleibt die Indexstruktur stabil. Falls Änderungen von Attributwerten in den Sätzen in das gleiche Intervall fallen, bleibt sogar die zugehörige Verweisliste unberührt.

– Wegen ihrer Stabilität und ihres geringeren Umfangs können die separierten Indexeinträge im DB-Katalog gehalten werden, so daß sie ständig schnell verfügbar sind. Durch Kennzeichnung der Intervalle mit durchschnittlichen Selektivitätsziffern läßt sich ihre Benutzung bei der Anfrageauswertung weiter optimieren.

– Falls Bereichsanfragen einem invertierten Intervall entsprechen, werden sie durch den Intervallindex direkt unterstützt.

Nachteilig wirken sich beim Intervallindex folgende Eigenschaften aus:

– Er ist prinzipiell ein „unscharfer" Index. Wenn gezielt nach einem Wert gesucht wird, ist im allgemeinen auf Sätze zuzugreifen, die sich nicht qualifizieren. Die Unschärfe nimmt mit der Größe der Intervalle zu und pflanzt sich bei mengenalgebraischen Operationen fort.

– Die Sortierordnung, die ein herkömmlicher Index auf der Basis einer geeigneten Baumstruktur bietet, bleibt nur „angenähert" erhalten. Eine Sortierordnung unterstützt Ordnungsklauseln in Anfragen oder die Durchführung von Verbundoperationen sehr wirkungsvoll. Falls sich die Intervalle nicht überlappen, können die zugehörigen Sätze bei derartigen Anforderungen separat sortiert werden.

– Eine Neuanpassung der Intervalle aufgrund wechselnder Benutzungs- und Ausprägungsstatistiken erfordert eine statische Reorganisation.

Untersuchungen zur Optimierung von Indexintervallen von Feldern mit Texten und mit numerischen Werten sind in [KROP79] und [SCHE80] zu finden.

7.6.3.3   Signaturbasierte Methoden

In ähnlicher Weise wie die zuletzt diskutierten Verfahren suchen signaturbasierte Methoden [FALO90] einen Kompromiß zwischen voller Invertierung mit direkten Referenzen auf qualifizierte Sätze und völligen Verzicht auf Suchhilfen, was bei jeder Anfrage sequentielle Suche bedeutet. Üblicherweise werden sie zur Indexierung von Texten engewendet. Im Vergleich zur Volltextsuche sind signaturbasierte Methoden, abhängig vom eingesetzten Verfahren, ein bis zwei Größenordnungen schneller. Verglichen mit der (vollen) Invertierung sind sie zwar lang-

Wort	Signatur
Datenbank	0 1 0 0 0 0 1 1 0 0 0 1
relational	1 0 0 0 1 0 1 0 1 0 0 0
objektorientiert	0 0 1 0 1 0 0 0 1 0 0 1
Blocksignatur	1 1 1 0 1 0 1 1 1 0 0 1

Abb. 7.20: Bildung einer Blocksignatur durch überlagerte Codierung: F = 12 Bit, m = 4 Bit, d = 3 Wörter

samer, erfordern aber weit weniger Speicherplatz (10 % – 15 % des Dokumentes verglichen zu 50 % – 300 %).

Signaturbasierte Methoden benutzen typischerweise überlagerte Codierung (superimposed coding), um eine Signatur für ein Dokument zu erzeugen. Um die Suchschärfe möglichst gut zu erhalten, wird dabei eine Stoppliste für alle Wörter eingesetzt, die sich nicht zur Invertierung (z. B. Füllwörter) eignen. Mit Hilfe einer Hash-Funktion wird für jedes Wort, das die Stoppliste passiert hat, eine Wortsignatur berechnet; sie besteht aus einem Bitmuster der Länge F, wobei m 1-Bit vorkommen. Zur Bildung einer Dokumentsignatur werden die einzelnen Wortsignaturen mit OR verknüpft. Dadurch entstehen (bei langen Texten) offensichtlich Dokumentsignaturen, die fast nur noch 1-Bit enthalten und, als Folge davon, für die schnelle Suche ihren Wert verlieren.[7] Deshalb erlauben diese Verfahren die Aufteilung von Dokumenten in „logische Blöcke" mit jeweils einer konstanten Anzahl d von verschiedenen Wörtern, die zur Invertierung ausgewählt wurden. Die resultierenden Signaturen werden entsprechend zu einer Blocksignatur verknüpft, die dann zur Indexierung herangezogen wird. Beispielhaft ist die Bildung einer solchen Signatur in Abb. 7.20 illustriert, wobei drei Wortsignaturen durch OR-Verknüpfung zu einer Blocksignatur zusammengefaßt werden.

Zur Auswertung von Anfragen werden aus den Schlüsselwörtern auf dieselbe Weise Wortsignaturen erzeugt, die dann mit den im Index gespeicherten Blocksignaturen verglichen werden. Ergibt die AND-Verknüpfung wiederum den Wert der Wortsignatur der Anfrage, so enthält der logische Block *möglicherweise* das Schlüsselwort. Die Größen F, m und d verkörpern zusammen mit der eingesetzten Hash-Funktion wichtige Entwurfsparameter, die über die Leistungsfähigkeit der signaturbasierten Methoden entscheiden (siehe auch [SEVE76a]. Sie sollen so kombiniert werden, daß die Wahrscheinlichkeit des Auftretens von Fehlzugriffen (*false drops*) minimiert wird. Dazu sind jedoch komplexe Abhängigkeiten zu berücksichtigen. Weiterhin sollte erwähnt werden, daß sich diese Methoden eher für Texte eignen, die nicht oder nur selten aktualisiert werden. Das Einfügen oder Ändern von Wörtern kann offensichtlich erheblichen Wartungsaufwand nach sich ziehen.

---

[7] Die Problematik der dabei entstehenden Unschärfe wurde bereits in Abschnitt 4.4.2 ausführlich diskutiert.

7.6.3.4   Transponierte Dateien

Die bisher diskutierten Indexierungstechniken zielen auf eine schnelle „horizontale" Auswahl von Sätzen ab. Im Gegensatz dazu will der Ansatz der Transponierten Dateien eine „vertikale" Aufteilung der Sätze einer Datei erreichen, so daß bei der Anfrageauswertung die Übertragung nicht benötigter Attribute vermieden wird. Dabei wird eine Datei in eine Sammlung von nichtsequentiellen Dateien – auch Unterdateien genannt – zerlegt [BATO79]. Jede Unterdatei entspricht einer Projektion der Datei (ohne Duplikateliminierung); sie enthält für alle Sätze der Datei die spezifizierten Attribute mit ihren Werten. Das hat zur Folge, daß der Inhalt eines einzelnen Satzes über alle Unterdateien verteilt ist. Falls eine Anfrage durch Zugriff auf eine einzige Unterdatei beantwortet werden kann, läßt sich der Aufsuchvorgang wegen der höheren Cluster-Bildung schneller abwickeln.

Die vertikale Aufteilung der Sätze kann bei Anwendungen vorteilhaft sein, in denen die meisten Anfragen das Aufsuchen von nur wenigen Attributen verlangen. Sie wird jedoch besonders teuer, wenn häufig auf fast alle Attribute Bezug genommen wird, da sich dann die Auswertung über mehrere Unterdateien erstreckt. Der Vorschlag, für alle Anfragen zugeschnittene Unterdateien bereitzustellen, führt auf einen extremen Grad an Speicherredundanz. Außer für sehr spezielle Anwendungen mit statischem Anfrageprofil dürfte dieses Konzept in der DB-Praxis unbrauchbar sein.

7.6.3.5   Projektionsindex

Ein Projektionsindex wird für Attribut A von Satztyp T dadurch gebildet. daß alle N Werte von A „herausgeschnitten" und in der Reihenfolge ihres Auftretens in den Sätzen von T gespeichert werden, so daß eine (1:1)-Zuordnung zwischen Indexwert und Satz erhalten bleibt. Ein solcher Projektionsindex läßt sich als sequentielle Liste repräsentieren, die in aufeinanderfolgenden Seiten abzulegen ist. Der Attributwert, der zum n-ten Satz gehört, befindet sich im n-ten Eintrag der Liste; seine Position berechnet sich, bei konstanter Wert- und Seitenlänge (w und s) direkt aus n: (n div (s/w)) + 1 und (n mod (s/w)) +1 liefern die relative Seitennummer bzw. den relativen Eintrag in der Seite. Wenn für s = 4 K Bytes und w = 4 Bytes gewählt wird, finden mehr als 1000 Einträge in einer Seite Platz.

Die Nutzung eines Projektionsindex ist keineswegs intuitiv einsichtig, weshalb wir uns auf eine konkrete Anfrageauswertung beziehen. Ein solcher Index kann insbesondere bei der Berechnung höherer Operationen wie Summen- oder Aggregatbildung über die Werte eines Attributs vorteilhaft eingesetzt werden [ONEI97], wenn das zugehörige Anfrageprädikat eine hohe Selektivität besitzt. Als Beispiel sei eine Data-Warehouse-Anwendung mit einem Satztyp UMSATZ (KID, PID, TAG, VERKAUFSPREIS, ...) angeführt. Angenommen für KID, PID und TAG liegen Bitlisten-Invertierungen und für VERKAUFSPREIS ein Projektionsindex vor. Die Auswertung der folgenden Anfrage nach den Verkaufserlösen für einen Kunden und ein Produkt in der 30. Kalenderwoche

Q3:   SELECT   SUM(VERKAUFSPREIS)
       FROM   UMSATZ
       WHERE   KID = '4711' AND PID = '0815' AND TAG IN 'WOCHE30'

läßt sich dann ausschließlich durch AND- und OR-Verknüpfungen von Bitlisten (WOCHE30 seien Listen mit den Tagen 201 bis 206) und durch Zugriff auf den Projektionsindex bewerkstelligen.

7.6.3.6   Mischformen der Invertierung

Aus der Literatur sind noch eine Reihe von Implementierungstechniken für sekundäre Zugriffspfade bekannt, in denen verschiedene hybride Verknüpfungsverfahren wie Invertierung und Kettung auftreten. Damit möchte man einerseits zu lange Verweislisten vermeiden, andererseits aber auch die Länge von geketteten Listen einschränken.

Diese Implementierungstechniken möchten die Vorteile beider Verfahren vereinen. Der generelle Nachteil solcher Mischformen ist jedoch, daß Wartungs- und Suchalgorithmen für beide Grundstrukturen bereitgestellt werden müssen, was auf eine zusätzliche Steigerung der Komplexität des DBS hinausläuft.

7.7   Zusammenfassende Bewertung

Die Ergebnisse der bisherigen Diskussion über eindimensionale Zugriffspfade von „außen", die den Primärschlüsselzugriff und die Einstiegsstruktur bei Sekundärschlüsselzugriff betreffen, sollen noch einmal in übersichtlicher Form dargestellt und durch ein grobes Kostenmaß bewertet werden, um die Auswahl der relevanten Implementierungstechniken zu erleichtern. Als Bewertungskriterien werden die drei wichtigsten Verarbeitungsprimitive in einer Zugriffspfadstruktur

  direkter Zugriff auf einen Satz bei gegebenem Schlüssel

– sequentielle (sortierte) Verarbeitung aller Sätze

– Änderungsdienst bei Einfügen oder Löschen eines Satzes

herangezogen. Wir entwickeln für diese Verarbeitungsprimitive eine einfache Kostenabschätzung als Funktion der Größe N des Datenbestandes, wobei nur die zu erwartende Anzahl der Seitenzugriffe berücksichtigt wird. Zur Veranschaulichung geben wir zusätzlich die Anzahl der Seitenzugriffe bei einem Datenbestand von $N = 10^6$ an, wie sie typischerweise in praktischen Anwendungsfällen bei den üblichen Parametergrößen für Seitenlänge, Verzweigungsgrad des B*-Baumes usw. zu erwarten sind. Durch bestimmte Optimierungsmaßnahmen wie Lokalität im DB-Puffer usw. können diese Kosten im Einzelfall drastisch gesenkt werden. Die Zusammenstellung der Kostenabschätzung in Tabelle 7.1 soll qualitativ zeigen, in welcher Weise die verschiedenen Operationen von der gewählten Speicherungsstruktur und dem Parameter N abhängen. Die O-Notation zeigt nur die Größenordnung der Kostensteigerung an und verbirgt im Einzelfall konstante Faktoren, deren Größe für die praktische Einsatztauglichkeit einer Struktur von entscheidender Bedeutung sein kann. O(N) bedeutet also, daß die Kosten für die entsprechende Operation linear durch N bestimmt werden, während durch O(1) ausgedrückt werden soll, daß der Aufwand unabhängig von N und vergleichsweise gering ist.

Für die vergleichende Zusammenstellung der typischen Zugriffs- und Änderungskosten in Tabelle 7.1 gelten folgende allgemeinen Annahmen. Bei der Ausführung eines „direkten Zugriffs" auf die entsprechende Speicherungsstruktur ist ein Satz mit einem zufällig ausgewählten Schlüssel bereitzustellen. „Sequentielle Verarbeitung" bedeutet das sequentielle Lesen und Verarbeiten aller Sätze in der durch die Speicherungsstruktur angebotenen Ordnung. Da Hashing den Sätzen keine Ordnung aufprägt, wird unterstellt, daß alle zu einer Hash-Struktur gehörigen Seiten physisch sequentiell zu lesen, die gefundenen Sätze zu sortieren und nachfolgend zu verarbeiten sind. Die daraus resultierenden Kosten werden mit $O(N \log_2 N)$ charakterisiert, weil vom Sortieren der dominierende Kostenanteil erwartet wird. Der „Änderungsdienst" betrifft das Einfügen oder Löschen eines Satzes, wobei die Strukturmerkmale der betreffenden Speicherungsstruktur zu warten sind. Bei den Aufwandsangaben wird angenommen, daß die Einfügeposition, wenn nicht beliebig, oder der zu löschende Satz schon durch eine vorangehende Operation ermittelt wurden.

Der direkte Zugriff und die sequentielle Verarbeitung auf sequentiellen Speicherungsstrukturen werden in der Strukturreihenfolge abgewickelt. Während ein direkter Zugriff im Mittel N/2 Satzzugriffe benötigt, fordert die sequentielle Verarbeitung das Lesen aller N Sätze. Da sequentielle Listen die physisch benachbarte Speicherung zusammengehöriger Sätze erzwingen, wird eine Speicherung von 50 Sätzen pro Seite unterstellt, d. h., mit einem Seitenzugriff können 50 Sätze bereitgestellt werden. Gekettete Listen besitzen dagegen keine solche physische Cluster-Bildung, so daß bei den Aufwandsabschätzungen pro Satzzugriff mit einem Seitenzugriff gerechnet wird. Das Einfügen oder Löschen in einer sequentiellen Liste soll durch eine Technik zum Aufteilen/Mischen von Seiten (Split/Merge) unterstützt werden, so daß der Verschiebeaufwand bei Über- oder Unterlauf von Seiten lokal begrenzt bleibt.

Bei binären Suchbäumen wird zwar eine Gewichts- oder Höhenbalancierung, aber keine Zuordnung von benachbarten Knoten oder Teilbäumen zu Seiten angenommen. Deshalb erzielen binäre Suchbäume beim direkten Zugriff das ungünstige Zugriffsverhalten von $O(\log_2 N)$ Seiten. Falls Cluster-Bildung der Datensätze entsprechend der Schlüsselreihenfolge möglich ist, kann der Aufwand für die sequentielle Verarbeitung in Baumstrukturen ($O(N)$) typischerweise um den Faktor 10 – 50 verbessert werden. Beim Änderungsdienst in Baumstrukturen wird nur das Zurückschreiben einer Datenseite und einer Baumseite berücksichtigt. Bei Mehrwegbäumen kann sich der lokale Reorganisationsvorgang (split/merge) in seltenen Fällen bis zur Wurzel hin fortsetzen, im Mittel werden jedoch die Änderungskosten dadurch kaum beeinflußt.

Bei den Schlüsseltransformationsverfahren wird beim direkten Zugriff mit einem konstanten Aufwand gerechnet, aber nur das Externe Hashing mit Separatoren garantiert einen Zugriffsfaktor von 1. Lineares Hashing macht eine Suche im Überlaufbereich erforderlich; durch geeignete Wahl von β läßt sich die Pfadlänge jedoch steuern. Durch Kombination mit Separatoren ist es möglich, auch beim Linearen Hashing die direkte Suche auf einen E/A-Zugriff zu beschränken. In allen Fällen kommt ein weiterer Zugriff hinzu, falls die Datensätze über die Hash-Tabelle indirekt erreicht werden. Theoretisch können zwar Verfahren mit Kollisionsbehandlung nach $O(N)$ entarten, in praktischen Fällen läßt sich dieser pathologische Fall jedoch

Zugriffsverfahren	Speicherungsstruktur	Direkter Zugriff	Sequentielle Verarbeitung	Änderungsdienst (Ändern ohne Aufsuchen)
fortlaufender Schlüsselvergleich	sequentielle Liste	$O(N) \approx 10^4$	$O(N) \approx 2 \cdot 10^4$	$O(1) \leq 2$
	gekettete Liste	$O(N) \approx 5 \cdot 10^5$	$O(N) \approx 10^6$	$O(1) \leq 3$
Baumstrukturierter Schlüsselvergleich	Balancierte Binärbäume	$O(\log_2 N) \approx 20$	$O(N) \approx 10^6$	$O(1) = 2$
	Mehrwegbäume	$O(\log_k N) \approx 3 - 4$	$O(N) \approx 10^{6*}$	$O(1) = 2$
Konstante Schlüsseltransformationsverfahren	Externes Hashing mit separatem Überlaufbereich	$O(1) \approx 1.1 - 1.4$	$O(N \log_2 N)^{**}$	$O(1) \approx 1.1$
	Externes Hashing mit Separatoren	$O(1) = 1$	$O(N \log_2 N)^{**}$	$O(1) = 1 (+D)$
Variable Schlüsseltransformationsverfahren	Erweiterbares Hashing	$O(1) = 2$	$O(N \log_2 N)^{**}$	$O(1) \approx 1.1 (+R)$
	Lineares Hashing	$O(1) > 1$	$O(N \log_2 N)^{**}$	$O(1) < 2$

*Bei Cluster-Bildung bis zu Faktor 50 geringer

**Physisch sequentielles Lesen, Sortieren und sequentielles Verarbeiten der gesamten Sätze, Komplexitätsangabe bezieht sich auf Anzahl der Vergleiche

Tabelle 7.1: Vergleich der wichtigsten Zugriffsverfahren (Beispielangaben für N = 10⁶ als Anzahl von Seitenzugriffen)

durch geeignete Parameterwahl oder durch Reorganisation verhindern. Die Bewertung der sequentiellen Verarbeitung macht lediglich deutlich, daß Hashing für diese Art der Verarbeitung nicht geeignet ist. Beim Änderungsdienst werden nur das Zurückschreiben eines Buckets und möglicherweise geringfügige Kosten für Überlaufbehandlung beim Einfügen, Reorganisation in einer Überlaufkette beim Löschen oder Split-Vorgang mit lokalem Rehashing berücksichtigt. Beim Externen Hashing mit Separatoren können die Einfügekosten (D) erheblich werden, da ein „Dominoeffekt" auftreten kann. Beim Erweiterbaren und Linearen Hashing erfolgen bei jeder Erweiterung des Hash-Bereichs eine Bucket-Aufteilung sowie Modifikationen im Adreßverzeichnis oder im Überlaufbereich. Außerdem verursachen beim Erweiterbaren Hashing die Verdopplungen des Adreßverzeichnisses hohe Reorganisationskosten (R), die jedoch nicht näher quantifiziert werden sollen; auf die mittleren Einfügekosten haben sie nur einen geringen Einfluß.

Der Vergleich der Bewertung in Tabelle 7.1 zeigt deutlich, daß zwar Hash-Verfahren einen schnellen direkten Zugriff bieten, aber sonst keine Suchfunktionen unterstützen. Zusätzlich ist es sehr schwierig, anwendungsunabhängige Hash-Verfahren bereitzustellen. Deshalb werden sie nur in wenigen DBS (Adabas, UDS u. a.) angeboten. Mehrwegbäume dagegen haben sich wegen ihrer ausgewogenen Kosten für alle Operationen als Standardstruktur durchgesetzt. Mit einem Zugriffsfaktor von 3 – 4 werden sie oft als einzige und breit einsetzbare Zugriffspfadstruktur als ausreichend angesehen, vor allem, weil sie zusätzlich die sortierte sequentielle Verarbeitung zulassen. Zeitkritische Anwendungen erfordern jedoch zwingend Hash-Strukturen [CHAM81a], so daß diese als weitere Standardstrukturen für den Satzzugriff angeboten werden sollten.

8 Typübergreifende Zugriffspfade

Eindimensionale Zugriffspfade gestatten den direkten Schlüsselzugriff auf alle Sätze eines Satztyps und lokalisieren dabei einen Satz oder eine Menge von Sätzen mit Hilfe eines Primärschlüssels bzw. Sekundärschlüssels. Sie stellen gewissermaßen Basiszugriffsverfahren dar, mit denen sich auch höhere DB-Operationen flexibel und effizient abwickeln lassen. Fallweise ist es jedoch zu empfehlen, zur Unterstützung wichtiger Beziehungstypen oder häufig vorkommender DB-Operationen zugeschnittene Zugriffsverfahren zu entwickeln, die den Zugriff über mehrere Satztypen – also einen typübergreifenden Zugriff – beschleunigen, um ein verbessertes Leistungsverhalten zu erzielen.

Im folgenden wollen wir einige praktisch relevante Methoden und Verfahren vorstellen. Hierarchische Zugriffspfade verknüpfen die zu einem Satz (Owner) gemäß einer definierten Beziehung abhängigen Sätze des gleichen oder eines anderen Satztyps (Member) und erlauben typischerweise ein navigierendes Durchmustern aller zugehörigen Sätze. Verallgemeinerte Zugriffspfade kombinieren in effizienter Weise Primär- und Sekundärschlüsselzugriff über mehrere Relationen mit hierarchischen Zugriffsmöglichkeiten, die sich unmittelbar zur Implementierung von Verbundoperationen heranziehen lassen. Spezielle Verbund- und Mehrverbundindexe werden vorab angelegt, um zur Laufzeit so vorgeplante Verbundoperationen zu beschleunigen. Schließlich sind Pfadindexe darauf spezialisiert, Anfragen mit „passenden" Pfadausdrücken in den Suchprädikaten sehr effizient auszuwerten.

Es soll jedoch schon hier ganz allgemein festgestellt werden, daß mit dem zunehmenden Spezialisierungsgrad der Zugriffspfadstruktur, insbesondere von Verbund- und Pfadindexen, ihre Einsatzbreite und damit ihre Nützlichkeit für das Leistungsverhalten des DBS abnimmt. Beim Einsatz solcher Strukturen ist also vermehrt anwendungsbezogenes Wissen und entsprechende Vorplanung Voraussetzung. Nur wenn die DB-Operation „paßt", sind im Vergleich zu den Basiszugriffsverfahren große Leistungsgewinne zu erzielen.

Einige der in diesem Kapitel eingeführten Zugriffspfadstrukturen finden ihren Einsatz vor allem in relationalen oder objektorientierten DBS. Deshalb sprechen wir die betreffenden Objekte mit Tupel oder Relation u. a. an (obwohl wir auf der dritten Ebene unseres Schichtenmodells nur Sätze und Satztypen kennen).

8.1   Hierarchische Zugriffspfade

Hierarchische Zugriffspfade unterstützen den relativen Zugriff auf Sätze verschiedenen oder desselben Typs, die nach einer (im DB-Schema) definierten Beziehung zusammengehören. Je nach Datenmodell werden solche Beziehungen über Attributwerte, Referenzen oder ausschließlich durch Zugriffspfade repräsentiert. Im Relationenmodell werden alle definierten Beziehungen durch die Gleichheit von Attributwerten, nämlich von Primär- und Fremdschlüsselwerten spezifiziert; ihre Nutzung und Manipulation erfolgt mit Anweisungen in einer deklarativen Anfragesprache. Im Netzwerkmodell und in objektorientierten Datenmodellen dagegen können Beziehungen durch Referenzen und Zugriffspfade definiert werden; ihre Verarbeitung findet satzweise und vorwiegend navigierend statt.

8.1.1   Spezielle Charakteristika

Hierarchische Zugriffspfade sollen vor allem den navigierenden Zugriff auf Sätze verschiedenen Typs ermöglichen, die in der Regel in einer (1:n)-Beziehung inhaltlicher Art (über Gleichheit von Werten bei funktionaler Abhängigkeit) zueinander stehen. Im Netzwerkmodell ist es aber auch möglich, solche Beziehungen manuell anzulegen, d. h., das Anwendungsprogramm stellt beispielsweise mit Hilfe von Cursor-Variablen Beziehungen (Referenzen) her, deren Gültigkeit vom DBS nicht weiter geprüft werden kann. Auf der Anwendungsebene (DB-Schema) ist ein Set-Typ als funktionale Beziehung zwischen Member- und Owner-Satztyp definiert. Pro Ausprägung wird dadurch eine logische Zugriffsbeziehung zwischen jeweils einem Owner-Satz und n Member-Sätzen eingerichtet [CODA78].[1] Sie erlaubt eine Reihe von Operationen auf logischen Zugriffspfaden zwischen Member-Sätzen und zwischen Owner-/Member-Sätzen. Dabei verläuft die satzweise Verarbeitung typischerweise „navigierend" vom Owner/Member aus zu einem Member (FIND FIRST / NEXT / PRIOR / LAST MEMBER) oder vom Member aus zum Owner (FIND OWNER). Eine wichtige Eigenschaft der Set-Struktur betrifft die Satzreihenfolge, da den Member-Sätzen eine durch ein Ordnungskriterium bestimmte Reihenfolge aufgeprägt werden kann. Folgende Optionen für Satzreihenfolgen in einer Set-Struktur sind deshalb bei Einfüge- und Aufsuchoperationen zu gewährleisten:

– Sortierung (optional mit Indexunterstützung) nach Werten eines Attributes in aufsteigender/absteigender Reihenfolge
– Absolute Position in der momentanen Folge der Member-Sätze (FIRST / LAST)
– Relative Position in der momentanen Folge der Member-Sätze (NEXT / PRIOR)
– Systembestimmte Reihenfolge (IMMATERIAL).

Abb. 8.1 veranschaulicht durch ein Anwendungsbeispiel, welche logischen Zugriffsbeziehungen durch hierarchische Zugriffspfade unterstützt werden sollen. Dabei wurde angenommen, daß ein Satztyp Angestellter (PERS) mit den Attributen Personalnummer (PNR), Abteilungsnummer (ANR), Wohnort (W-ORT) und Gehalt (GEHALT) und ein Satztyp Abteilung

---

[1]   In ähnlicher Weise lassen sich Link-Strukturen für die (interne) satzweise Verarbeitung in relationalen DBS einführen [ASTR76].

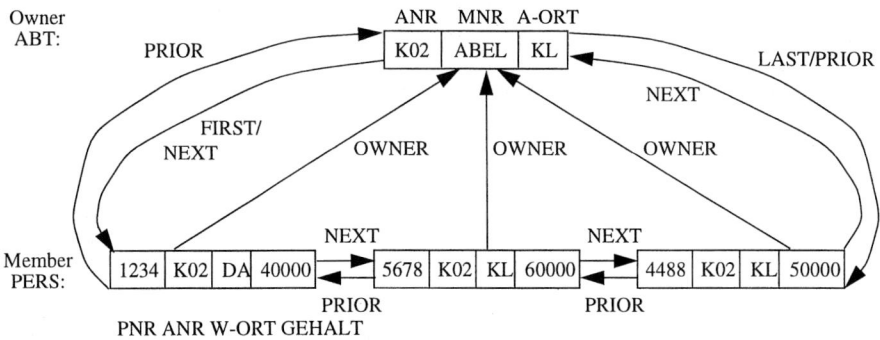

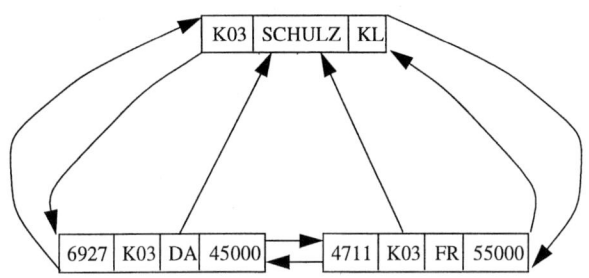

Abb. 8.1: Durch hierarchische Zugriffspfade zu realisierende Satzverknüpfungen

(ABT) mit den Attributen Abteilungsnummer (ANR), Managername (MNAME) und Abteilungsort (A-ORT) in einer inhaltlichen, funktionalen Beziehung (über ANR) zueinander stehen. Die beiden Ausprägungen einer Set-Struktur $L_{ABT-PERS}$(ANR) verdeutlichen die zu unterstützenden Zugriffe, ohne dabei Bezug auf eine Implementierungstechnik zu nehmen.

Da es sich, ähnlich wie den sekundären Zugriffspfaden, um Verknüpfungsstrukturen für Satzmengen handelt, entspricht das verfügbare Implementierungsspektrum den in Abschnitt 7.6.1 diskutierten Techniken. Ihr Einsatz wird jedoch nicht, wie bei den sekundären Zugriffspfaden, durch die Effizienz von Satzmengenzugriff und mengenalgebraischen Operationen, sondern vielmehr durch ihr Vermögen,

– die charakteristischen Suchoperationen zu begünstigen (FIND NEXT / PRIOR / FIRST / LAST / MEMBER, FIND OWNER)

– das geforderte Ordnungskriterium einzuhalten (IMMATERIAL vs. SORTED / SORTED INDEXED / FIRST / LAST / NEXT / PRIOR, IMMATERIAL)

– sowie durch die Größe der Satzmenge bestimmt.

Bei hierarchischen Zugriffspfaden unterscheiden wir, ebenso wie bei sekundären Zugriffspfaden, Einstiegs- und Verknüpfungsstruktur. Im Gegensatz zum satztypbezogenen Einstieg „von außen" organisieren hierarchische Zugriffspfade einen ausprägungsbezogenen Zugriff vom Owner aus. Der Einstieg in die Verknüpfungsstruktur erfolgt typischerweise über einen

Zeiger vom Owner aus (oder über einen anderen Zugriffspfad). Falls für die zu verknüpfende Satzmenge eine Sortierordnung (SORTED INDEXED) aufrechtzuerhalten ist, läßt sich die Verknüpfungsstruktur in geeigneter Weise durch einen überlagerten Mehrwegbaum verwalten.

8.1.2   Verknüpfungsstrukturen für zugehörige Sätze

Die grundlegenden Verknüpfungsmethoden für Satzmengen (siehe Abschnitt 7.6.1) sollen nun auf ihre Eignung für die Implementierung von hierarchischen Zugriffspfaden (Set- oder Link-Strukturen) hin untersucht werden. Dabei sind Optionen zur Einführung zusätzlicher Zeiger zu berücksichtigen, um die in der DML vorgegebenen Anweisungen zum Navigieren (siehe Abb. 8.1) wirksam unterstützen zu können. Um den Zugriff zum Owner effizient durchzuführen, ist in jedem Member-Satz für jede seiner Set-Mitgliedschaften ein Owner-Zeiger gespeichert. Wenn die Set-Strukturen informationstragend sind – es besteht kein inhaltlicher Zusammenhang zwischen Owner- und Member-Satztypen –, ist dieser Zeiger für den Member-Owner-Zugriff unbedingt nötig, falls durch die gewählte Implementierungstechnik nur die Verknüpfung Owner-Member realisiert wird. Bei nichtinformationstragenden Set-Strukturen ist eine inhaltliche Verknüpfung über Gleichheit von Attributwerten (ANR in ABT (Primärschlüssel) – ANR in PERS (Fremdschlüssel)) garantiert, so daß im Prinzip auf solche Zeiger verzichtet werden könnte. Während bei sekundären Zugriffspfaden als Implementierungstechnik nur auf Invertierung basierende Methoden empfohlen werden konnten, ergibt sich hier bei drei in der Praxis üblichen Methoden eine größere Vielfalt [UDS, BATO85].

Die Listentechnik als Methode 1 (SET MODE IS LIST) verlangt die Speicherung alle Member einer Set-Ausprägung in der spezifizierten Set-Reihenfolge in physischer Nachbarschaft innerhalb einer Seite und, soweit notwendig, in durch Zeiger verknüpfte Seiten. Dadurch wird eine Cluster-Bildung für die Member-Sätze einer Set-Ausprägung erzwungen, so daß durch diese Methode vor allem die fortlaufende Verarbeitung optimiert wird. Diese Art der Speicherplatzkontrolle impliziert, daß ein Satztyp nur in einem Set-Typ mit LIST-Modus als Member sein kann und daß hinsichtlich seiner Set-Mitgliedschaft Beschränkungen einzuführen sind (MANDATORY AUTOMATIC [CODA78]). NEXT- und PRIOR-Zeiger lassen sich durch die Struktureigenschaften der Liste implizit darstellen. Beim Owner-Satz sind als Einstiegshilfen die Zeiger FIRST und optional LAST zu den Seiten des ersten bzw. letzten Satzes gespeichert. In Abb. 8.2 a ist eine sequentielle Liste für eine Set-Ausprägung skizziert.

Die Kettungstechnik als Methode 2 (SET MODE IS CHAIN) realisiert eine sehr direkte und einfache Übertragung der konzeptionellen Verknüpfungen in einer Set-Struktur. Viele DBS nach dem Netzwerkmodell bieten sie als einzige Methode an. Durch eingebettete NEXT-Zeiger werden Owner und Member-Sätze einer Set-Ausprägung entsprechend der spezifizierten Set-Reihenfolge verbunden. Da die Seitenzuordnung der Member-Sätze durch die Struktureigenschaften nicht explizit kontrolliert wird, läßt sich im allgemeinen Fall keine Cluster-Bildung erreichen. Durch eine zusätzliche Option (LINKED TO PRIOR) ist es möglich, die LAST/PRIOR-Beziehungen durch Zeiger darzustellen. In Abb. 8.2 b ist eine analoge Kettenstruktur mit allen möglichen Zeigern veranschaulicht.

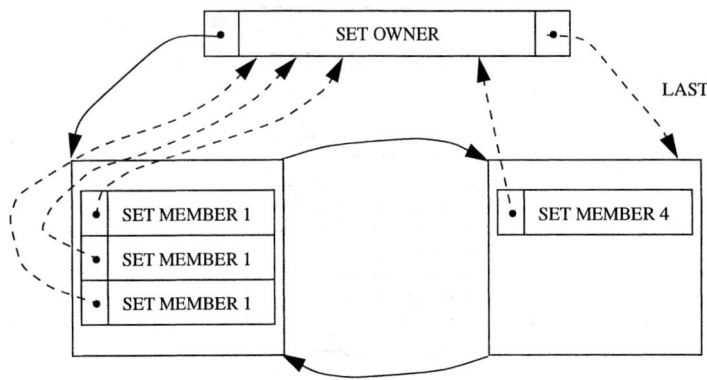

a) Sequentielle Liste auf Seitenbasis

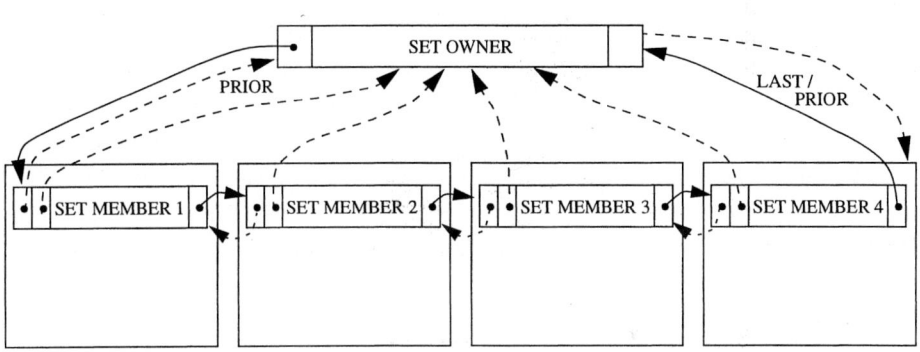

b) Gekettete Liste

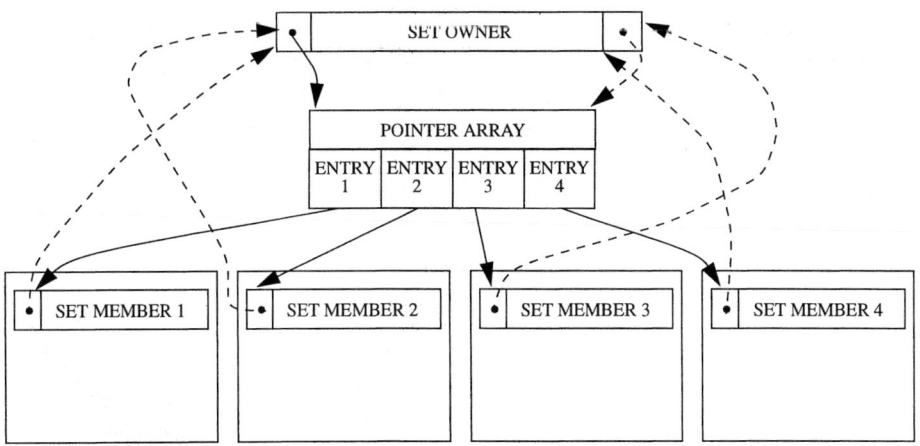

c) Pointer-Array- Struktur   – – – – – – – – : optionaler Zeiger

Abb. 8.2: Implementierungstechniken für hierarchische Zugriffspfade

Die Invertierungstechnik, als Methode 3 auf Set-Strukturen angewendet, wird oft als Pointer-Array-Technik bezeichnet (MODE IS POINTER ARRAY). Sie führt auf die Speicherung einer Zeiger-Verweisliste pro Set-Ausprägung. Die Reihenfolge der Zeiger in der Verweisliste definiert die Reihenfolge der Member-Sätze der Set-Ausprägung. Zur einfacheren Aufrechterhaltung einer Sortierreihenfolge können die Einträge neben dem Zeiger noch den Sortierschlüssel des zugehörigen Sets besitzen. NEXT- und PRIOR-Zeiger sind wiederum implizit durch die Struktur der Verweisliste ausgedrückt. FIRST- und optional LAST-Zeiger verweisen vom Owner-Satz aus auf die erste bzw. letzte Seite des Pointer-Array. Ebenso wie bei der Kettungstechnik läßt sich keine Cluster-Bildung der Member-Sätze garantieren. In Abb. 8.2 c ist die analoge Pointer-Array-Struktur skizziert.

Bitlisten in komprimierter Form, die eine gewisse Bedeutung als Invertierungstechnik bei Zugriffspfaden für Sekundärschlüssel erlangt haben, können als spezielle Implementierung der Pointer-Array-Technik aufgefaßt werden. Ihr Einsatz ist in der Praxis denkbar [BACH74], jedoch nicht gebräuchlich, da sie auf mengenalgebraische Operationen, aber nicht auf die DB-Anweisungen zum Navigieren hin optimiert sind.

Methode 4 kann wegen ihrer hohen Zugriff- und Speicherkosten auch für hierarchische Zugriffspfade ohne weitere Diskussion ausgeschlossen werden.

Besonders bei großen Set-Ausprägungen ist es vorteilhaft, im Fall der SORTED-Reihenfolge auch noch eine INDEXED-Option zu haben. SORTED INDEXED gestattet dann neben dem sortiert sequentiellen auch den direkten Zugriff zu den Member-Sätzen einer Set-Ausprägung. Bei sequentiellen Listen und Pointer-Array-Strukturen läßt sich diese Option durch ihre Erweiterung mit Hilfe eines Index in der Art (der inneren Knoten) eines B*-Baumes erreichen. Bei sortierten Kettenstrukturen erzwingt eine INDEXED-Option ihre Überlagerung durch einen zusätzlichen Mehrwegbaum. In konkreten Systemen gibt es noch eine Reihe weiterer Optionen wie ATTACHED/DETACHED TO OWNER, welche die physische Zuordnung von Owner/Liste oder Owner/Pointer-Array regeln [CODA78].

Es ist sehr schwierig, die drei eingeführten Implementierungstechniken in allgemeiner Weise zu bewerten und ihre Tauglichkeit für den DB-Einsatz zu beurteilen. Dies liegt vor allem an der Vielfalt der Operationen, der unterschiedlichen Reihenfolgen und der Anzahl der Member-Sätze, die einige Größenordnungen überspannen können. Die folgenden Hinweise, die durch eine systematische Fallstudie [EFFE80b] und zahlreiche experimentelle Untersuchungen [EFFE80a] gewonnen wurden, sollen die Auswahl einer konkreten Struktur für eine vorgegebene Anwendung erleichtern helfen.

Die sequentielle Liste ist wegen ihrer Beschränkungen auf einen Set-Typ pro Member-Satztyp und der Set-Mitgliedschaft MANDATORY AUTOMATIC nicht allgemein einsetzbar. Ihre Cluster-Eigenschaft optimiert gewöhnlich einen Set-Typ auf Kosten anderer Set-Strukturen. Sie besitzt die folgenden allgemeinen Eigenschaften:

– Das Aufsuchen in Set-Reihenfolge ist sehr schnell, da sie auf diese Operation hin zugeschnitten ist.

– Sequentielle Einfügeoperationen in Set-Reihenfolge lassen sich wegen der Einsparungen bei der Log- und DB-Ein-/-Ausgabe sehr wirksam durchführen.

- Zufällige Änderungsoperationen sind aufwendiger als beim Pointer-Array. Bei Seiten-überlauf müssen sie in jedem Fall durch eine Art Split-Technik unterstützt werden.

- Zufälliges Aufsuchen kann so schnell sein wie beim Pointer-Array, wenn ein zusätzlicher Index gewartet wird (SORTED INDEXED).

- Besonders für sehr kleine Set-Ausprägungen, die vollständig in die Seite des Owner passen, lassen sich wegen der Cluster-Eigenschaft bei der sequentiellen Liste im allgemeinen bessere Ergebnisse erzielen als beim Pointer-Array und bei der geketteten Liste.

Wegen der beschränkten Einsatzfähigkeit der Liste ist jedoch oft die Auswahlentscheidung zwischen Pointer-Array und geketteter Liste zu treffen. Die Kettenstruktur bietet eine Reihe von Vorteilen, wenn die zu verknüpfenden Sätze Member in mehr als einem Set-Typ sind. Das gilt vor allem für kleine Set-Ausprägungen (< 10 Member-Sätze) und für Anwendungen, die bei der Verarbeitung der Member-Sätze einen häufigen Wechsel des Set-Typs erfordern (z. B. Stücklistenverarbeitung). Die gekettete Liste besitzt folgende wesentlichen Charakteristika:

- Der sequentielle Zugriff zu den Member-Sätzen (ohne Cluster-Eigenschaft) ist geringfügig schneller als bei Pointer-Array.

- Das Zugriffsverhalten ist sehr sensitiv gegenüber Set-Reihenfolge und Wachstum der Set-Ausprägung.

- Änderungsoperationen können in Abhängigkeit von der Set-Größe und -Reihenfolge, fehlender Cluster-Bildung und verborgener Log-Kosten sehr schwierig und teuer sein.

- Die Option LINKED TO PRIOR mit Ausnahme von sehr speziellen Fällen ist unerläßlich.

- Der Member-Satz sollte Member in verschiedenen Set-Strukturen sein; sonst ist die sequentielle Liste vorzuziehen.

- Da alle Zeiger im Member-Satz gespeichert sind, kostet der Wechsel von einem Set-Typ zu einem anderen keine zusätzlichen Seitenzugriffe und ist deshalb sehr schnell.

Das Zugriffsverhalten einer Pointer-Array-Struktur ist sehr stabil und hängt nur geringfügig von speziellen Set-Eigenschaften ab. Sie ist eine „durchschnittlich gute" Struktur und sollte vor allem gewählt werden, wenn die genaue Set-Größe und die Häufigkeit der einzelnen Operationen nicht bekannt sind. Sie zeichnet sich hauptsächlich durch folgende Eigenschaften aus:

- Sie ist nicht sensitiv gegenüber der Set-Reihenfolge.

- Bei großen Set-Ausprägungen sind zufällige Änderungen schneller als bei sequentiellen und geketteten Listen.

- Zufälliges Aufsuchen ist schneller als in geketteten Listen, da keine sequentielle Suche notwendig ist.

- Sequentielle Aufsuchoperationen erfordern das Festhalten von wenigstens zwei Seiten im DB-Puffer. Damit ist sie anfälliger gegenüber Pufferersetzungen als sequentielle oder gekettete Listen.

8.2   Verallgemeinerte Zugriffspfadstruktur

Auf relationalen DBS basierende Anwendungen suchen häufig „von außen kommend" mit Hilfe von Primär- und Fremdschlüsseln Tupel (Sätze) in den entsprechenden (eindimensionalen) Zugriffspfaden. Neben dieser direkten Suche werden Primär- und Fremdschlüsselattribute oft auch zur „typübergreifenden" Suche herangezogen, um sowohl separate Zugriffe auf die verschiedenen Relationen (z. B. zur Überprüfung der referentiellen Integrität) als auch Verknüpfungen von Relationen (Verbundoperation) durchzuführen. Deshalb wäre es vorteilhaft, die hierfür erforderliche Zugriffsunterstützung kombiniert in einer physischen Zugriffspfadstruktur verfügbar zu haben. Die Konkretisierung dieser Idee wird nachfolgend skizziert.

B*-Bäume stellen geeignete Implementierungsformen für primäre und sekundäre Zugriffspfade oder Indexstrukturen mit den Optionen UNIQUE und NONUNIQUE dar (z. B. für Primärschlüssel ANR von ABT und für Fremdschlüssel ANR von PERS). Für unsere Problemstellung ist es nun eine zentrale Beobachtung, daß Primär- und Fremdschlüssel stets auf demselben Wertebereich definiert sind. Deshalb ist es in einfacher Weise möglich, beide Zugriffspfade für Primär- und Fremdschlüssel in einer physischen Struktur zu vereinen [HÄRD78b].

8.2.1   Realisierungsidee

Zur Umsetzung dieser Idee greifen wir auf den B*-Baum zurück. Sein Indexteil, der nur Wegweiser beherbergt, bleibt bei unverändertem Aufbau von Wurzel- und Zwischenknoten erhalten. Lediglich die Blattknoten erhalten eine andere Organisationsform. Ein Eintrag setzt sich aus einem Schlüsselwert, dem TID als Verweis auf die Vater-Relation, der TID-Liste mit den Verweisen auf die Sohn-Relation und der zugehörigen Längeninformation zusammen (Abb. 8.3 a). Die daraus resultierende kombinierte Zugriffspfadstruktur verkörpert

– einen Zugriffspfad für den Primärschlüssel (z. B. $I_{ABT}(ANR)$)
– einen Zugriffspfad für einen Sekundärschlüssel (z. B. $I_{PERS}(ANR)$)
– einen hierarchischen Zugriffspfad (z. B. $L_{ABT-PERS}(ANR)$),

wobei der hierarchische Zugriffspfad sich implizit durch die physisch benachbarte Anordnung der Zeigerlisten ergibt. Zu beachten ist hierbei, daß die Pflege eines derart dargestellten hierarchischen Zugriffspfads keine Zusatzkosten verursacht, er also „umsonst" entsteht.

Dieses Konzept läßt sich zur verallgemeinerten Zugriffspfadstruktur in der folgenden Weise erweitern. Alle n Indexstrukturen für Attribute Ai, die auf demselben Wertebereich W definiert sind, werden mit Hilfe eines einzigen B*-Baumes realisiert. Dazu ist das Format der Einträge in den Blattknoten so zu modifizieren, daß n variabel lange Verweislisten für einen Schlüsselwert aufgenommen werden können. Um lange Einträge darzustellen, wird eine separate Speicherung oder Fragmentierung der Verweislisten [ONEI97] oder eine Kettungsmöglichkeit für Überlaufseiten vorgesehen (Abb. 8.3 b).

Die Schlüsselwerte in den Baumeinträgen sind die Werte des gemeinsamen Wertebereichs W. Soweit es sich durch geeignete Konversionsregeln unterstützen läßt, können die Werte der

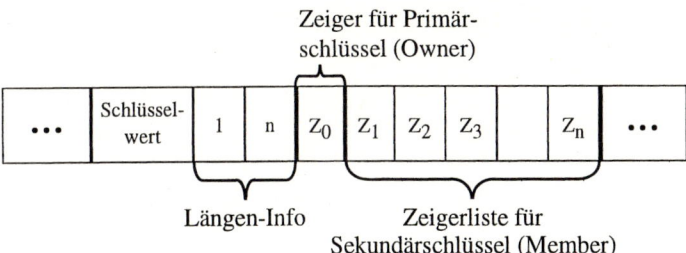

a) zwei variabel lange Zeigerlisten

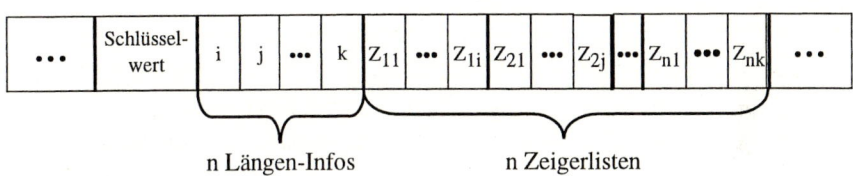

b) n variabel lange Zeigerlisten

Abb. 8.3: Seitenformate für die Blätter von B*-Bäumen

(vergleichbaren) Attribute selbst unterschiedliche Einheiten (g, kg, t usw.) derselben oder eines anderen Einheitstyps (Gewicht, Länge, Zeit usw.) aufweisen.

Als Beispiel ist eine verallgemeinerte Zugriffspfadstruktur für 4 verschiedene Indexstrukturen schematisch in Abb. 8.4 dargestellt. Jeder Eintrag enthält 4 Zeigerlisten, die sich auf vergleichbare Attribute Ai in verschiedenen (oder denselben) Satztypen beziehen. Die erste und dritte Zeigerliste jedes Eintrags seien für ein UNIQUE-Attribut (Primärschlüssel, Schlüsselkandidat) spezifiziert, so daß die entsprechenden Längen auf maximal 1 beschränkt sind.

Die Attribute A1 und A2 seien ANR von ABT und ANR von PERS. Es sei unterstellt, daß in der Datenbank noch eine Relation MGR (Manager) mit ANR als Schlüsselkandidat und eine Relation AUSST (Ausstattung) mit ANR als Fremdschlüssel vorhanden seien. A3 kann als ANR von MGR und A4 als ANR von AUSST interpretiert werden (Der Einfachheit halber wurden gleiche Attributnamen gewählt). Diese verallgemeinerte Zugriffspfadstruktur enthält neben den 4 Indexstrukturen als Zugriffspfade für Primärschlüssel (A1, A3) und Sekundärschlüssel (A2, A4) implizit 6 hierarchische Zugriffspfade, da im Falle der (1:1)-Beziehung (zwischen MGR und ABT) die hierarchische Struktur in beiden Richtungen gilt (Abb. 8.5).

Im allgemeinen Fall seien n Attribute auf demselben Wertebereich definiert, wobei m Attribute (m ≤ n) davon Schlüsselkandidaten in ihren Relationen sind. Dann können (potentiell) folgende verschiedenen Zugriffspfade durch eine verallgemeinerte Zugriffspfadstruktur realisiert werden [HÄRD78b]:

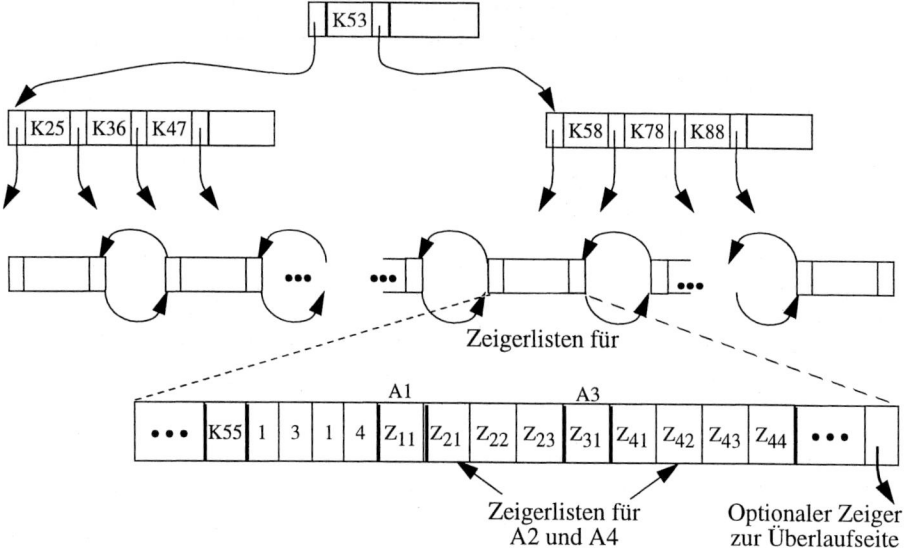

Abb. 8.4:   Verallgemeinerte Zugriffspfadstruktur für 4 Attribute auf einem gemeinsamen
Wertebereich

- n Indexstrukturen, da jedes Attribut invertiert wird
- m · (n - 1) hierarchische Zugriffspfade, die sich dabei implizit ergeben und ohne Zusatzkosten nutzen lassen.

Da durch diese Zugriffspfadstruktur auch (n:m)-Verbunde unterstützt werden, lassen sich mit
ihr n · (n - 1) / 2 verschiedene Zwei-Weg-Verbunde bewerkstelligen.

8.2.2   Vorteile der Verallgemeinerung

In relationalen DBS läßt sich der Nutzen eines solchen Zugriffspfades sehr einfach verdeutlichen. Die folgende SQL-Anfrage bestimmt die Manager von Abteilungen, die mehr als 5 Mitarbeiter haben:

```
Q1: SELECT    M.MNR, M.MNAME, A.ANAME
    FROM      MGR M, ABT A, PERS P
    WHERE     M.ANR = A.ANR
    AND       A.ANR = P.ANR
    AND       (SELECT   COUNT (*)
              FROM      PERS Q
              WHERE     Q.ANR = A.ANR) > 5;
```

Da hier beide Verbunde über ANR spezifiziert sind, können sie direkt auf dem verallgemeinerten Zugriffspfad nach Abb. 8.4 abgewickelt werden. Ein guter Optimizer erkennt auch, daß

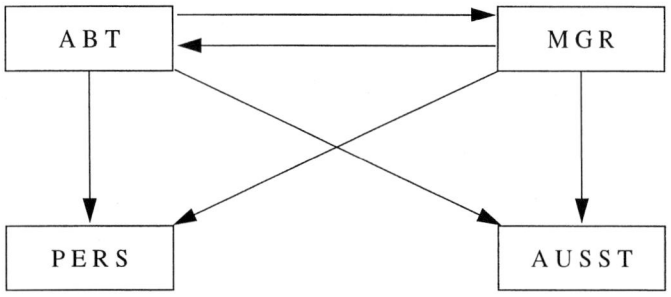

Abb. 8.5: Schemaausschnitt zur Darstellung der hierarchischen Zugriffspfade

die COUNT-Bedingung sich unmittelbar aus der Längeninformation von A2 (PERS.ANR) auswerten läßt, so daß bei der Ausführung von Q1 höchste Lokalität erzielt werden kann.

Die verallgemeinerte Zugriffspfadstruktur weist folgende Charakteristika auf:

– Die Höhe des B*-Baumes ist im allgemeinen wegen seines hohen Verzweigungsgrades nur geringfügig größer als bei der einfachen Indexstruktur, obwohl in den Blättern wesentlich mehr Zugriffspfadinformationen untergebracht sind. Der direkte Zugriff wird – gemessen an der mittleren Anzahl der Seitenzugriffe – nur unwesentlich langsamer. Durch Ausnutzung der höheren Lokalität der Seitenreferenzen im DB-Puffer kann sich sogar eine Verbesserung ergeben.

– Da alle Schlüssel im B*-Baum nur einmal gespeichert werden müssen, resultiert daraus eine beachtliche Einsparung an Speicherplatz.

– Der sequentielle Zugriff zu allen Sätzen über einen Index wird langsamer, da eine größere Anzahl von Blattknoten aufzusuchen ist. Gemessen an der gesamten Anzahl der Seitenzugriffe (Index + Sätze) ist dieser Anstieg jedoch minimal.

– Sie unterstützt in natürlicher Weise die Verbundoperation. Ihre Erweiterung auf einen n-Wege-Verbund ist denkbar.

– Sie bietet große Vorteile bei der Auswertung bestimmter statistischer Anfragen und bei der Überprüfung der referentiellen Integrität und anderer semantischer Integritätsbedingungen.

Die bisherigen Überlegungen sind nicht beschränkt auf einfache Attribute und Wertebereiche. In gleicher Weise kann man das zugrundeliegende Konzept auf zusammengesetzte Attribute, die auf einer Folge von Wertebereichen definiert sind, anwenden. Ein Schlüsselwert besteht dann aus der Konkatenation der einzelnen Attributwerte. Dabei läßt sich der aus n Einzelwerten fester oder variabler Länge bestehende Schlüsselwert so codieren, daß durch einen einzigen Vergleich die Sortierfolge zweier Schlüsselwerte festgestellt werden kann [BLAS77b]. Selbst wenn die Einzelwerte nach aufsteigender und/oder absteigender Sortierfolge eingeordnet werden sollen, kann das Codierschema angewendet werden.

8.3   Verbund- und Pfadindexe

8.3.1   Verbundindex

Der Verbundindex (join index) wurde in [VALD87] als spezieller Zugriffspfad zur Optimierung von Zwei-Weg-Verbunden vorgeschlagen. Im Prinzip verkörpert ein Verbundindex einen vorab berechneten Verbund, wobei die zusammengehörigen Tupel als Paar von TIDs in einem Eintrag repräsentiert sind.

Der Verbundindex VI zwischen zwei Relationen V und S mit den Verbundattributen A und B ist folgendermaßen definiert:

$$VI = \{ (v.TID, s.TID) \mid f(v.A, s.B) \text{ ist TRUE, } v \in V, s \in S \}$$

Dabei bezeichnet f eine Boolesche Funktion, die das Verbundprädikat, das sehr komplex sein kann, definiert. Insbesondere lassen sich dadurch Θ-Verbunde ($\Theta \in \{=, \neq, <, \leq, >, \geq\}$) spezifizieren. Durch geeignete Wahl von A und B können sogar Selektionsprädikate bei der Verbundberechnung berücksichtigt werden. Es ist auch möglich, daß V und S dieselbe Relation bezeichnen.

Der Verbundindex zu f entspricht also einer zweistelligen Tabelle, wie sie in Abb. 8.6 dargestellt ist. In [VALD87] wird angenommen, daß ein Verbundindex, obwohl speicherplatzsparend ausgelegt, nicht immer ganz im Hauptspeicher Platz findet. Deshalb sollte er Cluster-Bildung aufweisen. Da jedoch abhängig vom Verbundalgorithmus ein schneller Zugriff über V (z. B. ABT) oder über S (z. B. PERS) erforderlich werden kann, sollte ein Verbundindex VI sowohl nach den v.TIDs als auch nach den s.TIDs geordnet sein. Diese Forderung, so empfiehlt [VALD87], läßt sich in einfacher und einheitlicher Weise durch zwei Kopien von VI realisieren, und zwar durch zwei B*-Bäume, wie sie in Abb. 8.6 schematisch angedeutet sind.

Falls die Verbundrichtung stets vorgegeben ist, kann ein Index eingespart werden. Sonst ist zur Durchführung des Verbundes jeweils der passende Index auszuwählen. Der ihn implementierende B*-Baum wird dann in seinen Blattknoten sequentiell traversiert, wodurch die Sortierung der TID-Referenzen (was nicht notwendigerweise Cluster-Bildung der zugehörigen Tu-

VI_V: VI_S:

V	S
TID_{v2}	TID_{s4}
TID_{v1}	TID_{s3}
TID_{v2}	TID_{s2}
TID_{v2}	TID_{s6}

logische Sicht

V	S
TID_{v1}	TID_{s3}
TID_{v2}	TID_{s2}
TID_{v2}	TID_{s4}
TID_{v2}	TID_{s6}

Index auf TID_V

S	V
TID_{s2}	TID_{v2}
TID_{s3}	TID_{v1}
TID_{s4}	TID_{v2}
TID_{s6}	TID_{v2}

Index auf TID_S

Abb. 8.6:   Verbundindex: Logische Sicht und abstrakte Realisierung

pel impliziert) zum Tragen kommt. Für jeden Eintrag werden die referenzierten Sätze vom Externspeicher geholt und unter Beachtung möglicher Projektionsklauseln verknüpft.

Zur Beschleunigung der Verbundoperationen lassen sich hier, wie bei allen Indexstrukturen, parallele Algorithmen einsetzen, da durch den Index die Verbundeinträge in einfacher Weise partitioniert werden können. Die TIDs der abhängigen Relation sind allerdings nicht geordnet, so daß beim (n:1)- und beim (n:m)-Verbund aus verschiedenen Partitionen Referenzen auf dieselben Tupel anfallen (deren Verarbeitung wird durch eine enge Rechnerkopplung erleichtert).

Die verschiedenen Zugriffs- und Wartungsalgorithmen für den Verbundindex werden in [VALD87] detailliert. Bestimmte Aktualisierungsoperationen auf den beteiligten Relationen können offensichtlich erhebliche Wartungskosten hervorrufen oder gar eine Neuberechnung des Index auslösen. Genauere Leistungsanalysen sprengen den Rahmen unserer Betrachtungsebene.

Der Verbundindex wird in {ONEI95, ONEI97] in verschiedener Hinsicht verfeinert, um insbesondere die speziellen Bedürfnisse von Data-Warehouse-Anwendungen erfüllen zu können. Dort fallen häufig Verbundoperationen über Fremd-/Primärschlüsselbeziehungen zwischen der sog. Faktentabelle und den verschiedenen Dimensionstabellen an, die jedoch an vielfältige Selektionsbedingungen geknüpft sind. Da manche Fremdschlüssel in der Faktentabelle nur eine geringe Selektivität aufweisen, ergeben sich aus Sicht der zugehörigen Dimensionstabelle sehr viele und relativ dicht angeordnete Verbundpartner in der Faktentabelle. Aus diesem Grund kann es vorteilhaft sein, diese Verbundpartner mit Hilfe einer Bitliste zu indexieren (siehe Abschnitt 7.6.2.2). Der Bitlisten-Verbundindex (*bitmap join index*) erlaubt es, einem Tupel (Primärschlüssel) in einer Dimensionstabelle eine solche Bitliste zuzuordnen. Auf diese Weise können auf einer Dimensionstabelle beliebige Selektionen ausgeführt werden, bevor anschließend gezielt auf die Verbundpartner in der Faktentabelle zugegriffen wird. Um eine Zugriffsoptimierung bei stark variierender Selektivität der Fremdschlüsselattribute zu gestatten, kann ein Verbundindex variant und aus TID-Listen, Bitlisten fester oder variabler Länge aufgebaut sein sowie auch andere Techniken wie Projektionsindex (siehe Abschnitt 7.6.3.5) oder Bit-Sliced-Index [ONEI97] einbeziehen.

8.3.2   Mehrverbundindex

Die Idee, einen vorab berechneten Verbundindex zu speichern, um eine Verbundoperation effizient abwickeln zu können, läßt sich in einfacher Weise verallgemeinern. Ein Index für einen Zwei-Weg-Verbund wird dazu benutzt, die Verbundpartner in einer dritten Relation T zu bestimmen und die Indextabelle um eine Spalte für die TID_{ti} zu erweitern. Falls zwei Indextabellen für VS und ST bereits vorhanden sind, lassen sich diese unmittelbar zu einer erweiterten Indextabelle VST verknüpfen. Man kann sich leicht überzeugen, daß solch ein Index auch für den n-Wege-Verbund zu konstruieren ist, wobei alle Verbunde Θ-Verbunde über jeweils unterschiedliche Wertebereiche sein können. Dabei sind sogar Verbundoperationen möglich, die Tupel einer Relation verknüpfen (self-referencing relationship).

V	S
TID_{v1}	TID_{s3}
TID_{v2}	TID_{s4}
TID_{v2}	TID_{s2}

S	T
TID_{s2}	TID_{t1}
TID_{s3}	TID_{t2}
TID_{s3}	TID_{t3}
TID_{s4}	TID_{t4}
TID_{s4}	TID_{t5}

V	S	T
TID_{v1}	TID_{s3}	TID_{t2}
TID_{v1}	TID_{s3}	TID_{t3}
TID_{v2}	TID_{s4}	TID_{t4}
TID_{v2}	TID_{s4}	TID_{t5}
TID_{v2}	TID_{s2}	TID_{t1}

Abb. 8.7:   Indextabellen für den Verbund: logische Sicht

Abb. 8.7 veranschaulicht die Ableitung eines Verbundindex für n = 3. Werden bei einem Verbund nicht aus allen beteiligten Relationen Attribute benötigt, so läßt sich der Verbundindex nach seiner Berechnung auf solche Spalten reduzieren, die zur Projektion benötigt werden. Soll der VST-Verbund nur Attribute der Relationen V und T enthalten, so ist ein VT-Verbundindex ausreichend. Zur Verbundberechnung ist natürlich die S-Spalte unverzichtbar.

Je mehr Verbundoperationen ein Index überspannt, desto spezieller ist sein Einsatzbereich und desto geringer sein praktischer Nutzen im allgemeinen Fall. Außerdem wird er mit zunehmendem n immer anfälliger gegen Aktualisierungsoperationen in den beteiligten Relationen, deren lokale Nachführung im Mehrverbundindex eine steigende Komplexität aufweist.

Um eine Anwendung des Mehrverbundindex skizzieren zu können, erweitern wir den Schemaausschnitt von Abb. 8.5 um die Relation PROJ und die Relation PM (PNR, JNR), die eine (n:m)-Beziehung zwischen PERS (PNR, ANR, ...) und PROJ (JNR, ..., ORT) verkörpert. Nehmen wir nun an, daß sehr häufig Anfragen gestellt werden, welche Abteilungen an einem gewissen Ort X Projekte durchführen. Die entsprechende SQL-Anfrage lautet:

```
Q2: SELECT   A.ANR, A.ANAME
    FROM     ABT A, PERS P, PM M, PROJ J
    WHERE    A.ANR = P.ANR
    AND      P.PNR = M.PNR
    AND      M.JNR = J.JNR
    AND      J.ORT = :X
```

Ohne Verbundindex erfordert die Auswertung dieser Anfrage drei Verbundoperationen und eine Selektion, die natürlich zuerst auszuführen ist und eine Liste TID-J = $[TID_{ji}, ..., TID_{jk}]$ zurückliefern sollte. Die Liste TID-J wird dann dazu benutzt, den Verbund M.JNR = J.JNR einzuschränken usw. Bei Vorliegen eines Mehrverbundindex ABT-PERS-PM-PROJ für Gleichverbunde müßte dagegen nur die PROJ-Spalte mit den Einträgen von TID-J verglichen werden. Bei Gleichheit der TIDs kann das zugehörige TID_{ai} direkt aus der ABT-Spalte ausgegeben werden. Die daraus resultierende Liste TID-A läßt sich dann unmittelbar zur Erzeugung der Ausgabe für Q2 heranziehen. Dieses Auswertungsbeispiel zeigt auch, daß die separate Selektion, die zu TID-J führte, vermieden werden kann, wenn wir einen Index für ORT mit in den Mehrverbundindex integrieren.

ABT	PERS	PM	PROJ	ORT
TID_{a1}	TID_{p1}	TID_{m1}	TID_{j1}	Berlin
TID_{a1}	TID_{p2}	TID_{m3}	TID_{j1}	Berlin
TID_{a1}	TID_{p2}	TID_{m4}	TID_{j2}	Köln
TID_{a2}	TID_{p3}	TID_{m5}	TID_{j3}	Bonn
...	...	...	...	...

Abb. 8.8: Pfadindex über vier Relationen

8.3.3 Pfadindex

Als logische Sicht für einen solchen Index ergibt sich die Darstellung in Abb. 8.8. Bei seiner Berechnung wurde jeweils der Gleichverbund eingesetzt. Da ein solcher Index qualifizierte Zugriffspfade über mehrere Relationen verkörpert, wollen wir ihn Pfadindex nennen.

Wenn der Einstieg über ORT mit Hilfe eines B*-Baums organisiert wird, dann läßt sich die Anfrage Q2 z. B. für :X = 'Bonn' sehr einfach auswerten, da der Index nach einer lokalen Operation die Liste TID-A = $[TID_{a2}, ...]$ liefert. Auch für den Pfadindex gelten die für den Mehrverbundindex gemachten Aussagen über Nutzen und Aufwand.

Die eben abgeleiteten Indexstrukturen lassen sich insbesondere in relationalen DBS einsetzen, da sie ja durch die Vorabberechnung von Verbunden auf ihre schnelle Auswertung zugeschnitten sind. Ebenso lassen sie sich aber auch in objektorientierten DBS vorteilhaft anwenden. In [KEMP90] wird der Pfadindex als Relation zur Zugriffsunterstützung (access support relation) bezeichnet, er wird als Indexierungstechnik für Pfadausdrücke benutzt, um zur Laufzeit die explizite Verknüpfung der im Pfadausdruck genannten Objekte zu vermeiden. Diese Verknüpfung, die mit Hilfe der OIDs der beteiligten Objekte bewerkstelligt wird, kann als analoge Operation zum Verbund im Relationenmodell angesehen werden. Unter der Annahme, daß mehrwertige Referenzattribute zulässig sind, können von ABT aus alle in einer Abteilung beschäftigte Angestellten (Beschäftigt-Pers) und von PERS aus alle Projekte (Mitarbeiter-an) direkt referenziert werden, an denen ein Mitarbeiter teilnimmt. (Dadurch kann ein Verbund eingespart werden.) Als Pfadausdruck für Anfrage Q2 erhalten wir in Analogie

ABT.Beschäftigt-Pers.Mitarbeiter-an.ORT = :X.

Für die Auswertung könnte entsprechend der Pfadindex nach Abb. 8.8 herangezogen werden (wobei die Spalte PM zu streichen ist).

Ähnliche Techniken wurden für GemStone [MAIE86] und ORION [BERT89] entwickelt. [KEMP90] hat insbesondere vier verschiedene Arten von Extensionen für die einzelnen Pfade untersucht. Diese Extensionen (*canonical, left-complete, right-complete, full*) beschreiben Verfeinerungen, wenn man bei der Pfadbildung die verschiedenen äußeren Verbunde einsetzt; die Option „canonical" sorgt dafür, daß nur vollständige Pfade in den Index übernommen werden, während die restlichen Optionen partielle Pfade unterschiedlicher Struktur zulassen.

8.4   Zusammenfassender Vergleich

Abschließen wollen wir dieses Kapitel mit einigen vergleichenden Bemerkungen zu den verschiedenen Techniken zur Unterstützung eines typübergreifenden Zugriffs. Hierarchische Zugriffspfade wurden zur Implementierung satzorientierter Datenmodelle bereits vor etwa 30 Jahren eingeführt, wobei die Kettungs- und die Invertierungstechnik bevorzugt wurden. Dabei standen die effiziente Abwicklung der Navigation in einer Owner/Member-Struktur oder die Verarbeitung von Stücklisten, die häufigen Kettenwechsel zwischen verschiedenen Owner/Member-Strukturen erzwang, im Vordergrund. Erst viel später, mit der praktischen Realisierung relationaler DBS erkannte man die Nützlichkeit hierarchischer Zugriffspfade für die Unterstützung „höherer" Operatoren wie den Gleichverbund.

Die verallgemeinerte Zugriffspfadstruktur nutzt aus, daß mehrere Attribute auf dem gleichen Wertebereich definiert sind. Bei Invertierung der beteiligten Attribute werden die Schlüssel in den Wurzel- und Zwischenknoten des Mehrwegbaumes als gemeinsame Wegweiser für alle Attribute ausgenutzt. In den Blattknoten wird jeder mögliche Wert aus dem Wertebereich als Schlüssel höchstens einmal gespeichert. Lediglich die Verweislisten sind attributspezifisch; sie verkörpern die eigentliche für die Invertierung benötigte Information. Alle zu einem Attribut gehörigen Verweislisten repräsentieren zusammen mit der Schlüsselanordnung im Mehrwegbaum einen Index. Durch die Anordnung der verschiedenen Verweislisten für jeweils einen Schlüsselwert gewinnt man implizit noch eine Reihe von hierarchischen Zugriffspfaden, deren Wartung und Nutzung keine zusätzlichen Kosten verursacht. Ganz im Gegenteil, durch eine solche Anordnung der Verweislisten lassen sich die Überprüfung der Referentiellen Integrität und die Abwicklung der Referentiellen Aktionen [DB2] kosteneffektiv unterstützen. Sie bietet weiterhin die Möglichkeit, bis zu n Relationen über n Attribute zu verknüpfen, und zwar über den Gleichverbund.

Der Verbundindex erlaubt die Vorausberechnung eines Zwei-Wege-Verbundes (auf einem Wertebereich), wobei ein beliebiges Verbundprädikat gewählt werden kann. Insbesondere läßt sich der Θ-Verbund realisieren. Bei Änderung von Verbundwerten erzwingt diese Vorausberechnung jedoch einen erheblichen Aktualisierungsaufwand.

Der Mehrverbundindex ist im Prinzip eine n-fache Anwendung der ursprünglichen Idee des Verbundindex, wobei jeder Θ-Verbund auf einem anderen Wertebereich stattfinden kann. Je mehr Zwei-Weg-Verbunde involviert sind, um so spezieller wird jedoch sein Einsatzbereich und um so höhere Kosten fallen bei der Aktualisierung von Attributen an, die zum Mehrverbund gehören. Zum Pfadindex kehren wir zurück, wenn wir uns auf Gleichverbunde beschränken und ein Attribut, auf dessen Werte die Pfade verweisen, integrieren.

9 Mehrdimensionale Zugriffspfade

Die in Kapitel 7 diskutierten Zugriffspfadstrukturen zum Zugriff auf eine homogene Satzmenge sind eindimensional in dem Sinne, daß als Suchschlüssel nur der Wert genau eines Attributes verwendet werden kann. Suchschlüssel oder -ausdrücke, die als Kombination von Werten verschiedener Attribute aufgebaut sind, lassen sich nicht direkt über einen Zugriffspfad auswerten. Es müssen vielmehr mehrere unabhängige Suchvorgänge abgewickelt werden, deren Ergebnisverknüpfung mit Hilfe mengentheoretischer Operationen auf TID-Listen den Effekt einer mehrdimensionalen Suche zustandebringt. Dabei wird gewissermaßen die mehrdimensionale Suche mit Hilfe von n eindimensionalen Suchvorgängen simuliert. Ähnlich wie weitere Verfahren, wie beispielsweise die Konkatenation von Attributen als Schlüssel eines B*-Baumes, stellen solche Vorgehensweisen unbefriedigende Lösungen dar und können nur in sehr eingeschränkter Weise zur mehrdimensionalen Suche genutzt werden. Da einerseits die Topologie der Objekte oft aus Gründen der Verarbeitungslokalität u. a. bei der Datenspeicherung zu berücksichtigen ist und andererseits in DB-Anwendungen häufig über mehrere Attribute gesucht wird (Mehrattributsuche), sollte ein DBS aus Effizienzgründen mehrdimensionale Cluster-Bildung und echte mehrdimensionale Suche unterstützen.

Derartige Zugriffsanforderungen wurden schon in herkömmlichen DB-Anwendungen gestellt. Bei der Verwaltung von geographischen und geometrischen Daten, beim CAD- und VLSI-Entwurf sowie beim Information Retrieval ist ihre effiziente Behandlung offensichtlich noch wichtiger. Außerdem fordert die DBS-Integration neuer Datentypen wie Multimedia-Typen (auch VITA-Typen genannt: Video, Image, Text, Audio) oder beliebiger benutzerdefinierter Typen (Genom, chemische Formeln, HTML usw.) angemessene Unterstützung. Diese Anforderungen haben eine Ideenvielfalt freigesetzt, die sich in vielen Forschungs- und Entwicklungsarbeiten für mehrdimensionaler Zugriffspfade niederschlägt. Eine Hauptforderung an praktisch einsetzbare Lösungen betrifft das effiziente und symmetrische Aufsuchen von Sätzen über k Schlüssel (und Teilmengen davon), d. h., alle Schlüssel sollen „gleichberechtigt" zur Suche beitragen und sich auch einzeln dafür einsetzen lassen. Durch neue Anwendungsklassen wie Data Warehouse, Geographische Informationssysteme, DB-basierte Multimedia-Dokumentensysteme usw. haben diese Forschungsergebnisse heute eine besondere Aktualität gewonnen.

In diesem Kapitel führen wir eine Reihe von mehrdimensionalen Zugriffspfaden ein und untersuchen, wie sie erweiterte Anforderungen an Datenorganisation und Suchflexibilität erfüllen. In der Literatur gibt es momentan eine „Explosion" von Verfahren, die zum großen Teil weder praktisch erprobt, noch hinreichend allgemein sind. In einem Übersichtsaufsatz zu „*Multidimensional Access Methods*" [GAED98] wird versucht, neben einer Kurzdarstellung der verschiedenen Zugriffsmethoden ihre geschichtliche Entwicklung, ihre Abstammungsbeziehungen und ihre Abhängigkeiten zu erörtern, was bei etwa 200 zitierten Literaturstellen eine bemerkenswerte Untersuchung darstellt. Eine graphische Illustration dieser Historie vermittelt einen guten Eindruck über die Komplexität und Vielfalt der Vorschläge.

Der Versuch, bei diesem Thema „flächendeckend" zu sein, würde den Rahmen dieser Abhandlung bei weitem sprengen. Wegen der Vielfalt der Lösungsideen, vieler verschiedenartiger Realisierungsvorschläge und ihrer oft „trickreichen" Kombination fällt zudem eine eindeutige und konsistente Einordnung der Ansätze sehr schwer. Wie verschiedene Übersichtsarbeiten [WIDM91, GAED98] zeigen, lassen sich ganz unterschiedliche Klassifikationen finden. In unserer Diskussion gehen wir aus von der Simulation des Mehrattributzugriffs mit Hilfe von eindimensionalen Zugriffspfaden, wobei noch einmal deren Nachteile aufgezeigt werden. Die „echten" mehrdimensionalen Zugriffspfade teilen wir ein in Verfahren, die Zugriff auf Punktobjekte und solche, die Zugriff auf räumlich ausgedehnte Objekte unterstützen, gestatten. Bei den Zugriffsmethoden für Punktobjekte unterscheiden wir verschiedene Klassen, wobei als klassenbildende Kriterien „Organisation der Datensätze" und „Organisation des umgebenden Datenraumes" und hier wiederum die Aufteilungsprinzipien „Divide and Conquer" und „Dimensionsverfeinerung" dienen. Abschließend werden verallgemeinerte Suchbäume eingeführt, die, durch ein Framework unterstützt, viele Zugriffspfade für Punktobjekte und räumliche Objekte in einheitlicher Weise nachzubilden erlauben und insbesondere zu deren Vergleich und Bewertung eingesetzt werden können.

Wir beschränken uns auf die Einführung der wichtigsten Vertreter dieser Klassen, wobei „Wichtigkeit" sicher subjektiv gefärbt ist, da noch nicht alle diskutierten Verfahren ihre praktische Tauglichkeit nachweisen konnten. Dabei bewerten wir, wie gut die eingeführten Verfahren die exakte Anfrage, den „räumlichen" Zugriff und Ähnlichkeitssuche bei punktförmigen und ausgedehnten Objekten bewerkstelligen.

9.1   Allgemeine Anforderungen und Probleme

Zur Charakterisierung der zu unterstützenden Anfragetypen benötigen wir eine modellhafte Darstellung unseres Anwendungsproblems. Dazu werde der zu betrachtende Weltausschnitt ganz allgemein als mehrdimensionaler Datenraum D modelliert, in dem (zunächst) alle Objekte als Punkte dargestellt sind. Diese „punktförmigen" Objekte werden als eine Sammlung von N Sätzen des Typs $T = (A_1, A_2, ..., A_n)$ mit Hilfe einer geeigneten Speicherungsstruktur abgebildet, wobei jeder Satz ein geordnetes n-Tupel $t = (a_1, a_2, ..., a_n)$ von Werten ist. Die Attribute $A_1, ..., A_k$ ($k \leq n$) sind als Schlüssel definiert und spannen einen k-dimensionalen

Suchraum auf. Jedes Objekt d_i von D wird als Satz $t_i = (a_{1i}, a_{2i}, \dots, a_{ki}, \dots)$ repräsentiert. Beispielsweise könnte bei einem dreidimensionalen geometrischen Problem die Lage jedes punktförmigen Objekts in D durch seine Koordinatenwerte beschrieben werden; diese könnten als Schlüssel auf die Attribute X, Y und Z abgebildet werden.

Da die Objekte unseres Datenraums persistent abzubilden und außerdem umfangreiche Objektmengen zu erwarten sind, müssen die zugehörigen Sätze durch effiziente Speicherungsstrukturen und/oder Zugriffspfade in Externspeicherbereichen verwaltet werden. Als Operationen sind neben dem Einfügen, Löschen und Ändern eines Satzes hauptsächlich Suchoperationen für verschiedene Anfragetypen zu unterstützen. Als Kosten- oder Qualitätsmaße werden wiederum vor allem die Anzahl der dabei anfallenden Externspeicherzugriffe und die durch die Organisationsform garantierte Speicherplatzausnutzung herangezogen.

Eine Anfrage Q spezifiziert für bis zu k Schlüssel des Suchraums Qualifikationsbedingungen; sind diese von den Schlüsselwerten eines Satzes t_i erfüllt, so wird t_i in die Treffermenge von Q aufgenommen. Solche Anfragen, für die wir zugeschnittene, k-dimensionale Zugriffspfade entwerfen wollen, lassen sich folgendermaßen verschiedenen Klassen zuordnen.

9.1.1 Klassifikation der Anfragetypen

Bei einer **schnittbildenden Anfrage** Q erfüllen alle Sätze der Treffermenge das Qualifikationskriterium von Q (intersection query). Folgende Anfragetypen lassen sich unterscheiden:

1. **Exakte Anfrage** (exact match query):
   Sie spezifiziert für jeden Schlüssel einen Wert:

   $$Q = (A_1 = a_1) \wedge (A_2 = a_2) \wedge \dots \wedge (A_k = a_k)$$

2. **Partielle Anfrage** (partial match query):
   Sie spezifiziert s < k Schlüsselwerte:

   $$Q = (A_{i1} = a_{i1}) \wedge (A_{i2} = a_{i2}) \wedge \dots \wedge (A_{is} = a_{is})$$
   $$\text{mit } 1 \le s < k \text{ und } 1 \le i_1 < i_2 < \dots < i_s \le k$$

3. **Bereichsanfrage** (range query):
   Sie spezifiziert einen Bereich $r_i = [l_i \le a_i \le u_i]$ für jeden Schlüssel A_i:

   $$Q = (A_1 = r_1) \wedge \dots \wedge (A_k = r_k)$$
   $$\equiv (A_1 \ge l_1) \wedge (A_1 \le u_1) \wedge \dots \wedge (A_k \ge l_k) \wedge (A_k \le u_k)$$

4. *Partielle Bereichsanfrage* (partial range query):
   Sie spezifiziert für s < k Schlüssel einen Bereich:

   $$Q = (A_{i1} = r_{i1}) \wedge \dots \wedge (A_{is} = r_{is})$$
   $$\text{mit } 1 \le s < k \text{ und } 1 \le i_1 < \dots < i_s \le k \text{ und } r_{ij} = [l_{ij} \le a_{ij} \le u_{ij}], 1 \le j \le s$$

Es ist offensichtlich, daß sich alle vier Anfragetypen als allgemeine Bereichsanfrage auffassen lassen, wenn man als einen genauen Bereich $[l_i = a_i = u_i]$ und als einen unendlichen Bereich $[-\infty \le a_i \le \infty]$ definiert.

Neben den schnittbildenden Anfragen können wir noch **Nächster-Nachbar-Anfragen** (nearest neighbor query, best match query) unterscheiden. Dieser Anfragetyp soll auch dann noch ein Ergebnis liefern, wenn die Auswertung des Suchprädikats von Q auf keine Treffer führt. In einem solchen Fall möchte man das Suchkriterium etwas „lockern" mit dem Ziel, ein oder mehrere Sätze zu finden, die der vorgegebenen Suchbedingung möglichst nahe kommen, also möglichst ähnliche Objekte zu finden. Was „möglichst ähnlich" heißt, kann nur die Anwendung entscheiden. Deshalb muß sie Distanzfunktionen vorgeben, mit denen der *best match* oder der *nearest neighbor* ermittelt werden kann. Abstrakt läßt sich dieses Problem wie folgt formulieren: Gegeben sei eine Distanzfunktion D und eine Sammlung B von Punkten im k-dimensionalen Raum. Gesucht sei der nächste Nachbar von p in B. Dann ist der nächste Nachbar q, wenn

$$(\forall\, r \in B)\, \{r \ne q \Rightarrow [D(r, p) \ge D(q, p)]\} \text{ mit p, q} \in B.$$

Es bleibt jedoch festzuhalten, daß hierbei die syntaktische zur semantischen Suche wird. Für diese Art der Suche bereitet in praktischen Fällen das Erstellen geeigneter Distanzfunktionen erhebliche Schwierigkeiten, wenn es sich nicht gerade um metrische Distanzen handelt.

Unsere bisherige Diskussion unterstellt die Speicherung von Punktobjekten, wobei auch räumliche Objekte von ihrer Ausdehnung abstrahierend z. B. durch ihren Mittelpunkt dargestellt werden können. Bei vielen geometrischen und geographischen Aufgabenstellungen ist es jedoch wichtig, auch die räumliche Ausdehnung der Objekte zu erfassen. In der Regel kann dies nur in Annäherung (z. B. durch Rechtecke oder Polygone) erreicht werden. Beispielsweise wird jedes räumliche Objekt durch ein k-dimensionales Rechteck (bounding box) als Schlüsselinformation und weitere, für die Suche nicht relevante Attribute beschrieben. Eine Speicherungsstruktur für solche räumlichen Objekte muß bei ihrer Externspeicherabbildung die operationalen Anforderungen berücksichtigen. Neben den herkömmlichen Wartungs- und Suchoperationen sollte sie die raumbezogene Suche unterstützen, was uns die Lösung neuer Suchprobleme (Enthaltensein oder Überlappung von Objekten mit dem Suchfenster) aufbürdet. Die hauptsächlichen Suchprobleme, die in der Literatur behandelt wurden, betreffen die

– **Punktanfrage** (point query): Gegeben ist ein Punkt im Datenraum D; finde alle Objekte, die ihn enthalten.

– **Gebietsanfrage** (region query): Gegeben ist ein Anfragegebiet; finde alle Objekte, die es schneiden.

Typischerweise ist das Gebiet der Anfrage rechteckig und heißt oft auch Anfragefenster. Die Punktanfrage kann als eine schnittbildende Gebietsanfrage aufgefaßt werden, bei der alle Objekte gesucht werden, die das Anfragegebiet mit der Ausdehnung 'Null' schneiden. Folglich lassen sich beide Anfragetypen als schnittbildende Anfragen charakterisieren. Eine Teilklasse der schnittbildenden Anfragen stellen die *Enthaltenseins-Anfragen* (containment query) dar, die nach allen Objekten suchen, die strikt im Anfragegebiet enthalten sind.

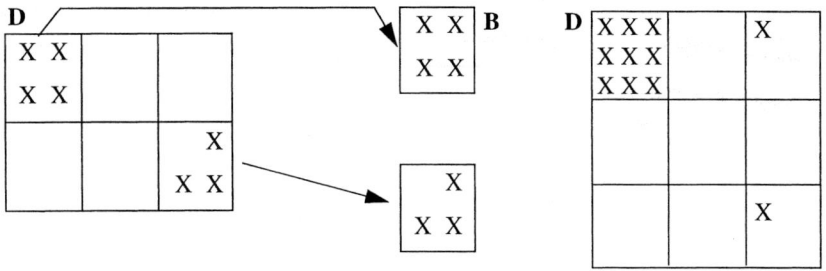

a) Erhaltung der topologischen Strukturen   b) Stark variierende Objektdichte

Abb. 9.1:   Grundprobleme bei mehrdimensionalen Zugriffspfaden

In [WIDM91] wird darauf hingewiesen, daß der Raumbezug vor allem bei den eben eingeführten Anfragetypen sowie bei den Bereichsanfragen eine Rolle spielt, so daß die Realisie-
rungseigenschaften der mehrdimensionalen Speicherungsstrukturen und Zugriffspfade von ihren Anforderungen besonders geprägt werden. Alle Wartungsoperationen sowie exakte und
partielle Anfragen beziehen sich trotz des mehrdimensionalen Schlüssels (oder der bounding
box) nicht auf die räumliche Lage der Objekte zueinander. Zumindest alle Operationen, die
auf einem exakten Schlüsselzugriff basieren, könnten mit eindimensionalen Zugriffspfaden
wie B*-Baum oder (dynamischen) Hash-Verfahren effizient unterstützt werden, da hierbei alle
Schlüsselkomponenten zu einem einzigen (eindimensionalen) Schlüssel konkateniert werden
können (siehe Abschnitt 9.2.2).

9.1.2   Anforderungen an die Objektabbildung

Um die verschiedenen Anfragetypen in effizienter Weise bearbeiten zu können, sind geeignete
Zugriffspfade und Speicherungsstrukturen anzulegen. Eine solche Zugriffsstruktur kann als
eine Abbildungsfunktion aufgefaßt werden, welche die Objekte des mehrdimensionalen Datenraumes D einem linearen Speicherbereich zuordnet, der in eine Menge B von Buckets
(oder Seiten) aufgeteilt ist. Bei der Abbildung sind folgende Eigenschaften zu berücksichtigen.

Erhaltung der topologischen Struktur

Eine Kardinalforderung betrifft die Erhaltung der topologische Struktur der Objekte in D bei
der Speicherzuordnung, d. h., benachbarte Objekte in D sollen als „benachbarte" Sätze in B
gespeichert werden. Sie läßt sich dadurch begründen, daß Zugriffsanforderungen häufig topologische Bezüge besitzen oder daß die Verarbeitung nacheinander „nahe" Objekte in D referenziert. Diese Art der Lokalität ergibt sich beispielsweise bei Such- und Planungsaufgaben
(„alle Häuser an einer Straße" oder „alle Objekte im Planquadrat x"). Wie in Abb. 9.1 a skizziert ist, muß dazu die Topologie der Objekte bei der Speicherung abschnittsweise erhalten
werden, was eine Art mehrdimensionale Cluster-Bildung in den Buckets von B impliziert.

Diese Cluster-Eigenschaft heißt in der Literatur auch lokale Ordnungserhaltung. Globale Ordnungserhaltung [WIDM91] dagegen, die auch alle Buckets nach einer Nachbarschaftsbeziehung ihrer Objekte auf dem Externspeicher anordnet, kann die Topologie „im Großen" immer nur in einer der k Richtungen erhalten. Im dynamischen Fall dürfte ihre Wartung sehr kostenintensiv sein und sich nur in Spezialfällen auszahlen. Deshalb wird sie in den betrachteten Verfahren nicht generell angestrebt, obwohl für bestimmte räumliche Anfragen durch die Nutzung sequentieller Lesevorgänge erhebliche Einsparungen (bei den Zugriffsbewegungs- und Umdrehungswartezeiten der Magnetplatten) zu erzielen sind. Bei der mehrdimensionalen Cluster-Bildung werden immer alle k Dimensionen berücksichtigt, was bei voll spezifizierten Suchbereichen (k-dimensionale Suchfenster) wesentlich zur Optimierung beiträgt. Bei partiell spezifizierten Anfragen dagegen ist diese Art der Cluster-Bildung weniger nützlich, da alle nicht spezifizierten Dimensionen vollständig durchsucht werden müssen (siehe Abb. 9.3).

Stark variierende Objektdichte

In D ist typischerweise eine sehr ungleiche Objektdichte anzutreffen. Weiterhin kann eine starke Änderung der räumlichen Belegung über die Zeit eintreten. Dazu wird in [BRIN93] berichtet, daß bei geographischen Anwendungen die Verteilung der Objekte im Verhältnis $1:10^4$ und mehr variieren kann, wobei für solche Eigenschaften keine Obergrenzen existieren. Deshalb ist es für die Abbildung nach B nicht möglich, D in ein regelmäßiges Raster aufzuteilen und jedes Rasterelement einem Bucket von B zuzuordnen. Da gleiche und feste Bucket-Größe unterstellt werden muß, würde sich eine extrem schlechte Speicherplatzausnutzung ergeben (Abb. 9.1). Bei vorgegebener Bucket-Größe sollte das Abbildungsverfahren jedoch trotz schiefer Objektverteilungen in D eine akzeptable Belegung von B erzielen.

Dynamische Reorganisation

Die eben skizzierte Dynamik in D darf zu keinen Entartungen in der Zugriffsstruktur von B führen. Das ständige Einfügen und Löschen in B muß von einer dynamischen Reorganisation begleitet werden, wobei sowohl topologische Struktur als auch vernünftige Speicherbelegung erhalten bleiben. Ferner ist eine balancierte Zugriffsstruktur zu gewährleisten, die weder bei beliebigen Belegungen noch bei willkürlichen Einfüge-/Löschreihenfolgen entartet und stets einen gleichförmig schnellen Zugriff bietet (Abb. 9.2).

Objektdarstellung

Für punktförmige Objekte wurde bereits eine Darstellung durch lineare Sätze (n-Tupel) vorgeschlagen. Räumlich ausgedehnte Objekte erfordern komplexere Überlegungen zur Entwicklung effizienter Repräsentationsverfahren. In beiden Fällen sind leistungsfähige Techniken für ihre Speicherung und Indexierung erforderlich. Dabei müssen vor allem die effektive Nutzung des Speicherplatzes und die flexible Unterstützung des Retrieval miteinander in Einklang gebracht werden.

Suchraum, Objektanzahl und Objektausdehnung können beispielsweise in geographischen DBS fast beliebig groß werden. [BRIN93] skizziert Anwendungen mit bis zu 10^9 Datensätzen, einem Datenvolumen von mehreren TBytes und Schwankungen der Objektausdehnung

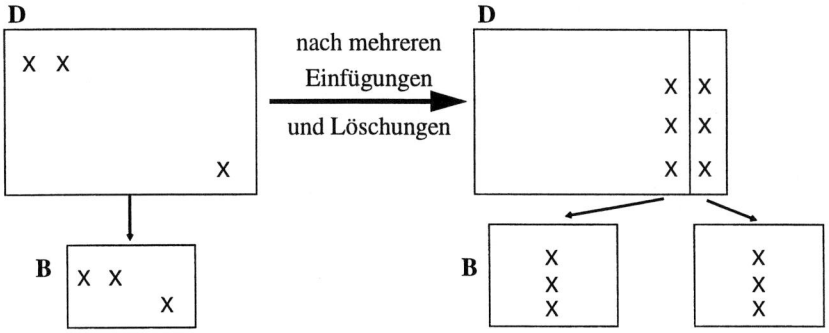

Abb. 9.2:   Dynamische Reorganisation bei mehrdimensionalen Zugriffspfaden

von $1:10^6$; diese Kennzahlen können nur einen Hinweis darauf geben, was eine praktikable Lösung berücksichtigen muß.

In unseren Beispielen diskutieren wir in der Regel den Fall k=2, weil graphische Darstellung und intuitives Verständnis hier am leichtesten fallen. Erweiterungen sind in den meisten Fällen offensichtlich. Wir beziehen uns also auf den Fall, bei dem in Satztyp T zwei Attribute A1 und A2 gemeinsam als Schlüssel auftreten. A1 habe die Schlüsselwerte a11, ..., a1n und A2 die Schlüsselwerte a21, ..., a2m. Als Beispiel können wir für A1 und A2 ABTNR mit {K01, ..., K99} und ALTER mit {20, ..., 65} oder X und Y als Koordinaten mit Werten aus [0.0, ..., 100.0) heranziehen.

9.2   Mehrattributzugriff über eindimensionale Zugriffspfade

Bevor neue und zusätzliche Zugriffspfadtypen in einem DBS implementiert und bereitgestellt werden, ist zu prüfen, wie gut die vorhandenen Hilfsmittel die gestellte Aufgabe zu lösen gestatten. In unserem Fall bedeutet das, die in Kapitel 7 eingeführten eindimensionalen Zugriffspfade auf ihre Tauglichkeit hin zu analysieren, wie gut sie den Zugriff über mehrere Attribute zu unterstützen in der Lage sind. In Abschnitt 7.6 wurde bereits erläutert, daß bei der Indexierung einer Dimension Einstiegs- und Verknüpfungsstruktur zu unterscheiden und orthogonal festzulegen sind. Zur Realisierung der Einstiegsstruktur lassen sich prinzipiell alle Verfahren für den Zugriff „von außen" einsetzen, also insbesondere alle Arten von Suchbäumen sowie statische und dynamische Hash-Verfahren. In der praktischen Anwendung gibt es wegen seiner Funktionalität, Kosteneffektivität sowie Unempfindlichkeit gegenüber Schlüsselverteilungen und Einfügereihenfolgen nur einen Kandidaten, den B*-Baum (und seine Varianten). Auch bei der Verknüpfungsstruktur haben sich praktisch nur sequentielle Verweislisten, in Form von Zeiger- oder Bitlisten, durchgesetzt. Deshalb werden wir uns zur Klärung der obi-

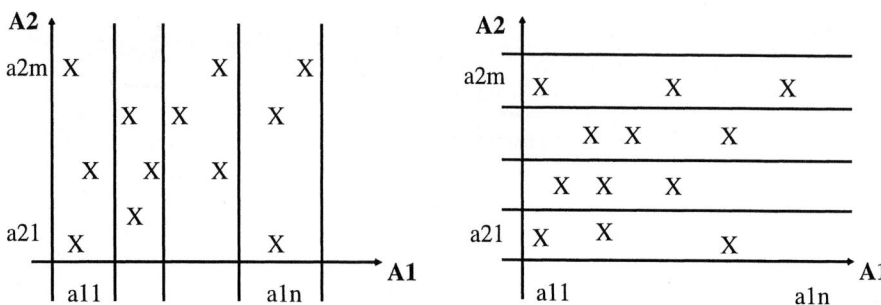

Abb. 9.3:   Getrennte Partitionierung des Schlüsselraumes nach A1 und A2

gen Frage auf die Untersuchung von B*-Bäumen bei der Realisierung von mehrdimensionalen Indexstrukturen für punktförmige Objekte beschränken. Von seinem Konzept her erlaubt der B*-Baum zunächst nur die Indexierung nach einer Dimension. Wie in den Bildern 7.17 und 7.18 veranschaulicht, erhält man für eine Indexstruktur (z. B. $I_{PERS}(ANR)$), und entsprechend für ihre Implementierung durch einen B*-Baum, eine Partitionierung des eindimensionalen Schlüsselraumes nach den verschiedenen Schlüsselwerten (z. B. ANR) geordnet.

9.2.1   Separate Attribute als Schlüssel

Zur Partitionierung der zu speichernden punktförmigen Objekte (des Schlüsselraums) lassen sich einzelne Schlüsselwerte, aber auch Schlüsselbereiche verwenden. Diese Möglichkeit deckt sich mit der Kerneigenschaft von B*-Bäumen, Schlüsselwerte oder -bereiche zur Organisation bzw. Zerlegung eines (eindimensionalen) Schlüsselraumes heranzuziehen. Haben wir zwei Dimensionen im Schlüssel, so können wir mangels besserer Möglichkeiten pro Dimension einen B*-Baum verwenden und nach außen hin das gewünschte Verhalten simulieren. In Abb. 9.3 ist skizziert, wie auf diese Weise ein zweidimensionaler Schlüsselraum (von Satztyp T) nach den Werten der beiden Schlüsselattribute A1 und A2 zerlegt werden kann.

Der Zugriff nach einer Suchbedingung (A1 = a1i AND A2 =a 2j) hat so zu erfolgen, daß nacheinander auf $I_T(A1)$ und $I_T(A2)$ die entsprechenden Suchbedingungen (A1 = a1i) und (A2 = a2j) überprüft werden. Bei erfolgreicher Suche werden die TID-Listen L(A1) und L(A2) als Verweislisten zurückgeliefert. Die Ergebnisliste L(T) ergibt sich anschließend aus L(A1) ∩ L(A2). Das Ergebnis dieser Simulation eines zweidimensionalen Index wird in Abb. 9.4 noch einmal zusammengefaßt.

Im allgemeinen Fall werden k getrennte Suchoperationen auf verschiedenen Indexstrukturen ausgeführt; deshalb fallen als Zugriffskosten (grob) k · h Seitenzugriffe an (h = mittlere Höhe der k B*-Bäume). Ferner ist für alle k Indexstrukturen ein Sperrprotokoll zu befolgen (siehe Abschnitt 14.4). Durch die Schlüsselsperren, die bis Commit zu halten sind, bleiben auf dem Schlüsselraum, wie in Abb. 9.4 angedeutet, k sich überlappende Bereiche gesperrt (A1 = a1i OR A2 = a2j OR ... OR Ak = akn).

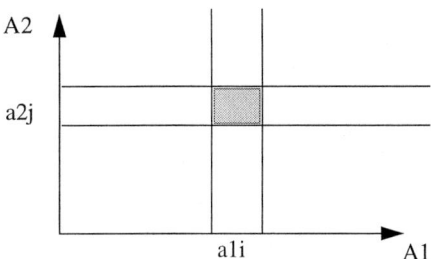

Abb. 9.4:   Ergebnis der getrennten (eindimensionalen) Suche

Einfügen und Löschen eines Tupel mit (a1i, a2j, ..., akn , TID) erfordert offensichtlich einen Aufwand, der von der Anzahl der Dimensionen abhängt. Es sind also nacheinander ein INSERT(a1i, TID) in $I_T(A1)$, ein INSERT(a2j, TID) in $I_T(A2)$ usw. erforderlich. Entsprechend umständlich hat ein Löschvorgang zu erfolgen.

Ist für eine Attributkombination A1A2 die Option UNIQUE definiert, so läßt sich diese Eigenschaft bei Existenz von zwei getrennten Zugriffsstrukturen $I_T(A1)$ und $I_T(A2)$ nicht ohne weiteres beim Einfügen nachweisen, weil die UNIQUE-Option weder für $I_T(A1)$ noch für $I_T(A2)$ gilt. Prinzipiell müssen zusätzlich zwei Anfragen, wie in Abb. 9.4 skizziert, gestellt werden, die als Ergebnis der Schnittmengenbildung nur ein TID liefern dürfen.

Die skizzierte Simulation von mehrdimensionalen Zugriffspfadstrukturen ist zwar gangbar – viele DBS müssen sie aus Mangel an besser geeigneten Strukturen anwenden –, aber doch recht aufwendig und umständlich. Die Selektivität der Anfrage kann während der Verarbeitung nicht gezielt ausgenutzt werden, da die einzelnen Qualifikationsterme auf verschiedenen Bäumen auszuwerten sind. Dadurch entstehen oft bei den einzelnen Bäumen deutlich größere Zwischenergebnisse (besonders bei Ungleichbedingungen) als das Endergebnis. Aus diesen Gründen soll noch eine zweite Idee untersucht werden, die ebenfalls eine Problemlösung mit eindimensionalen Indexstrukturen anstrebt.

9.2.2   Konkatenierte Attribute als Schlüssel

Man kann die Schlüssel A1 und A2 konkatenieren und A1 | A2 als einen Gesamtschlüssel auffassen. Die Schlüsselwerte von A1 | A2 sind dann die Konkatenationen der einzelnen Werte. Die im nachfolgenden Beispiel gezeigte Ordnung entspricht der logischen Reihenfolge, in der die Schlüsselwerte in der Indexstruktur (in den Blättern des B*-Baumes) auftreten. Ein Schlüsselwert besteht dann aus der Konkatenation der einzelnen Attributwerte. Durch eine geeignete Codierungstechnik lassen sich die k Einzelwerte variabler Länge eines zusammengesetzten Schlüssels als eine Zeichenkette speichern und vergleichen, wobei eine vorgegebene Sortierreihenfolge eingehalten wird. Dabei läßt sich eine auf-/absteigende Sortierfolge für jedes einzelne der beteiligten Attribute separat festgelegen [BLAS77b]:

A1	A2
a11	a21
a11	a22
:	
a11	a2m
a12	a21
:	
a1n	a2m

Die zugehörigen Zeigerlisten verweisen jeweils auf die Sätze, die genau die betreffende Wertekombination für die Attributgruppe als Inhalt haben; das Auswahlvermögen eines Mehrattribut-Index entspricht also dem der AND-Verknüpfungen aller entsprechenden einfachen Indexstrukturen. Die Aufsuchoperation für (A1 = a1i AND A2 = a2j) wird umgesetzt auf die Suchbedingung (A1 | A2 = a1i | a2j) für I_T(A1 | A2). Sie liefert das entsprechende TID oder die TID-Liste zurück. Exakte Anfragen sowie Einfügen und Löschen einzelner TIDs (wobei der Schlüsseleintrag jeweils genau spezifiziert ist) sind unproblematisch.

Jedoch stellen sich Probleme bei allgemeinerer Nutzung einer solchen Indexstruktur mit konkatenierten Attributen ein. Der Zugriff über konkatenierte Schlüssel ist nämlich nicht symmetrisch; A2 | A1 würde eine weitere Indexstruktur erzwingen. Eine Indexstruktur A1 | A2 ist zugeschnitten auf Bedingungen des Typs (A1 = a1i AND A2 = a2j). Die Auswertung der Bedingung (A1 = a1i) erfordert dagegen das Aufsuchen von bis zu m TID-Listen (FETCH(A1 = a1i) und FETCH NEXT(A1 = a1i)) sowie ihre nachfolgende Verknüpfung: L(a1i | a21) ∪ L(a1i | a22) ∪ ... ∪ L(a1i | a2m)). Anfragen, in denen Bereiche von A1 spezifiziert sind, verlangen noch aufwendigere Such- und Verknüpfungsvorgänge. Anfragen, in denen A1 nicht spezifiziert wird, also (A2 = a2j) oder gar (A2 > a2j), sind nicht sinnvoll auszuwerten. Ebenso problematisch sind OR-Verknüpfungen, also (A1 = a1i OR A2 = a2j). Für die Unterstützung von Best-Match-Anfragen fehlt jede Voraussetzung.

Eine Verallgemeinerung der Konkatenation von Attributen zu einem Schlüssel wurde in [LUM70] vorgeschlagen. Um für jede aus Konjunktionen von Suchkriterien ($A_i = a_{il}$ AND $A_j = a_{jk}$ ... AND ...) bestehende Anfrage eine zugeschnittene Liste von TIDs bereitzuhalten, wird ein vollständiges System von kombinierten Indexstrukturen eingeführt. Dadurch vermeidet man „teure" mengentheoretische Operationen auf TID-Listen, jedoch führen solche Verfahren trotz möglicher Optimierung [SHNE77] bei Invertierung von mehr als drei Attributen auf einen sehr hohen Grad an Speicherredundanz.

Als Variation der Idee, durch Konkatenation der einzelnen Schlüsselwerte einen Gesamtschlüssel zu erzeugen, kann man den Vorschlag des *Bit Interleaving* [OREN84] auffassen. Dabei wird der Schlüssel dadurch aufgebaut, daß zunächst die ersten Bits der einzelnen Schlüsselwerte, dann die zweiten und so fort aneinandergereiht werden. Zur Implementierung der Indexstruktur kann irgendein geeigneter Zugriffspfad, insbesondere wiederum der B*-Baum, herangezogen werden. Die grundsätzlichen Schwierigkeiten, die sich bei der Attribut-Konkatenation ergeben, werden durch diesen Vorschlag jedoch nicht überwunden. Im Gegenteil, wenn viele Sätze in einem Attribut dieselben führenden Bitmuster besitzen, dann können schiefe Schlüsselverteilungen und zusätzliche Datenzugriffe die Auswertung von partiellen Anfragen u. a. noch weiter belasten.

Es muß also festgestellt werden, daß bisher keine in allen Punkten befriedigende Lösung gefunden werden konnte. Wenn Suchvorgänge über mehrere Attribute die Regel und solche über einzelne Attribute eher die Ausnahme sind, versprechen zugeschnittene Zugriffspfade im Vergleich zur „Simulation über mehrere eindimensionale Zugriffspfade" oder zur Konstruktion eines Gesamtschlüssels erhebliche Leistungsvorteile. Da nur eine Indexstruktur bei der Suche zu durchlaufen ist, lassen sich viele E/A-Vorgänge einsparen. Dieser Spareffekt wird noch verstärkt, wenn eine Cluster-Bildung der Daten nach dem Suchkriterium vorliegt. Weiterhin finden Aktualisierungsoperationen als Folge von Datensatzmodifikationen nur auf einer Indexstruktur statt und nicht, wie bei der Invertierung einzelner Attribute, auf mehreren Indexstrukturen. Natürlich kann die Spezialisierung eines mehrdimensionalen Zugriffspfads das Anlegen weiterer Indexstrukturen erzwingen, wodurch der Kostenvorteil bei Aktualisierungsoperationen neutralisiert oder gar ins Gegenteil verkehrt werden kann.

Aus diesen Gründen werden wir im folgenden „echte" mehrdimensionale Zugriffspfade für die Lösung unserer Aufgabe untersuchen. Zunächst konzentrieren wir uns dabei auf Verfahren zur Organisation und Speicherung von Punktobjekten, bevor wir später auch räumlich ausgedehnte Objekte in die Betrachtungen einbeziehen. Wichtige Kenngrößen für die praktische Bewertung solcher Verfahren sind vor allem ihre Leistungswerte für exakte Anfragen sowie für Bereichs- und Nachbarschaftsanfragen. Während exakte Anfragen bereits durch eindimensionale Zugriffspfade mit Hilfe eines Gesamtschlüssels gut unterstützt werden, stellen die räumlichen Anfragetypen die eigentliche neue Herausforderung dar.

Bisher wurden in der Literatur sehr viele mehrdimensionale Zugriffspfadstrukturen [GAED98, WIDM91] vorgeschlagen, die theoretisch das Problem der mehrdimensionalen Suche lösen. Jedoch müssen viele bei den praktischen Anforderungen Abstriche machen, da Topologieerhaltung, balancierte Zugriffsstruktur u. a. nicht garantiert werden können. Von den für DB-Anwendungen wichtigeren Verfahren sollen hier einige skizziert werden, um sie bewerten und vergleichen zu können.

Die Verfahren für Punktobjekte lassen sich (neben vielen anderen Möglichkeiten) klassifizieren nach solchen zur Organisation der Datensätze und solchen zur Organisation des umgebenden Datenraumes D. Aus der ersten Klasse diskutieren wir nur kurz einige bekannte Vertreter verschiedenartiger Organisationsansätze. Wie schnell gezeigt werden kann, erfüllen diese u. a. das Kriterium der Topologieerhaltung nicht. In der zweiten Klasse dagegen, die eine Topologieerhaltung durch ihre Strukturierungsmerkmale erwarten läßt, suchen wir die für unsere Anwendungen geeigneten Verfahren. Dabei erweist es sich als hilfreich, eine weitere Unterteilung der Verfahren nach der Art und Weise vorzunehmen, wie D dynamisch in Zellen zerlegt wird. Klassenbildende Merkmale sind hier die Aufteilung der betrachteten Zelle (divide and conquer) und die Verfeinerung einer ganzen Dimension (Bilden einer neuen Scheibe).

9.3   Organisation der Datensätze

9.3.1   Quadranten-Baum

Der Quadranten-Baum (point quad tree) unterstützt den zweidimensionalen Zugriff auf Punktobjekte aufgrund eines zusammengesetzten Schlüssels A1A2 [FINK74, SAME84, SAME88]. Es ist nützlich, sich die abzubildenden Objekte in einem zweidimensionalen Datenraum D angeordnet zu denken, dessen Dimensionen (Koordinatenachsen) die beiden Schlüsselattribute A1 und A2 darstellen. Jedes Objekt wird durch einen Satz repräsentiert, der wiederum einen Knoten des Quadranten-Baums verkörpert. Jeder Baumknoten (Satz) verweist auf bis zu vier Nachfolger. Die Aufteilung von D erfolgt nun so, daß der Datenraum in vier Quadranten partitioniert wird; ihr Ursprung ist das erste abzubildende Objekt, das als Wurzelknoten W dargestellt wird. Die Orientierung der Quadranten läßt sich in einfacher Weise nach den Himmelsrichtungen (NO, NW, SW, SO) festlegen. In jedem dieser Quadranten wird in D wiederum ein Objekt ausgewählt, das dann den betreffenden Quadranten partitioniert; es wird Nachfolger von W und Wurzel eines Quadranten-Teilbaums. Durch rekursive Anwendung dieses Prinzips stellt sich eine rekursive Partitionierung von D durch Quadranten ein. Auf diese Weise sind dem i-ten Unterbaum eines Knotens alle Objekte (Sätze) in seinem i-ten Quadranten zugeordnet.

Das Knotenformat enthält neben dem Schlüssel und den Daten die vier Zeiger auf die Teilbäume, welche die Quadranten repräsentieren. Abb. 9.5 veranschaulicht das Zerlegungsprinzip für D mit den Dimensionen A1 = X (0-100) und A2 = Y (0-100) und skizziert den Aufbau eines Quadranten-Baums. Es ist leicht zu erkennen, daß die Suche nur bei der exakten Anfrage selbsterklärend ist. Die anderen Anfragetypen verlangen eine rekursive Zerlegung des Anfrageprädikats oder -bereichs. Nächster-Nachbar-Anfragen werden überhaupt nicht unterstützt.

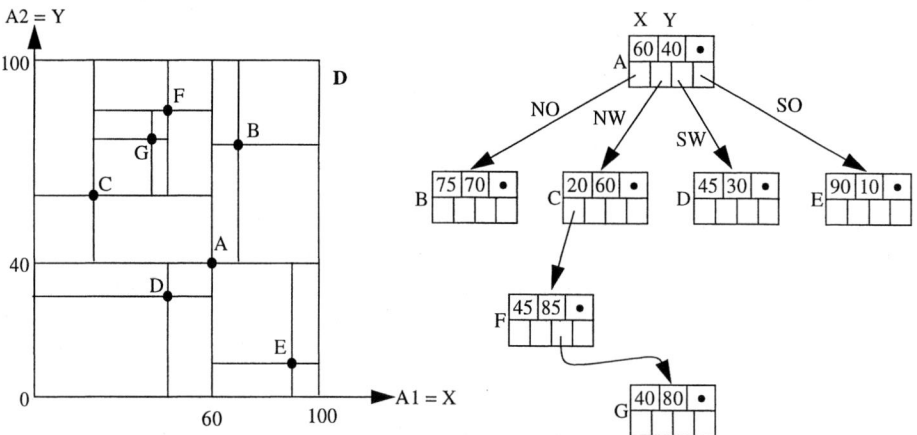

Abb. 9.5:   Zerlegungsprinzip für D und Struktur des zugehörigen Quadranten-Baums

Für unsere Analyse und Bewertung stellen folgende Eigenschaften KO-Kriterien dar:

- Das Prinzip der rekursiven Partitionierung von D durch Quadranten gestattet nicht die Erhaltung der Topologie bei der Objektabbildung. Da die Satzspeicherung in B nicht kontrolliert wird, kann auch keine Cluster-Bildung erzielt werden.

- Die Baumstruktur wird geprägt von der Reihenfolge der Einfügungen. Deshalb läßt sich keine Balancierung gewährleisten; es ist sogar eine Entartung zur linearen Liste möglich.

- Löschen von Zwischenknoten ist sehr schwierig. Oft ist dabei das Neueinfügen des gesamten Teilbaumes erforderlich.

- Suchen ist nur bei der exakten Anfrage einfach, weil dadurch genau ein Pfad für den Baumdurchlauf festgelegt ist. Die Suche bei allen anderen Anfragetypen gestaltet sich recht komplex oder wird durch die Baumstruktur gar nicht unterstützt.

Quadranten-Bäume lassen sich in offensichtlicher Weise auf drei und mehr Dimensionen verallgemeinern (oct-tree, hex-tree). Zur Darstellung räumlich ausgedehnter Objekte ist es möglich, spezielle Quadranten-Bäume, sog. *region quad trees,* einzusetzen. Dabei entsteht eine hierarchische Datenstruktur mit variablem Auflösungsvermögen, die auf einer regulären Zerlegung von D beruht. Diese Datenstrukturen erlauben effiziente mengentheoretische Operationen und werden deshalb häufig in Ingenieuranwendungen genutzt, um mehrdimensionale Objekte zu konstruieren und darzustellen [SAME90]. In diesem Zusammenhang wurden viele Variationen des Grundprinzips entwickelt. Als Zugriffspfade zur Unterstützung der von uns erstellten Anforderungen erscheinen sie jedoch ungeeignet.

9.3.2 Mehrschlüssel-Hashing

Hash-Verfahren führen in ihrer Reinform eine Schlüsseltransformation durch und kommen deshalb (fast) ohne Hilfsdaten (Bäume, Adreßverzeichnisse usw.) aus. Wenn nur direkter Schlüsselzugriff gefordert wird, ist ihr Zugriffsfaktor i. allg. nicht zu unterbieten (siehe Tabelle 7.1). Bei sortiert-sequentieller Verarbeitung, und damit bei Bereichssuche, scheitern sie jedoch. Hier soll nur kurz geklärt werden, ob sich solche Hash-Verfahren in Reinform[1] im Hinblick auf die Anforderungen bei mehrdimensionalem Zugriff erweitern lassen.

Beim Mehrschlüssel-Hashing (multi-key hashing, partitioned hashing) werden alle k Teilschlüssel eines (zusammengesetzten) Schlüssels ausgenutzt [ULLM88]. Jedoch darf dabei nicht eine bloße Konkatenation aller Schlüsselwerte (zu einem Gesamtschlüssel) erfolgen, weil Hashing sonst nur exakte Anfragen unterstützen kann. Wenn 2^Q Buckets vorhanden sind, benötigt man zur Adressierung eine Folge von Q Bits. Der Beitrag jedes einzelnen Teilschlüssels für die Hash-Adresse muß separat ermittelt werden, wenn einzelne Teilschlüssel für Anfragen ausgenutzt werden sollen. Folgende Vorgehensweise stellt diese Anforderung sicher: Die Bits der Bucket-Adresse werden im k-dimensionalen Fall in k Gruppen aufgeteilt, wobei dann der i-te Teilschlüssel die Bits für die i-te Gruppe zu liefern hat.

---

[1] In Abschnitt 9.5.4 kommen wir noch einmal auf mehrdimensionales dynamisches Hashing zurück, das dort zur Organisation des umgebenden Datenraums und der Realisierung des Prinzips Dimensionsverfeinerung eingesetzt wird.

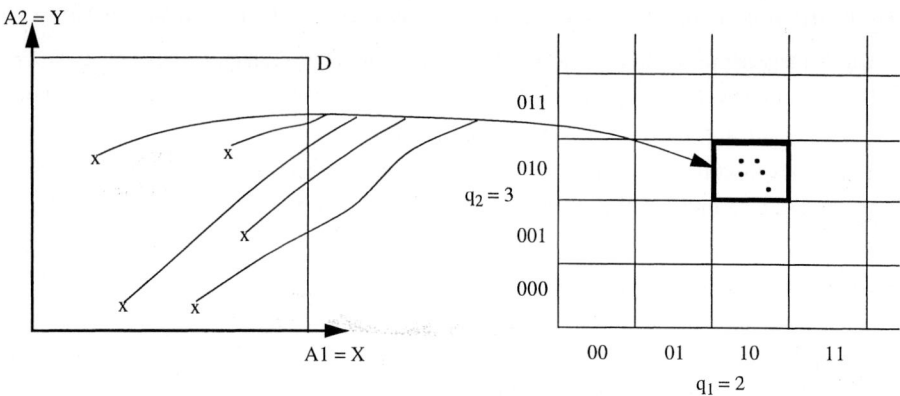

Abb. 9.6:   Abbildungsprinzip beim Mehrschlüssel-Hashing

Ein Schlüsselwert $a = (a_1, a_2, ..., a_k)$ setzt sich aus den einzelnen am Gesamtschlüssel beteiligten Attributwerten a_i, $1 \leq i \leq k$, zusammen. Q wird in geeigneter Weise so in q_i, $1 \leq i \leq k$, aufgeteilt, daß sich

$$Q = \sum_{i=1}^{k} q_i \, , \, 0 < q_i \leq Q,$$

ergibt. Die Hash-Funktion h_i, auf den i-ten Teilschlüssel angewendet, liefert als Beitrag der i-ten Dimension eine Folge von q_i Bits mit

$$0 \leq h_i(a_i) \leq 2^{q_i} - 1$$

Die Adresse A des Buckets, in das ein Satz gespeichert wird, ergibt sich dann durch Konkatenation der Ergebnisse der k Hash-Funktionen für die k Teilschlüssel:

$$A = h_1(a_1) \mid h_2(a_2) \mid ... \mid h_k(a_k)$$

Das Verfahren partitioniert den Suchraum offensichtlich in k Dimensionen. Das zugehörige Abbildungsprinzip ist für k=2 in Abb. 9.6 skizziert. Dabei werden zur Adreßberechnung in der ersten und zweiten Dimension $q_1=2$ bzw. $q_2=3$ Bits berücksichtigt. Im Beispiel enthält das Bucket mit der Adresse '10010' somit alle Sätze mit $h_1(a_1) = $ '10' und $h_2(a_2) = $ '010'.

Mehrschlüssel-Hashing erlaubt eine sehr effiziente Auswertung von exakten Anfragen, da hierzu nur A zu berechnen und nur ein Bucket aufzusuchen ist. Bei partiellen Anfragen sind ein oder mehrere Teilschlüssel nicht spezifiziert, so daß die zugehörigen Bitgruppen in der Adresse A nicht berechnet werden können. Deshalb sind in diesem Fall alle in Frage kommenden Adressen zu bilden und die entsprechenden Buckets zu durchsuchen. Ist der i-te Teilschlüssel, dessen Beitrag zur Adreßbildung von A q_i Bits betragen soll, nicht spezifiziert, so werden für $h_i(a_i)$ bei der Adreßermittlung der Reihe nach alle möglichen 2^{q_i} Bitkombinationen eingesetzt, d. h., alle Buckets, welche die betreffende Dimension repräsentieren, werden aufgefunden. Auf diese Weise läßt sich die Suche bei der partiellen Anfrage beschränken.

Wesentliche Nachteile der Struktur sind jedoch folgende:

– Durch das Hash-Verfahren wird die topologische Anordnung der Daten in D bei der Bukket-Abbildung „zerschlagen".

– Relative Suchoperationen wie beispielsweise FETCH NEXT sind nicht möglich, d. h., Bereichsanfragen oder Nächster-Nachbar-Anfragen sind prinzipiell nicht durchführbar.

Aus diesen Gründen scheidet dieses Verfahren für unsere Zwecke aus.

9.3.3 Mehrdimensionaler binärer Suchbaum (k-d-Baum)

Bei der Organisation der Daten in einem k-dimensionalen binären Suchbaum oder k-d-Baum [BENT75] werden k Teilschlüssel (Attribute) als Gesamtschlüssel herangezogen. Sie repräsentieren die k Dimensionen des Datenraumes D. In jedem Knoten eines k-d-Baumes wird bei der Speicherung und Suche wie in einem binären Suchbaum verfahren. Jedoch entscheidet auf jeder Baumebene ein anderer Teilschlüssel, und damit ein zu einer anderen Dimension gehörender Attributwert, über den Fortgang der Suche. Die Reihenfolge, in der die Teilschlüssel ausgewählt werden, kann dabei nach einem beliebigen Muster erfolgen.

In jedem Baumknoten P sind alle k Teilschlüssel ($K_1(P)$, $K_2(P)$, ..., $K_k(P)$) und ein Diskriminator DISC(P) gespeichert. Außerdem besitzt ein Knoten P zwei Zeiger LOSON(P) und HISON(P) auf die beiden Unterbäume von P. Der Diskriminator erhält als Wert d = DISC(P) $\in$ {1, .., k} und bezeichnet den Teilschlüssel, nach dem die Nachfolgerknoten geordnet sind:

$$\forall\, Q \ \in \quad LOSON(P) \quad : \quad K_d(Q) \leq K_d(P)$$
$$\forall\, R \ \in \quad HISON(P) \quad : \quad K_d(R) > K_d(P)$$

Alle Knoten auf einer Baumebene i haben denselben Diskriminator, der sich beispielsweise durch die Formel d = (i mod k) + 1 festsetzen läßt.

Im homogenen k-d-Baum enthält jeder Baumknoten einen Datensatz, von dem aus auf bis zu zwei Nachfolger verwiesen wird. Beim Aufbau des Baumes wird jeder Knoten separat angelegt. Dabei entscheidet der für die betrachtete Baumebene relevante Teilschlüssel, in welchem Teilbaum nachfolgend gespeicherte Datensätze aufzunehmen sind. In Abb. 9.7 ist der Aufbau eines homogenen k-d-Baums für k=2 veranschaulicht. In jedem Knoten sind die Baumzeiger LOSON und HISON, der Datensatz mit den Teilschlüsseln X und Y sowie der Diskriminator DISC gespeichert. Der skizzierte Baum entsteht, wenn beispielsweise die Datensätze A, ..., G in alphabetischer Reihenfolge eingefügt werden.

Wie die Baumstruktur in Abb. 9.7 verdeutlicht, bestimmen Einfügereihenfolge und Verteilung der Teilschlüsselwerte ganz wesentlich das Aussehen eines homogenen k-d-Baums. Da kein Balancierungskriterium eingebaut ist und selbst eine Entartung der Baumstruktur in Kauf genommen wird, kann der k-d-Baum ein sehr ungünstiges Zugriffsverhalten entwickeln. Beispielsweise entartet die Baumstruktur zu einer linearen Liste (wobei in jedem Knoten nur der LOSON-Baumzeiger besetzt ist), wenn die in D skizzierten Punktobjekte in der Reihenfolge E, F, B, G, A, C, D eingefügt werden.

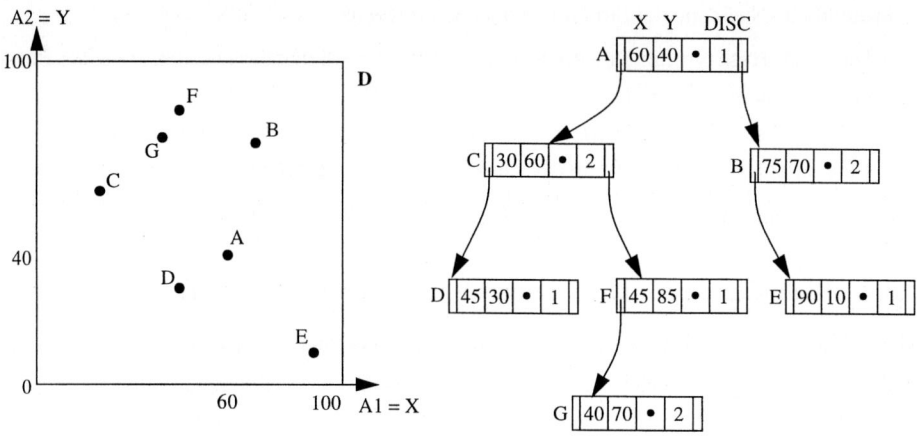

Abb. 9.7:   Organisation der Datensätze beim homogenen k-d-Baum

Für die Abbildung der Datensätze auf den Externspeicher gibt es keine definierten Regeln. Deshalb läßt sich bei der Zuordnung von Knoten zu Buckets auch keine Cluster-Bildung erzielen. Schon allein diese Gründe disqualifizieren den homogenen k-d-Baum für einen Einsatz in Datenbanksystemen.

9.4   Organisation des umgebenden Datenraums – Divide and Conquer

Bei den bisherigen Verfahren wurden die Datensätze vorrangig in eine Zugriffsstruktur übernommen und dann aber unabhängig voneinander den Buckets zugeordnet, so daß eine Topologieerhaltung nicht gewährleistet werden konnte. Wenn, wie in Abb. 9.8 skizziert, der Datenraum D in Zellen aufgeteilt wird und alle Datensätze einer Zelle auch einem Bucket zugeordnet werden, erzwingen wir eine lokale Ordnungserhaltung. Diese Vorgehensweise läßt sich als Organisation des umgebenden Raumes charakterisieren. In der hier betrachteten Verfahrensklasse wird bei der dynamischen Raumaufteilung immer nur die (rechteckige und achsenparallele) Zelle geteilt, die durch Einfügen eines Objektes einen Überlauf beim zugehörigen Bukket und deshalb seine Neuaufteilung (split) auslöst. Da auf diese Weise die Zellenstruktur von D nur lokal verfeinert wird, spricht man auch von *Divide and Conquer* als Aufteilungsprinzip.

9.4.1   Lineare Einbettungen

Die erste hier diskutierte Verfahrensklasse transformiert mehrdimensionale Punktobjekte in einer solchen Weise, daß sie eindimensional, also beispielsweise mit B*-Bäumen, abgebildet werden können und dabei ihre topologische Struktur soweit wie möglich erhalten. Dieses Problem ist deshalb schwierig, da es bei mehrdimensionalen Punktobjekten keine natürliche totale Ordnung, und damit räumliche Nähe, wie im eindimensionalen Fall gibt. Die Abbildung sollte jedoch so gewählt werden, daß die Ordnung bis zu einem gewissen Grad erhalten wird, um mehrdimensionale Bereichs- und Nachbarschaftsanfragen unterstützen zu können. Alle Ansätze partitionieren dazu den Datenraum D zunächst durch ein gleichförmiges Raster, wobei jede Zelle (grid) durch eine eindeutige Nummer, die ihre Position in der totalen Ordnung definiert, identifiziert wird. Daraus ergibt sich eine eindimensionale Einbettung (*space filling curve* [WIDM91]). Die mehrdimensionalen Punktobjekte, die in einer Zelle enthalten sind, können so mit der Nummer der Zelle indexiert und der Speicherungsstruktur (Bucket, Seite) zugeordnet werden.

In der Literatur wurden viele Möglichkeiten solcher eindimensionaler Einbettungen untersucht, wobei sich häufig die in Abb. 9.8 illustrierten Abbildungsvorschriften für den praktischen Einsatz empfahlen. Der obere Teil zeigt jeweils das Grundmuster der Numerierung und damit der Einbettungsreihenfolge für den zweidimensionalen Fall, nachdem der Datenraum D erstmalig aufgeteilt wurde. Jede Zelle kann bei Bedarf separat (und rekursiv) unter Nutzung desselben Grundmusters weiter verfeinert werden. Im unteren Teil von Abb. 9.8 ist die Einbettungsreihenfolge dargestellt, wenn alle Zellen der ersten Ebene einmal verfeinert wurden. Für eine genauere Diskussion verweisen wir auf die Originalarbeiten zu z-Ordnung [OREN84], Gray-Codierung [FALO88] und Hilbert's Kurve[2] [JAGA90].

Als konkretes Beispiel für diese Verfahrensklasse kann der UB-Baum (universal B-tree) herangezogen werden. Er nutzt eine solche eindimensionale Einbettung aus, um mehrdimensionale Punktobjekte zu indexieren und auf einen B*-Baum abzubilden. Eine Erweiterung des UB-Baums erlaubt auch die Transformation und Einbettung von räumlich ausgedehnten Objekten, wie sie in Abschnitt 9.6 erörtert werden. Die zugehörigen Abbildungsvorschriften und die dazu erforderlichen Modifikationen der B*-Baumoperationen können hier nicht im Detail betrachtet werden (siehe dazu [BAYE96]).

9.4.2 Heterogener k-d-Baum

Eine weitere Struktur läßt sich unmittelbar aus dem homogenen k-d-Baum gewinnen. Beim heterogenen k-d-Baum besitzen die Zwischenknoten nur Wegweiserfunktion, und alle Sätze werden in Buckets, welche die Blätter des Binärbaumes darstellen, untergebracht. Bei Bucket-Überlauf wird eine Verfeinerung der zugehörigen Zelle erzwungen. Das führt zu einer Neuaufteilung der Datensätze auf zwei Buckets, wobei auf Topologieerhaltung geachtet wird. Bei dieser Neuaufteilung ergibt sich die zu wählende Dimension durch die Diskriminatorfunktion, die Festlegung der Zellgrenze kann dagegen in recht flexibler Weise (z. B. durch einen Median-Split) erfolgen. Der zugehörige Wegweiser wird als neuer innerer Knoten in den k-d-Baum aufgenommen, so daß dieser Baum von „unten nach oben" wächst. Zur Darstellung der Baumstruktur benötigt man neben den Baumzeigern nur noch ein reduziertes Knotenformat

---

[2]   Offensichtlich geht die Forschung zu diesem Abbildungsproblem bis ins letzte Jahrhundert zurück.

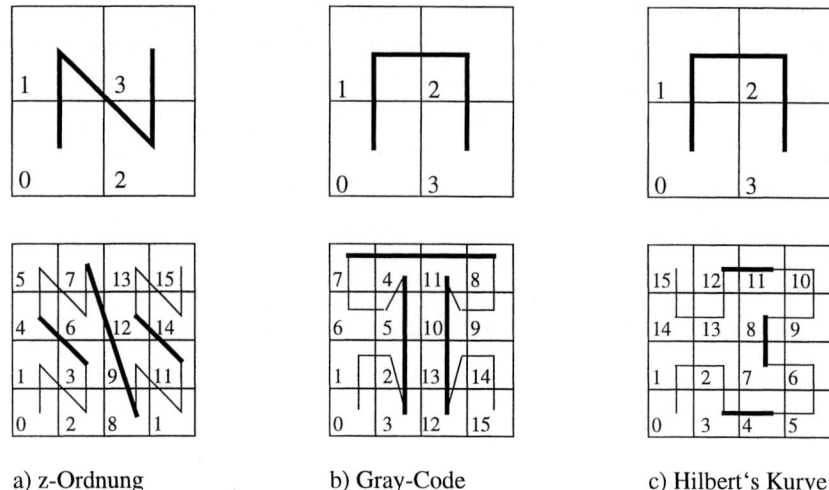

a) z-Ordnung   b) Gray-Code   c) Hilbert's Kurve

Abb. 9.8:   Wichtige eindimensionale Einbettungen

von ($K_d(P)$, DISC(P)) als Wegweiser, da nur diese beiden Größen bei Such- und Aktualisierungsoperationen erforderlich sind.

Bei einem zweidimensionalen Datenraum D läßt sich *Divide and Conquer* als das Aufteilungs- oder Verfeinerungsprinzip dieses Verfahrens besonders anschaulich darstellen. Es wird in Abb. 9.9 angenommen, daß bei der ersten Zellteilung (beim Überlauf des ersten Buckets mit Bucket-Kapazität b=3) als Wurzel ein Schlüssel X=50 ausgewählt wird, d. h., alle Sätze mit X≤50 werden im linken Teilbaum und alle Sätze mit X>50 im rechten Teilbaum gefunden. Nach weiteren Einfügungen soll das Bucket der rechten Nachfolger durch den Schlüssel Y=20 aufgeteilt werden. Eine weitere Aufteilung der Zelle (X>50, Y≤20) soll durch X=70 erfolgen. Wie Abb. 9.9 verdeutlicht, läßt sich die Zugriffsstruktur des heterogenen k-d-Baums auch als Directory für die in den zugehörigen Buckets gespeicherten Objekte auffassen. Dieses Directory wird bei der Zerlegung des Datenraumes von unten nach oben aufgebaut, wobei durch Split-Vorgänge bei Buckets zusätzliche Wegweiser als Knoten aufzunehmen sind. Wie unser Anwendungsbeispiel zeigt, ist bei diesem Verfahren kein Balancierungsmechanismus eingebaut.

Bei den verschiedenen Anfragetypen ist nur die exakte Anfrage einfach, weil die zyklische Betrachtung der einzelnen Schlüsselwerte bei der Suche genau einen Pfad festlegt. Die Suche nach einzelnen Teilschlüsseln oder die Bereichssuche führt auf die Anwendung rekursiver Techniken, wobei die Suchbedingung jeweils entsprechend dem Schlüsselwert des betrachteten Knotens aufzuteilen und mit der Suche in beiden Teilbäumen fortzufahren ist. Nächster-Nachbar-Anfragen müssen analog zu Bereichsanfragen (Ähnlichkeitsbereich) abgewickelt werden. Problematisch ist auf alle Fälle der fehlende Mechanismus zur Gewährleistung einer balancierten Zugriffsstruktur. Außerdem ergibt sich dadurch eine Abhängigkeit der Baumstruktur von der Einfügereihenfolge und der Objektverteilung in D.

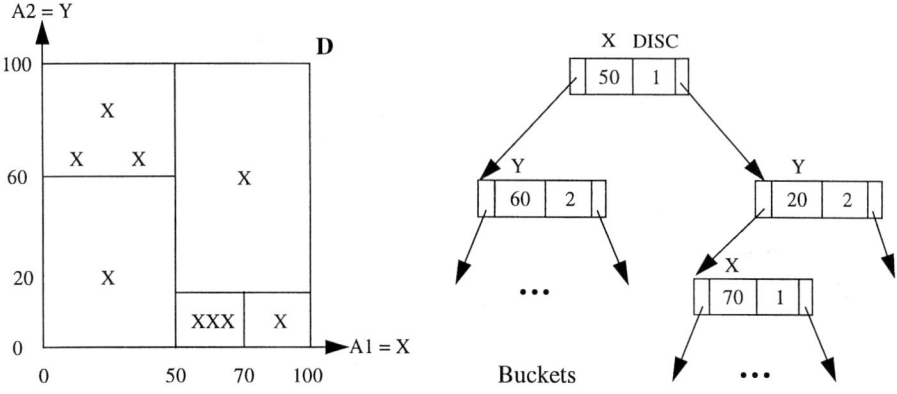

Abb. 9.9:   Zerlegungsprinzip beim k-d-Baum (k=2): Divide and Conquer

Zur Anpassung an die Anforderungen von Anwendungen mit Raumbezug wurden Zerlegungsprinzip und Bucket-Zuordnung des heterogenen k-d-Baums verfeinert und durch den
sog. LSD-Baum (Local-Split-Decision-Baum) verallgemeinert [HENR89]. Von seiner ursprünglichen Konzeption her war er wie der k-d-Baum eine Speicherungs- und Zugriffsstruktur für punktförmige Objekte. Mit Hilfe eines Transformationsansatzes ist es jedoch möglich,
in einem LSD-Baum auch räumlich ausgedehnte Objekte zu verwalten (siehe auch Abschnitt
9.6).

9.4.3   k-d-B-Baum

Wie die bisherige Diskussion gezeigt hat, erfüllt auch die zweite Variante des k-d-Baums
nicht die Anforderungen für einen praktischen DBS-Einsatz. Deshalb gab es mehrere Weiterentwicklungen dieser Baumstruktur, welche auf die Beseitigung der festgestellten Mängel abzielen [CHAN81, ROBI81]. Hier soll die Lösungsidee des k-d-B-Baums kurz skizziert werden.

Wie sein Name andeutet, handelt es sich um eine Kombination von k-d- und B*-Baum,
oder anders ausgedrückt, er paginiert k-d-Bäume und ordnet ihren Teilbäumen Buckets (Seiten) zu, wie das bei B*-Bäumen der Fall ist. Im Gegensatz zum „linearen" B*-Baum, der auf
jeder Baumebene einen eindimensionalen Raum in disjunkte Intervalle zerlegt, wird hier der
k-dimensionale Datenraum durch die Knoten jeder Baumebene in schachtelförmige Rechtek-
ke oder umhüllende Regionen (auf höheren Baumebenen) partitioniert. Vom B*-Baum erbt
der k-d-B-Baum die Balancierungseigenschaft, d. h., alle Pfade von der Wurzel bis zu den
Blättern besitzen die gleiche Länge. Weiterhin sind wie beim B*-Baum alle Datensätze in den
Blättern (Buckets) gespeichert, während die inneren Knoten (Index- oder Directory-Seiten)
nur Einträge als Wegweiser für die Suche aufnehmen.

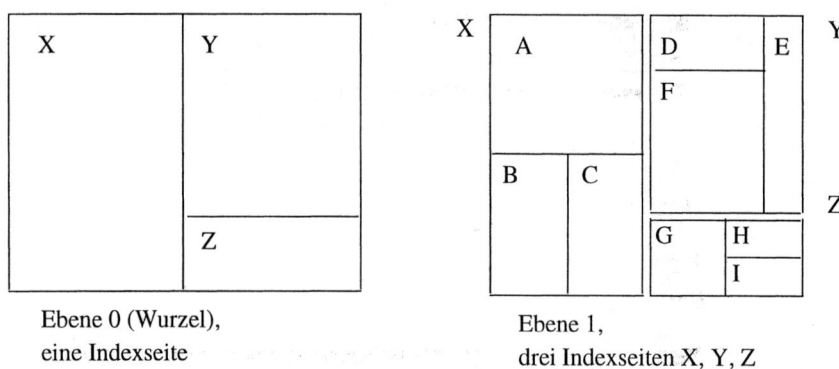

Abb. 9.10: Ebenenweise Organisation der Regionen von D im k-d-B-Baum (k=2)

Durch Erzeugen neuer Objekte in D ist es möglich, daß ein Bucket nicht mehr alle Objekte einer Zelle aufnehmen kann. Sein Überlauf impliziert das Anlegen neuer Buckets, die in die Baumstruktur zu übernehmen sind. Dabei werden auch die zugehörigen Regionen der inneren Knoten verfeinert, was wiederum Überlauf von Indexseiten provozieren und eine Fortsetzung der Reorganisation zur Wurzel hin erzwingen kann. Bei der Verfeinerung der Regionen muß auf allen Baumebenen dem Strukturierungsprinzip des k-d-Baums gefolgt werden, d. h., eine Zelle oder eine Region, die durch Teilung in Dimension i, $1 \leq i \leq k$, entstanden ist, muß in Dimension i+1 (modulo k) geteilt werden. Diese Forderung legt es nahe, daß die Indexseiten wiederum als k-d-Bäume organisiert sind (was in [ROBI81] nicht genauer festgelegt ist).

Beim k-d-B-Baum entsteht also prinzipiell eine Partitionierung, wie sie für k=2 in Abb. 9.10 veranschaulicht ist. Die in der Wurzel verwalteten Regionen werden durch dasselbe Zerlegungsprinzip in den Zwischenknoten hierarchisch verfeinert. Diese Partitionierung setzt sich bis in die Blattknoten (Buckets) fort. Abb. 9.10 illustriert die Organisation eines k-d-B-Baums auf der Wurzel- und der ersten Zwischenebene, wobei als Kapazität einer Indexseite die Verwaltung von drei Regionen unterstellt wurde. Die erste Zwischenebene könnte jetzt auf eine weitere Zwischenebene mit bis zu neun Indexseiten oder auf die Blattebene mit den Buckets verweisen.

Die dynamische Reorganisation des k-d-B-Baums gehorcht sehr komplexen Regeln, die hier nicht erörtert werden können [LOME90, ROBI81]. Es sollen lediglich noch einige wichtige Aspekte skizziert werden. Der Überlauf eines Buckets kann durch einen Median-Split oder andere Maßnahmen zur Optimierung der Zellaufteilung behandelt werden. Dieser Überlauf pflanzt sich dann wegen des Wegweisers für das neu hinzukommende Bucket nach oben in der Hierarchie fort, wenn die entsprechende Indexseite bereits voll ist. Aus Gründen gleichmäßiger Speicherplatznutzung ist eine gute Aufteilung der vorhandenen Regionen auf die neu entstehenden Regionen in den beteiligten Indexseiten anzustreben. Bei einer ungünstigen Struktur der vorhandenen Regionen wird bei der Aufteilung von Indexseiten sogar in Kauf genommen, daß diese Regionen neu aufgeteilt werden, d. h., die Linie bei der Neuaufteilung

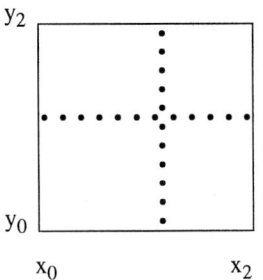 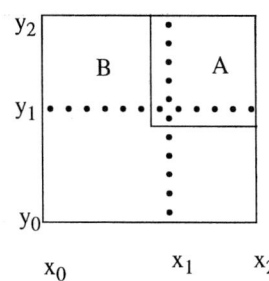 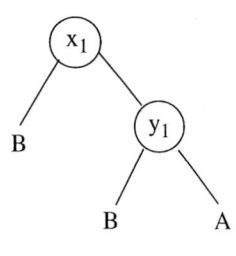

a) Split-Linie bei Punktmengen auf orthogonalen Linien?

b) „Backstein mit Loch" und der zugehörige modifizierte k-d-Baum

Abb. 9.11: Verbesserte Bereichsaufteilung beim hB-Baum

kreuzt eine Region. Als Folge wird eine sich zu den Blattknoten hin fortpflanzende Neuaufteilung der Indexseiten (forced split) ausgelöst. Diese Form der dynamischen Reorganisation, die nicht auf bestehende Teilungsverhältnisse achtet, erzwingt sehr komplizierte Balancierungsmaßnahmen und ist sehr teuer. Im schlechtesten Fall erfordert die Aufrechterhaltung der Balancierung des k-d-B-Baumes lineare Zeit. Außerdem kann dieser Baum nicht wie der B*-Baum eine Speicherplatzausnutzung von über 50 % garantieren, obwohl Robinson von einer experimentell ermittelten Speicherplatzausnutzung von 60 % +/- 10 % berichtet [ROBI81]. Diese Eigenschaften qualifizieren den k-d-B-Baum nicht automatisch für den DBS-Einsatz; jedoch verkörpert er wichtige Konzepte, die sich in anderen mehrdimensionalen Baumstrukturen wiederfinden. Als Beispiele sind hier der LSD-Baum [HENR89] oder der hB-Baum [LOME90], den wir noch kurz betrachten wollen, zu nennen.

9.4.4 hB-Baum

Der hB-Baum ist eine Variante des k-d-B-Baums von Robinson:

- Er speichert alle Datensätze in den Blättern (Buckets).
- Die Indexseiten verwalten nur Wegweiserinformation und organisieren diese als k-d-Bäume.
- Er gewährleistet die Balancierungseigenschaft.

Während k-d-B-Baumknoten immer schachtelförmige Zellen (oder Backsteine, engl. bricks) repräsentieren, lockert der hB-Baum diese Bedingung: Von einer schachtelförmigen (rechteckigen) Zelle darf ein in einer Ecke liegender Bereich (Rechteck) subtrahiert werden, so daß ein „Backstein mit Loch" (holey brick) entsteht. Diese Eigenschaft erklärt auch den Namen dieses Baumes als hB-Baum (holey brick B-tree). Ziel dieser Erweiterung ist es, bei der Verfeinerung einer Zelle eine verbesserte Aufteilung solcher Punktmengen zu erreichen, bei denen dies mit einer Linie bei der Neuaufteilung nicht gelingt (siehe Abb. 9.11).

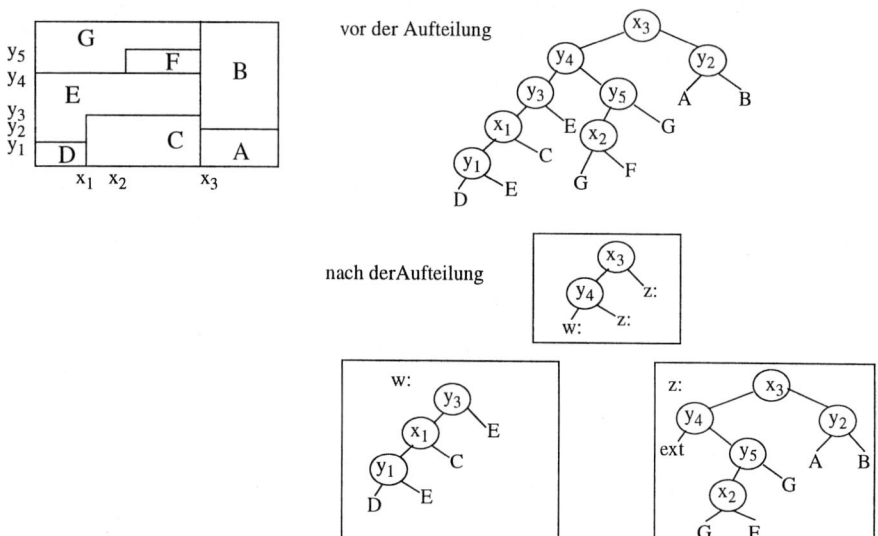

Abb. 9.12: Flexibler Split-Vorgang in einem hB-Baum

Dazu müssen die Regeln zur Bildung eines k-d-Baumes, die beim Split-Vorgang jeweils nur ein Attribut in fester Reihenfolge betrachten, verallgemeinert werden. Außerdem muß es möglich sein, daß mehrere Knoten in einem k-d-Baum auf denselben Knoten auf einer tieferen Baumebene verweisen. Durch Abb. 9.11 wird der Einsatz dieser geänderten Regeln veranschaulicht. Eine herkömmliche Neuaufteilung hätte bestenfalls eine Aufteilung von 1/3 erreicht, wenn alle Punkte genau auf zwei orthogonalen Linien liegen. Die „holey brick"-Technik dagegen schafft eine annähernd gleichmäßige Aufteilung.

Die Nutzung von „holey bricks" ist auf allen Baumebenen zugelassen. Dadurch ist eine flexiblere Wahl von Split-Linien möglich, was vor allem eine gleichmäßigere Verteilung der Daten in der Baumstruktur fördert. Beim k-d-B-Baum kann es vorkommen, daß die Neuaufteilung einer Region die von Teilregionen nach sich zieht, was eine Fortsetzung des Split-Vorgangs nach unten (forced split) auslosen kann. Durch die größeren Freiheitsgrade bei der Wahl der Split-Linien lassen sich diese Probleme beim hB-Baum vermeiden. Abb. 9.12 verdeutlicht schließlich noch einmal diese Flexibilität bei der Aufteilung einer Indexseite (Wurzel) in einem hB-Baum. In der skizzierten Situation hätte in einem k-d-B-Baum ein Split-Vorgang nach x_3 erfolgen müssen, was eine Aufteilung der Region in (A, B) und (C, D, E, F, G) mit einer entsprechend schiefen Datenverteilung zur Folge gehabt hätte. In einem hB-Baum ergibt sich dagegen eine wesentlich verbesserte Möglichkeit, wie in Abb. 9.12 gezeigt wird.

Die Komplexität der Split-Regeln kann in [LOME90] studiert werden. Nach Lomet und Salzberg bieten hB-Bäume für alle wichtigen Kriterien, und zwar unabhängig von der Verteilung der Objekte in D, eine gute Effizienz, was sie zu einem aussichtsreichen Kandidaten für den DBS-Einsatz machen.

9.5   Organisation des umgebenden Datenraums – Dimensionsverfeinerung

Bei den bisherigen Verfahren, die den umgebenden Datenraum D so organisieren, daß die Topologie der zu speichernden Objekte (lokal) erhalten bleibt, bestand zwischen den Zellen Z_i von D und den Buckets B_i eine eineindeutige Beziehung. Der Überlauf eines B_i erzwang jeweils eine Zellverfeinerung, die lokal nach dem Prinzip des „Divide and Conquer" erfolgte. Als Ergebnis dieser Vorgehensweise stellte sich eine Partitionierung von D aus (achsenparallelen) rechteckigen Zellen unterschiedlicher Größe ein. Im folgenden wollen wir eine zweite große Klasse von Verfahren zur Organisation des umgebenden Datenraums diskutieren. Ihre verschiedenen Lösungsansätze wurden vor allem durch die Arbeiten zu EXCELL [TAMM82] und zum Grid-File [NIEV84] begründet. Bei diesen Verfahren wird D dynamisch durch ein orthogonales Grid (Raster) partitioniert, so daß k-dimensionale Grid-Blöcke entstehen, die wir wiederum Zellen nennen wollen. Die „Organisation des umgebenden Datenraumes" verlangt nun die Abbildung dieser Zellen, und damit die aller darin enthaltenen Objekte, auf die Buckets, die dynamisch auf dem Externspeicher zugeordnet werden können.

9.5.1   Prinzip der Dimensionsverfeinerung

Die klassenbildende Eigenschaft dieser Verfahren ist das Prinzip der Dimensionsverfeinerung, bei dem ein Abschnitt in der ausgewählten Dimension durch einen vollständigen Schnitt (Einziehen einer Hyperebene) durch D verfeinert wird. Dabei werden nicht nur die auslösende Zelle, sondern alle betroffenen Zellen geteilt. Die Dimensionsverfeinerung soll anhand eines Beispiels verdeutlicht werden. Dazu ist in Abb. 9.13 ein Zellaufbau im Datenraum D für k=3 veranschaulicht. Muß irgendeine Zelle in der durch v_2 gekennzeichneten Scheibe geteilt werden, so wird die gesamte Scheibe in zwei neue Scheiben v_2 und v_3 zerlegt. Wie gezeigt, wird

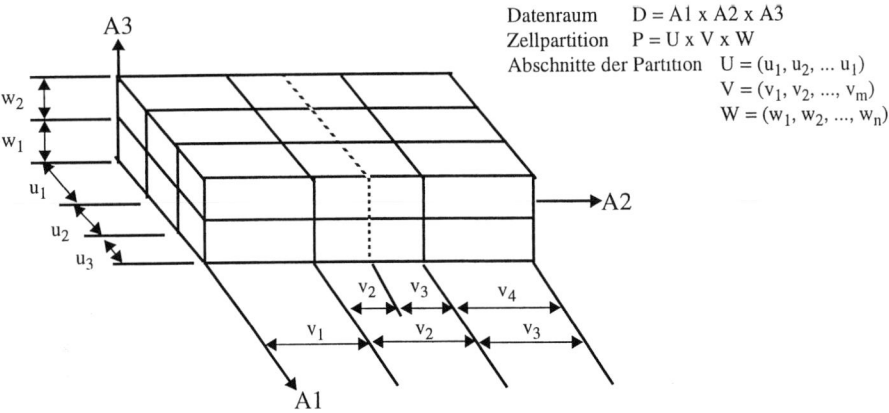

Abb. 9.13: Dreidimensionaler Datenraum D mit Zellpartition P; Veranschaulichung eines Split-Vorganges im Intervall v_2

mit einem solchen Verfeinerungsschritt (in Dimension A2) jeweils eine Menge neuer Zellen erzeugt; falls in jeder Dimension beispielsweise c Abschnitte existieren, ergeben sich durch eine Dimensionsverfeinerung c^{k-1} neue Zellen.

Aus Gründen der Speicherplatzausnutzung darf nicht für jede neu entstandene Zelle ein separates Bucket angelegt werden. Vielmehr muß das Abbildungsverfahren dafür sorgen, daß nur die Objekte der die Verfeinerung auslösenden Zelle auf zwei Buckets aufgeteilt werden, die restlichen Buckets aber unverändert bleiben. Insbesondere bedeutet dies, daß im allgemeinen Fall jetzt n Zellen Z_j auf ein Bucket B_i abzubilden sind. Wie wir im folgenden zeigen, unterscheiden sich die verschiedenen Verfahren genau in dieser Abbildung, wofür Zell-Directories (auch Hash-Directories genannt), Bäume oder Hash-Methoden herangezogen werden können (siehe Abschnitte 9.5.2 – 9.5.4).

Das einfachste Verfahren wendet die beim Erweiterbaren Hashing eingesetzte Idee eines dynamischen (linearen) Directory auf den mehrdimensionalen Fall an. Es nutzt dazu ein k-dimensionales Zell-Directory, das bei jedem Erweiterungsschritt seine Größe in einer der k Dimensionen verdoppelt, und sieht eine gleichmäßige binäre Dimensionsverfeinerung von D vor (durch ausschließliche Anwendung von Mitten-Splits). Dabei wird

$$D = [0, 1) \times [0, 1) \times \ldots \times [0, 1)$$

als Bezugssystem normiert, wobei die Schlüsselwerte jeder Dimension im Abschnitt [0, 1) erwartet werden. Ein Schlüsselwert x ϵ [0, 1) wird dann als Bitfolge b_1, b_2, ..., b_a des gebrochenen Teils der Dualdarstellung von x mit Auflösung a durch

$$x_a = \sum_{i=1}^{a} b_i \cdot 2^{-i}$$

repräsentiert. Alle k Schlüsselwerte eines Objektes bestimmen dann seine Lage in D.

Neu zu speichernde Objekte, die eine Zelle nicht mehr fassen kann, lösen auch hier wieder eine Zellverfeinerung aus. Die Verfeinerung jeder Dimension i geschieht durch fortgesetztes Halbieren, wodurch Binärabschnitte I_i (binary radix interval) entstehen, deren Länge bei d_i Verfeinerungen 2^{-d_i} ist. Durch die Binärabschnitte I_1, I_2, . . . , I_k der k Dimensionen werden dann sog. Binärzellen festgelegt. Zur Adressierung der zugehörigen Buckets besitzt jede dieser Binärzellen einen Eintrag im Zell-Directory. Bei bekanntem Verfeinerungszustand (d_i aller Dimensionen) von D läßt sich für die Schlüsselwerte eines Objektes O der zugehörige Eintrag im Zell-Directory, der die Bucket-Adresse von O erhält, berechnen. Wenn alle Abschnitte einer Dimension auf einmal verfeinert werden, muß neben den d_i nur noch das Zell-Directory für das Abbildungsverfahren gespeichert werden. Wie in Abb. 9.14 skizziert, kann für k=2 eine (dynamische) zweidimensionale Matrix herangezogen werden.

Für den speziellen Fall der Nutzung von Binärabschnitten ist die Abbildungsfunktion in [TAMM82] abgeleitet; sie wird beim EXCELL-Verfahren angewendet. Wegen der erzwungenen Aufteilung in Binärzellen kann dabei die Adreßberechnung direkt erfolgen. Diese Effektivität wird allerdings durch große Inflexibilität bei schiefen Objektverteilungen erkauft, da auch Variationen der Dimensionsreihenfolge bei der Verfeinerung nur begrenzte Adaptionsmöglichkeiten an die vorhandene Objektdichte bieten. Deshalb müssen Verbesserungen des Verfahrens insbesondere auf diesen Aspekt abzielen.

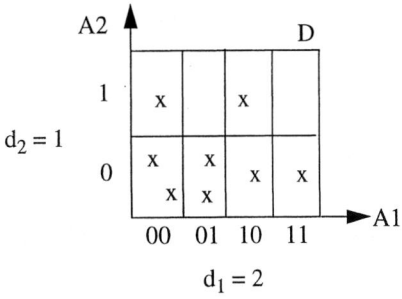

Zell-Directory

B_1	B_1	B_2	B_2
B_3	B_4	B_5	B_5

B_i = Bucket-Adresse

Abb. 9.14: Abbildung beim EXCELL-Verfahren

9.5.2 Grid-File

Im folgenden wollen wir das Grid-File, seine Weiterentwicklungen und seine verwandten Strukturen ausführlich betrachten, da ihr allgemeingültiger DBS-Einsatz in der Literatur [HINR85, NIEV84] recht häufig empfohlen wird. Das Grid-File ist eine k-dimensionale Zugriffsstruktur, die eine Gleichbehandlung aller k Schlüssel eines Datensatzes sowie den symmetrischen und gleichförmigen Zugriff über diese bietet. Sie wurde mit dem Ziel entworfen, ohne Unterschiede in der Vorgehensweise sowohl exakte Anfragen und Anfragen über Teilschlüssel als auch alle Varianten von Bereichsanfragen sowie sogar Nächster-Nachbar-Anfragen (Ähnlichkeitsanfragen) zu unterstützen.

Ausgangspunkt für unsere Betrachtungen ist die Zellpartition von D in Abb. 9.13. Im Unterschied zur Nutzung von Binärzellen (annähernd gleicher Größe) sind hier die Zellen von D nicht gleichförmig ausgebildet. Das zugrundeliegende Verfeinerungsmuster braucht nicht äquidistant zu sein, sondern kann sich in allen Dimensionen der bei der Verfeinerung vorliegenden Objektdichte anpassen. Die dabei dynamisch entstehenden Zellen sind rechteckig (oder bei höheren Dimensionen schachtelförmig) ausgeprägt. Da in jeder zu verfeinernden Dimension das Aufteilungsverhältnis (Median-Split) des gewählten Abschnitts individuell festgelegt wird, können allerdings Größe und Adresse einer Zelle nicht mehr wie beim EXCELL-Verfahren berechnet werden.

9.5.2.1 Abbildungskonzepte

Zur Abbildung eines k-dimensionalen Datenraumes D mit seinen Zellen Z_j benötigen wir k Skalierungsvektoren S_l, ein Zell-Directory, das hier Grid-Directory GD heißt, sowie einen Bereich B mit Buckets B_i.

- Für jede Dimension existiert ein Partitionierungs- oder Skalierungsvektor S_l. Er erlaubt die freie Festlegung von Partitionierungspunkten; aus $n_l + 1$ solcher Punkte lassen sich die n_l Abschnitte der betreffenden Dimension bestimmen. Da die Zelleinteilung orthogonal erfolgt, ergibt sich zu jedem Zeitpunkt die Gesamtzahl der Zellen aus dem Produkt der n_l Abschnitte jeder Dimension.

- Das GD verkörpert zusammen mit den Skalierungsvektoren die Zuordnungsvorschrift der Zellen zu den Buckets. Jede Zelle Z_j wird durch einen GD-Eintrag repräsentiert, das einen Zeiger auf das zugeordnete Bucket B_i enthält ((1:1)-Beziehung).

- Jedes Bucket B_i der Kapazität b speichert alle in der zugehörigen Zelle existierenden Objekte als Datensätze. Die Objektdichte benachbarter Zellen kann nun so gering sein, daß die Objekte mehrerer benachbarter Zellen in einem Bucket Platz finden. Um die Speicherplatzausnutzung zu verbessern, ist in solchen Fällen vorgesehen, daß mehrere Zellen „zusammengelegt" werden. Es ist also möglich, daß mehrere benachbarte GD-Einträge auf ein Bucket verweisen ((n:1)-Beziehung).

Die Organisation des die Objekte umgebenden Raums erreicht das Grid-File über Split- und Misch-Vorgänge von Zellen und Buckets. Prinzipiell sind Reihenfolge und Häufigkeiten der Split-Vorgänge pro Dimension frei wählbar, um variierende Objektdichten angemessen abbilden zu können. Falls ein Bucket B_i die Objekte der zugehörigen Zelle Z_j nicht mehr aufnehmen kann, wird in einer der Dimensionen i ein Abschnitt so verfeinert, daß Z_j (und andere Zellen) zerlegt wird. Damit erhält der Skalierungsvektor S_l einen weiteren Partitionierungspunkt, und als Folge davon ergibt sich eine Vergrößerung von GD in der Dimension i. Unter bestimmten Voraussetzungen können die Inhalte von zwei benachbarten Zellen wieder in einem Bucket zusammengelegt werden, so daß auch eine Vergröberung von Abschnitten erfolgen kann.

Die Vorgehensweise bei der Grid-File-Abbildung wird in Abb. 9.15 für den zweidimensionalen Fall skizziert, wobei b = 3 angenommen wurde. Die Abschnitte auf den Skalierungsvektoren werden fortlaufend mit 0, 1, ... bezeichnet; so können sie direkt zur Indexierung der Zellen herangezogen werden. In Abb. 9.15 a hat bereits eine Verfeinerung in jeder Dimension stattgefunden, was sich auch in der Form des GD widerspiegelt. Die Zellen Z_{00} mit einem Objekt und Z_{01} mit zwei Objekten sind beispielsweise über die GD-Einträge GD(0, 0) und GD(0, 1) auf Bucket B_3 abgebildet. Die Erzeugung eines neuen Objektes in Z_{00} führt zu einem Überlauf von B_3, der jedoch problemlos behandelt werden kann. Durch Anlegen eines neuen Bucket werden Z_{00} B_3 und Z_{01} B_4 zugeordnet. Das Erzeugen von zwei Objekten in Z_{11} erzwingt jedoch eine Verfeinerung dieser Zelle. Zur kompakteren Beschreibung führen wir eine Indexierung von Scheiben ein: die Scheibe j der i ten Dimension bezeichnen wir mit S(j, i). In unserem Beispiel wählen wir die Dimension A1, was zur Aufspaltung der Scheibe S(1,1) nach Abb. 9.15 a in S(1,1) und S(2,1) in Abb. 9.15 b führt. Als Konsequenz ist GD zu erweitern, und die Sätze in B_1 sind entsprechend auf B_1 und einen neu angelegten B_5 aufzuteilen.

9.5.2.2   Implementierungsaspekte

Die Umsetzung dieses Abbildungskonzeptes in eine konkrete Implementierung erfordert die Einhaltung einer Reihe von Restriktionen im Hinblick auf Zugriffszeit sowie Wartungs- und Speicherungskosten. In [NIEV84] wurden dafür folgende wichtige Grundsätze aufgestellt:

- Unabhängig von Werteverteilungen, Operationshäufigkeiten und Anzahl der gespeicherten Sätze ist das Prinzip der zwei Plattenzugriffe zu garantieren, d. h., eine exakte Anfrage

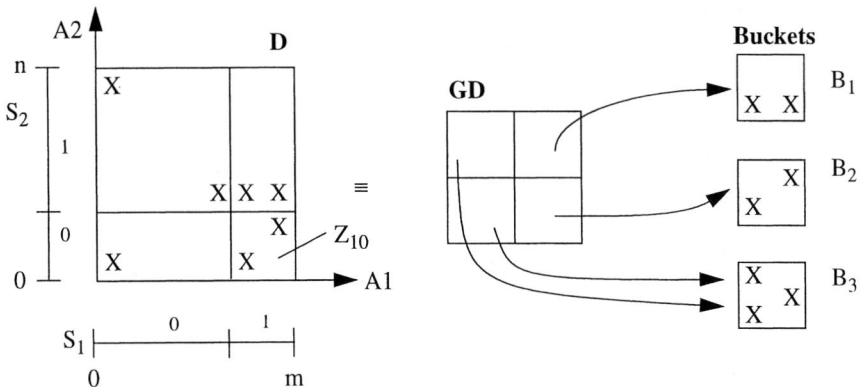

a) Zustand nach zwei Verfeinerungen in A1 und A2

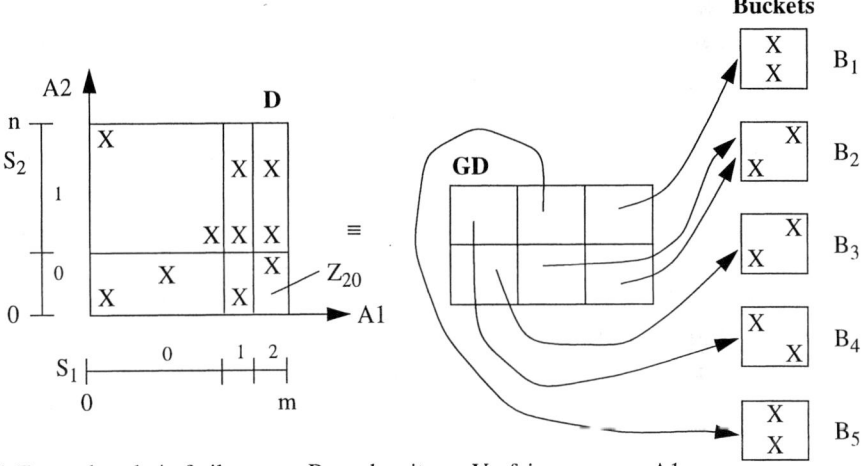

b) Zustand nach Aufteilung von B_3 und weiterer Verfeinerung von A1

Abb. 9.15: Abbildungsprinzip beim Grid-File

kostet zwei Plattenzugriffe; bei den anderen Anfragetypen, die auf Satzmengen abzielen, ist der erste Ergebnissatz nach zwei Zugriffen gefunden.

– Split- und Mischoperationen von Zellen ziehen nur Änderungsoperationen in zwei Buk-kets nach sich.

– Die durchschnittliche Speicherplatzausnutzung (Bucket-Belegung β) darf nicht beliebig klein werden. Sie muß eine „vernünftige" untere Grenze einhalten.

Eine zentrale Rolle bei der Realisierung des Grid-File-Konzeptes spielt das Grid-Directory, das die dynamische Beziehung zwischen den Zellen aus D und den Buckets B_i mit den gespei-cherten Sätzen darzustellen und zu verwalten hat. Ohne auf Implementierungsdetails einzuge-hen, können zwei wesentliche Komponenten herausgestellt werden:

– eine k-dimensionale dynamische Matrix GD, die sehr groß werden kann und deshalb in effizienter Weise auf einen Externspeicher abzubilden ist. Die GD-Einträge stellen Zeiger auf die Buckets dar.

– k eindimensionale Vektoren S_l, die jeweils die Partitionierung einer Dimension definieren, also auch dynamisch sein müssen. Hierfür ist nur ein geringer Speicherplatzbedarf erforderlich. Um die Zugriffsanforderungen erfüllen zu können, sind alle Vektoren S_l während der Verarbeitung im Hauptspeicher zu halten.

Nach [NIEV84] sind auf dem k-dimensionalen Grid-Directory folgende Operationen definiert:

– direkter Zugriff zu einem Eintrag von GD

– relativer Zugriff (auf/ab) in jede der möglichen Dimensionen ausgehend von der momentanen Position (NEXTABOVE, NEXTBELOW)

– Mischen zweier benachbarter Einträge einer Dimension mit Umbenennung der betroffenen Einträge (für jede der möglichen Dimensionen)

– Split eines Eintrags einer Dimension mit Umbenennung der betroffenen Einträge (für jede der möglichen Dimensionen).

Nach den Änderungsoperationen auf dem Grid-Directory müssen gewisse Integritätsbedingungen eingehalten werden, die sich aus der Forderung der schachtelförmigen Zuweisung der Zellen zu Buckets ergeben.

In Abb. 9.16 wird durch die Veranschaulichung einer Folge von Split-Vorgängen versucht, die Dynamik und die Abbildungseigenschaften eines Grid-File noch etwas genauer zu charakterisieren. In den GD-Einträgen stehen die Bucket-Bezeichnungen anstelle von ihren Adressen. Als Besonderheit werden zur Darstellung der Skalierungsvektoren keine linearen Listen (ARRAY) vorgeschlagen, sondern zweifach gekettete Listen mit expliziter Bezeichnung der referenzierten Scheibe S(j, i). Zur Ermittlung des nächsten oder vorherigen Skalierungswertes (NEXT (S_i), PREVIOUS (S_i)) sind dann die Vorwärts- und Rückwärtsverzeigerungen zu verfolgen. Diese Indirektion erlaubt es beispielsweise, das Grid-Directory GD an seinen Rändern wachsen zu lassen. Wenn eine (k-1)-dimensionale Ebene zu GD hinzugefügt oder von GD gelöscht wird, dann ist im zugehörigen Skalierungsvektor nur ein Eintrag und in GD nur die Erweiterung/Löschung betroffen. Diese explizite Indexierung kann dazu beitragen, die Änderungen in GD und S_i zu minimieren.

Situation a in Abb. 9.16 könnte z. B. durch Verfeinerungen der Dimension A1 durch die t- und g-Linien und anschließend durch die Linie 7 in Dimension A2 entstanden sein. Situation b ergab sich dadurch, daß zwei neue Objekte in Zelle Z_{00} aufgenommen wurden, die dann die Verfeinerung der A2-Dimension durch die Linie 3 auslösten. Ein weiterer Objektzuwachs in Z_{00} führte schließlich auf Situation c.

9.5.2.3   Leistungsbetrachtungen

Die Einzelheiten der komplexen Wartungsoperationen können hier nicht dargestellt werden. Die Wartungsalgorithmen gewährleisten, daß bei Split- und Mischoperationen nur jeweils

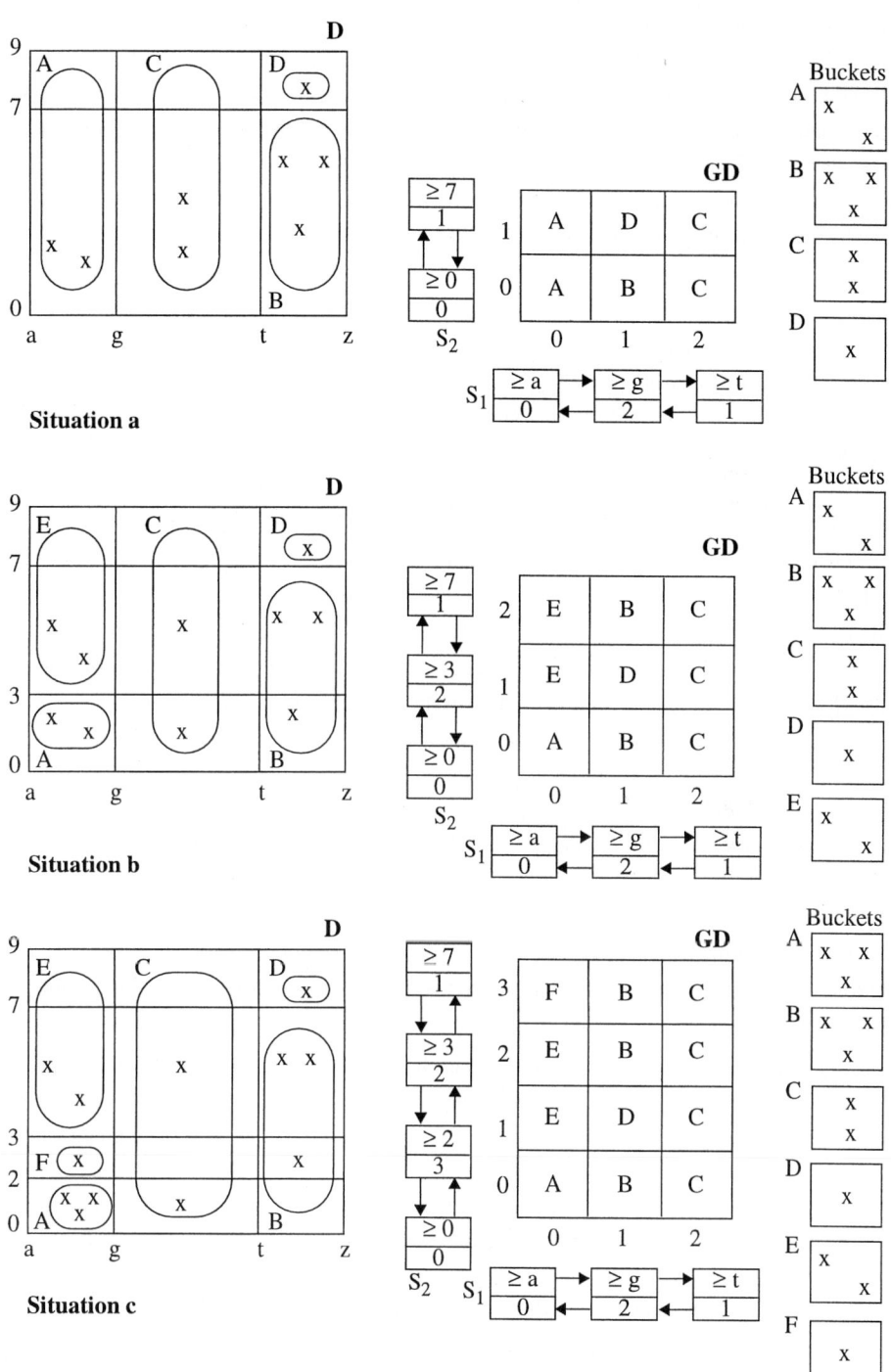

Abb. 9.16: Beispiel für die Verfeinerung des Datenraums und der
zugehörigen Entwicklung des Grid-File

zwei Buckets betroffen sind und daß die durchschnittliche Belegung der Buckets nicht belie-big klein werden kann. Abb. 9.16 deutet an, daß ungleichmäßige Verteilungen der Objekte im Datenraum D zu feineren Zelleinteilungen sowie zu leeren Zellen und damit zu einer Vergrö-ßerung der S_l und von GD führen kann. Die Größe des GD wächst dabei überlinear und kann besonders bei schiefen Verteilungen ein praktisches Problem werden. Ihr Wachstum liegt selbst bei gleichförmigen Objektverteilungen bei $O(N^{1+(k-1)/(k \cdot b)})$ [REGN85]. Bei nicht gleichverteilten Objekten in D kann das GD zumindest in $O(N^k)$ anwachsen.

Wegen der (n:1)-Beziehung zwischen den Einträgen von GD und den Buckets B_i schlagen solche Verteilungen nicht übermäßig auf die Belegung der B_i durch. Als Speicherplatzausnut-zung für den Bucket-Bereich des Grid-File erhält man, wie bei anderen Verfahren mit unab-hängig verteilten Datensätzen, 69 % (ln 2 [HUTF88]). Mischvorgänge zum Zusammenlegen schwach belegter Buckets sind nach [NIEV84] beschränkt auf die Rekombination von Bud-dies, d. h., es kann eine Zelle nur wieder mit der Buddy-Zelle, von der sie abgespalten worden ist, zusammengeführt werden. Prinzipiell könnte diese Vorgehensweise derart verallgemeinert werden, daß eine Zelle sich mit irgendeinem seiner k Buddies rekombinieren läßt.

Wenn jede Dimension m_i Abschnitte (Scheiben) besitzt ($1 \leq i \leq k$), fügt beispielsweise die Verfeinerung eines Abschnitts in Dimension k dem Grid-Directory $n = (m_1 \cdot m_2 \cdot ... \cdot m_{k-1})$ GD-Einträge (durch das Einziehen einer Scheibe) hinzu. Dieses Beispiel zeigt deutlich, daß Erweiterungen des GD sehr teuer sind. Sie müssen auf einmal durchgeführt werden und ko-sten $O(E^{1-1/k})$ Plattenzugriffe, wobei E die Anzahl der GD-Einträge bezeichnet.

Auf der konzeptionellen Ebene ist die Anfragebearbeitung mit einem Grid-File recht ein-fach. Ein Suchprädikat (A1 = h AND A2 = 5) für die exakte Anfrage führt nach Abb. 9.16 c auf GD(2, 2) und dann auf Bucket C. Eine partielle Anfrage, also zum Beispiel (A1 = b), er-mittelt die GD-Einträge GD(0, *) und die Buckets A, E, F, deren Datensätze dann genauer mit (A1 = b) überprüft werden müssen. Entsprechend führt eine Bereichsanfrage (A1 $\geq$ h AND A1 $\leq$ k AND A2 $\geq$ 1 AND A2 $\leq$ 7) auf GD(2, *) und auf das Bucket C. Bei Nächster-Nach-bar-Anfragen würde analog zu den Bereichsanfragen der Ähnlichkeitsbereich über das GD er-mittelt werden; nach der Bereitstellung der so lokalisierten Datensätze wäre deren Qualifikati-on dann über eine Distanzfunktion zu bestimmen.

Allgemeiner läßt sich eine Bereichsfrage nach Abb. 9.17 veranschaulichen. Dort sind die Anfragefenster jeder Dimension in den Datenraum D eingezeichnet. Wegen der (1:1)-Bezie-hung ergeben sich beim GD die analogen Bereiche. Über die Skalierungswerte können in je-der Dimension die Indexwerte und damit die qualifizierten Einträge GD(i, j) ermittelt werden. Nach Berücksichtigung der Seitenzuordnung von GD sind eine oder mehr GD-Seiten in den DB-Puffer zu holen. Erst jetzt kann die Menge der Buckets bestimmt werden, in der die für die Bereichsanfrage qualifizierten Sätze gesucht werden müssen. Für die Suche irrelevante Sätze treten dabei nur an den „schraffierten Rändern" (Abb. 9.17) des Anfragebereiches auf.

Diese Beispiele zeigen, daß sich das geforderte Leistungsverhalten, nämlich das Prinzip der zwei Plattenzugriffe, bei einfachen Anfragen einhalten läßt. Dabei wird unterstellt, daß sich alle Skalierungsvektoren im Hauptspeicher befinden und daß bei einer Anfrage durch das Suchprädikat die GD-Einträge berechnet werden können, welche die Zeiger auf die gesuchten

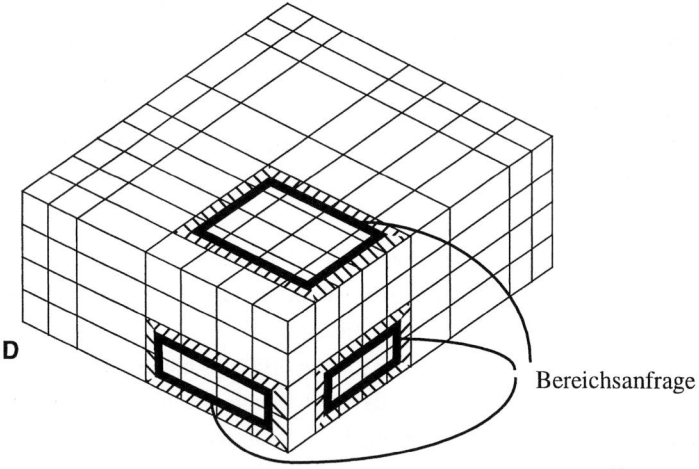

Abb. 9.17: Auswertungverfahren bei einer Bereichsanfrage

Buckets enthalten. Bei einer exakten Anfrage ist dann ein Zugriff auf GD und ein Zugriff auf das betreffende Bucket erforderlich. Bei komplexen Bereichsanfragen mit großen Treffermengen sind jedoch oft mehrere GD-Seiten bereitzustellen, so daß der erste Treffer erst nach mehr als zwei Plattenzugriffen lokalisiert ist.

9.5.2.4   Problemfälle bei der Abbildung

Das Grid-File-Konzept unterstellt zunächst, daß die Datensätze, auf die von GD aus verwiesen wird, in den Buckets gespeichert sind. In solchen Fällen muß man typischerweise annehmen, daß b=10 bis b=40 vorliegt (bei Bucket-Größe von 4 KBytes). Bei geringer Selektivität von Sekundärschlüsseln und ungünstiger Verteilung könnte dann zum Beispiel auftreten:

$$S_1 : \quad \geq a, \geq d, \geq d, \geq d, \geq f, \geq s, \ldots$$
$$S_2 : \quad \geq 0, \geq 5, \geq 5, \geq 5, \geq 7, \geq 9, \ldots$$

Eine exakte Anfrage (A1 = d AND A2 = 5) müßte dann auf den Skalierungsvektoren ganze Bereiche durchsuchen und würde 9 GD-Einträge zurückliefern. Wenn hohe Selektivität der Attribute vorliegt, liefert eine Anfrage (A1 = k AND A2 = 8) natürlich nur ein GD(i, j) und ein Bucket.

Solange das Grid-File die Speicherung der Datensätze bestimmen kann, gibt es offensichtlich selbst bei extremen Datenverteilungen (sehr schiefe Schlüsselverteilungen) wenig Probleme, da solche Datenverteilungen zwar die Größe des GD erheblich beeinflussen, jedoch wenig Auswirkungen auf den Belegungsgrad der Buckets haben. In DB-Anwendungen ist es jedoch oft wünschenswert, daß andere Kriterien die physische Speicherung der Datensätze bestimmen (Hashing, Index mit Cluster-Bildung usw.). Dann müßte ein zusätzlich eingerichtetes Grid-File mit einer Indirektion versehen werden, also anstelle der Datensätze müßten TIDs in den Buckets gespeichert werden. Dies kann jedoch sein Leistungsverhalten dramatisch ändern. Jetzt können in einem 4KByte-Bucket b ≈ 1000 TIDs gespeichert werden. Im Mittel wird dadurch GD auch erheblich kleiner. Eine exakte Anfrage führt auf ein GD(i, j) und ein Bucket; jedoch müßten jetzt 1000 TIDs in potentiell 1000 verschiedenen Seiten analysiert werden, was beispielsweise für einen Primärschlüsselzugriff (und andere) nicht tolerierbar ist. Auch bei Bereichsanfragen wirkt sich die TID-Speicherungsform nicht positiv aus, weil hier die auf GD ausgewerteten Prädikate durch die qualifizierten GD(i, j) wesentlich größere Obermengen zurückliefern, die dann TID-weise auf Zugehörigkeit zum Suchprädikat zu testen sind.

Das Testen der verstreuten Datensätze kann in einfacher Weise reduziert werden, wenn man die in der Grid-Struktur verwendeten Schlüssel an jedes TID in den Buckets anhängt, in unserem Beispiel also (A1, A2, TID) als Einträge in den Buckets speichert. Wenn jeder Schlüssel z. B. 8 Bytes lang ist, also jeder Eintrag 20 Bytes umfaßt, reduziert sich die Belegung auf b $\approx$ 200; als Konsequenz wächst das Grid-Directory entsprechend wieder. Die exakte Anfrage läßt sich dann wieder mit zwei (und einem) Externspeicherzugriffen behandeln, da das sich qualifizierende TID durch den Bucket-Zugriff ermittelt werden kann und der Datensatz daraufhin mit einem weiteren Plattenzugriff gefunden wird. Die skizzierte Idee führt zwar Schlüsselredundanz ein, was aber nicht so dramatisch zu sehen ist, da bei Schlüsselmodifikationen von A1 und A2 ohnehin das Grid-File betroffen ist. Lediglich bei einer großen Anzahl k von Dimensionen ist es eine Frage der Speicherungsredundanz, da dann mit k zunehmend fast der ganze Satz zweimal gespeichert ist. Es bleibt jedoch festzuhalten, daß es bei Indirektion der Satzspeicherung zwingend erforderlich ist, in den Buckets die Schlüssel zusammen mit der Satzadresse zu vermerken.

9.5.2.5   Verbesserungen beim Grid-File-Konzept

Abb. 9.16 c deutet an, daß ein Grid-Directory sehr groß werden kann. Die exakte Anfrage gestattet zwar auch in solchen Fällen, daß der benötigte GD-Eintrag mit einem Plattenzugriff zu lokalisieren ist, bei komplexen Bereichsanfragen resultieren daraus jedoch Bereichsanfragen auf dem Grid-Directory. Diese lassen sich effizienter bearbeiten, wenn man das Grid-Directory wiederum als Grid-File organisiert. Die rekursive Anwendung dieser Idee läßt offensichtlich eine Folge hierarchisch abhängiger Grid-Files entstehen. In praktischen Anwendungen genügen jedoch zweistufige Hierarchien [HINR85], bei denen die Stufe 0 durch ein großes, im Hauptspeicher gehaltenes Grid-Directory GD_0 realisiert wird. Auf der Stufe 1 können dann separate Directory-Regionen gebildet werden, die als GD_{1i} von GD_0 aus verwaltet werden. In Abb. 9.18 ist einer einstufigen Lösung eine mögliche zweistufige Realisierung gegenübergestellt. Es läßt sich leicht erkennen, daß sich in der zweistufigen Variante bei den Directory-Regionen GD_{1i} im Vergleich zur einstufigen Variante Zellen (nämlich 10 gegenüber 15) einsparen lassen, weil die separaten Directory-Regionen die Auswirkung von Split-Vorgängen beschränken. Deshalb können durch ein mehrstufiges Directory vor allem bei schiefen Objektverteilungen beachtliche Einsparungen an abzubildenden Zellen erzielt werden.

Mehrstufige hierarchische Grid-Files werden in [KRIS85] untersucht. Weitere Modifikationen wurden in [SEEG90] vorgeschlagen, bei denen ein mehrstufiges Grid-File um eine besondere Misch-Strategie ergänzt wird. Der daraus resultierende Buddy-Hash-Baum (buddy-tree)

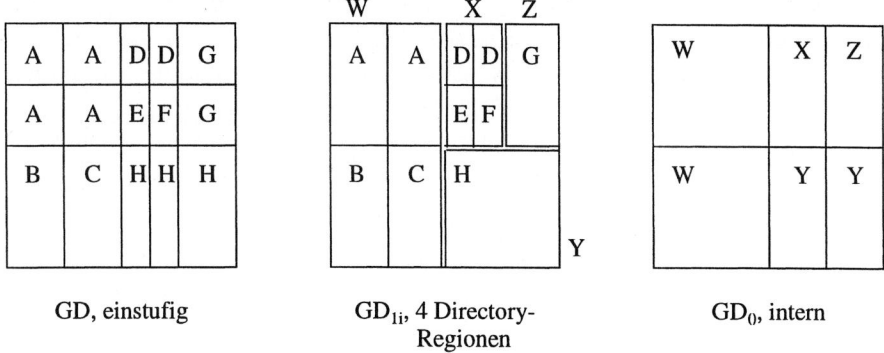

GD, einstufig GD_{1i}, 4 Directory- GD_0, intern
                          Regionen

Abb. 9.18: Gegenüberstellung von einstufiger und zweistufiger Grid-Directory-Realisierung

unterscheidet außerdem Such- und Einfüge-Regionen, wodurch erreicht wird, daß das Directory nur noch linear in der Anzahl der zu speichernden Datensätze wächst.

Eine Verbesserung der Speicherplatzausnutzung im Bucket-Bereich ($\beta \sim 69\%$) wird durch die Idee des Twin-Grid-File angestrebt. Durch eine geeignete Überdeckung des Datenraumes D mit zwei Grid-Files und geschickte Zuordnung der Punktobjekte zum primären oder sekundären Grid-File gelingt es, günstigere Aufteilungen erreichen und so β auf etwa 90 % anzuheben. Dadurch wird jedoch vor allem das Einfügen belastet, was durch einen Gewinn bei gewissen Bereichsanfragen in der Regel nicht wettgemacht werden kann.

9.5.3   Interpolationsbasiertes Grid-File

Bei einer Verfeinerung einer Dimension j wird zwar aktuell nur die Teilung einer Zelle benötigt, aber durch die Aufteilung einer Scheibe $S(i, j)$ werden insgesamt $\pi(m_i)$, $(1 \leq i \leq k, i \neq j)$ neue Zellen erzeugt. Wie bereits festgestellt, berührt diese Vorgehensweise nicht die Bucket-Belegung, wohl aber Größe und Wachstum des GD. Besonders bei schiefen Verteilungen sind viele der Zellen leer; die zugehörigen GD-Einträge zeigen entweder auf das Bucket einer benachbarten Zelle oder enthalten NIL-Zeiger.

Aus diesen Gründen gibt es eine Reihe von Verbesserungsvorschlägen, von denen hier das interpolationsbasierte Grid-File [OUKS85] und seine Variante, das DYOP-Grid-File (Dynamic and Order Preserving Partitioning [OZKA85]), angeführt werden sollen. Sie vermeiden das Problem des GD-Wachstums, in dem zwei zusammenhängende Entwurfsentscheidungen revidiert werden. Ein Split-Vorgang zerteilt nicht mehr jeweils eine Scheibe im k-dimensionalen Raum vollständig, sondern er erlaubt selektives Vorgehen. Es können Zellen unterschiedlicher Größe angelegt und explizit im GD verwaltet werden, wobei immer nur ein GD-Eintrag pro Bucket vorhanden ist.

Die Lösungsidee von interpolationsbasierten Grid-Files sieht folgendermaßen aus: Der Datenraum D wird unterteilt in eine Hierarchie von Zellbereichen, wobei jede Zelle durch ein eindeutiges Nummernpaar (Z, L) identifiziert wird (Z ist Zellnummer, L ist Ebenennummer).

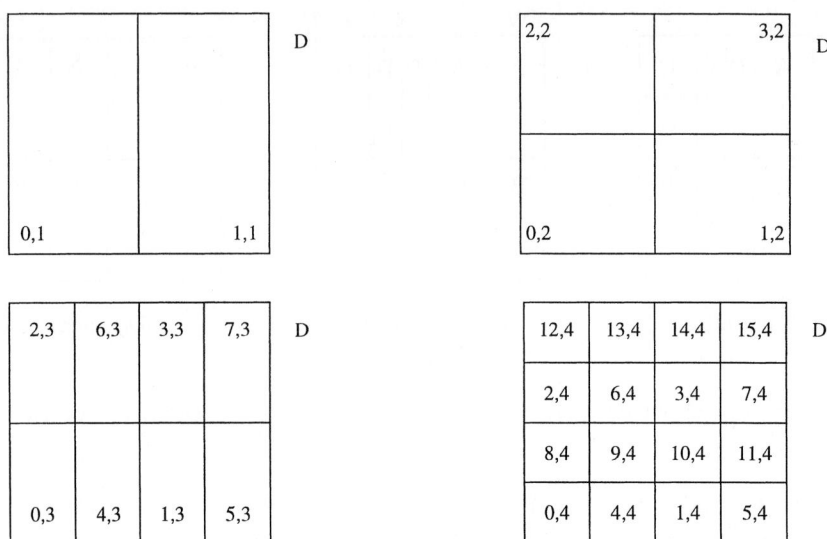

Abb. 9.19: Numerierungsschema für Zellen

Als Vorgehensweise bei der dynamischen Verfeinerung wird der Mitten-Split gewählt, so daß Binärzellen entstehen: Der Wertebereich jeder Dimension wird durch binäre Partitionierung in gleiche Abschnitte (Binärintervalle) aufgeteilt. Die Hierarchieebene 0 (als Wurzel) beschreibt den ungeteilten Datenraum D durch (Z, L) = (0, 0). Abb. 9.19 skizziert nun die Zellbereiche der ersten Ebenen, die jeweils aus der Partition der vorhergehenden Ebene und der binären Zerlegung in einer ausgewählten Dimension entstehen (k = 2, zyklische Wahl der Dimensionen). Dabei ist es wichtig, daß die Zerlegung in einer festen Folge (meist zyklisch) durchgeführt wird.

Der Bereich (0, 0) überdeckt D und enthält (0, 1) und (1, 1). Durch Nutzung von Zellen unterschiedlicher Hierarchieebenen läßt sich ein Darstellungsschema entwickeln, das die Verwaltung von Binärzellen verschiedener Größe erlaubt, um effizient ungleichförmige Objektverteilungen in D abbilden zu können. Abb. 9.20 zeigt ein Beispiel für eine Partitionierung von D, die durch unterschiedliche Objektdichte entstanden ist. Jeder der abgebildeten Bereiche läßt sich als Binärzelle unterschiedlichen Granulats auffassen, die einem eigenen Bucket zugeordnet wird. Das GD ist als Baum organisiert, der in jedem Eintrag für eine Zelle neben der Zellidentifikation die zugehörige Bucket-Adresse und die Anzahl der Objekte der betreffenden Zelle gespeichert hat. Ist eine der dargestellten Zellen leer, so kann der zugehörige Eintrag einen NIL-Zeiger aufweisen.

Bei der Anfrageauswertung müssen für die Suchkriterien, die sich auf D beziehen, die zugehörigen Bucket-Adressen bestimmt werden. Da der Zellbereich, den jeder Baumknoten des GD repräsentiert, berechnet werden kann, läßt sich diese Aufgabe effizient erfüllen. Bereichsanfragen dürften sogar mit geringerem Aufwand als beim Grid-File abgewickelt werden.

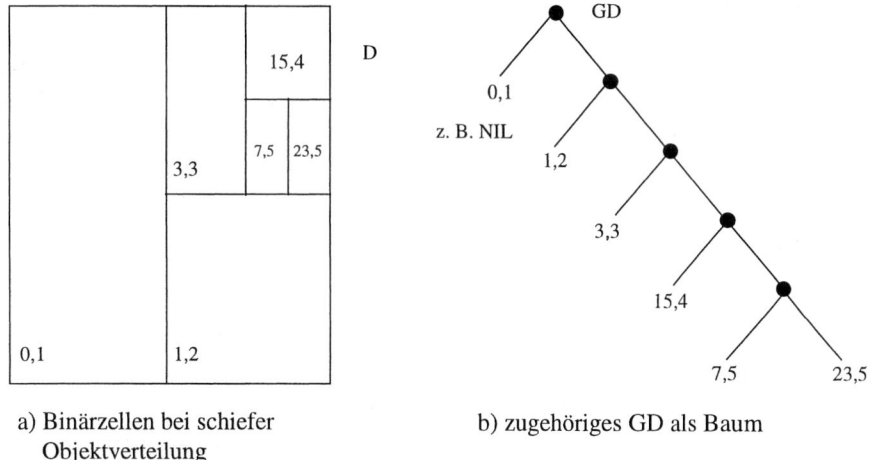

a) Binärzellen bei schiefer   b) zugehöriges GD als Baum
    Objektverteilung

Abb. 9.20: Abbildungsprinzip beim Interpolationsbasierten Grid-File

Wie steht es aber mit der Speicherplatzausnutzung? In [OZKA85] wird als wesentlicher Vorteil der DYOP-Organisation hervorgehoben, daß sich das GD-Wachstum auch bei schiefen Datenverteilungen einigermaßen vernünftig verhält – jedenfalls im Vergleich zum Grid-File, was sich im allgemeinen als richtig erweist. Jedoch kann auch die Baumorganisation nicht verhindern, daß im GD (manchmal) große Mengen leerer Zellen zu verwalten sind. Beispielsweise könnte eine bestimmte Objektverteilung erzwingen, daß nur Zelle (23, 5) Objekte enthält. Dieser Sachverhalt ist auch eine Konsequenz des Mitten-Splits, bei dem aktuelle Verteilungen keine Rolle spielen.

Die Belegung der Buckets kann ebenfalls sehr niedrig werden. Jede belegte Zelle erfordert die Speicherung eines Buckets, was darauf hinaus läuft, daß der Belegungsgrad bei pathologischen Verteilungen (worst case) in Richtung auf $\beta \approx 1/b$ sinkt. Ein Mischen von Buckets, um einen höheren Belegungsgrad zu erzielen, ist jedoch stark eingeschränkt. Als Strategie ist nur die Rekombination von Buddies erlaubt, d. h., das Numerierungsschema erzwingt, daß eine Zelle nur mit ihrem Buddy rekombiniert werden kann, von dem sie ursprünglich abgespalten wurde. Diese Überlegungen legen es nahe, den „offensichtlichen" Vorteil des DYOP-File über das Grid-File zu relativieren; in dynamischen Umgebungen mit schiefen Objektverteilungen kann er ganz und gar verlorengehen.

In diesem Zusammenhang soll noch auf eine andere Weiterentwicklung hingewiesen werden. Das BANG-File als „balanced and nested grid file" erlaubt ähnlich wie der hB-Baum Zellmuster, die von der Rechteckform abweichen, und kann daher variierende Objektdichten besser adaptieren [FREE89]. Zudem wächst sein Directory höchstens linear, so daß wesentliche Einsatzprobleme hier gelöst erscheinen. Für eine detaillierte Diskussion des BANG-File verweisen wir auf [FREE87].

9.5.4 Mehrdimensionales dynamisches Hashing

Um unsere Systematik der Dimensionsverfeinerung zu vervollständigen, soll abschließend ein Verfahren zur Organisation des umgebenden Datenraums skizziert werden, das ohne Nutzung eines Directory auskommt. PLOP-Hashing (piecewise linear order-preserving hashing)[3] stellt ein solches Grid-File ohne Grid-Directory dar. Seine Entwicklung [KRIE88] war wesentlich durch folgende Nachteile des Grid-File motiviert, die auch durch die bisherigen Verbesserungsvorschläge nicht vollständig ausgeräumt werden konnten:

– das nichtlineare Wachstum der GD-Größe

– die teure Erweiterung des GD, die nicht inkrementell erfolgen kann

– das „Prinzip der zwei Plattenzugriffe" wird zwar garantiert; sie fallen aber auch immer an, wenn die entsprechende GD-Seite nicht gerade im DB-Puffer ist.

PLOP-Hashing ist wie jedes andere auf der Dimensionsverfeinerung beruhende Verfahren lokal topologieerhaltend, d. h., alle Objekte einer Zelle, die sich dynamisch verfeinern läßt, werden einem Bucket zugeordnet. Das Besondere des Abbildungsverfahrens ist es, daß aus den k Teilschlüsseln des Objektes (seinen Koordinaten) die umgebende Zelle und damit auch die relative Lage ihres Buckets berechnet werden kann, ohne dafür wie bisher ein Directory einsetzen zu müssen. Es läßt sich deshalb als mehrdimensionales dynamisches Hashing (MDH) ohne Directory charakterisieren und beruht auf dem Prinzip des Linearen Hashing. Wie in Abschnitt 7.5.2.1 gezeigt, braucht das Lineare Hashing fast keine Verwaltungsdaten (Split-Zeiger p, Anzahl der Verdopplungen L) und wird deshalb als Verfahren ohne Directory klassifiziert. Wie alle Strukturen ohne Directory läßt sich Lineares Hashing nicht beliebig an die Verteilung der zu speichernden Objekte in D anpassen [WIDM91]. Jedoch gibt es verschiedene Möglichkeiten, auf sich ändernde Objektverteilungen in D zu reagieren. Bei der dynamischen Zellverfeinerung ist es möglich, die

– als nächstes zu verfeinernde Dimension,

– Partitionierungspunkte der Dimension und

– Reihenfolge der Dimensionsverfeinerungen (Scheibenbildung)

frei zu wählen, so daß mehrere Freiheitsgrade genutzt werden können, die Zellgrößen an die Dichte und Verteilung der Objekte zu approximieren.

Bei der dynamischen Verfeinerung von D werden neue Zellen gebildet, für die Buckets anzulegen sind. Das Lineare Hashing organisiert dafür einen Primär- und einen Sekundärbereich. Durch jeden Split-Vorgang wird der Primärbereich P um ein Bucket erweitert. Wie beim Linearen Hashing bereits diskutiert, würde eine sofortige Neuaufteilung bei Bucket-Überlauf eine extrem schlechte Speicherplatzausnutzung bewirken, so daß eine Verzögerung der Bucket-Splits zwingend geboten ist. Da potentiell in jedem Bucket Überläufer auftreten können (siehe Abb. 7.14), ist für jedes Bucket eine Überlaufbehandlung vorzusehen, die in einem (hier nicht interessierenden) Sekundärbereich vorgenommen wird. Das Wachstum von P läßt

---

3   PLOP-Hashing wurde zunächst für Punktobjekte entwickelt. Ein Vorschlag zur Erweiterung auf räumlich ausgedehnte Objekte findet sich in [SEEG88].

sich durch einen Trigger-Mechanismus kontrollieren, der über den Belegungsgrad (β_s) gesteuert wird. Er sorgt dafür, daß bei Bedarf im Primärbereich P in der gewählten Verfeinerungsreihenfolge Split-Vorgänge erfolgen; neu hinzukommende Buckets werden ans Ende von P angehängt. In ähnlicher Weise kann ein β_m die minimale Belegung kontrollieren und durch Mischvorgänge eine Schrumpfung von P veranlassen. Bei einer anfänglichen Größe von P von einem Bucket ist P nach L Verdopplungen (L > 0) auf die Größe 2^L angewachsen, wobei die Buckets die Adressen 0, 1, ..., 2^{L-1} zugeordnet bekommen. Ein Split-Zeiger $p = j$, $0 \le j \le 2^{L-1}$, kennzeichnet das Bucket, das als nächstes aufzuteilen ist (Abschnitt 7.5.2.1).

Zunächst erklären wir für den zweidimensionalen Fall die Zerlegung von D in gleichförmige Zellen und die Art der Adressierungsfunktion, die jeder Zelle ein Bucket zuordnet. Die Zellennummer entspricht in unseren Darstellungen der Bucket-Adresse. Unter der Voraussetzung, daß wir die Splits zyklisch in A1 und A2 vornehmen, ergibt sich die in Abb. 9.21 skizzierte Bucket-Zuordnung am Ende jeder Verdopplung. Ein Split-Vorgang in einer Dimension j erzeugt eine Gruppe von Zellen, die auch Scheibe S(i, j) genannt wird, wobei i einen Index darstellt mit $0 \le i < m_j$ (m_j = Anzahl der Scheiben in Dimension j).

Beispielsweise entstehen bei der Verdopplung von P von L=3 nach L=4 die Scheiben S(2, 2) und S(3, 2). Wie in Abb. 9.21 gezeigt, gehören zu S(3, 2) die Zellen {12, 13, 14, 15}. Es ist nicht erforderlich, daß bei Bildung einer neuen Scheibe alle betroffenen Zellen auf einmal geteilt und die zugehörigen Buckets angelegt werden. Vielmehr zeigt vor der ersten S(3, 2) erzeugenden Neuaufteilung der Zeiger p auf Zelle 2 (oder Bucket 2). Durch den Split-Vorgang wird der Zellinhalt von 2 auf die Buckets 2 und 12 neu aufgeteilt; p zeigt danach auf Zelle 5. Als letzte Zelle von S(3, 2) wird Zelle 15 durch Teilung der Zelle 7 gebildet. Damit ist die Verdopplung L = 4 abgeschlossen. Als nächste Split-Dimension wird wieder A1 gewählt, und der Zeiger p wird auf Zelle 0 gestellt. Wie eben diskutiert, mußten für die Bildung von S(3, 2) der Reihe nach die Buckets (Zellen) 2, 5, 3, 7 bestimmt werden; nach erfolgter Neuaufteilung wurden ihre Buddies am momentanen Ende von P mit den relativen Adressen 12, 13, 14, 15 gespeichert. Für die Bestimmung der Dimension, der nächsten Scheibe sowie des nächsten Buckets ist eine Adressierungsfunktion zuständig. Dazu ist neben L und p noch die Split-Geschichte H festzuhalten, um die Verfeinerungsreihenfolge der Dimensionen frei wählen zu können. Die Zellenzuordnung in Abb. 9.21 wurde durch die zyklische Folge H1 = (A1, A2, A1, A2) erzielt; andere Objektverteilungen hätten beispielsweise auch H2 = (A2, A2, A1, A1) veranlassen können. Offensichtlich ist eine solche Adressierungsfunktion sehr komplex und kann hier nicht näher diskutiert werden; ein Beispiel für den dynamischen k-dimensionalen Fall findet sich in [KRIE88].

Quantitative Untersuchungen in [KRIE88] belegen die Überlegenheit dieses Verfahrens bei partiellen Anfragen und bei Bereichsanfragen im Vergleich zum Grid-File. Bei Gleichverteilung der Objekte in D ergibt sich stets eine zufriedenstellende Speicherplatzbelegung in den Buckets. Starke Ungleichverteilungen erzwingen jedoch das Anlegen schlecht gefüllter oder gar leerer Buckets, um das Allokationsprinzip des Linearen Hashing – und damit das Berechnungsverfahren für die Bucket-Adressen – aufrechterhalten zu können. Zusammen mit der

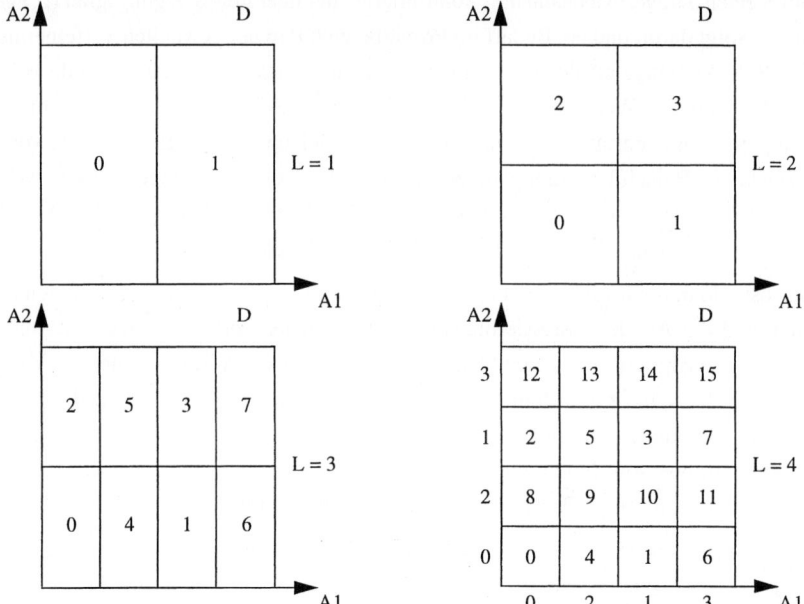

Abb. 9.21: Zuordnung der Zellen zu Buckets durch eine Adressierungsfunktion

Komplexität der Abbildungsfunktion verhinderten diese Schwierigkeiten, daß sich PLOP-Hashing, trotz der postulierten Vorteile, bei praktischen Anwendungen durchgesetzt hat.

9.6   Zugriffspfade für räumlich ausgedehnte Objekte

Bei den bisher diskutierten mehrdimensionalen Zugriffsmethoden werden alle Objekte des Datenraumes D als Punktobjekte repräsentiert und verwaltet. Da mit diesen Verfahren keine direkte Darstellung räumlich ausgedehnter Objekte möglich ist, würde in solchen Fällen eine unangemessene Abbildung durch „Punktidealisierung" erzwungen werden. Als schwerwiegende Konsequenz könnten sich unnatürliche Objektrepräsentationen und ineffektive Such- und Aktualisierungsoperationen einstellen. Aus diesen Gründen fand die Entwicklung von Zugriffspfaden für räumlich ausgedehnte Objekte im vergangenen Jahrzehnt ein großes Interesse in der DB-Forschung [BUCH89, GAED98, SAME88, WIDM91]. Ausgangspunkt waren dabei die bekannten Verfahren für Punktobjekte[4], die geeignet modifiziert wurden, um sie für die Verwaltung räumlich ausgedehnter Objekte tauglich zu machen.

---

[4]   Auch hier gilt: Am Anfang war der B*-Baum.

9.6.1   Abbildungsprinzipien

Räumlich ausgedehnte Objekte besitzen typischerweise neben allgemeinen Merkmalen (wie Name, Beschaffenheit u. a.) eine Beschreibung ihres Ortes und ihrer Geometrie, durch die ihre räumliche Ausdehnung (z. B. eine Linie, eine Kurve oder ein Polygon) charakterisiert wird. Ihre Zugriffspfade sollen vor allem die Punkt- und die Gebietsanfrage effizient unterstützen. Deshalb ist es in der Regel nicht wichtig, die genaue Repräsentation des räumlichen Objektes (das ja ein beliebiges k-dimensionales Gebilde sein kann) bei der Indexierung zu berücksichtigen, sondern es genügt, eine vergröbernde Darstellung (z. B. eine schachtelförmige oder rechteckige Umhüllung) heranzuziehen. Natürlich wird durch eine solche Objektapproximation auch die Indexierung unschärfer; sie kann bei allen Suchvorgängen Objekte zurückliefern, die sich nach genauerer Prüfung als Fehltreffer herausstellen. Jedoch müssen diese prinzipiell in Kauf genommen werden, da bei der Vielfalt möglicher Objektausdehnungen jede effektive Indexierung nur auf einer Objektapproximation beruhen kann.

Trotz dieser Vereinfachung kommt es bei der Indexierung räumlich ausgedehnter Objekte zu einer Reihe von Problemen, wenn wir die bisher eingeführten Verfahren weiterentwickeln wollen. Punktobjekte konnten immer genau einer Zelle zugeordnet werden, so daß die dynamische Partitionierung keine Rücksicht auf Objektausdehnungen nehmen mußte. Jetzt dagegen sind bei den Abbildungs- und Verfeinerungsschritten Objektdichte und -ausdehnung in Einklang zu bringen. Weiterhin ist es jetzt möglich, daß Objekte andere (räumlich) enthalten oder sich gegenseitig überlappen, was offensichtlich die Partitionierung von räumlichen Bereichen, die wir hier als Regionen bezeichnen wollen, erschwert. Für die Behandlung dieser Probleme haben sich bei der Indexierung räumlich ausgedehnter Objekte nach [GAED98] im wesentlichen vier Methoden herausgebildet:

- – Transformation (object mapping)
- – Überlappende Regionen (object bounding)
- – Clipping (object duplication)
- – Mehrschichtenstrukturen (multiple layers).

Der Transformationsansatz bildet räumlich ausgedehnte Objekte funktional auf höherdimensionale Punkte ab. Beispielsweise kann so eine Linie im 2D-Raum mit ihren beiden Endpunkten $(x_1, y_1; x_2, y_2)$ in einen Punkt eines 4D-Raums transformiert werden, wenn man jeden Wert einer separaten Dimension zuordnet. Interpretiert man $(x_1, y_1; x_2, y_2)$ als diagonale Eckpunkte eines Rechtecks, so erhält man mit der gleichen Transformation ebenfalls einen Punkt im 4D-Raum. Ähnliche Transformationen mit Mittelpunkt und Radius bieten sich bei kreisförmigen Objekten an. Genauer wurde der Transformationsansatz in [HINR85, HENR89] untersucht. Als wesentliche Aussage halten wir für unseren Kontext nur fest, daß seine praktische Anwendung auf relativ einfache Strukturen, z. B. Rechtecke, begrenzt ist. Bei der Transformation wird die topologische Struktur in der Regel zerstört, so daß die Auswertung verschiedener Anfragetypen erschwert oder gar unmöglich gemacht wird.

Eine zweite Form dieses Ansatzes versucht, mehrdimensionale Strukturen so zu transformieren, daß sie eindimensional, also beispielsweise mit B*-Bäumen, abgebildet werden können. Dieses Problem ist schon bei mehrdimensionalen Punktobjekten schwierig, wie wir bei der Diskussion der linearen Einbettungen in Abschnitt 9.4.1 gesehen haben. Als Beispiel verweisen wir hier auf [BAYE96].

Die anderen Methoden dagegen werden den praktischen Anforderungen besser gerecht; sie werden insbesondere am Beispiel des R- und R$^+$-Baumes erklärt. Wenn überlappende Regionen zugelassen sind, ist es möglich, jedes Objekt (genauer jede für die Objektindexierung gewählte Approximation) einer Region zuzuordnen. Die Suche wird allerdings komplexer, da alle Regionen, die der Suchbereich überlappt, überprüft werden müssen. Beim Clipping wird die Überlappung von Regionen vermieden; dafür wird das Objekt entsprechend der Regionsgrenzen unterteilt und mehreren Regionen (und Buckets) zugeordnet. Dadurch werden für ein Objekt mehrere disjunkte Regionen indexiert, so daß verschiedene Suchpfade im Index auf dasselbe Objekt führen.

9.6.2   R-Baum

Verschiedene der bisher eingeführten Verfahren für Punktobjekte lassen sich zur Abbildung räumlicher Objekte auf (kleine) Rechtecke erweitern, wenn man beispielsweise einen Referenzpunkt (z. B. den Rechteckmittelpunkt) dem Datenraum D zuordnet. Dabei kann jedoch die Überlappung der die Rechteckobjekte einschließenden Regionen oft nur unzureichend kontrolliert werden, was sich jedoch kaum bemerkbar macht, wenn ausschließlich sehr kleine, fast punktförmige Rechtecke abzubilden sind [OOI89, FREE89]. Bei größeren Rechtecken spielt die Überlappungskontrolle für die Leistungsfähigkeit des Verfahrens jedoch eine zentrale Rolle. Deshalb wollen wir von den Verfahren, die eine gegenseitige Überlappung der Regionen zulassen, eines vorstellen, das gezielt den Überlappungsgrad gering zu halten versucht.

Der R-Baum (Rectangle Tree [GUTT84]) erlaubt die Indexierung von k-dimensionalen achsenparallelen Rechtecken. Objekte, die dieser Bedingung nicht genügen, werden zum Zwecke der räumlichen Indexierung durch kleinste umhüllende Rechtecke (Datenrechtecke) der geforderten Art repräsentiert. Räumlich benachbarte Datenrechtecke werden durch eine kleinste umhüllende Datenregion zusammengefaßt. Wie in Abb. 9.22 gezeigt, können Datenrechtecke ebenso wie Datenregionen überlappen, wobei Datenrechtecke immer nur einer Datenregion zugeordnet sind. Die Datenregionen stellen die Blätter einer Baumstruktur dar; ihre inneren Knoten fassen Regionen (sog. Directory-Regionen) zusammen, die wiederum überlappen dürfen und nach dem gleichen Prinzip wie Datenregionen organisiert sind.

Als Baumstruktur gleicht der R-Baum dem (auf k Dimensionen verallgemeinerten) B*-Baum oder auch dem k-d-B-Baum. Anders als bei diesen Strukturen sind jedoch die Regionen einer Ebene nicht disjunkt. Die Directory-Regionen der Wurzel beschreiben überlappend den Datenraum D. Jede Directory-Region wird auf tieferer Baumebene wiederum durch Directory- oder Daten-Regionen (auf Blattebene) detailliert, wobei jede Ebene eine vollständige und überlappende Sicht auf D darstellt.

Abb. 9.22 zeigt eine mögliche Aufteilung des Datenraumes durch einen R-Baum, wobei als Kapazität pro Seite drei Rechtecke/Regionen angenommen wurde. Der R-Baum ist wie der

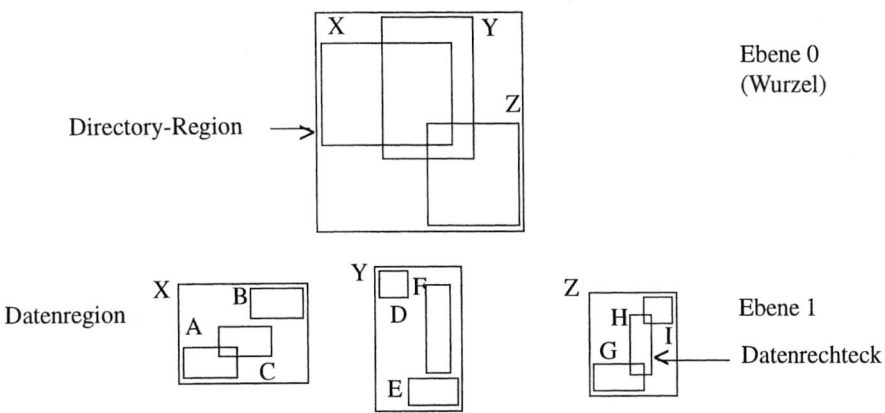

Abb. 9.22: Mögliche Aufteilung des Datenraumes beim R-Baum (zwei Baumebenen)

B*-Baum ein höhenbalancierter Mehrwegbaum, der pro Knoten m Indexeinträge $\left(\frac{M}{2} \le m \le M\right)$ besitzt. Der Knotenaufbau ist in verallgemeinerter Form in Abb. 9.23 dargestellt. Die einzelnen Indexeinträge bestehen aus Paaren (p, ptr), wobei in inneren Knoten ptr = Z auf einen Teilbaum und in Blattknoten ptr = D auf einen Satz verweisen. Die Rechtecke/Regionen lassen sich als einfache Prädikate interpretieren und durch Listen der Form $(I_1, I_2, ..., I_k)$ speichern, wobei I_j, $1 \le j \le k$, ein geschlossenes Intervall für Dimension j beschreibt. Wie in Abb. 9.22 veranschaulicht, wird das Prädikat einer Directory-Region durch die Prädikate aller zugehörigen Datenregionen erfüllt und diese wiederum durch die Prädikate aller enthaltenen Datenrechtecke. Das Prädikat eines Datenrechtecks wird schließlich durch die k Teilschlüssel des indexierten Satzes erfüllt. Listen- und Seitengröße zusammen bestimmen die Kapazität M eines Baumknotens und damit den maximalen Verzweigungsgrad des R-Baumes. Soll eine Cluster-Bildung für die in einer Datenregion zusammengefaßten Sätze erzielt werden, so sind die Blattknoten als Buckets anzulegen, die neben den Datenrechtecken als Indexinformation die zugehörigen Datensätze aufnehmen.

Beim Einfügen eines Datenrechtecks kann ein Blattknoten überlaufen, so daß eine Neuaufteilung ausgelöst wird. Durch die lokale Neuaufteilung entsteht eine neue Datenregion, die auf der nächst höheren Baumebene repräsentiert werden muß. Wie beim B*-Baum diskutiert, kann diese Einfügung wiederum zu einer Fortsetzung des Split-Vorgangs zur Wurzel hin führen [GUTT84]. Wegen der Überlappung von Regionen ist eine strikte lokale Ordnungserhaltung der räumlich ausgedehnten Objekte (Einhaltung der Topologieeigenschaft) nicht möglich. Da neu erzeugte Rechtecke/Regionen von mehreren Regionen aufgenommen werden können, müssen für die Zuordnung geeignete Heuristiken herangezogen werden, nach denen beispielsweise die Region mit dem kleinsten Flächenwachstum ausgewählt wird.

Bei der Suche müssen von der Wurzel ausgehend die Suchpfade für eine gegebene Anfrage so schnell wie möglich eingeschränkt werden. Sowohl bei Punkt- als auch bei Gebietsfragen

Innere Knoten

p_1	Z_1	p_2	Z_2	$\cdots$	p_m	Z_m	frei

p_i = Prädikat

Z_i = Zeiger zum Teilbaum, dessen Indexeinträge (Prädikate) alle das Prädikat p_i erfüllen

Blattknoten

D_i = Verweis (TID) auf Satz S_i

p_i = Prädikat, das durch die Teilschlüssel von S_i erfüllt wird

V = Vorgänger-Zeiger, N = Nachfolger-Zeiger

Abb. 9.23: Schematische Darstellung der Knoten eines Mehrwegbaumes

ist es offensichtlich für die Leistungsfähigkeit entscheidend, wie stark die einzelnen Regionen überlappen. Abb. 9.22 zeigt auf Ebene 0 einen Bereich, den X, Y und Z gleichermaßen abdecken. Falls sich die Anfrage auf diesen Bereich bezieht, muß auf der nächst tieferen Ebene in X, Y und Z gesucht werden usw., bis einzelne Suchpfade aufgegeben werden können.

Diese Beobachtung verdeutlicht die Wichtigkeit von Maßnahmen, die eine Überlappung von Regionen so gering wie möglich halten. Für weitgehend statische Anwendungen wird dazu in [ROUS85] der gepackte R-Baum vorgeschlagen, bei dem die Objekte nach einer bestimmten räumlichen Sortierreihenfolge in die Baumstruktur aufzunehmen sind. Eine allgemeine Lösung verlangt dagegen dynamisch anwendbare Heuristiken. Guttman [GUTT84] empfiehlt dafür als Kriterium bei der Aufteilung einer Region, eine möglichst kleine Flächensumme der beiden entstehenden Regionen (bei bestimmten Randbedingungen) anzustreben. Eine genaue Evaluierung solcher Kriterien erübrigt sich, da bei n verwalteten Regionen 2^n mögliche Lösungen betrachtet werden müßten und n typischerweise bei 50 und mehr liegt. Heuristischen Annäherungen an dieses Split-Kriterium wurden in [GUTT84, GREE89] untersucht.

Inzwischen wurde jedoch eine beträchtliche Leistungssteigerung durch eine Variation des Split-Kriteriums erzielt. In [BECK90] wird dafür eine Kombination aus der Summe des Umfangs, der Summe der Flächen und der Fläche des Durchschnitts für die beiden bei der Aufteilung entstehenden Regionen vorgeschlagen, die dann heuristisch zu optimieren ist. Die so entstehende Variante des R-Baumes wird als R*-Baum bezeichnet. Sie wird beispielsweise in [KATA97] als erfolgreichste Variante des R-Baumes charakterisiert, da sie ihre Leistungsfähigkeit bei vielen empirischen Experimenten und großen Variationsbreiten von Datenverteilungen, Aktualisierungsoperationen und Anfragetypen nachgewiesen hat. Dabei wurde sogar gezeigt, daß sie, als „Punktstruktur" eingesetzt, sogar dem Grid-File überlegen ist. Aus praktischer Sicht ergibt sich deshalb für den R*-Baum, ohne seine Implementierungskosten im Vergleich zum R-Baum wesentlich zu erhöhen, der wichtige Vorteil, den Zugriff sowohl auf Punktobjekte als auch auf räumlich ausgedehnte Objekte effizient in einer Struktur unterstützen zu können. Eine Variante des R*-Baumes, X-Baum genannt [BERC96], zielt auf weitere Leistungsverbesserungen durch Einführung von „Superknoten" und überlappungsfreier Neuaufteilung ab, was allerdings durch eine beträchtliche Erhöhung der Verfahrenskomplexität erkauft wird.

9.6.3 R⁺-Raum

Neben dem Konzept der Überlappung ist das der Überdeckung für die Güte der Abbildung wichtig. Die Überlappung einer Ebene des R-Baumes kann definiert werden als der gesamte Bereich, der in zwei oder mehr Knoten dieser Ebene enthalten ist. Die Überdeckung einer jeden Ebene des R-Baumes läßt sich dagegen charakterisieren als der gesamte Bereich, der erforderlich ist, um alle vorhandenen Rechtecke in dieser Ebene zu überdecken. Die Minimierung beider Größen ist für die Leistungsfähigkeit des R-Baumes wichtig [SELL87]. Minimale Überdeckung reduziert die Menge des „toten Raumes", der von seinen Knoten überdeckt wird; sie schränkt also den Suchraum ein. Durch minimale Überlappung läßt sich die Menge der Suchpfade von der Wurzel zu den Blättern beschränken; diese Maßnahme wirkt sich im allgemeinen noch stärker auf die Reduktion der Zugriffszeit aus als die minimale Überdeckung.

Nach unserer Klassifikation realisiert der R-Baum das Prinzip der überlappenden Regionen. Dabei muß bei seiner Wartung das Hauptaugenmerk auf die Minimierung der Überlappung gelegt werden. Der R⁺-Baum dagegen vermeidet die Überlappung von Regionen von vornherein, in dem er Partitionierungen erlaubt, bei denen Datenrechtecke zerschnitten werden dürfen. Diese Vorgehensweise verkörpert das Konzept des Clipping. Für ein räumlich ausgedehntes Objekt ergeben sich dann möglicherweise mehrere disjunkte Datenrechtecke, die im R⁺-Baum auf ein Objekt verweisen.

In Abb. 9.24 wird veranschaulicht, wie bei speziellen Objekten ein Clipping erfolgen kann. Offensichtlich wird in solchen Fällen auch die Überdeckungsproblematik bei Datenrechtecken wesentlich verbessert. Die Repräsentation eines Objektes durch mehrere Datenrechtecke hat allerdings zur Folge, daß eine Cluster-Bildung der in einer Datenregion zusammengefaßten Objekte nicht möglich ist. Weiterhin müssen bei bestimmten Suchvorgängen, beispielsweise bei der Enthaltenseins-Anfrage, komplexere Algorithmen eingesetzt werden. Trotz flexiblerer Indexierungsmöglichkeiten wurden bisher im allgemeinen Fall keine Leistungsvorteile zugunsten des R⁺-Baumes bekannt [GREE89]. Da die Wartung des R⁺-Baumes zudem algorithmisch erheblich schwieriger ist [SELL87] – die Balancierung in inneren Knoten erfordert die Neuaufteilung von Regionen und damit ihr Propagieren nach unten wie beim k-d-B-Baum –, kann er nicht als „verbesserte Variante" des R-Baumes empfohlen werden.

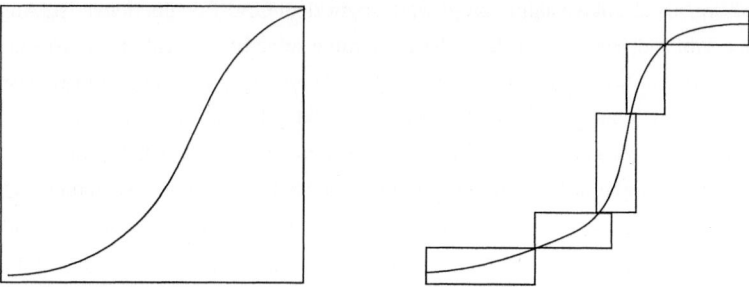

Abb. 9.24: Aufteilungsmöglichkeiten eines langen Linienobjektes im R+-Baum

9.6.4   Mehrschichtenstrukturen

Mehrschichtenstrukturen lassen sich lassen sich als Varianten von Verfahren verstehen, die eine Abbildung überlappender Regionen zulassen. Jedoch wird dabei versucht, die Probleme der Überlappung, wie sie beispielsweise beim R-Baum auftreten, zu vermeiden. Dazu wird eine mehrschichtige Struktur aufgebaut, die folgende Eigenschaften besitzt:

– Die einzelnen Schichten sind in einer Hierarchie organisiert, d. h., sie sind von der niedrigsten bis zur höchsten Schicht total geordnet.

– Jede einzelne Schicht partitioniert den Datenraum D auf unterschiedliche Weise.

– Innerhalb einer Schicht sind die Datenregionen disjunkt, d. h., überlappende Regionen müssen verschiedenen Schichten zugeordnet werden.

– Um die Anzahl der Schichten zu begrenzen, läßt sich bei großen k-dimensionalen Rechtecken Clipping einsetzen.

Die Einzelheiten solcher Mehrschichtenstrukturen sollen hier nicht weiter vertieft werden. Als interessante Realisierungsbeispiele sei auf das mehrstufige Grid-File [KRIS85, SIX88] (siehe dazu auch Abschnitt 9.5.2.5) und das R-File [HUTF90] verwiesen.

9.7   Verallgemeinerte Suchbäume für DBS

Wie die in diesem Kapitel eingeführten Verfahren belegen, konzentrierten sich in den letzten Jahren viele Forschungsansätze auf die Entwicklung spezieller mehrdimensionaler Zugriffspfade. Beispielsweise wurde eine große Anzahl von Strukturen vorgeschlagen, die jeweils gezielt spezielle Suchprobleme bei vorgegebenen Datentypen lösen. Diese Spezialisierung geht so weit, daß zugeschnittene Suchbäume zur Optimierung einzelner Anfragetypen entwickelt werden. Beispielsweise sind der SS-Baum (Similarity Indexing with Sphere Tree [WHIT96]) und der SR-Baum (Sphere/Rectangle Tree [KATA97]) auf Nächster-Nachbar-Anfragen und der Pyramid-Baum [BERC98] auf Bereichsanfragen hoher Dimensionalität ausgelegt. Was die Realisierung und Systemintegration betrifft, verlangen solche domänenspezifischen Ansätze einen hohen Implementierungs- und Wartungsaufwand für die Suche, Aktualisierung, Synchronisation und Recovery.

Weitere Forschungsansätze zielen darauf ab, existierende Suchbäume wie B*-Baum und R-Baum erweiterbar zu machen, um neue Datentypen unterstützen zu können. Jedoch bleiben bei diesen Ansätzen die grundsätzlichen Beschränkungen der zugrundeliegenden Struktur erhalten. B*-Bäume indexieren lineare Schlüsselfolgen und erlauben Anfragen bezüglich Schlüsselgleichheit oder Enthaltensein in linearen Schlüsselbereichen. R-Bäume unterstützen Anfragen mit Prädikaten bezüglich Gleichheit, Überlappung und Enthaltensein. Diese Strukturen bieten eine Erweiterbarkeit bei den Datentypen, aber nicht bei den Anfragemöglichkeiten (neue Prädikate).

Da das DBS-Anwendungsspektrum immer komplexer wird, ist die Flexibilität beider Ansätze nicht ausreichend. Es werden vielmehr mehrdimensionale Zugriffspfade verlangt, die erweiterbar sein sollen sowohl in den zu indexierenden Datentypen als auch in den zu unterstützenden Anfragetypen. Diese Anforderungen inspirierten in den letzten Jahren einen Forschungsansatz, der die Entwicklung einer vereinheitlichten und leicht erweiterbaren Zugriffspfadstruktur für den DBS-Einsatz verfolgte.

Als neue, erfolgsversprechende Idee wurde schließlich von Hellerstein, Naughton und Pfeffer der verallgemeinerte Suchbaum[5] (GiST: Generalized Search Tree) vorgeschlagen [HELL95]. Der GiST beruht auf einen objektorientierten Ansatz, besitzt eine Code-Basis und kann mit Hilfe von vier benutzerdefinierten Methoden für neue Anwendungen konfiguriert oder spezialisiert werden. Durch den Einsatz eines einheitlichen Implementierungskerns (GiST Library) und den benutzerdefinierten Methoden zur Spezialisierung der Behandlung von Suchschlüsseln gewährleistet der GiST Erweiterbarkeit zusammen mit Code-Reuse. Beispielsweise kann ein GiST auf diese Weise das Verhalten von B*-Baum, R-Baum, k-d-B-Baum [ROBI81] und viele andere mehr nachbilden. Weiterhin bietet er als Methode Allgemeingültigkeit und eine klar definierte Benutzerschnittstelle.

9.7.1 Struktur und Eigenschaften des GiST

Ähnlich wie der B*-Baum ist der GiST ein balancierter Suchbaum, der generische Algorithmen zur Navigation und zur Aktualisierung der Baumstruktur durch Neuaufteilung, Mischen und Löschen von Knoten bereitstellt. Abb. 9.23 zeigt den schematischen Aufbau der inneren Knoten und der Blattknoten eines Mehrwegbaumes. Im Vergleich zum B*-Baum als Basisstruktur oder zum R-Baum werden jedoch einige Verallgemeinerungen vorgenommen. Alle Knoten besitzen einen variablen Verzweigungsgrad (fanout) m zwischen

$$f \cdot M \quad \text{und} \quad M \quad \left(\frac{2}{M} \leq f \leq \frac{1}{2} \right)$$

mit Ausnahme der Wurzel, deren Verzweigungsgrad zwischen 2 und M liegen kann. Die Konstante f stellt den minimalen Füllfaktor des Baumes dar, der für f < 1/2 die Flexibilität bei der

---

[5] Wie beim B*-Baum werden die inneren Knoten als Directory benutzt und enthalten „Wegweiser",
während die Blattknoten auf die aktuellen Daten verweisen.

Neuaufteilung von Knoten und Indexeinträgen erhöht. Die inneren Knoten eines GiST besitzen als Einträge (p, Z)-Paare mit einem Prädikat p, das eine „umhüllende Figur" beschreibt und als Wegweiser für das Durchwandern des Baumes verwendet wird, und einem Verweis Z auf einen Teilbaum (Sohnseite). Seine Blattknoten enthalten als Einträge (p, D)-Paare mit einem Prädikat p, das als Suchschlüssel verwendet wird, und einer Satzadresse D. Die Verallgemeinerung der GiST-Struktur und ihre größeren Freiheitsgrade kommen dadurch zustande, daß *ein Indexeintrag ein beliebiges Prädikat enthalten kann, das für alle Prädikate des abhängigen Teilbaumes gilt.* Der Aufbau und die Interpretation der Prädikate bestimmen also im wesentlichen die Eigenschaften des GiST, die in der nachfolgenden Definition zusammengefaßt sind.

Definition: Ein GiST vom Typ (f, M, h) ist ein Suchbaum mit folgenden Eigenschaften:

i)   Jeder Weg von der Wurzel zum Blatt hat die Länge h.

ii) Jeder Knoten enthält zwischen $f \cdot M$ und M Indexeinträge, wenn er nicht die Wurzel ist.

iii) Die Wurzel hat mindestens 2 Söhne, wenn sie kein Blatt ist.

iv) Jeder Indexeintrag (p, ptr) in einem Blatt liefert p = TRUE, wenn er mit den Werten aus dem referenzierten Satz (ptr = D) instanziiert wird.

v)   Jeder Indexeintrag (p, ptr) in einem inneren Knoten liefert p = TRUE, wenn er mit den Werten aus Sätzen, die über ptr erreicht werden können, instanziiert wird.
     Für einen Eintrag (p', ptr'), der über ptr erreichbar ist, wird nicht gefordert, daß p'→p gilt. p' und p können unabhängig und orthogonal zueinander gewählt werden.[6]

Neben diesen strukturellen Bedingungen verlangt ein GiST keine weiteren Einschränkungen bezüglich der Schlüsselspeicherung im Baum. Insbesondere muß der Schlüsselraum nicht geordnet sein, was die Speicherung mehrdimensionaler Schlüssel gestattet. Beim B*-Baum dagegen überdeckt jede interne Baumebene den Schlüsselraum, und die (internen) Referenzschlüssel einer Ebene partitionieren jeweils den Schlüsselraum. Diese Restriktionen werden beim GiST nicht gefordert, so daß bei der Suche folgende Bedingungen berücksichtigt werden müssen:

– Auf derselben Baumebene sind Einträge mit umhüllenden Prädikaten (BP: Bounding Predicate) gestattet, die sich überlappen können. Dadurch kann die Wegauswahl bei der Schlüsselsuche mehrdeutig werden.

– Die Vereinigung aller BPs kann verglichen mit dem gesamten Schlüsselraum „Löcher" aufweisen.

– Die Blattknoten des GiST partitionieren die Menge der gespeicherten TIDs, wobei auf einen gespeicherten Satz jeweils nur ein Blatteintrag verweisen kann[7].

Entsprechend dieser Struktureigenschaften ergeben sich beim GiST komplexere Grundoperationen:

---

[6] Beim R-Baum wird dagegen p'→p gefordert, da die umschließenden Rechtecke in einer Enthaltenseinshierarchie organisiert sind. Seine Definition ist damit unnötig restriktiv.

[7] Diese Einschränkung schließt beispielsweise die Nachbildung eines R^+-Baums durch einen GiST aus.

- SEARCH: liefert für ein Prädikat p_i alle Blatteinträge zurück, die p_i erfüllen. Dazu ist möglicherweise rekursive Suche erforderlich.
- INSERT fügt einen Indexeintrag (p_i, D) in den GiST ein. Wegen der überlappenden BPs kann es mehr als einen Teilbaum geben, in den der Eintrag eingefügt werden kann.
- DELETE entfernt ein (p_i, D)-Paar aus einem Blattknoten.

Diese generischen Operationen werden vom Benutzer (Implementierer) durch eine Menge von Erweiterungsmethoden ergänzt, die das genaue Verhalten der Such- und Aktualisierungsoperationen sowie die Schlüsselorganisation innerhalb des Suchbaums verkapseln. Dadurch läßt sich der GiST als Zugriffsmethode spezialisieren (z. B. B*-Baum, R-Baum), um so bestimmte Datentypen und Anfragen optimal unterstützen zu können.

9.7.2 Die wesentlichen Parameter

Neben der Verallgemeinerung der Suchschlüssel (Indexeinträge) durch beliebige Prädikate separiert der GiST-Ansatz die Grundstruktur von Suchbäumen (als Variation des B*-Baums) von den (wenigen) Erweiterungsmethoden zur Kapselung von Implementierung und Verhalten. Diese Unterscheidung hat in mehrfacher Hinsicht eine erhebliche konzeptionelle Tragweite. Einerseits erzwingt sie beim Entwurf eines Suchbaums, die wesentlichen Parameter oder Einflußfaktoren zu klassifizieren, klar zu isolieren sowie den einzelnen Erweiterungsmethoden zuzuordnen. Der Entwurfsraum wird dadurch modellhaft aufgespannt und erlaubt somit für die einzelnen Verhaltens- und Leistungsaspekte gezielte Entwurfsentscheidungen. Andererseits gestattet diese Vorgehensweise die systematische Untersuchung der leistungsbestimmenden Parameter eines Suchbaums dadurch, daß mit relativ geringem Aufwand einzelne Erweiterungsmethoden iterativ verändert und in ihrem Einfluß auf das Zugriffsverhalten analysiert werden können. Diese Analyse wird durch ein GiST-Framework unterstützt [WHAN98].

Als wesentliche Einflußfaktoren werden in [HELL95, WHAN98] folgende Merkmale identifiziert. Wir diskutieren sie beispielhaft am R*-, SS- und SR-Baum:

- **Umhüllende Prädikate** (Bounding Predicates):
  Dieses Merkmal betrifft die minimalen Umhüllungen der zu speichernden Daten, ihrer Datenregionen und Directory-Regionen (siehe Abb. 9.22). Um einen hohen Verzweigungsgrad und geringe Suchkosten zu erzielen, müssen diese Prädikate kompakt zu speichern und einfach zu überprüfen sein. Der R*-Baum setzt umhüllende Hyper-Rechtecke ein, während der SS-Baum umhüllende Hyper-Kugeln, d.h. einen n-dimensionalen Punkt und einen Radius, heranzieht. Der SR-Baum speichert beide Strukturen, umhüllende Hyper-Rechtecke und -Kugeln, und kann deshalb gleichzeitig einige Optimierungen von R*-Baum und SS-Baum vornehmen.
- **Einfügeheuristik** (Penalty Metric):
  Bei Überlappung der umhüllenden Prädikaten (BPs) kann ein neuer Indexeintrag E verschiedenen Teilbäumen zugeordnet werden. Die gewählte Einfügeheuristik muß mit Hilfe der BPs in den tieferen Knoten den Modifikationsaufwand abschätzen, um den Teilbaum

mit den geringsten erwarteten Einfügekosten für die Operation zu bestimmen. Der R*-Baum schätzt die Einfügekosten anhand des Überlappungsgrads des neuen Objekts mit existierenden BPs ab. Der SS- und SR-Baum dagegen ziehen den Euklidischen Abstand von E zum Zentrum einer überlappenden Hyper-Kugel heran.

– **Wiedereinfügestrategie** (Reinsertion Policy):

Verfahren zur Neuaufteilung von Knoten können bei mehrdimensionalen Zugriffspfaden zu einer schlechten Cluster-Bildung führen. Deshalb versuchen verschiedene Verfahren, dieses Problem durch eine Sonderbehandlung betroffener Einträge bei der Neuaufteilung zu entschärfen. Der R*-Baum fügt beim Überlauf eines Knotens K_n die 30 % der Einträge, die den weitesten Abstand zum räumlichen Zentrum haben, erneut einzeln ein, um sie auf Knoten mit überlappenden Prädikaten aufzuteilen. Erst wenn dabei auf derselben Baumebene ein Knoten K_m überläuft, wird bei K_m eine normale Neuaufteilung durchgeführt. Noch aufwendigere Split-Strategien finden sich in SR- und SS-Bäumen.

– **Knotenaufteilung** (PickSplit-Algorithmus):

Bei der Neuaufteilung eines Knotens (Seite) entscheidet dieser Algorithmus, welche Einträge bleiben und welche in die neue Seite verschoben werden. Dabei versucht der R*-Baum die Hyper-Oberflächen und die Hyper-Volumina der Überlappung der resultierenden Knoten zu minimieren (siehe Abschnitt 9.6.2). SS- und SR-Baum bestimmen die Dimension mit der größten Varianz und richten danach den Split-Vorgang aus.

Für die Realisierung dieser vier Einflußfaktoren sind nach [HELL95] vier benutzerdefinierte Methoden, die das Verhalten der Suchschlüssel (Schlüsselmethoden) festlegen, ausreichend. Wegen der komplexen Baumoperationen kann ihre Implementierung umfangreich werden.

9.7.3 Spezialisierung durch Schlüsselmethoden

Prinzipiell können die Suchschlüssel und Wegweiser eines GiST beliebige Prädikate sein. In praktischen Fällen kommen die Schlüssel jedoch von einer benutzerdefinierten Objektklasse, die der GiST-Struktur eine Menge von Methoden zur Verfügung stellt. Beispiele für Schlüsselbereiche sind Integer-Bereiche für Daten aus $\mathbf{Z}$ (wie in B*-Bäumen), umschließende Rechtecke (n-dimensionale Boxen) für Regionen in $\mathbf{R}^n$ (wie in R-Bäumen) und umschließende Mengen für mengenwertige Daten (z. B. Daten aus $\mathbf{P(Z)}$ wie in RD-Bäumen [HELL95]. Mit Hilfe der folgenden vier Methoden kann der Benutzer die Schlüsselklasse für einen GiST redefinieren:

– Consistent(E, q): Für einen gegebenen Eintrag E = (p, ptr) und ein Anfrageprädikat q liefert die Methode FALSE, falls $(p \wedge q)$ nicht erfüllbar ist, sonst TRUE zurück.[8]

– Union(P): Eine Menge P von Einträgen $(p_1, ptr_1), ..., (p_n, ptr_n)$ liefert ein Prädikat r zurück, das von allen über ptr_1 bis ptr_n erreichbaren Tupeln erfüllt wird. Beispielsweise kann r so gebildet werden, daß $(p_1 \vee ... \vee p_n) \rightarrow r$.

---

[8] Ein genauer Test für die Erfüllbarkeit ist nicht erforderlich für die Korrektheit der Baumalgorithmen. Schlimmstenfalls werden irrelevante Teilbäume durchsucht, was nur die Leistungsfähigkeit beeinträchtigt.

- Penalty(E_1, E_2): Zwei Einträge $E_1=(p_1, ptr_1)$ und $E2=(p_2, ptr_2)$ liefern einen domänenspezifischen Penalty-Wert zurück, der den Aufwand und die Qualität des Einfügens von E_2 in einen Teilbaum mit E_1 als Wurzel beschreibt. Er wird zur Unterstützung von Split- und Einfügealgorithmen benutzt. Typischerweise charakterisiert die Penalty-Metrik den Größenzuwachs von $E_1.p_1$ im Vergleich zu Union ($\{E_1, E_2\}$).

- PickSplit(P): Eine Menge P von M+1 Einträgen (p, ptr) wird aufgeteilt in zwei Mengen P_1 und P_2 von Einträgen, so daß jede Menge mindestens f · M Einträge umfaßt. PickSplit kontrolliert also den minimalen Füllfaktor f. Zusammen mit Penalty kann der Benutzer hierbei die „Güte" des Baumes optimieren.

Diese vier benutzerdefinierten Methoden reichen aus, die GiST-Struktur auf eine spezielle Zugriffsmethode hin zu spezialisieren. Weitere Methoden zur Erhöhung der Leistungsfähigkeit von GiST-Strukturen sind optional. Beispielsweise werden in [HELL95] zusätzlich spezifiziert:

- Compress(E): Ein Eintrag E = (p, ptr) liefert einen Eintrag (π, ptr) zurück, wobei π eine komprimierte Darstellung von p ist.

- Decompress(E): Ein komprimierter Eintrag E = (π, ptr) mit π = Compress(p) liefert einen Eintrag (r, ptr) zurück, so daß (p → r). Eine Kompression kann verlustbehaftet sein, da p ↔ r nicht gefordert wird.

Beispiele für die konkrete Abbildung dieser Schlüsselmethoden für B*-Baum, R-Baum und RD-Baum finden sich in [HELL95].

9.7.4 Weitergehende Forschungsaspekte

Der GiST-Ansatz eignet sich in hervorragender Weise zu Leistungsanalyse, Vergleich und Optimierung von Suchbäumen. In [WHAN98] wurde gezeigt, wie mit Hilfe eines GiST-Framework Suchbäume (R*-, SS- und SR-Baum) detailliert verglichen und ihre leistungsbestimmenden Parameter isoliert analysiert werden können. Beispielsweise erwies sich für die Optimierung von Nächster-Nachbar-Anfragen der Parameter „Penalty Metric", so wie er in den SS- und SR-Bäumen implementiert wurde, als entscheidender Vorteil im Vergleich zur R*-Baum-Realisierung, da er eine wesentlich bessere Cluster-Bildung erzielte. Dagegen waren die rechteckförmigen umhüllenden Prädikate den kugelförmigen bei hohen Dimensionen überlegen, während die Wiedereinfüge- und PickSplit-Verfahren keine großen Leistungsunterschiede bewirkten. Die experimentelle Untersuchung förderte auf synthetischem Wege zutage, daß R*-Bäume mit einer modifizierten Einfügeheuristik eine attraktive Wahl für die Nächster-Nachbar-Suche darstellen, zumal diese Strukturen schon in verschiedenen Systemen eingesetzt werden und gute Ergebnisse bei der Bereichssuche liefern.

Mit der Untersuchung in [WHAN98] wurde der Nachweis erbracht, daß der GiST-Ansatz eine gezielte und isolierte Optimierung leistungskritischer Parameter bei Suchbäumen erlaubt und damit ihren systematischen Entwurf fördert. Diese Vorgehensweise ist jedenfalls wesentlich effektiver, als immer wieder sehr ähnliche Zugriffspfadstrukturen mit neuen Namen zu

„erfinden". Außerdem bietet er einen Weg, die eingangs des Kapitels erwähnte Fülle von Vorschlägen und Verfahren zu ordnen und zu vergleichen [GAED98].

Durch die Verfügbarkeit des GiST-Framework als Analyse- und Entwurfswerkzeug drängen sich weitere Fragen auf. Können alle Datenmengen durch einen vereinheitlichten, erweiterbaren Suchbaum effizient indexiert werden? Welche Datentypen eignen sich besonders? Wird es als Folge zukünftiger Forschungsarbeiten eine Theorie der Indexierbarkeit geben? Sie sollte Hinweise liefern, welche Eigenschaften von DBS-Arbeitslasten (Datentypen und zugehörige Anfragen) die Erstellung eines effizienten Index schwierig gestalten. Diese Hinweise könnten allzu eifrige Implementierungsversuche bei „nicht-indexierbaren" Arbeitslasten begrenzen und andererseits bisher nicht bekannte Techniken für indexierbare Arbeitslasten aufzeigen. Im Rahmen unserer Abhandlung können wir diese äußerst interessanten Fragen jedoch nicht weiter vertiefen.

9.8   Zusammenfassung und Vergleich

Bei unserer Darstellung der Konzepte und Verfahren für mehrdimensionale Zugriffspfade konnten bei weitem nicht alle Vorschläge [GAED98, WIDM91] berücksichtigt werden. Allein die hier ausgewählten Zugriffspfade verkörpern schon eine beträchtliche Komplexität, die ihr Studium nicht gerade einfach gestaltet. Deshalb sollen wichtige Verfahren aus den verschiedenen Verfahrensklassen in ihren wesentlichen Eigenschaften noch einmal tabellarisch zusammengefaßt und verglichen werden.

Tabelle 9.1 stellt die ausgewählten Verfahren mit den uns interessierenden Merkmalen zusammen. Als erste zu vergleichende Eigenschaft wählen wir das der jeweiligen Zugriffspfadstruktur zugrundeliegende Organisationsprinzip, nach dessen Ausprägungen wir dieses Kapitel im wesentlichen gegliedert haben. Beim Quadranten-Baum und beim Mehrschlüssel-Hashing bestimmt die Organisationsform durch Zeiger oder Berechnungsverfahren den Speicherplatz der Datensätze, die Punktobjekte repräsentieren. Die weiteren Verfahren organisieren den umgebenden Raum, wobei dann alle Objekte, die Zellen, Regionen u. a. zugeordnet sind, als Datensätze in Buckets oder Seiten gespeichert sind. Bei Überlauf solcher Speichereinheiten ist eine dynamische Reorganisation oder Verfeinerung des umgebenden Raums erforderlich. Dabei bestimmt das Prinzip „Divide and Conquer" die Vorgehensweise beim k-d-B-Baum (Teilung einer Zelle oder Region), während das Grid-File durch einen eine ganze Dimension betreffenden Split-Vorgang eine Dimensionsverfeinerung erzielt. Der R-Baum dagegen basiert (wie der k-d-B-Baum) auf dem B*-Baum. Durch die Darstellung räumlicher Objekte sind die Zellen und Regionen dieser Struktur nicht disjunkt, so daß überlappende Regionen verfeinert werden müssen. Beim R$^+$-Baum wird durch Zerlegen der die räumlichen Objekte charakterisierenden Zellen (Rechtecke) eine Überlappung von Zellen und Regionen vermieden, so daß günstigere Zugriffsstrukturen entstehen sollen. Da beim R$^+$-Baum jedoch ein erheblich höherer Wartungsaufwand anfällt, wird i. allg. der R-Baum (bzw. R*-Baum) für den praktischen Einsatz empfohlen.

Der k-d-B-Baum und das Grid-File wurden für die Speicherung von Punktobjekten entwickelt. Ein eher exotischer und wenig praxistauglicher Vorschlag erlaubt beim Grid-File auch die Speicherung räumlich ausgedehnter Objekte (hier Rechtecke), in dem sie durch Transformation auf höherdimensionale Punkte abgebildet werden [HINR85]. Dabei gehen jedoch wichtige, wünschenswerte Eigenschaften wie Erhaltung der topologischen Struktur verloren.

Ein Leistungsvergleich der verschiedenen Verfahren ist für die vorgegebenen Anfragetypen sowie für die Wartungsoperationen recht schwierig. Insbesondere würde er detaillierte quantitative Modelle mit einer Vielzahl von Parametern erfordern, für die unsere Betrachtungsebene beträchtlich verfeinert werden müßte. Deshalb werden wir außer bei der exakten Anfrage nur beschreibende und qualitative Charakteristika heranziehen. Die Zugriffskosten der exakten Anfrage lassen sich dagegen noch relativ einfach ermitteln; in der betreffenden Zeile von Tabelle 9.1 sind die erforderlichen logischen Seiten- oder Bucket-Zugriffe abgeschätzt. Da beim Quadranten-Baum keine Seitenzuordnung bekannt ist, wurde angenommen, daß jeder Knotenzugriff den Zugriff auf eine neue Seite erfordert. Der Parameter m soll den Verzweigungsgrad des B*-Baums beim k-d-B-Baum und beim R-Baum charakterisieren; m kann den Wert 100 und mehr erreichen, so daß sehr breite Bäume geringer Höhe entstehen. Komplexere Anfragen erfordern die Bestimmung der Nachbarschaft von Objekten, was von allen ausgewählten Verfahren bis auf das Mehrschlüssel-Hashing unterstützt wird. Zur Abwicklung der betreffenden Anfragetypen ist auf den Baumstrukturen rekursive Suche möglicherweise in mehreren Teilbäumen einzusetzen, während beim Grid-File sich die betroffenen GD-Einträge berechnen und damit die in Frage kommenden Bucket-Adressen direkt ermitteln lassen. Beim Mehrschlüssel-Hashing können nur die exakte Anfrage und die partielle Anfrage ausgeführt werden.

Das Kriterium „Dynamische Reorganisation" zeigt, ob eine Struktur sich dynamisch der wachsenden oder schrumpfenden Objektmenge anpaßt oder nicht. Hier ergibt sich ein enger Zusammenhang zum Kriterium „Organisationsprinzip". Außerdem ist dynamische Reorganisationsfähigkeit eine Voraussetzung für die Erhaltung der topologischen Struktur, was einer abschnittsweisen Erhaltung der Cluster-Bildung entspricht. Das Wachstum oder die Schrumpfung der Strukturen ist i. allg. ungleichmäßig und unvorhergesehen, so daß ständig Maßnahmen zu ergreifen sind, die ihre Entartung verhindern und die topologische Struktur der Objekte aufrechterhalten. Das gelingt bei den Punktobjekte verwaltenden Strukturen k-d-B-Baum und Grid-File. Beim R-Baum können bei ungünstiger Größe und Lage räumlicher Objekte starke Überlappungen der Regionen auftreten, so daß sich Cluster-Bildung der Objekte nicht immer gewährleisten läßt.

Wenn sich die Zugriffsstruktur von den Daten trennen läßt und die Daten sich in Buckets oder Seiten entsprechend den Referenzen der Zugriffsstruktur speichern lassen, dann ist eine Eignung des Verfahrens für Externspeicher gegeben. Nach unserer Bewertung erfüllen alle ausgewählten Verfahren bis auf den Quadranten-Baum dieses Kriterium.

Vergleich	Quadranten-Baum	Mehrschlüssel-Hashing	k-d-B-Baum	Grid-File	R-Baum
Organisationsprinzip	Organisation der Datensätze		Organisation des umgebenden Raumes		
			Divide and Conquer	Dimensions-verfeinerung	überlappende Regionen
Objektdarstellung	Punkt-objekte	Punkt-objekte	Punkt-objekte	Punktobjekte räumliche Objekte durch Transformation	räumliche Objekte
Zugriffskosten der exakten Anfrage (balanc. Struktur)	$\log_4 N$	1	$\log_m N$	2	$\log_m N$
Bestimmung der Nachbarschaft: Bereichs- u. Nächster-Nachbar-Anfrage	rekursive Baumsuche	---	rekursive Baumsuche	Berechnung der Buckets	rekursive Baumsuche
Dynamische Reorganisation	---	---	Split-Verfahren Zelle/Region	Split-Verfahren Dimension	Split-Verfahren Zelle/Region
Erhaltung der topologischen Struktur	nein	nein	ja	ja	nein
Trennung von Zugriffsstruktur und Daten	nein	ja	ja	ja	ja

Tabelle 9.1:   Vergleich wichtiger Verfahren für mehrdimensionale Zugriffspfade

Der Vergleich der in Tabelle 9.1 aufgelisteten Eigenschaften zeigt eindeutig eine Gruppe von Verfahren als ernsthafte Kandidaten für die Implementierung von mehrdimensionalen Zugriffspfaden in praktischen Systemen. Je nach Anforderung kommen R-Baum, Grid-File und k-d-B-Baum in Frage, wobei bei letzterem noch genauer die Komplexität der Implementierung zu klären ist

Wie in Abschnitt 9.7 gezeigt wurde, ist der GiST-Ansatz in hervorragender Weise geeignet, Leistungsanalyse, Vergleich und Optimierung von Suchbäumen durchzuführen. Diese Aufgabe wird dadurch unterstützt, daß eine allgemeine Code-Basis zur Verfügung gestellt wird, die durch Schlüsselmethoden zu ergänzen ist. Solche benutzerdefinierte Methoden erlauben die Implementierung zugeschnittener, mehrdimensionaler Zugriffspfadstrukturen. Durch Separierung und Kapselung der leistungsbestimmenden Parameter in diesen Schlüsselmethoden läßt sich neben einer schnelleren Entwicklung und Analyse eine einfachere Struktur- und Verhaltensvariation erreichen.

Teil IV

Datensystem

10 Satzorientierte DB-Schnittstelle

Die Objekte der internen Satzschnittstelle, deren wichtigste Implementierungstechniken in den Kapiteln 6 - 9 beschrieben wurden, sind physische Objekte in dem Sinne, daß sie direkt in den spezifizierten Formaten in den DB-Seiten gespeichert sind. Alle Objekte höherer DB-Schnittstellen stellen Abstraktionen dieser physischen Objekte dar; sie sind logische Objekte in dem Sinne, daß sie selbst keine direkte physische Repräsentation besitzen, sondern jeweils nur zum aktuellen Referenzzeitpunkt „existieren", d. h. aus den physischen Objekten der internen Satzschnittstelle abgeleitet bzw. auf sie abgebildet werden.

Gemäß unserem Schichtenmodell realisiert die jetzt zu betrachtende Abbildungsschicht der logischen Zugriffspfadstrukturen die satzorientierte DB-Schnittstelle. Diese erlaubt eine Abstraktion von den vorhandenen physischen Speicherungsstrukturen und Zugriffspfaden. Ohne Einzelheiten ihrer Darstellung zu kennen, ist mit Hilfe von geeigneten Operationen satzweises Einfügen, Löschen und Modifizieren von externen Sätzen möglich. Auch das Suchen von Sätzen geschieht prinzipiell satzorientiert. Charakteristische Aufsuchoperationen umfassen den direkten Zugriff über Satz- oder Objektidentifikatoren (interne Datenbankschlüssel oder Satznummern), den inhaltsorientierten Zugriff über Schlüsselwerte oder den navigierenden Zugriff längs eines logischen Zugriffspfades.

Falls den Zugriffsoperatoren keine Suchprädikate mitgegeben werden können, erzwingt das Durchmustern einer homogenen Satzmenge (Kollektion mit N Sätzen) das satzweise Bereitstellen und Überprüfen aller Sätze oberhalb der satzorientierten DB-Schnittstelle, also in der nächsthöheren Systemschicht oder im Anwendungsprogramm. Wenn nur ein Bruchteil der zu überprüfenden Sätze benötigt wird, d. h. sich als „Treffer" qualifiziert ($N_{qual} \ll N$), ist diese Form der Suche wegen der erforderlichen N Satztransporte und Schnittstellenüberquerungen sehr ineffizient. Deshalb wird in vielen satzorientierten DBS für diese Art der Suche eine schwache Form der Mengenorientierung[1] eingeführt, die wir 1-mengenorientiert [NINK98] nennen wollen. Hierbei kann dem Zugriffsoperator ein Suchprädikat mitgegeben werden, so daß die Überprüfung der Sätze „vor Ort" erfolgen kann und bei jedem Aufruf ein Treffer zurückgeliefert wird, was die Anzahl der Aufrufe auf N_{qual} beschränkt. Zulässige Suchprädikate

---

[1] Die uneingeschränkte Form der Mengenorientierung erlaubt typübergreifende Operationen (z. B. Verbund oder Vereinigung) und damit die mengenorientierte Verknüpfung und Auswertung verschiedener Satzmengen (n-mengenorientiert [NINK98]).

müssen sich satzweise prüfen lassen und erlauben in der Regel nur Boolesche Verknüpfungen von Termen, die Vergleiche der Form „Attribut Θ Wert" (mit $\Theta \in \{<, =, >, \leq, \neq, \geq\}$) betreffen. Deshalb werden sie auch als einfache Suchargumente (SSA: simple search argument) bezeichnet.

Hierarchie- und Netzwerk-Datenmodelle sowie viele objektorientierte Datenmodelle beschränken sich auf Operationen mit satzweisem und möglicherweise 1-mengenorientiertem Zugriff. Deshalb bieten die diese Datenmodelle realisierenden DBS die satzorientierte DB-Schnittstelle explizit als Anwendungsprogrammierschnittstelle (API: application programming interface) an. Beispiele dafür sind viele „Alt-Systeme" wie IMS, UDS oder andere CODASYL-Systeme [CODA78] sowie jüngere objektorientierte DBS wie ObjectStore, Ontos u. a.[2] Da die satzorientierte DB-Schnittstelle in diesen Systemen eine externe Schnittstelle repräsentiert, werden die Objekte und Operatoren der Schnittstelle durch symbolische Namen angesprochen.

In relationalen DBS dagegen wird die satzorientierte DB-Schnittstelle durch eine zusätzliche Abbildungsschicht vor den DB-Benutzern verborgen. Sie wird als satzorientierte Schnittstelle intern realisiert, die aus Effizienzgründen mit numerischen Namen für Objekte und Operatoren auskommt.

Relationale DBS besitzen eine mengenorientierte DB-Anwendungsschnittstelle, die in unserem Schichtenmodell durch eine weitere Abbildungsschicht repräsentiert wird. Die Funktionalität dieser Schicht wird in konkreten Implementierungen in der Regel durch einen Compiler verkörpert, der für jede DB-Anforderung zur Übersetzungszeit einen Zugriffsmodul erzeugt, der prinzipiell auf der satzorientierten Schnittstelle ablaufen kann (siehe Kapitel 12). Jede DB-Anforderung durch das Anwendungsprogramm bewirkt dann ein Laden und Ausführen des entsprechenden Zugriffsmoduls [BLAS81]. Auch in relationalen DBS ist deshalb die jetzt zu betrachtende Abbildungsschicht in vielen Fällen die oberste Systemschicht zur Laufzeit. In dieser Schicht müssen die DB-bezogenen Kontroll- und Ablaufstrukturen der Anwendung bekannt sein; insbesondere sind hier Transaktionen bekannt, deren Struktur in den tieferen Systemschichten verlorengeht. Weiterhin muß in dieser Schicht die Information des gesamten konzeptionellen Schemas und aller externer Schemata verfügbar sein, da sie die Abbildung der DB-Objekte gemäß dieser Schemainformation vornehmen muß. Aufgaben, die bei der Übersetzung einer satzorientierten DB-Anforderung (in hierarchischen oder netzwerkartigen DBS) anfallen, sind i. allg. von geringer Komplexität. In Kapitel 12 werden sie für mengenorientierte DB-Anforderungen recht allgemein behandelt, so daß auf ihre separate Diskussion verzichtet werden kann.

Folgende Aufgaben sind durch die betrachtete Abbildungsschicht zu lösen:

– Bereitstellung von vollständigen Beschreibungsinformationen der vorhandenen Datenobjekte und von DB-Katalogfunktionen

---

[2]   Einige objektorientierte DBS wie beispielsweise O_2 und POET bieten zusätzlich den Zugriff über die mengenorientierte Anfragesprache OQL. Diese Anfragefunktionalität wird nach unserem Architekturmodell in der nächsthöheren Schicht bereitgestellt; ihre Realisierung wird deshalb in Kapitel 12 diskutiert.

- Abbildung der externen Sätze und logischen Zugriffspfade auf die internen Sätze und physischen Zugriffspfade; dabei optionale Nutzung von Partitionierungsmöglichkeiten für sehr große Satztypen oder Relationen

- Abwicklung der satzorientierten und 1-mengenorientierten DB-Verarbeitung; Bereitstellung von Navigations- und Auswahlmöglichkeiten auf Speicherungsstrukturen und Zugriffspfaden durch Scan-Verfahren

- Funktionen zur Umordnung von Sätzen nach vorgegebener Reihenfolge durch einen Sortieroperator, der vor allem zur Unterstützung höherer Operationen nutzbringend herangezogen werden kann

- Verwaltung von Transaktionen und die dabei erforderlichen Maßnahmen für Betriebsmittelvergabe, Scheduling, Lastkontrolle u. a.

10.1 Objekte und Operatoren

Zur genaueren Charakterisierung der satzorientierten DB-Schnittstelle führen wir ihre typischen Objekte und Operatoren ein, soweit sie in einem breiten Spektrum von DBS vorkommen. Dabei werden die herkömmlichen Bezeichnungen der relationalen und der CODASYL-Terminologie angegeben:

- *Segment (Area)*: Segmente sind sichtbare Einheiten der Speicherzuordnung und nehmen jeweils n Satztypen auf. Ihre Kontrolle an der satzorientierten DB-Schnittstelle dient vor allem der Erhöhung der Performance und der Cluster-Bildung (z. B. für Owner- und Member-Satztyp).

- *Satztyp (Relation)*: Ein Satztyp dient zur Darstellung eines Entity-Typs und ist damit Träger der eigentlichen Informationen der Miniwelt. Er besteht aus einer homogenen Sammlung von null oder mehr Sätzen im externen Format, die aus n Attributen aufgebaut sind. Sätze verschiedener Satztypen können einem Segment zugeordnet sein.

- *Satz (Tupel)*: Ein Satz ist eine Zusammenfassung von n Attributen, die jeweils einen Attributwert aufnehmen. Komplexere Satzdarstellungen erhält man, wenn die Konstruktoren LIST und SET oder lange Felder erlaubt sind. Jedes Attribut kann einen unterschiedlichen Datentyp besitzen und von fester oder variabler Länge sein. Attribute werden durch eindeutige Namen innerhalb eines Satzes bezeichnet. Die Charakteristika der Attribute des externen Satzes brauchen nicht mit denen der Felder des zugehörigen internen Satzes übereinzustimmen, solange ihre Abbildung durch geeignete Konversionsregeln möglich ist.

- *Index (Search Key)*: Ein Index unterstützt den schnellen, direkten Zugriff über Primär- und Sekundärschlüssel (UNIQUE, NONUNIQUE) und die logisch fortlaufende Verarbeitung aller Sätze eines Satztyps.[3] Als spezielle Option für die Speicherzuordnung der Sätze ist oft Cluster-Bildung vorgesehen. Als logische Reihenfolge läßt sich eine Sortierord-

---

[3] Ein solcher Zugriffspfadtyp heißt auch Image [ASTR76] oder System-Set [CODA78].

nung nach Werten eines oder mehrerer Attribute spezifizieren. Es können dabei Attribute eines Satztyps in beliebiger Reihenfolge und mit zusätzlicher Spezifikation nach auf-/absteigenden Werten gewählt werden. Ein mehrdimensionaler Index erlaubt den symmetrischen Zugriff über einzelne oder alle Schlüsselattribute und unterstützt insbesondere raumbezogene Anfragen (Bereichsanfragen, Nächster-Nachbar-Anfragen). Pro Satztyp können null oder mehr Indexstrukturen definiert werden.

– *Set (Link)*: Eine Set-Struktur ist ein hierarchischer Zugriffspfad, der den navigierenden Zugriff zwischen Sätzen zweier Satztypen, die in einer (1:n)-Beziehung stehen, unterstützt. Ein Satztyp kann in null oder mehr Set-Typen als Owner oder Member definiert sein. Die Position eines Member-Satzes in einer Set-Struktur kann entweder aufgrund von Werten oder beim Einfügen durch den Benutzer festgelegt werden.

Zu den aufgelisteten Objekten gehören geeignete Operatoren zu ihrer Definition, Kontrolle und Manipulation. Eine genaue Beschreibung dieser Operatoren ist sehr aufwendig [BLAS81, CODA78, CATT96]. Wir begnügen uns deshalb mit ihrer allgemeinen Klassifikation, ohne auf ihre Vielfalt an Parametern und Optionen in einem konkreten System einzugehen.

Zur allgemeinen Speicherverwaltung sind Operatoren auf Segmenten bereitzustellen, die folgende Aufgaben erfüllen:

– Öffnen und Schließen von Segmenten zur Kennzeichnung von Verarbeitungsabschnitten (*OPEN / CLOSE*)

– Erwerb und Freigabe von Segmenten (*ACQUIRE / RELEASE*)

– Sichern und Zurücksetzen von Segmenten (*SAVE / RESTORE*).

Zur satzweisen Verarbeitung werden Operatoren auf externen Sätzen und logischen Zugriffspfaden benötigt. Folgender Funktionsumfang ist dabei zu berücksichtigen:

– Suchen von Sätzen über Attributwerte „von außen" (*FIND RECORD USING ...*), was dem 1-mengenorientierten Zugriff entspricht

– Navigierendes Suchen von Sätzen über einen Zugriffspfad (*FIND NEXT RECORD WITHIN ...*)

– Hinzufügen eines Satzes zu den Ausprägungen eines Satztyps (*INSERT*)

– Löschen eines Satzes (*DELETE*)

– Aktualisieren von Attributwerten eines Satzes (*UPDATE*).

Die Modifikationsoperationen für Sätze eines Satztyps schließen gewöhnlich alle Folgeoperationen auf den definierten Zugriffspfaden für Primär- und Sekundärschlüssel ein, so daß keine explizite Benutzerinteraktion dafür notwendig wird. Für benutzerkontrollierte Zugriffspfade (MANUAL [CODA78]), in denen Position und Zugehörigkeit eines Satzes nicht ausschließlich durch seine Attributwerte bestimmt werden, sind zusätzliche Operatoren zum

– Einbringen eines Satzes in eine durch den Benutzer festgelegte Position des Zugriffspfades (*CONNECT*)

– Aufheben dieser Verknüpfung (*DISCONNECT*)

erforderlich, um benutzerbestimmte Reihenfolgen der Sätze aufbauen zu können. Typischerweise werden diese Operatoren für hierarchische Zugriffspfade vorgesehen.

Weiterhin sind Funktionen bereitzustellen, die der Erhaltung der Integrität der Datenbank im Fehlerfall und im Mehrbenutzerbetrieb dienen. Die wesentlichsten Funktionen für diese Aufgaben sind solche zur Definition von „atomaren" Transaktionen (*BEGIN / COMMIT / ABORT_TRANSACTION*) und zur Anforderung und Freigabe von Sperren auf Dateneinheiten unterschiedlicher Granularität (*LOCK, UNLOCK*). Die genauen Anforderungen an diese Funktionen und die Implikationen für ihre Implementierung werden in den Kapiteln 14 und 15 diskutiert.

10.2 Aufgaben und Funktionen des DB-Katalogs

Um die Objekte der Datenbank definieren und beschreiben zu können, muß eine Möglichkeit vorhanden sein, ihre Beschreibungs- oder Metainformation zu speichern [ALLE82]. Eine vollständige Beschreibung der vorhandenen Objekte der Datenbank erfolgt im sog. DB-Katalog[4]. Der Mindestumfang dieser Beschreibung umfaßt alle Informationen des konzeptionellen, externen und internen DB-Schemas; sie ist gewöhnlich in einer maschinennahen Darstellung abgelegt. Zu diesen Schemainformationen gehören

– einerseits alle Vereinbarungen zu Definition, Struktur und Benutzungsvorschriften der Daten wie Namen und zulässige Wertebereiche, logische Beziehungen, Integritäts- und Zugriffsregeln usw. und

– alle Spezifikationen von Sichten und ihre Abbildungsvorschriften auf die Strukturen des konzeptionellen Schemas sowie

– andererseits alle Angaben über Speicherung, Codierung und Auffinden der Daten wie Adreß- und Längenangaben, Feldtypen, Zugriffspfade und physische DB-Ablage usw.

Die Definition und Kontrolle dieser Beschreibungsinformation gehört zu den Aufgaben des Datenbankadministrators. Aus der Schemainformation werden die Sichten (oder Subschemata) gewöhnlich mit Hilfe eines speziellen DDL-Übersetzers abgeleitet und in einer internen Darstellung den Benutzerprogrammen zur Verfügung gestellt. Da die Sichtdefinition eine „Datenabstraktion" darstellt, mit der eine Isolation des Anwendungsprogramms und eine Benutzerorientierung der Datenobjekte erzielt wird, muß bei Aufruf einer DB-Operation die Beschreibung der referenzierten Datenobjekte durch Schemainformation vervollständigt werden. Weiterhin hat vor ihrer Ausführung eine Bindung an die physisch vorhandenen Strukturen mit Hilfe der Verwaltungs- und Speicherungsinformationen des internen Schemas zu erfolgen.

Zur Laufzeit ist es für das Anwendungsprogramm oft aus verschiedenen Gründen (Vorbereitung von DB-Operationen, Verschiebung ihres Bindezeitpunktes u. a.) nützlich, eine direkte Zugriffsmöglichkeit auf die Schemainformation zu besitzen. Deshalb sollte die Schnittstelle zum DB-Katalog so ausgelegt sein, daß sie in einfacher Weise vom Datenbankadministrator

---

[4]   Für den DB-Katalog gibt es keine einheitliche Bezeichnung. In der Praxis werden Synonyme wie Repository, Metadaten-Verzeichnis, Data Dictionary/Directory, Datenwörterbuch, Datenlexikon u. a. verwendet.

und von den Anwendungsprogrammen benutzt werden kann. Es erweist sich als günstig, bei der Realisierung des DB-Katalogs zur Verwaltung der Schemainformation die vorhandenen Speicherungsstrukturen und Zugriffspfade des DBS zu verwenden, damit sich die gleichen Zugriffsoperationen und Optimierungsmaßnahmen wie bei den „normalen" Benutzerdaten einsetzen lassen. In relationalen DBS werden oft sog. Kontrollrelationen zur Darstellung der Schemainformation benutzt, die auch für den Benutzer zugänglich sind und sich mit den Operatoren der DB-Sprache (SQL) handhaben lassen [BLAS81].

Zur Definition und Verwaltung der Beschreibungsinformation sind Operatoren

– zum Einfügen der Beschreibungsinformation eines Objektes (Definition)

– zum selektiven Lesen der Beschreibung eines Objektes

– zum Ändern bestimmter Beschreibungsmerkmale eines Objektes

– zum Löschen der Beschreibungsinformation eines Objektes und damit des Objektes selbst

erforderlich. Der Umfang dieser Information ist beträchtlich, da alle Details der Definition und Speicherung der Objekte erfaßt werden müssen. Deshalb ist sie sehr oft sehr unübersichtlich aufgebaut. Eine Charakterisierung der Beschreibungsinformation anhand konkreter Beispiele findet sich in [ALLE82].

Unter dem Namen Data Dictionary werden in der Literatur oft zusätzliche Funktionen zur Kontrolle und Benutzung der Datenbank subsumiert [UHRO73]. Es wird darunter eine Erweiterung der beschriebenen Basisfunktionen verstanden derart, daß

– Informationen über Herkunft, aktuelle Benutzung und Änderung der Daten

– Namen und Charakteristika von Anwendungsprogrammen mit Angaben, auf welche Daten sie zugreifen und in welcher Beziehung sie zueinander stehen,

gesammelt werden. Durch spezielle Funktionen (Dienstprogramme) zur Auswertung des DB-Katalogs lassen sich dann zusätzlich zur Generierung von Datenbeschreibungen (Sichten, Subschemata) Unterlagen

– zur Dokumentation in einer einheitlichen und zeitgerechten Beschreibung der Daten

– zur Analyse der vorhandenen Datenobjekte, um Redundanzen oder Inkonsistenzen aufzudecken

– zur Unterstützung des Entwurfs und der Entwicklung neuer Anwendungen

– zur Information über die Gültigkeit und Verfügbarkeit der Daten

– zur Analyse der Auswirkungen von Änderungen der Datendefinitionen und der Anwendungsprogramme (z. B. durch Cross-Reference-Listen)

– zur Optimierung der Speicherungsstrukturen aufgrund von Benutzungshäufigkeiten und Werteverteilungen als Hilfe für den Datenbankadministrator oder als Eingabe für heuristische Algorithmen

gewinnen. In der Literatur [ALLE82] wird darauf hingewiesen, daß sich der DB-Katalog durch Einbringen aller Informationen über Dateien und Programmsysteme zur zentralen Kontrollinstanz über alle gespeicherten Daten eines Unternehmens ausbauen läßt. Als integriertes

Teilsystem kann es dann zur Koordinierung und Befriedigung der Informationsbedürfnisse aller Benutzerklassen (Fachabteilung, Programmierung, Systemanalyse, Datenbankverwaltung, Datenschutzbeauftragter, Management) herangezogen werden.

10.3 Satzorientierte DB-Verarbeitung

In Abschnitt 10.1 wurden die an der satzorientierten DB-Schnittstelle sichtbaren Objekte und Operatoren charakterisiert. An dieser Schnittstelle sind nur Operationen auf Sätzen im externen Format und Zugriffsanforderungen wie direktes oder sortiert sequentielles Aufsuchen auf logischen Zugriffspfaden möglich. Da von der physischen Darstellung der internen Sätze und Zugriffspfade abstrahiert wird, ist eine explizite Umsetzung und Bindung der Objekte und Operatoren an die Charakteristika der Speicherungsstrukturen erforderlich. Die momentan betrachtete Systemschicht hat deshalb die Aufgabe, die Abbildung dieser Objekte und Operatoren auf die interne Satzschnittstelle durchzuführen.

10.3.1 Abbildung von externen Sätzen

Die Freiheitsgrade, die sich durch die Trennung von externem und internem Format der Datenobjekte ergeben, lassen sich zur Realisierung des Sichtenkonzepts (externes Schema, Subschema) und zur Verbesserung des Leistungsverhaltens nutzen. Insbesondere fallen folgende Aufgaben an:

– Anpassung der Datentypen des DBS an die Datentypen der Wirtssprache

– selektive Auswahl von Attributen eines Satztyps aus Gründen der Isolation

– Permutation und Auswahl der Attribute eines Satzes zur Erhöhung der Benutzerorientierung und zur Reduktion nicht benötigter Komplexität

– Abbildung eines externen Satzes auf interne Sätze eines oder mehrerer Satztypen.

Mit Hilfe der im DB-Katalog gespeicherten Beschreibungsinformation lassen sich die externen auf die internen Sätze abbilden. Dabei muß normalerweise eine Typkonversion der Attributwerte vorgenommen werden. Beim Einfügen von unvollständig spezifizierten Sätzen ist ein Auffüllen des internen Satzes mit undefinierten Feldern erforderlich. Im Falle von Modifikationsoperationen sind zusätzlich Folgeoperationen in den betroffenen physischen Zugriffspfaden auszulösen, um die Konsistenz der Speicherungsstrukturen zu wahren.

In großen Anwendungen werden immer mehr operationale Daten über immer längere Zeiträume „online" gehalten. Beispiele dafür sind Warenhäuser oder Handelsketten, die detaillierte Verkaufsinformation über mehrere Jahre speichern, um langfristige Trendanalysen oder genauere Vorhersagen für die Einkaufspolitik machen zu können, oder Versandhäuser, Kreditkartenunternehmen u. a., die riesige Datenbestände über das Kaufverhalten ihrer Kunden akkumuliert haben, um jederzeit flexible und vorher nicht geplante Analysen (*data mining* [AGRA93]) durchführen zu können. Deshalb erreichen die operationalen Datenbestände heutiger DB schon mehrere TBytes an Umfang; das bedeutet, daß ein DBS in der Lage sein muß, Relationen (Satztypen) mit > 100 GBytes zu verwalten und zu handhaben [MOHA93a].

Die Partitionierung von Relationen ist bei diesen Größenordnungen von besonderer Wichtigkeit. Sie läßt sich effektiv bei der externen Satzabbildung erzielen, wobei geeignete disjunkte Satzmengen anzulegen sind. Die Spezifikation der Partitionierung kann dabei deklarativ über Werte (Schlüsselbereiche, Hashing) oder über Prozeduren (*user exits*) erfolgen. Die so gebildeten Satzmengen (z. B. alle Verkaufsdaten eines Monats) sind separaten Speicherungseinheiten zuzuordnen. Auf diese Weise können sie ohne große Betriebsstörung als Einheiten der Reorganisation, der Erstellung von Backup-Kopien, der Archivierung (Migration zu „offline"-Datenspeichern) oder des Ladens von Daten genutzt werden. Der Zugriff auf solchermaßen partitionierte Daten verlangt natürlich verfeinerte Indexierungs- und Synchronisationsmaßnahmen [CHOY93]. Für das Betriebsverhalten ist die partitionierte Speicherung großer Relationen jedoch unverzichtbar. Neben der erhöhten Verfügbarkeit (keine gesonderten Zeiten für Laden und Reorganisation) muß besonders auf Leistungsgründe (Nutzung von E/A-Parallelität, kleinere Suchräume) hingewiesen werden.

Verschiedene Optionen zur Speicherung interner Sätze wie

- Aufteilung und Zuordnung der Felder eines internen Satzes auf mehrere Speicherbereiche nach Zugriffshäufigkeiten
- redundante Speicherung von internen Sätzen z. B. nach verschiedenen Sortierkriterien
- Verdichtung von Feldern und Sätzen durch Komprimierung oder Tabellenersetzung

helfen bei der Abstimmung des Leistungsverhaltens. Sie können gezielt zum Einhalten von vorgegebenen Leistungsanforderungen eingesetzt werden.

Eine wichtige Forderung von praktischer Bedeutung ist bei dieser Abbildung die Möglichkeit der dynamischen Erweiterung eines Satztyps um zusätzliche Attribute. Falls ein geeignetes internes Darstellungsformat gewählt wird (siehe Abschnitt 6.3.2), kann durch eine Modifikation im DB-Katalog ein Attribut an einen Satztyp (mit zunächst undefinierten Werten in allen Sätzen) angehängt werden, ohne daß die gespeicherten Ausprägungen betroffen sind. Das konkrete Auffüllen mit Werten bleibt nachfolgenden Aktualisierungsoperationen vorbehalten.

10.3.2 Kontextfreie Operationen

Eine Reihe von Operationen bezieht sich genau auf einen Satz und läßt sich kontextfrei abwickeln. Ihre Umsetzung kann deshalb direkt und ohne Bezug auf weitere Hilfsstrukturen erfolgen, beispielsweise durch Aufruf der betreffenden Operationen (Prozeduren) der internen Satzschnittstelle.

Kontextfrei durchzuführende Operationen betreffen vor allem den direkten Satzzugriff über Primärschlüsselwerte und die satzweise Aktualisierung. Bei einer Zugriffsanforderung über Primärschlüssel hat die Abbildungsschicht mit Hilfe von Informationen aus dem DB-Katalog lediglich festzustellen, ob ein passender Zugriffspfad (B*-Baum, Hash-Tabelle, Grid-File, ...) existiert, und die entsprechende Suchoperation aufzurufen. Ergeben sich beispielsweise bei Qualifikation über Sekundärschlüssel mehrere Ergebnissätze, so muß das satzweise Abholen dieser Sätze durch einen Kontrollblock organisiert werden (siehe auch Scan-Technik).

Beispiele für die satzweise Aktualisierung sind INSERT, UPDATE und DELETE, die sich direkt auf Operationen der internen Satzschnittstelle abbilden lassen. Ein Zusatzaufwand für die Abbildungsschicht entsteht dadurch, daß alle physischen Zugriffspfade, die von der Satzaktualisierung betroffen sind, automatisch gewartet werden müssen. Existieren beispielsweise für den entsprechenden Satztyp Zugriffspfade, so sind in diesen Strukturen die Auswirkungen der Aktualisierungsoperation nachzutragen, d. h., es müssen für die betroffenen Schlüsselwerte Verweise auf den Satz eingefügt, umgesetzt oder gelöscht werden.

Neu einzuführende Konzepte zielen auf die Unterstützung der satzweisen Navigation und die Realisierung der 1-mengenorientierten Verarbeitung ab, da hier Bezug auf vorangegangene Verarbeitungspositionen genommen werden muß. Diese Konzepte werden auch zur internen Umsetzung der Operationen an der mengenorientierten DB-Schnittstelle benötigt, beispielsweise bei der Nutzung eines SQL-Cursors (siehe Kapitel 12). Bevor wir ihre Realisierung diskutieren, werden wir deshalb zunächst die Verarbeitungsmöglichkeiten erörtern, die solche Konzepte bieten.

10.3.3 Navigationskonzepte

Aufgabe eines Navigationskonzeptes (Currency-Konzept) ist das Bereitstellen und Warten von transaktionsbezogenen Verarbeitungspositionen, um auf ausgewählte Sätze zugreifen und relativ zu ihnen satzweise Operationen veranlassen zu können. Sog. Currency-Indikatoren [CODA78] haben den Zweck, eine „Erinnerungsmöglichkeit" an einen vorher aufgesuchten Satz für eine Transaktion zu bieten. Falls der Satz Element einer geordneten Menge von Sätzen ist, spezifiziert ein Currency-Indikator zugleich eine Position innerhalb dieser Menge und kann deshalb als Cursor für diese Menge verwendet werden.

Der CODASYL-Vorschlag sieht für das Netzwerk-Datenmodell ein implizites Navigationskonzept vor. Pro Transaktion wartet das DBS Currency-Indikatoren für folgende Objekttypen eines Subschemas:

– für jede Area   (*Current of Area*)
– für jeden Satztyp   (*Current of Record Type*)
– für jeden Set-Typ   (*Current of Set Type*).

Zusätzlich wird ein Currency-Indikator verwaltet, der als „*Current of Run Unit*" immer auf den zuletzt aufgesuchten Satz verweist. Durch Ausführung einer DB-Anweisung, die sich auf einen Satz bezieht, sind in der Regel mehrere Currency-Indikatoren betroffen (*Current of Area, Record Type, Set Type, Run Unit*), so daß sich implizit und ohne Kontrolle durch die Transaktion die zugehörigen Currency-Indikatoren ändern und auf eine neue Position verweisen. Durch eine spezielle Retaining-Klausel ist ein selektives Beibehalten der alten Positionen und damit eine gewisse indirekte Kontrolle durch die Transaktion möglich. Allerdings steigt damit die Komplexität und Fehleranfälligkeit dieses ohnehin schwer zu verstehenden Konzepts. Besonders schwierig ist bei diesem impliziten Navigationskonzept die Wartung von

Verarbeitungspositionen bei Modifikationsoperationen, weil beispielsweise durch das Löschen eines Satzes mehrere Currency-Indikatoren betroffen sein können. Für solche Fälle sind eine Reihe von Regeln einzuführen, um definierte Folgeoperationen zu gewährleisten. Beispielsweise soll bei einem ERASE oder DISCONNECT eines Satzes aus einem Set auch die nachfolgende Operation auf diesem Set das beabsichtigte Ergebnis bringen. Bei einer MODIFY-Anweisung, die das Verschieben des Satzes in eine andere Set-Ausprägung erzwingt, wird nicht die Position in der ursprünglichen Satzmenge, sondern die in der neuen gewartet [CODA78]. Die Regeln zur Beschreibung der Änderungssemantik werden dadurch noch komplexer.

Das implizite Navigationskonzept sieht vor, daß für die spezifizierten Objekttypen jeweils genau ein Currency-Indikator verwaltet wird, selbst wenn die Transaktion mehrere Currency-Indikatoren für einen Objekttyp nutzen möchte. Klarere Semantik, geringere Fehleranfälligkeit sowie einfachere Anwendung ist von einem expliziten Navigationskonzept zu erwarten, das folgende allgemeine Eigenschaften besitzen sollte:

– Currency-Indikatoren werden durch das Programm (Transaktion) definiert, verhalten sich wie normale Programmvariablen und werden unter expliziter Kontrolle der Transaktion verändert.

– Es ist entsprechend den Anforderungen einer Transaktion die Definition und Wartung von mehreren Positionen auf der gleichen Satzmenge möglich.

– Das Problem der Wartung von Positionen in einer geordneten Menge von Sätzen ist auch für Modifikationsoperationen in allgemeiner Weise gelöst.

Ein Beispiel eines solchen expliziten Navigationskonzepts verkörpert das Cursor-Konzept von SQL [SQL3], wobei ein Cursor an die Ergebnismenge einer beliebig komplexen SQL-Anfrage gebunden werden kann. Auch das für Kollektionen bereitgestellte Iterator-Konzept objektorientierter DBS läßt sich hier einordnen. Als Kollektionen kann man existierende Klassen, 1-mengenorientierte Objektmengen oder, bei Einsatz von OQL, auch Ergebnismengen, die sich durch komplexere Auswahlkriterien (n-mengenorientiert) bilden lassen, heranziehen.

Mit Hilfe der Scan-Technik läßt sich das Cursor- oder Iterator-Konzept in einfacher und effizienter Weise implementieren. Ein Scan erlaubt das satzweise Durchmustern und Verarbeiten einer (physischen) Satzmenge. Er kann an einen Zugriffspfad (Index, Link, ...) gebunden werden und definiert eine Verarbeitungsposition, die als Kontextinformation für die Navigation dient. Zur Abwicklung einfacher Anfragen ist oft ein Scan ausreichend, komplexe Anfragen können jedoch den Einsatz mehrerer Scans erfordern.

10.3.4 Implementierung von Scans

Ein Scan spezifiziert eine Navigationsmöglichkeit auf einer Menge von Sätzen, die ein satzweise Aufsuchen in einer vorgegebener Zugriffsreihenfolge erlaubt [ASTR76]. Zur Erhöhung der physischen Datenunabhängigkeit stellt er Operationen auf logischen Zugriffspfaden bereit, die sich an der Aufrufschnittstelle nur auf funktionale Eigenschaften der darunterliegenden Speicherungs- und Zugriffspfadstrukturen beziehen und von ihrer Implementierung abstrahieren. Ein Scan wird durch das Transaktionsprogramm erzeugt und nach Ende der Verarbeitung wieder aufgegeben. Folgende Scan-Typen eignen sich zur Nutzung an der satzorientierten DB-Schnittstelle:

- Satztyp-Scan (Relationen-Scan) zum Aufsuchen aller Sätze eines Satztyps (Relation)
- Index-Scan zum Aufsuchen von Sätzen in einer wertabhängigen Reihenfolge
- Link-Scan zum Aufsuchen von Sätzen in benutzerkontrollierter Einfügereihenfolge
- k-d-Scan zum Aufsuchen von Sätzen über einen k-dimensionalen Index.

Ein Scan wird durch OPEN SCAN dynamisch auf einer Speicherungs- oder Zugriffspfadstruktur angelegt und durch CLOSE SCAN wieder aus dem System entfernt. Durch iterative Aufrufe mit FETCH TUPLE können die Sätze einzeln bereitgestellt werden, wobei sich deren Aufsuchreihenfolge an der charakteristischen Satzreihenfolge der betreffenden Struktur orientiert. In einem Segment existiert in der Regel keine spezifische Satzreihenfolge; ein Relationen-Scan liefert deshalb die Sätze in ihrer (durch das DBS bestimmten) physischen Reihenfolge zurück. Ein Index prägt einer Satzmenge eine Sortierordnung in bezug auf das Indexattribut auf; deshalb ist ein Index-Scan in der Lage, Sätze in der gegebenen Sortierordnung bereitzustellen und darüber hinaus Bereichsbedingungen auf dem Indexattribut auszuwerten. Links definieren hierarchische Zugriffspfade (Sets nach [CODA78]) zwischen jeweils einem OWNER-Satz und n MEMBER-Sätzen, wobei der Programmierer spezielle Optionen zur Bestimmung der Einfügereihenfolge besitzt. Das Aufsuchen der Sätze mit einem Link-Scan geschieht folglich in der benutzerkontrollierten Einfügereihenfolge.

Ein (eindimensionaler) Index erhält seine oben genannten Verarbeitungseigenschaften durch seine physische Struktur, da er typischerweise als Suchbaum, und zwar häufig als B*-Baum mit Zeiger- oder Bitlisten, implementiert ist. Im Vergleich dazu besitzt ein k-dimensionaler Index eine weitaus größere Implementierungsvielfalt (siehe Kapitel 9) und auch weit mehr Möglichkeiten navigierender Aufsuchreihenfolgen. Zur Verarbeitung solcher Strukturen definieren wir einen sog. k-d-Scan, wobei wir allerdings nicht auf eine „natürliche" Reihenfolge wie beim Index-Scan zurückgreifen können. Ein k-d-Scan soll die Eigenschaften der darunterliegenden physischen Zugriffspfadstruktur verdecken und außerdem flexible Suchmöglichkeiten gestatten, um beispielsweise die gesuchte Satzmenge in der für die Weiterverarbeitung gewünschten Reihenfolge „abholen" zu können. Insbesondere ist oft die Nutzung einer Sortierordnung entsprechend eines Indexattributs (oder mehrerer) bei der Ausführung höherer DB-Operationen vorteilhaft. Als abstraktes Auswertungsmodell für einen k-dimensionalen Index, das auch der Vereinfachung unserer Diskussion dienen soll, wählen wir deshalb eine k-dimensionale Matrix, die Sortierreihenfolge der Werte und Symmetrie des Zugriffs für alle Dimensionen (Attribute) gewährleistet.[5] Eine Veranschaulichung dafür bietet Abb. 9.15 mit der Grid-File-Darstellung. Die Auswertung erfolgt durch navigierende Operationen (FETCH TUPLE), wobei jeweils eine Dimension mit Angabe der Suchrichtung zu spezifizieren ist. Außerdem soll die Cursor-Position unabhängig in jeder Dimension verschiebbar sein.

Bei der Verarbeitung ist ein Scan zunächst durch OPEN SCAN auf „seiner" Struktur zu positionieren; für die nachfolgenden Navigationsschritte muß dann spezifiziert werden, in welcher Weise die Satzmenge durchmustert werden soll. Dazu ist die Anreicherung eines Scans mit expliziten Start-, Stopp- und Suchbedingungen sowie Suchreihenfolge zur selektiven Auswahl von Sätzen (NEXT / PRIOR, FIRST / LAST, N-th) für die Leistungsfähigkeit dieses Konzepts entscheidend. Während dadurch bei den erstgenannten Scan-Typen die Einfachheit der Schnittstelle und der Scan-Abbildung gewahrt bleibt, ergeben sich bei k-d-Scans „natürlich" gewisse Komplexitäten, da diese Parameter für jede Dimension zu spezifizieren sind und bei der schrittweisen Navigation freizügig die Dimensionen gewechselt werden können.

Die Scans einer Transaktion werden durch das DBS intern durch sog. Scan-Kontrollblöcke verwaltet, wobei sowohl Angaben über die Transaktion als auch über Typ, Status, momentane Position usw. eines Scans zu warten sind. Einsatzmöglichkeit, Wirkungsweise und Leistungsfähigkeit von Scans sollen an Beispielen für die einzelnen Scan-Typen verdeutlicht werden. Ausgangspunkt sei folgende SQL-Anfrage Q1, die durch das DBS auszuwerten ist:

> SELECT   *
> FROM   PERS
> WHERE   ANR BETWEEN 'K28' AND 'K67'
> AND   BERUF = 'Programmierer'

Da die Anfrage eine homogene Satzmenge (PERS) betrifft und die WHERE-Klausel ein einfaches Suchargument verkörpert, erfüllt sie in ihrer Auswahlmächtigkeit die Bedingung „1-mengenorientiert".

10.3.4.1 Relationen-Scan

Zunächst nehmen wir an, daß kein geeigneter Zugriffspfad auf PERS vorhanden ist, so daß die gesamte Satzmenge von PERS durchsucht werden muß, was sich mit Hilfe eines Relationen-Scans bewerkstelligen läßt. Angenommen, die Satzmenge von PERS ist in Segment S1 gespeichert, ohne daß eine genaue Zuordnung zu einem Seitenbereich vorgenommen wurde oder diese dem DBS nicht bekannt ist. Deshalb lassen sich bei den folgenden Scan-Optionen für den Suchbereich keine Einschränkungen festlegen:

- Startbedingung (SB):   BOS (Beginn von S1)
- Stoppbedingung (STB):   EOS (Ende von S1)
- Suchrichtung: NEXT
- Suchbedingung (SSA):   ANR ≥ 'K28' AND ANR ≤ 'K67'
                                 AND BERUF = 'Programmierer'

---

[5]   Es ist wünschenswert, für alle mehrdimensionalen Zugriffspfade ein einheitliches Auswertungsmodell anbieten zu können. Dadurch würde sich eine DBS-Erweiterung um einen neuen mehrdimensionalen Zugriffspfadtyp lokal begrenzen lassen. Jedoch dürfte die direkte Abbildung des Auswertungsmodells bei manchen Strukturen sehr komplex und gar unmöglich sein. Als Ausweg bietet sich hier an, das Anfrageergebnis mit Hilfe der verfügbaren Operationen des physischen Zugriffspfads abzuleiten, ggf. zu sortieren und in einer temporären Speicherungsstruktur zu materialisieren. Auf dieser Speicherungsstruktur könnte dann der k-d-Scan nachgebildet werden, um das abstrakte Auswertungsmodell für die satzweise Verarbeitung zu realisieren.
Falls ein k-d-Scan nur ungeordnete Treffermengen abzuliefern braucht, sind sicherlich einfachere Auswertungsmodelle, die sich stärker an den Eigenschaften der darunterliegenden physischen Strukturen orientieren, denkbar.

```
OPEN SCAN (PERS, BOS, EOS)                                    /* SCB1 */
WHILE (NOT FINISHED)
DO
      FETCH TUPLE (SCB1, NEXT,
                   ANR ≥ 'K28' AND ANR ≤ 'K67' AND BERUF = 'Programmierer')
      . . .
END
CLOSE SCAN (SCB1)
```

Abb. 10.1: Programmfragment für einen Relationen-Scan

Für diese Situation läßt sich ein Programmfragment (siehe Abb. 10.1) zur Abwicklung eines Relationen-Scans auf S1 spezifizieren, was im Rahmen der Anfrageübersetzung und Code-Generierung (siehe Abschnitt 12.6) durch das DBS erfolgt.

Wie in Abb. 10.2 verdeutlicht, müssen bei einem Relationen-Scan von der Start- bis zur Stoppbedingung alle Seiten durchsucht werden. Dabei kann es vorkommen, daß eine Reihe von Seiten gar keine Sätze des gesuchten Typs gespeichert hat (z. B. in P2 und Pm gibt es keine PERS-Sätze). Alle Sätze des gesuchten Typs werden überprüft, jedoch nur solche, welche die Suchbedingung erfüllen, an den Aufrufer zurückgeliefert.

Solange die Stoppbedingung nicht erfüllt ist, wird durch FETCH TUPLE mit Suchrichtung NEXT der nächste PERS-Satz in S1 aufgesucht. Der gefundene Satz erlaubt nun die Auswertung eines einfachen Sucharguments (SSA), das nur Wertevergleiche „Attribut Θ Wert" (mit $\Theta \in \{<, =, >, \leq, \neq, \geq\}$) enthalten darf. Falls er sich qualifiziert, wird er als „Treffer" zurückgeliefert. Sonst wird die momentane Operation FETCH TUPLE in S1 solange fortgesetzt, bis entweder ein die Suchbedingung erfüllender Satz gefunden wird oder die Stoppbedingung an-

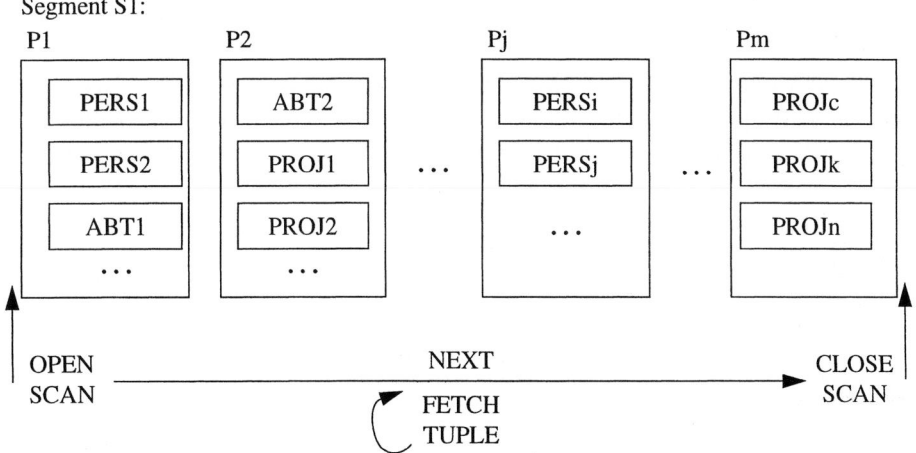

Abb. 10.2: Veranschaulichung des Ablaufs beim Relation-Scan in einem Segment

spricht. Auf diese Weise läßt sich jeder Satz von PERS überprüfen. Der Operator FETCH TU-PLE liefert jedoch nur „Treffer" zurück, so daß unnötige Schnittstellenüberquerungen und Datentransporte zur aufrufenden Schicht vermieden werden. In unserem Beispiel läßt sich also die Auswertung der WHERE-Bedingung von Q1 vollständig, aber nicht effizient durch einen Relationen-Scan durchführen.

Da für unsere Beispielauswertung keine Einschränkung der Seitenmenge von S1 angegeben werden konnte, müssen alle Seiten von S1 durchmustert und auf Sätze vom Typ PERS überprüft werden. In größeren Segmenten führt deshalb ein Relationen-Scan zu einem nicht tolerierbaren Leistungsverhalten. Eine u. U. dramatische Leistungsverbesserung ist beim Relationen-Scan erzielbar, wenn der Seitenbereich des Satztyps (Extent) bekannt ist und wenn dort ausschließlich Sätze eines Typs gespeichert sind. In verschiedenen relationalen DBS lassen sich deshalb Seitenbereiche, denen ein Satztyp zugeordnet wird, auch „Table Spaces" genannt, explizit festlegen.

10.3.4.2 Index-Scan

Das zweite Auswertungsbeispiel will den Einsatz eines Index-Scans illustrieren. Dazu wird angenommen, daß für die Satzmenge von PERS ein Index I_{PERS} (ANR) existiert, der sich bei der Auswertung von Q1 vorteilhaft einsetzen läßt. Für den Index-Scan, der die Ergebnismenge von Q1 vollständig bestimmen und bereitstellen kann, werden folgende Scan-Optionen genutzt:

- – Startbedingung: ANR $\geq$ 'K28'
- – Stoppbedingung: ANR > 'K67'
- – Suchrichtung: NEXT
- – Suchbedingung: BERUF = 'Programmierer'

Das Ergebnis der Anfrageoptimierung der deskriptiven Anfrage Q1 könnte ein Auswertungsplan auf der Basis eines Index-Scans auf I_{PERS} (ANR) sein (siehe dazu Abschnitt 12.5). Durch das in Abb. 10.3 skizzierte Programmfragment läßt sich die satzweise DB-Verarbeitung von Q1 detailliert charakterisieren.

Abb. 10.4 veranschaulicht den Gang der Auswertung auf I_{PERS} (ANR). In I_{PERS}(ANR) sind der Übersichtlichkeit halber die Schlüssel verkürzt dargestellt und die Verweise (TIDs) auf die PERS-Tupel weggelassen. OPEN SCAN positioniert einen Cursor vor den ersten

```
OPEN SCAN (I_PERS(ANR), ANR ≥ 'K28', ANR > 'K67')              /* SCB1 */
WHILE (NOT FINISHED)
DO
      FETCH TUPLE (SCB1, NEXT, BERUF = 'Programmierer')
      . . .
END
CLOSE SCAN (SCB1)
```

Abb. 10.3: Programmfragment für einen Index-Scan

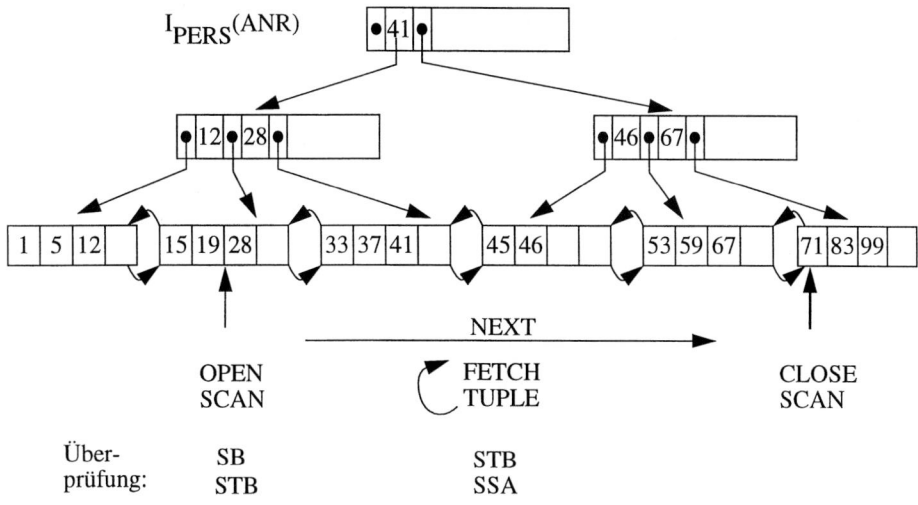

Abb. 10.4: Veranschaulichung des Ablaufs bei einem Index-Scan

Schlüsseleintrag, der (ANR ≥ 'K28') erfüllt. Durch FETCH TUPLE mit der Suchrichtung NEXT wird das entsprechend der Cursor-Position nächste Tupel aufgesucht. Wenn es die Stoppbedingung nicht erfüllt, wird die Suchbedingung (SSA) überprüft und, wie schon beim Relationen-Scan erklärt, fortgefahren. Es werden nur „Treffer" an den Aufrufer zurückgeliefert. Der Index-Scan ist auf die Auswertung dieses Beispiels zugeschnitten; alle Sätze, welche die WHERE-Bedingung von Q1 erfüllen, können hierbei vollständig und effizient bereitgestellt werden.

10.3.4.3 Link-Scan

Ein Link-Scan läßt sich bei hierarchischen Zugriffspfaden zum Durchsuchen von Sätzen in einer Vater-Sohn-Beziehung ((1:n)-Beziehung) heranziehen. Da zu jedem Vatersatz alle zugehörigen Sohnsätze navigierend erreicht werden, kann der Link-Scan auch zur Unterstützung höherer Operationen wie dem relationalen Verbund eingesetzt werden. Abb. 10.5 illustriert am Beispiel von ABT und PERS für den Primär-/Fremdschlüsselwert ANR = 'K55' die Art der hierarchischen Verknüpfung. Ein Link-Scan kann auf dem Vatersatz mit ANR = 'K55' geöffnet werden. FETCH TUPLE liefert dann in der Suchrichtung NEXT die Sohnsätze gemäß ihrer Verknüpfungsreihenfolge. Durch ein für den Link-Scan definiertes Suchargument kann die Menge der zurückgelieferten Sohnsätze eingeschränkt werden.

Das Aufsuchen des Vatersatzes kann selbst wieder mit Hilfe irgendeines Scans erfolgen. Im allgemeinen Fall können so mehrfach geschachtelte Scans bei komplexeren Auswertungen auftreten. Wenn wir annehmen, daß ein Index $I_{ABT}(ANR)$ (und nicht $I_{PERS}(ANR)$) existiert, so könnte für die Anfrage Q1 ein Auswertungsplan erstellt werden, der in der äußeren Schleife die ABT-Sätze zwischen K28 und K67 lokalisiert und dann in einer inneren Schleife je-

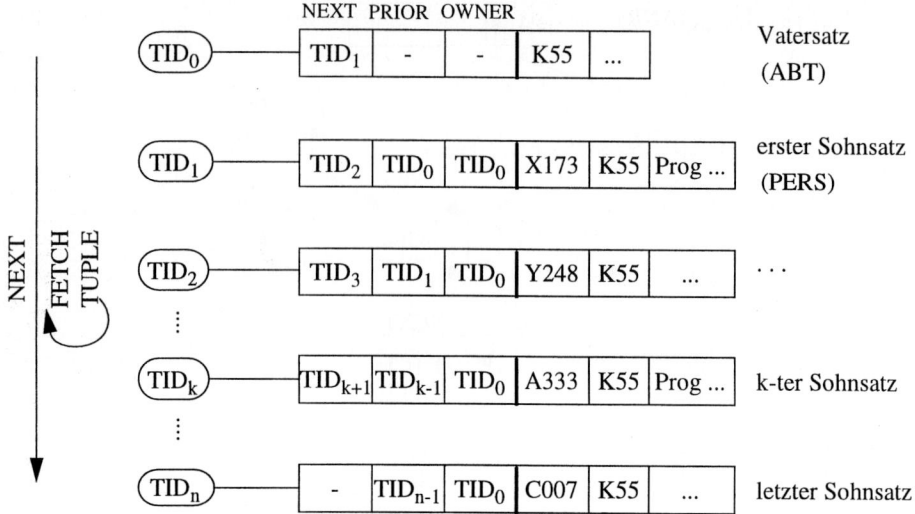

Abb. 10.5: Verknüpfungsstruktur und Suchrichtung bei einen Link-Scan

weils nach Programmierern in den zugehörigen PERS-Sätzen sucht. Bei einer solchen Schachtelung von Index- und Link-Scan würden die Scan-Optionen wie folgt belegt:

	Index-Scan	**Link-Scan**
– Startbedingung:	ANR ≥ 'K28'	-
– Stoppbedingung:	ANR > 'K67'	EOL
– Suchrichtung:	NEXT	NEXT
– Suchbedingung:	-	BERUF = 'Programmierer'

Entsprechend läßt sich der Auswertungsplan durch das in Abb. 10.6 dargestellte Programmfragment illustrieren. Für jeden ABT-Satz, der durch den äußeren Index-Scan über $I_{ABT}(ANR)$ gefunden wird, ist dynamisch ein Link-Scan $L_{ABT\text{-}PERS}(ANR)$ zu öffnen und vollständig zu durchlaufen (EOL: end of link). Eine wertbasierte Stoppbedingung wäre nicht sinnvoll, da der hierarchische Zugriffspfad, auf dem der Link-Scan ausgeführt wird, typischerweise keine wertbasierte Ordnung besitzt.

10.3.4.4   k-d-Scan

Um die Eigenschaften mehrdimensionaler Scans besser verdeutlichen zu können, erweitern wir das Anfragebeispiel Q1 um eine zusätzliche Bereichsbedingung zu Q2:

```
SELECT    *
FROM      PERS
WHERE     ANR BETWEEN 'K28' AND 'K67'
AND       ALTER BETWEEN 20 AND 30
AND       BERUF = 'Programmierer'
```

```
OPEN SCAN (I_ABT(ANR), ANR ≥ 'K28', ANR > 'K67')                    /* SCB1 */
. . .
WHILE (NOT FINISHED)
DO
      FETCH TUPLE (SCB1, NEXT, NONE)
      . . .
      OPEN SCAN (L_ABT-PERS(ANR), NONE, EOL)                        /* SCB2 */
      . . .
      WHILE (NOT FINISHED)
      DO
            FETCH TUPLE (SCB2, NEXT, BERUF = 'Programmierer')
            . . .
      END
      CLOSE SCAN (SCB2)
END
CLOSE SCAN (SCB1)
```

Abb. 10.6: Schachtelung von Index- und Link-Scan

Auf der Satzmenge von PERS sei ein zweidimensionaler Index I_{PERS}(ANR, ALTER) definiert, so daß sich Q2 direkt auf einen 2-d-Scan abbilden läßt. Bei mehrdimensionalen Indexstrukturen erfolgt bis auf die Suchbedingung eine dimensionsweise Festlegung der Scan-Para-
meter. Wegen der Symmetrie des Attributzugriffs bei mehrdimensionalen Indexstrukturen
sind hierbei verschiedene Festlegungen denkbar. In unseren Betrachtungen gehen wir beim 2-
d-Scan zur Auswertung von Q2 von folgenden Parameterwerten aus:

	Dimension 1	**Dimension 2**
– Startbedingung:	ANR ≥ 'K28'	ALTER ≥ 20
– Stoppbedingung:	ANR > 'K67'	ALTER > 30
– Suchrichtung:	NEXT	NEXT
– Suchbedingung:	BERUF = 'Programmierer' (wird auf den PERS-Sätzen ausgewertet)	

Aus den gegebenen Scan-Parametern resultiert ein Auswertungsplan für Q2, der sich durch
das in Abb. 10.7 dargestellte Programmfragment skizzieren läßt. Das Verarbeitungsmodell für
den zweidimensionalen Fall unterstellt die Möglichkeit, daß innerhalb des Anfragebereichs
für jeden existierenden Wert in Dimension 2 (ALTER) alle zugehörigen Werte von
Dimension 1 (ANR) „gescannt" werden. Dazu ist nach jedem Scan-Durchlauf in Dimension 1
die Ausgangsposition des Cursors wiederherzustellen. Nach einer Neupositionierung des Cursors auf den nächsten Wert in Dimension 2 wiederholen sich die Scan-Durchläufe für
Dimension 1, bis die Stoppbedingung für Dimension 2 erfüllt ist.

```
OPEN SCAN (I_PERS(ANR, ALTER), ANR ≥ 'K28' AND ALTER ≥ 20,
         ANR > 'K67' AND ALTER > 30)                              /* SCB1 */

. . .
WHILE (NOT (ALTER > 30))
DO
        /* Zwischenspeichern der SCB1-Position in SCANPOS              */
        WHILE (NOT (ANR > 'K67'))
        DO
                FETCH TUPLE (SCB1, NEXT(ANR), BERUF = 'Programmierer')
                . . .
        END
        /* Zurücksetzen der SCB1-Position auf SCANPOS                  */
        . . .
        MOVE SCB1 TO NEXT(ALTER)
END
CLOSE SCAN (SCB1)
```

Abb. 10.7: Schachtelung von Index- und Link-Scan

An diesem einfachen Beispiel eines 2-d-Scans wird bereits deutlich, wie komplex die Abbildung im allgemeinen Fall des k-d-Scans auf einen k-dimensionalen Zugriffspfad werden kann. Bei der satzweisen Auswertung lassen sich dimensionsweise die Start- und Stoppbedingungen ebenso variieren wir die Suchrichtung. Eine solche Variation des Auswertungsmodells kann sich bei bestimmten Implementierungen und Cluster-Bildungen des darunterliegenden Zugriffspfads als vorteilhaft erweisen.

10.3.4.5 Festlegung der Scan-Semantik

Bisher beschränkten wir uns in den Scan-Beispielen auf die Suchrichtung NEXT. Im allgemeinen Fall ist die satzweise Verarbeitung mit Scans jedoch noch komplexer, da weitere Optionen für die Suchrichtung spezifiziert werden können. Außerdem lassen sich auch navigierende (positionale) Aktualisierungsoperationen mit Hilfe von Scans abwickeln. Beispielsweise kann der Satz, auf den der Scan momentan positioniert ist, gelöscht werden, so daß die neue Scan-Position die entstehende „Lücke" ist. Für solche Verarbeitungsfälle muß eine operationale Scan-Semantik definiert werden, die genau die Wirkung nachfolgender Scan-Operationen festlegt. Je nachdem, welche Position der Scan in der Satzmenge hat, werden folgende Zustände unterschieden [GRAY76]:

– vor dem ersten Satz	(TOP)
– auf einem Satz	(ON)
– in einer Lücke zwischen zwei Sätzen	(BETWEEN)
– hinter dem letzten Satz	(BOT)
– in einer leeren Menge	(NULL).

Durch geeignete Übergangsregeln für die Scan-Zustände bei Aufsuch- und Modifikations-operationen läßt sich in übersichtlicher Weise eine Scan-Semantik definieren, die eindeutige Verarbeitungsfolgen gewährleistet und das Auftreten von Fehlern berücksichtigt.

Diese Scan-Semantik muß auch Fälle einschließen, die sich durch eine mengenorientierte Spezifikation der Anforderung und eine satzorientierte Ausführung mit einem Scan ergeben können. Als Beispiel ziehen wir folgende deklarative SQL-Anweisung heran, mit der allen Angestellten (PERS) eine Gehaltserhöhung von 5% zugeteilt werden soll:

> UPDATE PERS P
> SET P.GEHALT = 1.05 · P.GEHALT

Ihre satzorientierte Auswertung soll mit Hilfe eines Index-Scans auf I_{PERS}(GEHALT) vorge-nommen werden, wobei der Index nach aufsteigenden Gehaltswerten durchlaufen wird und die neuen Gehaltswerte sofort eingetragen werden. Wenn, wie in diesem Fall, das zu aktuali-sierende Objekt (Relation, Zugriffspfad) vom Scan benutzt wird, lassen sich beliebige Verar-beitungsfehler provozieren. Wird die Scan-Technik in unserem Beispiel „blind" angewendet, so bekommt jeder Angestellte bei einer derartigen Aktualisierung des Index I_{PERS}(GEHALT) offensichtlich eine unendliche Anzahl von Gehaltserhöhungen. Dieses unerwünschte DBS-Verhalten kann in vielfältiger Weise bei mengenorientierter Spezifikation von Anforderungen und „interferierender" satzorientierter Auswertung auftreten. Es wird in der Literatur als „Hal-loween"-Problem charakterisiert [GRAE93] und läßt sich durch eine geeignete Festlegung der Scan-Semantik verhindern.

10.3.5 Verarbeitung großer Objekte

In Abschnitt 6.4 haben wir ein Spektrum an speziellen Speicherungsstrukturen eingeführt, die zur Darstellung großer Objekte (lange Felder) herangezogen werden können. Es ist offen-sichtlich, daß diese Objekte beim Zugriff Sondermaßnahmen verlangen. Einige Bemerkungen zur Verarbeitung solcher Objekte in DBS sollen deshalb unsere Betrachtungen der satzorien-tierten DB-Schnittstelle abrunden.

Zwei verschiedene Verarbeitungsansätze sind denkbar. Den erste Ansatz nennen wir datei-orientiert, weil das DBS nur typlose BLOBs (in speziellen Dateien) verwaltet und nur für Transport, Zwischenspeicherung und Bereitstellung der Objekte sowie Einbringen von Ände-rungen zuständig ist, während die Anwendung die gesamte Verarbeitung übernimmt. Der ADT-Ansatz dagegen sieht vor, daß benutzerdefinierte Funktionen zur Objektmanipulation DBS-intern abgewickelt werden, so daß sich der „lange" Transportweg zur und die Allokation von großen Speicherbereichen durch die Anwendung erübrigt. Der herkömmliche DB-Puffer (siehe Kapitel 5) taugt nicht zur Zwischenspeicherung großer Objekte. Deshalb sind bei bei-den Ansätzen entweder spezielle Puffer oder temporäre Speicherbereiche zur Unterstützung der Verarbeitung anzulegen.

Beim ersten Ansatz erfolgen die Objektzugriffe über eine Dateischnittstelle. Dabei liegt die wesentliche Aufgabe des DBS darin, die Speicherungsstruktur (oder Teile davon) vom Ex-ternspeicher zur Anwendung „durchzuschleusen". Jede (zusätzliche) Zwischenkopie würde die Lese- und Schreibkosten erheblich erhöhen. Zum Zugriff auf große Objekte wird vor allem cursor-gesteuertes Lesen und Schreiben benötigt, da entweder nur selektiver Objektzugriff erforderlich ist oder die Begrenzung des Arbeitsspeichers eine „abschnittsweise" Verarbeitung erzwingen kann. Dieser dateiorientierte Ansatz wälzt alle Verarbeitungsprobleme (und insbesondere alle Fragen der Optimierung) auf die Anwendung ab. Zudem erlaubt er wegen der fehlenden Typgebundenheit keine Maßnahmen zur logischen Integritätskontrolle und keine Indexierung von BLOB-Werten, die einen selektiven Zugriff auf große Objekte oder ihre Teile gewähren könnte.

Kommerzielle relationale DBS unterstützten bisher normalerweise nur typlose BLOBs über dateiorientierte Schnittstellen. Für viele Anwendungen wäre es jedoch sehr hilfreich, wenn sie auf typgebundene BLOBs und ihre Verarbeitung im DBS zurückgreifen könnten. Deshalb gab es in den letzten Jahren viele Forschungs- und Entwicklungsanstrengungen, die im Rahmen von objekt-relationalen Datenmodellen und den zugehörigen DBS auf solche Verbesserungen abzielten [CHAM96, STON96a].

Eine wesentlich bessere Alternative im Vergleich zum dateiorientierten Ansatz ist aus diesen Gründen der ADT-Ansatz für große Objekte, der eine erweiterbare Sammlung von benutzerdefinierten Datentypen und Funktionen verkörpert. Dabei sollte das DBS über mehrere verschiedene Speicherungsstrukturen verfügen, die zur objektbezogenen Optimierung der Speicherung herangezogen werden. Für benutzerdefinierte Objekttypen kann der Benutzer zugeschnittene Funktionen bereitstellen; diese sind natürlich sorgfältig zu validieren, bevor sie vom DBS registriert und im internen Ablauf eingesetzt werden. Auf diese Weise lassen sich neue Objekttypen wie BILD und TEXT mit eigenen Verarbeitungsfunktionen realisieren und die Vorteile des ADT-Ansatzes [DEUX90, KIM89] wie Abstraktion und Kapselung für große Objekte verfügbar machen.

Die Übertragung des ADT-Konzeptes auf große Objekte führt jedoch auch einige Probleme ein [STON93]. Die Parameterübergabe bei Funktionen auf großen Objekten verlangt eine andere Vorgehensweise als die Übergabe von Integer-Werten bei der Addition, da GByte-Objekte nicht einfach im Hauptspeicher abgelegt werden können. Die Funktion muß hier ein großes Objekt lokalisieren und Objektteile nacheinander entsprechend der Funktionsausführung anfordern können. Das ursprüngliche ADT-Konzept [STON86b, STON87] erlaubte bereits die Spezifikation von Konversionsfunktionen, um eine Datenanforderung des Benutzers in ein externes Format und eine Datenspeicherung in ein internes Format zu konvertieren. Über diese Konversionsfunktionen konnte im ADT eine Datenkomprimierung bewerkstelligt werden, was bei großen Objekten besonders vorteilhaft ist. Jedoch sind für Objekte vom Typ VIDEO, PHOTO, TEXT usw. jeweils zugeschnittene Komprimierungstechniken angemessen, um das große Potential an Speicherplatzersparnis ausschöpfen zu können. Deshalb muß der ADT-Ansatz beliebig viele Datentypen für große Objekte zulassen und typspezifische Konvertierungsfunktionen unterstützen.

Weitere Probleme ergeben sich bei selektiver Dekomprimierung eines Objekts, falls nur ein kleiner Ausschnitt benötigt wird, und bei Konvertierung in einer Client-Server-Umgebung. Eine selektive Dekomprimierung läßt sich annähern, wenn ein Positionsindex eingesetzt und eine abschnittsweise Konversion angewendet wird. Wenn die Dekomprimierung, wie üblich, auf Seite des DB-Servers erfolgt und der Client auf einem fernen Knoten auf seine Anforderung wartet, muß das Objekt im externen Format übertragen werden, was die Übertragungskosten mindestens verdoppelt, oft sogar vervielfacht. Deshalb sollte das ADT-Konzept gerade in solchen Fällen eine client-seitige Dekomprimierung/Komprimierung unterstützen, um den Kommunikationsaufwand zu minimieren.

In [STON93] werden dateiorientierte Ansätze und ADT-Konzepte für große Objekte mit verschiedenen Implementierungen analysiert. Als Speicherungsstrukturen zieht diese Untersuchung neben UNIX-Dateien zwei in Abschnitt 6.4 skizzierte segmentorientierte Abbildungskonzepte heran. Dabei werden auch benutzerdefinierte oder erweiterbare Speicherverwalter eingesetzt, um verschiedene Typen von Speichermedien wie Magnetplatten, optische Speicher (WORM) oder nichtflüchtiger Halbleiterspeicher für die Speicherung von langen Feldern nutzen zu können. Über das Leistungsverhalten der verschiedenen Ansätze berichten eine Reihe von Benchmark-Messungen. Ihre detaillierte Analyse würde jedoch den Rahmen unserer Betrachtungen sprengen.

10.4 Einsatz eines Sortieroperators

In DBS, die für externe Benutzer nur eine satzorientierte DB-Schnittstelle mit benutzerkontrollierten Navigationsmöglichkeiten anbieten, sind gewöhnlich keine Operationen vorgesehen, die auf eine dynamisch definierbare und von den Speicherungsstrukturen und Zugriffspfaden abweichende Reihenfolge der Sätze Bezug nehmen können. Erforderliche Sortierungen der Sätze zur Ausgabe oder zur Optimierung von Verknüpfungs- und Auswertungsoperationen bleiben Aufgabe des Anwendungsprogramms. In DBS mit einer mengenorientierten DB-Schnittstelle und deskriptiven Anfragesprachen besitzt der Benutzer keine Möglichkeiten, sich direkt auf intern vorhandene Satzreihenfolgen zu beziehen; er hat jedoch die Freiheit, dynamisch beliebige Sortierfolgen zur Unterstützung seiner Verarbeitung (mit ORDER BY) zu spezifizieren. Andererseits ist die Auswertung und Optimierung aller Benutzeranforderungen vollständig an das DBS delegiert. Bei dieser Aufgabe wird sich die Sortierung von Satzmengen als wichtige Maßnahme für den Anfrageoptimierer erweisen (siehe Abschnitt 12.5).

10.4.1 Unterstützung komplexer DB-Operationen

Die Effizienz vieler DB-Auswertungsalgorithmen beruht darauf, daß Sortierreihenfolgen auf den zu verarbeitenden Satzmengen gewinnbringend eingesetzt werden können [GRAE93]. Aus diesen Gründen kann die interne Umordnung der Sätze unter Ausnutzung der zum Zugriffszeitpunkt vorhandenen Zugriffspfade häufig sehr vorteilhaft sein; einem Sortieroperator kommt also für die Leistungsfähigkeit mengenorientierter Auswertungen eine zentrale Bedeutung zu. Bei folgenden Anforderungen ist ein Sortieroperator von großem Nutzen [HÄRD77]:

- explizite Umordnung der Sätze aufgrund vorgegebener Sortierschlüssel
- Umordnung mit Durchführung einer Selektionsoperation
- Erzeugung von Partitionen durch Zerlegung einer Satzmenge in disjunkte Gruppen
- Selektion, Projektion und Eliminierung von Duplikaten in einer Satzmenge
- Unterstützung von Mengen- und Verbundoperationen
- Verarbeitung von Sichten
- Umordnung von Zeigern und Optimierung der Auswertungs- oder Zugriffsreihenfolge
- Dynamische Erzeugung von Indexstrukturen („bottom-up"-Aufbau von B*-Bäumen)
- Erzeugung von Cluster-Bildung beim Laden und während der Reorganisation.

Es ist eine offene Frage, ob ein spezieller DBS-Sortieroperator zur Verfügung gestellt werden soll oder ob sich ein vorhandener Sortieroperator des Betriebssystems effizient einsetzen läßt. Beispielsweise war in DB2 zunächst der VS-Sort vorgesehen. Da dieser jedoch für jeden Sortiervorgang ein Minimum von 256 KBytes an Virtuellem Speicher braucht und hohe Rüstkosten bis Sortierbeginn verursacht, ist das Sortieren von wenigen Tupeln ($< 10^3$) unverhältnismäßig teuer. Da aber die häufigsten Sortiervorgänge höchstens wenige hundert Tupel betreffen, wurde ein auf diese Einsatzfälle zugeschnittener DB2-Sort entwickelt [CHEN84].

10.4.2 Entwurfsüberlegungen für einen Sortieroperator

Das Sortieren großer Satzmengen ist eine sehr ein-/ausgabeintensive Operation, wenn der verfügbare Arbeitsbereich im Hauptspeicher (workspace) nicht alle Sätze auf einmal aufnehmen kann. In diesem Fall ist die Satzmenge geeignet zu partitionieren, wobei jede Partition zum internen Sortieren einzulesen und als sog. Run (sortierte Teilfolge) wieder auf den Externspeicher zurückzuschreiben ist. Anschließend erfolgt das externe Sortieren, auch Mischen genannt; bei einer Mischordnung m werden pro Mischdurchgang maximal m Runs eingelesen und als ein Run zurückgeschrieben. Die Satzmenge ist sortiert, sobald nur noch ein Run vorliegt [GRAE89].

Das Sortieren ist eine mengenorientierte Operation, die häufig auf Mengen externer Sätze anzuwenden ist. Deshalb wäre eine Implementierung des Sortieroperators oberhalb der satzorientierten DB-Schnittstelle unter Benutzung ihrer verfügbaren Objekte und Operatoren zwar naheliegend (es entspräche ihrer richtigen Einordnung ins Schichtenmodell), aus Leistungsgründen ist eine solche Realisierung jedoch nicht zu empfehlen. Ausschließlich satzorientierte Lese- und Schreibbefehle stellen auf dieser Ebene eine völlig untaugliche Unterstützung für das Umordnen von Satzmengen dar und erzwingen für jeden Satz ein mehrmaliges Überqueren der allgemeinen und daher teuren satzorientierten DB-Schnittstelle. Der Sortieroperator sollte einerseits möglichst nahe an der physischen Ein-/Ausgabe angeordnet sein, muß aber andererseits über der Systemschicht zur Realisierung der internen Sätze und Zugriffspfade liegen, um eine Code-Duplikation zu vermeiden und um deren Operationen zur Auswahl der Sätze und zur Erzeugung des sortierten Ergebnisobjektes benutzen zu können.

Es ist weiterhin zu entscheiden, ob eine spezielle E/A-Schnittstelle mit eigenem Puffer für die Sortierkomponente einzurichten oder ob die normale Schnittstelle über den DB-Puffer zu benutzen ist. Die Abwicklung der Sortiervorgänge über den DB-Puffer hat im wesentlichen folgende Vorteile:

- Es reduziert die Komplexität des DBS und erhöht seine Portabilität.
- Es erlaubt die Benutzung der vorhandenen Objekte (Segment, Seiten) und der zugehörigen Operatoren.

Bei DB-Pufferbenutzung ergeben sich jedoch für die Effizienz einige Einschränkungen:

- Typischerweise ist keine Kontrolle der physischen Cluster-Bildung auf den Externspeichern möglich.
- Eine für Sortieroperationen unnötig flexible Seitenzuordnung (z. B. Schattenspeicher-Konzept) führt auf hohe E/A-Kosten.
- Ersetzungsstrategie (z. B. LRU) und gemeinsame Benutzung des DB-Puffers durch konkurrierende Transaktionen beschränken die Optimierungsmöglichkeiten bei Sortier- und Mischvorgängen.

Die Größe des Arbeitsbereichs bestimmt bei vielen internen Sortierverfahren (in-situ-Verfahren) die Größe eines Runs (L_{run}). Da typischerweise variabel lange Sätze zu sortieren sind, können diese nicht beliebig umgeordnet werden. Deshalb ist der Ablauf des internen Sortierens indirekt zu gestalten; es wird nur eine Liste von Zeigern auf die zu sortierenden Sätze im Arbeitsbereich gemäß der Schlüsselvergleiche in den Sätzen umgeordnet. Alle Standardverfahren (z. B. Quicksort) können dann herangezogen werden. Da typischerweise auch die Sortierschlüssel, die aus k Feldern bestehen können, variabel lang sind, gestalten sich die Schlüsselvergleiche jedoch komplexer als in den Lehrbuchbeispielen (siehe dazu [HÄRD77]).

Um die Anzahl N_{run} der initialen Runs und damit das Mischen und den zugehörigen E/A-Aufwand zu minimieren, ist es erstrebenswert, ihre durchschnittliche Länge L_{run} zu maximieren. Bei in-situ-Verfahren bleibt sie jedoch konstant, da nur die Sätze intern sortiert werden, die in den Arbeitsbereich passen. Das Verfahren „Ersetzen und Auswahl" (*Replacement Selection*) hat die attraktive Eigenschaft, daß es im Mittel Runs der Länge $2 \cdot L_{run}$ erzeugt, weil die bei der Ausgabe sortierter Sätze freiwerdenden Speicherbereiche durch weitere Eingabesätze belegt werden, wobei diese unter gewissen Bedingungen am laufenden Sortierverfahren teilnehmen können. Außerdem wird eine „Vorsortierung" (von Teilmengen) der Sätze vorteilhaft ausgenutzt, was zu weit größeren Run-Längen führen kann.

Als Haupthindernis für die Implementierung von „Ersetzen und Auswahl" erwies sich bisher die variable Satzlänge, weil dadurch die freiwerdenden Speicherbereiche nicht notwendigerweise durch neu eingelesene Sätze belegt werden konnten. Larson und Graefe haben in [LARS98] ein Verfahren zur Speicherverwaltung im Arbeitsbereich entwickelt, mit dem im Mittel Run-Längen von $> 1.8 \cdot L_{run}$ erzielt werden. Weitere Maßnahmen wie Sonderbehandlung des letzten Run (Last Run Optimization) und Optimierung der Mischbäume (Merge Patterns) ergeben zusätzliche Verbesserungen. Eine bemerkenswert einfache Lösung führt auf Mischbäume mit minimalen E/A-Aufwand. Wenn die Phase des internen Sortierens N_{run} initiale Runs (variabler Länge) erzeugt hat und die maximale Mischordnung m ist, kann wie folgt vorgegangen werden. Füge k Dummy-Runs der Länge 0 zu den initialen Runs hinzu, so daß (N_{run} + k) sich durch m - 1 teilen läßt. Wähle vor jedem Mischen die m kürzesten Runs aus und fahre mit dem m-Wege-Mischen fort, bis nur noch ein Run übrigbleibt.

10.4.3 Optionen des Sortieroperators

Da die Sortierung eine teure Operation ist, sollte die Menge der zu sortierenden Sätze auf die tatsächlich benötigte beschränkt werden. Die Spezifikation der Sortieroperator-Eingabe ist deshalb mit flexiblen Optionen zur Minimierung der Externspeicherzugriffe und zur Restriktion der zu sortierenden Satzmenge auszustatten. Das Aufsuchen der Eingabesätze läßt sich effizient über Scans erreichen, so daß für die Sortieroperator-Eingabe alle Scan-Typen einsetzbar sein sollten. Das Filtern der Sätze mit einfachen Suchargumenten wird dann direkt „vor Ort" durch den Scan erledigt, so daß nur komplexere Bedingungen wie beispielsweise „Attribut Θ Attribut" (mit $\Theta \in \{<, =, >, \leq, \neq, \geq\}$) bei der Eingabebehandlung der Sätze zu prüfen sind. Die Auswahl des am besten geeigneten Scans ist Aufgabe des Anfrageoptimierers.

Als Ausgabe der Sortierung ist vorteilhafterweise ein Ausgabeobjekt zu erzeugen, das wiederbenutzbar ist und mit den satzorientierten DB-Operationen weiterverarbeitet werden kann. Eine transiente Ausgabefolge, bei der die sortierten Sätze satzweise an die rufende Komponente weitergereicht werden, erlaubt keine wiederholte Benutzung des Ausgabeobjekts. Außerdem würde dann ein mehrfaches, geschachteltes Aufrufen des Sortieroperators, beispielsweise zur Unterstützung höherer Operationen (z. B. Verbund) oder paralleler Benutzeranforderungen, den DB-Puffer leicht zum Engpaß werden lassen.

Die Semantik des Ausgabeobjektes bei der Sortierung entspricht einer Kopie der ausgewählten Sätze zum Ausführungszeitpunkt (kein „dynamisches Fenster"). Da seine Benutzung vorwiegend sequentieller Natur ist, ist eine kompakte physische Speicherung der sortierten Sätze vorteilhaft, beispielsweise als sequentielle Listenstruktur in einem Segment, wodurch eine minimale Anzahl von physischen E/A-Vorgängen bei der sequentiellen Verarbeitung der sortierten Sätze gewährleistet ist. Wegen der charakteristischen Verarbeitungsanforderungen genügen eine spezielle Einfügeoperation (am Ende der Liste) und eine flexible sequentielle Aufsuchoperation (mit Suchargumenten). Die Spezifikation der Ausgabe muß eine selektive Übernahme der Attribute des Eingabe-Satztyps erlauben, damit nicht unnötiger Ballast die Ein-/Ausgabe aufbläht. Für spezielle Anwendungen ist die Aufnahme der Satzadresse (TID) in das Ausgabeobjekt wichtig, um sortierte Schlüssel/TID-Listen erstellen zu können. Der Sortierschlüssel sollte sich aus mehreren Attributen zusammensetzen lassen und die Möglichkeit bieten, für jedes Attribut separat eine auf- oder absteigende Sortierordnung zu spezifizieren. Für bestimmte Mengen- und Relationenoperationen, deren effiziente Durchführung auf dem Sortieroperator beruht, sowie für Aufgaben der Integritätsüberprüfung sind Optionen zur Duplikateliminierung oder -bestimmung sehr hilfreich; sie verursachen während der Sortierung keinen Zusatzaufwand. In manchen Fällen ist es auch möglich, Aggregationsoperationen dadurch zu unterstützen, daß während des Sortierens einige Aggregatwerte berechnet werden [MOHA93b].

```
OPEN SCAN (R1, SB1, STB1)                      /* SCB1 */
SORT   R1  INTO  S1  USING  SCAN (SCB1)
CLOSE SCAN (SCB1)
OPEN SCAN (R2, SB2, STB2)                       /* SCB2 */
SORT   R2  INTO  S2  USING  SCAN (SCB2)
CLOSE SCAN (SCB2)
OPEN SCAN (S1, BOS, EOS)                         /* SCB3 */
OPEN SCAN (S2, BOS, EOS)                         /* SCB4 */

WHILE (NOT FINSHED)
DO
    FETCH TUPLE (SCB3, NEXT, NONE)
    FETCH TUPLE (SCB4, NEXT, NONE)
    •••
END
```

Abb. 10.8: Einsatz von Scan- und Sortier-Operator bei einem Sort-Merge-Verbund

Die in Abb. 10.8 gezeigte Operationsfolge soll den Einsatz des Sortier-Operators zur Realisierung komplexerer Operationen skizzieren. Im Beispiel wird ein Sort-Merge-Verbund
durchgeführt, wobei beide Ausgangsrelationen R1 und R2 hinsichtlich des Verbundattributs
unsortiert vorliegen. S1 und S2 seien temporäre Segmente, die zur Speicherung der sortierten
Listen herangezogen werden. SCB1 und SCB2 seien Scans zur kosteneffektiven Bereitstellung der zu sortierenden Tupelmengen (z. B. Index-Scans auf Nichtverbundattributen mit
Start-, Stopp- und Suchbedingungen oder Relationen-Scans mit Suchbedingungen), während
mit SCB3 und SCB4 die sortierten sequentiellen Listen in S1 und S2 tupelweise gelesen werden. Die algorithmischen Schritte zur Durchführung des Verbundes sind offensichtlich und
werden nur durch die iterierenden Anweisungen FETCH TUPLE auf SCB3 und SCB4 angedeutet.

Eine ausführliche Diskussion der verschiedenen Entwurfs- und Implementierungsaspekte
des Sortier-Operators eines DBS finden sich in [CHEN84, HÄRD77]. Dabei wird auch näher
auf die Sortier- und Mischtechniken eingegangen, die sich bei vorgegebenen Randbedingungen wie begrenztem Pufferbereich, variablen Satz- und Schlüssellängen usw. vorteilhaft einsetzen lassen.

10.5 Scheduling und Lastkontrolle von Transaktionen

Aufträge der Anwendung sind DBS-seitig als Transaktionen abzuwickeln. In unserem Schichtenmodell werden diese Transaktionen als dynamische Kontrollstrukturen an der satzorientierten DB-Schnittstelle spezifiziert. Da Operationen und Objekte in tieferen Systemschichten in primitivere zerlegt werden, geht ihr Transaktionsbezug verloren. Deshalb siedeln wir die Funktionen zur Transaktionsverwaltung in der gerade betrachteten Systemschicht an, wo die Transaktionen als Objekte noch bekannt sind und eine globale Sichtweise auf die Betriebsmittel und ihre Beschränkungen und Abhängigkeiten eingenommen werden kann. So können transaktionsbezogene Aktivierungs- und Überwachungsaufgaben effektiv durchgeführt werden. Zur optimalen Steuerung ist jedoch ein schichtenübergreifender Informationsfluß zwingend geboten. Aus Leistungsgründen wird hier selektiv und kontrolliert die schichtenweise Kapselung unseres Architekturmodells aufgegeben [HÄRD87b, REUT90].

Die Transaktionsverwaltung ist zuständig für die Umsetzung des ACID-Paradigmas, also dafür, daß jede Transaktion als Einheit der DB-seitigen Konsistenzerhaltung, Synchronisation und Recovery behandelt und aus Sicht anderer Anwendungsprogramme atomar ausgeführt wird. Die Realisierung dieser Transaktionseigenschaften wird in den Kapiteln 14 und 15 detailliert erörtert, so daß in diesem Abschnitt vornehmlich Funktionen des Scheduling und der Betriebsmittelvergabe darzustellen sind.

Mit dem BEGIN_TRANSACTION meldet das Anwendungsprogramm eine neue Transaktion an. DB-seitig wird eine neu zu startende Transaktion durch einen speziellen Kontrollblock repräsentiert und in einer Eingangswarteschlange abgelegt. Insbesondere bei der Initiierung der Transaktion – in eingeschränkter Weise aber auch bei Abwicklung jeder ihrer Operationen – sind eine Reihe von Entscheidungen zur Betriebsmittelvergabe und zum Scheduling zu treffen, die das Leistungsverhalten des DBS in erheblichem Maße beeinflussen. Da alle Transaktionen um die verfügbaren Betriebsmittel des DBS und möglicherweise um exklusiven Zugriff auf die Daten der DB konkurrieren, fallen bei der Ausführung ihrer Operationen eine Reihe von Kontroll- und Zuteilungsaufgaben an, die auf die Optimierung des Leistungsverhaltens des DBS abzielen. Ähnlich wie in Mehrbenutzer-Rechnersystemen können diese Aufgaben eingeteilt werden in

– Festlegung und Erzeugung von Ablaufeinheiten für Transaktionen (MPL: multiprogramming level)

– Scheduling zur Auswahl und Aktivierung der Transaktionslast

– Speicherverwaltung zur Zuteilung von Arbeitsspeicher oder von Rahmen im DB-Puffer

– Lastkontrolle und -balancierung zur Erreichung vorgegebener Leistungsziele.

Diese Aufgaben [TANE94] teilen sich in DBS verschiedene Komponenten. Ihre genauen Zusammenhänge werden im Rahmen der BS-Einbettung von DBS [HÄRD78a, PEIN87] näher diskutiert. Dabei ist als DB-seitige Ablaufeinheit für eine Transaktion typischerweise ein Task (Thread) – statisch vordefiniert oder dynamisch erzeugt - heranzuziehen. Diese Tasks müssen dann den BS-seitigen Ablaufeinheiten – den Prozessen – zugeordnet werden. Als Ablaufstrukturen, die letztlich den MPL verkörpern, ergeben sich so z. B. „single-process/multi-tasking"- oder „multi-process/multi-tasking"-Konfigurationen. Bei statischer Festlegung dieser Konfigurationen würde eine ankommende Transaktion sofort aktiviert, wenn eine Ablaufeinheit frei ist. Erst dynamische Konfigurationen implizieren die Durchführung von Kontroll- oder Überwachungsaufgaben und gestatten eine aktive Lastkontrolle.

Das Scheduling teilt den Transaktionen (und ihren Ablaufeinheiten) Rechenzeit zu. In der Regel liegt dabei eine Knappheit an Betriebsmitteln vor, und es sollen vorgegebene Leistungsziele eingehalten werden, die von sehr verschiedener Art sein können, beispielsweise die

- Durchsatzmaximierung für alle Transaktionen
- Gewährleistung von Antwortzeiten für verschiedene Klassen von Transaktionen
- Erledigung von Aufträgen gemäß vorgegebener Prioritäten.

Die Transaktionen sind mit ihren spezifischen Anforderungen so auszuwählen und zu aktivieren, daß das DBS die spezifizierten Leistungsziele erbringen kann und sich ein störungsfreier (oder gar ein optimaler) Betriebsablauf einstellt. Da der genaue Betriebsmittelbedarf von transaktionen i. allg. vorab nicht bekannt ist, sind Flexibilität sowie ständige Kontrolle und Lastanpassung gefordert. Wie gut die Leistungsziele schließlich erfüllt werden, hängt vornehmlich von der ausreichenden Verfügbarkeit von internem Speicher für alle konkurrierenden Transaktionen und von der Konfliktarmut ihrer Referenzen auf gemeinsame Daten ab. Deshalb ist eine dynamische Anpassung der Anzahl der konkurrierenden Transaktionen an den jeweiligen Betriebszustand von großer Wichtigkeit. So sollte eine neue Transaktion nur gestartet werden, wenn ihr Arbeitsbereiche und eine genügend große Rahmenmenge im DB-Puffer (siehe Abschnitt 5.7) zugewiesen werden können und die Konflikt- oder Blockierungsrate unter den bereits ablaufenden Transaktionen einen vorgegebenen Schwellwert nicht überschritten hat [MÖNK92]. Eine momentane Überlast, die sich durch Thrashing im DB-Puffer ausdrückt, sollte beim Transaktions-Scheduler zu einer sofortigen Verringerung der Rate an neu zu startenden Transaktionen führen. Das Zurückhalten von Operationen bereits gestarteter Transaktionen wäre dagegen nicht immer ein geeignetes Mittel, da diese schon Betriebsmittel (z. B. Sperren) besitzen, so daß sich eine Engpaßsituation sogar verschlimmern könnte. Zur Kontrolle der Konfliktrate ist eine effektive Abstimmung mit der Synchronisationskomponente erforderlich. Wenn zuviele Transaktionen durch Warten auf die Gewährung einer Sperre blockiert sind, ist es wenig sinnvoll, noch mehr Transaktionen zu starten, welche die Wahrscheinlichkeit der Blockierung oder gar Verklemmung von Transaktionen noch weiter erhöhen. In [PEIN87] wird gezeigt, daß eine temporäre Reduktion des Parallelitätsgrades, also eine Startverzögerung neuer Transaktionen, eine effektive Maßnahme zur Lastbalancierung und zur Behebung solcher Engpaßsituationen ist.

Transaktionen erzeugen mit ihren Operationen die eigentliche DB-Last. Dadurch, daß sie sehr unterschiedliche Anforderungen (z. B. Länge der Transaktion, Verhältnis von Lese- zu Schreiboperationen) haben können und diese ungeplant und in unregelmäßigen Abständen an das DBS geschickt werden, treten große Unterschiede in der zeitlichen Belastung des DBS auf. Trotzdem soll das DBS die vorgegebenen Leistungsziele einhalten.

Da das DBS-Verhalten von sehr vielen Faktoren beeinflußt wird, sind Algorithmen zum Erreichen dieser Leistungsziele naturgemäß sehr komplex. Seit einigen Jahren werden damit zusammenhängende Problemstellungen wie die automatische Lastanpassung bei einem vorgegebenen Leistungsziel schwerpunktmäßig untersucht [BROW94, MÖNK92]. Schon in zentralen DBS sind eine Reihe von Komponenten zielgerichtet aufeinander abzustimmen. Insbesondere muß das Zusammenspiel und die Wechselwirkung von Mechanismen wie Lastkontrolle, CPU-Scheduling, Speicherverwaltung, Scheduling von Externspeicherzugriffen, Anfrageoptimierung u. a. berücksichtigt werden [GRAE89, NG91]. In Mehrrechner-DBS auf der Basis von Shared-Disk- oder Shared-Nothing-Architekturen kommen noch weitere Aspekte hinzu: Transaktions-Routing, Prozessorauswahl, Datenverteilung u. a., was die Problemstellung erheblich komplizierter macht [BECK95, REUT86, RAHM95, RAHM96].

Bisher wurden vor allem spezielle Algorithmen zur zielgerichteten DB-Pufferverwaltung [BROW93] und zum zielorientierten Transaktions-Routing [FERG93] vorgeschlagen. Da es noch keine Standardverfahren gibt und viele Vorschläge spekulativ oder sehr speziell sind, verzichten wir hier auf eine vertiefte Betrachtung der Scheduling-, Betriebsmittelvergabe- und Lastkontroll-Problematik und verweisen auf die Literatur [CARE89, GRAY93, METH93, NIKO92, WEIK94].

11 Implementierung von relationalen Operatoren

Unsere Beschreibungssystematik für die Architektur eines datenunabhängigen DBS sieht vor, daß die oberste Schicht unseres Architekturmodells (siehe Abb. 1.7) eine mengenorientierte DB-Schnittstelle auf eine satzorientierte DB-Schnittstelle abbildet. Die wichtigste Aufgabe dieser Abbildung ist die Übersetzung und Optimierung von deklarativen und mengenorientierten Anfragen, so daß sich diese möglichst kosteneffektiv durch (potentiell lange) Folgen von satzorientierten DB-Operationen abwickeln lassen. Wir diskutieren diese Aufgabe im Kontext von SQL-Anfragen.

Im Rahmen der Anfrageoptimierung ist immer wieder auf Funktionalität und Kosten „höherer" relationaler Operatoren Bezug zu nehmen (siehe Abschnitt 12.5.4). Bei der Zugriffsplangenerierung werden sog. Planoperatoren, die solche höheren Operatoren wie Verbund und Selektion implementieren, ausgewählt und mit Hilfe eines Kostenmodells bewertet, um für einen gegebenen Zugriffsplan einen Kostenvoranschlag abzuleiten. Da diese Planoperatoren quasi als Bausteine zur Bestimmung und Generierung von optimalen Zugriffsplänen dienen, diskutieren wir zunächst die Möglichkeiten ihrer Implementierung, bevor wir im nächsten Kapitel die Probleme und Lösungsansätze bei der Übersetzung und Optimierung von mengenorientierten Anfragen erörtern.

Die Verarbeitungskonzepte relationaler DBS unterscheiden nach [JARK84] Einvariablen- und Mehrvariablen-Ausdrücke in SQL-Anfragen, wobei erstere einfache Auswahlbedingungen auf einer Relation darstellen, im Prinzip also „1-mengenorientiert" sind, während letztere komplexe Qualifikationsbedingungen auf einer oder mehreren Relationen verkörpern und deshalb auch als „n-mengenorientiert" bezeichnet werden [NINK98]. Im folgenden soll aufgezeigt werden, welche grundlegenden Realisierungstechniken existieren, um effiziente relationale Operatoren für die Auswertung von Ein-und Mehrvariablen-Ausdrücken implementieren und zur Ausführung in Zugriffsplänen bereitstellen zu können. Sind diese Zugriffsplanoperatoren, kurz Planoperatoren, hinreichend verfeinert beschrieben, so können ihnen Kosten gemäß eines Kostenmodells zugeordnet und zur Abschätzung der Gesamtkosten eines Zugriffsplans herangezogen werden (siehe Abschnitt 12.5.5 und Abb. 12.5).

Unsere Diskussion bezieht sich auf zwei Relationen R und S mit N_R bzw. N_S Tupel. Wir begnügen uns hier mit Betrachtungen zur Größenordnung der anfallenden Kosten. Eine vollständige Kostenmodellierung der nachfolgend skizzierten Planoperatoren würde die vorgegebene Ebene der Problemdetaillierung verlassen und die Einführung vieler zusätzlicher Einzelheiten erfordern. Um die Planoperatoren bewerten und ihre Kosten im Detail vergleichen zu können, benötigen wir eine Reihe charakteristischer Parameter der benutzten Speicherungsstrukturen und Zugriffspfade. In Abschnitt 12.5.5 wird im Überblick gezeigt, welche Größen durch das DBS gewartet und wie sie im Rahmen der Anfrageoptimierung genutzt werden. Genauere Darstellungen finden sich beispielsweise in [GRAE93, MITS95].

11.1 Operatoren auf einer Relation

SQL-Operationen, die sich nur auf eine Relation beziehen, lassen sich relativ leicht optimieren und ausführen. Das liegt vor allem daran, daß auf der satzorientierten DB-Schnittstelle dafür bereits geeignete Konzepte und Verfahren bereitgestellt werden. Wie in Abschnitt 10.3 eingeführt, sind eine Reihe von kontextfreien Operationen und satzweise Navigation basierend auf der Scan-Technik verfügbar.

11.1.1 Planoperatoren zur Modifikation

Anfrage- und Modifikationsoperationen sind in SQL generell mengenorientiert zu spezifizieren, wobei ihre Qualifikationsbedingungen möglicherweise n-mengenorientiert sind, sich also über mehrere Relationen erstrecken können. Die Änderungen einer SQL-Operation (durch INSERT, DELETE oder UPDATE) sind jedoch immer auf eine Relation beschränkt. Bestimmte Operationen wie einfaches Einfügen (INSERT) und positionsbezogenes Aktualisieren (Positioned DELETE, Positioned UPDATE) beziehen sich sogar nur auf ein Tupel. Die Auswertung der Qualifikationsbedingungen sind bei Modifikations- und Anfrageoperationen gleich, weshalb sie in Zusammenhang mit der Anfrageauswertung diskutiert werden.

Aus diesen Gründen ist die eigentliche Durchführung von Modifikationsoperationen (konzeptionell) sehr einfach. Bei tupelbezogenen Operationen ist entweder, wie beim Einfügen, keine spezifische Position erforderlich oder das betreffende Tupel ist bereits durch einen Cursor lokalisiert. Die Parameter der Operation können deshalb direkt an die entsprechenden satzorientierten Planoperatoren für Einfügen, Löschen und Ändern der satzorientierten DB-Schnittstelle „durchgereicht" werden. Bei einer mengenorientierten Modifikationsoperation liegt nach Auswertung der Qualifikationsbedingung (im Prinzip) eine TID-Liste vor, welche die einzufügenden[1] oder zu aktualisierenden Tupel identifiziert. Anschließend wird zur Abarbeitung dieser TID-Liste (im Prinzip) wie bei den tupelbezogenen Operationen verfahren. Folgeoperationen zur Aktualisierung von Indexstrukturen, zur Gewährleistung von Cluster-Bildung oder zur Reorganisation von Speicherungsstrukturen werden ebenso wie Logging-Maßnahmen durch die satzorientierten Operationen ausgelöst und als Wartungsoperationen in tieferen Schichten „automatisch" abgewickelt.

---

[1] Durch eine relationalen Zuweisung (relational assignment) kann eine aus einer anderen Relation abgeleitete Tupelmenge eingefügt werden.

11.1.2 Planoperatoren zur Selektion

Im folgenden wollen wir zunächst Planoperatoren, die auf die Auswertung 1-mengenorientierter (Teil-) Anfragen zugeschnitten sind, diskutieren. Typischerweise sind in heutigen DBS spezielle Planoperatoren vorhanden, die an verfügbare Zugriffspfade gebunden sind, beispielsweise für

- den direkten Zugriff über ein gegebenes TID, über ein Hash-Verfahren oder eine ein- bzw. mehrdimensionale Indexstruktur
- die sequentielle Suche in einer Relation
- das Suchen über eine Indexstruktur (Indextabelle, Bitliste)
- die Auswahl mit Hilfe mehrerer Verweislisten, wobei mehr als eine Indexstruktur ausgenutzt werden kann
- das Suchen über eine mehrdimensionale Indexstruktur.

Bei der Übersetzung und Optimierung einer SQL-Anfrage ist zunächst herauszufinden, welche Zugriffspfade und damit welche Planoperatoren sich anwenden lassen. Im allgemeinen ergeben sich schon bei der Selektion auf einer Relation R eine Reihe verschiedener Zugriffsmöglichkeiten, für die zur Entscheidungsvorbereitung Kostenvoranschläge abzuleiten sind. Dabei müssen beispielsweise auch Fragen der Zugriffslokalität im DB-Puffer oder vorliegende Clustereigenschaften berücksichtigt werden.

Planoperatoren für den direkten Zugriff lassen sich unmittelbar mit den Zugriffsoperationen einer Speicherungsstruktur oder eines Zugriffspfads realisieren. Wenn die Qualifikationsbedingung einer Anfrage höchstens auf einen Tupel führt (z. B. bei '=' auf UNIQUE-Attributen), kann ein einfacher Lesezugriff über einen B*-Baum oder eine Hash-Struktur erfolgen. Andererseits kann das Zwischenergebnis einer Auswertung ein TID oder eine TID-Liste liefern. Dann dient ein spezieller Planoperator, auch als ACCESS-Operator bezeichnet, zum Holen eines Tupel.

Werden als Ergebnis mehrere Tupel erwartet, basiert die Ausführung der Planoperatoren auf der Scan-Technik. Durch die Definition von Start- und Stoppbedingung und der Möglichkeit, einfache Suchargumente für die Tupel zu spezifizieren, lassen sich Flexibilität und Kostenökonomie der Planoperatoren hinsichtlich Auswahl und Einsatz erheblich steigern (siehe Abschnitt 10.3.4). Trotzdem sind natürlich gewisse Vorbedingungen zu beachten.

Ist kein passender Zugriffspfad für die Selektion vorhanden, so wird eine sequentielle Suche in R erzwungen. Der zugehörige Planoperator ist sehr einfach, da sich dieser Suchvorgang direkt auf einen Relationen-Scan abbilden läßt. Wie in Abschnitt 10.3.4 gezeigt, können dabei zwar einfache Suchbedingungen spezifiziert werden, diese verhindern jedoch nicht die erschöpfende Suche auf der physischen Ebene. Falls sich der Suchraum für die Tupel von R im zugehörigen Segment nicht durch eine Bereichsspezifikation (Table Spaces) eingrenzen läßt, erzwingt der Relationen-Scan ein vollständiges Durchsuchen aller Seiten dieses Segmentes.

Bei Vorliegen einer passenden Indexstruktur kann ein Planoperator einfache Prädikate mit einem Vergleichsoperator $\Theta \in \{<, \leq, =, \geq, >, \neq\}$ mit Hilfe eines Index-Scans direkt auswerten. Ein solcher Scan ist auf die bereichsweise Suche zugeschnitten, da ein Suchbereich durch Start- und Stoppbedingung unmittelbar auf dem Indexattribut spezifiziert werden kann. Besitzt der zugehörige B*-Baum die Höhe h, so benötigt der Zugriff auf das erste qualifizierte Tupel h + 1 Seitenzugriffe, während das Bereitstellen jedes weiteren Treffers in der Regel einen Seitenzugriff erfordert. Oft sind passende Indexstrukturen für mehrere Teilprädikate einer Anfrage vorhanden. Falls aber nur indexspezifische Planoperatoren verfügbar sind, ist es besonders wichtig, bei der Anfrageoptimierung den kostengünstigsten Index zu ermitteln. Dabei spielt sowohl die Selektivität des zugehörigen Teilprädikats als auch die Frage, ob der Index eine Option zur Cluster-Bildung besitzt oder nicht, eine dominierende Rolle.

Bietet das DBS dagegen einen Planoperator an, der einen Verweislisten-Algorithmus (TID-Algorithmus [BLAS77a]) realisiert, so kann die Auswertung mehrerer oder aller für die Anfrage „brauchbaren" Indexstrukturen auf einmal erfolgen.[2] Dabei sind in den verschiedenen Indexstrukturen variabel lange TID-Listen (oder Bitlisten) aufzufinden, die entsprechend den Booleschen Operatoren verknüpft werden. Die dabei entstehende Trefferliste steuert den Zugriff auf die Tupel von R, die mit den restlichen Prädikaten zu überprüfen sind, falls der TID-Algorithmus nicht alle Anfrageprädikate ausnutzen konnte.

Falls ein DBS die Einrichtung mehrdimensionaler Zugriffspfade erlaubt, so sind Planoperatoren zur Verfügung zu stellen, welche die angebotenen Suchmöglichkeiten über k Attribute in flexibler Weise ausnutzen. Dazu erfolgt eine Abbildung auf die entsprechenden Scan-Typen. Wegen der größeren Freiheitsgrade – es sind beispielsweise mehrere Suchrichtungen bei der Navigation möglich – ist eine solche Abbildung komplexer als im eindimensionalen Fall. Beim Aufsuchen der Treffer sollte z. B. die von der Cluster-Bildung vorgegebene physische Reihenfolge eingehalten werden, da dann erhebliche Leistungsvorteile im Vergleich zu einer „ein-/ausgabeintensiven" Reihenfolge zu erwarten sind. Da ein k-dimensionaler Zugriffspfad auch die Suche nach n < k Attributen unterstützt, ergeben sich zusätzliche Nutzungsmöglichkeiten, die jedoch vom Planoperator Abbildungsflexibilität und gute Kostenheuristiken erfordern. Solche Betrachtungen sprengen den Rahmen unserer Abhandlung.

Wenn möglich, kombinieren alle Planoperatoren Selektion und Projektion beim Zugriff auf eine Relation. Das ist dann besonders einfach, wenn festgestellt werden kann, daß keine Duplikate auftreten. Sonst muß eine explizite Duplikateliminierung, falls durch die Operationssemantik verlangt, nachgeschaltet werden.

Weitere Planoperatoren in Kombination mit der Selektion betreffen die Sortierung und die Gruppenbildung. Die Sortierung einer Tupelmenge als Eingabe kann der Beschleunigung einer nachfolgenden Operation (siehe z. B. Abschnitt 11.3.2) dienen oder explizit zur Ausgabeaufbereitung (ORDER BY) angefordert sein. Die Gruppenbildung (GROUP BY) wird in der Regel dazu benötigt, um im weiteren Verlauf der Auswertung Built-in-Funktionen – etwa zur Aggregatbildung oder zur Berechnung statistischer Größen – anzuwenden. Die erforderliche Funktionalität dafür wird durch einen Sortieroperator zur Verfügung gestellt (siehe Abschnitt 10.4), so daß die betreffenden Planoperatoren hier nicht vertieft diskutiert zu werden brauchen.[3]

---

[2]   Es ist nicht immer sinnvoll, alle passenden Indexstrukturen bei der Anfrageauswertung zu einzusetzen. Wird durch die Nutzung einer Teilmenge bereits eine sehr kurze TID-Liste abgeleitet, kann die zusätzliche Berücksichtigung einer wenig selektiven Indexstruktur zu höheren Gesamtkosten führen.

11.2 Operatoren auf mehreren Relationen

Die Operatoren auf einer Relation werden neben der Auswertung von Ein-Variablen-Ausdrükken auch als Bausteine zur Abwicklung von komplexeren Anfragen, die mehrere Relationen überspannen, eingesetzt. In der Anfrageformulierung sind hierbei k Relationen (k > 1) miteinander in Beziehung gesetzt, die durch leistungsfähige Operatoren ausgewertet werden sollen. Die Systematik bei der Anfrageübersetzung verlangt nun, den gesamten Anfrageausdruck so zu zerlegen, daß er durch die verfügbaren Planoperatoren effizient bearbeitet werden kann. Der herkömmlich gewählte Lösungsweg sieht dabei eine Gruppierung und baumartige Strukturierung in Zwei-Variablen-Ausdrücken vor, die Bedingungen zur Kombination von Tupeln aus zwei Relationen beschreiben. Darauf abgestimmt sind dann binäre Planoperatoren, die jeweils die Behandlung eines solchen Ausdrucks übernehmen. Weniger gebräuchlich, aber prinzipiell anwendbar ist eine Zerlegung in m-Variablen-Ausdrücke (mit m > 2). Im Einzelfall sind bei dieser Vorgehensweise verglichen mit Folgen von binären Operatoren effizientere, weil zugeschnittene Lösungen möglich, jedoch steigen Anzahl und Spezialisierungsgrad der erforderlichen Planoperatoren deutlich an.

Bei den Operatoren auf mehreren Relationen stellt die Auswertung von Zwei-Variablen-Ausdrücken den Regelfall dar. Unabhängig vom einzelnen Operator haben sich dabei folgende allgemeingültige Verarbeitungsprinzipien herausgebildet [GRAE93]:

- **Schleifeniteration** (geschachtelte Iterationsmethode). Dabei wird für jedes Tupel der äußeren Relation S die innere (kleinere) Relation R durchlaufen. Vergleichsoperationen sind uneingeschränkt möglich ($\Theta \in \{<, \leq, =, \geq, >, \neq\}$). Als Kostenmaß ergibt sich hier größenordnungsmäßig $O(N_S * N_R)$.

- **Mischmethode.** Es erfolgt ein sequentieller, schritthaltender Durchlauf beider Relationen S und R, was $O(N_S + N_R)$, also $O(N)$ an Kosten erzeugt. Oft fallen beim Einsatz dieser Methode jedoch zusätzliche Sortierkosten für eine oder gar für beide Relationen an, was dann den dominierenden Kostenfaktor ausmacht ($O(N \log N)$). Die Mischmethode ist auf die Überprüfung von Gleichheit ($\Theta = \text{'='}$) zugeschnitten, Erweiterungen für die Auswertung anderer Vergleichsoperationen sind jedoch denkbar, wenn zusätzliche Kosten in Kauf genommen werden.

- **Hash-Methode.** Die innere Relation R (oder Partitionen davon) wird hauptspeicherresident in einer Hash-Tabelle gespeichert; die Tupel der äußeren Relation S finden ihre Verarbeitungspartner in R mit Hilfe einer Hash-Funktion. Allerdings ist dabei nur Gleichheit ($\Theta = \text{'='}$) zugelassen, was jedoch bei allen in Frage kommenden Operationen den weitaus häufigsten Fall darstellt. Im günstigsten Fall ist mit $O(N_R + N_S)$ an Kosten zu rechnen.

Mehrvariablen-Ausdrücke betreffen in der Regel Mengen- oder Verbundoperationen. Kommt in einer Anfrage ein solcher Ausdruck vor, so ist er in Zwei-Variablen-Ausdrücke zu

---

3   In Data-Warehouse-Anwendungen haben solche Auswertungen erheblich an Bedeutung gewonnen. Deshalb wurden bereits eine Reihe spezieller Operatoren, etwa der CUBE-Operator, entwickelt, die Gruppen- und Aggregatbildung flexibel kombinieren und verallgemeinern. Zur Diskussion der verwendeten Konzepte und Techniken verweisen wir auf die Literatur [GRAY96].

gliedern, damit diesen die entsprechenden binären Planoperatoren zugeordnet werden können. Die Optimierung dieser Aufgabe ist schwierig, weil bei n beteiligten Relationen n! Operationsreihenfolgen[4] möglich sind, um die n-1 Operationen auszuführen. Die Kosten der einzelnen Operationen hängen stark von der Größe und Eingabereihenfolge der Operanden ab, so daß eine genaue Vorplanung erforderlich ist. Diese wird jedoch dadurch erschwert, daß sich selbst bei hinreichender Kenntnis der Größe und Werteverteilung der Ausgangsrelationen der Umfang von Zwischenergebnissen nur ungenau abschätzen läßt. Zudem können Techniken zum Pipelining mehrerer aufeinanderfolgender Operationen eingesetzt werden, um temporäre Zwischenergebnisse nicht explizit speichern zu müssen. Eine häufig zur Optimierung verwendete Heuristik zielt darauf ab, die (sich dynamisch ergebende) Größe der Zwischenergebnisse zu minimieren.

Abb. 11.1 versucht einige Aspekte dieser Optimierungsproblematik beim n-Wege-Verbund, der mit Hilfe von n-1 Planoperatoren für den Zwei-Wege-Verbund auszuführen ist, zu veranschaulichen Neben der Planung der Reihenfolge sind den einzelnen Zwei-Wege-Verbunden die am besten geeigneten Planoperatoren zuzuordnen. Die Eignung dieser Planoperatoren kann wiederum von einer Reihe von Kontextmerkmalen, wie „passende" Sortierordnungen der Verbundattribute, und Größe der Operanden abhängig sein [MITS95].

Wie der nachfolgende Abschnitt zeigen wird, gibt es für den Verbund eine große Vielfalt an Realisierungstechniken, von denen einige eine erhebliche Komplexität aufweisen. Die Effizienz der Verbundoperationen ist in starkem Maße von geeigneten Zugriffspfaden und Sortier-

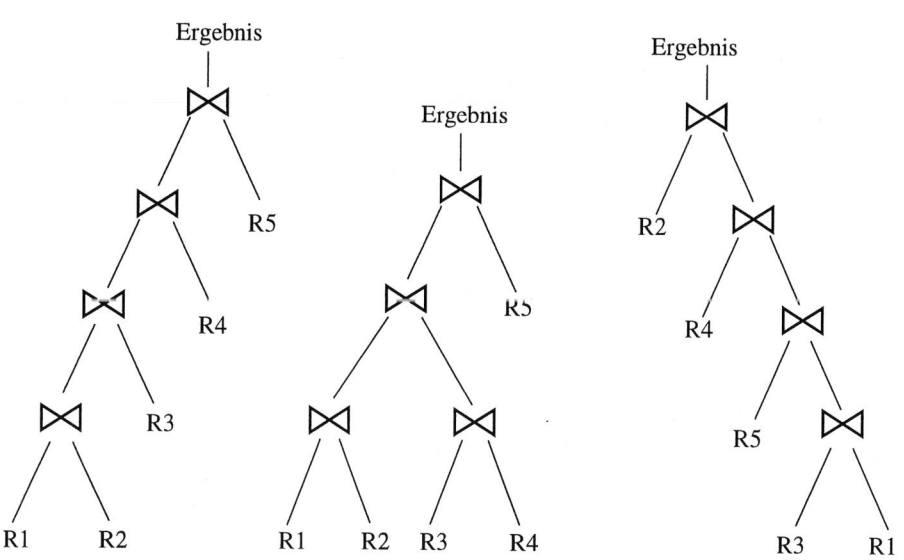

Abb. 11.1: Verschiedene Verbundreihenfolgen mit Zwei-Wege-Verbunden (n=5)

---

[4]   Bei n-Wege-Verbunden ist die Anzahl der Verbundreihenfolgen abhängig von den gewählten Verbundattributen und kann bis zu n! betragen.

reihenfolgen geprägt, so daß für jede einzelne Verbundoperation eine sorgfältige Abstimmung von Zugriffspfadauswahl und Verbundmethode zu erfolgen hat. Bei Folgen von Verbundoperationen ist außerdem eine genaue Planung ihrer Reihenfolge unerläßlich, um vorhandene Sortierordnungen möglichst gut auszunutzen und damit explizite Sortierläufe oder teure Schleifeniterationen zu vermeiden.

Die verschiedenen Verfahren zur Implementierung von binären Operatoren, insbesondere von Verbund- und Mengenoperatoren, basieren auf den hier eingeführten allgemeinen Verarbeitungsprinzipien. Wegen ihrer Einsatzhäufigkeit und ihrer beträchtlichen Beeinflussung der Systemleistung sind die verschiedenen Varianten für den relationalen Verbund die wichtigsten Planoperatoren. Der Gleichverbund ist dabei die typische Anwendung, allgemeine Θ-Verbunde sind eher selten.

11.3 Implementierung der Verbundoperation

In der Literatur [BLAS77a, GRAE93, MISH92] wurde die Frage nach geeigneten Methoden für den Zwei-Wege-Verbund ausführlich untersucht. Wegen der Häufigkeit der Anforderung und der Einsatzflexibilität wurde die zu realisierende Verbundoperation dabei um Projektionen und Selektionen auf die beiden Ausgangsrelationen R und S angereichert, so daß sie sich wie folgt in SQL formulieren läßt:

SELECT	$R.A_i, ..., S.A_j$
FROM	R, S
WHERE	$R.VA \; \Theta \; S.VA$
	$AND \; P_R \; AND \; P_S$

Auf diese Weise ist eine komplexe Auswertungsoperation entstanden, die

- Selektionen auf Selektionsattributen (SA) mit den Prädikaten P_R und P_S auf R und S
- Projektionen von Attributen von R und S sowie
- Verbund der resultierenden Relationen über die Verbundattribute R.VA und S.VA

umfaßt. Die Entwicklung zugehöriger Planoperatoren spezialisierte die allgemeingültigen Verarbeitungsprinzipien, die sich für die Implementierung von Zwei-Variablen-Ausdrücken herausgeschält haben, so daß für den praktischen Einsatz Verbundalgorithmen entstanden sind, die sich entsprechend in drei allgemeine Verfahrensklassen einteilen lassen. Da bei diesen Verfahren die Verbundpartner algorithmisch, d. h. durch Suche ermittelt werden müssen, nehmen die Suchkosten den Löwenanteil an den gesamten Verbundkosten ein. Weitere Verfahren beruhen auf der Nutzung von zugeschnittenen Zugriffspfaden, die ohne zusätzliche Suchkosten Verweise auf die „passenden" Verbundpartner liefern. Solche Strukturen verkörpern vorgeplante Verbunde; sie sind vorab einzurichten und benötigen deshalb zur Laufzeit nur geringe Aufsuchkosten zur Lokalisierung der Verbundpartner.

11.3.1 Nested-Loop-Verbund

Der Nested-Loop-Verbund beruht auf der Schleifeniteration und hat deshalb keine speziellen Anwendungsvoraussetzungen. Die Reihenfolge der Tupel von R und S ist unerheblich; es existiert keine Beschränkung in bezug auf den Vergleichsoperator Θ. Der Algorithmus für den Θ-Verbund läßt sich wie folgt skizzieren:

> Scan über S,
>> für jeden Satz s, falls P_S:
>>> Scan über R,
>>>> für jeden Satz r, falls P_R AND (r.VA Θ s.VA):
>>>>> führe Verbund aus,
>>>>> d. h., übernehme kombinierten Satz (r, s) in die Ergebnismenge.

Auf der „äußeren" Relation S wird ein Scan eröffnet (sequentiell oder über irgendeinen $I_S(A_i)$), über den die Tupel, die das Selektionsprädikat erfüllen, gefunden werden. Für jedes qualifizierte Tupel s wird auf der „inneren" Relation R ein Scan (sequentiell oder über irgendeinen $I_R(A_j)$) durchgeführt, der jeweils alle zugehörige, d. h. das Verbundprädikat erfüllende Tupel liefert. Diese werden mit s verbunden, falls sie das vorgegebene Selektionsprädikat als Filter passieren.

Die dieser Verbundmethode inhärente Komplexität von $O(N^2)$ (bei Card(R) = Card(S) = N) wurde bereits erwähnt. Sie führt offensichtlich – außer bei inneren Relationen, deren Tupel vollständig in den Hauptspeicher passen und während der Verbundoperation nicht verdrängt werden – zu einem inakzeptablen Leistungsverhalten. Deshalb muß dieser naive Nested-Loop-Verbund, wenn er in praktischen Fällen eingesetzt werden soll, durch eine Reihe von Zusatzmaßnahmen verbessert werden.

Eine erste Spezialmaßnahme betrifft die Durchführung von (n:1)-Verbunden. Jeder Scan auf der inneren Relation R kann abgebrochen werden, sobald ein Verbundpartner für das aktuelle s-Tupel gefunden wurde. Weitere Verbesserungen ergeben sich durch Nutzung von Zugriffspfaden und durch Vergleich mehrerer s-Tupel bei einem Scan auf R. Das Spektrum der Optimierungsüberlegungen ist in [GRAE93] zusammengefaßt.

11.3.1.1 Nested-Loop-Verbund mit Indexzugriff

In Spezialfällen kann der Aufwand für den Nested-Loop-Verbund durch passende Zugriffspfade deutlich entschärft werden. Falls auf R.VA ein Index vorhanden ist, ist es möglich, diesen jeweils zum Aufsuchen des Verbundpartners für das aktuelle s-Tupel heranzuziehen (*index nested-loops join*). Ein Gleichverbund ist durch einen hash-basierten Index besonders effizient zu bewerkstelligen:

> Scan über S,
>> für jeden Satz s, falls P_S:
>>> ermittle mittels Zugriff auf $I_R(VA)$ alle TIDs für Sätze mit r.VA = s.VA,
>>>> für jedes TID:
>>>>> hole Satz r, falls P_R:
>>>>>> übernehme kombinierten Satz (r, s) in die Ergebnismenge.

11.3.1.2 Nested-Block-Verbund

Bei dieser Methode erfolgt der Scan von R für alle Tupel einer Seite von S auf einmal:

Scan über S,

　für jede Seite (bzw. Menge aufeinanderfolgender Seiten) von S:

　　Scan über R,

　　　für jede Seite (bzw. Menge aufeinanderfolgender Seiten) von R:

　　　　für jeden Satz s der S-Seite, falls P_S:

　　　　　für jeden Satz r der R-Seite,

　　　　　　falls P_R AND (r.VA Θ s.VA):

　　　　　　　übernehme kombinierten Satz (r, s) in die Ergebnismenge.

Durch diese Idee, in [KIM80] als *block nested-loops join* bezeichnet, lassen sich die E/A-Operationen für R drastisch reduzieren.

11.3.2 Sort-Merge-Verbund

Die Methode der schritthaltenden Iteration setzt nach den Verbundattributen sortierte Relationen R und S voraus. Deshalb läuft der Algorithmus in zwei Phasen ab:

- *Phase 1:* Sortierung von R und S nach R.VA und S.VA (falls nicht bereits vorhanden), dabei frühzeitige Eliminierung nicht benötigter Tupel (durch Überprüfung von P_R, P_S).
- *Phase 2:* Schritthaltende Scans über sortierte R- und S-Relationen mit Durchführung des Verbundes bei r.VA = s.VA.

Die dominierenden Kosten dieses Algorithmus ergeben sich durch die Notwendigkeit der Sortierung ganzer Relationen (O(N log N)). Deshalb ändert sich die Kostensituation signifikant, wenn geeignete Sortierordnungen bereits vorliegen (O(N)). Wenn entweder I_R(VA) und I_S(VA) oder eine kombinierte Zugriffspfadstruktur über R.VA und S.VA oder ein entsprechender Verbundindex (siehe Abschnitt 8.3) vorhanden sind, so lassen sich diese Indexstrukturen unmittelbar für das „Mischen" ausnutzen. Der Merge-Verbund führt dann nur Phase 2 aus:

Schritthaltende Scans über I_R(VA) und I_S(VA):

　für jeweils zwei Schlüssel aus I_R(VA) und I_S(VA), falls r.VA = s.VA:

　　hole mit den zugehörigen TIDs die Tupel,

　　　falls P_R und P_S:

　　　　übernehme kombinierten Satz (r, s) in die Ergebnismenge.

In beiden Fällen wird in Phase 2 wie folgt vorgegangen: Auf den entsprechenden Zugriffspfaden werden Scans eröffnet, die bei einem (1:n)-Verbund durch geeignetes Fortschalten für jeden Wert des Verbundattributs die zugehörigen Tupel liefern. Bei einem (m:n)-Verbund müssen für jeden Wert des Verbundattributs die (n) Tupel der inneren Relation mehrfach (m) aufgesucht werden. Durch einen geeigneten Platzhalter ist es möglich, den Scan so zurückzupositionieren, daß die letzten n Tupel erneut gelesen werden können. Nach Überprüfung der Selektionsprädikate werden die qualifizierten Tupel verknüpft.

Der skizzierte Merge-Verbund kann als sog. *TID-Algorithmus* noch weiter verbessert werden. Dieser Algorithmus setzt Indexstrukturen auf den Verbund- und Selektionsattributen von R und S voraus und versucht, die Zugriffe zu den Datenseiten zu minimieren. Über $I_R(SA)$ und $I_S(SA)$ werden zunächst die TIDs der Tupel, welche die gegebenen Selektionsprädikate P_R und P_S erfüllen, aufgesucht und sortiert in temporären Dateien T1 und T2 gespeichert. Über die Indexstrukturen für $I_R(VA)$ und $I_S(VA)$ werden die TID-Paare (TID1, TID2), die zum unbeschränkten Verbund gehören, aufgefunden. Nur wenn sich TID1 in T1 und TID2 in T2 befinden, wird auf die entsprechenden Tupel zugegriffen, um ein Ergebnistupel aufzubauen.

Bei Vorliegen geeigneter Zugriffspfade und Speicherungsstrukturen lassen sich die Verarbeitungsprinzipien von Iterations- und Mischmethode bei Bedarf kombinieren. So sind bestimmte Variationen dieser Verfahren denkbar – beispielsweise die Kombinationen explizite Sortierung /Ausnutzung der Sortierordnung einer Indexstruktur oder sequentielles (ungeordnetes) Aufsuchen/direkter Zugriff über eine Hash-Struktur oder einen anderen geeigneten Zugriffspfad.

11.3.3 Hash-Verbund

Ziel dieser Verbundmethode ist die bestmögliche Ausnutzung des verfügbaren Hauptspeichers, um die Anzahl der Externspeicherzugriffe während der Verbundberechnung zu minimieren. Dazu wird der Reihe nach eine Hash-Tabelle mit den Tupeln von Partitionen von R dynamisch aufgebaut und zur schnellen Suche nach Verbundpartnern aus S verwendet. Dabei kommt es darauf an, möglichst wenige Partitionen von R zu bilden, d. h., den Hauptspeicher mit jeder Partition von R möglichst gut auszunutzen, um die Anzahl der Durchgänge durch S zu minimieren. Deshalb wird dir Überprüfung von P_R und P_S so früh wie möglich durchgeführt.

11.3.3.1   Classic Hashing

Die einfachste Art, ein Hash-Verfahren bei der Verbundoperation zu nutzen, wird in [SHAP86] als *Classic Hashing* bezeichnet. Dabei werden die Tupel von R durch einen Scan einmalig in den Hauptspeicher gelesen und mit Hilfe einer Hash-Funktion h_A einer Hash-Tabelle H durch $h_A(r.VA)$ zugeordnet. Die Größe des verfügbaren Arbeitsspeichers bestimmt dabei die (maximale) Größe von H. Ist H voll oder R erschöpft, wird ein Scan auf S ausgeführt und für jedes Tupel von S geprüft, ob mit $h_A(s.VA)$ ein Verbundpartner in H gefunden wird. Im Erfolgsfall werden die Tupel verknüpft und als Ergebnis ausgegeben. Ist der Scan auf R noch nicht beendet, so wird mit den angelieferten r-Tupeln H erneut aufgebaut; anschließend werden durch einen weiteren Scan von S die Verbundpartner in H bestimmt. Zur Durchführung der vollständigen Verbundoperation sind auf diese Weise p Scans von S erforderlich, so daß eine solche Art der Hash-Nutzung eine Komplexität von $O(N_R + p * N_S)$ verkörpert. Offensichtlich werden die Ausführungskosten dieses Algorithmus minimal, wenn R ganz in den verfügbaren Hauptspeicher paßt.

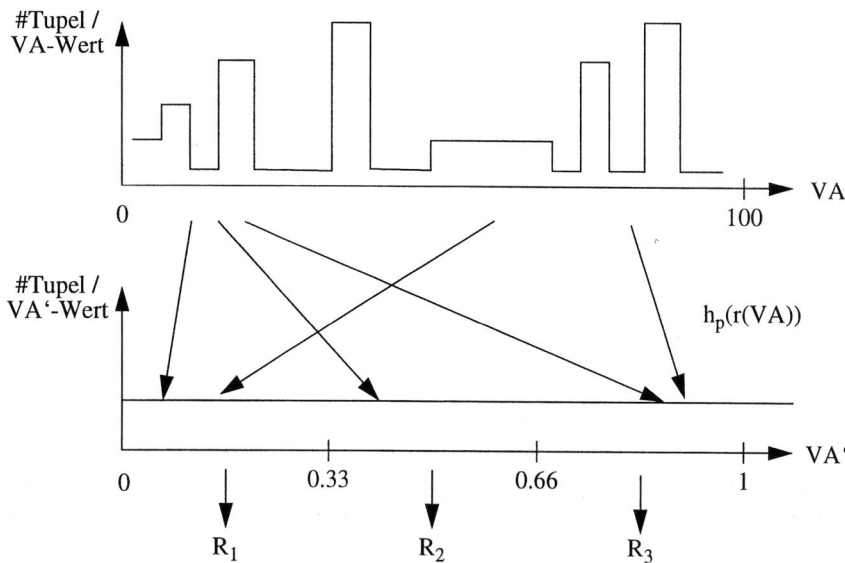

Abb. 11.2: Illustration der Hash-Partitionierung von R in drei Partitionen

11.3.3.2   Partitionierung mit einer Hash-Funktion

Beim skizzierten Algorithmus fällt auf, daß die Scans von S jedesmal vollständig abzuwickeln sind. Da die Tupeln von R in der Scan-Reihenfolge, d. h., ohne Beschränkung der R.VA-Werte in die Hash-Tabelle eingetragen werden, wird diese Vorgehensweise benötigt, um keine Verbundpartner zu übergehen. Eine signifikante Verbesserung ergibt sich nun durch Partitionierung der Relation R nach Werten von R.VA, so daß jede Partition R_i im verfügbaren Arbeitsspeicher Platz findet. Da trotz Ungleichverteilung der Werte von R.VA p möglichst gleichgroße Partitionen maximaler Größe erzielt werden sollen, ist dazu eine geeignete Hash-Funktion h_P heranzuziehen. Das Prinzip der Partitionierung ist in Abb. 11.2 veranschaulicht. Dabei wurde ein Wertebereich von R.VA mit (0 – 100) angenommen. Die zur Partitionierung dienende Hash-Funktion h_P bildet einen Wert r(VA) auf den Wertebereich R.VA' mit (0 – 1) ab, wobei idealerweise die skizzierte Gleichverteilung der Werte r(VA') und damit eine gleichförmige Belegung der Partitionen R_i erreicht wird.

In Abb. 11.3 ist die Partitionierung von R und die Ableitung der H_i aus den R_i verkürzt und schematisch dargestellt; diese Form der Darstellung übernehmen wir in den nachfolgenden Abbildungen. Nach Partitionierung von R entsprechend den Werten von R.VA ist es prinzipiell überflüssig, bei jeder Überprüfung (Probing) in einer Partition alle Tupel von S heranzuziehen. Zur drastischen Einsparung von Ein-/Ausgabe- und Vergleichsoperationen sollte S deshalb ebenso partitioniert werden. Dazu müssen die Tupel von S mit $h_p(s(VA))$ den Partitionen S_i mit denselben Partitionsgrenzen wie für die R_i zugeordnet werden. Die Partitionsgröße spielt bei den S_i ($1 \leq i \leq p$) im sequentiellen Fall keine Rolle; bei parallelen Algorithmen wäre eine möglichst einheitliche Partitionsgröße von Vorteil.

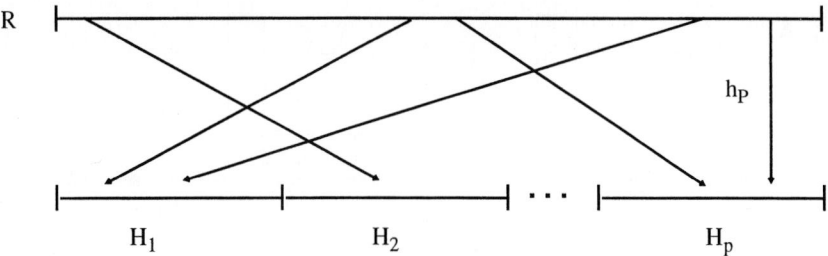

Abb. 11.3: Partitionierung von R in Teilmengen R_1, R_2, ..., R_p:
ein Tupel r von R in R_i, wenn h_P(r.VA) in H_i ist.

11.3.3.3 Simple Hash Join

Die konkrete Partitionsbildung bestimmt wesentlich die Kosten des Hash-Verbunds und spielt deshalb bei seiner Implementierung eine zentrale Rolle. Ein erster Vorschlag, *Simple Hash Join* genannt, besteht aus folgenden drei Schritten, wobei der Reihe nach die Partitionen R_i und S_i erzeugt sowie H_i ($1 \leq i \leq p$) aufgebaut werden [SHAP86].

- *Schritt 1*: Führe Scan auf kleinerer Relation R aus, überprüfe P_R und wende auf jedes qualifizierte Tupel r die Hash-Funktion h_P an. Fällt h_P(r.VA) in den gewählten Bereich, trage es in H_i ein. Anderenfalls speichere r in einem Puffer für R; falls der Puffer voll ist, schreibe seinen Inhalt in eine Datei für „übergangene" r-Tupel.

- *Schritt 2:* Führe Scan auf S aus, überprüfe P_S und wende auf jedes qualifizierte Tupel s die Hash-Funktion h_P an. Fällt h_P(s.VA) in den gewählten Bereich, suche in H_i einen Verbundpartner (Probing). Falls erfolgreich, bilde ein Verbundtupel und ordne es dem Ergebnis zu. Anderenfalls speichere s in einem Puffer für S; falls der Puffer voll ist, schreibe seinen Inhalt in eine Datei für „übergangene" s-Tupel.

- *Schritt 3*: Wiederhole Schritt 1 und 2 mit den bisher übergangenen Tupeln solange, bis R erschöpft ist. Dabei ist die Überprüfung von P_R und P_S nicht mehr erforderlich.

Der Leistungsgewinn dieser einfachsten Variante des Hash-Verbunds gegenüber dem bloßen Hash-Verfahren (Classic Hashing), bei dem die Relation S p-mal vollständig gelesen werden muß, wird durch Abb. 11.4 illustriert. Dabei ist die erste Iteration dargestellt. Sie unterteilt R und S jeweils in zwei Partitionen, und zwar in die „aktuellen" Tupel, die in H_1 gespeichert bzw. überprüft werden, und in die „übergangenen", die als R_{rest} und S_{rest} auf den Externspeicher zurückgeschrieben werden.

Da die Partitionsbildung der Relationen R und S schrittweise vollzogen wird, sind bei jeder Iteration unnötigerweise Tupel in beiden Eingabeströmen zu lesen, die nicht zur aktuellen Partition gehören. Aus der Literatur [DEWI84, SHAP86] sind eine Reihe von Verbesserungsvorschlägen für den Hash-Verbund bekannt, die vor allem bei der Partitionsbildung weitere Kosten einsparen wollen. Als Optimierungsziel wird angestrebt, daß in jedem Durchgang i ($1 \leq i \leq p$) jeweils die Hash-Tabelle H_i mit R_i aufgebaut und nur mit S_i überprüft wird, wie Abb. 11.5 verdeutlicht.

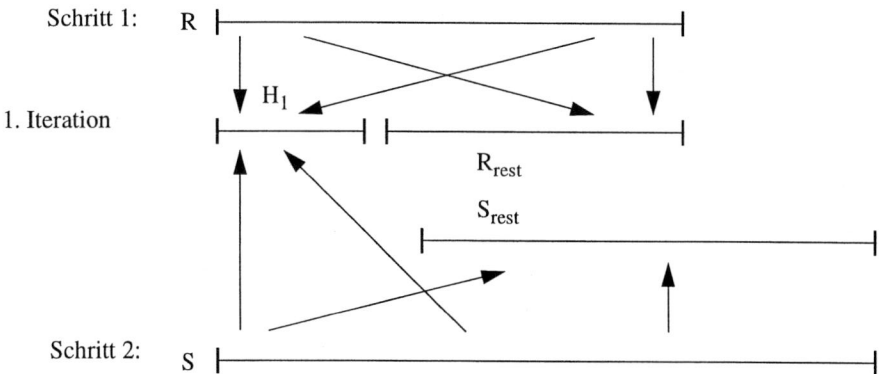

Abb. 11.4: Partitionierungsprinzip beim Simple Hash Join

11.3.3.4 Optimierung des Hash-Verbunds

Diese Optimierungsidee führte auf verschiedene Varianten des Verbundalgorithmus. Bei der sog. GRACE-Methode (GRACE Hash Join [KITS83]) laufen Partitionierungs- und Verbundphase strikt separat ab, d. h., in einem ersten Durchlauf werden ausschließlich die R_1 und S_i erzeugt. Der Hybrid Hash Join [DEWI85] dagegen verzahnt beim ersten Durchlauf die Partitionsbildung mit dem Aufbau der Hash-Tabelle H_1 und der Überprüfung mit den Tupeln aus S_1. Die aktuelle Durchführung sieht vor, daß für R_1 im Arbeitsspeicher H_1 aufgebaut und für Tupel der restlichen R_i p -1 Puffer eingerichtet werden. Die Größe von H_1 ergibt sich aus Größe des verfügbaren Arbeitsspeichers, wobei allerdings Platz für die Puffer von R_2, ..., R_p abzuziehen ist. Alle Tupel, die in H_1 verbleiben, ersparen bei der Verbunddurchführung die Zwischenausgabe. Sobald ein Puffer für R_2, ..., R_p gefüllt ist, wird er auf den Externspeicher zurückgeschrieben. Bei der nachfolgenden Partitionierung von S wird in gleicher Weise verfahren mit dem Unterschied, daß sich für alle Tupel, die S_1 zugeordnet werden, sofort die Verbundbehandlung mit Tupel in H_1 anschließt. Die Partitionierung der restlichen s-Tupel erfolgt über die schon reservierten p-1 Puffer. Mit dem Ende der Partitionierungsphase ist deshalb bereits die Verbundberechnung für die erste Partition abgeschlossen.

Die bisher skizzierten Varianten des Hash-Verbunds vertrauen darauf, daß alle dynamisch abgeleiteten Partitionen in den verfügbaren Hauptspeicher passen. Falls eine starke Ungleichverteilung bei den Werten von R.VA vorliegt, ist es jedoch möglich, daß die Hash-Funktion h_p dabei scheitert, da die Schlüsselbereiche der H_i vorab zu spezifizieren sind. Vorbereitende Datenanalysen in Form von Stichprobenentnahmen aus R.VA können helfen, die Größe der Schlüsselbereiche der H_i besser der tatsächlichen Werteverteilung anzupassen [GRAE93], sie können jedoch nicht Überläufe verhindern. In solchen Fällen müssen (teuere) Maßnahmen zur Überlaufbehandlung von Partitionen ergriffen werden [ZELL90].

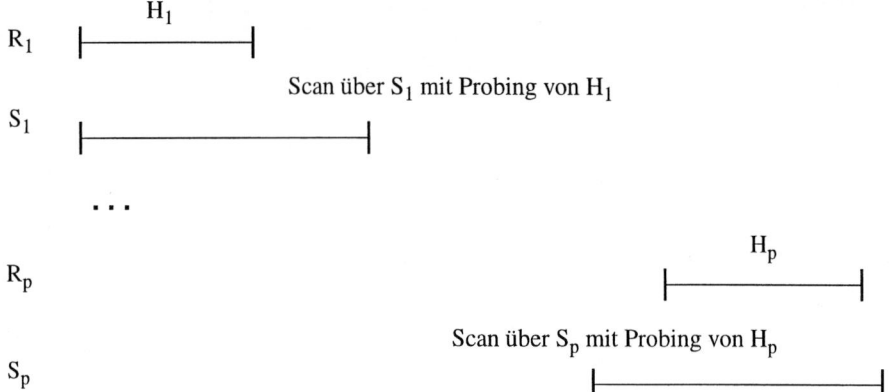

Abb. 11.5: Partitionierung von R und S bei der GRACE- und Hybrid-Hash-Methode

11.3.3.5 Varianten des Hash-Verbundes

Eine weitere Idee, bei sehr großen Verbunden Ein-/Ausgabeoperationen einzusparen, zielt auf die Reduktion der Tupelgröße während der Verbundoperation, um durch höhere „Packungsdichte" die Anzahl der Partitionen zu minimieren. Im ersten Durchgang werden verkürzte Tupel, bestehend aus VA-Wert und TID, gebildet, mit denen der Verbund vollständig abgewickelt wird. Den möglichen Einsparungen während der Operation durch verbesserte Cluster-Bildung steht eine zusätzliche E/A-Phase entgegen, in der – allerdings nur für die Ergebnismenge – die „langen" Tupeln rekonstruiert werden müssen. Aus naheliegenden Gründen heißt die Operation auch TID-Verbund oder zeigerbasierte Verbundmethode [SHEK90, MARE94]. Offensichtlich läßt sich die Idee der TID-Nutzung auch beim Sort-Merge-Verbund anwenden, um beim Sortieren die Ein-/Ausgabevorgänge zu minimieren.

Eine weitere Variante des Hash-Verbunds entstand durch Berücksichtigung der aktuellen Lastsituation, also insbesondere der konkurrierenden Transaktionen und ihres Speicherbedarfs, bei der Durchführung der Verbundoperation. Der sog. speicheradaptive Hash-Verbund plant in Abhängigkeit des verfügbaren Arbeitsspeichers zur Laufzeit die Anzahl der zu erstellenden Partitionen von R [ZELL90].

11.3.4 Semi-Verbund und Bitfilterung

Als weitere Verfahren lassen sich Semi-Verbund und Bitfilterung zur Verbundoptimierung heranziehen [SHAP86]. Sie werden typischerweise in einer verteilten Umgebung angewendet, um zur Durchführung eines Verbundes nur die Tupel einer Relation R übertragen zu müssen, die dann auch in S Verbundpartner finden. Der Semi-Verbund zwischen R und S auf den Verbundattributen VA ist definiert als ein Verbund von R und S, in dessen Ergebnis nur Attribute der Relation R enthalten sind:

$$(R \ltimes S) = \pi_{R\text{-Attribute}} (R \bowtie S).$$

Beispielsweise können die Werte des Verbundattributes von S, nämlich π_{VA} (S), zum Knoten von R geschickt werden, wo der Semi-Verbund mit R die am Verbund (R $\bowtie$ S) teilnehmenden Tupel von R ermittelt. Nach Übertragung zum Knoten von S kann dann der gewünschte Verbund stattfinden. Allgemein gilt hierbei:

$$(S \bowtie R) <\text{---}> (S \bowtie (R \bowtie S)) <\text{---}> (S \bowtie (R \bowtie \pi_{VA} (S))).$$

Bei der Bitfilterung wird nicht eine Liste der VA-Werte von R zum entfernten Knoten transportiert, sondern es wird eine Bitliste erstellt, in der Bitpositionen gesetzt (markiert) sind, die mit Hilfe einer Hash-Funktion für die einzelnen VA-Werte berechnet werden. Die Idee entspricht der des Bloom-Filters (siehe Abschnitt 4.4.2), d. h., die Methode ist mit einer gewissen, durch die Synonymbildung beim Hashing hervorgerufenen Unschärfe behaftet. Beim Test der VA-Werte von S ist es möglich, daß die Bitliste irrtümlich Verbundpartner in R anzeigt. Diese Fehlerwahrscheinlichkeit läßt sich durch Größe und Belegungsgrad der Bitliste sowie Wahl der Hash-Funktion steuern.

11.3.5 Nutzung von typübergreifenden Zugriffspfaden

In Kapitel 8 wurden mehrere typübergreifenden Zugriffspfade eingeführt, die quasi vorgeplante Verbundstrukturen verkörpern und deshalb in einfacher Weise zur Realisierung von Planoperatoren für den Verbund eingesetzt werden können.

11.3.5.1 Verbund über Link-Strukturen

Link-Strukturen (hierarchische Zugriffspfade, Set-Konstrukt [CODA78]) sind zwar nicht in erster Linie als Verbundunterstützung entworfen, lassen sich aber folgendermaßen vorteilhaft für den Gleichverbund ausnutzen:

Scan über R (Owner-Relation),
für jeden Satz r, falls P_R:
  Scan über zugehörige Link-Struktur $L_{R-S}(VA)$,
  für jeden Satz s, falls P_S:
    übernehme kombinierten Satz (r, s) in die Ergebnismenge.

Die Tupel der Owner-Relation R werden bei dieser Methode über irgendeinen Zugriffspfad lokalisiert. Falls sie das Prädikat P_R erfüllen, werden über den hierarchischen Zugriffspfad (oder über eine passende Indexstruktur) die zugehörigen Member-Tupel gesucht. Solche, die sich durch P_S qualifizieren, werden mit dem Owner-Tupel verknüpft.

11.3.5.2 Weitere Verfahren

Bei den in Abschnitt 8.2 und 8.3 eingeführten Verfahren liefert der Zugriffspfad bereits die TIDs (TID1, TID2) der Tupelpaare, die zum uneingeschränkten Verbund gehören. Durch Zugriffe über TID1 und TID2 werden die Tupel aus R bzw. S geholt. Falls sie P_R bzw. P_S erfüllen, wird das kombinierte Tupel (r, s) in die Ergebnismenge übernommen.

Bei der verallgemeinerten Zugriffspfadstruktur, die primär zum kombinierten Aufsuchen von Tupeln nach Primärschlüssel- und Fremdschlüsselwerten entworfen wurde, ist die Unterstützung des Gleichverbunds eher ein Nebenprodukt. Benachbart abgelegte TID-Listen enthalten alle Verweise auf die Verbundpartner, welche die Verbundbedingung r(VA) = s(VA) erfüllen. Da die Verbundbildung explizit zur Laufzeit der Anfrage erfolgt, ist auch kein Wartungsaufwand für die Verbundbeziehung erforderlich.

Verbundindexe sind für bestimmte Θ-Verbunde eingerichtet; sie ermöglichen also allgemeinere Verbundbeziehungen, die jedoch vorab berechnet und explizit gespeichert werden. Aktualisierungen der Tupel in R und S erzwingen Wartungsoperationen auf dem Verbundindex, was bei häufigem Änderungsdienst erhebliche Kosten verursachen kann.

Bei vorwiegend statischen Datenbeständen mit häufigen und flexiblen Verbundanforderungen, z. B. bei Data-Warehouse-Anwendungen, scheinen dagegen solche vorgeplanten Verbundindexe vorteilhaft zu sein. Sie eignen sich in der Bitlistenvariante (siehe Abschnitt 8.3) insbesondere bei Datenverteilungen und Attributselektivitäten, wie sie häufig in den durch ein sog. Sternschema beschriebenen Dimensions- und Faktentabellen [ONEI95] auftreten.

Da die Verbundverfahren jeweils auf existierende Zugriffspfade zugeschnitten werden können, ergeben sich viele Implementierungsvarianten. Um die Diskussion an dieser Stelle nicht ausufern zu lassen, verweisen wir auf spezielle Übersichtsarbeiten [GRAE93, MISH92].

11.3.6 Vergleich der Verbundmethoden

Abschließend sollen die wesentlichen Eigenschaften der drei Verbundklassen noch einmal zusammengefaßt und durch Abb. 11.6 graphisch gegenübergestellt werden. Auf den beiden Koordinatenachsen sind jeweils die Elemente der Eingabeströme (z. B. die Tupel von R und S) angeordnet. Die grauen und schwarzen Einfärbungen charakterisieren die für eine Methode erforderlichen Elementvergleiche; die schwarzen schließlich kennzeichnen diejenigen Vergleiche, die zur Bildung eines Verbundelementes führen.

Die Schleifeniteration, wie beim Nested-Loop-Verbund eingesetzt, ist immer anwendbar, jedoch ist dabei stets das vollständige Durchsuchen des gesamten Suchraums in Kauf zu nehmen. Die Mischmethode benötigt, wie in Abb. 11.6b veranschaulicht, die geringsten Such- und Vergleichskosten. Sie setzt allerdings wie beim Merge-Verbund voraus, daß bereits geeignete Sortierordnungen wie beispielsweise Indexstrukturen auf beiden Verbundattributen vorhanden sind. Sonst reduziert das Sortieren beider Relationen nach den Verbundattributen den Kostenvorteil in erheblichem Maße. Ein Sort-Merge-Verbund kann dennoch zusätzliche Vorteile besitzen, falls das Ergebnis in sortierter Folge verlangt wird und das Sortieren des großen Ergebnisses aufwendiger ist als das Sortieren zweier kleiner Ergebnismengen. Bei der Hash-Methode wird der Suchraum, wie in Abb. 11.6 c illustriert, partitioniert (z. B. mit Hilfe einer Hash-Funktion h_p). Die Partitionsgröße (bei der kleineren) Relation richtet sich nach der verfügbaren Puffergröße im Hauptspeicher. Eine Verkleinerung der Partitionsgröße, um den Fall 11.6 b anzunähern, verursacht höhere Vorbereitungskosten und ist deshalb nicht zu empfehlen.

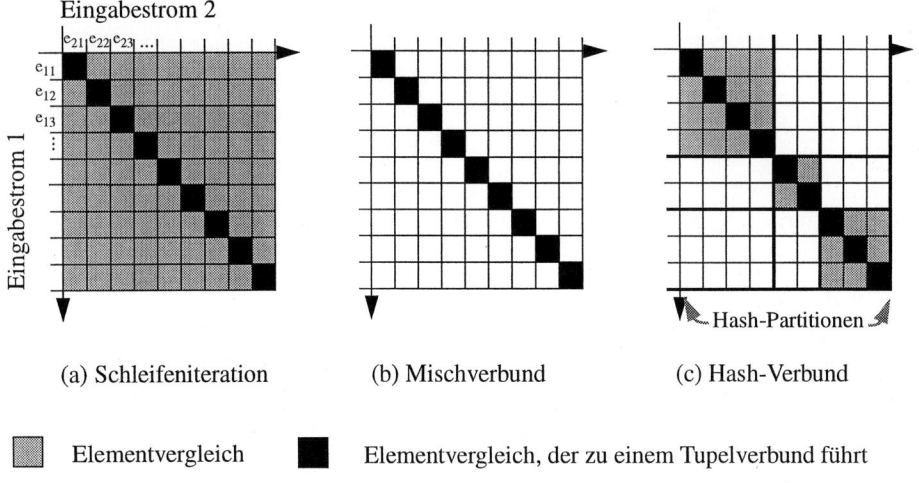

(a) Schleifeniteration   (b) Mischverbund   (c) Hash-Verbund

▨ Elementvergleich   ■ Elementvergleich, der zu einem Tupelverbund führt

Abb. 11.6: Vergleich der drei Klassen von Verbundmethoden

11.4 Weitere binäre Operatoren

Die drei allgemeingültigen Verarbeitungsprinzipien, die für die Verbundoperation zu konkreten Algorithmen detailliert wurden, lassen sich in einem viel breiteren Rahmen anwenden. Alle Verbund- und Mengenoperationen müssen Datenelemente aus zwei Eingabeströmen miteinander vergleichen und abhängig vom Ergebnis einen Ausgabestrom aufbauen. Deshalb werden bei allen binären Operationen, die eine Übereinstimmung in einzelnen oder in allen Attributen der beteiligten Relationen verlangen (in [GRAE93] *binary one-to-one match operations* genannt), grundsätzlich die gleichen Verarbeitungsschritte benötigt. Offensichtlich können dabei dieselben Algorithmen (mit gewissen Anpassungen) herangezogen werden.

Abb. 11.7 ist dem umfangreichen Übersichtsaufsatz von Graefe über Techniken der Anfrageauswertung [GRAE93] entnommen. Es zeigt eine zusammenfassende Darstellung der Mengen- und Verbundoperationen. Dabei wird deutlich, daß sich beide Operatorklassen im wesentlichen dadurch unterscheiden, ob sich der Vergleich der Datenelemente aus beiden Eingabeströmen R und S auf alle Attribute oder nur auf eine Teilmenge bzw. ein Attribut bezieht. Dabei können drei Teilmengen (A, B und C) gebildet werden, deren Kombinationen die Ergebnisse der verschiedenen Operationen ergeben. Diese Beobachtung führt zu einer Systematisierung der Algorithmenentwicklung für die benötigten Planoperatoren und zu einer erheblichen Reduktion von Aufwand und Komplexität ihrer Implementierung.

Ganz andere Planoperatoren erfordert die Auswertung rekursiver Prädikate über eine oder mehrere Relationen. Deren Auswahlvermögen läßt sich durch die Operatoren herkömmlicher relationaler Anfragesprachen nicht ausdrücken [LINN94]. Da die Rekursion für SQL3 ange-

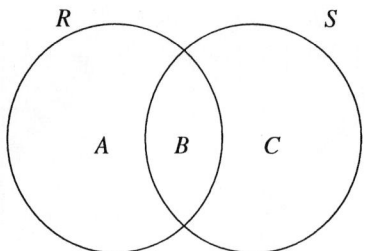

R, S   vereinigungsverträgliche Eingabeströme
A, B, C Elementmengen

Operations- ergebnis	Übereinstimmung in allen Attributen	Übereinstimmung in einem oder mehreren Attributen
A	Differenz (R-S)	Anti-Semiverbund (S, R)
B	Durchschnitt	Verbund, Semiverbund (S, R)
C	Differenz (S-R)	Anti-Semiverbund (R, S)
A, B		linksseitiger Äußerer Verbund
A, C	Anti-Differenz	Anti-Verbund
B, C		rechtsseitiger Äußerer Verbund
A, B, C	Vereinigung	symmetrischer Äußerer Verbund

Abb. 11.7: Zusammenfassende Darstellung der Charakteristika von Binäroperationen

kündigt ist, wird es eine künftige Implementierungsaufgabe sein, effiziente Algorithmen für sie (und andere nichtrelationale Sprachkonzepte) als Planoperatoren zu realisieren [SCHÖ90]. Für eine eingehende Diskussion der umfangreichen Vorschläge, die bereits vorliegen, verweisen wir auf die Spezialliteratur [JIAN94, YAN91].

12 Mengenorientierte DB-Schnittstelle

Dieses Kapitel beschreibt die oberste Schicht unseres Architekturmodells, die aufsetzend auf einer satzorientierten DB-Schnittstelle eine mengenorientierte DB-Schnittstelle zu realisieren hat. Wir orientieren uns dabei an den Anforderungen einer relationalen DB-Schnittstelle, an der dem Benutzer nur noch Relationen, Sichten (auf Relationen und Sichten) und Tupel als Objekte zugänglich sind und deskriptive Sprachen wie Relationenalgebra, Relationenkalkül, SQL oder QBE (*Query By Example*) zur Verfügung stehen. Von diesen erlaubt insbesondere SQL sowohl mengenorientiertes Aufsuchen als auch mengenorientierte Aktualisierung.

Die wichtigste Aufgabe dieser Abbildungsschicht ist die Übersetzung und Ausführung von mengenorientierten DB-Operationen. Dabei ergeben sich als wesentliche Teilschritte die Auflösung ihrer externen und ihre Bindung an interne Objektnamen, die Anfrageoptimierung mit der Auswahl der für ihre Verarbeitung kostengünstigsten Zugriffspfade und schließlich ihre Überführung in Aufruffolgen von Funktionen, die von der darunterliegenden satzorientierten DB-Schnittstelle angeboten werden [CHAU98, GRAE93]. Da auch auf der satzorientierten DB-Schnittstelle logische Objekte existieren, die Abstraktionen physischer Objekte der internen Satzschnittstelle darstellen, ist bei dieser Vorgehensweise ein weiterer Abbildungsvorgang erforderlich. Aus Effizienzgründen ist es deshalb in einem konkreten System geboten, die mengenorientierten DB-Operationen direkt in auf der internen Satzschnittstelle ablauffähige Operationsfolgen zu überführen, um die Reibungsverluste einer zusätzlichen Abbildung zu vermeiden und um vor allem ihren Optimierungsspielraum voll ausschöpfen zu können.

Für die Ausführung dieser Abbildung sind grundsätzlich zwei Zeitpunkte denkbar:

- Die DB-Operationen können zur Übersetzungszeit des Anwendungsprogramms (AP), in das sie eingebettet sind, durch einen Compiler übersetzt werden. In diesem Fall läßt sich die oberste Abbildungsschicht als Bestandteil des Compiler begreifen, der für eine DB-Operation ein spezielles Programm als ausführbaren Code mit Operationen der internen Satzschnittstelle erzeugt.
- Die DB-Operationen werden erst zum Zugriffszeitpunkt in ihrer externen Form an das DBS übergeben. Die oberste Abbildungsschicht fungiert in diesem Fall als ein Interpreter, d. h., als ein allgemeingültiges Programm zur direkten Kontrolle und Ausführung von DB-Operationen. Falls Ad-hoc-Anfragen bedient werden sollen, ist gewöhnlich diese Vorgehensweise zu wählen.

Da die Übersetzung von DB-Operationen und die Bindung der dem Benutzer (AP) bekannten externen Namen an die nur dem DBS bekannten internen Namen sowohl bei einer satzorientierten als auch bei einer mengenorientierten Programmierschnittstelle erforderlich sind,
wollen wir die dabei anfallenden Aufgaben und die gemeinsamen Konzepte zusammen diskutieren, bevor wir auf spezielle Probleme der mengenorientierten DB-Schnittstelle eingehen.
Satzorientierte DB-Schnittstellen rechtfertigen wegen der Einfachheit der Übersetzungsaufga-
be im allgemeinen nicht die Einführung einer eigenen Abbildungsschicht. Die zur Übersetzung oder Interpretation notwendigen DBS-Komponenten sind entweder in die Systemschicht, welche die satzorientierte DB-Schnittstelle realisiert, integriert oder die erforderlichen Aufgaben werden von einem (erweiterten) Compiler der Wirtssprache wahrgenommen.

12.1 Übersetzung von DB-Anweisungen

Ziel der Übersetzung ist die Erstellung eines Zugriffsmoduls für die DB-seitigen Anforderungen eines Programms, der die Operatoren der internen Satzschnittstelle aufrufen und die übergebenen aktuellen Werte sowie die zurückgelieferten Ergebnisse in der vorgesehenen Weise
verarbeiten kann, d. h., der direkt auf der internen Satzschnittstelle ablauffähig ist.

12.1.1 Allgemeine Aufgaben

Für die Übersetzung, Optimierung sowie Ausführung oder Interpretation einer DB-Anweisung (Anfrage) A sind folgende Verarbeitungsschritte nötig [MITS95]:

1. **Lexikalische und syntaktische Analyse** *(Parsing)*
   Im ersten Übersetzungsschritt wird die Zeichenkette A in zusammengehörige Bestandteile zerlegt, so daß eine Prüfung auf korrekte Syntax erfolgen kann. Dabei
   wird für A ein Anfragegraph aufgebaut, der als Bezugsstruktur für die folgenden
   Übersetzungsschritte zur Verfügung steht. Ergebnis ist eine Korrektheitsprüfung
   von A hinsichtlich der Sprachgrammatik.

2. **Semantische Analyse**
   In diesem Schritt wird zunächst die Existenz und Gültigkeit der durch A referenzierten Relationen, Sichten und Attribute mit Hilfe des DB-Katalogs festgestellt. Die
   vom Benutzer übergebenen externen Namen für Datenstrukturen und Operatoren
   werden in interne, systembezogene Namen überführt (Namensauflösung). Damit ist
   oft eine Konversion der übergebenen Daten vom externen in ein internes Format verbunden.

3. **Zugriffs- und Integritätskontrolle**
   Die zugehörigen Aktionen lassen sich als Erweiterung der semantischen Analyse
   auffassen. Sie sollen für eine Anfrage A aus Leistungsgründen, soweit möglich,
   schon zur Übersetzungszeit ausgeführt werden. Die Zugriffsrechte eines Benutzers

sind an die extern sichtbaren Datenobjekte gebunden, auf die er sich bezieht (Relationen, Sichten). Deshalb hat eine Überprüfung der Zugriffsberechtigung für die durch die Anfrage A spezifizierten Aktionen zu erfolgen, bevor die externen Datenobjekte und Operatoren durch Strukturen und Funktionen tieferer Systemschichten ersetzt werden. Falls sich die Zulässigkeit der Anforderung zu diesem frühen Zeitpunkt der Übersetzung nicht entscheiden läßt – beispielsweise bei wertabhängigen Zugriffsrechten –, müssen geeignete Laufzeitaktionen generiert werden, welche die korrekte Überprüfung der Zugriffsberechtigung zum Zugriffszeitpunkt gewährleisten. Integritätsbedingungen, die von der Ausführung von A betroffen sind, beziehen sich genau wie Zugriffsrechte auf Datenobjekte des DB-Schemas. Sie müssen deshalb vor der weiteren Zerlegung der Datenobjekte kontrolliert werden. Einfache Integritätskontrollen, die Format, Typ, Konversion und Zulässigkeit von Attributwerten betreffen, können zum Übersetzungszeitpunkt ausgeführt werden. Für komplexere Bedingungen, die erst beim aktuellen Zugriff auf die Daten überprüfbar sind, müssen entsprechende Laufzeitaktionen und Trigger vorbereitet werden.

4. **Standardisierung und Vereinfachung**

   Um die nachfolgenden Schritte so effektiv wie möglich zu gestalten und um Entscheidungssituationen leichter erkennen zu können, wird eine vom Anwender beliebig strukturierte Anfrage A in eine Normalform gebracht. Diese Standardisierung betrifft zunächst die Qualifikationsbedingungen (z. B. WHERE-Klausel in SQL), für die entweder die disjunktive oder die konjunktive Normalform herangezogen werden kann. Weiterhin kann sich die Standardisierung auf geschachtelte Unteranweisungen und -ausdrücke von A beziehen [JARK84]. Ihre Behandlung ist deutlich schwieriger (Überführung in symmetrische SQL-Ausdrücke, Pränex-Form für Ausdrücke der Relationenalgebra). Die Vereinfachung dient ähnlich wie die Standardisierung der effektiveren Fortführung der Übersetzung, aber auch dem möglichst frühzeitigen Erkennen von Inkonsistenzen und fehlerhaften Ausdrücken in A. Eine wesentliche Maßnahme ist hierbei die Elimination von Redundanzen in Selektionsausdrücken.

5. **Restrukturierung und Transformation**

   Ein für die Leistungsfähigkeit des gesamten DBS entscheidender Schritt des Übersetzungsvorgangs ist die Anfragerestrukturierung, die eine globale Verbesserung des Anfragegraphen und damit eine gute Ausgangsbasis für die nachfolgende Anfragetransformation erzielen will. Dieser verbesserte Anfragegraph dient schließlich als Ausgangspunkt für die Generierung von Anfrageausführungsplänen (AAP, kurz Ausführungsplan; engl. QEP: *Query Evaluation Plan*). Dabei ist aus der Menge der zum Übersetzungszeitpunkt vorhandenen Zugriffspfade und den verschiedenen Möglichkeiten und Reihenfolgen ihrer Benutzung der Ausführungsplan zu bestimmen, der am kostengünstigsten das Anfrageergebnis aufzufinden und dem Benutzer bereitzustellen gestattet [JARK84]. Als Kostenmaß kann der Optimierungsalgorithmus entweder nur die Anzahl der erforderlichen E/A-Vorgänge – wenn beim DBS die Ein-/Ausgabe der Engpaß ist (I/O-bound) – oder eine gewichtete Kombination aus CPU-Zeitbedarf und E/A-Bedarf – wenn die verfügbare interne Rechnerleistung der Engpaß ist (CPU-bound) – heranziehen [SELI79].

6. **Code-Generierung / direkte Ausführung oder interpretative Ausführung**

Der vorliegende Ausführungsplan dient als Ausgangspunkt der Code-Generierung oder interpretativen Ausführung für die Anfrage A. Im Fall der Code-Generierung wird ein Modul mit Zugriffsoperationen der internen Satzschnittstelle als ein zum Zugriffszeitpunkt direkt ausführbarer Programm-Code erzeugt und in einer Modulbibliothek abgelegt, während bei der interpretativen Ausführung ein sog. Interpreter bei jedem Zugriff dynamisch ihre Kontrolle übernimmt. Zum Aufsuchen und Bereitstellen der Daten müssen über interne Kontrolltabellen Zugriffsanforderungen vorbereitet und aktuelle Parameter für die Zugriffsoperationen eingesetzt werden. Bevor die erhaltenen Daten an das rufende AP übergeben werden, sind sie entsprechend der Benutzeranforderung und der externen Datenstrukturen zu formatieren und zu konvertieren.

Die Übersetzungsschritte 1, 2 und 3 werden auch durch den Begriff „Analyse von DB-Anweisungen" zusammengefaßt; sie liefern als interne Datenstruktur den sog. Anfragegraph. Die nachfolgenden Schritte 4 und 5 verkörpern die „Anfrageoptimierung", die als Ergebnis den (hoffentlich besten) Ausführungsplan erstellen. Schritt 6 wird auch vereinfacht mit „Ausführung" bezeichnet, die mit Hilfe des Ausführungsplans das Anfrageergebnis ableitet.

Bei der Interpretation werden im Extremfall bei jedem aktuellen DBS-Aufruf die Verarbeitungsschritte 1-6 erneut durch ein allgemeingültiges Umsetzprogramms ausgeführt. Diese Vorgehensweise hat den Vorteil, daß durch die Ausnutzung des spätest möglichen Bindezeitpunktes ein hoher Grad an Datenunabhängigkeit erzielt wird, da Änderungen bei den Daten und Zugriffspfaden (Strukturbeschreibungen, Integritätsbedingungen, Zugriffsrechte) bis zum aktuellen Zugriffszeitpunkt berücksichtigt werden können. Die Interpretation ist jedoch eine sehr teure Ausführungstechnik. Erfahrungswerte besagen, daß die Pfadlänge der auszuführenden Instruktionen im Interpreter (nicht im DBS-Laufzeitsystem, siehe Abb. 12.2) bei der Interpretation einer Anweisung um den Faktor 10-20 länger ist als die vergleichbare Pfadlänge bei einer vorübersetzten Anweisung [LORI79a]. Dieser enorme Mehraufwand kommt vor allem durch die Zugriffe auf den DB-Katalog zustande. Durch die Notwendigkeit, alle 6 Verarbeitungsschritte bei jedem DBS-Aufruf – sei es in einer Programmschleife oder bei wiederholter Ausführung des AP – erneut durchlaufen zu müssen, fallen bei der Interpretationstechnik die höheren Kosten bei jedem Aufruf an. Deshalb wurden Varianten der Interpretationstechnik entwickelt, die den Anfragegraph als Ausgangsstruktur heranziehen und so die ersten Verarbeitungsschritte einsparen. Besonders günstig ist offensichtlich der Bezug auf einen (geeignet vorbereiteten) Ausführungsplan, der möglichst alle Verarbeitungsschritte 1-5 erübrigt.

Wie bei der Übersetzungstechnik ist dieser Aufwand einmalig zu leisten, was die Kosten signifikant senkt und auch auf den Übersetzungszeitpunkt verschiebt. Für die Effizienz der DB-Anwendungen ist es deshalb von großer Wichtigkeit, die Verarbeitungsschritte einer DB-

Anweisung soweit wie möglich zum Übersetzungszeitpunkt auszuführen. Durch diese frühzeitige Bindung an vorhandene Daten- und Zugriffspfadstrukturen wird jedoch bei bestimmten Änderungen dieser Strukturen eine Wiederholung der Übersetzung erzwungen.

Die folgenden Betrachtungen sollen noch einmal verdeutlichen, daß die Übersetzung mengenorientierter im Vergleich zu satzorientierten DB-Sprachen wesentlich allgemeinere Ansätze verlangt. Deshalb ist keine separate Behandlung satzorientierter DB-Sprachen erforderlich.

12.1.2 Ausdrucksmächtigkeit mengenorientierter DB-Sprachen

Der für die einzelnen Übersetzungsschritte anfallende Aufwand wird durch die Ausdrucksmächtigkeit und die Freiheitsgrade der DB-Sprache festgelegt. Offensichtlich führt diese, wenn Mengenorientierung vorliegt, bei der Zerlegung von DB-Anweisungen ebenso auf komplexere Verfahren wie bei der Überwachung von Zugriffs- und Integritätsbedingungen. Besonders gravierend sind die Unterschiede bei der Anfrageoptimierung. Zudem ist gerade hierbei eine hohe Qualität wünschenswert, da Zugriffspfadauswahl und Ausführungsplanoptimierung die Leistungsfähigkeit des DBS entscheidend prägen.

Bei satzorientierten Schnittstellen wird der Benutzer in den meisten Fällen gezwungen, die Verantwortung für die Zugriffspfadauswahl selbst zu übernehmen; die Art und Reihenfolge der Zugriffe wird durch die benutzerkontrollierte Navigation bestimmt. Typische Beispiele dafür sind die FIND-Operationen des CODASYL-Standards [CODA78]:

- FIND ANY PERS bezieht sich auf die (vorausgesetzte) Klausel LOCATION MODE IS CALC des Satztyps PERS
- FIND NEXT PERS WITHIN BESCHÄFTIGT SET bezieht sich auf eine relative Position (Currency) in einer Setstruktur
- FIND OWNER WITHIN BESCHÄFTIGT SET stellt den OWNER-Satz der aktuellen Set-Ausprägung zur Verfügung.

Alle Operationen beziehen sich immer nur auf einen Satztyp. Beim direkten Bezug auf Verarbeitungspositionen oder auf bestimmte Zugriffspfade ist keinerlei Optimierung durch das DBS möglich. Als Ausnahme fallen lediglich bei der sog. allgemeinen Anfrage[1] gewisse Aufgaben der Optimierung an. Ein Beispiel dafür ist:

FIND PERS RECORD USING GEHALT, BERUF,

wobei die Attribute in geeigneter Weise zu initialisieren sind, oder äquivalent

FIND PERS RECORD WHERE GEHALT = 50000'
AND BERUF   = 'PROGRAMMIERER'.

Die Mächtigkeit der Qualifikationsprädikate ist auf Ausdrücke der Aussagenlogik beschränkt; sie betreffen nur einen Satztyp und sind satzweise zu entscheiden. Dadurch lassen

---

[1]   Die allgemeine Anfrage des CODASYL-Standards (FIND-7) ist „1-mengenorientiert" [NINK98]; sie verletzt im Prinzip die Satzorientierung der DB-Schnittstelle. Um alle qualifizierten Sätze einer FIND-7-Anfrage abholen zu können, wird eine spezielle Operation FIND DUPLICATE RECORD (FIND-3) zur Verfügung gestellt.

sich die Aufgaben der Optimierung stark einschränken; sie haben vor allem die Auswahl vorhandener Indexstrukturen, die Reihenfolge ihrer Benutzung und die Strategie der Auswertung zu berücksichtigen. Selbst dabei wird die Systemkontrolle bei der Zugriffsoptimierung in verschiedenen DBS dadurch noch weiter reduziert, daß die Anwendung der allgemeinen Suchanfrage an das Vorhandensein von passenden Indexstrukturen gekoppelt und so eine Art benutzerkontrollierte Optimierung eingeführt wird.

Im Vergleich dazu kann eigentlich erst bei n-mengenorientierten Sprachen wie SQL von Anfrageoptimierung gesprochen werden; diese Aufgabenstellung besitzt eine hohe Komplexität, da die Auswahlmächtigkeit

– an der Prädikatenlogik erster Stufe orientiert ist; durch eine Reihe von zusätzlichen Prädikaten wie MATCHES, NULL, LIKE u. a. wird diese sogar deutlich übertroffen

– nicht auf einem Satztyp beschränkt ist

– unabhängige oder korrelierte Teilanfragen zur Bestimmung von Suchargumenten in beliebiger Schachtelungstiefe zuläßt

– zusätzlich den Einsatz von Built-in- und Sortier-Funktionen auf Partitionen der Satzmenge gestattet

und die Ausgabespezifikation

– den Aufbau von Tupeln aus Attributen verschiedener Relationen erlaubt

– beliebige wertabhängige Ausgabereihenfolgen der qualifizierten Tupel ermöglicht.

Die Schwierigkeit dieser Aufgabe wird dadurch gesteigert, daß

– auch die Manipulationsoperationen mengenorientiert sind

– referentielle Integrität aktiv mit Hilfe referentieller Aktionen [DATE97] zu wahren ist

– Operationen sich auf Sichten von Relationen beziehen können

– vielfältige Optionen der Datenkontrolle zu berücksichtigen sind.

Einige Anfragebeispiele in Abb. 12.1 sollen diese Bewertung der Optimierungskomplexität verdeutlichen. Die SQL-Anfrage B1 besteht aus mehreren Teilanfragen, von denen T2 einmalig und T3 für jedes Tupel von Pers erneut auszuwerten ist. Außerdem spezifiziert T1 eine Verbundoperation und eine Ergebnisausgabe aus zwei Relationen. Das Beispiel B2 soll illustrieren, daß der Benutzer mit Hilfe von graphischen Schnittstellen sehr schnell Qualifikationsbedingungen eingeben kann, die dann durch automatische Anfragegenerierung zu (zumindest syntaktisch) komplexen und „ausufernden" SQL-Anfragen führen [LEUN98].

Auch die fünfte Phase des Übersetzungsvorganges ist bei satzorientierten DB-Sprachen wegen der (1:1)-Zuordnung einfach, da im Prinzip nur die DB-Operation in einer internen Form – mit internen Namen, ausgewähltem Zugriffspfad und Verarbeitungsfunktion – aufzurufen und eine geeignete Rückgabebehandlung des Ergebnisses vorzubereiten ist. Bei mengenorientierten DB-Sprachen dagegen ergibt sich eine hohe Komplexität dadurch, daß zur Auswahl und Auswertung der qualifizierten Satzmenge ein ablauffähiges Programm zu generieren bzw. eine interpretative Ausführung und Kontrolle zu bewerkstelligen ist.

B1: Komplexe SQL-Anfrage

mitVerbundoperation (T1) sowie unabhängige (T2) und korrelierte (T3) Teilanfragen

```
        select    p.pnr, pname, a.aname
T1      from      Pers p, Abt a
        where     p.anr = a.anr
            and p.gehalt  <    (select max (prov)
T2                             from Pers)
            and p.gehalt  >    (select avg (prov)
T3                             from Pers
                               where anr = p.anr)
```

B2: „Einfache" SQL-Anfrage [LEUN98]

mit einem Tool zur Entscheidungsunterstützung und GUI-Nutzung automatisch erzeugt

```
select distinct a.fn
from T1 a
where a.owf =
      (select min (b.owf)
      from T1 b
      where (1=1) and (b.aid='SAS' and
            b.fc in (select c.cid
                    from T2 c
                    where c.cn='HKG') and
            b.tc in (select d.cid
                    from T2 d
                    where d.cn='HLYD') and
            b.fid in (select e.fid
                    from T3 e
                    where e.did in
                            (select f.did
                            from T4 f
                            where f.dow='saun')) and
            b.fdid in (select g.did
                    from T4 g
                    where g.dow='saun'))) and
            (1=1) and (a.aid='SAS' and
            a.fc in (select h.cid
                    from T2 h
                    where h.cn='HKG') and
            a.tc in (select i.cid
                    from T2 i
                    where i.cn='HLYD') and
            a.did in (select j.fid
                    from T3 j
                    where j.did in
                            (select k.did
                            from T4 k
                            where k.dow='saun')) and
            a.fdid in (select 1.did
                    from T4 1
                    where 1.dow='saun'))
```

Abb. 12.1: Beispiele für SQL-Anfragen

12.2 Anbindung an Anwendungsprogramme

DB-Sprachen wurden bis auf wenige Ausnahmen immer nur als (Teil-) Sprachen entworfen, die ausschließlich DB-seitige Aufgaben abdecken. Sollen die Anfrageergebnisse weiterverarbeitet werden, so ist eine Kopplung von DB-Sprache und Programmiersprache als Wirtssprache erforderlich, welche die entsprechenden Kontrollstrukturen und Prozedurkonzepte zur Verfügung stellt. Damit lassen sich dann spezielle Algorithmen zur Ableitung von Ergebnissen, die nicht unmittelbar durch DB-Anfragen spezifiziert werden können, oder die Kontrolle und Wartung komplexer Integritätsbedingungen realisieren. DB-Sprachen sind aus diesem Grund in der Regel nicht berechnungsuniversell (*computationally complete* [VARV89]).

Man unterscheidet DB-Sprachen, die als selbständige Sprachen für Ad-hoc-Anfragen vom Terminal aus oder als in eine bestimmte Wirtssprache wie COBOL, PL/I oder FORTRAN eingebettete Sprachen eingesetzt werden. Bei selbständigen DB-Sprachen sind deskriptive Anweisungen und mengenorientierter Zugriff die natürliche Form des Einsatzes. Die Anfrageergebnisse werden am Terminal präsentiert und möglicherweise durch Variation der Anfrage verfeinert; eine direkte Weiterverarbeitung der Ergebnisse durch den Benutzer ist nicht möglich.

Die Weiterverarbeitung verlangt eine Wirtssprachenanbindung der DB-Anweisungen[2], wodurch die Wirtssprache gewissermaßen mit der DBS-Funktionalität angereichert wird. Je nach Datenmodell lassen sich hier satzorientierte und mengenorientierte Ansätze unterscheiden, deren Kopplung nicht immer ohne Probleme erfolgt. Ein wichtiger Grund dafür können unterschiedliche Typsysteme von DBS und Programmiersprache sein; hier kann in einfachen Fällen eine Konversion der Datentypen helfen. Schwieriger wird es jedoch, wenn Satz- und Mengenorientierung aufeinandertreffen: Deskriptive DB-Sprachen mit mengenorientiertem Datenzugriff passen überhaupt nicht zu den satzorientierten Verarbeitungskonzepten prozeduraler Programmiersprachen. Eine derartige Kopplung muß mit dem Handikap einer Fehlanpassung, unter dem Schlagwort „Impedance Mismatch" weithin bekannt, zurechtkommen [SHAW89]. Die herkömmliche Lösung, mit dieser Fehlanpassung von mengenorientiertem Datenzugriff auf der einen und satzorientierter Verarbeitung auf der anderen Seite umzugehen, ist in Abschnitt 12.3 skizziert.

Bei der Kopplung oder Wirtssprachenanbindung dienen die DB-Anweisungen zusammen mit den für sie definierten Datenstrukturen als Schnittstelle zwischen DBS und AP. Für die Anbindung einer DB-Anweisung A lassen sich grundsätzlich zwei Formen wählen:

– *Spracherweiterung*
  Dabei wird syntaktisch keine Unterscheidung zwischen Programm- und DB-Anweisungen gemacht. Eine DB-Anweisung wird als Zeichenkette A ins AP integriert.

---

[2]   Auch bei selbständigen Sprachen ist eine gewisse Anbindung der DB-Anweisungen an ein Terminal-Kontrollprogramm notwendig, das die Zwischenspeicherung, Aufbereitung und Ausgabe der Ergebnisse durchführt. Für die Übersetzung und Handhabung von DB-Anweisungen ergeben sich keine zusätzlichen Probleme.

– *Aufruftechnik*

Eine DB-Anweisung wird durch expliziten Funktionsaufruf (z. B. CALL DBS ('A')) an das Laufzeitsystem des DBS übergeben.

Die Form der Spracherweiterung wird wegen der syntaktischen Gleichbehandlung der DB-Anweisungen oft als benutzerfreundlicher und natürlicher bezeichnet. Da die zugehörige DB-Sprache in der Regel explizit als Erweiterung einer Programmiersprache entworfen wird, ist insbesondere bei satzorientierten Ansätzen der konzeptionelle Abstand zwischen DB- und Programmiersprachenwelt geringer als bei der Aufruftechnik durch CALL-Schnittstellen [NEUM92]. Die Spracherweiterung hat jedoch im Gegensatz zur Aufruftechnik Rückwirkungen auf den Übersetzungsvorgang des Anwendungsprogramms (AP), da die DB-Anweisungen eine Sonderbehandlung erzwingen. Dazu lassen sich zwei unterschiedliche Vorgehensweisen wählen. Bei der integrierten Übersetzung ist der Wirtssprachen-Compiler C so zu modifizieren (nach C'), daß im Rahmen der Übersetzung des AP die DB-Anweisungen in geeigneter Weise behandelt werden können. Der sog. Vorübersetzeransatz dagegen läßt den Wirtssprachen-Compiler C unverändert; dafür müssen alle DB-Anweisungen durch einen vorgeschalteten Vorübersetzer so umgeformt werden, daß sich das AP anschließend mit dem Wirtssprachen-Compiler C übersetzen läßt [LORI79a]. In beiden Fällen sind folgende Möglichkeiten denkbar (siehe Abb. 12.2b):

– A wird als Ergebnis von Übersetzung und Optimierung in eine interne Darstellungsform überführt, die eine direkte Ausführung der Anforderung zur Laufzeit gestattet, d. h., die Bindung von A an DB-interne Namen und Zugriffspfade erfolgt zum Übersetzungszeitpunkt.

– A wird lediglich als aktueller Parameter eines (internen) CALL-Aufrufs abgelegt, seine weitere Behandlung erfolgt erst zur Laufzeit. Dabei kann A entweder übersetzt oder, wie in Abb. 12.2a skizziert, interpretiert werden.

Bei der Aufruftechnik ist keine Modifikation des Wirtssprachen-Compiler C oder der Einsatz eines Vorübersetzers notwendig. A bleibt als aktueller Parameter bis zur Laufzeit in seiner externen Form erhalten. Interpretation / Übersetzung und Bindung finden erst zum aktuellen Zugriffszeitpunkt statt. Bei geeigneter Darstellung von A kann bis zum Zugriffszeitpunkt eine Modifikation der Anforderung vorgenommen werden, d. h., A kann neu aufgebaut werden. Auch bei dieser Vorgehensweise ist prinzipiell eine Übersetzung oder Interpretation zur Laufzeit möglich (siehe Abb. 12.2 a).

Zur Klassifikation der DB-Schnittstelle läßt sich neben der Art der Integration der Operatoren in die Wirtssprache die Art der DB-seitigen Datenstrukturen im AP heranziehen. Dabei können folgende beiden Fälle unterschieden werden:

– Die Datenstrukturen, auf die das AP zugreift, sind als Sicht (oder Subschema) explizit im AP deklariert. Zusätzlich zu den Programmvariablen besitzt das AP einen statisch zugeordneten Bereich für die Datenstrukturen der DB (UWA = User Working Area), die im AP symbolisch angesprochen werden können.

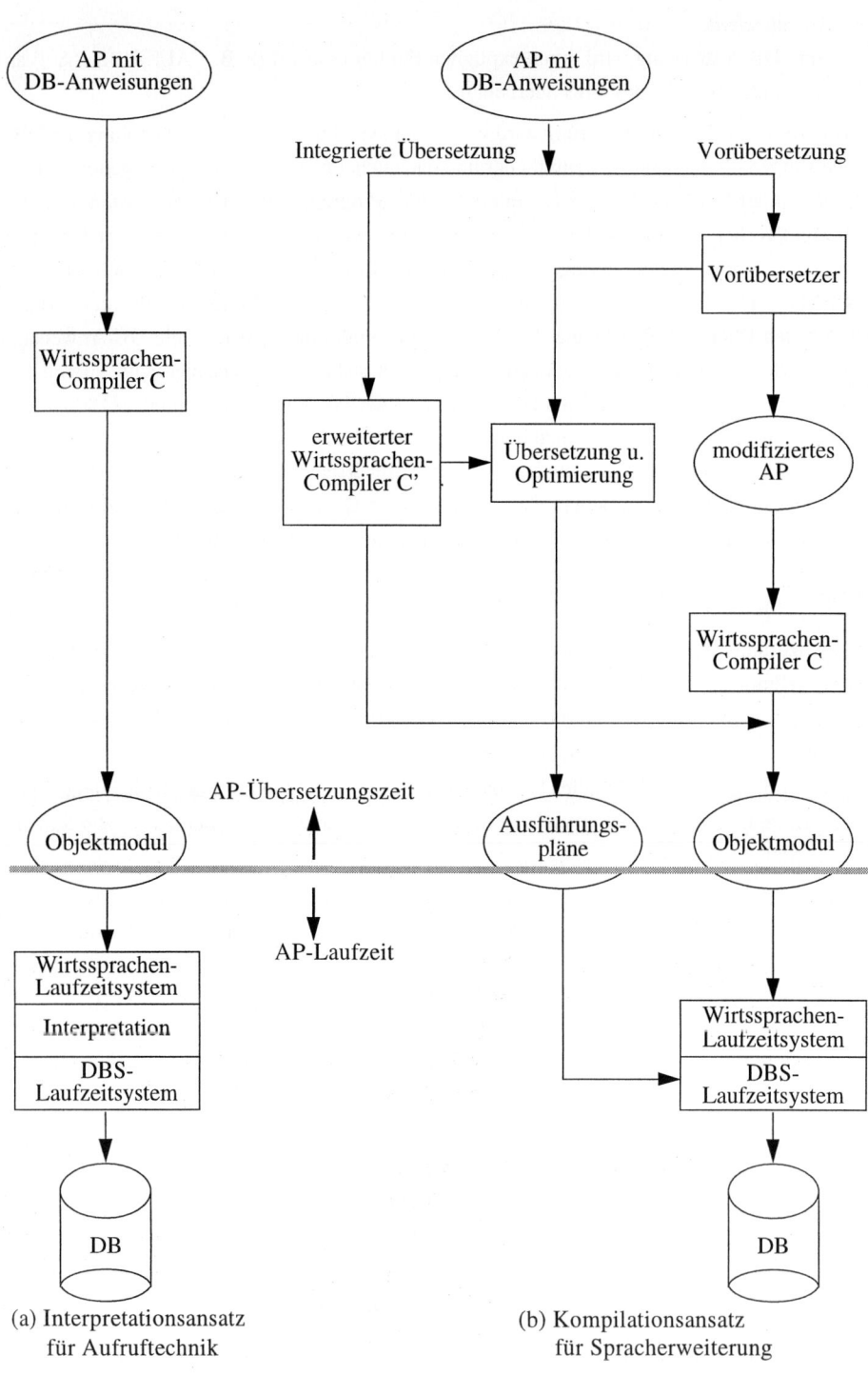

Abb. 12.2: Übersetzungstechniken für AP mit eingebetteten DB-Anweisungen

		Operatoren in Wirtssprache integriert	
		Ja	Nein
Datenstrukturen im AP deklariert	Ja	Spracherweiterung, Übergabe in statisch zugeordneten Datenstrukturen	Aufruftechnik, Übergabe in statisch zugeordneten Datenstrukturen
	Nein	Spracherweiterung, Übergabe an Programmvariable	Aufruftechnik, Übergabe an Programmvariable o. Pufferbereiche

Tabelle 12.1:   Klassifikationsschema für die Anbindung der DB-Sprache an eine Wirtssprache

– Im AP ist kein Speicherplatz für DB-seitige Datenstrukturen reserviert. Alle Anforderungen werden explizit an normale Programmvariablen übergeben.

Daraus resultiert das in Tabelle 12.1 dargestellte Klassifikationsschema. Auch für die Datenstrukturen gibt es je nach Integrationskonzept unterschiedliche Bindezeitpunkte. Falls Datenstrukturen in Form eines Subschemas im AP deklariert sind, werden sie zur Übersetzungszeit gebunden, d. h., nachfolgende Änderungen von Namen, Zuordnungen usw. im DB-Schema können nicht mehr berücksichtigt werden; sie führen zu Laufzeitfehlern. Bei Übergabe der Datenstrukturen an Programmvariablen dagegen findet eine Laufzeitbindung statt.

Als Beispiel für die erste Form der Anbindung läßt sich der CODASYL-Sprachvorschlag [CODA78] für eine DDL/DML angeben. Den Datenstrukturen des Subschemas ist im AP ein statischer Bereich (UWA) zugeordnet; sie können im AP symbolisch referenziert werden. Der Sprachvorschlag für die DML erfordert eine Spracherweiterung (siehe Abschnitt 12.1).

Da die Operatoren im Programmtext voll zu spezifizieren sind und zur Laufzeit keine Variation erlauben, wird gewöhnlich zur Übersetzungszeit des AP gebunden; eine Verschiebung des Bindezeitpunktes bietet keine Vorteile. Wegen der frühzeitigen Bindung der Datenstrukturen muß bei Änderungen des DB-Schemas ohnehin (mindestens) die Übersetzung wiederholt werden. Diese Technik der Anbindung wird im System UDS angewendet. Im übersetzten AP ist jede DML-Anweisung durch einen sog. Basic Interface Block (BIB) repräsentiert, der interne Namen usw. aufweist und – soweit notwendig – Suchstrategien festlegt. Diese stärkste Form der Bindung verspricht prinzipiell die höchste Effizienz.

Die zweite Form der Anbindung findet sich in CODASYL-Systemen mit der sog. CALL-DML. Die Subschema-Datenstrukturen werden zur Übersetzungszeit des AP gebunden. Die Operatoren sind so aufgebaut, daß sie im AP nur auf Parameterbereiche verweisen, die zur Laufzeit mit aktuellen Werten gefüllt sind. So können Art der Operatoren, Such- oder Modifikationswunsch, spezielle Aufsuchoptionen usw. etwa in Abhängigkeit von der Dateneingabe oder von vorausgehenden DB-Zugriffen generiert werden. Diese Vorgehensweise wird oft durch zusätzliche Funktionen unterstützt, die einen Zugriff auf die Beschreibungsinformationen des Subschemas gestatten. Als Konsequenz erzwingt dieses Verfahren eine Übersetzung und Bindung der DB-Operationen zur Laufzeit. Die Syntax der CALL-DML von UDS diene als Aufrufbeispiel:

CALL DBS USING   FUNKTIONSNAME, FUNKTIONSWAHL,
                  ZUSATZWAHL, BENUTZERINFORMATION . . .

Die Verschiebung der operatorseitigen Bindung bis zur Laufzeit wird durch erhebliche Effizienzverluste beim Zugriff erkauft; trotzdem wird bei den Datenstrukturen wegen ihrer frühzeitigen Bindung keine größere Datenunabhängigkeit erzielt. Größere Flexibilität und Unabhängigkeit gewinnt man jedoch bei Änderungen der Speicherungsstrukturen und Zugriffspfade sowie der Zugriffsrechte.

Die Spracherweiterung kombiniert mit der expliziten Übergabe der Datenstrukturen an Programmvariablen stellt eine dritte Möglichkeit dar. Hierbei werden die Operatoren beim Schreiben des Quell-Codes festgelegt und bei der Übersetzung des AP gebunden. Durch eine flexible Abbildung der dabei referenzierten externen Namen der DB-seitigen Datenstrukturen kann ihre Bindung bis zum Laufzeitpunkt verschoben werden. Auch diese Lösung stellt prinzipiell einen unbefriedigenden Kompromiß zwischen Bindung/ Datenunabhängigkeit und Effizienz beim aktuellen Zugriff dar. Ein Beispiel für diese Schnittstellentechnik ist die Sprache SQL, wie sie in System R [CHAM81a] implementiert ist (siehe SQL-Anweisung in Abschnitt 12.3). Dort hat man jedoch als entscheidenden Fortschritt durch einen Übersetzungstrick den Komfort und die Datenunabhängigkeit einer Laufzeitbindung mit der Effizienz einer Compilezeitbindung verknüpft. Aus der Sicht des Benutzers wird der Übersetzungs- / Bindungsvorgang der Operatoren gewissermaßen zur Laufzeit hin verschoben; zum Zugriffszeitpunkt liegt für jede DB-Operation ein ablauffähiges Programm vor, so daß keine Übersetzungskosten mehr anfallen. Ein Compiler (Vorübersetzer) zusammen mit der Anfrageverarbeitung erzeugt zum Übersetzungszeitpunkt für alle DB-Operationen Zugriffsmodule, in denen auch die ursprünglichen DB-Anweisungen sowie die zugehörigen Kontextinformationen erhalten bleiben. Wesentlich für diese Vorgehensweise ist die Verwaltung der Zugriffsmodule in speziellen Bibliotheken durch das DBS, so daß bei Änderungen des DB-Schemas eine automatische Wiederholung der Übersetzung der betroffenen DB-seitigen Anforderungen unabhängig vom AP möglich ist.

Die letzte zu diskutierende Form der Anbindung weist in jeder Hinsicht die größten Freiheitsgrade auf. Sowohl Operationen als auch Datenstrukturen sind zur Laufzeit in Parameterbereichen zu spezifizieren; sie erzwingen daher die spätest mögliche Bindung. Durch Zugriff auf den DB-Katalog kann sich das Programm beim Aufbau einer DB-Operation auf das aktuelle DB-Schema beziehen und dadurch gewisse Probleme der Datenabhängigkeit umgehen. Die Interpretation zum Zugriffszeitpunkt führt jedoch eine inhärente Ineffizienz ein. Wegen ihrer Einfachheit benutz(t)en eine Reihe von Systemen (Adabas, Sesam) bevorzugt diese Schnittstellentechnik. Ein Aufruf des DBS besitzt in Adabas beispielsweise folgende Form:

CALL ADABAS (CONTROL_BLOCK, FOBU, REBU, SEBU, VABU, ISNBU)

Es werden also ein Kontrollblock und fünf Pufferbereiche (Formatpuffer, Satzpuffer, Suchpuffer, Wertepuffer, ISN-Puffer) übergeben.

	Operatoren in Wirtssprache integriert	
	Ja	Nein
Datenstrukturen im AP deklariert — Ja	C/C	C/L
Nein	L/C	L/L

C = Compilezeitbindung, L = Laufzeitbindung

Tabelle 12.2: Bindezeitpunkte für Datenstrukturen/Operatoren

Um die Interpretationskosten zu beschränken, sehen diese Systeme teilweise sehr niedere Aufrufschnittstellen vor und bürden einen Teil des Übersetzungsaufwandes dem Programmierer auf. Er hat in einem sog. Verständigungsbereich komplexe Tabellen aufzubauen, in denen alle notwendigen Parameter wie Op-Code, Namen der angeforderten Daten, Datentypen usw. in einer internen Form zu beschreiben sind. Dieser Zwang zur Darstellung interner Details hilft den Analyse- und Interpretationsaufwand zu senken; in diesem Fall wird eine erträgliche Leistung über eine „unzumutbare" Schnittstelle erkauft. Mit dem Übergang zum SQL-Standard werden solche Schnittstellen zwangsläufig verschwinden.

In Tabelle 12.2 sind noch einmal die Bindezeitpunkte für Anweisungen und Datenstrukturen zusammengefaßt, die sich bei den verschiedenen Formen der Anbindung an die Wirtssprache herausbilden. Eine ausführliche Diskussion zur Klassifikation von Sprachanbindungen erfolgt in [NINK98]. Neben der Verfeinerung und Präzisierung von Spracherweiterungen wird hier insbesondere der Ansatz der generierten Aufrufschnittstellen vorgestellt, der die Vorzüge von Aufrufschnittstellen und Spracherweiterungen vereint. Darüber hinaus wird gezeigt, daß frühes und spätes Binden nur Extreme eines ganzen Lösungsspektrums sind und daß gleichzeitig unterschiedliche Bindungen für Typen und Operatoren bereitgestellt werden können.

12.3 Anbindung mengenorientierter DB-Schnittstellen

Die verschiedenen Formen der Anbindung von DB-Anweisungen lassen sich prinzipiell bei satzorientierten und mengenorientierten DB-Schnittstellen anwenden. Bei einer Realisierung ist dabei in der Regel eine Typanpassung vorzunehmen. Bei mengenorientierten DB-Schnittstellen kommt zusätzlich das Problem der „Fehlanpassung" im Programmiermodell hinzu, da in herkömmlichen Programmiersprachen als Wirtssprachen ohnehin nur satzorientierte Verarbeitung möglich ist. Die übliche Lösung dafür besteht darin, daß das DBS für die Abwicklung einer mengenorientierte Anweisung jeweils eine Anweisung

- zur Spezifikation der gesuchten Tupelmenge (Qualifikationsoperator) und
- zur sukzessiven Bereitstellung der qualifizierten Tupel (Abholoperator) unter Einbeziehung eines Cursor

zur Verfügung stellt. Damit sind dann mengenorientierte DB-Anweisungen vom Benutzer explizit zu programmieren.

Als einfaches Beispiel diene folgende Anweisung B3 in SQL, die sich auf Relation PERS bezieht. Es sollen alle Angestellten mit Personalnummer, Name und Monatsgehalt aufgesucht werden, deren Provision höher als ihr Gehalt ist und die einen bestimmten Beruf (W) ausüben.

```
B3: SELECT    PNR, NAME, GEHALT/12
    FROM      PERS
    WHERE     BERUF = W AND PROV > GEHALT
```

Diese Anweisung wird ersetzt durch die Spezifikationsanweisung

```
DECLARE C1 CURSOR FOR
    SELECT    PNR, NAME, GEHALT/12
    FROM      PERS
    WHERE     BERUF = :W AND PROV > GEHALT,
```

die den Cursor C1 zur Kontrolle der durch die Anweisung qualifizierten Tupelmenge definiert, und durch den Abholoperator

```
FETCH C1 INTO :X, :Y, :Z,
```

der in einer Schleife aufgerufen werden kann.

Eingerahmt wird der Abholoperator durch den Aktivierungsoperator

```
OPEN C1,
```

durch den die Programmvariable :W mit ihrem aktuellen Wert (z. B. 'PROGRAMMMIE-RER') zur Auswertung der Anweisung gebunden wird, sowie durch den Deaktivierungsoperator

```
CLOSE C1.
```

Die Übergabe der Werte der qualifizierten Tupel erfolgt über die Programmvariablen X, Y und Z. Diese und die Variable W sind im rufenden Programm deklariert und besitzen einen in der Wirtssprache gültigen Datentyp. Um den Einsatz eines Vorübersetzers zu erleichtern, sind alle DBS-Anweisungen durch 'EXEC SQL' als Präfix (wird weggelassen) und die zum Datenaustausch benutzten Variablen, wie gezeigt, durch ':' markiert. Spezifikationsanweisungen wie 'DECLARE C1 CURSOR ...' werden durch den Vorübersetzer zur Kompilation von OPEN-, FETCH- und CLOSE-Anweisungen herangezogen und dann im AP durch Kommentare ersetzt, da es sich um Deklarationen handelt. Die anderen DBS-Anweisungen werden ersetzt durch Gruppen von Anweisungen der Wirtssprache, z. B. OPEN und FETCH durch

```
DECLARE T(3) POINTER;
T(1) = ADDR(W);
CALL XDBS (ZM1, 2, OPENCALL, ADDR(T));
T(1) = ADDR(X);
T(2) = ADDR(Y);
T(3) = ADDR(Z);
CALL XDBS (ZM1, 2, FETCHCALL, ADDR(T));
```

Dieses Übersetzungsbeispiel lehnt sich der Vorgehensweise bei System R an [LORI79a, CHAM81a]. XDBS sei der Name des Laufzeitsystems, das die Ausführung der DB-Anweisungen überwacht. Das erste Argument enthält den Namen des Zugriffsmoduls für die DB-Anweisungen des AP; das zweite Argument legt den Abschnitt (Section) im Zugriffsmodul fest, der zur Ausführung der betreffenden Anweisung benötigt wird. In den folgenden Argumenten stehen der Aufruftyp und eine Adresse, über welche die Ein-/Ausgabevariablen erreicht werden. Der Status einer ausgeführten Anweisung wird dem AP in zwei Variablen SQLCODE und SQLSTATE mitgeteilt. Ein solchermaßen vorbearbeitetes (PL/1-) Programm kann durch einen Standard-Compiler übersetzt werden (siehe Abschnitt 12.2).

In [NINK98] wird die Anbindung mengenorientierter DB-Schnittstellen auf die Behandlung komplexer Objekte im Entwurfsbereich ausgedehnt. Zusätzlich zur Verarbeitung von Ergebnismengen tritt hier das Problem auf, innerhalb komplexer Objekte als Elemente von Ergebnismengen navigieren zu können.

12.4 Interndarstellung einer Anfrage

Alle in Abschnitt 12.1 eingeführten Übersetzungsschritte können hier nicht behandelt werden. Vielmehr werden im wesentlichen nur DB-spezifische Schritte wie Anfrageoptimierung und Code-Generierung vertieft, die sich deutlich von solchen bei der Übersetzung von Programmiersprachen unterscheiden. Für die Analyse von DB-Anweisungen lassen sich allgemeine Lösungsverfahren zur Syntaxprüfung (Parsing) u. a. heranziehen; dazu wird auf die einschlägige Literatur verwiesen. Auf die gründliche Diskussion von Verfahren der Zugriffs- und Integritätskontrolle wird im Rahmen dieses Buches verzichtet; es sei lediglich auf die Spezialliteratur [HÄRD96, REIN96, WIDO96a, ZANI97] verwiesen.

Bei der Anfrageanalyse ist als zentrale Datenstruktur ein Graph zur Interndarstellung der Anfrage aufzubauen. Dabei ist zu berücksichtigen, daß diese Struktur durchgängig in allen Übersetzungsschritten eingesetzt und auf die dabei anfallenden Aufgaben zugeschnitten sein soll. Neben ihrer Eignung für die Syntax- und Korrektheitsprüfungen ist vor allem ihre Tauglichkeit ausschlaggebend, was die Berechnungen und Transformationen bei der Anfrageoptimierung angeht. Allgemeine Anforderungen an ein geeignetes Darstellungsschema sind nach [MITS95]:

– Prozeduralität: Die Interndarstellung muß eine mehr prozedurale Darstellung der (extern deskriptiven) Anfrage widerspiegeln, beispielsweise als Operatorstruktur.

– Flexibilität: Zum einen sind Erweiterungen der DB-Sprache zu adaptieren, und zum anderen sollen komplexe Transformationen der Interndarstellung wiederum durch dasselbe Schema darstellbar sein.

– Effizienz: Die Interndarstellung muß sehr häufig analysiert und durchsucht werden. Deshalb ist sie mit effizienten Zugriffsfunktionen anzubieten.

Als Kandidaten für die Interndarstellung sind aus der Literatur eine Reihe von Verfahren bekannt. Die lineare Repräsentation der Anfrage als Zeichenkette (z. B. Relationenalgebra, Relationenkalkül) oder die Nutzung einer matrixförmigen Darstellung (Tableau-Technik, [JARK84]) sind offensichtlich zu starr und zu ineffizient. Auch der an die SQL-Syntax angepaßte Anfragegraph [LORI79b] ist eher auf die Syntaxanalyse zugeschnitten als auf die Dynamik der Anfrageoptimierung und -auswertung. Ebenso ist der Objektgraph, der für eine Anfrage deren Objekte (Relationen u. a.) als Knoten und deren Prädikate als Kanten darstellt, zu statisch, da Ablaufaspekte unberücksichtigt bleiben [MITS95]. Operatorgraphen dagegen reflektieren die prozeduralen Aspekte von Anfragen wesentlich besser. Von Relationen als Blättern ausgehend stellen die inneren Knoten Operatoren dar. Die gerichteten Kanten beschreiben den operator-kontrollierten Datenfluß, der im Wurzelknoten als dem Ergebnisknoten mündet. Eine einfache Form solcher Darstellungsschemata stellen Operatorbäume mit Operatoren der Relationenalgebra dar. Weiterentwicklungen, vor allem das Anfragegraphmodell (AGM), scheinen die Anforderungen an Prozeduralität, Flexibilität und Effizienz hinreichend gut zu erfüllen, so daß wir zur durchgängigen Darstellung das AGM heranziehen.

AGM ist ein Darstellungsschema für deskriptive Anfragen, welches sich stark an der im Starburst-Prototyp implementierten Interndarstellung orientiert [PIRA92]. Seine Knoten stellen die Operatoren dar, und seine Kanten beschreiben den Datenfluß. Als AGM-Operatoren dienen sog. Tabellenoperatoren, die ihre Eingabe von Tabellen lesen und ihr Ergebnis wiederum in Ausgabetabellen schreiben. Diese Vorgehensweise wird auch später vom Auswertungsmodell verlangt (Verarbeitungszellen mit Objektströmen als Ein-/Ausgabe), was die zitierte Durchgängigkeit fördert. Um die Unabhängigkeit von Tabellenoperatoren und Ein-/Ausgabe aufrechtzuerhalten, werden diese als ADTs gekapselt. Anfragen können nun durch geeignete Tabellenoperatoren und ihre E/A-Verknüpfungen im AGM ausgedrückt werden; dabei soll neben der flexiblen Transformationsmöglichkeit bei der Weiterverarbeitung auch eine genaue Beschreibung der Anfragesemantik erzielt werden. Als vordefinierte Tabellenoperatoren lassen sich auswählen:

- Selektion (SELECT)
  zur Nachbildung der Relationenoperationen: Selektion, Projektion und Verbund
- Gruppierung (GROUP BY)
  zur Gruppierung der Eingabe nach den Werten vorgegebener Attribute und Ausführung einer gruppenweisen Aggregationsoperation
- Mengenoperationen (UNION, INTSCT, DIFF)
- Manipulationsoperationen (UPDATE, DELETE, INSERT)
- Basistabellenoperator (ACCESS)
  zum Zugriff auf eine Basistabelle
- Wurzeltabellenoperator (TOP)
  zum Zugriff auf das Anfrageergebnis des AG.

Diese können durch sog. benutzerdefinierte Tabellenoperatoren (z. B. Äußerer Verbund) ergänzt werden, wenn DB-Anwendungen von solchen zugeschnittenen Operatoren profitieren wollen.

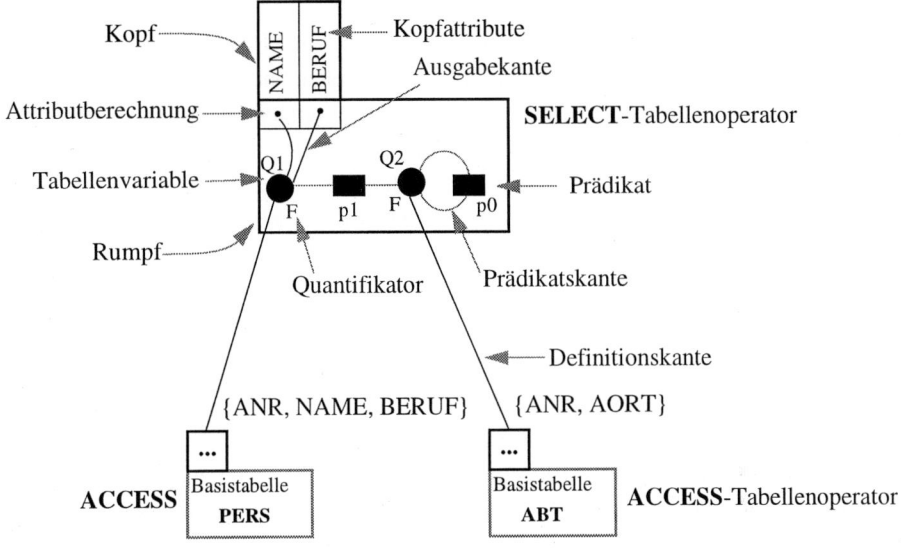

Abb. 12.3: Anfragegraph nach dem AGM

Das Ausdrucksvermögen des AGM soll anhand eines Beispiels skizziert werden. Dazu stellen wir die nachfolgende SQL-Anfrage als Anfragegraph (AG) dar.

B4: Finde Name und Beruf von Angestellten, deren Abteilung sich in 'KL' befindet.

SELECT	Q1.NAME, Q1.BERUF	
FROM	PERS Q1, ABT Q2	
WHERE	Q2.AORT = 'KL'	/* p0 */
AND	Q1.ANR = Q2.ANR;	/* p1 */

Der AG zu dieser Anfrage ist in Abb. 12.3 veranschaulicht. Für den Verbund wird der SELECT-Tabellenoperator herangezogen. Der Rumpf dieses Operators enthält eine Vorschrift in Form eines Graphen zur Erstellung der Ausgabetabelle aus den beiden Eingabetabellen. In seinem Kopf dagegen wird die Ausgabe über Ausgabekanten als Projektion der Attribute NAME und BERUF festgelegt.

Für jede in der FROM-Klausel referenzierte Tabelle gibt es im Rumpf einen Knoten, der eine Tabellenvariable repräsentiert. Q1 und Q2 stellen demnach die Tabellenvariablen von PERS und ABT dar. Die Prädikate in der WHERE-Klausel beschreiben die Art der Verknüpfung oder Berechnung der beteiligten Tabellen; im AG wird das durch die Prädikate p0 und p1 als Kanten im rumpfinternen Graphen ausgedrückt. Das Prädikat p1 definiert eine Prädikatskante zwischen Q1 und Q2, wodurch die Verbundbeziehung festgelegt wird. p0 ist dagegen ein zu Q2 lokales Prädikat (Selektionsbedingung), was als zyklische Prädikatskante vermerkt wird.

Die beiden referenzierten Tabellen sind durch ACCESS-Tabellenoperatoren repräsentiert. Da PERS und ABT als Basistabellen vorliegen, erübrigt sich ihre Herleitung (im Rumpf). Die ACCESS-Tabellenoperatoren produzieren die Eingabetabellen und sind mit den Tabellenvariablen Q1 und Q2 im SELECT durch Definitionskanten verbunden. Diese wiederum sind markiert mit einer Liste von Attributnamen, welche die von Q1 und Q2 benötigten Attribute kennzeichnen. Reihenfolge der Eingabe oder wiederholte Referenz sind dadurch jedoch noch nicht festgelegt. Sie ergeben sich aus der Spezifikation der Verknüpfungssemantik, die über die Quantifizierung der Tabellenvariablen vorgenommen wird. Im Beispiel handelt es sich bei Q1 und Q2 um F-quantifizierte Tabellenvariablen (F steht für FOR EACH), was der herkömmlichen Verbundsemantik entspricht. Andere Quantifizierungen zur Überprüfung von Mengenbedingungen erreicht man mit Hilfe von ∃- und ∀-quantifizierten Tabellenvariablen.

Mit unserem Beispiel sollte lediglich die Anwendung der Basiskonzepte des AGM aufgezeigt werden. Dabei haben wir aus der Liste der vordefinierten Tabellenoperationen nur SELECT und ACCESS angesprochen. Die Vielfalt der übrigen Operatoren, die mit zunehmender Ausdrucksmächtigkeit von SQL noch weiter wächst, verlangt teilweise weitere Konzepte, die in diesem Rahmen nicht diskutiert, aber in [MITS95] nachgelesen werden können.

12.5 Anfrageoptimierung

Der AG einer Anfrage wird in der Analysephase (Schritte 1 und 2) der Anfrageverarbeitung (AV) aufgebaut. Wenn dabei keine syntaktischen und semantischen Fehler entdeckt werden, ist es möglich, ihn direkt zur Ableitung des Ausführungsplans heranzuziehen. Diese Vorgehensweise erzeugt zwar „irgendeinen" gültigen Ausführungsplan, verursacht jedoch wegen ungünstiger Operationsfolgen u. a. meist erhebliche Leistungseinbußen. Deshalb werden zur Anfrageoptimierung mehrere zusätzliche Verarbeitungsschritte abgewickelt (siehe Abschnitt 12.1), die den vorliegenden AG systematisch verbessern und den zur Ausgangslösung semantisch äquivalenten Ausführungsplan bestimmen wollen, der nach vorgegebenen Kriterien optimal ist. Als Optimierungsziel wird herkömmlicherweise eine Antwortzeitminimierung für die Anfrage bei gegebener Anfragesprache und Systemumgebung angestrebt, was einer „Minimierung der Ressourcennutzung bei gegebenem Output" entspricht. Ein alternatives Optimierungsziel – bei Mehr-Anfragen-Optimierung anwendbar – wäre die Durchsatzmaximierung für alle einbezogenen Anfragen; diese zielt auf die „Maximierung des Outputs bei gegebenen Ressourcen" ab.

Warum ist nun die Anfrageoptimierung so schwierig? Anfangs liegt die Anfrage in deskriptiver Form vor, die nur das „Was" beschreibt, aber keinerlei Informationen für das „Wie", und schon gar nicht für den kostengünstigsten Auswertungsweg enthält. Für einzelne Teilprobleme der Optimierung existieren zwar eine Reihe von Techniken und Verfahren (wie logische Transformation von Anfragen oder Auswahl von Zugriffspfaden), ihre heuristische Anwendung löst aber die gestellte Aufgabe nicht, da sie in der Regel nur Einzelaspekte betreffen. Das Schlüsselproblem der Anfrageoptimierung liegt vor allem darin, daß die genaue Optimierung

i. allg. „nicht berechenbar" ist. Im Prinzip müßte dazu jeder „erfolgversprechende" Lösungsweg ausgewertet werden; dies ist jedoch utopisch. Alle Optimierungsentscheidungen sind aufgrund eines einfachen DB-Modells mit wenigen statistischen Kenngrößen zu treffen. Dabei mag die Nutzung von mehr und genauerer statistischer Information bei der Bestimmung dieser erfolgversprechenden Lösungswege die Unsicherheit und die Fehlerwahrscheinlichkeit etwas reduzieren, die grundsätzliche Problematik bleibt inhärent und erzwingt den breiten Einsatz von Heuristiken (Faustregeln). Wegen der Komplexität der Aufgabenstellung muß bei der Anfrageoptimierung eine strikte Systematik eingehalten werden, da sehr große Lösungsräume zu evaluieren und reduzieren sind. Sie wird nachfolgend durch die vier Verarbeitungsschritte

- Standardisierung
- Vereinfachung
- Restrukturierung
- Transformation,

auch Optimierungsphasen genannt, illustriert.

12.5.1 Standardisierung einer Anfrage

Die Standardisierung erfolgt lokal auf der Ebene der Qualifikationsbedingungen und global auf Anfrageebene. Ein standardisierte Darstellung erlaubt in einfacherer Weise, Standardsituationen zu erkennen und auszuwerten.

Zur Standardisierung von Qualifikationsbedingungen kann die disjunktive oder die konjunktive Normalform gewählt werden. Wenn P_{ij} atomare Prädikate (Attribut Θ {Konstante | Attribut} mit $\Theta \in \{<, =, >, \leq, \neq, \geq\}$) sind, dann stellt sich die konjunktive Normform mit

$$(P_{11} \text{ OR } ... \text{ OR } P_{1n}) \text{ AND } ... \text{ AND } (P_{m1} \text{ OR } ... \text{ OR } P_{mp})$$

und die disjunktive Normalform mit

$$(P_{11} \text{ AND } ... \text{ AND } P_{1q}) \text{ OR } ... \text{ OR } (P_{r1} \text{ AND } ... \text{ AND } P_{rs})$$

dar. Beide Normalformen lassen sich durch mehrfaches Anwenden von Umformungsregeln für Boolesche Ausdrücke (De Morgan'sche Regeln, Kommutativ-, Assoziativ-, Distributivregeln, Doppelnegationsregel) ableiten. Die konjunktive Normalform bevorzugt die Disjunktionen; dadurch tendiert sie dazu, Vereinigungsoperationen zuerst auszuführen. Spiegelbildlich zu dieser Situation bevorzugt die disjunktive Normalform Konjunktionen und besitzt die Tendenz zur frühzeitigen Ausführung von Verbundoperationen.

Standardisierung auf Anfrageebene bedeutet meist die Überführung von geschachtelten Anfragen in eine symmetrische Notation oder die Ersetzung von quantifizierten Unteranfragen durch äquivalente Verbundanfragen. Technisch heißt dies das Überführen einer Anfrage in Pränex-Form, d. h., es befinden sich keine quantifizierten Terme in deren Qualifikationsteil. Die entsprechenden Umformungsregeln für quantifizierte Ausdrücke finden sich beispielsweise in [JARK84].

12.5.2 Vereinfachung einer Anfrage

Die Vereinfachung hat das Ziel, die spätere Auswertung zu beschleunigen, aber auch möglichst frühzeitig Inkonsistenzen und Fehler aufzudecken, um durch frühen Abbruch unnötige Arbeit einzusparen. Ähnlich wie bei der Standardisierung läßt sich die Vereinfachung einteilen in einen lokalen und einen globalen Anwendungsbereich. Da die Vereinfachung auf der Anfrageebene mit der Restrukturierung zusammenfällt, werden wir sie dort diskutieren. Bei den Qualifikationsbedingungen (WHERE-Klausel) als lokalen Anwendungsbereich lassen sich mehrere verschiedene Aspekte der Vereinfachung unterscheiden.

Es können Redundanzen im Selektionsausdruck vorkommen, die überflüssige Operationen veranlassen. Solche redundanten Prädikate werden zum einen vom Benutzer formuliert, weil er seine Anfrage beliebig strukturieren kann, viel häufiger dürften sie aber verursacht werden durch die Ersetzung von Sichten oder die Berücksichtigung von Integritätsbedingungen und wertabhängigen Zugriffsrechten (Anfragemodifikation). Eine weitere Quelle für Redundanzen in Selektionsausdrücken verkörpern Anwendungsgeneratoren u. a. mit ihren 4GL-Sprachen, die oft stereotype Anfragen generieren (siehe Anfrage B2 in Abb. 12.1). Die Idempotenzregeln für Boolesche Ausdrücke bieten ein effektives Hilfsmittel, um diese Redundanzen zu eliminieren. Beispielsweise läßt sich der Ausdruck

A AND NOT (B OR C) AND (B OR C)

umformen in

A AND FALSE   oder   FALSE,

wodurch eine leere Ergebnismenge erkannt wird und die weitere Verarbeitung sich erübrigt. Falls bei Unteranfragen leere Ergebnismengen entstehen, so müssen diese in Abhängigkeit des Prädikattyps oder Quantors (z. B. EXISTS) betrachtet werden. Spezielle Umformregeln finden sich in [JARK84].

Andere Formen der Vereinfachung sind die Konstantenpropagierung, bei der beispielsweise Ausdrücke wie

A Θ B   AND   B = konst

nach (A Θ konst) überführt werden, und die Elimination nicht erfüllbarer Ausdrücke wie

A $\geq$ B   AND   B $\geq$ C   AND   C > A,

der wegen A > A zu FALSE ausgewertet wird.

Eine Vereinfachung kann auch erreicht werden, wenn man weitere Prädikate ableitet oder hinzufügt. Die sog. Hüllenbildung der Qualifikationsprädikate [MITS95] basiert auf der Konstantenpropagierung und erlaubt vereinfachte Auswertungen. Integritätsbedingungen sind stets gültig und können deshalb bei Prädikaten hinzugefügt oder im Verlauf der Auswertung berücksichtigt werden. Wenn z. B. A Primärschlüssel ist, benötigt PROJECT (A , B, ...) keine Duplikateliminierung. Falls eine Integritätsbedingung

FAM-STAND = 'verh' AND STEUERKLASSE $\geq$ 3

definiert ist, läßt sich der Ausdruck

FAM-STAND = 'verh' AND STEUERKLASSE = 1

mit ihrer Hilfe zu FALSE auswerten. Wie das Beispiel zeigt, wird bei dieser Art der Vereinfachung ausgenutzt, daß das Hinzufügen einer Integritätsbedingung den Wahrheitswert eines Qualifikationsprädikats nicht verändert.

12.5.3 Anfragerestrukturierung

Der nächste Schritt auf dem Weg zu einem optimierten Ausführungsplan heißt Anfragerestrukturierung (query rewrite) oder auch algebraische Optimierung, weil der AG auf der Ebene der logischen (Algebra-) Operatoren im wesentlichen durch Heuristiken umgeformt wird, um optimale Operatorreihenfolgen, möglichst kleine Zwischenergebnisse u. a. zu erzielen. Mit der Anfragerestrukturierung soll, ohne Besonderheiten der verfügbaren physischen Operatoren zu berücksichtigen, die aus abstrakter Sicht günstigste Auswertungsstruktur gefunden werden.[3]

Den Kern der Restrukturierungs- (und teilweise auch der nachfolgenden Transformations-) Maßnahmen bilden geeignete Regelmengen für die relationalen Basisoperatoren [GRAE93], die, falls erforderlich, um Regeln für erweiterte Relationenoperatoren wie Transitive Hüllenbildung, Gruppierung usw. ergänzt werden können. Da die Restrukturierung der logischen Operatoren eine abstrakte Sicht auf die betroffenen Relationen einnimmt, prägt diese notwendigerweise das Optimierungskriterium. Durch Heuristiken wird versucht, die Anzahl der zu verarbeitenden Tupeln und Attribute zu minimieren; physische Kriterien wie Seitenabbildung bleiben hier außer Acht. Als wichtigste Regeln gelten:

– Selektionen (σ) und Projektionen (π) ohne Duplikateliminierung sollen möglichst frühzeitig ausgeführt werden.

– Folgen von unären Operatoren (wie σ und π) auf einer Relation sind zu einer Operation mit komplexerem Prädikat zusammenzufassen.

– Selektionen und Projektionen, die eine Relation betreffen, sollen so zusammengefaßt werden, daß jedes Tupel nur einmal verarbeitet werden muß.

– Bei Folgen von binären Operatoren (wie $\cap$, $\cup$, $-$, $\times$, $\bowtie$) ist eine Minimierung der Größe der Zwischenergebnisse anzustreben.

– Gleiche Teile im AG sind nur einmal auszuwerten.

Diese skizzierte Regelmenge läßt sich in Abhängigkeit vom Datenmodell noch beträchtlich verfeinern. Wir begnügen uns, ihre Anwendung in einem vereinfachten Restrukturierungsalgorithmus zu illustrieren:

1. Zerlege komplexe Verbundprädikate so, daß sie binären Verbunden zugeordnet werden können (Bilden von binären Verbunden).

---

[3] Wird die beste globale Auswertungsstruktur „übersehen", so kann durch die nachfolgende Anfragetransformation nicht mehr viel „gerettet" werden, da es sich dabei eher um lokale Optimierungsschritte handelt. Gelingt jedoch dieser Schritt, so sind teilweise dramatische Leistungsgewinne [PIRA92] im Vergleich zur Ausgangslösung zu erzielen.

2. Teile Selektionen mit mehreren Prädikatstermen in separate Selektionen mit jeweils einem Prädikatsterm auf.

3. Führe Selektionen so früh wie möglich aus, d. h., schiebe Selektionen hinunter zu den Blättern des AG (selection push-down).

4. Fasse einfache Selektionen zusammen, so daß aufeinanderfolgende Selektionen (derselben Relation) zu einer verknüpft werden.

5. Führe Projektionen ohne Duplikateliminierung so früh wie möglich aus, d. h., schiebe sie soweit wie möglich zu den Blättern des AG hinunter (projection push-down).

6. Fasse einfache Projektionen (derselben Relation) zu einer Operation zusammen.

Diese Schritte sind in geeigneter Weise auf das interne Darstellungsschema und seine Tabellenoperatoren umzusetzen. Um zu zeigen, wie leistungsfähig die Anfragerestrukturierung sein kann, ziehen wir erneut unser Anfragebeispiel B4 (in einer komplizierteren Formulierung) heran [MITS95]. Dabei wird, wie in Abb. 12.4 veranschaulicht, die einfache Anfrage durch Verschmelzen zweier SELECT-Operatoren restrukturiert (durch die Fusionsregel). Eine Anfrageschachtelung in der FROM-Klausel wird bei dieser Transformation überführt in eine ungeschachtelte Verbundanfrage. Zur besseren Verständlichkeit sind in Abb. 12.4 ebenfalls

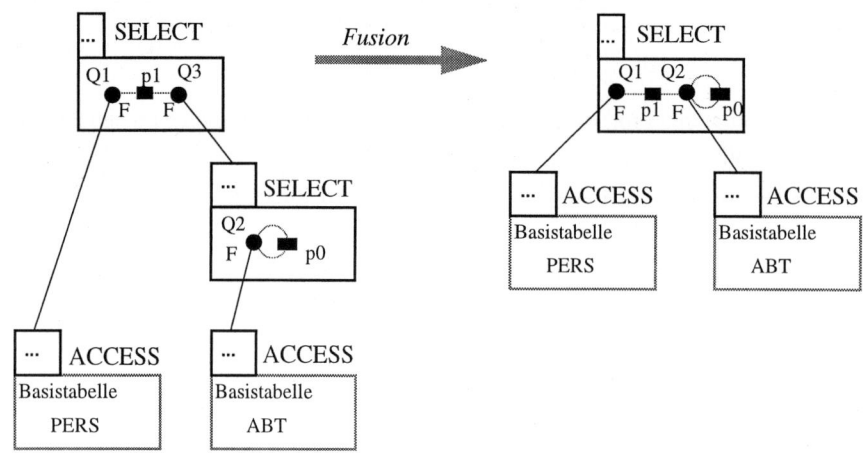

SELECT Q1.NAME, Q1.BERUF
FROM   PERS Q1
        KL-ABT (ANR) AS
    (SELECT Q2.ANR
    FROM   ABT Q2
    WHERE   Q2.AORT='KL') Q3   /* p0 */
WHERE Q1.ANR = Q3.ANR;   /* p1 */

SELECT   NAME, BERUF
FROM   PERS Q1, ABT Q2
WHERE   Q2.AORT = 'KL'   /* p0 */
    AND Q1.ANR = Q2.ANR;   /* p1 */

Abb. 12.4: Darstellung der Restrukturierungsregel Fusion

die zu den beiden Anfragegraphen gehörigen SQL-Ausdrücke dargestellt. Bei Leistungsuntersuchungen zur Effektivität der Anfragerestrukturierung wurde in [PIRA92] festgestellt, daß
mit der Fusionsregel – wenn z. B. eine Unteranfrage zu einem Verbund umgewandelt werden
kann – Leistungssteigerungen um den Faktor 1000 und mehr zu bewerkstelligen sind. Natürlich kommt es bei solchen Aussagen auf die Anfrage, die DB-Größe und -Struktur sowie viele
weitere Parameter an. Das Beispiel soll jedoch klar machen, daß es sich bei dieser Form der
Optimierung nicht nur um wenige Prozent Leistungsgewinn handelt.

12.5.4 Anfragetransformation

In der Anfragerestrukturierung wurde der AG gemäß einer abstrakten Sicht der Anfrageauswertung und nach Heuristiken für die logischen Operatoren umgeformt. Die nachfolgende
Anfragetransformation bezeichnet man auch als nicht-algebraische Optimierung, was ausdrücken soll, daß zusätzlich die Eigenschaften der physischen Operatoren in die Betrachtung
einbezogen werden. Diese Operatoren, die alle Aspekte der Abbildung auf Seitenstrukturen
und Zugriffspfaden berücksichtigen und logische Operatoren im konkreten Zugriffs- oder
Ausführungsplan ersetzen, werden auch Planoperatoren genannt. Da logische Operatoren oft
durch einen oder mehrere unterschiedliche Planoperatoren repräsentiert werden können und
andererseits jeder Planoperator verschiedene Realisierungsalternativen, vor allem basierend
auf verschiedenartigen Algorithmen oder Nutzung spezieller Zugriffspfade, besitzt (siehe Abschnitt 11.3), lassen sich in der Regel viele äquivalente Ausführungspläne erzeugen. Durch
möglichst genaue Abschätzung der Ausführungskosten sind diese Pläne zu bewerten, um die
Zielvorgabe der Optimierung – die Bestimmung des kostengünstigsten Plans – möglichst prä-
zise zu erfüllen.

12.5.4.1 Art der Planoperatoren

Durch geeignete Abstraktion von Ein-/Ausgabe lassen sich diese Planoperatoren kontextunab-
hängig einsetzen. Jeder Planoperator liest seine Eingaberelation(en) und schreibt seine Ausga-
berelation als ADTs. Auf diese Weise ist es nicht erforderlich, zwischen Zugriffen auf eine
Basisrelation und eine Zwischenrelation zu unterscheiden. Aufgrund der E/A-Muster bei der
Eingabe können so zwei Operatorklassen separiert werden, in die sich die benötigten Planoperatoren einordnen lassen:

– Zugriff auf genau eine Relation (z. B. durch den Zugriffsoperator ACCESS)
– Lesen von zwei (oder mehr) Relationen (z. B. durch den Planoperator JOIN).

In relationalen Systemen gibt es typischerweise folgende Planoperatoren:

– auf einer Relation: Selektion, Projektion, Sortierung, Aggregatoperation, Änderungsoperationen (Einfügen, Löschen, Modifizieren) und ACCESS zum Zugriff auf Basisrelationen
– auf zwei Relationen: Verbund- und Mengen-Operationen, Kartesisches Produkt.

Bestimmte Aufgaben wie Duplikateliminierung lassen sich z. B. durch die Sortierung übernehmen. Es ist jedoch oft aus Leistungsgründen sinnvoll, spezielle Operatoren für solche

Funktionen zur Verfügung zu stellen. Außerdem erzwingen oft Spracherweiterungen zugeschnittene Planoperatoren wie z. B. für die Rekursion und den äußeren Verbund.

Die Planoperatoren können i. allg. nicht direkt den logischen Operatoren zugeordnet werden. Deshalb sind am AG einige Anpassungen vorzunehmen, die von der Art der verfügbaren Planoperatoren abhängen. Sie sind im wesentlichen schon durch die Anfragerestrukturierung vorbereitet worden und betreffen vor allem folgende Maßnahmen:

1. *Gruppierung von direkt benachbarten Operatoren zur Auswertung durch einen Planoperator;*
   z. B. lassen sich durch einen speziellen Planoperator ersetzen: ein Verbund (oder Kartesisches Produkt) mit Selektionen und/oder Projektionen auf den beteiligten Relationen.

2. *Bestimmung der Verknüpfungsreihenfolge bei Mengen- und Verbundoperationen;*
   dabei sollen die minimalen Kosten für die Operationsfolge erzielt werden. Dazu ist die Größe der Zwischenergebnisse zu minimieren, was durch die heuristische Methode, die kleinsten (Zwischen-) Relationen immer zuerst zu verknüpfen, realisiert werden kann.

3. *Erkennung gemeinsamer Teilbäume,*
   die dann nur jeweils einmal zu berechnen sind. Allerdings steht dieser Einsparung die Zwischenspeicherung der Ergebnisrelation gegenüber.

Nach diesen Anpassungen liegt der AG in einer Form vor, in der die vorhandenen Planoperatoren die logischen Operatoren effektiv und direkt ersetzen können. Somit kann die Hauptaufgabe der Anfragetransformation – die Plangenerierung mit dem systematischen Erzeugen alternativer Ausführungspläne, ihre Bewertung durch Kostenabschätzung und die Suche nach dem kostengünstigsten Plan – in Angriff genommen werden. Die dabei anfallenden Aufgaben und die Vorgehensweise zur optimalen Planbestimmung sind in Abb. 12.5 veranschaulicht. Durch diese Darstellung wird einerseits das Zusammenspiel der an der Planoptimierung beteiligten Komponenten verdeutlicht und andererseits ihre Unabhängigkeit bei der Lösung der gestellten Aufgabe unterstrichen. Flexibilität bei der Anfragetransformation wird, wie gezeigt, dadurch gewährleistet, daß die einzelnen Komponenten parametrisierbar sind, d. h., daß Regeln zur Plangenerierung, Kostenmodell und Suchstrategieparameter ausgetauscht werden können. Als zentrale Datenstrukturen für die Planoptimierung werden graphstrukturierte Darstellungen für den Suchraum und die bislang generierten (besten) Pläne (Best-Plan genannt) gespeichert.

12.5.4.2 Plangenerierung und Suchstrategie

Alternative Ausführungspläne für einen AG entstehen vor allem dadurch, daß für jeden Planoperator verschiedene Methoden (Implementierungen) zu seiner Ausführung vorliegen, und daß Operationsreihenfolgen (z. B. bei Mehrfachverbunden) variiert werden können. So bilden sich bei komplexen Anfragen sehr große Suchräume mit Alternativen (z. B. 10^{70} mögliche

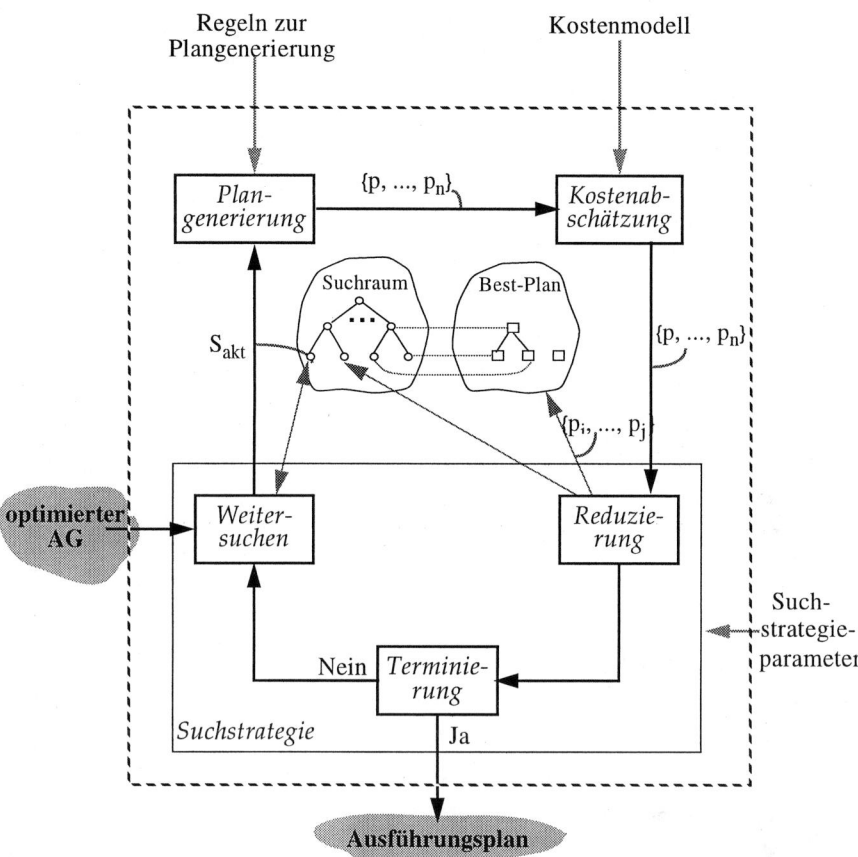

Abb. 12.5: Zusammenspiel der Komponenten zur Anfragetransformation

Ausführungspläne [SWAM93] bei einer Anfrage mit 15 Verbunden), die systematisch erzeugt und durch eine möglichst genaue und effektive Kostenabschätzung bewertet werden sollten. Die Plangenerierung hat die Aufgabe, immer und möglichst schnell den optimalen Plan aufzufinden. Dabei müssen für jeden Plan die vorgegebenen Planoperatoren nach spezifizierten Regeln so miteinander kombiniert werden, daß die erzeugte Folge von Planoperatoren das Anfrageergebnis berechnet. Ziel der Vorgehensweise wird es i. allg. aus Kostengründen sein, eine möglichst kleine Menge von Ausführungsplänen zu generieren, die allerdings den optimalen Plan enthält.

Maßgeblichen Einfluß, diese Zielvorstellung zu erreichen, hat die Suchstrategie zur Plangenerierung, da sie die Generierungsreihenfolge und damit auch die Anzahl der Alternativpläne festlegt. Dabei spielt eine effektive Einschränkung des Suchraums oft die wichtigste Rolle. Aufgrund dieser Eigenschaften bestimmt sie wesentlich die Kosten der Planoptimierung.

Bei der die Plangenerierung unterstützenden Suche lassen sich verschiedene Vorgehensweisen anwenden. Voll-enumerative Verfahren kombinieren alle möglichen Ausführungsmethoden und -reihenfolgen miteinander und generieren die entsprechenden Ausführungspläne. Beschränkt-enumerative Verfahren erlauben durch Parametrisierung eine gezielte Einschränkung der Alternativenbildung. So ist es denkbar, nur gewisse Verbundreihenfolgen zu erzeugen oder bestimmte Generierungspfade frühzeitig abzubrechen, wenn keine kostengünstigen Ausführungsalternativen mehr zu erwarten sind. Schließlich lassen sich auch zufallsgesteuerte Suchverfahren [IOAN90] bei der Planoptimierung anwenden; beispielsweise ist es hierbei möglich, genetische Algorithmen [GOLD89] und Algorithmen des 'simulated annealing' [IOAN87] vorteilhaft einzusetzen.

12.5.5 Kostenmodelle und Kostenberechnung

Um zu einer zuverlässigen Optimierungsentscheidung zu kommen, reichen die Überlegungen zur Anfragerestrukturierung bei weitem nicht aus. Bei der Anfragetransformation sind vielmehr detaillierte Kenntnisse der physischen Abbildungsebenen – etwa die Seitenzuordnung von physischen Objekten, vorhandene Cluster-Eigenschaften von Datensätzen und Indexstrukturen u. a. – explizit zu berücksichtigen. In einem Erfahrungsbericht [CHAM81a] wird unterstrichen, daß ein Planoptimierer

- neben den Zugriffen zu den Tupeln auch die „verborgenen" E/A- und CPU-Kosten für die Manipulation von TID-Listen berücksichtigen muß
- sich als zuverlässigeres Kostenmaß auf die Anzahl der physischen Seitenzugriffe anstelle der Anzahl der Tupelzugriffe beziehen sollte, da dann die Auswirkungen von Cluster-Eigenschaften und DB-Pufferersetzung besser einbezogen werden können
- die Auswahlentscheidung aufgrund einer gewichteten Funktion aus CPU-Zeit und E/A-Anzahl treffen sollte, deren Gewichte an Verarbeitungssituation und Rechnerkonfiguration anpaßbar sind
- ein besonderes Augenmerk auf relativ einfache Anfragen richten sollte, um deren Pfadlänge sorgfältig zu minimieren.

Diese Erfahrungen bestätigen zunächst noch einmal den großen Einfluß der physischen Datenabbildung bei der Planoptimierung. Weiterhin zeigen sie deutlich, daß unser allgemeines Schichtenmodell zur Beschreibung eines DBS nur ein Erklärungsmodell ist, das viele Abhängigkeiten und Annahmen zwischen DBS-Komponenten verschiedener Abbildungsschichten, die zur Gewährleistung einer hinreichenden Laufzeiteffizienz bei der Implementierung eingeführt werden müssen, nicht explizit darzustellen erlaubt.

Nach dieser kurzen Übersicht über die zentralen Problemaspekte sollen einige wichtige Fragen etwas genauer diskutiert werden.

12.5.5.1 Allgemeine Annahmen

Bei der Plangenerierung wird für jeden betrachteten Ausführungsplan eine (inkrementelle) Kostenabschätzung durchgeführt. Der gemäß dieser geschätzten Kosten günstigste Plan ist dann das Ergebnis der Planoptimierung. Bevor wir genauer auf die dabei auftretenden Probleme der Kostenmodelle eingehen, wollen wir hier vorab kurz die Schlüsselprobleme dieser Kostenabschätzung skizzieren. Die Kostenabschätzung und damit die Planoptimierung beruhen i. allg. auf folgenden beiden Grundannahmen über die Werteverteilung in der DB:

– Die Attributwerte aller Attribute sind gleichverteilt.

– Die Werte verschiedener Attribute sind unabhängig voneinander; deshalb wird auch die Unabhängigkeit aller Selektionsprädikate einer Anfrage unterstellt.

Diese Annahmen erlauben durch Mittelwertbildung, Interpolation und einfache arithmetische Verknüpfungen eine Berechnung der erwarteten Treffer einer Anfrage; das Ergebnis ist jedoch in den meisten Fällen nicht richtig. Als Beispiel betrachten wir dazu das Prädikat

(GEHALT ≥ '100 000' AND (ALTER BETWEEN '21' AND '25')

einer Anfrage an die Relation PERS. Nehmen wir weiter an, daß die Wertebereiche von GE-HALT und ALTER durch $(0, 10^6)$ bzw. $(16, 65)$ begrenzt sind. Die Gleichverteilung der Werte trifft in beiden Fällen nicht zu; bei GEHALT dürfte die Schiefe der Verteilung jedoch extrem sein. Weiterhin korrelieren GEHALT und ALTER stark, was jedoch ebenfalls nicht berücksichtigt wird. So würde typischerweise bei diesem Beispiel „berechnet" werden, daß sich $(9 / 10) \cdot (5 / 50) \% = 9 \%$ der Tupel von PERS (das sind 9 / 10 der entsprechenden Altersgruppe) qualifizieren. Das Beispiel zeigt deutlich, daß die Abschätzung eines Ausführungsplans die Wirklichkeit weit verfehlen kann. Trotzdem werden mit den beiden Grundannahmen i. allg. gute Ergebnisse erzielt. Die wesentliche Erklärung dafür ergibt sich aus der Tatsache, daß bei den Abschätzungen nur relative Werte interessieren, d. h., wenn alle geschätzten Werte in gleicher Weise 'falsch' sind, kann ihre relative Reihenfolge doch zur Auswahlentscheidung genutzt werden.

12.5.5.2 Parameter von Kostenmodellen

Welche Kosten sind bei der Erstellung eines Kostenmodells zur Anfrageauswertung überhaupt zu berücksichtigen? Im allgemeinen Fall, der verteilte DBS einschließt, sollten folgende Kostenarten in die Berechnung der Anfragekosten Eingang finden:

– Kommunikationskosten (Anzahl der Nachrichten, Menge der zu übertragenden Daten)

– Berechnungskosten (Nutzung der CPU, Pfadlänge der Anfrage)

– E/A-Kosten (Anzahl der physischen Referenzen)

– Speicherungskosten (durch temporäre Speicherbelegung im DB-Puffer, in speziellen Arbeitsbereichen und auf Externspeichern).

Diese Kostenarten sind nicht unabhängig voneinander, sondern durch die verschiedenartigen DBS-Algorithmen hochgradig miteinander verquickt. Beispielsweise kommt es bei der Sortierung einer großen Relation für die Berechnungs- und E/A-Kosten ganz entscheidend auf die verfügbare Größe des Arbeitsspeichers oder DB-Puffers an (vgl. eine Sortierung bei 10 KB oder bei 10 MB Arbeitsspeicher). Andererseits unterliegen diese Kostenarten einer ständigen Änderung durch technologische Verbesserungen. Wie in Kapitel 2 ausführlich diskutiert wurde, findet dadurch auch eine relative Verschiebung statt, die Geschwindigkeits- und damit Kostenunterschiede (z. B. bei der Zugriffslücke zwischen Magnetplatte und Hauptspeicher) vergrößert.

Daraus folgt, daß das Kostenmodell häufig an die technologischen Gegebenheiten anzupassen ist, was nicht durch zu komplexe Zusammenhänge erschwert werden sollte. Da Speicherungskosten ohnehin recht schwer mit Zugriffs- oder Berechnungskosten zu vergleichen sind, wird häufig auf ihre Übernahme ins Kostenmodell verzichtet. Kommunikationskosten kommen in erster Linie bei verteilten DBS zum Tragen [RAHM94], die hier jedoch nicht vertieft werden sollen. Wir wollen uns vielmehr auf Kostenmodelle konzentrieren, wie sie in zentralisierten DBS eingesetzt werden.

Die einfachsten Kostenmodelle berücksichtigen nur E/A-Kosten, was aber bei den heute üblichen großen DB-Puffern, die meist E/A-Vermeidung, Lokalität der Verarbeitung und damit ununterbrochene CPU-Belegung gewährleisten können, die tatsächlichen Kosten nur unzureichend widerspiegelt. Deshalb führen wir unser Kostenmodell als gewichtete Funktion von Berechnungs- und E/A-Kosten ein. Diese Entwurfsentscheidung wird gestützt von zahlreichen praktischen Erfahrungen [CHAM81a, CHAU98, SELI79] und erfolgreichen Einsätzen entsprechender Kostenmodelle in kommerziellen DBS (etwa Oracle, DB2 u. a.).

Bei dieser Vorgehensweise wird für jeden in die Planoptimierung einbezogenen Ausführungsplan ein Kostenvoranschlag nach folgender Kostenformel berechnet:

$$C = \text{\# der physischen Seitenzugriffe} +$$
$$W \cdot (\text{\# der Aufrufe des Zugriffssystems})$$

Durch diese Formel wird ein gewichtetes Kostenmaß von physischer E/A und CPU-Belegung eingeführt [SELI79]. Die Anzahl der Aufrufe des Zugriffssystems entspricht der an der internen Satzschnittstelle (siehe Abb. 1.7); sie ergibt sich aus der Anzahl der Tupel, die zur Auswertung einer Anfrage an das Datensystem übergeben werden (siehe auch Abschnitt 10.3.4). Da in dieser Systemschicht oder dem Zugriffsmodul, der sie zur Laufzeit repräsentiert (siehe Abschnitt 12.6), Tupel verglichen, ausgewählt, verworfen oder verknüpft werden, entspricht diese Anzahl im allgemeinen nicht der Treffermenge der Anfrage; sie drückt vielmehr implizit die Angemessenheit eines Ausführungsplanes aus, was die CPU-Belegung angeht. Da der weitaus größere Anteil der in einem DBS verbrauchten CPU-Zeit auf das Zugriffssystem und das Speichersystem entfällt, sind die Aufrufe des Zugriffssystems ein guter Indikator. Über die Zuordnung einer mittleren Pfadlänge (auszuführende Instruktionen) pro Aufruf läßt sich die CPU-Belegung in geeigneter Weise annähern.

Der Faktor W dient zur groben Anpassung der Optimierungsentscheidung an die Rechnerkonfiguration. Falls das System „CPU-bound" ist, sollten Ausführungspläne mit höherem E/A- und geringerem CPU-Aufwand bevorzugt werden; also ist in diesem Fall ein relativ großes W zu wählen, das rechenintensive Lösungen benachteiligt. Ist ein System „I/O-bound", lassen sich durch Wahl eines kleinen W die Kostenvoranschläge so beeinflussen, daß E/A-intensive Lösungen nach Möglichkeit vermieden werden.

W läßt sich nach folgenden Überlegungen bestimmen: Ist die CPU der Engpaß, werden für eine Ein-/Ausgabe nur die dafür auszuführenden Instruktionen angesetzt, wobei angenommen wird, daß die Zugriffszeit intern voll überlappt zur weiteren Verarbeitung ausgenutzt werden kann. Im zweiten Fall wird zusätzlich die volle Zugriffszeit für eine Ein-/Ausgabe angerechnet, wobei sich über die Mips-Rate des Rechensystems für eine durchschnittliche Zugriffszeit ein Äquivalent an Instruktionen bestimmen läßt. W ergibt sich dann als Verhältnis der Anzahl der Instruktionen eines Aufrufs des Zugriffssystems (ZS) zu denen einer Ein-/Ausgabe:

W_{CPU} = #Instr. pro ZS-Aufruf / #Instr. pro E/A-Aufruf

$W_{I/O}$ = #Instr. pro ZS-Aufruf / (#Instr. pro E/A-Aufruf + Zugriffszeit · Mips-Rate)

Mit 1000 Instruktionen pro ZS-Aufruf, 2500 Instruktionen pro E/A-Aufruf, einer durchschnittlichen Zugriffszeit von 20 ms und einer Mips-Rate von 10^7 Instruktionen/sec ergeben sich beispielsweise folgende Zahlenwerte:

W_{CPU} = 1000 / 2500 = 0.4

$W_{I/O}$ = 1000 / (2500 + 12 · 10^{-3} · 10^7) = 1000 / 122500 ≈ 0.008.

12.5.5.3 Ermittlung der statistischen Kenngrößen

Die Anzahl der physischen Seitenzugriffe ist für jeden Zugriffspfad durch detaillierte Formeln zu berechnen, in die eine Vielzahl von systemspezifischen Größen und Annahmen eingehen. Solche Formeln an dieser Stelle abzuleiten, würde den vorgegebenen Rahmen bei weitem sprengen. Deshalb muß hier auf Spezial- oder Systemliteratur [BLAS77a, CHAU98, POOS97] verwiesen werden. Es soll in diesem Zusammenhang lediglich die grundsätzliche Vorgehensweise skizziert werden. Um überhaupt Aussagen über die erwartete Anzahl von Seitenzugriffen machen zu können, müssen statistische Angaben über die DB-Objekte in den DB-Katalogen geführt werden. Zu den wichtigsten Parametern gehören:

- für jedes Segment S_k
  - $M(S_k)$ = Anzahl der Datenseiten des Segmentes S_k
  - $L(S_k)$ = Anzahl der leeren Datenseiten von S_k

- für jede Relation R_i in Segment S_k
  - $N(R_i)$ = Anzahl der Tupel der Relation R_i ($Card(R_i)$ oder auch N_{Ri})
  - $T(R_i)$ = Anzahl der Seiten von S_k mit Tupeln von R_i
  - $C(R_i)$ = Cluster-Faktor (durchschnittliche Anzahl von Tupeln pro Seite)

- für jeden Index $I_{Ri}(A)$ auf einem Attribut A der Relation R_i
  - $j(I_A)$ = Anzahl der Schlüsselwerte im Index I_A (= $Card(\pi_A(R_i))$)
  - $B(I_A)$ = Anzahl der Blattseiten der Indexstruktur (B*-Baum)
  - $h(I_A)$ = Höhe des entsprechenden B*-Baumes.

Diese statistischen Kenngrößen müssen im DB-Katalog gewartet werden. Da sich einige von ihnen recht schnell ändern, wirft das die Frage nach ihrer Aktualisierung auf. Ihr sofortiges Ändern bei jedem Modifikationsaufruf garantiert zwar ihre höchste Genauigkeit, ist aber de facto unmöglich. Neben den zusätzlichen Schreib- und Log-Operationen, die als verborgene Kosten jede Änderungsoperation zusätzlich belasten würden, ergäbe sich eine Serialisierung der Änderungstransaktionen, da der DB-Katalog durch die strikten Zwei-Phasen-Sperrprotokolle (bis Commit) zum Flaschenhals werden würde. Aus diesen Gründen ist eine periodische Aktualisierung der statistischen Kenngrößen der dynamischen vorzuziehen. Für die anzustrebende Genauigkeit erscheint es ausreichend, diese statistischen Werte zum Lade- oder Generierungszeitpunkt von Relationen und Indexstrukturen zu ermitteln und bei Reorganisationen oder auf Veranlassung des Benutzers eine Neubestimmung vorzunehmen. In DB2 steht für diesen Zweck beispielsweise eine RUNSTATS-Anweisung zur Verfügung.

Die Erstellung von Statistiken kann i. allg. recht teuer werden, da alle Tupel u.a. explizit aufzusuchen und dabei die spezifizierten Größen zu aggregieren und aufzubereiten sind. Eine deutliche Kostenreduktion läßt sich durch den Einsatz von Stichprobentechniken (sampling) erzielen. Diese beschränken sich auf das Lesen einer zufälligen Stichprobe und berechnen darüber die statistischen Kerngrößen für den DB-Katalog. Natürlich stellen sich hier Fragen nach der Genauigkeit und Verläßlichkeit der Verfahren, der Größe der Stichproben usw. Spezielle Eigenschaften solcher Stichprobentechniken. Erste Anwendungserfahrungen im DB-Kontext finden sich in [LIPT90, MANN88].

12.5.5.4 Abschätzung der Selektivität

Zur Erstellung eines Kostenvoranschlags ist nun für den Selektionsausdruck (Prädikat p) einer (Teil-) Anfrage der zugehörige Selektivitätsfaktor SF ($0 \leq SF \leq 1$) zu berechnen; er beschreibt den erwarteten Anteil an Tupeln, die das Prädikat p erfüllen ($Card(\sigma_p(R)) = SF(p) \cdot Card(R)$). Für diese Aufgabe wird zunächst mit Hilfe der statistischen Kenngrößen jedem Verbundterm im Qualifikationsprädikat ein Selektivitätsfaktor zugeordnet. Zur Veranschaulichung übernehmen wir hier beispielhaft die wichtigsten in [SELI79] eingeführten Selektivitätsfaktoren für verschiedene Arten von Verbundtermen (Abb. 12.6):

Die konstanten Selektivitätsfaktoren sind Defaultwerte, für deren Wahl schwerlich eine Begründung außer dem Erfahrungsargument angeführt werden kann. Bei den anderen Berechnungen ist als Standardannahme stets eine Gleichverteilung der Werte unterstellt.

Die Selektivitätsfaktoren komplexerer Ausdrücke, deren Verbundterme mit Booleschen Operatoren verknüpft sind, lassen sich nun mit einfachen Rechenregeln bestimmen. Dabei wird stochastische Unabhängigkeit der qualifizierten Mengen angenommen:

– $SF\,(p(A) \wedge p(B)) = SF\,(p(A)) \cdot SF\,(p(B))$
– $SF\,(p(A) \vee p(B)) = SF\,(p(A)) + SF\,(p(B)) - SF\,(p(A)) \cdot SF\,(p(B))$
– $SF\,(\neg\,p(A)) = 1 - SF\,(p(A))$.

Bei Verbundoperationen ist die Größe der Ergebnisrelation abzuschätzen, um die Kosten nachfolgender (Verbund-) Operationen möglichst genau berechnen zu können. Dazu wird in der Literatur der sog. Join-Selektivitätsfaktor JSF [DEMO80] herangezogen, der für den Gleichverbund von R und S folgendermaßen definiert ist:

– $Card\,(R \bowtie S) = JSF \cdot Card(R) \cdot Card(S)$.

In [WHAN90] werden verschiedene Maßnahmen erörtert, wie sich ein JSF ableiten oder eingrenzen läßt. Nur in speziellen Fällen, z. B. bei einem verlustfreien (n:1)-Gleichverbund, ergeben sich dabei einfache Zusammenhänge:

– $Card\,(R \bowtie S) = Max(Card(R), Card(S))$.

$$A_i > A_k: \quad SF = \begin{cases} 1 \,/\, j(I_i) & \text{wenn Index auf Attribut } A_i \\ 1 \,/\, 10 & \text{sonst} \end{cases}$$

$$A_i = A_k: \quad SF = \begin{cases} 1 \,/\, MAX(j(I_i), j(I_k)) & \text{wenn Index auf beiden Attributen} \\ 1 \,/\, j(I_i) & \text{wenn Index nur auf } A_i \\ 1 \,/\, j(I_k) & \text{wenn Index auf } A_k \\ 1 \,/\, 10 & \text{sonst} \end{cases}$$

$$A_i > a_i: \quad SF = \begin{cases} (a_{max}\text{-}a_i) \,/\, (a_{max}\text{-}a_{min}) & \text{wenn Index auf } A_i \text{ und Werte interpo-} \\ & \text{lierbar} \\ 1 \,/\, 3 & \text{sonst} \end{cases}$$

$$A_i \text{ BETWEEN } a_i \text{ AND } a_j: \quad SF = \begin{cases} (a_j\text{-}a_i) \,/\, (a_{max}\text{-}a_{min}) & \text{wenn Index auf } A_i \text{ und} \\ & \text{Werte interpolierbar} \\ 1 \,/\, 4 & \text{sonst} \end{cases}$$

$$A_i \text{ IN } (a_1, a_2, ..., a_r): \quad SF = \begin{cases} r \,/\, j(I_i) & \text{wenn Index auf } A_i \text{ und } SF < 0.5 \\ 1 \,/\, 2 & \text{sonst} \end{cases}$$

Abb. 12.6: Zusammenstellung wichtiger Selektivitätsfaktoren

Die hier skizzierten Selektivitätsabschätzungen basieren auf der Gleichverteilungs- und der Unabhängigkeitsannahme der Werte von Attributen. Eine Verbesserung der Genauigkeit läßt sich dadurch erzielen, daß die Attributverteilung nicht durch eine einzige Zahl (j) beschrieben wird, sondern daß durch Histogramme[4] die konkrete Verteilung der Attributwerte angenähert wird [IOAN93]. Dazu ist der Wertebereich in Intervalle aufzuteilen, für die jeweils die Häufigkeit der auftretenden Attributwerte zu vermerken ist. In [PIAT84] wird darauf hingewiesen, daß bei der Intervallaufteilung auf etwa gleich viele Wertebelegungen pro Intervall und nicht auf gleich große Intervallbereiche geachtet werden sollte, um die Fehler bei Selektivitätsabschätzungen auf der Basis von Histogrammen zu minimieren. Verfeinerungen der Histogrammtechnik erlauben die Darstellung der Verteilung von Attributwertkombinationen [MURA88], wodurch sich auch in begrenztem Umfang die Unabhängigkeitsannahme korrigieren läßt. Weitere Verbesserungsmaßnahmen werden in [SWAM94, POOS97] zur genaueren Selektivitätsabschätzung bei Ausdrücken mit voneinander abhängigen Attributen und in [LYNC88] zur Anpassung bei Ungleichverteilungen (skewed distribution) vorgeschlagen. In [GIBB97] wird diskutiert, wie Histogramme inkrementell aktualisiert werden können.

---

[4] Heute setzen bereits viele existierende DBS Histogramme ein, um aggregierte Information über die Attributwertverteilung zu verwalten und genauere Abschätzungen der Ergebnismengen bei der Anfrageoptimierung zu erzielen.

Wir begnügen uns hier mit der Auflistung der wichtigsten Berechnungsprinzipien. Mit Hilfe der daraus resultierenden Selektivitätsausdrücke lassen sich nun für jeden möglichen Ausführungsplan einer (Teil-) Anfrage die Anzahl der Seitenzugriffe und der ZS-Aufrufe berechnen bzw. abschätzen. Im konkreten Fall sind dazu zur Erhöhung der Genauigkeit noch weitere Einflußfaktoren wie

– Cluster-Bildung bei den Datensätzen, die über eine Indexstruktur erreicht werden,
– Sortier- und Mischkosten für TID-Listen, falls über einen TID-Algorithmus zugegriffen wird,
– Sortier- und Mischkosten für Datensätze, falls zur Durchführung einer Operation oder zur Ausgabe eine bestimmte Sortierreihenfolge verlangt wird,

zu berücksichtigen. Manche Zugriffspfade, wie beispielsweise durch B*-Bäume realisierte Indexstrukturen, liefern eine bestimmte Sortierordnung gratis. Wird diese nun in einem nachfolgenden Auswertungsschritt (z. B. Verbund, 'GROUP BY'- oder 'ORDER BY'-Klausel) benötigt, so hat die Planoptimierung die Kosten des billigsten „sortierten" Zugriffspfades mit denen des billigsten „unsortierten" Zugriffspfades und der zusätzlich anfallenden Sortierung der Ergebnismenge zu vergleichen, um die beste Auswertungsfolge zu bestimmen. In ähnlicher Weise sind auch die Änderungskosten von Sätzen und Zugriffspfaden abzuschätzen [SCHK85].

12.5.5.5 Bestimmung des kostengünstigsten Ausführungsplans

Bei der Plangenerierung müssen für die verfügbaren Planoperatoren entsprechend des gewählten Kostenmodells detaillierte Kostenformeln vorliegen, um den Ausführungsplan mit den geringsten Kosten bestimmen zu können (siehe Abb. 12.5). Der Suchraum, und damit die Komplexität der Auswahlentscheidung, ist deshalb so groß, da neben der Überprüfung der Zulässigkeit eines Planoperators und der Planung geeigneter Verknüpfungsfolgen (Berücksichtigung von nutzbaren Sortierreihenfolgen sowie der Größe von Zwischenergebnissen) die jeweils (global gesehen) kosteneffektivsten Planoperatoren ausgewählt werden müssen (siehe Abschnitt 11.2). In [SELI79] ist der Aufbau eines Lösungsbaumes beschrieben, der die Ermittlung des kostengünstigsten Auswertungsweges durch erschöpfende Suche gestattet. Durch eine geeignete Heuristik muß die Planoptimierung versuchen, offensichtlich schlechte Lösungen frühzeitig auszuscheiden, um die Suchzeit im Lösungsbaum zu beschränken. Ein ausführliches Beispiel dazu ist in [SELI79] zu finden. Für die Diskussion weiterer spezieller Probleme bei der Optimierung von Anfragen und der Zugriffspfadauswahl verweisen wir auf [CHAM81a, PIAT84, CHAU98, HÄRD92a, JARK84, LORI79b].

Abschließen wollen wir die Diskussion der Plangenerierung und -optimierung durch ein einfaches Beispiel, das schematisch aufzeigen soll, weshalb der Suchraum „explodiert". Zugleich wird dadurch noch einmal die Notwendigkeit unterstrichen, den Suchraum durch effektive Heuristiken möglichst frühzeitig einzuschränken. Für die folgende SQL-Anfrage

B5:   Finde Name und Beruf von Angestellten, deren Abteilung mehr als 1 Mio Einnahmen hat und Projekte in KL durchführt.

SELECT	P.NAME, P.BERUF, J.PNAME
FROM	PERS P, ABT A, PROJ J
WHERE	A.EIN > 1000000 AND J.ORT = 'KL'
AND	A.ANR = P.ANR AND A.ANR = J.ANR;

seien bereits alle Übersetzungsschritte einschließlich der Anfragerestrukturierung durchgeführt. Einen günstigen Lösungsvorschlag stellen wir in Abb. 12.7 nicht als Anfrage-, sondern als Operatorgraph dar, um die einzelnen logischen Operatoren besser kennzeichnen zu können. Jedoch können auch andere Verbundkombiniationen und -reihenfolgen zu guten Lösungen führen.

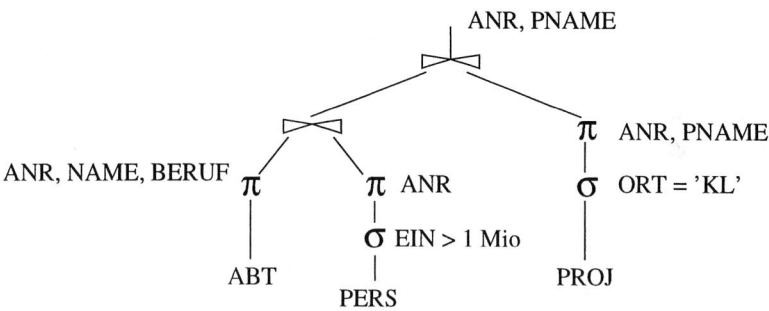

Abb. 12.7: Optimierter Operatorgraph für Anfrage B5

Als erster Auswertungsschritt sind die Ausführungskosten für alle möglichen Zugriffspfade auf den einzelnen Relationen zur Durchführung von Selektion und Projektion zu bestimmen. Um den Darstellungsaufwand zu begrenzen, nehmen wir an, daß pro Relation zusätzlich zum Scan nur zwei oder drei Indexstrukturen benutzt werden können. Abb. 12.8 a illustriert diesen Auswertungschritt, während Abb. 12.8 b aufzeigt, wie aus den Ausführungsplänen über eine Relation ein Lösungsbaum aufgebaut werden kann. Hierbei soll deutlich werden, daß der Verzeigungsgrad dieses Lösungsbaumes möglichst frühzeitig durch Abschneiden von Teilbäumen reduziert werden muß, um die Anfrageoptimierung kosteneffektiv zu gestalten. Beispielsweise nehmen wir an, daß die Auswertungsmöglichkeiten c, f, i und j schon zu diesem Zeitpunkt ausscheiden, d. h., mögliche AAPs, die diese Index- oder Relationen-Scans benutzen, werden nicht weiter verfolgt.

Die nachfolgenden Auswertungsschritte sind durch Abb. 12.8 c nur noch angedeutet. Zur Abwicklung der ersten Verbundoperation kommen wiederum eine Reihe von Planoperatoren in Frage, deren Einsatz hinsichtlich Anwendbarkeit und Kosten überprüft werden muß. Beim Nested-Loop-Verbund lassen sich alle Zugriffspläne der ersten mit denen der zweiten Relation kombinieren. Deshalb ist zur Kostenbestimmung der möglichen AAPs der Lösungsbaum in der in Abb. 12.8 c gezeigten Weise zu erweitern. Unter der Annahme, daß die besten Zugriffspläne für die jeweils zweite Relation b, d und h sind, läßt sich der Lösungsbaum wiederum stark reduzieren. Im Beispiel würden anschließend zur Kostenbestimmung des Einsatzes von

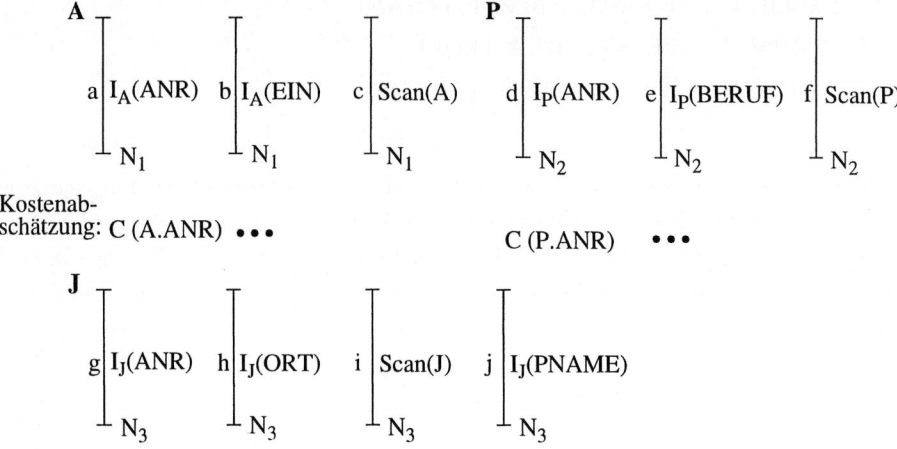

Kostenab-
schätzung: C (A.ANR) •••   C (P.ANR) •••

Kostenab-
schätzung: C (J.ANR) •••

a) mögliche Zugriffspfade für die einzelnen Relationen

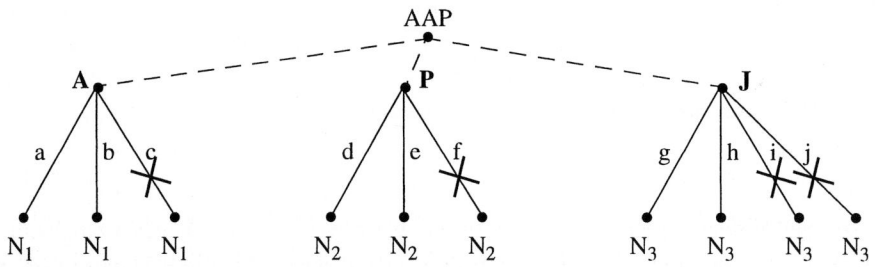

b) Lösungsbaum für einzelne Relationen:
   Reduzierung durch Abschneiden von Teilbäumen

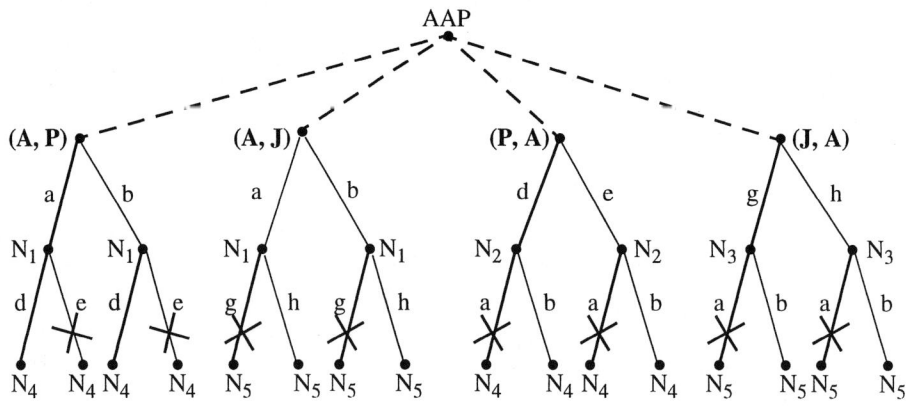

c) Erweiterter Lösungsbaum für den Nested-Loop-Verbund mit der zweiten Relation
   Kostenabschätzung pro Pfad: z. B. durch C(C(A.ANR) + C(P.ANR) + Verbundkosten)

Abb. 12.8: Auswertungsschritte bei der Bestimmung des kostengünstigsten AAP

Sort-Merge- und Hash-Verbund eine Reihe weiterer Pfade zur Auswertung anfallen.[5] Nach der Erweiterung des Lösungsbaumes und dem Abschneiden wenig aussichtsreicher Teilbäume wird mit der Erweiterung der AAPs zur Kostenbestimmung der zweiten Verbundoperation (also ((A, P), J), ((A, J), P) usw.) begonnen. Neben der Anzahl der zu überprüfenden Planoperatoren ist bei binären Operationen wie der Verbund vor allem die Variation der Reihenfolgen für das enorme Wachstum des Lösungsbaums verantwortlich. Durch unsere beispielhafte Betrachtung wird noch einmal überdeutlich, daß nur das frühzeitige Eliminieren von „aussichtslosen" AAPs zu einem erträglichen Optimierungsaufwand bei der Ausführungsplanbestimmung führt.

12.6 Code-Generierung

Die Planoptimierung übergibt als Eingabe für den nächsten Übersetzungsschritt einen transformierten Anfragegraph, in dem für jede Anfrage die Folge optimaler Planoperatoren spezifiziert ist [HÄRD92a]. Für diese Spezifikation kann eine interne Sprache, z. B. ASL in System R [LORI79b], eingesetzt werden, die eine explizite und vollständige Beschreibung der zu benutzenden Zugriffspfade erlaubt. Gemäß der von uns eingeführten Schichtenarchitektur wird angenommen, daß das Aufsuchen und Bereitstellen von Tupeln durch direkte Zugriffsoperationen und durch Navigation mit Hilfe verschiedener Scan-Typen durchgeführt wird. Scans auf Relationen, Index-, Link- und Listenstrukturen können durch einfache Suchargumente (Boolesche Ausdrücke mit einfachen Prädikaten auf einer Relation) angereichert werden, so daß sie nur bezüglich der Suchargumente qualifizierte Sätze zurückliefern. Diese Scans lassen sich direkt über die an der internen Satzschnittstelle (Schnittstelle des Zugriffssystems (ZSYS)) bereitgestellten Operationen abwickeln; sie sind also „primitive" Operationen, durch die eine mengenorientierte DB-Anweisung im Rahmen der Code-Generierung ersetzt wird [THOM95]. Man unterscheidet OPEN-, NEXT- und CLOSE-Aufrufe zur Aktivierung, zum Fortschalten und zur Schließung eines Scans. Aufrufbeispiele sind

CALL ZSYS (OPEN, SCAN_STRUCTURE, RETURN_CODE) oder
CALL ZSYS (NEXT, SCAN_STRUCTURE, RETURN_CODE),

wobei SCAN_STRUCTURE eine recht komplexe Datenstruktur (siehe [LORI79a]) zur Übergabe von Ein-/Ausgabewerten, Suchargumenten usw. darstellt.

Art und Parameter der zu benutzenden Scans wurde durch die Planoptimierung festgelegt und im transformierten Anfragegraph für die Code-Generierung übergeben. Wir nehmen an, daß die Planoptimierung für unser Anfragebeispiel (siehe Abschnitt 12.3)

B3: SELECT   PNR, NAME, GEHALT/12
      FROM   PERS
      WHERE   BERUF = W AND PROV > GEHALT

---

[5]   In praktischen Anwendungen sind oft mehr als 10 Zugriffspfade pro Relation zu berücksichtigen. Außerdem können beim Verbund die Anzahl der verfügbaren Planoperatoren mehr als 10 betragen sowie die Reihenfolge der Eingaberelationen eine Rolle spielen.

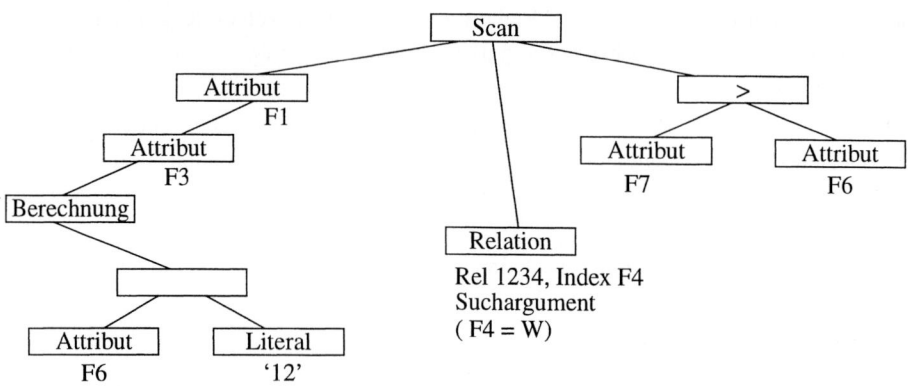

Abb. 12.9: Graphische Darstellung einer einfachen Anfrage (B3) in ASL

aufgrund der vorhandenen Zugriffspfade den im Abb. 12.10 skizzierten Anfragegraph generiert hat. Er entspricht einer graphischen Darstellung der Anfrage B3 in ASL-Notation (siehe auch [LORI79b]), wie in Abb. 12.9 veranschaulicht. Die verwendeten Bezeichnungen sollen auf die internen Namen der referenzierten Objekte verweisen.

Um die Probleme der Code-Erzeugung besser zu verstehen, diskutieren wir die notwendigen Schritte im Detail für die obige einfache Anfrage anhand der in System R gewählten Vorgehensweise. Das Suchargument (BERUF = W) wurde in Abb. 12.9 bereits im eingeplanten Index-Scan berücksichtigt, so daß nur noch für sog. residuale Prädikate Programm-Code generiert werden muß (WHERE-Teilbaum (F7 > F6)). Für ein Zugriffsmodul verbleiben die in Abb. 12.11 als Flußdiagramm für die Operation OPEN und FETCH dargestellten Verarbeitungsschritte.

Der Prolog stellt die normale Eingangsbehandlung beim Sprung ins Unterprogramm dar. Der nächste Verarbeitungsschritt ermittelt den Aufruftyp. Bei OPEN werden in den Schritten <2> und <3> die Eingabevariablen, deren Adresse an der SQL-Schnittstelle übergeben wird

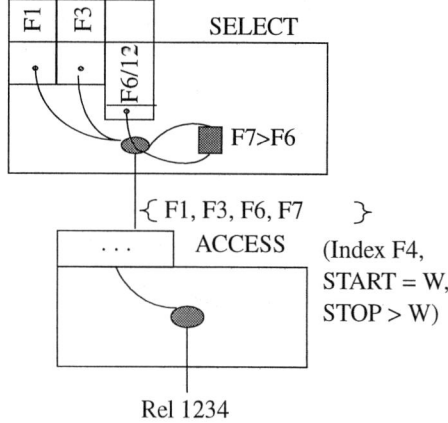

Abb. 12.10: Optimierter Anfragegraph für eine einfache Anfrage (B3)

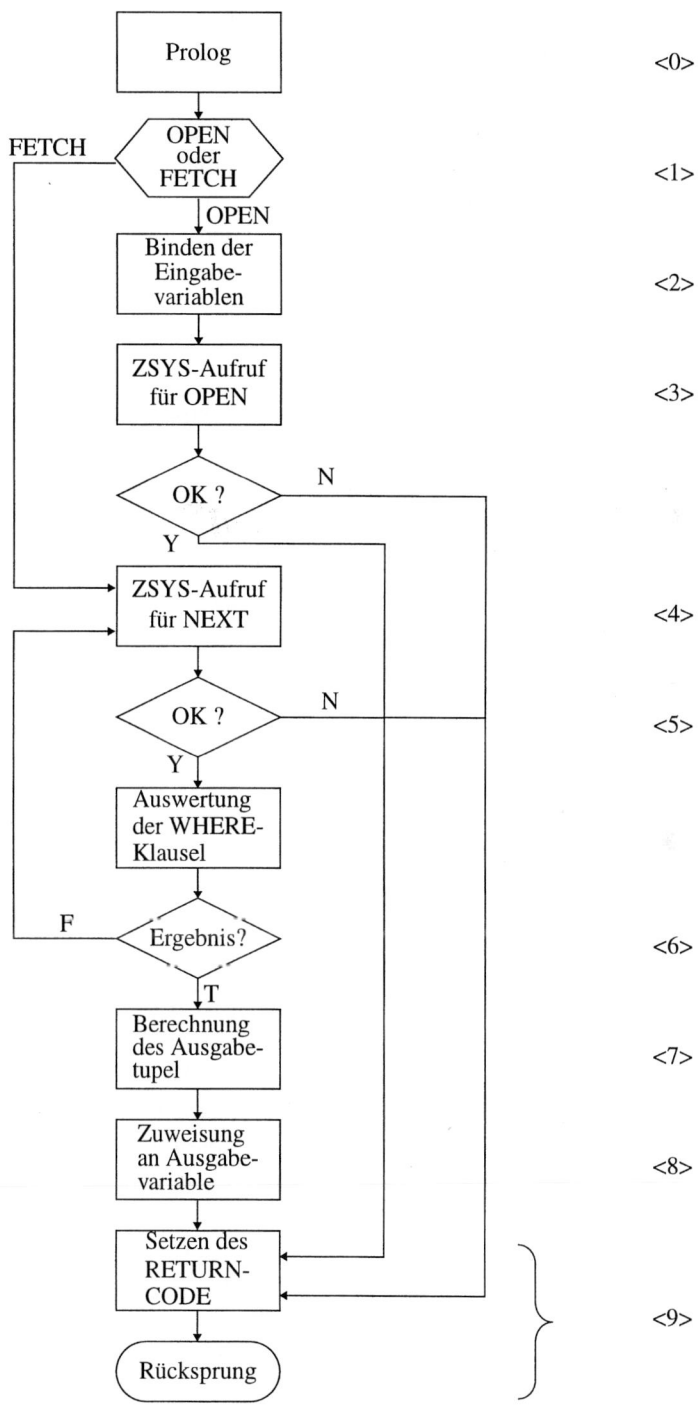

Abb. 12.11: Flußdiagramm für einen Zugriffsmodul (Modell für die Auswahl einer Tupelmenge mit Hilfe eines Cursor)

(siehe Abschnitt 12.3), gebunden, die Datenstruktur SCAN_STRUCTURE vorbereitet und der zugehörige OPEN-Aufruf an ZSYS abgesetzt. Im speziellen Beispiel werden der Wert der Variablen W gebunden und ein Index-Scan für das Attribut BERUF aktiviert. Wird ein FETCH-Aufruf erkannt, wird ZSYS mit einer NEXT-Anweisung, die sich auf den aktivierten Scan bezieht, aufgerufen <4>. Das zurückgelieferte Tupel erfüllt bereits das einfache Suchargument (BERUF = W), durch das der Scan angereichert ist (W bekam beim OPEN seinen aktuellen Wert). Tritt ein Fehler auf oder existiert kein entsprechendes Tupel mehr, wird zur Rücksprungbehandlung verzweigt. Verarbeitungsschritt <6> überprüft den verbleibenden Teil (PROV > GEHALT) des WHERE-Prädikats (der nicht einfach ist). Ist dieses Prädikat nicht erfüllt, wird ZSYS erneut aufgerufen, sonst erfolgt die Aufbereitung des Ausgabetupel (<7>, <8>). Dazu gehört im vorliegenden Fall die Durchführung einer arithmetischen Operation (GEHALT/12). Der Schritt <9> enthält alle Programmausgänge, legt den RETURN_CODE fest und führt die Rücksprungbehandlung durch.

Die Aufgabe des Code-Generators ist es nun, mit Hilfe der Planoptimierer-Ausgabe für jede DB-Anweisung ein Programm in der Maschinensprache zu erzeugen, das die spezifizierten Zugriffsaktionen ausführt. Dabei sind Kontrollblöcke wie SCAN_STRUCTURE in geeigneter Weise zu initialisieren und als Daten einzubinden, damit sie zur Ausführungszeit referenziert werden können.

Die allgemeine Vorgehensweise des Code-Generators ist folgende: Die möglichen SQL-Anweisungen sind nach der Art ihrer Zugriffsaktionen klassifiziert, so daß jede Klasse von einem Basisprozeß bearbeitet werden kann. Unser Beispiel fällt in die Klasse „Auswahl einer Tupelmenge mit Hilfe eines Cursor". Das Skelett eines solchen Basisprozesses, wie es in Abb. 12.11 gezeigt ist, wird als Modell bezeichnet. Den einzelnen Verarbeitungsschritten im Modell entsprechen sog. Fragmente (Code-Folgen), die als Assemblermodule geschrieben und in einer Bibliothek gespeichert sind. Bei der Code-Generierung für ein bestimmtes Modell werden die entsprechenden Fragmente kopiert, übersetzt und gebunden.

Zur Bearbeitung eines optimierten Anfragegraphs benutzt der Code-Generator einen Algorithmus zur allgemeinen Baumsuche. Stößt er auf einen SCAN-Knoten, wird dieser in einem Stack ablegt und mit der Code-Generierung für das zugehörige Modell begonnen. Entsprechend Abb. 12.11 werden beispielsweise Fragmente für die Verarbeitungsschritte <0> und <1> geholt, Instruktionen zur Übergabe der Programmvariablen in statisch zugeordneten Datenbereichen erzeugt (<2>) und die Fragmente für die Aktionen <3>, <4> und <5> hinzugefügt. Die Baumsuche wird mit dem WHERE-Zweig fortgesetzt. Dabei könnte wiederum ein SCAN-Knoten (für eine Teilanfrage) gefunden werden, so daß mit Hilfe des Stack eine geschachtelte Programmkonstruktion erreicht werden würde. Im vorliegenden Beispiel läßt sich der WHERE-Zweig durch ein Fragment (<6>) nachbilden. Anschließend wird der linke Zweig des SCAN-Knotens abgearbeitet. Entsprechend der SELECT-Liste werden die Ausgabewerte berechnet und aufbereitet (<7>, <8>). Nach Hinzufügen des Fragments für Schritt <9> wird der SCAN-Knoten vom Stack entfernt. Wie in Abb. 12.11 zu sehen ist, verzweigen einige Fragmente auf Marken in anderen Fragmenten. Diese externen Referenzen lassen sich mit Hilfe von Symboltabellen auflösen.

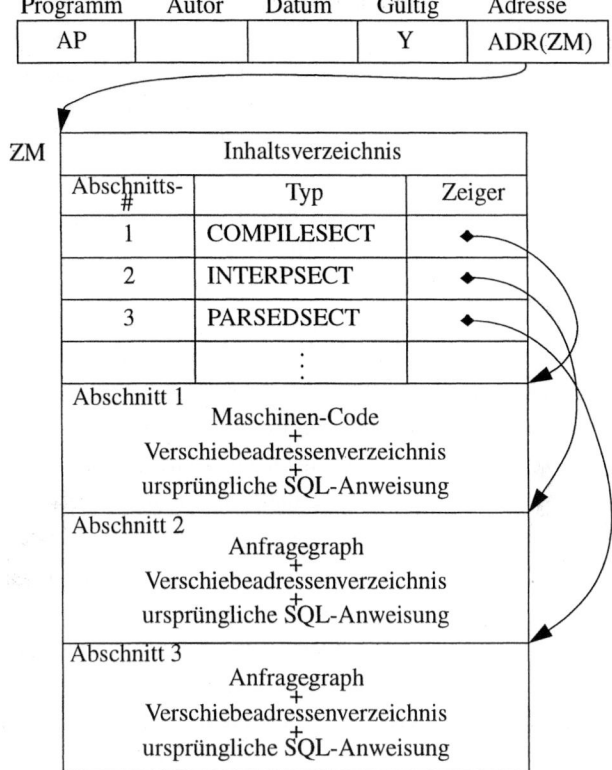

Abb. 12.12: Aufbau eines Zugriffsmoduls (ZM)

Wie in [LORI79a] näher ausgeführt ist, stehen für Anfrageblöcke (einfache Fragen), die mit einer Scan-Operation auskommen, 4 verschiedene Modelle zur Verfügung. Neben dem diskutierten Modell sind das solche, die keinen Cursor benötigen, eine Built-in-Funktion auf einer Tupelmenge ausführen können und die Klausel GROUP BY von SQL unterstützen.

Im Prinzip ähnlich ist die Code-Generierung für komplexe Anfragen mit Präzedenzen und Korrelationen zwischen Teilanfragen. Ihre genaue Diskussion würde an dieser Stelle zu weit führen. Die zentrale Idee dabei, durch ASL unterstützt, ist die Zerlegung von komplexen in mehrere einfachere, auf einem Scan basierende Zugriffsoperationen, die weitestgehend unabhängig voneinander sind und durch Modelle repräsentiert werden können, deren Komplexität die unseres Beispiels in Abb. 12.11 nicht übersteigt. Der Code-Generator erzeugt dann für jeden Scan ein Zugriffsmodul und verknüpft diese durch Schachtelung, Unterprogramm-Aufruf usw. Insgesamt wurden knapp 30 Modelle aufgestellt, von denen sich die meisten aus 6 bis 10 Fragmenten zusammensetzen. Da gleiche Fragmente in verschiedenen Modellen benutzt werden, liegt die Gesamtzahl der Fragmente unter 100.

Der Programm-Code für eine DB-Anweisung, der auf diese Weise, möglicherweise unter Benutzung mehrerer Modelle, erzeugt wurde, ist in einem sog. Abschnitt (Section) organi-

siert. Die zu einem Anwendungsprogramm AP gehörenden Abschnitte bilden einen Zugriffsmodul ZM (siehe Abschnitt 12.3), dessen Aufbau im Abb. 12.12 veranschaulicht ist. Aus dem
DB-Katalog wird auf den Zugriffsmodul des AP verwiesen. Er setzt sich aus einem Inhalts-
verzeichnis (Section Location Table), in dem die verschiedenen Abschnitte mit Typ und
Adresse aufgelistet sind, und den Abschnitten selbst zusammen. Jeder Abschnitt besteht aus
drei Teilen: dem Maschinen-Code/Anfragegraph, dem Verzeichnis für Verschiebeadressen
und der ursprünglichen SQL-Anweisung. Bisher wurde unterstellt, daß zur Übersetzungszeit
der vollständige Maschinen-Code einer DB-Anweisung erzeugt werden kann; der Code für
eine solche Anweisung ist in einem Abschnitt vom Typ COMPILESECT abgelegt. Bestimmte
Anweisungen werden aus Effizienzgründen anders behandelt oder können erst zu einem späteren Zeitpunkt vollständig übersetzt werden; in diesem Fall wird der Anfragegraph gespeichert. Das Verzeichnis der Verschiebeadressen wird beim Laden benötigt, um den Code durch
Anpassung von Zeigern, Adreßkonstanten usw. ablauffähig zu machen. Die Übernahme der
ursprünglichen Form der SQL-Anweisung erlaubt schließlich die Wiederholung der Übersetzung im Falle einer DB-Schemaänderung, ohne auf das Anwendungsprogramm zurückgreifen
zu müssen.

Einige Anweisungstypen beziehen sich nicht auf Zugriffspfade und laufen bei jedem Aufruf in gleicher Weise ab. Beispiele dafür sind CREATE / DROP für Relationen und Indexstrukturen, BEGIN / END von Transaktionen und GRANT / REVOKE für Zugriffsrechte, mit
deren Hilfe im wesentlichen Beschreibungsdaten im DB-Katalog manipuliert und Kontrollstrukturen aufgebaut werden. Für diese „nicht-optimierbaren" Anweisungen hat man zentral
verwaltete Standardfunktionen vorbereitet. Im betreffenden Abschnitt des Zugriffsmoduls, der
als INTERPSECT-Typ markiert ist, sind im (sehr einfachen) Anfragegraph lediglich die aktuellen Namen und Parameter vermerkt, die beim Aufruf an die entsprechende Standardfunktion
übergeben werden. Eine weitere Ausnahme bilden Operationen auf temporären Objekten (Relationen), die während einer Transaktion erzeugt und wieder entfernt werden. Da zur Übersetzungszeit noch keine Zugriffspfade, die in eine Optimierung einbezogen werden könnten, vorhanden sind, wird der Übersetzungsprozeß nach der Analysephase abgebrochen. Eine solche
Anweisung wird als Anfragegraph in einem Abschnitt vom Typ PARSEDSECT abgelegt; ihre
Übersetzung wird erst zur Laufzeit vervollständigt.

In einem Erfahrungsbericht [CHAM81b] wird die Wahl des Kompilierungsansatzes, soviel
Arbeit wie möglich zur Übersetzungszeit erledigen zu lassen, als die vielleicht wichtigste Entwurfsentscheidung des 'System R'-Projektes bezeichnet. Speicherplatzbedarf und Effizienz
des durch den Code-Generator erzeugten Codes übertreffen nach Angaben in [LORI79a,
CHAM81a] die gesetzten Erwartungen. Ein Zugriffsmodul für das Modell nach Abb. 12.11
besitzt danach folgende charakteristische Zahlenwerte:

Speicherplatzbedarf: 250 System/370-Instruktionen
Ausführungskosten: 138 Instruktionen im Zugriffsmodul + 240 Instruktionen
                         in zwei residenten Bibliotheken, wenn die WHERE-Klausel
                         erfüllt ist.
                         36 Instruktionen, wenn die WHERE-Klausel nicht erfüllt ist.

Experimente zeigten, daß sich der Gesamtaufwand für typische, kurze Transaktionen von weniger als 50 000 Instruktionen folgendermaßen verteilte [CHAM81a]:

- 80% der Instruktionen wurden im Zugriffssystem (ZSYS) ausgeführt
- 20% der Instruktionen fielen auf den Zugriffsmodul und das Anwendungsprogramm.

Zusammenfassend kann gesagt werden, daß die „System R"-Implementierung die generellen Vorteile der Übersetzungstechnik gegenüber der Interpretationstechnik bestätigt hat:

- Die einzelnen Schritte der Analyse, Optimierung und Code-Generierung brauchen nur einmal ausgeführt zu werden und belasten nicht die Ausführung einer DB-Anweisung in einem Anwendungsprogramm.

- Ein Zugriffsmodul ist weniger speicherplatzaufwendig und läuft wesentlich effizienter ab als ein allgemeiner Interpreter (kleinerer Working-Set und kürzere Pfadlänge), da er auf die Anforderungen eines bestimmten Anwendungsprogramms zugeschnitten ist.

- Besonders bei der Verarbeitung vorbereiteter Transaktionsprogramme (canned transactions) konnten trotz einer hohen DB-Schnittstelle beträchtliche Leistungsgewinne erzielt werden.

- Die Vorteile einer mengenorientierten DB-Sprache (SQL) wie Auswahlmächtigkeit, Flexibilität und Datenunabhängigkeit machten sich bei der Ausführung nur durch einen geringfügigen Kostenanteil bemerkbar (siehe obiges Beispiel). Allerdings ist dabei noch nichts über die Güte der erzielten Zugriffspfadoptimierung im Vergleich zu einer navigierenden Programmschnittstelle ausgesagt.

12.7 Ausführung von DB-Anweisungen

Wie die gründliche Diskussion des Übersetzungsvorgangs gezeigt hat, können die meisten Aufgaben der obersten oder gar der obersten beiden Abbildungsschichten unseres allgemeinen Architekturmodells (Abb. 1.7) in einen Compiler ausgelagert und zur Übersetzungszeit durchgeführt werden. Es wird dann nur noch ein Laufzeitsystem benötigt, das die Ausführung der vorübersetzten Zugriffsmodule überwacht und zusätzlich Ad-hoc-Anfragen von Terminalbenutzern unterstützt.

12.7.1 Ausführung der vorübersetzten Zugriffsmodule

Zur Ausführung eines Anwendungsprogramms, das seine DB-Anweisungen über vorübersetzte Zugriffsmodule abwickelt, sind folgende Aktionen erforderlich. Über die normalen BS-Mechanismen wird es geladen und gestartet. Beim ersten DBS-Aufruf überprüft das Laufzeitsystem (XDBS), ob der Benutzer den betreffenden Zugriffsmodul aufrufen darf und ob der Zugriffsmodul noch gültig ist. Im Erfolgsfall lädt XDBS den betreffenden Zugriffsmodul in den Hauptspeicher, paßt seine Verschiebeadressen an und gibt die Kontrolle an den angeforderten Abschnitt weiter (COMPILESECT). Bei allen folgenden Aufrufen kann nun eine direkte Kontrollübergabe erfolgen.

Falls die Überprüfung nicht erfolgreich verläuft, sind komplexere Aktionen vorgesehen. Die Bindung der Zugriffsmodule an die Objekte der Datenbank und die Kontrolle der Zugriffsrechte zur Übersetzungszeit implizieren ihre Abhängigkeit von der Existenz dieser Objekte und Rechte. Ein Zugriff auf eine nicht mehr in der DB existierende Relation oder Sicht, die Referenz eines nicht mehr vorhandenen Zugriffspfades u. a. führen auf Laufzeitfehler. Weiterhin würden Entzug oder Gewährung eines Zugriffsrechts nicht mehr berücksichtigt und unerwünschte Auswirkungen zeigen. Deshalb wird für jeden Zugriffsmodul eine Liste seiner Abhängigkeiten von den DB-Objekten in Form einer regulären Relation im DB-Katalog aufgezeichnet, die Ausgangspunkt für korrektive Maßnahmen ist. Bei einer Änderung des DB-Schemas werden sofort alle betroffenen Zugriffsmodule über diese Abhängigkeitsliste aufgefunden. Zwei Fälle sind zu unterscheiden:

– Die Änderung betrifft das Entfernen einer Relation oder Sicht. In diesem Fall werden die betroffenen Zugriffsmodule und ihre Deskriptoren gelöscht. Bei späterer Referenz bekommt das Anwendungsprogramm eine entsprechende Fehlermeldung.

– Die Änderung bezieht sich lediglich auf Zugriffspfade, d. h., betroffene DB-Anweisungen können weiterhin unter Benutzung eines alternativen Zugriffspfades ausgeführt werden. In diesem Fall wird der Zugriffsmodul als ungültig markiert.

Beim nächsten Aufruf des Zugriffsmoduls sorgt das Laufzeitsystem für seine Aktualisierung. Da die ursprünglichen SQL-Anweisungen in den Abschnitten des Zugriffsmoduls dokumentiert sind, kann eine erneute Übersetzung stattfinden, ohne daß das Anwendungsprogramm etwas davon merkt. Durch Anpassung an die momentan vorhandenen Zugriffspfade ändert sich lediglich die Effizienz der Ausführung.

Wird in einem Zugriffsmodul ein Abschnitt vom Typ INTERPSECT referenziert, ist bei der Kontrollübergabe eine Indirektion erforderlich. XDBS ruft die zugehörige Standardfunktion auf, die ihre aktuellen Parameter aus dem Anfragegraph des Abschnitts bezieht. Bei Aufruf eines Abschnitts vom Typ PARSEDSECT wird versucht, mit Hilfe des Optimizer und Code-Generators ein ausführbares Zugriffsmodul zu erzeugen. Im Erfolgsfall wird (nur) die sich im Hauptspeicher befindende Version des Abschnitts in eine COMPILESECT umgewandelt und sofort ausgeführt. Bei Mißerfolg wird dem Anwendungsprogramm durch eine geeignete Meldung das Fehlen des referenzierten Objektes angezeigt.

Es ist offensichtlich, daß eine DB-Schemaänderung nicht vorgenommen werden darf, wenn ein betroffener Zugriffsmodul gerade benutzt wird. Durch Sperren seines Deskriptors im DB-Katalog läßt sich das jederzeit verhindern.

12.7.2 Behandlung von Ad-hoc-Anfragen

Die Vorteile der Vorübersetzung sind bei der Ausführung von Transaktionsprogrammen offensichtlich. Weniger klar ist die Vorgehensweise für die Behandlung von Ad-hoc-Anfragen. Typischerweise wird dafür ein Interpretationsansatz gewählt. Bei der Entscheidung für einen der beiden Ansätze sind die Kosten zur Erzeugung eines Zugriffsmoduls gegen die Einsparungen durch ihre im Vergleich zur Interpretation erheblich gesteigerte Laufzeiteffizienz abzuwägen.

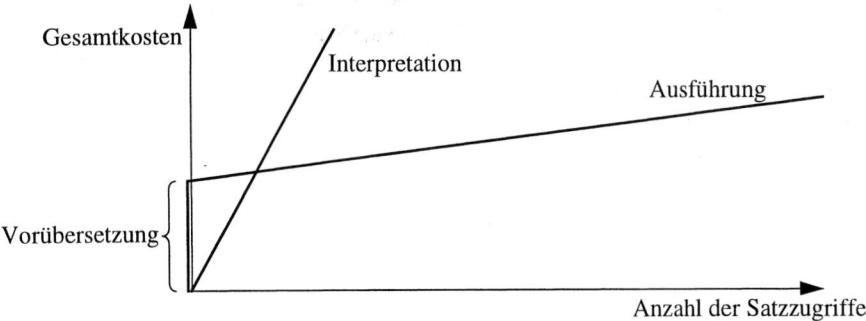

Abb. 12.13: Kostenverlauf bei der Ausführung von DB-Anweisungen

Die Vorübersetzung erbrachte so überzeugende Leistungen, daß sie auch bei Ad-hoc-Anfragen eingesetzt wurde. Diese dabei erzielten Ergebnisse erlauben folgende Schlußfolgerungen:

– Die Code-Generierung macht nur einen geringen Anteil der gesamten CPU-Kosten aus und benötigt keine Ein-/Ausgabe, da der erzeugte Zugriffsmodul nicht zwischengespeichert wird. Der Aufwand für die Analyse- und Optimierungsphase fällt auch bei einer Interpretation an.

– Der im Vergleich zur Interpretation leistungsfähigere Code eines Zugriffsmoduls hat schon nach wenigen Tupelzugriffen die Kosten für die Code-Generierung eingespart. Dieser prinzipielle Zusammenhang ist in Abb. 12.13 veranschaulicht.

Nicht zu vernachlässigen ist die Reduktion der Systemkomplexität, die sich durch die Wahl eines einheitlichen Konzeptes für die Behandlung von Ad-hoc-Anfragen und Transaktionsprogrammen ergibt. Auch in anderen Projekten wurde die „dynamische" Übersetzung eingehend untersucht; sie wurde z. B. in [STON83] als generelle Optimierungsmaßnahme empfohlen.

Das dynamische SQL [DATE97] erlaubt die Verarbeitung von Ad-hoc-Anfragen. Dabei wird der Terminalbenutzer durch ein spezielles Programm – in System R als User-Friendly Interface (UFI) bezeichnet – unterstützt, das die Aufgaben der Dialogführung und der Bildschirmformatierung übernimmt. Die Vorgehensweise bei der Vorbereitung, Übersetzung und Ausführung von Ad-hoc-Anfragen sei hier am Beispiel von UFI skizziert. Es besitzt als „Anwendungsprogramm" einen eigenen Zugriffsmodul, dessen Abschnitte nur rudimentär vorhanden sind, da die Ad-hoc-Anfragen ja erst zur Laufzeit bekannt werden. Sie sind durch einen speziellen Typ INDEFSECT gekennzeichnet. Durch zwei spezielle Aufrufe – PREPARE und EXECUTE – kann UFI SQL-Anweisungen an XDBS weiterreichen. Daraufhin stößt XDBS einen vollständigen Übersetzungsvorgang an, durch den ein spezieller Abschnitt des Zugriffsmoduls dynamisch erzeugt und anschließend sofort ausgeführt wird. Diese Technik, die eine Definition von DB-Anweisungen zur Laufzeit erlaubt, kann natürlich auch in normalen Anwendungsprogrammen oder speziellen Dienstprogrammen (allgemeines Ladeprogramm für eine Relation [CHAM80]) eingesetzt werden. Die dazu benötigten Anweisungen sind Teil des SQL-Standards für dynamisches SQL und haben folgende (vereinfachte) Syntax:

PREPARE < statement-name > FROM < statement-variable >

EXECUTE < statement-name > [USING < variable-list >].

Beispielsweise erzeugt

PREPARE S1 FROM :QSTRING

bei der Vorübersetzung einen Abschnitt von Typ INDEFSECT. XDBS weiß, daß zur Laufzeit in der Variablen :QSTRING eine SQL-Anweisung steht, die unter dem Namen S1 angesprochen wird. Für die Formulierung dieser Anweisung ist die volle Ausdrucksmächtigkeit von SQL erlaubt, d. h. auch die Spezifikation von Variablen als Parameter. Zur Laufzeit löst die PREPARE-Anweisung die vollständige Übersetzung der in :QSTRING enthaltenen SQL-Anweisung aus. Je nach Typ der Frage wird ein COMPILESECT oder INTERPSECT als Abschnitt erzeugt, der den INDEFSECT-Abschnitt (nur) im Hauptspeicher ersetzt. Durch ein nachfolgendes

EXECUTE S1 USING :A, :B

wird die übersetzte SQL-Anweisung ausgeführt, wobei im Beispiel die Werte in den beiden Variablen :A und :B übergeben und gebunden werden. Ein erneuter Aufruf der EXECUTE-Anweisung erlaubt die Ausführung von S1, ohne den Übersetzungsvorgang durchlaufen zu müssen. Die Einzelheiten dieser Technik sind in [CHAM80, CHAM81b] nachzulesen.

Abschließend sollen die Bindezeitpunkte der einzelnen Anweisungstypen noch einmal tabellarisch und am Beispiel von System R zusammengefaßt werden. Sie verdeutlichen die Philosophie, alle Übersetzungsschritte so früh wie möglich durchzuführen, um den Aufwand zur Laufzeit zu minimieren (Tabelle 12.3, siehe [CHAM81b]).

Anweisungstyp	Abschnittstyp	Analyse	Optimierung	Code-Generierung	Ausführung
Normale Operationen (Query, Insert, Delete, Update)	COMPILESECT	Übersetzungszeit			Laufzeit
Nicht-optimierbare Operationen (Create/Drop Table usw.)	INTERPSECT	Übersetzungszeit			Laufzeit
Operationen auf temporären Objekten	PARSEDSECT	Übersetzungszeit	Laufzeit		
Dynamisch definierte Anweisungen (Prepare, Execute)	INDEFSECT	Laufzeit			

Tabelle 12.3:   Spektrum der Bindezeiten am Beispiel von System R

Teil V

Transaktionsverwaltung

13 Das Transaktionsparadigma

Dieses und die folgenden Kapitel befassen sich mit dem Transaktionskonzept und seiner Realisierung. Die Einhaltung dieses auch als ACID-Paradigma bezeichneten Konzepts ist Voraussetzung für die sichere und konsistente Ausführung von DB-Operationen, trotz gleichzeitiger DB-Zugriffe durch zahlreiche Benutzer und möglicher Fehlersituationen wie Rechner- oder Plattenausfällen. Die Grundlagen des Transaktionskonzepts sowie wesentliche Implementierungstechniken wurden bereits in den siebziger Jahren entwickelt, insbesondere in Verbindung mit der Implementierung der ersten relationalen DBS [GRAY78]. Die Unterstützung des Transaktionskonzepts ist seitdem längst eine obligatorische Funktion aller Datenbanksysteme, unabhängig vom zugrundeliegenden Datenmodell. Für wesentliche Aufgaben der Transaktionsverwaltung, insbesondere Synchronisation, Logging und Recovery, steht ein Fundus an leistungsfähigen und in der Praxis erprobten Verfahren zur Verfügung.

Die Bedeutung des Transaktionskonzepts geht jedoch weit über den Einsatz im Rahmen von DBS hinaus. Es stellt ein zentrales Paradigma der Informatik dar, das zur sicheren Verwendung unterschiedlichster Betriebsmittel eingesetzt werden kann. Insbesondere ist das Transaktionskonzept der Schlüssel zur zuverlässigen Nutzung verteilter Systeme [GRAY93]. Durch entsprechende Standardisierungen können dabei auch heterogene und autonome Teilsysteme in die Transaktionsverarbeitung eingebunden werden (siehe Abschnitt 1.4.5.1). Das Transaktionskonzept ist somit auch von zentraler Bedeutung für die sichere Abwicklung von Geschäftsvorgängen im Internet (Electronic Commerce), welche absehbar eine enorme wirtschaftliche Bedeutung erlangen werden [TYGA98].

Auf der anderen Seite zeigen sich für bestimmte Anwendungsbereiche mit komplexen Verarbeitungsvorgängen zunehmend auch Beschränkungen des „klassischen" Transaktionskonzepts. Dieses ist ausgelegt für sog. *flache Transaktionen*, welche aus einer linearen Folge von meist relativ wenigen DB-Operationen bestehen. Es wurden daher in der Literatur zahlreiche Erweiterungen vorgeschlagen [MOSS81, ELMA92, JAJO97], welche bestimmte Beschränkungen des herkömmlichen Transaktionskonzepts beheben sollen. Erste Implementierungen liegen insbesondere für *geschachtelte Transaktionsmodelle* vor, welche eine interne Untergliederung von Transaktionen in Teiltransaktionen unterstützen, für die besondere Funktionsmerkmale gelten.

Die Darstellung in diesem Buch konzentriert sich weitgehend auf das klassische ACID-Paradigma und seine Realisierung im Rahmen von (zentralisierten) Datenbanksystemen. Die dabei verwendeten Techniken sind von grundlegender Bedeutung und stellen auch die Basis für die Realisierung verteilter Transaktionen sowie die Implementierung erweiterter Transaktionsmodelle dar.

In diesem Kapitel erläutern wir einführend das ACID-Paradigma, die Benutzerschnittstelle zur Transaktionsverwaltung sowie Aspekte der Integritätskontrolle. Die folgenden Kapitel behandeln dann Anforderungen sowie die wichtigsten Realisierungsansätze für die grundlegenden Funktionen der Synchronisation (Kapitel 14) sowie von Logging und Recovery (Kapitel 15). Anschließend wird ein Überblick zu erweiterten Transaktionsmodellen gegeben, insbesondere geschachtelten Transaktionen (Kapitel 16).

13.1 Die ACID-Eigenschaften

Transaktionen stellen Abstraktionen von Verarbeitungsvorgängen der jeweiligen Anwendungs-Miniwelt dar (Geldauszahlung, Verkauf eines Artikels, Platzreservierung usw.). Wie in Abb. 13.1 illustriert, wird die Datenbank, welche die Miniwelt modellhaft repräsentiert, durch eine Transaktion von einem Zustand M in einen Zustand M' überführt (M = M' ist im Spezialfall von Lesetransaktionen möglich). Wesentlich für die Qualität und Korrektheit der Datenbankverarbeitung ist, daß auch nach Durchführung von Transaktionen eine hohe Übereinstimmung zwischen den resultierenden Datenbankzuständen und der Miniwelt (Realität) gewährleistet bleibt. Transaktionen müssen somit die Konsistenz der Datenbank bewahren (s. u.). Weiterhin wird zur Konsistenzwahrung verlangt, daß sämtliche DB-Zugriffe ausschließlich durch Transaktionen erfolgen.

Bezüglich der Ausführung von Transaktionen, welche aus einer oder mehreren Operationen der jeweiligen DB-Sprache (z. B. SQL) bestehen, garantiert das DBS die Einhaltung von vier grundlegenden Eigenschaften, nämlich Atomarität, Konsistenz, Isolation und Dauerhaf-

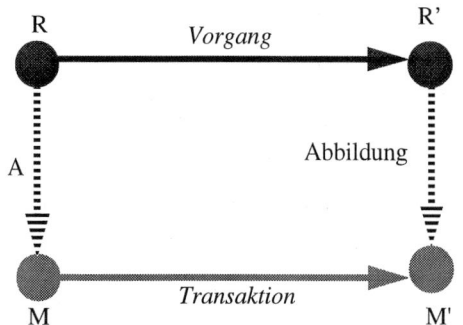

Abb. 13.1: Transaktionen als Modellbildung von Anwendungsvorgängen

tigkeit. Man spricht hierbei von den sog. ACID-Eigenschaften, abgeleitet von den Anfangsbuchstaben der englischen Begriffe *A*tomicity, *C*onsistency, *I*solation und *D*urability [HÄRD83b]. Diese im folgenden näher erläuterten Eigenschaften charakterisieren zugleich das Transaktionskonzept.

1. Atomarität (Atomicity, „Alles oder Nichts")

Die Ausführung einer Transaktion soll aus Sicht des Benutzers ununterbrechbar verlaufen, so daß sie entweder vollständig oder gar nicht ausgeführt wird. Dies bezieht sich vor allem auf die im Rahmen der Transaktion auszuführenden Änderungen der Datenbank. Tritt während der Ausführung einer Transaktion ein Fehler auf (Programmfehler, Hardware-Fehler, Absturz des Betriebssystems usw.), der die ordnungsgemäße Fortführung verhindert, werden seitens des DBS sämtliche bereits erfolgten Änderungen der Transaktion zurückgesetzt. Durch eine sog. *Undo-Recovery* werden die „Spuren" der unterbrochenen Transaktion vollständig aus der Datenbank entfernt. Um diese Fehlerbehandlung zu ermöglichen, führt das DBS ein *Logging* durch, d. h., zu den erfolgten Änderungen werden geeignete Informationen auf einer Protokoll- oder Log-Datei dauerhaft mitgeschrieben.

Das Zurücksetzen der Transaktion entspricht somit dem „Nichts-Fall" der Atomarität. Der „Alles-Fall" wird durch Eigenschaft 4 (Dauerhaftigkeit) gewährleistet.

2. Konsistenz (Consistency)

Die Transaktion ist die Einheit der Datenbankkonsistenz. Dies bedeutet, daß sie die Datenbank von einem konsistenten in einen wiederum konsistenten (nicht notwendigerweise unterschiedlichen) Zustand überführt. Von besonderer Bedeutung ist dabei die Einhaltung der *logischen Konsistenz*, so daß die Inhalte der Datenbank einem möglichst korrekten Abbild der modellierten Wirklichkeit entsprechen. Hierzu können beim Datenbankentwurf *semantische Integritätsbedingungen* (zulässige Wertebereiche, Schlüsseleigenschaften usw.) definiert werden, welche vom DBS automatisch zu überwachen sind. Das DBS garantiert somit, daß am Ende einer jeden Transaktion sämtliche Integritätsbedingungen erfüllt sind. Änderungen, welche zu einer Verletzung der Integritätsbedingungen führen, werden abgewiesen, d. h., sie führen zum Zurücksetzen der Transaktion. Voraussetzung für die logische ist die *physische Konsistenz* der Datenbank, d. h. die korrekte interne Repräsentation und Speicherung der Daten im Datenbanksystem.

Zu beachten ist, daß die Konsistenz i. allg. nur vor und nach Ausführung einer Transaktion gewährleistet wird. Während einer Transaktion dagegen können temporäre Konsistenzverletzungen eintreten bzw. notwendig werden. Als Beispiel diene eine Umbuchung zwischen Giro- und Sparkonto. Nach Abbuchen des Betrags vom Girokonto liegt ein inkonsistenter Datenbankzustand vor, wenn als Integritätsbedingung verlangt wird, daß bei Kontobewegungen innerhalb einer Bank die Summe der Kontostände unverändert bleiben soll. Die logische Konsistenz der Datenbank ist erst nach einer weiteren DB-Operation zum Gutschreiben des Betrags auf dem Sparkonto hergestellt. Solche Integritätsbedingungen, welche erst nach mehreren DB-Operationen erfüllbar sind, werden als *verzögerte Integritätsbedingungen (deferred integrity constraints)* bezeichnet; sie sind i. allg. am Transaktionsende zu überprüfen. Demgegenüber lassen sich *unverzögerte Integritätsbedingungen (immediate integrity constraints)* unmittelbar bei einer DB-Änderung überwachen, z. B. einfache Bedingungen auf einem Attribut oder einem Satz (Einhaltung von Wertebereichsgrenzen, Eindeutigkeit von Attributwerten, usw.). Auf weitere Arten von Integritätsbedingungen gehen wir in Abschnitt 13.3.1 ein.

3. Isolation

Datenbanksysteme unterstützen typischerweise eine große Anzahl von Benutzern, die gleichzeitig auf die Datenbank zugreifen können. Trotz dieses *Mehrbenutzerbetriebs* wird garantiert, daß dadurch keine unerwünschten Nebenwirkungen eintreten, wie z. B. das gegenseitige Überschreiben desselben Datenbankobjektes. Vielmehr bietet das DBS jedem Benutzer und Anwendungsprogramm einen „logischen Einbenutzerbetrieb", so daß parallele Datenbankzugriffe anderer Benutzer unsichtbar bleiben. Diese Isolation bzw. Ablaufintegrität der Transaktionen wird seitens des DBS durch geeignete *Synchronisationsmaßnahmen* erreicht, z. B. durch bestimmte Sperrverfahren. Ablaufintegrität ist Voraussetzung zur Einhaltung der Datenbankkonsistenz.

4. Dauerhaftigkeit (Durability)

Das DBS garantiert die Dauerhaftigkeit bzw. Persistenz erfolgreicher Transaktionen, deren Operationen vollständig ausgeführt wurden. Dies bedeutet, daß Änderungen dieser Transaktionen alle künftigen Fehler überleben, insbesondere auch Systemabstürze oder Externspeicherausfälle. Hierzu sind gegebenenfalls die Änderungen seitens des DBS im Rahmen einer *Redo-Recovery* zu wiederholen. Dafür sind wiederum geeignete Logging-Maßnahmen erforderlich, insbesondere sind vor Abschluß einer Transaktion die für die Recovery benötigten Informationen zu protokollieren.

Die automatische Gewährleistung der ACID-Eigenschaften durch das DBS bedeuten für den Benutzer bzw. Anwendungsprogrammierer eine erhebliche Erleichterung. Insbesondere kann bei der Entwicklung von Anwendungen aufgrund der Atomaritäts- und Dauerhaftigkeitszusicherungen von einer fehlerfreien Umgebung ausgegangen werden. So ist nach Bestätigung des erfolgreichen Transaktionsendes das weitere „Überleben" der Änderungen gesichert. Tritt während der Transaktionsausführung ein Fehler auf, erfolgt ein automatisches Zurücksetzen der Transaktion, um wieder einen konsistenten DB-Zustand herzustellen. Es entfällt somit auch eine sehr aufwendige manuelle Ermittlung, welche Änderungen bis zu dem Fehlerzeitpunkt schon ausgeführt wurden, um diese zu eliminieren bzw. die restlichen Änderungen noch zur Ausführung zu bringen[1]. Durch die Undo-Recovery des DBS genügt zur Durchführung der unterbrochenen Änderungen ein erneuter Start der Transaktion. Die Isolationszusicherung gestattet die Datenbanknutzung wie im Einbenutzerbetrieb; potentielle Nebenwirkungen gleichzeitiger Datenbankzugriffe sind in der Anwendung nicht abzufangen. Schließlich entfällt aufgrund der automatischen Überwachung von Integritätsbedingungen die Durchführung entsprechender Überprüfungen in den Anwendungsprogrammen.

---

[1]   Dies würde allein schon dadurch nahezu unmöglich werden, da eine Änderungsoperation im DBS i. allg. mehrere Teiländerungen umfaßt, die z. B. durch einen Hardware-Fehler an beliebiger Stelle unterbrochen werden können.

Die anwendungsseitige Behandlung von Fehlern und Mehrbenutzereffekten sowie Überprüfung von Integritätsbedingungen würde zudem eine i. allg. inakzeptable Abhängigkeit der Datenbankkonsistenz zur Korrektheit der Anwendungen bedeuten. Zudem verbietet sich eine solche Vorgehensweise schon deshalb, da somit die entsprechenden Kontrollaufgaben redundant in zahlreichen Anwendungen realisiert werden müßten. Allerdings bleibt eine Mitverantwortung des Programmierers insbesondere hinsichtlich der semantischen Integrität der Datenbank bestehen. Denn i. allg. wird schon aus Aufwandsgründen über die definierten Integritätsbedingungen die vollständige Übereinstimmung der Datenbank mit dem modellierten Realitätsausschnitt nicht garantiert werden können. Vor allem ist es Aufgabe des Anwendungsprogrammierers, die Zuordnung der DB-Operationen zu einer Transaktion so festzulegen, daß die damit verbundenen Änderungen tatsächlich einem konsistenzerhaltenden Vorgang der Realität entsprechen (vgl. obiges Beispiel der Umbuchung).

Das DBS kann über die Prüfung der Integritätsbedingungen hinaus keine Zusicherungen zur logischen Konsistenz treffen, sondern geht ansonsten von der Korrektheit der Anwendungen aus. Wird nachträglich ein logischer Fehler in der Anwendung festgestellt, kann daher das DBS auch keine Unterstützung zum Rückgängigmachen der jeweiligen Änderungen anbieten, da diese aufgrund der Dauerhaftigkeitszusicherung aus DBS-Sicht Bestand haben müssen. Die Korrektur solcher Änderungen kann somit nur auf Anwendungsebene durch kompensierende Transaktionen erfolgen.

13.2 Benutzerschnittstelle

Die weitgehende Kontrolle der Transaktionsausführung durch das DBS gestattet eine einfache Benutzerschnittstelle zur Transaktionsverwaltung. Benutzerseitig sind im wesentlichen nur die Transaktionsgrenzen bekanntzumachen, damit das DBS weiß, welche DB-Operationen als Ausführungseinheit zu behandeln sind. Hierzu stehen an der Anwendungsschnittstelle i. allg. drei Operationen zur Verfügung, nämlich

- BEGIN OF TRANSACTION (BOT)[2] zur Kennzeichnung des Beginns einer neuen Transaktion
- COMMIT zur erfolgreichen Beendigung der Transaktion sowie
- ROLLBACK, um die Transaktion abzubrechen, z. B. aufgrund von erkannten Eingabefehlern oder sonstigen in der Anwendung erkannten Ausnahmesituationen, welche der weiteren Ausführung der Transaktion entgegenstehen.

Damit ergeben sich aus Benutzersicht drei Fälle hinsichtlich der Beendigung einer Transaktion, die in Abb. 13.2 veranschaulicht sind. Der Normalfall stellt die erfolgreiche durch Ausführung der COMMIT-Operation abgeschlossene Transaktionsausführung dar. Im Fehlerfall

---

[2] In der DB-Sprache SQL92 [DATE97] erfolgt der Beginn einer Transaktion implizit bei Ausführung der ersten DB-Operation eines Benutzers. Zur Beendigung einer Transaktion stehen die Anweisungen COMMIT WORK und ROLLBACK WORK zur Verfügung.

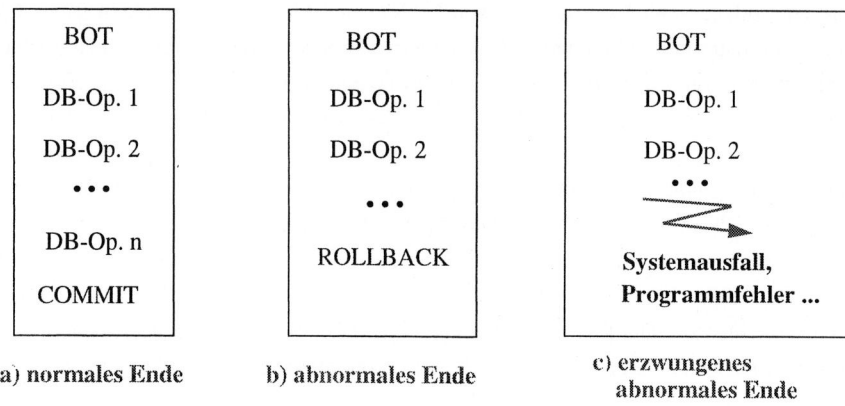

Abb. 13.2: Mögliche Ausgänge der Transaktionsbearbeitung

ist zu unterscheiden, zwischen der abnormalen Beendigung aufgrund einer expliziten ROLL-BACK-Anweisung der Anwendung und der aufgrund eines Fehlers erzwungenen Rücksetzung der Transaktion. Eine Erweiterung der Benutzerschnittstelle – allerdings unter Abkehr vom Alles-oder-Nichts-Paradigma – ergibt sich bei Einführung transaktionsinterner Rücksetzpunkte (s. Abschnitt 16.2).

Abb. 13.3 zeigt den Kontrollfluß zwischen Anwendungsprogramm und DBS im Normalfall. Während der Ausführung der Transaktion sind Logging-Maßnahmen erforderlich, um zu Änderungsoperationen geeignete Informationen zu protokollieren, insbesondere um die Rücksetzbarkeit (Undo-Recovery) der Transaktion sicherzustellen. Weiterhin können bestimmte Integritätsbedingungen wie etwa Wertebereichsbeschränkungen von Attributen unmittelbar bei der Ausführung von Änderungsoperationen vom DBS geprüft werden. Besondere Bedeutung zur Transaktionsverwaltung kommt der Commit-Verarbeitung zu, die in zwei Phasen abläuft (*Zwei-Phasen-Commit*). Hierbei wird in Phase 1 zunächst geprüft, ob alle noch nicht direkt geprüften und von den vorgenommenen Änderungen betroffenen Integritätsbedingungen erfüllt sind. Ist dies der Fall, werden die für die Wiederholbarkeit der Änderungen (Redo-Recovery) erforderlichen Log-Daten gesichert. Danach ist das erfolgreiche Ende der Transaktion sichergestellt. In Phase 2 werden dann die vorgenommenen Änderungen in der Datenbank allgemein zugänglich gemacht (z. B. durch Freigabe von Sperren) und das erfolgreiche Transaktionsende der Anwendung bestätigt. Ein Zurücksetzen der Transaktion erfolgt, wenn die Transaktion durch einen Fehler vor oder während der Commit-Phase 1 unterbrochen wird oder die Verletzung einer Integritätsbedingung festgestellt wird.

Aufgabe der Transaktionsverwaltung des DBS ist es, die Abarbeitung der Transaktionen zu kontrollieren und die zur Wahrung der ACID-Eigenschaften benötigten Funktionen bereitzustellen. Dies erfordert Funktionen zur Synchronisation (Sicherstellung der Isolation), für Logging und Recovery (Atomarität und Dauerhaftigkeit) sowie zur Integritätskontrolle (Konsistenz). Zwischen diesen Funktionen bestehen zahlreiche Wechselwirkungen und Abhängigkeiten, die für korrekte und leistungsfähige Implementierungen zu beachten sind. Ebenso be-

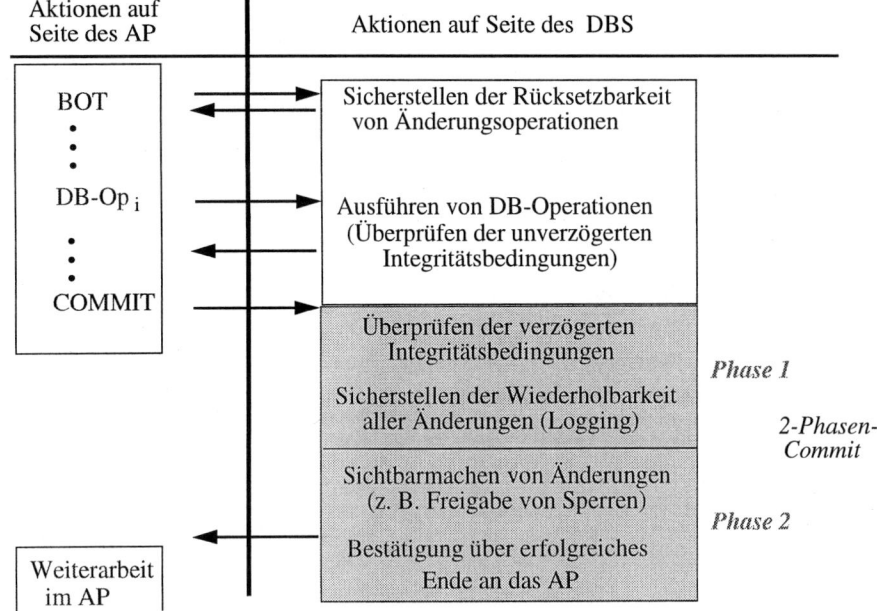

Abb. 13.3: Kontrollfluß zwischen Anwendungsprogramm (AP) und DBS

stehen enge Abhängigkeiten zu anderen DBS-Komponenten wie Pufferverwaltung, Seitenzuordnungs- und Speicherungsstrukturen. Die enge Beziehung zwischen Logging und Recovery ist dabei offensichtlich, da zum Durchführen der Recovery (Fehlerbehandlung) ausreichende Log-Daten im Normalbetrieb zu sammeln sind. Die Diskussion der Commit-Verarbeitung verdeutlichte Abhängigkeiten zwischen Integritätskontrolle, Logging und Synchronisation (Sichtbarmachen von Änderungen). Auf weitere Abhängigkeiten wird bei der Behandlung der einzelnen Funktionen näher eingegangen, u. a. in Abschnitt 15.3.

13.3 Integritätskontrolle

Aufgaben der Integritätskontrolle sind die Überwachung und Einhaltung der logischen DB-Konsistenz. Grundsätzlich lassen sich diese Aufgaben entweder auf Anwendungsebene oder zentral durch das DBS realisieren. Wie bei der Diskussion der ACID-Eigenschaften deutlich wurde, ist dabei eine möglichst weitgehende Integritätskontrolle durch das DBS anzustreben, insbesondere um die Abhängigkeiten zur Korrektheit der Anwendungsprogramme zu reduzieren. Die zentrale Definition und Überwachung semantischer Integritätsbedingungen ermöglicht zudem eine Vereinfachung der Anwendungsentwicklung, da die entsprechenden Prüfungen nicht (redundant) in zahlreichen Programmen auszuprogrammieren sind, welche zudem bei Änderungen in den Integritätsbedingungen mit hohem Aufwand anzupassen wären (schlechte Wartbarkeit). Auch kann die DBS-interne Überprüfung von Integritätsbedingungen zu Leistungsvorteilen führen, insbesondere durch Einsparung von DBS-Aufrufen. Schließlich wird auch eine Integritätskontrolle für DB-Änderungen erreicht, welche nicht über den Aufruf von Transaktionsprogrammen, sondern direkt (ad hoc)[3] vorgenommen werden. In kommerziellen DBS stehen mittlerweile zunehmend Mechanismen zur Integritätskontrolle bereit, zumal im SQL92-Standard [DATE97] umfassende Möglichkeiten zur Spezifikation von Integritätsbedingungen festgelegt wurden.

Wir diskutieren im folgenden kurz unterschiedliche Typen von Integritätsbedingungen sowie ihre Unterstützung in SQL. Es folgt eine Diskussion von Triggern und ECA-Regeln, welche nach integritätsgefährdenden Änderungen eine aktive Reaktion ermöglichen, um die DB-Konsistenz aufrechtzuerhalten. Weiterhin wird auf Implementierungsaspekte der DBS-seitigen Integritätskontrolle eingegangen (Abschnitt 13.3.3).

13.3.1 Arten von Integritätsbedingungen

Semantische Integritätsbedingungen lassen sich hinsichtlich mehrerer Kategorien klassifizieren:

– Modellinhärente vs. sonstige (modellunabhängige) Integritätsbedingungen
  Modellinhärente Bedingungen folgen aus der Strukturbeschreibung des jeweiligen Datenmodells und sind somit für alle Anwendungen zu gewährleisten. Im Falle des relationalen Datenmodells sind dies die Relationalen Invarianten, also die Primärschlüsseleigenschaft sowie die referentielle Integrität für Fremdschlüssel. Außerdem sind die zulässigen Werte eines Attributs durch einen Definitionsbereich (Domain, Datentyp) zu beschränken.

– Reichweite der Bedingung
  Wichtige Fälle mit jeweils unterschiedlicher Datengranularität sind *Attributwert-Bedingungen* (z. B. Geburtsjahr > 1900), *Satzbedingungen* (z. B. Geburtsdatum < Einstellungsdatum), *Satztyp-Bedingungen* (z. B. Eindeutigkeit von Attributwerten) sowie *satztypübergreifende Bedingungen* (z. B. referentielle Integrität zwischen verschiedenen Tabellen)

– Statische vs. dynamische Bedingungen
  Statische Bedingungen (Zustandsbedingungen) beschränken zulässige Zustände der Datenbank (z. B. Gehalt < 500.000), während *dynamische Integritätsbedingungen* (Übergangsbedingungen) zulässige Zustandsübergänge festlegen (z. B. Gehalt darf nicht kleiner werden). Eine Variante dynamischer sind *temporale Integritätsbedingungen*, welche längerfristige Abläufe betreffen (z. B. Gehalt darf innerhalb von 3 Jahren nicht um mehr als 25 % steigen).

– Zeitpunkt der Überprüfbarkeit: *unverzögerte* vs. *verzögerte Integritätsbedingungen* (s. o.)

---

[3] Solche direkten Änderungen werden vom DBS implizit als Transaktionen abgewickelt.

SQL92 gestattet die deklarative Spezifikation all dieser Typen von Integritätsbedingungen mit Ausnahme dynamischer Integritätsbedingungen. Im einzelnen stehen hierzu folgende Sprachmittel zur Verfügung (selbsterklärende Beispiele dazu zeigt Abb. 13.4):

- Spezifikation relationaler Invarianten durch *Primary Key-* und *Foreign Key-Klauseln* bei der Definition von Tabellen. Für Fremdschlüssel können unterschiedliche Reaktionsmöglichkeiten für den Wegfall (Löschung, Änderung) eines referenzierten Satzes bzw. Primärschlüssels deklarativ festgelegt werden (CASCADE, SET NULL, SET DEFAULT, NO ACTION).

- Festlegung von Wertebereichen für Attribute durch Angabe eines Datentyps bzw. Domains. Dabei besteht die Möglichkeit, einen Default-Wert zu spezifizieren, Eindeutigkeit von Attributwerten zu verlangen (UNIQUE), Nullwerte auszuschließen (NOT NULL) sowie über eine CHECK-Klausel allgemeine Wertebereichsbeschränkungen festzulegen.

- Spezifikation allgemeiner, z. B. tabellenübergreifender Bedingungen durch die Anweisung *CREATE ASSERTION*.

- Für jede Integritätsbedingung kann eine direkte (IMMEDIATE) oder verzögerte (DEFERRED) Überwachung erreicht werden.

Zur Einhaltung der DB-Konsistenz (integrity enforcement) ist die Standard-Reaktion auf die erkannte Verletzung einer Integritätsbedingung der Abbruch der betreffenden Änderungstransaktion. In [ESWA75] wurde daneben für die Verletzung „schwacher Integritätsbedingungen" (soft assertions) eine anwendungsseitige Reaktionsmöglichkeit vorgesehen, z. B. für interaktive Interventionsmöglichkeiten des Benutzers, Ausgabe von Fehlermeldungen, Aufruf von Korrekturprogrammen usw. Diese Vorgehensweise erlaubt zwar eine hohe Flexibilität, verlagert jedoch die Verantwortung zur Integritätskontrolle wieder auf die Anwendungsseite und widerspricht somit dem Hauptanliegen DBS-basierter Integritätskontrolle. Da zudem die

```
CREATE TABLE  PERS
    ( PNR      INT  PRIMARY KEY,            // Personalnr.
      GEHALT INT   CHECK (VALUE < 500000),
      ANR      INT  NOT NULL                // Abteilungsnr.
             FOREIGN KEY  REFERENCES  ABT
                    ON DELETE CASCADE,
             //  Löschen der Abteilung löscht Mitarbeiter
    ... );

CREATE ASSERTION A1
    CHECK      (NOT EXISTS (SELECT *
                       FROM ABT
                       WHERE ANR NOT IN
                          (SELECT ANR FROM PERS)))
    DEFERRED;
    // Abteilungen ohne Mitarbeiter werden nicht zugelassen
```

Abb. 13.4: Beispiele für Integritätsbedingungen in SQL92

Verletzung definierter Integritätsbedingungen mit dem Transaktionskonzept nicht vereinbar ist, wäre eine anwendungsseitige Reaktionsmöglichkeit nur dann akzeptabel, wenn danach vor dem endgültigen Commit die Einhaltung der Integritätsbedingungen erneut überprüft würde und bei Verletzung ein Transaktionsabbruch erfolgt.

Eine Alternative besteht darin, eine DBS-kontrollierte Reaktion auf die Verletzung einer Integritätsbedingung vorzusehen, welche zusammen mit der Integritätsbedingung zu spezifizieren ist. Solche erweiterten Integritätsbedingungen werden als *Integritätsregeln* bezeichnet und enthalten die Festlegung einer Reaktionsmöglichkeit zur Wahrung der DB-Konsistenz. Die in SQL92 vorgesehenen Spezifikationsmöglichkeiten zur Wartung der referentiellen Integrität (CASADE, SET NULL, SET DEFAULT, NO ACTION) sind Beispiele solcher Integritätsregeln (die Default-Reaktion, in SQL3 als RESTRICT-Option explizit zu spezifizieren, bewirkt die Abweisung einer Operation/Transaktion, welche zu einer Verletzung der referentiellen Integrität führt, und entspricht somit der Standard-Reaktion für verletzte Integritätsbedingungen).

Solche Regelmengen gestatten eine deklarative Beschreibung von Situationen/Ereignissen und den zugehörigen Reaktionen, ohne dabei die Programmabläufe, in denen sie auftreten können, vorausplanen und spezifizieren zu müssen. Die Erkennung solcher Situationen/Ereignisse und die prozedurale Umsetzung der spezifizierten Reaktion wird dabei dem DBS überlassen. Weiterhin gestatten sie eine leichte Erweiterbarkeit, was Hinzufügen, Löschen und Austauschen von Regeln sehr einfach gestaltet. Allerdings können Abhängigkeiten zwischen Regeln auftreten, wenn sie auf gemeinsame Daten Bezug nehmen und dabei Änderungen vollzogen werden. Das wird immer dann zu einem Problem bei der Regelausführung, wenn mehrere Regeln gleichzeitig ausgelöst und diese parallel bearbeitet werden sollen [REIN96].

13.3.2 Trigger-Konzept und ECA-Regeln

Die Überwachung dynamischer Integritätsbedingungen sowie die Spezifikation allgemeiner Integritätsregeln werden durch das *Trigger-Konzept* möglich, das von den meisten DBS bereits unterstützt wird; seine Standardisierung erfolgt jedoch erst in SQL3. Ein Trigger erlaubt für Änderungen auf Tabellen die Definition von automatisch ausgelösten Folgeaktivitäten. Eine derartige Folgeaktivität wird durch eine SQL-Anweisung spezifiziert; durch den Aufruf einer gespeicherten Prozedur (stored procedure) können beliebig umfangreiche Verarbeitungsvorgänge angestoßen werden. Die Ausführung der Folgeaktionen läßt sich von der Gültigkeit bestimmter Bedingungen abhängig machen, wobei zur Bedingungsauswertung die Werte vor und nach der Änderung berücksichtigt werden können. Wie in Abb. 13.5 a unter Verwendung der vorgesehenen SQL3-Syntax gezeigt, erlaubt dies u. a. die Realisierung dynamischer Integritätsbedingungen, indem bei einem unzulässigen Zustandsübergang (WHEN-Klausel) als Folgeaktion die betreffende Transaktion abgebrochen wird (ROLLBACK).

Trigger können auch zur Überwachung statischer Integritätsbedingungen sowie zur Wartung der referentiellen Integrität herangezogen werden. Für einige DBS, welche die SQL92-Konstrukte zur Festlegung von Integritätsbedingungen nur begrenzt unterstützen, ist dies teil-

```
CREATE TRIGGER GEHALTSTEST
    AFTER UPDATE OF GEHALT ON PERS
    REFERENCING OLD AS AltesGehalt,
             NEW AS NeuesGehalt
    WHEN (NeuesGehalt < AltesGehalt)
    ROLLBACK;
```

a) Realisierung einer dynamischen Integritätsbedingung
   (Gehalt darf nicht kleiner werden)

```
CREATE TRIGGER MITARBEITERLÖSCHEN
    AFTER DELETE ON ABT
    REFERENCING OLD AS A
    DELETE FROM PERS P WHERE P.ANR = A.ANR;
```

b) Wartung der referentiellen Integrität

Abb. 13.5: Beispiele zum Trigger-Einsatz

weise auch die einzige Möglichkeit, die fehlende Funktionalität auszugleichen. In Abb. 13.5 b ist z. B. gezeigt, wie die Fremdschlüsselbedingung aus Abb. 13.4 über einen Trigger realisiert werden kann. Trigger gestatten darüber hinaus die Formulierung von allgemeinen Integritätsregeln, da als Folgeaktion beliebig komplexe Vorgänge zur Herstellung eines konsistenten DB-Zustandes möglich sind oder auch um vor dem Transaktionsabbruch noch Benachrichtigungen an den Benutzer zu liefern. Es handelt sich dabei um eine weitgehend prozedurale Spezifikation, bei welcher der Zeitpunkt der Trigger-Ausführung (i. allg. vor bzw. nach Ausführung einer Änderungsoperation), die Verwendung alter und neuer DB-Werte sowie die einzelnen Aktionen genau festzulegen sind.

Ein derartiger Einsatz von Triggern hat im Vergleich zur Nutzung der deklarativen SQL92-Konstrukte wesentliche Nachteile:

– Im Vergleich zur deklarativen Spezifikation von Integritätsbedingungen ist die prozedurale Definition von Triggern auf einer geringeren Abstraktionsstufe und damit umständlicher und fehleranfälliger. Insbesondere sind Trigger in derzeitigen Implementierungen jeweils an eine der drei Änderungsoperationen (Update, Insert, Delete) einer Tabelle gekoppelt. Dies erfordert oft die Festlegung von mehreren Triggern pro Integritätsbedingung. So müßten für eine einfache Wertebereichsbeschränkung (z. B. Gehalt < 500000) schon zwei Trigger (für Insert und Update) definiert werden.

– In derzeitigen Implementierungen sowie im SQL3-Standard wird die Trigger-Ausführung unmittelbar vor oder nach (BEFORE/AFTER) der betreffenden Änderungsoperation ausgeführt. Eine Ausführung am Transaktionsende, wie für verzögerte Integritätsbedingungen erforderlich, ist nicht möglich. Damit kann eine äußerst wichtige Klasse von Integritätsbedingungen mit derzeitigen Trigger-Implementierungen nicht abgedeckt werden.

– Die von Triggern durchgeführten Änderungen können selbst wieder Trigger auslösen, wodurch die Auswirkungen auf die Datenbank oft nur schwer einschätzbar sind sowie sich die Gefahr zyklischer und möglicherweise nicht terminierender Aktivierungen ergibt. Weiterhin besteht das Problem der Konfluenz, inwieweit also der Effekt von Triggern unabhängig von der Abarbeitungsreihenfolge parallel aktivierter Trigger ist. Zur korrekten Erstellung von Transaktionsprogrammen muß der Anwendungsprogrammierer jedoch die Wirkung aller definierter Trigger genau kennen, z. B. um eine doppelte Durchführung bestimmter Änderungen zu vermeiden. Das Hinzufügen eines neuen Trigger kann so auch leicht zu unerwarteten Nebenwirkungen mit vorhandenen Transaktionsprogrammen führen.

In [SIMO95] wird bemängelt, daß keine Tools existieren, um die Auswirkungen von Triggern zu erkennen und die Entwicklung sicherer Anwendungen bei Einsatz von Triggern zu unterstützen. Eine solche Unterstützung ist sicher nur schwer erreichbar; ihre Notwendigkeit steigt jedoch mit den Größe der Anwendung und der Anzahl benötigter Trigger.

Aus diesen Überlegungen folgt, daß benutzerseitig der Verwendung deklarativ definierter Integritätsbedingungen Vorrang einzuräumen ist. Der Trigger-Einsatz sollte auf Einsatzbereiche begrenzt werden sollte, die darüber nicht abgedeckt werden können, insbesondere die Realisierung dynamischer Integritätsbedingungen und spezifischer Integritätsregeln. Allerdings kann das Trigger-Konzept aufgrund seiner operationalen Semantik DBS-intern als Implementierungsmöglichkeit für nahezu alle Integritätsbedingungen genutzt werden (s. u.). Darüber hinaus gestattet die hohe Flexibilität des Trigger-Konzeptes, es neben der Integritätskontrolle zur Realisierung vielfältiger Kontrollaufgaben heranzuziehen, z. B. Aktualisierung replizierter Datenbestände, Protokollierung von DB-Zugriffen für Auditing-Zwecke, automatische Auslösung von Benachrichtigungen, usw. Ähnlich wie bei der Integritätskontrolle ist es äußerst wünschenswert, diese Aufgaben zentralisiert durch das DBS anstatt über Anwendungsprogramme zu realisieren (Umgehen redundanter Implementierungen in verschiedenen Anwendungsprogrammen, bessere Wartbarkeit und Modularisierung von Anwendungen, Leistungsvorteile, ...).

Eine Verallgemeinerung der Trigger-Funktionalität wird von *aktiven Datenbanksystemen* [JASP98, WIDO96a] verfolgt. Sie verwenden anstelle von Triggern sog. ECA-Regeln, welche durch drei Komponenten gekennzeichnet sind:

– *Event (E)*: regelauslösendes Ereignis. Neben Änderungsoperationen werden weitere Ereignisse zugelassen, z. B. lesende DB-Zugriffe, Beginn/Ende von Transaktionen, bestimmte absolute oder relative Zeitpunkte, usw. Durch Definition komplexer Ereignisse (z. B. Konjunktion oder Disjunktion von Teilereignissen) kann die Anzahl von Regeln deutlich reduziert werden.

– *Condition (C)*: optionale Bedingung (analog zur WHEN-Klausel von Triggern)

– *Action (A)*: auszuführende Aktionen.

Zwischen Event, Bedingungsauswertung sowie Ausführung der Aktionen wurden unterschiedliche „Kopplungsmodi" vorgeschlagen [HSU88]. Damit wird es z. B. möglich, Bedingungsauswertung und Ausführung von Aktionen vom auslösenden Ereignis zu entkoppeln, um sie verzögert am Transaktionsende oder gar innerhalb separater Transaktionen durchzuführen. Einige Nachteile des Trigger-Ansatzes können somit umgangen werden. Auf der anderen Seite verstärkt die höhere Ausdrucksmächtigkeit die Probleme bezüglich der sicheren Nutzung und erhöht die Notwendigkeit einer Tool-Unterstützung beim Entwurf von Anwendungen und ECA-Regeln. Überlegungen zum Entwurf von Triggern bzw. Regeln finden sich u. a. in [ZANI97].

13.3.3 Implementierungsaspekte

Die DBS-seitige Durchführung der Integritätskontrolle erfordert die Generierung und Ausführung zusätzlicher DB-Operationen für Änderungstransaktionen, um die Verletzung definierter Integritätsbedingungen zu erkennen. Hierzu ist vom DBS zu entscheiden,

- für welche Operationen und Transaktionen welche Überprüfungen vorzunehmen sind
- wann die Überprüfungen durchgeführt werden sollen (direkt bei der Änderungsoperation oder verzögert am Transaktionsende)
- wie die Überprüfungen realisiert werden (Erstellung eines Ausführungsplans für die durchzuführenden Prüfoperationen).

Die Unterstützung von Integritätsregeln bringt wesentlich weitergehende Anforderungen mit sich, insbesondere eine aufwendigere Überwachung von regelauslösenden Ereignissen, die effiziente Bedingungsauswertung und Ausführung der ausgelösten Folgeoperationen sowie die Überwachung der dabei rekursiv verursachten Regelaktivierungen.

Für Transaktionsprogramme können im Rahmen der Vorübersetzung durch einen *Prä-Compiler* Operationen zur Prüfung von Integritätsbedingungen sowie zur Reaktion auf Integritätsverletzungen eingebettet werden. Voraussetzung dafür ist – wie bei statischem eingebettetem SQL der Fall – daß neben den jeweiligen Änderungsoperationen auch die Namen der betroffenen Tabellen und Attribute erkannt werden. Die Prüfanweisungen können sich dabei auf einzelne Änderungsoperationen oder aber das gesamte Transaktionsprogramm beziehen, etwa um verzögerte Integritätsbedingungen zu überwachen.

Da mit dieser Technik jedoch keine dynamischen SQL-Anweisungen sowie direkte (Adhoc-) Änderungen unterstützt werden können, ist eine weitergehende Integritätskontrolle erforderlich. So sind bei der Übersetzung und Optimierung von Änderungsoperationen im Ausführungsplan direkt entsprechende Prüfoperationen zu erzeugen, oder es erfolgt der Aufruf dynamischer Prüfroutinen eines eigenen Integritäts-Subsystems (bzw. eines Regel-Subsystems). Aus Leistungsgründen ist beim Aufruf solcher Prüfroutinen möglichst viel Kontextinformation zur Überprüfung bereitzustellen, um die Anzahl zu prüfender Integritätsbedingungen auf ein Minimum zu beschränken. Insbesondere sollte es möglich sein, die Prüfungen auf die von einer Änderung betroffenen Daten zu beschränken, um nicht große Teile der Daten-

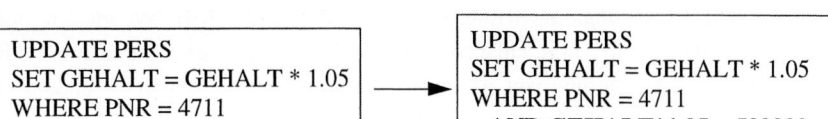

Abb. 13.6: Beispiel zur Anfragemodifikation
(Wahrung der Integritätsbedingung GEHALT < 500000)

bank auswerten zu müssen (z. B. bei Einfügen eines neuen Satzes sind die Integritätsbedingungen nur für diesen zu prüfen, nicht für die gesamte Tabelle).

Eine im Rahmen der Anfrageoptimierung nutzbare Technik zur Integritätskontrolle ist die für das DBS Ingres vorgeschlagene Anfragemodifikation (*Query Modification*) [STON75]. Dabei erfolgt eine Transformation von Änderungsoperationen durch Hinzunahme von Prädikaten einzuhaltender Integritätsbedingungen, so daß durch die resultierende Operation eine Verletzung der betreffenden Bedingungen umgangen wird. Diese in Abb. 13.6 beispielhaft illustrierte Methode ist jedoch nur für einfache statische und unverzögerte Integritätsbedingungen nutzbar. Sie führt zudem entgegen der üblichen Vorgehensweise nicht zum Abbruch der Transaktion, sondern verhindert lediglich die Ausführung einer integritätsgefährdenden Änderungsanweisung, was bei Transaktionen mit mehreren Operationen zu unerwarteten Effekten führen kann. Der offensichtliche Vorteil der Query-Modifikation liegt darin, daß die Integrität mit den vorhandenen Ausführungsmechanismen des DBS sichergestellt wird.

Eine allgemeine Realisierungsmöglichkeit zur Integritätskontrolle besteht darin, Trigger bzw. ECA-Regeln innerhalb des DBS heranzuziehen, selbst wenn eine deklarative Spezifikation der Integritätsbedingungen erfolgt. Denn wie erwähnt lassen sich darüber die meisten (einschließlich dynamischer) Integritätsbedingungen realisieren, wobei jedoch auch verzögerte Bedingungen zu unterstützen sind. Die Implementierung des ECA-Konzeptes ermöglicht darüber hinaus die Realisierung zahlreicher weiterer Kontrollaufgaben aktiver DBS. Die effektive Generierung von ECA-Regeln aus einer deklarativen Spezifikation von Integritätsbedingungen ist im allgemeinen Fall ein komplexes Problem und wurde u. a. in [GREF93, CERI94, GERT94] untersucht. Die Realisierung eines umfassenden Regelsystems steht für kommerzielle DBS noch aus, jedoch gibt es erste Implementierungen im Rahmen von Prototypen wie Postgres und Starburst.

In Postgres wurden zwei unterschiedliche Arten der Regelbehandlung realisiert [STON90, POTA96], wobei für jede Regel eine der beiden Realisierungsmöglichkeiten auszuwählen ist. Defaultgemäß wird ein zur Laufzeit wirksam werdendes und auf Tupelebene arbeitendes Regelsystem verwendet (tuple level rule system). Dabei werden bei der Spezifikation einer neuen Regel alle Tupel der Datenbank (bzw. ganze Relationen), welche die Qualifizierungsbedingung der Regel zu diesem Zeitpunkt erfüllen, mit einer permanenten Markierung für die Regel („rule lock") versehen. Bei der Abarbeitung von Operationen wird für ein Tupel für alle Regeln, zu denen eine Markierung vorgefunden wird, eine entsprechende Regelauswertung angestoßen. Als Alternative wird ein zur Übersetzungszeit von DB-Operationen wirkender Que-

CREATE RULE GehaltsCheck ON PERS
WHEN INSERTED, UPDATED (GEHALT) *// zusammengesetztes Event (Disjunktion)*
IF   EXISTS (SELECT *   *// Bedingung (Condition)*
           FROM **inserted** UNION **new-updated**
           WHERE GEHALT >= 500000)
THEN ROLLBACK *// Aktion*

Abb. 13.7: Starburst-Regel zur Wahrung der Integritätsbedingung GEHALT < 500000

ry-Rewrite-Ansatz zur Regelbehandlung unterstützt, der eine Erweiterung der diskutierten Query-Modifikation darstellt. Die Entwickler räumen ein, daß die beiden Ansätze unter Umständen zu unterschiedlichen Ergebnissen führen können. In der vorgenommenen Implementierung ist die Regelauswertung auch direkt an DB-Operationen gekoppelt; eine als machbar angesehene verzögerte Auswertung von Regeln am Transaktionsende wurde nicht realisiert.

Demgegenüber liegt der Schwerpunkt des Regelsystems für den DBS-Prototyp Starburst in der mengenorientierten Regelauswertung am Ende von Transaktionen [WIDO91, WIDO96b]. Pro Transaktion werden dabei für jede geänderte Tabelle vier temporäre Relationen (transition tables) mit den von Änderungen betroffenen Sätzen geführt. In den Tabellen *deleted* und *inserted* werden dabei die gelöschten und eingefügten Sätze aufgenommen, während die Tabellen *old-updated* und *new-updated* für geänderte Sätze die Werte vor und nach der Änderung enthalten. Diese Tabellen ermöglichen eine Begrenzung der Regelauswertung auf die minimale Menge relevanter Daten. Die Nutzung dieser Tabellen wird innerhalb der Regeln festgelegt, welche für deklarativ spezifizierte Integritätsbedingungen im allgemeinen automatisch vom Compiler erzeugt werden können (siehe Beispiel in Abb. 13.7 unter Verwendung der Starburst-Syntax). In der Realisierung wurde der effizienten Verarbeitung rekursiv ausgelöster Regeln besondere Beachtung gewidmet, worauf hier jedoch nicht näher eingegangen werden kann.

Die zur Integritätskontrolle erforderlichen DB-Operationen führen natürlich generell zu einer Erhöhung der DBS-Last, welche auch beim physischen DB-Entwurf zu berücksichtigen ist. Anderenfalls kann die Überprüfung von Integritätsbedingungen zu intolerabel häufigen Relationen-Scans mit zahlreichen E/A-Vorgängen und hohem Sperrpotential führen. In [HÄRD92b, HÄRD96] wird die Zugriffspfadunterstützung zur effizienten Gewährleistung der Relationalen Invarianten untersucht. Es stellt sich u. a. heraus, daß aus Leistungsgründen dabei für jeden Primär- und Fremdschlüssel eine Indexunterstützung erforderlich ist. In [SIMO95] wurden für Trigger kommerzieller DBS zum Teil erhebliche Leistungsprobleme festgestellt, mitbedingt durch eine hohe Ausführungsfrequenz sowie verschärfte Sperrengpässe. In [BRÜC97] konnte für eine konkrete Anwendung der Einsatz von Triggern zur Integritätskontrolle im Einbenutzerbetrieb etwas bessere Leistungsmerkmale als eine anwendungsseitige Realisierung bewirken, insbesondere aufgrund der Einsparung an DBS-Aufrufen; noch bessere Antwortzeiten wurden jedoch bei Einsatz deklarativer Integritätsbedingungen gemessen.

14 Synchronisation

Eine Schlüsseleigenschaft von DBS ist, daß viele Benutzer gleichzeitig lesend und ändernd auf die gemeinsamen Datenbestände zugreifen können. Aufgabe der Synchronisation (*Concurrency Control)* ist es, die konkurrierenden Zugriffe voneinander zu isolieren, so daß die Konsistenz der Datenbank gewahrt und der Mehrbenutzerbetrieb gegenüber den Benutzern transparent bleibt (logischer Einbenutzerbetrieb).

Werden alle Transaktionen seriell ausgeführt, dann ist der geforderte logische Einbenutzerbetrieb ohne jegliche Synchronisation erreicht und die DB-Konsistenz wird nicht gefährdet.[1] Eine strikt serielle Ausführung der Transaktionen zur Umgehung der Synchronisationsproblematik verbietet sich jedoch vor allem aus Leistungsgründen, da hierbei selbst ein einziger Prozessor aufgrund langer Transaktionsunterbrechungen, z. B. wegen physischer E/A-Vorgänge oder Denkzeiten (bei Mehrschritt-Transaktionen), nicht effektiv genutzt werden kann. In verteilten Systemen verursacht Interprozessor-Kommunikation weitere Transaktionsunterbrechungen.

Falls keine Synchronisation der DB-Zugriffe durchgeführt wird, können verschiedene Konsistenzverletzungen (Anomalien) im Mehrbenutzerbetrieb eintreten, welche zunächst in Abschnitt 14.1 näher vorgestellt werden. Eine wesentliche Forderung an ein geeignetes Synchronisationsverfahren ist *Korrektheit*, das heißt, es muß in der Lage sein, diese Mehrbenutzeranomalien zu umgehen. Um dies erreichen zu können, verwenden die Verfahren zur Synchronisation zwei reglementierende Techniken, nämlich das Blockieren und das Zurücksetzen von Transaktionen. Beide Maßnahmen zur Behandlung von Synchronisationskonflikten haben jedoch einen negativen Einfluß auf die *Leistungsfähigkeit* des DBS, da sie die Parallelität und damit den Durchsatz beeinträchtigen sowie die Bearbeitungszeiten für Transaktionen erhöhen. Um eine hohe Leistungsfähigkeit erreichen zu können, sollte also die Parallelität durch die Synchronisation nur möglichst wenig beeinträchtigt werden. Ferner ist der zur Synchronisation erforderliche Verwaltungsaufwand klein zu halten, etwa zur Erkennung von Synchronisationskonflikten, zur Wartung geeigneter Datenstrukturen oder zur Blockierung und Rücksetzung von Transaktionen.

---

[1] Es wird dabei unterstellt, daß alle Transaktionsprogramme korrekt sind und daß alle spezifizierten Integritätsbedingungen spätestens beim Commit der betreffenden Transaktion überprüft wurden.

Nach der Illustrierung möglicher Mehrbenutzeranomalien diskutieren wir in Abschnitt 14.2 die Serialisierbarkeit als Korrektheitskriterium der Synchronisation. Die weiteren Teilkapitel befassen sich dann mit den wichtigsten Synchronisationsverfahren. Nach einem kurzen Überblick in Abschnitt 14.3 wird dabei besonders ausführlich auf Sperrverfahren eingegangen. Abschnitt 14.4 widmet sich den Grundlagen von Sperrverfahren, insbesondere dem Zwei-Phasen-Sperrprotokoll sowie der Unterscheidung zwischen physischen und logischen Sperren. Danach betrachten wir die Unterstützung verschiedener Konsistenzstufen (14.5), die Realisierung hierarchischer Sperrverfahren (14.6) sowie die Behandlung von Deadlocks (14.7). Als Alternative zu Sperrverfahren werden in Abschnitt 14.8 die Verfahrensklassen der optimistischen Synchronisation und Zeitmarkenverfahren vorgestellt. Außerdem behandeln wir Ansätze zur Reduzierung von Synchronisationskonflikten, nämlich der Einsatz eines Mehrversionenkonzepts sowie Spezialverfahren für sog. Hot-Spot-Objekte. Abschließend diskutieren wir einige Ergebnisse zu Leistungsuntersuchungen von Synchronisationsverfahren sowie verwandte Aspekte zur Lastkontrolle (Abschnitt 14.9).

14.1 Anomalien im Mehrbenutzerbetrieb

Beim völlig unkontrollierten Zugriff auf Datenobjekte im Mehrbenutzerbetrieb können eine Reihe von unerwünschten Phänomenen auftreten, die bei einer seriellen Ausführung der Transaktionen vermieden würden. Die wichtigsten dieser Anomalien sind verlorengegangene Änderungen, Zugriff auf „schmutzige" Daten, nicht-wiederholbare Lesevorgänge sowie sog. Phantome.

14.1.1 Verlorengegangene Änderungen (Lost Update)

Diese Anomalie tritt auf, wenn zwei Transaktionen gleichzeitig dasselbe Objekt ändern wollen und dabei eine der Änderungen verlorengeht, indem sie durch die zweite überschrieben wird. Ein Beispiel für diese Anomalie (unter Verwendung von SQL) zeigt Abb. 14.1, wo in zwei Transaktionen eine Gehaltsänderung für dieselbe Person durchgeführt werden soll. Dazu liest zunächst jede der Transaktionen den aktuellen Wert des Gehaltsattributs in eine lokale Programmvariable, mit der dann das erhöhte Gehalt bestimmt wird. Die von der ersten Transaktion zurückgeschriebene Änderung (neues Gehalt 41.000) geht verloren, da die zweite Transaktion das Gehaltsattribut mit der von ihr berechneten Änderung (40.000) überschreibt.

14.1.2 Zugriff auf schmutzige Daten (Dirty Read, Dirty Write)

Mit „schmutzigen" Daten werden geänderte Objekte bezeichnet, deren Änderungen von Transaktionen stammen, die noch nicht beendet sind. Da diese Transaktionen noch zurückgesetzt werden können, ist die Dauerhaftigkeit der Änderungen nicht gesichert. Eine Transaktion, die auf solche Änderungen zugreift, liest bzw. ändert somit ungültige Daten, wenn die Änderungstransaktion danach noch abgebrochen wird. Ein Beispiel für einen solchen Lesezu-

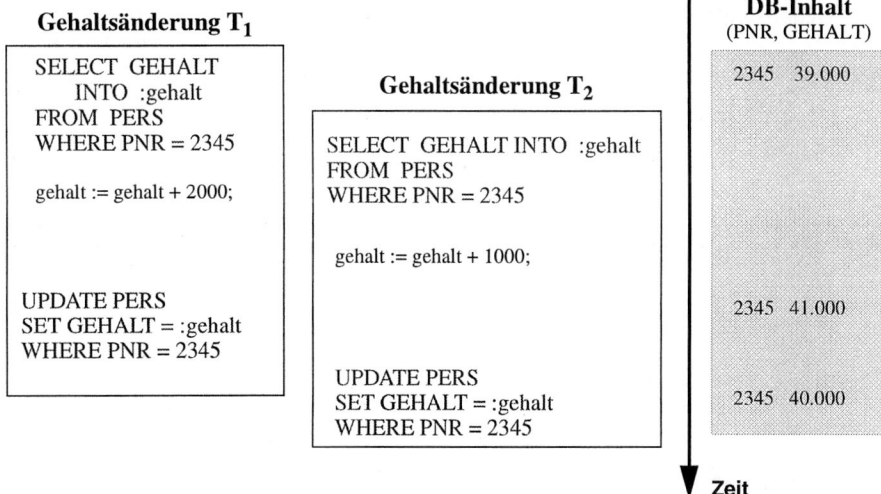

Abb. 14.1: Beispiel einer verlorengegangenen Änderung

griff („Dirty Read") zeigt Abb. 14.2. Dabei wird im Rahmen einer Transaktion T_2 das Gehalt eines Angestellten in Abhängigkeit zu dem Gehalt eines anderen Angestellten geändert, dessen Gehalt zuvor von Transaktion T_1 erhöht wurde. Da sich T_1 jedoch aufgrund des ROLL-BACK zurücksetzt, wird ihre Änderung rückgängig gemacht. Der Lesezugriff von T2 war somit ein schmutziges Lesen; die Weiterverwendung des ungültigen Wertes führt sogar zu inkorrekten Folgeänderungen in der Datenbank. Wenn Transaktion T_2 dasselbe Konto (Nr. 2345) ändern würde, wäre dies ein Beispiel eines „Dirty Write", bei dem eine schmutzige Änderung erneut geändert wird. Auch diese Folgeänderung ist inkorrekt, falls die erste Änderung von T_1 zurückgesetzt werden muß.

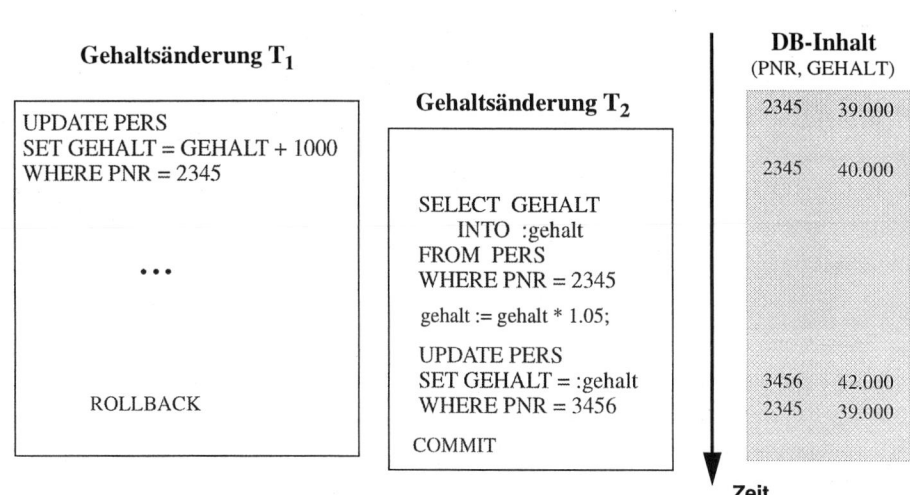

Abb. 14.2:   Beispiel für schmutziges Lesen

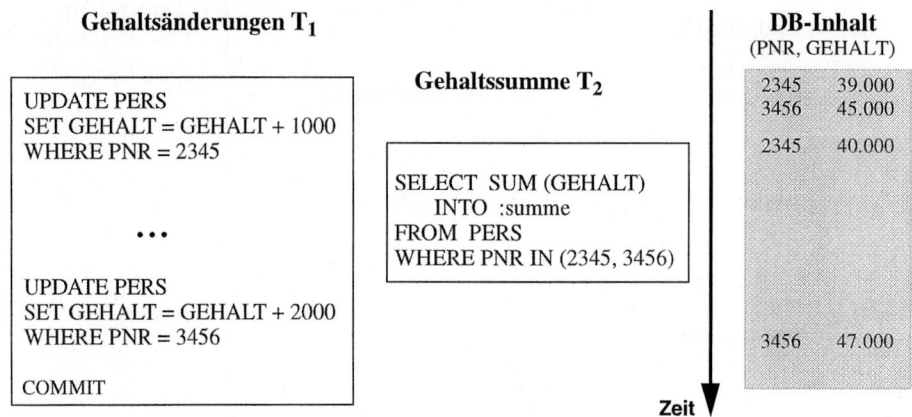

Abb. 14.3:   Beispiel zur inkonsistenten Analyse aufgrund von schmutzigem Lesen

Zu beachten ist, daß der Zugriff auf schmutzige Daten selbst dann zu Inkonsistenzen führen kann, wenn die Transaktion, deren Änderungen die Daten „verschmutzt" hat, nicht abgebrochen wird [BERE95]. Ein Beispiel hierfür ist der in Abb. 14.3 gezeigte Fall einer sog. *inkonsistenten Analyse*, bei der eine statistische Auswertung auf Basis unterschiedlicher Änderungszustände erfolgt. Dabei ändert Transaktion T_1 die Gehälter von zwei Angestellten, während die Analysetransaktion T_2 gleichzeitig die Gehaltssumme berechnet. Das ermittelte Ergebnis 85.000 ist jedoch inkorrekt, da es die (schmutzige) Änderung des ersten Gehalts enthält, nicht jedoch die des zweiten Gehalts. Korrekt sind dagegen nur Summenwerte, die auf einem von vollständig ausgeführten Transaktionen erzeugten Änderungszustand basieren, also vor oder nach Durchführung beider Gehaltserhöhungen (Ergebnis: 84.000 oder 87.000).

14.1.3 Nicht-wiederholbares Lesen (Non-repeatable Read)

Diese Anomalie liegt vor, wenn eine Transaktion – bedingt durch Änderungen paralleler Transaktionen – während ihrer Ausführung unterschiedliche Werte eines Objektes sehen kann. Wenn etwa eine Transaktion das Gehalt eines Angestellten liest und danach eine parallel ausgeführte Transaktion dieses ändert, wird das erneute Lesen des Gehalts in der ersten Transaktion einen anderen Wert liefern. Die Transaktion sieht somit unzulässigerweise verschiedene Änderungszustände der Datenbank, was für Lesetransaktionen im Einbenutzerbetrieb nicht möglich ist.

Selbst wenn die Lesetransaktion nicht noch einmal auf das parallel geänderte Objekt zugreift, kann es zu Konsistenzverletzungen kommen. Als Beispiel dafür diene der in Abb. 14.4 gezeigte Fall einer inkonsistenten Analyse. Dabei bestimmt die Analysetransaktion T_2 die Gehaltssumme über separate Lesezugriffe pro Angestelltem. Die ermittelte Summe von 86.000 ist wiederum inkorrekt, da sie nur eine der beiden Gehaltserhöhungen von T_1 berücksichtigt. Im Gegensatz zu Abb. 14.3 erfolgt in diesem Fall kein Zugriff auf schmutzige Daten, es wer-

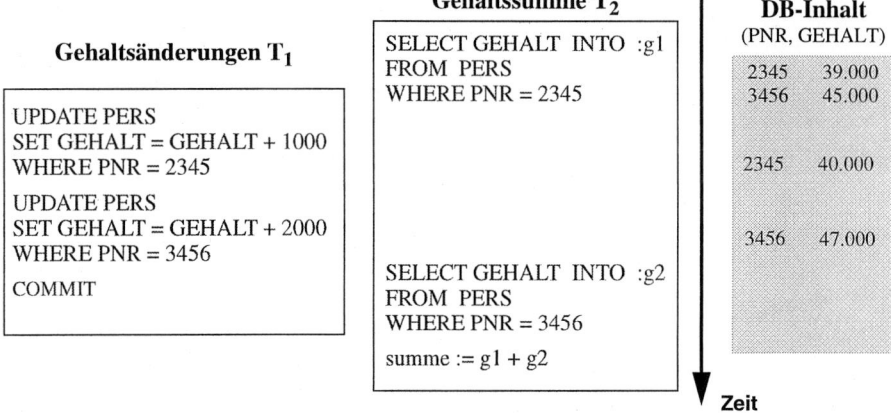

Abb. 14.4: Beispiel zur inkonsistenten Analyse ohne schmutziges Lesen

den jedoch wiederum unterschiedliche Änderungszustände ausgewertet. Es liegt die Anomalie des nicht-wiederholbaren Lesens vor, da am Ende von T_2 der Zugriff auf das Gehalt des Angestellten 2345 einen anderen Wert liefern würde als zu Beginn.

14.1.4 Phantom-Problem

Eine besondere Form des nicht-wiederholbaren Lesens stellt das sog. *Phantom-Problem* dar. Dieses Problem ist zum einen dadurch gekennzeichnet, daß in der Lesetransaktion ein mengenorientiertes Lesen über ein bestimmtes Suchprädikat P erfolgt. Zum anderen wird durch eine gleichzeitig stattfindende Änderungstransaktion die Menge der sich für das Prädikat P qualifizierenden Objekte geändert. Das bedeutet, es gibt Phantomobjekte, die z. B. durch parallele Einfügungen oder Löschvorgänge plötzlich in der Ergebnismenge auftauchen bzw. aus ihr verschwinden. Damit kommt es bei einer erneuten Auswertung des Suchprädikats zu abweichenden (nicht wiederholbaren) Ergebnissen gegenüber dem ersten Zugriff. Im Beispiel von Abb. 14.5 werden so bei der zweifachen Bestimmung der Gehaltssumme einer Abteilung in einer Lesetransaktion abweichende Ergebnisse ermittelt, da gleichzeitig ein Angestellter in der betroffenen Abteilung eingefügt wurde.

Auch hier kann es zu Konsistenzverletzungen kommen, ohne daß der Lesezugriff tatsächlich wiederholt wird. Wenn z. B. die Änderungstransaktion neben dem Einfügen des Angestellten noch ein Attribut mit der Anzahl der Angestellten erhöht und dieser geänderte Wert danach von der Lesetransaktion gelesen wird, werden von der Lesetransaktion wiederum unterschiedliche Änderungszustände gesehen.

Die Vermeidung solcher Anomalien und die Wahrung der DB-Konsistenz im Mehrbenutzerbetrieb sind Aufgaben der Synchronisation. Hierzu ist eine präzisere Festlegung des Korrektheitskriteriums erforderlich, mit dem entschieden werden kann, ob eine bestimmte Verarbeitungsreihenfolge korrekt ist bzw. ob ein Synchronisationsalgorithmus korrekt arbeitet.

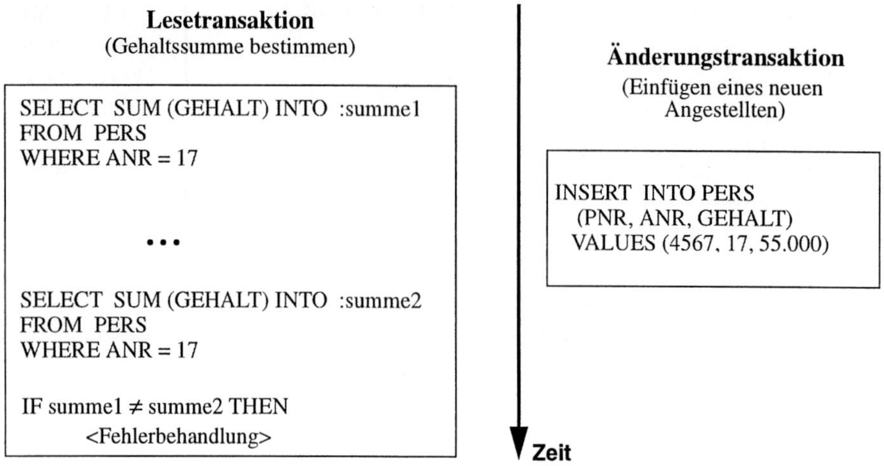

Lesetransaktion
(Gehaltssumme bestimmen)

Änderungstransaktion
(Einfügen eines neuen
Angestellten)

```
SELECT  SUM (GEHALT) INTO  :summe1
FROM  PERS
WHERE ANR = 17


         • • •


SELECT  SUM (GEHALT) INTO  :summe2
FROM  PERS
WHERE ANR = 17

IF summe1 ≠ summe2 THEN
      <Fehlerbehandlung>
```

```
INSERT  INTO PERS
    (PNR, ANR, GEHALT)
VALUES (4567, 17, 55.000)
```

Zeit

Abb. 14.5:   Beispiel für das Phantom-Problem

14.2 Das Korrektheitskriterium der Serialisierbarkeit

Das allgemein akzeptierte Korrektheitskriterium für die Synchronisation, welches die vorgestellten Anomalien ausschließt, ist die *Serialisierbarkeit* [ESWA76, BERN97]. Dieses Kriterium verlangt, daß die parallele Transaktionsausführung äquivalent ist zu einer *seriellen* Ausführungsfolge der beteiligten Transaktionen. Eine serielle Ausführung liegt vor, wenn keine Überlappung zwischen den Transaktionen vorliegt, sondern die Transaktionen vollständig nacheinander ausgeführt werden. Für gegebene n Transaktionen gibt es $n!$ solcher seriellen Ausführungsfolgen. Die parallele Ausführung ist *äquivalent* zu einer seriellen, wenn für jede der Transaktionen dieselbe Ausgabe wie in der seriellen Abarbeitungsreihenfolge abgeleitet wird und der gleiche DB-Endzustand erzeugt wird. Die Festlegung der Serialisierbarkeit als Korrektheitskriterium beruht auf der Tatsache, daß wegen der Transaktion als Einheit der Konsistenz serielle und damit auch serialisierbare Transaktionsausführungen konsistenzerhaltend sind und die angesprochenen Anomalien vermeiden. Demnach gilt es Synchronisationsverfahren zu entwickeln, die nur serialisierbare Transaktionsabläufe zulassen.

Die formale Definition der Serialisierbarkeit sowie damit zusammenhängende Korrektheitsbeweise wurden im Rahmen der sog. *Serialisierbarkeitstheorie* vorgenommen [PAPA86, BERN87, VOSS93]. Da in diesem Buch mehr die Konzepte und Realisierungsformen für Synchronisationsverfahren im Vordergrund stehen, beschränken wir uns im folgenden auf die für das weitere Verständnis erforderlichen Grundlagen und Begriffsbildungen. Die Serialisierbarkeitstheorie geht zur leichteren Formalisierung meist von einem einfachen Verarbeitungs- und Objektmodell aus. Als Operationen im Rahmen einer Transaktion werden

i. allg. nur Lese- und Schreiboperationen unterschieden. Unter Schreiben wird dabei das Ändern eines vorhandenen Objektes verstanden, nicht jedoch das Einfügen oder Löschen von Elementen. Demnach ergibt sich eine feste Anzahl von DB-Objekten, die alle als gleichartig und eindeutig identifizierbar angenommen werden; eine weitergehende Strukturierung der Objektmenge wird nicht vorgenommen.

Unter einem *Schedule* (bzw. einer Historie) versteht man eine Ablauffolge von Transaktionen mit ihren zugehörigen Operationen. Eine zeitlich überlappende Ausführung von Transaktionen ist gemäß der eingangs gegebenen Definition serialisierbar und damit korrekt, wenn zu ihr (wenigstens) ein äquivalenter serieller Schedule existiert. Die zur parallelen Transaktionsbearbeitung äquivalente serielle Ausführungsreihenfolge wird auch als *Serialisierungsreihenfolge* bezeichnet. Diese Reihenfolge impliziert, daß eine Transaktion alle Änderungen der Transaktionen sieht, die vor ihr in der Serialisierungsreihenfolge stehen, jedoch keine der in dieser Reihenfolge nach ihr kommenden Transaktionen.

Um die Existenz eines solchen äquivalenten seriellen Schedule nachweisen zu können, müssen die zeitlichen Abhängigkeiten zwischen den Transaktionen berücksichtigt werden. Eine zeitliche Abhängigkeit entsteht dabei durch zwei Operationen verschiedener Transaktionen, die in *Konflikt* zueinander stehen, d. h., deren Ausführung nicht reihenfolgeunabhängig ist. Im Falle von Lese- und Schreiboperationen liegt ein Konflikt zwischen zwei Operationen vor, wenn dasselbe Objekt angesprochen wird und mindestens eine der Operationen eine Schreiboperation darstellt. Denn offensichtlich bringt das Lesen eines Objektes vor einer Änderung ein anderes Ergebnis als nach der Änderung; ebenso ist der Wert eines Objektes i. allg. auch von der Reihenfolge der Änderungen abhängig.

Bei den durch die Konfliktoperationen eingeführten zeitlichen Abhängigkeiten zwischen Transaktionen wird je nach Art des Konfliktes unterschieden zwischen Lese-Schreib- (RW-), Schreib-Schreib- (WW-) und Schreib-Lese- (WR-) Abhängigkeit. Eine Lese-Schreib-Abhängigkeit zwischen Transaktionen T_i und T_j liegt z. B. dann vor, wenn T_i ein Objekt x vor seiner Änderung durch T_j gelesen hat. Diese Abhängigkeiten zwischen Transaktionen können in einem sog. Serialisierbarkeits- oder *Abhängigkeitsgraphen* dargestellt werden, in dem als Knoten die beteiligten Transaktionen stehen und die (gerichteten) Kanten die Abhängigkeiten zwischen Transaktionen repräsentieren. Es kann gezeigt werden, daß ein Schedule genau dann serialisierbar ist, wenn der zugehörige Abhängigkeitsgraph azyklisch ist[2]. Denn nur in diesem Fall reflektiert der Graph eine partielle Ordnung zwischen den Transaktionen, die zu einer vollständigen Ordnung, die zugleich den äquivalenten seriellen Schedule bestimmt, erweitert werden kann.

Abb. 14.6 a zeigt einen Schedule mit drei Transaktionen, wobei r(x) bzw. w(x) den Lesebzw. Schreibzugriff der jeweiligen Transaktion auf Objekt x kennzeichnen. Der zugehörige Abhängigkeitsgraph ist in Abb. 14.6 b dargestellt, wobei die Kanten zusätzlich mit dem die Abhängigkeit verursachenden Objekt beschriftet sind. Da der Graph keinen Zyklus enthält, ist der gezeigte Schedule serialisierbar. Die Serialisierungsreihenfolge lautet $T_3 < T_1 < T_2$.

---

2   Dies bezieht sich auf die sog. Konflikt-Serialisierbarkeit, welche als wichtigste Art der Serialisierbarkeit stets implizit unterstellt wird, falls keine nähere Bezeichnung erfolgt.

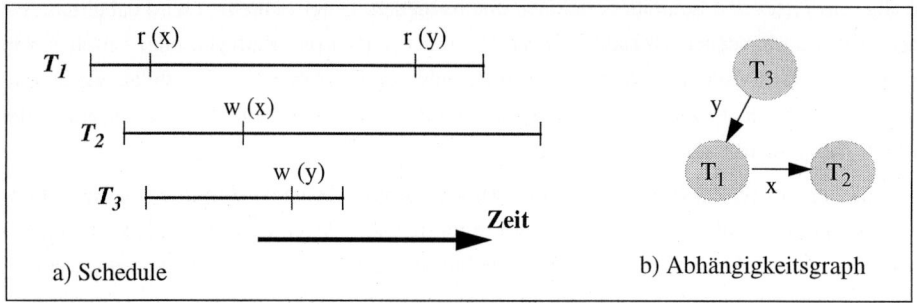

Abb. 14.6:   Beispiel eines serialisierbaren Schedules

Abb. 14.7 zeigt drei nicht-serialisierbare Schedules, die den drei Anomalien Lost Update, Dirty Read und Non-repeatable Read entsprechen, und für die WW-, WR- oder RW-Konflikte auftreten. In jedem der Fälle ergibt sich eine zyklische Abhängigkeit zwischen den beiden Transaktionen T_1 und T_2.

Obwohl weithin als Korrektheitskriterium akzeptiert, ist der Serialisierbarkeitsbegriff recht weit gefaßt, da die Serialisierungsreihenfolge der Transaktionen der zeitlichen Ablauffolge in der Realität entgegengesetzt sein kann. Beispielsweise könnte Lesetransaktionen ein weit zurückliegender DB-Zustand angeboten werden, so daß sie in der Serialisierungsreihenfolge vor allen zwischenzeitlich ausgeführten Änderungstransaktionen eingeordnet würden. Sinnvolle Einschränkungen als Korrektheitskriterium sind daher der sog. reihenfolgeerhaltende sowie der chronologieerhaltende logische Einbenutzerbetrieb [PEIN87]. Bei der *reihenfolgeerhaltenden Serialisierbarkeit* wird gefordert, daß eine Transaktion wenigstens alle Änderungen von Transaktionen sieht, die zu ihrem Startzeitpunkt bereits beendet waren. Die *chronologieerhaltende Serialisierbarkeit* verlangt sogar, einer Transaktion stets den aktuellsten Zustand eines Objektes bereitzustellen. Die genannten Einschränkungen sind zwar wünschenswert, führen jedoch zwangsweise zu einer entsprechenden Reglementierung bei der Synchronisation und damit zu potentiell herabgesetzter Parallelität. Dennoch sollte das Synchronisationsverfahren zumindest die Einhaltung der reihenfolgeerhaltenden Serialisierbarkeit anstreben, damit die Transaktionen relativ aktuelle Daten lesen.

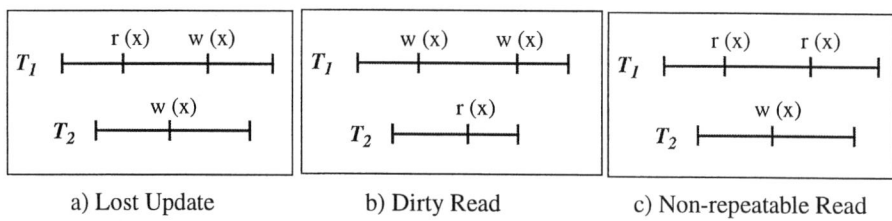

a) Lost Update   b) Dirty Read   c) Non-repeatable Read

Abb. 14.7:   Beispiele nicht-serialisierbarer Schedules

Auf der anderen Seite bieten in der Praxis DBS häufig schwächere Konsistenzstufen als Serialisierbarkeit. Dazu wurden bereits 1976 unterschiedliche Konsistenzstufen definiert, bei denen zum Teil einige der Mehrbenutzeranomalien aus Gründen der verbesserten Leistung (höheren Parallelität) in Kauf genommen werden [GRAY76]. Wir gehen darauf in Abschnitt 14.5 näher ein.

Das Führen von Abhängigkeitsgraphen bietet keinen praktikablen Ansatz zur Implementierung eines Synchronisationsverfahrens, da hiermit meist erst nachträglich die Serialisierbarkeit von Schedules geprüft werden kann. Weiterhin wäre der Verwaltungsaufwand prohibitiv hoch, zumal Abhängigkeiten zu bereits beendeten Transaktionen zu berücksichtigen sind [PEIN87]. Zur Synchronisation greift man daher auf andere Verfahren zurück, für welche nachgewiesen werden konnte, daß sie Serialisierbarkeit gewährleisten. Einen Überblick zu diesen Verfahren geben wir im nächsten Abschnitt, bevor wir näher auf die Realisierung verschiedener Ansätze eingehen.

14.3 Überblick zu Synchronisationsverfahren

Die historische Entwicklung von Synchronisationsverfahren in DBS, die in Anlehnung an [PEIN87] in Abb. 14.8 skizziert ist, erlaubt einen ersten Überblick über die Vielzahl der vorgeschlagenen Synchronisationsalgorithmen. Das älteste und zugleich einfachste Verfahren, das aus Synchronisationstechniken in Betriebssystemen (z. B. Semaphore, Monitore u. ä.) hervorgegangen ist, kennt nur exklusive Objektsperren. Vor der Referenzierung eines Objektes ist dabei eine exklusive Sperre zu erwerben, die alle anderen Transaktionen vom Zugriff auf das gesperrte Objekt ausschließt. Da mit diesem primitiven Verfahren die angestrebte hohe Parallelität offenbar nicht erreichbar ist, wurde in der nächsten Stufe der Entwicklung, dem sog. RX-Sperrverfahren, zwischen lesendem und schreibendem Objektzugriff unterschieden. Mit diesem, in heutigen DBS verbreiteten Sperrverfahren können mehrere Transaktionen parallel auf dasselbe Objekt lesend zugreifen. Eine Erweiterung des RX-Sperrprotokolls stellt die 1976 vorgeschlagene Verwendung von hierarchischen Objektsperren [GRAY76] dar, bei der zwischen mehreren (hierarchisch geordneten) Sperrgranulaten und zusätzlichen Sperrmodi unterschieden wird. Solche hierarchischen Sperrverfahren werden in den meisten kommerziell verfügbaren DBS zumindest in einfacher Form (z. B. mit 2 Sperrgranulaten wie Segment/Seite oder Satztyp/Satzausprägung) vorgesehen, da sie eine Eingrenzung des Synchronisationsaufwandes gestatten.

Ausgehend von den genannten Verfahren wurde eine wahre Flut neuer oder abgewandelter Synchronisationsalgorithmen vorgestellt, die sich zumeist einer der im unteren Teil von Abb. 14.8 angegebenen Gruppen zuordnen lassen. Neben den Sperrprotokollen, zu denen eine Vielzahl von Erweiterungen publiziert wurden, stellen Zeitmarkenverfahren und die optimistischen Algorithmen zwei weitere Klassen allgemeiner Synchronisationstechniken dar. Im Gegensatz zu den optimistischen Ansätzen werden Sperrverfahren als *pessimistisch* bezeichnet. Diese Bezeichnung geht darauf zurück, daß Objekte vor jedem Zugriff gesperrt werden, nur

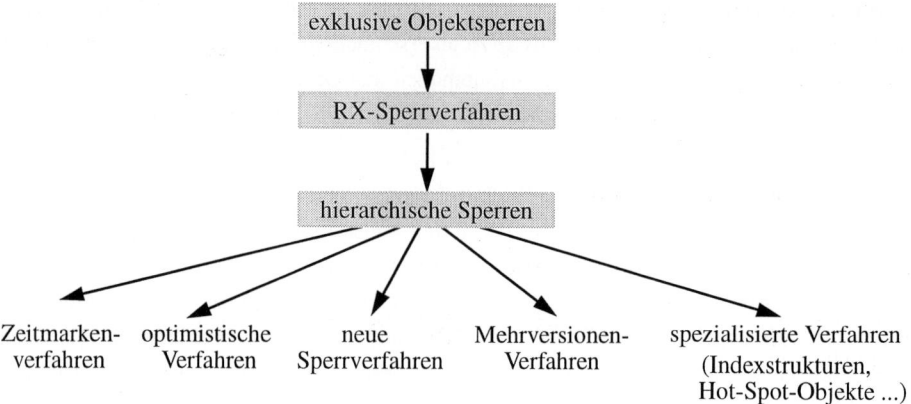

Abb. 14.8:   Historische Entwicklung von Synchronisationsverfahren

um *potentiell* auftretende Konflikte zwischen Transaktionen behandeln zu können. Beim *optimistischen Ansatz* dagegen geht man davon aus, daß Konflikte relativ selten auftreten. Daher erfolgt zunächst ein unsynchronisierter Zugriff auf die Objekte; erst am Transaktionsende wird geprüft, ob es zu Konflikten zwischen Transaktionen gekommen ist (siehe Abschnitt 14.8). Ein zu diesen Verfahrensklassen orthogonales Konzept ergibt sich durch die Unterscheidung mehrerer Objektversionen zum Zwecke der Synchronisation (multiversion concurrency control). Dieser Ansatz erlaubt eine erhebliche Reduzierung von Synchronisationskonflikten und wird von DBS-Implementierungen zunehmend unterstützt.

Neben den allgemeinen Synchronisationsalgorithmen wurden für besondere Leistungsprobleme verursachende Teilbereiche spezielle Synchronisationsverfahren entwickelt. Dies betrifft unter anderem die Synchronisation auf Indexstrukturen und sog. Hot-Spot-Objekten, welche besonders häufig geändert werden. Zusätzliche Synchronisationstechniken wurden im Zusammenhang mit erweiterten Transaktionsmodellen entwickelt, z. B. für geschachtelte Transaktionen. Viele der veröffentlichten Synchronisationsverfahren entstanden auch durch Kombination der grundlegenden Techniken sowie kleinere Variationen oder Übertragung auf verteilte Umgebungen.

Da in kommerziellen DBS nahezu ausschließlich Sperrverfahren zum Einsatz kommen, werden wir diesen Ansatz im folgenden ausführlich behandeln. Auf optimistische Verfahren und Zeitmarkenverfahren wird nur relativ kurz eingegangen (Abschnitt 14.8).

14.4 Grundlagen von Sperrverfahren

Wir betrachten zunächst die Sicherstellung der Serialisierbarkeit durch Zwei-Phasen-Sperrverfahren sowie RX-Sperrverfahren. Danach diskutieren wir die Problematik von Sperrkonversionen, insbesondere wie Konversions-Deadlocks umgangen werden können. Abschließend wird in Abschnitt 14.4.4 der Einsatz logischer Sperren diskutiert.

14.4.1 Zwei-Phasen-Sperrverfahren

Sperrverfahren sind dadurch gekennzeichnet, daß vor dem Zugriff auf ein Objekt für die Transaktion eine Sperre zu erwerben ist. Dabei ist gemäß dem sog. *Fundamentalsatz des Sperrens* [ESWA76] Serialisierbarkeit gesichert, wenn folgende fünf Bedingungen eingehalten werden:

- Jedes zu referenzierende Objekt muß vor dem Zugriff mit einer Sperre belegt werden.
- Die Sperren anderer Transaktionen sind zu beachten. Das bedeutet, eine mit gesetzten Sperren unverträgliche Sperranforderung muß auf die Freigabe unverträglicher Sperren warten.
- Keine Transaktion fordert eine Sperre an, die sie bereits besitzt.
- Sperren werden zweiphasig angefordert und freigegeben.
- Spätestens bei Transaktionsende gibt eine Transaktion alle Sperren zurück.

Zweiphasigkeit bedeutet, daß eine Transaktion zunächst in einer Wachstumsphase alle Sperren anfordern muß, bevor in der Schrumpfungsphase die Freigabe der Sperren erfolgt. Für dieses sog. *Zwei-Phasen-Sperrprotokoll* (Two-Phase Locking, 2PL) ergibt sich somit das in Abb. 14.9 a gezeigte Verhalten hinsichtlich der Anzahl der Sperren einer Transaktion.

Eine beim Fundamentalsatz zugrundeliegende Beschränkung ist jedoch die Annahme einer fehlerfreien Betriebsumgebung, in der Transaktionen nicht scheitern können, keine Systemausfälle vorkommen etc. Probleme aufgrund solcher Fehler ergeben sich dadurch, daß auch für Transaktionen in ihrer Schrumpfungsphase eine Rücksetzung notwendig werden kann (z. B. aufgrund eines Rechnerausfalls). Zu diesem Zeitpunkt sind jedoch möglicherweise be-

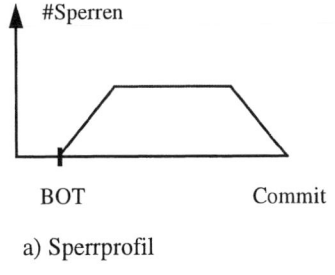

a) Sperrprofil

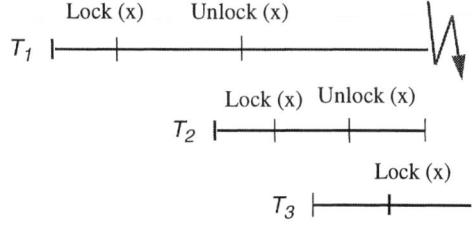

b) Problem des kaskadierenden Rollbacks

Abb. 14.9: Zwei-Phasen-Sperren (2PL)

reits Sperren freigegeben worden, so daß insbesondere Änderungen der Transaktion für andere Benutzer sichtbar wurden. Damit kommt es zu einem „Dirty Read" sowie daraus ableitbaren unzulässigen Folgeänderungen. Im Beispiel von Abb. 14.9 b sei das Objekt x zunächst von T_1 nach dem Erwerb der Sperre (Lock) geändert worden; nach der Freigabe der Sperre (Unlock) in der Schrumpfungsphase von T_1 kann T_2 auf das durch T_1 geänderte x zugreifen. T_2 ändert x auch und ermöglicht nach der Sperrfreigabe wiederum T_3 den Zugriff auf die geänderte Version von x, obwohl weder T_1 noch T_2 zu diesem Zeitpunkt erfolgreich beendet waren.

Eine prinzipielle Lösungsmöglichkeit besteht darin, das schmutzige Lesen von Änderungen einer Transaktion T zuzulassen, jedoch die Abhängigkeiten von Transaktionen, welche diese Änderungen lesen, zu vermerken. Dabei dürfen diese abhängigen Transaktionen nur dann erfolgreich beendet werden, wenn T nicht abgebrochen wird, sondern erfolgreich zu Ende kommt. Neben der aufwendigen Überwachung dieser Abhängigkeiten liegt ein Hauptproblem dieses Ansatzes darin, daß es *kaskadierende Rücksetzungen* impliziert. Denn das Rücksetzen von T führt nicht nur zum Abbruch aller direkt abhängigen Transaktionen T_j, welche auf T's Änderungen zugegriffen haben, sondern auch von allen indirekt abhängigen Transaktionen, die auf Änderungen von T_j zugegriffen haben usw. Im Beispiel von Abb. 14.9 b dürfte T_2 also nicht beendet werden, sondern müßte aufgrund des Scheiterns von T_1 abgebrochen werden, ebenso die indirekt abhängige Transaktion T_3.

Zur Vermeidung dieser Nachteile muß der Zugriff auf schmutzige Änderungen ausgeschlossen werden. Dies wird erreicht durch ein *striktes Zwei-Phasen-Sperrprotokoll*, bei dem die Schrumpfungsphase zur Sperrfreigabe vollständig zum Transaktionsende durchgeführt wird (Abb. 14.10 a), wenn das Durchkommen der Transaktion sichergestellt ist. Bei erfolgreicher Beendigung einer Transaktion T erfolgt diese Sperrfreigabe im Rahmen des bereits in Abschnitt 13.2 skizzierten Zwei-Phasen-Commit-Protokolls. Hierzu werden die Sperren in der zweiten Commit-Phase freigegeben, nachdem in der ersten Commit-Phase das Überleben der Änderungen von T durch ein entsprechendes Logging gewährleistet wurde. Im Falle eines Scheiterns der Transaktion T entfällt die Bestimmung und Rücksetzung von abhängigen Transaktionen; es kann ein *isoliertes Rücksetzen* von T erfolgen. Die Sperren werden freigegeben, nachdem T zurückgesetzt wurde.

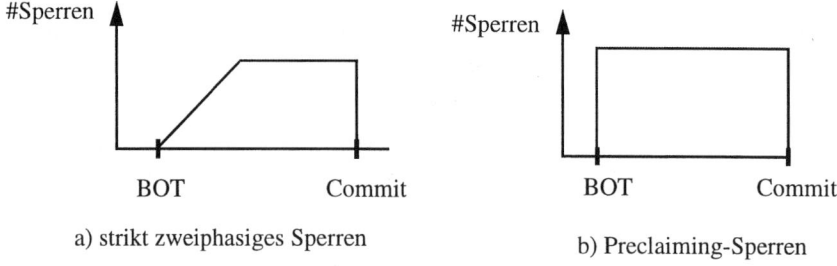

a) strikt zweiphasiges Sperren

b) Preclaiming-Sperren

Abb. 14.10:   Sperrprofil von strikten Zwei-Phasen-Sperrprotokollen

Abb. 14.10 b zeigt daneben noch den Spezialfall des Preclaiming, wobei sämtliche Sperren bereits zum Transaktionsbeginn angefordert werden. Dieser Ansatz kann nur selten genutzt werden, da die zu referenzierten Objekte i. allg. zum Transaktionsbeginn nur unzureichend bekannt sind (siehe Abschnitt 14.7.1).

14.4.2 RX-Sperrverfahren

Das einfache RX-Sperrverfahren kennt nur zwei Sperrmodi für Objekte, nämlich Lese- oder R-Sperren (read locks, shared locks) sowie Schreib- oder X-Sperren (exclusive locks). Die Verträglichkeit dieser Sperren zeigt die Kompatibilitätsmatrix in Abb. 14.11. Die Verträglichkeitsangaben beziehen sich jeweils auf Zugriffe für dasselbe Objekt. NL (no lock) kennzeichnet die Situation, wenn ein Objekt von keiner laufenden Transaktion gesperrt ist; eine Sperranforderung wird in diesem Zustand stets bewilligt, wobei der aktuelle Modus des Objektes nach R bzw. X geändert wird. Die für Lesezugriffe erforderlichen R-Sperren sind miteinander verträglich, d. h., ein Objekt kann gleichzeitig von beliebig vielen Transaktionen gelesen werden. Die für Schreibzugriffe notwendigen X-Sperren sind dagegen weder mit sich selbst noch mit Lesesperren kompatibel. Bei gesetzter X-Sperre sind somit alle weiteren Sperranforderungen abzulehnen.

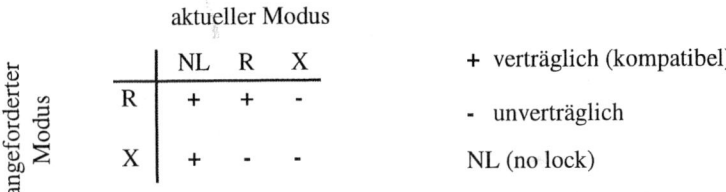

Abb. 14.11: Kompatibiltätsmatrix des RX-Sperrverfahrens

Ein Sperrkonflikt führt zur Blockierung der Transaktion, deren Sperranforderung den Konflikt verursacht hat. Diese Blockierungen können zu Deadlocks führen, auf die wir in Abschnitt 14.7 näher eingehen. Die Aktivierung wartender Transaktionen erfolgt, sobald die unverträglichen Sperren freigegeben sind. Da das RX-Sperrverfahren ein paralleles Lesen und Ändern eines Objektes verbietet, kann einer Transaktion stets die aktuellste Version eines Objektes zur Verfügung gestellt werden, wodurch eine chronologieerhaltende Serialisierbarkeit erreicht wird.

Für den Schedule in Abb. 14.6 a tritt mit einem RX-Protokoll ein Sperrkonflikt auf: für die Schreibsperre von T_2 auf Objekt x ergibt sich ein Konflikt aufgrund der zuvor gewährten R-Sperre für T_1. T_2 wird nach Beendigung und Freigabe der Sperren von T_1 fortgesetzt. Dagegen verursacht der Lesezugriff von T_1 auf y keinen Konflikt, da zu diesem Zeitpunkt T_3 bereits beendet ist. Als Serialisierungsreihenfolge ergibt sich $T_3 < T_1 < T_2$.

Sämtliche Sperranforderungen (Lock-Operationen) und Freigaben (Unlock-Operationen) werden vom DBS über eine *Sperrtabelle* bearbeitet. Hierin werden Kontrollblöcke für alle

Objekte geführt, die von laufenden Transaktionen bearbeitet werden. Pro Objekt sind insbesondere (z. B. innerhalb verketteter Listen) die gewährten sowie die wartenden Sperranforderungen zu verwalten. Die Organisation der Kontrollblöcke innerhalb einer Hash-Tabelle erlaubt eine schnellen Zugriff und eine effiziente Bearbeitung von Lock- und Unlock-Operationen innerhalb von wenigen hundert Instruktionen [GRAY93].

14.4.3 Behandlung von Sperrkonversionen

Hat beim RX-Verfahren eine Transaktion zunächst eine Lesesperre für ein Objekt erworben und soll dieses Objekt geändert werden, ist eine Konversion der R- in eine X-Sperre erforderlich (Upgrade). Dies ist natürlich nur möglich, wenn keine andere Transaktion eine (R-) Sperre auf dem Objekt hält. Diese Konversionen führen jedoch häufig zu sog. *Konversions-Deadlocks*. Dabei handelt es sich um Situationen wie in Abb. 14.12 a gezeigt. Dabei wird ein Objekt x zunächst von zwei Transaktionen T_1 und T_2 mit einer R-Sperre belegt. Beide Transaktionen wollen danach das Objekt ändern, so daß sie eine Konversion in eine X-Sperre benötigen. Dabei ergibt sich jedoch eine zyklische Wartebeziehung, da die X-Anforderung von T_1 auf die Freigabe der R-Sperre von T_2 warten muß und die X-Anforderung von T_2 wegen der R-Sperre von T_1 blockiert wird. Eine „Lösung" wäre, die R-Sperre freizugeben und statt einer Sperrkonversion eine X-Sperre anzufordern. Dieser Ansatz steht jedoch in Widerspruch zur Zweiphasigkeit (keine Sperranforderung nach Freigabe einer Sperre) und verletzt somit die Serialisierbarkeit.

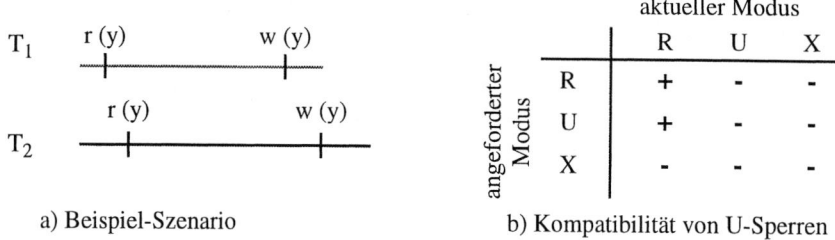

a) Beispiel-Szenario   b) Kompatibilität von U-Sperren

Abb. 14.12:   Behandlung von Deadlocks aufgrund von Sperrkonversionen

Zur Umgehung dieser Probleme implementieren einige kommerziell verfügbare DBS (z. B. DB2) ein erweitertes Sperrverfahren mit drei Sperrmodi, dessen Kompatibilitätsmatrix in Abb. 14.12 b gezeigt ist. Die neue *Update-Sperre (U)* wird dabei für Lesezugriffe mit Änderungsabsicht verwendet[3]. Eine U-Sperre kann zu einem Zeitpunkt höchstens einer Transaktion gewährt werden, sie ist jedoch mit bereits gewährten R-Sperren verträglich. Nachdem eine U-Sperre gesetzt wurde, werden gemäß Kompatibilitätsmatrix keine weiteren Leser (R-Sperren) mehr zugelassen, da sich ansonsten für die X-Konversion unbestimmt lange Verzögerungen ergeben könnten. Soll eine Änderung erfolgen, wird eine Konversion der U- in eine

---

[3]   Um diese Sperre nutzen zu können, wird eine Erweiterung der SELECT-Anweisung von SQL vorgesehen, nämlich SELECT FOR UPDATE.

X-Sperre vorgenommen. Dabei ist höchstens noch ein Warten auf die Freigabe solcher R-Sperren erforderlich, die bereits vor der U-Sperre gewährt wurden, so daß sich kein Deadlock bilden kann. Kommt es zu keiner Änderung, kann die U-Sperre in eine R-Sperre konvertiert werden (Downgrade), um anderen Transaktionen das Lesen des Objektes bzw. das Anmelden einer Änderung zu gestatten. Insgesamt wird mit der U-Sperre wesentlich mehr Parallelität zugelassen, als wenn für Lesezugriffe mit Änderungsabsicht direkt eine X-Sperre gesetzt würde.

In dem Beispiel von Abb. 14.12 a fordern mit dem neuen Verfahren beide Transaktionen für den Lesezugriff eine U-Sperre an, die zunächst nur T_1 gewährt wird, welche daraufhin die X-Konversion ohne Blockierung durchführen kann. Nach Ende von T_1 wird die U-Anforderung von T_2 bewilligt, so daß der Konversions-Deadlock umgangen wird.

14.4.4 Logische vs. physische Sperren

Üblicherweise werden Sperren auf physischen DB-Objekten wie Sätze, Indexeinträge, Seiten oder Tabellen angefordert. Die Objekte verfügen über eindeutige Bezeichner, zu denen die Sperren innerhalb der Sperrtabelle verwaltet werden. Physische Sperrverfahren haben jedoch Schwierigkeiten, das *Phantom-Problem* zu lösen, bei dem es für mengenorientierte Leseoperationen zu nicht-wiederholbaren Lesevorgängen aufgrund von gleichzeitigen Einfüge- oder Löschvorgängen kommen kann (Abschnitt 14.1.4). Denn bei dem Lesezugriff können mit physischen Sperrverfahren i. allg. nur die tatsächlich vorhandenen Objekte gesperrt werden, nicht jedoch diejenigen (Phantome), die nachträglich eingefügt werden. Somit kommt es nach der Einfügung bei einer Neuauswertung der Leseoperation zu abweichenden Ergebnissen.

Eine elegante Lösungsmöglichkeit für das Phantom-Problem besteht in der Verwendung von logischen oder Prädikat-Sperren, wie bereits in [ESWA76] vorgeschlagen. Dabei verwenden Transaktionen zum Sperren die Operation *Lock (R, P, a)*, wobei R die betroffene Relation bezeichnet, P ein logisches Prädikat sowie a den Zugriffswunsch (Read oder Write) bzw. Sperrmodus. Über das Prädikat kann dabei mit einer Sperre eine beliebige Menge von Objekten aus R angesprochen werden. Zwei Sperranforderungen *Lock (R, P, a)* und *Lock (R', P', a')* stehen genau dann in Konflikt zueinander, wenn gilt

R = R' und

(a ≠ Read oder a' ≠ Read) und

$P(t) \land P'(t) = \text{TRUE}$ für irgendein t aus R.

Die Konflikterkennung verlangt somit, Prädikate auf Disjunktheit ihrer Ergebnismengen zu überprüfen (Abb. 14.13). Das Phantom-Problem wird umgangen, da nach einer Lesesperre für Prädikat P kein Einfügen von Objekten möglich ist, welche P erfüllen. Die Wiederholbarkeit des Lesevorganges mit Suchprädikat P ist somit gewährleistet.

Allerdings wurde bereits in [ESWA76] gezeigt, daß es im allgemeinen unentscheidbar ist, ob zwei beliebige Prädikate disjunkte Mengen beschreiben. Dies ist für die in Abb. 14.13 genannten Beispielprädikate leicht einzusehen. Eine Entscheidbarkeit läßt sich allenfalls mit restriktiven Beschränkungen erreichen, was jedoch zu pessimistischen Entscheidungen und da-

LOCK (PERS,
    P: Alter < 50,
    Read)

LOCK (PERS,
    P': PNR = 4711,   disjunkte Objektmengen   überlappende
    Write)   (Konfliktfreiheit)   Objektmengen

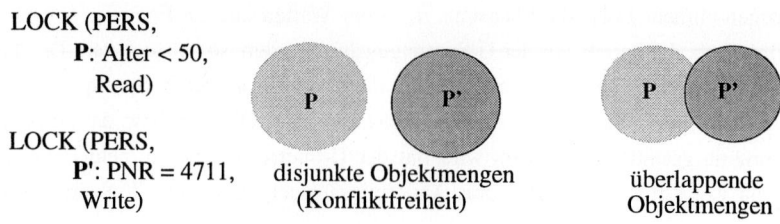

Abb. 14.13:   Konflikterkennung bei Prädikatsperren

mit hoher Konfliktwahrscheinlichkeit führt. Der Extremfall P = TRUE entspricht der Verwendung von Relationensperren (also einem physisches Sperrverfahren). Hierbei ist die Lösung des Phantomproblems offensichtlich, da eine gesetzte Relationensperre das Einfügen oder Löschen von Sätzen für die Relation ausschließt. Jedoch werden durch das Sperren ganzer Relationen oft inakzeptabel viele Blockierungen verursacht.

In [JORD81] wurde das Konzept der sog. *Präzisionssperren* (precision locks) vorgestellt, mit dem die Implementierungsprobleme logischer Sperren verringert werden. Dabei werden nur noch für Lesezugriffe Prädikatsperren, für Schreibvorgänge dagegen physische Satzsperren verwendet. Damit entfällt zur Konflikterkennung der Disjunktheitstest für Prädikate. Für eine Schreiboperation ist lediglich zu überprüfen, ob ein bestimmter Satz eines der vorliegenden Leseprädikate erfüllt. Umgekehrt ist für eine Leseoperation zu prüfen, ob bereits Änderungen von laufenden Transaktionen existieren, welche das Leseprädikat erfüllen. Diese Überprüfungen sind zwar wesentlich einfacher vorzunehmen als allgemeine Disjunktheitstests, sie verursachen jedoch dennoch einen erheblichen Aufwand zur Sperrbearbeitung, der um ein Mehrfaches über dem physischer Sperrverfahren liegt.

Logische Sperren fanden daher vor allem aus Aufwandsgründen keinen Eingang in bestehende DBS. Dieser Verzicht auf ein elegantes Implementierungskonzept wurde aber auch dadurch beeinflußt, da Phantome selbst mit physischen Sperrverfahren oft umgangen werden. Eine Lösungsmöglichkeit besteht – wie erwähnt – in der Verwendung von Relationensperren (oder noch größeren Sperrgranulaten im Rahmen eines hierarchischen Sperrverfahrens, siehe Abschnitt 14.6). Jedoch auch bei feineren Sperrgranulaten werden Phantome oft ausgeschlossen, da das Einfügen und Löschen von Objekten mit dem Ändern von Kontrollinformationen verbunden ist, auf die auch beim einfachen Lesen zuzugreifen ist [BERN87, BERN97]. Durch Synchronisationskonflikte auf diesen Kontrollinformationen wird daher das unbemerkte Einfügen oder Löschen gelesener Objekte verhindert.

Einige DBS verwenden auf Indexstrukturen wie B*-Bäumen spezielle Sperrverfahren, welche auch zur Vermeidung von Phantomen beitragen. Ein Beispiel ist das sog. *Key Value Locking (KVL)* [MOHA90b], welches für Bereichsanfragen auf dem Schlüsselattribut die jeweiligen Schlüsselbereiche sperrt. Diese effizient realisierbaren Sperren entsprechen einfachen Prädikatsperren, welche (Phantom-) Einfügungen und Löschvorgänge in dem jeweiligen Bereich verhindern. Daneben werden geringere Behinderungen als mit Relationensperren verursacht.

14.5 Konsistenzstufen

Die Unterstützung der Serialisierbarkeit ist zwar aus Korrektheitsgründen wünschenswert, kann jedoch aufgrund einer großen Anzahl von Sperrkonflikten erhebliche Leistungseinbußen verursachen. Denn bei einem strikten Zwei-Phasen-Sperrprotokoll sind sowohl Lese- als auch Schreibsperren „lang" – d. h. bis zum Transaktionsende – zu halten. Eine lange Sperrdauer erhöht zum einen die Wahrscheinlichkeit von Sperrkonflikten, zum anderen implizieren sie entsprechend lange Wartezeiten bis zur Aufhebung von Blockierungen. Insbesondere können durch mengenorientierte Lesezugriffe (Anfragen) erhebliche Probleme eingeführt werden, da sie häufig den Zugriff auf große Datenmengen sowie lange Ausführungszeiten erfordern (z. B. zur Durchführung eines Relationen-Scans). Die zu setzenden Lesesperren können somit Änderungen für lange Zeit blockieren. Kommerzielle DBS unterstützen aus diesem Gründen häufig schwächere Korrektheitskriterien bzw. Konsistenzstufen als die Serialisierbarkeit unter Inkaufnahme bestimmter Mehrbenutzeranomalien.

14.5.1 Konsistenzstufen nach [GRAY76]

Wesentlich in diesem Zusammenhang ist die Unterscheidung mehrerer Konsistenzstufen bzw. Isolationsebenen, wie sie bereits in [GRAY76] vorgenommen wurde. Dabei wurden vier Stufen eingeführt und auf unterschiedliche Arten definiert (u. a. über die jeweils möglichen Anomalien sowie über die Realisierungsunterschiede bei Sperrverfahren). Es wurde vor allem zwischen „langen" und „kurzen" Sperren unterschieden, wobei kurze Sperren nicht bis zum Transaktionsende, sondern z.B. nur für die Dauer der jeweiligen DB-Operation gehalten werden:

- *Konsistenzstufe 0:* Die Transaktionen halten kurze Schreibsperren auf den Objekten, die sie ändern
- *Konsistenzstufe 1:* Transaktionen halten lange Schreibsperren auf den Objekten, die sie ändern
- *Konsistenzstufe 2:* Transaktionen halten lange Schreibsperren auf den Objekten, die sie ändern, sowie kurze Lesesperren auf Objekten, die sie lesen
- *Konsistenzstufe 3:* Transaktionen halten lange Schreibsperren auf den Objekten, die sie ändern, sowie lange Lesesperren auf Objekten, die sie lesen.

Der Fall ohne jegliche Sperren scheidet offensichtlich aus, da dann keinerlei Synchronisation erfolgt. Konsistenzstufe 0 ist ebenfalls ohne Bedeutung, da sie das gegenseitige Überschreiben von Änderungen zuläßt (Dirty Write sowie Lost Update). Ab Konsistenzstufe 1 werden Änderungen nicht mehr vor Transaktionsende freigegeben, wodurch kein Dirty Write mehr möglich ist. Da Leser in Stufe 1 jedoch keinerlei Sperren anfordern, können sie auf schmutzige Daten zugreifen (Dirty Read). Dies kann für Änderungstransaktionen nicht akzeptiert werden, da ihre Änderungen sonst auf inkonsistenten Daten aufbauen. Allerdings unterstützen einige kommerzielle DBS diese Konsistenzstufe – auch Browse-Modus genannt – für Lesezugriffe. Offenbar ist es zum schnellen Sichten von Daten vielfach akzeptabel, möglicherweise ungültige (schmutzige) Daten zu sehen. Dafür verursachen diese Lesezugriffe keinerlei Sperrkonflikte.

Konsistenzstufe 2 ist in der Praxis häufig vorzufinden. Durch das Setzen von Lesesperren werden Dirty Reads ausgeschlossen. Da die Sperren kurz gehalten werden, kommt es zu weniger Sperrkonflikten und kürzeren Wartezeiten für Schreibanforderungen als mit langen Lesesperren. Dafür sind jedoch nicht-wiederholbare Lesevorgänge (Non-repeatable Reads) in Kauf zu nehmen, da zwischen zwei Lesevorgängen eine andere Transaktion das Objekt ändern kann, wenn die Lesesperren am Ende jeder Leseoperation freigegeben werden. Diese Anomalie wird offenbar vielfach akzeptiert, obwohl sie selbst, wenn kein mehrfaches Lesen derselben Objekte erfolgt, zu inkonsistenten Analyseergebnissen führen kann (Abschnitt 14.1.3). Besonders gefährlich jedoch ist die Verwendung kurzer Lesesperren innerhalb von Änderungstransaktionen, da dann sogar Lost Updates möglich sind (s. u.). Dieses Problem kann mit einer leichten Erweiterung von Konsistenzstufe 2 – Cursor Stability – abgeschwächt werden.

Ein Nachteil bei der Verwendung kurzer Lesesperren liegt darin, daß sich die Anzahl notwendiger Sperranforderungen gegenüber langen Lesesperren oft deutlich erhöht und somit ein erheblicher Mehraufwand zur Bearbeitung der Sperranforderungen und -freigaben entsteht. Zur Reduzierung dieses Aufwandes wurde in [MOHA90] die Verwendung sog. *Commit-LSNs* vorgeschlagen. Dabei wird ausgenutzt, daß üblicherweise pro DB-Seite eine sog. Log Sequence Number (LSN) geführt wird, welche der Log-Adresse der zuletzt auf der Seite durchgeführten Änderung entspricht (siehe Abschnitt 15.5). Die vom DBS verwaltete Commit-LSN stellt nun die LSN des ersten Log-Eintrages der ältesten laufenden Transaktion dar. Daraus folgt, daß DB-Seiten mit LSN-Werten kleiner der Commit-LSN nur Änderungen von erfolgreich beendeten Transaktionen enthalten, d. h., sie enthalten mit Sicherheit keine schmutzigen Daten. Bei einem Lesezugriff auf eine Seite wird zunächst geprüft, ob diese Bedingung vorliegt. Hierzu wird die Seite nicht gesperrt, sondern nur mit einem sog. Latch (Semaphor) belegt. Wird festgestellt, daß die Seite „sauber" ist, erfolgt der Lesezugriff ohne Sperre; nur falls die Seiten-LSN größer oder gleich der Commit-LSN ist, wird eine Lesesperre angefordert. Damit können deutliche Einsparungen am Synchronisations-Overhead erreicht werden, da der Aufwand für das Setzen/Freigeben eines Latches typischerweise um eine Größenordnung geringer ist als für Sperren [MOHA90].

Konsistenzstufe 3 entspricht offenbar einem strikten Zwei-Phasen-Sperren und garantiert Serialisierbarkeit, wobei allerdings die Lösung des Phantom-Problems von der Realisierung des jeweiligen Sperrprotokolls abhängt (Abschnitt 14.4.4). Verhindert werden aufgrund der langen Lese- und Schreibsperren in jedem Fall Non-repeatable Reads sowie Lost Updates.

14.5.2 Cursor Stability

Die Verwendung kurzer Lesesperren innerhalb von Änderungstransaktionen (Konsistenzstufe 2) kann zu Lost Updates führen. So kann z. B. der in Abb. 14.1 gezeigte Änderungsverlust weiterhin auftreten. Nachdem Transaktion T_2 ihre kurze Lesesperre freigegeben hat, kann T_1

```
DECLARE CURSOR C FOR
SELECT GEHALT
FROM PERS WHERE PNR=:pnr;

OPEN C;

FETCH C INTO :gehalt;

gehalt = gehalt + 1000;

UPDATE PERS
SET GEHALT = :gehalt
WHERE PNR=:pnr;

CLOSE C;
```

```
DECLARE CURSOR C FOR
SELECT GEHALT
FROM PERS WHERE PNR=:pnr;

OPEN C;

FETCH C INTO :gehalt;

gehalt = gehalt + 1000;

UPDATE PERS
SET GEHALT = :gehalt
WHERE CURRENT OF CURSOR;

CLOSE C;
```

Abb. 14.14: Cursor-Verwendung zur Vermeidung von Lost Updates bei kurzen Lesesperren (Cursor Stability)

den Wert ändern und zum Commit kommen. Danach kann T_2 ihre Änderung – basierend auf dem zuvor gelesenen alten Wert – vornehmen und somit die Änderung von T_1 überschreiben.

Zur Abschwächung des Problems unterstützen einige DBS das Konzept der Cursor Stability [CHEN84] als spezielle Variante von Konsistenzstufe 2. Dabei bleibt eine Lesesperre auf einem über einen Cursor angesprochenen Satz solange gesetzt, bis der Cursor auf den nächsten Satz wechselt. Dies verhindert in den Fällen das Lost Update, in denen der vom Cursor adressierte Satz geändert wird, was häufig der Fall ist (z. B. über UPDATE WHERE CURRENT OF CURSOR). In Abb. 14.14 sind – in Anlehnung an [GRAY93] – zwei äquivalente Programme gezeigt, die eine derartige Vorgehensweise zur Berechnung einer Gehaltserhöhung befolgen und für die das Lost-Update-Problem bei Unterstützung von Cursor Stability umgangen wird. Eine Trace-Analyse für Anwendungen des relationalen DBS DB2 in [SING97] ergab, daß kurze Satzsperren (welche als Cursor-Sperren bezeichnet wurden) einen Großteil aller Sperren ausmachen.

Dennoch bleibt eine Mitverantwortung des Programmierers zur korrekten Synchronisation, wodurch sich eine hohe Gefährdung der DB-Konsistenz ergibt. Die sauberste Lösung zur Vermeidung des Problems besteht daher darin, kurze Lesesperren höchstens für Lesetransaktionen zuzulassen.

14.5.3 Konsistenzstufen in SQL92

Der SQL92-Standard [DATE97] unterscheidet ebenfalls vier Konsistenzstufen (Isolation Level), jedoch mit unterschiedlicher Definition als die ursprünglichen Festlegungen. Um keine Vorgabe zur Implementierung zu treffen, erfolgte die Definition der Konsistenzstufen hinsichtlich der Anomalien, welche jeweils in Kauf genommen werden (siehe Tabelle 14.1). Dabei wird sinnvollerweise verlangt, daß Lost Updates generell zu verhindern sind.

Konsistenzstufe	Anomalie		
	Dirty Read	Non-Repeatable Read	Phantome
Read Uncommitted	+	+	+
Read Committed	-	+	+
Repeatable Read	-	-	+
Serializable	-	-	-

Tabelle 14.1: SQL92-Konsistenzstufen

Die schwächste Isolationsebene ist READ UNCOMMITTED, welche Konsistenzstufe 1 entspricht (Dirty Reads sind möglich, ebenso Non-Repeatable Reads sowie Phantome). READ UNCOMMITTED ist in SQL92 nur für Lesetransaktionen zulässig. Die Stufe READ COMMITTED entspricht in etwa Konsistenzstufe 2, allerdings ohne Inkaufnahme von Lost Updates. Anstelle von Konsistenzstufe 3 werden jetzt zwei Stufen, nämlich REPEATABLE READ sowie SERIALIZABLE unterschieden. Dabei werden bei REPEATABLE READ Phantome nicht ausgeschlossen (wodurch entgegen der Bezeichnung dieser Konsistenzstufe doch nicht-wiederholbare Lesevorgänge möglich sind). Im Falle von SERIALIZABLE (Serialisierbarkeit) sind sämtliche Anomalien, auch Phantome, auszuschließen.

Die Wahl der Konsistenzstufe erfolgt transaktionsbezogen durch die Anweisung SET TRANSACTION, die folgendermaßen aufgebaut ist:

SET TRANSACTION <tx mode>, ISOLATION LEVEL <level>

Für Transaktionsmodus (tx mode) bestehen zwei Alternativen: READ WRITE (Default), falls Änderungen möglich sein sollen, bzw. READ ONLY. Für ISOLATION LEVEL kann eine der vier Stufen aus der Tabelle angegeben werden; Default ist SERIALIZABLE. Falls das jeweilige DBS einen gewünschten Isolationsgrad nicht unterstützt, ist die nächst-restriktivere Stufe zu verwenden. Daraus folgt, daß SQL92-konforme DBS mindestens Serialisierbarkeit realisieren müssen.

Eine Kritik zu der SQL92-Standardisierung der Konsistenzstufen findet sich in [BERE95]. Dabei wird vor allem beanstandet, daß die Anomalien im Standard zu restriktiv definiert wurden, so daß z. B. die Probleme wie in Abb. 14.3 oder Abb. 14.4 (inkonsistente Analyse) damit nicht erfaßt wurden. Weiterhin wurden Dirty Writes im Standard als Anomalie nicht explizit ausgeschlossen.

14.6 Hierarchische Sperrverfahren

Die Leistungsfähigkeit eines Synchronisationsverfahren ist in hohem Maße von dem Synchronisationsgranulat abhängig, da es sowohl das Ausmaß an Konflikten als auch den Verwaltungsaufwand bestimmt. Werden z. B. Sperren auf groben Granulaten gesetzt, etwa einzelnen Dateien oder gar der gesamten Datenbank, sind nur wenige Sperren zu setzen; der Verwaltungsaufwand ist somit gering. Allerdings wird es zu vielen Konflikten kommen, da große Teile der Datenbank blockiert sind. Dies ist besonders von Nachteil, wenn nur ein kleiner Teil der gesperrten Daten tatsächlich benötigt wird. Umgekehrt erlauben feine Sperrgranulate wie einzelne Sätze eine hohe Parallelität, verursachen jedoch einen hohen Overhead zur Wartung der Sperrtabelle. Wenn eine Transaktion etwa alle Sätze einer Relation auszuwerten hat, können bei Satzsperren viele Tausende von Sperranforderungen notwendig werden, die einen erheblichen Bearbeitungsaufwand erfordern sowie die Sperrtabelle stark aufblähen. In diesem Fall wäre das Setzen einer einzigen Relationensperre vorzuziehen.

Es ist somit notwendig, mehrere Sperrgranulate zu unterstützen (multigranularity locking [BERN97]), um flexible Kompromisse hinsichtlich Parallelität und Verwaltungsaufwand zu ermöglichen. Insbesondere können dann z. B. kurze Transaktionen mit einem feinen Granulat synchronisiert werden (hohe Parallelität), während für komplexe Anfragen grobe Granulate (geringer Aufwand) wählbar sind. Die Realisierung eines derartigen Sperrverfahrens wurde in [GRAY76] vorgestellt. Der Ansatz wird üblicherweise als *hierarchisches Sperrverfahren* bezeichnet, da die Sperrgranulate häufig eine Hierarchie wie in Abb. 14.15 a bilden. Die Hierarchiebildung kann zur Einsparung vieler Sperren und damit zur Reduzierung des Verwaltungsaufwandes genutzt werden. Denn eine Lese- oder Schreibsperre auf einem Objekt (z. B. Relation R) hat dabei zur Folge, daß alle Nachfolgeknoten in der Objekthierarchie (z. B. alle Seiten oder Sätze von R) implizit mitgesperrt werden und somit für diese keine eigenen Sperranforderungen mehr zu stellen sind.

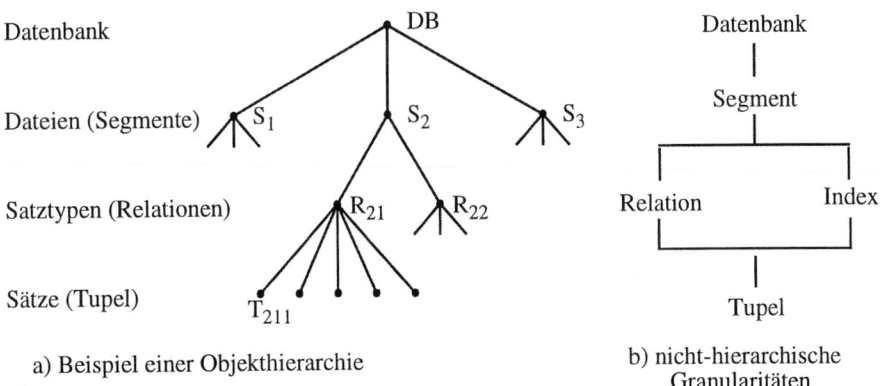

a) Beispiel einer Objekthierarchie

b) nicht-hierarchische Granularitäten

Abb. 14.15:   Verwendung mehrerer Sperrgranulate

Kommerzielle DBS unterstützen zumeist mindestens 2-stufige Objekthierarchien, z. B. Dateien (Segmente) und Seiten bzw. Satztypen (Relationen) und Sätze (Tupel). Die Erfahrung zeigt, daß Seitensperren als feinstes Granulat zwar vorteilhaft in Bezug auf den Realisierungs-aufwand sowie Verwaltungs-Overhead sind, jedoch insgesamt zu viele Konflikte verursachen (z. B. für Katalogangaben und sonstige häufiger geänderte Objekte). Für eine hohe Leistungs-fähigkeit ist daher die Unterstützung von Satzsperren notwendig. Bei der Ausführung von Transaktionen werden die Sperren zunächst meist auf dem feinsten Granulat (z. B. Satzebene) angefordert. Wird ein bestimmter Schwellwert an Sperren für eine Transaktion überschritten, erfolgt ein Umschalten auf das nächstgröbere Granulat (*Escalation*)[4]. Für komplexe Anfra-gen werden von vornehein grobe Granulate gewählt, z. B. Relationensperren zur Durchfüh-rung von Relationen-Scans.

Der hierarchische Sperransatz ist nicht auf reine Objekthierarchien beschränkt, sondern auch auf halbgeordnete Objektmengen anwendbar, so daß die Sperrgranulate in einem gerich-teten azyklischen Graphen (Directed Acyclic Graph, DAG) angeordnet sind [GRAY76, GRAY93]. Wie das Beispiel in Abb. 14.15 b zeigt, sind dabei zu einzelnen Objekten (z. B. Sätzen) mehrere übergeordnete Granulate möglich (z. B. Relationen und Indexstrukturen). Auch ist die Berücksichtigung mehrerer Synchronisationsgranulate nicht auf Sperrverfahren beschränkt, sondern in analoger Weise z. B. für optimistische Protokolle und Zeitmarkenver-fahren möglich [CARE83]. Diese Erweiterungen sollen hier jedoch nicht näher betrachtet werden.

14.6.1 Anwartschaftssperren

Ein Problem bei der Verwendung mehrerer Sperrgranulate besteht darin, daß unverträgliche Zugriffe, für die Sperren auf unterschiedlichen Ebenen in der Objekthierarchie gesetzt wer-den, verhindert werden müssen. Wenn z. B. eine Transaktion T_1 eine Schreibsperre auf einer Relation R erwirbt, fordert sie auf den feineren Granulaten keine Sperren mehr an. Dennoch ist zu verhindern, daß eine Transaktion T_2 unbemerkt eine Satzsperre für R bewilligt be-kommt. Die Lösung dieses Problems besteht darin, daß neben expliziten Schreib- oder Lese-sperren auf einer bestimmten Granularitätsstufe alle Vorgängerknoten innerhalb der Sperrhier-archie durch sog. *Anwartschaftssperren* (intention locks) zu sperren sind. Diese Anwart-schaftssperren zeigen die Absicht an, einen Zugriff auf einer tieferen Ebene vorzunehmen und verhindern unverträgliche Sperren auf den höheren Ebenen. Für ein RX-Sperrverfahren wer-den dabei zunächst zwei Arten von Anwartschaftssperren, IR und IX, unterschieden, deren Verträglichkeit die Matrix in Abb. 14.16 a zeigt:

---

[4]   Die umgekehrte Vorgehensweise wäre, mit einem groben Sperrgranulat zu beginnen und nach einem Konflikt das Granulat zu verfeinern (De-Escalation). Die Verfeinerung der Sperren würde jedoch erfordern, die Zugriffe einer Transaktion von Beginn an auf der feineren Granulatsstufe mitzuführen. Damit würden jedoch durch die groben Sperrgranulate keine Einsparungen mehr beim Verwaltungs-aufwand erzielt. Das objektorientierte DBS O2 bietet seit Version 5 ein „adaptive locking" an, bei dem nach einem Konflikt auf Seitenebene auf feinere Objektsperren umgeschaltet wird.

– Eine IR-Sperre (Intention Read) einer Transaktion signalisiert, daß auf einer feineren Granularitätsstufe eine R-Sperre folgt. Sie ist verträglich mit anderen Anwartschaftssperren (IR oder IX) sowie expliziten R-Sperren.

– Eine IX-Sperre (Intention eXclusive) signalisiert eine X-Sperre auf tieferer Stufe. Sie ist nur mit anderen Anwartschaftssperren (IX oder IR) verträglich, nicht jedoch mit expliziten R- oder X-Sperren.

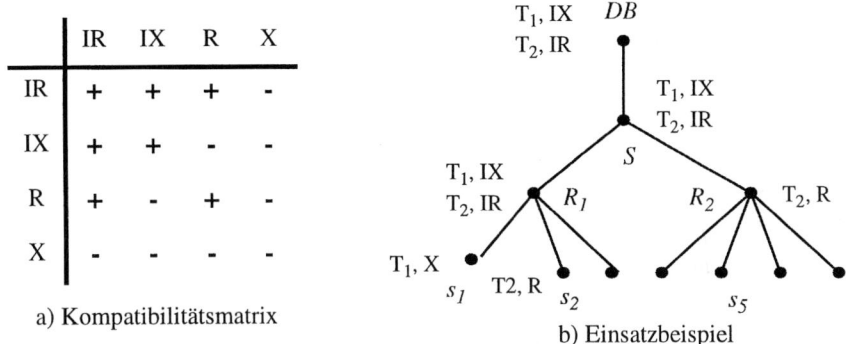

	IR	IX	R	X
IR	+	+	+	-
IX	+	+	-	-
R	+	-	+	-
X	-	-	-	-

a) Kompatibilitätsmatrix

b) Einsatzbeispiel

Abb. 14.16: Einfaches hierarchisches Sperrverfahren

Das Setzen der Sperren muß dabei von der Wurzel ausgehend nach unten in der Hierarchie erfolgen; die Freigabe von Sperren in der umgekehrten Richtung (also Bottom-up). Bevor ein Knoten mit R oder IR gesperrt wird, sind alle Vorgänger in der Hierarchie für die betreffende Transaktion im IR- oder IX-Modus zu sperren. Für eine X- oder IX-Sperre sind alle Vorgängerknoten mit einer IX-Sperre zu belegen.

Ein Einsatzbeispiel für dieses Sperrprotokoll zeigt Abb. 14.16b. Transaktion T_1 verwendet Satzsperren und hat eine X-Sperre auf Satz s_1 erworben; die drei Vorgängerknoten (Relation R_1, Segment S sowie die DB-Wurzel) sind mit einer IX-Sperre belegt. Die Lesetransaktion T_2 hält eine R-Sperre auf der gesamten Relation R_2 und vermeidet somit einzelne Satzsperren für diese Relation. Außerdem hält T_2 eine R-Sperre auf Satz s_2 von R_1, was ohne Konflikt mit T_1 möglich ist. T_2 hält IR-Sperren für Datenbank, Segment sowie Relation R_1. Wenn nun eine dritte Transaktion T_3 eine X-Sperre auf Satz s_5 in Relation R_2 benötigt, sind zunächst die Vorgängerknoten von s_5 mit einer IX-Sperre zu belegen. Dabei kommt es auf Relationenebene zu einem Sperrkonflikt, da für R_2 bereits eine R-Sperre vorliegt. T_3 kann die IX-Sperre für R_2 sowie die X-Sperre für s_5 somit erst nach Freigabe der Sperren von T_2 erhalten.

Das skizzierte Protokoll führt in einigen Fällen noch zu relativ vielen Behinderungen, insbesondere wenn in einem Satztyp zahlreiche Lesezugriffe, jedoch auch einige Änderungen vorzunehmen sind. Das Setzen einer X-Sperre in diesem Fall ist restriktiv und bedeutet eine erhebliche Beschränkung der Parallelität. Als Abhilfe für solche Situationen wurde die Verwendung eines zusätzlichen Sperrmodus, die RIX-Sperre, vorgeschlagen. Eine *RIX-Sperre* entspricht dabei einer Kombination von R- und IX-Sperre. Das bedeutet, sie erlaubt ein Lesen des Objektes sowie aller Nachfolgeknoten, ebenso wie das Ändern von Nachfolgerknoten.

Dabei sind nur für die Änderungen explizite X-Sperren erforderlich. Die Kompatibilität der RIX-Sperre ist Abb. 14.17 a zu entnehmen.

In der Kompatibilitätsmatrix ist zusätzlich noch die bereits in Abschnitt 14.4 diskutierte U-Sperre enthalten, welche zur Vermeidung von Konversions-Deadlocks dient. Die U-Sperre, welche ein Lesen mit Änderungsabsicht anzeigt, gestattet dem Sperrbesitzer ein Lesen des Objektes sowie der Nachfolgeobjekte. Zur Änderung erfolgt eine Konversion in eine X-Sperre. Das Setzen einer U-Sperre erfordert, ebenso wie eine X-, IX- oder RIX-Anforderung, daß alle Vorgängerknoten im RIX- oder IX-Modus gehalten werden.

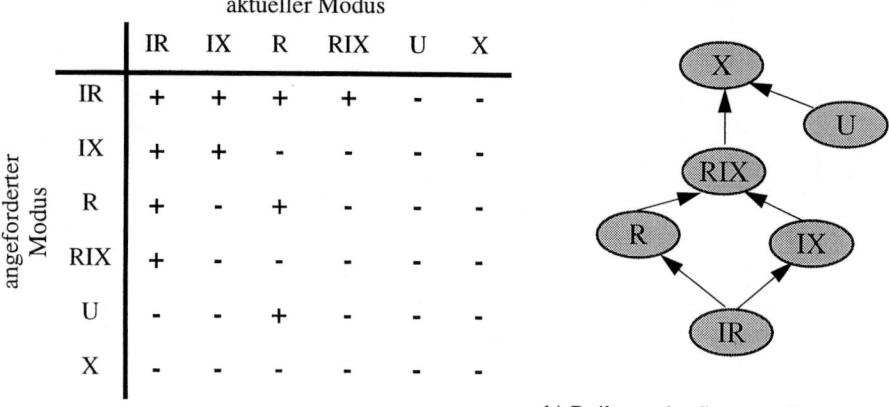

a) Kompatibilitätsmatrix

b) Reihung der Sperrmodi zur Durchführung von Konversionen

Abb. 14.17:   Verfeinerung des hierarchischen Sperrprotokolls

Aufgrund der größeren Anzahl von Sperrmodi als beim RX-Verfahren ergeben sich vielfältigere Möglichkeiten für Sperrkonversionen. Falls eine Transaktion zwei unterschiedliche Sperren für ein Objekt benötigt, ist jeweils das Maximum der Modi anzufordern bzw. eine bereits vorliegende Sperre in diesen Modus zu konvertieren. Hierbei wird die in Abb. 14.17 b gezeigte Ordnung zwischen den Sperrmodi berücksichtigt, wobei IR den schwächsten und X den restriktivsten Modus darstellt. Wenn eine Transaktion z. B. eine IX-Sperre für ein Objekt hält und eine U-Sperre benötigt, ist eine Konversion in eine X-Sperre erforderlich.

14.6.2 Hierarchische Sperren in objektorientierten DBS

Die Verwendung hierarchischer Sperren ist nicht auf relationale DBS beschränkt, sondern kann z. B. auch für objektorientierte DBS (OODBS) vorteilhaft genutzt werden. Dabei kann das Konzept nicht nur für die Granularitätshierarchie, sondern auch auf Generalisierungs- und Aggregationshierarchien übertragen werden [GARZ88, REZE97]. Für das Beispiel in Abb. 14.18 a würde z. B. eine explizite Sperre auf Person implizit alle Subklassen sperren, also Angestellte, Studenten und Hilfskräfte. Besondere Probleme entstehen, wenn keine reinen Hierarchien vorliegen, sondern Objekte über verschiedene Pfade erreicht werden können, beispielsweise bei einer Generalisierungshierarchie aufgrund von Mehrfachvererbung. Für Abb. 14.18 a würde so eine explizite R-Sperre auf Angestellte nicht ausreichen, um parallele Ände-

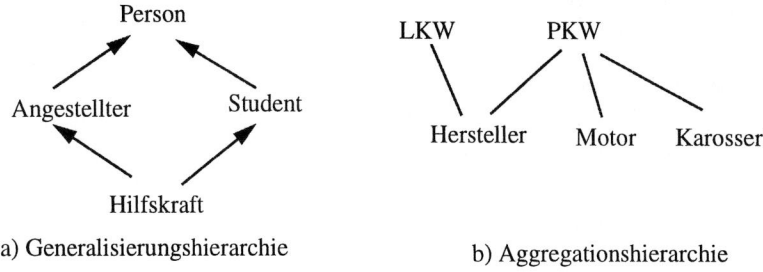

a) Generalisierungshierarchie   b) Aggregationshierarchie

Abb. 14.18:   Beispiel von Generalisierungs- und Aggegationshierarchien

rungen von Hilfskräften zu verhindern, da diese auch über die Klasse Student erreichbar sind. Im ORION-System [GARZ88] wurde dieses Problem dadurch gelöst, indem bei einer expliziten Sperre auf einer Klasse K zusätzlich noch explizite Sperren auf all den Subklassen von K gesetzt werden, welche mehr als eine Superklasse aufweisen. Im Beispiel müßte somit die Klasse Hilfskraft stets gesperrt werden, falls eine explizite Sperre auf Angestellte oder Student verlangt wird.

Die Verwendung hierarchischer Sperren bei Aggregationshierarchien (Abb. 14.18 b) zielt darauf ab, ein komplexes Objekt (z. B. einen PKW) mit all seinen heterogenen Komponentenobjekten möglichst mit einer expliziten Objektsperre zu sperren. Dabei müssen unverträgliche Zugriffe auf Teilkomponenten ausgeschlossen werden, obwohl diese ggf. Teil von mehreren komplexen Objekten sind (z. B. Hersteller) und somit über unterschiedliche Wurzelobjekttypen erreicht werden können. In ORION wurde hierzu eine restriktive Lösungsmethode gewählt. Dabei erfolgt das Sperren eines komplexen Objekts durch eine explizite Sperre des Wurzelobjekts; zugleich müssen jedoch spezielle Anwartschaftssperren auf allen Komponentenklassen der Aggregationshierarchie gesetzt werden, welche Lese- und Änderungszugriffe auf diesen Klassen stark einschränken [GARZ88]. So wird z. B. zum Ändern eines PKW-Objektes eine X-Sperre auf dem PKW-Objekt sowie eine IX-Sperre auf der PKW-Klasse erforderlich, daneben spezielle Anwartschaftssperren auf den Komponentenklassen Hersteller, Motor und Karosserie. Diese Sperren sind nicht verträglich mit expliziten Sperren für Objekte dieser Komponentenklassen, so daß die Parallelität stark eingeschränkt wird.

In [REZE97] wird dagegen vorgeschlagen, in den Komponentenklassen mit mehreren Vorgängern in der Aggregationshierarchie Sperren auf Objektebene zu setzen. Zur Aufwandsbegrenzung werden dabei jedoch nur diejenigen Objekte explizit gesperrt, die tatsächlich mehr als 1 Vorgängerobjekt aufweisen und die daneben tatsächlich von der betreffenden Transaktion referenziert werden. Hierzu wird vorausgesetzt, daß zwischen Komponentenobjekten und übergeordneten Objekten bidirektionale Verbindungen bestehen. Damit kann zu einem Teilobjekt schnell ermittelt werden, wieviele und welche übergeordneten Objekte vorliegen. Der Ansatz gestattet somit den parallelen (Schreib-) Zugriff auf mehrere komplexe Objekte derselben sowie verschiedener Aggregationshierarchien, solange die komplexen Objekte keine gemeinsamen Teilobjekte aufweisen. Die Vorgehensweise kann auch auf Generalisierungshierarchien angewandt werden [REZE97].

14.7 Deadlock-Behandlung

Eine mit Sperrverfahren einhergehende Interferenz ist die Gefahr von Verklemmungen oder Deadlocks. Es handelt sich um ein allgemeines Problem bei der Betriebsmittelvergabe und ist durch das Zusammentreffen von fünf Voraussetzungen gekennzeichnet [COFF71]:

1. Paralleler Objektzugriff durch mehrere Transaktionen

2. Exklusive Zugriffsanforderungen

3. Die eine Sperre anfordernde Transaktion besitzt bereits Sperren

4. Keine vorzeitige Freigabe von Sperren (non-preemption) sowie

5. Zyklische Wartebeziehung zwischen zwei oder mehr Transaktionen.

Die charakterisierende Eigenschaft ist dabei die zyklische Wartebeziehung, die den weiteren Fortgang aller beteiligten Transaktionen verhindert. Die wechselseitigen Blockierungen führen oft dazu, daß weitere Transaktionen auf die blockierten Transaktionen warten müssen, so daß signifikante Leistungsprobleme eintreten können. Daher gilt es, Deadlocks möglichst rasch aufzulösen bzw. zu verhindern. Hierzu genügt es, daß eine der genannten Voraussetzungen wegfällt, wobei jedoch die zwei ersten Voraussetzungen im DB-Bereich unumgänglich sind. Stattdessen werden Deadlocks in der Regel über Eigenschaft 4 aufgehoben, nämlich durch Abbrechen einer am Deadlock beteiligten Transaktion und der damit verbundenen vorzeitigen Freigabe von Sperren. Einige Verfahren umgehen Eigenschaft 3 (Preclaiming) bzw. verhindern das Zustandekommen zyklischer Wartebeziehungen (Eigenschaft 5).

Wir diskutieren im folgenden vier generelle Ansätze zur Deadlock-Behandlung, nämlich Deadlock-Verhütung, Deadlock-Vermeidung, Timeout sowie Deadlock-Erkennung.

14.7.1 Deadlock-Verhütung

Die Deadlock-Verhütung (prevention) ist dadurch gekennzeichnet, daß die Entstehung von Deadlocks verhindert wird, ohne daß dazu irgendwelche Maßnahmen während der Abarbeitung der Transaktionen erforderlich sind. In diese Kategorie fallen vor allem die sog. *statischen* oder *Preclaiming-Sperrverfahren*, bei denen eine Transaktion alle benötigten Sperren bereits bei BOT anfordern muß (Abb. 14.10 b). Die eigentliche Ausführung einer Transaktion kann erst nach Erwerb aller benötigten Sperren beginnen. Zur Behandlung von Sperrkonflikten während der Preclaiming-Phase kommen zwei Varianten in Betracht. Eine Möglichkeit besteht darin, bei einem Sperrkonflikt alle bereits erworbenen Sperren freizugeben und die Sperranforderungen zu einem späteren Zeitpunkt erneut zu versuchen. In diesem Fall werden Deadlocks verhütet, da die dritte Voraussetzung entfällt. Eine Alternative besteht darin, bei einem auftretetenden Sperrkonflikt auf die Freigabe der Sperre zu warten. Zyklische Wartebeziehungen (Eigenschaft 5) können dabei umgangen werden, indem jede Transaktion die benötigten Sperren in einer auf den Objektbezeichnungen festgelegten Reihenfolge anfordert.

Der Preclaiming-Ansatz ist im BS-Bereich weit verbreitet, hat für DBS jedoch das Problem, daß bei Beginn einer Transaktion i. allg. höchstens Obermengen der zu referenzierenden Objekte (z. B. ganze Relationen) bekannt sind. Der somit verursachte Grad an Sperrkonflikten ist daher in der Regel inakzeptabel. Dies gilt um so mehr, da die Sperren während der gesamten Transaktionslaufzeit zu halten sind; weiterhin können bis zum Erwerb aller Sperren sehr lange Verzögerungen eintreten. Wegen dieser Schwächen hat der Preclaiming-Ansatz praktisch keine Relevanz für Datenbanksysteme. Wir gehen daher im weiteren von *dynamischen Sperrverfahren* aus, bei denen die Sperren während der Transaktionsverarbeitung (unmittelbar vor einem Objektzugriff) angefordert werden.

14.7.2 Deadlock-Vermeidung

Im Gegensatz zur Verhütung wird bei der Deadlock-Vermeidung (avoidance) von dynamischen Sperrverfahren ausgegangen. Es ist eine Laufzeitunterstützung notwendig, um Deadlocks zu vermeiden. Dazu wird bei Eintreten eines Sperrkonflikts überprüft, ob die Blockierung der in Konflikt geratenen Transaktion möglicherweise einen Deadlock verursacht. Die Deadlock-Vermeidung erfolgt daraufhin durch Zurücksetzen von am potentiellen Deadlock beteiligten Transaktionen. Für eine solche Deadlock-Vermeidung gibt es unterschiedliche Verfahren, auf die im folgenden näher eingegangen wird. Generell gilt, daß die Verfahren anstelle von Blockierungen vermehrt Rücksetzungen verursachen. Da keine genaue Erkennung von Deadlocks vorgenommen wird, kommt es dabei stets zu Rücksetzungen, ohne daß tatsächlich ein Deadlock vorliegt.

14.7.2.1 Immediate Restart (No Waiting)

Ein einfacher Vermeidungsansatz besteht darin, im Falle eines Sperrkonfliktes die in Konflikt geratene Transaktion (bzw. den Sperrbesitzer) abzubrechen, so daß keinerlei Blockierungen auftreten. Dieser *Immediate Restart*-Ansatz verursacht jedoch eine extreme Anzahl von Rücksetzungen und scheidet daher für den praktischen Einsatz aus.

14.7.2.2 Wait Depth Limited (WDL)

Bei WDL-Verfahren [FRAN92] werden Blockierungen zugelassen, jedoch nur bis zu einer bestimmten „Wartetiefe" (wait depth)[5]. Von Interesse sind hier nur WDL-Verfahren mit maximaler Wartetiefe 1, bei denen ein Warten nur auf nicht-blockierte (laufende) Transaktionen erfolgt. Wartebeziehungen über zwei oder mehr Stufen werden nicht zugelassen, so daß keine Deadlocks möglich sind. Für die Sicherstellung der WDL-Eigenschaft können unterschiedliche Ansätze zur Auswahl der zurückzusetzenden Transaktion gewählt werden [FRAN92, HSU93].

Eine Möglichkeit ist *Running Priority* [FRAN85] mit der in Abb. 14.19 .illustrierten Konfliktbehandlung. Eine Transaktion T_i, welche in einen Sperrkonflikt mit Transaktion T_j gerät,

---

[5] Die Wartetiefe läßt sich rekursiv wie folgt definieren [WEIK94]: eine nicht-blockierte Transaktion hat Wartetiefe 0. Eine Transaktion, welche auf die Sperre einer Transaktion mit Wartetiefe i wartet, hat Wartetiefe i+1.

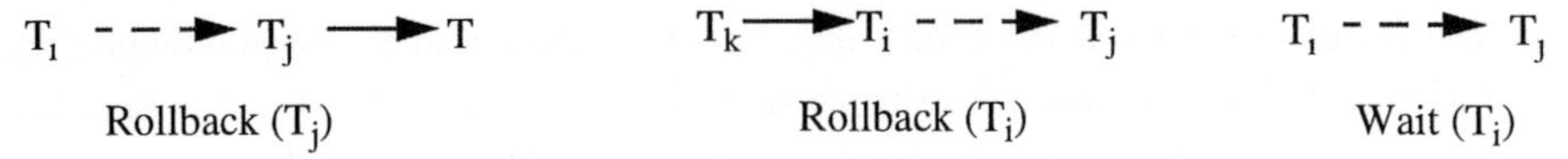

$$T_I \dashrightarrow T_j \longrightarrow T \qquad\qquad T_k \longrightarrow T_i \dashrightarrow T_j \qquad\qquad T_I \dashrightarrow T_J$$

Rollback (T_j) · Rollback (T_i) · · · · · · · · · · · · · · · · · · Wait (T_i)

Abb. 14.19:   Konfliktbehandlung bei Running Priority
(Sperranforderung von T_i gerät in Konflikt mit T_j)

wartet dabei nicht, falls T_j zu diesem Zeitpunkt bereits blockiert ist. In diesem Fall wird T_j abgebrochen und die Sperre für T_i gewährt, womit die WDL-Eigenschaft gewahrt und die laufende Transaktion T_i bevorzugt wird. Falls T_j dagegen nicht blockiert ist, muß noch berücksichtigt werden, ob bereits eine Transaktion T_k auf T_i wartet. In diesem Fall wird T_i abgebrochen, um zu verhindern, daß T_k auf eine blockierte Transaktion wartet. Ansonsten wartet T_i auf T_j (Abb. 14.19)

In [FRAN92] wird ein ähnliches WDL-Verfahren vorgeschlagen, bei der zur Bestimmung der zurückzusetzenden Transaktion jedoch eine genauere Analyse erfolgt. Insbesondere wird empfohlen, keine Rücksetzung von Transaktionen mit einer hohen Anzahl von Sperren vorzunehmen, da ansonsten ein hoher Aufwand zur erneuten Ausführung der Transaktion notwendig wird.

14.7.2.3   Verwendung von Transaktionszeitmarken (Wait/Die, Wound/Wait)

Bei diesen Ansätzen wird jeder Transaktion T bei BOT eine eindeutige Zeitmarke *ts (T)* zugewiesen, wobei diese durch jeweiliges Inkrementieren eines Zählers abgeleitet werden kann. Eine jüngere Transaktion hat somit eine größere Zeitmarke als eine ältere Transaktion. Zyklische Wartebeziehungen können damit vermieden werden, indem bei einem Sperrkonflikt nur die ältere (jüngere) der beteiligten Transaktionen warten darf. Wartebeziehungen über mehrere Stufen hinweg sind im Gegensatz zu den WDL-Verfahren möglich.

Beispiele für solche Techniken sind die Verfahren Wait/Die und Wound/Wait [ROSE78]. Diese Ansätze wurden ursprünglich für Verteilte DBS vorgeschlagen, wo sie eine Deadlock-Vermeidung ohne zusätzlichen Kommunikationsaufwand gestatten; sie sind jedoch auch für zentralisierte DBS anwendbar. Die bei Wait/Die bzw. Wound/Wait verwendete Behandlung von Sperrkonflikten zeigt Abb. 14.20. Im *Wait/Die-Verfahren* (Abb. 14.20 a) darf die die Sperre anfordernde Transaktion T_i nur dann warten, wenn sie älter ist als die Transaktion T_J, welche die Sperre besitzt. Ist sie dagegen jünger, so wird T_i zurückgesetzt. Damit warten bei

if *ts (T_i)* < *ts (T_j)* { T_i älter als T_j } then WAIT (T_i) else Rollback (T_i) { "Die" }	if *ts (T_i)* < *ts (T_j)* { T_i älter als T_j } then Rollback (T_j) { "Wound" } else WAIT (T_i)
a) Wait/Die	b) Wound/Wait

Abb. 14.20:   Konfliktbehandlung bei Wait/Die und Wound/Wait [RAHM94]
(Sperranforderung von T_i gerät in Konflikt mit T_j)

diesem Ansatz stets ältere Transaktionen auf jüngere, jedoch nicht umgekehrt. Im *Wound/Wait-Verfahren* (Abb. 14.20 b) dagegen warten stets jüngere Transaktionen auf ältere. Ist die anfordernde Transaktion T_i älter als der Sperrbesitzer T_j, so wird der Sperrbesitzer abgebrochen (preemptiver Ansatz). In beiden Fällen werden ältere Transaktionen bevorzugt, da Rücksetzungen stets die jüngeren der am Konflikt beteiligten Transaktionen treffen. Die Bevorzugung älterer Transaktionen ist bei Wound/Wait besonders ausgeprägt, wo sogar der Sperrbesitzer abgebrochen wird, falls er jünger ist als die anfordernde Transaktion. In der Simulationsstudie [AGRA87b] zeigte Wound/Wait ein konsistent besseres Leistungsverhalten als Wait/Die.

Wie bei allen Verfahren zur Deadlock-Vermeidung, kann es jedoch für beide Verfahren zu Rücksetzungen kommen, ohne daß ein Deadlock vorliegt. Im Beispiel von Abb. 14.21 tritt mit einem RX-Protokoll für die kursiv markierten Zugriffe jeweils ein Sperrkonflikt auf, es liegt jedoch kein Deadlock vor. Für Wait/Die wird beim Sperrkonflikt von T2 diese Transaktion abgebrochen, da sie jünger ist als T_1. Der zweite Sperrkonflikt führt zur Blockierung (wait) von T_1, da sie älter ist als der Sperrbesitzer T_3. Bei Wound/Wait dagegen führt der erste Sperrkonflikt zu einem Warten von T_2; beim zweiten Konflikt wird der jüngere Sperrbesitzer T_3 abgebrochen.

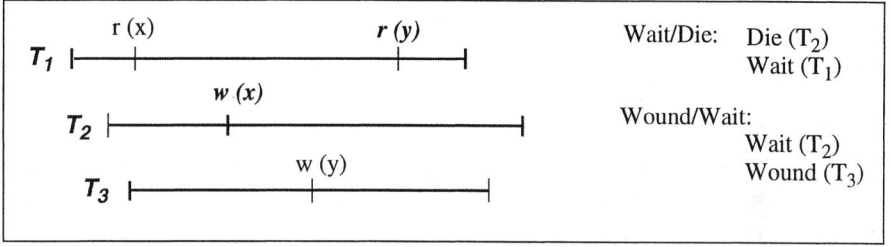

Abb. 14.21:   Sperrsituation zur Deadlock-Vermeidung

Wait/Die und Wound/Wait basieren beide auf statischen Zeitmarken, da sie während der Ausführung der Transaktion nicht mehr geändert werden. In [BAYE82] wurde die Verwendung dynamischer Zeitmarken vorgeschlagen, um die Anzahl von Rücksetzungen zu reduzieren. Bei *dynamischen Zeitmarken* erfolgt die Bestimmung der Transaktionszeitmarke erst beim ersten Sperrkonflikt. Damit kann stets eine Zeitmarke gewählt werden, so daß der Konflikt ohne Rücksetzung überstanden wird. Im Beispiel von Abb. 14.21 verursachte Wait/Die die Rücksetzung von T_2, obwohl kein Deadlock vorlag. Mit dynamischen Zeitmarken weist man nun T_2 zum Konfliktzeitpunkt eine kleinere Zeitmarke als T_1 zu, so daß T_2 auf die Sperre warten kann, anstatt zurückgesetzt zu werden.

14.7.2.4   Verwendung von Zeitintervallen

Eine weitere Reduzierung von Rücksetzungen kann mit der Verwendung von *Zeitintervallen* anstelle von Zeitmarken erreicht werden [BAYE82, NOE87]. Das Zeitintervall einer Transaktion legt dabei die mögliche Position der Transaktion in der Serialisierungsreihenfolge fest; es ist zunächst unendlich groß und wird bei jedem Sperrkonflikt dynamisch verkleinert. Eine Rücksetzung von T_i wird erst bei leerem Intervall notwendig, das bei einem Sperrkonflikt mit einer Transaktion T_j mit disjunktem Zeitintervall und „falscher" zeitlichen Relation zum eigenen Intervall entsteht (z. B. wenn nur auf ältere Transaktionen gewartet werden soll, die Intervallgrenzen von T_j jedoch größer sind als von T_i).

14.7.3 Timeout-Verfahren

Bei diesem sehr einfachen und billigen Verfahren wird eine Transaktion zurückgesetzt, sobald ihre Wartezeit auf eine Sperre eine festgelegte Zeitschranke (Timeout, z. B. 5 s) überschreitet. Da ein Deadlock von alleine nicht verschwindet, wird irgendwann der Timeout überschritten, so daß jeder Deadlock aufgelöst wird. Das Hauptproblem mit diesem Ansatz ist die geeignete Wahl des Timeout-Wertes. Wird er hoch angesetzt, werden Deadlocks erst nach längerer Zeit aufgelöst, so daß die betroffenen Transaktionen unnötig lange blockiert sind. Ein kleiner Wert dagegen kann zu einer hohen Anzahl unnötiger Rücksetzungen von Transaktionen führen, ohne daß also ein Deadlock vorliegt. Ein akzeptabler Mittelwert hängt von vielen sich ändernden Faktoren ab wie der Lastzusammensetzung, Konfliktwahrscheinlichkeit, Auslastung der Rechner usw.

Leistungsstudien zeigten, daß der Timeout-Ansatz nur im Falle geringer Konflikthäufigkeit hinreichend stabil ist, ansonsten jedoch eine sehr hohe Anzahl von Rücksetzungen verursacht [AGRA87b, RAHM88b]. Dennoch wird der Timeout-Ansatz in einigen kommerziellen DBS (z. B. in Tandem NonStop SQL) eingesetzt, allerdings primär in verteilten Systemen. Hier kommt der einfachen Realisierung sowie der Vermeidung eigener Kommunikationsvorgänge eine besondere Bedeutung zu. Der Timeout-Ansatz ist zudem auch problemlos zur Auflösung von Deadlocks zwischen heterogenen Systemen nutzbar.

14.7.4 Deadlock-Erkennung

Bei der Deadlock-Erkennung (detection) werden sämtliche Wartebeziehungen aktiver Transaktionen explizit in einem *Wartegraphen* (wait-for graph) protokolliert und Verklemmungen durch Zyklensuche in diesem Graphen erkannt. Im Gegensatz zum Abhängigkeitsgraphen (Abschnitt 14.2) sind im Wartegraphen nur aktive Transaktionen berücksichtigt, die an einem Sperrkonflikt beteiligt sind. Die Auflösung eines Deadlocks geschieht durch Rücksetzung einer oder mehrerer der am Zyklus beteiligten Transaktionen. Die Deadlock-Erkennung hat den großen Vorzug, daß nur bei tatsächlich vorliegenden Deadlocks Rücksetzungen stattfinden. Damit werden von allen Verfahren die wenigsten Rücksetzungen erreicht. Im Vergleich zu Vermeidungs- oder Timeout-Strategien ist die Deadlock-Erkennung aufwendiger zu realisieren, jedoch gestaltet sich die Implementierung für zentralisierte DBS noch relativ einfach [AGRA83, JIAN88, GRAY93].

Abb. 14.22 zeigt das Beispiel eines Wartegraphen. Die Kanten zwischen den Transaktionen sind mit dem Objekt gekennzeichnet, für das der Konflikt auftrat. Für die Sperranforderung von T_2 auf Objekt O_1 ist ein Konflikt mit zwei Transaktionen entstanden (die z. B. beide eine

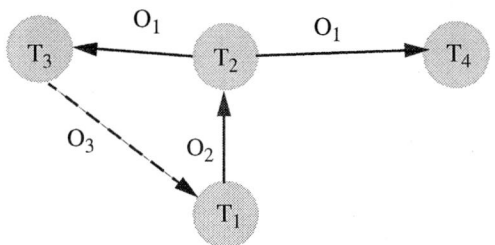

Abb. 14.22: Beispiel eines Wartegraphen

Lesesperren halten). Die Sperranforderung von T_3 auf Objekt O_3 führt zu einem Konflikt mit T_1 (gestrichelte Kante), wodurch zugleich ein Deadlock entsteht, nämlich T_1 -> T_2 -> T_3 -> T_1.

Die Zyklensuche kann bei jedem Sperrkonflikt vorgenommen werden (continuous deadlock detection) oder in periodischen Zeitabständen. Im ersteren Fall wird ein Deadlock zum frühestmöglichen Zeitpunkt aufgelöst. Zudem vereinfacht sich die Suche erheblich, da nur der Teil des Graphen zu berücksichtigen ist, der von der in Konflikt geratenen Transaktion ausgeht. Bei der periodischen Zyklensuche ist stets der ganze Graph zu durchsuchen, dafür kann der Aufwand durch eine seltenere Ausführung begrenzt werden. Allerdings ergibt sich dann wieder eine verzögerte Auflösung von Deadlocks ähnlich wie bei einem Timeout-Ansatz. Bei der Auswahl der „Opfer" können verschiedene Kriterien herangezogen werden, z. B. Minimierung des Arbeitsverlustes oder Einfachheit der Opferbestimmung. Wird bei einem Sperrkonflikt jeweils sofort eine Deadlock-Erkennung vorgenommen, kann ein neuer Deadlock einfach durch Rücksetzung der in den Konflikt geratenen Transaktion umgangen werden (im Beispiel von Abb. 14.22 Transaktion T_3).

In der Simulationsstudie [AGRA87b] wurden verschiedene Strategien zur Deadlock-Erkennung in zentralisierten DBS quantitativ bewertet, wobei nennenswerte Unterschiede zwischen den Ansätzen nur bei höherer Konfliktwahrscheinlichkeit festgestellt wurden. In diesem Fall ist zur raschen Auflösung von Deadlocks die kontinuierliche Deadlock-Erkennung der periodischen vorzuziehen. Hinsichtlich der Auswahl des Opfers schnitten einfache Verfahren wie Abbrechen des Deadlock-Verursachers oder der jüngsten Transaktion eher schlecht ab. Am günstigen war die Rücksetzung der (am Deadlock beteiligten) Transaktion mit der kleinsten Anzahl erworbener Sperren. Das Abbrechen einer Transaktion mit vielen Sperren verursacht nämlich nicht nur einen relativ hoher Verlust bereits getaner Arbeit, sondern durch das erneute Anfordern der Sperren bei der Wiederausführung entsteht für die Transaktion ein entsprechend hohes Risiko, blockiert oder nochmals zurückgesetzt zu werden.

14.7.5 Abschließende Bemerkungen

Die Beurteilung der einzelnen Verfahren ist natürlich auch davon abhängig, wie häufig Deadlocks überhaupt auftreten. In [GRAY81b] wurde gezeigt, daß die Wahrscheinlichkeit von Deadlocks quadratisch mit der Anzahl paralleler Transaktionen und in der vierten Potenz mit der Anzahl von Sperren pro Transaktion steigt. Bei diesem Modell wurde vereinfachend eine konstante Länge aller Transaktionen unterstellt, ebenso eine gleichmäßige Verteilung der Zugriffe über alle Datenbankobjekte. Dies sind jedoch (unrealistische) Best-Case-Bedingungen, welche auch zu sehr geringen Konflikt- und Deadlock-Wahrscheinlichkeiten beitrugen, zumal eine Transaktion üblicherweise nur einen sehr kleinen Anteil der Datenbank referenziert. Unter realistischeren Bedingungen (variable Transaktionslängen, ungleichmäßige Referenzverteilung mit Hot-Spot-Elementen usw.) können sich die Konfliktwahrscheinlichkeiten signifikant erhöhen, wie in [REUT83, THOM91, THOM98] näher modelliert, und empfindliche Leistungseinbußen bewirken.

Dennoch ist klar, daß die Wahrscheinlichkeit von Deadlocks weit geringer als die von Sperrkonflikten ist[6], da bei Deadlocks zwei Konflikte auf demselben Objekt zusammenkommen müssen. Wenn Sperrkonflikte selten gehalten werden können, sind Deadlocks demnach sehr selten. Daher haben im „Normalfall" Deadlocks nur geringe Auswirkungen, wenn keine unnötigen Rücksetzungen – ohne Vorliegen eines Deadlocks – erfolgen. Dies wird von Verfahren zur Deadlock-Erkennung mit zumindest für zentralisierte DBS vertretbarem Aufwand erreicht. Somit stellt die Erkennung erste Wahl zur Deadlock-Behandlung in zentralisierten DBS dar.

Allerdings wurde bereits in [AGRA87b] gezeigt, daß sich in Fällen mit höherer Konfliktwahrscheinlichkeit die Bewertung ändert. Das Problem sind hierbei nicht die Deadlocks, sondern die hohe Zahl von Blockierungen, welche zu einem Thrashing-Effekt führen können, so daß die verfügbare Rechenkapazität nur noch unzureichend genutzt werden kann (Abschnitt 14.9). Für solche Fälle mit geringer Auslastung schneiden bestimmte Verfahren besser ab, welche anstelle von Blockierungen verstärkt Rücksetzungen in Kauf nehmen, z. B. Sperrverfahren mit Deadlock-Vermeidung oder aber auch andere Verfahrensklassen wie optimistische Synchronisationsverfahren. Dieses zunächst überraschende Ergebnis wird von neueren Leistungsanalysen bestätigt [FRAN92, YU96, THOM97]. Simulationsergebnisse in [WEIK94] für synthetische und Trace-Lasten zeigten trotz relativ vieler Rücksetzungen weit bessere Ergebnisse für das WDL-Verfahren aus [FRAN92] gegenüber Standard-Sperrverfahren.

---

[6]   Unter der Bedingung, daß Konversions-Deadlocks, wie in Abschnitt 14.4 diskutiert, vermieden werden.

14.8 Weitere Verfahrensklassen und Optimierungen

Im folgenden betrachten wir zunächst zwei allgemeine Verfahrensklassen zur Synchronisation, die als Alternativen zu Sperrverfahren vorgeschlagen wurden, nämlich optimistische Verfahren sowie Zeitmarkenverfahren. Während Sperrverfahren primär Blockierungen zur Auflösung von Synchronisationskonflikten einsetzen, steht bei diesen Verfahrensklassen der Einsatz von Transaktionsrücksetzungen im Vordergrund. Ein genereller Vorteil besteht darin, daß Deadlocks umgangen werden können.

Im zweiten Teil des Abschnitts diskutieren wir Ansätze zur Reduzierung von Synchronisationskonflikten, die zum Teil bereits Eingang in kommerzielle DBS gefunden haben. Der in Abschnitt 14.8.3 beschriebene Mehrversionenansatz ist eine generelle und leistungsfähige Synchronisationsform, die in Kombination mit jeder Verfahrensklasse angewandt werden kann. Danach werden noch spezielle Sperrprotokolle zur Behandlung von Hot-Spot-Objekten vorgestellt, welche die Semantik von Änderungen auf solchen Objekten ausnutzen.

14.8.1 Optimistische Synchronisation

Optimistische Synchronisationsverfahren gehen von der Annahme aus, daß Konflikte zwischen Transaktionen seltene Ereignisse darstellen und somit das präventive Sperren der Objekte unnötigen Aufwand verursacht [KUNG81]. Daher greifen diese Verfahren zunächst nicht in den Ablauf einer Transaktion ein, sondern erlauben ein nahezu beliebig paralleles Arbeiten auf der Datenbank. Erst bei Transaktionsende wird überprüft, ob Konflikte mit anderen Transaktionen aufgetreten sind. Gemäß dieser Vorgehensweise unterteilt man die Ausführung einer Transaktion in drei Phasen (Abb. 14.23):

– In der *Lesephase* wird die eigentliche Transaktionsverarbeitung vorgenommen, d. h., es werden Objekte der Datenbank gelesen und modifiziert. Jede Transaktion führt dabei ihre Änderungen auf privaten Kopien in einem ihr zugeordneten *Transaktionspuffer* durch, der für keine andere Transaktion zugänglich ist.

– Beim Commit wird eine *Validierungsphase* gestartet, in der geprüft wird, ob die beendigungswillige Transaktion mit einer parallel zu ihr laufenden Transaktion in Konflikt geraten ist. Im Gegensatz zu Sperrverfahren, bei denen Blockierungen das primäre Mittel zur Behandlung von Synchronisationskonflikten sind, werden hier Konflikte stets durch Zurücksetzen einer oder mehrerer beteiligter Transaktionen aufgelöst. Es ist so mit mehr Rücksetzungen als bei Sperrverfahren zu rechnen; andererseits können bei optimistischen Verfahren keine Deadlocks entstehen.

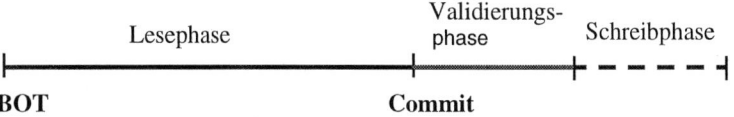

Abb. 14.23: Ausführungsphasen bei optimistischer Synchronisation

– Die *Schreibphase* wird nur von Änderungstransaktionen ausgeführt, welche die Validierungsphase erfolgreich beenden konnten. In dieser Phase wird zuerst die Wiederholbarkeit der Transaktion sichergestellt (Logging), bevor alle Änderungen durch Einbringen in die Datenbank für andere Transaktionen sichtbar gemacht werden.

Die Durchführung von Änderungen auf privaten Objektkopien bringt Vor- und Nachteile mit sich. Zum einen ist es ein allgemeiner Ansatz, andere Transaktionen vor schmutzigen Änderungen zu schützen. Es kann zeitgleich zur Änderung ein Lesezugriff auf die ungeänderte Version erfolgen, wodurch sich möglicherweise eine höhere Parallelität einstellt. Weiterhin sind Rücksetzungen von Transaktionen einfach zu realisieren, da hierzu lediglich die privaten Änderungen der Transaktion „wegzuwerfen" sind, da diese noch nicht in der Datenbank sichtbar gemacht wurden. Andererseits verursachen die Kopien einen höheren Speicherbedarf sowie eine komplexere DB-Pufferverwaltung [PEIN87]. Zudem kann die Schreibphase bei kleinerem Synchronisationsgranulat als Seiten sehr aufwendig werden (s. u.).

14.8.1.1   BOCC vs. FOCC

Um die Validierungen durchführen zu können, werden für jede Transaktion T_i während ihrer Lesephase die Namen von ihr gelesener bzw. geänderter Objekte in einem *Read-Set* RS (T_i) bzw. *Write-Set* WS (T_i) geführt. Wir nehmen an, daß vor jeder Änderung das entsprechende Objekt gelesen wird, so daß der Write-Set einer Transaktion stets eine Teilmenge des Read-Sets bildet. Nach [HÄRD84] lassen sich optimistische Synchronisationsverfahren gemäß ihrer Validierungsstrategie grob in zwei Klassen unterteilen. Bei den rückwärtsorientierten Verfahren (Backward Oriented Optimistic Concurrency Control, *BOCC*) erfolgt die Validierung ausschließlich gegenüber bereits beendeten Transaktionen. Bei den vorwärtsorientierten Verfahren (Forward Oriented Optimistic Concurrency Control, *FOCC*) dagegen wird gegen noch laufende Transaktionen validiert. In beiden Fällen wird durch die Validierung sichergestellt, daß die validierende Transaktion alle Änderungen von zuvor erfolgreich validierten Transaktionen gesehen hat. Damit ist die Serialisierungsreihenfolge durch die Validierungsreihenfolge gegeben.

Im ursprünglichen BOCC-Verfahren nach [KUNG81] wird bei der Validierung überprüft, ob die validierende Transaktion ein Objekt gelesen hat, das während ihrer Lesephase geändert wurde. Dazu wird in der Validierungsphase der Read-Set der validierenden Transaktion T_j mit den Write-Sets aller Transaktionen T_i verglichen, die während der Lesephase von T_j validiert haben (Abb. 14.24 a). Ergibt sich eine Überschneidung mit einem dieser Write-Sets, wird die validierende Transaktion zurückgesetzt, da sie möglicherweise auf veraltete Daten zugegriffen hat (die am Konflikt beteiligten Transaktionen können nicht mehr zurückgesetzt werden, da sie bereits beendet sind). Die Validierungen werden dabei in einem kritischen Abschnitt durchgeführt, der sicherstellt, daß zu einem Zeitpunkt höchstens eine Validierung vorgenommen wird.

Für den Schedule in Abb. 14.25 wird mit diesem BOCC-Protokoll zunächst Transaktion T_2 erfolgreich validiert. Bei der nachfolgenden Validierung von T_3 wird ebenfalls kein Konflikt festgestellt, da y nicht im Write-Set von T_2 enthalten ist (bei einem RX-Verfahren wäre dage-

```
VALID := true;
for (alle während Tⱼ-Ausführung
beendeten Tᵢ) do
    if RS (Tⱼ) ∩ WS (Tᵢ) ≠ ∅
    then VALID := false;
end;
if VALID then Schreibphase für Tⱼ
else Rollback (Tⱼ);
```

```
VALID := true;
for (alle laufenden Tᵢ) do
    if RS (Tᵢ) ∩ WS(Tⱼ) ≠ ∅
    then VALID := false;
end;
if VALID then Schreibphase für Tⱼ
else löse Konflikt auf;
```

a) BOCC

b) FOCC

Abb. 14.24:   Validierung einer Transaktion T_j bei BOCC und FOCC [RAHM94]

gen ein Sperrkonflikt auf y entstanden). Schließlich kommt es bei der Validierung von T_1 wegen x zu einem Konflikt, so daß T_1 abgebrochen wird. Die Serialisierungsreihenfolge lautet $T_2 < T_3$.

Die skizzierte BOCC-Validierung hat den Nachteil, daß Transaktionen oft unnötigerweise (wegen eines „unechten" Konfliktes) zurückgesetzt werden, obwohl die aktuellen Objektversionen gesehen wurden. Dies ist dann der Fall, wenn auf das von einer parallelen Transaktion geänderte Objekt erst nach dem Einbringen in die Datenbank zugegriffen wurde. So wird in obigem Beispiel T_1 unnötigerweise zurückgesetzt, weil der Lesezugriff auf x nach der Schreibphase von T_2 erfolgte und damit die aktuelle Version von x gesehen wurde. Eine Abhilfe des Problems wird jedoch möglich, indem man Änderungszähler oder Versionsnummern an den Objekten führt und eine Rücksetzung nur vornimmt, wenn tatsächlich veraltete Daten gelesen wurden [PRÄD82]. In [RAHM88a] wurde dieser Ansatz als BOCC+ bezeichnet.

Ein schwerwiegenderes Problem ist jedoch die Gefahr des "Verhungerns", daß also Transaktionen bei der Validierung ständig scheitern. Dies ist vor allem für lange Transaktionen zu befürchten, da sie einen großen Read-Set aufweisen und sich gegenüber vielen Transaktionen validieren müssen. Weiterhin verursacht das späte Zurücksetzen am Transaktionsende ein hohes Maß unnötig verrichteter Arbeit.

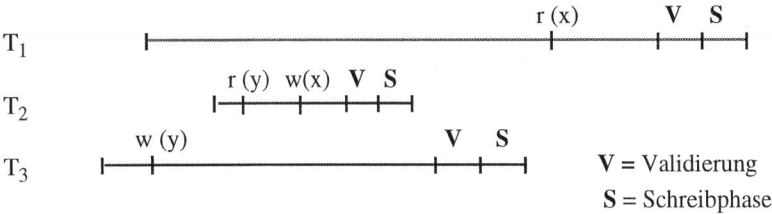

Abb. 14.25:   Szenario für optimistisch synchronisierte Transaktionen

Diese Probleme werden von *FOCC-Verfahren* abgeschwächt. Bei ihnen erfolgt die Validierung nicht gegen bereits beendete Transaktionen, sondern gegenüber aktiven Transaktionen. In der Validierungsphase, die nur von Änderungstransaktionen durchzuführen ist, wird untersucht, ob eine der in der Lesephase befindlichen Transaktionen ein Objekt gelesen hat, das die validierende Transaktion zu ändern im Begriff ist (Abb. 14.24 b). In diesem Fall muß der Konflikt durch Zurücksetzen einer (oder mehrerer) der beteiligten Transaktionen aufgelöst werden. Anstatt der validierenden Transaktion können also auch die betroffenen laufenden Transaktionen zurückgesetzt werden, um z. B. den Arbeitsverlust zu verringern[7]. Auch das Verhungern von Transaktionen kann verhindert werden, in dem z. B. bei der Auswahl der „Opfer" die Anzahl der bereits erfolgten Rücksetzungen berücksichtigt wird. Im Gegensatz zum (ursprünglichen) BOCC-Ansatz führen bei FOCC daneben nur echte Konflikte zu Rücksetzungen.

Für das Beispiel in Abb. 14.25 wird mit dem FOCC-Protokoll zunächst die Änderungstransaktion T_2 erfolgreich validiert, da zu diesem Zeitpunkt keine laufende Transaktion das Objekt x gelesen hat. Ebenso positiv verläuft die Validierung von T_3; für die Lesetransaktion T_1 entfällt die Validierung. Demnach ergeben sich für dieses Beispiel keinerlei Leistungseinbußen bei FOCC; die Serialisierungreihenfolge lautet $T_2 < T_3 < T_1$. Bei einem (RX-) Sperrverfahren dagegen kommt es zu einer Blockierung von T_2 und damit zu einer herabgesetzten Parallelität (Serialisierungsreihenfolge $T_3 < T_2 < T_1$).

Eine Rücksetzung bei FOCC würde für das Beispiel in Abb. 14.25 dann notwendig werden, wenn beispielsweise T_2 auch das Objekt y geändert hätte. Bei der Validierung von T_2 würde dann ein Konflikt mit T_3 erkannt und durch Abbruch einer der beiden Transaktionen behoben werden.

Optimistische Verfahren haben gegenüber Sperrverfahren den Vorteil der Deadlock-Freiheit sowie einer potentiell höheren Parallelität, da Transaktionen nicht aufgrund von Sperrkonflikten blockiert werden. Auf der anderen Seite kann es zu einer hohen Anzahl von Rücksetzungen kommen, da dies die einzige Methode der Konfliktbehebung darstellt. Diese Gefahr besteht vor allem für lange Transaktionen sowie für Zugriffe auf häufig geänderte Datenobjekten. Daneben gibt es für optimistische Verfahren noch einige unzureichend geklärte *Implementierungsprobleme*. Insbesondere ist die Verwendung von Synchronisationsgranulaten kleiner als Seiten (z. B. Sätze) problematisch. Denn da diese Objekte sich auch in ihrer Länge ändern können, sind beim Einbringen der Änderungen im Rahmen der Schreibphase ggf. umfangreiche Folgeänderungen erforderlich [HÄRD84, MOHA92b]. Außerdem ist die Synchronisation auf Indexstrukturen für optimistische Verfahren noch unzureichend untersucht. Aufgrund dieser Probleme haben rein optimistische Synchronisationsverfahren bisher nur geringe Bedeutung erlangt; nahezu alle kommerziellen DBS setzen auf Sperrverfahren als Grundmechanismus zur Synchronisation.

---

[7]   Insbesondere werden bei der sog. *Kill-Variante* (gelegentlich auch als *Broadcast-OCC* bezeichnet) im Konfliktfall stets die noch laufenden Transaktionen abgebrochen (Kill). Bei einem *Die*-Ansatz dagegen „stirbt" die validierende Transaktion.

14.8.1.2 Kombination mit Sperrverfahren

Jedoch ist es möglich, pessimistische und optimistische Synchronisation zu kombinieren, wobei solche hybriden Ansätze schon Eingang in Produkte gefunden haben (z. B. IMS Fast Path [GAWL85], GemStone [BUTT91]). Bei den kombinierten Verfahren erfolgt die Wahl zwischen pessimistischer und optimistischer Synchronisation entweder auf der Ebene von Transaktionen bzw. auf Ebene der Objekte [RAHM88a]. Erstere Methode ist z. B. sinnvoll, um (mit einer pessimistischen Synchronisation) einer langen oder bereits gescheiterten Transaktion ein Durchkommen zu sichern, während der zweite Ansatz vor allem bei Hot-Spot-Objekten angebracht ist, die aufgrund häufiger Änderungen viele Konflikte verursachen. Ein inhärenter Nachteil von solch hybriden Ansätzen ist der hohe Realisierungsaufwand, beide Verfahrensarten zu unterstützen, ohne möglicherweise die Vorteile beider Ansätze tatsächlich zu erreichen (z. B. Vermeidung von Deadlocks).

Eine in [THOM90, YU96] untersuchte Kombination schaltet nach einer gescheiterten Validierung auf ein Sperrverfahren mit Preclaiming um. Dabei werden für alle Objekte der Read- und Write-Sets einer Transaktion vor der erneuten Ausführung Lese- bzw. Sperren gesetzt. Wenn dabei dieselben Objekte erneut referenziert werden, was vor allem bei kurzen Transaktionen wahrscheinlich ist (access invariance [FRAN92, THOM98]), sind keine zusätzlichen Sperren zu setzen und die Deadlock-Freiheit kann bewahrt werden. Von großem Vorteil ist weiterhin, daß vielfach die benötigten Objekte noch im Puffer verweilen, so daß eine entsprechend beschleunigte Wiederausführung erreicht wird (buffer retention effect).

Eine spezielle Kombination aus optimistischer und pessimistischer Synchronisation wird in IMS Fast Path bereits seit ca. 1975 unterstützt [GAWL85], also noch bevor die ersten Publikationen zur optimistischen Synchronisation erschienen. Dabei werden bestimmte Objekte zunächst unsynchronisiert bearbeitet und erst am Transaktionsende während der Konfliktprüfung (Validierung) und Schreibphase gesperrt. Durch die starke Reduzierung der Sperrdauer kommt es zu wesentlich weniger Blockierungen als mit herkömmlichen Sperrverfahren. Daneben wird eine spezielle Validierung eingesetzt, um das Rücksetzrisiko zu reduzieren (siehe Abschnitt 14.8.4).

Eine ähnliche Vorgehensweise wird unter der Bezeichnung *„Optimistic Locking"* in verschiedenen Client/Server-Systemen (Borland u. a.) zur Synchronisation eingesetzt. Dabei erfolgen Änderungen von DB-Objekten auf Client-Seite (z. B. bei cursor-basierter Abarbeitung) zunächst ohne Sperre. Erst beim Einbringen der Änderung beim Commit werden auf dem Server Sperren gesetzt und es wird geprüft, ob Konflikte mit anderen Transaktionen aufgetreten sind (Validierung). Hierzu werden, ähnlich wie bei dem erwähnten BOCC+, Zeitmarken an den Objekten verwendet, mit denen geprüft wird, ob ein zu änderndes Objekt seit seiner Übertragung zum Client von einer anderen Transaktion geändert wurde. Von Vorteil dabei ist, daß Sperren wiederum nur für die Commit-Dauer gesetzt werden. Andererseits können natürlich viele Validierungsfehler auftreten, so daß der Ansatz primär auf Anwendungsbereiche mit wenigen Benutzern beschränkt sein dürfte. Zur Begrenzung des Konfliktrisikos werden in einigen Systemen auch nur Änderungen validiert, womit jedoch keine Serialisierbarkeit mehr erreicht wird (insbesondere sind Non-repeatable Reads möglich).

14.8.2 Zeitmarkenverfahren

Bei diesem Ansatz erhalten Transaktionen bei BOT eine eindeutige Zeitmarke zugeordnet, ähnlich wie bei den Verfahren zur Deadlock-Vermeidung. Jedoch werden jetzt zur Sicherstellung der Serialisierbarkeit anstelle von Sperren Zeitmarken an den Datenobjekten herangezogen. Die Verfahren wurden ursprünglich für verteilte DBS vorgeschlagen, wo die Verwendung der Zeitmarken ohne zusätzliche Kommunikationsvorgänge möglich ist.

Wir beschränken uns hier auf das einfachste Zeitmarkenverfahren (*Basic Timestamp Ordering* [BERN97]), bei dem die Position einer Transaktion in der Serialisierungsreihenfolge bereits a priori durch ihre BOT-Zeitmarke festgelegt wird. Konfliktoperationen verschiedener Transaktionen müssen daher stets in der Reihenfolge der Transaktionszeitmarken erfolgen. Dies erfordert, daß eine Transaktion alle Änderungen von älteren Transaktionen (d. h. Transaktionen mit kleinerem Zeitstempel) sehen muß, jedoch keine Änderungen von jüngeren Transaktionen sehen darf. Werden diese Bedingungen verletzt, wird die betroffene Transaktion zurückgesetzt und mit einem neuen Zeitstempel wiederholt.

Die Überprüfung dieser sehr restriktiven Forderungen geschieht mittels Schreib- und Lesezeitstempel an den Datenobjekten. Der Schreibzeitstempel (write timestamp) *WTS* bzw. der Lesezeitstempel (read timestamp) *RTS* entspricht dabei der Transaktionszeitmarke derjenigen Transaktion, die das Objekt zuletzt geändert bzw. gelesen hat. Ein Lesezugriff einer Transaktion T mit Zeitstempel *ts (T)* auf ein Objekt x ist nicht zulässig, wenn gilt:

$$ts\ (T) < WTS\ (x).$$

Das bedeutet, daß keine jüngere Transaktion als T das Objekt zuletzt geändert haben darf. Analog muß für einen Schreibzugriff geprüft werden, daß keine jüngere Transaktion das Objekt bereits geändert oder gelesen hat, es darf also nicht gelten:

$$ts\ (T) < \text{Max}\ (RTS\ (x), WTS\ (x)).$$

Liegt eine dieser Bedingungen vor, wird die zugreifende Transaktion T zurückgesetzt. Für den Schedule in Abb. 14.26 erfolgen die Zugriffe auf Objekt x in der BOT-Reihenfolge der beiden Transaktionen T_1 und T_2, so daß kein Konflikt vorliegt. Dagegen greift T_1 erst nach der jüngeren Transaktion T_3 auf Objekt y zu, so daß T_1 zurückgesetzt wird.

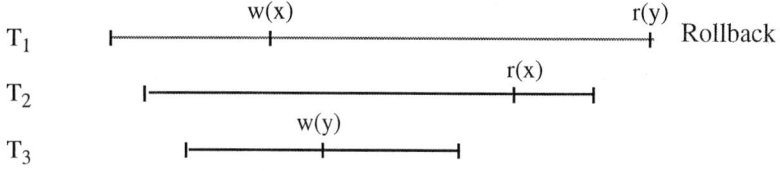

Abb. 14.26:   Szenario zur Zeitmarkensynchronisation

Die Rücksetzgefahr einer Transaktion steigt mit zunehmender Verweildauer im System, da dann entsprechend mehr jüngere Transaktionen auf die noch benötigten Datenobjekte zugreifen können. Damit besteht vor allem für lange Transaktionen eine hohe Rücksetzwahrscheinlichkeit. Weiterhin kann ein „Verhungern" einer Transaktion nicht verhindert werden, da für eine bereits zurückgesetzte Transaktion wiederum eine Rücksetzung notwendig werden kann. Dies kann dazu führen, daß bestimmte Transaktionen u. U. nie zu Ende kommen.

Ein weiterer Nachteil ergibt sich daraus, daß „schmutzige" Änderungen einer Transaktion durch Zusatzmaßnahmen gegenüber anderen Transaktionen zu verbergen sind. Für den Schedule in Abb. 14.26 ist so der Zugriff auf Objekt x durch T_2 aufgrund der Zeitmarken zwar zulässig. Jedoch stellt die von T_1 vorgenommene Änderung von x zu diesem Zeitpunkt eine schmutzige (vorläufige) Änderung dar, da T_1 noch kein Commit erreicht hat. In der Tat wird ja T_1 später aufgrund des Zugriffs auf Objekt y noch zurückgesetzt, so daß die von ihr vorgenommene Änderung von x zurückgenommen werden muß! Damit T_2 die schmutzige Änderung nicht sieht, muß ihr Zugriff auf y bis zum Ende von T_1 blockiert werden.

Das Beispiel verdeutlicht, daß nach einer Änderung wie bei einem strikten Zwei-Phasen-Sperrverfahren alle weiteren Zugriffe (die nicht schon wegen des Zeitstempelvergleichs abgewiesen wurden) bis zum Transaktionsende des Änderers verzögert werden müssen. Damit kann ein ähnlich hohes Ausmaß an Blockierungen wie bei Sperrverfahren eingeführt werden, zusätzlich zu den aufgrund der Zeitmarkenvergleiche eingeführten Rücksetzungen. Deadlocks sind jedoch nicht möglich, da die Objektzugriffe stets in der Reihenfolge der BOT-Zeitstempel durchgeführt werden. Trotzdem bleibt festzuhalten, daß den reinen Zeitmarkenverfahren aufgrund der Probleme nur wenig Bedeutung zukommt.

14.8.3 Mehrversionen-Synchronisation

Mehrversionen-Synchronisationsverfahren (multiversion concurrency control) erlauben eine erhebliche Reduzierung an Synchronisationskonflikten. Durch das (zeitweilige) Führen mehrerer Versionen für geänderte Objekte kann eine Entkopplung von Lese- und Änderungstransaktionen erreicht werden. Einer Lesetransaktion T wird dabei während ihrer gesamten Laufzeit eine Sicht auf die Datenbank gewährt, wie sie bei ihrem BOT gültig war; Änderungen, die während ihrer Bearbeitung vorgenommen werden, bleiben für T unsichtbar. Um dies zu realisieren, erzeugt jede erfolgreiche Änderung eine neue Version des modifizierten Objekts; die Versionen werden in einem sog. *Versionen-Pool* verwaltet. Im Gegensatz zu Lesetransaktionen greifen Änderungstransaktionen stets auf die aktuelle Version eines Objektes zu. Für ihre Synchronisation kann praktisch jedes der allgemeinen Synchronisationsverfahren verwendet werden, also Sperrverfahren, optimistische Synchronisation oder Zeitmarkenverfahren [CARE86a, AGRA89].

Da mit den Versionen jeder Lesetransaktion der bei BOT gültige (und konsistente) DB-Zustand zur Verfügung gestellt wird, ist für Lesetransaktionen keinerlei Synchronisation mehr erforderlich. Weiterhin brauchen sich andere Transaktionen nicht mehr gegen Lesetransaktionen zu synchronisieren. Damit reduziert sich sowohl die Konfliktwahrscheinlichkeit (und damit die Anzahl von Blockierungen und Rücksetzungen) als auch der Synchronisierungsaufwand (Anzahl von Sperranforderungen, Validierungen usw.). Da die Leser einen konsistenten DB-Zustand sehen, wird die (reihenfolgeerhaltende) Serialisierbarkeit erreicht. Damit ergeben

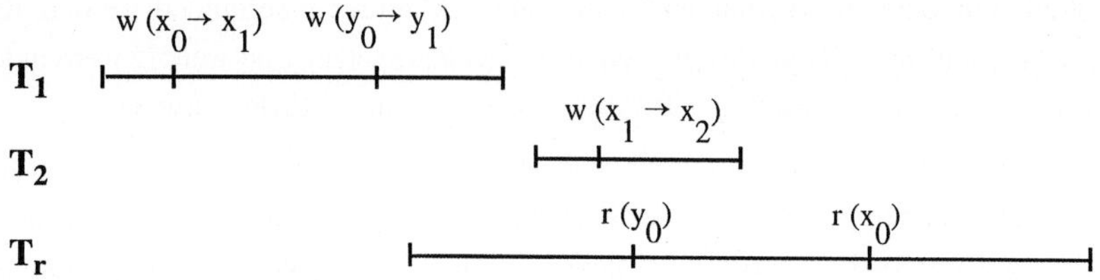

Abb. 14.27:   Schedule mit Mehrversionen-Synchronisation

sich wesentliche Vorteile gegenüber anderen Optimierungen hinsichtlich der Durchführung von Lesetransaktionen, z. B. zur Verwendung kurzer Lesesperren (Konsistenzstufe 2), welche zudem weiterhin Sperrkonflikten unterworfen sind. Die Mehrversionen-Synchronisation ist somit besonders attraktiv zur Unterstützung langer Anfragen (z. B. für Decision Support), welche dann ohne Synchronisationskonflikte mit gleichzeitigen Änderern bearbeitet werden können. Da Lesetransaktionen in den meisten DB-Anwendungen dominieren [SING97], ist der Nutzen von Mehrversionen-Verfahren jedoch generell sehr hoch einzuschätzen.

Im Beispiel von Abb. 14.27 wird bei den Änderungen der beiden Transaktionen T_1 und T_2 jeweils eine neue Version der Objekte x und y erzeugt. Die Änderungstransaktionen greifen dabei jeweils auf die aktuellsten Objektversionen zu, so daß T_2 Objekt x von der Version x_1 in die Version x_2 überführt. Zum Start der Lesetransaktionen waren beide Änderer noch nicht beendet, so daß der zu diesem Zeitpunkt gültige Datenbankzustand keine der vorgenommenen Änderungen enthält. Daher werden für die Lesezugriffe von T_r die Versionen x_0 und y_0 bereitgestellt. Zwischen Lese- und Änderungstransaktionen kommt es zu keinen Synchronisationskonflikten; die Serialisierungsreihenfolge lautet $T_r < T_1 < T_2$.

Versionenverwaltung

Für die Vorteile, die ein Mehrversionen-Konzept bietet, muß zum einen in Kauf genommen werden, daß Lesetransaktionen (vor allem lange Leser) nicht immer die aktuellen Daten sehen. Zum anderen ist ein erhöhter Speicherplatzbedarf zur Haltung der Versionen sowie ein zusätzlicher Verwaltungsaufwand für den Versionen-Pool erforderlich. Bezüglich der Versionen-Pool-Verwaltung sind vor allem zwei Aufgaben zu behandeln, nämlich die Bestimmung der zu lesenden Versionen sowie die Freigabe nicht mehr benötigter Versionen (garbage collection).

Diese Aufgaben lassen sich relativ einfach durch Verwendung von Zeitstempeln lösen, wozu ein Transaktionszählers *TNC (transaction number count)* geführt wird. Änderungstransaktionen bekommen am Transaktionsende den aktuellen *TNC*-Wert als Commit-Zeitstempel *cts* zugewiesen, anschließend wird *TNC* inkrementiert. Für jede Version eines geänderten Objektes wird ein Schreibzeitstempel *WTS* geführt, der dem Commit-Zeitstempel der ändernden Transaktion entspricht. Für Lesetransaktionen wird dagegen beim Transaktionsbeginn der aktuelle *TNC*-Wert als BOT-Zeitstempel *bts* übernommen. Damit muß einer Lesetransaktion T für den Zugriff auf Objekt x die jüngste Version von x bereitgestellt werden, für die

$$WTS\ (x) < bts\ (T)$$

gilt. Änderungstransaktionen greifen stets auf die aktuellsten Objektversionen zu.

Um feststellen zu können, welche Versionen nicht mehr benötigt werden, wird der BOT-Zeitstempel der ältesten Lesetransaktion *Min-bts* geführt. Eine Version x_i von Objekt x kann gelöscht werden, falls es eine neuere Version x_j gibt, so daß gilt:

$$WTS\ (x_i) < WTS\ (x_j) < Min\text{-}bts.$$

Im Beispiel von Abb. 14.27 seien folgende Initialwerte gegeben: $WTS\ (x_0) = 0$, $WTS\ (y_0) = 0$, $TNC = 1$. Die Lesetransaktion T_r erhält den BOT-Zeitstempel $bts\ (T_r) = 1$; zugleich wird *Min-bts* auf diesen Wert gesetzt. Für die Lesezugriffe auf y und x werden daher die ungeänderten Version y_0 und x_0 mit $WTS\ (y_0) = WTS\ (x_0) = 0 < 1$ ausgewählt. Beim Commit von T_1 werden der Commit-Zeitstempel $cts\ (T_1) = 1$ zugewiesen und TNC auf 2 inkrementiert. Den neuen Versionen von x und y wird der Schreibzeitstempel 1 zugewiesen, d. h. $WTS\ (x_1) = WTS\ (y_1) = 1$. Beim Commit von T_2 wird analog eine neue Version x_2 mit $WTS\ (x_2) = 2$ erzeugt; *TNC* erhält den Wert 3. Am Ende von T_r wird *Min-bts* angepaßt und überprüft, welche Versionen freigegeben werden können. Da zu diesem Zeitpunkt keine Lesetransaktion mehr läuft, wird *Min-bts* auf den Wert ∞ gesetzt. Die alten Versionen x_0 und y_0 werden freigegeben, da in beiden Fällen neuere Versionen existieren, deren Schreibzeitstempel kleiner als *Min-bts* sind.

Zur effizienten Lokalisierung und Freigabe von Versionen empfiehlt sich die Implementierung des Versionen-Pools in Form eines Ringpuffers [CHAN82, CARE86a, HÄRD87c], wobei dieser aus Leistungsgründen weitgehend im Hauptspeicher geführt werden sollte. Zudem sind dabei die Versionen eines Objektes in umgekehrter (Erzeugungs-) Reihenfolge zu verketten, um ausgehend von der aktuellen Objektversion schnell auf ältere Versionen zugreifen zu können. Diese Vorgehensweise ist in Abb. 14.28 illustriert. Der Ringpuffer wird dabei durch zwei Zeiger organisiert, wobei das Einfügen am aktuellen Pool-Ende erfolgt; das Löschen nicht mehr benötigter Versionen jeweils am Pool-Beginn. Ein Pool-Überlauf kann vor allem durch lang laufende Leser verursacht werden, wenn in ihrer Laufzeit sehr viele Änderungen durchgeführt werden. Wenn kein Überlauf des Versionen-Pools auf Externspeicher in Kauf genommen werden soll, müßten solche Lesetransaktion beim Überlauf abgebrochen werden, um die für sie vorgehaltenen Versionen freizugeben.

In [CHAN82] wurden zur Implementierung eines Mehrversionen-Konzepts wegweisende Vorschläge vorgestellt, jedoch verbunden mit zum Teil gravierenden Beschränkungen (Seitensperren, Versionen-Pool auf Externspeicher etc.). Diese Beschränkungen werden in neueren Vorschlägen behoben, wobei zur Reduzierung des Versionierungsaufwandes auch vorgeschlagen wird, mehreren Lesern gemeinsame Datenbankzustände anzubieten [BOBE92, MOHA92c]. Leistungsuntersuchungen zeigten, daß mit Mehrversionen-Verfahren die Leistungsfähigkeit in konflikträchtigen Anwendungen signifikant verbessert werden kann [CARE86a, HÄRD87c]. In mit realen DB-Lasten vorgenommenen Untersuchungen ergab sich weiterhin, daß die überwiegende Mehrzahl der Objektzugriffe (> 90 %) auf die aktuelle Version und die Mehrzahl der restlichen Zugriffe auf die nächstältere Version entfallen [HÄRD87c]. Der Umfang des Versionen-Pools kann daher meist klein gehalten werden.

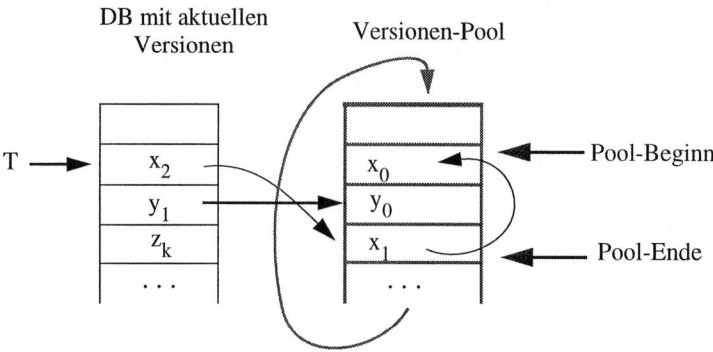

Abb. 14.28:   Organisation des Versionen-Pools

Kommerzielle DBS verwenden zunehmend einen Mehrversionen-Ansatz (Oracle, Ora-cle/Rdb [BERN97], Prime, InterBase).

14.8.4 Synchronisation auf Hot-Spot-Objekten

Neben den bisher behandelten allgemeinen Synchronisationsverfahren verwenden Daten-banksysteme zum Teil noch spezielle Techniken, welche bestimmte Eigenschaften von Ob-jektarten oder Operationen ausnutzen[8]. Für B*-Bäume, auf deren Seiten eine besonders hohe Zugriffsdichte vorliegt, wurden so zahlreiche Spezialverfahren entwickelt [BAYE77a, KUNG80, SHAS88, MOHA90b, MOHA92d, LOME97]. Dabei kann unter Berücksichtigung der Baumstruktur sowie der Semantik der Baumoperationen auf Seitenebene weitgehend mit „kurzen" Sperren bzw. Latches (Semaphoren) zur Reduzierung von Konflikten synchronisiert werden (auch im Falle von strukturändernden Operationen wie Split-Vorgängen). Lange Sper-ren bzw. Anwartschaftssperren sind höchstens für Indexeinträge (Schlüsselwerte bzw. TIDs) erforderlich. Eine Performance-Analyse unterschiedlicher Verfahren zur Index-Synchronisa-tion findet sich in [SRIN93].

Die Semantik von Operationen (z. B. Verträglichkeit bestimmter Änderungsoperationen) läßt sich daneben auch in anderen Kontexten für einen hohen Grad an Parallelität nutzen. Wir beschränken uns dazu beispielhaft auf Vorschläge zur Synchronisationen sog. *High-Traffic-Objekte* [REUT82] als spezielle Klasse von Hot-Spot-Elementen (also häufig referenzier-ter/modifizierter Objekte). Solche Objekte bezeichnen Sätze mit aggregierten, numerischen Informationen, wie z. B. Summe aller Kontostände, aktuelle Anzahl freier Plätze in einem Flugzeug u. ä. Der sehr häufige, ändernde Zugriff auf diesen Feldern führt bei den allgemei-nen Synchronisationsverfahren zu zahlreichen Konflikten. Wenn solche Felder nicht schon beim DB-Entwurf vermieden werden können, wird zur Vermeidung extremer Synchronisati-onsengpässe eine Sonderbehandlung erforderlich. Vorschläge hierfür machen sich zunutze,

---

[8]   Solche Protokolle werden gelegentlich auch als *semantik-basierte Synchronisationsverfahren* bezeichnet [RAMA97].

daß die Änderungsoperationen auf diesen Feldern meist Inkrement- und Dekrement-Operationen sind, welche (weitgehend) kommutativ, d. h. in beliebiger Reihenfolge ausführbar sind. Außerdem wird beim Lesezugriff oft der absolute Wert des Feldes nicht benötigt; vielmehr wird überprüft, ob der Wert in einem gewissen Bereich liegt (z. B. Anzahl freier Plätze > 0).

Wir betrachten dazu zunächst eine in IMS Fast Path realisierte Lösung; danach gehen wir auf die Erweiterung im Rahmen des sog. Escrow-Verfahrens ein.

14.8.4.1 IMS Fast Path

IMS Fast Path stellt eine Hochleistungs-Variante des hierarchischen DBS IMS von IBM dar. Es ist für OLTP-Anwendungen optimiert und unterstützt sehr hohe Transaktionsraten für einfache Transaktionen. Zur Minimierung von E/A-Vorgängen wird u. a. die Verwendung von hauptspeicherresidenten Datenbanken unterstützt. Zur Synchronisation auf High-Traffic-Objekten wurde bereits frühzeitig (ca. 1975) ein Verfahren realisiert [GAWL85], welches einer Kombination aus Sperrverfahren und optimistischem Protokoll entspricht. Für High-Traffic-Objekte werden zwei neue Operationen, VERIFY und MODIFY, verwendet. VERIFY dient zum Spezifizieren einfacher Leseprädikate wie Bereichstests (z. B. #Plätze > 0), welche vor Ausführung einer Änderung durch die MODIFY-Operation (z. B. Verminderung der Platzanzahl) erfüllt sein müssen. Für die Änderungen werden zunächst keine Sperren gesetzt, sondern sie werden lediglich in einer transaktionsspezifischen Work-to-do-Liste vermerkt. Erst am Transaktionsende werden die Sperren gesetzt, wobei vor Einbringen der Änderungen (Schreibphase) geprüft wird, ob die Verify-Prädikate noch erfüllt sind. Aufgrund der i. allg. sehr kurzen Ausführungsdauer von Transaktionen ist dies in den allermeisten Fällen gegeben, so daß sowohl wenig Rücksetzungen als auch wenig Sperrkonflikte (wegen der kurzen Sperrdauer) erreicht werden. Die Nutzung der speziellen Operationen gestattet ferner, daß mehrere parallele Transaktionen dasselbe High-Traffic-Objekt ändern können (solange die Verify-Prädikate erfüllt sind), was bei allgemeinen Schreiboperationen nicht möglich ist.

14.8.4.2 Escrow-Verfahren

Der Fast-Path-Ansatz wurde in [REUT82] sowie im Escrow-Verfahren von [ONEI86] weiterentwickelt. Dabei werden jedoch Änderungen direkt und nicht erst verzögert am Transaktionsende ausgeführt. Im Escrow-Verfahren werden zwei spezifische Operationen für ein High-Traffic-Feld F verwendet:

$$\text{ESCROW (field = F, quantity = C1, test = (condition))}$$
sowie $\quad$ USE (field = F, quantity = C2).

Dabei wird zunächst mit der Escrow-Operation eine bestimmte Wertemenge C1 von dem Objekt F reserviert bzw. in treuhänderischen Gewahrsam (escrow) genommen. Wird bei der Escrow-Operation eine Bedingung spezifiziert, erfolgt die Reservierung sowie die weitere Verarbeitung auf F nur, wenn diese Bedingung erfüllt ist. Mit folgenden USE-Operationen kann dann die Transaktion ohne weitere Synchronisation das Objekt im Rahmen des reservierten Kontingents ändern. Das System läßt dabei gleichzeitige Änderer zu, solange die Escrow-Bedingungen erfüllt bleiben. Es wird dabei insbesondere garantiert, daß ein Escrow-Prädikat

Anforderungen (-), Rückgaben (+)				Werteintervall		
T_1	T_2	T_3	T_4	INF	Q	SUP
				15	15	15
-5				10	10	15
	-8			2	2	15
		+4		2	6	19
			-3			
commit				2	6	14
		commit		6	6	14
	rollback			14	14	14

Tabelle 14.2: Anwendungsszenario des Escrow-Verfahrens

nachträglich nicht mehr invalidiert wird. Im Gegensatz zum Ansatz von IMS Fast Path entfallen damit die Validierung am Transaktionsende sowie etwaige Zurücksetzungen.

Eine Folge der direkten Änderung von Escrow-Feldern ist, daß der aktuelle Wert unbekannt ist, wenn laufende Transaktionen Reservierungen angemeldet haben, da sich je nach Ausgang der Transaktionen unterschiedliche Werte ergeben. Es kann jedoch ein Werteintervall mit den Grenzen INF (Infimum) und SUP (Supremum) geführt werden, das alle möglichen Werte nach Abschluß der laufenden Transaktionen umfaßt. Für den aktuellen Wert Q eines Escrow-Feldes muß somit gelten

$$LO \leq INF \leq Q \leq SUP \leq HI$$

wobei LO und HI absolute Wertebereichsgrenzen darstellen. Die Werte von INF, Q und SUP werden bei Änderungen, Commit und Rollback einer Transaktion angepaßt. Dabei ergibt sich bei jeder Anforderung eine Vergrößerung, beim Commit sowie Rollback dagegen eine Reduzierung des Intervalls. Die Escrow-Bedingungen sind nun gegenüber dem Intervall zu prüfen, um sicherzustellen, daß keine nachträgliche Invalidierung bereits durchgeführter Tests erfolgt.

Im Beispiel von Tabelle 14.2 greifen vier Transaktionen gleichzeitig auf ein High-Traffic-Feld mit der Anzahl freier Plätze zu, für das LO = 0, HI = 50 sowie der Startwert Q = 15 gelten soll. Nach den Anforderungen von T_1 und T_2 ergibt sich ein Infimum von noch 2 Plätzen, während das Supremum von 15 dem Fall entspricht, daß beide Transaktionen scheitern würden. Die Obergrenze wird durch die Rückgabe von 4 Plätzen durch T_3 erhöht. Die folgende Anforderung von 3 Plätzen durch T_4 kann nicht bewilligt werden, da sich eine Verletzung des absoluten Minimums LO = 0 ergeben würde. Bei den nachfolgenden Commit- bzw. Rollback-Operationen kommt es zu einer Reduzierung des Intervalls, wobei es nach Ende aller laufenden Transaktionen zu einem Wert konvergiert.

Ablehnungen wie für T_4 können entweder durch Rücksetzung oder (möglicherweise zeitlich begrenzte) Blockierung behandelt werden. Im Beispiel könnte die T_4-Anforderung nach dem Commit von T3 erfüllt werden.

Ein Hauptnachteil solcher Spezialprotokolle liegt darin, daß sie eine erweiterte Programmierschnittstelle mit speziellen Änderungsoperationen erfordern. Damit ergibt sich eine komplexere Programmierung; bestehende Programme müßten ggf. geändert werden. Darüber hinaus ist das Konzept nur für relativ wenige Objekte nutzbar.

14.9 Leistungsbewertung von Synchronisationsverfahren

Die Diskussion in den vorangegangenen Abschnitten verdeutlichte die große Zahl möglicher Synchronisationsverfahren, wobei nur ein Bruchteil der in der Literatur behandelten Ansätze angesprochen werden konnte. Ebenso gibt es eine nahezu unüberschaubare Anzahl von Publikationen mit Leistungsanalysen einzelner Verfahren. Dabei werden vorwiegend analytische Modelle sowie Simulationsmethoden eingesetzt, jedoch mit sehr starken Abweichungen bei der Modellierung sowie im Detaillierungsgrad. Nicht selten wurden daher auch sich widersprechende Leistungsaussagen gewonnen. Hier soll nur auf einige ausgewählte Ergebnisse eingegangen werden, welche i. allg. durch mehrere Untersuchungen abgesichert sind.

14.9.1 Einflußfaktoren

Die mit Synchronisationsverfahren eingeführten Blockierungen und Rücksetzungen können die Leistungsfähigkeit eines DBS, insbesondere Durchsatz und Antwortzeiten, erheblich beeinflussen und zu einem gravierenden Engpaß werden. Die Leistungsfähigkeit eines bestimmten Verfahrens ist dabei von zahlreichen Faktoren beeinflußt, insbesondere der jeweiligen Transaktionslast, der Datenbankstruktur und -größe, der Hardware- und DBS-Konfiguration etc. Besondere Bedeutung kommt dabei dem *Multiprogramming Level (MPL)* zu, also der Anzahl gleichzeitig aktiver Transaktionen. Für Sperrverfahren, aber auch für andere Synchronisationsverfahren, ergibt sich dabei tendenziell das in Abb. 14.29 gezeigte Verhalten. Zunächst bewirkt ein Erhöhen des MPL den gewünschten Anstieg im Durchsatz, da die verfügbaren Ressourcen, insbesondere die Prozessoren, besser ausgelastet werden können. Jedoch kommt es dabei auch zunehmend zu Behinderungen, so daß ab einem gewissen MPL keine weitere Durchsatzsteigerung mehr erzielt wird. Vor allem bei Sperrverfahren kann es sogar zu *Thrashing-Effekten* kommen, so daß sich bei weiterer MPL-Steigerung der Durchsatz verringert [TAY85, THOM93]. Denn das Ansteigen des MPL bedeutet eine entsprechende Zunahme an gleichzeitig gesetzten Sperren und somit wachsende Konfliktgefahr. Zugleich erhöht sich aufgrund der Blockierungen die Bearbeitungszeit der Transaktionen, was zu einer weiteren Steigerung der Konfliktrate führt (längere Sperrdauer und -wartezeiten). Im Sättigungsbereich hinzukommende Transaktionen erwartet nicht nur ein hohes Konfliktrisiko, sondern sie verursachen auch zunehmende Konflikte für die bereits laufenden Transaktionen, was zu einer Abnahme des Durchsatzes beiträgt.

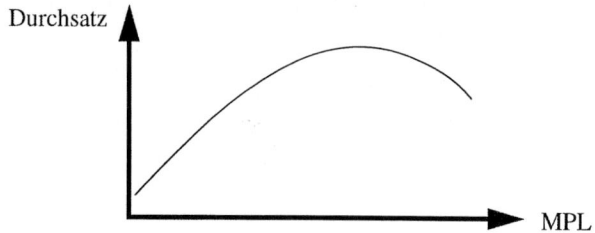

Abb. 14.29:   Einfluß des MPL auf den Durchsatz

Für optimistische Synchronisationsverfahren sowie anderen mehr auf Rücksetzungen basierende Verfahren kommt es mit wachsendem MPL ebenfalls zu einer entsprechenden Zunahme an Konflikten. Dabei ist der Arbeitsverlust durch das Abbrechen von Transaktionen in der Regel nachteiliger als das Warten auf eine Sperre. Hinzu kommt das inhärente Problem des wiederholten Zurücksetzens derselben Transaktionen, so daß bestimmte Transaktionen im Extremfall „verhungern" können. Diese Effekte ergaben in mehreren detaillierten Leistungsstudien eine Unterlegenheit gegenüber Sperrverfahren, u. a. in [AGRA87a, PEIN87]. Nur in nahezu konfliktfreien Umgebungen (geringer Parallelitätsgrad, vorwiegend Leseoperationen) wurden ähnlich gute Leistungsmerkmale erzielt.

Allerdings kann das Thrashing-Problem konventioneller Sperrverfahren bewirken, daß sie in Konfigurationen mit sehr hoher Konfliktwahrscheinlichkeit nicht in der Lage sind, die verfügbare Rechnerkapazität zu nutzen. Für solche Fälle wurde gezeigt, daß optimistische Verfahren sowie Sperrverfahren mit vermehrten Rücksetzungen statt Blockierungen (z. B. Wait-Depth Limited) deutlich bessere Leistungsmerkmale erreichen können [AGRA87a, FRAN92, YU96, THOM97, THOM98]. Der Grund hierfür liegt zum einen darin, daß durch die fehlenden/reduzierten Blockierungen die Parallelität weniger eingeschränkt wird; zum anderen bestehen ausreichend Reserven, um den Arbeitsverlust durch Transaktionsrücksetzungen zu verkraften. In [FRAN92] wird argumentiert, daß der Hochkonflikt-Fall zunehmend anzutreffen sein wird, da immer höhere Parallelitätsgrade zu unterstützen sind, um die stark wachsende Prozessorleistung (bei nur relativ wenig verbesserten E/A-Anteilen pro Transaktion) nutzen zu können.

Bezüglich dieser Untersuchungen muß jedoch einschränkend festgestellt werden, daß die betrachteten Konfigurationen extreme Konfliktraten aufwiesen (z. B. hervorgerufen durch künstlich klein gewählte Datenbanken, Beschränkung auf exklusive Sperren u.ä.). So kam es oft für die Mehrzahl der Transaktionen zu Blockierungen oder Rücksetzungen. In der Regel wurde auch nur ein einfaches Zwei-Phasen-Sperrprotokoll berücksichtigt, ohne die in der Praxis gängigen Optimierungen, wie z. B. der Einsatz reduzierter Konsistenzstufen oder einer Mehrversionen-Synchronisation, Verwendung feiner Sperrgranulate bzw. Einsatz von Spezialprotokollen für bestimmte Objekte.

14.9.2 Lastkontrolle

In existierenden DBS trägt auch der Systemverwalter bzw. Datenbankadministrator eine große Mitverantwortung für die Konflikthäufigkeit. Denn üblicherweise ist der (maximale) MPL ein von ihm manuell einzustellender Systemparameter, der wie diskutiert die Leistungsfähigkeit maßgeblich beeinflußt. Insbesondere muß eine Einstellung gefunden werden, die Thrashing vermeidet und dennoch einen hohen Durchsatz ermöglicht. Diese Aufgabe ist aufgrund der üblicherweise starken Schwankungen unterworfenen Lastsituation (wechselnde Ankunftsraten, unterschiedliche Lastzusammensetzung etc.) nur schwer lösbar, so daß auch zur Erleichterung der Systemverwaltung ein dynamischer Ansatz zur *MPL-Kontrolle* von großer Wichtigkeit ist. Zu dieser Art der Lastkontrolle gab es in den letzten Jahren eine Reihe von Untersuchungen [CARE90, MÖNK92, THOM93], insbesondere mit dem Ziel, Indikatoren zu finden, wann der MPL zur Vermeidung des Thrashing reduziert werden sollte und wann wieder eine Erhöhung zugelassen werden kann.

Im COMFORT-Projekt [MÖNK92, WEIK94] wurde als Metrik hierzu die sog. *Konfliktrate* verwendet. Sie ist definiert als Verhältnis zwischen der Anzahl aller gesetzten Sperren und der Anzahl von nicht-blockierten Transaktionen gesetzten Sperren. Simulationsergebnisse in [MÖNK92] zeigten, daß für unterschiedliche Lasten ein Wert von über 1.3 einen Sperrengpaß signalisiert, dessen Behandlung eine Absenkung des MPL erfordert. Eine MPL-Erhöhung (Zulassung neuer Transaktionen) erfolgt nur, wenn die aktuelle Konfliktrate unter dem kritischen Wert liegt. Zusätzliche Experimente in [WEIK94] ergaben jedoch, daß der kritische Wert der Konfliktrate nicht vollständig unabhängig von der jeweiligen Last ist, wenngleich er sich bei den betrachteten Lasten in einem relativ engen Intervall von 1.25 bis 1.55 bewegte. Da die Konfliktrate recht einfach ermittelt werden kann, läßt sich darüber eine derartige MPL-Kontrolle zu Begrenzung von Sperrkonflikten relativ einfach erreichen. Ähnliches gilt für den alternativen Vorschlag in [THOM93, THOM94], wo ein Sperrengpaß über den auf Sperrwartezeiten entfallenden Anteil in der Ausführungszeit von Transaktionen erkannt wird. Hier wurde als kritischer Schwellwert ein Bereich von 25 – 35 % ermittelt. Allerdings wurde wiederum die Abhängigkeit zur Lastzusammensetzung festgestellt, so daß es z.B. bei starken Schwankungen in der Transaktionslänge auch bei geringeren Konfliktwerten zu einem Thrashing kommen kann. In [THOM98] wird daher die einfache Realisierbarkeit einer generellen Lastkontrollstrategie in Frage gestellt und stattdessen ein rücksetzorientiertes Sperrprotokoll wie WDL favorisiert.

15 Logging und Recovery

Eine eminent wichtige Aufgabe von DBS liegt in der Gewährleistung einer weitgehenden Datensicherung. Trotz Auftretens von Fehlern verschiedener Art ist die Konsistenz der Datenbank automatisch zu wahren und Datenverlust zu verhindern. Die Fehlerbehandlung ist Aufgabe der Recovery-Komponente des DBS. Sie benötigt neben den Datenbankinhalten redundante Informationen, welche durch ein Logging im Normalbetrieb zu protokollieren sind. Die notwendigen Recovery-Aufgaben sind weitgehend durch das Transaktionskonzept (vor allem die Eigenschaften A und D, siehe Abschnitt 13.1) bestimmt. Insbesondere sind aufgrund der Dauerhaftigkeitszusicherung Änderungen erfolgreich beendeter Transaktionen gegenüber allen erwarteten Fehlerarten zu bewahren. Weiterhin verlangt die Alles-oder-Nichts-Eigenschaft das Zurücksetzen von Änderungen für Transaktionen, welche aufgrund eines Fehlers ihr Commit nicht abschließen konnten.

Wir betrachten zunächst, welche Fehlerarten von DBS üblicherweise behandelt werden können (und welche nicht) sowie die sich daraus ableitenden Recovery-Arten. Die Abschnitte 15.2 bis 15.5 befassen sich mit unterschiedlichen Aspekten des Normalbetriebs, insbesondere Logging-Strategien (15.2), Sicherungspunkten bzw. Checkpoints (15.4) sowie dem Aufbau der Log-Datei (15.5). Daneben werden die Abhängigkeiten von Logging/Recovery zu anderen DBS-Komponenten analysiert, insbesondere zur Einbringstrategie, Sperrverwaltung und DB-Pufferverwaltung (15.3) sowie eine daraus resultierende Klassifikation von Recovery-Verfahren vorgestellt (15.4.3). Die Crash-Recovery wird in Abschnitt 15.6 behandelt; die Geräte-Recovery – einschließlich Verfahren zur Erstellung von Archivkopien – in Abschnitt 15.7. Abschließend wird noch auf die Realisierung des Zwei-Phasen-Commit-Protokolls im verteilten Fall eingegangen.

15.1 Fehler- und Recovery-Arten

DBS müssen üblicherweise wenigstens drei Fehlerarten behandeln können: Transaktionsfehler, Systemfehler sowie Geräte- bzw. Externspeicherfehler. Jede dieser Fehlerklassen verlangt entsprechende Recovery-Maßnahmen, die nachfolgend angesprochen werden. Anschließend gehen wir noch kurz auf weitere Fehlerarten (z. B. sog. „Katastrophen") ein und betrachten

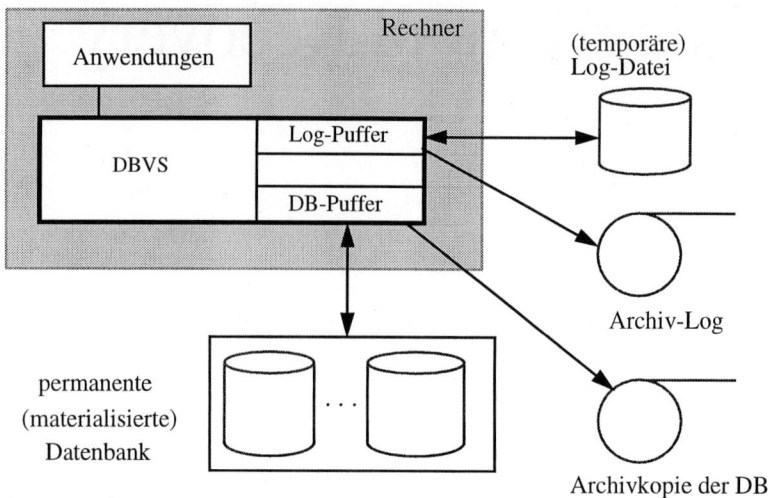

Abb. 15.1: Systemkomponenten

unter welchen Voraussetzungen die Korrektheit der Fehlerbehandlung überhaupt gewährleistet ist bzw. welche Fehler nicht behandelt werden können.

Die Diskussion bezieht sich auf die in Abb. 15.1 gezeigten und an der Fehlerbehandlung beteiligten Systemkomponenten. Den auf Externspeicher (i. allg. Magnetplatten) vorliegenden Teil der Datenbank bezeichnen wir als *permanente* oder *materialisierte Datenbank*. Teile der Datenbank befinden sich daneben im DB-Puffer im Hauptspeicher, insbesondere Änderungen, welche noch nicht in die permanente Datenbank zurückgeschrieben wurden. Zur Fehlerbehandlung wird eine Log-Datei auf dedizierten Externspeichern (i. allg. Magnetplatten) geführt, in der insbesondere alle zuletzt ausgeführten DB-Änderungen protokolliert werden. Die Log-Sätze werden üblicherweise im Hauptspeicher innerhalb eines Log-Puffers gesammelt, der zu bestimmten Zeitpunkten (z. B. Commit) ausgeschrieben wird. Die Log-Datei wird gelegentlich als *temporäre Log-Datei* bezeichnet, da in ihr schon aus Platzgründen die Einträge nur begrenzte Zeit aufbewahrt werden. Ältere Log-Sätze werden innerhalb von *Archiv-Logs* geführt. Diese enthalten alle Änderungen seit Erstellung einer bestimmten *Archivkopie*, welche einen älteren Schnappschuß der permanenten Datenbank darstellt. Archivkopien und Archiv-Logs dienen zur Behandlung von Externspeicherfehlern und werden wegen ihres hohen Speicherbedarfs und ihrer relativ seltenen Nutzung oft auf preiswerteren und langsameren Medien (z. B. Bandspeicher) vorgehalten.

15.1.1 Transaktionsfehler

Die mit Abstand häufigste Fehlerart sind Transaktionsfehler, bei denen lediglich eine Transaktion oder einige wenige Transaktionen betroffen sind. Beispiele für das Auftreten solcher Fehler sind u. a.

- freiwilliger Transaktionsabbruch durch eine ROLLBACK-Anweisung (z. B. aufgrund unzulässiger Dateneingabe oder nicht erfolgreicher DB-Operationen)
- Fehler im Transaktionsprogramm (z. B. Division durch Null, Adressierungsfehler)
- systemseitiger Abbruch einer Transaktion, z. B. aufgrund Verletzung von Integritätsbedingungen oder Zugriffsbeschränkungen
- systemseitiger Abbruch von einer oder mehreren Transaktionen zur Auflösung von Verklemmungen, Behandlung von Systemüberlast (z. B. Sperr- oder Speicherengpässen), aufgrund einer geplanten Systemschließung usw.

Die Behandlung solcher Transaktionsfehler verlangt aufgrund der Alles-oder-Nichts-Eigenschaft das isolierte Zurücksetzen der betroffenen Transaktion(en) im laufenden Betrieb. Die schnelle Ausführung dieser *Undo-Recovery* ist aufgrund der relativen Häufigkeit von Transaktionsfehlern besonders wichtig; zudem sind die Behinderungen für andere Transaktionen durch das rasche Freigeben von Sperren und anderer Ressourcen möglichst gering zu halten. Die Durchführung der Transaktionsfehler-Recovery kann mit der aktuellen Datenbank – insbesondere auch mit den im Hauptspeicher gepufferten DB-Seiten – sowie den Log-Sätzen der Transaktion auf der temporären Log-Datei (bzw. im Log-Puffer) erfolgen.

Für lange Transaktionen ist das vollständige Zurücksetzen auf den Transaktionsbeginn oft mit einem hohen Arbeitsverlust verbunden. Eine Abhilfemöglichkeit besteht in der Verwendung transaktionsinterner Rücksetzpunkte, um erreichte Zwischenstände zu sichern. Damit kann im Fehlerfall ein *partielles Zurücksetzen* der Transaktion auf einen Rücksetzpunkt erfolgen, allerdings unter Abkehr von der Alles-oder-Nichts-Eigenschaft. Wir gehen darauf bei der Behandlung von Erweiterungen des Transaktionskonzepts ein (Abschnitt 16.2).

15.1.2 Systemfehler

Ein Systemfehler liegt vor, wenn der weitere Betrieb des DBS nicht mehr möglich ist. Dies kann durch Fehler der Hardware (z. B. Rechnerausfall) oder Software (z. B. DBS oder BS-Absturz) sowie durch Umgebungsfehler (z. B. Stromausfall) verursacht sein. Wesentlich dabei ist, daß die Hauptspeicherinhalte verlorengehen bzw. von ihrer Korrektheit nicht mehr ausgegangen werden kann. Damit sind alle Änderungen, welche zum Fehlerzeitpunkt nur im Hauptspeicher vorlagen, verloren und müssen ggf. rekonstruiert werden.

Die Behandlung von Systemfehlern erfolgt durch die sog. *Crash-Recovery*, von der alle zum Fehlerzeitpunkt laufenden Transaktionen betroffen sind. Hierbei wird davon ausgegangen, daß die auf Externspeicher vorliegende permanente Datenbank nicht zerstört ist, wenngleich sie i. allg. in einem inkonsistenten Zustand vorliegt. Ziel der Crash-Recovery ist die Herstellung des *jüngsten transaktionskonsistenten Datenbankzustandes*. Hierzu sind

- im Rahmen einer *Undo-Recovery* Änderungen von nicht erfolgreich zu Ende gekommenen Transaktionen, welche vor dem Fehler in die permanente Datenbank gelangten, zurückzusetzen sowie

– durch eine *Redo-Recovery* für erfolgreich beendete Transaktionen deren Änderungen zu wiederholen, falls sie aufgrund des Systemfehlers noch nicht in die permanente Datenbank gelangten.

Die Durchführung dieser Recovery-Aktionen erfolgt mit der permanenten Datenbank sowie der temporären Log-Datei.

15.1.3 Geräte- bzw. Externspeicherfehler

Externspeicherfehler betreffen vor allem den Ausfall von Magnetplatten (z. B. durch einen „Head Crash"). Die Behandlung solcher Fehler ist offensichtlich sehr wichtig, um die permanente Datenbank weiter nutzen zu können und Datenverlust zu verhindern. Aufgabe der Geräte- bzw. Platten-Recovery ist somit vor allem eine *Redo-Recovery* zur Rekonstruktion der durch den Ausfall verlorengegangenen Änderungen. Hierzu sind regelmäßig Archivkopien der Datenbank anzulegen. Nach Ausfall einer Platte der permanenten Datenbank wird die letzte Archivkopie zunächst eingespielt. Daraufhin werden alle Änderungen erfolgreicher Transaktionen, die seit Erstellung der Archivkopie durchgeführt wurden, mit dem Archiv-Log (Abb. 15.1) ergänzt, um den aktuellsten, d. h. den jüngsten transaktionskonsistenten DB-Zustand zu erreichen.

15.1.4 Katastrophen-Recovery

Weitergehende Probleme entstehen, wenn z. B. ein ganzes Rechenzentrum aufgrund einer Naturkatastrophe (Erdbeben, Überschwemmung) oder eines Bombenanschlags zerstört wird. In diesem Fall sind sowohl die Verarbeitungsrechner als auch die Externspeicher betroffen, einschließlich der am gleichen Ort geführten Log-Dateien und Archivkopien. Im Falle solcher Katastrophen kann ein Datenverlust nur über einen verteilten Systemansatz verhindert werden, bei dem die Daten an zwei oder mehr geographisch weit entfernten Knoten repliziert gespeichert werden. Dabei sind durchgeführte Änderungen über das Kommunikationsnetz ständig zwischen den beteiligten Knoten auszutauschen, um die Kopien auf dem neuesten Stand zu halten. Die sicherste Lösung sieht dabei vor, daß eine Änderungstransaktion erst dann erfolgreich abgeschlossen wird, wenn auch die geographisch entfernte DB-Kopie aktualisiert wurde. Eine nähere Diskussion zu Alternativen der Katastrophen-Recovery findet sich in [GRAY93, RAHM94].

15.1.5 Grenzen der Recovery

Die genannten Fehlerklassen decken ein weites Spektrum ab, so daß mit den entsprechenden Recovery-Arten ein umfangreicher Schutz erreicht werden kann. Allerdings geht die Realisierung der Fehlerbehandlung von einigen grundlegenden Annahmen aus, welche tatsächlich nur bedingt zutreffen. Bei Verletzung der Annahmen kann somit die Korrektheit der Fehlerbehandlung und damit die Korrektheit der Datenbank nicht mehr gewährleistet werden.

Eine derartige Voraussetzung ist, daß das DBVS selbst als fehlerfrei angesehen wird. Dies ist natürlich schon aufgrund des Umfangs und der Komplexität solcher Systeme unrealistisch. Wenn nun aber z. B. bei der Implementierung der Logging- und Recovery-Funktionen Fehler vorliegen, sind unvorhersehbare und beliebig weitreichende Konsistenzverletzungen der Datenbank möglich.

Weiterhin geht das DBS von der logischen Korrektheit von Transaktionsprogrammen aus (Abschnitt 13.1). Wird nachträglich festgestellt, daß bestimmte Änderungen aus Sicht der Anwendungslogik unzutreffenderweise erfolgten oder versäumt wurden, kann dafür keine automatische Recovery stattfinden. Hier sind demnach manuelle Korrekturen vorzunehmen, z. B. durch entsprechende Kompensationsprogramme.

Schließlich setzt die Korrektheit der Fehlerbehandlung auch eine ordnungsgemäße Systemverwaltung voraus, u. a. zur Erstellung von Archivkopien.

15.2 Logging-Techniken

Zur Durchführbarkeit der Recovery sind seitens des DBS die Datenbankänderungen von Transaktionen zu protokollieren. Wie in Abb. 15.2 schematisch dargestellt, werden hierbei für jede Änderung im Normalbetrieb („Do"-Operation) entsprechende Log-Sätze gesichert, welche die durchgeführte Transformation des DB-Zustandes beschreiben. Im Falle einer Redo-Recovery wird ausgehend vom ungeänderten DB-Zustand mit dem Log-Satz der neue Zustand rekonstruiert. Umgekehrt wird für die Undo-Recovery ausgehend von dem geänderten DB-Zustand mit der Log-Information der alte Zustand vor der Änderung wiederhergestellt. Wie noch später ausgeführt wird, schreiben einige Systeme beim Undo spezielle Log-Sätze, sog. Compensation Log Records (CLR, siehe Abschnitt 15.6.3).

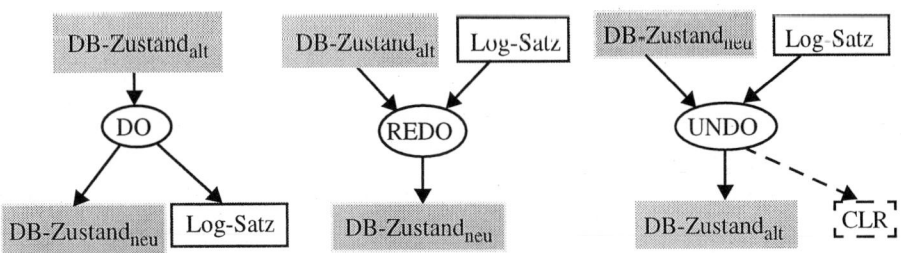

Abb. 15.2: DO-REDO-UNDO-Prinzip

Für das Logging bestehen dabei mehrere generelle Alternativen, welche in Abb. 15.3 eingeordnet sind und im folgenden näher beschrieben werden. Insbesondere wird dabei zwischen physischem und logischem Logging sowie einer Zwischenform, dem sog. „physiologischen" Logging, unterschieden. Im Anschluß diskutieren wir noch den Aufbau der (temporären) Log-Datei sowie die Verwendung von sog. LSNs (Log Sequence Numbers).

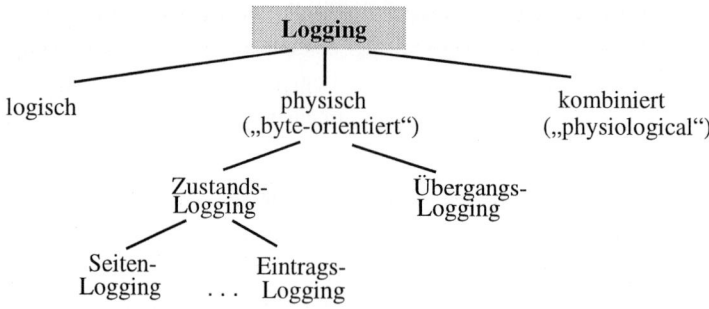

Abb. 15.3: Klassifikation von Logging-Verfahren

15.2.1 Physisches Logging

Die verbreitetste Form des Logging ist physisches Logging, bei dem die Log-Information auf Ebene physischer Objekte verwaltet wird. Dies sind entweder ganze Seiten, Bereiche von Seiten oder Objekte auf Ebene der Speicherungsstrukturen (physische Datenbanksätze, Indexeinträge usw.). Beim *Zustands-Logging* (auch Werte-Logging genannt) werden die Zustände dieser Objekte vor und nach der Änderung im Log-Satz protokolliert; der alte Zustand wird dabei als *Before-Image*, der neue Zustand als *After-Image* bezeichnet. Die Recovery besteht dann lediglich darin, diese Werte in die Datenbank zu übernehmen, wobei die Before-Images zur Undo-Recovery, die After-Images zur Redo-Recovery angewendet werden. Beim *Übergangs-Logging* werden nicht zwei Zustände, sondern nur der Zustandsübergang protokolliert, z. B. in Form einer Zustandsdifferenz.

Die einfachste Form des Zustands-Loggings ist ein *Seiten-Logging,* bei dem für jede Änderung einer Seite jeweils die vollständige Kopie der Seite vor und nach der Änderung auf den Log geschrieben wird. Die Recovery wird damit sehr einfach, da die Seiten der Datenbank vollständig durch die protokollierten Seiten ersetzt werden können (siehe Beispiel in Abb. 15.1). Es ist somit keine genaue Analyse erforderlich, welche Teile einer Seite tatsächlich geändert wurden. Dies unterstützt eine schnelle Recovery, allerdings mit gravierenden Nachteilen für den Normalbetrieb. Vor allem werden durch das Protokollieren vollständiger Seiten ein extremer Log-Umfang und sehr hohe E/A-Kosten eingeführt. Da Seiten das Transfergranulat zu den Externspeichern darstellen, kann nur sehr begrenzt eine Pufferung der Log-Daten im Hauptspeicher erreicht werden. In einigen Systemen besteht hierzu die Möglichkeit der *verketteten E/A (chained I/O)*, wobei mit einer Schreiboperation mehrere (im Log) physisch aufeinanderfolgende Seiten ausgeschrieben werden [ELHA84, WEIK87][1], wodurch sich der Zeitbedarf gegenüber der Übertragung einzelner Seiten stark reduziert. Dennoch wird die Log-Datei aufgrund der großen Zahl zu schreibender Seiten schnell zum Engpaß, so daß nur geringe Transaktionsraten erreicht werden können. Ein weiteres Problem besteht darin, daß

---

[1]   Bei dieser Pufferung kann noch ausgenutzt werden, daß bei mehrfachen Änderungen einer Seite pro Transaktion als Undo-Information nur das älteste Before-Image, für die Redo-Recovery nur das jüngste After-Image zu sichern ist.

Seiten-Logging die Verwendung von Seitensperren impliziert (siehe Abschnitt 15.3.2), wodurch ein i. allg. inakzeptables Maß an Synchronisationskonflikten verursacht wird.

Da Recovery-Aktionen vergleichsweise selten notwendig sind, ist beim Entwurf des Logging- und Recovery-Verfahrens der Optimierung des Normalbetriebs Vorrang einzuräumen. Daher fällt ein Seiten-Logging aus der engeren Wahl geeigneter Verfahren. Viele seiner Nachteile lassen sich durch die Verwendung feinerer Log-Granulate im Rahmen eines *Eintrags-Logging* umgehen. Dabei werden nur für die tatsächlich geänderten Teile einer Seite die Before- und After-Images protokolliert. Die relativ kleinen Log-Sätze werden im Hauptspeicher innerhalb des Log-Puffers gesammelt, dessen Seiten wiederum durch Chained I/O ausgeschrieben werden können. Im Vergleich zum Seiten-Logging wird durch das Eintrags-Logging das Log-Volumen typischerweise um mehr als eine Größenordnung reduziert, wodurch sich auch die Anzahl der E/A-Vorgänge signifikant vermindert. Die Einsparungen werden durch Optimierungen wie Gruppen-Commit weiter erhöht (siehe Abschnitt 15.3.5). Zudem lassen sich feine Sperrgranulate (Sätze, Indexeinträge) nutzen. Auf der anderen Seite wird die Recovery für Eintrags-Logging komplexer und zeitaufwendiger. Insbesondere ist es für die Undo- und Redo-Recovery erforderlich, die betroffenen Seiten zunächst in den Hauptspeicher einzulesen, um die Log-Sätze auf sie anwenden zu können. Zudem verkomplizert sich die Analyse, welche Undo- und Redo-Informationen anzuwenden sind. Auf Einzelheiten möglicher Realisierungen wird noch im weiteren Verlauf eingegangen.

Beim *Übergangs-Logging* soll der Log-Umfang im Vergleich zum Zustands-Logging reduziert werden, in dem anstelle von Before- und After-Image nur die Zustandsdifferenz protokolliert wird. Dabei muß es möglich sein, mit der Zustandsdifferenz zum Undo aus einem geänderten den ursprünglichen Zustand abzuleiten; umgekehrt muß zum Redo der neue aus dem alten Zustand gewonnen werden. Dies kann durch Differenzenbildung über die EXOR-Operation erreicht werden, wie in Tabelle 15.1 für ein Logging auf Seitenebene veranschaulicht. Im allgemeinen sind nur kleinere Teile einer Seite von einer Änderung betroffen, so daß die EXOR-Differenz zahlreiche 0 Einträge aufweist. Daher kann bei Differenzenbildung auf Seitenebene eine weitgehende Komprimierung zur Reduzierung des Log-Umfangs vorgenommen werden. Alternativ kann das Übergangs-Logging auf Eintragsebene angewandt werden.

	Zustands-Logging	**Differenzen-Logging**
Normalbetrieb Änderungen der Seite A 1.) $A_1 \to A_2$ 2.) $A_2 \to A_3$	Protokollierung der Before- und After-Images 1.) A_1, A_2 2.) A_2, A_3	Protokollierung der EXOR-Differenzen 1.) $D_1 = A_1 \oplus A_2$ 2.) $D_2 = A_2 \oplus A_3$
Redo-Recovery (Startzustand A_1 liege vor)	Ersetzen (Überschreiben) von A_1 durch A_2 bzw. A_3	$A_2 := A_1 \oplus D_1$ $A_3 := A_2 \oplus D_2$
Undo-Recovery (Endzustand A_3 liege vor)	Ersetzen (Überschreiben) von A_3 durch A_2 bzw. A_1	$A_2 := A_3 \oplus D_2$ $A_1 := A_2 \oplus D_1$

Tabelle 15.1: Zustands- vs. Übergangs-Logging (Beispiel)

15.2.2 Logisches Logging

Beim logischen Logging handelt es sich auch um eine Form des Übergangs-Logging, jedoch werden nicht die physischen Zustandsänderungen von Objekten protokolliert, sondern die Änderungsoperationen mit ihren Parametern. Zum Beispiel würde für das Einfügen eines neuen Angestellten lediglich die zugehörige Insert-Operation mit den Attributwerten in den Log geschrieben, nicht jedoch jede einzelne Änderung der betroffenen Datenbank-, Freispeicher- und Index-Seiten. Das logische Logging verspricht somit eine sehr elegante Lösung mit minimalem Log-Umfang.

Allerdings zeigen sich bei näherer Betrachtung große Schwierigkeiten bei der Realisierung logischer Log-Strategien. Ein Hauptproblem liegt darin, daß die im Fehlerfall (insbesondere nach einem Rechnerausfall) vorliegende materialisierte Datenbank die Ausführung der protokollierten Operationen zulassen muß. Dies setzt einen *aktionskonsistenten Datenbankzustand* voraus, welcher ausgeführte Änderungsoperationen (Aktionen) entweder vollständig oder gar nicht reflektiert. Da eine Änderungsoperation jedoch in der Regel die Modifikation mehrerer Seiten erfordert, kann die Aktionskonsistenz nur von indirekten Einbringstrategien (z. B. Schattenspeicherkonzept, siehe Abschnitt 4.4.1) erreicht werden, welche mehrere Änderungen atomar in die materialisierte Datenbank einbringen können. Für die in der Praxis nahezu ausschließlich im Einsatz befindlichen Update-in-Place-Verfahren (direktes Einbringen) ist dies nicht möglich, da eine Folge von Ausschreibvorgängen an beliebiger Stelle unterbrochen werden kann. Somit können hier logische Logging-Verfahren i. allg. nicht genutzt werden[2]. Physische Log-Verfahren sind dagegen sowohl bei indirekten wie direkten Einbringstrategien anwendbar.

Die Redo-Recovery erfordert für logisches Logging die Wiederholung vollständiger DB-Operationen, was naturgemäß weit aufwendiger ist als die Anwendung physischer Log-Informationen. Hinzu kommt, daß derselbe Zustand wie im Normalbetrieb nur dann rekonstruiert werden kann, wenn die Operationen im Einbenutzerbetrieb wiederholt werden, was die Recovery-Zeiten zusätzlich erhöht (keine Überlappung von E/A-Unterbrechungen usw.). Im Mehrbenutzerbetrieb wären jedoch Abweichungen zur ursprünglichen Folge von DB-Änderungen unausweichlich.

Eine weitere Schwierigkeit logischer Log-Verfahren liegt darin, daß es zur Undo-Recovery notwendig ist, die Umkehroperation einer durchgeführten Änderung auszuführen. Dies wirft vor allem bei mengenorientierten Änderungen Probleme auf. So erfordert z. B. das Löschen aller Mitarbeiter einer Abteilung als Undo-Operation das Einfügen aller betreffenden Mitarbeiter, was jedoch die Protokollierung aller einzufügenden Attributwerte erfordert. Ähnlich umfangreiche Protokollierungen sind erforderlich, um kaskadierende Löschvorgänge zur Wartung der referentiellen Integrität rückgängig machen zu können.

---

[2] Dies trifft genau genommen nur für die Redo-Recovery zu. Eine logische Undo-Recovery ist möglich, wenn zunächst durch die (physische) Redo-Recovery eine aktionskonsistente Datenbank erzeugt wird. Dies ist u. a. der Fall beim ARIES-Konzept, wo sämtliche Änderungen (auch von gescheiterten Transaktionen) beim Redo wiederholt werden (Abschnitt 15.6).

15.2.3 Physiologisches Logging

Wie diskutiert sind logische Logging-Verfahren für DBS mit Update-in-Place nicht anwendbar. Von den physischen Verfahren kommt in erster Linie ein Eintrags-Logging in Betracht. Jedoch weisen auch diese noch gewisse Schwächen auf, insbesondere im Hinblick auf Änderungsoperationen, welche die Struktur einer Seite betreffen (z. B. Lösch- oder Einfügevorgänge). Denn ein rein physisches („byte-orientiertes") Logging bezieht sich für jede Änderung auf eine bestimmte Byte-Position innerhalb einer Seite, an der zur Recovery das Before- oder After-Image angewendet wird. Diese Vorgehensweise ist vor allem für komplexere Änderungsvorgänge unnötig restriktiv, da vielfach das Protokollieren von mehreren Änderungen pro Seite erforderlich wird. So verlangen Einfüge- und Löschoperationen auch die Anpassung von Verwaltungsinformationen in den Seitenköpfen, welche bei physischem Eintrags-Logging separat zu protokollieren sind. Verschiebungen innerhalb einer Seite, z. B. zur Bewahrung einer bestimmten Sortierreihenfolge, sowie andere Reorganisationsschritte können einen erheblichen Zusatzaufwand beim Logging erfordern.

Abhilfe bietet hier eine Kombination von physischem Eintrags- mit einem logischen Logging, die als physiologisches Logging (physical-to-a-page, logical within-a-page) bezeichnet wird [GRAY93]. Wie bei physischen Log-Verfahren werden dabei die Log-Sätze in Bezug auf jeweils eine bestimmte Seite geführt. Die Änderungen in einer Seite werden jedoch nicht byte-orientiert, sondern als Operation (also logisch) protokolliert. Damit können Lösch- und Einfügeoperationen von Sätzen oder Indexeinträgen einer Seite im Recovery-Fall sich an einer anderen Byte-Position als im Normalbetrieb auswirken.

Gegenüber rein logischen Log-Verfahren beziehen sich die protokollierten Operationen nur noch auf je eine Seite. So wird z. B. für eine Insert-Operation eines Angestellten je eine seitenspezifische Insert-Operation für die Datenseite und für jeden Index erforderlich. Der Log-Umfang liegt damit zwar höher als beim logischen Logging, jedoch unter dem rein physischen Verfahren. Im Gegensatz zum logischen Logging ist im Fehlerfall keine aktionskonsistente Datenbank mehr erforderlich, es müssen vielmehr nur die Seiten einen in bezug auf Seitenoperationen konsistenten Zustand aufweisen. Dies läßt sich jedoch vergleichsweise einfach sicherstellen, indem eine Seite im Hauptspeicher solange mit einem Fix-Vermerk belegt wird, bis die Änderungsoperation auf der Seite vollständig abgeschlossen ist. Der Fix-Vermerk verhindert die Ersetzung der Seite und damit das Ausschreiben einer unvollständigen Änderung. Zusätzlich wird die Seite für die Dauer der Änderungsoperation mit einem Latch (Semaphor) gesperrt, um parallele Änderungen auszuschließen[3]. Die Aktionskonsistenz einer Seite kann jedoch noch aufgrund anderer Probleme wie fehlerhaftem Ausschreiben verletzt sein. In solch seltenen Fällen muß die Seite zunächst über eine Geräte-Recovery ausgehend von einer Archivkopie rekonstruiert werden.

---

[3]   Derartige Seitenoperationen stellen nach [GRAY93] „Mini-Transaktionen" dar und führen zu einer speziellen Realisierung von geschachtelten bzw. Mehrebenen-Transaktionen (Abschnitt 16.5).

15.3 Abhängigkeiten zu anderen Systemkomponenten

Die Realisierung der Logging- und Recovery-Komponente ist wesentlichen Abhängigkeiten zu anderen DBS-Komponenten unterworfen. Die wichtigsten davon sind in Abb. 15.4 zusammengestellt und werden im folgenden behandelt. Wir betrachten zunächst den bereits angesprochenen Einfluß der Einbringstrategie, danach den Zusammenhang zwischen Sperr- und Log-Granulat. Besonders weitreichend sind die Auswirkungen der Pufferverwaltung, insbesondere im Bezug auf das Ausschreiben geänderter Seiten. Abschließend diskutieren wir noch in diesem Abschnitt resultierende Alternativen der Commit-Verarbeitung. Hinzu kommen unterschiedliche Ansätze zur Realisierung von Sicherungspunkten, auf die in Abschnitt 15.4 eingegangen wird, und die zusammen mit den in diesem Abschnitt vorgestellten Abhängigkeiten eine Klassifikation von Recovery-Strategien erlauben.

Die engen Abhängigkeiten erschweren es, einen generischen und leistungsfähigen Log- und Recovery-Service für unterschiedliche Systeme zu realisieren. Daher sind die Logging- und Recovery-Funktionen in allen DBS eng integriert.

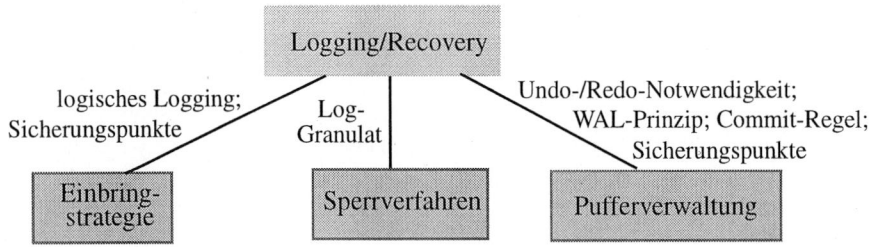

Abb. 15.4: Abhängigkeiten zwischen Systemkomponenten zu Logging und Recovery

15.3.1 Einfluß der Einbringstrategie

Wie bereits in Abschnitt 4.3 diskutiert, ist hierbei zwischen direktem und indirektem Einbringen von Änderungen zu unterscheiden.

Beim indirekten Einbringen erfolgt das Ausschreiben geänderter DB-Seiten in separate Blöcke, so daß die ursprünglichen Blöcke ungeändert bleiben. Durch das Ausschreiben einer Seite ist diese noch nicht Bestandteil der materialisierten Datenbank; hierzu ist ein separates Einbringen erforderlich. In Verfahren wie dem Schattenspeicherkonzept werden Seitentabellen geführt, die festlegen, welche Blöcke Teil der materialisierten Datenbank sind. Durch das Umschalten zwischen zwei Seitentabellen ist es dabei möglich, atomar eine beliebige Menge von Änderungen in die materialisierte Datenbank einzubringen. Indirekte bzw. verzögerte Einbringstrategien werden daher auch als *Atomic-Verfahren* bezeichnet [HÄRD83b]. Bei direkter Einbringstrategie oder Update-in-Place fällt das Ausschreiben mit dem Einbringen zusammen. Ein atomares Einbringen mehrerer Änderungen ist nicht möglich, so daß man hier von *NonAtomic*-Verfahren spricht.

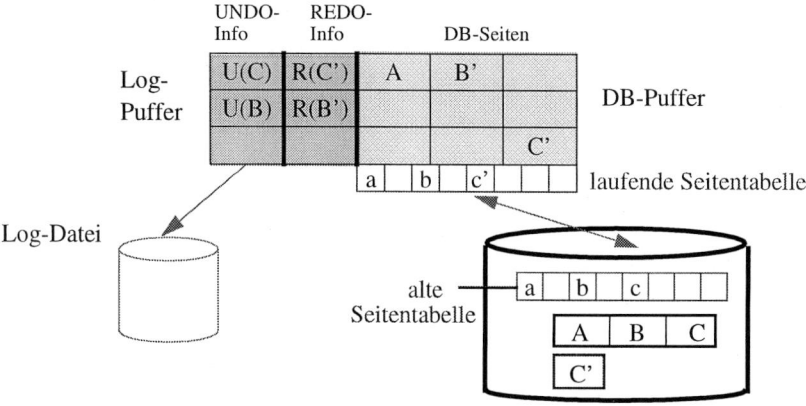

Abb. 15.5: Beispiel zum Einsatz indirekter Einbringstrategien

Das Beispiel in Abb. 15.5 illustriert die Funktionsweise der indirekten Seitenzuordnung. Dabei hat eine Transaktion die Seiten B und C im Hauptspeicher geändert. Die zugehörigen Undo- und Redo-Informationen befinden sich im Log-Puffer. Die geänderte Seite C' wurde ausgeschrieben, jedoch ohne die ursprüngliche Version von C zu überschreiben. Die physische Adresse c' von C' wird in der laufenden Seitentabelle aufgenommen, um bei einem erneuten Zugriff auf die Seite die neueste Version zu erhalten. Die materialisierte Datenbank auf Externspeicher besteht aus den ursprünglichen Seitenversionen und der alten Seitentabelle; die Änderungen von B und C sind somit nicht enthalten. Das Einbringen der Änderungen erfolgt atomar durch Umschalten der Seitentabellen.

Ein Hauptvorteil indirekter Einbringstrategien liegt darin, daß sie auch nach einem Rechnerausfall einen konsistenten Zustand der materialisierten Datenbank anbieten können, auf dem DB-Operationen ausführbar sind. Dies kann entweder ein aktionskonsistenter Zustand oder gar ein transaktionskonsistenter Zustand sein, bei dem nur die Änderungen vollständig ausgeführter Transaktionen vorliegen. Damit können insbesondere auch logische Logging-Verfahren genutzt werden, welche für direkte Einbringstrategien nicht anwendbar sind (Abschnitt 15.2.2).

Diese Vorteile werden jedoch durch schwerwiegende Nachteile erkauft, welche bereits in Abschnitt 4.4.1.4 diskutiert wurden. Neben dem zusätzlichen Speicherbedarf wird das E/A-Verhalten durch die potentielle Zerstörung von Cluster-Eigenschaften verschlechtert. Die Seitentabellen können für große Datenbanken oft nicht mehr im Hauptspeicher geführt werden, was spürbare Zusatzkosten zur Adressierung mit sich bringt. Schließlich kann das Einbringen sehr aufwendig werden, um die neue Seitentabelle auszuschreiben sowie einen aktions- bzw. transaktionskonsistenten DB-Zustand auf Externspeicher sicherzustellen (siehe auch Abschnitt 15.4).

15.3.2 Einfluß des Sperrgranulats

Zwischen dem Log-Granulat und dem Sperrgranulat[4] besteht eine grundlegende Abhängigkeit. Denn das Log-Granulat muß i. allg. kleiner oder gleich dem Sperrgranulat sein, um zu verhindern, daß durch die Anwendung grober Log-Granulate Änderungen verlorengehen. Insbesondere bedeutet dies, daß der Einsatz von Satzsperren zwingend verlangt, feine Log-Granulate wie im Rahmen eines Eintrags-Logging oder physiologischen Logging zu verwenden.

Die Problematik zu grober Log-Granulate verdeutlicht das Beispiel in Abb. 15.6. Dabei sollen Satzsperren in Kombination mit Seiten-Logging eingesetzt werden. In der betrachteten Seite ändern die parallelen Transaktionen T_1 und T_2 nacheinander die Sätze r_1 und r_2, was aufgrund der Verwendung von Satzsperren zulässig ist. Die Seite mit beiden Änderungen wird danach in die materialisierte Datenbank ausgeschrieben. Im Rahmen der Crash-Recovery ist ein Zurücksetzen von T_1 unter Anwendung des Before-Image der ersten Änderung erforderlich. Dies führt jedoch bei Seiten-Logging nicht nur zum Zurücksetzen der Änderung r_1', sondern auch zum Verlust der erfolgreichen Änderung r_2'. Analoge Probleme bestehen für die Redo-Recovery bei Anwendung zu grober After-Images.

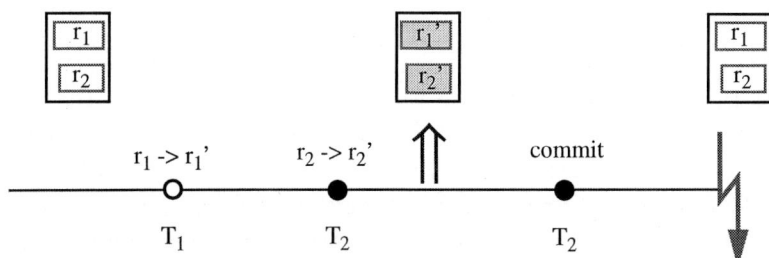

Abb. 15.6: Problemfall für Seiten-Logging in Kombination mit Satzsperren

15.3.3 Ausschreiben geänderter Seiten

Wesentliche Abhängigkeiten für Logging und Recovery ergeben sich durch die Verfahren der DB-Pufferverwaltung zum Schreiben geänderter Seiten vom Hauptspeicher in die permanente Datenbank. Denn da nach einem Systemfehler die Hauptspeicherinhalte nicht mehr existieren, wird durch die Ausschreibstrategie bestimmt, welche Undo- oder Redo-Aktionen notwendig sind. Ein Undo ist dabei nur erforderlich, wenn „schmutzige" Seiten ausgeschrieben werden, welche Änderungen von noch nicht erfolgreich beendeten Transaktionen enthalten. Umgekehrt ist eine Redo-Recovery nur notwendig, wenn zum Commit-Zeitpunkt einer Transaktion ihre Änderungen noch nicht vollständig ausgeschrieben wurden. Wir gehen im folgenden zunächst von Update-in-Place aus; am Ende dieses Teilkapitels betrachten wir noch kurz Unterschiede für indirekte Einbringstrategien.

---

[4]   Wir betrachten hier nur Sperrverfahren zur Synchronisation.

Hinsichtlich des Ausschreibens schmutziger Änderungen bestehen für die DB-Pufferverwaltung zwei generelle Strategien, nämlich Nosteal oder Steal [HÄRD83b]:

- *Nosteal* bedeutet, daß Seiten mit schmutzigen Änderungen nicht aus dem Puffer ersetzt („gestohlen") werden dürfen. Somit ist garantiert, daß die materialisierte Datenbank nach einem Rechnerausfall keine Änderungen von nicht erfolgreich abgeschlossenen Transaktionen enthält. Damit ist keine Undo-Recovery erforderlich.

- Die *Steal*-Alternative erlaubt die Ersetzung schmutziger Seiten. Demnach ist nach einem Systemfehler eine Undo-Recovery erforderlich, um die Änderungen nicht erfolgreicher Transaktionen zurückzusetzen.

Der Nosteal-Ansatz erscheint zwar aus Sicht der Fehlerbehandlung attraktiv, jedoch bewirkt er eine erhebliche Einschränkung der DB-Pufferverwaltung. Insbesondere für längere Änderungstransaktionen werden große Teile des Puffers blockiert, wodurch sich Nachteile für die Trefferraten ergeben können. In Extremfällen übersteigt die Anzahl geänderter (schmutziger) Seiten die Puffergröße, so daß ein Nosteal-Ansatz für Update-in-Place nicht erreicht werden kann. Die meisten DBS verwenden daher die flexiblere Steal-Variante und Inkaufnahme einer Undo-Recovery.

Eine weitere Design-Entscheidung der DB-Pufferverwaltung betrifft die Frage, ob die Änderungen einer Transaktion bis zum Commit ausgeschrieben sein müssen oder nicht. Dies führt zur Unterscheidung der Force- oder Noforce-Alternativen [HÄRD83b]:

- Ein *Force-Ansatz* verlangt, daß alle geänderten Seiten spätestens zum Transaktionsende (vor dem Commit) in die permanente DB durchgeschrieben werden. Damit entfällt die Notwendigkeit einer Redo-Recovery nach einem Rechnerausfall.

- Bei *Noforce* wird dagegen auf das „Hinauszwingen" der Änderungen verzichtet, stattdessen können die Seiten nach Ende der ändernden Transaktion geschrieben werden („deferred write"). Dafür ist nach einem Systemfehler eine Redo Recovery erforderlich, um die noch ausgeschriebenen Änderungen erfolgreicher Transaktionen zu wiederholen.

Trotz des höheren Recovery-Aufwandes spricht die bessere Leistungsfähigkeit im Normalbetrieb klar für einen Noforce-Ansatz. Denn Force führt zu einem sehr hohen E/A-Aufwand für die Ausschreibvorgänge, da jede Änderung einzeln ausgeschrieben wird. Weiterhin bewirken die Schreibvorgänge eine signifikante Verschlechterung der Antwortzeiten, was aufgrund länger gehaltener Sperren auch die Anzahl an Sperrkonflikten erhöht. Mit Noforce entfallen diese Probleme; insbesondere können mehrere Änderungen pro Seite über Transaktionsgrenzen hinweg akkumuliert werden, was insbesondere für größere Puffer deutliche E/A-Einsparungen erlaubt. Zur Begrenzung des Redo-Aufwandes sind bei Noforce periodisch Sicherungspunkte zu erstellen (siehe Abschnitt 15.4).

Für die beiden Strategien ergeben sich prinzipiell vier Kombinationsformen mit den in Tabelle 15.2 zusammengestellten Auswirkungen bezüglich der Crash-Recovery. Die Kombination Steal/Noforce erfordert sowohl Undo- als auch Redo-Recovery, stellt jedoch auch die allgemeinste Lösung mit den im Normalbetrieb i. allg. besten Leistungsmerkmalen dar, welche von den meisten DBS befolgt wird. Eine Kombination Nosteal/Force verspricht dagegen ein

	Steal	**Nosteal**
Force	Undo-Recovery, keine Redo-Recovery	*nicht möglich für Update-in-Place*
Noforce	Undo-Recovery + Redo-Recovery	keine Undo-Recovery, Redo-Recovery

Tabelle 15.2:   Recovery-Auswirkungen von Ausschreibstrategien bei Update-in-Place

Wegfallen von Undo- und Redo-Recovery. Jedoch ist diese Kombination für Update-in-Place-Verfahren nicht realisierbar. Denn Nosteal verlangt, daß Änderungen einer Transaktion erst nach ihrem Commit in die permanente Datenbank gelangen, was jedoch Force widerspricht (Nosteal -> Noforce). Umgekehrt verlangt Force i. allg. das Ausschreiben mehrerer geänderter Seiten vor dem Commit, wobei diese Schreibvorgänge bei Update-in-Place jederzeit unterbrochen werden können. Somit würde das Commit nicht erreicht, und es müßte eine Undo-Recovery erfolgen (Force -> Steal).

Die Unterscheidung Steal/Nosteal sowie Force/Noforce ist auch bei indirekten Einbringstrategien möglich. Anstelle des Ausschreibens ist in diesem Fall jedoch das Einbringen der Änderungen in die materialisierte Datenbank maßgebend. Somit ist hier für Nosteal das Ausschreiben (Verdrängen) schmutziger Änderungen möglich, jedoch dürfen diese beim Einbringen zur Umgehung der Undo-Recovery nicht in die materialisierte Datenbank gelangen. Force verlangt bei indirekter Einbringstrategie das Einbringen aller Änderungen am Transaktionsende, wodurch ein noch höherer Aufwand als für Update-in-Place entsteht. Die Kombination Force/Nosteal läßt sich bei indirektem Einbringen prinzipiell bewerkstelligen; verschiedenartige Realisierungen wurde als TOSP-Verfahren (transaktionsorientiertes Schattenspeicherverfahren) in [HÄRD79] und als TWIST-Verfahren in [REUT80a] vorgeschlagen. Force/Nosteal vermeidet eine Undo- und Redo-Recovery nach Systemfehlern, jedoch zu hohen Ausführungskosten im Normalbetrieb.

15.3.4 WAL-Prinzip und Commit-Regel

Damit Undo- und Redo-Recovery überhaupt korrekt durchgeführt werden können, sind beim Logging zwei fundamentale Regeln zu beachten.

Die erste beinhaltet das sog. *Write-Ahead-Log-Prinzip (WAL)*. Es besagt, daß vor dem Schreiben einer schmutzigen Änderung in die materialisierte Datenbank die zugehörige Undo-Information (z. B. Before-Image) in die Log-Datei geschrieben werden muß (Logging *vor* Schreiben in die Datenbank). Nur dann ist gewährleistet, daß für jede auf der materialisierten Datenbank vorgefundene schmutzige Änderung die Log-Information zum Zurücksetzen vorliegt. Die WAL-Regel ist offensichtlich nur für Steal relevant.

Eine analoge Vorschrift, *Commit-Regel* (Force-Log-at-Commit) genannt, besteht für die Redo-Recovery. Sie besagt, daß vor dem Commit einer Transaktion für ihre Änderungen aus-

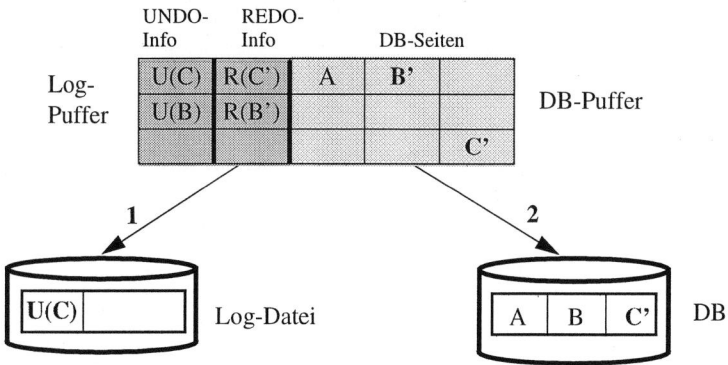

Abb. 15.7: WAL-Prinzip (Beispiel)

reichende Redo-Informationen (z. B. After-Images) zu sichern sind. Nur so kann die Wiederholbarkeit einer Transaktion und die Dauerhaftigkeitsgarantie für erfolgreiche Transaktionen sichergestellt werden. Im Falle von Noforce ist die Einhaltung der Commit-Regel Voraussetzung zur Durchführbarkeit der Crash-Recovery. Jedoch auch für Force ist ein Schreiben von Redo-Log-Daten erforderlich, um eine Geräte-Recovery zu ermöglichen.

In Abb. 15.7 ist eine zu Abb. 15.5 analoge Situation für Update-in-Place gezeigt. Das WAL-Prinzip verlangt, daß bevor die schmutzige Seite C' in die materialisierte Datenbank ausgeschrieben wird, die Undo-Information U(C) zu dieser Änderung in die Log-Datei gesichert wurde. Bevor die Transaktion zum Commit gelangt, müssen zudem die Redo-Informationen R(C') und R(B') für ihre Änderungen gesichert werden.

Die Commit-Regel gilt für direkte und indirekte Einbringstrategien gleichermaßen. Das WAL-Prinzip ist für indirekte Einbringstrategien auch erforderlich, falls eine Steal-Strategie angewandt wird, bei der schmutzige Seiten eingebracht werden (siehe aktionskonsistente Sicherungspunkte, Abschnitt 15.4.1.3). Dennoch wird in der Literatur gelegentlich das WAL-Prinzip fälschlicherweise als Synonym für Logging bei Update-in-Place angesehen im Gegensatz zu indirekten Einbringstrategien wie dem Schattenspeicherkonzept.

15.3.5 Commit-Verarbeitung

Die Commit-Verarbeitung folgt dem bereits in Abschnitt 13.2 vorgestellten Zwei-Phasen-Commit-Ansatz zentralisierter DBS. Dabei erfolgt das Logging in Phase 1, wobei aufgrund der Commit-Regel zumindest ausreichende Redo-Informationen zu schreiben sind. Im Falle einer Force-Ausschreibstrategie kommt noch das Durchschreiben der geänderten Seiten in die materialisierte Datenbank hinzu, was (für Update-in-Place) seinerseits das vorherige Schreiben von Undo-Informationen auf den Log erfordert. Phase 1 der Commit-Verarbeitung wird üblicherweise durch Schreiben eines Commit-Satzes auf den Log abgeschlossen, welcher das erfolgreiche Ende der Transaktion festschreibt. In Phase 2 erfolgt dann die Freigabe der Sperren, insbesondere für die geänderten Objekte. Solche „langen" (Schreib-) Sperren sind u. a.

notwendig, um das Problem der kaskadierenden Rücksetzungen zu vermeiden (Abschnitt 14.4).

Abb. 15.8 a verdeutlicht dieses Zwei-Phasen-Commit für Noforce. Das Ausschreiben der Log-Daten erfolgt dabei aus dem im Hauptspeicher geführten Log-Puffer, in dessen Seiten die Log-Sätze gesammelt werden. Der Log-Puffer kann dabei aus mehreren Seiten bestehen, die in einem Schreibvorgang auf die Log-Platte geschrieben werden (verkettete E/A, Abschnitt 15.2.1). Da die Log-Datei sequentiell beschrieben wird, ergeben sich durch den weitgehenden Wegfall von Zugriffsarmbewegungen relativ schnelle Schreibzeiten. Außerdem lassen sich weit höhere E/A-Raten als bei Platten mit nicht-sequentiellen (wahlfreien) Zugriffen erreichen. Zur Begrenzung der E/A-Anzahl ist die Verwendung kleiner Log-Granulate wie im Rahmen eines Eintrags- oder physiologischen Logging sehr wichtig. Dabei können pro Seite z. B. 10 – 20 Änderungen protokolliert werden.

Generell erfolgt ein Ausschreiben des Log-Puffers

– wenn er vollständig gefüllt ist oder

– aufgrund der WAL-Regel oder

– aufgrund der Commit-Regel.

Problematisch ist dabei vor allem die Commit-Regel, die das Ausschreiben des Log-Puffers bei jedem Commit verlangt. Insbesondere für kürzere Transaktionen (z. B. im Rahmen von OLTP-Anwendungen), deren Log-Daten meist nicht einmal eine Seite füllen, führt dies zu ei-

a) Standard-Zwei-Phasen-Commit

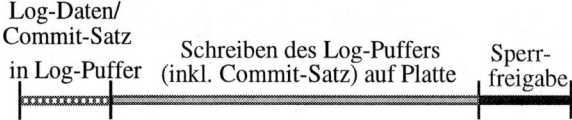

b) Gruppen-Commit

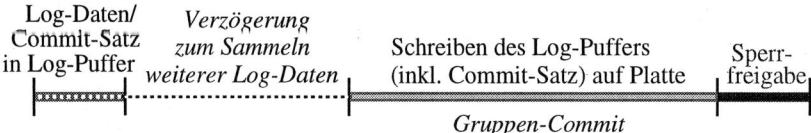

c) Prä-Commit

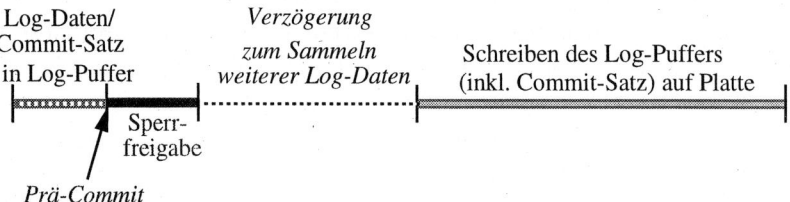

Abb. 15.8: Alternativen zur Commit-Verarbeitung (Noforce) [RAHM93]

ner erheblichen Beeinträchtigung des Pufferungseffektes. Somit fällt für jede Änderungstransaktion ein Schreibvorgang auf die Log-Datei an, wodurch der Durchsatz auf ca. 40 – 80 Transaktionen pro Sekunde beschränkt wird.

Eine einfach realisierbare Abhilfe bietet das sog. *Gruppen-Commit* [DEWI84, GAWL85b], welches mittlerweile von zahlreichen DBS unterstützt wird. Dabei werden die Log-Daten mehrerer Transaktionen im Log-Puffer gebündelt und zusammen ausgeschrieben. Wie Abb. 15.8 b verdeutlicht, werden hierbei während der Commit-Verarbeitung die Log-Daten zunächst nur in den Log-Puffer eingefügt. Das Ausschreiben des Log-Puffers erfolgt dann i. allg. verzögert, nämlich wenn er vollständig gefüllt ist oder ein Timeout abläuft. Wie praktische Implementierungen gezeigt haben, können mit dieser einfachen Maßnahme die E/A-Häufigkeit sowie die erreichbaren Transaktionsraten signifikant verbessert werden [HELL89]. Werden z. B. die Log-Daten von 5 Transaktionen in einer Seite untergebracht, so kann bereits bei einem Log-Puffer von einer Seite die fünffache Transaktionsrate erreicht werden (falls der Durchsatz durch die Log-Datei begrenzt ist). Bei einem Log-Puffer von mehreren Seiten sind entsprechend höhere Verbesserungen möglich[5].

Ein gewisser Nachteil des Gruppen-Commit ist, daß sich durch das verzögerte Schreiben der Log-Daten i. allg. eine Erhöhung von Sperrdauer und Antwortzeit ergibt. Durch eine weitere Verfeinerung, in [DEWI84] als *Prä-Commit* bezeichnet, kann jedoch die Erhöhung der Sperrzeiten umgangen werden. Dabei wird nach Einfügen des Commit-Satzes in den Log-Puffer bereits ein vorläufiges Commit (Prä-Commit) angenommen, und die Sperren der Transaktion werden sofort – vor Ausschreiben der Log-Daten – freigegeben (Abb. 15.8 c). Dies ist im zentralen Fall zulässig, da zu dem Zeitpunkt des Prä-Commit die Transaktion nur noch durch einen Systemfehler zum Abbruch kommen kann. Andere Transaktionen, die aufgrund der vorzeitigen Sperrfreigabe auf schmutzige Daten zugegriffen haben, sind in diesem Fall jedoch auch vom Systemfehler betroffen und werden zurückgesetzt. Im Normalfall dagegen kommt die ändernde Transaktion erfolgreich zu Ende, so daß die gelesenen Änderungen korrekte DB-Werte repräsentieren.

15.4 Sicherungspunkte

Sicherungspunkte (Checkpoints) stellen Maßnahmen zur Begrenzung des Redo-Aufwandes nach Systemfehlern dar. Nach einem Systemfehler ist eine Redo-Recovery für alle erfolgreich geänderten Seiten erforderlich, die zum Fehlerzeitpunkt nur im DB-Puffer im Hauptspeicher, jedoch noch nicht in der materialisierten Datenbank vorlagen. Problematisch hierbei sind vor allem Hot-Spot-Seiten, welche aufgrund einer hohen Zugriffshäufigkeit nicht zur Verdrängung aus dem DB-Puffer ausgewählt werden. Im Extremfall sind für sie alle Änderungen seit dem Start des DBS zu wiederholen, was einen sehr hohen Redo-Aufwand bedeutet. Dies

---

[5] In der praktischen Realisierung sind wenigstens zwei Log-Puffer vorzusehen, um während des Ausschreibens eines Puffers anfallende Log-Daten im zweiten Log-Puffer ablegen zu können [UNTE90].

scheidet i. allg. schon deshalb aus, da zudem ein extremer Platzbedarf für den Log anfallen würde, um alle Log-Sätze seit Start des DBS online vorzuhalten. Sicherungspunkte sind somit auch zur Begrenzung des Log-Umfangs erforderlich.

Bei der Realisierung kann zwischen direkten und indirekten Sicherungspunkten unterschieden werden [HÄRD83b]. Direkte Sicherungspunkte verlangen das Einbringen aller geänderten Seite in die materialisierte Datenbank und damit das Ausschreiben aller geänderten Seiten aus dem Hauptspeicher. Indirekte bzw. „unscharfe" Sicherungspunkte (fuzzy checkpoints) umgehen diesen hohen Aufwand; sie protokollieren lediglich gewisse Statusinformationen in der Log-Datei. Für indirekte Einbringstrategien (Atomic) dienen Sicherungspunkte stets zum Einbringen von Änderungen und Umschalten der materialisierten Datenbank, was durch das bloße Protokollieren von Statusinformationen nicht erreicht wird. Fuzzy Checkpoints sind somit nur für Update-in-Place (NonAtomic) anwendbar, während Atomic-Strategien direkte Sicherungspunkte verlangen.

Generell wird ihre Durchführung durch spezielle Log-Sätze protokolliert. Bei Beginn eines Sicherungspunktes wird so ein BEGIN_CHKPT-Satz geschrieben, gefolgt von spezifischen Checkpoint-Informationen (z. B. über laufende Transaktionen). Nach Durchführung des Sicherungspunktes wird ein END_CHKPT-Satz geschrieben. Die LSN des letzten vollständig ausgeführten Sicherungspunktes wird in einer speziellen Restart-Datei geführt, welche zur Crash-Recovery herangezogen wird.

Bei der Frequenz von Sicherungspunkten ist ein Kompromiß zwischen Belastung im Normalbetrieb und vertretbarer Dauer der Redo-Recovery bzw. Umfang der Log-Datei zu treffen. Eine seltene Durchführung von Sicherungspunkten verursacht so einen hohen Redo-Aufwand; bei häufiger Durchführung entsteht dagegen ein hoher Overhead im Normalbetrieb. Der Abstand zwischen zwei aufeinanderfolgenden Sicherungspunkten kann z. B. über eine feste Zeitspanne oder aber über eine bestimmte Anzahl von seit dem letzten Checkpoint geschriebenen Log-Sätzen festgelegt werden. In letzterem Fall bleibt der Aufwand pro Sicherungspunkt sowie der resultierende Redo-Aufwand unabhängiger gegenüber Schwankungen in der Änderungshäufigkeit.

Die einzelnen Checkpoint-Arten werden im folgenden näher vorgestellt. Danach ist es uns möglich (Abschnitt 15.4.3), eine Klassifikation von Recovery-Verfahren vorzustellen, welche auch die im letzten Abschnitt diskutierten Abhängigkeiten berücksichtigt.

15.4.1 Direkte Sicherungspunkte

Direkte Sicherungspunkte sind dadurch gekennzeichnet, daß alle Seiten in die materialisierte Datenbank auszuschreiben bzw. einzubringen sind, welche zum Checkpoint-Zeitpunkt geändert im DB-Puffer vorliegen. Der Zeitbedarf hierfür steigt mit der Anzahl zu schreibender Seiten und damit sowohl mit der Größe des DB-Puffers als auch mit dem zeitlichen Abstand zwischen Sicherungspunkten. Die Durchführung eines direkten Sicherungspunktes ist sehr teuer, wenngleich die Ausschreibvorgänge so angeordnet werden können, daß die Zugriffsarmbewegungen der DB-Platten möglichst gering ausfallen. Weiterhin kann ggf. E/A-Parallelität genutzt werden, wobei die Schreibvorgänge verschiedener DB-Platten gleichzeitig durchgeführt werden. Der Zeitbedarf zum Ausschreiben von z. B. 100.000 Seiten liegt bei sortiert-wahlfreier E/A (Abschnitt 2.4.3) bei etwa 10 Minuten[6]; die Beschleunigung durch parallele E/A hängt von der Anzahl betroffener Platten ab. Eine Unterbrechung des Änderungsbetriebs, wie i. allg. während der Durchführung von Sicherungspunkten erforderlich, ist für Zeitspannen im Minutenbereich jedoch meist völlig inakzeptabel.

Andererseits bieten direkte Sicherungspunkte auch gewisse Vorteile. Insbesondere kann die Redo-Recovery stets bei dem letzten vollständig ausgeführten Sicherungspunkt beginnen, da aufgrund des Sicherungspunktes alle früher durchgeführten Änderungen bereits in der materialisierten Datenbank vorliegen. Außerdem kann für die materialisierte Datenbank Aktions- oder Transaktionskonsistenz erzielt werden, was Vorteile bezüglich des Loggings mit sich bringt. Insbesondere kann für Atomic-Einbringstrategien ein logisches Logging angewandt werden. Bevor wir auf diese transaktions- und aktionskonsistenten Sicherungspunkte eingehen, betrachten wir noch kurz den Sonderfall transaktionsorientierter Sicherungspunkte.

15.4.1.1 Transaktionsorientierte Sicherungspunkte

In diesem Spezialfall werden nur die geänderten Seiten einer Transaktion am Transaktionsende in die materialisierte Datenbank eingebracht, nicht jedoch alle im Puffer vorliegenden Änderungen. Es handelt sich damit offenbar um die Force-Ausschreibstrategie, welche als transaktionsorientierter Sicherungspunkt (Transaction-Oriented Checkpoint, TOC) aufgefaßt werden kann. Dabei vereinfacht die Nutzung von Seitensperren die Implementierung dieses Verfahrens beträchtlich. Dieser Ansatz verkörpert einen Extremfall, für den keinerlei Redo-Recovery notwendig wird. Umgekehrt verursachen sie die größte Belastung im Normalbetrieb, um jede Änderung einer Transaktion synchron auszuschreiben. Insbesondere wird jede Änderung einer Hot-Spot-Seite einzeln ausgeschrieben. Wie bereits in Abschnitt 15.3.3 ausgeführt, impliziert Force bei Update-in-Place eine Steal-Strategie, welche eine Undo-Recovery erforderlich macht.

Im Beispiel von Abb. 15.9 wird beim Commit von T_1 und T_2 ein solcher Sicherungspunkt durchgeführt. Nach dem Systemfehler entfällt somit eine Redo-Recovery für diese erfolgreichen Transaktionen. T_3 wurde durch den Fehler unterbrochen und ist zurückzusetzen.

15.4.1.2 Transaktionskonsistente Sicherungspunkte

In diesem Fall wird die materialisierte Datenbank durch die Schreibvorgänge in einen transaktionskonsistenten Zustand gebracht (Transaction-Consistent Checkpoint, TCC), welcher nur die Änderungen erfolgreicher Transaktionen, jedoch keine schmutzigen Änderungen enthält. Dies erfordert, daß während des Sicherungspunktes keine Änderungstransaktion aktiv ist[7].

---

[6] Bei sortiert-wahlfreier Ausgabe wird der Zugriffsarm nur in einer Richtung bewegt, so daß zwischen den einzelnen Schreibvorgängen keine oder nur sehr kurze Zugriffsarmbewegungen anfallen. Wir schätzen deshalb die Dauer eines Schreibvorgangs mit 4 – 6 ms ab.

[7] Dies kann erreicht werden, indem zur Durchführung des Sicherungspunktes eine Lesesperre auf der gesamten Datenbank angefordert wird. Dabei muß jedoch darauf geachtet werden, daß laufende Änderungstransaktionen bei neuen Sperranforderungen nicht blockiert werden.

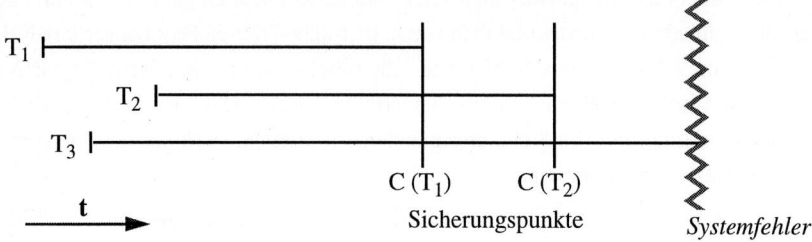

Abb. 15.9: Transaktionsorientierte Sicherungspunkte (Force)

Wie im Beispiel von Abb. 15.10 zu sehen, muß daher nach Anmelden eines transaktionskonsistenten Sicherungspunktes zunächst gewartet werden, bis alle laufenden Änderungstransaktionen (hier: T_1 und T_2) zu Ende kommen. Weiterhin ist der Start neuer Änderungstransationen (T_3) bis zum Abschluß des Sicherungspunktes zu verzögern. Dies führt i. allg. zu einer sehr langen Totzeit des Systems für den Änderungsbetrieb.

Die Recovery nach einem Systemfehler ist durch den letzten Sicherungspunkt (im Beispiel C_i) begrenzt. Da eine transaktionskonsistente Datenbank erzeugt wurde, gilt dies sowohl für die Redo- als auch die Undo-Recovery. Im Beispiel ist so eine Redo-Recovery (für T_3) und Undo-Recovery (T_4) höchstens für Transaktionen notwendig, die nach dem letzten Sicherungspunkt gestartet wurden.

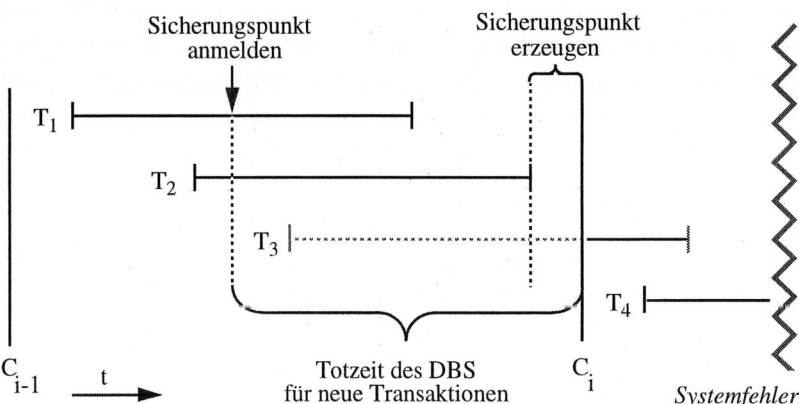

Abb. 15.10: Transaktionskonsistente Sicherungspunkte

15.4.1.3   Aktionskonsistente Sicherungspunkte

Hierbei wird lediglich verlangt, daß zum Zeitpunkt des Sicherungspunktes keine Änderungsoperationen aktiv sind, wodurch für die materialisierte Datenbank Speicher- bzw. Aktionskonsistenz erreicht wird (Action-Consistent Checkpoints, ACC). Wie in Abb. 15.11 zu sehen, wird damit gegenüber transaktionskonsistenten Sicherungspunkten auch die Totzeit des Sy-

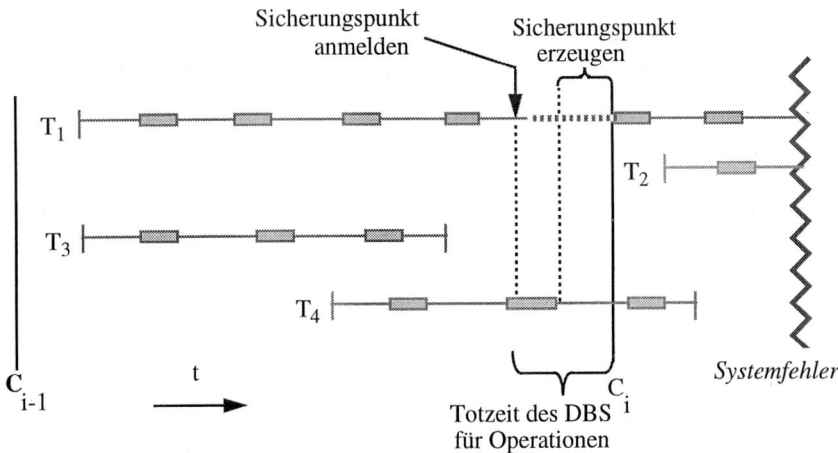

Abb. 15.11: Aktionskonsistente Sicherungspunkte

stems für Änderungen deutlich reduziert. Denn nach Anmelden eines aktionskonsistenten Sicherungspunktes ist nur die Beendigung aller laufenden Änderungsoperationen (im Beispiel von T_4) abzuwarten, bevor das Erzeugen des Sicherungspunktes stattfindet. Dies resultiert auch in kürzere Verzögerungen für neue Änderungsoperationen (im Beispiel für T_1).

Auf der anderen Seite hat der Sicherungspunkt eine geringere Qualität als bei Unterstützung von Transaktionskonsistenz. Insbesondere gelangen nun auch die (schmutzigen) Änderungen unvollständiger Transaktionen (für T_1 und T_4) in die materialisierte Datenbank, so daß durch aktionskonsistente Sicherungspunkte stets eine Steal-Strategie impliziert wird (ACC -> Steal). Nach einem Systemfehler wird durch den letzten Sicherungspunkt nur noch die Redo-, jedoch nicht mehr die Undo-Recovery begrenzt. Im Beispiel muß so für die erfolglose Transaktion T_1 eine Undo-Recovery erfolgen, bei der die durch den Sicherungspunkt eingebrachten Änderungen zurückzunehmen sind. Der Endpunkt für die Undo-Recovery entspricht dem ersten Log-Satz der zum Sicherungszeitpunkt ältesten Transaktion (siehe auch Abschnitt 15.5), der im Rahmen des Sicherungspunktes auf den Log protokolliert wird.

15.4.2 Fuzzy Checkpoints

Der Aufwand direkter Sicherungspunkte ist vor allem für große DB-Puffer extrem hoch und daher für Hochleistungssysteme nicht akzeptabel. Diese setzen stattdessen indirekte Sicherungspunkte ein, bei denen kein Ausschreiben aller Änderungen vorgenommen wird. Damit wird für die materialisierte Datenbank auch keine Aktions- oder Transaktionskonsistenz erreicht, sondern sie verbleibt in einem „unscharfen" (fuzzy) Zustand. Während der Erzeugung eines solchen Sicherungspunktes werden im wesentlichen nur Statusinformationen protokolliert, insbesondere zu den laufenden Transaktionen sowie der zum Sicherungspunkt im DB-Puffer vorliegenden geänderten Seiten. Der Aufwand für diese Schreibvorgänge ist minimal; zudem entstehen keine nennenswerten Unterbrechungen für den Änderungsbetrieb.

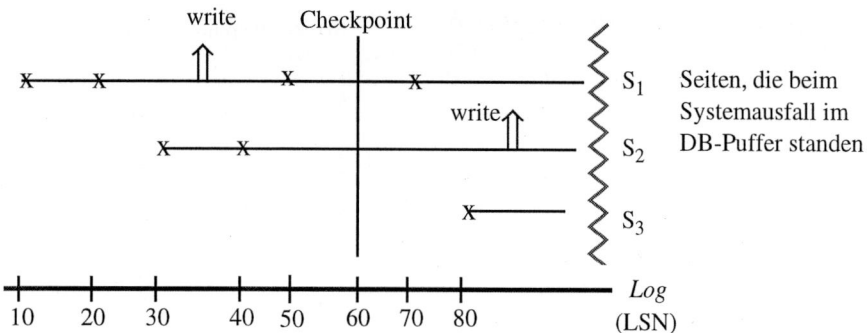

Abb. 15.12: Redo-Beginn bei Fuzzy Checkpoints

Das Ausschreiben der Änderungen erfolgt außerhalb der Sicherungspunkte, asynchron zur Verarbeitung laufender Transaktionen. Dabei werden länger nicht mehr referenzierte Seiten vorausschauend ausgeschrieben, damit sie danach ohne Ausschreibverzögerung ersetzt werden können. Eine Sonderbehandlung wird nur für Hot-Spot-Seiten erforderlich, die praktisch nie zur Ersetzung anstehen. Sie werden nach Überschreiten eines bestimmten Log-Umfangs zwangsweise ausgeschrieben. Für das Ausschreiben einer solchen Seite wird zunächst eine Kopie im Hauptspeicher angelegt, um keine Verzögerungen für neue Änderungen zu verursachen; diese Kopie wird auch genutzt, um im Fall eines Fehlers beim Ausschreiben den Schreibvorgang wiederholen zu können.

Im Gegensatz zu direkten Sicherungspunkten ist der Startpunkt für die Redo-Recovery nun nicht mehr durch den letzten Checkpoint gegeben. Vielmehr müssen auch weiter zurückliegende Änderungen wiederholt werden, welche noch nicht in die permanente Datenbank ausgeschrieben wurden. Eine mögliche Vorgehensweise ist zu erzwingen, daß bei einem Sicherungspunkt alle Seiten ausgeschrieben werden, die bereits beim letzten Sicherungspunkt geändert im Hauptspeicher vorlagen. Damit kann die Redo-Recovery stets beim vorletzten Sicherungspunkt beginnen. Eine genauere (bzw. ergänzende) Vorgehensweise besteht darin, für jede geänderte Seite die Adresse (die sog. LSN, siehe Abschnitt 15.5) des Log-Satzes der ersten Änderung seit Einlesen in den DB-Puffer zu vermerken. Das Minimum dieser Werte, *MinDirtyPageLSN*, zum Zeitpunkt des letzten Sicherungspunktes bestimmt die Log-Position, an der die Redo-Recovery beginnt. Dieser LSN-Wert wird während der Erzeugung des Sicherungspunktes in der Log-Datei protokolliert.

Im Beispiel von Abb. 15.12 sind die Änderungen bezüglich verschiedener Seiten sowie die LSN-Werte (Adressen) der zugehörigen Log-Sätze gezeigt. Zum Checkpoint-Zeitpunkt stehen die Seiten S_1 und S_2 geändert im Puffer. Aufgrund des zwischenzeitlichen Ausschreibens von S_1 liegt die am längsten zurückliegende und noch nicht eingebrachte Änderung für S_2 vor. MinDirtyPageLSN hat zum Checkpoint-Zeitpunkt den Wert 30 und markiert den Beginn der Redo-Recovery.

Implementierungsdetails zur Realisierung indirekter Sicherungspunkte finden sich in[MOHA92] für den ARIES-Ansatz und in [JOSH98] für die Oracle-Lösung.

15.4.3 Klassifikation von DB-Recovery-Verfahren

Die eingeführten Alternativen zu den Sicherungspunkten sowie den Strategien zum Einbringen und Ausschreiben geänderter Seiten in die materialisierte Datenbank erlauben eine Klassifikation von Recovery-Strategien wie in Anlehnung an [HÄRD83b] in Abb. 15.13 dargestellt. Zu beachten ist, daß aufgrund der in Abb. 15.14 noch einmal zusammengestellten Abhängigkeiten zwischen den einzelnen Ansätzen statt der 32 rechnerisch möglichen nur 11 Kombinationen tatsächlich auftreten können. Die Zahl der Strategien erhöht sich jedoch noch bei Berücksichtigung weiterer Kriterien, wie z. B. dem gewählten Logging-Verfahren (Abschnitt 15.2).

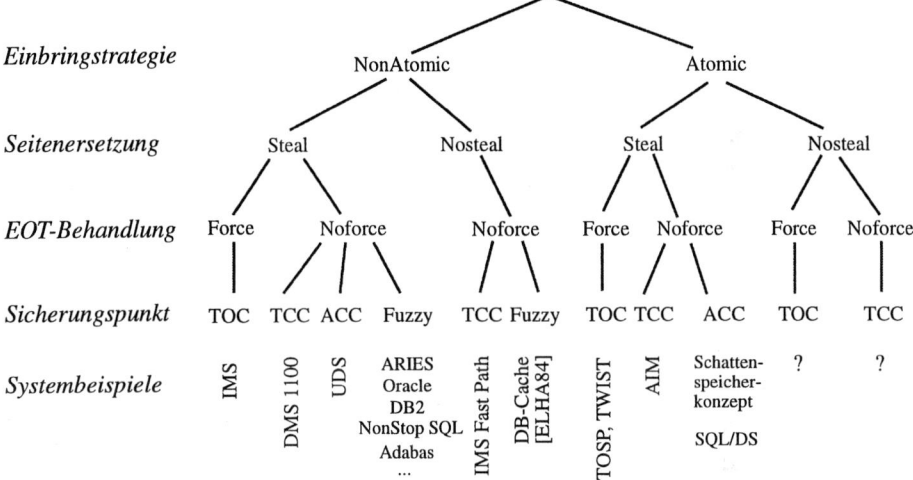

Abb. 15.13: Klassifikationsschema von Recovery-Strategien

Zu einzelnen Kombinationen sind in Abb. 15.13 Literaturvorschläge sowie Systembeispiele genannt, wobei für konkrete DBS natürlich stets mit Weiterentwicklungen zu rechnen ist. So unterstützten einige DBS zunächst einfache Strategien wie Force oder direkte Sicherungspunkte, welche dann in einer neueren Version durch eine leistungsfähigere Kombination abgelöst wurden. Mittlerweile setzen viele DBS die empfehlenswerte Kombination *NonAtomic / Steal / Noforce / Fuzzy Checkpoints* ein.

NonAtomic, Force	->	*Steal*	*(Abschnitt 15.3.3)*
NonAtomic, Nosteal	->	*Noforce*	*(15.3.3)*
Force	<->	*TOC*	*(15.4.1)*
Atomic	->	*keine Fuzzy Checkpoints*	*(15.4)*
ACC	->	*Steal*	*(15.4.1)*

Abb. 15.14: Abhängigkeiten zwischen den Teilstrategien

15.5 Aufbau der Log-Datei

Die Log-Informationen werden üblicherweise in einer sequentiellen Datei auf Magnetplatte gespeichert, wobei die neuen Log-Daten jeweils an das aktuelle Dateiende geschrieben werden. Die Log-Datei muß unabhängig von der permanenten Datenbank auf dedizierten Externspeichern gehalten werden. Zudem wird sie in der Regel doppelt geführt (Duplex-Logging), um den Ausfall einer Log-Platte verkraften zu können.

15.5.1 Log-Satzarten

Im Log werden u. a. folgende Satzarten unterschieden:

- Transaktionsbeginn, Transaktions-Commit sowie Transaktions-Rollback, wobei Transaktionen über eine eindeutige Transaktionsnummer identifiziert werden
- Log-Sätze zur Beschreibung von Änderungen, u. a. mit Undo- und Redo-Information
- Log-Sätze zur Beschreibung von Sicherungspunkten (Checkpoints).

Die Log-Sätze weisen dabei variable Länge auf und sind über eine eindeutige Adresse, der sog. *Log Sequence Number (LSN)*, gekennzeichnet. Die LSNs werden monoton wachsend vergeben, so daß sie die chronologische Reihenfolge der Log-Einträge und damit der protokollierten Änderungen reflektieren. Für physische bzw. physiologische Logging-Verfahren enthalten die Log-Sätze von Änderungen die Nummer der Seite (PageID), auf die sich die Änderung bezieht. Zudem sind alle Log-Sätze einer Transaktion über ein spezielles Feld *PrevLSN* rückwärts verkettet.

Damit wird ein schnelles *Transaktions-Undo* unterstützt, bei dem die Änderungen einer Transaktion in umgekehrter zeitlicher Reihenfolge zurückzusetzen sind. Zur Behandlung von Transaktionsfehlern im Normalbetrieb wird für jede laufende Transaktion in einer Hauptspeicher-Datenstruktur die LSN des letzten Log-Satzes der Transaktion vermerkt. Dies markiert die Reichweite für die Undo-Recovery und umgeht einen sequentiellen Scan der Log-Datei.

15.5.2 Begrenzung des Log-Umfangs

Die temporäre Log-Datei dient im wesentlichen zur Behandlung von Transaktions- und Systemfehlern. Der Umfang der temporären Log-Datei läßt sich dabei im Vergleich zur Datenbankgröße relativ klein halten, da die Log-Daten nur für begrenzte Zeit benötigt werden:

- Für erfolgreich beendete Transaktionen wird die Undo-Information nicht mehr benötigt, da sie nicht mehr zurückgesetzt werden können.
- Nach dem Ausschreiben einer geänderten Seite in die permanente Datenbank wird die Redo-Information der Änderung für die Crash-Recovery nicht mehr benötigt.

Längerfristig benötigt wird dagegen die Redo-Information zur Geräte-Recovery, welche daher i. allg. auf einem separaten Archiv-Log geführt wird. Oft wird dabei die Redo-Information zunächst nur auf die temporäre Log-Datei geschrieben und von dort zeitlich verzögert auf den Archiv-Log überführt. Damit bleibt das Schreiben des Archiv-Logs ohne Auswirkungen auf die Bearbeitungszeit der Änderungstransaktionen[8]. Dafür muß die Redo-Information noch solange im temporären Log verbleiben, bis eine Übertragung auf den Archiv-Log abgeschlossen ist. Bei der Geräte-Recovery müssen zudem nach Abarbeitung des Archiv-Logs die neuesten Änderungen noch vom temporären Log ergänzt werden.

Die genannten Kriterien erlauben die Verwendung eines fest begrenzten Log-Umfangs. Üblicherweise wird dabei eine logische Ringpufferorganisation der Log-Datei verwendet, bei der die Seiten der Log-Datei zyklisch überschrieben werden (Abb. 15.15). Anfang und Ende des relevanten Log-Bereiches werden dabei vom DBS verwaltet, wofür u. a. folgende Informationen geführt werden:

– Für alle laufenden Transaktionen wird die LSN ihres ersten Eintrages (Beginn-Satzes) auf dem Log vermerkt. Das Minimum dieser LSN-Werte, *MinTxLSN* genannt, entspricht dem Beginn-Eintrag der ältesten Transaktion und begrenzt die benötigte Undo-Information.[9] Dieser Wert stellt zugleich für Steal-Strategien die kleinste Adresse im Log dar, bis zu der im Rahmen der Crash-Recovery eine Undo-Recovery durchzuführen ist

– Für jede geänderte Seite im DB-Puffer wird die LSN der ersten Änderung nach dem Einlesen in den Hauptspeicher vermerkt. Das Minimum dieser LSN-Werte, *MinDirtyPageLSN*, begrenzt die benötigte Redo-Information zur Crash-Recovery. Zugleich wird damit für Fuzzy Checkpoints der Beginn der Redo-Recovery nach einem Systemfehler markiert.

– die LSN der ältesten Redo-Information, die noch nicht auf den Archiv-Log geschrieben wurde.

Das Minimum dieser drei Werte begrenzt den aktuellen Beginn der relevanten Log-Daten. Bei einem drohenden Log-Überlauf kann der Log-Umfang demnach reduziert werden, indem die älteste Transaktion abgebrochen, die älteste Seite im Puffer ausgeschrieben oder Redo-Information auf den Archiv-Log ausgelagert wird.

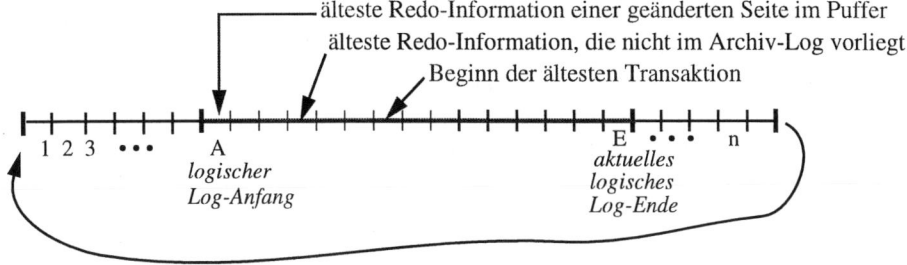

Abb. 15.15: Ringpufferorganisation der temporären Log-Datei

---

[8] Zudem können noch gewisse Optimierungen zur Reduzierung des Redo-Log-Umfangs vorgenommen werden; z. B. ist nur Redo-Information von erfolgreichen Transaktionen in den Archiv-Log zu schreiben usw.

[9] MinTxLSN entspricht der sog. Commit-LSN aus [MOHA90], siehe Abschnitt 14.5.

Die skizzierte logische Struktur der Log-Datei wird in existierenden DBS häufig auf zwei oder mehr physische Log-Dateien abgebildet, die nacheinander beschrieben werden. Bei Allokation dieser Dateien auf verschiedenen Magnetplatten können damit auch gegenseitige Behinderungen der Log-Zugriffe vermindert werden. So erfolgt das Schreiben neuer Log-Sätze an dem jeweils aktuellen Log-Ende, während die Zugriffe zur Ergänzung des Archiv-Logs primär am Beginn des relevanten Log-Bereiches stattfinden.

15.6 Crash-Recovery

Beim Wiederanlauf (Restart) des DBS nach einem Systemfehler ist der jüngste transaktionskonsistente DB-Zustand herzustellen, der zum Fehlerzeitpunkt gültig war. Hierzu wird die temporäre Log-Datei sowie die materialisierte Datenbank herangezogen. Eine weitere wichtige Forderung ist, daß auch Fehler während des Wiederanlaufs korrekt behandelt werden können. Dies erfordert die *Idempotenz der Crash-Recovery*, so daß bei mehrfacher Anwendung der Redo- oder Undo-Information jeweils dasselbe Ergebnis geliefert wird.

Die im Rahmen des Wiederanlaufs auszuführenden Aktionen sind natürlich wesentlich von der gewählten Recovery-Strategie bestimmt. Aufgrund der Vielzahl möglicher Ansätze beschränken wir uns auf den allgemeinsten Fall, der sowohl Undo-Recovery (Steal) als auch Redo-Recovery (Noforce) erfordert. Hierzu betrachten wir vor allem die Realisierung für Update-in-Place unter Verwendung von Fuzzy Checkpoints sowie von physiologischem (Eintrags-) Logging. Dazu geben wir zunächst einen Überblick zu den im Rahmen der Crash-Recovery notwendigen Schritte. Anschließend wird die Durchführung der Redo-Aktionen näher erläutert, insbesondere unter Nutzung von LSN-Werten in den DB-Seiten. In Abschnitt 15.6.3 werden Probleme der Undo-Recovery sowie die Verwendung von Compensation Log Records (CLR) diskutiert. Dabei wird auch die Behandlung von Systemfehlern während der Crash-Recovery berücksichtigt. Abschließend (Abschnitt 15.6.4) befassen wir uns noch kurz mit der Crash-Recovery beim Schattenspeicherkonzept.

15.6.1 Überblick zur Restart-Prozedur

Für die unterstellte Strategie (NonAtomic, Steal, Noforce, Fuzzy Checkpoint, physiologisches Logging) gibt es unterschiedliche Möglichkeiten der Crash-Recovery, die sich z. B. in der Reihenfolge von Undo- und Redo-Aktionen sowie der unterstützten Sperrgranulate (Seiten- oder Satzsperren) unterscheiden. Weiterhin entstehen Komplikationen für die Behandlung von bereits im Normalbetrieb erfolgten Transaktionsrücksetzungen während des Wiederanlaufs. Auf einige dieser Abhängigkeiten und Varianten wird im folgenden noch eingegangen.

Ein verbreiteter Ansatz erfordert die Restart-Verarbeitung innerhalb von drei Phasen, jeweils verbunden mit einem Scan der temporären Log-Datei (Abb. 15.16):

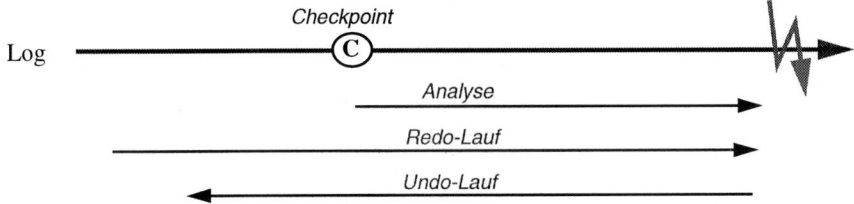

Abb. 15.16: Wiederanlauf bei Update-in-Place

- *Analyse-Lauf*

  Zunächst wird beginnend vom letzten Checkpoint-Satz die Log-Datei bis zu ihrem Ende gelesen. Aus der Checkpoint-Information werden die zum Checkpoint-Zeitpunkt laufenden Transaktionen sowie die geänderten Seiten ermittelt. Davon ausgehend wird über den Log die Menge der Gewinner- und Verlierer-Transaktionen bestimmt. *Gewinner* sind dabei die Transaktionen, für die ein Commit-Satz im Log gefunden wird. *Verlierer* dagegen sind Transaktionen, für die ein Rollback-Satz bzw. kein Commit-Satz vorliegt. Daneben werden alle weiteren Seiten ermittelt, die nach dem Checkpoint noch geändert wurden.

- *Redo-Lauf*

  In der zweiten Phase erfolgt die Wiederholung der Änderungen, welche noch nicht in den betroffenen Seiten vorliegen. Der Startpunkt für diese Redo-Recovery ist bei Fuzzy Checkpoints durch den Wert von MinDirtyPageLSN gegeben, der beim letzten Checkpoint vorlag (siehe Abschnitt 15.4.2). Von dort aus wird der Log bis zum Ende nach vorne gelesen, um die Änderungen in chronologischer Reihenfolge zu wiederholen. Hierzu müssen die betroffenen Seiten zunächst von der materialisierten Datenbank eingelesen werden, falls sie noch nicht aufgrund vorhergehender Redo-Aktionen im Hauptspeicher vorliegen[10].

  Zur Realisierung der Redo-Phase kann zwischen zwei Ansätzen unterschieden werden, nämlich *selektivem* und *vollständigem Redo („redo all")*. Im ersten Fall werden nur die Änderungen von Gewinner-Transaktionen wiederholt, während im zweiten Fall alle Änderungen (auch die von Verlierern) wiederholt werden. Ein vollständiges Redo wird im ARIES-Ansatz [MOHA92] sowie verschiedenen DBS verfolgt. Es erfordert zwar einen erhöhten Redo-Aufwand gegenüber selektivem Redo, bietet jedoch verschiedene Vorteile, u. a. bezüglich der Unterstützung feiner Sperrgranulate (s. u.).

- *Undo-Lauf*

  In der dritten Phase erfolgt das Zurücksetzen der Verlierer-Transaktionen. Dazu wird der Log vom aktuellen Ende an rückwärts gelesen, um die Änderungen in umgekehrter Reihenfolge zurückzunehmen. Hierzu müssen die betroffenen Seiten wiederum eingelesen werden, falls sie noch nicht im Hauptspeicher vorliegen. Das Ende der Undo-Recovery ist

---

[10] Aufgrund der Analyse-Phase können die für das Redo relevanten Seiten auch bereits vor der Redo-Phase gebündelt eingelesen werden. Dies erlaubt die Reduzierung von Zugriffsarmbewegungen (sortiert-wahlfreie Eingabe, Abschnitt 2.4.3) bzw. Nutzung von E/A-Parallelität.

durch den Beginn der ältesten Transaktion gegeben, welche zum Zeitpunkt des letzten Checkpoints aktiv war (siehe Abschnitt 15.5.2).

Die Realisierung der Undo-Phase ist davon abhängig, ob ein selektives oder vollständiges Redo erfolgte. Beim selektiven Redo sind alle Verlierer in der Undo-Phase zu berücksichtigen, während beim vollständigen Redo nur die zum Fehlerzeitpunkt noch laufenden Transaktionen zurückzusetzen sind (s. u.).

Nach Abschluß der Undo-Phase wird die Recovery mit der Durchführung eines Sicherungspunktes abgeschlossen.

Der Aufwand dieser Prozedur ist vergleichsweise hoch, da der Log dreimal zu lesen ist und alle betroffenen Seiten von Externspeicher zu holen sind. Dies ist der Preis der gewählten Strategien, die vor allem den Normalbetrieb zu Lasten einer aufwendigeren Recovery optimieren. Der Zeitbedarf für die Recovery läßt sich jedoch über die Häufigkeit von Sicherungspunkten sowie den Umfang des relevanten Log-Bereiches kontrollieren.

15.6.2 Redo-Recovery

Beim physiologischen und physischen Logging bezieht sich jeder Log-Satz einer Änderung auf genau eine DB-Seite. Dies erlaubt eine einfache Feststellung, ob eine bestimmte Änderung bereits in einer DB-Seite enthalten ist oder nicht und somit, ob eine Wiederholung der Änderung erforderlich ist. Hierzu wird für jede Seite im Seitenkopf eine *PageLSN* geführt, welche der LSN des Log-Satzes entspricht, welcher die zuletzt auf der Seite ausgeführte Änderung protokolliert. Die PageLSN stellt somit eine Art Versionsnummer dar, welche sich bei jeder Änderung erhöht.

Eine Änderung, deren Log-Satz eine LSN aufweist, die kleiner oder gleich der PageLSN der betreffenden DB-Seite ist, befindet sich somit bereits in der Seite und braucht nicht wiederholt zu werden. Ein Redo ist also nur erforderlich, falls die Log-Satz-LSN größer als die PageLSN ist. In der Redo-Phase werden somit für die Anwendung eines Log-Satzes L für Seite B folgende Aktionen durchgeführt:

> if (B nicht gepuffert) then (lies B in den Hauptspeicher ein);
> if   LSN (L) > PageLSN (B)   then do;
>   REDO (Änderung aus L);
>   PageLSN (B) := LSN (L);
> end;

Die erneute Anwendung einer Änderung, welche bereits in der DB-Seite vorliegt, muß im Falle physiologischen Loggings ausgeschlossen werden. Anderenfalls kommt es zu Inkonsistenzen, z. B. wenn ein Satz mehrfach in einer Seite eingefügt würde[11]. Diese Probleme werden durch die beschriebene LSN-Nutzung umgangen. Zugleich wird damit die Idempotenz für die Redo-Recovery auf einfache Weise sichergestellt, da auch bei wiederholter Anwendung der Redo-Information (nach einem Fehler während der Crash-Recovery) eindeutig festgestellt

---

[11] Bei byte-orientiertem Zustands-Logging kann dagegen ein After-Image mehrfach angewandt werden, da das wiederholte Überschreiben eines bestimmten Byte-Bereiches mit demselben Wert keinen Schaden anrichtet.

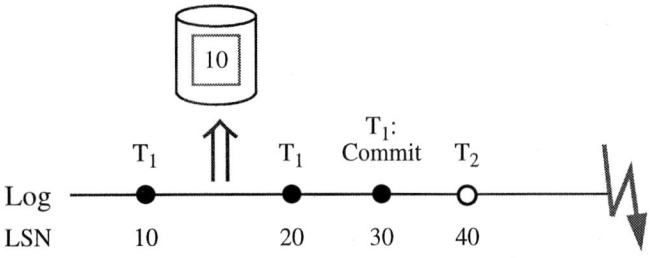

Abb. 15.17: Beispiel zur Verwendung von LSNs

werden kann, welche Änderungen zu wiederholen sind, so daß jeweils der gleiche Endzustand entsteht.

Im Beispiel von Abb. 15.17 werden nur Änderungen bezüglich einer Seite betrachtet. Der Log-Satz der ersten Änderung von Transaktion T_1 erhält die LSN 10, welche zunächst in der Kopie der Seite im Hauptspeicher als PageLSN übernommen wird. Diese Version der Seite wird anschließend auf die permanente Datenbank ausgeschrieben. Die nachfolgenden Änderungen werden nicht mehr ausgeschrieben, sondern nur noch im Log protokolliert. Die Recovery nach dem angedeuteten Rechnerausfall erfordert für die erfolgreiche Transaktion T_1 kein Redo für Log-Satz 10, da die PageLSN 10 der in der materialisierten Datenbank vorliegenden Seite zeigt, daß diese Änderung bereits vorliegt. Dagegen ist die Änderung des Log-Satzes mit LSN 20 zu wiederholen, wobei auch die PageLSN auf diesen Wert gesetzt wird.

Selektives vs. vollständiges Redo

Die beschriebene Verwendung der PageLSN-Werte zur Redo-Recovery erfolgt sowohl beim selektiven als auch beim vollständigen Redo-Ansatz. Allerdings unterscheiden sich diese Ansätze bezüglich des Redo bzw. Undo von Änderungen von Verlierer-Transaktionen. Im Beispiel von Abb. 15.17 wird beim selektiven Redo die Änderung von T_2 nicht wiederholt, da T_2 eine Verlierer-Transaktion ist. Es wird weiterhin mit der PageLSN auch über die Notwendigkeit von Undo-Aktionen entschieden (nur eine Log-Satz-LSN kleiner oder gleich der PageLSN erfordert ein Undo). Aufgrund der PageLSN 20 wird so erkannt, daß Änderung 40 nicht in der Seite enthalten und somit nicht zurückzusetzen ist. Beim vollständigem Redo dagegen wird auch die Änderung 40 von T_2 angewandt; sie muß jedoch danach im Rahmen der Undo-Recovery wieder beseitigt werden.

Ein Hauptproblem des selektiven Redo-Ansatzes liegt darin, daß er nur bei Verwendung von Seitensperren korrekt funktioniert (welche im Beispiel von Abb. 15.17 zugrundeliegen). Die Probleme bei Verwendung von Satzsperren verdeutlicht Abb. 15.18, wo die Transaktionen T_1 und T_2 parallel unterschiedliche Sätze derselben Seite ändern. Beim selektiven Redo werden nach dem Systemfehler nur die Änderungen der Gewinner-Transaktion T_1 wiederholt, wodurch sich die PageLSN auf 30 erhöht. Im Undo-Lauf wird dann für die Verlierer-Transaktion T_2 fälschlicherweise die Änderung 20 zurückgesetzt, da aufgrund der PageLSN 30 angenommen wird, Änderung 20 wäre in der Seite enthalten.

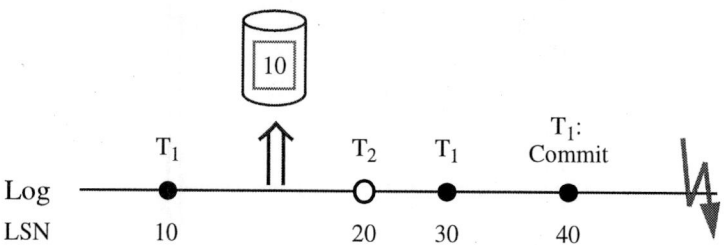

Abb. 15.18: Recovery-Szenario bei Satzsperren

Das Problem liegt offenbar darin begründet, daß die seitenbezogenen PageLSN-Werte zu ungenau sind, um über die Undo-Notwendigkeit von Satzänderungen zu entscheiden. Eine prinzipielle Lösungsmöglichkeit wäre daher, Satz- bzw. Objekt-LSN-Werte zur Entscheidung über die Notwendigkeit von Recovery-Aktionen zu führen. Der damit verbundene Speicher- und Wartungsaufwand erscheint jedoch nicht praktikabel.

Der Ansatz des vollständigen Redo löst das Problem, indem die PageLSN-Werte nur zur Redo-, nicht jedoch zur Undo-Recovery herangezogen werden. Im Redo-Lauf werden sämtliche Änderungen wiederholt, auch die von Verlierer-Transaktionen. Damit ist nach dem Redo-Lauf derselbe DB-Zustand hergestellt, der zum Fehlerzeitpunkt vorlag; man spricht daher auch von einem „Repeating History"-Ansatz [MOHA92]. Im Undo-Lauf werden danach bedingungslos alle Änderungen der zum Crash-Zeitpunkt aktiven Verlierer-Transaktionen zurückgesetzt[12]. Im Beispiel von Abb. 15.18 werden so im Rahmen der Redo-Phase die Änderungen mit LSN 20 und 30 wiederholt. Danach erfolgt im Undo-Lauf das Zurücksetzen von Änderung 20 der Verlierer-Transaktion T_2.

15.6.3 Compensation Log Records (CLR)

In der bisherigen Diskussion wurde die Behandlung von Verlierer-Transaktionen, die im Normalbetrieb zurückgesetzt wurden, ausgeklammert. Ein Undo ihrer Änderungen erfolgt bereits im Rahmen der Rollback-Behandlung, so daß dies bei der Crash-Recovery zu berücksichtigen ist. Hierzu ist auch zu klären, welche PageLSN den Seiten zugewiesen wird, in denen Änderungen zurückgesetzt werden.

Das Beispiel in Abb. 15.19 a zeigt, daß es hierbei vor allem bei Satzsperren nicht möglich ist, die PageLSN auf den ursprünglichen Wert zurückzusetzen. Denn würde beim Rollback von T_1 die PageLSN auf den Wert 20 der Änderungsaktion a zurückgenommen, wäre damit die zwischenzeitliche Änderung von T_2 mit LSN 30 in der PageLSN nicht mehr reflektiert. Im Zuge der Redo-Recovery würde dann aufgrund des PageLSN-Wertes 20 ein Redo von Änderung 30 erfolgen, obwohl diese bereits in der ausgeschriebenen Seite vorlag. Das Beispiel

---

[12] Dies entspricht der Vorgehensweise beim Undo zur Behandlung von Transaktionsfehlern. Im Normalbetrieb liegen stets die aktuellsten Versionen der DB-Seiten mit allen Änderungen beendeter und laufender Transaktionen vor. Zum Undo sind somit alle Änderungen der betroffenen Transaktion (ohne Beachtung von LSN-Werten) in umgekehrter Reihenfolge zurückzunehmen.

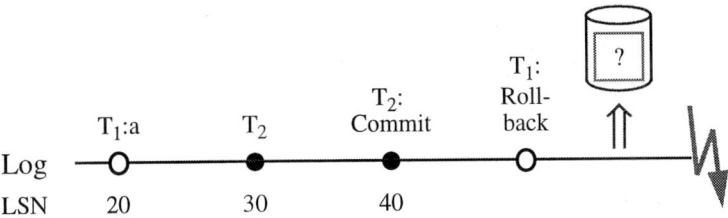

a) Problem-Szenario bei Satzsperren

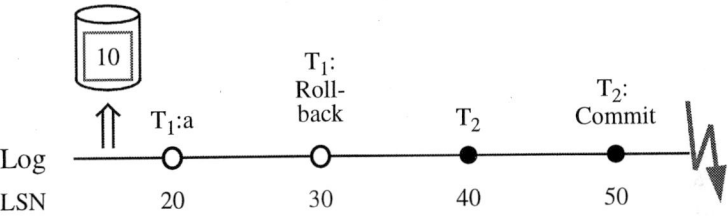

b) Problem-Szenario bei Seitensperren (selektives Redo)

Abb. 15.19: Recovery-Szenarios mit Transaktions-Rollbacks

zeigt die Wichtigkeit, daß die PageLSN-Werte monoton wachsend vergeben werden. Zudem sind die Änderungen im Rahmen der Rollback-Behandlung zu protokollieren, wobei deren LSN-Werte als PageLSN der geänderten Seiten zu verwenden sind.

Transaktions-Rollbacks im Normalbetrieb bereiten jedoch auch Probleme für selektive Redo-Verfahren im Falle von Seitensperren. Das Beispiel in Abb. 15.19 b zeigt ein Szenario, wo die alleinige Wiederholung von Gewinner-Transaktionen in der Redo-Phase zu Inkonsistenzen führt. Denn dann würde bezüglich der betrachteten Seite nur die Änderung der Gewinner-Transaktion T_2 wiederholt, wobei die PageLSN auf 40 erhöht wird. In der Undo-Phase würde danach die von der Verlierer-Transaktion T_1 vorgenommene Änderung 20 zurückgesetzt, obwohl diese in der Seite nicht vorliegt. Die Lösung des Problems erfordert ebenfalls eine explizite Protokollierung der Undo-Operationen im Rahmen der Rollback-Behandlung.

Zur Protokollierung von Undo-Operationen werden spezielle Log-Sätze, sog. *Compensation Log Records (CLR)*, verwendet. Zu jeder zurückgesetzten Änderung ist dabei ein eigener CLR-Satz für die betreffende Seite zu protokollieren. Die LSN des CLR-Satzes wird als neue PageLSN übernommen, so daß diese monoton wächst und korrekt widerspiegelt, welche Änderungen in ihr enthalten sind. Die Beendigung eines Rollbacks, nachdem alle Änderungen der Transaktion zurückgesetzt und die zugehörigen CLR-Sätze protokolliert sind, wird durch Schreiben des Rollback-Log-Satz dokumentiert.

Die im Rahmen der Crash-Recovery durchzuführenden Undo-Operationen sind ebenfalls durch CLRs zu protokollieren. Dies ist notwendig zur Wahrung der Idempotenz der Undo-Recovery, um Fehler während der Crash-Recovery korrekt behandeln zu können (s. u.). Dagegen erfordert die Durchführung der Redo-Operationen keine zusätzliche Protokollierung.

15.6.3.1 CLR-Einsatz bei vollständigem Redo

Im Falle des vollständigen Redo werden in der Redo-Phase nicht nur die Änderungen der Verlierer-Transaktionen wiederholt, sondern auch die Änderungen der CLRs. Damit erfolgt ein Redo aller im Normalbetrieb durchgeführten Undo-Aktionen, so daß nach Abschluß der Redo-Phase keine Änderungen von bereits im Normalbetrieb zurückgesetzten Verlierer-Transaktionen mehr vorliegen. Daher sind in der Undo-Phase nur noch die Transaktionen zurückzusetzen, die zum Fehlerzeitpunkt noch am Laufen waren, für die also weder ein Commit- noch ein Rollback-Log-Satz vorgefunden wurde.

Im Beispiel von Abb. 15.19 a erfordert das Rollback von T_1 einen CLR, z. B. mit LSN 50, der die Rücknahme von Änderung 20 beschreibt. Die PageLSN der ausgeschriebenen Seite weist danach den Wert 50 auf. Es wird somit erkannt, daß zur Crash-Recovery keine Änderungen zu wiederholen sind. Zudem entfällt die Undo-Phase, da keine unbeendeten Transaktionen vorliegen. Für das Szenario in Abb. 15.19 b werden beim vollständigen Redo alle Änderungen wiederholt, u. a. auch die Änderung 20 von T_1 sowie deren Zurücknahme über den zu schreibenden CLR. Somit ist nach Ende der Redo-Phase auch die Undo-Recovery für T_1 beendet; die Undo-Phase entfällt.

15.6.3.2 CLR-Einsatz bei selektivem Redo

Anders sieht dagegen die Nutzung der CLRs für selektives Redo aus, da hier im Rahmen der Redo-Phase die Änderungen von Verlierer-Transaktionen nicht wiederholt werden. In Abb. 15.20 ist gezeigt, wie das Problemszenario von Abb. 15.19 b in diesem Fall behandelt wird. Für die Änderung a von T_1 wird die Undo-Aktion a' im Normalbetrieb durch einen CLR (LSN 30) protokolliert. In der Redo-Phase der Crash-Recovery wird lediglich die Änderung von T_2 wiederholt, wodurch sich die PageLSN auf 50 erhöht. In der Undo-Phase werden alle Änderungen von T_1 zurückgesetzt, nämlich sowohl die Undo-Aktion a' als auch die ursprüngliche Änderung a, die sich gegenseitig kompensieren und somit korrekterweise keine Auswirkungen von T_1 in der Datenbank verbleiben. Diese Undo-Aktionen a'' und a' werden, wie gezeigt, durch eigene CLRs protokolliert.

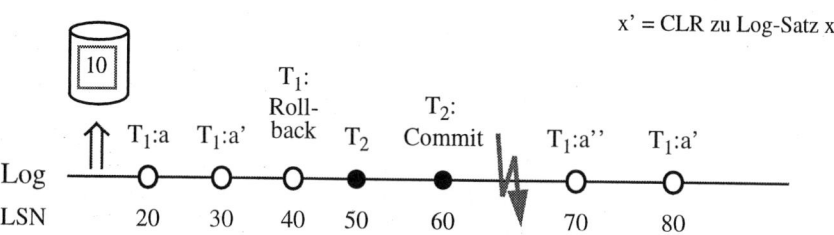

Abb. 15.20: CLR-Einsatz bei selektivem Redo

15.6.3.3 Idempotenz der Undo-Recovery

Das Schreiben von CLRs für die im Rahmen der Crash-Recovery durchgeführten Undo-Aktionen ist – sowohl beim selektiven als auch vollständigen Redo – notwendig, um Systemfehler während der Crash-Recovery behandeln zu können (Idempotenz der Undo-Recovery).

Im Falle eines selektiven Redo (und Seitensperren) wird dabei, wie diskutiert, ein Undo nur vorgenommen, wenn über die PageLSN erkannt wird, daß die betreffende Änderung tatsächlich in der Seite vorliegt. Das Beispiel in Abb. 15.21 zeigt jedoch die Notwendigkeit, auch für nicht zurückzusetzende Änderungen CLR-Sätze im Rahmen der Crash-Recovery zu protokollieren. So ist in der Undo-Phase die schmutzige Änderung b nicht zurückzunehmen, da sie in der ausgeschriebenen Version der betrachteten Seite nicht vorliegt. Dennoch wird für die (nicht durchgeführte) Undo-Operation b' ein CLR protokolliert, da ansonsten der zweite Systemausfall nicht korrekt behandelt werden könnte. Denn anderenfalls würden aufgrund des zweiten Ausschreibvorganges bei der Behandlung des zweiten Crashes die Änderungen a', b und a zurückgesetzt, obwohl die Änderung b nicht in der Seite vorliegt! Dieser Fehler wird durch den CLR für b' umgangen; nach dem zweiten Crash erfolgt damit richtigerweise das Zurücksetzen von a' (CLR a''), b', b und a, wodurch die Effekte der zugrundeliegenden Transaktion vollständig eliminiert werden.

Beim vollständigen Redo wird Änderung b in der Redo-Phase wiederholt, so daß die Undo-Operation b' sowie der zugehörige CLR ohnehin erforderlich sind.

15.6.3.4 Optimierter CLR-Einsatz

Die letzten Beispiele zeigen, daß es aufgrund von Rechnerausfällen notwendig werden kann, durch CLRs beschriebene Undo-Operationen selbst wieder zurückzunehmen. So mußten bei selektivem Redo im Normalbetrieb erfolgte Undo-Operationen im Rahmen der Crash-Recovery kompensiert werden (Abb. 15.20). Weiterhin mußten die im Rahmen der Crash-Recovery erfolgten Undo-Operationen bei einem weiteren Systemfehler kompensiert werden, bevor die ursprünglichen Änderungen zurückgesetzt werden konnten (Abb. 15.21). Diese fortgesetzten Kompensationen von Änderungen sind offenbar wenig elegant. Zudem können sie erheblichen Aufwand und eine entsprechende Verlängerung der Crash-Recovery verursachen.

Beim vollständigen Redo ist das Problem weniger ausgeprägt, da im Normalbetrieb erfolgte Undo-Operationen in der Redo-Phase wiederholt werden; sie bleiben in der Undo-Phase unberücksichtigt, sofern das Rollback der Transaktion im Normalbetrieb vollständig zu Ende kam. Allerdings besteht das Problem des mehrfachen Undo für unvollständige Rücksetzun-

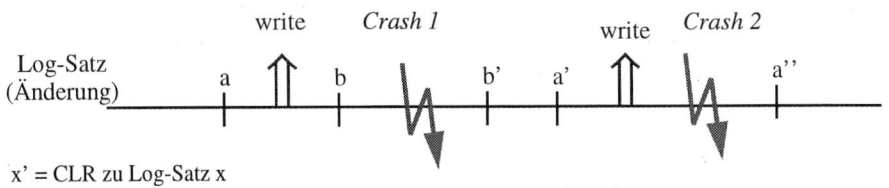

Abb. 15.21: CLR-Einsatz bei mehrfachen Systemfehlern

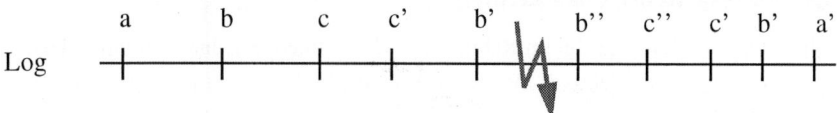

a) nicht-optimierte Lösung mit Undo von Undo-Operationen

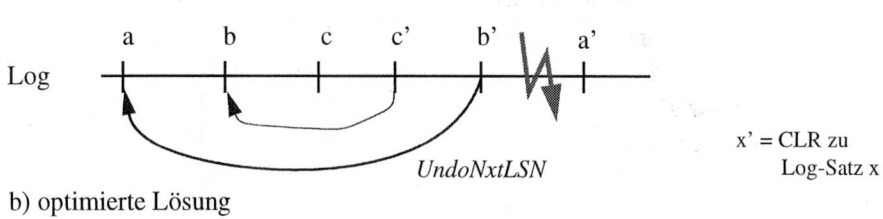

b) optimierte Lösung

Abb. 15.22: Optimierung des CLR-Verwendung nach einem Systemfehler

gen, die durch einen Rechnerausfall unterbrochen wurden. In Abb. 15.22 a unterbricht z. B. der Systemfehler das Zurücksetzen einer Transaktion nach zwei der drei notwendigen Undo-Operationen. In der Undo-Phase ist somit ohne Optimierung wie gezeigt ein Undo für die beiden Undo-Operationen b' und c' durchzuführen, bevor die drei ursprünglichen Änderungen zurückgesetzt werden.

Zur Lösung dieser Probleme wurde im ARIES-Ansatz zum vollständigen Redo eine einfache, jedoch effektive Optimierung vorgeschlagen, die das Undo einer Undo-Operation immer umgeht. Dabei wird ausgenutzt, daß das Undo derjenigen Änderungen bereits erledigt ist, für die in der Redo-Phase der entsprechende CLR-Satz bearbeitet wurde. Ein Undo wird somit nur noch für diejenigen Änderungen vorgenommen, zu denen noch kein CLR-Satz vorliegt. Dazu wird für jeden CLR-Satz einer Undo-Operation x' ein Rückwärtsverweis *UndoNxtLSN* auf den *Vorgänger* des Log-Satzes innerhalb der betreffenden Transaktion geführt, dessen Änderung x durch die Undo-Operation zurückgesetzt wird. Diese Verweise lassen sich einfach verwalten, da die Log-Sätze einer Transaktion ohnehin rückwärts verkettet werden (Abschnitt 15.5). Beim Zurücksetzen einer Verlierer-Transaktion in der Undo-Phase der Crash-Recovery wird zunächst der letzte Log-Satz der Transaktion betrachtet. Handelt es sich dabei um einen CLR, wird kein Undo der Änderung des CLR-Satzes vorgenommen, sondern direkt mit dem Undo für Log-Satz UndoNxtLSN fortgefahren. Damit wird auch garantiert, daß jede Änderung höchstens einmal zurückgesetzt wird.

Abb. 15.22 b illustriert diese Optimierung. Zu jedem CLR ist der UndoNxtLSN-Verweis eingetragen, der anzeigt, für welche Änderung die nächste Undo-Operation durchzuführen ist. Nach dem Rechnerausfall wird damit ein Undo der CLR-Operationen umgangen, sondern direkt mit dem Undo für Änderung a fortgefahren. Da a die erste Änderung der Transaktion darstellt, entfällt für den CLR-Satz zu a' der UndoNxtLSN-Verweis, wodurch auch der erfolgreiche Abschluß der Rollback-Aktion angezeigt wird.

Die effektivere Nutzbarkeit von CLRs stellt neben der Unterstützung von Satzsperren einen weiteren wichtigen Vorteil des vollständigen Redo-Ansatzes gegenüber selektivem Redo dar.

15.6.4 Crash-Recovery beim Schattenspeicherkonzept

Als Beispiel der Crash-Recovery für Atomic-Einbringstrategien betrachten wir den Wiederanlauf beim Schattenspeicherkonzept [GRAY81a]. Diese indirekte Einbringstrategie wurde nicht nur im relationalen DBS-Prototyp System R, sondern auch in der kommerziellen Weiterentwicklung SQL/DS (jetzt DB2 für VM und VSE) eingesetzt.

Das Schattenspeicherkonzept weist die Attribute *Atomic, Steal, Noforce, ACC* auf und verwendet logisches Logging sowie Seitensperren. Das Einbringen geänderter Seiten in die materialisierte Datenbank erfolgt also im Rahmen aktionskonsistenter Sicherungspunkte. Die Crash-Recovery erfolgt in drei Phasen (Abb. 15.23). Ausgehend vom letzten Sicherungspunkt werden im Analyse-Lauf wiederum die Gewinner- und Verlierer-Transaktionen sowie die von Änderungen betroffenen Seiten ermittelt. In der zweiten Phase erfolgt danach zunächst ein Undo der Verlierer-Transaktionen. Da alle Änderungen seit des letzten Sicherungspunktes nicht in der materialisierten Datenbank vorliegen, ist eine Undo-Recovery nur für länger zurückliegende Änderungen erforderlich, für welche die ändernden Transaktionen nach dem Sicherungspunkt nicht zum Commit kamen. Somit beginnt die Undo-Phase beim letzten Sicherungspunkt und geht zurück bis zum Beginn der ältesten Verlierer-Transaktion. Der abschließende Redo-Lauf beginnt – wie generell für direkte Sicherungspunkte – beim letzten Checkpoint und erstreckt sich bis zum aktuellen Ende des Logs. Dabei sind sämtliche Änderungen von Gewinner-Transaktionen zu wiederholen (selektives Redo). Am Ende der Recovery wird durch einen Sicherungspunkt die materialisierte Datenbank auf den jüngsten transaktionskonsistenten Zustand gebracht.

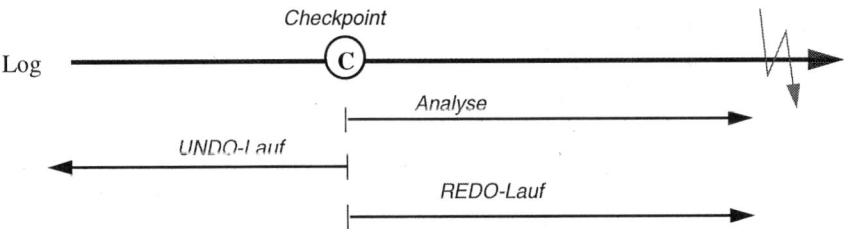

Abb. 15.23: Wiederanlauf beim Schattenspeicherkonzept

Aufgrund des logischen Loggings erfordern die Redo- und Undo-Aktionen die Wiederausführung der logischen Änderungsoperationen bzw. ihrer Umkehroperationen. Eine Berücksichtigung von LSN-Werten ist nicht erforderlich. Außerdem werden auch keine CLRs für die Durchführung der Undo-Recovery geschrieben. Die Idempotenz der Fehlerbehandlung läßt sich stets durch Zurückgehen auf die letzte Version der materialisierten Datenbank erreichen.

Die skizzierte Recovery-Strategie ist konzeptionell sehr einfach und elegant, verursacht jedoch einen hohen Aufwand zur Ausführung der Redo/Undo-Operationen. Auf generelle Nachteile indirekter Einbringstrategien wurde bereits eingegangen (siehe Abschnitt 15.3.1).

15.7 Geräte-Recovery

Aufgabe der Geräte-Recovery ist die Vermeidung von Datenverlust trotz Fehlern und Ausfäl-
len der Externspeicher, auf denen die materialisierte Datenbank dauerhaft gespeichert ist. Dies
betrifft vor allem die Behandlung von Plattenfehlern. Hierzu werden in DBS üblicherweise,
wie in Abschnitt 15.1 erwähnt, Archivkopien sowie Archiv-Log-Dateien verwendet, welche
aus Kostengründen meist auf Bandspeicher gehalten werden. Das Zurückgehen auf eine Archivkopie kann aber auch notwendig werden, um die Auswirkungen logischer Fehler in
Transaktionsprogrammen zu eliminieren.

Eine Archivkopie stellt einen Schnappschuß der Datenbank bzw. eines DB-Teiles dar, der
in periodischen Abständen zu erstellen ist. Alle seit Erstellung einer Archivkopie erfolgten
DB-Änderungen werden in einem zugeordneten Archiv-Log protokolliert. Für diese Log-Daten können die Sätze der temporären Log-Datei unverändert übernommen werden. Da jedoch
die älteren Log-Sätze ohnehin auf Band umgelagert werden, empfiehlt es sich, eine Kompak-
tierung vorzunehmen, bei der z. B. nur die Redo-Informationen von erfolgreichen Transaktionen übernommen werden (Abschnitt 15.5). Die Vorgehensweise zur Rekonstruktion der Datenbank nach einem Plattenfehler ist in Abb. 15.24 skizziert. Ausgehend von der letzten Archivkopie, welche von Band einzuspielen ist, werden die auf dem zugehörigen Archiv-Log
vorliegenden Änderungen über eine Redo-Recovery wiederholt. Die jüngsten Änderungen,
welche noch nicht auf dem Archiv-Log vorliegen, werden vom temporären Log ergänzt.

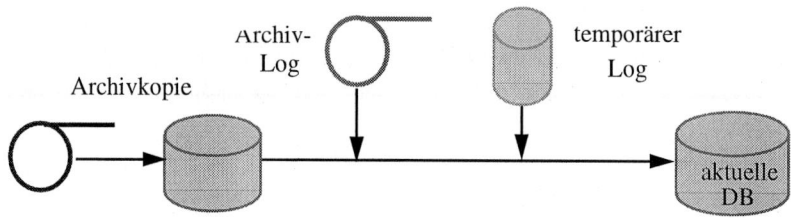

Abb. 15.24: DB-Rekonstruktion bei Gerätefehlern

Die Redo-Recovery kann wie für die Crash-Recovery durchgeführt werden; insbesondere
läßt sich für Update-in-Place über die PageLSN-Werte erkennen, ob ein Log-Satz anzuwenden ist. Falls die Archivkopie keine schmutzigen Änderungen aufweist (z. B. wenn eine transaktionskonsistente Kopie vorliegt) genügt ein selektiver Redo-Ansatz, bei der nur die Änderungen von Gewinner-Transaktionen wiederholt werden. Wurde keine entsprechende Kom-
paktierung der Log-Daten vorgenommen, muß für das selektive Redo zunächst ein (aufwendiger) Analyselauf zur Bestimmung der Gewinner erfolgen. Alternativ dazu kann ein vollständiges Redo erfolgen, bei dem alle Änderungen wiederholt werden und das Rücksetzen von Verlierern über die Anwendung der Compensation Log Records erreicht wird. Dieser Ansatz läßt
sich auch bei nicht transaktionskonsistenten Archivkopien („fuzzy dumps") anwenden, erfordert jedoch einen deutlich höheren Recovery-Zeitbedarf als selektives Redo.

Die Erstellung von Archivkopien oder sog. *Dumps* kann jeweils für die gesamte Datenbank oder für einzelne DB-Teile, z. B. für Dateien oder Segmente, erfolgen. Letzterer Ansatz erlaubt, die Häufigkeit der Dump-Erstellung an die Änderungsfrequenz des jeweiligen DB-Bereiches anzupassen. Außerdem wird eine schnellere Recovery ermöglicht, da nur eine Teilmenge der Log-Daten anzuwenden ist. Dies beschleunigt auch die gelegentlich notwendige Rekonstruktion einzelner DB-Seiten. Andererseits sind die Archiv-Log-Daten entsprechend der Kopienbildung zu partitionieren, und die größere Anzahl von Archivkopien und Log-Dateien erschwert die Systemverwaltung. Dies gilt um so mehr, da aus Sicherheitsgründen meist zwei oder mehr unterschiedliche Änderungsstände aufbewahrt werden (Generationen von Archivkopien mit den zugeordneten Archiv-Log-Daten) [REUT81].

Der Dump-Prozeß kann vollständige oder inkrementelle Archivkopien erzeugen. Im ersteren Fall wird jede DB-Seite in der Kopie aufgenommen, während beim inkrementellen Dumping nur die seit der letzten Kopie geänderten Seiten archiviert werden. Im folgenden gehen wir auf diese beiden Arten der Archivkopien-Erstellung näher ein. Im Anschluß werden noch kurz schnellere Alternativen zur Geräte-Recovery ohne Verwendung von Archivkopien und Archiv-Log diskutiert.

15.7.1 Erstellung vollständiger Archivkopien

Die Erstellung vollständiger Archivkopien ist sehr aufwendig. Sie erfordert das Lesen aller DB-Seiten sowie ihr Ausschreiben in die Archivkopie. Begünstigend ist dabei die Nutzungsmöglichkeit sequentieller E/A einschließlich Prefetching und verketteter E/A. Weiterhin kann ein paralleles Lesen und Ausschreiben bezüglich mehrerer Geräte erfolgen. Dennoch ergeben sich aufgrund der zu bewältigenden Datenmengen oft Dump-Zeiten im Stundenbereich. Da eine Unterbrechung des Änderungsbetriebs für solche Zeitspannen i. allg. nicht möglich ist, muß eine Online-Erstellung der Archivkopien unterstützt werden.

Dies läßt sich relativ einfach für sog. *Fuzzy Dumps* erreichen. Eine solche Archivkopie erfüllt keine Konsistenzanforderungen, sondern kann DB-Seiten unterschiedlicher Änderungsstände aufweisen. Zu Beginn des Dump-Prozesses wird die LSN des aktuellen Endes der (temporären) Log-Datei vermerkt, da alle späteren Änderungen für den Archiv-Log relevant sind. Der eigentliche Dump-Prozeß kann als spezielle Lese-Transaktion aufgefaßt werden, die alle DB-Seiten liest und kopiert. Werden keinerlei Lesesperren gesetzt, kommen auch schmutzige Änderungen in die Archivkopie, die bei der Geräte-Recovery zurückzusetzen sind (im Rahmen eines vollständigen Redo z. B. durch CLR-Anwendung). Das Setzen kurzer Lesesperren pro Seite verhindert die Archivierung solcher Änderungen und erlaubt die Anwendung einer selektiven Redo-Recovery. Dafür kommt es zu Sperrkonflikten zwischen Dump-Prozeß und Änderungstransaktionen, u. a. können in Änderung befindliche Seiten erst nach Beendigung des jeweiligen Änderers geschrieben werden.

Transaktionskonsistente Archivkopien lassen sich erreichen, wenn die Dump-Transaktion eine lange Lesesperre auf der gesamten Datenbank (bzw. dem zu kopierenden DB-Teil) setzt. Dies entspricht jedoch einer Offline-Erstellung der Archivkopie, wobei der Änderungsbetrieb vollständig zum Erliegen kommt. Verfahren zur Online-Erstellung transaktionskonsistenter Archivkopien werden in [PU86] vorgestellt. Als besonders vorteilhaft ist dabei ein „Copy on Update"-Ansatz anzusehen. Dabei werden vom Dump-Prozeß kurze Lesesperren gesetzt, um schmutzige Änderungen in den DB-Seiten auszuschließen. Weiterhin wird während der Laufzeit des Dump-Prozesses für zu ändernde DB-Seiten, die noch nicht in die Archivkopie geschrieben wurden, vor ihrer Änderung eine Kopie (Before Image) der Seite angelegt. Die Before-Images werden vom Dump-Prozeß in die Archivkopie geschrieben und können danach aufgegeben werden. Somit weist die Archivkopie den zu Beginn des Dump-Vorganges gültigen transaktionskonsistenten Zustand auf. Diese gegenüber Fuzzy Dumps qualitativ höherwertigen Archivkopien werden zu einem vergleichsweise geringen Zusatzaufwand für die Before-Images erzielt.

15.7.2 Inkrementelles Dumping

Beim inkrementellen Dumping werden nur diejenigen DB-Seiten archiviert, welche seit Erstellung der letzten (vollständigen oder inkrementellen) Archivkopie geändert wurden. Da dies meist nur einen kleinen Anteil der Datenbank betrifft, läßt sich der Schreibaufwand gegenüber der Erstellung vollständiger Archivkopien signifikant reduzieren. Dafür kann mit inkrementellen Archivkopien allein die Geräte-Recovery nicht durchgeführt werden. Vielmehr muß zunächst die letzte vollständige Archivkopie in chronologischer Reihenfolge mit allen zwischenzeitlich erstellten inkrementellen Archivkopien aktualisiert werden (Abb. 15.25). Erst danach kann über den Archiv-Log die neueste Version der Datenbank rekonstruiert werden. Die Anwendung einer inkrementellen Archivkopie ist dabei sehr einfach, sie erfordert nur das Ersetzen (Überschreiben) der Seiten der älteren Archivkopie mit denen der inkrementellen Archivkopie. Um den Recovery-Aufwand zu reduzieren, können mit den inkrementellen Kopien – parallel zum laufenden Betrieb – jeweils aktuellere vollständige Archivkopien abgeleitet werden.

Ein wesentlicher Realisierungsaspekt beim inkrementellen Dumping ist die Feststellung, welche Seiten zu archivieren sind. Eine naheliegende Lösung sieht ein Archivierungs-Bit pro DB-Seite vor, das bei einer Änderung gesetzt und nach dem Schreiben in die inkrementelle Archivkopie zurückgesetzt wird. Der damit eingeführte Aufwand ist jedoch immer noch sehr hoch. Denn zum einen müssen weiterhin alle DB-Seiten gelesen werden, um über die Archi-

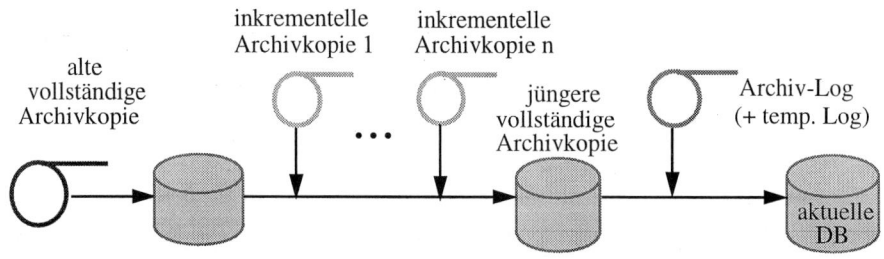

Abb. 15.25: DB-Rekonstruktion mit inkrementellen Archivkopien

vierungs-Bits festzustellen, welche Seiten zu archivieren sind. Zudem fallen nicht nur die Schreibvorgänge in die Archivkopie an, sondern durch das Zurücksetzen der Archivierungs-Bits müssen die Seiten auch in die Datenbank geschrieben werden.

Eine effizientere Lösung verzichtet auf Archivierungs-Bits in den DB-Seiten, sondern vermerkt in separaten Datenstrukturen, welche Seiten geändert wurden. Eine Möglichkeit dazu ist die Erweiterung der Freispeichertabellen um ein Archivierungs-Bit pro DB-Seite. Damit entfällt das Einlesen aller DB-Seiten, sondern es genügt das Einlesen dieser wesentlich kompakteren Verwaltungsinformation, um festzustellen, welche Seiten geändert wurden. Ebenso verringert sich der Schreibaufwand aufgrund des Zurücksetzens der Archivierungs-Bits. Bei der Änderung einer DB-Seite ist leicht festzustellen, ob diese seit dem letzten Dump erstmalig geändert werden soll und daher das Archivierungs-Bit in der Freispeicherinformation zu setzen ist. Dies ist nur der Fall, wenn die PageLSN der ungeänderten Seite kleiner ist als der LSN-Wert zu Beginn des letzten Dump-Prozesses. Einzelheiten zur Realisierung eines solchen Ansatzes finden sich in [MOHA92c].

Auch für inkrementelle Archivkopien läßt sich mit einem Copy on Update-Ansatz Transaktionskonsistenz erreichen. Dabei werden während eines Dump-Prozesses Before-Images für diejenigen Seiten angelegt, die seit dem letzten Dump geändert wurden, von dem laufenden Dump noch nicht bearbeitet wurden und erneut geändert werden sollen.

15.7.3 Alternativen zur Geräte-Recovery

Nachteilig bei der konventionellen Platten-Recovery ist, daß sie manuelle Eingriffe des Operateurs (Systemverwalters) erfordert und sehr zeitaufwendig ist. Nach Erkennen eines Gerätefehlers ist die Recovery i. allg. durch den Operateur zu starten, wobei ein zeitaufwendiges Einspielen der Archivkopie sowie eine Anwendung des Archiv-Logs durchzuführen sind, bevor auf die Daten wieder zugegriffen werden kann. Auch wenn Gerätefehler vergleichsweise selten auftreten, ist die damit verbundene Einschränkung der Verfügbarkeit in bestimmten Anwendungsbereichen (z. B. Bankanwendungen, Reservierungssysteme usw.) oft nicht akzeptabel. In diesen Fällen kommen folgende Ansätze in Betracht, die eine schnellere Recovery unterstützen [RAHM93]:

– Die Verwendung von *Spiegelplatten* erlaubt eine sehr schnelle und automatische Behandlung von Plattenfehlern außerhalb des DBS (auf Hardware- oder Betriebssystem-Ebene). Dabei werden alle Daten auf unabhängigen Platten doppelt geführt und beide Kopien stets auf dem aktuellen Stand gehalten. Nach einem Plattenfehler kann somit die Verarbeitung mit der Kopie ohne Unterbrechung fortgeführt werden. Hauptnachteil dieser Lösung ist die Verdopplung der Speicherkosten, was vor allem bei sehr großen Datenbanken erheblich zu Buche schlägt. Die Verdopplung der Schreibzugriffe ist weniger gravierend, da diese parallel ausgeführt werden können und (für Noforce) ohnehin meist asynchron verlaufen. Für Lesezugriffe ergeben sich bessere Leistungsmerkmale als bei einfachen Platten (geringere Zugriffsarmbewegungen; höherer Lesedurchsatz).

– Redundante Disk-Arrays, z. B. nach dem RAID-5-Ansatz, erlauben eine automatische Behandlung von Plattenfehlern zu deutlich geringeren Speichermehrkosten als für Spiegelplatten. Ihre Ausfallsicherheit ist zwar auch sehr groß (Datenverlust droht nur beim gleichzeitigen Ausfall von zwei Platten), jedoch geringer als für Spiegelplatten. Weiterhin ist nach einem Plattenfehler mit deutlichen Leistungseinbußen zu rechnen, da die vom Ausfall betroffenen Daten zu rekonstruieren sind (während die Verarbeitung fortgeführt wird).

– Falls eine Kopie der Datenbank in einem geographisch entfernten System geführt wird, kann auch darauf nach Ausfall einer Platte zugegriffen werden. Dieser Ansatz ist vor allem zur Behandlung von Katastrophen von Interesse, um nach vollständigem Ausfall einer Installation eine schnelle Fortsetzung der DB-Verarbeitung zu erreichen (Abschnitt 15.1). Die Zusatzkosten sind jedoch sehr hoch, da neben den Externspeichern auch die anderen Systemkomponenten zu duplizieren sind. Zudem verursacht die Aktualisierung der Kopie einen höheren Aufwand im Normalbetrieb als die beiden vorgenannten Ansätze.

Auch bei Verwendung dieser Ansätze werden in der Regel weiterhin Archivkopien und Archiv-Log benötigt. Denn obwohl ein Datenverlust nur beim Auftreten von Doppelfehlern möglich ist und diese äußerst unwahrscheinlich sind, ist ihr Auftreten vor allem bei einer großen Anzahl von Platten und Systemkomponenten nicht völlig auszuschließen. Außerdem kann es auch ohne Vorliegen von Externspeicherfehlern in bestimmten Situationen notwendig werden (z. B. bei Feststellung logischer Fehler in Transaktionsprogrammen), auf ältere DB-Zustände zurückzugehen. Der Archiv-Log kann zudem für Auditing-Zwecke genutzt werden, um nachträglich festzustellen, wer wann bestimmte Änderungen durchgeführt hat.

15.8 Verteilte Commit-Behandlung

Während wir uns bisher auf die zentralisierte Transaktionsausführung konzentrierten, soll hier noch kurz auf die Realisierung verteilter Transaktionen eingegangen werden. Dabei ist zu beachten, daß selbst innerhalb eines Rechner eine verteilte Transaktionsausführung notwendig werden kann, wenn nämlich eine Transaktion neben Datenbankobjekten weitere Ressourcen nutzt, die transaktionsgeschützt verwaltet werden sollen. Ein solch allgemeines Verarbeitungsmodell sieht die Einbindung mehrerer Ressourcen-Manager (z. B. DBS, TP-Monitor, Dateisystem, Mail-System usw.) pro Transaktion vor, die auf einem oder verschiedenen Rechnern ablaufen (siehe Abschnitt 1.4.5). Diese Sichtweise entspricht auch dem Ansatz von X/Open DTP (Distributed Transaction Processing), bei dem unterstellt wird, daß jeder Ressourcen-Manager eine Synchronisation sowie Logging/Recovery bezüglich seiner Ressourcen anbietet.

Die Wahrung der ACID-Eigenschaften für solche verteilten Transaktionen erfordert eine Koordinierung der Ressourcen-Manager, insbesondere zur Gewährleistung der Atomarität. Dazu ist ein verteiltes Commit-Protokoll zu unterstützen, mit dem eine einheitliche Entscheidung über den Transaktionsausgang (Commit oder Rollback) unter allen an der Transaktions-

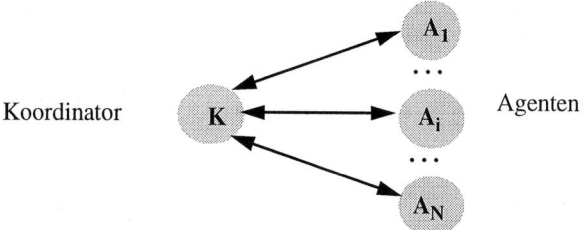

Abb. 15.26: Kommunikationsstruktur zur verteilten Commit-Verarbeitung

ausführung beteiligten Rechner und Ressourcen-Manager erreicht wird. Die Korrektheit des Commit-Protokolls muß dabei auch in Gegenwart von Fehlern wie Rechner- oder Netzwerkausfällen sichergestellt sein.

Zur Realisierung verteilter Commit-Protokolle bestehen zahlreiche Varianten, die u. a. in [GRAY93, RAHM94] vorgestellt werden. Wir gehen hier lediglich auf ein Basisprotokoll ein, das der verteilten Realisierung des Zwei-Phasen-Commit-Protokolls zentralisierter DBS entspricht. Dabei erfolgt die Überwachung der Commit-Verarbeitung durch einen Koordinator-Prozeß, der üblicherweise an dem Rechner läuft, an dem die Transaktion gestartet wurde. Der Koordinator kommuniziert mit sog. Agenten, welche die lokale Transaktionsausführung bezüglich eines Rechners bzw. bezüglich eines Ressourcen-Managers überwachen. Wir unterstellen die in Abb. 15.26 angedeutete Kommunikationsstruktur, bei der der Koordinator direkt mit allen Agenten kommuniziert; eine Verallgemeinerung auf hierarchische Kommunikationsstrukturen ist leicht möglich. Den unter Kontrolle eines Agentes ausgeführten Anteil einer verteilten Transaktion bezeichnen wir als *Teiltransaktion* bzw. *Sub-Transaktion*. Jeder Agent sowie der Koordinator haben Zugriff auf eine Log-Datei zur Protokollierung von Änderungen und Commit-Entscheidungen.

Abb. 15.27 zeigt die Schritte bei der verteilten Realisierung des Zwei-Phasen-Commit-Protokolls. Die einzelnen Nachrichten werden dabei parallel an alle für die jeweilige Transaktion relevanten Agenten verschickt. Die Commit-Verarbeitung erfolgt dabei in vier Schritten:

1. Am Transaktionsende sendet der Koordinator eine PREPARE-Aufforderung gleichzeitig an alle Agenten, um deren lokales Commit-Ergebnis in Erfahrung zu bringen.

2. Nach Empfang der PREPARE-Nachricht sichert der Agent einer erfolgreich zu Ende gekommene Teiltransaktion deren Wiederholbarkeit durch das Ausschreiben von möglicherweise noch ungesicherten Log-Daten sowie eines *Prepared-Satzes* auf die lokale Log-Datei. Anschließend sendet der Agent eine READY-Nachricht an den Koordinator zurück. Danach wartet der Agent bis der Koordinator den Ausgang der globalen Transaktion (Commit oder Rollback) mitteilt.
    Für eine gescheiterte Teiltransaktion werden ein Rollback-Satz auf die lokale Log-Datei geschrieben und eine FAILED-Nachricht zum Koordinator geschickt. Der Agent setzt die Teiltransaktion zurück, wobei auch von ihr gehaltene Sperren freigegeben werden. Da das Scheitern der globalen Transaktion damit feststeht, wird die Teiltransaktion daraufhin bereits beendet.

Koordinator   **Agent**

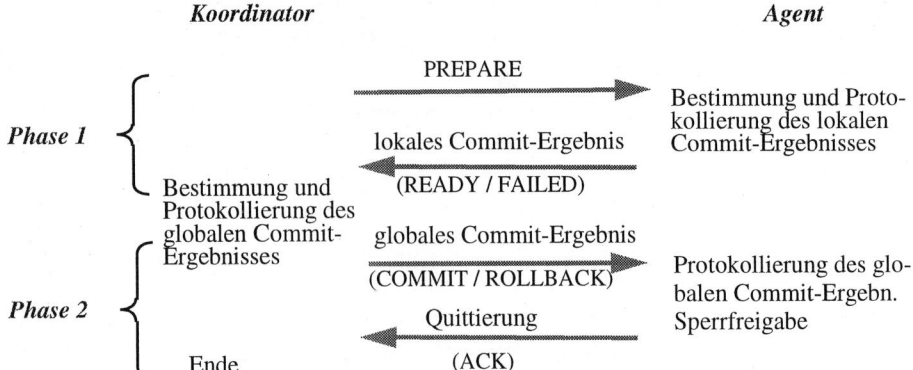

Abb. 15.27: Kommunikationsschritte beim verteilten Zwei-Phasen-Commit

3. Nach Eintreffen aller Antwortnachrichten der Agenten beim Koordinator ist Phase 1 beendet. Haben alle Agenten mit READY geantwortet, schreibt der Koordinator einen *Commit-Satz* in die lokale Log-Datei, woraufhin die globale Transaktion als erfolgreich beendet gilt. Danach wird eine COMMIT-Nachricht gleichzeitig an alle Agenten gesendet.
   Stimmte mindestens ein Agent mit FAILED, so ist damit auch die globale Transaktion zum Scheitern verurteilt. Der Koordinator schreibt daher einen *Rollback-Satz* auf seinen Log und sendet eine ROLLBACK-Nachricht an alle Agenten, die mit READY gestimmt haben.

4. Ein Agent schreibt nach Eintreffen einer COMMIT-Nachricht ebenfalls einen *Commit-Satz* auf die Log-Datei und gibt anschließend die Sperren der Teiltransaktion frei. Bei einer ROLLBACK-Nachricht werden ein *Rollback-Satz* geschrieben und die Teiltransaktion zurückgesetzt, wobei gehaltene Sperren ebenfalls freigegeben werden.
   Der Agent sendet danach zur Bestätigung noch eine Quittung (ACK-Nachricht) an den Koordinator. Nach Eintreffen aller ACK-Nachrichten beim Koordinator ist die globale Transaktion beendet, was durch einen *Ende-Satz* in der Log-Datei des Koordinators vermerkt wird.

Das Basisprotokoll erfordert pro Agent 4 Nachrichten. Weiterhin sind für den Koordinator sowie jeden Agenten zwei (synchrone) Schreibvorgänge auf die Log-Datei erforderlich. Eine Optimierungsmöglichkeit besteht für lesende Teiltransaktionen. Für sie ist im Rahmen der Commit-Verarbeitung lediglich die Freigabe der Lesesperren zu veranlassen, unabhängig davon, ob die Transaktion erfolgreich zu Ende kommt oder abgebrochen werden muß. Die Sperrfreigabe kann daher bereits in der ersten Commit-Phase erfolgen; die zweite Phase entfällt. Damit reduziert sich für lesende Teiltransaktionen der Aufwand pro Agent um zwei Nachrichten und zwei Log-Schreibvorgänge.

Jeder an einer verteilten Transaktion beteiligte Agent hat bis zur lokalen Commit-Entscheidung in Phase 1 das Recht des „unilateral abort", d. h. des einseitigen Transaktionsabbruchs. Ein Rollback kann so auch veranlaßt werden, wenn z. B. aufgrund von Fehlersituationen innerhalb einer bestimmten Frist (Timeout) keine PREPARE-Aufforderung seitens des Koordinators eintrifft. Das Recht des einseitigen Transaktionsabbruchs wird jedoch nach Senden der READY-Nachricht aufgegeben; stattdessen wird die Verpflichtung übernommen, das globale Commit-Ergebnis des Koordinators zu akzeptieren. Die damit eingeführte Abhängigkeit zum Koordinator ist ein Hauptproblem des verteilten Zwei-Phasen-Commit-Protokolls. Denn ein Koordinatorausfall kann dazu führen, daß andere Rechner lange Zeit auf das globale Commit-Ergebnis warten müssen (i. allg. bis der Koordinator-Knoten wieder funktionsfähig ist). Da jedoch Sperren für die betroffenen Teiltransaktionen bis zur globalen Entscheidung zu halten sind, kann dies zu erheblichen Leistungsproblemen („Blockierungen" für andere Transaktionen führen. Zur Reduzierung des Problems kann bei ausbleibender Antwort des Koordinators nur noch erfragt werden, ob einer der anderen Agenten[13] möglicherweise das globale Commit-Ergebnis noch erhalten hat oder mit FAILED gestimmt hat (in letzterem Fall steht das Scheitern der gesamten Transaktion fest). Vorschläge wie Drei-Phasen-Commit bieten mehr Schutz gegenüber Koordinatorausfällen; ihre Kosten im Normalbetrieb liegen jedoch noch höher als beim Zwei-Phasen-Commit [RAHM94].

Offensichtlich wird mit dem skizzierten Protokoll im Normalbetrieb eine eindeutige Commit-Entscheidung getroffen. Um die Korrektheit im Fehlerfall zu illustrieren, diskutieren wir kurz die Recovery-Aktionen nach einem Rechnerausfall bzw. wenn aufgrund einer Timeout-Bedingung von einem Rechnerausfall ausgegangen wird. Dabei ist zu unterscheiden zwischen der Crash-Recovery für Agenten- und Koordinator-Rechner.

– Bei der Crash-Recovery für einen *Agenten-Rechner* wird in der Log-Datei für eine Transaktion entweder kein Log-Satz zur Beendigung oder ein Commit-, Rollback- oder Prepared-Satz vorgefunden. Die ersten drei Fälle können wie für zentralisierte DBS behandelt werden. Liegt ein Prepared-Satz, jedoch kein Commit- oder Rollback-Satz vor, konnte das globale Commit-Ergebnis noch nicht ermittelt werden, so daß es beim Koordinator nachgefragt werden muß. Dieser hält die Information noch, da er von dem ausgefallenen Agenten noch keine ACK-Nachricht erhalten hatte. Sollte der Koordinator zu diesem Zeitpunkt nicht verfügbar sein, so sind wieder die oben erwähnten Aktionen vorzusehen (Nachfragen bei anderen Agenten bzw. Blockierung).

– Bei der Crash-Recovery für den *Koordinator-Rechner* zeigt ein Ende-Satz auf dem Log an, daß keine offenen Teiltransaktionen mehr möglich sind. Liegt ein Commit- bzw. Rollback-Satz, jedoch kein Ende-Satz vor, bedeutet dies, daß noch nicht alle Agenten mit einer ACK-Nachricht den Erhalt des globalen Commit-Ergebnisses quittiert haben. Daher werden die betroffenen Agenten von dem Ergebnis unterrichtet (falls auf dem Log nicht vermerkt wurde, von welchen Agenten die ACK-Nachricht noch aussteht, werden alle informiert). Liegt weder Ende-, Commit- noch Rollback-Satz vor, ist die Transaktion gescheitert. Das negative Ergebnis wird den Agenten mitgeteilt.

---

[13] Falls nicht alle Rechner befragt werden sollen, setzt dies voraus, daß der Koordinator z. B. mit der PREPARE-Nachricht mitteilt, welche Agenten noch an der Transaktion beteiligt sind.

16 Erweiterungen des Transaktionskonzepts

Das Transaktionskonzept mit den ACID-Eigenschaften ist als Verarbeitungsmodell für Datenbankanwendungen fest etabliert. Es wird darüber hinaus auch für andere Anwendungsbereiche zunehmend eingesetzt, die eine sichere und zuverlässige Nutzung von Ressourcen durch mehrere Benutzer benötigen. Wesentlich für die große Akzeptanz des Transaktionskonzepts sind u. a. seine einfache Benutzerschnittstelle, seine klare Fehlersemantik (Alles-oder-Nichts), die Nutzbarkeit in zentralisierten und verteilten Systemen sowie die Verfügbarkeit effizienter Implementierungen. Andererseits ist die Einfachheit des ACID-Paradigmas, welches von „flachen" Transaktionen ohne Binnenstruktur ausgeht, für nicht wenige Anwendungsfälle zu restriktiv. Diese Beschränkungen wurden bereits frühzeitig erkannt, u. a. in [GRAY81c]. Es wurde in der Folgezeit eine kaum überschaubare Zahl von Erweiterungen des ACID-Konzepts vorgeschlagen. Als am bedeutsamsten haben sich dabei verschiedene Varianten geschachtelter Transaktionen herausgestellt, welche eine Zerlegung von Transaktionen in interne Sub-Transaktionen unterstützen. Hierfür bestehen mittlerweile erste Implementierungen im Rahmen von TP-Monitoren (z. B. Encina) sowie objektorientierten Systemen. Zur Klassifikation unterschiedlicher erweiterter Transaktionsmodelle wurden Metamodelle wie ACTA [CHRY90, CHRY94] vorgeschlagen, welche eine formale Charakterisierung der einzelnen Ansätze gestatten sowie die Spezifikation neuer Transaktionsmodelle unterstützen. Die Realisierung solch generischer Modelle wird u.a. in Arbeiten wie [BILI94, GEOR94, BARG95] untersucht.

Im folgenden diskutieren wir zunächst wesentliche Beschränkungen des ACID-Konzepts, woraus sich die Anforderungen an erweiterte Verarbeitungsmodelle ableiten. Danach gehen wir auf transaktionsinterne Rücksetzpunkte ein, welche ein partielles Zurücksetzen von Transaktionen erlauben. Es folgt die Behandlung geschlossen geschachtelter Transaktionen, wobei Implementierungsaspekte zur Synchronisation vertieft dargestellt werden (Abschnitt 16.3). Im Anschluß diskutieren wir grundlegende Aspekte offen geschachtelter Transaktionen, welche durch frühzeitige Freigabe von Sperren die Isolation abschwächen. Dieser Ansatz findet Verwendung im Rahmen sog. Mehrebenen-Transaktionen (Abschnitt 16.5) sowie zur Unterstützung langlebiger Aktivitäten, wozu beispielhaft die Saga- und ConTracts-Ansätze vorgestellt werden (Abschnitt 16.6). Abschließend betrachten wir noch Aspekte der Transaktionsunterstützung in Entwurfsumgebungen.

16.1 Beschränkungen des ACID-Konzepts

Eine Hauptbeschränkung des ACID-Konzepts ist, daß es vor allem auf kurze Transaktionen ausgerichtet ist, die nur relativ wenige DB-Objekte bearbeiten und deren Bearbeitungszeit im Sekunden- oder allenfalls im Minutenbereich liegt. Solche kurzen Transaktionen dominieren in vielen Bereichen, insbesondere innerhalb von OLTP-Anwendungen etwa bei Banken oder Reservierungssystemen. Transaktionen wie Kontostandsabfrage, Geldabhebung, Flugbuchung usw. sind in sehr großer Anzahl im Dialog auszuführen und damit sehr zeitkritisch.

Bei komplexeren Verarbeitungsvorgängen mit sehr vielen Objektreferenzen und längerer Ausführungszeit entsteht jedoch eine Reihe von Problemen, insbesondere aufgrund der Eigenschaften A (Atomarität) und I (Isolation) des ACID-Konzepts. Ein Fehler während der Ausführung verlangt aufgrund der Alles-oder-Nichts-Eigenschaft das vollständige Zurücksetzen der Transaktion. Der Arbeitsverlust ist jedoch ungleich höher als bei einer kurzen Transaktion und vielfach nicht akzeptabel. Dieses Problem wird dadurch verschärft, daß die Wahrscheinlichkeit eines Transaktions-, System- oder Gerätefehlers proportional zur Transaktionsdauer zunimmt.

Isolationsprobleme ergeben sich für langlebige Transaktionen dadurch, daß die Wahrscheinlichkeit von Synchronisationskonflikten i. allg. quadratisch mit der Transaktionsdauer ansteigt, da einerseits die Anzahl von Objektsperren pro Transaktion und andererseits die Sperrdauer proportional zur Transaktionslänge steigen. Wie bereits in Abschnitt 14.7.5 diskutiert, nimmt die Wahrscheinlichkeit von Deadlocks sogar proportional zur vierten Potenz der Transaktionslänge zu [GRAY81b]. Die zur Sicherstellung der Serialisierbarkeit erforderliche strikte Isolation führt somit bei langen Transaktionen oft zu inakzeptablen Leistungseinbußen. Synchronisationsverfahren, welche primär Rücksetzungen zur Auflösung von Synchronisationskonflikten verwenden (z. B. optimistische Verfahren), sind aufgrund des zu befürchtenden extremen Arbeitsverlustes als noch ungeeigneter einzustufen.

Diese und weitere Probleme zeigen sich u. a. in folgenden Bereichen mit länger andauernden Verarbeitungsvorgängen:

- Vielfach erfolgen Massenänderungen des Datenbestandes innerhalb von *Batch-Transaktionen*, welche zu Zeiten eines geringen Dialogbetriebs (z. B. nachts) durchgeführt werden. Als Beispiel diene etwa die Berechnung und Gutschreibung der Zinsen für alle Sparkonten einer Bank, was typischerweise eine Bearbeitungszeit von mehreren Stunden erfordert. Werden alle Änderungen in einer Transaktion durchgeführt, führt z. B. ein Rechnerausfall während der Bearbeitung zum vollständigen Zurücksetzen aller bereits erfolgter Kontoänderungen. Die gesamte Berechnung müßte also erneut vorgenommen werden.
  Dieses Problem wird offenbar umgangen, wenn jede Kontoänderung in einer eigenen Transaktion erfolgt. Hierbei besteht jedoch nach einem Rechnerausfall das Problem herauszufinden, welche Konten bereits bearbeitet wurden und für welche die Zinsberechnung erneut veranlaßt werden muß. Dies führt zu einer komplexen Fehlerbehandlung, die manuelle Eingriffe des Systemverwalters verlangt.

- Probleme in OLTP-Anwendungen verursachen sog. *Mehrschritt-Transaktionen*, welche mehrere Dialogschritte zwischen Benutzer und Datenbanksystem umfassen. So kann z. B. für eine Flugbuchung in einem ersten Schritt die aktuelle Sitzbelegung eines Flugzeugs erfragt werden, um danach in einem zweiten Schritt einen Platz zu reservieren. Die Menge der Dialogschritte bildet aus Anwendungssicht jeweils eine logisch zusammenhängende Einheit. Ihre Ausführung innerhalb einer Transaktion impliziert jedoch hohe Bearbeitungszeiten, da aufgrund der Benutzerinteraktion (Denkzeiten) unbestimmt lange Verzögerungen auftreten können. Dies führt bei der Verwendung langer Sperren zu meist inakzeptablen Behinderungen für andere Benutzer (z. B. Blockierung aller Reservierungen eines bestimmten Flugs).

- Eine Verallgemeinerung zu Mehrschritt-Transaktionen sind langlebige Verabeitungsvorgänge mit zahlreichen Teilschritten, wie sie im Rahmen von *Workflow-Management-Systemen* zur Unterstützung von Geschäftsprozessen auftreten [JABL97]. So könnte für eine Reiseplanung neben der Flugreservierung auch die Buchung von Hotel und Leihwagen in einem Vorgang durchgeführt werden. Bei solchen Vorgängen ist ein Zurücksetzen von bereits erfolgten Änderungen früherer Teilschritte meist nicht akzeptabel. Wenn z. B. eine Hotelreservierung aufgrund eines Rechnerausfalls scheitert, wäre es sicher unerwünscht, daß eine zuvor erfolgte Flugreservierung auch zurückgesetzt wird. Anstelle des Zurücksetzens des gesamten Vorganges im Rahmen einer *Backward-Recovery* ist eine *Forward-Recovery* zu unterstützen, welche auf den erfolgreichen Teilschritten aufbaut und die Verarbeitung „nach vorne" fortsetzt.

- Besonders lange Verarbeitungsvorgänge bestehen in DB-gestützten Entwurfsanwendungen wie CAD (Computer-Aided Design) und CASE (Computer-Aided Software Engineering). Der Entwurf z. B. eines neuen Maschinenteils oder Software-Pakets dauert häufig Wochen und Monate. Die Durchführung solcher Vorgänge als ACID-Transaktionen scheidet schon deshalb aus, da ansonsten im Fehlerfall ein inakzeptabler Arbeitsverlust entstehen würde. Außerdem ist die strikte Isolation herkömmlicher Synchronisationsverfahren zu restriktiv, da Entwurfsvorgänge häufig kooperativ im Team bearbeitet werden. Es sind daher Mechanismen der Kooperation innerhalb von Entwurfsvorgängen bereitzustellen. Weitere Anforderungen an das Verarbeitungskonzept ergeben sich aus der Notwendigkeit, unterschiedliche Versionen der Entwurfsobjekte zu verwalten.

Die genannten Beschränkungen sind zum Teil eine Folge der *fehlenden Binnenstruktur* von ACID-Transaktionen. Diese werden auch als „flache" Transaktionen bezeichnet, bestehend aus einer Folge von DB-Operationen. Eine weitere Strukturierung wird nicht vorgenommen; hinsichtlich Atomarität und Synchronisation wird nur die Transaktion als Ganzes betrachtet. Voraussetzung zur Problembehebung ist somit die Einführung einer Binnenstruktur, so daß eine Transaktion bzw. ein Verarbeitungsvorgang intern in kleinere Ausführungseinheiten zerlegt wird, für die besondere Eigenschaften gewährleistet werden. Dies führt zu der Idee geschachtelter Transaktionen, auf die im weiteren Verlauf des Kapitels noch näher eingegangen wird.

Besondere Anforderungen an das Transaktionskonzept sowie die Transaktionsverwaltung werden neben den angesprochenen Einsatzfeldern (z. B. Entwurfsanwendungen) auch in andere Bereichen gestellt. So sind in Realzeit-Anwendungen zeitbezogene Konsistenzanforderungen zu erfüllen, um bestimmte Deadlines bei der Verarbeitung einhalten zu können [BEST97]. Dies erfordert verschiedene Erweiterungen z. B. bei der Realisierung der Synchronisationskomponente, auf die hier jedoch nicht näher eingegangen werden kann. Erweiterungen in der Transaktionsverwaltung werden zudem erforderlich für föderierte Datenbanken [BREI92, CONR97, RAHM94] und aktive Datenbanken [WIDO96a].

16.2 Transaktionen mit Rücksetzpunkten

Ein erster Schritt zur Reduzierung des Arbeitsverlusts im Fehlerfall ist die Einführung von *Rücksetzpunkten* oder *Savepoints*[1] innerhalb von Transaktionen. Sie stellen eine Abschwächung der Atomaritätszusicherung dar und ermöglichen das partielle Zurücksetzen von Transaktionen durch Zurückgehen auf einen Rücksetzpunkt. Dieser Ansatz wird bereits von verschiedenen DBS unterstützt; er ist auch im SQL3-Standard vorgesehen.

Die Verwendung von Rücksetzpunkten wird anwendungsseitig über zwei zusätzliche Operationen SAVE und RESTORE gesteuert. Die SAVE-Operation bewirkt das Setzen eines Rücksetzpunktes und damit die Sicherung des erreichten Transaktionszustandes. Dies betrifft die bis dahin durchgeführten DB-Änderungen, jedoch auch Informationen über die vorliegenden Sperren der Transaktion, Cursor-Positionen usw. Als Ergebnis der SAVE-Operation erhält die Anwendung eine eindeutige Nummer für den Rücksetzpunkt, wobei diese Nummern monoton wachsend vergeben werden. Im Fehlerfall kann anstelle eines ROLLBACK über die RESTORE-Operation auf einen bestimmten Rücksetzpunkt R zurückgegangen werden. Dies impliziert ein *partielles Undo*, bei dem alle nach R erfolgten Änderungen in umgekehrter Reihenfolge zurückgesetzt werden. Die Änderungen, welche vor R ausgeführt wurden, haben jedoch Bestand und brauchen nicht wiederholt zu werden.

Im Beispiel von Abb. 16.1 setzt die Transaktion zwei Rücksetzpunkte und geht mit der RESTORE-Operation auf den ersten davon (R_1) zurück. Die Änderungen der vor R_1 ausgeführten Operationen sind damit weiterhin wirksam, während die danach durchgeführten Operationen zurückgesetzt wurden. Die Anwendung wird nun vom Rücksetzpunkt aus „nach vorne" fortgesetzt, wobei i. allg. einige der zurückgesetzten DB-Operationen erneut ausgeführt werden. Es liegt dabei in der Verantwortung der Anwendung, daß sich zur Ausführung dieser Operationen die Programmvariablen in einem korrekten Zustand befinden.

Für diese Art von Rücksetzpunkten erfolgt die Sicherung des Zwischenstands einer Transaktion nur auf Seite des DBS, nicht jedoch auf Anwendungsseite. Daher bieten sie auch nur eine Unterstützung hinsichtlich Transaktionsfehlern, nicht jedoch gegenüber Systemfehlern.

---

[1]   Rücksetzpunkte sind von Sicherungspunkten (Checkpoints) zu unterscheiden (Abschnitt 15.4). Rücksetzpunkte sind transaktionslokal und betreffen die Undo-Recovery. Sicherungspunkte dagegen gelten für das gesamte Datenbanksystem und dienen zur Beschleunigung der Redo-Recovery.

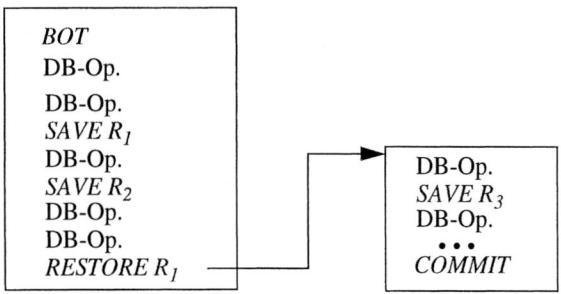

Abb. 16.1: Beispiel zur Verwendung von Rücksetzpunkten

Denn nach einem Rechnerausfall könnte das DBS eine Rücksetzung auf den zuletzt erreichten Rücksetzpunkt einer betroffenen Transaktion vornehmen. Jedoch wäre keinerlei Information über den zugehörigen Status des jeweiligen Anwendungsprogramms verfügbar (Programmzähler, Inhalt lokaler Variablen usw.), so daß keine Fortführung der Transaktion ausgehend vom Rücksetzpunkt möglich ist.

Zur Reduzierung des Arbeitsverlustes gegenüber Rechnerausfällen sind somit *persistente Rücksetzpunkte* erforderlich, welche eine koordinierte Sicherung für Anwendungs- und Datenbankobjekte gewährleisten [GRAY93]. Insbesondere müßte dazu neben dem DBS auch das Laufzeitsystem für die Anwendungsprogramme als transaktionsgeschützter Ressourcen-Manager realisiert sein, der mit dem DBS ein gemeinsames Commit-Protokoll (Abschnitt 15.8) sowie analog koordinierte Rücksetzpunkte durchführt. Im Fehlerfall wird dann die Verarbeitung auf den letzten persistenten Savepoint zurückgesetzt und von dort über eine Forward-Recovery zum erfolgreichen Abschluß gebracht. Damit könnte auch das in Abschnitt 16.1 erwähnte Wiederanlaufproblem für Batch-Transaktionen gelöst werden.

Derzeitige Systeme unterstützen jedoch meist noch keine persistenten Savepoints.

16.3 Geschachtelte Transaktionen

Das Konzept der geschachtelten Transaktionen (nested transactions) erlaubt die interne Zerlegung einer Transaktion in eine Hierarchie von Sub-Transaktionen [MOSS81]. Diese Zerlegung erfolgt dabei i. allg. aufgrund der Modularisierung von Anwendungsfunktionen, indem beim Aufruf einer Funktion (bzw. einer Methode in objektorientierten Systemen) eine Sub-Transaktion gestartet wird, welche nach Ausführung der Funktion beendet wird. Damit wird gemäß der Aufrufhierarchie innerhalb einer Transaktion eine Hierarchie von Sub-Transaktionen gebildet. Die Funktionen bzw. Methoden können als allgemeine Transaktionsprogramme (mit Begin- und Commit/Rollback-Operationen) realisiert werden, welche sowohl als eigenständige ACID-Transaktionen ausgeführt oder von unterschiedlichen Transaktionsprogram-

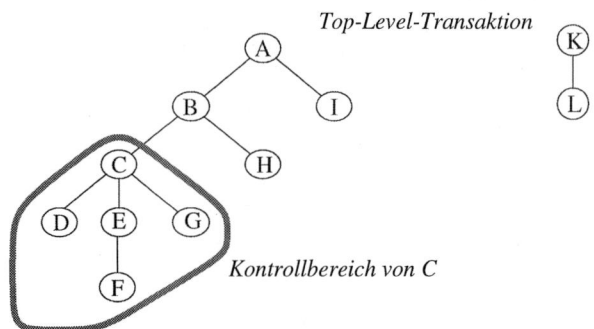

Abb. 16.2: Baumdarstellung geschachtelter Transaktionen

men aus aufgerufen werden können. Innerhalb einer bestimmten Transaktion sind sie jedoch nicht selbständig, sondern abhängig von der aufrufenden Transaktion (s. u.).

Die Binnenstruktur einer geschachtelten Transaktion kann wie in Abb. 16.2 gezeigt durch einen *Transaktionsbaum* verdeutlicht werden. Die Knoten entsprechen dabei den Transaktionen bzw. Sub-Transaktionen; die Kanten repräsentieren die statischen Aufrufbeziehungen. Jeder Baum entspricht somit einer geschachtelten Transaktion. Der Wurzelknoten wird als *Top-Level-Transaktion* bezeichnet; die inneren Knoten repräsentieren Sub-Transaktionen. Der Vorgänger einer Transaktion innerhalb der Hierarchie wird auch als *Vater* bezeichnet; die direkten Nachfolger als *Kinder*. Jede Sub-Transaktion kann beliebig viele Kinder besitzen. Die Sub-Transaktionen eines Teilbaumes mit Wurzel T bilden den sog. *Kontrollbereich* von T. Der Kontrollbereich der Top-Level-Transaktion umfaßt die gesamte geschachtelte Transaktion.

Durch die interne Zerlegung in Sub-Transaktionen lassen sich wesentliche Vorteile gegenüber flachen Transaktionen gewinnen. Zum einen wird damit eine Kontrollstruktur zur verteilten sowie parallelen Ausführung von Sub-Transaktionen auf unterschiedlichen Rechnern unterstützt. Ein wesentliches Merkmal geschachtelter Transaktionen ist weiterhin die *isolierte Zurücksetzbarkeit* von Sub-Transaktionen. Das heißt, daß bei einem Fehler innerhalb einer Sub-Transaktion S nicht die gesamte Transaktion, sondern zunächst nur S zurückzusetzen ist. Die S übergeordnete Vater-Transaktion, welche den Aufruf vorgenommen hat, entscheidet dann darüber, wie der Fehler zu behandeln ist. Hierfür bestehen mehrere Möglichkeiten, z. B. erneuter Start der Sub-Transaktion (u. U. mit geänderten Parametern), Aufruf einer alternativen Sub-Transaktion, Ignorieren des Fehlers oder Zurücksetzen der Vater-Transaktion. Die isolierte Rücksetzbarkeit ermöglicht somit den Arbeitsverlust bei Transaktionsfehlern zu minimieren. Gegenüber Savepoints liegt ein allgemeinerer Ansatz vor, da ein partielles Zurücksetzen innerhalb beliebiger Hierachien von Sub-Transaktionen erfolgt. Dagegen führen Savepoints zu Sequenzen von Teiltransaktionen, die einzeln zurückgesetzt werden können[2].

---

[2]   Savepoints können auch mit geschachtelten Transaktionen kombiniert werden [HÄRD87d].

Während der Abbruch einer Sub-Transaktion nicht die Rücksetzung übergeordneter Transaktionen erfordert, besteht umgekehrt eine Abhängigkeit der Sub-Transaktionen zu ihren Vorgängern in der Transaktionshierarchie. Wenn nämlich eine (Sub-) Transaktion T abgebrochen wird, müssen sämtliche Sub-Transaktionen im Kontrollbereich von T auch abgebrochen werden. Im Beispiel von Abb. 16.2 erfordert so das Zurücksetzen von C die Rücksetzung aller Nachkommen D bis G. Das Scheitern der Top-Level-Transaktion impliziert folglich die Rücksetzung der gesamten Transaktion. Für Top-Level-Transaktionen gelten neben dieser Atomaritätseigenschaft auch die anderen ACID-Eigenschaften, für Sub-Transaktionen trifft dies nur zum Teil zu (s. u.).

16.3.1 Freiheitsgrade im Modell geschachtelter Transaktionen

Bei der Ausgestaltung eines Modells geschachtelter Transaktionen bestehen unterschiedliche Freiheitsgrade, insbesondere im Hinblick auf die Arten der Parallelverarbeitung sowie der Kooperation zwischen Sub-Transaktionen [HÄRD87d]. Dabei sollte neben eine lokalen auch eine verteilte Ausführung geschachtelter Transaktionen möglich sein, bei der Sub-Transaktionen an unterschiedlichen Rechnern laufen. Im verteilten Fall können aufgrund der isolierten Rücksetzbarkeit von Sub-Transaktionen prinzipiell auch Rechnerausfälle verkraftet werden, ohne daß die gesamte Transaktion betroffen ist[3].

Innerhalb geschachtelter Transaktionen besteht zwischen Vater- und Kind-Transaktionen eine Client/Server-Beziehung. Es ergeben sich prinzipiell die drei in Abb. 16.3 gezeigten Möglichkeiten, wobei zwischen synchronen und asynchronen Aufrufen sowie zwischen serieller und paralleler Ausführung von (Sub-) Transaktionen unterschieden wird. Beim synchronen Aufruf ist der Client bzw. Vater (V) blockiert, bis die Antwort vom Server bzw. Kind (K) eintrifft, während beim asynchronen Aufruf eine Parallelverarbeitung zwischen Vater und Kind stattfindet. Beim synchronen Aufruf werden Sub-Transaktionen entweder seriell oder parallel zueinander ausgeführt. Die serielle Ausführung entspricht dem herkömmlichen Prozeduraufruf bzw. RPC (Remote Procedure Call); hierbei ist zu jedem Zeitpunkt nur eine Sub-Transaktion pro Transaktion aktiv. Bei der parallelen Ausführung werden gleichzeitig mehrere Sub-Transaktionen gestartet, wobei nach Beendigung der letzten die Client-Verarbeitung beim Vater fortgesetzt wird. Diese Organisation der Parallelverarbeitung erfordert im rufenden Programm spezielle Anweisungen (z. B. PARBEGIN, PAREND). Asynchrone Aufrufe gestatten die größten Freiheitsgrade zur Parallelverabeitung, jedoch auch die komplexeste Programmierung.

Bei der Zusammenarbeit zwischen Vater- und Kind-Transaktion kann darüber hinaus noch zwischen einer sog. Single-Call- und einer Konversations-Schnittstelle unterschieden werden. Im ersteren Fall wird eine Sub-Transaktion einmal aufgerufen; die Rückmeldung an die Vater-Transaktion erfolgt beim Commit der Sub-Transaktion (Abb. 16.4 a). Scheitert die Sub-Transaktion K, so ist immer eine isolierte Rücksetzung gewährleistet, da die Vater-Transaktion

---

[3]   Bei Ausführung der geschachtelten Transaktion auf einem Rechner ist auch die Top-Level-Transaktion vom Rechnerausfall betroffen; aufgrund der Alles-oder-Nichts-Eigenschaft scheitert die komplette Transaktion.

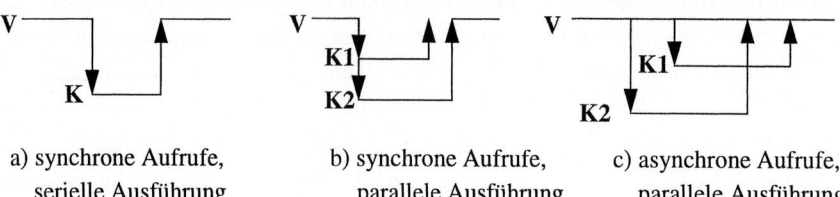

a) synchrone Aufrufe,   b) synchrone Aufrufe,   c) asynchrone Aufrufe,
serielle Ausführung   parallele Ausführung   parallele Ausführung

Abb. 16.3: Client/Server-Interaktion zwischen Vater- und Kind-Transaktionen

noch keine Ergebnisse von ihr gesehen hat. Die Vater-Transaktion T kann normal weiterarbeiten und die erforderliche Aufgabe durch ein erneutes Starten von K oder eine alternative Aktion lösen.

Eine Konversationsschnittstelle ermöglicht mehrere Interaktionen zwischen Vater- und Sub-Transaktion, so daß eine Sub-Transaktion bereits Ergebnisse an die Vater-Transaktion zurückgeben kann, bevor im letzten Schritt ihr Commit erfolgt (z. B. K2 und T in Abb. 16.4 b). Dieser Ansatz gestattet zwar eine hohe Flexibilität, gefährdet jedoch die isolierte Zurücksetzbarkeit von Sub-Transaktionen. Will man eine automatische Recovery durchführen, so müssen nach Scheitern einer Sub-Transaktion auch übergeordnete Transaktionen abgebrochen werden, welchen bereits „schmutzige" Änderungen zugänglich gemacht wurden. Um einen Dominoeffekt bei der Hierarchie der Vater-Transaktionen zu verhindern, ist die Weitergabe von Änderungen vor Commit zu begrenzen. Dies wird erreicht, wenn eine Transaktion T, für die noch nicht alle Kind-Transaktionen beendet sind, selbst keine Ergebnisse vor Commit an ihre Vater-Transaktion übergibt. In Abb. 16.4 b wurde diese Restriktion nicht beachtet. Ein Abbruch von K2 nach dem zweiten Aufruf erfordert die Rücksetzung von T (und damit von K1) sowie von V. Da jedoch Ergebnisse von T die Vater-Transaktion von V nicht erreicht haben können, setzt sich der Dominoeffekt im Beispiel von Abb. 16.4 b über die Rücksetzung von V hinaus nicht fort.

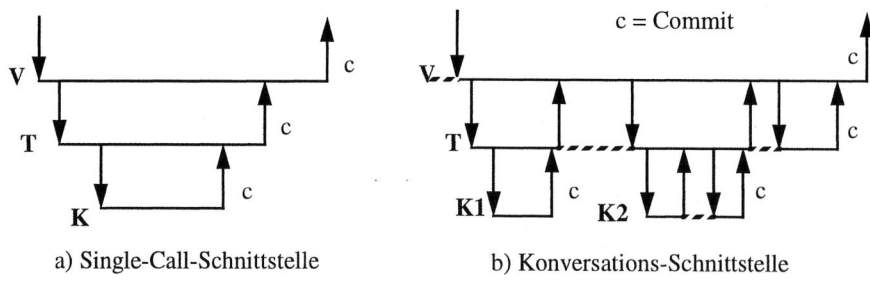

a) Single-Call-Schnittstelle   b) Konversations-Schnittstelle

Abb. 16.4: Single-Call- vs. Konversations-Schnittstelle in geschachtelten Transaktionen

16.3.2 Regeln der Zusammenarbeit in geschachtelten Transaktionen

Im folgenden werden die Regeln der Zusammenarbeit innerhalb geschachtelter Transaktionen näher vorgestellt, insbesondere im Hinblick auf die ACID-Eigenschaften. Wir unterstellen dabei eine Single-Call-Schnittstelle, lassen jedoch Parallelität zwischen Vater- und Kind-Transaktionen sowie zwischen Kind-Transaktionen zu. Wie bereits erwähnt, bestehen für die Gesamt-Transaktion und damit für die Top-Level-Transaktion weiterhin die ACID-Eigenschaften. Innerhalb geschachtelter Transaktion gelten im einzelnen folgende Regeln [GRAY93]:

- *Rücksetzregel:* Wenn eine (Sub-) Transaktion auf irgendeiner Schachtelungsebene zurückgesetzt wird, werden alle ihre Sub-Transaktionen ebenso zurückgesetzt, unabhängig von ihrem Verarbeitungsstatus. Diese Regel wird rekursiv angewendet. Die Rücksetzung einer Sub-Transaktion führt jedoch i. allg. nicht zur Rücksetzung der Vater-Transaktion (isolierte Rücksetzbarkeit, s. o.).

- *Commit-Regel*: Das (lokale) Commit einer Sub-Transaktion macht ihre Ergebnisse der Vater-Transaktion zugänglich. Das endgültige Commit einer Sub-Transaktion erfolgt dann und nur dann, wenn für alle Vorfahren bis zur Top-Level-Transaktion das endgültige Commit erfolgreich verläuft. Das Commit der Top-Level-Transaktion bewirkt die Dauerhaftigkeit aller Änderungen der Transaktion.

- *Sichtbarkeits-Regel*: Alle Änderungen einer Sub-Transaktion werden bei ihrem Commit für die Vater-Transaktion sichtbar. Alle Objekte, die einer Vater-Transaktion sichtbar gemacht wurden, können den Sub-Transaktionen zugänglich gemacht werden. Änderungen einer Sub-Transaktion sind für gleichzeitig aktive Geschwister-Transaktionen nicht sichtbar.

Diese Regeln bestimmen auch, inwieweit die ACID-Eigenschaften für Sub-Transaktionen Bestand haben. Die Commit- und Rücksetzregeln implizieren die Atomarität für Sub-Transaktionen. Weiterhin ist wegen der Sichtbarkeitsregel die Eigenschaft I (Isolation) bezüglich parallel laufender Sub-Transaktionen einzuhalten. Aufgrund der Abhängigkeit der Sub-Transaktionen zu ihren Vorgängern in der Transaktionshierarchie besteht keine Dauerhaftigkeit; Änderungen einer Sub-Transaktion können auch nach dem lokalen Commit noch zurückgesetzt werden. Die Eigenschaft C (Consistency) schließlich kann höchstens lokal bezüglich der von der Sub-Transaktion realisierten Funktion erreicht werden. Bezüglich der Gesamtaufgabe einer Transaktion wird jedoch erst mit Abschluß der Top-Level-Transaktion die Konsistenz der Datenbank sichergestellt. So könnten bei einer Überweisung die Abbuchung und Zubuchung jeweils als Sub-Transaktion realisiert werden. Die Konsistenz ist dabei jedoch erst nach Ausführung beider Sub-Transaktionen gewährleistet. Somit gelten für Sub-Transaktionen i. allg. nur die Eigenschaften A und I.

16.3.3 Synchronisation geschachtelter Transaktionen

Zur Realisierung des skizzierten Modells, insbesondere der Commit- und Sichtbarkeitsregeln, ist ein geeignetes Synchronisationsverfahren notwendig. Ein erstes Protokoll wurde von Moss vorgeschlagen [MOSS81], jedoch unter der beschränkenden Voraussetzung, daß Datenbankzugriffe nur von Blatt-Transaktionen durchgeführt werden. Wir betrachten hier eine allgemeinere Lösung, die auf [HÄRD93] zurückgeht.

Ein Grundprinzip dabei ist, daß beim Commit einer Sub-Transaktion eine *Vererbung von Sperren* an die Vater-Transaktion erfolgt, um ihr den Zugriff auf die Objekte der Sub-Transaktion zu ermöglichen. Diese geerbten Sperren werden von der Vater-Transaktion als spezielle *Platzhalter-* bzw. *Retained-Sperren* verwaltet, für die besondere Verwendungsregeln gelten. Analog zur Unterscheidung von regulären Lese- und Schreibsperren (RX-Verfahren, Abschnitt 14.4.2) werden zwei Arten von Retained-Sperren verwendet, nämlich r-R und r-X-Sperren. Das Sperrprotokoll ist dabei durch folgende Regeln charakterisiert:

- Beim Commit einer Sub-Transaktion T erbt ihr Vater alle Sperren von T, und zwar reguläre sowie Platzhalter-Sperren. Für reguläre Sperren von T werden beim Vater die entsprechenden Platzhalter-Sperren (R -> r-R; X -> r-X) gesetzt.

- Beim Abbruch einer Transaktion T werden alle regulären und Platzhalter-Sperren von T freigegeben. Sperren der Vorfahren bleiben davon unberührt.

- Eine Transaktion T kann eine X-Sperre erwerben, falls keine andere Transaktion eine X- oder R-Sperre auf dem Objekt hält sowie alle Transaktionen, welche eine r-X oder r-R Sperre besitzen, Vorfahren von T sind.

- Eine Transaktion T kann eine R-Sperre erwerben, falls keine andere Transaktion eine X-Sperre hält sowie alle Transaktionen, welche eine r-X-Sperre besitzen, Vorfahren von T sind.

Eine r-X-Sperre impliziert somit, daß nur die in Besitz dieser Sperre befindliche Transaktion T selbst sowie ihren Nachfahren im Transaktionsbaum für das betreffende Objekt eine Sperre erwerben können, jedoch keine andere Transaktion. Die Sperrbewilligung ist also auf den Kontrollbereich von T beschränkt. Analog schließt eine r-R-Sperre für T aus, daß außerhalb des Kontrollbereichs von T eine X-Sperre bewilligt wird. Der Kontrollbereich ist somit eine sowohl zur Recovery als auch zur Synchronisation maßgebende Einheit; er umfaßt die Sub-Transaktionen, die von der Rücksetzung seiner Wurzel T betroffen sind und für die an T übertragene Änderungen sichtbar sind.

Abb. 16.5 illustriert die Funktionsweise des Sperrprotokolls, wobei sich die an den Transaktionsknoten angegebenen Sperrmodi jeweils auf dasselbe Objekt beziehen. Das Leseszenario zeigt eine Folge von R-Sperranforderungen sowie Commit-Operationen von Sub-Transaktionen. Man erkennt, daß mehrere parallel laufende Sub-Transaktionen gleichzeitig Lesesperren sowie Platzhalter-Lesesperren auf einem Objekt halten können. Die Platzhaltersperre r-R für B verhindert, daß eine Transaktion außerhalb des Kontrollbereichs von B (z. B. A) eine X-Sperre erwerben kann. Im Änderungs-Szenario verhindert die X-Sperre für Sub-Transaktion H zunächst die Gewährbarkeit aller weiteren Sperranforderungen für das Objekt. Nach dem Commit von H erhält die Vater-Transaktion G die Platzhaltersperre r-X, die den Transaktionen im Kontrollbereich von G den Erwerb einer R- oder X-Sperre gestattet.

Eine Transaktion kann gleichzeitig eine reguläre sowie eine Platzhalter-Sperre für ein Objekt halten. Falls eine Vater-Transaktion für ein Objekt von mehreren Kindern eine Platzhal-

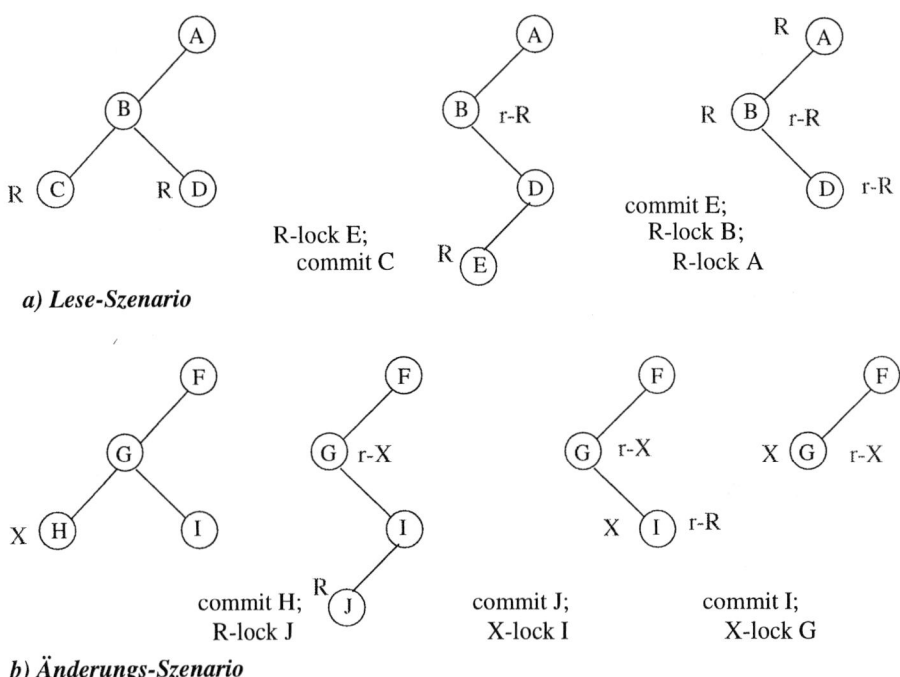

a) *Lese-Szenario*

b) *Änderungs-Szenario*

Abb. 16.5: Vergabe und Vererben von Sperren (Beispiel)

tersperre erbt, wird nur der restriktivste Modus beibehalten. Im Beispiel wird beim Commit von Sub-Transaktion I die Platzhaltersperre r-R an G vererbt; da dort bereits eine restriktivere r-X-Sperre vorliegt, wird nur diese beibehalten.

Die Wirkungsweise der einzelnen Sperren läßt sich veranschaulichen, indem man den Bereich eines Transaktionsbaums kennzeichnet, für den eine Sperrgewährung bezüglich eines Objektes möglich ist. Dabei soll zwischen einer *Lese (R)-* und *Schreib (X)-Sphäre* unterschieden werden, welche die Transaktionen umfassen, denen eine Lese- bzw. Schreibsperre bewilligt werden kann. Im Beispiel von Abb. 16.6 liegt zunächst nur eine Retained-X-Sperre für die Top-Level-Transaktion A vor. Die R- und X-Sphären umfassen den gesamten Transaktionsbaum, da in dieser Situation jeder Sub-Transaktion eine R- oder X-Sperre für das Objekt bewilligt werden kann. Die Bewilligung einer R-Sperre an Sub-Transaktion E schließt jedoch die Vergabe von X-Sperren aus, so daß die X-Sphäre zur leeren Menge schrumpft; die R-Sphäre dagegen bleibt unverändert, da weiterhin jeder (Sub-) Transaktion eine R-Sperre gewährt werden kann. Eine X-Sperre wird erst nach dem Commit von Sub-Transaktion E wieder gewährbar; die X-Sphäre umfaßt den Kontrollbereich von D, des Vaters von E. Im unteren Teil von Abb. 16.6 ist die Entwicklung der Sphären gezeigt, wenn anstelle der R- eine X-Sperre an E gewährt wird. In diesem Fall kann keine weitere Sperre mehr bewilligt werden, so daß sowohl die R- als auch die X-Sphäre leer werden. Nach dem Commit von E ist eine Vergabe

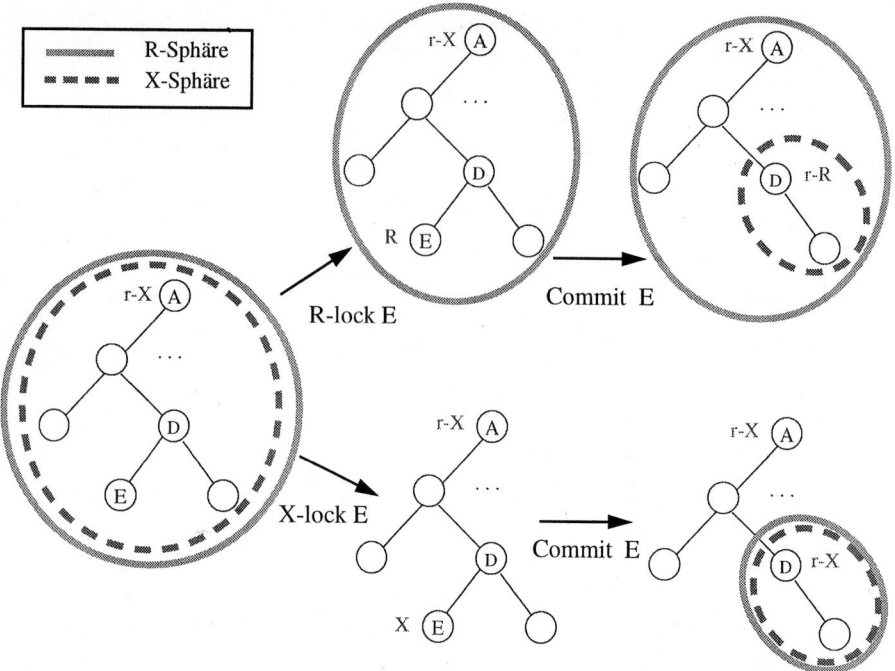

Abb. 16.6: Dynamik der Sphären gewährbarer Sperren (Beispiel)

von Lese- und Schreibsperren auf den Kontrollbereich des Vaters D von E beschränkt. Es zeigt sich also, daß die Bewilligung von Sperren zur Einschränkung der Sphären führt, in denen Sperren gewährbar sind. Umgekehrt vergrößern sich diese Sphären beim Commit von Sub-Transaktionen.

Das vorgestellte Sperrverfahren gestattet eine weitgehende Parallelverarbeitung innerhalb geschachtelter Transaktionen. Insbesondere können Sub-Transaktionen, welche unterschiedliche Objekte bearbeiten bzw. die selben Objekte nur lesen, ohne gegenseitige Behinderung ausgeführt werden. Änderungen und Sperren werden entlang der Aufrufhierarchie nach „oben" weitergegeben; Platzhaltersperren gestatten Sub-Transaktionen des jeweiligen Kontrollbereichs auf Objekte sowie Änderungen bereits beendeter Sub-Transaktionen zuzugreifen.

Allerdings gibt es noch Beschränkungen hinsichtlich Objekten, die von Vater-Transaktionen selbst bearbeitet wurden und für die sie daher reguläre Sperren besitzen. Da diese Sperren nämlich bis zum Commit zu halten sind, wird für Sub-Transaktionen vielfach der Zugriff auf die Objekte unmöglich gemacht. Insbesondere können aufgrund der Sperregeln Sub-Transaktionen keine Objekte lesen oder ändern, die von einem Vorfahren geändert wurden. Weiterhin können Sub-Transaktionen keine Objekte ändern, die von einem Vorfahren gelesen wurden. So bedeutet eine X-Sperre der Top-Level-Transaktion, daß das Objekt von keiner Sub-Transaktion bearbeitet werden darf!

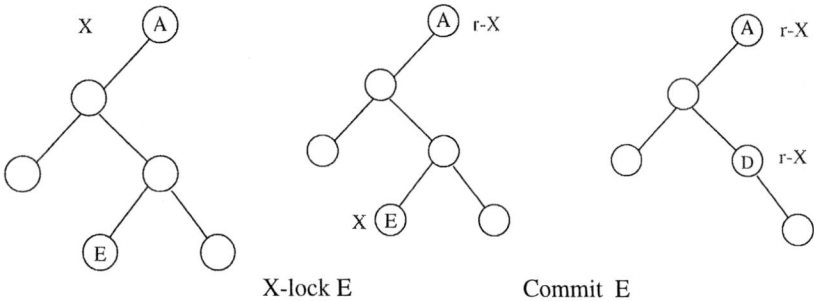

Abb. 16.7: Abwärts-Vererbung von Sperren (Beispiel)

Zur Lösung dieses Problems ist eine Erweiterung des Sperrverfahrens notwendig. Neben einer Aufwärts-Vererbung (upward inheritance) von Sperren von Sub-Transaktionen zur Vater-Transaktion ist dabei auch eine *Abwärts-Vererbung (downward inheritance)* von Sperren zu unterstützen. Dies erfordert eine Umwandlung einer regulären Sperre in eine Platzhaltersperre, um Sub-Transaktionen den Erwerb regulärer Sperren zu ermöglichen. Die Platzhaltersperre gestattet natürlich keinen weiteren Objektzugriff durch die Vater-Transaktion. Im Beispiel von Abb. 16.7 verhindert zunächst die X-Sperre der Top-Level-Transaktion jeden weiteren Zugriff auf das Objekt durch Sub-Transaktionen. Um die X-Anforderung von Sub-Transaktion E zu ermöglichen, erfolgt eine Abwärts-Vererbung der X-Sperre von A nach E. Für A verbleibt die Platzhaltersperre r-X. Das Commit von E wird wie üblich behandelt; weitere Zugriffe sind nur im Kontrollbereich der Vater-Transaktion D möglich. Die Top-Level-Transaktion A kann erst wieder auf das Objekt zugreifen, nachdem alle Sub-Transaktionen beendet sind. In [HÄRD93] werden weiterführende Aspekte des Sperrverfahrens vorgestellt, insbesondere die Unterstützung mehrerer Sperrgranulate sowie die Behandlung von Deadlocks zwischen Sub-Transaktionen.

Zusammenfassend ist festzuhalten, daß geschachtelte Transaktionen wesentliche Vorteile gegenüber flachen Transaktionen bieten. Die Einführung einer expliziten Kontrollstruktur innerhalb von Transaktionen unterstützt die Modularisierung von Anwendungen. Weiterhin wird eine Unterstützung von Intra-Transaktionsparallelität sowie verteilter Transaktionen geboten. Zudem ermöglicht die isolierte Rücksetzbarkeit von Sub-Transaktionen eine flexible Fehlerbehandlung und die Reduzierung des Arbeitsverlusts für Transaktionsfehler. Das Konzept wird zwar in den meisten DBS noch nicht unterstützt, jedoch bestehen erste Implementierungen für objektorientierte DBS sowie den TP-Monitor Encina.

Auf der anderen Seite läßt die Beibehaltung der ACID-Eigenschaften für die Wurzel-Transaktion grundlegende Probleme ungelöst, insbesondere im Hinblick auf längere Verarbeitungsvorgänge. So besteht für sie weiterhin die Gefahr eines inakzeptablen Arbeitsverlusts nach Systemfehlern sowie gravierender Leistungsengpässe aufgrund der Isolationszusicherung.

16.4 Offen geschachtelte Transaktionen

Geschachtelte Transaktionen im soeben beschriebenen Sinne werden auch als *geschlossen geschachtelte Transaktionen* (closed nested transactions) bezeichnet [GRAY81c]. Diese Bezeichnung rührt daher, daß die Freigabe von Änderungen und Sperren durch Sub-Transaktionen sich nur innerhalb der betreffenden Gesamttransaktion auswirkt, nicht jedoch gegenüber unabhängigen Transaktionen. Gegenüber anderen Transaktionen sind die geschachtelten Transaktionen geschlossen, insbesondere wird eine vollständige Isolation beibehalten. Damit bieten geschlossen geschachtelte Transaktionen auch keine direkte Unterstützung zur Erhöhung von Inter-Transaktionsparallelität, allerdings können Sub-Transaktionen einer Transaktion parallel ausgeführt werden (Intra-Transaktionsparallelität).

Demgegenüber werden die Ressourcen bei *offen geschachtelten Transaktionen* (open nested transactions) bereits am Ende einer Sub-Transaktion – also vor Ende der Gesamttransaktion – vollständig freigegeben. Durch die frühzeitige Freigabe von Sperren kann das Isolationsproblem langer Transaktionen weitgehend entschärft werden, da sich aufgrund der kurzen Sperrdauer die Konfliktwahrscheinlichkeit stark reduziert. Es kann damit neben einer Unterstützung von Intra-Transaktionsparallelität eine Verbesserung der Inter-Transaktionsparallelität erreicht werden. Die Sperrfreigabe am Ende von Sub-Transaktionen bedeutet jedoch, daß Änderungen von Sub-Transaktionen vorzeitig sichtbar werden, obwohl die Gesamttransaktion danach noch scheitern kann. Dies impliziert für offen geschachtelte Transaktionen grundlegende Auswirkungen hinsichtlich Synchronisation und Recovery.

16.4.1 Synchronisationsprobleme

Durch die vorzeitige Freigabe der Ressourcen kommt es zu den bekannten Mehrbenutzeranomalien (Abschnitt 14.1) und damit zu einer Verletzung der Serialisierbarkeit für die Gesamttransaktion, wenn nicht geeignete Zusatzmaßnahmen zur Synchronisation ergriffen werden. Insbesondere besteht das Problem, daß durch die vorzeitige Sperrfreigabe „schmutzige Änderungen" zugänglich werden. Zum Beispiel soll im Rahmen einer offen geschachtelten Transaktion T_1 durch eine Sub-Transaktion ein Betrag X auf ein Konto eingezahlt werden und dadurch einer Transaktion T_2 ermöglicht werden, einen Betrag von diesem Konto abzubuchen. Dabei liegt eine nichtserialisierbare Situation vor, wenn nachträglich T_1 noch abgebrochen und der Betrag X wieder abgebucht werden muß (die Ausführung von T_2 wäre weder vor noch nach T_1 zulässig gewesen).

Ohne zusätzliche Synchronisationsmaßnahmen ist die vorzeitige Sperrfreigabe höchstens für solche Sub-Transaktionen vertretbar, welche im Anwendungskontext relativ abgeschlossene Teilschritte verkörpern, deren Änderungen keine bzw. auch in der Realität anzutreffende Nebenwirkungen verursachen. Diese Vorgehensweise wird etwa bei dem Saga-Konzept (Abschnitt 16.6.1) vorgesehen. Einige Ansätze (z. B. ConTracts, Abschnitt 16.6.2) rücken von der bedingungslosen Freigabe von Änderungen ab und schränken den Zugriff auf unsichere Änderungen durch Einsatz „semantischer Synchronisationsverfahren" ein, welche Anwendungswissen für die Regulierung von DB-Zugriffen berücksichtigen. Die bereits in Abschnitt 14.8.4 diskutierten Vorschläge zur Synchronisation auf High-Traffic-Elementen gehen auch in diese Richtung.

16.4.2 Kompensationsbasierte Recovery

Durch die vorzeitige Freigabe von Änderungen können andere Transaktionen auf die freigegebenen Objekte zugreifen und eigene Änderungen vornehmen. Damit kann das Zurücksetzen einer Sub-Transaktion nicht mehr über eine zustandsorientierte Undo-Recovery erfolgen, sondern nur noch „logisch" durch Ausführung von *kompensierenden Sub-Transaktionen*. Der neue DB-Zustand stimmt dabei i. allg. nicht mehr mit dem ursprünglichen Zustand überein, der vor der kompensierten Operation bzw. Sub-Transaktion gültig war, enthält jedoch keine der Änderungen mehr der zurückzusetzenden Sub-Transaktion. Wurde etwa im Rahmen einer Sub-Transaktion eine Zubuchung auf ein Konto vorgenommen, besteht die Kompensation aus einer Abbuchung um den entsprechenden Betrag. Aufgrund zwischenzeitlicher Kontobewegungen wird dabei jedoch möglicherweise ein anderer Kontostand als vor der Zubuchung erreicht.

Die Durchführung solcher *Kompensationen* ist im täglichen Leben allgegenwärtig (Buchung vs. Stornierung, Terminfestsetzung vs. Absage, ...). Da Transaktionen letztlich Vorgänge der realen Welt nachbilden, stellt der Kompensationsansatz prinzipiell einen adäquaten Ansatz zur Rücknahme von Änderungen da. Eine Kompensation beinhaltet dabei nicht notwendigerweise die genauen Umkehroperationen der ursprünglichen Sub-Transaktion. So kann die Stornierung einer Platzreservierung neben der Platzfreigabe zusätzlich Gebühren verursachen. Wenn eine Artikelbestellung die Aufstockung des Lagerbestandes verursacht hat, wird bei der Kompensation der Bestellung wahrscheinlich darauf verzichtet, den Lagerbestand wieder zu reduzieren.

Die kompensationsbasierte Fehlerbehandlung impliziert jedoch grundsätzliche Probleme:

– Die Kompensation anwendungsspezifischer Funktionen ist nur möglich durch entsprechende vom DB-Anwender bereitzustellende Kompensationsprogramme. Dabei muß für jede im Rahmen offen geschachtelter Transaktionen aufgerufene Sub-Transaktion ein entsprechendes Kompensationsprogramm bereitgestellt werden. Dies ermöglicht einerseits eine hohe Flexibilität, andererseits bedeutet die Erstellung der Programme einen hohen Aufwand für bestehende Anwendungen. Zudem ergibt sich eine hohe Mitverantwortung des Anwendungsprogrammierers zur Fehlerbehandlung, da er sicherzustellen hat, daß tatsächlich die semantisch korrekte Kompensationswirkung erreicht wird. Korrektheit und Sicherheit der Daten werden somit erheblich gefährdet (Programmfehler usw.).

– Im Gegensatz zu regulären Transaktionsprogrammen dürfen Kompensationen nicht scheitern, da ansonsten die (logische) Rücksetzung einer Sub-Transaktion nicht erfolgen kann. Da auch bei mehrfacher Wiederholung von Kompensationen ein erfolgreicher Abschluß (z. B. aufgrund von Programmierfehlern) nicht immer garantiert werden kann, bleibt eine zusätzliche Sicherheitslücke. In solchen Ausnahmefällen bleibt i.d.R. nur eine manuelle Fehlerbehandlung durch den DB-Administrator.

- Es können nicht alle Operationen kompensiert werden. Schwierigkeiten verursachen hierbei vor allem Verarbeitungsschritte mit irreversiblen Auswirkungen in der Realität, wie z. B. Bohren eines Loches, Ausgabe eines Geldbetrages am Geldautomat, Bestrahlung eines Patienten u.ä. Solche nicht kompensierbaren Operationen („real actions" [GRAY93]) müssen daher stets bis ans Ende der Gesamttransaktion verzögert werden, wenn der Erfolg der Transaktion sichergestellt ist.

Die genannten Probleme bestehen vor allem, wenn Sub-Transaktionen anwendungsspezifische Funktionen realisieren und diese somit zu kompensieren sind. Dies gilt auch, wenn diese Anwendungsfunktionen im DBS selbst verwaltet werden, z. B. in Form gespeicherter Prozeduren (stored procedures) oder als Methoden objektorientierter DBS bzw. als Operationen benutzerdefinierter Abstrakter Datentypen (ADT). Offen geschachtelte Transaktionen können aber auch zur Realisierung DBS-interner anwendungsunabhängiger Operationen genutzt werden, wie im nachfolgend beschriebenen Ansatz der Mehrebenen-Transaktionen der Fall.

16.5 Mehrebenen-Transaktionen

Mehrebenen-Transaktionen (multi-level transactions) verkörpern eine Sonderform geschachtelter Transaktionen, bei der die Schachtelung von Transaktionen und ihren Operationen längs der Abbildungshierarchie einer Schichtenarchitektur erfolgt [WEIK91]. Es liegt dabei eine feste Anzahl von Schichten mit bestimmten Operationen vor. Operationen der Ebene i werden jeweils durch Operationen der darunterliegenden Ebene i-1 realisiert. Eine solche Zerlegung ist innerhalb von DBS möglich, da z. B. eine mengenorientierte DB-Operation als Folge von Satzoperationen und jede Satzoperation durch mehrere Seitenoperationen realisiert werden kann.

Beim Mehrebenen-Transaktionsmodell erfolgt die Ausführung jeder Operation atomar im Rahmen einer Sub-Transaktion. Die Schachtelungstiefe ist für alle Transaktionen gleich und durch die Anzahl der Schichten bestimmt, die zur Transaktionsverwaltung ausgewählt wurden. Für die Gesamt-Transaktion werden weiterhin die ACID-Eigenschaften angestrebt. Die Sperren werden jedoch nur für die Operationen (Sub-Transaktionen) auf der obersten Ebene bis zum Transaktionsende gehalten. Für Operationen darunterliegender Schichten dagegen erfolgt analog zu offen geschachtelten Transaktionen eine vorzeitige Sperrfreigabe am Ende der direkt übergeordneten Sub-Transaktion, unabhängig vom Ausgang der gesamten Transaktion. Damit können die Sperrzeiten für Objekte der unteren Schichten sehr kurz gehalten werden, was zu einer erheblichen Reduzierung des Konfliktpotentials insgesamt genutzt werden kann. Dennoch bleibt durch die Sperren auf höheren Ebenen die Serialisierbarkeit gewahrt [WEIK91].

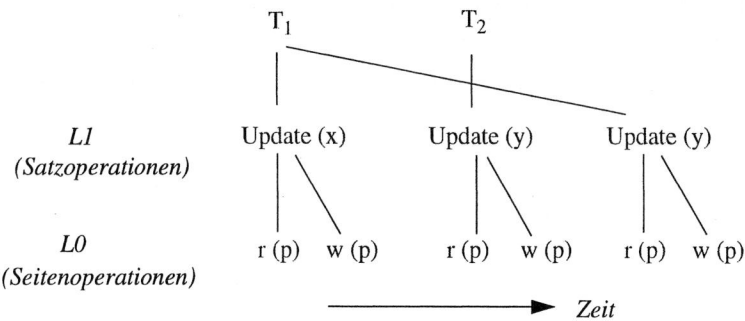

Abb. 16.8: Serialisierbarer Ablauf von Mehrebenen-Transaktionen

Im Beispiel von Abb. 16.8 soll eine Transaktionsverwaltung auf zwei Ebenen erfolgen, nämlich für Seiten (L0) und Sätze (L1). Jede Satzoperation einer Transaktion stellt somit eine eigene Sub-Transaktion dar, die jeweils durch eine oder mehrere atomare Seitenoperationen realisiert wird. In dem Szenario liegen die beiden Sätze x und y in derselben Seite p. Bei einer einstufigen Transaktionsverwaltung auf Seitenebene ist der gezeigte Ablauf der beiden Transaktionen nicht serialisierbar, da sich für die Seite p eine zyklische Abhängigkeit zwischen T_1 und T_2 ergibt. Mit langen Seitensperren müßte T_2 bis zum Abschluß von T_1 blockiert werden. Eine 2-Ebenen-Synchronisation dagegen bewirkt die Freigabe der L0-Seitensperren am Ende der zugehörigen L1-Sub-Transaktion. Somit kann die Änderung von T_2 nach Abschluß der ersten Update-Operation von T_1 ohne Sperrkonflikt durchgeführt werden. Für die zweite Änderung von T_1 ergibt sich eine Abhängigkeit auf Satzebene für y; die Serialisierungsreihenfolge lautet somit $T_2 \to T_1$.

Die im Beispiel vorgenommene Verwendung der Satz- und Seitensperren entspricht den in verschiedenen DBS schon länger praktizierten Implementierungen, wobei neben „langen" Satzsperren „kurze" Seitensperren (z. B. durch Latches bzw. Semaphore realisiert) gesetzt werden, um parallele Änderungen derselben Seite zu serialisieren. Die Arbeiten zu Mehrebenen-Transaktionen stellen eine theoretische Fundierung dieser Vorgehensweise bereit, welche die Voraussetzungen präzisiert, unter denen die (Mehrebenen-) Serialisierbarkeit gewahrt bleibt. Insbesondere wurde gezeigt, daß die korrekte Synchronisation von Operationen einer hohen Abstraktionsebene eine begleitende Synchronisation der realisierenden Basisoperationen auf tieferen Ebenen erfordert, für die jedoch die Sperren nur kurz (bis zum Ende der realisierten Operation) zu halten sind. Es konnte ferner gezeigt werden, daß anstelle von Sperrverfahren auch andere Synchronisationsverfahren genutzt werden können, solange sie in der jeweiligen Schicht die Serialisierbarkeit der Operationen gewährleisten.

Ein Hauptvorteil des Mehrebenen-Transaktionsmodells liegt in der Möglichkeit, serialisierbare Transaktionsabläufe mit einem Minimum an Synchronisationskonflikten zu erreichen. Auf der anderen Seite bestehen Nachteile hinsichtlich der Recovery. Zur Sicherstellung der Atomarität von Sub-Transaktionen sind auf jeder der Ebenen Logging- und Recovery-Funktionen bereitzustellen. Insbesondere ist am Ende jeder Sub-Transaktion ihre Wiederholbarkeit durch das Schreiben entsprechender Log-Informationen zu sichern, was vor allem bei den zahlreichen kurzen Sub-Transaktionen tieferer Schichten einen hohen E/A-Aufwand verursachen kann. Allerdings lassen sich zur Aufwandsminderung Optimierungen wie z. B. Gruppen-Commit (Abschnitt 15.3.5) nutzen, zumal Persistenz nicht für die Sub-Transaktionen, sondern nur für die Gesamttransaktion zu gewährleisten ist.

Das Zurücksetzen von Sub-Transaktionen, sowohl im Rahmen einer Transaktionsfehlerbehandlung als auch zur Crash-Recovery, ist aufgrund der vorzeitigen Sperrfreigabe vor Ende der Gesamttransaktion nur durch *Kompensation* möglich. Somit muß für jede Operation einer Ebene eine kompensierende Gegenoperation bestehen, welche logisch die ursprüngliche Änderung ausgleicht. Dies ist bei DBS-internen Operationen auf Satz- oder Seitenebene vergleichsweise einfach möglich (Löschoperation vs. Einfügeoperation usw.). Insbesondere sind – im Gegensatz zu Anwendungsfunktionen – alle Operationen kompensierbar, und die erfolgreiche Durchführung der Kompensationsoperationen kann garantiert werden. Die Verwendung kompensierender Operationen entspricht dem Einsatz eines logischen Loggings (Abschnitt 15.2.2) zur Undo-Recovery. Damit auch nach einem Rechnerausfall logische Operationen angewandt werden können, ist eine Aktionskonsistenz der Datenbank erforderlich. Dies kann z. B. durch ein vollständiges Redo aller Änderungen ähnlich wie beim ARIES-Ansatz erreicht werden [WEIK93a].

Neben der Verwendung von Schichten der DBS-internen Abbildungshierarchie läßt sich der Mehrebenen-Transaktionsansatz prinzipiell auch auf anwendungsspezifische Funktionen ausdehnen [WEIK92, MUTH93]. Zur Synchronisation ist die Konfliktverträglichkeit zwischen allen Anwendungsfunktionen festzulegen, wodurch sich Anwendungssemantik zur Einsparung an Synchronisationskonflikten nutzen läßt. So sind in einer Bankanwendung Einzahlungs (Deposit) -Operationen auf ein bestimmtes Konto kommutativ und können somit gleichzeitig zugelassen werden. Daher ist der Schedule in Abb. 16.9 serialisierbar (T1 -> T2 wegen der L2-Abhängigkeit für Withdraw), obwohl auf Ebene L1 keine Serialisierbarkeit vorliegt. Die Verwendung der Mehrebenen-Synchronisation sichert dabei die atomare Ausführung der einzelnen L2-Operationen, so daß Zugriffskonflikte auf Satz- oder Seitenebene korrekt behandelt werden.

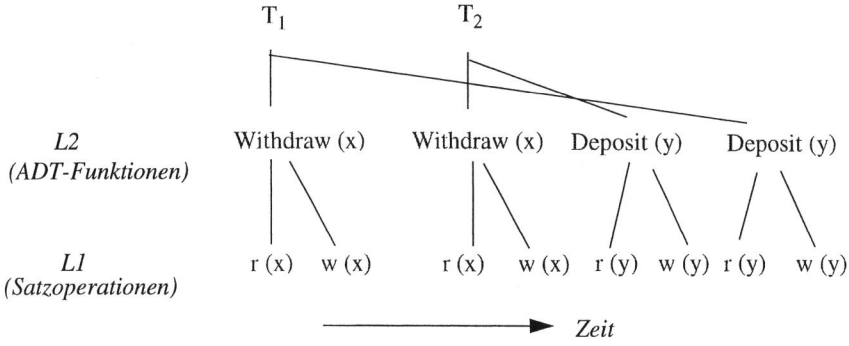

Abb. 16.9: Mehrebenen-Transaktionen mit ADT-Funktionen

Andererseits ist die Festlegung der gegenseitigen Verträglichkeit von Anwendungsfunktionen ein schwer lösbares Problem, da bei typischerweise Hunderten solcher Funktionen Tausende von Kompatibilitäten zu definieren wären. Denn oft sind die genauen Auswirkungen von Anwendungsprogrammen (Methoden, ADT-Operationen) unbekannt bzw. nicht sauber dokumentiert. Darüber hinaus rufen ADT-Operationen oft selbst wieder ADT-Operationen auf, so daß keine feste Anzahl von Ebenen eingehalten werden kann. Zur Recovery ist ferner zu jeder Funktion die Bereitstellung eine kompensierenden Funktion erforderlich, womit die generellen Probleme der anwendungsspezifischen Kompensation (Abschnitt 16.4) einhergehen.

Mehrebenen-Transaktionen bewahren – wie schon geschlossen geschachtelte Transaktionen – die ACID-Eigenschaften von Transaktionen. Durch die Verwendung offen geschachtelter Sub-Transaktionen lassen sich wesentliche Verbesserungen im Hinblick auf die Isolation erreichen. Ungelöst bleibt jedoch das Atomaritätsproblem für langlebige Transaktionen, da im Fehlerfall stets das Zurücksetzen der Transaktion (durch Kompensation beendeter Sub-Transaktionen) erfolgt.

16.6 Langlebige Aktivitäten

Die in Abschnitt 16.1 diskutierten Beschränkungen des ACID-Konzepts beziehen sich vor allem auf lang andauernde Vorgänge bzw. sog. langlebige Aktivitäten (long-lived activities)[4]. Beispiele dafür sind Mehrschritt-Transaktionen, lange Batch-Jobs sowie Geschäftsprozesse, die unter Einsatz von Workflow-Management-Systemen durchgeführt werden und deren Bearbeitungszeit bis zu Tagen oder Wochen betragen kann.

Die Ansätze geschlossen geschachtelter Transaktionen sowie von Mehrebenen-Transaktionen bewahren die ACID-Eigenschaften der Gesamttransaktionen und bieten somit keine ausreichende Unterstützung langlebiger Aktivitäten. Benötigt werden Ansätze, welche vor allem die Probleme der Isolation sowie der Atomarität beheben. Bezüglich der Lösung der Isolationsprobleme kommen prinzipiell offen geschachtelte Transaktionen (Abschnitt 16.4) in Frage, während die Einführung von persistenten Rücksetzpunkten (Abschnitt 16.2) die Atomaritätsproblematik entschärft. Eine Serialisierbarkeit im klassischen Sinn wird zur Synchronisation sinnvollerweise nicht mehr angestrebt, da diese verlangt, daß alle referenzierten Objekte nicht von parallelen Transaktionen geändert werden und somit die gleiche Sicht auf die Datenbank gewahrt bleibt. Diese Anforderung ist bei kurzen Transaktionen sinnvoll, jedoch nicht mehr angemessen bei Verarbeitungsvorgängen mit um Größenordnungen höheren Bearbeitungszeiten. Zur Fehlerbehandlung ist das vollständige Zurücksetzen einer Transaktion durch eine *Backward-Recovery* nicht ausreichend, stattdessen ist eine *Forward-Recovery* zu unterstützen, mit der eine unterbrochene Aktivität aufbauend auf einem Sicherungspunkt bis zum erfolgreichen Ende fortgeführt werden kann. Zur korrekten Durchführung und Fehlerbe-

---

[4] Vielfach spricht man auch von langlebigen Transaktionen (LLT). Der Begriff „Transaktion" ist jedoch ungünstig, da es notwendig ist, von den ACID-Eigenschaften abzuweichen.

handlung langlebiger Aktivitäten ist eine umfassende Systemunterstützung erforderlich, welche die vollständige Ausführung der einzelnen Teilschritte sowie von Kompensationen steuert, den Datenaustausch zwischen Teilschritten unterstützt, die DB-Konsistenz überwacht, eine benutzergesteuerte Fehlerbehandlung ermöglicht usw.

Stellvertretend für die zahlreichen Vorschläge zur Unterstützung langlebiger Aktivitäten soll nachfolgend auf zwei Ansätze eingegangen werden, nämlich Sagas sowie Contracts. Diese Ansätze unterstützen jedoch nicht die Abwicklung langlebiger Entwurfsvorgänge etwa im CAD-Bereich; auf diesbezügliche Lösungsansätze wird in Abschnitt 16.7 eingegangen.

16.6.1 Das Konzept der Sagas

Sagas stellen einen einfachen Ansatz zur Unterstützung langlebiger Aktivitäten dar [GRAY87]. Eine *Saga* ist dabei eine spezielle Art einen zweistufigen, offen geschachtelten Transaktion bestehend aus einer Sequenz von Sub-Transaktionen T_1 bis T_n (Abb. 16.10). Beginn und Ende der Saga werden durch entsprechende Operationen BS und ES definiert. Jede der Teiltransaktionen T_i ist eine konventionelle ACID-Transaktion, z. B. zur Realisierung einer Bestellung, einer Kontobewegung, einer Buchung usw., welche meist relativ unabhängig von den anderen Teiltransaktionen der Saga ist. Gemäß dem offen geschachtelten Transaktionsmodell werden am Ende jeder Teiltransaktion die Ressourcen (insbesondere Sperren) bedingungslos freigegeben, um ein Minimum an Sperrkonflikten zu erreichen. Auf eine weitergehende Synchronisation wird verzichtet, so daß für die Gesamttransaktion (Saga) keine Serialisierbarkeit erreicht wird. Die Annahme dabei ist, daß nur solche Teiltransaktionen im Rahmen von Sagas verwendet werden, für die das Sichtbarwerden ihrer Änderungen vor Ende der Gesamttransaktion aus Anwendungssicht tolerierbar ist. Trotz dieser Einschränkung ist der Saga-Ansatz in vielen Anwendungsszenarien einsetzbar [GARC87].

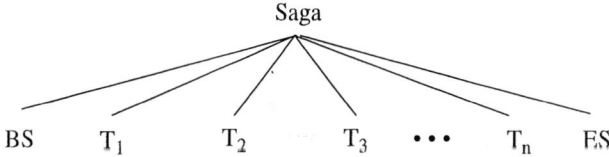

Abb. 16.10: Grobstruktur einer Saga

Wenn eine laufende Saga abgebrochen werden muß, ist das Zurücksetzen bereits beendeter Sub-Transaktionen nur durch Kompensation möglich (Abschnitt 16.4). Aus diesem Grunde ist für jede im Rahmen einer Saga eingesetzte Sub-Transaktion T_i eine Kompensationstransaktion C_i vom Anwender bereitzustellen. Das System garantiert nun, daß im Fehlerfall Sagas nicht partiell ausgeführt werden. Stattdessen wird garantiert, daß eine Saga entweder vollständig ausgeführt wird, das heißt, alle Sub-Transaktionen

$$T_1, T_2, ... T_n$$

werden erfolgreich beendet (Normalfall). Dagegen wird im Fehlerfall ein logisches Zurücksetzen der Saga durch Anwendung der Kompensationstransaktionen erreicht. Tritt z. B. der Fehler nach Abschluß von T_j ($j < n$), während der Ausführung von T_{j+1}, ein, werden folgende Teiltransaktionen ausgeführt:

$$T_1, T_2, \dots T_j, C_j, C_{j-1}, \dots C_1.$$

Die Anwendung der Kompensationstransaktionen erfolgt also stets in umgekehrter Reihenfolge der zurückzusetzenden Sub-Transaktionen. Vor der Anwendung der ersten Kompensationstransaktion C_j wird die vom Fehler unterbrochene Sub-Transaktion T_{j+1} über eine konventionelle Undo-Recovery zurückgesetzt. Die zur Ausführung der Kompensationstransaktionen benötigten Eingabedaten (bei Kontobewegungen z. B. Parameterwerte wie Kontonummer und Geldbetrag) werden aus den Log-Daten der zu kompensierenden Sub-Transaktion entnommen. Generelle Probleme bezüglich des Einsatzes der Kompensationstransaktionen wurden bereits in Abschnitt 16.4 diskutiert. Insbesondere dürfen Kompensationen nicht scheitern, da ansonsten das Zurücksetzen einer Saga nicht garantiert werden kann.

Der skizzierte Einsatz einer Backward-Recovery ist jedoch nicht ausreichend zur Fehlerbehandlung von langlebigen Aktivitäten. Er impliziert einen erheblichen Arbeitsverlust, der vielfach nicht akzeptabel ist (Abschnitt 16.1). Die somit notwendige *Forward-Recovery* kann über die zusätzliche Verwendung persistenter Savepoints (Abschnitt 16.2) erfolgen. Sie gestatten auch nach einem Systemfehler, die Verarbeitung einer Saga nach vorne fortzusetzen und somit ihre vollständige und erfolgreiche Ausführung zu erreichen. Eine Verwendungsform sieht das automatische Erzeugen eine persistenten Savepoints zu Beginn jeder Sub-Transaktion vor. Dann können Fehler sogar ohne Einsatz von Kompensationstransaktionen behandelt werden, indem die vom Fehler betroffene Sub-Transaktion T_{j+1} über eine konventionelle Undo-Recovery zurückgesetzt wird und durch Ausführung von $T_{j+1}, \dots T_n$ die Saga erfolgreich abgeschlossen wird. Eine vollständige Backward-Recovery (mit Kompensation) ist dann allenfalls noch vorzunehmen, wenn der Benutzer den Abbruch der gesamten Saga verlangt bzw. eine der Teiltransaktionen auch im Wiederholungsfalle nicht erfolgreich zu Ende kommt (Verletzung von Integritätsbedingungen, Programmfehler, ...).

Ein allgemeineres Modell sieht den benutzergesteuerten Einsatz der Savepoints vor, wodurch im Fehlerfall eine Kombination aus Backward- und Forward-Recovery notwendig werden kann. Wenn etwa vor Sub-Transaktion T_3 ein Savepoint (SP) definiert wurde, ergibt sich aufgrund eines Systemfehlers nach T_4 insgesamt diese Ausführungsreihenfolge einer Saga:

$$\text{BS}, T_1, T_2, \text{SP}, T_3, T_4, \quad C_4, C_3, T_3, T_4, T_5, \dots T_n, \text{ES}.$$

Zusammenfassend ist für das Saga-Konzept festzuhalten, daß für die Sub-Transaktionen die ACID-Eigenschaften gelten, wobei die Dauerhaftigkeit (Eigenschaft D) bei einer Backward-Recovery jedoch durch Kompensation aufgehoben werden kann. Für die Gesamttransaktion (Saga) gilt die Isolationseigenschaft I nicht mehr, sondern es gelten nur noch A (realisiert über Backward- oder Forward-Recovery), C und D. Die Einfachheit des Saga-Ansatzes ermöglicht eine gute Implementierbarkeit, z. B. auch innerhalb einer DBS-Zusatzschicht [GARC87, BOHN89]. Andererseits bestehen eine Reihe von Beschränkungen, deren Aufhebung Gegenstand komplexerer Vorschläge ist, z. B. des nachfolgend beschriebenen Contracts-Ansatzes.

16.6.2 ConTracts

Bei diesem Ansatz werden die lang andauernden Aktivitäten als Contracts bezeichnet, welche aus vordefinierten Verarbeitungsschritten – sog. *Steps* – bestehen [WÄCH90, WÄCH92, REUT97]. Ein Step ist ein sequentielles Teilprogramm, das i. allg. einer ACID-Transaktion entspricht; es ist jedoch auch möglich, mehrere Steps zu einer ACID-Einheit zusammenzufassen. Ähnlich dem offen geschachtelten Transaktionsmodell werden die Ressourcen am Ende der ACID-Komponenten freigegeben, wobei jedoch eine anwendungsspezifische Synchronisation von Contracts unterstützt wird (s. u.). Zu jedem Step ist zur Backward-Recovery wiederum ein Kompensations-Step bereitzustellen. Die Fehlerbehandlung erfolgt jedoch in der Regel über eine Forward-Recovery, wenn nicht explizit eine Backward-Recovery verlangt wird. Das System garantiert damit eine kontrollierte und zuverlässige Ausführung der Contracts, so daß diese in endlicher Zeit und in einem korrekten Endzustand terminieren.

Gegenüber dem Saga-Ansatz werden wesentliche Erweiterungen vorgenommen. Insbesondere wird ein zweistufiges Programmiermodell bei der Erstellung von Contracts vorgesehen. Dabei wird die Step-Programmierung von der Beschreibung der Ablaufstruktur getrennt, wodurch die Anwendungsentwicklung im Rahmen der Steps von sämtlichen Kontrollaufgaben befreit ist. Die Ablaufstruktur eines Contracts wird deklarativ durch ein sog. *Skript* festgelegt, welches u. a. die Step-Aufrufe enthält. Neben einer sequentiellen Ausführung der Steps (analog zu Sagas) werden weitere Kontrollstrukturen unterstützt, nämlich Verzweigung, Schleifen sowie die parallele Ausführung von Steps. Damit können beliebig komplexe Ablaufstrukturen festgelegt werden. Daneben kann innerhalb der Skripte eine flexible Ausnahmebehandlung spezifiziert werden, um anwendungsspezifische Reaktionen auf Synchronisationskonflikte oder sonstige Fehlersituationen zu ermöglichen. Anstelle einer Backward-Recovery kann so in einer Fehlersituation verlangt werden, den fehlgeschlagenen Step erneut auszuführen oder einen alternativen Step aufzurufen.

Abb. 16.11 zeigt beispielhaft die graphische Darstellung eines Contracts zur Vorbereitung einer Geschäftsreise. Die Knoten entsprechen dabei den einzelnen Steps S_i, denen jeweils ein Kompensations-Step C_i zugeordnet ist. Nachdem Informationen zu möglichen Flügen in S_1 eingeholt wurden, erfolgt zunächst die Reservierung des Flugs in S_2. Anschließend werden gleichzeitig Informationen über drei Hotels bereitgestellt, wozu Step S_3 parallel ausgeführt wird. Tritt bei der Reservierung des Leihwagens in S_5 ein Fehler auf, soll dieser Step erneut ausgeführt werden. Bei einem erneuten Fehler wird auf Abbruch des gesamten Contracts entschieden, was zu einer Backward-Recovery führt, in der die bereits durchgeführten Steps zu kompensieren sind. Konnten dagegen alle Reservierungen durchgeführt werden, wird der Contract nach Ausdruck der einzelnen Dokumente normal beendet. Für die einzelnen Reservierungen werden die Sperren nur für die Dauer der betreffenden Steps gehalten, um möglichst geringe Behinderungen mit anderen Reservierungsvorgängen zu gewährleisten.

Zur Fehlerbehandlung von Systemfehlern ist ähnlich wie unter Verwendung persistenter Savepoints die Ablaufumgebung eines Contracts wiederherzustellen. Dies wird durch Verwaltung eines persistenten *Kontextes* für jeden Contract erreicht. Ein Kontext enthält dabei die Zustände von globalen Variablen, Zwischenergebnissen, Bildschirmausgaben, usw., die zur

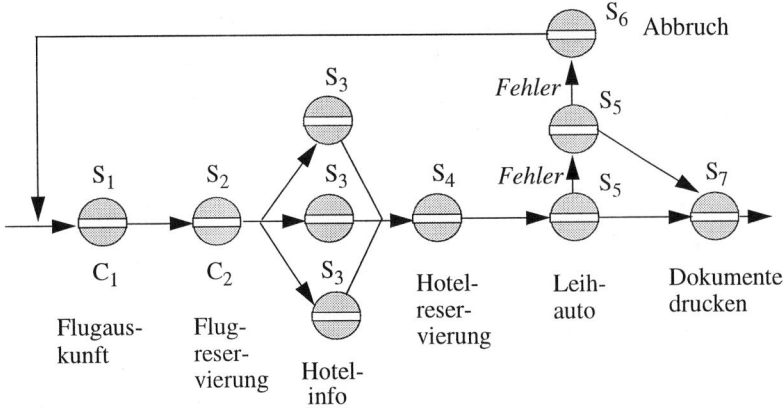

Abb. 16.11: Beispiel eines ConTracts

Weiterführung bzw. Anwendung von Kompensationsschritten notwendig sind. Nach Beendigung eines Contracts kann der zugehörige Kontext aufgegeben werden.

Während der Saga-Ansatz auf eine schrittübergreifende Synchronisation verzichtet und damit die DB-Konsistenz gefährdet, wird im ConTracts-Modell eine semantische Synchronisation unter Verwendung von *Invarianten* verfolgt. Dies sind anwendungsspezifische Prädikate zur Beschreibung von Zustandsbedingungen, welche zur korrekten Ausführung eines Contracts einzuhalten sind. Damit soll auch nach Freigabe der Sperren am Ende von Steps sichergestellt werden, daß die von dem Step bearbeiteten Objekte trotz Zugriffen durch andere Steps bzw. Contracts in einem zulässigen Zustand (z. B. Wertebereich) bleiben. Damit wird zwar keine Serialisierbarkeit erreicht, jedoch kann dafür mit erheblich verminderter Konfliktgefahr (gegenuber dem zur Serialisierbarkeit erforderlichen contract-weiten Sperren aller referenzierten Objekte) eine semantische Korrektheit unterstützt werden.

Die Festlegung der Invarianten erfolgt im Skript eines Contracts, wobei zu einem Step Ausgangs- und Eingangsinvarianten definiert werden können. Eine Ausgangsinvariante legt fest, welche Bedingungen nach Abschluß eines Steps weiterhin gültig sein müssen. Eingangsinvarianten müssen dagegen vor Ausführung eines Steps erfüllt sein. Sie beziehen sich auf zuvor definierte Ausgangsinvarianten und legen Bedingungen fest, welche zur korrekten Fortsetzbarkeit eines Contracts notwendig sind. Abb. 16.12 zeigt hierzu ein Beispiel bezüglich der beiden ersten Steps von Abb. 16.11. Als Ausgangsinvariante der Flugauskunft wird gefordert, daß wenigstens ein freier Platz für den betreffenden Flug verbleibt. Für die nachfolgende Flugbuchung wird verlangt, daß diese Bedingung weiterhin gültig ist, um die Buchung vornehmen zu können. Es ist somit nicht erforderlich, den Flug zwischen den Steps komplett zu sperren und damit weitere Reservierungen auszuschließen.

Eine weitere Verwendungsform von Invarianten liegt in der Festlegung von Bedingungen, um die zu garantierende Durchführbarkeit von Kompensationen (Abschnitt 16.4) erreichen zu können. Um z. B. die Flugreservierung für eine Person rückgängig machen zu können, muß

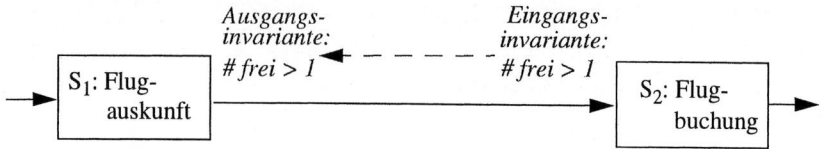

Abb. 16.12: Verwendung von Invarianten (Beispiel)

sichergestellt sein, daß die Angaben zu der betreffenden Person nach der Reservierung in der jeweiligen Datenbank verbleiben und nicht gelöscht werden. Dies kann durch eine *Existenz-Invariante* erreicht werden, welche das Löschen der Person verhindert.

Zur Implementierung der invariantenbasierten Synchronisation eignet sich ein Escrow-Sperrverfahren, mit dem die Einhaltung von Bedingungen gewährleistet werden kann (Abschnitt 14.8.4). Eine Alternative zur Überwachung der Invarianten ist ein *Check/Revalidate-Ansatz,* welche ähnlich der Hot-Spot-Synchronisation von IMS Fast Path (Abschnitt 14.8.4) arbeitet. Dabei wird nach Prüfen einer Ausgangsinvariante keinerlei Sperre gesetzt, sondern es wird optimistischerweise angenommen, daß die Bedingung weiterhin erfüllt bleibt. Bei einer Eingangsinvarianten ist eine Validierung erforderlich, ob die Bedingung noch erfüllt ist. Ist dies nicht der Fall, kann der Step nicht ausgeführt werden; im Rahmen der Ausnahmebehandlung ist festzulegen, wie dieser Konflikt behandelt werden soll.

Die Mächtigkeit des Contracts-Modells verlangt natürlich eine aufwendige Implementierung, insbesondere bei der notwendigen Anwendung auf verteilte Systeme und der Beteiligung unterschiedlicher DBS sowie sonstiger Ressourcen-Manager. Eine prototypische Realisierung wesentlicher Funktionen erfolgte an der Universität Stuttgart.

16.7 Datenbankverarbeitung in Entwurfsumgebungen

Besondere Anforderungen an die Verarbeitung und Transaktionsverwaltung bestehen in datenbankbasierten Entwurfsanwendungen, wie z. B. im Rahmen des CAD (Computer-Aided Design) oder CASE (Computer Aided Software Engineering). Beispiele für Design-Objekte im CAD-Bereich sind etwa VLSI-Chips oder Fahrzeugteile wie KFZ-Motoren, Triebwerke, usw., während im CASE-Bereich die ingenieurgemäße Erstellung großer Software-Systeme zu unterstützen ist. Für die rechnergestützte Durchführung der Entwurfsaufgaben bestehen vor allem folgende Randbedingungen bzw. Anforderungen:

– Die Design-Objekte sind i. allg. sehr umfangreich und komplex strukturiert, was für die flexible Datenhaltung ein mächtiges objektorientiertes bzw. objekt-relationales Datenmodell verlangt.

– Im allgemeinen ist es erforderlich, unterschiedliche *Versionen* der Design-Objekte sowie ihrer Komponenten zu führen. Damit wird eine schrittweise Weiterentwicklung von Entwürfen unterstützt, z. B. um neuen Anforderungen Rechnung zu tragen. Außerdem können durch Zurückgehen auf ältere Versionen getroffene Design-Entscheidungen revidiert werden.

– Aufgrund der Komplexität der Design-Objekte sind die Entwurfsaufgaben sehr aufwendig mit typischen Bearbeitungszeiten im Bereich von Wochen und Monaten. Diese Verarbeitungsvorgänge können somit nicht als ACID-Transaktionen realisiert werden, insbesondere aufgrund der schon mehrfach diskutierten Atomaritäts- und Isolationsprobleme.

– Die Entwurfsaufgaben können meist nicht von einer Person bewältigt werden, sondern erfordern die Zusammenarbeit eines Entwerfer-Teams. Für die Datenbankzugriffe ist somit anstelle einer Isolation eine kontrollierte Kooperation zu unterstützen. Insbesondere muß es möglich sein, Zwischenergebnisse unter den Mitarbeitern eines Teams auszutauschen.

Entwurfsaufgaben lassen sich effizient über eine *Workstation/Server-Architektur* durchführen [HÄRD95], wie sie in Abb. 16.13 skizziert ist. Dabei ist vorausgesetzt, daß die Werkzeuge (Tools) zur Durchführung der Entwurfsaufgaben keine isolierte Datenverwaltung vornehmen, sondern daß alle Entwurfsobjekte in einer gemeinsamen Server-Datenbank dauerhaft gespeichert werden. Mit den Tools kann interaktiv nur dann eine ausreichend schnelle Datenmanipulation erreicht werden, wenn die betroffenen Daten direkt im Hauptspeicher des Arbeitsplatzrechners zugreifbar sind. Hierzu lädt das Workstation-DBS die benötigten Objekte vom Server-DBS in einen *Objektpuffer* im Hauptspeicher der Workstation. Bei der Verwaltung eines solchen Objektpuffers läßt sich typischerweise eine hohe Lokalität im Referenzverhalten ausnutzen. Darüber hinaus kann ein schneller Datenzugriff durch Abbildung der komplexen DB-Objekte in Hauptspeicher-Datenstrukturen im Objektpuffer unterstützt werden (Pointer Swizzling, siehe Abschnitt 6.2.2).

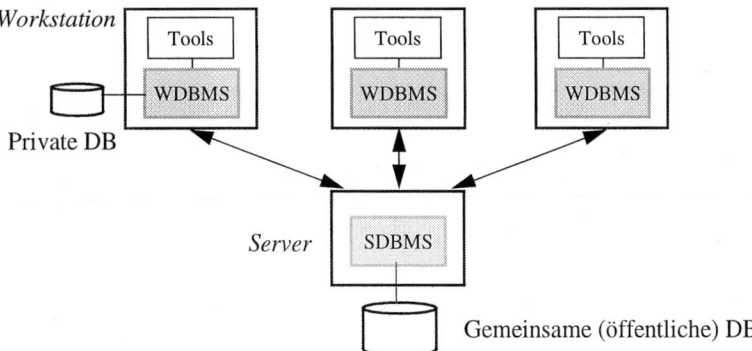

Abb. 16.13: Workstation/Server-DBS zur Entwurfsverarbeitung

Ein grundlegendes Verarbeitungsschema in einer solchen Umgebung stellt das sog. *Checkout/Checkin-Modell* dar [LORI83]. Dabei werden zu Beginn eines Entwurfsvorganges die benötigten Objekte im Rahmen einer oder mehrerer Checkout-Operationen vom Server-DBS angefordert und auf die Workstation in einer privaten Datenbank hinterlegt. Das Server-DBS verwaltet für die ausgelagerten Objekte eine dauerhafte Sperre, die anzeigt, daß ein Entwurfsvorgang gestartet wurde. Die Objektänderungen werden auf der Workstation lokal und im Einbenutzerbetrieb durchgeführt. Nach Abschluß des Entwurfsprozesses werden die geänderten Objekte durch eine Checkin-Operation in die Server-Datenbank eingebracht und nach Freigabe der Sperre für andere Nutzer zugänglich.

Der durch die Checkout- und Checkin-Operationen begrenzte Entwurfsvorgang muß konsistenzerhaltend sein, so daß die durch das Checkin eingebrachten Änderungen sämtliche Integritätsbedingungen bewahren. Das Isolationsproblem aufgrund der langen Sperrzeit kann durch die Unterstützung von Versionen abgeschwächt werden. Insbesondere ist es möglich, parallel zum Entwurf einer neuen Objektversion die alte Version weiterhin zugänglich zu halten. Selbst die zeitgleiche Ableitung mehrerer Versionen (Alternativen) zu einem Objekt kann zugelassen werden, wobei dann jedoch das Problem des Mischens verschiedener Versionen zu lösen ist. Zur Ausgestaltung versionsbasierter Sperrverfahren gibt es verschiedene Vorschläge [KLAH85, KELT87, BARG91], die jedoch hier nicht vertieft werden sollen.

Hohe Arbeitsverluste im Fehlerfall lassen sich durch den benutzerkontrollierten Einsatz von persistenten Rücksetzpunkten (Savepoints) während der Entwurfsvorgänge vermeiden. Wie bereits in Abschnitt 16.2 dargelegt, können dazu Save- und Restore-Operationen verwendet werden, welche jetzt seitens des Workstation-DBS zu unterstützen sind. Daneben ist, wie in Abb. 16.14 skizziert, die Verwendung von Suspend- und Resume-Operationen sinnvoll [HÄRD88], um die Entwurfstätigkeit an beliebigen Stellen unterbrechen zu können (Suspend), von wo nach einer Unterbrechung (Pause, Feierabend usw.) fortgefahren werden kann (Resume). Zur Abwendung eines inakzeptablen Arbeitsverlustes gehört auch, daß die Verletzung von Integritätsbedingungen beim Checkin nicht automatisch zum Abbruch der gesamten Entwurfstransaktion führt. Stattdessen muß eine benutzerkontrollierte Fehlerbehandlung möglich sein, z. B. um konsistenzbewahrende Änderungen zu ergänzen usw.

Die bisher diskutierten Ansätze bieten noch keine ausreichende Unterstützung der *Kooperation* zwischen mehreren Entwerfern eines Teams. Hierzu ist es sinnvoll, ein mehrstufiges Checkout/Checkin-Modell vorzusehen, in dem neben der öffentlichen Server-Datenbank und den privaten Datenbanken einzelner Entwerfer spezielle Datenbanken bzw. Speicherbereiche für einzelne Teams geführt werden. In [KIM84] werden solche Datenbanken als halb-öffentlichen Datenbanken (semipublic databases) bezeichnet; [KLAH85] spricht von Gruppen-Datenbanken. Für eine kooperative Entwurfsaufgabe benötigte Objekte können damit von der Server-DB über ein Checkout zunächst in die Gruppen-Datenbank geholt werden, von wo sie durch weitere Checkout-Operationen in private Datenbanken gelangen. Umgekehrt gestattet ein Checkin von privaten Datenbanken in die Gruppen-Datenbank, auch Zwischenergebnisse anderen Mitgliedern des Teams zugänglich zu machen. Erst wenn die endgültigen Objektversionen erzeugt sind, erfolgt ein Checkin von der Gruppen- in die Server-Datenbank.

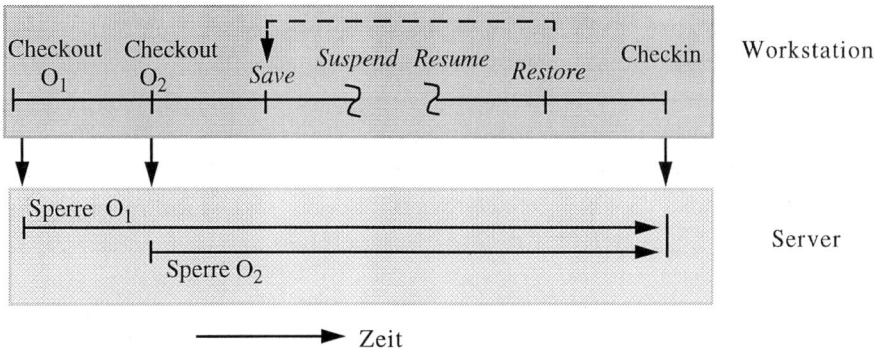

Abb. 16.14: Entwurfsverarbeitung mit Rücksetzpunkten

Durch spezielle Operationen und Sperrprotokolle kann die Nutzung der Gruppen-Datenbank und damit die Kooperation geregelt werden. Hilfreich ist so eine Notifikationsoperation, um neue Änderungen anderen Teammitgliedern anzuzeigen. Verschiedene Vorschläge strukturieren Entwurfsvorgänge als spezielle geschachtelte Transaktionen, deren Schachtelungsstruktur und -semantik gemäß unterschiedlichen Kooperationsbeziehungen zwischen Teiltransaktionen (Entwerfern) gebildet wird [BANC85, BARG91, NODI92]. Der Vorschlag [NODI92] gestattet darüber hinaus die formale Spezifikation anwendungsspezifischer Korrektheitskriterien für eine konsistenzbewahrende Kooperation. Auf eine nähere Beschreibung der Ansätze wird hier verzichtet, da sie noch keine praktische Relevanz erreichen konnten. Eine Taxonomie unterschiedlicher Korrektheitskriterien zur Synchronisation und Kooperation findet sich in [RAMA96].

Im CONCORD-Ansatz [RITT94, RITT97] wird davon abgegangen, Kooperation über erweiterte Transaktionsmodelle zu unterstützen, da es als unangemessen angesehen wird, auf der systemnahen Ebene von Datenbankoperationen entsprechende Mechanismen bereitzustellen. Stattdessen werden die mit einzelnen Werkzeugen durchgeführten Entwurfsaktionen eines Entwerfers als konventionelle ACID-Transaktionen behandelt. Diese bilden dann Bausteine innerhalb workflow-ähnlicher Entwurfsprozesse der Entwerfer, die in der Regel teilweise vorgeplant sind und zum Teil zur Laufzeit strukturiert werden können. Die Kooperation zwischen verschiedenen Entwerfern wird dann auf einer übergeordneten Ebene geregelt, in der die Zerlegung eines Gesamt-Entwurfsprozesses in einzelne Teilprozesse erfolgt, welche zu einer Kopplung der den Teilprozessen zugeordneten Design-Workflows führt.

Generell bleibt festzustellen, daß für langlebige Verarbeitungsvorgänge wie bei technischen Entwurfsaufgaben oder bei durch Workflow-Management-Systeme unterstützten Geschäftsprozessen die DB-Verarbeitung nur einen, möglicherweisen kleineren Teil der Verarbeitung ausmacht [ALON97]. Größere Teile der Verarbeitung sind außerhalb von DBS angesiedelt, insbesondere in Form nicht vorgeplanter, interaktiver Schritte durch menschliche Benutzer. Erweiterte Transaktionsmodelle, die ausschließlich die DB-Verarbeitung betrachten, können somit keine ausreichende Systemunterstützung zur korrekten und robusten Durchführung langlebiger Prozesse bieten. Stattdessen müssen die Mechanismen zur Fehlerbehandlung, Integritätskontrolle, Synchronisation und Kooperation innerhalb eines flexiblen Verarbeitungsmodells eingebettet sein und dynamische Änderungen im Kontrollfluß sowie sonstige nicht vorgeplante Aktionen zulassen. Dabei können einzelne Konzepte erweiterter Transaktionsmodelle (z. B. offen geschachtelter Transaktionen) nutzbringend eingesetzt werden [LEYM97], jedoch sind sie allein nicht ausreichend. Neben dem Concord-Ansatz für Entwurfsanwendungen gibt es auch für Workflow-Management-Systeme erste Ansätze zur Verallgemeinerung der datenbezogenen Sichtweise [WORA97]. Allerdings stehen diese Untersuchungen noch am Anfang.

Teil VI

Ausblick

17 Ausblick

In diesem Buch haben wir die wesentlichen Konzepte und Techniken vorgestellt, die zur Realisierung der DBS-Funktionalität, wie sie durch unser Schichtenmodell beschrieben wird, eingesetzt werden. Wir orientierten uns dabei hauptsächlich an den Anforderungen satzorientierter DB-Schnittstellen, also beispielsweise navigierender oder objektorientierter DB-Modelle und -Sprachen, sowie mengenorientierter DB-Schnittstellen, vor allem nach dem Relationenmodell und seiner Standardisierung nach SQL92[1] [EISE98]. Das durch alle fünf Schichten angebotene Funktionsspektrum läßt sich als die Kernfunktionalität von zentralisierten DBS charakterisieren. Erweiterungen, wie sie unser Kapitel über DBS-Architekturen anspricht, wurden von uns nicht weiter aufgegriffen und verfeinert - wir verweisen dazu auf speziellere Lehrbücher und Veröffentlichungen, etwa zu Transaktionssystemen [BERN97, GRAY93], zu verteilten und parallelen DBS [RAHM94] oder zu Multimedia-DBS [APER97].

Seit wenigen Jahren werden aus den praktischen Anwendungen heraus umfangreiche und weitreichende Ergänzungen der DBS-Kernfunktionalität gefordert. Diese betreffen vor allem vielseitige Wünsche nach anwendungsspezifischen Erweiterungen der DBS-Funktionalität und flexiblen Möglichkeiten, kooperative Anwendungen basierend auf heterogenen, verteilten und oft autonomen Datenquellen und Datenhaltungssystemen mit einer vereinheitlichten Anwendungsprogrammierschnittstelle auszustatten. Zur Erfüllung dieser Anforderungen kristallisierten sich zwei prinzipielle Lösungsrichtungen für DBS heraus, die auch die Entwicklungsstrategien der wichtigsten SW-Hersteller bestimmen. Wir wollen diese etwas plakativ mit „Universal Storage" und „Universal Access" bezeichnen [BLAK97].

Nicht allen Lösungsvorschlägen liegt als Zielvorstellung der weiteren DBS-Entwicklung eine vereinheitlichte und integrierte Datenhaltung, die Universal-Storage-Philosophie, zugrunde, bei dem die gesamte DBS-Funktionalität durch eine „Engine", einem sog. Universal Server, bereitgestellt wird. Wie bereits in Abschnitt 3.5 kurz erörtert, kann es nicht das Ziel sein, alle Daten eines Unternehmens in ein DBS zu „quetschen". Vielmehr verbleiben die meisten Daten in ihren ursprünglichen oder auf die speziellen Anwendungen hin zugeschnittenen Datenquellen und Speicherungsstrukturen, wobei jedoch eine zielgerichtete Nutzung

---

[1] Standards eilen der konkreten Realisierung oft weit voraus. Kein DBS kann heute den vollen Funktionsumfang von SQL92 (Full Level) anbieten. Viele marktgängige Systeme geben sich mit dem nach Funktionsüberdeckung und Vollständigkeit schwachen „Entry Level" zufrieden.

bestimmter DB-Funktionalität angestrebt wird. Durch eine Art DBS-Föderation und Einsatz sog. DB-basierter Middleware sollen standardisierte Programmierschnittstellen, Datenaustauschprotokolle und -formate sowie Möglichkeiten des Web-Zugriffs verfügbar gemacht werden, so daß die fehlende Datenintegration trotz heterogener Systemumgebung und ggf. autonomer Komponentensysteme für die Anwendungen weitgehend verborgen bleibt.

Nachfolgend wollen wir die Aufgaben und Probleme dieser beiden Entwicklungsrichtungen[2] etwas vertiefen. Aufgrund ihrer unterschiedlich starken Kopplung oder Integration von Daten lassen sich verschiedene DBS-Föderationen so einordnen, daß Universal Storage und Universal Access tatsächlich die Endpunkte eines breiten Lösungsspektrums für Datenverwaltung und -zugriff verkörpern [CARE98, RELL98]. In jedem Fall wird jedoch eine Anwendungsprogrammierschnittstelle angestrebt, bei der dem Benutzer die konkrete Systemrealisierung verborgen bleibt.

Unabhängig von diesen Fragen der Funktionserweiterung und kooperativen Einbindung heterogener Datenquellen gewinnen auch flexiblere Architekturkonzepte und Verarbeitungsmodelle für DBS, etwa in n-stufigen Client/Server-Systemen, sowie Erweiterungen und Anpassungen der Transaktionsverwaltung an Bedeutung. Deshalb werden wir abschließend die neueren Entwicklungen auch in diesen Bereichen kurz ansprechen.

17.1 Universal Storage

Als direkter Lösungsweg für anwendungsspezifische Erweiterungen der DBS-Funktionalität bietet sich der *Universal-Storage*-Ansatz mit integrierter Speicherung und Verwaltung aller Daten in einem DBS (Universal Server) an. Dieser verlangt eine vorherige Transformation, Konversion oder vereinheitlichte Darstellung aller verschiedenartigen Datentypen, die oft eine komplexe Struktur und benutzerdefinierte Semantik besitzen. Nach erfolgter Integration kann allen Anwendungen über ein einheitliches DB-Schema und eine weiterentwickelte DB-Sprache SQL eine (logisch) zentralisierte Sicht auf alle Daten geboten werden. Die Funktionalität, die künftig den Anwendungen über solche „homogenen" DB-Schnittstellen verfügbar gemacht wird, läßt sich am besten den aktuellen Standardisierungsbemühungen entnehmen. Deshalb skizzieren wir zunächst den SQL3-Standard sowie die verbesserte Anbindung von SQL-Anweisungen an Java-Programme, bevor wir Aspekte der dynamischen Erweiterbarkeit und einer Erweiterungsinfrastruktur für den Universal-Storage-Ansatz beleuchten. Die Erörterung der Heterogenität als „Normalfall" in betrieblichen Informationssystemen führt uns dann zu einer inhaltlichen Begründung für den Universal-Access-Ansatz.

---

[2] Es ist interessant zu beobachten, daß beide Entwicklungsrichtungen anwendungsnahe Funktionalität in den DB-Server oder in die Middleware-Komponenten ziehen wollen. Diese Entwicklungslinien sind deshalb ganz im Sinne der SW-Hersteller, da sie die Integration anwendungsnaher Funktionalität fördern, was eine lukrativere Preisgestaltung zuläßt und was, nicht zu vergessen, Kunden stärker „bindet".

17.1.1 SQL3-Standard

Seit vielen Jahren wurde immer wieder festgestellt, daß die relationale DB-Technologie u. a. keine geeigneten Modellierungsprimitive für komplexe Datenobjekte besitzt, was eine umständliche Modellierung beispielsweise von geometrischen Objekten oder geschachtelten Strukturen bewirkt und dadurch auch verschärft Konsistenzprobleme schafft. Ebenso gestattet die (generische) DB-Sprache keinen Anwendungsbezug, was oft eine umständliche und kostspielige Verarbeitung von Anwendungsfunktionen zur Folge hat. Wenn es zudem darum geht, Anwendungssemantik zu gewährleisten, so müssen große Anteile durch spezielle Anwendungslogik nachgebildet und überprüft werden, da kaum Möglichkeiten vorgesehen sind, Anwendungssemantik im DB-Schema zu spezifizieren, ihre Überwachung an das DBS zu delegieren und effizient überprüfen zu lassen (Tiefenintegration).

Zur Verbesserung dieser Situation wurde praktisch schon vor der Verabschiedung des SQL92-Standards an seiner Weiterführung durch SQL3[3] gearbeitet [SQL3]. Der künftige Standard greift viele Mängel und Beschränkungen der bisherigen relationalen DB-Modellierung und -Verarbeitung auf und versucht, (durch einen gegenüber von SQL92 auf das Dreifache gesteigerten Umfang der Spezifikationsdokumentation) Abhilfe zu schaffen.

Das wichtigste Ziel von SQL3 ist die Einführung einer gewissen Art von Objektorientierung für die „Zeilen und Spalten von Tabellen", um relationale und objektorientierte Konzepte in einer einzigen DB-Sprache integriert anbieten zu können. Erreicht werden soll dieses Ziel vor allem durch ein *erweiterbares Typkonzept*, das den Benutzer in die Lage versetzt, die Daten seiner speziellen Anwendung mit Hilfe von benutzerdefinierten Typen (BDT, engl. UDT: user-defined type) zu beschreiben und deren Verhalten über benutzerdefinierten Funktionen (BDF, engl. UDF: user-defined function) festzulegen; es ist also möglich, die konkrete Repräsentation der Daten sowie ihre Methoden und damit auch Aspekte ihrer Semantik (z. B. Ordnungs- oder Referenzeigenschaften) zu spezifizieren. Dazu sieht SQL3 zunächst neben den herkömmlichen Basistypen eine Reihe weiterer vordefinierter Typen (built-in type) vor. Zu diesen vordefinierten Typen gehören Referenztypen (REF), die eine eindeutige Identifikation von Tupeln erlauben sowie eine direkte Navigation über Pfadausdrücke unterstützen, Kollektionstypen zur Abbildung mehrwertiger Attribute und tupel-, listen- oder mengenartiger Strukturen (insbesondere ARRAY), sowie Datentypen für große Objekte (CHARACTER LARGE OBJECT). Mit Hilfe von vordefinierten Typen lassen sich BDT realisieren, die wiederum zum Aufbau noch mächtigerer BDT herangezogen werden können.

Solche BDT können überall dort benutzt werden, wo sich auch vordefinierte Typen einsetzen lassen (beispielsweise als Datentyp eines Attributs einer Relation[4]). Im einfachsten Fall dienen sie als sog. „Distinct Types" der Typkorrektheit (strong typing); durch Umbenennung des Typs ist es möglich, ein zu seinem Quelltyp unterschiedliches Verhalten zu erreichen. Die typische Nutzung des BDT-Konzeptes zielt auf die von abstrakten Datentypen (ADT) her be-

---

[3]   Die Vorbereitung und Konkretisierung von SQL3 ist bereits weit fortgeschritten. Wenn die abschließenden Schritte des Standardisierungsverfahrens planmäßig verlaufen, kann im ersten Halbjahr 1999 mit der endgültigen Annahme von SQL3 als internationaler Standard gerechnet werden [EISE98].

[4]   Andere Sprechweise: Spalte einer Tabelle usw.

kannte Kapselung von Zustand (interne Datenstrukturen) und Verhalten (zugehörige Funktionen) ab. Darüber hinaus kann ein BDT als sog. Tupeltyp (row type) einer Basisrelation zugeordnet werden; dabei sind die einzelnen Attribute und BDT des Tupeltyps auf die verschiedenen Attribute der Basisrelation abzubilden. Da die Tupel eines Tupeltyps eine Identität besitzen, können Referenztypen dazu benutzt werden, um auf solche Tupel zu verweisen. Vererbung wird in Basisrelationen und BDT unterstützt, wobei allerdings heute noch nicht endgültig entschieden ist, ob ein einfaches oder ein multiples Vererbungskonzept vorgeschrieben wird.

Neben dem erweiterbaren Typkonzept, das die Funktionalität künftiger DBS prägen wird, sollen hier nur noch einige weitere Konzepte und Mechanismen erwähnt werden, die neu in die Standardisierung aufgenommen wurden. Zu den wichtigsten zählen rekursive Anfragen, auf Ähnlichkeit basierende Suchprädikate (mächtiger als das bisherige LIKE-Prädikat), Trigger zur Bereitstellung flexiblerer Maßnahmen zur Integritätssicherung, Cursor, die über das Transaktionsende hinaus erhalten bleiben, sowie ein Rollenkonzept zur Autorisierung.

Trotz der Vielzahl an Erweiterungen und neuen Funktionen bleibt der SQL3-Standard in seiner Reichweite immer noch zentriert auf den DB-Server. Die Beschreibung der Daten durch ein DB-Schema erzwingt einen hohen Grad der Homogenisierung bei der Integration, allerdings sind unterschiedliche Stufen der Integration denkbar bis hin zur losen Form von DataLinks (siehe Abschnitt 3.5). Unter dem Titel „Management of External Data" wurde das DataLinks-Konzept bereits als Vorschlag (change proposal) zur Aufnahme in den SQL3-Standard von NCITS H2 und ISO JTC1/SC32 akzeptiert.[5]

17.1.2 Java und SQLJ

Die rasante Verbreitung von Java als Programmiersprache und Ausführungsumgebung (JVM: Java Virtual Machine) für plattformunabhängige Programme hat bereits kurz nach einer ersten Definition von JDBC (Java DataBase Connectivity) [HAMI96] dazu geführt, daß Arbeitsgruppen der wichtigsten DBS-Hersteller untersucht haben, wie SQL und Java besser gemeinsam genutzt werden können. Zwar gibt es seit 1996 mit JDBC, ähnlich wie ODBC, eine SQL-Aufrufschnittstelle für Java-Programme, jedoch geht es bei diesen Vorschlägen um Möglichkeiten einer engeren Verknüpfung.

Seit Sommer 1998 liegen bereits drei sog. SQLJ-Dokumente vor, die eine „de facto"-Standardisierung von SQLJ erwarten lassen [EISE98]. Zunächst geht es dabei um die Einbettung von SQL-Anweisungen in Java-Programmen (SQL Embedded in Java), die im Vergleich zu JDBC-Aufrufen kompaktere und besser lesbare Ausdrücke darstellen sollen. Weiterhin wird festgelegt, wie sich in SQL-Anweisungen statische Java-Methoden aufrufen lassen (Java

---

[5]   NCITS (National Committee for Information Technology) gehört zu ANSI (American National Standards Institute). Das Technical Committee H2 (früher als X3H2 bezeichnet) ist für den Bereich Datenbanktechnologie, einschließlich SQL und verwandter Standards, zuständig. Auf internationaler Ebene werden diese Standardisierungsbemühungen von ISO (International Organization for Standardization) in der Arbeitsgruppe SC32 des Joint Technical Committee JTC1 verfolgt.

Stored Procedures). Die Nutzung von Prozeduren und Funktionen bleibt für den SQL-Benutzer transparent, so daß er nicht wissen muß, ob zur Implementierung SQL-Anweisungen oder Java-Methoden herangezogen werden. Schließlich werden die Realisierungsmöglichkeiten von BDT, wie sie in SQL3 standardisiert werden, flexibilisiert und erweitert. Insbesondere können Java-Klassen „importiert" und direkt zur Definition von BDT eingesetzt werden (Java Data Types).

Da die Entwicklung in diesen Bereichen so schnell abläuft, ist diese informelle Normung, die überwiegend von DBS-Herstellern vorangetrieben wird, wohl der einzige Weg, einen Wildwuchs[6] an Spracherweiterungen und Schnittstellendefinitionen zu vermeiden. Die offizielle Standardisierung, die dann genau die erarbeiteten Vorschläge zu übernehmen hat, wird später nachgereicht. So wurde der Teil „SQL Embedded in Java" bereits bei NCITS H2 eingereicht, um im Bereich SQL/OLB (Object Language Bindings) als Teil von SQL3 angenommen zu werden. Die beiden anderen Dokumente „Java Stored Procedures" und „Java Data Types" sollen in Kürze folgen.

17.1.3 Dynamische Erweiterbarkeit

Auch ohne Verabschiedung von SQL3 gibt es seit wenigen Jahren eine eindeutige Zielrichtung bei der Weiterentwicklung der (marktbeherrschenden) relationalen DBS [CHAM96, STON96a], bei der schon viele Anforderungen und Aspekte von SQL3 vorweggenommen werden. Diese Systeme wurden zunächst als erweitert-relational bezeichnet, bevor sie später nach „objekt-relational" umgetauft wurden. Ein wesentliches Markenzeichen dieser DBS ist (ihr Anspruch auf) *Erweiterbarkeit* mit anwendungsspezifischer Funktionalität. Diese soll dynamisch und jederzeit durchgeführt werden können, wozu eine sog. Erweiterungsinfrastruktur zur Verfügung gestellt wird. Je nach Hersteller heißen die Komponenten, welche die erweiterte Funktionalität erbringen, Data Extenders (IBM DB2), DataBlades (Informix Dynamic Server), Data Cartridges (Oracle V8), Snap-ins (Sybase Adaptive Server) usw.

Ist nun diese dynamische Systemerweiterbarkeit das Zauberwort (oder das Schlüsselkonzept), das alle (und auch alle künftigen) Probleme der Typ- und Funktionserweiterungen und -anpassungen löst? Bis zu welcher Komplexität lassen sich „so ohne weiteres" anwendungsspezifische Erweiterungen, und dazu noch effizient, in ein DBS integrieren? Typischerweise beruhen heute solche objekt-relationalen Erweiterungen auf BDT in ihrer einfachsten Form, nämlich skalaren Funktionen[7]. Oft wünscht man sich jedoch mehr Ausdrucks- und Verarbeitungsmächtigkeit durch Einsatz von relationenwertigen Funktionen (table functions). Beispielsweise erlauben „Table Functions" eine elegante Import-Möglichkeit zum benutzerdefinierten Zugriff auf und zur Verarbeitung von externen Datenquellen [CARE98]. Wenn das Ergebnis der Erweiterung die semantische Anreicherung von (n-stelligen und rekursiv struktu-

---

6   „The nice thing about standards is that there are so many of them to choose from" nach Grace Hooper oder Andrew S. Tanenbaum.
7   Diese können durchaus komplex sein. Typische DBS-Erweiterungen betreffen beispielsweise die Integration von VITA-Typen (Video, Image, Text, Audio) mit zugeschnittenen Auswertungsfunktionen. Alle erwähnten DBS bieten bereits eine Vielzahl (z. B. über 30) solcher Erweiterungskomponenten für unterschiedlichste Anwendungen an.

rierten) Beziehungstypen sein soll, ist noch mehr Ausdrucksstärke und Kontrolle der Semantik gefragt, die für Anfrage- und Aktualisierungsoperationen auf heterogenen Satzmengen zu
erbringen sind [ZHAN99]. Schließlich ist es denkbar, daß in einem DBS anwendungsspezifische Versions- und Konfigurierungskonzepte über eine Erweiterungsinfrastruktur realisiert
oder zumindest unterstützt werden sollen. Hierbei kann das gewünschte Ergebnis nicht mit
dem Aufruf einer einzigen DB-Operation berechnet werden; es ist vielmehr eine lange Folge
von interaktiv ausgeführten DB-Operationen auf komplexen Objekten zur Ableitung der neu-
en Version erforderlich. Dazu kommt in solchen Fällen typischerweise die client-seitige Ausführung der Konstruktionsarbeit, die durch Checkout/Checkin-Mechanismen und lang andauernden Transaktionsschutz zu isolieren und abzusichern ist. Wir wollen hier mit unserem
Wunschdenken nicht fortfahren. Es ist heute eine offene Frage, wo sich die Grenze der Erweiterbarkeit hinsichtlich Komplexität der Anwendungsfunktion, Beherrschbarkeit der Realisierung, Leistungsverhalten des resultierenden Systems usw. befindet. Wir hoffen jedoch, daß sie
deutlich jenseits der Erweiterungsmöglichkeit mit einfachen skalaren Funktionen liegt.

17.1.4 Erweiterungsinfrastruktur

Was die Entwicklung von Mechanismen und Techniken für eine Erweiterungsinfrastruktur angeht, stehen wir heute noch am Anfang. Erste Ansätze zur DBS-Integration einer benutzerdefinierten Funktion beruhen im Prinzip auf dem Einsatz einer anwendungsnahen und mit dem
DBS nur lose gekoppelten Zusatzschicht (Oberflächenerweiterung). Das DBS speichert und
verwaltet für einen sog. Black-Box-ADT lediglich seine interne Repräsentation als Byte-Folge. Das Funktionsergebnis wird in der Zusatzschicht abgeleitet, ohne dabei Verzahnungs- und
Optimierungsmöglichkeiten zur restlichen DBS-internen Anfrageverarbeitung nutzen zu können. Bestenfalls läßt sich die Selektion von ADT-Werten durch eine sog. Funktionswert-Inde-
xierung unterstützen. Zusammenfassend kann festgehalten werden, daß die Black-Box-Inte-
gration dem DBS keine Information über Datenstrukturen und Verarbeitungscharakteristika
von BDT preisgibt, deshalb keinerlei Optimierung erlaubt und sowohl aus Leistungs- als auch
aus Konsistenzgesichtspunkten unbefriedigend ist. Wünschenswert sind vielmehr Verfahren
zur White-Box-Integration, bei der das DBS (nicht jedoch die Anwendung) die internen Datenstrukturen des BDT kennt und sein Verhalten (die Wirkung seiner BDF) *deklarativ* spezifiziert ist, so daß eine Tiefenintegration der BDT-Verarbeitung erfolgen kann. Veranschaulicht
wird diese (heute noch) Wunschvorstellung durch verzahnte Darstellungen der Funktionsab-
wicklung [ZHAN97], welche die gesamte DBS-Verarbeitung betreffen, also Anfrageverarbeitung und -optimierung, Speicherungsstrukturen und Zugriffspfade, Synchronisation, Logging
und Recovery sowie Transaktionsschutz usw. nutzen.

Erste (partielle) Ansätze zu einer solchen Tiefenintegration finden sich bereits in der Literatur. Stellvertretend sei hier der E-ADT-Ansatz (enhanced abstract data type) erwähnt, der
zumindest die Anfrageoptimierung zu verbessern hilft [SESH98]. Ein E-ADT macht dem
DBS deklarativ die Semantik seiner Methoden (besser Aspekte davon) verfügbar, so daß sich
DBS-seitig prinzipiell Optimierungsmaßnahmen anwenden lassen. Jedoch wirken diese bei

der Anfrageverarbeitung meist nur lokal, da der E-ADT-Entwickler nur lokale E-ADT-spezifische Optimierungsregeln festlegen kann.

Die Entwicklung einer angemessenen Erweiterungsinfrastruktur für DBS wird in den nächsten Jahren eine vorrangige Aufgabe sein. Dabei dürfte es jedoch schwierig sein, die allgemeingültigen Entwicklungsgrundsätze – geeignete Abstraktionen, offene und modulare Architektur, vereinheitlichte systeminterne Schnittstellen – zu konkretisieren und so umzusetzen, daß sich das Leistungsverhalten von DBS mit seinen weitreichenden und vielseitigen Anforderungen nicht wesentlich verschlechtert. Es bleibt festzuhalten, daß die Tiefenintegration der Oberflächenerweiterung aus vielen Gründen vorzuziehen ist, daß aber heute die zugehörigen Konzepte und Techniken ihrer Realisierung, die alle Systemschichten (siehe Schichtenmodell in Kapitel 1) einbeziehen, noch nicht systematisch erforscht und entwickelt sind.

17.1.5 Universal Storage – alleiniges DBS-Entwicklungsziel?

Durchgehende Homogenität in großen Informationssystemen – von den Rechnerplattformen über die Kommunikationssysteme bis zu den Datenquellen verschiedenster Art mit ihrer Verwaltungssoftware – wird wohl immer eine fiktive Zielvorstellung bleiben. Dafür spricht zunächst die Erfahrung, die bei der Entwicklung solcher Systeme in den letzten 30 Jahren gewonnen wurde. Große Informationssysteme können aus vielen Gründen technischer und organisatorischer Art nicht „aus einem Guß" konzipiert, realisiert und auf einmal eingeführt werden. Das führte im Verlauf zahlreicher Systementwicklungen zu sogenannten Insellösungen, bei denen sich die Planungsvorgabe (oder die bloße Hoffnung) auf eine spätere Integration nicht oder nur sehr unvollständig erfüllte. Heute wird diese Situation oft als Altlastenproblem umschrieben. Aber auch für den idealen Fall, ein großes Informationssystem ohne einengende Vorgaben und organisatorische Kompromisse vollkommen neu entwickeln zu können, ist zu erwarten, daß eine Durchgängigkeit von Modellen, Konzepten usw. sowie eine enge Integration aller Komponenten und Funktionen nicht erzielt werden kann. Zu schnell wachsen einerseits die Anforderungen der Anwendungsseite, während auch andererseits die unterstützende Systemfunktionalität (Kommunikation, Datenverwaltung) immer leistungsfähiger wird und neue Technologien noch mehr Kosteneffektivität versprechen.

Bei realistischer Einschätzung dieser Entwicklungssituation ist deshalb davon auszugeben, daß Heterogenität der Normalfall bleiben wird und diese „durchgehend" und im Mittelpunkt des Systementwurfs stehen muß. Eine solche Sicht stellt für die Datenverwaltung eine besonders große Herausforderung dar, weil in Informationssystemen Datenquellen verschiedenster Art verknüpft und deren semantische und strukturelle Heterogenität überwunden werden muß, um übergreifend gemeinsame Anwendungsfunktionen in konsistenter Weise abwickeln zu können. In [BROD98] wird hervorgehoben, daß in großen Unternehmen komplexe Geschäftsprozesse kooperativ von 200 Informationssystemen auszuführen sind, wobei sie in einer Art und Weise beteiligt sein können, für die sie nie geplant waren.

17.2 Universal Access

Einen zweiten, diametral entgegengesetzten Lösungsweg zu Universal Storage wollen wir als *Universal Access* bezeichnen. Alle Daten bleiben auf Dauer in ihren ursprünglichen (autonomen) Quellen mit separaten Schemata und ohne quellenübergreifende Integritätsbedingungen gespeichert. Lediglich zur Verarbeitung wird von einer sog. Middleware-Komponente eine homogenisierte Sicht auf die heterogenen Datenquellen (kurz: heterogene Sicht oder nur Sicht) abgeleitet, um der Anwendung eine Art Datenunabhängigkeit zu gewährleisten und um ihr die Komplexitäten der Verarbeitung heterogener und unabhängiger Datenquellen zu ersparen. Alle realistischen Ansätze behandeln bei der Einbindung von Datenquellen nur Aspekte struktureller Heterogenität. Obwohl höchst wünschenswert und obwohl eine Fülle von Forschungsarbeiten vorliegen, ist die automatische Anpassung oder Vereinheitlichung semantischer Heterogenität – von wenigen Spezialfällen abgesehen – beim Zugriff auf verschiedenartige autonome Datenquellen heute noch nicht erreichbar [HÄRD99, SAUT98].

Im Vergleich zu Universal Storage scheint dieser Lösungsweg heute noch realistischer und kostengünstiger. Er bietet einfachere Lösungen bei den Altlasten (primitive Datenmodelle, unvollständige Dokumentation) und ist auch kommerziell für spezielle Situationen zur Überbrückung von struktureller Heterogenität verfügbar. Jedoch sind solche Universal-Access-Ansätze im Hinblick auf Funktionalität, Konsistenzzusicherung und Leistungsfähigkeit keineswegs gleichwertig zum Universal-Storage-Ansatz. Teilweise erhebliche Unterschiede können sich vor allem bei folgenden Aspekten herausbilden: Einfachheit der Nutzung, Spektrum der verschiedenen „integrierbaren" Datenquellen, Durchschreiben von Datenänderungen, Spezifikation von globalen Integritätsbedingungen, lokale vs. globale Anfrageoptimierung, alle Daten einer Anwendung umfassende Transaktionskontrolle.

Um Interoperabilität in heterogenen Umgebungen zu gewährleisten, wird vor allem eine plattformunabhängige Kommunikation[8] zwischen Komponenten über Prozeß- und Rechnergrenzen hinweg benötigt. Daneben sind geeignete Abbildungs- oder Zugriffstechniken erforderlich, um die heterogenen Daten verarbeiten zu können. Die Kombination dieser Konzepte wollen wir kurz mit dem Begriff DB-basierte Middleware[9] zusammenfassen. Die DBS-Aufgaben, die aus unserer Sicht künftig durch DB-basierte Middleware zu lösen oder weiterzuentwickeln sind, betreffen verschiedene Formen des Zugriffs auf heterogene Daten, Konzepte und Techniken für den Zugriff auf Daten im Web sowie die Unterstützung von verteilten Anwendungen durch persistente Warteschlangensysteme.

---

[8]   Die wichtigsten Entwicklungslinien sind CORBA (Common Object Request Broker Architecture [ORFA96]) von OMG (Object Management Group) und DCOM (Distributed Component Object Management [SESS98]) von Microsoft.

[9]   Systemlösungen, die wir dem Universal-Access-Ansatz zurechnen, sind für heterogene Systemumgebungen konzipiert und besitzen komponentenorientierte Architekturen. Deshalb benötigen sie für Kommunikation, Programmierung und Datenzugriff eine spezielle Infrastruktur (einen „Klebstoff"), die man häufig (recht unscharf und vage definiert) als Middleware (oder Componentware) bezeichnet.

17.2.1 Zugriff auf heterogene relationale Daten

In Unternehmen (mit einer Vielzahl von Informationssystemen) befinden sich oft unterschiedliche relationale DBS desselben oder verschiedener Hersteller im Einsatz. Durch zunehmende Integration der Abläufe kommt es deshalb häufig vor, daß eine Anwendung Daten aus verschiedenen kooperativen Informationssystemen verarbeiten muß. Da in solchen Fällen die Datenbeschreibungen sowohl der beteiligten Datenquellen als auch der gewünschten Anwendungssicht auf relationalen DB-Schemata beruhen, sind bei der Datenabbildung nur relativ geringe Unterschiede zu überbrücken, um eine vereinheitlichte relationale Anwendungsprogrammierschnittstelle zu erhalten.

Die Gleichartigkeit der Modellierungs- und Verarbeitungskonzepte erlaubt hier eine relativ starke Integration, insbesondere auch im Hinblick auf die Anfrageoptimierung (eng gekoppelte Systemföderation). Wichtige Entwicklungsziele, was die Nutzbarkeit der Anwendungsprogrammierschnittstelle angeht, sind [CARE98]:

– Der Benutzer muß beim Zugriff nicht wissen, welche Datenquellen involviert sind (Ortstransparenz).

– Die DB-Operationen werden in einer SQL-Sprache geschrieben, wobei von den speziellen SQL-Dialekten der beteiligten Datenquellen abstrahiert werden kann (Dialekttransparenz).

– Das Verhalten von Datentypen wird so angepaßt, daß eine konsistente Menge von Datentypen verfügbar ist. Das bezieht sich zumindest auf vordefinierte und einfache benutzerdefinierte Datentypen, für die eine Typ- und Funktionsabbildung bereitzustellen ist (Datentyptransparenz).

– Die Fehlermeldungen werden vereinheitlicht (Transparenz der Fehler-Codes).

– Selbst für Anwendungen, die auf spezielle Katalogeinträge einer bestimmten Datenquelle zugreifen, läßt sich Katalogtransparenz und damit die Einhaltung der Ortstransparenz erreichen.

Diese Ansätze gehen weit über frühere Gateway-Architekturen hinaus, die im wesentlichen nur eine (transparente) Weiterleitung von DB-Operationen an die beteiligten Datenquellen gestatten. Auch in bezug auf Anfrageoptimierung sind bereits große Fortschritte bei solchen Middleware-Abbildungen erkennbar. In [REZE98] wird beispielsweise berichtet, daß die Middleware-Lösung eines Herstellers bei bestimmten Anfragen eines „heterogenen" Benchmarks ein besseres Leistungsverhalten beim Zugriff auf in einem gegebenen DBS gehaltene Daten erzielt hat als das originäre DBS selbst. Mit der zunehmenden Mächtigkeit objekt-relationaler Typsysteme und der breiten Verwendung benutzerdefinierter Datentypen werden die Aufgaben der Middleware-Abbildung immer komplexer. Trotzdem sind heute Entwicklungsbestrebungen bei vielen Herstellern zu beobachten, die objekt-relationale Systemföderationen zum Ziel haben und diese nach außen unter einer (modifizierten) SQL3-Schnittstelle verbergen oder gar in einem DB-Server integrieren (beispielsweise DataJoiner von IBM).

17.2.2 Zugriffsvereinfachung bei heterogenen Datenquellen

Wie wir gesehen haben, gelingen für Universal Access weitgehend integrierte Middleware-Lösungen, solange die Modellierungs- und Verarbeitungskonzepte der verschiedenen Datenquellen hinreichend ähnlich sind. Das Spektrum der Datentypen, die in einer Anwendung erreicht und gemeinsam verarbeitet werden sollen, geht über die objekt-relationaler DBS hinaus und schließt solche nicht-relationaler DBS und dateibasierter Datenquellen wie Spreadsheets, Textdokumente oder E-Mail ein. Obwohl künftig ein starkes Ansteigen solcher „gemischter" DB-Anwendungen erwartet wird und deshalb vereinheitlichte Schnittstellen (API) und homogenisierte Sichten bereitgestellt werden sollten, wird der durch Middleware-Lösungen erreichbare Grad an Integration bei weitem geringer ausfallen.

Sog. *Wrapper-Architekturen* erlauben die Verwendung unterschiedlicher Datenquellen (Relationen, Mail-Dateien usw.) und Medienobjekte wie Texte, Graphiken oder Bilder in einem „Verbunddokument"[10] und bilden ein Grundgerüst für einfache komponentenorientierte Anwendungen. Verbunddokumente lassen sich als *Container* auffassen, die Datenquellen unterschiedlicher Art aufnehmen können. Anders ausgedrückt, die Datenquellen müssen so eingepackt werden, daß sie „nach außen" gleichförmige Schnittstellen anbieten, d. h., der Benutzer muß entsprechende *Wrapper* schreiben.

Wegen des breiten Spektrums möglicher Datenquellen und ihrer Operationen reicht ein einziger Wrapper nicht aus. Es ist nämlich schwer vorstellbar, daß es gelingt, für so verschiedenartige Operationen wie einfache Scans auf Dateien, Verbundoperationen auf komplexen Objekten oder medienspezifische Suchmöglichkeiten eine vereinheitlichte und adäquate Schnittstelle zu finden. Deshalb muß typischerweise pro Objekttyp ein Wrapper zur Verfügung gestellt werden. Er regelt die Interaktion mit dem Benutzer und dient als Mediator für die Zugriffe/Operationen auf die Datenquelle. Sollen mehrere durch Wrapper verpackte Datenquellen (Verbunddokumente) miteinander verknüpft werden, können Scripting-Sprachen [OUST98] kosteneffektiv eingesetzt werden.

Was Anfrage- und Modifikationskonzepte in Wrapper-Architekturen betrifft, stehen wir in der Entwicklung noch am Anfang. OLE DB [BLAK96], eine bekannte herstellerspezifische Lösung, bietet nur eine Infrastruktur, die der Anwender ausfüllen muß; dabei dienen sog. Data Provider, die lediglich Ströme von Werten (rowsets) liefern, zur Kapselung von Datenquellen und sog. Service Provider zur Verknüpfung von Daten zur Ableitung eines Anfrageergebnisses. Im Vergleich zu diesem statischen Ansatz zielen einige Forschungsprojekte auf die Verknüpfung komplexerer Objekte und die Bereitstellung flexiblerer Auswertungs- und Optimierungsmöglichkeiten ab. Beispielsweise wird im Garlic-Projekt eine generische Middleware-Lösung zur Anfrageplanung und -auswertung angestrebt („the wrapper and the middleware dynamically negotiate the wrapper's role in answering the query" [ROTH97]).

---

[10] Wichtige Ansätze/Produkte für Verbunddokument-Architekturen sind OpenDoc und OLE (Object Embedding and Linking). OpenDoc ist von der OMG als CORBA-Service „Compound Presentation and Interchange" standardisiert worden. OLE ist ein in seiner Funktionalität deutlich beschränkteres Konkurrenzprodukt von Microsoft.

17.2.3 DB-Techniken für das WWW

Das World Wide Web (WWW) weist den DBS neue Rollen und Aufgaben zu. Seine rasche Verbreitung, seine Orts- und Plattformunabhängigkeit sowie seine einfachen Nutzungsmöglichkeiten haben heute schon zu einer Vielzahl web-basierter DB-Anwendungen geführt (z. B. Online-Banking/-Broking, Online-Nachrichten, Auftragsverfolgung, Virtuelles Warenhaus mit Bestellkatalog usw. [LOES98]). Das eigentliche Wachstum des WWW und seiner Anwendungen steht jedoch nach Expertenmeinung noch bevor („the revolution yet to happen in the network area" [DENN97]). Das Potential, das der Web-Zugriff für den Einsatz von DBS bietet, ist heute erst undeutlich zu erkennen; es reicht jedoch von der Transaktionsverarbeitung beim Elektronischen Handel (Electronic Commerce) über die breitbandige Informationsversorgung aus Digitalen Bibliotheken und die ortsunabhängige Interaktion beim Telelearning bis zur unternehmensübergreifenden Abwicklung von Geschäftsprozessen aller Art. Selbst die partnerschaftliche Entwicklung von Produkten (als anspruchsvolle Ingenieuranwendungen) nimmt im Inter- oder Intranet schon konkrete Formen an.

Spezielle Aufgaben, die hierbei DBS zufallen, betreffen nach [FLOR98] vor allem die

– DB-seitige Umsetzung der erweiterten Möglichkeiten der strukturierten Datenbeschreibung und -darstellung, wie sie beispielsweise durch HTML und in Verallgemeinerung durch XML eingeführt werden. XML als künftiger Standard separiert die Spezifikation von Struktur, Inhalt und Präsentation von Dokumenten [XML]. Da solche Dokumente selbstbeschreibend sind, erlauben sie einen automatisierten Austausch von Daten. Neben den strukturierten und unstrukturierten Daten (Relationen und lange Felder) werden dadurch semistrukturierte Daten eingeführt, die es in alle Aspekte der DB-Verarbeitung zu integrieren gilt.

– Bereitstellung von Anfragesprachen, die sowohl die externe und interne Struktur von Web-Seiten sowie die speziellen Zugriffsmöglichkeiten und -bedingungen des Web berücksichtigen und auszunutzen erlauben, d. h., daß sie vor allem Selektionsprädikate für Inhalt und Struktur besitzen.[11] Dabei werden durch die zusätzlichen Beschreibungsmöglichkeiten von XML eine Reihe von Suchproblemen gelöst. Es existieren bereits mehrere Sprachvorschläge basierend auf unterschiedlichen Datenmodellen und Sprachstilen, wie z. B. WebSQL und WebOQL.

– Verwaltung aller Web-Ressourcen eines Web-Servers. Das betrifft insbesondere den Aufbau, die Restrukturierung und die Konsistenzsicherung von Web-Seiten. Wenn das DBS beispielsweise einen benutzerdefinierten Datentyp HTML oder XML integrieren kann, können vielfältige Aufgaben der Speicherung, Indexierung und Aufbereitung von Web-Seiten sowie der lokalen Konsistenzkontrolle von Hyperlinks an das DBS delegiert werden.

Die Anwendbarkeit von DB-Konzepten bei diesen Aufgaben gewinnt mit der sich verstärkenden Akzeptanz von XML und den zugehörigen Möglichkeiten der verbesserten Spezifika-

---

[11] „Content search ignores the structure of a hypermedia network. In contrast, structure search specifically examines the hypermedia structure for subnetworks that match a given pattern" [HALA88].

tion von Metadaten immer größere Bedeutung. Natürlich spielt hierbei die Aufbereitung der Web-Information und insbesondere die konsistente und möglichst vollständige Spezifikation ihrer Metadaten eine herausragende Rolle für die Qualität der DBS-Unterstützung. Offensichtlich eignen sich ORDBS wegen ihrer Erweiterungsfähigkeit zur Aufnahme neuer Datentypen und zur Integration anwendungsspezifischer Funktionen besonders gut für die Umsetzung der web-spezifischen DB-Aufgaben. Aspekte der Daten- und Zugriffssicherheit müssen bei jedem DB-Einsatz einen hohen Stellenwert besitzen, sie verschärfen sich jedoch bei webbasierten DB-Anwendungen enorm [CHES94]. In Abschnitt 17.4 gehen wir nochmals kurz auf die zugehörigen Probleme ein.

In [LOES98] wurden die verschiedenen Techniken zur Realisierung web-basierter DB-Anwendungen diskutiert und bewertet. HTTP-basierte Lösungen mit Hilfe von CGI-Programmen, Web-Server-Erweiterungen u. a. eignen sich bereits für ein großes Anwendungsspektrum. Für Anwendungen mit besonderen Anforderungen hinsichtlich Sicherheit, Kommunikation oder graphischer Interaktion können applet-basierte Lösungen herangezogen werden, die wegen ihrer Java-Nutzung für die client-seitige Datenaufbereitung, Benutzerinteraktion und Kommunikation flexiblere Möglichkeiten bieten. Außerdem stehen in Java mit JDBC und SQLJ „genormte" DB-Schnittstellen zur Verfügung. In diesem Zusammenhang ist die Integration von Java-Klassen als benutzerdefinierte Datentypen und die Speicherung von Java-Methoden als Stored Procedures von besonderem Interesse [EISE98]. Auch die Leistungsbewertung spezieller Web-Transaktionen wird bereits mit dem TPC-W in Angriff genommen [TPCW98]. Pate für diesen Benchmark, der die Transaktionsverarbeitung beim Elektronischen Handel in bezug auf Leistung und Kosten „vergleichbar" machen will[12], ist eine spezielle Anwendung aus der Kategorie „Virtuelles Warenhaus mit Bestellkatalog".

17.2.4 Nutzung von persistenten Warteschlangen

Bei vielen verteilten Anwendungen in kooperativen Informationssystemen wird zunehmend die asynchrone Abwicklung zeitlich und räumlich entkoppelter (Teil-) Transaktionen gefordert, da nur so eine angemessene Unterstützung der betrieblichen Abläufe erzielt werden kann. Durch Speicherung und Propagierung von (Transaktions-) Nachrichten in einem System persistenter Warteschlangen läßt sich dies in einfacher und natürlicher Weise erreichen. Deshalb werden für den Einsatz dieser sog. „Messaging Technology", die seit Jahren in der Praxis gereift ist [BLAK95], enorm hohe Zuwachsraten in vielen Bereichen betrieblicher Informationssysteme, beispielsweise im Bank-, Finanz- und Handelssektor, erwartet. Insbesondere zur Unterstützung verteilter Anwendungen können in großen Informationssystemen sehr viele Warteschlangen ($> 10^4$) eingerichtet werden, die sich aus unserer Sicht als DB-basierte Middleware-Komponenten effektiv und vorteilhaft verwalten lassen. Für den Einsatz von persistenten Warteschlangen sprechen vor allem folgende gewichtigen Gründe [BLAK95]:

---

[12] Als primäre Leistungskennzahlen, die auf „Web interactions per second" (WIPS) basieren, sollen WIPS und $/WIPS eingeführt werden. Sekundäre Leistungsmaße betreffen die Unterstützung von Browser-Interaktionen (WIPSB) und web-basierten Online-Transaktionen (WIPSO).

- *Kooperation heterogener Anwendungskomponenten:*
  „Messaging Technology" erlaubt durch einfache Protokolle und vorgegebene Nachrichtentypen Interoperabilität bei verschiedenartigen Systemen. Unabhängig von Hardware-Plattform und Software-Umgebung können diese über eine einfache Programmierschnittstelle miteinander kommunizieren. Einheitliche Kommunikations- und Verbindungsdienste (connectivity services) selbst über Unternehmensgrenzen hinweg gestatten eine kosteneffektive Realisierung.

- *Geographische Verteilung von Anwendungen:*
  Die Ortsverteilung der Anwendungskomponenten kann ausschließlich nach Lokalitäts- und Effektivitätsgesichtspunkten erfolgen. Dazu sind weder dedizierte noch ständige Kommunikationsverbindungen notwendig.

- *Isolation und zeitliche Entkopplung der Verarbeitung:*
  Die Entkopplung der Anwendungskomponenten (Kommunikationspartner), die ihre Aufträge asynchron in persistenten Warteschlangen hinterlegen, führt auf einen hohen Grad an Fehlertoleranz der gesamten Anwendung. Da jede Komponente isoliert und unabhängig ausgeführt wird, pflanzen sich weder auftretende Fehler fort noch führen Fehler anderer Komponenten zu Rückwirkungen. Durch Transaktionsschutz, der sich jeweils auf Eingabe, Verarbeitung und Ausgabe einer Nachricht bezieht, lassen sich im Fehlerfall Verarbeitungsschritte rückwirkungsfrei wiederholen, was die Zuverlässigkeit und Robustheit der Anwendung weiter erhöht.

- *Unterstützung von mehrschrittigen Abläufen:*
  Flache ACID-Transaktionen bieten keine Kontrolle außerhalb von Transaktionsgrenzen. Von vielen Anwendungen wird deshalb zusätzliche Unterstützung gefordert, wobei mehrere Transaktionen über „stabile" Nachrichten (z. B. Workflow-Verarbeitung [LEYM97]) gekoppelt werden können.

Neben diesen speziellen Aspekten können nach [GRAY93] noch eine Reihe allgemeiner Vorteile angeführt werden, wie *Möglichkeiten zur Lastkontrolle* (Normalisierung von Lastspitzen bei Überlast, Einsatz einer Server-Gruppe), *wiederherstellbare Dateneingabe* sowie *Endbenutzerkontrolle* (Wiederholung der Ausgabe).

Persistente Warteschlangen müssen eine Vielzahl von teilweise komplex strukturierten Nachrichten verschiedenen Typs über längere Zeiträume verwalten können, wobei sie wichtige Zusicherungen zu gewährleisten haben. Diese betreffen vor allem die Korrektheit der Verarbeitung im Mehrbenutzerbetrieb, beispielsweise die Einhaltung der Zugriffsreihenfolge und Wartung der Struktur einer Warteschlange, und die Verdeckung von Fehlern [BERN90, STEI98]. So muß jede Nachricht der Warteschlange entnommen und genau einmal vom betreffenden Anwendungs-Server (auch bei Auftreten von Anwendungs- und Systemfehlern) ausgeführt werden. Offensichtlich werden deshalb Verarbeitungseigenschaften benötigt, die das (erweiterte) ACID-Paradigma festschreibt. Weiterhin erlaubt die langfristige Speicherung von (ausgeführten) Nachrichten (Logging, message warehouse) eine gezielte Verfolgung von Nachrichten (message tracking) und damit eine ständige Kontrolle des Standes der Ausführung. Aus diesen Gründen ist eine enge Kopplung oder Integration mit DBS höchst wünschenswert, da diese bereits einen wesentlichen Anteil der erforderlichen Funktionalität besitzen. Obwohl bereits DB-basierte Produkte für persistente Warteschlangensysteme auf dem Markt sind (z. B. MQSeries von IBM oder dbQ von Sybase), hat die universitäre DB-Forschung diese enorm wichtige Aufgabe der DB-Unterstützung oder -Integration bisher praktisch nicht beachtet.

17.3 Neue Architektur- und Verarbeitungskonzepte

In den beiden vorangehenden Abschnitten standen zwei hervorstechende Entwicklungslinien bei DBS – Erweiterungen der DBS-Kernfunktionalität und Anbindung/Integration externer Datenquellen – im Mittelpunkt der Erörterungen. Die Flexibilisierung der Anwendungsprogrammierschnittstelle als Konsequenz der Synthese objektorientierter und relationaler Konzepte sowie die Nutzung DB-basierter Middleware zur Überbrückung von Heterogenität sind jedoch nicht die einzigen Aspekte, bei denen künftige DBS gegenüber herkömmlichen Systemen Vorteile aufweisen sollten.

In diesem Abschnitt wollen wir noch einen Blick auf neue Architektur- und Verarbeitungskonzepte werfen, die unser bisheriges Architektur-Paradigma und sein server-zentriertes DB-Verarbeitungsmodell grundlegend beeinflussen könnten. Damit meinen wir nicht etwaige Erweiterungen der DBS-Kernfunktionalität, wie sie zur optimierten Unterstützung von DB-basierten Anwendungen wie Data Warehouse, Data Mining, OLAP (Online Analytical Processing) u. a. erforderlich werden können. Solche Anwendungen benötigen sicher spezialisierte DB-Operationen zur Abwicklung mehrdimensionaler Auswertungen (z. B. einen CUBE-Operator), flexible Mechanismen zur (inkrementellen) Materialisierung von Sichten und zugeschnittene Zugriffspfadstrukturen, wie wir sie bereits im dritten Teil des Buches exemplarisch eingeführt haben. Jedoch lassen diese sich ohne Bruch und lückenlos in unseren vorgegebenen Architekturrahmen einfügen. Vielmehr wollen wir – orthogonal zu den bisherigen Überlegungen – die Frage nach dem *besten Ausführungsort der DBS-Funktionen* stellen. Das betrifft sowohl die Verarbeitung im DB-Server als auch eine verteilte DBS-Unterstützung in Client/Server-Architekturen.

17.3.1 Restrukturierung des DBS-Kerns

Die Idee zur Nutzung von DB-Maschinen, die im Lauf der DBS-Geschichte bereits mehrfach für tot erklärt wurde [BORA83], erlebt durch die dramatischen Fortschritte in der Chip-Technologie momentan ihre Wiedergeburt. Die Bereitstellung von Prozessor-Chips mit großen integrierten Arbeitsspeichern (fast zum Nulltarif) und die kosteneffektive Nutzung von Hochgeschwindigkeits-Kommunikationsverbindungen waren Auslöser für ein Forschungsprojekt, das mit dem Einsatz „intelligenter Platten" (IDISKS [KEET98]), ähnlich wie frühere Vorschläge zu DB-Maschinen, die DB-Verarbeitung restrukturieren oder gar revolutionieren will.

Die Ausstattung jeder einzelnen Magnetplatte mit allgemeiner Prozessorleistung (100 – 200 Mips) und großem Arbeitsspeicher (z. B. 64 MB) erlaubt das Verschieben von (Teilen) der DBS-Verarbeitung zum Speicherungsort der Daten hin. Magnetplatten sind nicht mehr nur Server für Blöcke fester Länge, sondern sie bieten eine „Vorverarbeitung" der Daten an der „Quelle". Als Kandidaten für diese Auslagerung von Funktionalität werden Operationen wie Relationen-Scan, Selektion, Sortierung oder gar Verbund (Hash-Verbund) vorgeschlagen, während höhere Operationen wie spezielle Verknüpfungen, übergreifende Funktionsauswertungen und Aggregationen im DB-Server im herkömmlichen Sinne verbleiben. Durch den Einsatz von intelligenten Platten wird bereits, abstrakt gesehen, die Realisierung eines zentralisierten DBS zu einem Shared-Nothing-System, bei dem nur noch die höhere DBS-Funktionalität zentralisiert abgewickelt wird.

Angeregt wurde diese Restrukturierung der DBS-Verarbeitung durch die Untersuchung der internen Abläufe von DB-Operationen, wie sie typischerweise bei der Ausführung des TPC-D-Benchmarks[13] (Data-Warehouse-Anwendung) auftreten. Simulationsstudien versprechen bei solchen Operationen sowie Datenvolumina und Verknüpfungsmuster teilweise erhebliche Leistungsgewinne.[14]

17.3.2 Client-seitige DBS-Unterstützung

Orthogonal zu den bisherigen Überlegungen ist die Frage nach dem (besten) Ausführungsort der DBS-Funktionen. Bisher beschränkte sich die Ausführung solcher Funktionen auf den DB-Server, was von der Anwendung das *Verschicken aller DB-Anforderungen* (function request shipping, query shipping) verlangte. Die Nutzung von Referenzlokalität in der „Nähe der Anwendung" wird durch ein solches *server-zentriertes DB-Verarbeitungsmodell* verhindert. Bei bestimmten DB-Anwendungen ist es deshalb möglich, daß Client/Server-Systeme schlecht balanciert sind und „server-lastig" werden (thin clients, fat servers), was die Skalierbarkeit des Gesamtsystems bereits bei geringem Wachstum in Frage stellt.

Deshalb ist dieser Query-Shipping-Ansatz in der Regel nur bei einfachen DB-Operationen mit einem geringen Grad an Referenzlokalität angemessen, wie sie etwa bei der herkömmlichen Transaktionsverarbeitung vorkommen. Bei komplexen Operationen auf großen Datenmengen mit einer hohen Rereferenzwahrscheinlichkeit, wie sie häufig in DB-basierten Ingenieuranwendungen abgewickelt werden, ist dieses Verarbeitungsmodell dagegen praktisch unbrauchbar. Sowohl Leistungsanforderungen, die eine interaktive Entwurfsarbeit zulassen, als auch die erforderliche Visualisierung der Entwurfsobjekte „vor Ort" verlangen zwingend das *Verschicken der Daten* zur Anwendung. Solche Data-Shipping-Ansätze werden heute DB-seitig nur durch Checkout/Checkin-Operationen (und ggf. einfache Navigationsmöglichkeiten [DEWI90, HÄRD95]) unterstützt, was viele Fragen der Effizienz, der Integritätskontrolle und

---

[13] http://www.tpc.org/
[14] Der Weltrekord beim Minute-Sort steht zur Zeit bei 8.4 GB. Für eine DBS-Konfiguration mit intelligenten Platten wurde die Sortierung von 124 GB pro Minute prognostiziert. Beim Scan ergaben sich, abhängig von der Plattenkonfiguration, Verbesserungen um mehr als einen Faktor 10 [PATT98].

der Datensicherung bei den sog. langen Transaktionen offen läßt (siehe Abschnitt 16.7). Wichtige Maßnahmen zur client-seitigen DBS-Unterstützung (client object layer) betreffen:

– *Mengenorientierung bei Datenversorgung und Rückschreiben von Änderungen:*
Diese Forderung impliziert die Nutzung deklarativer Anfragesprachen beim Verschicken der Daten, bei ihrer langfristigen Pufferung (Objekt-Cache) sowie beim Einbringen von Änderungen. Die Verteilung/Pufferung der Objekte im Client und Server bringt es mit sich, daß beide wegen der Datenreplikation auch eine unterschiedliche Sicht auf die Objekte besitzen können. Dies erschwert wiederum die Auswertung deklarativer Anfragen. Große client-seitige DB-Puffer sollten deshalb „deskriptiv", d. h. mit Hilfe von Prädikaten oder Kontexten, die den aktuellen Pufferinhalt zu beschreiben gestatten, verwaltet werden [THOM96]. Dadurch wird es möglich, direkt auf den aktuellen Inhalten der client- und server-seitigen DB-Puffer mengenorientierte Anfragen auszuwerten.

– *Client-seitige Manipulation von DB-Objekten:*
Die Verarbeitung von client-seitig gepufferten DB-Objekten gewährleistet Referenzlokalität in der Nähe der Anwendung, was eine wichtige Voraussetzung für hohe Leistungsanforderungen ist (z. B. 10^5 Referenzen/sec bei bestimmten CAD-Anwendungen). Darüber hinaus erlauben spezielle Speicherungsstrukturen und Zugriffspfade sowie Pointer Swizzling (siehe Abschnitt 6.2.2) weitere leistungssteigernde Maßnahmen für die typischerweise navigierende Objektverarbeitung. Natürlich sind dabei der Anwendung geeignete Zugriffsfunktionen und Mechanismen (Tools), die von der Komplexität der Objektdarstellung zu abstrahieren gestatten, zur Verfügung zu stellen.

– *Ausführung von DBS-Funktionen im Client und Server:*
Sogar innerhalb einer Anwendung kann es sinnvoll sein, Teile der Verarbeitung an den Server zu delegieren, während andere auf dem Client abgewickelt werden. Das betrifft beispielsweise die Ausführung von Methoden und die Überprüfung von Integritätsbedingungen. Solche Überlegungen, die auf eine Flexibilisierung der DB-Verarbeitung und eine Vermeidung von doppelter Arbeit abzielen, erfordern natürlich den Einsatz erweiterter Transaktionskonzepte.

Bei bestimmten (kooperativen) Anwendungen sind zweistufige Client/Server-Architekturen nicht angemessen, da weder der DB-Server noch der Anwendungs-Client den „natürlichen" Ort der Verarbeitung gemeinsam benutzter Objekte darstellen. Aus diesem Grund werden bereits mehrstufige Client/Server-Architekturen vorgeschlagen, in denen DBS-Funktionalität auf mehrere Ausführungsorte verteilt ist und sich dynamisch der Anwendungsabwicklung zuordnen läßt. Zur verbesserten DBS-Unterstützung sind *deshalb Client-seitige Modelle* (über mehrere Stufen hinweg) oder gar *kooperative Modelle der DB-Verarbeitung* (bei neuen Architekturkonzepten) zu entwickeln, wobei aus Leistungsgründen der Ort der DB-Verarbeitung (Ausführen der Funktionen, Kontrolle der Integrität sowie Bereitstellen von Logging- und Recovery-Maßnahmen) für den Anwendungsentwickler frei konfigurierbar sein sollte (Code Shipping, in Kombination mit Data Shipping auch Object Shipping genannt [NINK98]).

17.4 Transaktionsverwaltung

Wie die Darstellung in Teil V gezeigt hat, liegen für das ACID-Konzept leistungsfähige Implementierungen vor, insbesondere für Synchronisation, Logging und Recovery. Die DBS-seitige Integritätskontrolle wurde aus Performance-Gründen in kommerziellen Systemen lange Zeit vernachlässigt; auch in der Forschung fand sie vergleichsweise geringes Interesse. Wenngleich sich durch die zunehmende Bedeutung aktiver DBS die Situation gebessert hat, sind bezüglich der effizienten Implementierung noch weitere Untersuchungen erforderlich. Auch liegen noch kaum vergleichende Leistungsbewertungen unterschiedlicher Realisierungsansätze zur Integritätskontrolle vor. Weiterer Entwicklungsbedarf besteht im Bereich der Lastkontrolle, um trotz der zunehmend komplexeren DB-Lasten die DBS-Administration zu vereinfachen. Bezüglich der Transaktionsverwaltung bedeutsam sind hierbei die dynamische Überwachung und Begrenzung des Umfangs von Synchronisationskonflikten (Abschnitt 14.9.2).

Die Unterstützung transaktionsgeschützter Verarbeitungsvorgänge ist nicht auf DBS beschränkt, sondern für eine zunehmende Anzahl unterschiedlicher Ressourcen-Manager relevant (Abschnitt 1.4.5). Um die redundante Realisierung einer Transaktionsverwaltung in zahlreichen Ressourcen-Managern zu umgehen, bietet es sich an, generische Funktionen für Synchronisation, Logging und Recovery außerhalb des DBS als Betriebssystem- oder Middleware-Dienste bereitzustellen. Entsprechende Ansätze zur Verlagerung dieser Funktionen in das Betriebssystem wurden seit langem vorgeschlagen bzw. diskutiert [STON81, WEIK86, CHRI88, KUMA89] und in einigen Systemen auch realisiert, insbesondere zur verteilten Transaktionsverwaltung (Tandem Guardian, VMS Distributed Lock Manager, MVS Global Lock Services etc.). In der CORBA-Architektur der OMG sind ebenfalls globale Dienste zur Transaktionsverwaltung vorgesehen, die somit in verteilten objektorientierten Umgebungen nutzbar werden.

Ein generelles Problem solch ausgelagerter Ansätze ist, daß sie zwangsweise mit erheblichen Leistungseinbußen verbunden sind. Zum einen sind die Aufrufkosten solcher Dienste im Vergleich zu einem Prozeduraufruf weit höher (Kommunikationsvorgang und/oder Prozeßwechsel / Supervisor Call), was z.B. bei Transaktionen mit vielen Sperren extrem ins Gewicht fallen kann. Weiterhin ist keine enge Abstimmung mit anderen Systemkomponenten (Pufferverwaltung, Indexverwaltung etc. im Falle von DBS) möglich, wie etwa für Logging und Recovery sehr wesentlich (Abschnitt 15.3). Aus diesen Gründen werden DBS sowie andere leistungskritische Ressourcen-Manager weiterhin eine eigene Transaktionsverwaltung realisieren.

Zur Entwicklung robuster DB-Anwendungen ist es zunehmend von Bedeutung, daß eine Recovery-Unterstützung außer für die bearbeiteten DB-Objekte auch für die in den Anwendungsprogrammen manipulierten Datenstrukturen erfolgt. Da in vielen Anwendungsprogrammen die Fehler- und Ausnahmebehandlung einen hohen Anteil einnimmt, wird über eine automatische *Anwendungs-Recovery* eine vereinfachte Programmerstellung und damit eine höhere Programmierproduktivität angestrebt. TP-Monitore unterstützen zum Teil über die Protokollierung von Ein- und Ausgabenachrichten eine derartige Funktionalität; insbesondere können durch Reproduktion der Nachrichten nach einem Rechnerausfall erneute Dateneingaben und (Teil-)Programmausführungen eingespart werden. Eine weitere Variante der Anwendungs-Recovery wird über persistente Rücksetzpunkte (Abschnitt 16.2) erreicht, welche eine partielle Rücksetzung von Transaktionsprogrammen gestatten. In [LOME98] wird eine effiziente Implementierungstechnik zur Anwendungs-Recovery in Client/Server-Systemen vorgestellt, mit der eine weitgehende Maskierung von Rechnerausfällen für die Anwendungen ermöglicht wird. Dabei werden die Recovery-Techniken des DBS auf Server-Seite ausgenutzt, um auch ohne TP-Monitor sowie mit geringem E/A-Aufwand die erweiterte Funktionalität zu erreichen.

Von den erweiterten Transaktionsmodellen (Kapitel 16) haben bisher neben der Unterstützung partieller Rücksetzungen im wesentlichen nur geschlossen geschachtelte Transaktionen, welche die ACID-Eigenschaften für Top-Level-Transaktionen beibehalten, Eingang in kommerzielle DBS gefunden. Wenngleich derzeit nur in objektorientierten DBS vertreten, dürften geschachtelte Transaktionen aufgrund ihrer vielfältigen Vorteile bald auch in relationalen bzw. objektrelationalen DBS realisiert werden. Die adäquate Unterstützung langlebiger Aktivitäten erfordert eine Abkehr vom ACID-Paradigma, insbesondere bezüglich Atomarität und Isolation. Dabei sind u. a. kompensationsbasierte Backward-Recovery-Techniken vorzusehen, wie etwa bei den diskutierten Varianten offen geschachtelter Transaktionen.

Solche Techniken sind u.a. für Einsatzbereiche wie *Workflow-Management-Systeme* von Bedeutung, ohne allerdings die dort gestellten Anforderungen ausreichend abdecken zu können [ALON97]. Insbesondere sind weitergehende Maßnahmen für eine umfassende Fehler- und Ausnahmebehandlung erforderlich. So fehlt in derzeitigen Workflow-Systemen die Möglichkeit, bei unerwarteten Vorkommnissen den in der Workflow-Definition vorgesehenen Kontrollfluß abzuändern. Derartige dynamischen Workflow-Modifikationen sind jedoch in vielen Anwendungsfällen für eine ausreichend flexible Ablaufsteuerung von großer Bedeutung. Eine Reihe von Forschungsarbeiten befaßte sich in jüngster Zeit mit diesem Themenkomplex [SHET97, REIC98, MÜLL99], jedoch stehen diese Untersuchungen noch am Anfang.

Neue Anforderungen an die Transaktionsverarbeitung ergeben sich auch für die Abwicklung von Bestell- und Zahlungsvorgängen im Internet (Electronic Commerce). Neben besonders hohen Leistungs- und Verfügbarkeitsforderungen kommt vor allem Sicherheitsaspekten eine große Bedeutung zu. So führen die Involvierung von Zertifzierungsstellen zur Verifikation digitaler Unterschriften oder der Einsatz von Zahlungsstellen zur anonymen Bezahlung von Rechnungen zu speziell verteilten Transaktionen. Wie in [TYGA98] diskutiert, impliziert dies u.a. neue Atomaritäts-Anforderungen für Transaktionen (money atomicity, goods atomicity, certified delivery).

Literatur

ABBO89   Abbott, R., Garcia-Molina, H.: Scheduling Real-Time Transactions with Disk Resident Data. Proc. 15th Int. Conf. VLDB. Amsterdam. 1989. 385–396

AGHI82   Aghili, H., Severance, D.G.: A Practical Guide to the Design of Differential Files for Recovery of On-Line Databases. ACM Trans. Database Syst. 7:4. 1982. 540–565

AGRA83   Agrawal, R., Carey, M.J., DeWitt, D.J.: Deadlock Detection is Cheap. ACM SIGMOD Record 13:2. 1983. 19–34

AGRA87a   Agrawal, R., Carey, M.J., Livny, M.: Concurrency Control Performance Modeling: Alternatives and Implications. ACM Trans. Database Syst. 12:4. 1987. 609–654

AGRA87b   Agrawal, R., Carey, M.J., McVoy, L.W.: The Performance of Alternative Strategies for Dealing with Deadlocks in Database Management Systems. IEEE Trans. Software Eng. 13:12. 1987. 1348–1363

AGRA89   Agrawal, D., Sengupta, S.: Modular Synchronization in Multiversion Databases: Version Control and Concurrency Control. Proc. ACM SIGMOD Conf. Portland. 1989. 408–417

AGRA93   Agrawal, R., Imielinski, T., Swami, A.: Mining Association Rules between Sets of Items in Large Databases. Proc. ACM SIGMOD Conf. Washington. D.C. 1993. 207–216

ANDE94   Anderson, J.T., Stonebraker, M.: Sequoia 2000 Metadata Schema for Satellite Images. SIGMOD Record 23:4. 1994. 42–48

ALLE82   Allen, F.W., Loomis, E.S., Mannino, M.V.: The Integrated Dictionary/Directory System. ACM Computing Surv. 14:2. 1982. 245–286

ALON97   Alonso, G. et al.: Advanced Transaction Models in Workflow Contexts. Proc. 13th Int. Conf. Data Engineering. Los Angeles. 1987. 574–581

APER97   Apers, P.M.G., Blanken, H.M., Houtsma, M.A.W. (eds.): Multimedia Databases in Perspective. Springer. 1997

ARUN98   Arun, G., Joshi, A.: KODA – The Architecture and Interface of a Data Model Independent Kernel. Proc. 24th Int. Conf. VLDB. New York. 1998. 671–674

ASAI86   Asai, S.: Semiconductor Memory Trends. Proc. IEEE 74:12. 1986. 1623–1635

ASTR76   Astrahan, M.M., et al.: System R: Relational Approach to Database Management. ACM Trans. Database Syst. 1:1. 1976. 97–137

BABA77   Babad, J.M.: A Record and File Partitioning Model. Comm. ACM 20:1. 1977. 22–31

BACH74   Bachman, C.W.: Implementation Techniques for Data Structure Sets. Data Base Management Systems. Jardine, D.A. (ed.). North Holland. 1974. 147–157

BANC85   Bancilhon, F., Kim, W., Korth, H.F.: A Model of CAD Transactions. Proc. 11th Int. Conf. VLDB. 1985. 25–33

BARG91   Barghouti, N.S., Kaiser, G.E.: Concurrency Control in Advanced Database Applications. ACM Computing Surv. 23:3. 1991. 269–317

BARG95   Barga, R., Pu, C.: A Practical and Modular Method to Implement Extended Transaction Models. Proc. 21st Int. Conf. VLDB. Zurich. 1995. 206–217

BATO79   Batory, D.S.: On Searching Transposed Files. ACM Trans. Database Syst. 4:4. 1979. 531–544

BATO85   Batory, D.S.: Modeling the Storage Architectures of Commercial Database Systems. ACM Trans. Database Syst. 10:3. 1985. 463–528

BAYE72   Bayer, R., McCreight, E.M.: Organization and Maintenance of Large Ordered Indexes. Acta Informatica 1:3. 1972. 173–189

BAYE76   Bayer, R., Metzger, J.K.: On the Encipherment of Search Trees and Random Access Files. ACM Trans. Database Syst. 1:1. 1976. 37–52

BAYE77a   Bayer, R., Schkolnick, M.: Concurrency of Operations on B-Trees. Acta Informatica 9:1. 1977. 1–21

BAYE77b   Bayer, R., Unterauer, K.: Prefix-B-Trees. ACM Trans. Database Syst. 2:1. 1977. 11–26

BAYE80   Bayer, R., Heller, H., Reiser, A.: Parallelism and Recovery in Database Systems. ACM Trans. Database Syst. 5:2. 1980. 139–156

BAYE82   Bayer, R. et al.: Dynamic Timestamp Allocation for Transactions in Database Systems. Distributed Data Bases. North-Holland. 1982. 9–20

BAYE96   Bayer, R.: The Universal B-Tree for Multidimensional Indexing. Interner Bericht TUM-I9637. Technische Universität München. Nov. 1996

BECK90   Beckmann, N., Kriegel, H.-P., Schneider, R., Seeger, B.: The R*-Tree: An Efficient and Robust Access Method for Points and Rectangles. Proc. ACM SIGMOD Conf. Atlantic City. NJ. 1990. 322–331

BECK95   Becker, W.: Das HiCon-Modell: Dynamische Lastverteilung für datenintensive Anwendungen auf Rechnernetzen, Informatik – Forschung und Entwicklung 10:1. 1995. 14–25

BELA66   Belady, L.A.: A Study of Replacement Algorithms for Virtual Storage Computers. IBM Sys. J. 5:2. 1966. 78–101

BENT75   Bentley, J.L.: Multi-Dimensional Search Trees used for Associative Searching. Comm. ACM 18:9. 1975. 509–517

BENZ89   Benzaken, V., Delobel, C.: Dynamic Clustering Strategies in the O2 Object-Oriented Database System. Altair. BP 105. 78153 Le Chesnay Cedex. France. 1989. 1–27

BERC96   Berchtold, S., Keim, D.A., Kriegel, H.-P.: The X-Tree: An Index Structure for High-Dimensional Data. Proc. 22nd Int. Conf. VLDB. Bombay. 1996. 28–39

BERC98   Berchtold, S., Bohm, Ch., Kriegel, H.-P.: The Pyramid Technique: Towards Breaking the Course of Dimensionality. Proc. ACM SIGMOD Conf. Seattle. 1998. 142–153

BERE95   Berenson, H. et al.: A Critique of ANSI SQL Isolation Levels. Proc. ACM SIGMOD Conf. San Jose. 1995. 1–10

BERN87   Bernstein, P.A., Hadzilacos, V., Goodman, N.: Concurrency Control and Recovery in Database Systems. Addison Wesley. 1987

BERN90   Bernstein, P.A., Hsu, M., Mann, B.: Implementing Recoverable Requests Using Queues. Proc. ACM SIGMOD Conf. Atlantic City. NJ. 1990. 112–122

BERN97   Bernstein, P.A., Newcomer : Transaction Processing. Morgan Kaufmann. 1997

BERR89   Berra, P.B., et al.: The Impact of Optics on Data and Knowledge Base Systems. IEEE Trans. Knowledge and Data Eng. 1:1. 1989. 111–132

BERT89   Bertino, E., Kim, W.: Indexing Techniques for Queries on Nested Objects. IEEE Trans. Knowledge and Data Eng. 1:2. 1989. 196–214

BEST97   Bestavros, A., Fay-Wolfe, V.: Real-Time Database and Information Systems: Research Advances. Kluwer. 1997

BHID88   Bhide, A.: An Analysis of Three Transaction Processing Architectures. Proc. 14th Int. Conf. VLDB. Los Angeles. 1988. 339–350

BILI92   Biliris, A.: The Performance of Three Database Storage Structures for Managing Large Objects. Proc. ACM SIGMOD Conf. San Diego. CA. 1992. 276–285

BILI94   Biliris, A. et al.: ASSET: A System Supporting Extended Transactions. Proc. ACM SIGMOD Conf. Minneapolis. 1994. 44–54

BLAK95   Blakeley, B., Harris, H., Lewis, R.: Messaging and Queuing Using the MQI. McGraw-Hill. 1995

BLAK96   Blakeley, J. A.: Data Access for the Masses through OLE DB. Proc. ACM SIGMOD Conf. Montreal. 1996. 161–172

BLAK97   Blakeley, J. A.: Universal Data Access with OLE DB. Proc. IEEE Spring CompCon Conf. san Jose. 1997. 2–7

BLAS77a   Blasgen, M.W., Eswaran, K.P.: Storage and Access in Relational Data Bases. IBM Sys. J. 16:4. 1977. 363–377

BLAS77b   Blasgen, M.W., Casey, R.G., Eswaran, K.P.: An Encoding Method for Multifield Sorting and Indexing. Comm. ACM 20:11. 1977. 874–876

BLAS81   Blasgen, M.W. et al.: System R: An Architectural Overview. IBM Sys. J. 20:1. 1981. 41–62

BLOO70   Bloom, B.H.: Space/Time Trade-Offs in Hash Coding with Allowable Errors. Comm. ACM 13:7. 1970. 422–426

BOBE92   Bober, P. M., Carey, M. J.: On Mixing Queries and Transactions via Multiversion Locking. Proc. 8th Int. Conf. on Data Engineering. Tempe. 1992. 535–545

BOHN89   Bohn, V., Wagner, T.: Transaktionsketten – Konzept und Implementierung. Proc. 4. GI-Tagung „Fehlertolerierende Rechensysteme". Informatik-Fachberichte. Springer. 1989

BOHN91   Bohn, V., Härder, T., Rahm, E.: Extended Memory Support for High Performance Transaction Processing. Proc. 6. GI/ITG-Fachtagung „Messung, Modellierung und Bewertung von Rechensystemen". München. Informatik-Fachberichte 286. Springer. 1991. 92–108

BORA83   Boral, H., DeWitt, D.J.: Database Machines: An Idea whose Time has Passed? A Critique of the Future of Database Machines. Proc. 3rd Int. Workshop on Database Machines. Munich. 1983. 166–187

BREI92   Breitbart, Y., Garcia-Molina, H., Silberschatz, A.: Overview of Multidatabase Transaction Management. VLDB Journal 1:2. 1992. 181–240

BRID97   Bridge, W., Joshi, A., Keihl, T., Lahiri, J., Loaiza, J., Macnaughton, N.: The Oracle Universal Server Buffer Manager. Proc. 23rd Int. Conf. VLDB. Athens. 1997. 590 591

BRIN93   Brinkhoff, T., Horn, H., Kriegel, H.-P., Schneider, R.: Eine Speicher- und Zugriffsarchitektur zur effizienten Anfragebearbeitung in Geo-Datenbanksystemen. Proc. BTW'93. Braunschweig. Informatik aktuell. Springer. 1993. 356–374

BROD98   Brodie, M.L.: The Cooperative Computing Initiative: A Contribution to the Middleware and Software Technologies. http://www.ccic.gov/ac/#whitepapers

BROW93   Brown, K.P., Carey, M.J., Livny, M.: Managing Memory to Meet Multiclass Workload Response Time Goals. Proc. 19th Int. Conf. VLDB. Dublin. 1993. 328–341

BROW94   Brown, K.P., Metha, M., Carey, M.J., Livny, M.: Towards Automated Performance Tuning for Complex Workloads. Proc. 20th Int. Conf. VLDB. Santiago. 1994. 72–84

BROW96   Brown, K.P., Carey, M.J., Livny, M.: Goal-Oriented Buffer Management Revisited. Proc. ACM SIGMOD Conf. Montreal. 1996. 353–364

BRÜC97   Brüchert, L., Zimmermann, J., Buchmann, A.: Einsatzmöglichkeiten von Triggermechanismen und deren Performanz in einem Wertpapier-Archivierungssystem. Proc. BTW'97. Ulm. Informatik aktuell. Springer. 1997. 342–351

BUCH89   Buchmann, A. et al. (eds.): Proc. Symp. on the Design and Implementation of Large Spatial Databases. Santa Barbara. LNCS 409. Springer. 1989.

BUTT91   Butterworth P., Otis, A., Stein, J.: The GemStone Object Database Management System. Comm. ACM 34:10. 1991. 64–77

CARE83   Carey, M.: Granularity Hierarchies in Concurrency Control. Proc. ACM Symp. on Princi-ples of Database Systems. Atlanta. 1983. 156–165

CARE86a   Carey, M.J., Muhanna, W.A.: The Performance of Multiversion Concurrency Control Algo-rithms. ACM Trans. Computer Syst. 4:4. 1986. 338–378

CARE86b   Carey, M.J., DeWitt, D.J., Richardson, J.E., Shekita, E.J.: Object and File Management in the EXODUS Extensible Database System. Proc.12th Int. Conf. VLDB. Kyoto. 1986. 91–100

CARE89   Carey, M.J., Jauhari, R., Livny, M.: Priority in DBMS Resource Scheduling. Proc.15th Int. Conf. VLDB. Amsterdam. 1989. 397–408

CARE90   Carey, M. J., Krishnamurthy, S., Livny, M.: Load Control for Locking: the „Half and Half" Approach. Proc. 9th ACM Symp. Principles of Database Systems. 1990. 72–84

CARE93   Carey, M.J., Haas, L.M., Livny, M.: Tapes Hold Data, Too: Challenges of Tuples on Ter-tiary Store. Proc. ACM SIGMOD Conf. Washington. D.C. 1993. 413–417

CARE98   Carey, M.J., Haas, L.M., Kleewein, J., Reinwald, B.: Data Access Interoperability in the IBM Database Family. IEEE Data Engineering 21:3. 1998. 4–11

CATT96   Cattell, R. (ed.): The Object Database Standard: ODMG-93 (Release 1.2). Morgan Kaufmann. 1996

CERI94   Ceri, S. et al.: Automatic Generation of Production Rules for Integrity Maintenance. ACM Trans. Database Syst. 19:3. 1994. 367–422. Addendum: ACM Trans. Database Syst. 20:3. 1995. 364

CHAM80   Chamberlin, D.D.: A Summary of User Experience with the SQL Data Sublanguage. Proc. Int. Conf. on Data Bases. Deen, S.M., Hammersley, P. (eds.). Heydon. London. 1980. 181–203

CHAM81a   Chamberlin, D., Astrahan, M., Blasgen, M., Gray, J. et al.: A History and Evaluation of Sys-tem R. Comm. ACM 24:10. 1981. 632–646

CHAM81b   Chamberlin, D., Astrahan, King, W., Lorie, R. et al: Support for Repetitive Transactions and Ad Hoc Queries in System R. ACM Trans. Database Syst. 6:1. 1981. 70–94

CHAM96   Chamberlin, D.: Using the New DB2: IBM's Object-Relational Database System. Morgan Kaufmann. 1996

CHAN81   Chang, N.S., Fu, K.S.: Picture Query Languages for Pictorial Data-Base Systems. IEEE Computer 14:11. 1981

CHAN82   Chan, A. et al.: The Implementation of an Integrated Concurrency Control and Recovery Scheme. Proc. ACM SIGMOD Conf. Orlando. 1982. 184–191

CHAU98   Chaudhuri, S.: An Overview of Query Optimization in Relational Systems. Proc. ACM Symp. on Principles of Database Systems. Seattle. 1998. 34–43

CHEN84   Cheng, J.M., Loosley, C.R., Shihamiya, A , Worthington, P.S.: IBM Database 2 Perfor-mance: Design, Implementation, and Tuning. IBM Sys. J. 23:2. 1984. 189–210

CHES94   Cheswick, W., Bellovin, S.: Firewalls and Internet Security – Repelling the Wily Hacker. Addison-Wesley. 1994

CHOU85   Chou, H.-T., DeWitt, D.: An Evaluation of Buffer Management Strategies for Relational Database Systems. Proc.11th Int. Conf. VLDB. Stockholm. 1985. 127–141

CHOY93   Choy, D., Mohan, C.: Locking Protocols for Two-Tier Indexing of Partitioned Data. IBM Res. Rep. Almaden Research Center. 1993

CHRI88   Christmann, P., Härder, T., Meyer-Wegener, K., Sikeler, A.: Which Kinds of OS Mecha-nisms Should be Provided for Database Management? Proc. Experiences in Distributed Sys-tems. Kaiserslautern. LNCS 309. Springer. 1988. 213–252

CHRY90   Chrysanthis, P.K., Ramamritham, K.: ACTA: A Framework for Specifying and Reasoning about Transaction Structure and Behavior. Proc. ACM SIGMOD Conf. Atlantic City. NJ. 1990. 194–203

CHRY94   Chrysanthis, P.K., Ramamritham, K.: Synthesis of Extended Transaction Models Using AC-TA. ACM Trans. Database Syst. 19:3. 1994. 450–491

CHU76   Chu, W.W., Opderbeck, W.M.: Program Behavior and the Page Fault Frequency Replacement Algorithm. IEEE Computer 9:11. 1976. 29–38

CODA78   CODASYL Data Description Language Committee Report. Information Systems 3:4. 1978. 247–320

COFF71   Coffman, E.G., Elphick, M.J., Shoshani, A.: System Deadlocks. ACM Computing Surv. 3:2. 1971. 67–78

COHE89   Cohen, E.I., King, G.M., Brady, J.T.: Storage Hierarchies. IBM Sys. J. 28:1. 1989. 62–76

COME79   Comer, D.: The Ubiquitous B-Tree. ACM Computing Surv. 11:2. 1979. 121–137

CONR97   Conrad, S.: Föderierte Datenbanksysteme – Konzepte der Datenintegration. Springer. 1997

DADA86   Dadam, P., Küspert, K., Andersen, F., Blanken, H., Erbe, R., Günauer, J., Lum, V., Pistor, P., Walch, G.: A DBMS Prototype to Support Extended NF2 Relations: An Integrated View of Flat Tables and Hierarchies. Proc. ACM SIGMOD Conf. Washington. D.C. 1986. 183–195

DATE97   Date, C.J., Darwen, H.: A Guide to the SQL Standard. 4th Edition. Addison-Wesley. 1997

DB2   Verschiedene Aufsätze zu IBM Database 2. IBM Sys. J. 23:2. 1984

DEMO80   Demolombe, R.: Estimation of the Number of Tuples Satisfying a Query Expressed in Predicate Calculus Language. Proc. 6th Int. Conf. VLDB. Montreal. 1980. 55–63

DENN80   Denning, P.J.: Working Sets Past and Present. IEEE Trans. Software Eng. 6:1. 1980. 64–84

DENN97   Denning, P.J., Metcalfe, R.: Beyond Calculation – The Next Fifty Years of Computing. Copernicus Springer. 1997

DEPP86   Deppisch, U., Paul, H.-B., Schek, H.-J.: A Storage System for Complex Objects. Proc. Int. Workshop on Object-Oriented Database Systems. Dittrich, K., Dayal, U. (eds.). Pacific Grove. 1986. 183–195

DEUX90   Deux, O., et al.: The Story of O2. IEEE Trans. Knowledge and Data Eng. 2:1. 1990. 91–108

DEWI84   DeWitt, D., Katz, R., Olken, F., Shapiro, L., Stonebraker, M., Wood, D.: Implementation Techniques for Main Memory Database Systems. Proc. ACM SIGMOD Conf. Boston. 1984. 1–8

DEWI85   DeWitt, D., Gerber, R.: Multiprocessor Hash-Based Join Algorithms. Proc. 11th Int. Conf. VLDB. Stockholm. 1985. 151–164

DEWI90   DeWitt, D. J., Futtersack, P., Maier, D., Velez, F.: A Study of Three Alternative Workstation-Server Architectures. Proc. 16th Int. Conf. VLDB. Brisbane. 1990. 107–121

DO98   Do, L., Drew, P., Jin, W., Jumani, W., Van Rossum, D.: Issues in Developing Very Large Data Warehouses. Proc. 24th Int. Conf. VLDB. New York. 1998. 633–636

EBER97   Eberle, H.: Architektur moderner RISC-Mikroprozessoren. Informatik-Spektrum 20. 1997. 259–267

EFFE80a   Effelsberg, W., Härder, T., Reuter, A.: An Experiment in Learning DBTG Database Administration. Information Systems 5:2. 1980. 136–147

EFFE80b   Effelsberg, W., Härder, T., Reuter, A.: Measurement and Evaluation of Techniques for Implementing COSETS: A Case Study. Proc. Int. Conf. on Data Bases. Deen, S.M. Hammersley, P. (eds.). Heydon. London. 1980. 135–159

EFFE84a   Effelsberg, W., Härder, T.: Principles of Database Buffer Management. ACM Trans. Database Syst. 9:4. 1984. 560–595

EFFE84b   Effelsberg, W., Loomis, M.E.S.: Logical, Internal and Physical Reference Behavior in CODASYL Database Systems. ACM Trans. Database Syst. 9:2. 1984. 187–213

EISE98   Eisenberg, A., Melton, J.: Standards in Practice. ACM SIGMOD Record 27:3. 1998. 53–58

ELHA84   Elhardt, K., Bayer, R.: A Database Cache for High Performance and Fast Restart in Database Systems. ACM Trans. Database Syst. 9:4. 1984. 503–525

ELMA92   Elmargarmid, A.K. (ed.): Database Transaction Models for Advanced Applications. Morgan Kaufmann. 1992

ENBO88   Enbody, R.J., Du, H.C.: Dynamic Hashing Schemes. ACM Computing Surv. 20:2. 1988. 85–113

ESWA75   Eswaran, K.P., Chamberlin, D.D.: Functional Specifications of a Subsystem for Data Base Integrity. Proc. 1st Int. Conf. VLDB. Framingham. Mass. 1975. 48–68

ESWA76   Eswaran, K.P., Gray, J.N., Lorie, R.A., Traiger, I.L.: The Notions of Consistency and Predicate Locks in a Database System. Comm. ACM 19:11. 1976. 624–633

FAGI79b   Fagin, R., et. al: Extendible Hashing – A Fast Access Method for Dynamic Files. ACM Trans. Database Syst. 4:3. 1979. 315–344

FALO88   Faloutsos, C.: Gray-Codes for Partial Match and Range Queries. IEEE Trans. Software Eng. 14. 1988. 1381–1393

FALO90   Faloutsos, C.: Signature-Based Text Retrieval Methods: A Survey. IEEE Data Engineering 13:1. 1990. 25–32

FERG93   Ferguson, D., Nikolau, C., Georgiadis, L., Davies, K.:.Goal Oriented, Adaptive Transaction Routing for High Performance Transaction Processing. Proc. 2nd Int. Conf. on Parallel and Distributed Information Systems. San Diego. 1993

FERR76   Ferrari, D.: The Improvement of Program Behavior. IEEE Computer 9:11. 1976. 39–47

FINK74   Finkel, R.A., Bentley, J.L.: Quad Trees: A Data Structure for Retrieval on Composite Keys. Acta Informatica 4:1. 1974. 1–9

FLOR98   Florescu, D., Levy, A., Mendelzon, A.: Database Techniques for the World-Wide Web: A Survey. ACM SIGMOD Record 27:3. 1998. 59–74

FORD95   Ford, D.A., Myllymaki, J.: A Log-Structured Organization for Tertiary Storage. IBM Res. Rep. RJ 9941. San Jose. CA. 1995

FRAN85   Franaszek, P.A., Robinson, J.T: Limitations of Concurrency in Transaction Processing. ACM Trans. Database Syst. 10:1. 1985. 1–28

FRAN92   Franaszek, P.A., Robinson, J.T., Thomasian, A.: Concurrency Control for High Contention Environments. ACM Trans. Database Syst. 17:2. 1992. 304–345

FRAN97   Franklin, M.J., Carey, M.J., Livny, M.: Transactional Client-Server Cache Consistency: Alternatives and Performance. ACM Trans. Database Syst. 22:3. 1997. 315–363

FRED61   Fredkin, E.: Trie Memory. Comm. ACM 3:9. 1961. 490–500

FREE87   Freeston, M.W.: The BANG file: A New Kind of Grid File. Proc. ACM SIGMOD Conf. San Francisco. 1987. 260–269

FREE89   Freeston, M.W. : A Well-Behaved File Structure for the Storage of Spatial Objects. Proc. Symp. on the Design and Implementation of Large Spatial Databases. Santa Barbara. LNCS 409. Springer. 1989. 287–300

GAED98   Gaede, V., Günther, O.: Multidimensional Access Methods. ACM Computing Surv. 30:2. 1998. 170–231

GANG94   Ganger, G.R., Worthington, B.L., Hou, R.Y., Patt, Y.N.: Disk-Arrays – High-Performance, High-Reliability Storage Subsystems. IEEE Computer 27: 3. 1994. 30–36

GARC87   Garcia-Molina, H., Salem, H.: Sagas. Proc. ACM SIGMOD Conf. San Francisco. 1987. 249–259

GARZ88   Garza, J.F., Kim, W.: Transaction Management in an Object-Oriented Database System. Proc. ACM SIGMOD Conf. Chicago. 1988. 37–45

GAWL85   Gawlick, D.: Processing "Hot Spots" in High Performance Systems. Proc. IEEE Spring CompCon Conf. 1985. 249–251

GAWL85b   Gawlick, D., Kinkade, D.: Varieties of Concurrency Control in IMS/VS Fast Path. IEEE Database Engineering 8:2. 1985. 3–10

GELB89   Gelb, J.P.: System-Managed Storage. IBM Sys. J. 28:1. 1989. 77–103

GEOR94   Georgakopoulos, D., et al.: Specification and Management of Extended Transactions in a Programmable Transaction Environment. Proc. 10th Int. Conf. on Data Engineering. Houston. 1994. 462–473

GERT94   Gertz, M.: Specifying Reactive Integrity Control for Active Databases. Proc. 4th Int. Workshop on Research Issues in Data Engineering (RIDE-ADS 94). Houston. 1994. 62–70

GHOS75   Ghosh, S.P., Lum, V.Y.: Analysis of Collision when Hashing by Division. Information Systems 1:1. 1975. 15–22

GIBB97   Gibbons, P.B., Matias, Y., Poosala, V.: Fast Incremental Maintenance of Approximate Histograms. Proc. 23th Int. Conf. VLDB. Athens. 1997. 466–475

GOLD89   Goldberg, D.E.: Genetic Algorithms in Search, Optimization, and Machine Learning. Addison-Wesley. 1989

GRAE89   Graefe, G., Ward, K.: Dynamic Query Evaluation Plans. Proc. ACM SIGMOD Conf. Portland. 1989. 358–366

GRAE93   Graefe, G.: Query Evaluation Techniques for Large Databases. ACM Computing Surv. 25:2. 1993. 73–170

GRAY76   Gray, J.N. et al.: Granularity of Locks and Degrees of Consistency in a Shared Data Base. Proc. IFIP Working Conf. on Modelling in Data Base Management Systems. North-Holland. 1976. 365–394

GRAY78   Gray, J. N.: Notes on Data Base Operating Systems. Operating Systems: An Advanced Course. LNCS 60. Springer. 1979. 393–481

GRAY81a   Gray, J.N., et al.: The Recovery Manager of the System R Database Manager. ACM Computing Surv. 13:2. 1981. 223–242. Ebenso in [KUMA98]

GRAY81b   Gray, J.N.: A Straw Man Analysis of Probability of Waiting and Deadlock. IBM Research Report RJ3066. San Jose. 1981

GRAY81c   Gray, J.N.: The Transaction Concept: Virtues and Limitations. Proc. 7th Int. Conf. VLDB. Cannes. 1981. 144–154

GRAY86   Gray, J.N.: An Approach to Decentralized Data Management Systems. IEEE Trans. Software Eng. 12:6. 1986. 684–692

GRAY87   Gray, J.N., Putzolu, G.R.: The Five Minute Rule for Trading Memory for Disk Accesses and the 10 Byte Rule for Trading Memory for CPU Time. Proc. ACM SIGMOD Conf. San Francisco. 1987. 395–398

GRAY93   Gray, J.N., Reuter, A.: Transaction Processing: Concepts and Techniques. Morgan Kaufmann. 1993

GRAY96   Gray, J., Bosworth, A., Layman, A., Pirahesh, H.: Data Cube: A Relational Aggregation Operator Generalizing Group-By. Cross-Tab. and Sub-Total. Proc. 12th Int. Conf. on Data Engineering. New Orleans. 1996. 152–159

GRAY97   Gray, J.N., Graefe, G.: The Five Minute Rule Ten Years Later, and Other Computer Storage Rules of Thumb. ACM SIGMOD Record 26:4. 1997. 63–68

GRAY00   Gray, J.N., Shenoy, P.: Rules of Thumb in Data Engineering. Proc. 16th Int. Conf. on Data Engineering. San Diego. 2000. 3–10

GREE89   Greene, D.: An Implementation and Performance Analysis of Spatial Data Access Methods. Proc. 5th Int. Conf. on Data Engineering. Los Angeles. 1989. 606–615

GREF93   Grefen, P.: Combining Theory and Practice in Integrity Control: A Declarative Approach to the Specification of a Transaction Modification Subsystem. Proc. 19th Int. Conf. VLDB. Dublin. 1993. 581–591

GUTT84   Guttman, A.: R-Trees: A Dynamic Index Structure for Spatial Searching. Proc. ACM SIGMOD Conf. Boston. 1984. 47–57

HAAS90   Haas, L., Chang, W., Lohman, G., McPherson, J., et al.: Starburst Mid-Flight: As the Dust Clears. IEEE Trans. Knowledge and Data Eng. 2:1. 1990. 143–160

HÄRD77   Härder, T.: A Scan-Driven Sort Facility for a Relational Database System. 3rd Int. Conf. VLDB. Tokyo. 1977. 236–243

HÄRD78a   Härder, T.: Implementierung von Datenbanksystemen. Hanser. 1978

HÄRD78b   Härder, T.: Implementing a Generalized Access Path Structure for a Relational Database System. ACM Trans. Database Syst. 3:3. 1978. 285–298

HÄRD79   Härder, T., Reuter, A.: Optimization of Logging and Recovery in a Database System. Data Base Architecture. Bracchi, G., Nijssen, G.M. (eds.). North-Holland. 1979. 151–168

HÄRD83a   Härder, T., Reuter, A.: Concepts for Implementing a Centralized Database Management System. Proc. Int. Computing Symposium on Application Systems Development. Nürnberg. Teubner. 1983. 28–59

HÄRD83b   Härder, T., Reuter, A.: Principles of Transaction-Oriented Database Recovery. ACM Computing Surv. 15:4. 1983. 287–317. Ebenso in [KUMA98]

HÄRD84   Härder, T.: Observations on Optimistic Concurrency Control. Information Systems 9:2. 1984. 111–120

HÄRD86a   Härder, T., Rahm, E.: Mehrrechner-Datenbanksysteme für Transaktionssysteme hoher Leistungsfähigkeit. Informationstechnik – Computer, Systeme, Anwendungen 28:4. 1986. 214–225

HÄRD86b   Härder, T., Meyer-Wegener, K.: Transaktionssysteme und TP-Monitore – Eine Systematik ihrer Aufgabenstellung und Implementierung. Informatik – Forschung und Entwicklung 1:1. 1986. 3–25

HÄRD87a   Härder, T., Meyer-Wegener, K., Mitschang, B., Sikeler, A.: PRIMA – A DBMS Prototype Supporting Engineering Applications. Proc.13th Int. Conf. VLDB. Brighton, U.K. 1987. 433–442

HÄRD87b   Härder, T.: On Selected Performance Issues of Database Systems. Proc. 4. GI/ITG-Fachtagung „Messung, Modellierung und Bewertung von Rechensystemen". Informatik-Fachberichte 154. Erlangen. 1987. 294–312

HÄRD87c   Härder, T., Petry, E.: Evaluation of Multiple Version Scheme for Concurrency Control. Information Systems 12:1. 1987. 83–98

HÄRD87d   Härder, T., Rothermel, K.: Concepts for Transaction Recovery in Nested Transactions. Proc. ACM SIGMOD Conf. San Francisco. 1987. 239–248

HÄRD88   Härder, T., Hübel, Ch., Meyer-Wegener, K., Mitschang, B.: Processing and Transaction Concepts for Cooperation of Engineering Workstations and a Database Server. Data and Knowledge Eng. 3. 1988. 87–107

HÄRD90a   Härder, T., Meyer-Wegener, K.: Transaktionssysteme in Workstation/Server-Umgebungen. Informatik – Forschung und Entwicklung 5:3. 1990. 127–143

HÄRD90b   Härder, T.: An Approach to Implement Dynamically Defined Complex Objects. Proc. PRISMA Workshop. Nordwijk. Holland. LNCS 503. Springer. 1990. 71–98

HÄRD92a   Härder, T., Mitschang, B., Schöning, H.: Query Processing for Complex Objects. Data and Knowledge Eng. 7. 1992. 181–200

HÄRD92b   Härder, T., Rahm, E.: Zugriffspfad-Unterstützung zur Sicherung der Relationalen Invarianten. ZRI-Bericht 2/92. Univ. Kaiserslautern. 1992

HÄRD93   Härder, T., Rothermel, K.: Concurrency Control Issues in Nested Transactions. VLDB Journal 2:1. 1993. 39–74

HÄRD95   Härder, T., Mitschang, B., Nink, U., Ritter, N.: Workstation/Server-Architekturen für datenbankbasierte Ingenieuranwendungen. Informatik – Forschung und Entwicklung 10:2. 1995. 55–72

HÄRD96   Härder, T., Reinert, J.: Access Path Support for Referential Integrity in SQL2. VLDB Journal 5:3. 1996. 196–214

HÄRD99   Härder, T., Sauter, G., Thomas, J.: The Intrinsic Problems of Structural Heterogeneity and an Approach to their Solution. VLDB Journal 8:1. 1999. 25-43

HAMI96   Hamilton, G., Cattell, R.: JDBC: A Java SQL API, Version 1.10. SUN Microsystems Computer Comp. Oct. 1996. ftp://splash.javasoft.com/pub/jdbc-spec-0110.ps

HALA88	Halasz, F.G.: Reflections on Notecards: Seven Issues for the Next Generation of Hypermedia Systems. Comm. ACM 31:7. 1988. 836–852
HELD78	Held, G.D., Stonebraker, M.: B-Trees Re-Examined. Comm. ACM 21:2. 1978. 139–143
HELL89	Helland, P. et al.: Group Commit Timers and High Volume Transaction Systems. Proc. 2nd Int. Workshop on High Performance Transaction Systems. Asilomar. CA. LNCS 359. Springer. 1989
HELL95	Hellerstein, J. M., Naughton, J. F., Pfeffer, A.: Generalized Search Trees for Database Systems. Proc. 21st Int. Conf. VLDB. Zurich. 1995. 562–573
HENN90	Hennessy, J.L., Patterson, D.A.: Computer Architecture: A Quantitative Approach. Morgan Kaufmann. 1990
HENR89	Henrich, A., H.-W. Six, P. Widmayer: The LSD-Tree: Spatial Access to Multidimensional Point- and Non-Point Objects. Proc. 15th Int. Conf. VLDB. Amsterdam. 1989. 45–53
HERB97	Herbst, A.: Anwendungsorientiertes DB-Archivieren – Neue Konzepte zur Archivierung in Datenbanksystemen. Springer. 1997
HINR85	Hinrichs, K.: Implementation of the Grid File: Design Concepts and Experience. BIT 25. 1985. 569–592
HOAG85	Hoagland, A.S.: Information Storage Technology: A Look at the Future. IEEE Computer 18:7. 1985. 60–67
HOWA78	Howard, P.H., Borgendale, K.W.: System/38 Machine Indexing Support. IBM System/38 Technical Developments. 1978. 67–69
HSIA77	Hsiao, D.K., Madnick, S.E.: Database Machine Architecture in the Context of Information Technology Evolution. Proc. 3rd Int. Conf. VLDB. 1977. 63–84
HSU88	Hsu, M., Ladin, R., McCarthy, D.: An Execution Model for Active Database Management Systems. Proc. 3rd Int. Conf. on Data and Knowledge Bases. 1988. 171–179
HSU93	Hsu, M., Zhang, B.: Performance Evaluation of Cautious Waiting. ACM Trans. Database Syst. 17:3. 1993. 477–512
HÜBE92	Hübel, Ch., Sutter, B.: Supporting Engineering Applications by New Data Base Processing Concepts – An Experience Report. Engineering with Computers 8. 1992. 31–49
HUTF88	Hutflesz, A., Six, H.-W., Widmayer, P.: Twin Grid Files: Space Optimizing Access Schemes. Proc. ACM SIGMOD Conf. Chicago. 1988. 183–190
HUTF90	Hutflesz, A., Six, H.-W., Widmayer, P.: The R-File: An Efficient Access Structure for Proximity Queries. Proc. 6th Int. Conf. Data Engineering. Los Angeles. 1990. 372–379
IOAN87	Ioannidis, Y., Wong, E.: Query Optimization by Simulated Annealing. Proc. ACM SIGMOD Conf. San Francisco. 1987. 9–22
IOAN90	Ioannidis, Y., Kang, Y.: Randomized Algorithms for Optimizing Large Join Queries. Proc. ACM SIGMOD Conf. Atlantic City. NJ. 1990. 312–321
IOAN93	Ioannidis, Y.E.: Universality of Serial Histograms. Proc. 19th Int. Conf. VLDB. Dublin. 1993. 256–267
JABL97	Jablonski, S., Böhm, M., Schulze, W. (Hrsg.): Workflow-Management – Entwicklung von Anwendungen und Systemen. Facetten einer neuen Technologie. dpunkt.Verlag. 1997
JAGA90	Jagadish, H.V.: Linear Clustering of Objects with Multiple Attributes. Proc. ACM SIGMOD Conf. Atlantic City. NJ. 1990. 332–342
JIAN88	Jiang, B.: Deadlock Detection is Really Cheap. ACM SIGMOD Record 17:2. 1988. 2–13
JAJO97	Jajodia, S., Kerschberg, L. (eds.): Advanced Transaction Models and Architectures. Kluwer. 1997
JAKO78a	Jakobssen, M.: Huffman Coding in Bit-Vector Compression. Information Processing Letters 7:6. 1978. 304–553
JAKO78b	Jacobssen, M., Nevalainen, O.: On the Compression of Inverted Files. Angewandte Informatik 20:12. 1978. 552–553

JAKO79   Jacobssen, M.: Implementation of Compressed Bit-Vector Indexes. Proc. EURO IFIP79. Samet. P.A. (ed). North Holland. 1979. 561–566

JARK84   Jarke, M., Koch, J.: Query Optimization in Database Systems. ACM Computing Surv. 16:2. 1984. 111–152

JASP98   Jasper, H.: Aktive Informationssysteme – Systeme, Methoden, Anwendungen. Shaker-Verlag. 1998

JAUH90   Jauhari, R., Carey, M.J., Livny, M.: Priority-Hints: An Algorithm for Priority-Based Buffer Management. Proc.16th Int. Conf. VLDB. Brisbane. 1990. 708–721

JIAN94   Jiang, B.: Behandlung nichtrelationaler Datenbankanfragen – Eine Gegenüberstellung verschiedener Vorschläge. Informatik-Spektrum 17:6. 1994. 373–383

JORD81   Jordan, J.R., Banerjee, J., Batman, R.B.: Precision Locks, Proc. ACM SIGMOD Conf. Ann Arbor. 1981. 143–147

JOSH98   Joshi, A., Bridge, W., Loazia, J., Lahiri, T.: Checkpointing in Oracle. Proc. 24th Int. Conf. VLDB. New York. 1998. 665–668

KATA97   Katayama, N., Satoh, S. The SR-Tree: An Index Structure for High-Dimensional Nearest Neighbor Queries. Proc. ACM SIGMOD Conf. Tuscon. 1997. 369–380

KEET98   Keeton, K., Patterson, D.A., Hellerstein, J.M.: A Case for Intelligent Disks (IDISKs). ACM SIGMOD Record 27:3. 1998. 42–52

KELT87   Kelter, U.: Concurrency Control for Design Objects with Versions in CAD Databases. Information Systems 12:2. 1987. 137–143

KEMP90   Kemper, A., Moerkotte, G.: Access Support in Object Bases. Proc. ACM SIGMOD Conf. Atlantic City. NJ. 1990. 364–374

KEMP95   Kemper, A., Kossmann, D.: Adaptable Pointer Swizzling Strategies in Object Bases: Design, Realization, and Quantitative Analysis. VLDB Journal 4:3. 1995. 519–566

KENN97   Kennedy, A. R. et al.: A G3 PowerPC^{TM} Superscalar Low-Power Microprocessor. Proc. Spring Compcon'97 Conf. San Jose. 1997. 315–324

KEßL93   Keßler, U., Dadam, P.: Benutzergesteuerte, flexible Speicherungsstrukturen für komplexe Objekte. Proc. BTW'93. Braunschweig. Informatik aktuell. Springer. 1993. 206–225

KIM80   Kim, W.: A New Way to Compute the Product and Join of Relations. Proc. ACM SIGMOD Conf. New York. 1980. 179–188

KIM84   Kim, W. et al.: A Transaction Mechanism for Engineering Design Databases. Proc. 10th Int. Conf. VLDB. Singapore. 1984. 355–362

KIM89   Kim, W., et al.: Features of the ORION Object-Oriented Database System. Object-Oriented Concepts, Databases, and Applications. Kim, W., Lochovsky, F. (eds.). Addison-Wesley. 1989. 251–282

KITS83   Kitsuregawa, M., Tanaka, H., Moto-Oka, T.: Application of Hash to Database Machine and its Architecture. New Generation Computing 1:1. 1983. 63–74

KLAH85   Klahold, P. et al.: A Transaction Model Supporting Complex Applications in Integrated Information Systems. Proc. ACM SIGMOD Conf. Austin. 1985. 388–401

KRIE88   Kriegel, H.-P., Seeger, B.: PLOP-Hashing: A Grid File without Directory. Proc. 4th Int. Conf. Data Engineering. Los Angeles. 1988. 369–376

KRIS85   Krishnamurthy, R., Whang, K.-Y.: Multilevel Grid Files. IBM Res. Rep. Yorktown Heights. NY. 1985

KRAT90   Kratzer, K., Wedekind, H., Zörntlein, G.: Prefetching – A Performance Analysis. Information Systems. 15:4. 1990. 445–452

KROP79   Kropp, D., Schek, H.-J., Walch, G.: Text Field Indexing. Datenbanktechnologie. Niedereichholz, J. (Hrsg.). Teubner. 1979. 101–115

KÜSP83   Küspert, K.: Storage Utilization in B*-Trees with a Generalized Overflow Technique. Acta Informatica 19:1. 1983. 35–55

KUMA89   Kumar, A., Stonebraker, M.: Performance Considerations for an Operating System Transaction Manager. IEEE Trans. Software Eng. 15:6. 1989. 705–714

KUMA96   Kumar, V. (ed.): Performance of Concurrency Control Mechanisms in Centralized Database Systems. Prentice Hall. 1996

KUMA98   Kumar, V., Hsu, M. (eds.): Recovery Mechanism in Database Systems. Prentice Hall. 1998

KUNG80   Kung, H.T., Lehman, P.L.: Concurrent Manipulation of Binary Search Trees. ACM Trans. Database Syst. 5:3. 1980. 339–353

KUNG81   Kung, H.T., Robinson, J.T.: On Optimistic Methods for Concurrency Control. ACM Trans. Database Syst. 6:2. 1981. 213–226

LAME94   Lamersdorf, W.: Datenbanken in verteilten Systemen – Konzepte, Lösungen, Standards. Reihe Datenbanksysteme. Vieweg. 1994

LAMP79   Lampson, B.W., Sturgis, H.E.: Crash Recovery in a Distributed Data Storage System. XEROX Research Report. Palo Alto. 1979

LARS78   Larson, P.: Dynamic Hashing. BIT 18. 1978. 184–201

LARS80   Larson, P.-A.: Linear Hashing with Partial Expansions. Proc. 6th Int. Conf. VLDB. Montreal. 1980. 224–232

LARS83   Larson, P.-A.: Dynamische Hashverfahren. Informatik-Spektrum 6:1. 1983. 7–19

LARS84   Larson, P.-A., Kajla A.: File Organization: Implementation of a Method Guaranteeing Retrieval in One Access. Comm. ACM 27:7. 1984. 670–677

LARS85   Larson, P.-A.: Linear Hashing with Overflow-Handling by Linear Probing. ACM Trans. Database Syst. 10:1. 1985. 75–89

LARS88   Larson, P.-A.: Linear Hashing with Separators – A Dynamic Hashing Scheme Achieving One-Access Retrieval. ACM Trans. Database Syst. 13:3. 1988. 366–388

LARS98   Larson, P.-A., Graefe, G.: Memory Management during Run Generation in External Sorting. Proc. ACM SIGMOD Conf. Seattle. 1998. 472–483

LEBE94   Lebeck, A.R., Wood, D.A.: Cache Profiling and the SPEC Benchmarks: A Case Study. IEEE Computer. 27:10. 1994. 15–26

LEHM89   Lehman, T.J., Lindsay, B.G.: The Starburst Long Field Manager. Proc. 15th Int. Conf. VLDB. Amsterdam. 1989. 375–383

LEUN98   Leung, T.Y.C., Pirahesh, H., Seshadri, P., Hellerstein, J.: Query Rewrite Optimization Rules in IBM DB2 Universal Database. Readings in Database Systems (3rd ed.). Stonebraker, M., Hellerstein, J. M. (eds.). Morgan Kaufmann. 1998. 1–27

LEYM97   Leymann, F.: Transaktionsunterstützung für Workflows. Informatik – Forschung und Entwicklung 12. 1997. 82–90

LINN94   Linnemann, V., Pampel, H.: Sprachliche Formulierung rekursiver und iterativer Anfragen in Datenbanksystemen. Informatik-Spektrum 17:3. 1990. 151–163

LIPT90   Lipton, R., Naughton, J., Schneider, D.: Practical Selectivity Estimation through Adaptive Sampling. Proc. ACM SIGMOD Conf. Atlantic City. NJ. 1990. 1–11

LITW78   Litwin, W.: Virtual Hashing: A Dynamically Changing Hashing. Proc. 4th Int. Conf. VLDB. Berlin. 1978. 517–523

LITW80   Litwin, W.: Linear Hashing: A New Tool for Files and Tables Implementation. Proc. 6th Int. Conf. VLDB. Montreal. 1980. 212–223

LOCK87   Lockemann, P.C., Schmidt, J.W. (Hrsg.): Datenbank-Handbuch. Springer. 1987

LOES98   Loeser, H.: Techniken für Web-basierte Datenbankanwendungen – Anforderungen, Ansätze, Architekturen. Informatik – Forschung und Entwicklung 13:4. 1998. 196–216

LOHM91   Lohman, G.M., Lindsay, B., Pirahesh, H., Schiefer, K.B.: Extensions to Starburst: Objects, Types, Functions and Rules. Comm. ACM 34:10. 1991. 94–109

LOME90   Lomet, D.B., Salzberg, B.: The hB-Tree: a Multiattribute Indexing Method with Good Guaranteed Performance. ACM Trans. Database Syst. 15:4. 1990. 625–658

LOME97   Lomet, D.B., Salzberg, B.: Concurrency and Recovery for Index Trees. VLDB Journal 6:3, 1997. 224–240

LOME98   Lomet, D.B., Weikum, G.: Efficient Transparent Application Recovery in Client/Server Information Systems. Proc. ACM SIGMOD Conf. Seattle. 1998. 460–471

LORI77   Lorie, R.A.: Physical Integrity in a Large Segmented Database. ACM Trans. Database Syst. 2:1. 1977. 91–104

LORI79a   Lorie, R.A., Wade, B.W.: The Compilation of a High Level Data Language. IBM Res. Rep. RJ 2589. San Jose. Calif. 1979

LORI79b   Lorie, R.A., Nilsson, J.F.: An Access Specification Language for a Relational Database System. IBM J. Res. and Dev. 23:3. 1979. 286–298

LORI83   Lorie, R., Plouffe, W. Complex Objects and their Use in Design Transactions. Proc. IEEE Annual Meeting of Database Week. 1983. 115–121

LUM70   Lum, V.Y.: Multi-Attribute Retrieval with Combined Indices. Comm. ACM 13:11 1970. 660–665

LUM71   Lum, V.Y., Yuen, P.S.T., Dodd, M.: Key-to-Address Transform Techniques: a Fundamental Performance Study of Large Existing Formatted Files. Comm. ACM 14:4. 1971. 228–239

LYNC88   Lynch, C.: Selectivity Estimation and Query Optimization in Large Databases with Highly Skewed Distributions of Column Values. Proc. 14th Int. Conf. VLDB. Los Angeles. 1988. 240–251

MAIE86   Maier, D., Stein, J.: Indexing in an Object-Oriented DBMS. Proc. IEEE Int. Workshop on Object-Oriented Database Systems. Dittrich, K., Dayal, U. (eds.). Asilomar. CA. 1986. 171–182

MANN88   Mannino, M., Chu, P., Sager, T.: Statistical Profile Estimation in Database Systems. ACM Computing Surv. 20:3. 1988. 191–221

MARC83   March, S.T.: Techniques for Structuring Database Records. ACM Computing Surv. 15:1. 1983. 45–79

MARE94   Marek, R., Rahm, E.: TID Hash Joins. Proc. 3rd Int. Conf. on Information and Knowledge Management (CIKM'94). Gaithersburg. MD. 1994. 42–49

MARE95   Marek, R.: Ein Kostenmodell der parallelen Anfragebearbeitung in Shared-Nothing-Datenbanksystemen. Proc. BTW'95. Dresden. Informatik aktuell. Springer. 1995. 232–251

MARU77   Maruyama, K., Smith, S.E.: Analysis of Design Alternatives for Virtual Memory Indexes. Comm. ACM. 20:4. 1977. 245–254

MAUR75   Maurer, W.D., Lewis, T.G.: Hash Table Methods. ACM Computing Surv. 7:1. 1975. 5–19

MCCR77   McCreight, E.: Pagination of B*-Trees with Variable Length Records. Comm. ACM 20:9. 1977. 84–168

METH93   Metha, M., DeWitt, D.: Dynamic Memory Allocation for Multiple-Query Workloads. Proc.19th Int. Conf. VLDB. Dublin. 1993. 354–367

MEYE87   Meyer-Wegener, K.: Transaktionssysteme – verteilte Verarbeitung und verteilte Datenhaltung. Informationstechnik–Computer, Systeme, Anwendungen 29:3. 1987. 120–126

MEYE88   Meyer-Wegener, K.: Transaktionssysteme. Teubner. Stuttgart. 1988

MISH92   Mishra, P., Eich, M.H.: Join Processing in Relational Databases. ACM Computing Surv. 24:1. 1992. 63–113

MITS88   Mitschang, B.: Ein Molekül-Atom-Datenmodell für Non-Standard-Anwendungen: Anwendungsanalyse, Datenmodellentwurf und Implementierungskonzepte. Informatik-Fachberichte 185. Springer. 1988

MITS95   Mitschang, B.: Anfrageverarbeitung in Datenbanksystemen: Entwurfs- und Implementierungskonzepte. Reihe Datenbanksysteme. Vieweg. 1995

MOHA90   Mohan, C.: Commit_LSN: A Novel and Simple Method for Reducing Locking and Latching in Transaction Processing Systems. Proc. 16th Int. Conf. VLDB. Brisbane. 1990. 406–418

MOHA90b — Mohan, C.: ARIES KVL: A Key-Value Locking Method for Concurrency Control of Multiaction Transactions Operating on B-Tree Indexes. Proc. 16th Int. Conf. VLDB. Brisbane. 1990. 392–405

MOHA92 — Mohan, C. et al.: ARIES: A Transaction Recovery Method Supporting Fine-Granularity Locking and Partial Rollbacks using Write-Ahead Logging. ACM Trans. Database Syst. 17:1. 1992. 94–162. Ebenso in [KUMA98]

MOHA92b — Mohan, C.: Less Optimism about Optimistic Concurrency Control. Proc. 2nd Workshop on Research Issues in Data Engineering (RIDE-2). Tempe. AZ. IEEE Computer Society Press. 1992. 199–204

MOHA92c — Mohan, C., Pirahesh, H., Lorie, R.: Efficient and Flexible Methods for Transient Versioning of Records to Avoid Locking by Read-Only Transactions. Proc. ACM SIGMOD Conf. San Diego. 1992. 124–133

MOHA92d — Mohan, C., Levine, F.: ARIES/IM: An Efficient and High Concurrency Index Management Method Using Write-Ahead Logging. Proc. ACM SIGMOD Conf. San Diego. 1992. 371–380

MOHA93a — Mohan, C.: A Survey of DBMS Research Issues in Supporting Very Large Tables. Proc. 4th Int. Conf. on Foundations of Data Organization and Algorithms. Evanston. 1993

MOHA93b — Mohan, C.: IBM's Relational DBMS Products: Features and Technologies. Proc. ACM SIGMOD Conf. Washington. D.C. 1993. 445–448

MOHA93c — Mohan, C., Narang, I.: An Efficient and Flexible Method for Archiving a Data Base. Proc. ACM SIGMOD Conf. Washington, D.C. 1993. 139–146

MOHA94 — Mohan, C.: Disk Read-Write Optimizations and Data Integrity in Transaction Systems using Write-Ahead Logging. IBM Res. Rep. RJ 9741. Almaden Research Center. 1994

MÖNK92 — Mönkeberg, A., Weikum, G.: Performance Evaluation of an Adaptive and Robust Load Control Method for the Avoidance of Data Contention Thrashing. Proc. 18th Int. Conf. VLDB. Vancouver. 1992. 432–443

MORR68 — Morrison, D.R.: PATRICIA – Practical Algorithm to Retrieve Information Coded in Alphanumeric. Journ. ACM 15:4. 1968. 514–534

MOSS81 — Moss, J.E.B.: Nested Transactions: An Approach to Reliable Distributed Computing. MIT Report LCS TR 260. 1981. MIT Press. 1985

MOSS92 — Moss, B., Eliot, J.: Working with Persistent Objects: To Swizzle or not to Swizzle. IEEE Trans. Software Eng. 18:8. 1992. 657–673

MÜLL99 — Muller, R., Rahm, E.: Rule-Based Dynamic Modification of Workflows in a Medical Domain. Proc. BTW'99. Freiburg. Informatik aktuell. Springer. 1999

MURA88 — Muralikrishna, M., DeWitt, D.: Equi-Depth Histograms for Estimating Selectivity Factors for Multi-Dimensional Queries. Proc. ACM SIGMOD Conf. Chicago. 1988. 28–36

MUTH93 — Muth, P. et al.: Semantic Concurrency Control in Object-Oriented Database Systems. Proc. 9th Int. Conf. on Data Engineering. Vienna. 1993. 233–242

NAKA78 — Nakamura, T., Mizzogushi, T.: An Analysis of Storage Utilization Factor in Block Split Data Structuring Scheme. Proc. 4th Int. Conf. VLDB. Berlin. 1978. 489–495

NARA97 — Narang, I., Mohan, C., Brannon, K.: Coordinated Backup and Recovery between DBMSs and File Systems. submitted

NAVA85 — Navathe, S.B., et al.: Vertical Partitioning Algorithms for Database Design. ACM Trans. Database Syst. 9:4. 1984. 680–710

NEUM92 — Neumann, K.: Kopplungsarten von Programmiersprachen und Datenbanksprachen. Informatik-Spektrum 15:4. 1992. 185–194

NEVA79 — Nevalainen, O., Muurinen, K., Rantala, S.: A Note on Character Compression. Angewandte Informatik 21:7. 1979. 313–318

NG91 — Ng, R., Falutsos, C., Sellis, T.: Flexible Buffer Allocation Based on Marginal Gains. Proc. ACM SIGMOD Conf. Denver. 1991. 387–396

NIEV84   Nievergelt, J., Hinterberger, H., Sevcik, K.C.: The Grid File: An Adaptable, Symmetric Multikey File Structure. ACM Trans. Database Syst. 9:1. 1984. 38–71

NIKO92   Nikolaou, C., Ferguson, D., Constantopoulos, P.: Towards Goal Oriented Resource Management. IBM Res. Rep. RC17919. Yorktown Heights. NY. 1992

NINK98   Nink, U.: Anwendungsprogrammierschnittstellen für strukturell objektorientierte Datenbanksysteme. Univ. Kaiserslautern. Dissertation.1998

NODI92   Nodine, M.H., Zdonik, S.B.: Cooperative Transaction Hierarchies: Transaction Support for Design Applications. VLDB Journal 1:1. 1992. 41–80

NOE87   Noe, J.D., Wagner, D.B.: Measured Performance of Time Interval Concurrency Control Techniques. Proc. 13th Int. Conf. VLDB. Brighton. U.K. 1987. 359–367

ONEI86   O'Neil, P.E.: The Escrow Transactional Method. ACM Trans. Database Syst 11:4. 1986. 405–430

ONEI93   O'Neil, E.J., O'Neil, P.E., Weikum, G.: The LRU-K Page Replacement Algorithm for Database Disk Buffering. Proc. ACM SIGMOD Conf. Washington. D.C. 1993. 297–306

ONEI95   O'Neil, P.E., Graefe, G.: Multi-Table Joins Through Bitmapped Join Indices. ACM SIGMOD Record 24:3. 1995. 8–11

ONEI97   O'Neil, P.E., Quass, D.: Improved Query Performance with Variant Indexes. Proc. ACM SIGMOD Conf. Tucson. 1997. 38–49

OOI89   Ooi, B.C., R. Sacks-Davis, K.J. Mc Donell: Extending a DBMS for Geographic Applications. Proc. 5th Int. Conf. Data Engineering. Los Angeles. 1989. 590–597

OREN84   Orenstein, J.A., Merrett, T.H.: A Class of Data Structures for Associative Searching. Proc. ACM Symp. on Principles of Database Systems. Waterloo. 1984. 181–190

ORFA96   Orfali, R., Harkey, D., Edwards, J.: The Essential Client/Server Survival Guide. 2nd edition. John Wiley & Sons. New York. 1996

OTTM96   Ottmann, Th., Widmayer, P.: Algorithmen und Datenstrukturen. 3. Auflage. BI-Wissenschaftsverlag. Mannheim. 1996

OUKS85   Ouksel, M.: The Interpolation-Based Grid File. Proc. ACM Symp. on Principles of Database Systems. Portland. 1985. 20–27

OUST98   Ousterhout, J.K.: Scripting: Higher-Level Programming for the 21st Century. IEEE Computer 31:3. 1998. 23–30

OZKA85   Ozkarahan, E.A., Ouksel: Dynamic and Order Preserving Data Partitioning for Database Machines. Proc. 11th Int. Conf. VLDB. Stockholm. 1985. 358–368

PAPA86   Papadimitriou, C.H.: The Theory of Database Concurrency Control. Computer Science Press, 1986

PARN72   Parnas, D.L.: On the Criteria to be Used in Decomposing Systems into Modules. Comm. ACM. 15:12. 1972. 1053–1058

PARN75   Parnas, D.L., Siewiorek, D.P.: Use of the Concept of Transparency in the Design of Hierarchically Structured Systems. Comm. ACM. 18:7. 1975. 401–408

PATT88   Patterson, D.A, Gibson, G., Katz, R.H.: A Case for Redundant Arrays of Inexpensive Disks (RAID). Proc. ACM SIGMOD Conf. Chicago. 1988. 109–116

PATT98   Patterson, D.A, Keeton, K.K.: Hardware Technology Trends and Database Opportunities. Invited talk at the ACM SIGMOD Conf. Seattle. 1998. http://cs.berkeley.edu/~patterson/talks

PAUL87   Paul, H.-B., Schek, H.-J., Scholl, M.H., Weikum, G., Deppisch, U.: Architecture and Implementation of the Darmstadt Database Kernel System. Proc. ACM SIGMOD Conf. San Francisco. 1987. 196–207

PEAR93   Pearson, C., Finkelstein, S.: Requirements for Automated Storage Management for OLTP Systems. Proc. Int. Workshop on High Performance Transaction Systems. Asilomar. CA. 1993

PEIN87   Peinl, P.: Synchronisation in zentralisierten Datenbanksystemen. Informatik-Fachberichte 161. Springer. 1987

PIAT84   Piatesky-Shapiro, G., Connell, C.: Accurate Estimation of the Number of Tuples Satisfying a Condition. Proc. ACM SIGMOD Conf. Boston. 1984. 256–276

PIRA92   Pirahesh, H., Hellerstein, J., Hasan W.: Extensible/Rule Based Query Rewrite Optimization in Starburst. Proc. ACM SIGMOD Conf. San Diego. 1992. 39–48

POOS97   Poosala, V., Ioannidis, Y. E.: Selectivity Estimation Without the Attribute Value Independence Assumption. Proc. 23th Int. Conf. VLDB. Athens. 1997. 486–495

POTA96   Potamianos, S., Stonebraker, M.: The POSTGRES Rule System. In [WIDO96a]. 43–61

PRÄD82   Prädel, U., Schlageter, G., Unland, R.: Einige Verbesserungen optimistischer Synchronisationsverfahren. Proc. 12. GI-Jahrestagung. Informatik-Fachberichte 57. Springer. 1982. 684–698

PU86   Pu, C.: On-the-Fly, Incremental, Consistent Reading of Entire Databases. Algorithmica. 1986. 271–287

RAHM88a   Rahm, E.: Optimistische Synchronisationskonzepte in zentralisierten und verteilten Datenbanksystemen. Informationstechnik –Computer, Systeme, Anwendungen 30:1. 1988. 28–47

RAHM88b   Rahm, E.: Synchronisation in Mehrrechner-Datenbanksystemen. Informatik-Fachberichte 186. Springer. 1988

RAHM89   Rahm, E.: Der Database-Sharing-Ansatz zur Realisierung von Hochleistungs-Transaktionssystemen. Informatik-Spektrum 12:2. 1989. 65–81

RAHM92   Rahm, E.: Performance Evaluation of Extended Storage Architectures for Transaction Processing, Proc. ACM SIGMOD Conf. San Diego. 1992. 308–317

RAHM93   Rahm, E.: Hochleistungs-Transaktionssysteme – Konzepte und Entwicklungen moderner Datenbankarchitekturen. Vieweg. 1993

RAHM94   Rahm, E.: Mehrrechner-Datenbanksysteme – Grundlagen der verteilten und parallelen Datenbankverarbeitung. Addison-Wesley. Bonn. 1994

RAHM95   Rahm, E., Marek, R.: Dynamic Multi-Resource Load Balancing for Parallel Database Systems. Proc. 21th Int. Conf. VLDB. Zurich. 1995. 395–406

RAHM96   Rahm, E.: Dynamic Load Balancing in Parallel Database Systems. Proc. EURO-PAR 96, LNCS 1123. Springer. 1996. 37–52

RAMA84   Ramamohanarao, K., Sacks-Davis, R.: Recursive Linear Hashing. ACM Trans. Database Syst. 9:3. 1984. 369–391

RAMA96   Ramamritham, K., Chrysanthis, P.K.: A Taxonomy of Correctness Criteria in Database Applications. VLDB Journal 5:1. 1996. 85–97

RAMA97   Ramamritham, K., Chrysanthis, P.K.: Advances in Concurrency Control and Transaction Processing. IEEE Computer Society Press. 1997

RAMA98   Ramakrishnan, R.: Database Management Systems. McGraw-Hill. Boston. 1998

REGN85   Regnier, M.: Analysis of Grid File Algorithms. BIT 25. 1985. 335–357

REIC98   Reichert, M., Dadam, P.: ADEPT$_{FLEX}$ - Supporting Dynamic Changes of Workflows Without Loosing Control. Journal of Intelligent Information Systems 10. 1998. 93–129

REIN96   Reinert, J.: Ein Regelsystem zur Integritätssicherung in aktiven relationalen Datenbanksystemen. Univ. Kaiserslautern. Dissertation DISDBIS 11. infix-Verlag. 1996

RELL98   Relly, L., Schuldt, H., Schek, H.-J.: Exporting Database Functionality – The CONCERT Way. IEEE Data Engineering 21:3. 1998. 43–51

REUT80a   Reuter, A.: A Fast Transaction-Oriented Logging Scheme for UNDO-Recovery. IEEE Trans. Software Eng. 6:4. 1980. 348–356

REUT80b   Reuter, A.: Schnelle Datenbankrecovery mit Hilfe eines hardwaregestützten Schattenspeicheralgorithmus. Hardware für Software. Hauer, K.-H., Seeger, C. (Hrsg.). Teubner. 1980. 258–272

REUT81	Reuter, A.: Fehlerbehandlung in Datenbanksystemen. Hanser. 1981
REUT82	Reuter, A.: Concurrency on High-Traffic Data Elements. Proc. ACM Symp. on Principles of Database Systems. Los Angeles. 1982. 83–92
REUT83	Reuter, A.: An Analytic Model of Transaction Interference. Interner Bericht 68/83. Univ. Kaiserslautern. 1983. Ebenso in [KUMA96]
REUT86	Reuter, A.: Load Control and Load Balancing in a Shared Database Management System. Proc. 2nd Int. Conf. on Data Engineering. Los Angeles. 1986. 188–197
REUT90	Reuter, A.: Performance and Reliability Issues in Future DBMSs. Proc. Int. Symp. Database Systems of the 90s. A. Blaser (ed.). LNCS 466. Springer. 1990. 294–315
REUT97	Reuter, A., Schneider, K., Schwenkreis, F.: ConTracts Revisited. In [JAJO97]. 1997. 127–151
REZE97	Rezende, F.F., Härder, T.: Exploiting Abstraction Relationships' Semantics for Transaction Synchronization in KBMSs. Data and Knowledge Eng. 22:3. 1997. 233–259
REZE98	Rezende, F.F., Hergula, K.: The Heterogeneity Problem and Middleware Technology: Experiences with and Performance of Database Gateways. Proc. 24th Int. Conf. VLDB. New York. 1998. 146–157
RITT94	Ritter, N., Mitschang, B., Härder, T., Nink, U., Schöning, H..: Capturing Design Dynamics – The CONCORD Approach. Proc. 10th Int. Conf. Data Engineering. Houston. 1994. 440–451
RITT97	Ritter, N.: DB-gestützte Kooperationsdienste für technische Entwurfsanwendungen. Univ. Kaiserslautern. Dissertation DISDBIS 33. infix-Verlag. 1997
ROBI81	Robinson, J.T.: The k-d-B-Tree: A Search Structure for Large Multidimensional Dynamic Indexes. Proc. ACM SIGMOD Conf. Ann Arbor. 1981. 10–18
RODR76	Rodriguez-Rosell, J.: Empirical Data Reference behavior in Data Base Systems. IEEE Computer. 9:11. 1976. 9–13
ROSE78	Rosenkrantz, D.J., Stearns, R., Lewis, P.: System Level Concurrency Control for Distributed Database Systems. ACM Trans. Database Syst. 3:2. 1978. 178–198
ROSE92	Rosenblum, M., Ousterhout, J.K.: The Design and Implementation of a Log-Structured File System. ACM Trans. Computer Syst. 10:1. 1992. 26–52
ROTH97	Roth, M. T, Schwarz, P.: Don't Scrap It, Wrap It! A Wrapper Architecture for Legacy Data Sources. Proc. 23rd Int. Conf. VLDB. Athens. 1997. 266–275
ROUS85	Roussopoulos, N., Leifker, D.: Direct Spatial Search of Pictorial Databases using Packed R-Trees. Proc. ACM SIGMOD Conf. Austin. 1985. 17–31
RUEM94	Ruemmler, C., Wilkes, J.: An Introduction to Disk Drive Modeling. IEEE Computer 27: 3. 1994. 17–28
RUSI95	Rusinkiewicz, M. et al.: Towards a Cooperative Transaction Model – The Cooperative Activity Model. Proc. 21th Int. Conf. VLDB. Zurich. 1995. 194–205
RYSK80	Ryska, N., Herda, S.: Kryptographische Verfahren in der Datenverarbeitung. Informatik-Fachberichte 24. Springer. 1980
SACC82	Sacco, G.M., Schkolnick, M.: A Mechanism for Managing the Buffer Pool in a Relational Database System using the Hot Set Model. Proc. 8th Int. Conf. VLDB. Mexico City. 1982. 257–262
SACC86	Sacco, G.M., Schkolnick, M.: Buffer Management in Relational Database Systems. ACM Trans. Database Syst. 11:4. 1986. 473–498
SALT87	Salton, G., McGill, M.J.: Information Retrieval – Grundlegendes für Informationswissenschaftler. McGraw-Hill. Hamburg. 1987
SAME84	Samet, H.: The Quadtree and Related Hierarchical Data Structures. ACM Computing Surv. 16:2. 1984. 187–260

SAME88   Samet, H.: Hierarchical Representations of Collections of Small Rectangles. ACM Comput-
              ing Surv. 20:4. 1988. 271–309

SAME90   Samet, H.: Applications of Spatial Data Structures. Addison-Wesley. Reading. 1990

SAUT98   Sauter, G.: Interoperabilität von Datenbanksystemen bei struktureller Heterogenität – Ar-
              chitektur, Beschreibungs- und Ausführungsmodell zur Unterstützung der Integration und
              Migration. Univ. Kaiserslautern. Dissertation DISDBIS. infix-Verlag. 1998

SCHA98   Schaarschmidt, R., Bühnert, K., Herbst, A., Küspert, K., Schindler, R.: Konzepte und Im-
              plementierungsaspekte anwendungsorientierten Archivierens in Datenbanksystemen. Infor-
              matik – Forschung und Entwicklung 13:2. 1998. 79–89

SCHE78   Schek, H.-J.: The Reference String Indexing Method. LNCS 65. Springer. 1978. 432–459

SCHE80   Schek, H.-J.: Optimal Index Intervals. Information Processing'80. North-Holland. 1980.
              493–498

SCHK78   Schkolnik, M.: A Survey of Physical Database Design Methodology and Techniques. Proc.
              4th Int. Conf. VLDB. Berlin. 1978. 479–487

SCHK85   Schkolnik, M., Tiberio, P.: Estimating the Cost of Updates in a Relational Database. ACM
              Trans. Database Syst. 10:2. 1985. 163–179

SCHÖ89   Schöning, H., Sikeler, A.: Cluster Mechanisms Supporting the Dynamic Construction of
              Complex Objects. Proc. 3rd Int. Conf. on Foundations of Data Organization and Algo-
              rithms. Paris. LNCS 367. Springer. 1989. 31–46

SCHÖ90   Schöning, H.: Integrating Complex Objects and Recursion. Proc. Int. Conf. on Deductive
              and Object-Oriented Databases. North-Holland. 1990. 573–592

SCHÖ98   Schöning, H.: The ADABAS Buffer Pool Manager. Proc. 24th Int. Conf. VLDB. New York.
              1998. 675–679

SCHO81   Scholl, M.: New File Organization Based on Dynamic Hashing. ACM Trans. Database Syst.
              6:1. 1981. 194–211

SCHU89   Schulze, M., Gibson, G., Katz, R., Patterson, D.A.: How Reliable is a RAID. Proc. 34th
              IEEE Comcon. 1989. 118–123

SCHW93   Schwenkreis, F.: APRICOTS – A Prototype Implementation of a ConTract System. Proc.
              12th Symp. Reliable Distributed Systems. 1993

SEEG88   Seeger, B., Kriegel, H.-P.: Techniques for Design and Implementation of Spatial Access
              Methods. Proc. 14th Int. Conf. VLDB. Los Angeles. 360–371

SEEG90   Seeger, B., Kriegel, H.-P.: The Buddy-Tree: An Efficient and Robust Access Method for
              Spatial Data Base Systems. Proc. 16th Int. Conf. VLDB. Brisbane. 1990. 590–601

SELI79   Selinger, P., Astrahan, M., Chamberlin, D., Lorie, R., Price, T.: Access Path Selection in a
              Relational Database Management System. Proc. ACM SIGMOD Conf. Boston. 1979.
              23–34

SELL87   Sellis, T., Roussopoulos, N., Faloutsos, C.: The R+-Tree: A Dynamic Index for Multidimen-
              sional Objects. Proc. 13th Int. Conf. VLDB. Brighton. 1987. 507–518

SESH98   Seshadri, P.: Enhanced Abstract Data Types in Object-Relational Databases. VLDB Journal
              7:3. 1998. 130–140

SESS98   Sessions, R.: COM and DCOM. Wiley Computer Publishing. 1998

SEVE76a   Severance, D.G., Lohman, G.M.: Differential Files: Their Application to the Maintenance
              of Large Databases. ACM Trans. Database Syst. 1:3. 1976. 256–267

SEVE76b   Severance, D.G., Duhne, R.: A Practicioner's Guide to Addressing Algorithms. Comm.
              ACM 19:6. 1976. 314–326

SEVE77   Severance, D.G., Carlis, J.V.: A Practical Approach to Selecting Record Access Paths. ACM
              Computing Surv. 9:4. 1977. 259–272

SHAP86   Shapiro, L.: Join Processing in Database Systems with Large Main Memories. ACM Trans.
              Database Syst. 11:3. 1986. 239–264

SHAS88   Shasha, D., Goodman, N.: Concurrent Search Structure Algorithms. ACM Trans. Database Syst. 13:1. 1988. 53–90

SHAW89   Shaw, G., Zdonik, S.: An Object-Oriented Query Algebra. IEEE Data Engineering 12:3. 1989. 29–36

SHEK90   Shekita, E., Carey, M.: A Performance Evaluation of Pointer-Based Joins. Proc. ACM SIGMOD Conf. Atlantic City. NJ. 1990. 300–311.

SHER76   Sherman, S.W., Brice, R.S.: Performance of a Database Manager in a Virtual Memory System. ACM Trans. Database Syst. 1:4. 1976. 317–343

SHET97   Sheth, A.: From Contemporary Workflow Process Automation to Adaptive and Dynamic Work Activity Coordination and Collaboration. Proc. 8th Int. Workshop on Database and Expert Systems Applications (DEXA'97), Toulouse. 1997

SHNE77   Shneiderman, B.: Reduced Combined Indexes for Efficient Multiple Attribute Retrieval. Information Systems 2:4. 1977. 149–154

SHNE78   Shneiderman, B.: Jump Searching: A Fast Sequential Search Technique. Comm. ACM 21:10. 1978. 831–834

SIKE88   Sikeler, A.: VAR-PAGE-LRU – A Buffer Replacement Algorithm Supporting Different Page Sizes. Proc. 1st Int. Conf. on Extending Data Base Technology. Venice. LNCS 303. Springer. 1988. 336–351

SIMO95   Simon, E., Kotz-Dittrich, A.: Promises and Realities of Active Database Systems. Proc. 21th Int. Conf. VLDB. Zurich. 1995. 642–653

SING97   Singhal, V., Smith, A.J.: Analysis of Locking Behavior in Three Real Database Systems. VLDB Journal 6:1. 1997. 40–52

SIX88   Six, H.-W., Widmayer, P.: Spatial Searching in Geometric Databases. Proc. 4th Int. Conf. Data Engineering. Los Angeles. 1988. 496–503

SMIT78   Smith, J.A.: Sequentiality and Prefetching in Data Base Systems. ACM Trans. Database Syst. 3:3. 1978. 223–247

SQL3   ISO/IEC CD 9075 Committee Draft. Database Language SQL. Jim Melton (ed.). July 1996

SRIN93   Srinivasan, V., Carey, M.J.: Performance of B+-Tree Concurrency Control Algorithms. VLDB Journal 2:4, 1993. 361–406

STEI98   Steiert, H.-P., Zimmermann, J.: JPMQ - An Advanced Persistent Message Queuing Service. Advances in Databases. Proc. 16th British Nat. Conf. on Data Management (BNCOD'16), LNCS 1405. Springer. 1998. 1–18

STEN90   Stenström, P.: A Survey of Cache Coherence Schemes for Multiprocessors. IEEE Computer 23:6. 1990. 12–24

STON75   Stonebraker, M.: Implementation of Integrity Constraints and Views by Query Modification. Proc. ACM SIGMOD Conf. San Jose. 1975. 65–78

STON81   Stonebraker, M.: Operating System Support for Database Management. Comm. ACM 24:7. 1981. 412–418

STON83   Stonebraker, M., et al.: Performance Enhancements to a Relational Database System. ACM Trans. Database Syst. 8:2. 1983. 167–185

STON84   Stonebraker, M.: Virtual Memory Transaction Management. ACM Operating Systems Review 18:2. 1984. 8–16

STON86a   Stonebraker, M.: The Case for Shared Nothing. IEEE Database Engineering 9:1. 1986. 4–9

STON86b   Stonebraker, M.: Inclusion of New Types in Relational Data Base Systems. Proc. 2nd Int. Conf. Data Engineering. Los Angeles. 1986. 262–269

STON87   Stonebraker, M. et al.: Extensibility in POSTGRES. IEEE Database Engineering 10:2. 1987. 16–23

STON90   Stonebraker, M. et al.: On Rules, Procedures, Caching and Views in Data Base Systems. Proc. ACM SIGMOD Conf. Atlantic City. NJ. 1990. 281–290

STON93	Stonebraker, M., Olson, M.: Large Object Support in POSTGRES. Proc. 9th Int. Conf. Data Engineering. Vienna. 1993. 355–362
STON96a	Stonebraker, M.: Object-Relational DBMSs – The Next Great Wave. Morgan Kaufmann. 1996
STON96b	Stonebraker, M., Aoki, P.M., Devine, R., Litwin, W., Olson, M.: Mariposa: A New Architecture for Distributed Data. VLDB Journal 5:1. 1996. 48–63
SWAM93	Swami, A., Iyer, B.: A Polynomial Time Algorithm for Optimizing Join Queries. Proc. 9th Int. Conf. Data Engineering. Vienna. 1993. 345–354
SWAM94	Swami, A., Schiefer, B.: On the Estimation of Join Result Sizes. Proc. 4th Int. Conf. on Extending Data Base Technology. Cambridge, UK. LNCS 779. Springer. 1994. 287–300
TAMM82	Tamminen, M.: The Extendible Cell Method for Closest Point Problems. BIT 22. 1982. 27–41
TANE94	Tanenbaum, A.S.: Moderne Betriebssysteme. Hanser. 1994
TAFV74	Tafvelin, S.: Sequential Files on Cycling Storage. Proc. Information Processing '74. North-Holland. 1974. 983–987
TAY85	Tay, Y.C., Goodman, N., Suri, R.: Locking Performance in Centralized Databases. ACM Trans. Database Syst. 10:4. 1985. 415–462
TENG84	Teng, J.Z., Gumaer, R.A.: Managing IBM Database 2 Buffers to Maximize Performance. IBM Sys. J. 23:2. 1984. 211–218
TEUH78	Teuhola, J.: A Compression Method for Clustered Bit-Vectors. Information Processing Letters 7:6. 1978. 308–311
THOM90	Thomasian, A., Rahm, E.: A New Distributed Optimistic Concurrency Control Method and a Comparison of its Performance with Two-Phase Locking. Proc. 10th IEEE Int. Conf. on Distributed Computing Systems. 1990. 294–301
THOM91	Thomasian, A., Ryu, I.K.: Performance Analysis of Two-Phase Locking. IEEE Trans. Software Eng. 17:5. 1991. 386–402
THOM93	Thomasian, A.: Two-Phase Locking and its Thrashing Behavior. ACM Trans. Database Syst. 18:4. 1993. 579–625, Ebenso in [KUMA96]
THOM94	Thomasian, A.: On a More Realistic Lock Contention Model and its Analysis. Proc. 10th Int. Conf. Data Engineering. Houston. 1994. 2–9
THOM95	Thomas, J., Gerbes, T., Härder, T., Mitschang, B.: Dynamic Code Assembly for Client-Based Query Processing. Proc. DASFAA'95, Singapore. 1995. 264–272
THOM96	Thomas, J.: An Approach to Query Processing in Advanced Database Systems. Univ. Kaiserslautern. Dissertation DISDBIS 16. infix-Verlag. 1996
THOM97	Thomasian, A.: A Performance Comparison of Locking Methods with Limited Wait Depth. IEEE Trans. on Knowledge and Data Eng. 9:3. 1997. 421–434
THOM98	Thomasian, A.: Concurrency Control: Performance, and Analysis. ACM Computing Surv. 30:1. 1998. 70–119
TPCW98	TPC Launches New E-Commerce Transactional Web Benchmark Effort. Transaction Processing Performance Council. http://www.tpc.org. 1998
TSIC78	Tsichritzis, D. C., Klug, A.: The ANSI/X3/Sparc DBMS Framework Report of the Study Group on Database Management Systems. Information Systems 3:3. 1978. 173–191
TYGA98	Tygar, J.D.: Atomicity versus Anonymity: Distributed Transactions for Electronic Commerce. Proc. 24th Int. Conf. VLDB. New York. 1998. 1–12
UHRO73	Uhrowczik, P.P.: Data Dictionary/Directories. IBM Sys. J. 12:4. 1973. 332–350
ULLM88	Ullman, J.D.: Principles of Database and Knowledge-Base Systems. Vol. 1. Computer Science Press. 1988
UNTE90	Unterauer, K.: Synchronisation des Logpuffers in Mehrprozeß-Datenbanksystemen. Informationstechnik–Computer, Systeme, Anwendungen 32:4. 1990. 281–286

VALD87   Valduriez, P.: Join Indices. ACM Trans. Database Syst. 12:2. 1987. 218–246

VAND91   Vandenberg, S., DeWitt, D.: Algebraic Support for Complex Objects with Arrays, Identity, and Inheritance. Proc. ACM SIGMOD Conf. Denver. 1991. 158–167

VARV89   Varvel, D.A., Shapiro, L.: The Computational Completeness of Extended Database Query Languages. IEEE Trans. Software Eng. 15. 1989. 632–638

VEKL85   Veklerov, E.: Analysis of Dynamic Hashing with Deferred Splitting. ACM Trans. Database Syst. 10:1. 1985. 90–96

VOSS93   Vossen, G., Gross-Hardt, M.: Grundlagen der Transaktionsverarbeitung. Addison-Wesley, 1993

WÄCH90   Wächter, H., Reuter, A.: Grundkonzepte und Realisierungstrategien des ConTract-Modells. Informatik – Forschung und Entwicklung 5:4. 1990. 202–212

WÄCH92   Wächter, H., Reuter, A.: The ConTract Model. In [ELMA92]. Chapter 7. 1992

WAGN73   Wagner, R.E.: Indexing Design Considerations. IBM Sys. J. 12:4. 1973. 351–367

WATE75   Waters, S.J.: Analysis of Self-Indexing Disk Files. The Computer Journal. 18:3. 1975. 200–205

WEDE74   Wedekind, H.: On the Selection of Access Paths in a Data Base System. Data Base Management. Klimbie, J.W., Koffeman, K.L. (eds.). North-Holland. 1974. 385–397

WEDE76   Wedekind, H., Härder, T.: Datenbanksysteme II. Reihe Informatik/18. BI-Wissenschaftsverlag. 1976

WEDE86   Wedekind, H., Zörntlein, G.: Prefetching in Real-Time Database Applications. Proc. ACM SIGMOD Conf. Washington. D.C. 1986. 215–226

WEIK86   Weikum, G.: Pros and Cons of Operating System Transactions for Data Base Systems. Proc. ACM/IEEE Fall Joint Computer Conf., 1986

WEIK89   Weikum, G.: Set-Oriented Disk Access to Large Complex Objects. Proc. 5th Int. Conf. Data Engineering. Los Angeles. 1989. 426–433

WEIK87   Weikum, G., Neumann, B., Paul, H.-B.: Konzeption und Realisierung einer mengenorientierten Seitenschnittstelle zum effizienten Zugriff auf komplexe Objekte. Proc. BTW'87. Darmstadt. Informatik-Fachberichte 136. Springer. 1987. 212–230

WEIK91   Weikum, G.: Principles and Realization Strategies of Multilevel Transaction Management. ACM Trans. Database Syst. 16:1. 1991. 132–180

WEIK92   Weikum, G., Schek, H.: Concepts and Applications of Multilevel Transactions and Open Nested Transactions. In [ELMA92]. Chapter 13. 1992

WEIK93a   Weikum, G., Hasse, C.: Multi-Level Transaction Management for Complex Objects: Implementation, Performance, Parallelism. VLDB Journal 2:4. 1993. 407–453

WEIK93b   Weikum, G., Zabback, P.: I/O-Parallelität und Fehlertoleranz in Disk-Arrays – Teil 1 und 2. Informatik Spektrum 16:3. 1993. 133 142 und 16:4. 1993. 206–214

WEIK94   Weikum, G., Hasse, C., Mönkeberg, A., Zabback, P.: The COMFORT Automatic Tuning Project. Information Systems 19:5. 1994. 381–432

WHAN90   Whang, K.-Y., Vander-Zanden, B. T., Taylor, H. M.: A Time-Linear Probabilistic Counting Algorithm for Database Applications. ACM Trans. Database Syst. 15:2. 1990. 208–229

WHAN98   Whang, S., Hellerstein, J.M., Lipkind, I.: Near-Neighbor Query Performance in Search Trees. submitted

WHIT92   White, S.J.: A Performance Study of Alternative Object Faulting and Pointer Swizzling Strategies. Proc. 18th Int. Conf. VLDB. Vancouver. 1992. 419–431

WHIT95   White, S.J., DeWitt, D.J.: Quickstore: A High Performance Mapped Object Store. VLDB Journal 4:4. 1995. 629–674.

WHIT96   White, D.A., Jain, R.: Similarity Indexing with the SS-Tree. Proc. 12th Int. Conf. Data Engineering. New Orleans. 1996. 516–523

WIDM91	Widmayer, P.: Datenstrukturen für Geodatenbanken. Entwicklungstendenzen bei Datenbanksystemen. Vossen, G., Witt, K.-U. (Hrsg). Oldenbourg. München. 317–361
WIDO91	Widom, J., Cochrane, R.J., Lindsay, B.: Implementing Set-Oriented Production Rules as an Extension to Starburst. Proc. 17th Int. Conf. VLDB. Barcelona. 1991. 275–285
WIDO96a	Widom, J., Ceri, S.: Active Database Systems: Triggers and Rules for Advanced Database Processing. Morgan Kaufmann. 1996
WIDO96b	Widom, J.: The Starburst Rule System. In [WIDO96a]. 87–109.
WILL82	Williams, R., Daniels, D., Haas, L.M., Lapis, G., Lindsay, B.G., Ng, P., Obermarck, R., Selinger, P.G., Walker, A., Wilms, P.F., Yost, R.A.: R*: An Overview of the Architecture. Reprinted in Readings in Database Systems (3rd ed.). Stonebraker, M., Hellerstein, J. M. (eds.), Morgan Kaufmann. 1998. 1–27
WILS90	Wilson, P.R.: Pointer Swizzling at Page Fault Time: Efficiently Supporting Huge Address Spaces on Standard Hardware. Tech. Rep. UIC-EECS-90-6. Univ. of Illinois at Chicago. 1990
WORA97	Worah, D., Sheth, A.: Transactions in Transactional Workflows. In [JAJO97]. 1997
XML	XML: Principles, Tools, and Techniques. World Wide Web Journal 2:4. 1997
XOPE93	X/Open „Distributed Transaction Processing". Dokumente. The X/Open Company Ltd. Reading, U.K. 1993
YAMA97	Yamada, H.: DVD Overview. Proc. Spring Compcon'97 Conf. San Jose. 1997. 287–290
YAN91	Yan, W.: Auswertung rekursiver Anfragen in Deduktiven Datenbanksystemen – eine Untersuchung der Strategien, des Leistungsverhaltens und der Realisierungsmöglichkeiten. Dissertation. Univ. Kaiserslautern. 1991
YU85	Yu, C.T. et al.: Adaptive Record Clustering. ACM Trans. Database Syst. 10:2. 1985. 180–204
YU96	Yu, P.S.: Modeling and Analysis of Concurrency Control Schemes. In [KUMA96]. 1996. 106–147
ZABB90	Zabback, P.: Optische und magneto-optische Platten in File- und Datenbanksystemen. Informatik-Spektrum 13:5. 1990. 260–275
ZABB94	Zabback, P.: I/O-Parallelität in Datenbanksystemen – Entwurf, Implementierung und Evaluation eines Speichersystems für Disk-Arrays. Diss. ETH Nr. 10629. ETH Zürich. 1994
ZANI97	Zaniolo, C. et al.: Advanced Database Systems. Chapter 4: Design Principles for Active Rules. Morgan Kaufmann. 1997
ZELL90	Zeller, H., Gray, J.: An Adaptive Hash Join Algorithm for Multiuser Environments. Proc. 16th Int. Conf. VLDB. Brisbane. 1990. 186–197
ZHAN97	Zhang, N., Härder, T.: On the Modeling Power of Object-Relational Data Models inTechnical Applications. Proc. 1st East-European Symposium on Advances in Databases and Information Systems (ADBIS'97). St. Petersburg. 1997. 318–325
ZHAN99	Zhang, N., Härder, T.: On a Buzzword "Extensibility" – What we have Learned from the ORIENT Project? Interner Bericht. SFB 501. Fachbereich Informatik. Univ. Kaiserslautern. 1999

Index